LEONARDO GARCIA

Procurador do Estado do Espírito Santo. Mestre em Direitos Difusos e Coletivos pela PUC/SP.

Ex-Procurador Federal com exercício no Gabinete do Advogado-Geral da União (AGU) com atuação específica perante o STF.

Especialista em "Derecho del Consumo y Economía" pela Universidad de Castilla la Mancha/Espanha.

Assessor do Relator da Comissão Especial de Atualização do CDC no Senado Federal.

Professor de diversos cursos jurídicos e de pós-graduação.

Autor e coordenador de diversos livros jurídicos.

CÓDIGO DE DEFESA DO CONSUMIDOR

Comentado

artigo por artigo

JusClass

O presente livro possui Material de Apoio para acesso gratuito na plataforma JusClass.

Para acessar o material, siga as instruções a seguir:

1. Entre no site da Editora Juspodivm https://www.editorajuspodivm.com.br/, com seu login e senha;
2. Dentro de "Minha Conta", selecione a opção "Materiais Exclusivos" e clique no ícone de identificação do JusClass;
3. Em caso de dúvidas, esclarecimentos ou sugestões, acesse nossa Central de Atendimento https://www.editorajuspodivm.com.br/central-de-relacionamento

Caso tenha adquirido o seu exemplar em uma de nossas livrarias parceiras:

1. Acesse o QRCode abaixo;
2. Preencha o formulário com os dados solicitados;
3. Localize seu Código de Verificação - PIN, logo abaixo do QR Code;
4. Aguarde o e-mail com as informações de acesso;
5. Aproveite seu material!

PIN: JUS4415

OUTROS LIVROS DO AUTOR:

- *Direito do Consumidor*. Ed. Juspodivm.
- *Direito Ambiental*. Ed. Juspodivm.
- *Direitos Difusos e Coletivos*. Ed. Juspodivm.
- *Comentários ao Código de Defesa do Consumidor*. Ed. Verbatim. (Coautor).
- *Consumo Sustentável*. Ed. Juspodivm.

LEONARDO GARCIA

CÓDIGO DE DEFESA DO CONSUMIDOR

Comentado

artigo por artigo

20ª edição

★★★★★

VINTE ANOS

2025

EDITORA *Jus*PODIVM

www.editorajuspodivm.com.br

EDITORA *Jus*PODIVM
www.editorajuspodivm.com.br

Rua Canuto Saraiva, 131 – Mooca – CEP: 03113-010 – São Paulo – São Paulo
Tel: (11) 3582.5757
• Contato: https://www.editorajuspodivm.com.br/central-de-relacionamento

Copyright: Edições *Jus*PODIVM

Diagramação: Equipe *Jus*PODIVM

Capa: Ana Caquetti

G216c Garcia, Leonardo.
Código de Defesa do Consumidor Comentado Artigo por Artigo / Leonardo Garcia. – 20.ed., rev., atual. e ampl. – São Paulo: Editora JusPodivm, 2025.

904 p.

Inclui bibliografia
ISBN: 978-85-442-6100-2

1. Direito do Consumidor. 2. Defesa do Consumidor. 3. Consumidor em Juízo. I. Garcia, Leonardo. II. Título.

CDD 342. 5981

BIBLIOTECÁRIA RESPONSÁVEL

Ana Carolina Ribeiro Mois – CRB7 – RJ 007348/0

"Toda e qualquer legislação de proteção ao consumidor tem, portanto, a mesma *ratio*, vale dizer, reequilibrar a relação de consumo, seja reforçando, quando possível, a posição do consumidor, seja proibindo ou limitando certas práticas no mercado."

Ada Pellegrini Grinover e
Antônio Herman de Vasconcellos

"Assim, permanecem agora estes três:
a fé, a esperança e o amor.
O maior deles, porém, é o amor."

I Coríntios 13:13

A *Deus*, a quem tudo devo e Senhor da minha vida.

Aos meus Pais, *Antônio José Garcia* e *Maria Christina de Medeiros Garcia*, que me sustentaram nos momentos mais difíceis, possibilitando a elaboração desta obra.

Ao meu irmão, *Roberto de Medeiros Garcia*, exemplo para mim.

AGRADECIMENTO ESPECIAL:

Ao meu irmão, *Túlio de Medeiros Garcia*, Procurador da Fazenda Nacional, a quem tenho profundo respeito e admiração pelo notável saber jurídico e que tanto colaborou na elaboração desta obra.

À minha esposa, *Germana Monteiro de Castro Ferreira*, amor da minha vida, pela considerável contribuição para esta obra.

Apresentação

É com imensa alegria que apresento a 20ª edição desta obra, marcando duas décadas desde a publicação da primeira edição, em 2005. São vinte anos de constante evolução e comprometimento com o Direito do Consumidor, possibilitando, ano após ano, uma atualização robusta e criteriosa, alinhada às novas teorias e à jurisprudência em constante transformação, sobretudo do Superior Tribunal de Justiça (STJ).

Desde o início, este livro mantém a tradição de incorporar as decisões mais relevantes do STJ e do STF, assim como dos tribunais estaduais, especialmente no que tange à aplicação prática da Lei do Superendividamento. Essa legislação, tão essencial na atualidade, revela-se ainda mais relevante ao ser analisada sob a ótica de como o judiciário vem interpretando e aplicando suas disposições. Ao longo dessas edições, procurei traduzir os principais julgados em análises concisas e objetivas, facilitando a compreensão e destacando o impacto de cada decisão para o cotidiano dos consumidores.

Nesta edição comemorativa, ampliei o conteúdo com temas contemporâneos que vêm moldando o Direito do Consumidor no século XXI. Assuntos como geodiscriminação (incluindo *geoblocking* e *geopricing*), o racismo nas relações de consumo, a obsolescência programada e o direito ao conserto, padrões enganosos (*deceptive patterns*), reduflação, pirâmide financeira e marketing multinível, além de questões envolvendo inteligência artificial, discriminação algorítmica, influenciadores digitais e a economia compartilhada, são abordados com o intuito de esclarecer como essas novas práticas impactam a vida do consumidor e quais são os limites e proteções jurídicas aplicáveis.

Além disso, reforcei a fundamentação em diversos dispositivos do Código, oferecendo comentários que refletem os desafios atuais enfrentados pelos consumidores. Essa edição também traz a tese que venho defendendo há tempos: o dano moral por litigância forçada. Trata-se de uma crítica à conduta do fornecedor que, ao não resolver problemas que poderiam ser solucionados administrativamente, obriga o consumidor a buscar o Judiciário, gerando não só um desgaste pessoal, mas também sobrecarregando o sistema judicial de forma desnecessária.

Ao longo do ano de 2024, durante os cursos que ministrei sobre superendividamento, amadureci reflexões que agora integram esta obra. Incluí comentários sobre os princípios estabelecidos pela Lei do Superendividamento, fundamentais para a correta aplicação dos dispositivos da lei, que buscam proteger consumidores em situações de extrema vulnerabilidade.

Finalmente, agradeço a todos os leitores que, ao longo desses vinte anos, permitiram que este livro crescesse e se aprimorasse. Espero que esta edição comemorativa seja recebida com entusiasmo e contribua para o estudo e a prática do Direito do Consumidor, auxiliando operadores do direito a compreenderem e aplicarem de maneira justa e atualizada as proteções que esse ramo do direito oferece.

Fevereiro de 2025.

Leonardo Garcia
@professorleonardogarcia
www.leonardogarcia.com.br

Sumário

Título I

Dos Direitos do Consumidor

Capítulo I
Disposições Gerais

Art. 1º O presente código estabelece normas de proteção e defesa do consumidor, de ordem pública e interesse social, nos termos dos arts. 5º, inciso XXXII, 170, inciso V, da Constituição Federal e art. 48 de suas Disposições Transitórias.

O ponto de partida da preocupação mundial dos direitos dos consumidores é considerado por muitos a partir do discurso do presidente americano John Kennedy ao congresso americano em 15 de março de 1962, em que defendeu a necessidade de proteção do consumidor através dos direitos básicos à *segurança* (contra a comercialização de produtos perigosos ou nocivos à saúde e à vida), *informação* (incluindo a propaganda e a obrigatoriedade do fornecimento de informações sobre os produtos e sua utilização), *escolha ou opção* (no combate aos monopólios e oligopólios e na defesa da concorrência) e *de ser ouvido* (na elaboração das políticas públicas que impactam no seu interesse). *"Consumidores somos todos nós"* foi uma das falas do então presidente americano e que se tornou o marco do nascimento da proteção aos direitos dos consumidores com grande impacto nos Estados Unidos e em todo o mundo.

A data de 15 de março então, em homenagem ao discurso do presidente Kennedy, passou a ser comemorada como o Dia Mundial dos Direitos dos Consumidores. Em 1985, a Assembleia Geral das Nações Unidas (ONU), através da Resolução 39/248, aprovou diretrizes para a proteção dos consumidores, influenciando vários países a legislarem sobre o tema, entre eles o Brasil.

A Constituição Federal de 1988, incorporando uma tendência mundial de influência do direito público sobre o direito privado, chamada pela doutrina de *"constitucionalização do Direito Civil"* ou de *"Direito Civil Constitucional"*, adotou como princípio fundamental,[1] estampado no art. 5º, XXXII, *"a defesa do consumidor"*.

1. "Esse direito é reconhecido no texto constitucional como fundamental porque o consumidor busca no mercado, na qualidade de não profissional, de destinatário de tudo o que o mercado produz, a satisfação

A inclusão da defesa do consumidor como direito fundamental na CF vincula o Estado e todos os demais operadores a aplicar e efetivar a defesa deste ente vulnerável, considerado mais fraco na sociedade. É o que chamamos de "*força normativa da Constituição*", na expressão de Konrad Hesse, em que a Constituição, ou os direitos nela assegurados, em especial os direitos fundamentais, não são meros programas ou discursos a serem seguidos, mas apresentam força de norma (norma jurídica), passível de ser executada e exigível.

A Constituição, sob o novo enfoque que se dá ao direito privado, funciona como centro irradiador e marco de reconstrução de um direito privado brasileiro mais social e preocupado com os vulneráveis. Na belíssima expressão trazida do direito alemão por Cláudia Lima Marques, a Constituição seria a garantia e o limite de um direito privado construído sob seus valores (principalmente os direitos fundamentais), transformando-o em um "*direito privado solidário*".[2]

Atualmente, os direitos fundamentais penetram nas relações privadas, sendo observados os princípios constitucionais nas tratativas *inter partes*. É o que chamamos de teoria da "***eficácia horizontal dos direitos fundamentais***"[3] em contraposição à "***eficácia vertical dos direitos fundamentais***", em que se observa o respeito aos direitos fundamentais nas relações entre indivíduo e Estado.

Exemplificando, o princípio constitucional fundamental da dignidade da pessoa humana é incompatível com disposições contratuais desiguais, em que não se observe a boa-fé objetiva, a transparência e o equilíbrio nas relações contratuais.

Doutrina Simone Hegele[4] que "no âmbito das relações de consumo podem ocorrer violações à dignidade da pessoa humana, principalmente quando tais violações ferem os direitos da personalidade do consumidor, como a honra, o nome, a intimidade, a integridade físico-psíquica e a imagem dos consumidores".

Sobre a eficácia horizontal dos direitos fundamentais, confira-se a recente decisão do STF:

> EFICÁCIA DOS DIREITOS FUNDAMENTAIS NAS RELAÇÕES PRIVADAS. As violações a direitos fundamentais não ocorrem somente no âmbito das relações entre o cidadão e o Estado, mas igualmente nas relações travadas entre pessoas físicas e jurídicas de direito privado. Assim, os direitos fundamentais assegurados pela Constituição vinculam diretamente não apenas os poderes públicos, estando direcionados também à proteção dos particulares em face dos poderes privados (STF, RE 201819/RJ, Rela. Mina. Ellen Gracie, Rel. p/ o acórdão Min. Gilmar Mendes, j. 11/10/2005).[5]

---

de suas necessidades essenciais de alimentação, saúde, educação, segurança, lazer etc." KOURI, Paulo R. Roque A. *Direito do Consumidor*. Contratos, Responsabilidade Civil e Defesa do Consumidor em Juízo. 2ª ed. São Paulo: Editora Atlas, 2005, p. 33.

2. *Manual de Direito do Consumidor*. São Paulo: Revista dos Tribunais, 2008, p. 27.
3. Também chamados por outros autores de "eficácia dos direitos fundamentais nas relações entre particulares" ou "eficácia dos direitos fundamentais nas relações privadas".
4. BOLSON, Simone Hegele. "O princípio da dignidade da pessoa humana, relações de consumo e o dano moral ao consumidor". *Revista Direito do Consumidor*. RT. 46/289.
5. Para um estudo mais completo da aplicação dos direitos fundamentais nas relações privadas, sugiro a leitura do inteiro teor deste acórdão, em que são abordadas, com maestria, pelos Min. Gilmar Mendes e Joaquim Barbosa, as doutrinas referentes ao assunto, bem como outros julgamentos do STF em que foi adotada a referida teoria.

O Ministro Joaquim Barbosa, em seu voto-vista, ressaltou que "o fato é que, entre nós, a aplicabilidade dos direitos fundamentais na esfera privada é consequência de diversos fatores, muitos deles observáveis na prática jurídica contemporânea, inclusive entre nós. O primeiro deles, o paulatino rompimento das barreiras que separavam até final do século XIX o direito público e o direito privado. Por outro lado, um fenômeno facilmente observável em sistemas jurídicos dotados de jurisdição constitucional – a chamada 'constitucionalização do direito privado', mais especificamente do Direito Civil. Noutras palavras, as relações privadas, aquelas que até bem pouco tempo se regiam exclusivamente pelo Direito Civil, hoje sofrem o influxo dos princípios de direito público, emanados predominantemente das decisões proferidas pelos órgãos de jurisdição constitucional. De fato, uma das consequências inelutáveis da aceitação quase universal da supremacia da Constituição e da jurisdição constitucional como instrumento destinado a assegurá-la reside no fato de que os direitos fundamentais, imperativo indeclinável de todas as democracias, não mais se concebem como limitações impostas única e exclusivamente ao Estado. Na Europa e até mesmo nos Estados Unidos, onde são feitos grandes esforços hermenêuticos visando à superação da doutrina da *state action*, as relações privadas não mais se acham inteiramente fora do alcance das limitações impostas pelos direitos fundamentais."

Interessante verificar que o entendimento defendido pelo STF no julgado acima pode ser aplicado ao Código de Defesa do Consumidor, uma vez que constitui *norma principiológica* (normas que veiculam valores, estabelecem os fins a serem alcançados, ao contrário das regras que estipulam hipóteses do tipo preceito/sanção), contemplando *cláusulas gerais* (técnica legislativa na qual são utilizados conceitos jurídicos a serem preenchidas pelos magistrados quando da análise de um caso concreto, *v.g.*, boa-fé objetiva, função social do contrato etc.).

Segundo o Ministro Gilmar Mendes (relator do acórdão), "um meio de irradiação dos direitos fundamentais para as relações privadas seriam as cláusulas gerais *(Generalklausel)* que serviriam de 'porta de entrada' *(Einbruchstelle)* dos direitos fundamentais no âmbito do direito privado".

O STJ, em interessante caso, aplicou o princípio da dignidade da pessoa humana nas relações privadas para evitar que o consumidor viesse a ser preso em razão do descumprimento do contrato de alienação fiduciária. Restou demonstrado no processo que, ao ficar inadimplente, o consumidor teve a dívida elevada em mais de quatro vezes no período inferior a dois anos. Com isso, o STJ, em consonância com a nova interpretação do direito privado, entendeu que, caso o consumidor fosse compelido ao pagamento da dívida abusiva, passaria o resto da vida preso ao débito, o que feriria, sobretudo, a liberdade e, consequentemente, a dignidade da pessoa humana:

> Princípio constitucional da dignidade da pessoa humana. Direitos fundamentais de igualdade e liberdade. Cláusula geral dos bons costumes e regra de interpretação da lei segundo seus fins sociais. Decreto de prisão civil da devedora que deixou de pagar dívida bancária assumida com a compra de um automóvel-táxi, que se elevou, em menos de 24 meses, de R$ 18.700,00 para R$ 86.858,24, a exigir que o total da remuneração da devedora, pelo resto do tempo provável de vida, seja consumido com o pagamento dos juros. Ofensa ao princípio constitucional da dignidade da pessoa humana, aos direitos de liberdade de locomoção e de igualdade contratual e aos dispositivos da LICC sobre o fim social da aplicação da lei e obediência aos bons costumes (STJ, *HC* nº 12547, Rel. Min. Ruy Rosado de Aguiar, *DJ* 12/02/2001).

Em outro caso recente, o STJ proferiu decisão no sentido de que o prazo de carência do plano médico hospitalar ficará suspenso, caso a pessoa tenha que fazer uma cirurgia de emergência devido ao surgimento de doença grave. No caso em comento, a associada contratou plano de saúde, cujo prazo de carência para a realização de cirurgias era de três anos. Faltando, porém, apenas alguns meses para a expiração do prazo, a contratante descobriu que era portadora de tumor medular e foi obrigada a arcar com todas as despesas médico-hospitalares. De acordo com STJ, a cláusula de carência do plano de saúde não pode ser aplicada de forma abusiva, e nem se contrapor ao fim maior de um contrato de assistência médica, que é o de amparar a vida e a saúde.[6]

Ainda sobre os direitos fundamentais, importante ressaltar que a doutrina identifica três gerações (ou para alguns "dimensões") em sua evolução, chegando, inclusive, ao reconhecimento de uma quarta geração (ou dimensão). São eles:

a) *Direitos Fundamentais de 1ª Geração*: a primeira geração de direitos fundamentais dominou o século XIX e diz respeito às liberdades públicas e aos direitos civis e políticos, correspondendo aos *direitos de liberdade*. Tais direitos têm como titular o indivíduo e se apresentam como direitos de resistência ou de oposição perante o Estado. Postulou-se, nesta época, a não intervenção do Estado.

b) *Direitos Fundamentais de 2ª Geração*: a partir do século XIX, após a Revolução Industrial europeia, marcada pelas péssimas condições de trabalho, houve a necessidade de se privilegiar os direitos sociais, culturais e econômicos, correspondendo aos *direitos de igualdade*. Para que a igualdade se concretizasse, ao contrário do defendido na 1ª Geração, era necessária maior participação do Estado, face ao reconhecimento de sua função social, através de prestações positivas, que visassem o bem-estar do indivíduo.

c) *Direitos Fundamentais de 3ª Geração*: no final do século XX, período marcado por profundas mudanças na comunidade internacional e na sociedade (contratação em massa, crescente desenvolvimento tecnológico e científico), com a finalidade de tutelar o próprio gênero humano, surgiram os direitos considerados transindividuais, direitos de pessoas consideradas coletivamente. São os *direitos de fraternidade, de solidariedade*, como o direito ao meio ambiente equilibrado, à proteção dos consumidores etc.

Conforme aponta Paulo Bonavides, a Revolução Francesa profetizou a sequência histórica e gradativa da institucionalização dos direitos fundamentais: *liberdade* (1ª geração); *igualdade* (2ª geração) e *fraternidade* (3ª geração).[7]

Alguns autores apontam, ainda, uma *quarta geração de direitos*. Para Paulo Bonavides, tal geração seria resultado da globalização dos direitos fundamentais, de forma a universalizá-los institucionalmente, citando como exemplos o direito à democracia, à informação e ao

6. "Lídima a cláusula de carência estabelecida em contrato voluntariamente aceito por aquele que ingressa em plano de saúde, merecendo temperamento, todavia, a sua aplicação quando se revela circunstância excepcional, constituída por necessidade de tratamento de urgência decorrente de doença grave que, se não combatida a tempo, tornará inócuo o fim maior do pacto celebrado, qual seja, o de assegurar eficiente amparo à saúde e à vida." (STJ, REsp. 466.667, Min. Rel. Aldir Passarinho Júnior, *DJ*, 17/12/2007).
7. BONAVIDES, Paulo. *Curso de Direito Constitucional*. 9ª ed. São Paulo: Malheiros, 2000, p. 516.

pluralismo. Já Norberto Bobbio trata a quarta geração sob o enfoque da problemática da manipulação genética do ser humano.[8-9]

Por fim, ainda há os que sustentam uma quinta geração de direitos. Para estes, os *direitos de quinta geração* são os direitos advindos com a chamada realidade virtual, compreendendo o grande desenvolvimento da cibernética na atualidade.

A Constituição Federal, também de forma inovadora, introduziu a figura do consumidor como agente econômico e social, estabelecendo de forma expressa como princípio da ordem econômica a "*defesa do consumidor*" (art. 170, V), possibilitando a intervenção do Estado nas relações privadas, de modo a garantir os direitos fundamentais dos cidadãos.

> "A intervenção do Estado na atividade econômica encontra autorização constitucional quando tem por finalidade proteger o consumidor." (STJ, MS 4138/DF, *DJ* 21/10/1996, Rel. Min. José Delgado).

A defesa do consumidor não é incompatível com a livre iniciativa e o crescimento econômico. Ambos estão previstos como princípios da ordem econômica constitucional, de acordo com o disposto no art. 170 da CF. Com isso, o Código de Defesa do Consumidor procura compatibilizar a defesa do consumidor com a livre iniciativa. O que a CF institui é que a ordem econômica deve ser constituída levando em consideração a defesa do consumidor.

Nesse sentido, o empresário somente tem assegurado o livre exercício da atividade econômica (parágrafo único do art. 170 da CF) se respeitar e assegurar os direitos do consumidor. Como exemplo, o empresário poderá elaborar contrato de adesão, estipulando as cláusulas contratuais para o fim de sua atividade, desde que não sejam abusivas.

Dessa forma, procurando dar efetividade a esse novo contexto, a própria Constituição, no art. 48 do Ato das Disposições Constitucionais Transitórias (ADCT), estabeleceu um prazo para que se promulgasse uma lei protetiva dos consumidores.[10]

Assim é que, em atendimento ao mandamento constitucional, foi elaborado o Código de Defesa do Consumidor com o intuito de intervir nas relações de consumo para a proteção

---

8. BOBBIO, Norberto. *A era dos direitos*. Trad. Carlos Nelson Coutinho. Rio de Janeiro: Campus, 1992, p. 6.
9. No mesmo sentido, a jurisprudência do STF: "Nesse contexto, e tal como enfatizado por esta Suprema Corte (*RTJ* 164/158-161), impende destacar, na linha desse processo evolutivo, os *direitos de primeira geração* (direitos civis e políticos), que compreendem as liberdades clássicas, negativas ou formais, e que realçam o princípio da liberdade. Os *direitos de segunda geração* (direitos econômicos, sociais e culturais), de outro lado, identificam-se com as liberdades positivas, reais ou concretas, pondo em relevo, sob tal perspectiva, o princípio da igualdade. Cabe assinalar, Senhor Presidente, que os *direitos de terceira geração* (ou de novíssima dimensão), que materializam poderes de titularidade coletiva atribuídos, genericamente, e de modo difuso, a todos os integrantes dos agrupamentos sociais, consagram o princípio da solidariedade e constituem, por isso mesmo, ao lado dos denominados *direitos de quarta geração* (como direito ao desenvolvimento e o direito à paz) um momento importante no processo de expansão e reconhecimento dos direitos humanos [...]" (STF, voto do Min. Rel. Celso de Mello na ADI-MC 3540/DF, j. 01/09/ 2005).
10. Assim dispõe o art. 48 da ADCT: "O Congresso Nacional, dentro de cento e vinte dias da promulgação da Constituição, elaborará código de defesa do consumidor." Vale lembrar que a nossa Constituição Federal foi promulgada em 5 de outubro de 1988 e o Código de Defesa do Consumidor somente foi promulgado em 11 de setembro de 1990, prazo muito superior ao estabelecido pela Carta Magna.

do sujeito vulnerável, desigual na relação com o fornecedor, de modo a manter o equilíbrio e a igualdade nas contratações.[11]

Trata-se de um verdadeiro *microssistema jurídico*, em que o objetivo não é tutelar os iguais, cuja proteção já é encontrada no Direito Civil, mas justamente tutelar os desiguais, tratando de maneira diferente fornecedor e consumidor com o fito de alcançar a igualdade.

O fenômeno do *microssistema* ocorre quando temas de leis especiais e extravagantes não tratadas no direito codificado, que possuem caráter mais amplo e geral (por exemplo o Código Civil) – regulam situações que são marcadas pela especificidade da relação (por exemplo, consumidor e fornecedor).[12]

Nesse sentido, o CDC constitui um microssistema jurídico multidisciplinar na medida em que possui normas que regulam todos os aspectos da proteção do consumidor, coordenadas entre si, permitindo a visão de conjunto das relações de consumo. Por força do caráter interdisciplinar, o Código de Defesa do Consumidor outorgou tutelas específicas ao consumidor nos campos civil (arts. 8º a 54), administrativo (arts. 55 a 60 e 105/106), penal (arts. 61 a 80) e jurisdicional (arts. 81 a 104).[13-14]

11. O Código de Defesa do Consumidor, embora seja um "código", até mesmo por mandamento constitucional – art. 48 da ADCT, foi aprovada na forma de lei ordinária (Lei 8.078/1990) por questões de estratégia legislativa. Ada Pellegrini Grinover e Antônio Herman Benjamin esclarecem que "a dissimulação daquilo que era Código em lei foi meramente cosmética e circunstancial. É que, na tramitação do Código, o *lobby* dos empresários, notadamente o da Construção Civil, dos consórcios e dos supermercados, prevendo a derrota no plenário das duas Casas, buscou, por meio de uma manobra procedimental, impedir a votação do texto ainda naquela legislatura, sob o argumento de que, por se tratar de Código, necessário era respeitar um *iter* legislativo extremamente formal, o que, naquele caso não tinha sido observado. A artimanha foi superada rapidamente com o contra-argumento de que aquilo que a Constituição chamava de Código assim não o era." BENJAMIN, Antônio Herman de Vasconcelos e. *Código Brasileiro de Defesa do Consumidor Comentado pelos Autores do Anteprojeto*. 9ª ed. Rio de Janeiro: Forense Universitária, 2007, p. 9.

    E, dessa forma, o Código foi votado com outra qualidade, transformando-se na lei nº: 8.078, de 11.09.1990. Mas, repita-se, não obstante a nova denominação, estamos, verdadeiramente, diante de um Código, seja pelo mandamento constitucional, seja pelo seu caráter sistemático. Tanto isso é certo que o Congresso Nacional sequer se deu ao trabalho de extirpar do corpo legal as menções ao vocábulo Código (vide artigos 1º, 7º, 28, 37, 44, 51, etc.).

12. Para Ricardo Luis Lorenzetti o "sistema jurídico atual não se funda em uma só lei codificadora; ao contrário, há muitas leis para distintos setores da atividade e dos cidadãos. (...) A explosão do Código produziu um fracionamento da ordem jurídica, semelhante ao sistema planetário. Criaram-se microssistemas jurídicos que, da mesma forma como os planetas, giraram com autonomia própria, sua vida é independente; o Código é como o sol, ilumina-os, colabora em suas vidas, mas já não pode incidir diretamente sobre eles" (A descodificação e a possibilidade de ressistematização do direito civil. In: Cesar Fiuza; Maria de Fátima Freire de Sá e Bruno Torquato de Oliveira Naves. *Direito civil: atualidades*. Belo Horizonte: Del Rey, 2003. p. 221-222).

13. ALMEIDA. João Batista de. *Manual de Direito do Consumidor*. São Paulo: Saraiva, 2003, p. 52.

14. Nas palavras de Bruno Miragem, "faz-se, portanto um corte transversal em diversas disciplinas jurídicas, incorporando em uma só lei aspectos próprios de distintos ramos do direito vinculados logicamente pela ideia-força do CDC, de proteção do consumidor." (MIRAGEM, Bruno. *Curso de Direito do Consumidor*, 6ª ed. RT, p. 54).

Assim, temos como visão topográfica do CDC o seguinte quadro:

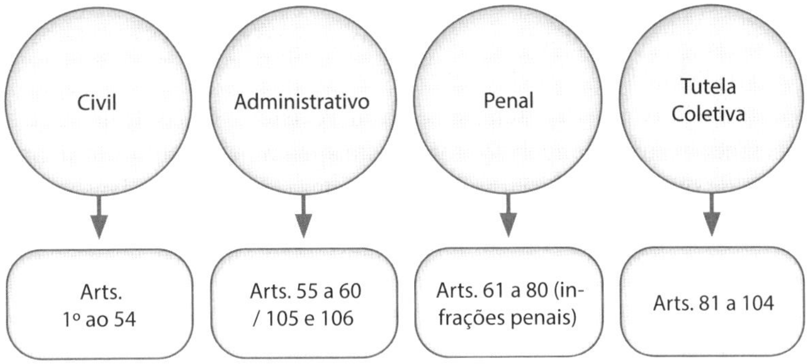

As normas contidas no CDC são de ordem pública e interesse social, sendo, portanto, cogentes e inderrogáveis pela vontade das partes. Aliás, o art. 6º do Código Civil Francês (*Code de Napoleon*), de 1804, já previa tal ensinamento pelo qual "*não se pode derrogar, por convenções particulares, as leis que interessam à ordem pública ou aos bons costumes*."[15]

Nesse sentido, o STJ já se manifestou:

> CÓDIGO DE DEFESA DO CONSUMIDOR. NORMA DE ORDEM PÚBLICA. DERROGAÇÃO DA LIBERDADE CONTRATUAL. O caráter de norma pública atribuído ao Código de Defesa do Consumidor derroga a liberdade contratual para ajustá-la aos parâmetros da lei [...] (STJ, REsp. 292942/MG, Rel. Min. Sálvio de Figueiredo Teixeira, *DJ* 07/05/2001).

A configuração do CDC como norma de "ordem pública" decorre direta e logicamente do próprio texto do art. 5º, XXXII da CF, uma vez que cabe ao *Estado* promover a defesa do consumidor, tendo, assim, o próprio cidadão-consumidor um direito fundamental a uma ação positiva do Estado (qual seja, promover a defesa dos direitos dos consumidores).

Nelson Nery Júnior possui entendimento interessante sobre a expressão "*ordem pública*" contida no art. 1º, aduzindo que nas relações de consumo o juiz poderá apreciar qualquer matéria de ofício, não se operando a preclusão, podendo ser revistas e decididas a qualquer tempo e grau de jurisdição.[16-17]

No tocante à atuação de ofício pelo juiz nas relações de consumo, a doutrina consumerista é pacífica em aceitar tal situação, principalmente porque o CDC é norma de "ordem pública". A jurisprudência também vinha seguindo essa orientação; porém, o STJ, no REsp. 541.153/RS[18], através da Segunda Seção, pacificou o entendimento no sentido

---

15. SHARP JÚNIOR, Ronald. *Código de Defesa do Consumidor Anotado*. 1ª ed. Rio de Janeiro: Forense Universitária, 2002, p. 5.
16. Quando se aduz "*em qualquer grau de jurisdição*" entenda-se somente a instância ordinária, já que na instância extraordinária (*v.g.* recurso especial e recurso extraordinário) ficará impossibilitada tal atuação de ofício ou até mesmo a alegação da parte interessada, em decorrência do requisito do prequestionamento.
17. "Os princípios gerais do Código Brasileiro de Defesa do Consumidor". *Revista de Direito do Consumidor*. São Paulo: Revista dos Tribunais, vol. 3. 1992, p. 44-77.
18. "RECURSO ESPECIAL. AÇÃO REVISIONAL. CONTRATO DE ARRENDAMENTO MERCANTIL. DESCARACTERIZAÇÃO. EXAME DE OFÍCIO. JUROS REMUNERATÓRIOS. CAPITALIZAÇÃO MENSAL. – Descaracterização do contrato. Incidência do verbete nº 293 da Súmula/STJ. – *Exame de ofício de cláusulas contratuais pelo*

de que é impossível a decretação de ofício da nulidade das cláusulas contratuais abusivas pelos tribunais estaduais. Ou seja, em grau recursal, o Tribunal de Justiça Estadual ficará impedido de afastar uma cláusula abusiva (mesmo as que o próprio STJ já reconheceu como abusivas), caso a parte (consumidor) não a argua.

A hipótese decidida pelo STJ referia-se à ação revisional de contrato bancário, na qual o TJ-RS, apreciando recurso de apelação interposto apenas pela instituição financeira, reformou a sentença de ofício para declarar a nulidade das cláusulas abusivas, que não haviam sido afastadas pelo juiz de primeiro grau. A instituição financeira argumentou em grau recursal que, assim procedendo, o tribunal gaúcho teria julgado o recurso reformando-o para piorar a situação do banco recorrente.

A Segunda Seção do STJ julgou a matéria, com fundamento no art. 515 do CPC/73 (art. 1013 do novo CPC/15), acolhendo a tese de não admitir que o tribunal estadual modifique o comando da sentença para favorecer o consumidor, sem que haja interposição de recurso.

Após o REsp. 541.153/RS, continuava entendendo que o juiz monocrático poderia conhecer de ofício das nulidades nos contratos bancários, uma vez que o posicionamento do STJ referia-se apenas à atuação dos tribunais. Todavia, no REsp. 1061530/RS, julgado através do incidente de processo repetitivo, o STJ pacificou a questão e editou a Orientação nº 5:

> ORIENTAÇÃO 5 – DISPOSIÇÕES DE OFÍCIO
>
> É vedado aos juízes de primeiro e segundo graus de jurisdição julgar, com fundamento no art. 51 do CDC, sem pedido expresso, a abusividade de cláusulas nos contratos bancários.

Assim, o STJ vedou também a atuação do juiz de primeiro grau, estancando a dúvida. Em relação a tal posicionamento, foram vencidos a Mina. Nancy Andrighi (relatora deste processo) e o Min. Luis Felipe Salomão. A Orientação nº 5 acabou se transformando na Súmula nº 381, com o seguinte teor: "*Nos contratos bancários, é vedado ao julgador conhecer, de ofício, da abusividade das cláusulas.*"

Entendemos que houve um retrocesso no posicionamento do STJ. Conforme exposto, as normas do CDC são de ordem pública e o art. 51 é expresso ao declarar que são "*nulas de pleno direito*" as cláusulas abusivas nas relações de consumo. O consumidor é vulnerável na relação com o fornecedor e por isso é necessário permitir que o magistrado intervenha na relação, de ofício, para manter o equilíbrio contratual.

Sobre esse novo posicionamento adotado pelo STJ, vale destacar as severas críticas feitas pela Ministra Nancy Andrighi,[19] sustentando que "vedar o conhecimento de ofício, pelas instâncias originárias (juízes e tribunais) de nulidades que são reputadas pelo CDC como absolutas, notadamente quando se trata de matéria pacificada na jurisprudência pelo STJ,

---

Tribunal de origem. Impossibilidade, por ofensa ao art. 515 do CPC. Princípio tantum devolutum quantum appelattum. Precedentes. – Não estando as instituições financeiras sujeitas à limitação da Lei de Usura, a abusividade da pactuação dos juros remuneratórios deve ser cabalmente demonstrada em cada caso, com a comprovação do desequilíbrio contratual ou de lucros excessivos, sendo insuficiente o só fato de a estipulação ultrapassar 12% ao ano ou de haver estabilidade inflacionária no período (STJ, Resp's. nos 271.214/RS, 407.097/RS e 420.111/RS). – Capitalização mensal. Inadmissibilidade na hipótese. – Recurso parcialmente conhecido e, nessa extensão, provido" (STJ, Resp. 541153/RS, Min. Rel. César Asfor Rocha, Segunda Seção, *DJ* 14/09/2005).

19. Palestra proferida no III Ciclo de Palestras sobre Jurisprudência do STJ no Âmbito do Direito Público e Privado, realizado no Auditório Antônio Carlos Amorim – Palácio da Justiça – Rio de Janeiro, 02/12/2005.

órgão uniformizador da jurisprudência, é privilegiar demasiadamente os aspectos formais do processo em detrimento do direito material." E continua, aduzindo que há "incoerências do entendimento pacificado de o TJ não poder conhecer de ofício as nulidades quando não provocado especificamente pela parte, por causa de outra interpretação dada pelo STJ ao CDC, quanto à questão relativa à incompetência relativa suscitada em razão das cláusulas de eleição de foro inseridas nos contratos de adesão. Como regra geral, a cláusula de eleição de foro cuida de incompetência relativa e o juiz só pode pronunciá-la se provocado pela parte interessada, tudo nos moldes dos arts. 112 e 113 do CPC e sedimentada na Súmula nº 33 do STJ (*A incompetência relativa não pode ser declarada de ofício*). Todavia, a jurisprudência do STJ uniformizou-se no sentido de que, cuidando de contrato que regula relação de consumo, deve-se mitigar a regra do CPC e reconhecer de ofício a incompetência, especialmente quando a cláusula vem formulada em sede de contrato de adesão. Esse entendimento está fundamentado justamente no fato de que as cláusulas abusivas são reputadas nulas de pleno direito pelo CDC. Por isso cabe a indagação: se o STJ, em reiterados precedentes, considerou possível o reconhecimento, de ofício, da nulidade da cláusula de eleição de foro com base na sua abusividade, porque assumir postura diversa com relação a todas as demais cláusulas abusivas que possam estar inseridas no contrato? Não há razão para adotar posicionamentos diametralmente opostos diante de questões de tal forma similares."

Como já ressaltado, as normas do CDC também são de interesse social, o que significa dizer que as normas de proteção aos consumidores possuem importância relevante para a sociedade como um todo, não interessando somente às partes, consumidores e fornecedores. Nos dizeres de Cláudia Lima Marques, as leis consumeristas são "*leis de função social*", pois não só procuram assegurar uma série de novos direitos aos consumidores, mas também possuem a função de transformar a sociedade de modo a se comportar de maneira equilibrada e harmônica nas relações jurídicas.

À primeira vista, a relação particular entre consumidor e fornecedor em nada interessa à sociedade. Ocorre que, quando o fornecedor comete abusos frente ao consumidor, como, por exemplo, quando deixa de consertar o produto vendido com defeito, e não sofre qualquer sanção pela prática abusiva, amanhã, outros consumidores estarão sofrendo os mesmos abusos. Não bastasse, outros fornecedores provavelmente praticarão as mesmas condutas abusivas, uma vez que, consertar produtos defeituosos (como no exemplo citado) ou, em um sentido amplo, respeitar os direitos dos consumidores, gera custos. O pensamento seria: se a empresa "A" faz e não acontece nada, também vou fazer porque é mais lucrativo. Assim, o respeito aos direitos dos consumidores, embora individualizados, interessam a toda a coletividade.

Com outra visão e de forma prática e objetiva, Nelson Nery considera que ser de interesse social significa a possibilidade de o Ministério Público poder atuar em todas as lides coletivas de consumo, inclusive as que tratam sobre os direitos individuais homogêneos.

Como princípio fundamental que passou a ser, a garantia constitucional de proteção e defesa do consumidor é considerada cláusula pétrea, impossível de ser suprimida ou restringida pelo legislador. José Ernesto Furtado de Oliveira[20] doutrina que "o Código de Defesa do Consumidor, por ser legislação complementar à Constituição, criou direitos que

20. "*Reformatio in pejus* do Código de Defesa do Consumidor: impossibilidade em face das garantias constitucionais de proteção". *Revista de Direito do Consumidor*. São Paulo: Revista dos Tribunais, vol. 42, Ano 2002, p. 147.

já definitivamente pertencem ao patrimônio de todo consumidor, de modo que nenhuma lei que venha a alterar *in pejus* tal situação jurídica ou restringir esses direitos consagrados será recepcionada pelo ordenamento jurídico, e muito menos com ele viverá".

Nesse sentido, não podemos admitir nenhum retrocesso na defesa e proteção ao consumidor. Qualquer nova norma que venha a suprimir direitos ou garantias do consumidor deve ser declarada inconstitucional, justamente por violação ao art. 5º, XXXII da CF. Temos aqui a aplicação do princípio do não retrocesso na defesa do consumidor.

Assim, da leitura do art. 5º, XXXII da CF (*o Estado promoverá, na forma da lei, a defesa do consumidor)*; extrai-se quatro conclusões imediatas: 1) o reconhecimento da vulnerabilidade do consumidor pela CF, isso porque quando a CF previu que o Estado deverá promover a "defesa do consumidor", é porque reconheceu que este indivíduo se apresenta vulnerável frente ao outro parceiro contratual (no caso o fornecedor, *expert* da relação). De outro modo, se fossem parceiros (consumidor e fornecedor) que agissem na relação em "pé de igualdade", não faria sentido a CF prever a defesa de um deles. O princípio da isonomia somente deve ser aplicado na medida em que trata desigualmente os desiguais. E é justamente isso o que acontece com a defesa do consumidor na CF; 2) o reconhecimento do princípio do não retrocesso no direito do consumidor, não se admitindo que nenhuma conquista (seja normativa ou jurisprudencial) sofra retrocessos; 3) a determinação constitucional para a defesa do sujeito de direitos "consumidor" e não para a proteção do consumo em si ou do mercado de consumo (não á atoa que o nome dado ao código é Código de Defesa do Consumidor e não Código das Relações de Consumo); 4) a forma do Estado promover a defesa do consumidor será através da lei; no caso o Código de Defesa do Consumidor. Assim, para a efetivação deste direito de defesa do consumidor/dever de proteção do Estado, será considerada toda a normativa e, principalmente, a principiologia do CDC.

Com relação à aplicação do CDC, o STF e o STJ entendem que os seus dispositivos não incidem nos contratos celebrados antes de sua vigência:

> Sendo constitucional o princípio de que a lei não pode prejudicar o ato jurídico perfeito, ele se aplica também às leis de ordem pública. De outra parte, se a cláusula relativa à rescisão com a perda de todas as quantias já pagas constava do contrato celebrado anteriormente ao Código de Defesa do Consumidor, ainda quando a rescisão tenha ocorrido após a entrada em vigor deste, a aplicação dele para se declarar nula a rescisão feita de acordo com aquela cláusula fere, sem dúvida alguma, o ato jurídico perfeito, porquanto a modificação dos efeitos futuros de ato jurídico perfeito caracteriza a hipótese de *retroatividade mínima* que também é alcançada pelo disposto no art. 5º, XXXVI, da Carta Magna (STF, RE 205.999-4-SP, Rel. Min. Moreira Alves, *DJ* 03/03/2000.).[21-22]

---

21. A decisão do Supremo Tribunal Federal adotou a doutrina de Matos Peixoto, que diferencia três tipos de retroatividade de leis: a retroatividade máxima, média e mínima. A *retroatividade máxima* ocorre quando a lei nova ataca a coisa julgada e os fatos consumados. A *retroatividade média*, por sua vez, ocorre quando a lei nova atinge os fatos pendentes de ato jurídico verificado antes dela, como uma lei que diminuísse a taxa de juros com aplicabilidade às prestações vencidas e ainda não pagas. E, finalmente, a *retroatividade mínima* consiste na regulação dos efeitos dos fatos anteriores produzidos após a data em que ela entra em vigor.
22. Ultimamente, o STF tem mitigado esta aplicação. Por exemplo, na Adin nº 3.105, o Ministro Joaquim Barbosa entendeu que os conceitos de direito adquirido e de ato jurídico perfeito não são absolutos, submetendo-se à técnica da ponderação, no caso de colisão com outros direitos.

> Conquanto o CDC seja norma de ordem pública, não pode retroagir para alcançar o contrato que foi celebrado e produziu seus efeitos na vigência da lei anterior, sob pena de afronta ao ato jurídico perfeito (STJ, REsp. 248155/SP, Rel. Min. Sálvio de Figueiredo Teixeira, *DJ* 23/05/2000).

Entretanto, nos contratos de execução diferida e prazo indeterminado, celebrados anteriormente à vigência do CDC, vem sendo admitida a incidência da norma consumerista pelo STJ, uma vez que o mesmo é renovado a cada pagamento efetuado. Ou seja, nos contratos de prazo indeterminado (*v.g.*, previdência privada, plano de saúde), o consumidor poderá discutir a validade das cláusulas ou requerer sua revisão durante o período de vigência do CDC; mesmo para os contratos celebrados anteriormente ao CDC.

> O contrato de previdência privada, de fato, é de trato sucessivo, de execução continuada, sendo que, com relação à primeira ré [...] o contrato prosseguiu sob a égide do Código de Defesa do Consumidor, renovando-se o contrato a cada pagamento efetuado, não havendo razão para descartar a aplicação do referido Código se o contrato de execução continuada prosseguiu já durante a sua vigência, considerando que se trata de contrato de prazo indeterminado, como é da natureza mesma dos contratos de previdência privada. Parece-me, portanto, que não é possível descartar no que concerne à primeira ré a incidência do Código de Defesa do Consumidor (STJ, REsp. 331.860/RJ, Rel. Min. Carlos Alberto Menezes Direito, *DJ* 05/08/2002).

Nesse mesmo sentido do STJ, leciona Gustavo Tepedino[23] que "tratando-se de contratos de execução diferida ou de trato sucessivo, não há que se cogitar da existência de direitos adquiridos a efeitos futuros, sendo legítima a intervenção legislativa que venha a alcançá-los."

COMPETÊNCIA LEGISLATIVA DOS ENTES FEDERADOS

Além da previsão da edição do Código de Defesa do Consumidor, a CF também estabeleceu as competências dos entes federados (União, Estados/DF e Municípios) para legislarem normas relacionadas aos direitos dos consumidores. Assim é que a CF, no art. 22, I estabeleceu que compete *privativamente* à União legislar sobre "*direito civil, comercial, penal, processual, eleitoral, agrário, marítimo, aeronáutico, espacial e do trabalho*", assim como o inciso XXIX incluiu nesta mesma competência legislar sobre "*propaganda comercial*". Já o art. 24 da CF estabeleceu as competências *concorrentes* da União, Estados e DF para legislarem sobre "*produção e consumo*" (inciso V) e *responsabilidade por dano ao consumidor* (inciso VIII). Vale lembrar que no caso das competências concorrentes, a União limita-se a estabelecer as normas gerais (art. 24, §1º) e que a competência da União sobre normas gerais não exclui a competência suplementar dos Estados (art. 24, §2º). Uma vez inexistindo lei federal sobre normas gerais, os Estados poderão exercer a competência legislativa plena para atender as suas peculiaridades (art. 24, §3º). Havendo lei federal posteriormente sobre normas gerais, suspenderá a eficácia da lei estadual, no que for contrário aquela (art. 24, §4º). Para os Municípios, a CF autoriza o poder de "*legislar sobre assuntos de interesse local*" (art. 30, I).

De todas as competências descritas, com exceção da propaganda comercial (competência privativa da União) e responsabilidade por dano ao consumidor (competência concorrente), as demais possuem, na prática, uma dificuldade de delimitação.[24] Por exemplo,

---

23. *Rev. Direito da Câmara Municipal do Rio de Janeiro*, vol. 9, nº 14, jan./dez. 2005, p. 92.
24. Esta dificuldade tem sido recorrente no STF na apreciação de leis estaduais que tratam de modo direto ou indireto sobre direito do consumidor. O Min. Gilmar Mendes já externalizou esta dificuldade e preocupação: "Em relação, especificamente, à análise de legislações estaduais que se utilizam da com-

todas as leis que contiverem aspectos contratuais (mesmo relacionados a consumidores e fornecedores) poderá ser considerada como de competência privativa da União, uma vez que somente ela poderá legislar sobre direito civil, excluindo a competência dos Estados. Como exemplo, tivemos a ADI 3402, Rel. Min. Dias Toffoli, Pleno, DJ. 11/12/2015 que julgou procedente a ação direta de inconstitucionalidade de uma lei do Estado de São Paulo que visava obrigar a contratação de seguro pessoal coletivo em eventos artísticos, culturais, desportivos e recreativos. O argumento do STF para declarar a inconstitucionalidade da lei foi justamente que tratava de assunto relacionado ao "direito civil" (art. 22, I) e "seguros" (art. 22, VII), sendo de competência privativa da União.

> "Ação direta de inconstitucionalidade. Lei nº 11.265/02 do Estado de São Paulo. Seguro obrigatório. Eventos artísticos, desportivos, culturais e recreativos com renda resultante de cobrança de ingressos. Inconstitucionalidade formal. Competência privativa da União. 1. Lei estadual nº 11.265/02, que instituiu a obrigatoriedade de cobertura de seguro de acidentes pessoais coletivos em eventos artísticos, desportivos, culturais e recreativos com renda resultante de cobrança de ingressos. Competência privativa da União para legislar sobre Direito Civil, Direito Comercial e política de seguros (CF, art. 22, I e VII). 2. Não se trata de legislação concernente à proteção dos consumidores (CF, art. 24, inciso VII, §§ 1º e 2º), de competência legislativa concorrente dos estados-membros, pois a lei impugnada não se limita a regular as relações entre os consumidores e os prestadores de serviço, nem a dispor sobre responsabilidade por dano ao consumidor. Na verdade, cria hipótese de condicionamento da realização de alguns espetáculos ou eventos à existência de contrato de seguro obrigatório de acidentes pessoais coletivos. 3. Não obstante a boa intenção do legislador paulista de proteger o espectador, a lei do Estado de São Paulo criou nova modalidade de seguro obrigatório, além daquelas previstas no art. 20 do Decreto-Lei federal nº 73/66 e em outros diplomas federais, invadindo a competência privativa da União para legislar sobre direito civil, direito comercial e política de seguros (CF, art. 22, I e VII). 4. Ação direta de inconstitucionalidade julgada procedente." (STF, ADI 3402, Rel.: Min. Dias Toffoli, Tribunal Pleno, julgado em 07/10/2015)

No mesmo sentido, foi declarada a inconstitucionalidade de lei estadual que fixava prazos máximos, segundo a faixa etária dos usuários, para a autorização de exames pelas operadoras de plano de saúde, por tratar de norma atinente á relações contratuais e, portanto, de direito civil.

> "AÇÃO DIRETA DE INCONSTITUCIONALIDADE. LEI ESTADUAL QUE FIXA PRAZOS MÁXIMOS, SEGUNDO A FAIXA ETÁRIA DOS USUÁRIOS, PARA A AUTORIZAÇÃO DE EXAMES PELAS OPERADORAS DE PLANOS DE SAÚDE. (...) 2. Por mais ampla que seja, a competência legislativa concorrente em matéria de defesa do consumidor (CF/88, art. 24, V e VIII) não autoriza os Estados-membros a editarem normas acerca de relações contratuais, uma vez que essa atribuição está inserida na competência da União Federal para legislar sobre direito civil (CF/88, art. 22, I)." (STF, ADI 4701, Rel. Min. Roberto barroso, Tribunal Pleno, julgado em 13/08/2014)

---

petência concorrente para dispor sobre direito do consumidor, já expressei minhas angústias quanto à necessidade de definirmos padrões claros para a apreciação de sua constitucionalidade. Nesse sentido, na ADI 2.359, de relatoria do Min. Eros Grau, que declarou a constitucionalidade de legislação do Estado do Espírito Santo que tratava da comercialização de produtos por meio de vasilhames, recipientes ou embalagens reutilizáveis, consignei entender que "em algum momento teremos um encontro com essa discussão a respeito da competência dos Estados-membros para legislar sobre direito do consumidor, caracterizada como de caráter suplementar, supletivo ou concorrente e de outras questões que têm sido colocadas aqui, conforme este caso, direito de marcas, patentes, propriedade industrial, direito civil, direito dos contratos". (ADI 2.359, Rel. Min. Eros Grau, julg. em 27.9.2006)" (voto na ADI 750, Rel. Min. Gilmar Mendes, Tribunal Pleno, julgado em 03/08/2017, DJ 09-03-2018).

Também com o argumento de legislar sobre Direito Civil (contratual), o STF considerou inconstitucional lei estadual de Pernambuco que impunha às montadoras, concessionárias e importadoras de veículos a obrigação de fornecer veículo reserva a clientes cujo automóvel ficasse inabilitado por mais de quinze dias por falta de peças originais ou por impossibilidade de realização do serviço, durante o período de garantia contratual. (STF, ADI 5158, Rel.: Min. Roberto Barroso, Tribunal Pleno, julgado em 06/12/2018, DJ 20-02-2019).

Do mesmo modo, toda lei que de uma forma ou outra se relacione com o direito de propriedade, poderá será considerada como de competência exclusiva da União, pelo mesmo motivo: somente esta poderá legislar sobre direito civil. Como exemplo, tivemos a inconstitucionalidade da lei distrital que dispunha sobre a cobrança de preço de estacionamento de veículos em áreas pertencentes a instituições particulares de ensino, sob o argumento de que a matéria envolveria direito de propriedade, portanto, de direito civil.

> "Não compete ao Distrito Federal, mas, sim, à União legislar sobre Direito Civil, como, por exemplo, cobrança de preço de estacionamento de veículos em áreas pertencentes a instituições particulares de ensino fundamental, médio e superior, matéria que envolve, também, direito decorrente de propriedade." (STF, ADI 2448, Rel. Min. Sydney Sanches, Tribunal Pleno, julgado em 23/04/2003)

Há ainda outras leis estaduais declaradas inconstitucionais, por tratarem de outros temas de competência privativa específica da União. Foi o caso da inconstitucionalidade da lei estadual de Santa Catarina que fixava as condições de cobrança do valor da assinatura básica de telefonia. O STF entendeu que a referida lei afrontou o art. 22, IV, sendo de competência privativa da União legislar sobre "telecomunicações", ainda que a matéria também tenha ligação com "produção e consumo" (sendo, neste último caso, de competência concorrente).

> "Ação Direta de Inconstitucionalidade. 2. Direito do Consumidor. 3. Telefonia. 4. Assinatura básica mensal. 5. Lei n. 11.908, de 25 de setembro de 2001, do estado de Santa Catarina. 6. Inconstitucionalidade formal. 7. Afronta aos arts. 21, XI, e 22, IV, da Constituição Federal. 8. É inconstitucional norma local que fixa as condições de cobrança do valor de assinatura básica, pois compete à União legislar sobre telecomunicações, bem como explorar, diretamente ou mediante autorização, concessão ou permissão seus serviços. 9. Ação direta julgada procedente." (STF, ADI 2615, Rel.: Min. Eros Grau, Rel.) p/ Acórdão: Min. Gilmar Mendes, Tribunal Pleno, julgado em 11/03/2015)

No mesmo sentido, a Lei 5.934/2011 do Estado do Rio de Janeiro, ao dispor acerca da possibilidade de acúmulo das franquias de minutos mensais ofertados pelas operadoras de telefonia, foi declarada inconstitucional por violação ao art. 22, IV, CF, que confere à União a competência privativa para dispor sobre telecomunicações. (STF, ADI 4.649, Rel. Min. Dias Toffoli, j. 1-7-2016, DJE de 12-8-2016).

Também foi declarada inconstitucional lei estadual do Rio de Janeiro que dispunha sobre a obrigatoriedade de informações nas embalagens dos produtos alimentícios comercializados no Estado do Rio de Janeiro. Neste caso, o STF considerou inconstitucional por violação ao art. 22, VIII da CF ("*comércio exterior e interestadual*").

Já a Lei 4644/2018 do estado do Amazonas que proíbe empresas e estabelecimentos comerciais de realizarem cobranças e vendas de produtos por telefone fora do horário comercial e em feriados e fins de semana foi julgada constitucional pelo STF.

> "COMPETÊNCIA NORMATIVA – CONSUMIDOR – PROTEÇÃO – AMPLIAÇÃO – LEI ESTADUAL. Ausente a instituição de obrigações relacionadas à execução contratual da concessão

de serviço de telecomunicações, surge constitucional norma estadual a vedar a realização de "cobranças e vendas de produtos via telefone, fora do horário comercial, nos dias de semana, feriados e finais de semanas", ante a competência concorrente dos Estados para legislar sobre proteção aos consumidores – artigo 24, inciso V, da Constituição Federal. Precedente do Plenário: ação direta de inconstitucionalidade nº 5.745, julgada em 7 de fevereiro de 2019." (STF, ADI 6087, Rel: Min. Marco Aurélio, Tribunal Pleno, julgado em 21/08/2019, DJ 23-09-2019)

Outra lei que foi julgada constitucional foi a Lei 20.276/2020 do estado do Paraná que proíbe instituições financeiras, correspondentes bancários e sociedades de arrendamento mercantil de fazerem publicidade dirigida a aposentados e pensionistas e estabelece que a contratação de empréstimos somente pode ser realizada após solicitação expressa do aposentado ou do pensionista.

"Proibição da Lei paranaense n. 20.276/2020 a instituições financeiras, correspondentes bancários e sociedades de arrendamento mercantil realizarem telemarketing, oferta comercial, proposta, publicidade ou qualquer tipo de atividade tendente a convencer aposentados e pensionistas a celebrarem contratos de empréstimos resulta do legítimo exercício da competência concorrente do ente federado em matéria de defesa do consumidor, suplementando-se os princípios e as normas do Código de Defesa do Consumidor e reforçando-se a proteção de grupo em situação de especial vulnerabilidade econômica e social." (STF, ADI 6727 Rel. Min. Cármen Lúcia, Tribunal Pleno, DJ 20/05/2021)

A análise da competência municipal instituída pela CF para legislar sobre direito do consumidor é ainda mais complexa. Isso porque a CF institui que compete aos municípios legislarem sobre "*assuntos de interesse local.*" A discussão, portanto, centra-se na análise do que seja "*interesse local*" de um determinado munícipio e se a matéria abrangida por este *interesse local* não choca com alguma outra competência prevista na CF que seja privativa da União e/ou concorrente da União e Estados.

Nesse sentido:

"LEIS 10.927/91 E 11.262 DO MUNICÍPIO DE SÃO PAULO. SEGURO OBRIGATÓRIO CONTRA FURTO E ROUBO DE AUTOMÓVEIS. SHOPPING CENTERS, LOJAS DE DEPARTAMENTO, SUPERMERCADOS E EMPRESAS COM ESTACIONAMENTO PARA MAIS DE CINQÜENTA VEÍCULOS. INCONSTITUCIONALIDADE. 1. O Município de São Paulo, ao editar as Leis l0.927/91 e 11.362/93, que instituíram a obrigatoriedade, no âmbito daquele Município, de cobertura de seguro contra furto e roubo de automóveis, para as empresas que operam área ou local destinados a estacionamentos, com número de vagas superior a cinqüenta veículos, ou que deles disponham, invadiu a competência para legislar sobre seguros, que é privativa da União, como dispõe o art. 22, VII, da Constituição Federal. *2. A competência constitucional dos Municípios de legislar sobre interesse local não tem o alcance de estabelecer normas que a própria Constituição, na repartição das competências, atribui à União ou aos Estados. O legislador constituinte, em matéria de legislação sobre seguros, sequer conferiu competência comum ou concorrente aos Estados ou aos Municípios.* 3. Recurso provido." (STF, RE 313060, Rel. Min. Ellen Gracie, Segunda Turma, julgado em 29/11/2005, DJ 24-02-2006)

Na prática, a análise do caso a caso pelo STF é que definirá se o município tem ou não competência em determinada matéria.

Como exemplo, o STF reconheceu a competência do município para legislar sobre obrigatoriedade de as instituições financeiras instalarem em suas agências dispositivos de segurança, tais como portas eletrônicas e câmeras filmadoras (STF, AI 347717 AgR, Rel. Min. Celso de Mello, Segunda Turma, julgado em 31/05/2005, DJ 05-08-2005) e também sobre o tempo máximo de espera em fila nas agências bancárias (STF, RE 432.789, Rel. Min. Eros Grau, DJU 07/10/2005).

De acordo com o STF, compete ao Município também fixar o horário de funcionamento de estabelecimento comercial, por se tratar de assunto de interesse local. (Súmula vinculante 38).

ESG (PRÁTICAS AMBIENTAIS, SOCIAIS E DE GOVERNANÇA CORPORATIVA) E O DIREITO DO CONSUMIDOR

O movimento de integração das práticas de ESG – sigla para *Environmental, Social and Governance* (Ambiental, Social e Governança) – no mundo corporativo vem se fortalecendo, refletindo uma mudança essencial nas expectativas de consumidores, investidores e da sociedade em geral. Esse conceito surgiu no contexto dos investimentos sustentáveis, com o objetivo de avaliar as empresas não apenas pelo desempenho financeiro, mas também pelo impacto que suas atividades exercem no meio ambiente, na sociedade e em sua própria estrutura de governança.

Introduzido formalmente pelo Programa das Nações Unidas para o Meio Ambiente (PNUMA) em 2004, no relatório Who Cares Wins ("Quem se Importa, Ganha"), o ESG foi criado para incentivar empresas e investidores a considerarem questões além do lucro imediato, promovendo uma visão de longo prazo que equilibre os interesses econômicos com práticas responsáveis e sustentáveis. Desde então, o ESG expandiu-se rapidamente e passou a ser adotado como um padrão de avaliação para empresas de diversos setores, abrangendo práticas ambientais (como a gestão de resíduos e emissões de carbono), sociais (como o respeito aos direitos humanos e o apoio às comunidades) e de governança (incluindo transparência, ética e responsabilidade corporativa). Hoje, o ESG representa um compromisso com o desenvolvimento sustentável e uma resposta às crescentes demandas por responsabilidade e ética no setor corporativo.

Em harmonia com o Direito do Consumidor, as práticas de ESG incentivam que as empresas adotem políticas e ações que vão além da simples relação comercial, promovendo valores éticos, ambientais e sociais. Esse alinhamento entre ESG e a defesa do consumidor se traduz em práticas que, ao mesmo tempo, respeitam o consumidor e preservam o meio ambiente, protegem a sociedade e adotam princípios de transparência e governança.

No ***âmbito ambiental***, os consumidores têm demonstrado uma preferência crescente por empresas que adotam práticas sustentáveis, em especial aquelas que se comprometem com a redução do impacto ambiental, minimização de resíduos e promoção da reciclagem. Essa mudança reflete a consciência ambiental e a preocupação dos consumidores com a preservação dos recursos naturais, a qualidade de vida e o futuro das próximas gerações. Produtos que respeitam o meio ambiente e práticas empresariais que reduzem emissões de carbono ou utilizam materiais biodegradáveis ganham destaque no mercado e criam uma relação de confiança com o consumidor, que valoriza a responsabilidade ambiental.

O Direito do Consumidor fortalece esse movimento ao exigir, entre os direitos básicos do consumidor (art. 6º, CDC), a informação adequada e clara sobre produtos e serviços, incluindo suas características e potenciais riscos ao meio ambiente e à saúde. Esse princípio exige que as empresas ofereçam informações verdadeiras e precisas sobre seus compromissos e práticas sustentáveis, permitindo que o consumidor tome decisões conscientes e informadas. Dessa forma, o CDC proíbe que empresas induzam o consumidor ao erro, praticando o chamado "greenwashing" (ou "maquiagem verde"), que consiste na promoção enganosa de uma imagem ecologicamente correta sem respaldo em ações concretas e sustentáveis.

Na ***dimensão social***, o Direito do Consumidor se alinha com as práticas ESG ao promover o respeito à dignidade humana, à inclusão e à segurança nas relações de consumo. O CDC protege não apenas os interesses econômicos dos consumidores, mas também sua integridade física, psicológica e social, garantindo que produtos e serviços sejam oferecidos de forma justa e segura. Práticas sociais de ESG, que incluem o combate à discriminação, o respeito aos direitos humanos e o apoio à diversidade, reforçam o compromisso de atender a todos os consumidores de forma igualitária e digna. Empresas que investem em inclusão, diversidade e condições justas para seus colaboradores demonstram aos consumidores que seus valores são compatíveis com a ética e a justiça social. Essa postura vai ao encontro dos princípios do CDC, que repudia práticas abusivas e desleais (art. 39), buscando impedir que consumidores sejam explorados ou tratados de forma desumana e discriminatória.

Além disso, o CDC possui dispositivos específicos para proteger consumidores considerados hipervulneráveis, como idosos, crianças e pessoas de baixa renda, alinhando-se aos princípios sociais do ESG que defendem uma sociedade mais equitativa. A proteção ao consumidor vulnerável reflete uma preocupação com a justiça social, pois reconhece que determinadas parcelas da população estão em desvantagem e merecem atenção especial nas práticas empresariais. Quando uma empresa adota práticas ESG que priorizam a acessibilidade, como produtos inclusivos e atendimento respeitoso a grupos diversos, ela está promovendo um ambiente de consumo mais justo e acessível, onde todos têm a possibilidade de adquirir produtos e serviços de qualidade. Essa convergência entre o CDC e o ESG fortalece a confiança do consumidor na marca e contribui para um mercado mais ético e responsável, onde as necessidades de todos os consumidores são valorizadas e respeitadas.

No aspecto de governança corporativa, a transparência e a responsabilidade são essenciais para garantir relações de consumo éticas e seguras. Empresas que adotam práticas sólidas de governança vão além do simples cumprimento da legislação, promovendo valores como integridade, ética e prestação de contas. A boa governança inclui a adoção de medidas de *compliance*, assegurando que as operações da empresa estejam em conformidade com as leis e regulamentos, especialmente os de proteção ao consumidor. Esse compromisso com a conformidade não apenas previne práticas abusivas, mas também assegura que os direitos do consumidor, previstos no CDC, sejam respeitados. O art. 6º do CDC, por exemplo, define o direito à informação adequada e clara sobre produtos e serviços, princípio que é reforçado por uma governança que prioriza a transparência e a prestação de contas. A governança ética, ao adotar políticas claras e regulamentos rigorosos, protege o consumidor ao assegurar que a empresa não se envolva em práticas enganosas, oferecendo produtos e serviços de forma honesta e confiável.

Além disso, a governança eficiente facilita a execução rápida e responsável de procedimentos corretivos, como o recall de produtos defeituosos ou perigosos. Em situações de *recall*, uma empresa com governança sólida é capaz de comunicar-se prontamente com os consumidores, fornecendo informações claras sobre o problema, os riscos envolvidos e as instruções para resolução, como substituição ou reembolso. Esse tipo de resposta demonstra respeito pelo consumidor e responsabilidade social, reforçando o direito básico à segurança e à informação, conforme estabelece o CDC. A transparência no processo de *recall* não apenas protege a saúde e segurança do consumidor, mas também fortalece a confiança na empresa, ao mostrar que ela está comprometida em corrigir falhas e em prevenir prejuízos. Assim, uma governança corporativa robusta e comprometida com a transparência não só cumpre as exigências legais, mas também promove um ambiente de consumo mais seguro e confiável, alinhado aos direitos do consumidor e aos princípios de ESG.

Assim, o Direito do Consumidor e as práticas de ESG se complementam e reforçam o compromisso das empresas com uma atuação ética, sustentável e responsável. Esse alinhamento traz benefícios para o consumidor, que se vê respeitado e informado, e para as empresas, que ganham credibilidade, se destacam no mercado e contribuem para o desenvolvimento de uma sociedade mais justa e sustentável.

COMPLIANCE E O DIREITO DO CONSUMIDOR

O *compliance*, termo derivado do inglês que significa "conformidade", tem se consolidado como um dos pilares fundamentais para assegurar a integridade e a ética nas práticas empresariais.[25] No contexto das relações de consumo, o *compliance* envolve o compromisso das empresas em cumprir rigorosamente a legislação consumerista e adotar práticas que respeitem os direitos dos consumidores. Nesse sentido, o compliance e o Direito do Consumidor atuam de forma complementar, promovendo um ambiente de consumo ético, seguro e justo. A conformidade não apenas assegura que a empresa atenda aos preceitos legais, mas também contribui para a construção de relações de confiança e para a prevenção de práticas abusivas, protegendo a parte mais vulnerável nas transações comerciais: o consumidor.

A adoção de programas de *compliance* é uma resposta à crescente demanda por integridade e responsabilidade corporativa. A conformidade com o Direito do Consumidor vai além da simples observância legal; ela reflete o compromisso ético da empresa em oferecer produtos e serviços de qualidade, tratar o consumidor com respeito e garantir que todas as informações sejam claras, verdadeiras e acessíveis. O CDC prevê, entre os direitos básicos, o direito à informação adequada e clara (art. 6º, III) e à segurança dos produtos e serviços (art. 6º, I). Dessa forma, um programa de *compliance* voltado para o consumidor assegura que esses direitos sejam cumpridos, protegendo o consumidor de práticas enganosas e abusivas.[26]

O *compliance* no Direito do Consumidor abrange várias áreas de atuação, incluindo a transparência nas informações sobre produtos e serviços, a segurança nas transações, o tratamento ético do cliente e a garantia de canais eficientes para a resolução de conflitos. Empresas que adotam políticas de compliance implementam códigos de conduta que orientam seus colaboradores, previnem fraudes e asseguram que práticas como a publicidade enganosa e o *greenwashing* sejam evitadas. Por meio de auditorias internas e programas de treinamento, o compliance promove a conscientização dos funcionários sobre a importância de respeitar os direitos do consumidor, garantindo que a empresa esteja sempre alinhada aos preceitos do CDC.

25. O *compliance*, inicialmente concebido como um instrumento de prevenção e combate à corrupção no âmbito empresarial, tem expandido seu escopo de atuação, incorporando valores sociais e éticos como a proteção do consumidor.
26. Carvalho, Ana Luísa Macêdo; Pinheiro, Caroline da Rosa; Dutra, Yasmin Oliveira. Compliance consumerista: um exame à luz da função social da empresa. *Revista de Direito do Consumidor*. vol. 145. ano 32. p. 361-381. São Paulo: Ed. RT, jan./fev. 2023.

Os programas de *compliance*, ao incorporarem a defesa do consumidor, atuam como instrumentos de concretização da função social da empresa, promovendo a autorregulação e a efetivação dos direitos dos consumidores. A Lei Geral de Proteção de Dados (LGPD), Lei 13.709/2018, reforça essa perspectiva, ao exigir a implementação de programas de compliance para a proteção de dados pessoais, demonstrando a crescente relevância do compliance para a tutela dos direitos dos consumidores em um contexto de digitalização da economia.

A adoção de um programa de *compliance* traz vantagens tanto para as empresas quanto para os consumidores. Para as empresas, o compliance contribui para a construção de uma reputação sólida, aumenta a confiança dos consumidores e diminui os riscos de sanções administrativas e judiciais. Ao adotar práticas éticas e transparentes, a empresa reduz a probabilidade de reclamações e litígios, consolidando-se como uma marca confiável. O consumidor, por outro lado, é beneficiado ao ter a certeza de que está adquirindo produtos e serviços de uma empresa que respeita seus direitos e que tem um compromisso com a transparência, segurança e ética.

Assim, o *compliance* é um importante aliado do Direito do Consumidor, contribuindo para um ambiente de consumo mais seguro, justo e ético. As empresas que adotam práticas de conformidade e respeitam os princípios do CDC fortalecem sua relação com os consumidores, promovem a confiança e contribuem para o desenvolvimento de uma sociedade mais justa e responsável.

PRINCIPAIS JURISPRUDÊNCIAS DO STF E STJ

COVID e mensalidade escolar: STF decide que lei que define desconto de 30% em mensalidades escolares é inconstitucional

O STF entendeu que é inconstitucional a Lei 14.279/2020 do Estado da Bahia, que determinava a redução obrigatória e proporcional das mensalidades na rede particular de ensino em razão das medidas restritivas adotadas durante a pandemia de COVID-19. A Corte fundamentou sua decisão no fato de que a norma estadual invadiu a competência privativa da União para legislar sobre Direito Civil, conforme o art. 22, I, da Constituição Federal. Destacou-se que questões sobre os efeitos jurídicos da pandemia em relações de Direito Privado já foram reguladas pela Lei Federal 14.010/2020, que instituiu o Regime Jurídico Emergencial e Transitório (RJET), reduzindo o espaço de atuação normativa complementar dos Estados. (STF, ADI 6.575, Rel. Min. Edson Fachin, julgamento em 21/12/2020).

Relevância social da defesa do consumidor é intrínseca

O STJ entendeu que a defesa do consumidor constitui um princípio da ordem econômica, conforme o art. 170, V, da Constituição Federal, e configura uma espécie de direito fundamental, previsto no art. 5º, XXXII, da Constituição. Por esse motivo, a relevância social é característica intrínseca a este direito. (STJ, AgInt no REsp 1421378/PR, Rel. Min. Raul Araújo, Quarta Turma, DJe 24/11/2020).

Estados e DF podem legislar sobre postagem de boletos de empresas públicas e privadas

O STF entendeu que os Estados e o Distrito Federal possuem competência legislativa para estabelecer regras sobre a postagem de boletos referentes ao pagamento de serviços prestados por empresas públicas e privadas. Assim, foi validada a Lei Estadual 5.190/2008 do Rio de Janeiro, que regula prazos e informações sobre boletos, sem configurar violação da competência privativa da União para legislar sobre serviços postais. (STF, ARE 649379, Rel. Min. Gilmar Mendes, Relator p/ Acórdão Min. Alexandre de Moraes, Tribunal Pleno, julgado em 16/11/2020, DJe 18/01/2021).

Lei estadual sobre exposição de orgânicos em mercados é constitucional

O STF entendeu que é constitucional a lei estadual que regula a exposição de produtos orgânicos em estabelecimentos comerciais, considerando que a norma privilegia o direito de informação do consumidor e não viola a competência privativa da União para legislar sobre Direito Comercial. Assim, reconheceu-se que a norma está no âmbito da competência concorrente sobre Direito do Consumidor e não afronta a livre iniciativa. (STF, ADI 5166, Rel. Min. Gilmar Mendes, Tribunal Pleno, DJe 20/11/2020).

Impossibilidade de retroatividade de norma de ordem pública. Retroatividade mínima

O STF entendeu que, conforme o art. 5º, XXXVI, da Constituição Federal, leis novas não podem prejudicar o direito adquirido, o ato jurídico perfeito e a coisa julgada, mesmo que sejam de ordem pública. Considerou-se que qualquer tentativa de aplicação retroativa de uma norma para alcançar efeitos futuros de fatos passados configura retroatividade mínima, o que é vedado constitucionalmente. (STF, RE 188.366/SP, Rel. Min. Moreira Alves, Primeira Turma, DJU 19/11/1999).

Evento danoso ocorrido antes da vigência do CDC. Não incidência do CDC

O STJ entendeu que não incidem as normas do Código de Defesa do Consumidor (CDC) em eventos danosos ocorridos antes de sua vigência. Assim, afastam-se a responsabilidade objetiva prevista no art. 14 do CDC e a prescrição quinquenal do art. 27, sendo aplicáveis, nesse caso, as disposições do Código Civil de 1916. (STJ, REsp 1307032/PR, Rel. Min. Raul Araújo, Quarta Turma, DJe 01/08/2013).

Recurso repetitivo. Alegação de ofício de cláusulas abusivas

O STJ, ao julgar recurso repetitivo, consolidou o entendimento de que é inviável o exame de ofício de cláusulas consideradas abusivas em contratos de consumo. Esse posicionamento confirma a jurisprudência pacífica da Segunda Seção, destacando a necessidade de provocação da parte interessada para análise do tema. (STJ, REsp 1.061.530/RS, Rel. Min. Nancy Andrighi, j. 22/10/2008, Informativo 373).

Art. 2º Consumidor é toda pessoa física ou jurídica que adquire ou utiliza produto ou serviço como destinatário final.

Parágrafo único. Equipara-se a consumidor a coletividade de pessoas, ainda que indetermináveis, que haja intervindo nas relações de consumo.

O conceito de consumidor passa pela definição disposta no art. 2º da Lei nº 8.078/1990, segundo o qual, consumidor "é toda pessoa física ou jurídica que adquire ou utiliza produto ou *serviço como destinatário final*".

Sendo assim, são três os elementos que compõem o conceito de consumidor segundo a redação supracitada. O primeiro deles é o *subjetivo* (pessoa física ou jurídica), o segundo é o *objetivo* (aquisição ou utilização de produtos ou serviços) e o terceiro e último é o *teleológico* (a finalidade pretendida com a aquisição de produto ou serviço) caracterizado pela expressão *destinatário final.*[27]

Interessante observar que não é consumidor apenas quem adquire, mas também quem utiliza (por exemplo, um familiar do adquirente ou quem ganhou de presente um produto).

27. NERY JÚNIOR, Nelson. *Código Brasileiro de Defesa do Consumidor Comentado Pelos Autores do Anteprojeto*. 6ª ed. Rio de Janeiro: Forense Universitária, 2000, p. 430.

A definição estampada no *caput* do referido artigo é denominada pela doutrina de "consumidor *stricto sensu*" ou "*standard*", em contraposição aos consumidores equiparados definidos no parágrafo único do art. 2º e nos arts. 17 e 29.

De acordo com o *caput* do art. 2º do CDC, a única característica restritiva para se alcançar o conceito de consumidor seria a aquisição ou utilização do bem como *destinatário final.*

Como o texto legal não responde o que significa destinatário final, a solução é buscar o auxílio da doutrina, para, assim, definir o conceito de consumidor.

Na doutrina consumerista, duas correntes se formaram a respeito do tema. São denominadas de *finalistas* e *maximalistas.*

A doutrina finalista (ou subjetiva), partindo do *conceito econômico de consumidor*, propõe que a interpretação da expressão destinatário final seja restrita, fundamentando-se no fato de que somente o consumidor, parte mais vulnerável na relação contratual, merece a especial tutela.

Assim, consumidor seria o não profissional, ou seja, aquele que adquire ou utiliza um produto para uso próprio ou de sua família.

Para a doutrina finalista, ensina Cláudia Lima Marques[28], o "destinatário final é aquele destinatário fático e econômico do bem ou serviço, seja ele pessoa jurídica ou física. Logo, segundo esta interpretação teleológica não basta ser destinatário fático do produto, retirá-lo da cadeia de produção, levá-lo para o escritório ou residência, é necessário ser destinatário final econômico do bem, não adquiri-lo para revenda, não adquiri-lo para o uso profissional, pois o bem seria novamente um instrumento de produção cujo preço será incluído no preço final do profissional que o adquiriu. Neste caso não haveria a exigida destinação final do produto ou serviço".

Em outras palavras, o destinatário final é o que retira o bem do mercado ao adquirir ou simplesmente utilizá-lo (destinatário final fático), é aquele que coloca um fim na cadeia de produção (destinatário final econômico), e não aquele que utiliza o bem para continuar a produzir, pois ele não é o consumidor final, já que está transformando e utilizando o bem para oferecê-lo, por sua vez, ao cliente, consumidor do produto ou serviço.

Veja decisão do Superior Tribunal de Justiça seguindo a corrente *finalista:*[29]

---

28. *Contratos no Código de Defesa do Consumidor.* 4ª ed. Revista dos Tribunais: São Paulo, 2002, p. 53.

29. Outros exemplos da *Teoria Finalista* aplicada pelo STJ restringindo a exegese do art. 2º do CDC ao destinatário final fático e também econômico do bem ou serviço:

1 – REsp. nº 264.126/RS, Rel. Min. Barros Monteiro, Quarta Turma, unânime, *DJ* 27/08/2000, o qual considerou não ser a pessoa jurídica "Flash do Brasil Química Ltda." destinatária final de serviço de crédito tomado junto a instituição financeira, porquanto "*as sucessivas operações celebradas entre as partes que terminaram por consolidar o total do débito, agora representado pelo instrumento de confissão de dívida acostado à peça exordial, denotam que o financiamento se deu para fins de incrementação das atividades produtivas daquela empresa*"; e

2 – REsp. nº 475220/GO, Rel. Min. Paulo Medina, Sexta Turma, unânime, *DJ* 15/09/2003, o qual considerou não ser a pessoa jurídica revendedora de produtos combustíveis destinatária final fática ou econômica dos produtos fornecidos pelo distribuidor: "*o posto revendedor de combustíveis não se enquadra dentro do conceito de consumidor final, haja vista estar o contrato que celebrou com a Shell do Brasil diretamente*

Tratando-se de financiamento obtido por empresário, destinado precipuamente a incrementar a sua atividade negocial, não se podendo qualificá-lo, portanto, como destinatário final, inexistente é a pretendida relação de consumo. Inaplicação no caso do Código de Defesa do Consumidor (STJ, REsp. 218505/MG, *DJ* 14/02/2000, Rel. Min. Barros Monteiro, j. 16/09/1999).

Analisando a doutrina finalista sob o enfoque da necessidade de se dar uma destinação econômica ao produto ou serviço, percebe-se que, em princípio, praticamente se inviabiliza o reconhecimento da pessoa jurídica como consumidora. Isso porque, em menor ou maior escala, os produtos e serviços adquiridos são, ainda que indiretamente, utilizados na atividade lucrativa.

Como o CDC foi claro ao dispor sobre a possibilidade da pessoa jurídica ser considerada consumidora, a doutrina finalista começa a diferenciar quando o produto ou serviço é utilizado como insumo da produção. Dessa forma, sendo o produto utilizado como matéria prima ou o serviço utilizado como parte do processo produtivo, a pessoa jurídica não seria considerada consumidora. Mas, caso o produto ou o serviço não fossem insumos, ela poderia ser considerada consumidora. Nesse sentido, quando uma fábrica têxtil adquire algodão, ela não pode ser considerada consumidora, pois está adquirindo insumo, matéria prima a ser utilizada no processo produtivo. Presume-se, nesses casos, que a pessoa jurídica conhece bem o produto ou o serviço que está adquirindo, não havendo desequilíbrio na relação contratual. Agora, quando a mesma fábrica têxtil adquire veículo para transporte de seus funcionários, ou contrata serviço de segurança ou de limpeza, por não serem produtos ou serviços utilizados diretamente no processo produtivo, poderia ser considerada consumidora.

Já para a corrente maximalista (ou objetiva), com base no *conceito jurídico de consumidor*, o CDC é visto de uma maneira bem mais ampla, abrangendo maior número de relações, pelas quais as normas inseridas nesse diploma devem regular a sociedade de consumo como um todo.

Para a teoria maximalista, o destinatário final seria somente o destinatário fático, pouco importando a destinação econômica que lhe deva sofrer o bem.

Para Cláudia Lima Marques[30], os maximalistas "veem nas normas do CDC o novo regulamento do mercado de consumo brasileiro, e não normas orientadas para proteger somente o consumidor não profissional. O CDC seria um código geral sobre o consumo, um código para a sociedade de consumo, o qual institui normas e princípios para todos os agentes do mercado, os quais podem assumir os papéis ora de fornecedores ora de consumidores. A definição do art. 2º deve ser interpretada o mais extensamente possível, para que as normas do CDC possam ser aplicadas a um número cada vez maior de relações no mercado. Consideram que a definição do art. 2º é puramente objetiva, não importando se a pessoa física ou jurídica tem ou não fim de lucro quando adquire um produto ou utiliza um serviço. Destinatário final, então, seria o destinatário fático do produto, aquele que retira do mercado e o utiliza, o consome, por exemplo, a fábrica de celulose, que compra carros para o transporte dos visitantes, o advogado que compra uma máquina de escrever para o seu escritório".

---

vinculado à sua atividade lucrativa, motivo por que inaplicável, nas relações que mantem entre si, o disposto no Código de Defesa do Consumidor".

30. *Contratos no Código de Defesa do Consumidor.* 4ª ed. Revista dos Tribunais: São Paulo, 2002, p. 254.

Assim, para os maximalistas, a definição de consumidor é *puramente objetiva*, não importando a finalidade da aquisição ou do uso do produto ou serviço, podendo até mesmo haver intenção de lucro.

Veja decisão do Superior Tribunal de Justiça seguindo a corrente *maximalista:*[31]

> A expressão "destinatário final", constante da parte final do art. 2º do Código de Defesa do Consumidor, alcança o produtor agrícola que compra adubo para o preparo do plantio, à medida que o bem adquirido foi utilizado pelo profissional, encerrando-se a cadeia produtiva respectiva, não sendo objeto de transformação ou beneficiamento (STJ, REsp. 208793/MT, *DJ* 01/08/2000, Rel. Min. Carlos Alberto Menezes Direito).

---

31. Outros exemplos da *Teoria Maximalista* adotada pelo STJ considerando-se consumidor o destinatário final fático do bem ou serviço, ainda que venha a utilizá-lo no exercício de profissão ou de empresa:

1 – REsp. 329.587/SP, Rel. Min. Carlos Alberto Menezes Direito, Terceira Turma, unânime, *DJ* 24/06/2002, o qual considerou existir relação de consumo entre a pessoa jurídica contratante do serviço de transporte aéreo e a transportadora, tendo por objeto o transporte de lote de peças de reposição de propriedade daquela.

2 – REsp. 286.441/RS, Rel. Min. Antonio de Pádua Ribeiro, Rel. p/ac. Min. Carlos Alberto Menezes Direito, Terceira Turma, maioria, *DJ* 03/02/2003, o qual considerou existir relação de consumo entre Transroll Navegação S/A e Outro e Faprol Indústria de Alimentos Ltda., por ser esta adquirente e destinatária final do serviço de transporte marítimo prestado por aquela, tendo por objeto o transporte internacional de coalho alimentício em pó: "No caso presente, a recorrente contratou o serviço da transportadora, detentora do navio, encerrada a relação de consumo com a efetivação do transporte. O que é feito com o produto transportado não tem, a meu ver, peso algum na definição de quem foi o 'destinatário final' do serviço de transporte".

3 – REsp. 488.274/MG, Rela. Mina. Nancy Andrighi, Terceira Turma, unânime, *DJ* 23/06/2003, a qual considerou existir relação de consumo entre Pastifício Santa Amália Ltda e Baan Brasil Sistemas de Informática Ltda., porquanto aquela adquiriu, como destinatária final, programas de computador distribuídos por esta, com o intuito de melhor gerenciar o seu estoque de produtos: "Extrai-se dos autos que a recorrente é qualificada como destinatária final, já que se dedica à produção de alimentos e que se utiliza dos serviços de *software*, manutenção e suporte oferecidos pela recorrida, apenas para controle interno de produção. Deve-se, portanto, distinguir os produtos adquiridos pela empresa que são meros bens de utilização interna da empresa daqueles que são, de fato, repassados aos consumidores".

4 – REsp. 468.148/SP, Rel. Min. Carlos Alberto Menezes Direito, Terceira Turma, unânime, *DJ* 28/10/2003, o qual considerou ser consumidora a pessoa jurídica SBC Serviços de Terraplanagem Ltda., ao adquirir crédito bancário para a compra de tratores a serem utilizados em sua atividade econômica.

5 – REsp. 445.854/MS, Rel. Min. Castro Filho, Terceira Turma, unânime, *DJ* 19/12/2003, o qual considerou ser consumidor o agricultor Francisco João Andrighetto, ao adquirir crédito bancário para a compra de colheitadeira a ser utilizada em sua atividade econômica.

6 – REsp. 235.200/RS, Rel. Min. Carlos Alberto Menezes Direito, Terceira Turma, *DJ* 04/12/2000, REsp. 248424/RS, Rel. Min. Carlos Alberto Menezes Direito, Terceira Turma, *DJ* 05/02/2001 e REsp. 263721//MA, Rel. Min. Carlos Alberto Menezes Direito, Terceira Turma, *DJ* 09/04/2001, o qual reconheceu a existência de relação de consumo em contrato de arrendamento mercantil, ainda que o arrendatário, pessoa jurídica ou não, utilize o bem, como destinatário final, para o desenvolvimento de sua atividade econômica.

7 – REsp. 263.229/SP, Rel. Min. José Delgado, Primeira Turma, unânime, *DJ* 09/04/2001, o qual considerou ser a pessoa jurídica Golfinho Azul Indústria, Comércio e Exportação Ltda. consumidora dos serviços de fornecimento de água, prestados pela Sabesp, para a utilização em sua atividade econômica, a produção pesqueira: "A recorrente, na situação em exame, é considerada consumidora porque não utiliza a água como produto a ser integrado em qualquer processo de produção, transformação ou comercialização de outro produto. O fornecimento de água é para o fim específico de ser consumida pela empresa como destinatária final, utilizando-a para todos os fins de limpeza, lavagem e necessidades humanas. O destino final do ato de consumo está bem caracterizado, não se confundindo com qualquer uso do produto para intermediação industrial ou comercial".

Percebe-se, portanto, que dois são os posicionamentos acerca do conceito de consumidor: um mais restrito – doutrina finalista – e outro mais amplo – doutrina maximalista.

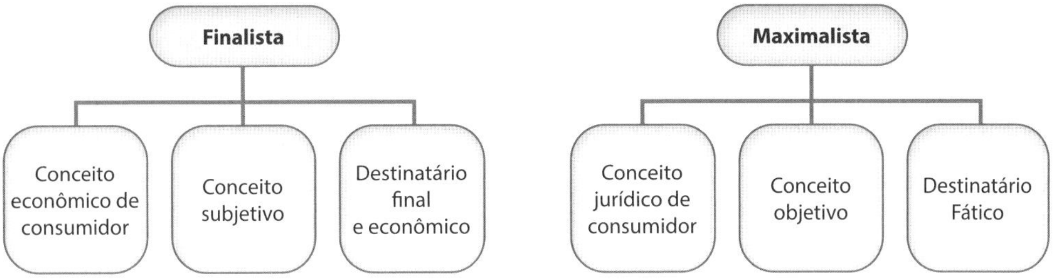

Para os finalistas, o agigantamento do universo de aplicação do CDC acarretaria o desprestígio do fim especial visado pelo legislador, reforçando, em contrapartida, a tutela dos profissionais que, quando eventualmente atuassem como consumidores, possuiriam privilégios especiais excedentes às do direito comum.

Segundo Cláudia Lima Marques, para a exata definição de consumidor e delimitação de abrangência de aplicação do CDC nas relações contratuais, seria necessário fazer uma interpretação teleológica da regra do art. 2º com o sistema tutelar consumerista, buscando a *ratio* principal da norma. Para tanto, de acordo com a autora, destinatário final, para efeitos de definição do conceito de consumidor, seria somente aquele que, segundo o art. 4º, fosse reconhecido como "vulnerável" numa relação contratual, pois somente esses merecem receber a tutela especial do CDC.

Para a autora, três tipos de vulnerabilidades são identificáveis: a *técnica*, a *jurídica* (ou científica) e a *fática* (ou socioeconômica).

Resumidamente, a vulnerabilidade técnica seria aquela na qual o comprador não possui conhecimentos específicos sobre o produto ou o serviço, podendo, portanto, ser mais facilmente iludido no momento da contratação.

A vulnerabilidade jurídica seria a própria falta de conhecimentos jurídicos, ou de outros pertinentes à relação, como contabilidade, matemática financeira e economia.

Já a vulnerabilidade fática é a vulnerabilidade real diante do parceiro contratual, seja em decorrência do grande poderio econômico deste último, seja pela sua posição de monopólio, ou em razão da essencialidade do serviço que presta, impondo, numa relação contratual, uma posição de superioridade.[32]

Caso interessante julgado pelo STJ, que demonstra muito bem o exame detalhado e profundo da noção de vulnerabilidade, *in concreto*, para se admitir a aplicação do CDC, foi o ajuizamento de ação de indenização por um hotel contra a empresa distribuidora de gás, com o escopo de se ressarcir de prejuízos decorrentes da impossibilidade de usufruir as sobras de gás remanescentes em recipientes. O hotel alegava que as sobras de gás eram devolvidas à distribuidora, ante a inviabilidade de utilização do produto até o final, diante de circunstâncias físicas específicas do produto e da forma de acondicionamento, fato que

32. O STJ tem considerado o consumidor-mutuário do Sistema Financeiro da Habitação (SFH) como vulnerável faticamente frente ao agente financeiro (STJ, REsp. 85.521/PR, Rel. Min. José Delgado, DJ 03/06/1996).

gerava um dano contínuo e sistemático. O STJ, através da lavra da Mina. Nancy Andrighi, ao analisar a noção de vulnerabilidade na relação entre o hotel e a distribuidora de gás, entendeu pela aplicação do CDC.

Apontou a Ministra que "seja por reconhecimento da vulnerabilidade da pessoa jurídica empresária, em face da suprema necessidade do bem para o exercício da atividade hoteleira (vulnerabilidade fática), da natureza adesiva do contrato de compra e venda estabelecido (vulnerabilidade jurídica), e da impossibilidade de extração total do produto dos botijões (vulnerabilidade técnica); ou seja por equiparação, em razão da exposição da sociedade empresária às práticas comerciais abusivas, o CDC deve ser aplicado à hipótese, ainda que por fundamentos diversos daqueles esposados pelo acórdão recorrido."[33-34]

Alguns casos ainda geram divergências. Discute-se se as pessoas jurídicas seriam vulneráveis frente às empresas prestadoras de serviços públicos, como energia elétrica e água, em razão da dependência e necessidade do serviço para atividade empresária e em razão da posição de monopólio exercido pelas empresas concessionárias, o que geraria, *a priori*, uma vulnerabilidade fática.

O STJ não vem aplicando a vulnerabilidade presumida. Mesmo nas hipóteses de serviços públicos essenciais, faz análise do caso para se perquirir pela vulnerabilidade da empresa e assim possibilitar a aplicação do CDC. Ou seja, não há vulnerabilidade simplesmente por estar diante de serviço público essencial. É necessária a análise de outros fatos.

Nesse sentido, o STJ já considerou relação de consumo entre uma empresa que comercializa pescados e a empresa prestadora de fornecimento de água (STJ, REsp. 263229/SP, Rel. Min. José Delgado, *DJ* 09/04/2001). Por outro lado, não considerou relação de consumo, por faltar o requisito da vulnerabilidade, nas empresas que utilizam serviço de energia elétrica (STJ, Resp. 661145/ES, Min. Jorge Scartezzini, *DJ* 28/03/2005) e telefonia (STJ, REsp. 660026/RJ, Min. Jorge Scartezzini, *DJ* 27/06/2005).

A professora Cláudia Lima Marques ainda aponta outro tipo de vulnerabilidade: a *informacional*. Embora reconheça-a como espécie de vulnerabilidade técnica, a autora dá destaque à necessidade de informação na sociedade atual. Para ela, as informações estão cada vez mais valorizadas e importantes e, em contrapartida, o *déficit* informacional dos consumidores está cada vez maior. Assim, de modo a compensar este desequilíbrio, deve o fornecedor procurar dar o máximo de informações ao consumidor sobre a relação contratual, bem como sobre os produtos e serviços a serem adquiridos.

Nesse sentido, hoje em dia, algumas informações não podem deixar de acompanhar a relação de consumo, seja sendo prestada de forma clara e precisa pelo fornecedor diretamente ao consumidor, seja acompanhando o produto nas embalagens.

Amparando tal necessidade, foi editado o Decreto nº 4.680, de 24/04/2003, substituindo o Decreto nº 3.871/2001, regulamentando o direito à informação "*quanto aos alimentos e*

33. STJ, REsp. 476428/SC, Mina. Nancy Andrighi, *DJ* 09/05/2005.

34. Nestes termos, ainda que a pessoa física ou jurídica adquira produto ou serviço para uso em sua atividade econômica (análise da vulnerabilidade) o STJ definiu como relação de consumo: contrato para a aquisição de uma máquina de bordar entabulado entre a empresa fabricante e a pessoa física que utiliza o bem para sua sobrevivência e de sua família (STJ, REsp 1.010.834-GO, Rel. Min. Nancy Andrighi, DJe 13/10/2010); produtor agrícola que compra sementes para plantio (STJ, AgRg no REsp 1200156 / RS, Rel. Min. Sidnei Beneti, DJe 14/10/2010).

ingredientes alimentares destinados ao consumo humano ou animal que contenham ou sejam produzidos a partir de organismos geneticamente modificados, sem prejuízo do cumprimento das demais normas aplicáveis" No mesmo sentido, a Lei nº 12.849, de 2 de agosto de 2013, dispõe sobre a obrigatoriedade das fábricas de produtos que contenham látex natural gravarem em suas embalagens advertência sobre a presença dessa substância.

De outra forma, a jurisprudência terá um papel fundamental para suprir, nos dizeres de Cláudia Lima Marques, este "*déficit informacional*" do consumidor.

Em alguns casos, o STJ já tem reconhecido a necessidade:

> CARTÃO DE CRÉDITO. Contrato. Revisão. Dever de informação da Administradora. Código de Defesa do Consumidor. É possível a revisão de contrato de cartão de crédito, cabendo à Administradora informar o juízo sobre os valores, sua origem, taxas de juros, comissões, despesas, e o mais que interessa para que se tenha a noção exata dos critérios segundo os quais está sendo executado o contrato de adesão. Recurso conhecido e provido, a fim de cassar a sentença e reabrir a instrução, determinando-se à Administradora que informe o juízo sobre os elementos de que dispõe acerca do contrato objeto da demanda (STJ, REsp. 438700/RJ, Rel. Min. Ruy Rosado de Aguiar, *DJ* 26/05/2003).

Assim, a vulnerabilidade seria o marco central para que se aplicassem as regras especiais do CDC, que visariam, principalmente, fortalecer a parte que se encontra em inferioridade, restabelecendo o equilíbrio contratual. Destinatário final para o art. 2º somente poderia ser aquele que se encontra vulnerável, o que somente poderá ser averiguado no caso concreto pelo juiz, fazendo com que, mesmo aquele que não preenchesse os requisitos de destinatário final econômico do produto ou serviço pudesse ser abrangido pela tutela especial do Código.[35]

Concluindo, a ilustre autora adota a Teoria Finalista, mas a relativiza, pois admite exceções ao seu campo de aplicação quando a pessoa física ou jurídica apresentar uma vulnerabilidade capaz de provocar desequilíbrio na relação contratual.[36] Seria o que chamamos de *Teoria Finalista Mitigada*, uma vez que a análise da vulnerabilidade no caso concreto relativiza ou mitiga a teoria finalista. A professora Cláudia Lima Marques chama esta teria de *Teoria Finalista Aprofundada*.

---

35. Sobre os hipervulneráveis, verificar art. 39, inciso IV.

36. Exemplificando, o STJ vem reiteradamente afastando a incidência do Código de Defesa do Consumidor quando há aquisição, por pessoa jurídica ou não, de equipamentos hospitalares de valor vultoso, motivo que, em tese, afastaria à vulnerabilidade dos adquirentes: "Na compra e venda de sofisticadíssimo equipamento destinado à realização de exames médicos – levada a efeito por pessoa jurídica nacional e pessoa jurídica estrangeira – prevalece o foro de eleição, seja ou não uma relação de consumo" (STJ, CC 32.270/SP, Rel. Min. Ari Pargendler, Segunda Seção, *DJ* 11/03/2002).

    No mesmo sentido: "A jurisprudência do STJ tem evoluído no sentido de somente admitir a aplicação do CDC à pessoa jurídica empresária excepcionalmente, quando evidenciada a sua vulnerabilidade no caso concreto; ou por equiparação, nas situações previstas pelos arts. 17 e 29 do CDC. – Mesmo nas hipóteses de aplicação imediata do CDC, a jurisprudência do STJ entende que deve prevalecer o foro de eleição quando verificado o expressivo porte financeiro ou econômico da pessoa tida por consumidora ou do contrato celebrado entre as partes. – É lícita a cláusula de eleição de foro, seja pela ausência de vulnerabilidade, seja porque o contrato cumpre sua função social e não ofende à boa-fé objetiva das partes, nem tampouco dele resulte inviabilidade ou especial dificuldade de acesso à Justiça (STJ, REsp. 684613 / SP, Rela. Mina. Nancy Andrighi, Terceira Turma, *DJ* 21/06/2005, *DJU* 01/07/2005).

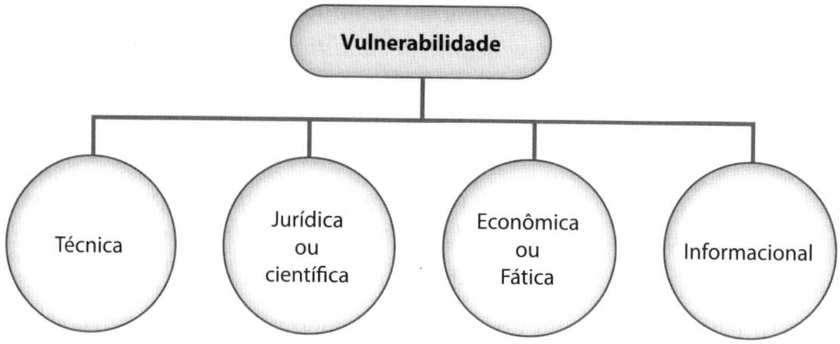

Com o novo Código Civil, a Teoria Finalista ganha força, uma vez que adotou, assim como o CDC, vários princípios e cláusulas gerais que, por si sós, são suficientes para harmonizar e equilibrar as relações entre dois empresários ou entre dois consumidores. Assim, não mais há necessidade de se recorrer ao CDC, ampliando o conceito de consumidor (Teoria Maximalista), para buscar o equilíbrio nas relações comerciais. O próprio Código Civil é capaz disso.

O STJ superou a discussão acerca do alcance da expressão "destinatário final" constante do art. 2º do CDC, consolidando a Teoria Finalista como aquela que indica a melhor diretriz para a interpretação do conceito de consumidor, admitindo, entretanto, certo abrandamento dessa teoria quando se verificar uma vulnerabilidade no caso concreto, nos moldes do pensamento de Cláudia Lima Marques. Pela importância do tema, transcrevo parte do voto da Mina. Nancy Andrighi no REsp. 476428/SC, publicado no dia 09/05/2005:

> Para se caracterizar o consumidor, portanto, não basta ser, o adquirente ou utente, destinatário final fático do bem ou serviço: deve ser também o seu destinatário final econômico, isto é, a utilização deve romper a atividade econômica para o atendimento de necessidade privada, pessoal, não podendo ser reutilizado, o bem ou serviço, no processo produtivo, ainda que de forma indireta. Nesse prisma, a expressão "destinatário final" não compreenderia a pessoa jurídica empresária. Por outro lado, a jurisprudência deste STJ, ao mesmo tempo que consagra o conceito finalista, reconhece a necessidade de mitigação do critério para atender situações em que a vulnerabilidade se encontra demonstrada no caso concreto. Isso ocorre, todavia, porque a relação jurídica qualificada por ser "de consumo" não se caracteriza pela presença de pessoa física ou jurídica em seus polos, mas pela presença de uma parte vulnerável de um lado (consumidor), e de um fornecedor, de outro. Porque é essência do Código o reconhecimento da vulnerabilidade do consumidor no mercado, princípio-motor da política nacional das relações de consumo (art. 4º, I). Em relação a esse componente informador do subsistema das relações de consumo, inclusive, não se pode olvidar que a vulnerabilidade não se define tão somente pela capacidade econômica, nível de informação, cultura ou valor do contrato em exame. Todos esses elementos podem estar presentes e o comprador ainda ser vulnerável pela dependência do produto; pela natureza adesiva do contrato imposto; pelo monopólio da produção do bem ou sua qualidade insuperável; pela extremada necessidade do bem ou serviço; pelas exigências da modernidade atinentes à atividade, dentre outros fatores. Por isso mesmo, ao consagrar o critério finalista para interpretação do conceito de consumidor, a jurisprudência deste STJ também reconhece a necessidade de, em situações específicas, abrandar o rigor do critério subjetivo do conceito de consumidor, para admitir a aplicabilidade do CDC nas relações entre fornecedores e consumidores-empresários em que fique evidenciada a relação de consumo, isto é, a relação formada entre fornecedor e consumidor vulnerável, presumidamente ou não. Cite-se, a respeito, recente precedente da 4ª Turma, pioneira na adoção do critério finalista: o REsp.

661.145, de relatoria do Min. Jorge Scartezzini, j. 22/02/2005, do qual transcrevo o seguinte excerto, porque ilustrativo: "*Com vistas, porém, ao esgotamento da questão, cumpre consignar a existência de certo abrandamento na interpretação finalista, na medida em que se admite, excepcionalmente e desde que demonstrada in concreto a vulnerabilidade técnica, jurídica ou econômica, a aplicação das normas do Código de Defesa do Consumidor a determinados consumidores profissionais, como pequenas empresas e profissionais liberais.* Quer dizer, não se deixa de perquirir acerca do uso, profissional ou não, do bem ou serviço; apenas, como exceção, e à vista da hipossuficiência concreta de determinado adquirente ou utente, não obstante seja um profissional, passa-se a considerá-lo consumidor.

Cláudia Lima Marques[37], ao analisar o novo posicionamento do STJ, inclusive apontando exemplos interessantes que ajudam a ilustrar a aplicação do princípio da vulnerabilidade, destaca que "em casos difíceis envolvendo pequenas empresas que utilizam insumos para a sua produção, mas não em sua área de *expertise* ou com uma utilização mista, principalmente na área de serviços; provada a vulnerabilidade, conclui-se pela destinação final de consumo prevalente. Assim, por exemplo, um automóvel pode servir para prestar os serviços da pequena empresa, comprado ou em *leasing*, mas também é o automóvel do consumidor. Ou, de forma semelhante ao caso francês do sistema de alarme, uma empresa de alimentos contrata serviços de informática, que não serão usados em sua linha de 'produção' a não ser indiretamente, e a jurisprudência tende a considerar estes usuários mistos, ou consumidores finais diretos, como consumidores, uma vez que a interpretação da dúvida sobre a destinação final e sobre sua caracterização é resolvida, de acordo com os arts. 4º, I, e 47 do próprio CDC, a favor do consumidor. Esta nova linha, em especial do STJ, tem utilizado, sob o critério finalista e subjetivo, expressamente a equiparação do art. 29 do CDC, em se tratando de pessoa jurídica que comprova ser vulnerável e atua fora do âmbito de sua especialidade, como hotel que compra gás."

Assim, o consumidor intermediário, desde que provada sua vulnerabilidade, poderá sofrer a aplicação do CDC às suas relações comerciais.

O consumidor intermediário, ou seja, aquele que adquiriu o produto ou o serviço para utilizá-lo em sua atividade empresarial, poderá ser beneficiado com a aplicação do CDC quando demonstrada sua vulnerabilidade técnica, jurídica ou econômica frente à outra parte. (STJ, AgRg no Ag 1316667/RO, Rel. Ministro Vasco Della Giustina (Desembargador convocado do TJ/RS), Terceira Turma, DJe 11/03/2011)

Importante ressaltar que o CDC contemplou expressamente também como consumidor as pessoas jurídicas e o fez justamente para estancar qualquer tipo de discussão que pudesse surgir com relação à sua inclusão no sistema. No caso concreto, a pessoa jurídica pode agir como consumidor comum e sua proteção reflete grande avanço na sociedade moderna.[38]

37. *Comentários ao Código de Defesa do Consumidor*. 2ª ed. São Paulo: Revista dos Tribunais, 2005, p. 85.

38. No Brasil, as pessoas jurídicas de direito público podem ser consumidoras. Desde que vulneráveis na relação jurídica, pode-se perfeitamente considerar um determinado município, estado ou até mesmo a União como consumidora. O STJ já analisou a vulnerabilidade de um município para concluir pela aplicabilidade ou não do CDC. "ENERGIA ELÉTRICA. AÇÃO REVISIONAL AJUIZADA POR MUNICÍPIO PERANTE COMARCA QUE O JURISDICIONA. RELAÇÃO DE CONSUMO NÃO CARACTERIZADA. EXCEÇÃO DE INCOMPETÊNCIA. ART. 100, IV, DO CPC. REJEIÇÃO. 1. Para se enquadrar o Município no art. 2º do CDC, deve-se mitigar o conceito finalista de consumidor nos casos de vulnerabilidade, tal como ocorre com as pessoas jurídicas de direito privado. 2. Pretende-se revisar o critério de quantificação da energia

Maria Antonieta Zanardo Donato[39] ensina que "a lei, ao incluir a pessoa jurídica no conceito de consumidor, pretendeu referir-se àquela pessoa jurídica que, mesmo sendo fornecedora, ao inserir-se no polo ativo da relação jurídica de consumo, na qualidade de 'consumidor-destinatário final', estaria a fazê-lo como qualquer outro consumidor, ou seja, sem possuir qualquer poder de barganha sobre seu 'fornecedor', estando a aceitar as cláusulas contratuais impostas sem que lhe fosse conferida a possibilidade de discutir seu conteúdo; enfim, encontrar-se-ia revestido com a mesma vulnerabilidade que qualquer pessoa comum se encontraria ao realizar aquele mesmo contrato, apresentando-se, nessa relação de consumo, o mesmo desequilíbrio que se apresentaria se fosse realizado por qualquer outro consumidor-vulnerável".

Interessante notar que a vulnerabilidade do consumidor pessoa física é presumida pela lei, enquanto que a da pessoa jurídica deve ser demonstrada no caso concreto.[40]

Por fim, o parágrafo único equipara o consumidor à coletividade de pessoas, determináveis ou indetermináveis, que haja intervindo nas relações de consumo. É necessário, portanto, que a coletividade de pessoas tenha participado, de alguma forma, da relação de consumo. Ao contrário, o art. 29 não exige tal requisito, bastando que a coletividade se encontre, potencialmente, na iminência de sofrer algum dano, como por exemplo, a exposição à publicidade enganosa.

Assim, as pessoas de uma casa que sofreram danos decorrente da utilização de algum produto contaminado comprado por apenas um deles, embora não possam ser caracterizadas como consumidores *stricto sensu*, equiparam-se a consumidor, beneficiando-se das normas protetivas do CDC.

Desse modo, o CDC equipara a coletividade lesada ao consumidor *stricto sensu*, viabilizando a tutela dos interesses difusos e coletivos, cujos direitos podem ser defendidos pelos órgãos legitimados para tal função (art. 82).

---

fornecida a título de iluminação pública à cidade. Aqui, o Município não é, propriamente, o destinatário final do serviço, bem como não se extrai do acórdão recorrido uma situação de vulnerabilidade por parte do ente público. 3. A ação revisional deve, portanto, ser ajuizada no foro do domicílio da réu (art. 100, IV, *a*, do CPC)." (STJ, REsp 913711/SP, Rel. Min. Mauro Campell Marques, DJe 16/09/2008)

39. *Proteção do Consumidor – Conceito e extensão.* São Paulo: Revista dos Tribunais, 1993, p. 104.

40. Em sentido contrário, a Min. Nancy Andrighi no MS 27512 / BA, DJe 23/09/2009: "Uma interpretação sistemática e teleológica do CDC aponta para a existência de uma vulnerabilidade presumida do consumidor, inclusive pessoas jurídicas, visto que a imposição de limites à presunção de vulnerabilidade implicaria restrição excessiva, incompatível com o próprio espírito de facilitação da defesa do consumidor e do reconhecimento de sua hipossuficiência, circunstância que não se coaduna com o princípio constitucional de defesa do consumidor, previsto nos arts. 5º, XXXII, e 170, V, da CF. Em suma, prevalece a regra geral de que a caracterização da condição de consumidor exige destinação final fática e econômica do bem ou serviço, mas a presunção de vulnerabilidade do consumidor dá margem à incidência excepcional do CDC às atividades empresariais, que só serão privadas da proteção da lei consumerista quando comprovada, pelo fornecedor, a não vulnerabilidade do consumidor pessoa jurídica. – Ao encampar a pessoa jurídica no conceito de consumidor, a intenção do legislador foi conferir proteção à empresa nas hipóteses em que, participando de uma relação jurídica na qualidade de consumidora, sua condição ordinária de fornecedora não lhe proporcione uma posição de igualdade frente à parte contrária. Em outras palavras, a pessoa jurídica deve contar com o mesmo grau de vulnerabilidade que qualquer pessoa comum se encontraria ao celebrar aquele negócio, de sorte a manter o desequilíbrio da relação de consumo. A "paridade de armas" entre a empresa-fornecedora e a empresa-consumidora afasta a presunção de fragilidade desta. Tal consideração se mostra de extrema relevância, pois uma mesma pessoa jurídica, enquanto consumidora, pode se mostrar vulnerável em determinadas relações de consumo e em outras não."

Também verificaremos, mais adiante (arts. 17 e 29), duas situações em que há a equiparação a consumidor *stricto sensu* ou *standard.*

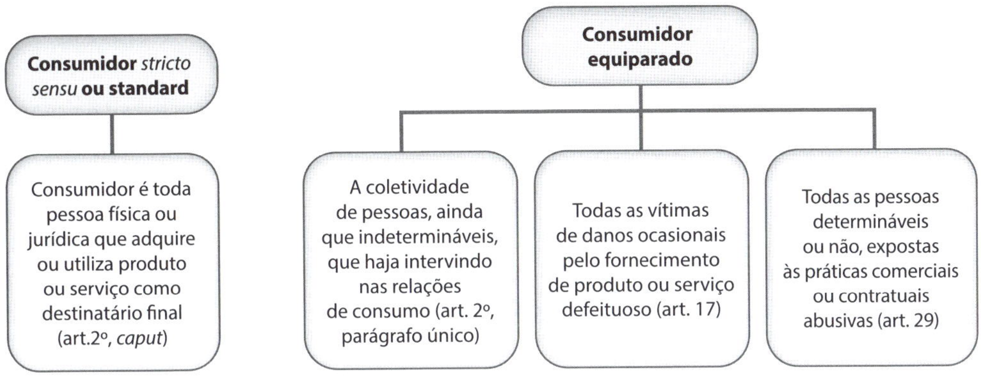

PRINCIPAIS JURISPRUDÊNCIAS DO STF E STJ

Sobre a conceituação de consumidor e aplicação do CDC:

Conferir as jurisprudências do art. 3º.

Art. 3º Fornecedor é toda pessoa física ou jurídica, pública ou privada, nacional ou estrangeira, bem como os entes despersonalizados, que desenvolvem atividade de produção, montagem, criação, construção, transformação, importação, exportação, distribuição ou comercialização de produtos ou prestação de serviços.

§ 1º Produto é qualquer bem, móvel ou imóvel, material ou imaterial.

§ 2º Serviço é qualquer atividade fornecida no mercado de consumo, mediante remuneração, inclusive as de natureza bancária, financeira, de crédito e securitária, salvo as decorrentes das relações de caráter trabalhista.

O Código optou por dar máxima amplitude ao conceito de fornecedor, mas somente contemplou aqueles que participam do fornecimento de produtos e serviços no mercado de consumo, de modo a satisfazer às demandas dos consumidores no exercício habitual do comércio. Desse modo, estariam excluídas da tutela consumerista os contratos firmados entre dois consumidores não profissionais ou com o comerciante que não atue em sua atividade-fim, por não fazê-lo com *habitualidade*, aplicando a estes, o Código Civil.

A chave para se encontrar a figura do fornecedor está na expressão "*desenvolvem atividade*". Ou seja, somente será fornecedor o agente que pratica determinada atividade com habitualidade. Nesse sentido, quando a escola oferece cursos não gratuitos no mercado, por praticar (desenvolver) a atividade de ensino, será considerada fornecedor. Agora, quando essa mesma escola resolve vender o veículo que serve para transportar professores, não estará atuando com habitualidade, pois não desenvolve a atividade de compra e venda de veículos. Nesse caso, ainda que se tenha do outro lado uma pessoa física adquirindo o veículo, a escola não será considerada fornecedora, não se estabelecendo, portanto, uma relação de consumo.

De modo semelhante, o STJ já decidiu que agência de viagem, quando vende veículo próprio, não atua como fornecedor, já que compra e venda de veículos não faz parte da atividade comercial da empresa.

> As normas do Código de Defesa do Consumidor não se aplicam às relações de compra e venda de objeto totalmente diferente daquele que não se reveste da natureza do comércio exercido pelo vendedor. No caso, uma agência de viagem. Assim, quem vendeu o veículo não pode ser considerado fornecedor à luz do CDC (STJ, AGA 150829/DF, Rel. Min. Waldemar Zveiter, *DJ* 11/05/1998).

No mesmo sentido, comerciante que vende caminhão próprio de forma eventual não seria fornecedor para fins de aplicação do CDC.

> "Nos termos do art. 3º, caput, do CDC, qualquer sujeito de direito, independentemente de sua natureza e nacionalidade, pode ser considerado fornecedor. O uso do termo atividade no referido dispositivo torna imprescindível, para fins de incidência do microssistema consumerista, que os atos praticados pelo fornecedor sejam desempenhados de forma habitual e profissional. Atos realizados em caráter ocasional e sem profissionalismo, ainda que executados por comerciante, não atraem a incidência do CDC." (STJ, REsp n. 2.082.785/SP, relatora Ministra Nancy Andrighi, Terceira Turma, DJe de 15/9/2023.)

Para o CDC, o vocábulo fornecedor é delimitado como gênero, do qual são espécies, segundo o art. 3º: o produtor, montador, criador, fabricante, construtor, transformador, importador, exportador, distribuidor, comerciante e o prestador de serviços.

O interessante é notar que quando a norma consumerista quer que todos sejam obrigados e/ou responsabilizados, usa o termo "fornecedor" (gênero). Agora, quando quer designar algum ente específico, utiliza-se de termo particular (espécie). Ex.: fabricante, produtor, construtor e importador (art. 12); comerciante (art. 13); profissionais liberais (art. 14, § 4º); fabricante e importador de peças (art. 32) etc.

Nesse sentido, é importante ficar atento para os seguintes artigos:

	Artigos que especificam o fornecedor
Art. 8º, parágrafo único	Fabricante → prestar informações em produto industrial
Art. 12	Responsabilidade do fabricante, produtor, construtor e importador
Art. 13	Responsabilidade do comerciante
Art. 14, § 4º	Responsabilidade dos profissionais liberais
Art. 18, § 5º	Fornecedor imediato = comerciante → produtos *in natura*
Art. 19, § 2º	Fornecedor imediato = comerciante → pesagem de produtos e balança não aferida segundos os padrões oficiais
Art. 25, § 2º	Fabricante, construtor e importador e quem realizou a incorporação → dano em função de peça ou componente incorporado ao produto
Art. 32	Fabricantes e importadores → peças de reposição
Art. 33	Fabricante → nome na embalagem na oferta ou venda por telefone

João Batista de Almeida[41] esclarece que "fornecedor é não apenas quem produz ou fabrica, industrial ou artesanalmente, em estabelecimentos industriais centralizados ou não, como também quem vende, ou seja, comercializa produtos nos milhares e milhões de pontos de venda espalhados por todo o território. Nesse ponto, portanto, a definição de fornecedor se distancia da de consumidor, pois, enquanto este há de ser o destinatário final, tal exigência já não se verifica quanto ao fornecedor, que pode ser o fabricante originário, o intermediário ou o comerciante, bastando que faça disso sua profissão ou atividade principal".

No fornecimento de produtos ou serviços, podem ser considerados como fornecedores tanto a pessoa jurídica (o que é mais comum) como também a pessoa física, bastando se enquadrar nos ditames do artigo. As pessoas jurídicas públicas também poderão ser enquadradas como fornecedores quando do fornecimento de serviços ou produtos em que haja uma contraprestação direta pelos consumidores (serviços de água, luz, telefone etc.).[42]

Já os serviços realizados mediante o pagamento de tributos não se submetem aos preceitos consumeristas, pois aqui não há um consumidor propriamente dito e sim um contribuinte, que não efetua um pagamento direto pelo serviço prestado, mas sim um pagamento aos cofres públicos que destinam as respectivas verbas, de acordo com a previsão orçamentária, para as atividades devidas, não se falando, neste caso, numa relação entre fornecedor e consumidor.

Os "entes despersonalizados" estão abrangidos pelo artigo de forma a evitar que a falta de personalidade jurídica venha a ser empecilho na hora de tutelar os consumidores, evitando prejuízos a estes. A família, por exemplo, praticando atividades típicas de fornecimento de produtos e serviços, segundo o enunciado do art. 3º, seria considerada fornecedora para os efeitos legais.[43] Também estariam inseridas aqui as "pessoas jurídicas de fato", sendo aquelas que, sem constituírem uma pessoa jurídica, desenvolvem, de fato, atividade comercial (ex.: camelô).

A Lei Geral do Esporte – Lei 14.597/2023 (que revogou o Estatuto do Torcedor, Lei 10.671/2003), considera fornecedora a organização esportiva responsável pela organização da competição em conjunto com a organização esportiva detentora do mando de campo, se pertinente, ou, alternativamente, as duas organizações esportivas competidoras, bem como as demais pessoas naturais ou jurídicas que detenham os direitos de realização da prova ou partida (art. 142, §1º). Segundo o §2º do art. 142, as organizações esportivas que administram e regulam modalidade esportiva em âmbito nacional caracterizam-se como fornecedoras relativamente a eventos esportivos por elas organizados, ainda que o cumprimento das tarefas materiais locais a eles pertinentes seja incumbência de terceiros ou de outras organizações esportivas.

A jurisprudência vem aplicando corretamente o CDC aos eventos esportivos:

> Apelações cíveis. Responsabilidade civil. Queda de torcedor. Dever de reparar configurado. Responsabilidade objetiva do clube, proprietário do estádio, sob a ótica do Estatuto do Torcedor e CDC. Sentença mantida integralmente, inclusive no que toca ao quantum indenizatório.

41. *A proteção jurídica do consumidor.* 2ª ed. Ed. Saraiva: 2000, p. 41.
42. Conferir art. 22.
43. João Batista de Almeida. *Manual de Direito do Consumidor.* São Paulo: Saraiva, 2003, p. 42.

(Tribunal de Justiça do RS, Apelação Cível Nº 70031381304, Rel. Léo Romi Pilau Júnior, Julgado em 26/04/2012)

Tema atual e que certamente será motivo de discussões nos tribunais é o enquadramento das plataformas digitais (aplicativos) que participam da chamada ***economia compartilhada*** ou ***economia colaborativa*** como fornecedores, e, portanto, passíveis de serem responsabilizados pela ótica do CDC.

A chamada economia compartilhada (do inglês ***sharing economy***), tido por muitos economistas como o futuro da economia mundial, consiste, basicamente, na prática de dividir o uso ou a compra de serviços facilitada, principalmente, por aplicativos (plataformas) que possibilitam a interação entre pessoas ou entre pessoas e empresas. Como exemplos, temos a plataforma UBER que propicia a interação entre uma pessoa que requer um transporte e o motorista; a AIRBNB que visa compartilhar imóveis ociosos. Assim, proprietários de casas, apartamentos, sítios e até mesmo de quartos disponibilizam este(s) local(is) para quem esteja disposto a alugar.

Dúvida pode surgir em relação à configuração da relação de consumo entre o adquirente dos produtos e serviços compartilhados e a plataforma que disponibiliza e organiza a interação entre os agentes (ofertantes e demandantes), principalmente para fins de responsabilização (se seria globalmente considerada ou de maneira restrita – *v.g.* falhas do aplicativo relacionadas ao serviço de localização e de pagamento). Assim, poderá a UBER ser responsabilizada de maneira objetiva, nos moldes do CDC, pela má prestação do serviço de transporte ocasionada pelo motorista (seja maltratando o usuário, seja errando o trajeto fazendo com o que o usuário perca um compromisso importante)? Nos mesmos moldes, poderá a AIRBNB ser responsabilizada pelo cancelamento da hospedagem realizada a poucos dias da viagem do consumidor pela proprietária do imóvel ou pelas más condições do imóvel alugado?

Embora, *a priori*, o conceito estrito do art. 3º do CDC não enquadre a plataforma (aplicativo) como fornecedor, sendo esta somente um intermediário do produto e/ou serviço adquirido ou utilizado pelo usuário, parece que não há como afastar tais aplicativos da relação consumerista.[44] Primeiramente porque, embora a relação muitas vezes se dê entre dois não profissionais (P2P – *peer to peer* ou pessoa para pessoa), a plataforma (intermediário) é o responsável pelo encontro das partes, criador do modelo e da estrutura do negócio (definindo o método de pagamento, as regras a serem observadas, o sistema de envio dos produtos, a organização das avaliações e reputações das partes envolvidas, etc.) exercendo de forma lucrativa e no exercício habitual de sua atividade.[45] Ademais, uma das bases do CDC é a relação de confiança gerada no consumidor, derivada do princípio da boa-fé objetiva. E

44. Conforme nos aponta a profa. Cláudia Lima Marques, "a economia compartilhada veio para ficar e é uma nova forma de consumo!" (MARQUES, Cláudia Lima. A nova noção de fornecedor no consumo compartilhado: um estudo sobre as correlações do pluralismo contratual e o acesso ao consumo. *Revista de Direito do Consumidor* nº 111 Ed.: RT. Ano 2017. p. 250) Mais adiante, reafirma sobre este novo modelo econômico: "É comércio, é consumo, é uma maneira nova de consumir." (p.251).

45. A profa. Cláudia Lima Marques chama este fornecedor-escondido, que não presta diretamente o serviço, mas permite o acesso das partes de *"guardião de acesso"*, sendo este o fornecedor principal da economia de compartilhamento. (MARQUES, Cláudia Lima. A nova noção de fornecedor no consumo compartilhado: um estudo sobre as correlações do pluralismo contratual e o acesso ao consumo. *Revista de Direito do Consumidor* nº 111 Ed.: RT. Ano 2017. p. 253).

quando o usuário contrata um transporte ou aluga um apartamento, sem conhecer o motorista ou proprietário do imóvel, o faz, exclusivamente, na confiança que o intermediário (aplicativo) gerou (assumindo o dever de garantir a segurança do modelo de negócio)[46]. Ou seja, o usuário confia que, ao utilizar o aplicativo UBER, entre outras coisas: o motorista foi devidamente selecionado; o serviço deverá seguir determinados padrões de prestação; o pagamento será feito de forma segura (em geral, através de cartões de crédito cadastrados nos aplicativos) etc. Assim, o motorista ou proprietário do imóvel acabam sendo uma "extensão" do UBER ou AIRBNB, não podendo deles se dissociarem.[47] Desta forma, havendo danos ao consumidor, os aplicativos responderão de forma objetiva, nos moldes do CDC. Por sua vez, os prestadores do serviço (motorista do UBER, por exemplo) responderão de forma subjetiva, na forma do § 4º do art. 14 do CDC (profissionais liberais) e os proprietários dos imóveis do AIRBNB responderão de forma subjetiva nos moldes do CC, por não serem profissionais liberais. Assim, o prestador do serviço (motorista) ou proprietário do imóvel não são considerados "terceiros" para fins de exclusão de responsabilidade dos aplicativos, pois estes responderão de forma solidária (e objetiva!) por quaisquer danos que aqueles causarem aos consumidores, podendo, logicamente, serem ressarcidos posteriormente.[48]

O artigo delimita para fins de definição tanto de consumidor, como de fornecedor, o que é produto e serviço. Produto é definido de modo bem amplo pela lei, sendo qualquer bem, móvel ou imóvel, material ou imaterial (§ 1º).

Não foi objetivo do legislador limitar o que seria "produto". Pelo contrário, contemplou as diversas formas possíveis, inserindo tanto os móveis (carros, objetos em geral etc.), como os imóveis (apartamentos etc.). Não bastasse, ainda contemplou, ao lado dos materiais, os imateriais, como os programas de computador, por exemplo. Ou seja, não há no Código um limitador para se identificar o que é produto. Como visto, foi tratado de forma ampla.

---

46. Interessante foi o nome dado por Fabio Schwartz, justamente em razão da confiança despertada pelos aplicativos nos consumidores: *fornecedor fiduciário*. Nesse sentido: "Assim, numa atividade, ainda que intermediária, sem remuneração direta ou indireta pelo consumidor, sendo a fides (a fé e confiança) elemento central, funcionando o intermediário como verdadeiro "fiador" da probidade daquele que oferece o bem de consumo, pode-se dizer que este se apresenta como um verdadeiro fornecedor fiduciário. Ou seja, aquele que responde pelas eventuais falhas nos produtos ou serviços que "afiançou" com sua marca e reputação." (SCHWARTZ, Fábio. A economia compartilhada e a responsabilidade do fornecedor fiduciário. *Revista de Direito do Consumidor* nº 111 Ed.: RT. Ano 2017. p. 243).

47. Sobre a solidariedade da responsabilidade da UBER e do motorista perante o consumidor, concluiu Alessandra Marques Garcia: "E mais, é claro que, no Brasil, a responsabilidade entre o motorista que usa o Uber e a empresa é solidária em face do consumidor do serviço, porque a relação jurídica entre o usuário do serviço de transporte e o motorista e a empresa Uber é de consumo e regida pelo Código de Defesa do Consumidor." (MARQUES, Alessandra Garcia. Inovação e direitos fundamentais: o impacto do aplicativo UBER no mercado consumidor brasileiro. *Revista de Direito do Consumidor*. São Paulo: RT, Vol. 107, Ano 2016, p. 76).

48. A jurisprudência tem se inclinado neste sentido: como exemplo, o TJDFT entendeu que plataformas digitais de intermediação de hospedagem, como o Airbnb, integram a cadeia de consumo e respondem solidária e objetivamente por falhas na prestação de serviços, conforme o Código de Defesa do Consumidor (CDC). No caso, o cancelamento de reserva pelo anfitrião na hora do check-in, sem oferta de acomodação equivalente, configurou falha no serviço e causou dano moral aos consumidores. A justificativa apresentada, um vazamento no imóvel, foi considerada fortuito interno, previsível e evitável. O dano moral foi fixado em R$ 12.000,00, em observância aos princípios da razoabilidade e proporcionalidade. (TJDFT, 07270367420188070001, Rel. Sandoval Oliveira, 2ª Turma Cível, DJE 15/07/2019).

Já o serviço é qualquer atividade fornecida no mercado de consumo, mediante remuneração (§ 2º). Segundo o artigo, estariam excluídas da tutela consumerista aquelas atividades desempenhadas a título gratuito, como as feitas de favores ou por parentesco[49] (*serviço puramente gratuito*). Mas é preciso ter cuidado para verificar se o fornecedor não está tendo uma remuneração indireta na relação (*serviço aparentemente gratuito*). Assim, alguns serviços, embora sejam gratuitos, estão abrangidos pelo CDC, uma vez que o fornecedor está de alguma forma sendo remunerado pelo serviço.

Então, a chave é verificar se ocorre a prestação mediante remuneração, ainda que de forma indireta, como nos serviços aparentemente gratuitos. Do contrário, não é considerado "serviço" para fins de aplicação do CDC.

O STJ já se pronunciou nesse sentido:

> Inexiste violação ao art. 3º, § 2º, do Código de Defesa do Consumidor, porquanto, para a caracterização da relação de consumo, o serviço pode ser prestado pelo fornecedor mediante remuneração obtida de forma indireta. (STJ, REsp. 566468 / RJ, Rel. Min. Jorge Scartezzini, *DJ* 17/12/2004).

Exemplo disso é a gratuidade de transporte coletivo para os maiores de 65 anos, pois o fornecedor, embora não esteja sendo remunerado diretamente por estas pessoas beneficiadas, está sendo remunerado por toda a coletividade. Outro exemplo muito comum são os estacionamentos "gratuitos" oferecidos pelos supermercados, *shopping centers*, bancos etc., em que a gratuidade é apenas aparente, já que o objetivo principal é atrair o consumidor ao estabelecimento.

Aliás, no tocante à responsabilidade do fornecedor pelo estacionamento colocado à disposição do consumidor, dispõe a súmula nº 130 do STJ que "*a empresa responde, perante o cliente, pela reparação de dano ou furto de veículo ocorridos em seu estacionamento*".

Para a aplicação da súmula nº 130, a jurisprudência do STJ não faz distinção entre o consumidor que efetua a compra e aquele que apenas vai ao local sem nada dispender. Em ambos os casos, entende-se pelo cabimento da indenização em decorrência do furto ou dano causado ao veículo. Ademais, a responsabilidade pela indenização não decorre de contrato de depósito, mas da obrigação de zelar pela guarda e segurança dos veículos estacionados no local, presumivelmente seguro.

Vale ressaltar que embora os precedentes que deram origem à súmula se referiam a situações que envolviam *dano ou furto* de veículos em estacionamentos de supermercados, shopping centers e bancos, a jurisprudência majoritária do STJ evoluiu no sentido de reconhecer o dever de indenizar também em hipóteses de *roubo*.[50] Inclusive a Terceira Turma chegou a reconhecer a responsabilidade de hipermercado por latrocínio iniciado nas dependências de seu estacionamento.[51]

A Terceira Turma do STJ (Resp 1431606/SP, DJe 13/10/2017) fez uma análise mais aprofundada (e restritiva) da aplicação da súmula 130. Para a Terceira Turma, "a imputação da responsabilidade objetiva por defeito no serviço está correlacionada à frustação da razoável

49. Ver, nesse sentido, a Súmula nº 145 do STJ: "*No transporte desinteressado, de simples cortesia, o transportador só será civilmente responsável por danos causados ao transportado quando incorrer em dolo ou culpa grave.*"

50. Nesse sentido: REsp 37.100/SP, 4ª Turma, DJ de 11/10/1993; REsp 582.047/RS, 3ª Turma, DJe de 04/08/2009; REsp 1.269.691/PB, 4ª Turma, DJe de 05/03/2014.

51. REsp 419.059/SP, 3ª Turma, DJ de 29/11/2004.

expectativa de segurança do consumidor", de acordo com o princípio da boa-fé objetiva. Assim, a responsabilidade do estabelecimento comercial, no tocante a guarda de veículos, deve ser casuisticamente verificada, "competindo ao julgador investigar se o conjunto das circunstâncias concretas do estabelecimento e seu estacionamento eram aptas a gerar, no consumidor-médio[52], razoável expectativa de segurança em relação ao veículo."

Com isso, a Terceira Turma diferenciou a responsabilidade dos estabelecimentos comerciais em razão da expectativa de segurança criada no consumidor, a partir de critérios objetivos, tais como: 1. pagamento direto pelo uso do espaço para estacionamento; 2. natureza da atividade empresarial exercida; 3. porte do estabelecimento comercial; 4. nível de acesso ao estacionamento (fato de o estacionamento ser ou não exclusivo para clientes)[53]; 5. controle de entrada e saída por meio de cancelas ou entrega de tickets; 6. aparatos físicos de segurança na área de parqueamento, tais como muros, cercas, grades, guaritas e sistema de vídeo-vigilância; 7. presença de guardas ou vigilantes no local; 8. nível de iluminação, entre outros.[54]

De fato, uma coisa é a expectativa de segurança gerada no consumidor quando adentra com seu veículo no estacionamento de um shopping center, instituição financeira ou em um grande supermercado ou atacadista e outra é quando estaciona na vaga disponibilizada de um pequeno comerciante ou estabelecimento (que muitas vezes possuem poucas vagas de estacionamento, algumas em cima da calçada, não havendo segurança contratado para olhar o veículo, grades de proteção, etc.) Ou seja, muitas vezes, em vez de parar o veículo na rua, o consumidor somente tem a comodidade de parar em vaga disponibilizada pelo estabelecimento. A disponibilização de vaga de estacionamento não poderá, por si só, gerar a responsabilidade do estabelecimento, sob pena de causar sobrecarga e desequilíbrio grande nestes fornecedores menores (ou que, ao menos, somente disponibilizam vagas sem as condições acima apontadas que levem o consumidor a ter expectativa maior de segurança). A meu ver, esta diferenciação feita pelo STJ encontra fundamento no princípio do equilíbrio e harmonização das relações de consumo.

---

52. Particularmente não gosto desta expressão. Afinal de contas, quem seria no Brasil o consumidor-médio? Entendo que o julgador deve analisar o caso concreto, inclusive o grau de discernimento do consumidor (entre outras peculiaridades), o que afetará, sem dúvidas, a análise do nível de confiança e expectativa gerada na relação entre fornecedor e consumidor.
53. O STJ afastou a responsabilidade de uma instituição financeira e de uma universidade por assalto seguido de sequestro-relâmpago em estacionamento da universidade após a vítima-consumidora utilizar o caixa eletrônico aduzindo que "nos casos em que o estacionamento representa mera comodidade, sendo área aberta, gratuita e de livre acesso a todos, a instituição financeira não pode ser responsabilizada por crimes tais como roubos e sequestros, por relacionarem-se a fato de terceiro, excludente da responsabilidade (fortuito externo)." O mesmo argumento foi utilizado para excluir a responsabilidade da universidade: "o serviço de estacionamento não era prestado pela instituição de ensino, tratando-se de área aberta, gratuita, de livre acesso a qualquer pessoa que desejasse utilizá-lo. Por essa razão, não seria mesmo possível à Universidade – nem constituía ônus que lhe pudesse ser atribuído em virtude da natureza da atividade ali desenvolvida -, impedir a atuação dos sequestradores, sendo inviável sua responsabilização pelo infortúnio. (STJ, REsp 1487050/RN, Rel. Min. Luis Felipe Salomão, Quarta Turma, DJe 04/02/2020) No mesmo sentido e valendo-se das mesmas premissas (estacionamento desprovido de controle de acesso, cercas ou de qualquer aparato maior de segurança, afastou a responsabilidade de um estacionamento particular por roubo, com arma de fogo, de relógio de luxo de um mensalista. (STJ, REsp 1861013/SP, Rel. Ministro Ricardo Villas Bôas Cueva, Terceira Turma, DJe 09/08/2021)
54. Rol não exaustivo citado pela Min. Nancy Andrighi quando do julgamento do Resp 1431606/SP, DJe 13/10/2017.

A Segunda Seção do STJ referendou este posicionamento diferenciando, portanto, o assalto ocorrido em grandes estabelecimentos (que em tese geram expectativa de segurança por parte dos consumidores) como os shoppings centers e hipermercados:

> "O Superior Tribunal de Justiça, conferindo interpretação extensiva à Súmula n° 130/STJ, entende que estabelecimentos comerciais, tais como grandes shoppings centers e hipermercados, ao oferecerem estacionamento, ainda que gratuito, respondem pelos assaltos à mão armada praticados contra os clientes quando, apesar de o estacionamento não ser inerente à natureza do serviço prestado, gera legítima expectativa de segurança ao cliente em troca dos benefícios financeiros indiretos decorrentes desse acréscimo de conforto aos consumidores." (STJ, EREsp 1431606/SP, Rel. Ministra Maria Isabel Gallotti, Segunda Seção, DJe 02/05/2019)[55]

E excluindo a responsabilidade de estabelecimentos menores (como lanchonetes) que oferecem estacionamento gratuito e área aberta com livre acesso:

> "Nos casos em que o estacionamento representa mera comodidade, sendo área aberta, gratuita e de livre acesso por todos, o estabelecimento comercial não pode ser responsabilizado por roubo à mão armada, fato de terceiro que exclui a responsabilidade, por se tratar de fortuito externo." (STJ, EREsp 1431606/SP, Rel. Ministra Maria Isabel Gallotti, Segunda Seção, DJe 02/05/2019)

Também vem prevalecendo no âmbito do STJ o entendimento de que não há a incidência das normas do CDC na prestação do serviço público de saúde (seja prestado diretamente pelo Estado, seja prestado por hospitais privados custeados pelo SUS), uma vez que não há qualquer espécie de remuneração.

> "Hipótese de discussão do foro competente para processar e julgar ação indenizatória proposta contra o Estado, em face de morte causada por prestação de serviços médicos em hospital público, sob a alegação de existência de relação de consumo. 2. O conceito de "serviço" previsto na legislação consumerista exige para a sua configuração, necessariamente, que a atividade seja prestada mediante remuneração (art. 3º, § 2º, do CDC). 3. Portanto, no caso dos autos, não se pode falar em prestação de serviço subordinada às regras previstas no Código de Defesa do Consumidor, pois inexistente qualquer forma de remuneração direta referente ao serviço de saúde prestado pelo hospital público, o qual pode ser classificado como uma atividade geral exercida pelo Estado à coletividade em cumprimento de garantia fundamental (art. 196 da CF). 4. Referido serviço, em face das próprias características, normalmente é prestado pelo Estado de maneira universal, o que impede a sua individualização, bem como a mensuração de remuneração específica, afastando a possibilidade da incidência das regras de competência contidas na legislação específica." (STJ, REsp. nº 493.181/SP, Rela. Mina. Denise Arruda, DJU01/02/2006).[56]

---

55. No mesmo sentido, mesmo quando o roubo é feito na cancela para entrar no estacionamento: "O shopping center que oferece estacionamento responde por roubo perpetrado por terceiro à mão armada ocorrido na cancela para ingresso no estabelecimento, uma vez que gerou no consumidor expectativa legítima de segurança em troca dos benefícios financeiros que percebera indiretamente. (...) Ao disponibilizar obstáculo físico para o ingresso no estacionamento de shopping center, apto a controlar a entrada de terceiros e provocar sensação de segurança no consumidor, deve o estabelecimento ser responsabilizado por roubo à mão armada ocorrido na cancela, ainda que esta não tenha sido efetivamente ultrapassada no momento do ato criminoso. Não há que se falar, portanto, de fortuito externo apto a romper o nexo de causalidade." (STJ, REsp n. 2.031.816/RJ, relatora Ministra Nancy Andrighi, Terceira Turma, julgado em 14/3/2023)

56. No mesmo sentido: "PROCESSUAL CIVIL E ADMINISTRATIVO. RESPONSABILIDADE CIVIL DO ESTADO. *HOSPITAL DA POLÍCIA MILITAR. ERRO MÉDICO.* MORTE DE PACIENTE. INDENIZAÇÃO POR DANOS MATERIAIS E MORAIS. DENUNCIAÇÃO DA LIDE. FACULTATIVA. 1. Os recorridos ajuizaram ação de ressarcimento por danos materiais e morais contra o Estado do Rio de Janeiro, em razão de suposto erro médico cometido

"Quando prestado diretamente pelo Estado, no âmbito de seus hospitais ou postos de saúde, ou quando delegado à iniciativa privada, por convênio ou contrato com a administração pública, para prestá-lo às expensas do SUS, o serviço de saúde constitui serviço público social. 9. A participação complementar da iniciativa privada – seja das pessoas jurídicas, seja dos respectivos profissionais – na execução de atividades de saúde caracteriza-se como serviço público indivisível e universal (uti universi), o que afasta, por conseguinte, a incidência das regras do CDC." (STJ, REsp 1771169/SC, Rel. Ministra Nancy Andrighi, Terceira Turma, DJe 29/05/2020)

Na parte final do § 2º, o legislador determinou expressamente que as atividades desempenhadas pelas instituições financeiras se enquadrariam no conceito de serviço.

Os bancos, quando apresentam seus produtos e serviços aos consumidores, enquadram-se no conceito de fornecedores, devendo, portanto, seus contratos serem regidos pelo Código Consumerista.

A jurisprudência do STJ é unânime em aplicar o Código de Defesa do Consumidor às relações bancárias.

Os bancos, como prestadores de serviços especialmente contemplados no art. 3º, § 2º, da Lei nº 8.078/1990, estão submetidos às disposições do Código de Defesa do Consumidor (STJ, AGA 152497/SP, Rela. Mina. Nancy Andrighi, DJ 28/05/2001).

Tal entendimento foi consolidado através da Súmula nº 297 que preceitua que "o Código de Defesa do Consumidor é aplicável às instituições financeiras".

Seguindo a mesma orientação, o STJ, também através da Súmula nº 285, esclareceu que "nos contratos bancários posteriores ao Código de Defesa do Consumidor incide a multa moratória nele prevista".

Ademais, pondo fim em qualquer controvérsia, o Supremo Tribunal Federal julgou, por nove votos a dois,[57] improcedente a Adin nº 2.591 proposta pela Confederação Nacional do Sistema Financeiro, que pretendia ver excluídas da incidência da Lei nº 8.078/1990 (Có-

---

no Hospital da Polícia Militar. *2. Quando o serviço público é prestado diretamente pelo Estado e custeado por meio de receitas tributárias não se caracteriza uma relação de consumo nem se aplicam as regras do Código de Defesa do Consumidor."* (STJ, REsp 1187456/RJ, Rel. Ministro Castro Meira, Segunda Turma, DJe 01/12/2010)

57. Veja alguns posicionamentos dos Ministros do STF na Adin nº 2.591: O *Min. Cezar Peluso* afirmou que o CDC não veio para regular as relações entre as instituições do sistema financeiro nacional e os clientes sob o ângulo estritamente financeiro, mas sim para dispor sobre as relações de consumo entre bancos e clientes. O *Min. Marco Aurélio* afirmou que o CDC não representa nenhum risco ao sistema financeiro nacional e destacou a crescente lucratividade dos estabelecimentos bancários para afastar o pensamento de que o CDC repercutiu de forma danosa em relação aos bancos. O *Min. Celso de Mello* ressaltou que a proteção ao consumidor possui valor constitucional. Dessa forma, as atividades econômicas estão sujeitas à ação de fiscalização e normativa do Poder Público, pois o Estado é agente regulador da atividade negocial e tem o dever de evitar práticas abusivas por parte das instituições bancárias. Ressaltou ainda que o CDC cumpre esse papel ao regulamentar as relações de consumo entre bancos e clientes, acrescentando, ao final, que o sistema financeiro nacional sujeita-se ao princípio constitucional de defesa do consumidor, devendo, portanto, ser aplicadas as regras do CDC às atividades bancárias.

Finalmente, o *Min. Eros Grau*, ao julgar pela improcedência da Adin, alegou que *"a relação entre banco e cliente é, nitidamente, uma relação de consumo"*. Acrescentou ainda que é *"consumidor, inquestionavelmente, toda pessoa física ou jurídica que utiliza, como destinatário final, atividade bancária, financeira e de crédito"*. Observou, no entanto, que o Banco Central deve continuar a exercer *"o controle e revisão de eventual abusividade, onerosidade excessiva ou outras distorções na composição contratual da taxa de juros, no que tange ao quanto exceda a taxa base."*

digo de Defesa do Consumidor) as operações de "*natureza bancária, financeira, de crédito e securitária*" (previstas no § 2º do art. 3º da lei), alegando que tal dispositivo estaria viciado por inconstitucionalidade formal e material.

A ementa da Adin ficou assim:

> ART. 3º, § 2º, CÓDIGO DE DEFESA DO CONSUMIDOR – ART. 5º, XXXII DA CF/1988 – ART. 170, V, DA CF/1988 – AÇÃO DIRETA JULGADA IMPROCEDENTE 1. As instituições financeiras estão, todas elas, alcançadas pela incidência das normas veiculadas pelo Código de Defesa do Consumidor. 2. "Consumidor", para os efeitos do Código de Defesa do Consumidor, é toda pessoa física ou jurídica que utiliza, como destinatário final, atividade bancária, financeira e de crédito. 3. O preceito veiculado pelo art. 3º, § 2º, do Código de Defesa do Consumidor deve ser interpretado em coerência com a Constituição (STF, Adin nº 2.591, Rel. Min. Carlos Velloso, *DJ* 29/09/2006, com ementa modificada em Emb. Decl. j. 14/12/ 2006).[58]

Assim, agora não há dúvidas de que as relações bancárias estão sujeitas ao CDC.

O STJ entende que não são aplicáveis os dispositivos do CDC aos contratos de locação predial urbana. Com relação aos contratos que envolvem a locação predial é preciso distinguir três situações: 1) o contrato celebrado entre locador e locatário sem a intermediação de uma imobiliária, 2) o contrato entre locador e locatário com a intermediação de uma imobiliária e, em razão desta última situação, 3) o contrato entre o locador e a imobiliária.

A primeira situação, o *contrato celebrado entre locador e locatário sem a intermediação de uma imobiliária*, parece ser o substrato do entendimento do STJ, pacificado há anos[59]. Neste caso, é preciso analisar, principalmente, a figura do locador para ver se se enquadra no conceito de fornecedor do art. 3º do CDC. Isso porque, em relação aos dois outros aspectos (produto e /ou serviço e a figura do consumidor) parece que não há dúvidas da existên-

---

O placar do julgamento definitivo ficou assim: votaram pela improcedência: os Min. Néri da Silveira (aposentado), Eros Grau, Carlos Ayres Britto, Joaquim Barbosa, Sepúlveda Pertence, Cezar Peluso, Marco Aurélio, Celso de Mello e Ellen Gracie. Ficaram parcialmente vencidos: os Min. Carlos Velloso (aposentado) e Nelson Jobim (aposentado).

58. Foram suprimidas em Embargos de Declaração todas as alusões originariamente feitas no sentido de que o CDC não seria aplicável para disciplinar direta ou indiretamente os custos dos empréstimos. Assim, foram excluídas da ementa original da Adin: "3. [...] o que importa em que o custo das operações ativas e a remuneração das operações passivas praticadas por instituições financeiras na exploração da intermediação de dinheiro na economia estejam excluídas da sua abrangência 4. Ao Conselho Monetário Nacional incumbe a fixação, desde a perspectiva macroeconômica, da taxa base de juros praticável no mercado financeiro. 5. O Banco Central do Brasil está vinculado pelo dever-poder de fiscalizar as instituições financeiras, em especial na estipulação contratual das taxas de juros por elas praticadas no desempenho da intermediação de dinheiro na economia. 6. Ação direta julgada improcedente, afastando-se a exegese que submete às normas do Código de Defesa do Consumidor [Lei nº 8.078/1990] a definição do custo das operações ativas e da remuneração das operações passivas praticadas por instituições financeiras no desempenho da intermediação de dinheiro na economia, sem prejuízo do controle, pelo Banco Central do Brasil, e do controle e revisão, pelo Poder Judiciário, nos termos do disposto no Código Civil, em cada caso, de eventual abusividade, onerosidade excessiva ou outras distorções na composição contratual da taxa de juros."

59. O primeiro precedente que encontrei sobre o tema no STJ data de 1994 (Resp 38639/SP, Rel. Min. Edson Vidigal, Dj 30/05/1994). Neste julgado, utilizado e citado por muitos outros do STJ, somente defendeu a não aplicação do CDC sob o argumento de que há uma Lei específica abordando o regime das locações (Lei 8.245/91), o que afastaria, portanto, a aplicação do Código de Defesa do Consumidor, argumento totalmente ultrapassado em razão da aplicação da teoria do diálogo das fontes e da própria essência principiológia do CDC.

cia. O serviço seria a prestação de aluguel envolvendo um bem (imóvel) para uma pessoa que estaria utilizando o imóvel como destinatário final (para sua moradia, por exemplo). Então, o foco passa a ser o locador. Se o locador aluga o seu imóvel, ainda que de maneira permanente, mas sem "desenvolver a atividade", ou seja, não tendo esta prática como sua principal atividade profissional (e, portanto, descaracterizada a expertise no negócio), a relação não seria de consumo, presumindo que as partes poderão negociar as cláusulas em consições de igualdade. Neste caso, não faria sentido a utilização do CDC, porque ausente o requisito mais importante, qual seja, a vulnerabilidade do locatário. Porém, se o locador possui vários imóveis para locação, *"desenvolvendo"* esta atividade como meio profissional, com expertise no negócio, valendo-se de contratos de adesão e em posição de superioridade em relação ao locatório, entendo pela aplicação do CDC, por estarem presentes dos requisitos dos arts. 2º e 3º do CDC. O CDC deverá ser utilizado, conjuntamente com a Lei 8.245/91, visando equilibrar a relação.

A segunda situação, *contrato entre locador e locatário com a intermediação de uma imobiliária,* entendo que há relação de consumo. Isso porque, embora a administradora de imóveis (imobiliárias) seja somente intermediária na relação entre locador e locatório, o contrato celebrado é de adesão, não podendo o locatário discutir nenhuma cláusula. A posição do locatário é de extrema vulnerabilidade, uma vez que ele depende da contratação para providenciar moradia para si e para sua família. A contratação perante as imobiliárias, assim, sofre, a meu ver, a incidência do CDC, já que há clara vulnerabilidade do contratante.[60] A partir do momento que o locador contrata a imobiliária para intermediar o negócio, ele possibilita que o intermediário, que possui expertise na prática de aluguel e com todo o *staff* para uma contratação mais segura e lucrativa (advogados, avaliadores imobiliários, contadores, prestadores de serviço em geral, etc), atue na relação em posição de superioridade em relação ao locatário (considerando, obviamente que o locatório seja um destinário final).

Já em relação à terceira situação, *o contrato entre o locador e a imobiliária*, a relação é de consumo, ainda que o locador tenha vários imóveis e possua expertise no negócio. Isso porque, por mais que ele possa conhecer do mercado e da prática de aluguel, as imobiliárias presumidamente possuem, como sua principal atividade, a prática de locação com staff para a elaboração e execução dos contratos (até porque, se não tivesse, o locador não contrataria

60. No mesmo sentido é o entendimento da Profa. Cláudia Lima Marques, dispondo que "segundo a maioria da doutrina e -ainda- parte da jurisprudência, a relação de locação de imóveis está fora do campo de aplicação do Código de Defesa do Consumidor, logo, as cláusulas deste contrato – mesmo que de adesão – serão reguladas preferencialmente pelas antes mencionadas normas 421 e seguintes do Novo Código Civil de 2002. São casos mais raros. O normal é que um contrato entre civis seja um contrato discutido cláusula a cláusula ou contrato paritário, mas é possível que, por exemplo, um proprietário compre em uma papelaria um modelo contratual para alugar sua garagem durante as férias ou por um ano. Aqui a definição do art. 54 do CDC não se aplicaria prioritariamente (pois não é considerada relação de consumo), mas o magistrado pode considerar que o locatário está em uma posição de "vulnerabilidade" e utilizar analogamente a definição de contrato de adesão do art. 54 do CDC para "interpretar" o art. 424 do NCC/2002. Também pode ele considerar, como eu, que o Código de Defesa do Consumidor se aplica aos contratos de locação, se presente um terceiro organizador do contrato de adesão, como uma imobiliária. Nesse caso, todo o sistema do Código de Defesa do Consumidor se aplica, não só o art. 54 do CDC." *Diálogo entre o Código de Defesa do Consumidor e o novo Código Civil – do "diálogo das fontes" no combate às cláusulas abusivas.* Revista de Direito do Consumidor, vol. 45, p. 71. Sílvio de Salvo Venosa também defende a aplicação do CDC aos contratos imobiliários. *Reflexões sobre a lei do inquilinato e o Código de Defesa do Consumidor.* Revista de Direito do Consumidor, vol. 13, p. 18.

este serviço de intermediação). O STJ, em relação a esta útlima hipótese, tem aplicado o CDC, fazendo a diferenciação entre as relações imobiliária x locador e locador x locatário.

> "O propósito recursal consiste em decidir sobre a aplicação do Código de Defesa do Consumidor à relação jurídica estabelecida entre proprietária (locadora) e administradora de imóvel, bem como determinar o prazo prescricional incidente à espécie. (...) 4. Pelo contrato de administração imobiliária, o proprietário confia à administradora a gerência do imóvel visando, em geral, a locação do bem a terceiros, daí exsurgindo, portanto, duas relações jurídicas distintas: a primeira, de prestação de serviços, entre a administradora e o locador; e a segunda, de locação, entre o locador e o locatário, intermediada pela administradora. 5. A administradora atua como mandatária do locador na gestão do imóvel, inclusive – e especialmente – perante o locatário do bem, e, nessa condição, o locador, em regra, figura como destinatário final fático e econômico do serviço prestado pela administradora – como consumidor, portanto. 6. Em algumas situações, pode o locador se apresentar ainda como parte vulnerável – técnica, jurídica, fática e/ou informacional – em relação à administradora, sobretudo por se tratar, usualmente, de um contrato de adesão. 7. O serviço oferecido pela administradora possui caráter profissional pois, além de, em geral, dispor, em relação ao locador, de superioridade no conhecimento das características da atividade que habitualmente exerce, é evidente a sua natureza econômica. 8. *Ressalvadas circunstâncias especiais, sobressai a natureza jurídica de relação de consumo havida entre locador e administradora, atraindo, por conseguinte, a incidência do CDC.*" (STJ, REsp: 1846331, Relator: Ministra Nancy Andrighi, Terceira Turma, DJe 13/03/2020)[61]

Por fim, percebe-se claramente a intenção do legislador de que o CDC fosse possível de ser aplicado às relações locatícias. Isso porque o art. 51, XVI prevê como abusiva de pleno direito as cláusulas que possibilitem a renúncia do direito de indenização por benfeitorias necessárias, algo comumente utilizado nos contratos de aluguel.

Por fim, as relações havidas entre patrão (empresa ou não) e empregado estão, por força de lei, excluídos da apreciação do Código, havendo legislação específica (CLT) para este caso.

61. No mesmo sentido do STJ, Patricia Ribeiro Serra Vieira doutrina: "Em sua maioria, as relações dessa natureza [entre administradora e locador do imóvel] têm sido tratadas à luz do Código Civil, com base em seus artigos 653 a 691, tendo em conta a figura do mandato civil. Em decorrência, a responsabilidade aqui focada segue fundada no art. 667 do CC/02, qual seja a responsabilidade subjetiva (art. 186 do CC/02). No entanto, devido às características próprias do contrato imobiliário, a relação entre locador e administradora poderá ainda ser tratada como um contrato de prestação de serviços, com amparo no Código de Defesa do Consumidor, sempre que estiverem presentes na espécie os princípios orientadores deste diploma legal, a realçarem a equidade no trato contratual. Nestes casos, a responsabilidade da administradora será objetiva. Seja qual for considerada a relação existente entre os dois polos desta relação, certo é que existe a possibilidade de responsabilização do administrador de imóveis perante o proprietário-locador." (Direito imobiliário: escritos em homenagem ao professor Ricardo Pereira Lira., Fabio de Oliveira Azevedo e Marco Aurélio Bezerra de Melo (coordenadores). São Paulo: Atlas, 2015. p. 796 – sem grifos no original)

Análise dos elementos da Relação de Consumo

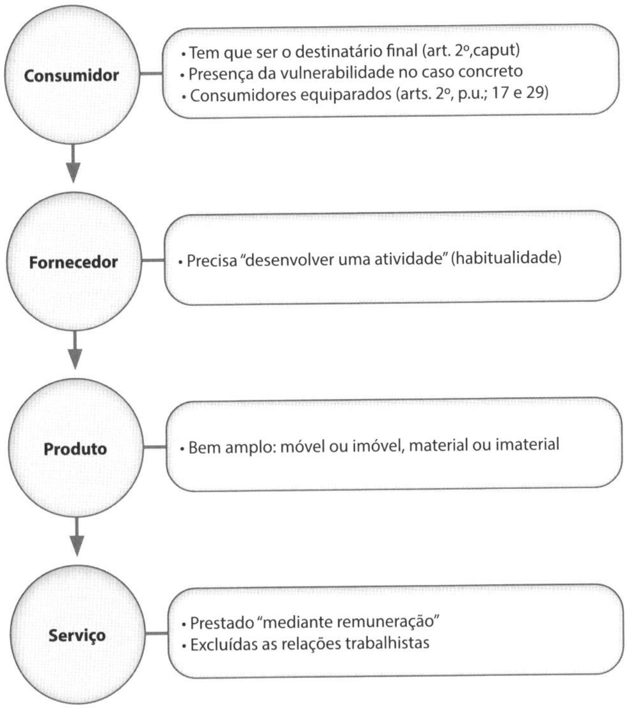

Encerrados os comentários aos arts. 2º e 3º, observamos que os elementos que compõem a relação de consumo são consumidor e fornecedor, negociando um produto e/ou serviço. Importante frisar que a relação de consumo sempre exige a presença do consumidor e do fornecedor; do produto e/ ou do serviço. Ou seja, faltando qualquer dos elementos, não se terá relação de consumo. E mais, ainda que, a princípio, se considere alguém consumidor, percebendo depois que o outro polo da relação não é fornecedor, não mais existirá a figura do consumidor. Um elemento depende do outro para existir, ou seja, somente haverá consumidor se do outro lado houver fornecedor. Da mesma forma, somente haverá consumidor e fornecedor se, obrigatoriamente, existir produto (que pelo Código é tratado de forma ampla) ou serviço (que precisa ser remunerado e não pode envolver relação trabalhista). Nesse sentido, diz-se que os elementos da relação de consumo (consumidor, fornecedor, produto e/ou serviço) são relacionais,[62] isto é, um depende do outro para ser corretamente analisado.

62. Nesse sentido: MIRAGEM, Bruno. *Direito do Consumidor*. 1ª ed. São Paulo: RT, 2008, p. 31.

Elementos (relacionais) da Relação de Consumo

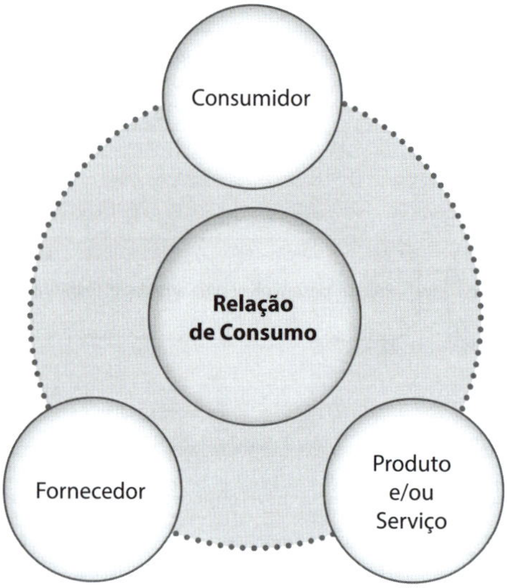

PRINCIPAIS JURISPRUDÊNCIAS DO STF E STJ APLICAÇÃO DO CDC

Aplicação do CDC. Plano de Saúde.

Súmula 608 do STJ: "Aplica-se o Código de Defesa do Consumidor aos contratos de plano de saúde, salvo os administrados por entidades de autogestão."

Aplicação do CDC. Plano de saúde coletivo com menos de 30 beneficiários

"A demanda entre empregador e a operadora do plano de saúde coletivo não se rege pelo CDC, ressalvada a hipótese em que o contrato conta com menos de 30 (trinta) beneficiários, situação que revela a condição de vulnerabilidade do estipulante." (STJ, REsp 1830065/SP, Rel. Ministra Nancy Andrighi, Terceira Turma, DJe 19/11/2020)

Aplicação do CDC. Empreendimentos habitacionais promovidos pelas sociedades cooperativas.

Súmula 602 do STJ: "O Código de Defesa do Consumidor é aplicável aos empreendimentos habitacionais promovidos pelas sociedades cooperativas."

Aplicação do CDC. Atividades de cooperativas que são equiparadas àquelas típicas de instituições financeiras

"A orientação jurisprudencial do Superior Tribunal de Justiça é no sentido de se admitir a aplicação das disposições do Código de Defesa do Consumidor às relações travadas entre cooperados e cooperativas quando estas desenvolvem atividades equiparadas às instituições financeiras." (STJ, AgInt nos EAREsp 1302248/PR, Rel. Ministro Ricardo Villas Bôas Cueva, Segunda Seção, DJe 29/10/2020)

Aplicação do CDC. Exames prestados pelos laboratórios

"Caracteriza-se como de consumo e, portanto, sujeito às disposições do Código de Defesa do Consumidor o serviço prestado por laboratórios na realização de exames médicos em geral, a exemplo do teste genético para fins de investigação de paternidade." (STJ, REsp 1700827/PR, Rel. Ministra Nancy Andrighi, Terceira Turma, DJe 08/11/2019)

Aplicação do CDC. Financiamento para compras de ações

O STJ entendeu que o Código de Defesa do Consumidor (CDC) se aplica ao contrato de mútuo firmado por pessoas físicas com instituição financeira para a compra de ações, pois essas pessoas são consideradas consumidoras finais do crédito obtido. O fato de o financiamento ter sido usado para investimentos em ações não descaracteriza a relação de consumo, uma vez que o dinheiro, como bem consumível, encerra seu ciclo na cadeia de consumo ao ser repassado a terceiros. Somente se afastaria essa qualificação caso o mutuário exercesse atividade financeira, emprestando o valor a terceiros mediante cobrança de juros, o que não se verificou no caso. Com isso, declarou-se nula a cláusula de eleição de foro, prevalecendo o domicílio do consumidor para a tramitação da ação. (STJ, REsp 1.194.627-RS, Rel. Min. Marco Buzzi, 4ª Turma, DJ 1º/12/2011).

Aplicação do CDC. Serviços funerários

DIREITO FUNERÁRIO E DO CONSUMIDOR. CEMITÉRIO PARTICULAR. CONTRATO DE CESSÃO DO USO DE JAZIGOS E PRESTAÇÃO DE OUTROS SERVIÇOS FUNERÁRIOS. APLICABILIDADE DO CDC RECONHECIDA. (...) Aplicabilidade do Código de Defesa e Proteção do Consumidor à relação travada entre os titulares do direito de uso dos jazigos situados em cemitério particular e a administradora ou proprietária deste, que comercializa os jazigos e disponibiliza a prestação de outros serviços funerários. (STJ, REsp 1090044/SP, Rel. Ministro Paulo de Tarso Sanseverino, Terceira Turma, DJe 27/06/2011)

Obs: Quando há rescisão contratual em contratos de concessão de direito real de uso perpétuo de jazigo em cemitério particular, o STJ entendeu que a rescisão implica o retorno ao estado anterior ao contrato. Isso significa que o mantenedor do cemitério recupera a titularidade do direito real, enquanto o valor pago pelo consumidor deve ser restituído. No entanto, é permitido ao cemitério reter um percentual desse valor para compensar o tempo de uso do jazigo, visto que ficou privado de utilizá-lo. As taxas pagas por serviços já prestados, como manutenção, não precisam ser devolvidas. No caso analisado, o tribunal considerou adequada a retenção de 20% do valor pago para compensar 10 anos de uso do jazigo. (STJ, REsp n. 2.107.107/SP, Rel. Min. Nancy Andrighi, Terceira Turma, DJe 19.4.2024)

Aplicação do CDC. Doação de sangue pode estabelecer relação de consumo.

O STJ entendeu que a coleta de sangue realizada por hemocentro no exercício de sua atividade comercial configura prestação de serviço para fins de aplicação do Código de Defesa do Consumidor (CDC). Dessa forma, eventuais danos causados ao doador devem ser analisados sob a ótica das normas consumeristas, incluindo a competência do foro do domicílio do consumidor para ações indenizatórias. No caso, reconheceu-se a competência do foro da autora para julgar pedido de indenização por dano moral decorrente de erro na informação sobre doença inexistente e registro negativo em bancos de sangue do país. (STJ, REsp 540922/PR, Rel. Min. Aldir Passarinho Junior, 4ª Turma, DJe 13/10/2009).

Aplicação do CDC. Contratação de seguro por microempresa.

"É consumidor a microempresa que celebra contrato de seguro com escopo de proteção do patrimônio próprio contra roubo e furto, ocupando, assim, posição jurídica de destinatária final do serviço oferecido pelo fornecedor." (STJ, REsp 814060 / RJ, Rel. Min. Luis Felipe Salomão, DJe 13/04/2010)

Aplicação do CDC. Cooperativa de crédito.

"A cooperativa de crédito integra o sistema financeiro nacional, estando sujeita às normas do CDC." (STJ, AgRg no Ag 1224838 / DF, Rel. Min. Nancy Andrighi, DJe 15/03/2010)

Aplicação do CDC. Arrendamento mercantil. Equipamento médico.

"O Código de Defesa do Consumidor incide sobre a relação jurídica de arrendamento mercantil de equipamento médico, daí a competência do respectivo juízo especializado" (STJ, REsp. 680.571-BA, Rel. Min. Carlos Alberto Menezes Direito, 12/4/2005, *Informativo* 242).

Aplicação do CDC. Súmula nº 321 do STJ*. (Cancelada pela Súmula 563 do STJ)

Súmula 321 do STJ (cancelada): "O Código de Defesa do Consumidor é aplicável à relação jurídica entre a entidade de previdência privada e seus participantes."

Súmula 563 do STJ: "O Código de Defesa do Consumidor é aplicável às entidades abertas de previdência complementar, não incidindo nos contratos previdenciários celebrados com entidades fechadas".

Repercussão da Súmula 563 do STJ: Como não se aplica o CDC, o financiamento (mútuo feneratício) contratado com entidade fechada de previdência privada pode ter cláusula de multa moratória superior a 2% (não aplicação do art. 52, §1º do CDC). Por outro lado, como não se enquadram como instituições financeiras, a taxa efetiva de juros não pode exceder a 12% ao ano. Nesse sentido: (REsp 1304529/SC, Rel. Ministro Luis Felipe Salomão, Quarta Turma, DJe 22/04/2016)

Aplicação do CDC. Canal de televisão e seu público

"Televisão. 'Show do milhão'. Código de Defesa do Consumidor. Prática abusiva. A emissora de televisão presta um serviço e como tal se subordina às regras do Código de Defesa do Consumidor. Divulgação de concurso com promessa de recompensa segundo critérios que podem prejudicar o participante. Manutenção da liminar para suspender a prática" (STJ, REsp. 436135/SP, Rel. Min. Ruy Rosado de Aguiar, *DJ* 12/08/2003).

Aplicação do CDC. Contratos de depósitos em caderneta de poupança.

"O Código de Defesa do Consumidor é aplicável aos contratos de depósitos em caderneta de poupança firmados entre as instituições financeiras e seus clientes" (STJ, REsp. 141678/SP, *DJU* 25/06/2001, p.183, Rel. Min. Barros Monteiro, j. 17/04/2001, 4ª T.).

Aplicação do CDC. Fundo de investimento.

"O CDC é aplicável aos contratos firmados entre as instituições financeiras e seus clientes referentes a aplicações em fundos de investimento, entendimento esse que encontrou acolhida na Súmula 297/STJ." (STJ, Resp 1164235/RJ, Rel. Ministra Nancy Andrighi, Terceira Turma, DJe 29/02/2012)

Aplicação do CDC. Serviços médicos.

"[...] A operadora de serviços de assistência à saúde que presta serviços remunerados à população tem sua atividade regida pelo Código de Defesa do Consumidor, pouco importando o nome ou a natureza jurídica que adota" (STJ, REsp. 267530/SP, *DJU* 12/03/2001, p. 147, Rel. Min. Ruy Rosado de Aguiar, j. 14/12/2000, 4ª T.).

Aplicação do CDC. Serviços odontológicos.

"A jurisprudência desta Corte já teve oportunidade de pronunciar que a contratação de serviços odontológicos, regularmente prestados no mercado pela clínica, cuida de relação consumerista, motivo pelo qual deve incidir todas as disposições constantes do Código de Defesa do Consumidor." (STJ, AgInt no AREsp 1592917/SP, Rel. Ministro Marco Aurélio Bellizze, Terceira Turma, DJe 01/09/2020)

Aplicação do CDC. Arrendamento mercantil/Leasing.

"[...] O contrato de arrendamento mercantil está subordinado ao regime do CDC, não desqualificando a relação de consumo o fato de o bem arrendado destinar-se às atividades comerciais da arrendatária" (STJ, AGA 357358/PR, *DJU* 04/06/2001, p.182, Rela. Mina. Nancy Andrighi, j. 19/03/2001, 3ª T.).

Aplicação do CDC. SFH – Sistema Financeiro da Habitação.

"Aplica-se o Código de Defesa do Consumidor ao contrato de mútuo do Sistema Financeiro Habitacional para aquisição de imóvel, eis que retrata uma relação de consumo existente entre os mutuários e o agente financeiro do SFH" (STJ, REsp. 688397/PR; Rel. Min. Castro Meira, *DJ* 23/05/2005).

Observação: quando o SFH possuir a cláusula de FCVS (Fundo de Compensação de Variação Salarial), por importar a presença da garantia do Governo em relação ao saldo devedor, não se aplica o CDC. Nesse sentido: STJ, REsp. 489701/SP, Rela. Mina. Eliana Calmon, *DJ* 16/04/2007.

Aplicação do CDC. TAXI: financiamento para aquisição de automóvel.

"O CDC incide sobre contrato de financiamento celebrado entre a CEF e o taxista para aquisição de veículo" (STJ, REsp. 231208/PE, *DJU* 19/03/2001, p. 114, Rel. Min. Ruy Rosado de Aguiar, j. 07/12/2000, 4ª T.).

Aplicação do CDC. TAXI: possibilidade de aplicação do CDC.

"O fato de o recorrido adquirir o veículo para uso comercial – taxi – não afasta a sua condição de hipossuficiente na relação com a empresa-recorrente, ensejando a aplicação das normas protetivas do CDC." (STJ, REsp 575469/RJ, Rel. Ministro Jorge Scartezzini, Quarta Turma, DJ 06/12/2004)

Aplicação do CDC. Excepcionalmente, apresentando vulnerabilidade, a Administração Pública pode ser considerada consumidora de serviços por ela contratados

O STJ entendeu que a Administração Pública pode ser considerada consumidora em contratos administrativos, desde que haja vulnerabilidade, pois o art. 2º do CDC não restringe esse conceito a pessoas jurídicas de direito privado. No caso, o Distrito Federal acionou um banco por erro em transferência bancária, mas a aplicação do CDC à Administração exige análise específica. Assim, a vulnerabilidade deve ser demonstrada para justificar a incidência do Código de Defesa do Consumidor. (STJ, REsp 1.772.730/DF, Rel. Min. Herman Benjamin, Segunda Turma, DJe 16/09/2020)

Aplicação do CDC. Contrato de incorporação.

"O contrato de incorporação, no que tem de específico, é regido pela lei que lhe é própria (Lei nº 4.591/1964), mas sobre ele também incide o Código de Defesa do Consumidor, que introduziu no sistema civil princípios gerais que realçam a justiça contratual, a equivalência das prestações e o princípio da boa-fé objetiva" (STJ, REsp. 80036/SP, *DJU* 25/03/1996, p. 86, Rel. Min. Ruy Rosado de Aguiar, j. 12/02/1996, 4ª T.).

Aplicação do CDC. Caracterização de fornecedor atende a critérios puramente objetivos (desempenhar atividade no mercado de consumo mediante remuneração) – independe da natureza jurídica adotada ou da espécie dos serviços que presta.

"Para o fim de aplicação do Código de Defesa do Consumidor, o reconhecimento de uma pessoa física ou jurídica ou de um ente despersonalizado como fornecedor de serviços atende aos critérios puramente objetivos, sendo irrelevantes a sua natureza jurídica, a espécie dos serviços que prestam e até mesmo o fato de se tratar de uma sociedade civil, sem fins lucrativos, de caráter beneficente e filantrópico, bastando que desempenhem determinada atividade no mercado de consumo mediante remuneração" (STJ, REsp. 519.310-SP, Rela. Mina. Nancy Andrighi, *DJ* 24/05/2004).

Aplicação do CDC. Associação. SFH. Relação de consumo.

"Há relação de consumo entre o agente financeiro do SFH, que concede empréstimo para aquisição de casa própria, e o mutuário. Ao operar como os demais agentes de concessão de empréstimo do SFH, a associação age na posição de fornecedora de serviços aos seus associados, então caracterizados como consumidores [...]"(STJ, REsp. 436815/DF, Rela. Fátima Nancy Andrighi, j. 17/09/2002, 3ª T.).

Aplicação do CDC. Seguro empresarial.

"É considerada consumidora, a teor do art. 2º da Lei nº 8.078/1990 (Código de Defesa do Consumidor), a pessoa jurídica que contratou um seguro contra eventuais danos que venha a sofrer, dentre os quais roubo e furto de seu patrimônio. Na espécie, o contrato de seguro objetiva a proteção do seu próprio patrimônio e não dos clientes para os quais presta serviço. A proteção objeto do seguro não integra, de forma alguma, os serviços prestados por ela" (STJ, REsp. 733.560-RJ, Rela. Mina. Nancy Andrighi, 11/4/2006, *Informativo* 281). No mesmo sentido: REsp 1943335/RS, Rel. Ministro Moura Ribeiro, Terceira Turma, DJe 17/12/2021.

Aplicação do CDC. Condomínio e concessionária de serviço público.

"A Turma conheceu do recurso e deu-lhe provimento ao argumento de que é inaplicável o Código de Defesa do Consumidor às relações entre os condôminos e o condomínio quanto às despesas de manutenção desse. Existe relação de consumo entre o condomínio de quem é cobrada indevidamente taxa de esgoto e a concessionária de serviço público" (STJ, REsp. 650.791-RJ, Rel. Min. Castro Meira, 6/4/2006, *Informativo* 280).

Aplicação do CDC. Correios e usuários

"À luz do art. 37, XXI, da Constituição Federal, a natureza do vínculo jurídico entre a ECT e as empresas recorrentes, é de Direito Administrativo, sendo certo que a questão sub judice não envolve Direito Privado, tampouco de relação de consumo. Aliás, apenas os consumidores, usuários do serviço dos correios é que têm relação jurídica de consumo com a ECT." (STJ, REsp 527137/PR, Rel. Ministro Luiz Fux, Primeira Turma, DJ 31/05/2004).

Aplicação do CDC. Corretagem de valores e títulos mobiliários

O STJ entendeu que o valor envolvido em um contrato não afasta a condição de consumidor prevista no Código de Defesa do Consumidor (CDC). Além disso, não se pode negar essa condição com base no nível de discernimento da pessoa em comparação à média dos consumidores. Assim, reconheceu-se a existência de relação de consumo entre um contratante que busca atender suas próprias necessidades e sociedades que prestam, de forma habitual e profissional, serviços de corretagem de valores e títulos mobiliários. (STJ, REsp 1599535/RS, Rel. Min. Nancy Andrighi, 3ª Turma, DJe 21/03/2017).

Aplicação do CDC. Cliente e casa noturna

"Há relação de consumo entre o cliente e a casa noturna." (STJ, REsp 695.000/RJ, Rel. Ministro Carlos Alberto Menezes Direito, Terceira Turma, DJ 21/05/2007)

Aplicação do CDC. Contrato de administração imobiliária – contrato efetuado entre o locador e as imobiliárias

O STJ entendeu que o contrato de administração imobiliária gera duas relações jurídicas distintas: uma entre o locador (proprietário) e a administradora, caracterizada como prestação de serviços, e outra entre o locador e o locatário, intermediada pela administradora. Na relação entre locador e administradora, o proprietário é, em regra, o destinatário final fático e econômico do serviço, podendo ser considerado consumidor nos termos do Código de Defesa do Consumidor (CDC). Essa relação pode ainda atrair a incidência do CDC quando o locador é tecnicamente vulnerável diante da administradora, considerando-se que o contrato usualmente é de adesão e envolve superioridade técnica e econômica por parte da administradora. Quanto à prescrição, o STJ reafirmou que a regra geral do art. 205 do Código Civil (10 anos) aplica-se à responsabilidade civil contratual, afastando a incidência do prazo trienal previsto no art. 206, § 3º, V, que se restringe à responsabilidade extracontratual. (STJ, REsp 1.846.331/DF, Rel. Min. Nancy Andrighi, Terceira Turma, DJe 13/03/2020).

Aplicação do CDC. Empresa que comprou avião para uso próprio.

"COMPRA DE AERONAVE POR EMPRESA ADMINISTRADORA DE IMÓVEIS. AQUISIÇÃO COMO DESTINATÁRIA FINAL. EXISTÊNCIA DE RELAÇÃO DE CONSUMO. 1. Controvérsia acerca da existência de relação de consumo na aquisição de aeronave por empresa administradora de imóveis. 2. Produto adquirido para atender a uma necessidade própria da pessoa jurídica, não se incorporando ao serviço prestado aos clientes. 3. Existência de relação de consumo, à luz da teoria finalista mitigada." (STJ, AgRg no REsp 1321083/PR, Rel. Ministro Paulo de Tarso Sanseverino, Terceira Turma, julgado em 09/09/2014, DJe 25/09/2014)

Aplicação do CDC. Leiloeiro. Dependerá se houver fornecedor e consumidor nos polos da relação. Leiloeiro somente responde pelos vícios do serviço prestado.

O STJ entendeu que a proteção do Código de Defesa do Consumidor (CDC) às vendas públicas promovidas por leiloeiros depende do tipo de comércio praticado e da relação entre as partes. Quando o leilão envolve bens de particulares, como coleções ou espólios, aplicam-se as regras do Código Civil. No entanto, se o proprietário dos bens é um fornecedor que comercializa produtos para o mercado de consumo, configurando uma relação de consumo com o arrematante, o CDC é aplicável. O leiloeiro pode ser responsabilizado solidariamente em casos de falhas na prestação de seus serviços, como a omissão na entrega de documentos, enquanto o fornecedor responde por vícios ou fatos relacionados ao produto. (STJ, REsp 1234972/RJ, Rel. Min. João Otávio de Noronha, Terceira Turma, DJe 30/03/2015)

Sobre a constatação da relação de consumo nos leilões, interessante foram os exemplos citados no acórdão pelo Min. João Otávio de Noronha:

> "Há diversas situações que implicam a atração ou não do Código de Defesa do Consumidor. Cito algumas:
>
> a) O leilão de bens particulares em que o leiloeiro intermedeia a venda de bens de proprietários diversos no mesmo evento, fato que ocorre muito nos leilões rurais, principalmente de gado, quando o leiloeiro vende diversos lotes de gado de diversos particulares. Nessas hipóteses, não há relação de consumo já que normalmente o público adquirente é formado por criadores e agropecuaristas, que também estão na linha de cadeia produtiva. Não há relação de consumo, pois a venda é feita de produtor para produtor, com a intermediação apenas in loco do leiloeiro.
>
> b) A venda pública de obras de artes a colecionadores, em que não se vê relação de consumo. Nesses casos, o leiloeiro usualmente atua na qualidade de comissário; nem por isso há relação de consumo, mas venda particular.
>
> c) Leilões de bens particulares sem o fim de comércio. Por exemplo, a venda de joias de família, bens particulares, etc. Falta aí a figura do fornecedor e/ou comerciante.
>
> Nos dois últimos exemplos, inexiste a figura do fornecedor, já que os proprietários não atuam em nenhuma cadeia de produção. No primeiro exemplo, os bens adquiridos compõem o processo produtivo."

Aplicação do CDC. Condomínio de adquirentes de edifício em construção e a incorporadora

O STJ entendeu que o condomínio de adquirentes de edifício em construção é equiparado a consumidor quando atua na defesa dos interesses coletivos de seus condôminos contra construtoras ou incorporadoras, com base no parágrafo único do art. 2º do Código de Defesa do Consumidor (CDC). Nessas situações, é possível a inversão do ônus da prova, conforme o art. 6º, VIII, do CDC, especialmente quando o condomínio enfrenta dificuldade probatória e a empresa demandada tem pleno acesso às informações necessárias. Aplicou-se, ainda, a teoria da distribuição dinâmica do ônus da prova, prevista no art. 373, § 1º, do CPC. (STJ, REsp 1560728/MG, Rel. Min. Paulo de Tarso Sanseverino, Terceira Turma, DJe 28/10/2016)

Aplicação do CDC. Investidor adquirente de unidade imobiliária hoteleira

O STJ entendeu que o Código de Defesa do Consumidor (CDC) pode ser aplicado a adquirentes de unidades imobiliárias em empreendimentos hoteleiros, mesmo que não sejam destinatários finais do bem, desde que comprovada a vulnerabilidade, nos termos da teoria finalista mitigada. Para isso, o investidor deve demonstrar boa-fé, ausência de conhecimentos técnicos sobre o mercado imobiliário e falta de expertise em incorporação, construção ou venda de imóveis. A aplicação do CDC é justificada para proteger consumidores vulneráveis diante de atraso na entrega das unidades contratadas. (STJ, AgInt no REsp 1865765/RJ, Rel. Min. Nancy Andrighi, Terceira Turma, DJe 24/09/2020)

Aplicação do CDC. Contratos de participação financeira vinculados ao serviço de telefonia

"A jurisprudência desta Corte é no sentido de que é aplicável o Código de Defesa do Consumidor às ações que têm como objeto o cumprimento de contratos de participação financeira vinculados ao serviço de telefonia." (STJ, AgInt nos EDcl no REsp 1793241/PR, Rel. Ministro Raul Araújo, Quarta Turma, DJe 25/05/2020)

Aplicação do CDC. Concessionárias de transporte ferroviário

"A jurisprudência do STJ firmou o entendimento de que as concessionárias de transporte ferroviário, em casos de atropelamento de pedestres nas vias férreas, subordinam-se às disposições do Código de Defesa do Consumidor, motivo pelo qual é cabível a inversão do ônus da prova." (STJ, AgInt nos EDcl no AREsp 1753212/PR, Rel. Ministra Maria Isabel Gallotti, Quarta Turma, DJe 01/12/2021)

Aplicação do CDC. Investidor ocasional (aquele que não investe de maneira habitual)

"Esta Corte Superior perfilha o posicionamento de que se admite a utilização do Código de Defesa do Consumidor para amparar, concretamente, o investidor ocasional (figura do consumidor investidor), pois ele não desenvolve a atividade de investimento de maneira reiterada e profissional." (STJ, REsp n. 2.021.711/RS, relatora Ministra Nancy Andrighi, relator para acórdão Ministro Moura Ribeiro, Terceira Turma, DJe de 23/3/2023.)

Aplicação do CDC. Bolsa de valores oferecendo serviços diretamente aos investidores

O STJ entendeu que o Código de Defesa do Consumidor (CDC) não se aplica à relação entre investidores e a B3 no contexto das operações no mercado de capitais, pois a Bolsa não presta serviços diretamente aos investidores, mantendo vínculo apenas com distribuidoras e corretoras. No entanto, ao fornecer diretamente aos investidores uma plataforma virtual (Canal Eletrônico do Investidor) com informações sobre seus investimentos, a B3 estabelece uma relação jurídica autônoma de consumo, sujeita às normas protetivas do CDC. (STJ, REsp 2.092.096/SP, Rel. Min. Nancy Andrighi, Terceira Turma, DJe 15/12/2023)

Aplicação do CDC. Associação que oferece proteção veicular mediante remuneração

"A jurisprudência do Superior Tribunal de Justiça tem firmado entendimento no sentido de que a aplicação do CDC aos negócios jurídicos é definida com base no objeto contratado, sendo irrelevante a natureza da entidade que presta os serviços." (STJ, AgInt no REsp n. 2.028.764/MG, relator Ministro Marco Aurélio Bellizze, Terceira Turma, DJe de 22/11/2023.)

Aplicação do CDC. Seguro agrícola para proteção do patrimônio do segurado

"No âmbito da contratação securitária, a segurada será destinatária final do seguro e, consequentemente, consumidora, quando o seguro for contratado para a proteção do seu próprio patrimônio, mesmo que vise resguardar insumos utilizados em sua atividade produtiva." (STJ, REsp n. 2.165.529/PR, relatora Ministra Nancy Andrighi, Terceira Turma, DJe de 10/10/2024.)

NÃO APLICAÇÃO DO CDC

Não aplicação do CDC. Doação de excedentes de alimentos para o consumo humano (Art. 2º, parágrafo único da Lei 14.016/2020)

"Lei 14.016/2020. Art. 1º Os estabelecimentos dedicados à produção e ao fornecimento de alimentos, incluídos alimentos in natura, produtos industrializados e refeições prontas para o consumo, ficam autorizados a doar os excedentes não comercializados e ainda próprios para o consumo humano que atendam aos seguintes critérios:

I – estejam dentro do prazo de validade e nas condições de conservação especificadas pelo fabricante, quando aplicáveis;

II – não tenham comprometidas sua integridade e a segurança sanitária, mesmo que haja danos à sua embalagem;

III – tenham mantidas suas propriedades nutricionais e a segurança sanitária, ainda que tenham sofrido dano parcial ou apresentem aspecto comercialmente indesejável.

§ 1º O disposto no caput deste artigo abrange empresas, hospitais, supermercados, cooperativas, restaurantes, lanchonetes e todos os demais estabelecimentos que forneçam alimentos preparados prontos para o consumo de trabalhadores, de empregados, de colaboradores, de parceiros, de pacientes e de clientes em geral.

§ 2º A doação de que trata o caput deste artigo poderá ser feita diretamente, em colaboração com o poder público, ou por meio de bancos de alimentos, de outras entidades beneficentes de assistência social certificadas na forma da lei ou de entidades religiosas.

§ 3º A doação de que trata o caput deste artigo será realizada de modo gratuito, sem a incidência de qualquer encargo que a torne onerosa.

Art. 2º Os beneficiários da doação autorizada por esta Lei serão pessoas, famílias ou grupos em situação de vulnerabilidade ou de risco alimentar ou nutricional.

Parágrafo único. A doação a que se refere esta Lei em nenhuma hipótese configurará relação de consumo.

Art. 3º O doador e o intermediário somente responderão nas esferas civil e administrativa por danos causados pelos alimentos doados se agirem com dolo.

§ 1º A responsabilidade do doador encerra-se no momento da primeira entrega do alimento ao intermediário ou, no caso de doação direta, ao beneficiário final.

§ 2º A responsabilidade do intermediário encerra-se no momento da primeira entrega do alimento ao beneficiário final.

§ 3º Entende-se por primeira entrega o primeiro desfazimento do objeto doado pelo doador ao intermediário ou ao beneficiário final, ou pelo intermediário ao beneficiário final.

Art. 4º Doadores e eventuais intermediários serão responsabilizados na esfera penal somente se comprovado, no momento da primeira entrega, ainda que esta não seja feita ao consumidor final, o dolo específico de causar danos à saúde de outrem."

Não aplicação do CDC. Relações jurídicas interempresariais que envolvam contratos derivativos

"As normas protetivas do CDC não incidem nas relações jurídicas interempresariais que envolvam contratos derivativos, categoria na qual estão incluídos os contratos de ajuste de fluxos de caixa (swaps), em discussão nos autos." (STJ, AgInt no AREsp 1052586/RS, Rel. Ministro Ricardo Villas Bôas Cueva, Terceira Turma, DJe 26/05/2020)

Não aplicação do CDC. Beneficiário de cheque devolvido por ausência de provisão de fundos e banco sacado

O STJ entendeu que o banco sacado não pode ser responsabilizado por prejuízos materiais sofridos por terceiros beneficiários de cheques emitidos por seus correntistas e devolvidos por falta de provisão de fundos. A relação entre o banco e o correntista não caracteriza defeito na prestação de serviço ao beneficiário, mesmo que existam diversos cheques emitidos ou que o vínculo entre banco e cliente seja recente. Assim, não se aplica ao caso o Código de Defesa do Consumidor (CDC) por ausência de relação consumerista, ainda que por equiparação. (STJ, REsp 1665290/SC, Rel. Min. Ricardo Villas Bôas Cueva, Terceira Turma, DJe 19/10/2020).

Não aplicação do CDC. Relação entre empresa de intermediação de moeda virtual (BITCOIN) e instituição financeira

O STJ entendeu que a utilização de serviços bancários, como a abertura de conta-corrente, para intermediar atividades empresariais, como a compra e venda de bitcoins, caracteriza-se como insumo para a atividade produtiva e não como relação de consumo. Por isso, as normas protetivas do Código de Defesa do Consumidor (CDC) não são aplicáveis a esses contratos. Além disso, o encerramento de conta-corrente é direito subjetivo das partes, desde que precedido de regular notificação, em conformidade com a autonomia privada. (STJ, REsp 1696214/SP, Rel. Min. Marco Aurélio Bellizze, Terceira Turma, DJe 16/10/2018)

Não aplicação do CDC. Transporte rodoviário de cargas destinado a viabilizar a atividade comercial

O STJ entendeu que não há relação de consumo em contrato de transporte rodoviário de cargas celebrado para viabilizar a atividade empresarial do contratante. Nesse caso, o serviço é considerado consumo intermediário (operação de meio), utilizado como ferramenta para o desenvolvimento da atividade comercial e não como destinação final fática ou econômica. Dessa forma, afasta-se a aplicação do Código de Defesa do Consumidor (CDC) e aplica-se o prazo prescricional geral para a ação de reparação de danos materiais. (STJ, REsp 1669638/SP, Rel. Min. Nancy Andrighi, Terceira Turma, DJe 25/06/2018).

Não aplicação do CDC. Segurados e seguradoras do DPVAT

O STJ entendeu que o Código de Defesa do Consumidor (CDC) não se aplica ao seguro obrigatório DPVAT, pois se trata de obrigação legal, sem acordo de vontade entre as partes, escolha do fornecedor ou ingerência das seguradoras nas regras de indenização. A inexistência de relação de consumo, mesmo em caráter equiparado, impede a inversão do ônus da prova com base no CDC. Assim, normas consumeristas aplicáveis a seguros facultativos não se estendem ao DPVAT, cujas regras são impostas pela legislação. (STJ, REsp 1635398/PR, Rel. Min. Marco Aurélio Bellizze, Terceira Turma, DJe 23/10/2017).

Não aplicação do CDC. Plano de saúde de autogestão.

"Não se aplica o Código de Defesa do Consumidor ao contrato de plano de saúde administrado por entidade de autogestão, por inexistência de relação de consumo." (STJ, REsp 1285483/PB, Rel. Ministro Luis Felipe Salomão, Segunda Seção, DJe 16/08/2016)

Não aplicação do CDC. Plano de saúde coletivo com mais de 30 beneficiários

"A demanda entre empregador e a operadora do plano de saúde coletivo não se rege pelo CDC, ressalvada a hipótese em que o contrato conta com menos de 30 (trinta) beneficiários, situação que revela a condição de vulnerabilidade do estipulante." (STJ, REsp 1830065/SP, Rel. Ministra Nancy Andrighi, Terceira Turma, DJe 19/11/2020)

Não aplicação do CDC. Plano de saúde coletivo: reembolso de despesas médicas-hospitalares

O STJ entendeu que o contrato de plano de saúde empresarial, voltado ao reembolso de despesas médico-hospitalares para empregados, não se enquadra nas disposições dos artigos 2º e 3º do Código de Defesa do Consumidor (CDC). A relação entre a empresa contratante e a seguradora possui natureza comercial, sendo parte do pacote de benefícios oferecido aos empregados, afastando a possibilidade de aplicação da teoria finalista mitigada. Dessa forma, não se caracteriza relação de consumo entre o empregador e a seguradora. (STJ, AgInt no REsp 1357183/SP, Rel. Min. Maria Isabel Gallotti, Quarta Turma, DJe 13/02/2017).

Não aplicação do CDC. Contrato de transporte internacional de mercadoria destinada a incrementar a atividade comercial da contratante.

"As normas do CDC não são aplicáveis à aquisição e à importação de aparelho de raio X por entidade hospitalar, não hipossuficiente nem vulnerável, no intuito de incrementar sua atividade, ampliar a gama de serviços e aumentar os lucros. Igualmente, não se aplica o referido diploma ao transporte aéreo internacional de respectivo equipamento, por representar mera etapa do ato complexo de importar." (STJ, REsp 1162649/SP, Rel. Ministro Luis Felipe Salomão, Rel. p/ Acórdão Ministro Antonio Carlos Ferreira, Quarta Turma, DJe 18/08/2014)

Não aplicação do CDC. Contratos firmados entre postos e distribuidores de combustível

"A relação existente entre distribuidores e revendedores de combustíveis, em regra, não é de consumo, sendo indevida a aplicação de dispositivos do Código de Defesa do Consumidor, especialmente para admitir a postergação do pagamento de mercadorias. Recursos especiais parcialmente conhecidos para, na extensão, dar parcial provimento apenas ao da Distribuidora, para reconhecer como indevida a aplicação do Código de Defesa do Consumidor e, por conseguinte, afastar a possibilidade de postergação, pelo autor, do pagamento de combustíveis." (STJ, Resp 782852/SC, Rel. Ministro Luis Felipe Salomão, Quarta Turma, DJe 29/04/2011)

Não aplicação do CDC. Ato cooperativo típico

O STJ entendeu que o Código de Defesa do Consumidor (CDC) não se aplica aos atos cooperativos típicos realizados entre cooperativas e seus cooperados, conforme o art. 79 da Lei 5.764/71. No caso, tratava-se de uma Cédula de Produto Rural Financeira (CPR-F) emitida para capitalizar uma cooperativa agrícola, configurando ato cooperativo típico, sem relação de consumo ou prática comercial abusiva dirigida ao mercado. Além disso, a multa moratória pactuada em 10% do valor da dívida foi considerada válida, pois não se sujeita ao limite de 2% previsto no art. 52, § 1º, do CDC, aplicável apenas a relações de consumo. (STJ, REsp 1435979/SP, Rel. Min. Paulo de Tarso Sanseverino, Terceira Turma, DJe 05/05/2017).

Observação: Excepcionalmente o STJ admite a aplicação do CDC a algumas cooperativas, como no caso das cooperativas de crédito e das cooperativas habitacionais, que atuam no mercado à semelhança dos fornecedores de produtos e serviços.

Nesse sentido:

> Cooperativa de crédito. Incidência do CDC. – A cooperativa de crédito integra o sistema financeiro nacional, estando sujeita às normas do CDC. Agravo não provido. (STJ, AgRg no Ag 1.224.838/DF, Rel. Ministra Nancy Andrighi, Terceira Turma, DJe 15/03/2010)
>
> "Esta Corte possui orientação no sentido de que as disposições do Código de Defesa do Consumidor são aplicáveis aos empreendimentos habitacionais promovidos pelas sociedades cooperativas". (STJ, AgRg no AREsp 727.571/SP, Rel. Ministro Ricardo Villas Bôas Cueva, Terceira Turma, DJe 20/10/2015)

Não aplicação do CDC. Aquisição de bens ou a utilização de serviços por pessoa física ou jurídica para implemento ou incremento de sua atividade comercial.[63]

"A Turma reiterou que não se considera relação de consumo, mas atividade de consumo intermediária, a aquisição de bens ou a utilização de serviços por pessoa física ou jurídica para implemento ou incremento de sua atividade comercial. Na hipótese, houve contrato de permuta de 532 sacos de arroz de produção agrícola com 15 toneladas de adubo químico (NPK 04-12-08), o que se considera como obtenção de insumos para investimento na atividade comercial, e não como destinatário final" (Precedente citado: REsp. 541.867-BA, *DJ* 16/5/2005. REsp. 1.014.960-RS, Rel. Min. Aldir Passarinho Junior, 2/9/2008. *Informativo* 366).

63. Na 1ª Jornada de Direito Comercial, promovida em 2012 pelo Conselho da Justiça Federal (CJF), foi aprovado o seguinte enunciado: "20. Não se aplica o Código de Defesa do Consumidor aos contratos celebrados entre empresários em que um dos contratantes tenha por objetivo suprir-se de insumos para sua atividade de produção, comércio ou prestação de serviços."

No mesmo sentido, envolvendo contrato internacional de transporte de insumos:

> "RECURSO ESPECIAL. CIVIL E EMPRESARIAL. CONTRATO DE TRANSPORTE INTERNACIONAL DE CARGA. INSUMOS. RELAÇÃO DE CONSUMO. INOCORRÊNCIA. VINCULAÇÃO ENTRE O CONTRATO PRINCIPAL E O CONTRATO ACESSÓRIO DE TRANSPORTE. 1. Controvérsia acerca da aplicabilidade do Código de Defesa do Consumidor a um contrato internacional de transporte de insumos. 2. Não caracterização de relação de consumo no contrato de compra e venda de insumos para a indústria de autopeças (teoria finalista). 3. Impossibilidade de se desvincular o contrato de compra e venda de insumo do respectivo contrato de transporte. 4. Inaplicabilidade do Código de Defesa do Consumidor à espécie, impondo-se o retorno dos autos ao Tribunal de origem." (STJ, REsp 1442674/PR, Rel. Ministro Paulo De Tarso Sanseverino, Terceira Turma, DJe 30/03/2017)

No mesmo sentido, envolvendo contrato de prestação de serviços de informática:

"Segundo a jurisprudência do STJ, o CDC não se aplica às pessoas jurídicas se o produto contratado for utilizado na implementação da atividade econômica, como ocorre na hipótese sob exame, em que o serviço de informática foi contratado com o escopo de tornar mais eficiente a atividade econômica desenvolvida pelo adquirente, reduzindo custos e maximizando lucro, o que afasta a aplicação do sistema protetivo do CDC." (STJ, AgInt no REsp 1925971/SP, Rel. Ministro Luis Felipe Salomão, Quarta Turma, DJe 01/12/2021)

Observação: vale lembrar que havendo "vulnerabilidade", ainda que o produto ou serviço seja adquirido para incremento da atividade comercial, o STJ mitiga ou relativiza a teoria finalista para contemplar a relação como de consumo. Assim, em regra, para os contratos de arrendamento mercantil utilizados para fomentar a atividade comercial não se aplica o CDC. Mas, em caso da verificação da presença da vulnerabilidade de uma das partes, é possível a aplicação do CDC. Nesse sentido:

> "Diante da teoria finalista, acolhida na jurisprudência deste Tribunal Superior, contratos celebrados para a obtenção de financiamento mediante arrendamento mercantil, do tipo *lease back*, e para a aplicação financeira dos respectivos recursos em CDB com o propósito de ampliar o capital de giro e fomentar a atividade empresarial não são regidos pelo Código de Defesa do Consumidor, ausente a figura do consumidor definido no art. 2º do referido diploma. 3. O Superior Tribunal de Justiça tem atenuado a aplicação da teoria finalista, admitindo a incidência do Código de Defesa de Consumidor na relação jurídico-obrigacional entre comerciantes ou profissionais quando estiver caracterizada situação de vulnerabilidade ou hipossuficiência. Ocorre que o acórdão recorrido não apreciou a questão da hipossuficiência ou da vulnerabilidade da autora, tema que, sem dúvida, demandaria o exame das provas referidas, genericamente, pela recorrida. Incidência da mesma orientação contida na Súmula n. 7 do STJ." (STJ, REsp 746.885/SP, Rel. Ministro Antonio Carlos Ferreira, Quarta Turma, DJe 23/02/2015)

Não aplicação do CDC. Pessoa jurídica que busca financiamento bancário ou aplicação financeira para ampliar o capital giro ou fomentar atividade produtiva

"A pessoa jurídica que celebra contrato de financiamento com banco com a finalidade de fomentar suas atividades empresariais, em regra não é destinatário final, diante da natureza de insumo, sendo inaplicável o Código de Defesa do Consumidor. Precedentes." (STJ, AgInt no REsp 1667374/MA, Rel. Ministro Luis Felipe Salomão, Quarta Turma, julgado em 20/08/2019, DJe 23/08/2019)

Não aplicação do CDC. Relação entre representante comercial autônomo e a empresa

"A relação jurídica que se estabelece entre o representante comercial autônomo e a sociedade representada é regulada por disciplina jurídica própria, não se aplicando as regras protetivas do Código de Defesa do Consumidor." (STJ, REsp 761557 / RS, Rel. Min. Sidnei Beneti, DJe 03/12/2009)[64]

Não aplicação do CDC. Contador e o condômino

O STJ entendeu que não há relação de consumo entre condômino e condomínio em litígios relacionados à cobrança de taxas, tampouco entre o condômino e o profissional contratado pelo condomínio, como no caso de um contador. O vínculo contratual e a prestação dos serviços de contadoria têm como destinatário final o condomínio, que é o contratante e, nesse contexto, o único caracterizado como consumidor. Não se configura relação de consumo direta entre o contador e os condôminos, nem responsabilidade do contador perante os condôminos por atos relacionados à administração do condomínio, como a publicidade do rol de inadimplentes. (STJ, REsp 441.873/DF, Rel. Min. Castro Filho, j. 19/09/2006, Informativo 297).

Não aplicação do CDC. Relação entre cliente e contador

O STJ entendeu que a relação entre cliente e contador possui natureza exclusivamente civil, não sendo regida pelo Código de Defesa do Consumidor (CDC), pois não há vulnerabilidade ou desequilíbrio contratual. Assim, não se aplica a inversão ope legis do ônus da prova, devendo ser observada a regra geral do art. 373, I, do CPC, segundo a qual cabe ao cliente comprovar os fatos constitutivos de seu direito (STJ, REsp 2.164.369/CE, Rel. Ministra Nancy Andrighi, Terceira Turma, julgado em 5/11/2024, DJe de 8/11/2024).

Não aplicação do CDC. Condômino e condomínio

"Não é relação de consumo a que se estabelece entre os condôminos, relativamente às despesas para manutenção e conservação do prédio e dos seus serviços" (STJ, REsp. 187502/SP, *DJU* 22/03/1999, p. 12, Rel. Min. Ruy Rosado de Aguiar, j. 18/02/1999, 4ª T.).

Não aplicação do CDC. Locação Predial Urbana

"Consoante iterativos julgados desse Tribunal, as disposições contidas no Código de Defesa do Consumidor não são aplicáveis ao contrato de locação predial urbana, que se regula por legislação própria – Lei nº 8.245/1991" (STJ, REsp. 280577/SP, *DJU* 23/04/2001, p. 195, Rel. Min. Vicente Leal, j. 26/03/2001, 6ª T.).

Observação: Embora o STJ, reiteradamente, considere que os contratos de locação predial urbana não são regidos pelo CDC, é importante fazer a distinção quando este contrato é celebrado através da intermediação de administradora (o que é muito comum nos dias atuais). Isto porque os contratos celebrados através de administradora são contratos de adesão, não havendo razão para se descartar a aplicação do CDC. O STJ já admitiu que o Ministério Público questionasse, via ação coletiva, as abusividades inseridas em contratos de locação, responsabilizando a administradora. Nesta ocasião, entendendo se tratar de contrato de adesão, o STJ proferiu decisão no sentido de que o Ministério Público seria legítimo para questionar as cláusulas, justamente por configurar relação de consumo. O Min. Félix Fischer considerou que "esta Corte vem reiteradamente entendendo pela possibilidade de o Ministério Público propor ações civis em face de empresas imobiliárias que prestam serviços de locação e utilizam-se de contratos padrões desobedientes às normas e princípios estabelecidos no Código de Defesa do Consumidor. Isto, pelo motivo de que tais serviços se enquadram na definição de relações de consumo disposta no Estatuto de Defesa do Consumidor e, portanto, passíveis de defesa pelo Ministério Público por se tratarem de interesses individuais homogêneos. Consequentemente, tais empresas imobiliárias uma vez responsáveis pela elaboração de tais contratos locatícios, são os legitimados a integrarem o polo passivo de demandas como a presente" (STJ, REsp. 614981/MG, Rel. Min. Félix Fischer, *DJ* 26/09/2005).

64. Na Iª Jornada de Direito Comercial, promovida em 2012 pelo Conselho da Justiça Federal (CJF), foi aprovado o seguinte enunciado: "19. Não se aplica o Código de Defesa do Consumidor às relações entre sócios/acionistas ou entre eles e a sociedade."

Mas, o tema não é pacífico no STJ. No AgRg no Ag 590802/RS, Rel. Min. Nilson Naves, *DJ* 14/08/2006, ficou estampado que "o Superior Tribunal de Justiça tem entendido que o Ministério Público é parte legítima para ajuizar ação civil pública com o fim de proteger e cuidar de interesses sociais difusos ou coletivos, os quais não se confundem com direitos individuais privados e disponíveis, como ocorre nos autos em análise. Aqui se pretende declarar a nulidade de cláusulas abusivas constantes de contratos de locação." Ao final, ainda concluiu que "quanto à aplicabilidade do Código de Defesa do Consumidor às relações locatícias, as Turmas que compõem a Terceira Seção têm jurisprudência no sentido de que as disposições contidas na Lei nº 8.078/1990 não são aplicáveis ao contrato de locação predial urbana, que se regula por legislação própria, a saber, a Lei nº 8.245/1991."

Não aplicação do CDC. Crédito educativo

"O crédito educativo (Lei nº 8.436/1992) não é serviço bancário, mas programa governamental custeado pela União, no qual a CEF figura como espécie de preposta ou delegada, não havendo subsídio de seus cofres. Dessarte, não são aplicáveis as regras do CDC, por não haver qualquer relação de consumo" (STJ, REsp. 479.863-RS, Rela. Mina. Eliana Calmon, 3/8/2004, *Informativo* 216).

Não aplicação do CDC. Financiamento estudantil (FIES)

"Consoante entendimento do STJ, são inaplicáveis as disposições do Código de Defesa do Consumidor aos contratos de financiamento estudantil. Precedente." (STJ, AgInt no REsp 1876497/SP, Rel. Ministro Marco Aurélio Bellizze, Terceira Turma, DJe 29/10/2020)

Não aplicação do CDC. Contrato de prestação de serviços entre Correios e empresa é regida pelo Direito Administrativo

O STJ entendeu que a relação jurídica entre a Empresa Brasileira de Correios e Telégrafos (ECT) e empresas contratadas para prestação de serviços, como no caso de construtoras, possui natureza administrativa, regida pelo Direito Administrativo, e não pelo Direito Privado ou pelo Código de Defesa do Consumidor (CDC). A ECT, embora empresa pública, presta serviço público essencial e é mantida pela União, o que afasta a aplicação de normas consumeristas em contratos administrativos firmados após procedimento licitatório. A relação de consumo existe apenas entre a ECT e os usuários dos serviços postais, não se estendendo às empresas prestadoras de serviços. (STJ, REsp 527137/PR, Rel. Min. Luiz Fux, 1ª Turma, DJU 31/05/2005, Informativo 208).

Não aplicação do CDC. O CDC é inaplicável ao contrato de fiança bancária acessório a contrato administrativo.

"Inaplicabilidade do Código de Defesa do Consumidor aos contratos administrativos, tendo em vista as prerrogativas já asseguradas pela lei à Administração Pública." (STJ, REsp 1745415/SP, Rel. Ministro Paulo de Tarso Sanseverino, Terceira Turma, DJe 21/05/2019)

Não aplicação do CDC. Entre cotista e clube de investimento não há relação de consumo para liberação integral de ações

"Clube de investimentos da CSN. Ações obtidas em decorrência do processo de privatização. Art. 1.009 do Código Civil e Código de Defesa do Consumidor. Não há entre o cotista e o clube de investimento relação de débito e crédito que autorize a aplicação do art. 1.009 do Código Civil. Participando o cotista do clube de investimento, no caso, da própria administração, como membro de sua assembleia geral, podendo ser eleito até para o conselho deliberativo, não há falar em relação de consumo para efeito da liberação integral de suas ações, o que ocorrerá na forma do que estabelece o estatuto" (STJ, REsp. 290954/RJ, *DJU* 03/09/2001, p. 221, Rel. Min. Carlos Alberto Menezes Direito, j. 26/06/2001, 3ª T.).

Não aplicação do CDC. Serviços Notariais[65]

"TABELIONATO DE NOTAS. SERVIÇOS NOTARIAIS. A atividade notarial não é regida pelo CDC (Vencidos a Ministra Nancy Andrighi e o Ministro Castro Filho) (STJ, REsp. 625144/SP, Rela. Mina. Nancy Andrighi, *DJ* 29/05/2006).

Ressaltou-se que, no caso, não se aplica o Código de Defesa do Consumidor, pois não se trata de relação de consumo, mas de uma relação de serviço público. O notário ou tabelião de notas é um profissional do Direito, dotado de fé pública, a quem é delegado pelo poder público o exercício da atividade notarial" (*Informativo* 277).

Observação: curiosamente, no REsp 1163652 / PE, Rel. Min. Herman Benjamin, DJe 01/07/2010, há expressa menção na ementa do acórdão de que "*o Código de Defesa do Consumidor aplica-se à atividade notarial*", dando a entender que o STJ alterou o entendimento ou que, ao menos, há uma divergência atual entre as turmas. No entanto, ao analisar o inteiro teor do referido julgamento, não há qualquer discussão sobre a aplicabilidade do CDC aos serviços notariais, ou seja, a aplicação do CDC aos serviços dos notários não foi objeto do julgamento.

Não aplicação do CDC. Contrato de franquia. Relação entre franqueador e franqueado

"FRANQUIA. CONTRATO. FIANÇA. CDC. A Turma decidiu que não se aplica o CDC em contratos de franquia, porquanto a relação entre franqueador e franqueado é regida pelo direito comercial, razão pela qual prevalece a multa contratada, descabendo a isenção da fiança" (STJ, Resp. 687.322-RJ, Rel Min. Carlos Alberto Menezes Direito, j. 21/9/2006, *informativo* 297).

Não aplicação do CDC. Execução Fiscal

"O Código de Defesa do Consumidor não é aplicável às execuções fiscais. Precedentes desta Corte: REsp. 261.367, Rel. Min. Humberto Gomes de Barros, *DJ* 09/04/2001 e AGRESP 671494/RS, 1ª Turma, Min. Luiz Fux, *DJ* de 28/03/2005." (STJ, REsp. 641541/RS, Rel. Min. Teori Albino Zavascki, *DJ* 03/04/2006).

Não aplicação do CDC. Sistema Financeiro da Habitação (SFH). Contrato de mútuo com cláusula de FCVS (Fundo de Compensação de Variação Salarial). Presença da garantia do Governo em relação ao saldo devedor

O STJ entendeu que o Código de Defesa do Consumidor (CDC) é aplicável aos contratos de mútuo do Sistema Financeiro da Habitação (SFH). No entanto, nos contratos vinculados ao Fundo de Compensação de Variação Salarial (FCVS), prevalece a legislação específica e protetiva do mutuário hipossuficiente e do próprio sistema, afastando-se o CDC caso haja conflito entre as normas. A vinculação ao FCVS, que garante o saldo devedor pelo Governo, confere aos contratos uma natureza jurídica diferenciada, sendo os litígios processados pelas Turmas de Direito Público do STJ, enquanto os contratos sem a cláusula do FCVS permanecem sob a competência das Turmas de Direito Privado. (STJ, REsp 489701/SP, Rel. Min. Eliana Calmon, DJ 16/04/2007)

Não aplicação do CDC. Beneficiários da Previdência Social

O STJ entendeu que os beneficiários da Previdência Social, em pedidos de aposentadoria especial, não se enquadram como consumidores nos termos do art. 2º, parágrafo único, do Código de Defesa do Consumidor (CDC). (STJ, REsp 143.092/PE, Rel. Min. Jorge Scartezzini, j. 24/04/2001, Informativo 93).

Não aplicação do CDC. Lojistas e Administradores de Shopping Center

"Conquanto a relação entre lojistas e administradores de Shopping Center não seja regulada pelo CDC, é possível ao Poder Judiciário reconhecer a abusividade em cláusula inserida no contrato de adesão que regula

65. A Lei 13.286, de 10 de maio de 2016, alterou a redação do art. 22 da Lei 8.935/1994, para deixar explícito que a responsabilidade dos notários e dos oficiais de registro somente será apurada por "culpa ou dolo", ou seja, subjetiva.

a locação de espaço no estabelecimento, especialmente na hipótese de cláusula que isente a administradora de responsabilidade pela indenização de danos causados ao lojista." (STJ, REsp 1259210/RJ, Rel. Ministro Massami Uyeda, Rel. p/ Acórdão Ministra Nancy Andrighi, Terceira Turma, DJe 07/08/2012)

Não aplicação do CDC. Serviços advocatícios.

"As relações contratuais entre clientes e advogados são regidas pelo Estatuto da OAB, aprovado pela Lei nº 8.906/94, a elas não se aplicando o Código de Defesa do Consumidor. Precedentes." (STJ, REsp 1228104/PR, Rel. Ministro Sidnei Beneti, Terceira Turma, DJe 10/04/2012)

Não aplicação do CDC. Pessoa jurídica que contrata uso de software de vendas on-line

"No caso dos autos, em que pessoa jurídica contrata uso de software de vendas on-line, não há como se reconhecer a existência de relação de consumo, uma vez que o programa teve o propósito de fomento da atividade empresarial exercida, não havendo, pois, relação de consumo entre as partes." (STJ, AgRg nos EDcl no AREsp 245.697/PR, Rel. Ministro Sidnei Beneti, Terceira Turma, DJe 07/06/2013)

No mesmo sentido: "Na hipótese dos autos, as instituições de ensino utilizavam o software com o escopo de implementar suas atividades comerciais, facilitando o pagamento das mensalidades pelos alunos, não existindo qualquer vulnerabilidade técnica, jurídica, fática ou informacional." (STJ, AgInt nos EDcl no AREsp 615.888/SP, Rel. Ministro Antonio Carlos Ferreira, Quarta Turma, DJe 22/09/2020)

Não aplicação do CDC. Cláusula de raio em contratos de *shopping center*

O STJ entendeu que a cláusula de raio, inserida em contratos de locação de espaços em shopping centers, não é abusiva, pois esses empreendimentos possuem uma estrutura comercial peculiar, na qual determinadas restrições contratuais são justificadas para garantir o equilíbrio econômico do negócio. Além disso, afastou a aplicação do CDC ao caso, pois não há prejuízo direto aos consumidores pelo fato de determinadas lojas não estarem presentes em todos os shoppings, já que a instalação dos lojistas depende de fatores econômicos e sociais. (STJ, REsp 1535727/RS, Rel. Ministro Marco Buzzi, Quarta Turma, DJe 20/06/2016).

Não aplicação do CDC. Transporte marítimo de cargas

"Inaplicabilidade do CDC como regra geral, aos contratos de transporte marítimo pela dificuldade de enquadramento como consumidor das partes contratantes. – Ausência de demonstração de vulnerabilidade de uma das partes para a aplicação da legislação consumerista." (STJ, REsp 1391650/SP, Rel. Ministra Nancy Andrighi, Terceira Turma, DJe 21/10/2016)

Não aplicação do CDC. A condição de consumidor do promitente-assinante não se transfere aos cessionários do contrato de participação financeira

O STJ entendeu que o CDC é aplicável a contratos de participação financeira diretamente relacionados ao serviço de telefonia. No entanto, essa proteção não se estende a cessionários desses contratos quando não há vínculo com a situação original do assinante interessado no uso do serviço. Isso ocorre porque as condições pessoais do cedente não se transmitem ao cessionário, e a relação entre empresas envolvidas na cessão tem natureza comercial, sem caracterizar vulnerabilidade ou hipossuficiência. (STJ, REsp 1608700/PR, Rel. Min. Ricardo Villas Bôas Cueva, 3ª Turma, DJe 31/03/2017).

Não aplicação do CDC. Não se aplica o CDC às relações entre acionistas investidores e a sociedade anônima de capital aberto com ações negociadas no mercado de valores mobiliários.

O STJ entendeu que a relação entre investidores acionistas e sociedades anônimas de capital aberto, em especial no que se refere à negociação de ações e ao pagamento de dividendos, possui natureza exclusivamente societária e empresarial. Por não se enquadrar nos conceitos legais de consumidor e fornecedor, essa relação não é caracterizada como de consumo, sendo inaplicáveis as normas do Código de Defesa do Consumidor (CDC), incluindo a inversão do ônus da prova. (STJ, REsp 1685098/SP, Rel. Min. Moura Ribeiro, Rel. p/ Acórdão Min. Ricardo Villas Bôas Cueva, Terceira Turma, DJe 07/05/2020).

Não aplicação do CDC. Contrato de construção sob o regime de administração ou preço de custo

"No contrato de construção sob o regime de administração ou preço de custo, não há relação de consumo a ser tutelada pelo Código de Defesa do Consumidor, devendo a relação jurídica ser regida pela Lei de Condomínio e Incorporações Imobiliárias - Lei 4.591/64.Precedentes. Súmula 83/STJ" (STJ, AgInt no REsp 1.042.687/PR, Relator Ministro Raul Araújo, Quarta Turma, DJe de 10/10/2016).

Não aplicação do CDC. Contrato de seguro de responsabilidade civil de conselheiros, diretores e administradores de sociedade empresária (Seguro RCD&O).

O STJ entendeu que, enquanto o seguro empresarial destinado à proteção do patrimônio próprio da pessoa jurídica, com uso pessoal e desvinculado de suas atividades comerciais, configura relação de consumo, o mesmo não se aplica ao Seguro RC D&O (Responsabilidade Civil de Diretores e Administradores). Nesse caso, a proteção securitária não é destinada ao patrimônio da empresa, mas sim utilizada como insumo para fomentar a gestão empresarial e alcançar melhores resultados societários, afastando a condição de destinatária final e, consequentemente, a aplicação do Código de Defesa do Consumidor (CDC). (STJ, REsp 1.926.477/SP, Rel. Min. Marco Aurélio Bellizze, Terceira Turma, DJe 27/10/2022).

Não aplicação do CDC. Concessionária de energia elétrica e Banco

"...a característica da recorrente ao pertencer a grande grupo econômico ordenado tendente à prestação de serviços públicos concedidos - que pressupõe elevado nível de organização e planejamento para participação de processos licitatórios e sujeição a agências de regulação setorial -, não se pode reconhecer, por nenhum viés, que exista algum tipo de vulnerabilidade que autorize a incidência do Código de Defesa do Consumidor" (STJ, REsp n. 1.802.569/MT, relator Ministro Antonio Carlos Ferreira, Quarta Turma, DJe de 11/4/2024).

Não aplicação do CDC. Contratos de construção sob o regime de administração ou preço de custo.

O STJ de-terminou que em contratos de construção sob o regime de administração ou preço de custo, não se aplica o CDC, mas sim a Lei de Condomínios e Incorporações Imobiliárias. (STJ, AgInt no AREsp n. 2.539.898/RJ, relator Ministro Raul Araújo, Quarta Turma, DJe de 2/9/2024.

Capítulo II
Da Política Nacional de Relações de Consumo

Art. 4º A Política Nacional das Relações de Consumo tem por objetivo o atendimento das necessidades dos consumidores, o respeito à sua dignidade, saúde e segurança, a proteção de seus interesses econômicos, a melhoria da sua qualidade de vida, bem como a transparência e harmonia das relações de consumo, atendidos os seguintes princípios.[66]

I – reconhecimento da vulnerabilidade do consumidor no mercado de consumo;

66. O Decreto 7.963, de 15 de março de 2013, que instituiu o Plano Nacional de Consumo e Cidadania, previu como objetivos desse plano "assegurar o respeito à dignidade, saúde e segurança do consumidor." (art. 3º, II) e "promover a transparência e harmonia das relações de consumo" (art. 3º, VI).

II – ação governamental no sentido de proteger efetivamente o consumidor:

a) por iniciativa direta;

b) por incentivos à criação e desenvolvimento de associações representativas;

c) pela presença do Estado no mercado de consumo;

d) pela garantia dos produtos e serviços com padrões adequados de qualidade, segurança, durabilidade e desempenho.

III – harmonização dos interesses dos participantes das relações de consumo e compatibilização da proteção do consumidor com a necessidade de desenvolvimento econômico e tecnológico, de modo a viabilizar os princípios nos quais se funda a ordem econômica (art. 170 da Constituição Federal), sempre com base na boa-fé e equilíbrio nas relações entre consumidores e fornecedores;

IV – educação e informação de fornecedores e consumidores, quanto aos seus direitos e deveres, com vistas à melhoria do mercado de consumo;

V – incentivo à criação, pelos fornecedores, de meios eficientes de controle de qualidade e segurança de produtos e serviços, assim como de mecanismos alternativos de solução de conflitos de consumo;

VI – coibição e repressão eficientes de todos os abusos praticados no mercado de consumo, inclusive a concorrência desleal e utilização indevida de inventos e criações industriais das marcas e nomes comerciais e signos distintivos, que possam causar prejuízos aos consumidores;

VII – racionalização e melhoria dos serviços públicos;

VIII – estudo constante das modificações do mercado de consumo;

IX – fomento de ações direcionadas à educação financeira e ambiental dos consumidores; (Incluído pela Lei nº 14.181, de 2021)

X – prevenção e tratamento do superendividamento como forma de evitar a exclusão social do consumidor. (Incluído pela Lei nº 14.181, de 2021)

O artigo 4º é um dos artigos mais importantes do código consumerista. Isso porque traz os objetivos a serem perseguidos pela política de proteção ao consumidor, assim como enumera os princípios que deverão ser observados na busca de tais objetivos.[67]

67. A única crítica a ser feita ao artigo 4º é que, a meu ver, há certa confusão do que seja objetivo e princípio. Alguns objetivos enumerados mais parecem princípios do que objetivos, assim como alguns princípios enumerados se parecem mais como objetivos a serem perseguidos. Por exemplo, o objetivo "respeito à dignidade" se encaixa melhor como princípio da dignidade. Por sua vez, o princípio da "melhoria dos serviços públicos" mais se parece com um objetivo a ser alcançado. A mesma crítica pode ser estendida para os instrumentos da execução da Política Nacional das Relações de Consumo – art. 5º. Alguns instrumentos enumerados não seriam verdadeiros "instrumentos" para a execução desta política.

A redação do artigo foi claramente inspirada na Lei da Política Nacional do Meio Ambiente (Lei 6.938/81) que, em seu artigo 2º[68], enumera as diretrizes e princípios a serem perseguidos e aplicados no sistema de proteção ambiental. Interessante observar que os diplomas normativos que disciplinam as matérias de direitos difusos a partir da década de 80, criando verdadeiros microssistemas (ex.: ambiental – Lei 6.938/81 e consumidor – Lei 8.078/90), contém enunciados semelhantes, em que é descrita uma política nacional, com princípios e objetivos próprios. Isso ocorre porque estes microssistemas possuem fins próprios que devem ser perseguidos, possuindo autonomia através de uma principiologia própria. Estes diplomas não devem ser interpretados com uma visão tradicional, mas sim com um olhar particular, através de um sistema próprio. A visão sistêmica destes diplomas é importante para se manter a coerência na busca pelos seus fins. Interpretar o CDC utilizando os parâmetros do Código Civil, por exemplo, é um erro, podendo causar disparates. O Código Civil pressupõe a relação entre iguais, enquanto o CDC deve ser aplicado na relação entre desiguais, em que o agente se encontra em situação de vulnerabilidade (consumidor). Embora o CDC contenha vários temas também disciplinados no CC, como responsabilidade, contratos, oferta, desconsideração da personalidade jurídica, entre outros, a interpretação na relação de consumo deverá ser feita com um olhar próprio, inspirado pelos objetivos e princípios do artigo 4º, e não através da aplicação tradicional do sistema civilista.[69]

68. Com o título "DA POLÍTICA NACIONAL DO MEIO AMBIENTE", o artigo 2º enumera: "Art 2º – A Política Nacional do Meio Ambiente tem por objetivo a preservação, melhoria e recuperação da qualidade ambiental propícia à vida, visando assegurar, no País, condições ao desenvolvimento sócio-econômico, aos interesses da segurança nacional e à proteção da dignidade da vida humana, atendidos os seguintes princípios: I – ação governamental na manutenção do equilíbrio ecológico, considerando o meio ambiente como um patrimônio público a ser necessariamente assegurado e protegido, tendo em vista o uso coletivo; II – racionalização do uso do solo, do subsolo, da água e do ar; III – planejamento e fiscalização do uso dos recursos ambientais; IV – proteção dos ecossistemas, com a preservação de áreas representativas; V – controle e zoneamento das atividades potencial ou efetivamente poluidoras; VI – incentivos ao estudo e à pesquisa de tecnologias orientadas para o uso racional e a proteção dos recursos ambientais; VII – acompanhamento do estado da qualidade ambiental; VIII – recuperação de áreas degradadas; IX – proteção de áreas ameaçadas de degradação; X – educação ambiental a todos os níveis de ensino, inclusive a educação da comunidade, objetivando capacitá-la para participação ativa na defesa do meio ambiente." Recentemente o Marco Civil da Internet (Lei 12.965/2014), também trouxe artigos iniciais com princípios e objetivos a serem perseguidos. Os artigos 3º e 4º enumeram: "Art. 3º A disciplina do uso da internet no Brasil tem os seguintes princípios: I – garantia da liberdade de expressão, comunicação e manifestação de pensamento, nos termos da Constituição Federal; II – proteção da privacidade; III – proteção dos dados pessoais, na forma da lei; IV – preservação e garantia da neutralidade de rede; V – preservação da estabilidade, segurança e funcionalidade da rede, por meio de medidas técnicas compatíveis com os padrões internacionais e pelo estímulo ao uso de boas práticas; VI – responsabilização dos agentes de acordo com suas atividades, nos termos da lei; VII – preservação da natureza participativa da rede; VIII – liberdade dos modelos de negócios promovidos na internet, desde que não conflitem com os demais princípios estabelecidos nesta Lei. Parágrafo único. Os princípios expressos nesta Lei não excluem outros previstos no ordenamento jurídico pátrio relacionados à matéria ou nos tratados internacionais em que a República Federativa do Brasil seja parte. Art. 4º A disciplina do uso da internet no Brasil tem por objetivo a promoção: I – do direito de acesso à internet a todos; II – do acesso à informação, ao conhecimento e à participação na vida cultural e na condução dos assuntos públicos; III – da inovação e do fomento à ampla difusão de novas tecnologias e modelos de uso e acesso; e IV – da adesão a padrões tecnológicos abertos que permitam a comunicação, a acessibilidade e a interoperabilidade entre aplicações e bases de dados."

69. Isso tem interferência inclusive academicamente. O professor Marcelo Sodré, em aula no mestrado da PUC/SP, dá um bom exemplo da diferença que ocorre com as faculdades e universidades que não con-

Segundo o Professor Eros Roberto Grau, as normas enumeradas no art. 4º são consideradas "normas objetivos", possuindo um papel fundamental, uma vez que condicionam a interpretação a ser feita pelo código. Uma vez que o artigo enumera objetivos a serem perseguidos, seja através de políticas públicas, seja através da atuação do fornecedor e do próprio consumidor, e também princípios a serem aplicados, as demais normas devem ser interpretadas finalisticamente, visando a busca destes objetivos (resultados). Assim, "o intérprete deve repudiar qualquer solução interpretativa que não seja adequada à realização daqueles fins inscritos na norma objetivo do art. 4º" concluindo que "a tarefa de interpretação encontra balizas claras traçadas pelo legislador de 1990. O Intérprete que delas se aproximar estará aplicando o CDC. Aquele que delas se afastar estará descumprindo a lei."[70]

Assim, o 4º do CDC desempenha um papel fundamental como diretriz e filtro interpretativo nas relações de consumo. Esse artigo estabelece os princípios e objetivos que orientam todas as demais normas do CDC, servindo como um "norte" para a aplicação e interpretação de qualquer dispositivo legal que envolva o consumidor. Não apenas os artigos do próprio CDC devem ser interpretados à luz do artigo 4º, mas também qualquer outra norma aplicada em relações de consumo, como o Código Civil, a Lei de Planos de Saúde, e legislações específicas de setores econômicos.

Ao definir valores essenciais como a proteção da vulnerabilidade do consumidor, a harmonização dos interesses entre as partes, a promoção da boa-fé e a transparência nas relações de consumo, o artigo 4º assegura que todas as decisões e interpretações jurídicas sigam uma linha de justiça e equilíbrio. Por isso, qualquer interpretação que ignore esses princípios ou que, de alguma forma, prejudique os objetivos ali estabelecidos será considerada inadequada, além de potencialmente ilegal e injusta. Esse entendimento impede que normas que foram originalmente criadas para proteger o consumidor acabem sendo usadas contra ele por interpretações distorcidas ou parciais.

Em um caso prático, se uma cláusula contratual de um plano de saúde ou de um contrato bancário aparenta estar em conformidade com o Código Civil, mas ao ser interpretada infringe o princípio da boa-fé ou da transparência (princípios orientadores do art. 4º do CDC), essa cláusula deve ser revista, pois fere a diretriz do CDC. Ou seja, a aplicação de qualquer norma deve sempre ser conduzida de forma a respeitar os princípios do artigo 4º, que protegem a parte mais vulnerável e garantem a justiça nas relações de consumo.

Dessa forma, o artigo 4º do CDC não apenas orienta a interpretação e aplicação das normas, mas também atua como um "escudo" contra práticas e interpretações que, embora possam parecer válidas em outro contexto jurídico, seriam lesivas ou desproporcionais no âmbito das relações de consumo. Esse princípio interpretativo assegura que o CDC seja

---

têm o "o direito do consumidor" como uma cadeira ou matéria autônoma. Há faculdades que dividem os temas do CDC (material, administrativo, penal e processual), fatiando as partes e entregando para os professores especializados (professor de civil para ensinar responsabilidade, oferta, prescrição, decadência, etc.; professor de penal para ensinar a parte penal do CDC e professor de processo civil para ensinar a parte do título III do CDC). Este fatiamento do CDC não permite ao aluno entender sistemicamente o sistema de proteção ao consumidor, fazendo com que tenha uma visão míope do código de defesa do consumidor.

70. GRAU. Eros Roberto. *Interpretando o Código de Defesa do Consumidor*. Revista de Direito do Consumidor, vol. 5, RT, pg. 166.

um instrumento de verdadeira proteção e equilíbrio, sempre alinhado aos interesses e necessidades do consumidor.

No mesmo sentido, o Min. Luis Felipe Salomão, no RESP 1945938, DJ 17/12/2021, esclareceu que "as técnicas de interpretação do Código de Defesa do Consumidor devem levar em conta o art. 4º daquele diploma, que contém uma espécie de lente através da qual devem ser examinados os demais dispositivos, notadamente por estabelecer os objetivos da Política Nacional das Relações de Consumo e os princípios que devem ser respeitados (...)"

Observemos, assim, os princípios contemplados[71] e que devem ser buscados através de políticas públicas e pelos fornecedores nas relações de consumo.[72]

PRINCÍPIO DA VULNERABILIDADE

I – reconhecimento da vulnerabilidade do consumidor no mercado de consumo

A vulnerabilidade deve se fazer presente para que o consumidor possa ser tutelado pelo CDC. Conforme explanamos quando da conceituação de consumidor no art. 2º, todo consumidor é, por natureza, vulnerável perante o fornecedor.

Sobre a vulnerabilidade do consumidor, Fábio Konder Comparatto[73] disciplina que "o consumidor, certamente, é aquele que não dispõe de controle sobre os bens de produção e, por conseguinte, consumidor é, de modo geral, aquele que se submete ao poder de controle dos titulares de bens de produção, isto é, os empresários".

Por isso é que o Código de Defesa do Consumidor apresenta-se marcadamente protecionista, já que suas normas destinam-se a proteger a parte tida como a mais vulnerável na relação de consumo, ou seja, o consumidor.

> O Código de Defesa do Consumidor veio amparar a parte mais fraca nas relações jurídicas. Nenhuma decisão judicial pode amparar o enriquecimento sem justa causa. Toda decisão há de ser justa (STJ, REsp. 90366/MG, *DJ* 02/06/1997, Rel. Min. Luiz Vicente Cernicchiaro).

Noutras palavras, é justamente a vulnerabilidade presente nos consumidores que justifica a existência do Código de Defesa do Consumidor. O princípio da vulnerabilidade, assim, é o princípio básico do sistema consumerista, dele decorrendo todos os demais princípios. Todos os princípios enumerados no artigo 4º e outros espalhados pelo código somente farão sentido quando, primeiramente, for reconhecida a vulnerabilidade do consumidor. Sem esta premissa reconhecida, não terá sentido qualquer norma de proteção e princípio a ser aplicado.

A vulnerabilidade pode se manifestar de várias formas: técnica (pela falta de conhecimento específico sobre produtos ou serviços), informacional (pela dificuldade em compreender termos contratuais complexos ou em acessar todas as informações relevantes), jurídica (pela dificuldade de entender e aplicar normas de defesa do consumidor) e econômica (pela limitação de recursos que impede o consumidor de negociar em igualdade com o fornecedor).

71. Lembrando que a meu ver alguns deles não seriam "verdadeiros" princípios. Mas, respeitando a terminologia do código e visando facilitar o estudo, iremos tratá-los como princípios.
72. O Decreto 7.963, de 15 de março de 2013, que instituiu o Plano Nacional de Consumo e Cidadania, previu como objetivos desse plano "assegurar o respeito à dignidade, saúde e segurança do consumidor." (art. 3º, II) e "promover a transparência e harmonia das relações de consumo" (art. 3º, VI).
73. "A proteção ao consumidor: importante capítulo do Direito Econômico". *Revista de Direito Mercantil, Industrial, Econômico e Financeiro*, vol. 13, nº 15/16, ano XIII, 1974.

Por exemplo, em uma contratação de plano de saúde ou em um financiamento bancário, o consumidor geralmente está em desvantagem para avaliar todas as cláusulas e os impactos do contrato.

O CDC estabelece esse reconhecimento para justificar a criação de normas que protejam o consumidor e promovam o equilíbrio nas relações de consumo. Esse princípio orienta a aplicação de medidas protetivas, como a inversão do ônus da prova, a proibição de cláusulas abusivas e o dever de clareza nas informações, exigindo que o fornecedor adote uma postura de transparência e boa-fé. O reconhecimento da vulnerabilidade, portanto, não é apenas uma constatação; é o fundamento para garantir que os direitos dos consumidores sejam respeitados e que eles possam atuar no mercado com segurança e dignidade, mesmo diante de sua posição naturalmente mais fraca.

Assim, o CDC tem por finalidade, ao proteger o consumidor, promover o equilíbrio contratual, buscando soluções justas e harmônicas.

> "O ponto de partida do CDC é a afirmação do Princípio da Vulnerabilidade do Consumidor, mecanismo que visa a garantir igualdade formal-material aos sujeitos da relação jurídica de consumo, o que não quer dizer compactuar com exageros" (STJ, REsp 586.316/MG, Rel. Ministro Herman Benjamin, Segunda Turma, DJe 19/03/2009).

Sobre o tratamento diferenciado dispensado pelo CDC, Ricardo Hasson Sayeg[74] explica bem a razão: "Proteção por quê? Porque evidentemente o consumidor é vulnerável diante do fornecedor, de forma que trata a Constituição, distintamente, pessoas em situações diferentes, logrando a isonomia e, assim, realizando os ditames da justiça social. Discriminações justificáveis não violam a noção de direito e justiça e, consequentemente, podem ser normalmente estabelecidas sem qualquer implicação de antijuridicidade."

Com relação às formas de vulnerabilidade (técnica, jurídica, fática e informacional), já reconhecidas pelo STJ, conferir comentários ao art. 2º. Sobre a hipervulnerabilidade ou vulnerabilidade agravada, conferir art. 39, IV.

PRINCÍPIO DO DEVER GOVERNAMENTAL

II – ação governamental no sentido de proteger efetivamente o consumidor:

a) por iniciativa direta;

b) por incentivos à criação e desenvolvimento de associações representativas;

c) pela presença do Estado no mercado de consumo;

d) pela garantia dos produtos e serviços com padrões adequados de qualidade, segurança, durabilidade e desempenho.

O inciso II do artigo 4º do CDC destaca a importância da ação governamental para a proteção efetiva do consumidor e lista várias formas pelas quais o Estado deve agir para garantir essa proteção. Este princípio não se limita à regulação de práticas de mercado; ele envolve uma participação ativa do governo em diversas frentes, de modo a assegurar um ambiente de consumo equilibrado e seguro.

Vejamos cada uma das alíneas detalhadamente:

74. SAYEG, Ricardo Hasson. *Práticas comerciais abusivas*, Bauru: Edipro, 1995, p. 74.

Iniciativa direta (alínea a): A proteção do consumidor deve ser uma responsabilidade direta do governo, que deve adotar medidas de fiscalização, sanções contra práticas abusivas e ações educativas para conscientizar a população sobre seus direitos. Essa iniciativa inclui a atuação de órgãos como o Procon, que fiscalizam e resolvem conflitos de consumo, aplicando penalidades quando necessário para corrigir práticas lesivas.

Incentivo à criação e desenvolvimento de associações representativas (alínea b): O governo deve promover e apoiar a criação de associações de defesa do consumidor, que têm o papel de representar os interesses dos consumidores coletivamente. Um dos principais meios de apoio que o Estado pode oferecer é fornecer incentivos financeiros diretos e indiretos. Isso pode incluir, por exemplo, subsídios voltados para o funcionamento e estruturação dessas associações.

Com esse apoio financeiro, as associações podem expandir suas atividades, desenvolver campanhas de educação e conscientização para o público e realizar pesquisas sobre práticas de mercado que impactem o consumidor. Esse tipo de incentivo permite que as associações realizem estudos sobre produtos e serviços, identifiquem práticas abusivas e orientem a população sobre como exercer seus direitos.

Além disso, o governo pode estabelecer isenções fiscais e benefícios tributários para as associações de defesa do consumidor, reduzindo custos operacionais e facilitando sua atuação. Isso é especialmente relevante para associações que dependem de contribuições de membros e de doações, já que, com um alívio tributário, elas conseguem destinar mais recursos para atividades estratégicas, como fiscalização, atendimento ao consumidor e ações judiciais.

Outro incentivo importante é o acesso facilitado a recursos de formação e capacitação, em parceria com entidades públicas ou privadas, para que membros das associações estejam continuamente atualizados sobre o direito do consumidor e práticas de mercado. O governo pode oferecer, por exemplo, treinamentos específicos e programas de capacitação em legislação, negociação e mediação de conflitos, permitindo que as associações atuem com mais eficiência e desenvolvam equipes especializadas para atender a demanda de consumidores.

Por fim, o governo pode promover a visibilidade dessas associações, permitindo que elas tenham mais alcance junto à população. Isso pode ser feito através de campanhas públicas que informem sobre o papel das associações e incentivem o consumidor a procurá-las em caso de dúvidas ou conflitos. Essa divulgação fortalece a atuação dessas entidades, mostrando ao consumidor que ele tem apoio e orientação ao lidar com empresas e fornecedores.

Com essas medidas, o Estado ajuda a garantir que as associações de defesa do consumidor tenham os recursos necessários para atuar de forma independente, eficaz e contínua, promovendo uma relação de consumo mais equilibrada e justa, onde o consumidor sabe que conta com representantes que fiscalizam, informam e defendem seus interesses.[75]

75. Igor Britto, Diretor de Relações Institucionais do IDEC, destaca uma fala do presidente americano John F. Kennedy reconhecendo os consumidores como o maior grupo econômico, ainda que frequentemente sem organização ou voz ativa nos processos de decisão que os afetam. Kennedy enfatizou a necessidade de garantir por lei quatro direitos fundamentais aos consumidores: segurança, informação, escolha e o direito de ser ouvido. No Brasil, o CDC atendeu parcialmente a essa visão ao incluir, no artigo 6º, inciso IX, a possibilidade de os consumidores participarem e serem consultados nas políticas públicas que lhes dizem respeito. Esse dispositivo, caso fosse aplicado, garantiria aos consumidores um canal

Presença do Estado no mercado de consumo (alínea c): A presença do Estado como agente regulador no mercado de consumo é fundamental para o equilíbrio e a justiça nas relações de consumo. Esse papel envolve a criação de regulamentações e normas que estabelecem parâmetros de atuação para empresas e garantem que os consumidores tenham acesso a produtos e serviços de maneira justa. A atuação do Estado pode também incluir políticas de preços para produtos essenciais, como medicamentos, transporte e alimentos, além de estabelecer normas de concorrência justa.

Garantia de padrões adequados de qualidade, segurança, durabilidade e desempenho (alínea d): O Estado é responsável por assegurar que produtos e serviços disponibilizados no mercado atendam a padrões mínimos de qualidade e segurança. Para isso, o governo estabelece normas técnicas e regulações que fornecedores devem cumprir, muitas vezes em cooperação com entidades como o Instituto Nacional de Metrologia, Qualidade e Tecnologia (Inmetro). A garantia de que produtos são seguros, duráveis e funcionam conforme prometido visa a prevenir riscos à saúde e ao bem-estar do consumidor.

O Decreto 7.963, de 15 de março de 2013, que instituiu o Plano Nacional de Consumo e Cidadania, previu como *diretriz* desse plano a "*garantia de produtos e serviços com padrões adequados de qualidade, segurança, durabilidade, desempenho e acessibilidade;*" (art. 2º, IV) e o "*fortalecimento da participação social na defesa dos consumidores*" (art. 2º, V) e como *objetivo* "*estimular a melhoria da qualidade e o desenho universal de produtos e serviços disponibilizados no mercado de consumo*" (art. 3º, III).

Sobre a durabilidade dos produtos, percebe-se a intenção do legislador de evitar que consumidores sejam lesados por bens que não atendam a um tempo de uso razoável, comprometendo o valor e a confiança no mercado.

Assim, o *princípio da durabilidade adequada* dos produtos e serviços é uma extensão do dever governamental de proteger o consumidor, ao garantir que esses bens ofereçam uma durabilidade compatível com sua função, vida útil e as expectativas legítimas do consumidor. Esse princípio sustenta que o consumidor tem o direito de usufruir de produtos e serviços que durem por um período razoável, o que evita prejuízos com substituições prematuras e contribui para a sustentabilidade ao reduzir o desperdício.

A *obsolescência programada*, por exemplo, é uma prática intencional de reduzir a durabilidade dos produtos, seja por meio de peças de menor qualidade, seja pela introdução de inovações rápidas que tornam os produtos atuais obsoletos. Essa estratégia desrespeita o princípio da durabilidade ao induzir o consumidor a adquirir novos produtos antes do fim de sua vida útil natural. Em muitos casos, isso leva a um consumo insustentável e a uma sobrecarga dos consumidores, que precisam substituir produtos antes do esperado.

---

formal para expressar seus interesses, representados por associações ou entidades voltadas à defesa do consumidor. Porém, ao sancionar o CDC, o então presidente Fernando Collor vetou exatamente essa parte, alegando que o poder do povo já era exercido por meio de seus representantes eleitos. Esse veto impediu que os consumidores participassem diretamente de decisões públicas que afetam suas vidas, o que, segundo Igor Britto., continua a impactar a sociedade brasileira. Embora as associações de defesa do consumidor tenham se fortalecido nos últimos 32 anos, elas ainda enfrentam dificuldades para influenciar discussões econômicas importantes, ficando de fora de decisões cruciais que moldam políticas públicas e regulamentações de consumo. Disponível em <https://www1.folha.uol.com.br/amp/opiniao/2022/03/pelo-direito-de-sermos-ouvidos.shtml>. Acesso em 14/11/2024.

Portanto, o combate à obsolescência programada é uma defesa clara do direito à durabilidade e à proteção do consumidor, além de ser essencial para uma economia mais sustentável.

O *direito ao conserto (right to repair)* é outra política defendida mundialmente que propõe que os consumidores tenham acesso a reparos acessíveis e fáceis de produtos danificados. Esse direito se alinha ao princípio da durabilidade, permitindo que os produtos permaneçam úteis por mais tempo e evitando a necessidade de substituições recorrentes. O direito ao conserto também implica que as empresas disponibilizem peças de reposição, manuais de reparo e até serviços especializados a preços acessíveis. Dessa forma, reforça-se a ideia de que os produtos devem atender à expectativa de durabilidade ao longo de sua vida útil.

Nesse sentido, o art. 32 do CDC estabelece que os fabricantes e importadores têm a obrigação de fornecer peças de reposição enquanto o produto estiver em circulação no mercado de consumo. Isso significa que a responsabilidade do fornecedor não termina na venda, mas se estende ao fornecimento de meios para a manutenção e reparo, respeitando a expectativa de durabilidade. A violação desse artigo representa um desrespeito ao princípio da durabilidade e contribui para a obsolescência programada, pois obriga o consumidor a adquirir novos produtos quando não há peças de reposição para o conserto.

Além de proteger o consumidor individualmente, o princípio da durabilidade adequada também promove o consumo sustentável, contribuindo para a proteção ambiental. Produtos duráveis reduzem a geração de resíduos e evitam o descarte prematuro, diminuindo o volume de lixo e o impacto ambiental associado à produção e ao descarte excessivo de bens de consumo. Isso é particularmente importante em um cenário de crescente preocupação com o meio ambiente e os recursos limitados do planeta.

Portanto, garantir a durabilidade e o direito ao conserto não apenas beneficia o consumidor, mas também ajuda a construir uma economia circular, onde produtos são reutilizados e reciclados, diminuindo a necessidade de extração de novos recursos e reduzindo a poluição. Dessa forma, o princípio da durabilidade adequada e as regulamentações do CDC refletem uma ação governamental para proteger o consumidor e o meio ambiente, combatendo práticas abusivas e promovendo uma relação de consumo mais ética, equilibrada e sustentável.

PRINCÍPIO DA HARMONIZAÇÃO DOS INTERESSES E DA GARANTIA DE ADEQUAÇÃO

III – harmonização dos interesses dos participantes das relações de consumo e compatibilização da proteção do consumidor com a necessidade de desenvolvimento econômico e tecnológico, de modo a viabilizar os princípios nos quais se funda a ordem econômica (art. 170 da Constituição Federal), sempre com base na boa-fé e equilíbrio nas relações entre consumidores e fornecedores;

O inciso III do artigo 4º do CDC trata da harmonização dos interesses entre consumidores e fornecedores, promovendo o equilíbrio entre a proteção ao consumidor e a necessidade de desenvolvimento econômico e tecnológico. Essa harmonização é essencial para viabilizar uma economia sólida e inclusiva, baseada em princípios de boa-fé e equilíbrio. O objetivo é garantir que o mercado de consumo funcione de maneira saudável, onde a proteção dos direitos dos consumidores coexista com incentivos ao avanço tecnológico e à inovação, pilares do desenvolvimento econômico.

Essa harmonização se traduz em uma série de práticas que devem ser adotadas por ambos os lados das relações de consumo. Por um lado, as empresas precisam atuar de forma ética e responsável, assegurando que os produtos e serviços ofertados sejam seguros, de qualidade e cumpram com o que é anunciado. Por outro lado, o CDC reconhece que a atividade empresarial deve ser sustentável e lucrativa, de forma que os fornecedores tenham condições de continuar investindo em novas tecnologias e inovação. Essa compatibilização permite que o desenvolvimento econômico aconteça de forma equilibrada, sem comprometer o direito do consumidor a um mercado justo e transparente.

A boa-fé e o equilíbrio também são fundamentais para evitar abusos e conflitos. Ao agir de boa-fé, fornecedores adotam práticas comerciais transparentes e informam adequadamente sobre produtos e serviços, enquanto consumidores exercem seus direitos com responsabilidade, buscando soluções justas e conscientes. Por exemplo, uma empresa que investe em novas tecnologias de produção pode repassar melhorias de qualidade ao consumidor, ao mesmo tempo em que assegura o respeito às normas de segurança e transparência. Esse tipo de prática beneficia ambas as partes: o consumidor recebe um produto melhor, e a empresa fortalece sua posição no mercado.

Além disso, essa compatibilização com o desenvolvimento econômico permite que o Brasil atraia investimentos e impulsione a inovação. Quando o sistema de consumo é equilibrado, o país oferece um ambiente propício para negócios que valorizam a ética e a inovação, incentivando o crescimento de setores estratégicos, como o de tecnologia e o de sustentabilidade. Por exemplo, a criação de produtos ecológicos e sustentáveis responde tanto à necessidade de inovação quanto às demandas dos consumidores por práticas ambientalmente responsáveis.

Portanto, o inciso III busca garantir que a proteção do consumidor não seja vista como uma barreira ao crescimento econômico, mas sim como uma peça fundamental para a construção de um mercado confiável e dinâmico. Ao promover um ambiente onde os interesses de consumidores e fornecedores são respeitados, o CDC contribui para uma economia de mercado equilibrada, ética e voltada para o desenvolvimento sustentável, onde os avanços tecnológicos podem beneficiar toda a sociedade.

Do exposto, conclui-se que o objetivo é defender o consumidor, de modo a garantir que a sua proteção não quebre a harmonia das relações de consumo para que, de forma efetiva, contribua com o desenvolvimento econômico e tecnológico, viabilizando inclusive a concretização dos princípios constitucionais da ordem econômica, previstos no art. 170 da CF.

PRINCÍPIO DO EQUILÍBRIO NAS RELAÇÕES DE CONSUMO

III – harmonização dos interesses dos participantes das relações de consumo e compatibilização da proteção do consumidor com a necessidade de desenvolvimento econômico e tecnológico, de modo a viabilizar os princípios nos quais se funda a ordem econômica (art. 170 da Constituição Federal), sempre com base na boa-fé e equilíbrio nas relações entre consumidores e fornecedores;

O *princípio do equilíbrio nas relações de consumo* é um dos pilares fundamentais do CDC e reflete a necessidade de justiça e equidade entre consumidores e fornecedores. Esse princípio visa assegurar que a relação de consumo não seja marcada por desigualdades que coloquem o consumidor em desvantagem, promovendo, assim, uma troca justa onde ambas as partes possam exercer seus direitos e deveres de maneira equilibrada.

O equilíbrio busca compensar a vulnerabilidade natural do consumidor frente ao fornecedor. O consumidor é a parte mais fraca, seja por seu menor poder de negociação, seja pela falta de conhecimentos técnicos em relação ao produto ou serviço. Para o fornecedor, o princípio do equilíbrio exige que ele atue com responsabilidade e transparência, oferecendo informações claras, cumprindo com as garantias e evitando práticas abusivas, como cláusulas contratuais desequilibradas ou publicidade enganosa. Por exemplo, contratos de adesão – comuns nas relações de consumo – não podem incluir cláusulas que penalizem desproporcionalmente o consumidor ou que o impeçam de exercer seus direitos.

Esse princípio também abrange a ideia de boa-fé, que implica agir com honestidade e transparência. Um contrato equilibrado é aquele que, além de cumprir com as expectativas legítimas das partes, preserva a integridade e a confiança no vínculo de consumo. Em casos de conflito, o princípio do equilíbrio permite que o judiciário intervenha para ajustar obrigações, eliminar cláusulas abusivas ou exigir a compensação de danos, sempre visando restaurar a harmonia entre consumidor e fornecedor.

Percebe-se, assim, a preocupação do legislador em manter sempre o equilíbrio contratual. Assim, são vedadas obrigações iníquas (injustas, contrárias à equidade), abusivas (que desrespeitam valores da sociedade) ou que ofendem o princípio da boa-fé objetiva (como a falta de cooperação, de lealdade, quando frustra a legítima confiança criada no consumidor) e a equidade (justiça do caso concreto).

PRINCÍPIO DA BOA-FÉ OBJETIVA

III – harmonização dos interesses dos participantes das relações de consumo e compatibilização da proteção do consumidor com a necessidade de desenvolvimento econômico e tecnológico, de modo a viabilizar os princípios nos quais se funda a ordem econômica (art. 170 da Constituição Federal), sempre com base na boa-fé e equilíbrio nas relações entre consumidores e fornecedores;

A boa-fé objetiva estabelece um dever de conduta entre fornecedores e consumidores no sentido de agirem com lealdade (*treu*) e confiança (*glauben*) na busca do fim comum, que é o adimplemento do contrato, protegendo, assim, as expectativas de ambas as partes.

Dois pilares que sustentam a Boa-fé Objetiva

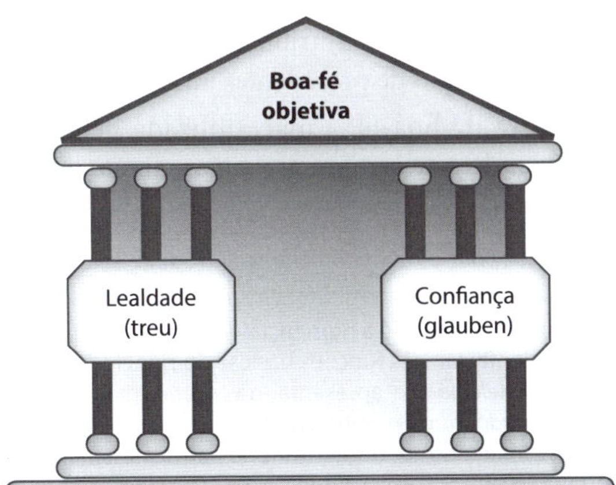

Em outras palavras, a boa-fé objetiva constitui um conjunto de padrões éticos de comportamento, aferíveis objetivamente, que devem ser seguidos pelas partes contratantes em todas as fases da existência da relação contratual, desde a sua criação, durante o período de cumprimento e, até mesmo, após a sua extinção.

O Código Comercial de 1850 previa a boa-fé objetiva como cláusula geral no art. 131, I. Dispunha que *sendo "necessário interpretar as cláusulas do contrato, a interpretação, além das regras sobreditas, será regulada sobre as seguintes bases: I. a inteligência simples e adequada, que for mais conforme a boa-fé, e ao verdadeiro espírito e a natureza do contrato, deverá sempre prevalecer à rigorosa e restrita significação das palavras [...].*"

Havia também o art. 1.443 do Código Civil de 1916 que tratava da boa-fé objetiva, não como cláusula geral, mas com aplicação específica aos contratos de seguro, restringindo o seu alcance. Dispunha que "*o segurado e o segurador são obrigados a guardar no contrato a mais estrita boa-fé e veracidade, assim a respeito do objeto, como das circunstâncias e declarações a ele concernentes*".

Esses artigos não tiveram aplicação doutrinária ou jurisprudencial, sendo o Código de Defesa do Consumidor a primeira norma a prever expressamente a boa-fé objetiva e efetivamente aplicá-la de modo correto no campo das obrigações entre consumidores e fornecedores. Foi prevista no art. 4º, III, como princípio orientador e no art. 51, IV, como cláusula geral.

Diferenciando a boa-fé subjetiva da objetiva, doutrina Fernando Noronha[76] que "a primeira diz respeito a dados internos, fundamentalmente psicológicos, atinentes diretamente ao sujeito; a segunda, a elementos externos, a normas de conduta que determinam como ele deve agir. Num caso está de boa-fé quem ignora a real situação jurídica; no outro, está de boa-fé quem tem motivos para confiar na contraparte. Uma é boa-fé estado, a outra, boa-fé princípio."

A boa-fé objetiva também foi inserida no Código Civil, como cláusula geral, irradiando seus efeitos por todo o sistema civilista. Nelson Rosenvald[77], ao destacar as funções deste princípio e sua correlação com os artigos do CC, observa que "a boa-fé é multifuncional. Para fins didáticos, é interessante delimitar as três áreas de operatividade da boa-fé no novo Código Civil: desempenha papel de paradigma *interpretativo* na teoria dos negócios jurídicos (art. 113); assume caráter de *controle*, impedindo o abuso do direito subjetivo, qualificando-o como ato ilícito (art. 187); e, finalmente, desempenha atribuição *integrativa*, pois dela emanam deveres que serão catalogados pela reiteração de precedentes jurisprudenciais (art. 422 do CC)".[78]

A função interpretativa da boa-fé, a mais utilizada pela jurisprudência, serve de orientação para o juiz, devendo este sempre prestigiar, diante de convenções e contratos,

---

76. *Os direitos dos contratos e seus princípios fundamentais*. São Paulo: Saraiva, 1994, p. 132.

77. *Direito das Obrigações*. 3ª ed. Rio de Janeiro: Editora Impetus, 2004, p. 33.

78. Sob o mesmo enfoque, apenas mudando a nomenclatura, doutrinam Cláudio Bonatto e Paulo Valério Dal Pai Morais: "Podemos identificar três funções básicas do princípio da boa-fé objetiva, quais sejam as de que serve como padrão *teleológico*, apresentando critérios para uma melhor interpretação; serve como *criador de deveres secundários ou anexos*; exerce função *limitadora* de direitos, evitando as teses voluntaristas, que pregam a liberdade contratual total, possam levar a maiores situações de desequilíbrio social". BONATTO, Cláudio; MORAES; Paulo Valério Dal Pai. *Questões Controvertidas no Código de Defesa do Consumidor*. 2ª ed. Porto Alegre: Livraria do Advogado, 1999, p. 42.

a teoria da confiança, segundo a qual as partes agem com lealdade na busca do adimplemento contratual.

Segundo o Professor Gustavo Tepedino,[79] "o dever de interpretar os negócios conforme a boa-fé objetiva encontra-se irremediavelmente informado pelos quatro princípios fundamentais para a atividade econômica privada: 1) A dignidade da pessoa humana (art. 1º, III, CF); 2) O valor social da livre iniciativa (art. 1º, IV, CF); 3) A solidariedade social (art. 3º, I, CF); 4) A igualdade substancial (art. 3º, III, CF). Os dois primeiros encontram-se inseridos no Texto Maior como fundamento da República, enquanto os últimos são objetivos da República."

Através da boa-fé objetiva, o juiz deve interpretar as cláusulas contratuais de modo a desconsiderar a malícia da parte que se vale de evasivas para criar convenções duvidosas, a fim de obter vantagens incomuns; bem como as cláusulas lacunosas ou imprecisas deverão ser interpretadas de acordo com o que, normalmente, são entendidas pelos indivíduos.

Assim, é muito comum os planos de saúde inserirem nos contratos expressões de pouco conhecimento geral ou lacunosas, como, por exemplo, a cláusula contratual que prevê que as doenças infectocontagiosas não serão cobertas pelo plano. E a pergunta que se faz é: quais são as doenças infectocontagiosas? Percebe-se que quando o consumidor adere ao plano de saúde, cria a expectativa e confia que, caso seja acometido de alguma doença, terá o tratamento devido e coberto pelo plano. Mas, muitas vezes, o consumidor somente tem notícia de que aquela doença que está sofrendo não está coberta pelo plano, por se tratar de doença infectocontagiosa, no momento em que necessita do tratamento. Ora, em casos como esse, o fornecedor deveria informar previamente ao consumidor quais doenças, especificamente, não estariam cobertas pelo plano. Mas, ao contrário, o fornecedor se vale de expressões vagas e imprecisas para angariar o consumidor e após a contratação, justamente quando o consumidor mais precisa, frustra sua confiança e age deslealmente negando cobertura ao tratamento.

Nesse mesmo sentido:

> As expressões assistência integral e cobertura total, são manifestações que têm significado unívoco na compreensão comum e, não podem ser referidas num contrato de seguro de saúde, esvaziadas de seu conteúdo próprio, sem que isso afronte o princípio da boa-fé na avença (TAPR, Agravo de Instrumento nº 0174580-2, Rel. Juiz Lauro Augusto Fabricio de Melo, 09/11/01).

A função de controle da boa-fé visa evitar o abuso do direito subjetivo, limitando condutas e práticas comerciais abusivas, reduzindo, de certa forma, a autonomia dos contratantes.

A noção de atos abusivos tem relação com a teoria do abuso do direito, encampada pelo art. 187 do CC.

> **Art. 187**, CC: Também comete ato ilícito o titular de um direito que, ao exercê-lo, excede manifestamente os limites impostos pelo seu fim econômico ou social, pela boa-fé ou pelos bons costumes.

Dessa forma, não se admite no ordenamento brasileiro o exercício de direito de modo absoluto. O direito somente será reconhecido quando exercido de modo leal, não frustrando

79. *A Parte Geral do novo Código Civil. Estudos na perspectiva Civil-Constitucional.* 2ª ed. Rio de Janeiro: Renovar, 2003, p. XXXI.

as legítimas expectativas criadas em outrem, sem desvio de finalidade. Caso contrário, será considerado ato ilícito ainda que o titular não ofenda a norma em si (legalidade estrita), mas ofenda a sua valoração.

Assim, o princípio da boa-fé objetiva será o parâmetro utilizado para aferir os limites do abuso do direito (função de controle). Portanto, quando não houver lealdade no exercício do direito subjetivo, de forma a frustrar a confiança criada em outrem, o ato será abusivo e considerado ilícito.

Nesse sentido, a boa-fé objetiva servirá para estipular o momento em que o exercício do ato, considerado, a princípio, lícito, converter-se-á em ato ilícito em razão do abuso do direito.

Sobre este enfoque é que foi editada a Súmula nº 302 do STJ prescrevendo a abusividade da cláusula restritiva de internação em contratos de plano de saúde. Prevê a referida Súmula que "é abusiva a *cláusula contratual de plano de saúde que limita no tempo a internação hospitalar do segurado*".

O plano de saúde, quando impõe a referida cláusula, comete abuso do direito, desrespeitando o dever anexo de lealdade e, com isso, ofende a boa-fé objetiva que se espera nas relações negociais.[80]

Por fim, a função integrativa desse princípio insere novos deveres para as partes diante das relações de consumo, pois além da verificação da obrigação principal, surgem novas condutas a serem também observadas. São os assim denominados *"deveres anexos"* ou *"deveres laterais"* pela doutrina e jurisprudência. A violação a qualquer dos deveres anexos implica em inadimplemento contratual.

> O princípio da boa-fé se aplica às relações contratuais regidas pelo CDC, impondo, por conseguinte, a obediência aos deveres anexos ao contrato, que são decorrência lógica deste princípio. O dever anexo de cooperação pressupõe ações recíprocas de lealdade dentro da relação contratual. A violação a qualquer dos deveres anexos implica em inadimplemento contratual de quem lhe tenha dado causa (STJ, REsp. 595631/SC; Rela. Nancy Andrighi, *DJ* 02/08/2004).

A violação desses deveres anexos ou laterais é chamada pela doutrina de *"violação positiva do contrato"* ou também de "adimplemento ruim".

Os deveres anexos se dividem, basicamente, em três: de informação, de cooperação e de proteção (ou cuidado).

O fornecedor deve dar a máxima informação possível sobre os dados e riscos do produto ou serviço (*dever anexo de informação*).

80. *Exemplos de função de controle na jurisprudência*: "Independentemente de expressa previsão legal, posterior ao contrato, a cláusula que nega cobertura ao segurado em caso de prorrogação da internação, fora do seu controle, é abusiva, pois não pode a estipulação contratual ofender o princípio da razoabilidade, anotando-se que a regra protetiva do CDC veda a contratação de obrigações incompatíveis com a boa-fé e a equidade" (Apelação Cível n. 0320314-1, 3ª Câmara Cível do TAMG, Rel. Juiz Wander Marotta, j. 14/11/2000).

"Sob os fundamentos do Código de Defesa do Consumidor, a estipulação do preço do dinheiro encontra limite nos princípios da equidade retributiva e da boa-fé objetiva dos negócios jurídicos, âmbito em que o abuso de poder econômico e o excesso de onerosidade dos encargos pecuniários unilateralmente pactuados caracterizam conduta de lesa-cidadania, promovendo o enriquecimento ilícito do credor e o simultâneo empobrecimento sem causa do devedor" (Apelação Cível nº 70001856897, 14ª Câmara Cível do TJRS, Rel. Des. Aymoré Roque Pottes de Mello, j. 21/12/2000).

Segundo o princípio da transparência, a relação contratual deve se mostrar clara para as partes, significando descrição e informação correta sobre o produto ou o serviço a ser prestado. Este princípio se mostra de imensa importância, principalmente na fase pré-contratual, na qual o fornecedor usa de todos os meios para estimular o consumidor a aderir aos serviços e produtos oferecidos.

O princípio da informação, reflexo do princípio da transparência, acarreta o dever para o fornecedor de esclarecer ao consumidor sobre todos os elementos do produto ou serviço, assim como, também, de esclarecer sobre o conteúdo do contrato que será estipulado, sob pena de ser passível de responder pela falha na informação.[81]

Caso interessante e que se enquadra justamente no dever anexo de informação ocorreu em relação às compras de TVs de plasma no ano de 2006, motivadas pela copa do mundo de futebol. Quando chegavam em casa e instalavam os televisores, percebiam que, em caso de sinal de TVs por assinatura, havia formação de tarjas pretas grandes nas letras da tela manchando o plasma e causando o chamado efeito '*burn-in*'. No primeiro momento, os consumidores pensavam que os televisores apresentavam algum tipo de defeito. Entretanto, quando retornavam à loja para efetuarem a reclamação, eram surpreendidos com a informação de que a imagem nas TVs de plasma é prejudicada quando o sinal é analógico, e que a imagem somente ficaria perfeita quando o sistema adotado fosse o digital. Importante ressaltar que, quando os consumidores iam às lojas de eletrodomésticos para adquirir a TV de plasma, assistiam a videoclipes em DVD. E o "problema" não acontecia em relação ao DVD, uma vez que não necessitava de recepção de sinal.

Nesse caso, houve ofensa à boa-fé objetiva, em razão da violação do dever anexo de informação, frustrando a confiança do consumidor. Poderia e deveria o fornecedor informar previamente o consumidor sobre a situação, de modo a que realizasse uma compra consciente. Mas, ao contrário, além de não informar, ainda iludia o consumidor, passando imagens de DVD, criando a expectativa legítima de que assistiria os canais a cabo ou aberto com a mesma qualidade assistida na loja.[82]

---

81. Com base no princípio da informação, verifica-se na seara médica o *princípio do consentimento informado ou esclarecido*. Tendo em vista esse princípio, deverá haver diálogo entre paciente e médico, em que ambas as partes trocam perguntas e informações, culminando com o acordo expresso do paciente (em documento firmado) para uma intervenção cirúrgica ou para um determinado tratamento. Por força do Código de Ética Médica e do Código do Consumidor, deve o paciente ser clara e ostensivamente informado de todos os procedimentos que irá suportar e as possíveis consequências. Portanto, ao bem informar seu paciente, o médico estará agindo de maneira ética e juridicamente correta. Para o STJ, "age com cautela e conforme os ditames da boa-fé objetiva, o médico que colhe a assinatura do paciente em *"termo de consentimento informado"*, de maneira a alertá-lo acerca de eventuais problemas que possam surgir durante o pós-operatório." (STJ, REsp. 1180815 / MG, Rel. Min. Nancy Andrighi, DJe 26/08/2010) O STJ também já se manifestou que o ônus da prova em relação ao consentimento informado na seara médica é do médico e hospital. Nesse sentido: "O ônus da prova quanto ao cumprimento do dever de informar e obter o consentimento informado do paciente é do médico ou do hospital, orientado pelo princípio da colaboração processual, em que cada parte deve contribuir com os elementos probatórios que mais facilmente lhe possam ser exigidos. 8. A responsabilidade subjetiva do médico (CDC, art. 14, §4º) não exclui a possibilidade de inversão do ônus da prova, se presentes os requisitos do art. 6º, VIII, do CDC, devendo o profissional demonstrar ter agido com respeito às orientações técnicas aplicáveis." (STJ, REsp 1540580/DF, Rel. Ministro Lázaro Guimarães (Desembargador convocado do TRF 5ª região), Rel. p/ Acórdão Ministro Luis Felipe Salomão, Quarta Turma, julgado em 02/08/2018, DJe 04/09/2018).
82. *Exemplos de dever anexo de informação na jurisprudência*: "O dever de informação e, por conseguinte, o de exibir a documentação que a contenha, é obrigação decorrente de lei, de integração contratual

O fornecedor deverá, também, cooperar na relação para que o consumidor possa alcançar as suas expectativas, facilitando os meios para que o mesmo possa adimplir o contrato (*dever anexo de cooperação*). Desse modo, a cooperação propicia maior chance de conclusão ou de adimplemento contratual.

Ao versar sobre o dever de cooperação e lealdade, a doutrina moderna, inspirada no dogma da eticidade que deve reinar nas relações jurídicas, acentua a existência do dever anexo de o credor mitigar as próprias perdas em virtude do inadimplemento do devedor. É o chamado *duty to mitigate the loss* em matéria contratual. Foi disposto no Enunciado 169 da III Jornada de Direito Civil: "o princípio da boa-fé objetiva deve levar o credor a evitar o agravamento do próprio prejuízo". É inspirado no art. 77 da Convenção de Viena de 1980 sobre a venda internacional de mercadorias que dispõe: "*A parte que invoca a quebra do contrato deve tomar as medidas razoáveis, levando em consideração as circunstâncias, para limitar a perda, nela compreendido o prejuízo resultante da quebra. Se ela negligencia em tomar tais medidas, a parte faltosa pode pedir a redução das perdas e danos, em proporção igual ao montante da perda que poderia ter sido diminuída.*"

A autora da proposta do Enunciado nº 169 da CJF, a Profa. Vera Jacob Fradera, da Universidade Federal do Rio Grande do Sul, explica como poderia ser recepcionado o *duty to mitigate the loss* no ordenamento jurídico brasileiro. Para a professora, no sistema do Código Civil de 2002, de acordo com o disposto no seu art. 422, o *duty to mitigate the loss* poderia ser considerado um dever acessório, derivado do princípio da boa-fé objetiva, pois o legislador, com apoio na doutrina anterior ao atual Código Civil, adota uma concepção cooperativa de contrato.

Assim, o *duty to mitigate the loss* consiste na obrigação do credor de buscar evitar o agravamento do devedor. O credor de uma obrigação precisa colaborar com o devedor quando na tomada de medidas cabíveis para buscar que o dano sofrido se restrinja as menores proporções possíveis.

Se a parte em posição de vantagem negligencia em tomar as providências que possibilita mitigar as perdas, a parte devedora pode pedir a redução das perdas e danos, em proporção igual ao montante da perda que poderia ter sido diminuída.

Tal dever anexo poderá ser vislumbrado, especialmente nas relações de consumo, nos contratos bancários em que há descumprimento. Flávio Tartuce expõe com clareza, sobre o enfoque do *duty to mitigate the loss*, que "não pode a instituição financeira permanecer inerte, aguardando que, diante da alta taxa de juros prevista no instrumento contratual, a dívida atinja montantes astronômicos."[83]

---

compulsória. Não pode ser objeto de recusa nem de condicionantes, em face do princípio da boa-fé objetiva" (STJ, Resp. 330261/SC, 3ª Turma do STJ, Rela. Mina. Nancy Andrighi, j. 08/04/2002).

"A cláusula que estabelece o reajuste das prestações pela variação do dólar, a um só golpe, viola três princípios consumeristas: o da transparência, por não haver dado ao consumidor os esclarecimentos necessários ao risco assumido; o da confiança, por frustrar a legítima expectativa do consumidor de continuar pagando as mesmas prestações ajustadas, até o final do contrato; e o da boa-fé objetiva, por transferir ao consumidor os riscos do negócio, que devem ser suportados por quem dele se beneficiar (*ubi emolumentum ibi onera*)" (Apelação Cível n. 5539/2000, 9ª Câmara Cível do TJRJ, Rel. Des. Jorge Magalhães, j. 13/06/2000).

83. TARTUCE, Flávio. A boa-fé objetiva e a mitigação do prejuízo pelo credor: esboço do tema e primeira abordagem. Disponível em http://www.flaviotartuce.adv.br/secoes/artigos/Tartuce_duty.doc.

No mesmo sentido, entendemos que, diante da boa-fé objetiva, não pode a instituição bancária permanecer inerte quando o consumidor não encerra a conta corrente e dele é cobrada uma quantia mensal para manutenção da conta. Muitas vezes, o Banco permanece inerte, esperando alcançar um montante razoável para executar o consumidor, quando poderia notificá-lo para providenciar o encerramento.[84]

O STJ já reconheceu a aplicação do *duty to mitigate the loss*:

> DIREITO CIVIL. CONTRATOS. BOA-FÉ OBJETIVA. STANDARD ÉTICO-JURÍDICO. OBSERVÂNCIA PELAS PARTES CONTRATANTES. DEVERES ANEXOS. *DUTY TO MITIGATE THE LOSS*. DEVER DE MITIGAR O PRÓPRIO PREJUÍZO. INÉRCIA DO CREDOR. AGRAVAMENTO DO DANO. INADIMPLEMENTO CONTRATUAL. RECURSO IMPROVIDO. 1. Boa-fé objetiva. *Standard* ético-jurídico. Observância pelos contratantes em todas as fases. Condutas pautadas pela probidade, cooperação e lealdade. 2. Relações obrigacionais. Atuação das partes. Preservação dos direitos dos contratantes na consecução dos fins. Impossibilidade de violação aos preceitos éticos insertos no ordenamento jurídico. 3. Preceito decorrente da boa-fé objetiva. *Duty to mitigate the loss:* o dever de mitigar o próprio prejuízo. Os contratantes devem tomar as medidas necessárias e possíveis para que o dano não seja agravado. A parte a que a perda aproveita não pode permanecer deliberadamente inerte diante do dano. Agravamento do prejuízo, em razão da inércia do credor. Infringência aos deveres de cooperação e lealdade. 4. Lição da doutrinadora Véra Maria Jacob de Fradera. Descuido com o dever de mitigar o prejuízo sofrido. O fato de ter deixado o devedor na posse do imóvel por quase 7 (sete) anos, sem que este cumprisse com o seu dever contratual (pagamento das prestações relativas ao contrato de compra e venda), evidencia a ausência de zelo com o patrimônio do credor, com o consequente agravamento significativo das perdas, uma vez que a realização mais célere dos atos de defesa possessória diminuiriam a extensão do dano. 5. Violação ao princípio da boa-fé objetiva. Caracterização de inadimplemento contratual a justificar a penalidade imposta pela Corte originária, (exclusão de um ano de ressarcimento). (STJ, REsp 758518 / PR, Rel. Min. Vasco Della Giustina, DJe 28/06/2010)

O último e não menos importante, o *dever anexo de proteção* (ou de cuidado), impõe ao fornecedor uma conduta no sentido de preservar a integridade pessoal e patrimonial do consumidor que, quando violados, geram danos materiais e morais.

Nesse sentido, não pode o fornecedor oferecer estacionamento gratuito aos seus clientes, como meio de atraí-los em razão da comodidade e segurança, e não querer arcar com os danos porventura ocasionados ao veículo. A Súmula nº 130 do STJ vem abraçar esta ideia, dispondo que "*a empresa responde, perante o cliente, pela reparação de dano ou furto de veículos ocorridos em seu estacionamento.*" Assim, o fornecedor, quando disponibiliza estacionamento para os veículos dos clientes, assume o dever, derivado do princípio da boa-fé objetiva, de proteger os bens e a pessoa do usuário.

84. O STJ já se posicionou neste sentido: "RECURSO ESPECIAL. CIVIL E PROCESSUAL CIVIL. NEGÓCIOS JURÍDICOS BANCÁRIOS. AÇÃO DECLARATÓRIA DE INEXIGIBILIDADE DE DÉBITO EM CONTRATO DE ABERTURA DE CRÉDITO EM CONTA-CORRENTE. VIOLAÇÃO AO PRINCÍPIO DA BOA-FÉ OBJETIVA. ENRIQUECIMENTO SEM JUSTA CAUSA. 1. Incidência dos encargos de manutenção de conta-corrente inativa por cerca de três anos, ensejando a inscrição do nome do correntista nos cadastros de devedores inadimplentes. 2. Pretensão de declaração da inexigibilidade do débito e de retirada da negativação nos órgãos de proteção ao crédito. 3. Mesmo ausente a prova formal do pedido de encerramento da conta por parte do correntista, não é cabível a cobrança de qualquer taxa ou encargo, em razão da necessidade de observância do dever de lealdade derivado do princípio da boa-fé objetiva" (STJ, REsp 1337002/RS, Terceira Turma, Rel. Min. Paulo de Tarso Sanseverino, DJe 03/02/2015).

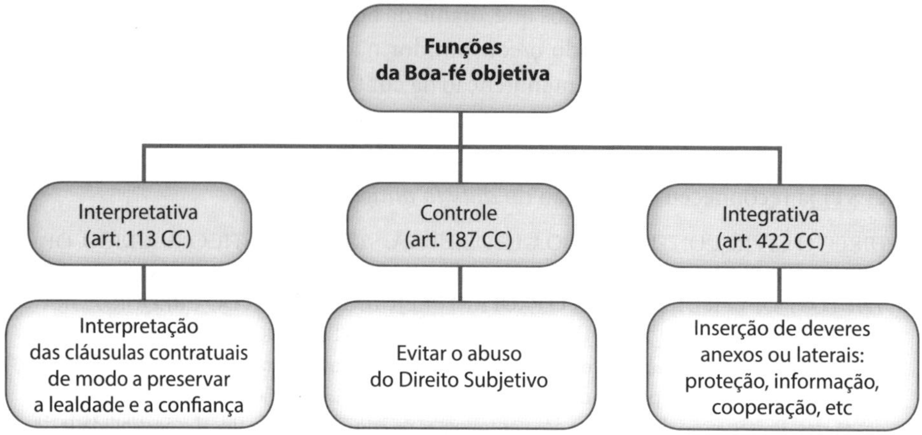

No tocante à boa-fé objetiva, é importante mencionarmos também os chamados *contratos relacionais.*[85] Através destes tipos de contratos, criam-se relações jurídicas complexas de longa duração, nas quais o consumidor se vê dependente de sua manutenção. Podem ser citados como exemplos os contratos de plano de saúde, de seguros, de previdência privada, entre outros.

Segundo aponta a Min. Nancy Andrighi, "nesses contratos, para além das cláusulas e disposições expressamente convencionadas pelas partes e introduzidas no instrumento contratual, também é fundamental reconhecer a existência de *deveres anexos*, que não se encontram expressamente previstos mas que igualmente vinculam as partes e devem ser observados. Trata-se da necessidade de observância dos postulados da *cooperação, solidariedade, boa-fé objetiva e proteção da confiança*, que deve estar presente, não apenas durante período de desenvolvimento da relação contratual, mas também na fase pré-contratual e após a rescisão da avença."[86]

Assim, a proteção especial que deve ser conferida aos contratos relacionais, sobretudo com base na boa-fé objetiva, nasce da ideia de que, ao longo dos anos de duração da relação contratual, eles vinculam o consumidor de tal forma que se torna cliente cativo do fornecedor e dependente da manutenção da relação contratual.

Significativo é o entendimento do STJ sobre os contratos de seguro de vida. Como se trata de contratos relacionais, de longa duração, ofende a boa-fé objetiva o aumento abrupto das mensalidades.

> "No moderno direito contratual reconhece-se, para além da existência dos contratos descontínuos, a existência de *contratos relacionais*, nos quais as cláusulas estabelecidas no instrumento não esgotam a gama de direitos e deveres das partes. 2. *Se o consumidor contratou, ainda jovem, o seguro de vida oferecido pela recorrida e se esse vínculo vem se renovando desde então, ano a ano, por mais de trinta anos, a pretensão da seguradora de modificar abruptamente as condições*

85. Cláudia Lima Marques prefere denominar esta nova relação contratual de *contratos cativos de longa duração*, isto porque se trata de "uma séria de relações contratuais, que utilizam os métodos de contratação em massa, visando a fornecer serviços essenciais no mercado, criando relações jurídicas complexas de longa duração, formada por uma cadeia de fornecedores organizados entre si e com uma característica fundamental: a posição de ´catividade` ou ´dependência` dos consumidores". (Contratos no Código de Defesa do Consumidor: o regime das relações contratuais", 3ª ed., São Paulo: RT, 1999, p. 68-80).
86. Voto proferido no REsp 1073595/MG, Segunda Seção, julgado em 23/03/2011, DJe 29/04/2011.

do seguro, não renovando o ajuste anterior, ofende os princípios da boa fé objetiva, da cooperação, da confiança e da lealdade que deve orientar a interpretação dos contratos que regulam relações de consumo. 3. Constatado prejuízos pela seguradora e identificada a necessidade de modificação da carteira de seguros em decorrência de novo cálculo atuarial, compete a ela ver o consumidor como um colaborador, um parceiro que a tem acompanhado ao longo dos anos. Assim, os aumentos necessários para o reequilíbrio da carteira têm de ser estabelecidos de maneira suave e gradual, mediante um cronograma extenso, do qual o segurado tem de ser cientificado previamente. Com isso, a seguradora colabora com o particular, dando-lhe a oportunidade de se preparar para os novos custos que onerarão, ao longo do tempo, o seu seguro de vida, e o particular também colabora com a seguradora, aumentando sua participação e mitigando os prejuízos constatados. 4. A intenção de modificar abruptamente a relação jurídica continuada, com simples notificação entregue com alguns meses de antecedência, ofende o sistema de proteção ao consumidor e não pode prevalecer. 5. Recurso especial conhecido e provido. (STJ, Resp 1073595/MG, Rel. Ministra Nancy Andrighi, Segunda Seção, DJe 29/04/2011)

Por fim, vale lembrar que a boa-fé deverá ser utilizada com vistas a equilibrar as relações de consumo. A proteção conferida ao consumidor, no sentido do brocardo "tratar desigualmente os desiguais", deve ser feita na medida a proporcionar equilíbrio entre as partes. Não pode jamais ser utilizada de forma a beneficiar desproporcionalmente o consumidor em detrimento do fornecedor, pois assim estaríamos admitindo a permanência do desequilíbrio já existente, só que agora a favor do consumidor. Nesse sentido, são sábias as palavras da Min. Nancy Andrighi, ao dispor que "embora haja o reconhecimento da vulnerabilidade do consumidor nas relações de consumo – art. 4º, I, do CDC – os direitos a ele conferidos pela legislação consumerista não são absolutos, razão pela qual sua aplicação deve ser analisada sempre com as vistas voltadas ao desejável equilíbrio da relação estabelecida entre o consumidor e o fornecedor. A proteção da boa-fé nas relações de consumo, portanto, não implica necessariamente favorecimento indiscriminado do consumidor, em detrimento de direitos igualmente outorgados ao fornecedor."[87]

PRINCÍPIO DA EDUCAÇÃO E INFORMAÇÃO DOS CONSUMIDORES

IV – educação e informação de fornecedores e consumidores, quanto aos seus direitos e deveres, com vistas à melhoria do mercado de consumo;

O *princípio da educação e informação dos consumidores* é fundamental no CDC, conforme previsto no artigo 4º, inciso IV. Esse princípio destaca a importância de educar e informar tanto consumidores quanto fornecedores sobre seus direitos e deveres, com o objetivo de promover um mercado de consumo mais justo, seguro e transparente. A educação e informação dos consumidores não se limita ao conhecimento sobre produtos e serviços; ela abrange a conscientização dos próprios direitos e das ferramentas que o CDC oferece para sua defesa.

Esse princípio reconhece que consumidores bem informados têm melhores condições de fazer escolhas conscientes, avaliar riscos e evitar práticas abusivas. Por exemplo, um consumidor que conhece seu direito à garantia legal poderá exigir reparos ou substituições de produtos defeituosos sem receio de ser enganado por uma loja. Da mesma forma, ao conhecer os limites dos reajustes permitidos em um contrato de prestação de serviços, ele

87. REsp 1.120.113-SP, julgado em 15/2/2011.

estará mais protegido contra aumentos injustificados. Esse empoderamento do consumidor é essencial para o equilíbrio nas relações de consumo, pois ele não apenas protege contra abusos, mas também promove a confiança e a satisfação nas transações.

Além dos consumidores, o princípio se estende aos fornecedores, que também precisam ser educados e informados sobre as normas do CDC. Isso é crucial para que eles compreendam e respeitem os direitos dos consumidores, adotando práticas de boa-fé e transparência. Empresas que conhecem suas obrigações legais e as aplicam de forma ética contribuem para a qualidade do mercado e para a construção de relações mais equilibradas. Um fornecedor informado e que adota práticas corretas, por exemplo, evita publicidade enganosa, cumpre prazos de entrega e mantém canais claros de comunicação com o cliente.

Portanto, o princípio da educação e informação busca criar um mercado de consumo onde o conhecimento seja um fator de proteção e melhoria contínua. Consumidores conscientes e fornecedores responsáveis são fundamentais para a evolução do mercado e para a proteção efetiva dos direitos, promovendo um ambiente de respeito e confiança, com reflexos positivos para toda a sociedade.

O art. 6º, II, do CDC, prevê expressamente que é direito básico do consumidor "*a educação e divulgação sobre o consumo adequado dos produtos e serviços, asseguradas a liberdade de escolha e a igualdade nas contratações*". Nesse sentido, a educação deve ser encarada sob dois aspectos: a) *educação formal*, que é aquela ministrada no primeiro grau das escolas públicas e privadas, abordando o tema em disciplinas como a educação moral e cívica (aspectos legais e institucionais), ciências (onde se cuidará da qualidade da água e dos alimentos) etc.; b) *educação informal*, de responsabilidade dos próprios fornecedores, procurando bem informar o consumidor em relação às características dos produtos e serviços colocados no mercado de consumo.[88]

Além disso, vale ressaltar, também, o importante papel desempenhado pelos órgãos públicos de proteção e defesa do consumidor, bem como pelas entidades privadas, que, através de cartilhas, realização de debates e pesquisas de mercado, procuram informar e conscientizar os consumidores de seus direitos.

Várias normas têm sido editadas visando melhor informar o consumidor sobre seus direitos nas relações de consumo.

Neste espírito, vale ressaltar a Lei nº 12.291/2010 que tornou obrigatória a manutenção de exemplar do Código de Defesa do Consumidor nos estabelecimentos comerciais e de prestação de serviço. Com isso, o consumidor poderá exigir o CDC nos estabelecimentos comerciais, podendo verificar os seus direitos antes de realizar as transações comerciais, evitando possíveis abusos praticados pelos fornecedores.

A Lei 12.741, de 8 de dezembro de 2012, dispôs sobre as medidas de esclarecimento ao consumidor sobre os tributos incidentes nos preços dos produtos e serviços, de que trata o § 5º do artigo 150 da Constituição Federal[89]; alterando o inciso III do art. 6º do

88. FILOMENO, José Geraldo Brito. *Código Brasileiro de Defesa do Consumidor Comentado pelos Autores do Anteprojeto*. 9ª ed. Rio de Janeiro: Forense Universitária, 2007, p. 146.

89. Art. 105, §5º da CF: "A lei determinará medidas para que os consumidores sejam esclarecidos acerca dos impostos que incidam sobre mercadorias e serviços."

CDC.[90] O art. 1º da Lei nº 12.741/2012 determina que "*emitidos por ocasião da venda ao consumidor de mercadorias e serviços, em todo território nacional, deverá constar, dos documentos fiscais ou equivalentes, a informação do valor aproximado correspondente à totalidade dos tributos federais, estaduais e municipais, cuja incidência influi na formação dos respectivos preços de venda.*"

O Estatuto da pessoa com deficiência (Lei 13.146 de 6 julho de 2015) acrescentou parágrafo único ao art. 6º do CDC para asseverar que a informação de que trata o inciso III do art. 6º do CDC (*a informação adequada e clara sobre os diferentes produtos e serviços, com especificação correta de quantidade, características, composição, qualidade, tributos incidentes e preço, bem como sobre os riscos que apresentem*) deve ser acessível à pessoa com deficiência, observado o disposto em regulamento. Assim, objetiva o novo Estatuto garantir à pessoa com deficiência que efetivamente tenha acesso às informações constantes nos produtos e serviços, podendo, sem auxílio de terceiros, entre outros, escolher os produtos e serviços que deseja, verificar e comparar os preços, observar os riscos que eles apresentam, etc. Em vários momentos o estatuto assegura os direitos fundamentais das pessoas com deficiência, promovendo a inclusão social no mercado de consumo por meio do acesso à informação e à comunicação (ver Capítulo II da Lei 13.146/2015).[91]

A Lei 13.111, de 25 de março de 2015, dispôs sobre a obrigatoriedade de os empresários que comercializam veículos automotores novos ou usados prestarem informações ao consumidor, inclusive através de cláusulas nos contratos de compra e venda, sobre: o valor dos tributos incidentes sobre a comercialização do veículo; a situação de regularidade do veículo quanto a: a) furto; b) multas e taxas anuais legalmente devidas; c) débitos de impostos; d) alienação fiduciária; ou e) quaisquer outros registros que limitem ou impeçam a circulação do veículo.[92]

A Lei 13.179, de 22 de outubro de 2015, por sua vez, visou assegurar o direito do consumidor adquirir ingressos de meia-entrada para evento cultural nas compras feita pela internet,

---

90. A nova redação do inciso III do art. 6º do CDC, a partir do dia 11/06/2013, ficará assim: "III – a informação adequada e clara sobre os diferentes produtos e serviços, com especificação correta de quantidade, características, composição, qualidade, *tributos incidentes* e preço, bem como sobre os riscos que apresentem."

91. Como exemplo, art. 69 da Lei 13.146/2015 (Estatuto da pessoa com deficiência):

    "Art. 69. O poder público deve assegurar a disponibilidade de informações corretas e claras sobre os diferentes produtos e serviços ofertados, por quaisquer meios de comunicação empregados, inclusive em ambiente virtual, contendo a especificação correta de quantidade, qualidade, características, composição e preço, bem como sobre os eventuais riscos à saúde e à segurança do consumidor com deficiência, em caso de sua utilização, aplicando-se, no que couber, os arts. 30 a 41 da Lei nº 8.078, de 11 de setembro de 1990.

    § 1º. Os canais de comercialização virtual e os anúncios publicitários veiculados na imprensa escrita, na internet, no rádio, na televisão e nos demais veículos de comunicação abertos ou por assinatura devem disponibilizar, conforme a compatibilidade do meio, os recursos de acessibilidade de que trata o art. 67 desta Lei, a expensas do fornecedor do produto ou do serviço, sem prejuízo da observância do disposto nos arts. 36 a 38 da Lei nº 8.078, de 11 de setembro de 1990."

92. O descumprimento do disposto na Lei 13.111/2015 implica a obrigação de os empresários que comercializam veículos automotores, novos ou usados, arcarem com: I – o pagamento do valor correspondente ao montante dos tributos, taxas, emolumentos e multas incidentes sobre o veículo e existentes até o momento da aquisição do bem pelo comprador; II – a restituição do valor integral pago pelo comprador, no caso de o veículo ter sido objeto de furto.

bem como assegurar que sejam prestadas as informações necessárias, no site e na entrada do evento, para que o consumidor possa exercer plenamente este direito (ex.: os documentos que serão aceitos para que se comprove o direito à meia-entrada). A Lei 12.933, de 26 de dezembro de 2013, regulou o benefício do pagamento de meia-entrada para estudantes, pessoas portadoras com deficiência e jovens de 15 a 29 anos comprovadamente carentes, especificando quais os documentos serão aceitos para comprovação do direito à meia-entrada, bem como impondo a necessidade do fornecedor disponibilizar 40% (quarenta por cento) do total de ingressos disponíveis para cada evento. Porém, a Lei 12.933 somente gerou efeitos a partir do Decreto 8.537 de 5 de outubro de 2015, que regulamentou a referida lei.[93]

A Lei 13.175, de 21 de outubro de 2015, acrescentado o artigo 2º-A à Lei 10.962/2004, dispôs sobre a oferta e as formas de afixação de preços de produtos e serviços para o consumidor, obrigando a divulgação da informação do preço por unidade de medida na comercialização de produtos fracionados em pequenas quantidades. Estipulou referida lei que *"na venda a varejo de produtos fracionados em pequenas quantidades, o comerciante deverá informar, na etiqueta contendo o preço ou junto aos itens expostos, além do preço do produto à vista, o preço correspondente a uma das seguintes unidades fundamentais de medida: capacidade, massa, volume, comprimento ou área, de acordo com a forma habitual de comercialização de cada tipo de produto."* Este "novo" dever do fornecedor somente não se aplica aos medicamentos.

Embora pelo sistema de proteção ao consumidor e pelo princípio da transparência já fosse um direito do consumidor, a previsão expressa de obrigar o fornecedor a informar o preço por unidade de referência é extremamente importante para possibilitar ao consumidor comparar os preços, de modo a realizar uma compra mais consciente e sustentável. Este direito foi inserido expressamente no CDC, através do art. 6º, XIII *"a informação acerca dos preços dos produtos por unidade de medida, tal como por quilo, por litro, por metro ou por outra unidade, conforme o caso."*[94]

Esta exigência não onera o fornecedor (a única obrigação será inserir o preço de referência além de colocar o preço do produto), causando um benefício enorme para o consumidor e para o mercado. Assim, o consumidor poderá perceber facilmente quais são os produtos mais baratos por unidade de medida, peso ou quantidade. Como exemplo, partindo da premissa que o consumidor queira comprar um refrigerante mais barato proporcionalmente, ficava difícil saber qual embalagem apresentava o melhor preço: se a lata de 350 ml; se a garrafa de 600 ml, ou 1 litro ou 2 litros, etc. Se todos estes produtos apresentassem um preço por litro (por exemplo), o consumidor poderia comparar e comprar o mais barato ou até mesmo o produto que melhor lhe atenda considerando o custo-benefício.

Também em relação à informação dos preços dos produtos e serviços, a Lei 13.543, de 19 de dezembro de 2017, acrescentou o inciso III ao art. 2º da Lei 10.962/2004 para

93. Isso porque o art. 6º da Lei 12.933/2013 estabeleceu que a lei entraria em vigou na data de sua publicação, *"gerando efeitos a partir da edição de sua norma regulamentadora."* A norma regulamentadora foi justamente o Decreto 8.537, de 5 de outubro de 2015, que entrou em vigor no dia 1º de dezembro de 2015.

94. Este inciso foi minha sugestão quando do trâmite do PL do Superendividamento no Senado Federal em 2013, anteriormente, portanto, à Lei 13.175/2015. Pelo texto do CDC, os medicamentos não estão excluídos.

determinar que no comércio eletrônico, a forma de afixação de preço seja feita mediante divulgação ostensiva do preço à vista, junto à imagem do produto ou descrição do serviço, em caracteres facilmente legíveis com tamanho de fonte não inferior a doze.

Visando a proteção do meio ambiente, a Lei 13.233, de 29 de dezembro de 2015, impôs que as embalagens e rótulos dos equipamentos e produtos de limpeza cujo uso implicar consumo de água conterão mensagem de advertência sobre o risco de escassez e de incentivo ao consumo moderado de água, dispondo que a mensagem será inserida em destaque e de forma legível nas embalagens e rótulos, utilizando-se a expressão *"Água: pode faltar. Não desperdice."*.

A Lei 13.236, de 29 de dezembro de 2015, alterando a Lei 6.360/1976 (Lei de Vigilância Sanitária sobre Produtos Farmacêuticos), buscou evitar erros de administração e de uso de medicamentos, através da melhor informação ao consumidor. Para isso, impôs, por exemplo, que os produtos destinados ao público infantil deverão ter características de rotulagem e de embalagem que possibilitem a sua imediata e precisa distinção daqueles destinados ao uso adulto (parágrafo único do art. 4º da Lei 6.360/1976). Também dispôs que os produtos de que trata a lei não poderão ter nomes, designações, rótulos ou embalagens que induzam a erro o consumidor e que os rótulos de medicamentos, de drogas e de produtos correlatos deverão possuir características que os diferenciem claramente entre si e que inibam erros de dispensação e de administração, trocas indesejadas ou uso equivocado.

A Lei 13.305, de 4 de julho de 2016, acrescentou o art. 19-A ao Decreto-Lei nº 986/69 (que institui normas básicas sobre alimentos), para determinar que os rótulos de alimentos que contenham lactose deverão indicar a presença da substância e que também os rótulos de alimentos cujo teor original de lactose tenha sido alterado deverão informar o teor de lactose remanescente, conforme as disposições em regulamento.

A experiência mostra que quando se tem uma sociedade bem informada sobre seus direitos e deveres, menos abusos são verificados, uma vez que o consumidor passa a ser aliado na busca do equilíbrio, seja ajuizando ações, seja reclamando nos Procons ou ainda reclamando na própria empresa. Assim, as empresas precisam se adaptar para buscar a satisfação de seus consumidores, melhorando o mercado de consumo.

O Decreto 7.963, de 15 de março de 2013, que instituiu o Plano Nacional de Consumo e Cidadania, previu como diretriz desse plano a *"educação para o consumo"* (art. 2º, I).

A Lei nº 15.012, de 4 de novembro de 2024, alterou a Lei nº 11.445/2007 para garantir maior transparência no setor de saneamento básico, determinando a divulgação pública de documentos referentes à regulação e fiscalização desses serviços. Entre os direitos instituídos, a população passa a ter acesso a relatórios periódicos sobre o nível dos reservatórios de água e a dados relacionados à segurança hídrica, assegurando o direito de qualquer indivíduo de consultar essas informações, independentemente de comprovar interesse direto.

PRINCÍPIO DO INCENTIVO AO AUTOCONTROLE[95]

V – incentivo à criação, pelos fornecedores, de meios eficientes de controle de qualidade e segurança de produtos e serviços, assim como de mecanismos alternativos de solução de conflitos de consumo;

95. Chamado por alguns de *"Controle de qualidade e mecanismos de atendimento pelas próprias empresas"*. Nesse sentido, o Coautor do anteprojeto José Geraldo Brito Filomeno. *Código Brasileiro de Defesa do Consumidor Comentado pelos Autores do Anteprojeto*. 9ª ed. Rio de Janeiro: Forense Universitária, 2007, p. 82.

O *princípio do incentivo ao autocontrole* no CDC, conforme o artigo 4º, inciso V, estabelece que os fornecedores devem ser incentivados a criar e manter sistemas eficazes de controle de qualidade e segurança de produtos e serviços. Além disso, o princípio também promove o desenvolvimento de mecanismos alternativos de solução de conflitos, como canais internos de atendimento ao consumidor e ouvidorias, que visam resolver eventuais problemas antes que eles se transformem em disputas judiciais.

Esse princípio representa uma visão moderna da relação de consumo, onde as empresas assumem um papel ativo na fiscalização de seus próprios processos e no aprimoramento de suas práticas. Ao investir em sistemas de controle de qualidade, os fornecedores garantem que seus produtos e serviços estejam em conformidade com os padrões de segurança e desempenho exigidos, reduzindo o risco de problemas para os consumidores e protegendo a imagem da marca. Por exemplo, uma empresa que adota processos rigorosos de inspeção de qualidade evita o lançamento de produtos defeituosos no mercado, promovendo a segurança e a confiança do consumidor.[96]

Além dos controles de qualidade, o incentivo à criação de mecanismos alternativos de resolução de conflitos contribui para a redução da judicialização nas relações de consumo. Empresas que oferecem canais eficientes de atendimento e mediação facilitam a solução de problemas de forma rápida e amigável, evitando processos e promovendo a satisfação do cliente.

Ferramentas como SACs bem estruturados[97], plataformas de mediação *on-line*[98] e ouvidorias independentes[99] são exemplos de como o autocontrole pode ser aplicado para atender e resolver as demandas dos consumidores diretamente.[100]

96. Podem ser citados como meios eficientes de controle de qualidade e segurança de produtos e serviços a implementação de normas técnicas e certificações de qualidade (como a ISO 9001 – gestão de qualidade e ISO 14001 – gestão ambiental); desenvolvimento de um sistema de controle de qualidade (qc); investimento em pesquisa e desenvolvimento; processos de auditoria interna e externa; *feedback* e monitoramento pós-venda; treinamento contínuo para colaboradores; inovação e automação de processos, entre outros.
97. O SAC é um canal básico de comunicação direta entre o consumidor e o fornecedor, ideal para a resolução inicial de questões. Um SAC bem estruturado permite que o consumidor registre suas reclamações, tire dúvidas e solicite soluções rápidas, como trocas, devoluções ou reparos.
98. Com o avanço da tecnologia, muitas empresas têm desenvolvido plataformas digitais de mediação. Nessas plataformas, o consumidor pode registrar reclamações e acompanhar as respostas do fornecedor em um ambiente digital e acessível. Essas ferramentas permitem a mediação de conflitos de forma transparente, onde o consumidor pode apresentar suas demandas, e a empresa responde diretamente. A mediação *on-line* tem a vantagem de ser rápida, conveniente e de baixo custo, permitindo que ambas as partes resolvam o conflito sem a necessidade de deslocamento ou formalidades processuais.
99. Ouvidorias funcionam como uma instância dentro da própria empresa, atuando de maneira imparcial para mediar conflitos que o SAC não conseguiu resolver. A implementação de ouvidorias com autonomia é fundamental para que o consumidor sinta confiança na imparcialidade e na seriedade do atendimento.
100. Empresas podem também estabelecer parcerias com órgãos como o Procon e associações de defesa do consumidor para implementar câmaras de conciliação e mediação. Essas parcerias permitem a criação de espaços onde o consumidor é atendido por representantes do fornecedor em colaboração com mediadores neutros, que buscam uma solução satisfatória para ambas as partes. O respaldo de um órgão público aumenta a confiança do consumidor no processo, assegurando que o procedimento será justo e transparente.

Portanto, o princípio do incentivo ao autocontrole fortalece a responsabilidade das empresas em monitorar e garantir a qualidade e a segurança do que oferecem, ao mesmo tempo em que amplia a proteção do consumidor ao incentivar soluções diretas e eficazes. Essa prática beneficia o mercado como um todo, pois promove um ambiente de consumo mais equilibrado, onde conflitos são reduzidos e a confiança entre consumidores e fornecedores é fortalecida.

Visando incentivar mecanismos alternativos de solução de conflitos de consumo, foi criado pela Secretaria Nacional do Consumidor (Senacon/MJ) uma plataforma tecnológica de informação, interação e compartilhamento de dados chamada de *Consumidor.gov.br*, permitindo, através da internet, a interlocução direta entre consumidores e empresas. Basicamente, o consumidor registra a reclamação contra a empresa cadastrada no sistema e acompanha a resposta sobre o seu problema.

O *Consumidor.gov.br* apresenta o perfil das empresas participantes, com informações sobre a quantidade de reclamações finalizadas por empresa, percentual de solução, percentual de satisfação com o atendimento recebido, percentual e prazo médio de respostas. Assim, além de propiciar, de modo virtual, a interlocução direta das reclamações dos consumidores aos fornecedores, fornece ao Estado informações essenciais à elaboração e implementação de políticas públicas de defesa dos consumidores, contribuindo para o aprimoramento das relações de consumo no país.[101]

A participação das empresas fornecedoras no *Consumidor.gov.br* é voluntária, mediante assinatura de termo no qual se comprometem a conhecer, analisar e investir todos os esforços disponíveis para a solução dos problemas apresentados pelos consumidores.

O Decreto 8.573 de 19 de novembro de 2015 dispõe sobre o *Consumidor.gov.br*, estipulando os objetivos a serem perseguidos e instituindo um comitê gestor para coordenar a gestão e manutenção do sistema.

O Decreto 10.197 de 2 de janeiro de 2020 incluiu o art. 1º-A ao Decreto 8.573/2015, estabelecendo o *Consumidor.gov.br* como plataforma oficial da administração pública federal direta, autárquica e fundacional para a autocomposição nas controvérsias em relações de consumo.

101. Entretanto, a plataforma apresenta algumas desvantagens. Nem todas as empresas estão cadastradas no Consumidor.gov.br, o que limita o alcance da ferramenta e pode frustrar consumidores que não encontram a empresa com a qual tiveram problemas. Além disso, como a participação é voluntária para as empresas, não há uma obrigatoriedade de resposta, o que pode deixar o consumidor sem retorno, dependendo da política da empresa. Outro ponto é que, embora a plataforma facilite a comunicação, ela não substitui completamente a atuação de órgãos como o Procon, especialmente em casos de abusos mais graves ou quando o consumidor não obtém uma solução satisfatória. Assim, o Consumidor.gov.br é uma ferramenta valiosa e inovadora para a mediação de conflitos de consumo, mas funciona melhor como um complemento ao sistema tradicional de proteção ao consumidor, exigindo melhorias e adesão mais ampla para ser verdadeiramente eficaz em sua proposta de proteção e resolução rápida de conflitos.

PRINCÍPIO DA COIBIÇÃO E REPRESSÃO DE ABUSOS NO MERCADO

VI – coibição e repressão eficientes de todos os abusos praticados no mercado de consumo, inclusive a concorrência desleal e utilização indevida de inventos e criações industriais das marcas e nomes comerciais e signos distintivos, que possam causar prejuízos aos consumidores;

A política nacional de consumo procura coibir e, principalmente, reprimir as práticas abusivas cometidas pelos fornecedores no mercado de consumo, permitindo a atuação livre e consciente do consumidor na relação. Ao prever a repressão sobre "*a concorrência desleal e utilização indevida de inventos e criações industriais das marcas e nomes comerciais e signos distintivos*" o que se quer, em última análise, é a proteção da ordem econômica prevista no art. 170 da CF. Assim, ao possibilitar uma concorrência leal e livre, o que se estará garantindo, de forma mediata, serão os direitos dos consumidores.

Esse princípio reflete a preocupação do CDC em proteger o consumidor não apenas de condutas abusivas diretas, como preços excessivos ou publicidade enganosa, mas também de práticas que, embora menos visíveis, afetam o equilíbrio do mercado, como a concorrência desleal e o uso indevido de marcas, patentes e signos distintivos.

A concorrência desleal, por exemplo, prejudica o consumidor ao reduzir a diversidade e a qualidade de opções no mercado, além de afetar a livre concorrência, que é um pilar essencial para um mercado saudável. Práticas como falsificação de produtos, imitação de marcas e desvio de clientela enfraquecem empresas que agem de forma ética e legal, o que pode prejudicar o acesso dos consumidores a produtos autênticos e de qualidade. Além disso, a utilização indevida de inventos e criações industriais, incluindo patentes e marcas registradas, induz o consumidor ao erro e prejudica sua capacidade de escolha informada, pois o leva a adquirir produtos de origem duvidosa ou com qualidade inferior.

Esse princípio exige, portanto, uma atuação firme e preventiva dos órgãos de fiscalização e defesa do consumidor, como o Procon e o Ministério Público, que devem atuar na fiscalização e aplicação de sanções para coibir essas práticas. Ele também reforça a importância da responsabilidade dos próprios fornecedores em respeitar as normas de propriedade industrial e em garantir a transparência e autenticidade de seus produtos.

Sobre as práticas abusivas e abusos cometidos pelos fornecedores, comentaremos quando da análise do art. 39 do CDC.

Para a tutela à ordem econômica, cabe destacar o papel do CADE. Órgão criado pela Lei nº 4.137, de 10 de setembro de 1962. A Lei nº 8.884, de 11 de junho de 1994, transformou o Conselho Administrativo de Defesa Econômica – CADE em Autarquia, dispondo sobre a prevenção e repressão às infrações contra a ordem econômica. A Lei nº 12.529, de 30 de novembro de 2011, revogou quase que a totalidade dos artigos da Lei 8.884/94 (somente não foram revogados os arts. 86 e 87), tratando sobre o Sistema Brasileiro de Defesa da Concorrência (SBDC).

O art. 1º do referido diploma dispõe:

> **Art. 1º.** Esta Lei estrutura o Sistema Brasileiro de Defesa da Concorrência – SBDC e dispõe sobre a prevenção e a repressão às infrações contra a ordem econômica, orientada pelos ditames constitucionais de liberdade de iniciativa, livre concorrência, função social da propriedade, defesa dos consumidores e repressão ao abuso do poder econômico.
>
> Parágrafo único. A coletividade é a titular dos bens jurídicos protegidos por esta Lei.

Para a mencionada defesa da ordem econômica, úteis e válidos também são os dispositivos da Lei de Propriedade Industrial (Lei nº 9.279/1996).

Como exemplo, não poderá o fornecedor utilizar-se de marca idêntica ou parecida com outra marca famosa para levar o consumidor a erro, possibilitando o aumento das vendas. Percebe-se que o consumidor ficará vulnerável na relação, pois, em muitos casos, estará comprando o produto ou adquirindo o serviço pensando que está adquirindo outro. No campo da publicidade, tal proteção ganha a denominação de *princípio da lealdade publicitária*.

Em julgado interessante, o STJ entendeu que a distribuição no mercado de produto que apresentava semelhança não só no nome, mas também na embalagem, deveria ser interrompida. O caso levado ao STJ foi em relação às marcas "Biobrilho" e "Brilhante". A Unilever, detentora da marca "Brilhante", questionou que a marca "Biobrilho", de propriedade da empresa Bio Brilho Química Ltda., teria nas cores, letras, na estrela colocada sobre o "i", entre outras características, muitas semelhanças que indicariam a imitação da marca de seu produto. Entendendo que tais semelhanças poderiam confundir o consumidor na hora de adquirir o produto, o STJ deu provimento ao recurso da Unilever para o fim de determinar que a distribuição do "Biobrilho" fosse interrompida imediatamente, bem como fossem recolhidos os já distribuídos no prazo máximo de 15 dias, sob pena de multa diária de R$ 2.000,00 e busca e apreensão dos não recolhidos.

Vale destacar o voto da Mina. Nancy Andrighi sobre a efetiva proteção dada aos consumidores através do referido julgamento, pois considerou que se deveria levar em consideração não o consumidor considerado atento, mas justamente o consumidor que, por qualquer motivo, pudesse confundir as marcas.

> Em nenhum momento a Lei exige que a semelhança entre as marcas seja grande a ponto de confundir até mesmo o observador atento. Para a Lei, basta que os produtos sejam parecidos a ponto de gerar confusão. Naturalmente, uma pessoa atenta percebe a diferença entre duas marcas, ainda que sejam quase idênticas. Entretanto, é necessário que se tenha em mente que não se trata de um "jogo de sete erros". A Lei se destina, não ao consumidor atento, mas justamente ao consumidor que, por qualquer motivo, não se encontra em condições de diferenciar os produtos similares. Não se pode descurar o fato de que, muitas vezes, o consumidor não pode ler a embalagem de um produto ou, ao menos, tem dificuldade de fazê-lo, seja por seu grau de instrução, por problemas de saúde ocular ou mesmo por pressa. Nesses casos, tudo o que o consumidor distinguirá será a forma da embalagem, as características gerais do produto, as cores apresentadas e assim por diante. Ora, ao observar as fotografias dos produtos com a marca "Brilhante" e dos produtos com a marca "BioBrilho" que constam do processo, é nítida a possibilidade de confusão. Num olhar rápido, as embalagens são muito parecidas. Assim, é imperativo que se reconheça a imitação alegada na petição inicial (STJ, REsp. 698855/RJ, Rela. Mina. Nancy Andrighi, *DJ* 29/10/2007).

Em caso semelhante, também prestigiando o princípio da lealdade publicitária, decidiu o STJ acerca das marcas "Leite de Rosas" e "Desodorante Creme de Rosas":

> "DIREITO COMERCIAL. PROPRIEDADE INDUSTRIAL. USO DE MARCA COM ELEMENTOS SEMELHANTES. NOMES QUE, EMBORA COMUNS, DISTINGUEM MARCA DE PRODUTO ESPECÍFICO CONSAGRADO NO MERCADO. EXCLUSIVIDADE DE USO. PROVIMENTO. I – A exclusividade da marca "Leite de Rosas" é violada pelo uso da expressão "Desodorante Creme de Rosas", mormente em embalagem semelhante II – Embora composta por palavras comuns, a marca deve ter distinção suficiente no mercado de modo a nomear um produto específico. Marcas semelhantes em produtos da mesma classe induzem

o consumidor a erro e violam direito do titular da marca original. III – Recurso Especial provido. (STJ, Resp 929604/SP, Rel. Ministro Sidnei Beneti, Terceira Turma, DJe 06/05/2011)

O Decreto 7.963, de 15 de março de 2013, que instituiu o Plano Nacional de Consumo e Cidadania, previu como *diretriz* desse plano a *"prevenção e repressão de condutas que violem direitos do consumidor"* (art. 2º, VI) e como *objetivo* *"assegurar a prevenção e a repressão de condutas que violem direitos do consumidor"* (art. 3º, IV).

PRINCÍPIO DA RACIONALIZAÇÃO E MELHORIA DOS SERVIÇOS PÚBLICOS

VII – racionalização e melhoria dos serviços públicos;

O *princípio da racionalização e melhoria dos serviços públicos*, conforme previsto no artigo 4º, inciso VII, do CDC, estabelece a necessidade de que os serviços públicos sejam oferecidos de forma eficiente, acessível e com qualidade crescente. Em complemento, o artigo 6º, inciso X, do CDC consolida esse princípio ao estabelecer como um direito básico do consumidor a *"adequada e eficaz prestação dos serviços públicos em geral"*. Esse dispositivo reforça a obrigação do Estado em garantir que os serviços públicos essenciais – como saúde, educação, transporte, energia elétrica, saneamento e telecomunicações – sejam oferecidos de forma contínua, segura e com a qualidade necessária para assegurar o bem-estar da população. Esse princípio visa garantir que o consumidor, ao utilizar serviços públicos essenciais – como saúde, educação, transporte, energia elétrica, saneamento e telecomunicações – tenha acesso a um atendimento adequado, contínuo e que atenda às suas necessidades, promovendo bem-estar e segurança.

A racionalização dos serviços públicos implica em otimizar recursos e processos, de modo que sejam eliminadas ineficiências, desperdícios e burocracias desnecessárias. Por exemplo, a implementação de sistemas de atendimento digital, como portais e aplicativos, facilita o acesso do cidadão a informações e serviços sem a necessidade de deslocamento, reduzindo filas e tempo de espera. Além disso, a adoção de práticas de gestão modernas e o uso de tecnologias avançadas permitem que os serviços públicos sejam prestados de forma mais ágil e transparente.

Já a melhoria dos serviços públicos envolve o compromisso contínuo com a qualidade, o que inclui a atualização dos equipamentos, a capacitação de funcionários e a ampliação de infraestrutura, para que os serviços acompanhem a evolução das necessidades da população. Isso também significa que o consumidor deve ter canais eficientes para registrar reclamações e sugestões, e que essas demandas sejam efetivamente ouvidas e resolvidas. A melhoria dos serviços públicos é fundamental para que o cidadão tenha uma experiência de consumo satisfatória, mesmo em áreas onde o Estado é o único fornecedor.

Esse princípio, portanto, reforça a responsabilidade do Estado em garantir que os serviços públicos atendam aos padrões de qualidade exigidos, respeitando os direitos dos consumidores e promovendo a confiança e o bem-estar da população. Em última análise, a racionalização e a melhoria dos serviços públicos são essenciais para uma administração pública que respeita o cidadão e valoriza a eficiência e a qualidade no atendimento das necessidades coletivas.

O Decreto 7.963, de 15 de março de 2013, que instituiu o Plano Nacional de Consumo e Cidadania, previu como diretriz desse plano a *"adequada e eficaz prestação dos serviços públicos"* (art. 2º, II).

A Lei 13.460, de 26 de junho de 2017, dispõe sobre a participação, proteção e defesa dos direitos do usuário dos serviços públicos prestados direta ou indiretamente pela administração pública. A Lei nº 13.460/2017 é aplicada, subsidiariamente, aos serviços públicos prestados por particular. A aplicação da referida lei não afasta a necessidade de que a Administração Pública continue tendo que cumprir outros deveres previstos: I – em normas regulamentadoras específicas, quando se tratar de serviço ou atividade sujeitos a regulação ou supervisão; e II – no Código de Defesa do Consumidor, quando caracterizada relação de consumo.[102]

PRINCÍPIO DO ESTUDO DAS MODIFICAÇÕES DO MERCADO

VIII – estudo constante das modificações do mercado de consumo;

O *princípio do estudo das modificações do mercado*, previsto no artigo 4º, inciso VIII, do CDC, reflete a importância de acompanhar e compreender as mudanças contínuas que ocorrem no mercado de consumo. Esse princípio estabelece que tanto o Estado quanto as entidades de defesa do consumidor devem monitorar o comportamento dos fornecedores e as transformações nas práticas de consumo, incluindo o surgimento de novas tecnologias, produtos, serviços e formas de comércio, como o *e-commerce*, os serviços digitais e as plataformas de jogos de aposta, conhecidas como *bets*.

O estudo constante do mercado é essencial para adaptar a legislação e as políticas de proteção do consumidor às realidades contemporâneas. Com o avanço das tecnologias e a crescente digitalização dos serviços, surgem desafios como a proteção de dados pessoais, a segurança das transações *on-line*, o combate a fraudes virtuais e a prática crescente das *bets*. As plataformas de apostas *on-line*, amplamente promovidas e acessíveis, podem levar consumidores a gastos impulsivos e ao endividamento, especialmente pela publicidade intensa e direcionada, muitas vezes promovida por figuras públicas e celebridades. A falta de regulamentação específica torna o consumidor mais vulnerável, pois ele não encontra meios claros para reclamar ou prevenir excessos nesse setor. Monitorar essas plataformas e estabelecer regulamentações específicas para o mercado de apostas torna-se, assim, uma medida essencial para evitar práticas abusivas e proteger consumidores contra o risco de perda patrimonial e superendividamento.

Além disso, o princípio permite que os órgãos de defesa identifiquem mudanças no perfil e nas expectativas dos consumidores. A demanda crescente por produtos sustentáveis, a preferência por práticas empresariais éticas e a busca por transparência são algumas das tendências que impactam o mercado atual. Por exemplo, a expansão do crédito e das facilidades de financiamento, enquanto amplia o poder de consumo, também leva muitos consumidores ao superendividamento, situação agravada pela falta de controle financeiro e pelo incentivo a compras parceladas ou financiadas, especialmente em plataformas de consumo digital. Diante disso, a adaptação da legislação, como ocorreu com a criação da Lei do Superendividamento (Lei 14.181/2021), é um exemplo de resposta direta à necessidade

102. Por fugir ao objetivo da presente obra, não iremos aprofundar na referida lei. Apenas a título informativo, vale a pena a leitura das *diretrizes* a serem seguidas pelos prestadores de serviços públicos (art. 5º) e os *direitos básicos* do usuário (art. 6º). Destaca-se o inciso IX do art. 5º ao permitir *"a autenticação de documentos pelo próprio agente público, à vista dos originais apresentados pelo usuário, vedada a exigência de reconhecimento de firma, salvo em caso de dúvida de autenticidade".*

de proteger consumidores que, diante das novas práticas de crédito e consumo, precisam de mais ferramentas de renegociação e de prevenção ao endividamento abusivo.

Esse princípio também abrange novas formas de consumo colaborativo, como o compartilhamento de bens (ex.: locação de bicicletas e carros) e as plataformas de economia compartilhada (ex.: AirBnB e Uber). Acompanhar essas transformações permite que o Estado entenda as novas dinâmicas de responsabilidade, segurança e direito à informação, ajustando as leis para assegurar que consumidores sejam protegidos em contextos inéditos de consumo.

Portanto, o princípio do estudo das modificações do mercado é um guia para a evolução e atualização constante das políticas de proteção ao consumidor, assegurando que o CDC continue sendo eficaz e relevante diante das novas dinâmicas de consumo. Dessa forma, o CDC promove uma abordagem proativa, onde o consumidor é protegido mesmo em um cenário de constante mudança e inovação, garantindo que tanto a legislação quanto a fiscalização estejam alinhadas às práticas atuais do mercado e aos direitos emergentes dos consumidores, como o combate ao superendividamento e a regulamentação de setores complexos como o das apostas *on-line*.

METAVERSO

No contexto do metaverso, um ambiente virtual imersivo que combina realidades aumentada e virtual, a aplicação do princípio do estudo constante das modificações do mercado de consumo torna-se essencial, pois o surgimento desse novo espaço de interação traz mudanças significativas nas relações de consumo, demandando a observância de direitos específicos e a prevenção de práticas abusivas.

As relações de consumo no metaverso enfrentam desafios significativos no tocante à proteção do consumidor, especialmente pela dificuldade de aplicação direta do CDC em um ambiente descentralizado e transnacional. No metaverso, os consumidores adquirem bens e serviços digitais, como terrenos virtuais, roupas para avatares, ingressos para eventos digitais e até mesmo moedas virtuais.

Apesar da virtualidade dessas transações, a relação jurídica configura-se como uma típica relação de consumo, sendo plenamente aplicáveis as normas do CDC.

Nesse cenário, um dos principais direitos a ser observado é o direito à informação clara e adequada (art. 6º, III, do CDC). Os fornecedores devem detalhar as características dos produtos ou serviços oferecidos no metaverso, como sua funcionalidade, prazo de validade e eventuais limitações tecnológicas. A ausência ou a insuficiência de informações pode levar o consumidor a erro, configurando publicidade enganosa nos termos do art. 37 do CDC.

Outro direito essencial é a segurança nas transações financeiras, especialmente porque o metaverso frequentemente utiliza criptomoedas e tecnologias *blockchain*.[103] Essas

103. *Blockchain* é uma tecnologia de registro digital descentralizado que funciona como uma cadeia de blocos conectados, cada um contendo informações ou transações protegidas por criptografia. Sua principal característica é a segurança e a imutabilidade dos dados, uma vez que qualquer alteração em um bloco exige o consentimento de todos os participantes da rede. Esse sistema é usado para registrar e validar transações, eliminando a necessidade de intermediários. Serve, por exemplo, para movimentar criptomoedas, criar contratos inteligentes, rastrear a cadeia de produção de bens, registrar documentos digitais e garantir a integridade de dados em diversos setores, como o financeiro, jurídico e logístico.

ferramentas, embora inovadoras, podem apresentar riscos como fraudes e perda de ativos digitais. Assim, o fornecedor e a plataforma devem garantir a integridade das transações, observando o disposto no art. 14 do CDC, que impõe responsabilidade objetiva pelos danos causados ao consumidor em razão de falhas na prestação do serviço.

Além disso, o metaverso expõe os consumidores à publicidade dirigida e subliminar, amplificada pela personalização de experiências imersivas. Essa prática pode potencializar a manipulação comportamental, comprometendo a liberdade de escolha do consumidor e configurando publicidade enganosa ou abusiva, conforme previsto no art. 37 do CDC.

As plataformas devem, portanto, adotar mecanismos transparentes para diferenciar publicidade de conteúdos espontâneos e garantir que o consumidor seja plenamente consciente de suas escolhas.

Os cuidados também se estendem à privacidade e proteção de dados pessoais, uma vez que o metaverso coleta e processa uma enorme quantidade de informações sensíveis dos usuários, como dados biométricos e comportamentais. Nesse aspecto, a aplicação conjunta do CDC e da Lei Geral de Proteção de Dados (LGPD) é imprescindível para garantir que os dados sejam tratados de forma segura, com consentimento informado e somente para as finalidades explicitamente contratadas.

Por fim, é necessário prevenir práticas abusivas que possam surgir no metaverso, como cláusulas contratuais que limitem excessivamente os direitos do consumidor, exclusão de responsabilidade por falhas tecnológicas ou restrições ao acesso a bens adquiridos. Essas práticas violam o equilíbrio e a boa-fé objetiva, princípios fundamentais do CDC.

Portanto, o metaverso, enquanto fenômeno emergente do mercado de consumo, desafia o Direito do Consumidor a se adaptar rapidamente às novas dinâmicas. A aplicação do princípio do estudo constante das modificações do mercado garante que a legislação acompanhe essas transformações, protegendo os consumidores contra riscos e abusos, e assegurando que os direitos consagrados no CDC sejam plenamente observados, mesmo em um ambiente digital inovador.

O Metaverso apresenta um novo e desafiador cenário para o Direito do Consumidor. É fundamental que a legislação se adapte para garantir a proteção dos consumidores nesse ambiente virtual, sem, contudo, sufocar a inovação e o desenvolvimento tecnológico.

Nesse contexto, destaca-se a importância da aprovação do Projeto de Lei 3.514, atualmente em curso na Câmara dos Deputados, após tramitação no Senado sob o número 281/2012.104 Esse projeto visa atualizar o Código de Defesa do Consumidor, sendo essencial para regulamentar as novas relações de consumo em ambientes digitais, como o comércio eletrônico e o metaverso, oferecendo maior segurança jurídica aos consumidores e fornecedores.

104. Tive a oportunidade de assessorar o Relator no Senado sobre este projeto. Foram 3 anos de intensos debates no Senado até ser aprovado. Quando chegou na Câmara dos Deputados, praticamente não andou. Somente o projeto do Superendividamento é que teve andamento até ser aprovado em 2021.

CRIPTOMOEDA

As criptomoedas são uma forma de moeda digital ou virtual que utiliza tecnologias de criptografia para garantir a segurança das transações, controlar a criação de novas unidades e verificar a transferência de ativos. Diferentemente das moedas tradicionais, como o real ou o dólar, as criptomoedas não são emitidas por um governo central ou banco. Em vez disso, elas operam em uma rede descentralizada chamada *blockchain*.[105-106] Assim, a principal característica das criptomoedas é a descentralização, o que significa que elas não são controladas por governos ou bancos centrais. Essa autonomia em relação ao Estado garante anonimato e baixo custo nas transações, tornando-as atrativas para muitos. No entanto, essa mesma característica dificulta a regulamentação e a proteção do consumidor.

As criptomoedas têm se consolidado como uma nova fronteira econômica, mas também como um terreno fértil para desafios jurídicos, especialmente no âmbito das relações de consumo. A ausência de uma regulamentação mais específica expõe consumidores a práticas abusivas e cria lacunas que dificultam a responsabilização dos fornecedores.[107] Consumidores que utilizam criptomoedas em plataformas de games e apostas digitais, por exemplo, muitas vezes se veem desprotegidos diante de abusos e fraudes.[108]

---

105. Conforme já exposto, o blockchain é o sistema que sustenta as criptomoedas. Ele funciona como um livro-razão digital descentralizado, onde todas as transações realizadas são registradas de forma transparente e imutável. Esse sistema elimina a necessidade de intermediários, como bancos, tornando as transações mais rápidas, baratas e seguras. Cada bloco no blockchain contém um conjunto de transações que, uma vez verificadas, são adicionadas de forma cronológica, criando uma cadeia de blocos.

106. A origem da criptomoeda se entrelaça com a busca por privacidade e liberdade no mundo virtual. Nos anos 1990, um grupo conhecido como *cypherpunks*, reunidos em São Francisco, Califórnia, buscavam a descentralização e o anonimato no ciberespaço. Preocupados com a liberdade individual e o controle estatal da criptografia, criaram as primeiras criptomoedas, como o Digicash. Esse movimento abriu caminho para o surgimento do Bitcoin em 2008, apresentado por Satoshi Nakamoto como um sistema de pagamento eletrônico *peer-to-peer*. Nesse sentido: JUNIOR, Olavo Figueiredo Cardoso e SANTIGO, Mariana Ribeiro. Criptomoedas à luz da globalização e seu enquadramento no âmbito dodireito das relações de consumo. *Revista de Direito do Consumidor*, vol. 120, p. 105 – 130, Nov - Dez ,2018. DTR\2018\22637.

107. A Lei nº 14.478/2022 (Marco das Criptomoedas) instituiu o marco regulatório para ativos virtuais no Brasil, estabelecendo diretrizes para a prestação de serviços e disciplinando as atividades das empresas que operam nesse setor. A atuação das prestadoras de serviços, como exchanges e custodians, está condicionada à obtenção de autorização prévia de um órgão ou entidade da Administração Pública federal, a ser designado pelo Poder Executivo (pelo Decreto 11.563/2023 que regulamenta a lei, será o Banco Central o responsável). A lei estabelece princípios a serem seguidos pelas empresas, incluindo a segurança da informação, proteção de dados pessoais, defesa do consumidor, prevenção à lavagem de dinheiro, financiamento ao terrorismo e à proliferação de armas de destruição em massa. Além disso, ela exige que as empresas adotem boas práticas de governança e transparência, promovendo maior confiabilidade no setor. A norma também altera o Código Penal para incluir o crime de fraude com ativos virtuais, punindo práticas fraudulentas relacionadas a criptoativos com reclusão de 4 a 8 anos, além de multa. Complementarmente, inclui as prestadoras de serviços de ativos virtuais no rol de entidades obrigadas a prevenir a lavagem de dinheiro, conforme previsto na Lei nº 9.613/1998. Segundo o art. 13 da lei, aplicam-se às operações conduzidas no mercado de ativos virtuais, no que couber, as disposições do CDC, garantindo maior proteção aos usuários contra abusos e práticas desleais. Assim, a Lei 14.478/2022 representa um passo inicial, mas a criação de uma regulamentação específica para o consumidor é essencial para garantir maior proteção e harmonia no mercado.

108. SERRANO, Antonio Carlos Alves Pinto. Criptomoedas e a ausência de proteção do consumidor brasileiro frente as plataformas de games e de apostas internacionais. *Boletim Revista dos Tribunais Online*, vol. 32/2022, Out / 2022.

Entre os problemas mais recorrentes estão a ausência de informação clara e adequada, a publicidade enganosa, os esquemas de pirâmide financeira, as cláusulas abusivas em contratos de adesão e a vulnerabilidade digital dos consumidores.

O direito à informação, garantido pelo CDC, é frequentemente violado no mercado de criptomoedas. Muitos consumidores não recebem dados suficientes sobre os riscos envolvidos nas operações com esses ativos, como sua extrema volatilidade, ausência de lastro físico e a falta de garantias estatais. Essa falha no fornecimento de informações claras deixa os consumidores desprotegidos, contrariando o princípio de transparência que deveria reger essas relações.

A publicidade enganosa também é uma prática comum nesse setor. Diversas empresas e plataformas promovem as criptomoedas como investimentos com retornos garantidos, o que não condiz com a realidade. Essa estratégia não apenas ilude os consumidores, mas também incentiva a entrada de investidores despreparados em um mercado que exige alto nível de conhecimento técnico e tolerância a riscos financeiros. Essa conduta fere os direitos do consumidor à informação precisa e à proteção contra práticas comerciais desleais.

Outro problema grave são os esquemas de pirâmide financeira, frequentemente mascarados como investimentos em criptomoedas. Nesses casos, os consumidores são atraídos por promessas de altos rendimentos em curto prazo, mas acabam sendo vítimas de fraudes.

Os contratos de adesão utilizados pelas plataformas de negociação de criptomoedas são mais um ponto de preocupação. Eles geralmente contêm cláusulas abusivas que limitam a responsabilidade das empresas e deixam o consumidor em situação de desvantagem. Essa prática é especialmente prejudicial em um mercado em que o consumidor já é vulnerável devido à complexidade técnica das operações.[109]

Além disso, a vulnerabilidade digital é um fator que amplia os riscos para os consumidores. As plataformas de criptomoedas operam exclusivamente em ambiente digital, tornando-se alvos de ataques cibernéticos e falhas operacionais. Em muitos casos, os consumidores não são informados adequadamente sobre essas vulnerabilidades e não têm meios eficazes de buscar reparação quando ocorrem perdas.

Diante desse cenário, é essencial que as relações de consumo envolvendo criptomoedas sejam regulamentadas com base nos princípios do CDC. Medidas como a exigência de maior transparência, o combate à publicidade enganosa, a revisão das cláusulas contratuais abusivas e a implementação de garantias mínimas de segurança digital são fundamentais para

---

109. Uma prática abusiva comum em contratos envolvendo investimentos em criptomoedas é a tentativa de mascarar a verdadeira natureza da relação jurídica como sendo uma sociedade ou parceria empresarial, quando, na realidade, trata-se de uma relação de consumo. Essa conduta é frequentemente utilizada para desviar a aplicação das normas protetivas do Código de Defesa do Consumidor e impor cláusulas prejudiciais, como as compromissórias de arbitragem. Essas cláusulas, consideradas nulas de pleno direito pelo art. 51, VII, do CDC, dificultam ou inviabilizam o acesso do consumidor ao Poder Judiciário, restringindo seus direitos. Nesse sentido: "APELAÇÃO – GESTÃO DE NEGÓCIOS – AÇÃO DE RESCISÃO CONTRATUAL, C. C REPETIÇÃO – APLICABILIDADE DO CÓDIGO DE DEFESA DO CONSUMIDOR AO CONTRATO CELEBRADO ENTRE AS PARTES – Descaracterização do contrato de sociedade em conta de participação - Investimento em criptomoedas (bitcoins) – Invalidade da cláusula compromissória (art. 51, VII, do Cód. de Defesa do Consumidor)." (TJ-SP - Apelação Cível: 10027368120228260008 São Paulo, Relator: Antonio Nascimento, Data de Julgamento: 26/10/2024, 26ª Câmara de Direito Privado, Data de Publicação: 26/10/2024)

proteger o consumidor. Somente assim será possível equilibrar as relações nesse mercado e fomentar sua evolução de maneira responsável e sustentável.

JURISPRUDÊNCIA DO STJ SOBRE INTERNET E COMÉRCIO ELETRÔNICO

Provedor de classificados online não responde por inexatidão em anúncios de terceiros

O STJ decidiu que um provedor de conteúdo que opera um site de classificados online, limitando-se a divulgar anúncios de veículos postados por terceiros, não pode ser responsabilizado por eventuais inexatidões nos preços ou nas condições de pagamento informados nos anúncios. O Tribunal entendeu que o provedor não assume a condição de fornecedor dos produtos anunciados e, portanto, não possui o dever de garantir a veracidade das informações, que são de exclusiva responsabilidade dos anunciantes. Dessa forma, o recurso especial foi negado, confirmando a decisão que isentou o provedor de qualquer responsabilidade quanto à precisão das informações dos anúncios. (STJ, REsp n. 2.102.442/GO, Rel. Min. Nancy Andrighi, Rel. p/ Acórdão Min. Ricardo Villas Bôas Cueva, Terceira Turma, DJe de 10/6/2024)

Site intermediador de comércio eletrônico (Mercado Livre) não é responsável por fraude praticada fora da plataforma.

Neste caso, o STJ decidiu que o Mercado Livre não pode ser responsabilizado por fraudes praticadas por terceiros fora de sua plataforma, já que o fraudador não usou os mecanismos da empresa para cometer o crime. O tribunal entendeu que não houve falha no dever de segurança, nem divulgação indevida de dados ou violação do dever de informar. Assim, a fraude realizada por terceiros externos rompe o nexo causal entre o dano sofrido pela vítima e a prestação de serviços da plataforma. (STJ, REsp 1880344/SP, Rel. Ministra Nancy Andrighi, Terceira Turma, DJe 11/03/2021)

Provedor de comércio eletrônico (Mercado Livre) não é obrigado a excluir anúncios por notificação extrajudicial

O STJ decidiu que plataformas de intermediação de comércio eletrônico, como sites de anúncios, não são obrigadas a excluir publicações de terceiros por violação aos termos de uso apenas com base em notificação extrajudicial. Com fundamento no Marco Civil da Internet (MCI), o Tribunal reforçou que os provedores de aplicações só devem responder pela remoção de conteúdos gerados por usuários após ordem judicial específica, a menos que se trate de situações excepcionais previstas em lei. Essa regra visa prevenir censura privada e remoções automáticas indevidas. No caso, a imposição de exclusão de anúncios baseada apenas em requerimento extrajudicial de descumprimento dos termos de uso seria impraticável e exigiria um monitoramento constante, além de retirar dos anunciantes o direito ao contraditório. (STJ, REsp n. 2.088.236/PR, Rel. Min. Nancy Andrighi, Terceira Turma, DJe de 26/4/2024)

Não imposição a provedores de aplicações de pesquisa na internet o ônus de instalar filtros ou criar mecanismos para eliminar a exibição de resultados de links.

"A jurisprudência do Superior Tribunal de Justiça define que (a) para fatos anteriores à publicação do Marco Civil da Internet, caso dos autos, basta a ciência inequívoca do conteúdo ofensivo pelo provedor, sem sua retirada em prazo razoável, para que este se torne responsável e, (b) após a entrada em vigor da Lei nº 12.965/2014, o termo inicial da responsabilidade solidária do provedor é o momento da notificação judicial que ordena a retirada do conteúdo da internet. 5. A responsabilidade dos provedores de conteúdo de internet em geral depende da existência ou não do controle editorial do material disponibilizado na rede. Não havendo esse controle, a responsabilização somente é devida se, após notificação para a retirada do material, mantiver-se o provedor inerte. Precedentes. 6. O provedor, ao ser comunicado que determinado texto ou imagem tem conteúdo difamatório, deve retirá-lo imediatamente, sob pena de responder solidariamente com o autor direto do dano." (STJ, REsp 1593249/RJ, Rel. Ministro Ricardo Villas Bôas Cueva, Terceira Turma, DJe 09/12/2021)

Não há previsão legal atribuindo aos provedores de aplicações que oferecem serviços de e-mail o dever de armazenar as mensagens recebidas ou enviadas pelo usuário e que foram deletadas.

"No Marco Civil da Internet, há apenas duas categorias de dados que devem ser obrigatoriamente armazenados: os registros de conexão (art. 13) e os registros de acesso à aplicação (art. 15). A restrição dos dados a serem armazenados pelos provedores de conexão e de aplicação visa a garantir a privacidade e a proteção da vida privada dos cidadãos usuários da Internet. Não há, assim, previsão legal atribuindo aos provedores de aplicações que oferecem serviços de e-mail, como é o caso da recorrida, o dever de armazenar as mensagens recebidas ou enviadas pelo usuário e que foram deletadas." (STJ, REsp 1885201/SP, Rel. Ministra Nancy Andrighi, Terceira Turma, DJe 25/11/2021)

Empresas de comércio eletrônico não precisam estipular multa por atraso na entrega.

O STJ entendeu que as empresas de comércio eletrônico não são obrigadas a fixar, no contrato padrão que regula suas operações pela internet, cláusulas de multa e perdas e danos para a hipótese de atraso no cumprimento de suas obrigações perante o consumidor. (STJ, Resp 1787492, Segunda Seção)

O provedor de buscas de produtos à venda on-line não pode ser responsabilizado por qualquer vício da mercadoria ou inadimplemento contratual.

"O provedor de buscas de produtos que não realiza qualquer intermediação entre consumidor e vendedor não pode ser responsabilizado por qualquer vício da mercadoria ou inadimplemento contratual." (STJ, REsp 1444008/RS, Rel. Ministra Nancy Andrighi, Terceira Turma, DJe 09/11/2016)

O mesmo entendimento foi estendido para "vendas fraudulentas" ocorridas nos sites de classificados:

O STJ entendeu que, apesar da relação de consumo envolvendo a plataforma de anúncios OLX, esta não pode ser responsabilizada por descumprimento de contrato ou fraudes em negócios celebrados diretamente entre seus usuários. No caso, a OLX atuou apenas como página de classificados, sem intermediar as transações. Além disso, a culpa exclusiva da vítima foi reconhecida, pois os autores efetuaram pagamento diretamente a pessoa desconhecida sem verificar a autenticidade da negociação junto à concessionária, eximindo a plataforma de qualquer responsabilidade. (STJ, REsp 1.836.349/SP, Rel. Min. Marco Aurélio Bellizze, Terceira Turma, DJe 24/06/2022).

Empresa responde por mensagens postadas por terceiros em seu portal de notícias

O STJ entendeu que empresas gestoras de portais eletrônicos, especialmente jornalísticos, podem ser responsabilizadas por ofensas à honra praticadas por usuários mediante comentários publicados em notícias. A aplicação do Código de Defesa do Consumidor (CDC) é cabível nesses casos, exigindo-se controle efetivo, seja prévio ou posterior, sobre as postagens dos usuários. A ausência desse controle caracteriza defeito no serviço, resultando em responsabilidade solidária da empresa perante a vítima, caso o conteúdo ofensivo não seja removido após a notificação. (STJ, REsp 1352053/AL, Rel. Min. Paulo de Tarso Sanseverino, Terceira Turma, DJe 30/03/2015).

Provedor de busca pode ser compelido a desvincular nome de resultados de busca em casos excepcionais

O STJ entendeu que provedores de busca na internet, em regra, não são responsáveis pelos resultados apresentados, cabendo ao prejudicado direcionar sua pretensão contra os provedores de conteúdo que disponibilizam informações indevidas. Contudo, em situações excepcionais, é possível determinar a desvinculação entre o nome de uma pessoa e resultados de busca que não guardem relevância pública, considerando fatores como a privacidade, o direito ao esquecimento e o decurso do tempo. Tal medida visa proteger a intimidade e os dados pessoais, sem excluir a notícia original, permitindo a sua localização por critérios de busca relacionados ao fato, mas não exclusivamente pelo nome do indivíduo. No caso, o STJ considerou a manutenção do vínculo como prejudicial ao recorrente, dado o tempo decorrido e a ausência de relevância atual do fato desabonador. (STJ, REsp 1660168/RJ, Rel. Min. Nancy Andrighi, Rel. p/ Acórdão Min. Marco Aurélio Bellizze, Terceira Turma, DJe 05/06/2018).

Observação: neste caso, a notícia divulgada pelo provedor de conteúdo não foi retirada (manteve o direito coletivo à informação dos fatos). O que foi omitida é a busca pelo provedor de pesquisa do link com a notícia desabonadora (filtragem dos resultados), utilizando somente o nome do indivíduo como critério de pesquisa.

Provedor de e-mail não é responsável por conteúdo de e-mails transmitidos por seus usuários

O STJ entendeu que provedores de correio eletrônico, como o Hotmail, não possuem obrigação de realizar fiscalização prévia do conteúdo das mensagens enviadas pelos usuários, pois essa atividade não é intrínseca ao serviço prestado. Assim, não se pode reputar defeituoso, nos termos do art. 14 do CDC, o provedor que não analisa o conteúdo enviado. Também não há responsabilidade objetiva do provedor pelo envio de mensagens ofensivas, pois tal situação não constitui risco inerente à atividade. Contudo, ao ser comunicado da existência de conteúdo ilícito, o provedor tem o dever de agir prontamente para suspender a conta responsável, sob pena de responder solidariamente com o autor do dano por omissão. Além disso, o provedor deve adotar medidas para garantir a identificação de usuários, como rastreamento por meio do provedor de acesso, a fim de coibir o anonimato e assegurar a autoria das mensagens. O cumprimento dessas diligências é considerado a medida de segurança média esperada. (STJ, REsp 1300161/RS, Rel. Min. Nancy Andrighi, Terceira Turma, DJe 26/06/2012).

O provedor de hospedagem de blogs não precisa verificar as mensagens postadas, mas se notificado, deve retirar as mensagens supostamente ilícitas em 24 horas

O STJ entendeu que provedores de hospedagem de blogs, que apenas abrigam e oferecem ferramentas para criação de conteúdo por terceiros, não são responsáveis pelo controle editorial das mensagens postadas, não configurando defeito do serviço nos termos do art. 14 do CDC. Contudo, ao serem notificados sobre conteúdo potencialmente ilícito ou ofensivo, devem removê-lo preventivamente no prazo de 24 horas até a análise da veracidade da denúncia, sob pena de responsabilidade solidária com o autor do dano. Para a remoção, é essencial que o denunciante informe o URL da página e detalhe o conteúdo considerado ofensivo. (STJ, REsp 1328706/MG, Rel. Min. Nancy Andrighi, Terceira Turma, DJe 13/12/2013).

PRINCÍPIO DO FOMENTO DE AÇÕES DIRECIONADAS À EDUCAÇÃO (FINANCEIRA E AMBIENTAL) DOS CONSUMIDORES

IX – fomento de ações direcionadas à educação financeira e ambiental dos consumidores;

Incluído pela Lei 14.181/2021 (mais conhecida como Lei do Superendividamento), este princípio (que se subdivide em dois – fomento à educação financeira e fomento à educação ambiental) concretiza a necessidade de educar melhor e mais especificamente o cidadão/consumidor para que consigamos alcançar os objetivos e necessidades atuais de nossa sociedade.

Por um lado, a fim de prevenir o superendividamento (um dos pilares da Lei 14.181/2021 como será mais bem abordado a partir dos comentários ao art. 54-A em diante), surge a necessidade de alertarmos e incentivarmos a educação financeira dos consumidores, seja pelo poder público, seja pela iniciativa privada.[110]

Um dos principais meios capazes de alcançar a efetiva prevenção ao superendividamento é a melhora da conscientização e conhecimentos sobre como manejar de maneira

110. No Brasil temos o Decreto 10.393, de 9 de junho de 2020, que institui a nova Estratégia Nacional de Educação Financeira – ENEF e o Fórum Brasileiro de Educação Financeira – FBEF. A Secretaria Nacional do Consumidor participa do FBEF e este colegiado compete, entre outras funções, *divulgar as ações de educação financeira, securitária, previdenciária e fiscal propostas por seus membros, por outros órgãos e entidades públicas ou por instituições privadas.*

responsável o dinheiro ganho e/ou ofertado, ensinando sobre os perigos do crédito "fácil". Um dos principais problemas, principalmente nos países em desenvolvimento, é justamente a falta de educação para lidar com as finanças, o que acarreta um nível de endividamento que acarreta graves problemas sociais.[111-112]

Além de outras técnicas de prevenção (como proibições de práticas abusivas na oferta do crédito; verificação de práticas de crédito responsável na concessão ao crédito, entre outras) a educação financeira é, talvez, a forma mais eficaz de prevenção. Isso porque ela promove a conscientização do cidadão/consumidor sobre a responsabilidade de usar o dinheiro ganho com equilíbrio e de utilizar do crédito ofertado no mercado com responsabilidade e quando realmente necessário. Além disso, a educação e conscientização financeira promovem um consumidor mais atento às pegadinhas e artimanhas relacionadas ao assédio ao crédito.

Muitas vezes o consumidor nem mesmo sabe que contratou um crédito[113]. Sem dúvida isso se deve, em boa medida, a falta de educação financeira dos consumidores. Assim, o poder público deve promover campanhas e cursos sobre educação financeira, principalmente em escolas infantis, sobre conceitos de finanças e de uso responsável do crédito.[114]

Da mesma forma, deve-se incentivar a educação ambiental, a fim de promover uma melhora na qualidade de vida dos consumidores através do que chamamos de consumo sustentável.[115] É importante assimilarmos que a sociedade atual (de consumo) vem produzindo

---

111. Estes problemas serão mais bem detalhados a partir dos comentários ao Capítulo VI-A.

112. Alertando para o fato de que o superendividamento ocorre também em países com economia desenvolvida, ver: LIMA, Clarissa Costa de; CAVALLAZZI, Rosângela Lunardelli. A força do microssistema do CDC: tempos no superendividamento e de compartilhar responsabilidades. In: MIRAGEM, Bruno; MARQUES, Cláudia Lima; OLIVEIRA, Amanda Flávio de. (coord.). *25 anos do Código de Defesa do Consumidor: trajetórias e perspectivas.* São Paulo: Ed. RT, 2016, p. 562 e ss.

113. São vários os casos de reclamações de consumidores que são cobrados por empréstimos que eles alegam que não contrataram. A falta de informação e transparência por parte das instituições financeiras e operadoras de crédito aliada à falta de conhecimento do consumidor sobre finanças acarreta este grave problema. Como exemplo, temos os casos de cartão de crédito consignado. "APELAÇÃO CÍVEL. RELAÇÃO DE CONSUMO. CARTÃO DE CRÉDITO CONSIGNADO. Intenção do consumidor de contratar empréstimo consignado. Contrato de cartão de crédito consignado para obtenção de mútuo através de saque no referido cartão. Metodologia que não foi informada de maneira clara e adequada ao consumidor. Ausência de prova da efetiva explanação acerca dos termos pactuados. Vício de vontade. Incompatibilidade dos termos contratados com aqueles pretendidos pela consumidora. Violação dos deveres de informação e transparência. Devolução em dobro das quantias pagas a maior. Responsabilidade objetiva. Ausência de excludentes que rompam o nexo de causalidade. Dano moral não configurado. Recurso provido em parte. (TJ-RJ – APL: 00308196120188190008, Relator: Des(a). Carlos Eduardo da Rosa da Fonseca Passos, Data de Julgamento: 05/05/2021, Décima Oitava Câmara Cível, Data de Publicação: 06/05/2021)

114. Durante a tramitação no Senado Federal, incluímos uma sugestão para que a educação financeira fosse incluída como conteúdo nos currículos escolares. Embora o projeto tenha tramitado no Senado com esta inclusão, quando da votação final, acabou sendo excluída esta sugestão a pedido do Ministério da Educação. O MEC alegou que o CDC não poderia interferir nos currículos escolares. Já com relação à educação ambiental foi publicada a Lei 13.186/2015 que institui a Política de Educação para o consumo sustentável, que, no art. 3º, II, incumbiu o poder público no âmbito federal, estadual e municipal a *"capacitar os profissionais da área de educação para inclusão do consumo sustentável nos programas de educação ambiental do ensino médio e fundamental."*

115. Sobre a relação entre o direito do consumidor e o direito ambiental, Míriam de Almeida Souza ensina que esta interdependência, "laço já há muito analisado teoricamente nos países desenvolvidos, é um conceito cada vez mais divulgado entre os países em desenvolvimento." Ao final, completa a autora que

e consumindo bens e serviços sem os devidos cuidados, causando sérios danos ao meio ambiente. Não somente a forma de produção, mas também o consumo exagerado e o incorreto descarte dos produtos por nossa sociedade têm agravado os problemas ambientais.[116]

Por sua vez, os consumidores, como vulneráveis na relação, não possuem conhecimentos sobre a possível nocividade e periculosidade dos produtos ao meio ambiente. Como não conhecem o modo como foram produzidos os produtos e como são prestados os serviços, bem como são feitos os descartes dos produtos, o consumidor não tem como avaliar quais fornecedores apresentam responsabilidade socioambiental.

A educação ambiental busca conscientizar o consumidor sobre o impacto das suas escolhas no meio ambiente, incentivando o consumo sustentável e a responsabilidade ecológica. Ao entender como suas decisões de compra podem afetar o meio ambiente – como, por exemplo, optar por produtos reutilizáveis, minimizar o uso de plásticos ou escolher produtos de empresas comprometidas com práticas ecológicas –, o consumidor contribui para a preservação ambiental e para a sustentabilidade do mercado. Programas educativos em escolas, campanhas públicas e informações sobre certificações ambientais nos produtos são algumas das formas de promover essa educação, incentivando uma mudança cultural para que o consumo seja feito de forma consciente e responsável.

Sem dúvidas, a principal forma de promover o consumo sustentável é dar a máxima e ampla informação sobre os benefícios e malefícios que os produtos e serviços podem causar ao meio ambiente e promover a educação ambiental dos consumidores. Somente assim o consumidor pode contribuir racionalmente e de maneira motivada para a proteção do nosso planeta, dentre outras formas: i) optando por produtos e serviços cuja origem seja menos impactante ao meio ambiente, ii) evitando o menor desperdício possível no consumo dos produtos; iii) procedendo corretamente no momento pós-consumo (coleta seletiva, reciclagem, etc.); iv) e até mesmo deixando de consumir determinados produtos e ou serviços, por serem potencialmente nocivos ao meio ambiente ou por serem desnecessários e sem utilidade.[117-118]

"contra o presente consumo exagerado, propõe-se o desenvolvimento e o consumo sustentáveis, que conciliam a meta do bem estar humano com um nível de consumo equilibrado e socialmente justo, que não destrua o meio ambiente de que depende a vida do planeta." SOUZA, Miriam de Almeida. A *política legislativa do consumidor no direito comparado*. Belo Horizonte: Nova Alvorada Edições, 1996, p. 199. No mesmo sentido, Paulo Antônio Locatelli doutrina que os temas de direito do consumidor e de direito ambiental devem ser tratados conjuntamente, uma vez que as legislações de proteção de ambas as matérias estão intimamente ligadas, convertendo para o mesmo fim, qual seja, a melhoria da qualidade de vida, propiciando a todos uma vida digna." LOCATELLI, Paulo Antônio. Consumo sustentável. *Revista de Direito Ambiental*, São Paulo: RT, vol. 19. p. 297-300, jul.-set., 2000, p. 297.

116. A Lei 9.795, de 27 de abril de 1999, dispõe sobre a educação ambiental e institui a Política Nacional de Educação Ambiental. A Lei 13.186, de 11 de novembro de 2015, instituiu a Política de Educação para o Consumo Sustentável, com o objetivo de estimular a adoção de práticas de consumo e de técnicas de produção ecologicamente sustentáveis, definindo logo no parágrafo único do art. 1° consumo sustentável como "o uso dos recursos naturais de forma a proporcionar qualidade de vida para a geração presente sem comprometer as necessidades das gerações futuras."

117. Interessante a abordagem feita por Antônio Carlos Efing e Fernanda Mara Gibran, relacionando a falta de informação com o consumismo. Afirmam os autores que "o consumismo, nesta perspectiva, é também resultado da falta da informação, uma vez que o consumidor bem-informado selecionaria com mais acuidade os bens materiais que pretende adquirir, diminuindo a aquisição compulsiva de produtos e serviços majoritariamente desnecessários e o excesso de resíduos deles decorrentes." (EFING, Antônio Carlos; GIBRAN, Fernanda Mara. Informação para o pós-consumo: consoante à lei 12.305/2010. *Revista de Direito Ambiental*, São Paulo: RT, vol. 66. p. 209 -232, abr. – jun., 2012, p. 209)

Sobre a importância do CDC para a proteção ambiental, já tivemos oportunidade de estudar: "o Código de Defesa do Consumidor, lei principiológica e de função social, é um instrumento capaz de propor e promover alternativas sustentáveis de consumo, atendendo aos ditames constitucionais de garantir um meio ambiente ecologicamente equilibrado e essencial à sadia qualidade de vida da população. Até porque não é possível pensar em consumo sem relacioná-lo ao meio ambiente, pois é por meio deste que serão retirados os recursos para a produção de bens que serão consumidos pelo homem."[119]

PRINCÍPIO DA PREVENÇÃO E TRATAMENTO DO SUPERENDIVIDAMENTO COMO FORMA DE EVITAR A EXCLUSÃO SOCIAL DO CONSUMIDOR

X – prevenção e tratamento do superendividamento como forma de evitar a exclusão social do consumidor.

A Lei 14.181/2021 (Lei do Superendividamento) teve basicamente dois objetivos: como objetivo central, prevenir o superendividamento para que consigamos conter este problema social gravíssimo e, para aqueles que já se encontram superendividados, oportunizar um tratamento de modo a que este consumidor possa voltar a ter crédito, resgatando sua dignidade e voltando a ser reinserido na sociedade novamente.[120]

Assim, de acordo com o inciso X do art. 4º do CDC, podemos afirmar que 3 novos princípios foram contemplados no código: *princípio da prevenção ao superendividamento; princípio do tratamento ao superendividamento; princípio do combate à exclusão social do consumidor em decorrência do superendividamento.*

O consumidor superendividado, na sociedade atual que vivemos – sociedade de consumo, está excluído/marginalizado da sociedade. Encontra-se à margem, não participando ativamente da sociedade, seja consumindo, seja arcando com os compromissos assumidos, ficando estigmatizado por todos como mal pagador.

Consumidores inadimplentes são incluídos em bancos de dados negativos, possuem dificuldade de serem incluídos no mercado de trabalho (porque alguns empregadores consideram o fato da negativação como fator para a não contratação), agravando ainda mais a situação financeira do devedor e de sua família. Este contexto força o consumidor ao corte das despesas com necessidades básicas para uma existência digna, como plano de

---

118. Conforme nos informa a Profa. Cláudia Lima Marques, em agosto de 2021, a França modificou o Código de Consumo, para cumprir o acordo de Paris do Clima e incluiu entre as práticas enganosas e proibidas, as informações que não informem sobre os efeitos ambientais dos produtos e serviços e as que não permitam a liberdade de escolher produtos ambientalmente sustentáveis. MARQUES, Cláudia Lima Marques. *Comentários à Lei 14.181/2021: A atualização do CDC em matéria de superendividamento.* RT, 2021, pg. 188.

119. GARCIA, Leonardo de Medeiros. *Consumo Sustentável. A proteção do meio ambiente no Código de Defesa do Consumidor.* Ed. Juspodivm. 2016. p. 93.

120. Conforme bem elucida o Relatório da Comissão de Juristas que foi formada para a elaboração da Lei, "o superendividamento é uma crise de solvência e de liquidez do consumidor (com reflexos em todo o seu grupo familiar), crise que facilmente resulta em sua exclusão total do mercado de consumo. Prevenir tal efeito negativo da sociedade de consumo atual e do acesso ao crédito é o melhor dos caminhos." (*Relatório Geral da Comissão de Juristas de atualização do Código de Defesa do Consumidor*, Publicação do Senado Federal, pg. 130)

saúde, alimentação, vestuário, transporte e lazer, impedindo-o de empreender ou manter um projeto pessoal de vida.[121]

Todo este panorama gera tensões familiares, podendo acarretar situações de divórcio, problemas de saúde (depressão, sentimento de culpa, vícios em drogas e álcool, entre outros), negligência na educação dos filhos, baixa autoestima, baixa produtividade no trabalho, formando-se um verdadeiro ciclo vicioso de exclusão social.[122]

Assim, reconhecer a prevenção do consumidor superendividado como forma de evitar a exclusão social do consumidor e caso esteja excluído, o direito ao adequado tratamento, de forma a incluí-lo novamente no círculo social é corolário do princípio maior da dignidade da pessoa humana.

Afinal de contas, se se reconhece que o superendividado está excluído socialmente, pelo princípio da dignidade da pessoa humana, é preciso reinseri-lo, dando condições para que ele consiga, através de um plano de pagamento e sob certas condições, voltar a ter dignidade, fato que irá impactar toda sua família.

Nas belíssimas palavras da Profa. Cláudia Lima Marques, trata-se de "princípio do combate à exclusão social", uma vez que *consumo é inclusão*; inclusão ao acesso de produtos e serviços sem discriminação, sem contratos de escravidão, sendo o consumo a realização dos direitos fundamentais, trazendo pertencimento à sociedade globalizada e de consumo que vivemos.[123]

No tocante à prevenção, embora a lei trouxe algumas balizas e regras para se evitar o superendividamento, não se pode ficar preso a elas. O que se deve ter em mente sempre é a concretização do princípio da dignidade da pessoa humana, evitando-se a exclusão social. Assim, toda e qualquer forma e ação para se evitar o superendividamento, seja impondo mais restrições à publicidade e oferta ao crédito, seja impondo mais obrigações por parte da concedente do crédito, através de uma informação qualificada ao consumidor por exemplo, deve ser verificada.

O mesmo entendimento se aplica ao tratamento. O fim maior do tratamento não é o tratamento em si, nem muito menos garantir, a todo custo, o valor do crédito aos credores. O fim maior é o resgate da dignidade da pessoa humana, incluindo o consumidor superendividado novamente na sociedade de crédito/consumo. Assim, a título de exemplo, caso no plano de pagamento não seja possível garantir o pagamento do principal do crédito, sem prejuízo do mínimo existencial, deve ser deferido uma quantia que o consumidor consiga pagar mantendo sua dignidade, ainda que menor que o principal. Ou seja, no confronto entre o direito de crédito (principal da dívida) e o direito á existência digna, em razão do princípio do combate à exclusão social do consumidor em decorrência do superendividamento, corolário do princípio da dignidade da pessoa humana, deve-se prevalecer este último.

---

121. VERBICARO. Dennis; ATAÍDE. Camille da Silva Azevedo; LEAL. Pastora do Socorro Teixeixa. Fundamentos ao reconhecimento do dano existencial nos casos de superendividamento: considerações sobre o mínimo existencial, o valor do tempo e a concepção normativa de dano. *Revista de Direito do Consumidor*, vol. 120/2018, p. 365-396.

122. LIMA, Clarissa Costa de. *O Tratamento do superendividamento e o direito de recomeçar dos consumidores*. Ed. Revista dos Tribunais, 2014, p. 27.

123. MARQUES, Cláudia Lima Marques. *Comentários à Lei 14.181/2021: A atualização do CDC em matéria de superendividamento*. RT, 2021, p. 190.

Garantir a existência digna do consumidor durante o plano de pagamento faz parte da verificação do princípio da dignidade da pessoa humana. Afinal, não faria sentido impor um plano extremamente penoso ao consumidor (como forma até mesmo de punição) para somente depois usufruir da reinclusão social. A dignidade do consumidor deverá ser garantida e buscada em todos os momentos, desde o momento da concessão do crédito até o momento da instauração do plano e seu pagamento.

PRINCÍPIO DO ACESSO À JUSTIÇA NO CÓDIGO DE DEFESA DO CONSUMIDOR

Este princípio não está expresso nos incisos do art. 4º, mas se encontra espalhado por vários artigos do CDC. O legislador do diploma consumerista se preocupou com a busca pela criação de novos mecanismos que pudessem facilitar ainda mais o acesso dos consumidores à justiça, como meio de defesa dos direitos.

Nesse sentido, temos como direito básico do consumidor previsto no art. 6º, VIII, "*a facilitação da defesa de seus direitos*", utilizando, inclusive, como mecanismo, a chamada inversão do ônus da prova "*quando, a critério do juiz, for verossímil a alegação ou quando for hipossuficiente, segundo as regras ordinárias de experiência.*"

Não bastasse, o art. 83 do CDC estabelece que "*para a defesa dos direitos e interesses protegidos por este código são admissíveis todas as espécies de ações capazes de propiciar sua adequada e efetiva tutela*".

Assim, o art. 83 permite a utilização da ação de conhecimento (declaratória, constitutiva, condenatória, executiva *lato sensu* e mandamental), da ação cautelar e da ação de execução para a defesa dos direitos do consumidor. Além disso, os provimentos antecipatórios (liminares e tutela antecipada) são cabíveis, ainda mais quando se trata de propiciar a adequada e efetiva tutela dos consumidores.

De forma a facilitar ainda mais o acesso à justiça, no Título III do CDC foi conferida ao consumidor a possibilidade de ser tratado de forma coletiva. Assim, destacam-se as ações coletivas de modo geral, que visam a tutela dos interesses difusos (art. 81, parágrafo único, I, do CDC), interesses coletivos (art. 81, parágrafo único, II, do CDC) e os interesses individuais homogêneos de origem comum (art. 81, parágrafo único, III, do CDC).

Kazuo Watanabe acentua que a composição das lides "*na dimensão molecular*", ao contrário da forma tradicional de resolvê-las em "*demandas átomo*", melhor se amolda aos ideais de acesso à justiça, por ser uma forma mais rápida e barata, além de conferir o devido peso político às ações voltadas à solução das lides de massa.[124]

Nesse sentido, dando efetividade ao tratamento coletivo das demandas, o art. 139, X do novo CPC/15 previu que quando o juiz se deparar com diversas demandas individuais repetitivas, deverá oficiar o Ministério Público, a Defensoria Pública e, na medida do possível, os outros legitimados, para, se for o caso, promoverem a propositura da ação coletiva respectiva.[125]

124. WATANABE, Kazuo. *Código Brasileiro de Defesa do Consumidor, comentado pelos autores do Anteprojeto.* 7. ed. Rio de Janeiro: Forense Universitária, 2001, p. 729.

125. Art. 139 do novo CPC/15: "O juiz dirigirá o processo conforme as disposições deste Código, incumbindo-lhe: (...) X – quando se deparar com diversas demandas individuais repetitivas, oficiar o Ministério Público, a Defensoria Pública e, na medida do possível, outros legitimados a que se referem o art. 5º da Lei nº 7.347, de 24 de julho de 1985, e o art. 82 da Lei nº 8.078, de 11 de setembro de 1990, para, se for o caso, promover a propositura da ação coletiva respectiva."

Por fim, o art. 5º do CDC dispõe sobre os instrumentos de execução da política nacional das relações de consumo, como a manutenção de assistência jurídica, integral e gratuita para o consumidor carente; a instituição de Promotorias de Justiça de Defesa do Consumidor, no âmbito do Ministério Público; a criação de delegacias de polícia especializadas no atendimento de consumidores vítimas de infrações penais de consumo; a criação de Juizados Especiais e Varas Especializadas para a solução de litígios de consumo e a concessão de estímulos à criação e desenvolvimento das Associações de Defesa do Consumidor.[126]

O Decreto 7.963, de 15 de março de 2013, que instituiu o Plano Nacional de Consumo e Cidadania, previu como *diretriz* desse plano a *"garantia do acesso do consumidor à justiça"* (art. 2º, III) e como *objetivo "garantir o atendimento das necessidades dos consumidores"* (art. 3º I).

PRINCÍPIO DA PREVENÇÃO AO TRATAMENTO DISCRIMINATÓRIO NAS RELAÇÕES DE CONSUMO

A temática do racismo nas relações de consumo evidencia a necessidade urgente de evolução no tratamento legal sobre discriminação em contextos de compra e prestação de serviços. Embora o artigo 4º do CDC estabeleça princípios fundamentais para a proteção dos consumidores, ele não traz expressamente uma diretriz voltada à prevenção ao tratamento discriminatório por questões de raça, cor ou etnia.

A inclusão de tal princípio representaria um passo importante na luta contra o racismo estrutural, que ainda se reflete em práticas abusivas no mercado de consumo, onde consumidores muitas vezes enfrentam tratamento desigual, como monitoramento excessivo e atendimento seletivo, o que ofende a dignidade e os direitos fundamentais dessas pessoas. Nesse sentido, é comum que pessoas negras, ao entrarem em lojas, sejam monitoradas de forma excessiva pelos seguranças, ou que sejam atendidas com desconfiança, como se estivessem mais propensas a cometer furtos, o que ofende sua dignidade e fere direitos fundamentais. Além do monitoramento excessivo, consumidores negros frequentemente relatam situações em que são ignorados em filas de atendimento ou recebem serviço de qualidade inferior em estabelecimentos comerciais e de serviços, como restaurantes e salões de beleza.

A ausência explícita de um princípio antidiscriminatório no CDC limita a abrangência da proteção aos consumidores, especialmente no enfrentamento de práticas racistas que, mesmo não formalmente admitidas, ocorrem de maneira frequente e impactam milhões de consumidores negros no Brasil. A inserção de um dispositivo que previna o tratamento discriminatório ajudaria a nortear políticas públicas, conscientizar fornecedores e capacitar órgãos como os Procons a tratarem com mais eficácia os casos de racismo. Além disso, esse acréscimo fortaleceria as bases para decisões judiciais que coíbam práticas abusivas de fornecedores, gerando um ambiente de consumo mais justo e igualitário.

Nesse sentido, incluir a prevenção ao racismo e a discriminação como um princípio do CDC não apenas colocaria o Brasil em sintonia com o compromisso de erradicar desigualdades estruturais, mas também criaria uma base normativa que incentivasse o combate ao preconceito racial no mercado. Tal mudança não beneficiaria apenas consumidores de grupos minoritários, mas promoveria uma cultura de respeito e justiça em toda a sociedade, reforçando que o ambiente de consumo deve ser um espaço de equidade e inclusão, onde todos os consumidores tenham os mesmos direitos e dignidade respeitados.

126. Como salientado no art. 5º, incluímos também nessa lista as Defensorias Públicas.

O CONSUMO SUSTENTÁVEL NA FORMULAÇÃO DA POLÍTICA NACIONAL DAS RELAÇÕES DE CONSUMO

A Política Nacional das Relações de Consumo, prevista no art. 4º do CDC, estabelece uma orientação clara para que o consumo no Brasil seja feito de forma sustentável, assegurando que a dignidade e a qualidade de vida dos consumidores estejam sempre protegidas. O artigo especifica que as relações de consumo devem priorizar a saúde, a segurança e os interesses econômicos dos consumidores, além de garantir um ambiente de equilíbrio nas práticas comerciais.

O *princípio da sustentabilidade*, embora não mencionado de forma explícita, permeia a interpretação do CDC ao exigir que o consumo seja racional, consciente e responsável. Dessa forma, o consumo excessivo e o desperdício de recursos naturais, que podem comprometer o meio ambiente e a qualidade de vida das gerações atuais e futuras, são práticas contrárias aos objetivos estabelecidos pela política consumerista. Esse enfoque sustenta que o consumo deve ser uma ferramenta de promoção do bem-estar, respeitando sempre o equilíbrio ecológico.[127]

O CDC também reconhece a importância de proteger o consumidor em sua *vulnerabilidade ambiental,* ou seja, a condição em que ele muitas vezes não possui as informações necessárias para avaliar o impacto ambiental de produtos e serviços que consome.

Essa vulnerabilidade reforça a obrigação do fornecedor de garantir transparência sobre os possíveis danos ambientais dos produtos, permitindo que o consumidor tome decisões de compra de forma informada e responsável. Ao aplicar o princípio da sustentabilidade, o CDC orienta que a proteção ao consumidor vá além de sua relação direta com o fornecedor, alcançando também a preservação dos recursos naturais que impactam a sociedade como um todo.

O *direito à informação ambiental* capacita o consumidor a exercer um papel ativo na sustentabilidade, uma vez que ele poderá evitar o consumo de produtos que não estejam em conformidade com práticas ambientais responsáveis e contribuir com o descarte adequado de resíduos.[128]

Além disso, o art. 4º, inciso III, do CDC, aliado ao art. 170 da Constituição Federal, estabelece que o desenvolvimento econômico e tecnológico deve ser compatível com a proteção do meio ambiente, reforçando o princípio da sustentabilidade como uma diretriz fundamental. A função social da empresa, prevista na Constituição, determina que os processos produtivos respeitem os limites ambientais e que os fornecedores considerem a preservação ambiental em suas práticas de mercado.

Isso implica que o desenvolvimento econômico só é legítimo se acompanhado de práticas de consumo e produção sustentáveis, que minimizem os danos ambientais e contribuam para um desenvolvimento equilibrado.

Com isso, a Política Nacional das Relações de Consumo orienta que qualquer prática de mercado que desrespeite o meio ambiente contraria o CDC, promovendo o princípio da

---

127. TRAJANO, Fábio de Souza. O princípio da sustentabilidade e o direito do consumidor. *Revista de Direito do Consumidor*, São Paulo: RT, vol. 71, p. 65 -76, jul. – set., 2009, p. 72.

128, GARCIA, Leonardo de Medeiros. *Consumo Sustentável. A proteção do meio ambiente no Código de Defesa do Consumidor.* Ed. Juspodivm. 2016.

sustentabilidade como um norte indispensável para proteger os interesses do consumidor e assegurar um ambiente saudável para todos.

PRINCÍPIOS INTERNACIONAIS DE PROTEÇÃO DO CONSUMIDOR – DECLARAÇÃO DE SOFIA

A International Law Association (ILA-Londres), na 75ª Conferência realizado em Sofia (Bulgária), em agosto de 2012, baixou a Resolução nº 04/2012, estabelecendo a necessidade de proteção do consumidor no Direito Internacional, bem como fixou princípios básicos para a legislação e a regulação de proteção do consumidor no mundo.

A proteção do consumidor deve se guiar pelos seguintes princípios gerais:

Princípio da vulnerabilidade	Os consumidores são vulneráveis frente aos contratos de massa e padronizados, em especial no que concerne à informação e ao poder de negociação.
Princípio da proteção mais favorável ao consumidor	É desejável, em Direito Internacional Privado, desenvolver standards e aplicar normas que permitam aos consumidores beneficiarem-se da proteção mais favorável ao consumidor.
Princípio da justiça contratual	As regras e o regulamento dos contratos de consumo devem ser efetivos e assegurar transparência e justiça contratual.
Princípio do crédito responsável	Crédito responsável impõe responsabilidade a todos os envolvidos no fornecimento de crédito ao consumidor, inclusive fornecedores, corretores, agentes e consultores.
Princípio da participação dos grupos e associações de consumidores	Grupos e associações de consumidores devem participar ativamente na elaboração e na regulação da proteção do consumidor.

PRINCIPAIS JURISPRUDÊNCIAS DO STF E STJ

Princípio da Vulnerabilidade: garantir a igualdade formal-material aos sujeitos da relação jurídica de consumo

"O ponto de partida do CDC é a afirmação do Princípio da Vulnerabilidade do Consumidor, mecanismo que visa a garantir igualdade formal-material aos sujeitos da relação jurídica de consumo, o que não quer dizer compactuar com exageros que, sem utilidade real, obstem o progresso tecnológico, a circulação dos bens de consumo e a própria lucratividade dos negócios".(STJ, REsp 586316/MG, Rel. Ministro Herman Benjamin, Segunda Turma, DJe 19/03/2009)

Possibilidade de edição de portarias para controle e fiscalização nas relações de consumo.

O STJ entendeu que a intervenção estatal na atividade econômica, com base nos arts. 5º, XXIX e XXXII, e 170, II e V, da Constituição Federal, é legítima quando visa proteger o consumidor. Assim, as portarias ministeriais n.º 61/1995 e 63/1995, que regulamentam o comércio de combustíveis, estão amparadas pelo Código de Defesa do Consumidor (arts. 4º, I, III e IV, e 6º, IV), além de normas anteriores como o Decreto n.º 395/1938 e a Lei n.º 2004/1953. A liberdade de escolha da "bandeira" no comércio de combustíveis, apesar de ser uma manifestação de livre mercado, pode ser limitada para garantir o bem comum e as relações de consumo, considerando o combustível como bem de utilidade pública. (STJ, MS 4138/DF, Rel. Min. José Delgado, 1ª Seção, DJU 21/10/1996).

Importação paralela e recondicionamento dos produtos sem a anuência do titular da marca.

O STJ entendeu que a marca é um instrumento essencial para garantir a qualidade das relações de consumo, pois permite ao consumidor associar o produto ou serviço a um determinado padrão de qualidade, evitando o desvio de clientela. O uso indevido ou o recondicionamento de produtos sem a observância dos padrões adotados pelo titular da marca cria confusão no consumidor, que espera receber um produto que atenda às expectativas relacionadas à marca. Essa conduta é incompatível com os objetivos da Política Nacional das Relações de Consumo, previstos no art. 4º, incisos I, III e VI, do Código de Defesa do Consumidor, que priorizam os interesses do consumidor. (STJ, REsp 1207952/AM, Rel. Ministro Luis Felipe Salomão, Quarta Turma, DJe 01/02/2012).

Art. 5º Para a execução da Política Nacional das Relações de Consumo, contará o Poder Público com os seguintes instrumentos, entre outros:

I – manutenção de assistência jurídica, integral e gratuita para o consumidor carente;

II – instituição de Promotorias de Justiça de Defesa do Consumidor, no âmbito do Ministério Público;

III – criação de delegacias de polícia especializadas no atendimento de consumidores vítimas de infrações penais de consumo;

IV – criação de Juizados Especiais de Pequenas Causas e Varas Especializadas para a solução de litígios de consumo;

V – concessão de estímulos à criação e desenvolvimento das Associações de Defesa do Consumidor;

VI – instituição de mecanismos de prevenção e tratamento extrajudicial e judicial do superendividamento e de proteção do consumidor pessoa natural; (Incluído pela Lei nº 14.181, de 2021)

VII – instituição de núcleos de conciliação e mediação de conflitos oriundos de superendividamento. (Incluído pela Lei nº 14.181, de 2021)

§ 1º (Vetado).

§ 2º (Vetado).

O artigo contém os instrumentos que o Poder Público utilizará para promover a execução da Política Nacional das Relações de Consumo.[129]

ASSISTÊNCIA JURÍDICA GRATUITA

A assistência jurídica gratuita permite que consumidores em situação de vulnerabilidade financeira possam recorrer ao sistema de justiça para questionar práticas abusivas, como cobranças indevidas, produtos defeituosos, cláusulas contratuais injustas, entre outras violações de direitos. Esse direito é viabilizado por meio de Defensorias Públicas e de en-

129. João Batista de Almeida elenca ainda outros instrumentos não previstos no art. 5º, tais como a educação formal e informal do consumidor, órgãos oficiais como os Procons, os serviços de atendimentos das empresas, os institutos de pesos e medidas, a vigilância sanitária e o cadastro oficial de empresas inidôneas (art. 44 do CDC). *Manual de Direito do Consumidor.* São Paulo: Saraiva, 2003, p. 32.

tidades de proteção ao consumidor, como o Procon, que oferecem orientação, mediação e suporte jurídico para aqueles que não têm condições de arcar com os custos de um processo.

PROMOTORIA DE JUSTIÇA DO CONSUMIDOR (MINISTÉRIO PÚBLICO) E DEFENSORIA PÚBLICA DO CONSUMIDOR

O inciso II determina a instituição de Promotorias de Justiça de Defesa do Consumidor no âmbito do Ministério Público, um importante instrumento para a implementação da Política Nacional das Relações de Consumo. Essas promotorias especializadas têm como função principal proteger os direitos e interesses coletivos dos consumidores, atuando de forma proativa e repressiva contra práticas abusivas e ilícitas no mercado de consumo.

As Promotorias de Defesa do Consumidor são responsáveis por fiscalizar o cumprimento das normas de proteção ao consumidor, investigar denúncias de violações de direitos e ajuizar ações civis públicas para garantir a defesa coletiva dos consumidores. Uma das ferramentas disponíveis para essas promotorias é a celebração de Termos de Ajustamento de Conduta (TAC), acordos firmados com empresas para que ajustem suas práticas de acordo com as normas de consumo, evitando a judicialização e corrigindo rapidamente práticas prejudiciais. Como se trata de uma promotoria especializada, o trabalho desenvolvido é mais eficaz e direcionado, pois a equipe tem conhecimento específico sobre as particularidades das relações de consumo e atua com foco exclusivo nos problemas que afetam diretamente os consumidores. Esse caráter específico permite uma atuação mais precisa, tanto na resolução de conflitos quanto na prevenção de práticas abusivas.

Embora o art. 5º do CDC não mencione expressamente, as Defensorias Públicas também desempenham um papel fundamental na defesa dos consumidores, especialmente aqueles em situação de hipossuficiência econômica. A criação de núcleos especializados em direitos do consumidor dentro das Defensorias Públicas deve ser incentivada para garantir uma proteção mais efetiva a esses direitos. Esses núcleos oferecem orientação jurídica e assistência gratuita, permitindo que consumidores com menor poder aquisitivo possam buscar soluções para abusos e práticas indevidas nas relações de consumo. Com uma atuação focada e direcionada, as Defensorias ajudam a equilibrar a balança no acesso à justiça, assegurando que todos os consumidores, independentemente de sua condição econômica, tenham suporte adequado para a defesa de seus direitos.

DELEGACIA DE POLÍCIA DO CONSUMIDOR

O inciso III prevê a criação de delegacias de polícia especializadas no atendimento de consumidores vítimas de infrações penais de consumo. Essas delegacias têm como objetivo atender consumidores que sofrem com práticas criminosas nas relações de consumo, como fraudes, estelionatos, produtos falsificados e outras infrações penais que coloquem em risco a saúde, segurança e direitos dos consumidores.

As delegacias especializadas devem contar com equipes treinadas para lidar com a complexidade das infrações penais no contexto do consumo. Esse conhecimento específico permite que os policiais identifiquem com maior precisão as práticas criminosas que afetam o consumidor, oferecendo um atendimento mais ágil e eficiente. Além disso, essas delegacias podem atuar de forma preventiva e repressiva, investigando casos de grande impacto, como a venda de produtos adulterados ou a exposição de consumidores a produtos sem controle sanitário.

JUIZADOS ESPECIAIS DE CONSUMO E VARAS ESPECIALIZADAS DE CONSUMIDOR

O inciso IV do CDC prevê a criação de Juizados Especiais e varas especializadas para a solução de litígios de consumo. Esses órgãos judiciais foram instituídos com o objetivo de oferecer um meio mais acessível, rápido e eficiente para a resolução de conflitos entre consumidores e fornecedores, especialmente para casos de menor complexidade e valor reduzido. Os Juizados Especiais, em particular, visam garantir que o consumidor, sem a necessidade de custas judiciais ou de um advogado em casos de menor valor, possa buscar seus direitos com facilidade.

A criação de Varas Especializadas permite um atendimento ainda mais focado e capacitado, pois os juízes e demais servidores dessas varas possuem conhecimento específico sobre as relações de consumo, o que resulta em decisões mais consistentes e justas para os consumidores. Além disso, a presença dessas varas e juizados reduz a sobrecarga das varas cíveis comuns, que, sem essa divisão, acabariam atendendo a um volume maior de processos de consumo, resultando em uma tramitação mais lenta.

No entanto, é importante observar que, embora esses juizados e varas especializadas sejam previstos no CDC e essenciais para a proteção do consumidor, eles frequentemente enfrentam problemas de estrutura, falta de pessoal e acúmulo de processos, o que prejudica a agilidade e eficácia desejadas. A experiência das varas privativas de direito do consumidor, como as de Vitória/ES e Salvador/BA, não alcançou os resultados esperados, pois o grande volume e diversidade de temas – contratos bancários, planos de saúde, seguros, disputas imobiliárias, e outras indenizações – acabaram sobrecarregando essas varas.

A amplitude do direito do consumidor exige uma especialização que o modelo atual de varas únicas de consumo não tem conseguido atender de forma eficiente. Nesse contexto, uma alternativa mais eficaz seria a criação de varas temáticas centralizadas, como varas especializadas em direito bancário, planos de saúde, etc., todas operando virtualmente por meio de processo eletrônico. Esse modelo centralizado permitiria que cada vara atendesse as demandas de todo o estado, promovendo decisões mais uniformes e capacitação aprofundada dos magistrados em questões complexas e técnicas, beneficiando a qualidade e a consistência das decisões.

Um exemplo prático é a criação de uma vara especializada em superendividamento, essencial para promover a especialização dos magistrados no tema e assegurar maior segurança jurídica, reduzindo as decisões conflitantes que surgiram nos primeiros anos da Lei 14.181/2021.

O superendividamento, sendo um fenômeno complexo que envolve análise detalhada de contratos de crédito, práticas financeiras e questões sociais, exige a atuação de juízes capacitados, que, com essa especialização, poderiam emitir julgamentos mais consistentes e focados na proteção do consumidor. Com uma vara única, seria possível contar com um corpo técnico de apoio, como contadores, economistas, psicólogos e assistentes sociais, capacitado para auxiliar na elaboração dos planos de pagamento, algo inviável quando as ações estão pulverizadas por todo o estado.

Essa estrutura especializada agilizaria a tramitação dos casos, com uma vara focada em resolver litígios de endividamento excessivo de forma justa e eficaz, promovendo interpretações uniformes e bem fundamentadas da lei. Com isso, consumidores e credores teriam maior confiança no sistema, sabendo que os processos seguiriam critérios técnicos e seguros.

ASSOCIAÇÕES DE DEFESA DO CONSUMIDOR

No tocante a concessão de estímulos à criação e ao desenvolvimento de associações de defesa do consumidor, abordamos este tema no inciso II do art. 4º.

PREVENÇÃO E TRATAMENTO EXTRAJUDICIAL E JUDICIAL E NÚCLEOS DE CONCILIAÇÃO E MEDIAÇÃO DE CONFLITOS DO SUPERENDIVIDAMENTO

Os incisos VI e VII foram incluídos pela Lei 14.181/2021 (Lei do Superendividamento). O inciso VI, na esteira do que prevê todo o arcabouço da Lei 14.181/2021, prevê como instrumentos da PNRC mecanismos efetivos para a prevenção e tratamento do consumidor superendividado. Conforme já mencionado, a prevenção e o tratamento são os pilares (objetivos) da lei que trata do superendividamento. As medidas a serem adotadas e incentivadas, tanto no campo da prevenção como no tratamento, devem se dar tanto na via extrajudicial como no judicial.[130]

Nesse intuito, o inciso VII incentiva o poder público a criar e fomentar núcleos de conciliação e mediação de conflitos específicos para tratar do superendividamento. A experiência brasileira, antes da edição da lei, foi exitosa com a promoção da conciliação através de núcleos experimentais criados para esta finalidade, principalmente quando supervisionados por magistrados.[131-132]

Os núcleos de conciliação e mediação de conflitos serão nos CEJUSCs (Centro Judiciário de Solução de Conflitos e Cidadania)[133-134] e nos órgãos públicos do Sistema Nacional

130. A prevenção e o tratamento serão mais bem explorados quando da análise dos art. 54-A ao 54-G e 104-A ao 104-C.

131. Esta foi a conclusão do Relatório da Comissão de Juristas com relação à experiência nos núcleos criados no TJRS e TJPR. Nesse sentido: "As experiências do TJRS e TJPR demonstram também que os conciliadores indicados pelo juízo, oriundos das Escolas Superiores da Magistratura e dos Programas de Pós-graduação das Universidades envolvidas (UFRGS, UFSM, UCS, UPF, Ritter dos Reis, Unisinos), se diretamente acompanhados pelos magistrados, obtém maior sucesso na conciliação." *(Relatório Geral da Comissão de Juristas de atualização do Código de Defesa do Consumidor*, Publicação do Senado Federal, p. 154)

132. A título de exemplo, o projeto piloto do TJ/RS, sob a coordenação das magistradas Karen Bertoncello e Clarissa Costa de Lima, no período de 5 anos (2007 a 2012), foi possível aos magistrados estabelecer em conjunto com os credores e o consumidor superendividado um plano de pagamento por acordo, conciliando 64,3% dos casos e evitando processos judiciais nestes casos. Para maiores informações sobre este núcleo e os dados obtidos, verificar: "Dados preliminares da pesquisa empírica sobre o perfil dos consumidores superendividados da comarca de Porto Alegre (2007 a 2012) e o "Observatório do crédito e superendividamento UFRGS-MJ". *Revista de Direito do Consumidor*, RT, vol. 99/2015, p. 411-436."

133. Os Centros Judiciários de Solução de Conflitos e Cidadania (CEJUSCs) são unidades do Poder Judiciário às quais compete, preferencialmente, a realização das sessões e audiências de conciliação e de mediação a cargo de conciliadores e mediadores, bem como o atendimento e a orientação aos cidadãos. Em 24/12/2021 o CNJ expediu a Recomendação nº 125, no sentido de recomendar aos tribunais brasileiros a implementação de Núcleos de Conciliação e Mediação de Conflitos oriundos de superendividamento, os quais poderão funcionar perante aos CEJUSCs já existentes, responsáveis principalmente pela realização do procedimento previsto no art. 104-A, do Código de Defesa do Consumidor, com adoção de um fluxo unifome de procedimentos.

134. **Enunciado nº 35 do FONAMEC:** "Os CEJUSCs, sempre que possível, deverão desenvolver programa de tratamento e prevenção do superendividamento, com a realização das audiências coletivas de conciliação pré-processual previstas no art. 104-A do Código de Defesa do Consumidor." Justificativa: O art. 2º da Resolução 125/2010 do CNJ dispõe que, na implementação da política Nacional de tratamento adequado de conflitos, para a boa qualidade dos serviços e para disseminação da cultura de pacifica-

de Defesa do Consumidor, que terão competência concorrente para a fase conciliatória e preventiva do processo de repactuação de dívidas (art. 104-C).

Nos núcleos, conforme veremos quando dos comentários aos arts. 104-A e 104-C, haverá a possiblidade (e será aconselhável) de contar com equipe multidisciplinar composta de psicólogos, assistentes sociais, economistas, educadores financeiros, entre outros, inclusive com parcerias com universidades e faculdades, visando não somente auxiliar o consumidor na elaboração do plano e consequentemente realização do acordo, mas também entender as causas que levaram ao superendividamento, de forma a evitar a repetição do mesmo problema futuramente.

Capítulo III
Dos Direitos Básicos do Consumidor

Art. 6º São direitos básicos do consumidor:

I – a proteção da vida, saúde e segurança contra os riscos provocados por práticas no fornecimento de produtos e serviços considerados perigosos ou nocivos;

II – a educação e divulgação sobre o consumo adequado dos produtos e serviços, asseguradas a liberdade de escolha e a igualdade nas contratações;

III – a informação adequada e clara sobre os diferentes produtos e serviços, com especificação correta de quantidade, características, composição, qualidade, tributos incidentes e preço, bem como sobre os riscos que apresentem.

IV – a proteção contra a publicidade enganosa e abusiva, métodos comerciais coercitivos ou desleais, bem como contra práticas e cláusulas abusivas ou impostas no fornecimento de produtos e serviços;

V – a modificação das cláusulas contratuais que estabeleçam prestações desproporcionais ou sua revisão em razão de fatos supervenientes que as tornem excessivamente onerosas;

VI – a efetiva prevenção e reparação de danos patrimoniais e morais, individuais, coletivos e difusos;

VII – o acesso aos órgãos judiciários e administrativos com vistas à prevenção ou reparação de danos patrimoniais e morais, individuais,

ção social, será observada a centralização das estruturas judiciais. A atualização do Código de Defesa do Consumidor contemplou a criação de "núcleos de conciliação e mediação de conflitos oriundos de superendividamento", de acordo com art. 5°, VII, demonstrando a importância da especialização da unidade para atuação temática e priorizando a fase consensual do tratamento do superendividamento, com foco na atuação cooperativa dos credores, consoante prevê o art.104-A, § 2º do CDC. A criação da competência concorrente do Sistema Nacional de Defesa do Consumidor para a fase consensual do tratamento do superendividamento, prevista no art.104-C do CDC, corrobora a importância dos Cejusc's especializados, especialmente porque admitido o superendividamento do consumidor como fenômeno social e complexo que demanda atendimento multidisciplinar.

coletivos ou difusos, assegurada a proteção jurídica, administrativa e técnica aos necessitados;

VIII – a facilitação da defesa de seus direitos, inclusive com a inversão do ônus da prova, a seu favor, no processo civil, quando, a critério do juiz, for verossímil a alegação ou quando for ele hipossuficiente, segundo as regras ordinárias de experiências;

IX – (Vetado);

X – a adequada e eficaz prestação dos serviços públicos em geral.

XI – a garantia de práticas de crédito responsável, de educação financeira e de prevenção e tratamento de situações de superendividamento, preservado o mínimo existencial, nos termos da regulamentação, por meio da revisão e da repactuação da dívida, entre outras medidas; (Incluído pela Lei nº 14.181, de 2021)

XII – a preservação do mínimo existencial, nos termos da regulamentação, na repactuação de dívidas e na concessão de crédito; (Incluído pela Lei nº 14.181, de 2021)

XIII – a informação acerca dos preços dos produtos por unidade de medida, tal como por quilo, por litro, por metro ou por outra unidade, conforme o caso. (Incluído pela Lei nº 14.181, de 2021)

Parágrafo único. A informação de que trata o inciso III do caput deste artigo deve ser acessível à pessoa com deficiência, observado o disposto em regulamento. (Incluído pela Lei 13.146/2015)

O art. 6º do CDC desempenha um papel central na proteção dos consumidores, oferecendo uma síntese de direitos materiais e processuais que orientam o julgador na análise de disputas em relações de consumo. Esses direitos não apenas estabelecem um patamar mínimo de proteção, mas também servem como diretrizes gerais para assegurar o equilíbrio e a justiça nas relações de consumo, guiando a atuação dos tribunais e demais órgãos de defesa do consumidor.

Embora o art. 6º enumere direitos básicos, ele não exclui outros direitos do consumidor, que podem ser reconhecidos e protegidos com base nos princípios e na finalidade do CDC. Assim, o rol de direitos é ilustrativo e não exaustivo, permitindo que, diante de situações específicas, o consumidor possa invocar outras proteções que visem garantir a sua segurança, dignidade e equilíbrio nas relações com fornecedores.

Além disso, esses direitos são exclusivos ao consumidor, ou seja, o CDC tem como destinatário apenas o consumidor como parte vulnerável na relação de consumo. Essa exclusividade significa que o fornecedor não pode utilizar o art. 6º em seu benefício. Por exemplo, o fornecedor não pode invocar o direito à modificação de cláusulas contratuais, previsto no inciso V, para solicitar a revisão de um contrato de forma que prejudique o consumidor. Nesse sentido, o CDC estabelece um regime protetivo direcionado à parte hipossuficiente, o que fortalece o princípio da vulnerabilidade e assegura uma aplicação justa e coerente dos direitos fundamentais nas relações de consumo.[135]

135. Nesse sentido o STJ: "O art. 6º, V, do CDC, disciplina, não uma obrigação, mas um direito do consumidor à modificação de cláusulas consideradas excessivamente onerosas ou desproporcionais. Assim, referida

Vamos aos direitos contemplados no art. 6º do CDC:

I - a proteção da vida, saúde e segurança contra os riscos provocados por práticas no fornecimento de produtos e serviços considerados perigosos ou nocivos.

O art. 6º, inciso I, do CDC assegura como direito básico do consumidor a proteção da vida, saúde e segurança contra os riscos que possam ser provocados por produtos e serviços perigosos ou nocivos. Esse direito essencial reforça o dever dos fornecedores de garantir que os produtos ou serviços colocados no mercado não ofereçam perigo à integridade física ou mental do consumidor. O CDC, ao estabelecer essa proteção, visa assegurar que consumidores possam confiar na segurança dos itens e serviços que consomem, exigindo do fornecedor medidas claras de informação e de segurança. Exemplos práticos incluem a necessidade de advertências detalhadas em produtos farmacêuticos e químicos, permitindo que o consumidor tome decisões informadas e possa se prevenir de riscos à sua saúde.

Além da transparência, o direito previsto no inciso I impõe ao fornecedor a responsabilidade de garantir a segurança dos produtos e serviços durante toda a cadeia de produção e fornecimento. Por exemplo, no setor automobilístico, o fornecedor é obrigado a realizar recalls quando o produto apresenta falhas que possam comprometer a segurança do consumidor, como defeitos em sistemas de freio ou de airbags. Esses recalls são fundamentais para proteger a vida e a saúde dos consumidores, assegurando que produtos defeituosos sejam corrigidos ou substituídos sem custo adicional. Esse compromisso ético com a segurança promove uma relação de confiança entre fornecedor e consumidor, mostrando que o fornecedor se preocupa em corrigir eventuais riscos à segurança.

II - a educação e divulgação sobre o consumo adequado dos produtos e serviços, asseguradas a liberdade de escolha e a igualdade nas contratações.

O inciso II do art. 6º do CDC estabelece o direito básico do consumidor à educação e à divulgação sobre o consumo adequado de produtos e serviços, com a garantia de liberdade de escolha e igualdade nas contratações. Esse direito visa não apenas informar o consumidor sobre o uso correto e seguro dos produtos, mas também capacitar a população para compreender seus direitos e tomar decisões conscientes nas relações de consumo. Ao promover a educação para o consumo, o CDC busca empoderar o consumidor, tornando-o apto a identificar práticas abusivas e a escolher produtos e serviços que melhor atendam às suas necessidades, de forma livre e informada.

Essa educação inclui, por exemplo, campanhas de orientação realizadas por órgãos de defesa do consumidor, como os Procons, que esclarecem a população sobre temas variados, como uso responsável do crédito, leitura de contratos e conhecimento sobre garantias de produtos. Em um mercado onde o consumidor é constantemente impactado por diversas opções, é essencial que ele entenda os fatores envolvidos em cada escolha, desde a qualidade e segurança até a relação custo-benefício. Além disso, o fornecedor tem a responsabilidade de divulgar informações claras e precisas sobre os produtos e serviços, evitando termos técnicos que possam confundir o consumidor e assegurando que ele compreenda o que está adquirindo.

norma não pode ser invocada pela administradora de consórcios para justificar a imposição de modificação no contrato que gere maiores prejuízos ao consumidor." (STJ, REsp 1269632/MG, Rel. Ministra Nancy Andrighi, Terceira Turma, DJe 03/11/2011)

Por fim, o inciso II também reforça o princípio da igualdade nas contratações, determinando que todos os consumidores tenham acesso a informações adequadas, independentemente de sua condição social, escolaridade ou acesso a tecnologia. Esse aspecto é fundamental para garantir um mercado mais justo, onde consumidores menos informados ou em situação de vulnerabilidade mais agravada possam exercer plenamente seus direitos, evitando cláusulas abusivas ou práticas discriminatórias. Assim, a educação e a divulgação adequadas promovidas pelo CDC são essenciais para o fortalecimento das relações de consumo, prevenindo conflitos e incentivando um mercado mais ético e transparente.

III - a informação adequada e clara sobre os diferentes produtos e serviços, com especificação correta de quantidade, características, composição, qualidade, tributos incidentes e preço, bem como sobre os riscos que apresentem.

O inciso III do art. 6º do CDC assegura o direito à informação adequada e clara sobre produtos e serviços, incluindo a especificação correta de quantidade, características, composição, qualidade, tributos e preço, além de alertar sobre os riscos que possam apresentar. Esse direito é fundamental para que o consumidor possa tomar decisões informadas, exercendo sua liberdade de escolha de forma consciente e responsável. O CDC estabelece que a informação precisa é um dever do fornecedor, que deve garantir que todos os detalhes relevantes do produto ou serviço sejam transparentes e acessíveis ao consumidor, permitindo que ele compreenda exatamente o que está adquirindo e tome suas decisões sem surpresas ou omissões que possam prejudicá-lo.

Além disso, a clareza e adequação das informações sobre a composição e características dos produtos ajudam o consumidor a identificar se o item atende às suas necessidades e expectativas. Em setores como o de alimentos e cosméticos, por exemplo, é essencial que a composição seja detalhada, para que o consumidor possa evitar ingredientes que provoquem alergias ou que contrariem suas escolhas pessoais, como produtos de origem animal. No setor de eletrônicos, a especificação das características técnicas permite que o consumidor avalie as funcionalidades oferecidas e escolha a que melhor se ajusta ao que procura, prevenindo frustrações e conflitos pós-compra.

A informação sobre os tributos incidentes é outro aspecto crucial desse direito, pois permite ao consumidor visualizar o impacto fiscal no valor final do produto ou serviço. Ao detalhar os tributos embutidos, o fornecedor possibilita que o consumidor entenda melhor o preço final e diferencie o custo real do produto dos valores destinados ao governo, o que é especialmente relevante em um cenário de alta carga tributária. Esse conhecimento também promove uma conscientização fiscal, incentivando o consumidor a exercer controle sobre suas escolhas de consumo e a avaliar o custo-benefício com maior clareza, além de reforçar a confiança na relação com o fornecedor. Dessa forma, a transparência sobre os tributos fortalece o direito à informação, fomentando uma sociedade mais consciente e atenta à tributação e aos valores que paga em cada produto ou serviço.

Outro aspecto essencial do direito à informação é a transparência sobre os riscos que o produto ou serviço pode apresentar. Produtos químicos, medicamentos, aparelhos eletrônicos e brinquedos são exemplos de itens que podem gerar riscos à saúde ou à segurança do consumidor se utilizados de forma inadequada. O CDC exige que o fornecedor informe claramente esses riscos, orientando o consumidor sobre o uso correto e seguro. Dessa forma, o direito à informação adequada e clara é não apenas uma proteção ao consumidor, mas também um incentivo à responsabilidade do fornecedor, que deve zelar pela segurança e satisfação do consumidor ao longo de toda a experiência de compra e uso.

DIREITO À INFORMAÇÃO NOS JOGOS DE APOSTAS

A Lei nº 14.790, de 29 de dezembro de 2023, estabelece direitos específicos para consumidores apostadores, integrando-os às garantias do CDC e trazendo proteção adicional em áreas sensíveis ao contexto das apostas. O art. 27 dessa lei assegura que os apostadores gozem de todos os direitos básicos previstos no CDC, com a ampliação desses direitos para aspectos específicos e essenciais ao universo das apostas, tais como informações claras sobre as regras do jogo e proteção contra práticas enganosas.[136]

Em especial, essa norma visa garantir que as informações fornecidas ao apostador sobre o funcionamento dos sistemas, as probabilidades de acerto, e a aferição de prêmios sejam claras e compreensíveis, protegendo o consumidor de potenciais práticas abusivas ou obscuras que possam induzi-lo ao erro ou dificultar o entendimento das condições das apostas.

Um dos destaques da Lei nº 14.790 é a ênfase na transparência, impondo ao fornecedor a obrigação de fornecer informações claras e adequadas sobre as condições de acerto e premiação (inciso II), bem como sobre o risco inerente de perda dos valores apostados (inciso III).

A exigência de que essas informações sejam apresentadas de maneira transparente e sem ambiguidades reforça o princípio da boa-fé e a proteção contra práticas enganosas. Essa medida é fundamental, pois no setor de apostas, onde o consumidor é naturalmente atraído pela possibilidade de ganhos financeiros, a falta de clareza pode levar a interpretações equivocadas, comprometendo a segurança e confiança do apostador.

Além disso, a lei aborda a prevenção ao jogo patológico, impondo ao fornecedor a responsabilidade de informar claramente sobre os riscos associados ao comportamento compulsivo, visando proteger a saúde mental e a segurança financeira do consumidor. O jogo patológico, ou ludopatia, é uma condição reconhecida pela Organização Mundial da Saúde (OMS) como um transtorno mental, caracterizada pela incapacidade de resistir aos impulsos de apostar, resultando em consequências graves, como perda financeira, endividamento, problemas familiares e até dificuldades no trabalho. Ao exigir que os fornecedores de apostas orientem os consumidores sobre esses riscos, a lei busca promover uma prática

136. Art. 27 da Lei 14.790/2023: "São assegurados aos apostadores todos os direitos dos consumidores previstos na Lei nº 8.078, de 11 de setembro de 1990 (Código de Defesa do Consumidor). § 1º Além daqueles previstos no art. 6º da Lei nº 8.078, de 11 de setembro de 1990 (Código de Defesa do Consumidor), constituem direitos básicos dos apostadores: I - a informação e a orientação adequadas e claras acerca das regras e das formas de utilização de recintos, equipamentos, sistemas e canais eletrônicos das apostas; II - a informação e a orientação adequadas e claras sobre as condições e os requisitos para acerto de prognóstico lotérico e aferição do prêmio, vedada a utilização de escrita dúbia, abreviada ou genérica no curso de efetivação da aposta; III - a informação e a orientação adequadas e claras quanto aos riscos de perda dos valores das apostas e aos transtornos de jogo patológico; e IV - a proteção dos dados pessoais conforme o disposto na Lei nº 13.709, de 14 de agosto de 2018 (Lei Geral de Proteção de Dados Pessoais). § 2º Para os fins do disposto no inciso IV do § 1º deste artigo, o regulamento do Ministério da Fazenda definirá limites à exigência e ao tratamento de dados pessoais e dados pessoais sensíveis, obedecidas as disposições da Lei nº 13.709, de 14 de agosto de 2018 (Lei Geral de Proteção de Dados Pessoais).

de consumo mais consciente, alertando o apostador sobre os sinais de comportamento compulsivo e oferecendo informações para que ele possa buscar ajuda, caso necessário.

Outro ponto central da Lei nº 14.790 é a proteção dos dados pessoais dos apostadores, em conformidade com a Lei Geral de Proteção de Dados Pessoais (LGPD). O inciso IV do § 1º do artigo 27 determina que o tratamento dos dados pessoais dos consumidores de apostas respeite os princípios e diretrizes da LGPD, garantindo que as informações pessoais sejam utilizadas apenas na medida necessária e com o devido cuidado. Essa proteção é essencial, considerando que o setor de apostas lida com dados financeiros e pessoais, que, se mal utilizados, podem resultar em violações de privacidade e segurança.

Parágrafo único. A informação de que trata o inciso III do* caput *deste artigo deve ser acessível à pessoa com deficiência, observado o disposto em regulamento.

O parágrafo único do art. 6º reforça que a informação mencionada no inciso III deve ser acessível também às pessoas com deficiência, conforme regulamentação específica. Essa obrigação inclui o uso de recursos que possibilitem o acesso pleno e igualitário às informações, como etiquetas em braille, ampliação de textos, sistemas de áudio e, nos ambientes digitais, compatibilidade com tecnologias assistivas, como leitores de tela.

Ao exigir essa acessibilidade, o CDC não apenas promove o direito à informação clara e adequada, mas também assegura que todos os consumidores, independentemente de suas condições, possam exercer sua autonomia e dignidade nas escolhas de consumo, fortalecendo uma relação de consumo inclusiva.

IV - a proteção contra a publicidade enganosa e abusiva, métodos comerciais coercitivos ou desleais, bem como contra práticas e cláusulas abusivas ou impostas no fornecimento de produtos e serviços

O inciso IV do art. 6º do CDC visa proteger o consumidor contra a publicidade enganosa e abusiva, métodos comerciais coercitivos ou desleais, e práticas e cláusulas abusivas no fornecimento de produtos e serviços. A publicidade enganosa ocorre quando as informações passadas ao consumidor são falsas ou apresentadas de maneira que induzam ao erro, levando-o a acreditar em características inexistentes ou a entender de forma equivocada o produto ou serviço. Já a publicidade abusiva, mesmo que verdadeira, explora a vulnerabilidade do consumidor, ofendendo valores sociais importantes, como respeito à saúde e segurança, especialmente no caso de publicidade direcionada a crianças.

Além disso, o CDC impõe limites rigorosos aos métodos comerciais coercitivos e desleais. Tais métodos, incluindo práticas de pressão ou de manipulação emocional, visam induzir o consumidor a adquirir produtos ou serviços de forma não voluntária, comprometendo sua liberdade de escolha. Um exemplo clássico é a prática de venda casada, em que o consumidor só consegue adquirir um produto se aceitar outro, o que é vedado pelo artigo 39 do CDC. Ao coibir esses métodos, a lei visa garantir que as decisões de consumo sejam baseadas na verdadeira vontade do consumidor, sem interferências que desvirtuem sua capacidade de escolha livre e consciente.

A proteção contra práticas e cláusulas abusivas completa esse conjunto de garantias, abordando situações em que o consumidor, por sua vulnerabilidade, é levado a aceitar termos contratuais injustos ou prejudiciais. O CDC lista várias dessas cláusulas no artigo 51, que são consideradas nulas de pleno direito, como as que impõem ao consumidor desvantagens desproporcionais ou que limitam seu direito de defesa. Esse dispositivo assegura que os contratos, especialmente os de adesão, sejam justos e equilibrados, protegendo o consumidor de condições impostas unilateralmente e que comprometam seu direito a um tratamento digno e igualitário.

V - a modificação das cláusulas contratuais que estabeleçam prestações desproporcionais ou sua revisão em razão de fatos supervenientes que as tornem excessivamente onerosas.

O inc. V do artigo 6º do CDC é um dispositivo central para a proteção do consumidor, permitindo tanto a modificação de cláusulas contratuais que estabeleçam prestações desproporcionais quanto a revisão das obrigações contratuais em razão de fatos supervenientes que tornem as prestações excessivamente onerosas.

A primeira parte do inciso refere-se ao conceito de *lesão*, que ocorre quando há uma quebra inicial do equilíbrio contratual, ou sinalagma genético, onde as prestações já se apresentam desiguais desde a formação do contrato. No contexto do CDC, basta comprovar a desproporcionalidade entre as obrigações do consumidor e do fornecedor para que o contrato seja revisto, sem necessidade de investigar a intenção da outra parte ou exigir provas de necessidade ou inexperiência, como acontece no Código Civil.

A vulnerabilidade do consumidor é um princípio central no CDC, e essa presunção justifica que se dispense a prova de elementos subjetivos. Assim, a legislação coloca o consumidor em posição de maior proteção, reconhecendo sua posição desvantajosa e protegendo-o contra desvantagens econômicas já presentes desde o início da relação contratual.

No Código Civil, por outro lado, a lesão envolve um componente objetivo e um subjetivo, exigindo *prova de necessidade ou inexperiência da parte lesada* e um *desequilíbrio substancial entre as prestações* (art. 157 do CC).[137] Para o CDC, essa análise subjetiva não se aplica, bastando a presença de uma desproporcionalidade objetiva. Isso reflete uma abordagem mais protetiva em que se reconhece que, em relações de consumo, o consumidor não possui o mesmo poder de barganha que o fornecedor, muitas vezes sendo obrigado a aceitar condições onerosas ou excessivamente desfavoráveis. Essa interpretação do CDC se alinha à proteção ampla e à função social dos contratos, que busca assegurar uma relação justa e equilibrada, conforme estabelecido no artigo 4º do CDC, que determina a preservação da dignidade, saúde e segurança do consumidor. Esse direito, portanto, concede ao consumidor a possibilidade de solicitar judicialmente a modificação das cláusulas, com o intuito de restabelecer o equilíbrio do contrato e impedir o abuso de poder econômico.

A segunda parte do inciso V trata da revisão contratual em casos de onerosidade excessiva em virtude de fatos supervenientes, baseada na *teoria da base objetiva do negócio jurídico*. Essa teoria, diferente da *teoria da imprevisão* adotada pelo Código Civil (art. 478), não exige que o evento superveniente seja imprevisível.

No CDC, basta comprovar que o evento tornou as obrigações do consumidor excessivamente onerosas. A teoria da base objetiva, formulada por Karl Larenz, prioriza o rompimento da base do contrato em razão de um fato novo que altera profundamente as circunstâncias econômicas da relação, sem exigir que o evento seja inesperado. Isso permite

137. O instituto da lesão foi também contemplado no Código Civil em seu art. 157, segundo o qual "ocorre a lesão, quando uma pessoa, sob premente necessidade, ou por inexperiência, se obriga a prestação manifestamente desproporcional ao valor da prestação oposta".

que o consumidor, mesmo quando a alteração é previsível, tenha o contrato revisto para restabelecer o equilíbrio financeiro.[138]

Tal abordagem foi confirmada pelo STJ, que decidiu que a revisão é possível desde que se demonstre a onerosidade excessiva, sem a necessidade de comprovar imprevisibilidade, como ocorreu no REsp 370598/RS, consolidando a proteção contratual do consumidor em situações de vulnerabilidade econômica.[139-140]

O CDC, ao adotar essa perspectiva, promove um rompimento com o dogma da imutabilidade dos contratos (*pacta sunt servanda*), aceitando a cláusula *rebus sic stantibus* – princípio pelo qual as obrigações contratuais são ajustáveis quando ocorrem mudanças significativas nas circunstâncias. Esse rompimento se justifica pela própria função social do contrato de consumo, que exige a adaptação contratual sempre que o consumidor se encontre em desvantagem extrema em decorrência de alterações nas condições econômicas ou eventos que comprometam sua capacidade de cumprir a obrigação. Por exemplo, na maxidesvalorização do dólar em 1999, muitos consumidores não puderam arcar com as prestações de contratos em moeda estrangeira. Embora alguns tribunais tenham aplicado a teoria da imprevisão e recusado a revisão, sob o argumento de que a desvalorização era previsível, o entendimento predominante hoje reconhece que o CDC adota a teoria da base objetiva, que dispensa tal prova, bastando que o consumidor demonstre a onerosidade excessiva para justificar a revisão do contrato. [141]

Além disso, o Código Civil, no art. 478, requer que a parte prejudicada prove que a alteração nas condições traz uma "extrema vantagem" para a outra parte, o que limita ainda mais a possibilidade de revisão.[142] Nelson Rosenvald, criticando o novo dispositivo, adverte que "a referida exigência dificulta, sobremaneira, a aplicação do modelo, pois é raro que, ao empobrecimento de uma das partes, imponha-se necessariamente um enriquecimento da

138. DA SILVA, Luis Renato Ferreira. Causas de Revisão Judicial dos Contratos Bancários, *Revista de Direito do Consumidor*, nº 26, p. 33.

139. Segundo o STJ: "O preceito insculpido no inciso V do art. 6º do CDC dispensa a prova do caráter imprevisível do fato superveniente, bastando a demonstração objetiva da excessiva onerosidade advinda para o consumidor." (STJ, REsp. 370598/RS, DJ 01/04/2002, Rela. Mina. Nancy Andrighi).

140. Utilizando a Teoria da Base Objetiva, o STJ julgou importante precedente envolvendo os contratos educacionais na pandemia da COVID/19, possibilitando a redução da multa por desistência. Assim, o STJ entendeu que a revisão de contratos de consumo, prevista no art. 6º, V, do Código de Defesa do Consumidor (CDC), fundamenta-se na Teoria da Base Objetiva, que considera as mudanças nas circunstâncias que impactam o equilíbrio das obrigações contratuais. Durante a pandemia, a prestação de serviços educacionais foi alterada pela adoção de atividades pedagógicas não presenciais, autorizadas por lei, afastando a caracterização de inadimplemento por parte das instituições de ensino. Contudo, o desequilíbrio econômico causado ao consumidor justifica a revisão contratual, considerando que o serviço foi prestado de forma diversa e reduzida, enquanto o pagamento integral das mensalidades ou multas pela desistência foi mantido. No caso, o STJ validou a redução da multa contratual de 30% para 15% como medida adequada para restabelecer o equilíbrio contratual. (STJ, REsp 2.100.646/DF, Rel. Min. Nancy Andrighi, Terceira Turma, DJe 26/02/2024).

141. O STJ aplicou corretamente o direito à revisão dos contratos em relação à maxidesvalorização do dólar. De modo a reequilibrar os contratos, o STJ repartiu o reajuste entre consumidor e fornecedor. (STJ, REsp 472594 / SP, Rel. para acórdão Min. Aldir Passarinho Júnior, DJ 04/08/2003)

142. Art. 478 do CC. Nos contratos de execução continuada ou diferida, se a prestação de uma das partes se tornar excessivamente onerosa, com extrema vantagem para a outra, em virtude de acontecimentos extraordinários e imprevisíveis, poderá o devedor pedir a resolução do contrato. Os efeitos da sentença que a decretar retroagirão à data da citação.

outra. Pelo contrário, é comum que a desgraça de uma das partes, também acarrete dificuldades para a outra, mesmo que bem menores do que as de seu parceiro. Mas, dificilmente haverá uma situação de inversão de valores tão radical, a ponto de um mesmo fato ensejar a falência de um contratante e o sucesso do outro".[143]

No CDC, o direito à revisão visa à conservação do contrato e ao restabelecimento do equilíbrio, permitindo ao consumidor a continuidade do contrato adaptado às suas novas condições econômicas (princípio da conservação dos contratos de consumo).

Dessa forma, o inciso V se torna um importante mecanismo de justiça contratual e proteção ao consumidor, que não precisa provar o enriquecimento do fornecedor, bastando demonstrar que, em razão de fatos supervenientes, o contrato se tornou excessivamente oneroso. Isso reforça o direito do consumidor à revisão e se alinha com o princípio da função social e da proteção da parte mais fraca na relação de consumo.

O CDC, portanto, trata a revisão contratual não como uma opção, mas como um direito garantido ao consumidor, o que fortalece o princípio da boa-fé objetiva e a função social dos contratos. Em vez de optar pela resolução do contrato, como previsto no Código Civil, o CDC prioriza a revisão contratual, mantendo a relação jurídica e ajustando as prestações às novas condições.

Dessa forma, promove-se um ambiente contratual mais justo e equilibrado, que respeita as dificuldades econômicas inesperadas do consumidor, assegurando a continuidade do contrato e prevenindo o inadimplemento. Essa abordagem do CDC contribui para a confiança nas relações de consumo, incentivando a responsabilidade dos fornecedores em preservar um equilíbrio justo e transparente, mesmo em situações de instabilidade ou mudança econômica significativas.

Sinteticamente, quanto às diferenças, temos:

Teoria da Imprevisão (CC)	Teoria da Base Objetiva do Negócio Jurídico (CDC)
Exige a imprevisibilidade e a extraordinariedade do fato superveniente	Não exige (somente exige o fato superveniente)
Exige a extrema vantagem para o credor	Não exige esta condição
Implica resolução (a revisão somente com a voluntariedade do credor)	Implica revisão (resolução somente quando não houver possibilidade de revisão). Aplicação do Princípio da Conservação dos Contratos

VI - a efetiva prevenção e reparação de danos patrimoniais e morais, individuais, coletivos e difusos.

O inciso VI do art. 6º do CDC estabelece como direito básico do consumidor a "*efetiva prevenção e reparação de danos patrimoniais e morais, individuais, coletivos e difusos*". Esse dispositivo reconhece que os danos causados nas relações de consumo podem ter diferentes escalas e afetar tanto o indivíduo isoladamente quanto a coletividade, exigindo do sistema jurídico mecanismos robustos para assegurar a prevenção de danos e, quando necessário, a reparação efetiva. A previsão de danos patrimoniais e morais abrange tanto perdas financeiras

143. *Direito das Obrigações*. 3ª ed. Rio de Janeiro: Editora Impetus, 2004, p. 246.

quanto lesões imateriais, como situações que causem sofrimento ou afetem a dignidade e o bem-estar dos consumidores.

Este dispositivo possibilita ao consumidor ser ressarcido integralmente dos danos que venha a sofrer, em consonância com o **princípio da *restitutio in integrum***, segundo o qual a indenização deve restabelecer a situação do consumidor ao estado anterior ao dano. Esse princípio é essencial para a justiça nas relações de consumo, pois visa assegurar que o consumidor, parte mais vulnerável, não sofra qualquer prejuízo não reparado.

Em algumas legislações específicas, como o Código Brasileiro de Aeronáutica (Lei nº 7.565/1986), estabelecem-se limitações para indenizações relacionadas ao transporte aéreo, abrangendo casos como a perda de bagagem, atrasos e cancelamentos de voo. No entanto, o CDC, por ser uma norma de ordem pública e interesse social, prevalece sobre essas limitações, garantindo ao consumidor o direito a uma reparação completa e não limitada.

O princípio do ressarcimento integral é reforçado pelo próprio CDC, que tem como um de seus pilares a proteção à dignidade e à segurança do consumidor, assegurando que qualquer prejuízo – material ou imaterial – seja reparado de forma plena. Além disso, o ressarcimento integral no CDC cumpre uma função pedagógica, desestimulando práticas abusivas por parte dos fornecedores. A possibilidade de indenizações completas e sem limitação serve como um incentivo para que empresas adotem medidas preventivas e aperfeiçoem seus serviços, evitando que problemas e falhas impactem negativamente o consumidor.

Dessa forma, o ressarcimento integral é mais do que uma compensação ao consumidor lesado; é um mecanismo que impulsiona a qualidade e a ética no mercado.

O STF, em julgamento do recurso extraordinário com repercussão geral nº 636.331/RJ, Rel. Min. Gilmar Mendes, DJ 13/11/2017[144], referente aos danos materiais ocasionados nos transportes aéreos internacionais, entendeu que as Convenções de Varsóvia e Montreal, em razão do art. 178 da Constituição Federal[145], tem prevalência sobre o CDC. Assim, no tocante aos danos materiais (*v.g.* extravio de bagagem) em transporte aéreo internacional, haverá limitação da indenização nos termos das Convenções de Varsóvia e Montreal. Foi fixada a seguinte tese no julgamento:

> *"Nos termos do art. 178 da Constituição da República, as normas e os tratados internacionais limitadores da responsabilidade das transportadoras aéreas de passageiros, especialmente as Convenções de Varsóvia e Montreal, têm prevalência em relação ao Código de Defesa do Consumidor".*

144. A ementa ficou assim: "Recurso extraordinário com repercussão geral. 2. Extravio de bagagem. Dano material. Limitação. Antinomia. Convenção de Varsóvia. Código de Defesa do Consumidor. 3. Julgamento de mérito. É aplicável o limite indenizatório estabelecido na Convenção de Varsóvia e demais acordos internacionais subscritos pelo Brasil, em relação às condenações por dano material decorrente de extravio de bagagem, em voos internacionais. 5. Repercussão geral. Tema 210. Fixação da tese: "Nos termos do art. 178 da Constituição da República, as normas e os tratados internacionais limitadores da responsabilidade das transportadoras aéreas de passageiros, especialmente as Convenções de Varsóvia e Montreal, têm prevalência em relação ao Código de Defesa do Consumidor". 6. Caso concreto. Acórdão que aplicou o Código de Defesa do Consumidor. Indenização superior ao limite previsto no art. 22 da Convenção de Varsóvia, com as modificações efetuadas pelos acordos internacionais posteriores. Decisão recorrida reformada, para reduzir o valor da condenação por danos materiais, limitando-o ao patamar estabelecido na legislação internacional. 7. Recurso a que se dá provimento."

145. Art. 178 da CF. A lei disporá sobre a ordenação dos transportes aéreo, aquático e terrestre, devendo, quanto à ordenação do transporte internacional, observar os acordos firmados pela União, atendido o princípio da reciprocidade.

Posteriormente, no julgamento do ARE 766.618, em 31/11/2023, o STF atualizou a tese para explicitar que ela não se aplica para os danos extrapatrimoniais. Ficou assim:

> *"Nos termos do art. 178 da Constituição Federal, as normas e os tratados internacionais limitadores da responsabilidade das transportadoras aéreas de passageiros, especialmente as Convenções de Varsóvia e Montreal, têm prevalência em relação ao Código de Defesa do Consumidor,* ***o presente entendimento não se aplica aos danos extrapatrimoniais****".*

Este entendimento explicitado, na prática, alterou duas situações nas ações condenatórias por danos materiais nos transportes aéreos internacionais:[146]

1. Haverá limitação na indenização por danos materiais[147] (as Convenções não disciplinam o dano moral. Assim, para os danos morais, continua prevalecendo o princípio do ressarcimento integral – não tarifado);[148] Nesse sentido o STF definiu em tese (repercussão geral): "Não se aplicam as Convenções de Varsóvia e Montreal às hipóteses de danos extrapatrimoniais decorrentes de contrato de transporte aéreo internacional". (STF, RE 1394401)
2. O prazo prescricional passa a ser de dois anos (e não de 5 anos do art. 27 do CDC), contados a partir da data da chegada ao destino.

Importante mencionar que a Convenção de Varsóvia (modificada pela Convenção de Montreal), no art. 22 permite que o passageiro possa realizar uma declaração especial do

146. A Convenção de Varsóvia (e demais normas posteriores) não se aplica aos transportes aéreos nacionais. Nesse sentido manifestou-se o Min. Relator Gilmar Mendes em seu voto: "A disposição deixa claro o âmbito de aplicação da Convenção, que não alcança os contratos de transporte nacional de pessoas e estão, por conseguinte, excluídos da incidência da norma do art. 22."

147. Que, segundo o art. 22 da Convenção de Montreal (que atualizou a Convenção de Varsóvia), será de 1000 Direitos Especiais de Saque por passageiro, a menos que o passageiro haja feito ao transportador, ao entregar-lhe a bagagem registrada, uma declaração especial de valor da entrega desta no lugar de destino, e tenha pago uma quantia suplementar, se for cabível. Na data de 27 de novembro de 2017, o valor de 1 DES (Direito Especial de Saque) estava em R$ 4,55 (consulta no site dos Correios – *http://www2.correios.com.br/sistemas/efi/consulta/cotacaomoeda/* – realizada em 27/11/2017.)

148. Nesse sentido manifestou o Min. Relator Gilmar Mendes em seu voto: "O segundo aspecto a destacar é que a limitação imposta pelos acordos internacionais alcança tão somente a indenização por dano material, e não a reparação por dano moral. A exclusão justifica-se, porque a disposição do art. 22 não faz qualquer referência à reparação por dano moral, e também porque a imposição de limites quantitativos preestabelecidos não parece condizente com a própria natureza do bem jurídico tutelado, nos casos de reparação por dano moral." No mesmo sentido foi a decisão monocrática da Min. Cármen Lúcia no RE 1169424/SP, DJ 08/11/2018. O STJ, em 2020, também entendeu que o dano moral a passageiro de voo internacional não se submete à Convenção de Montreal e sim ao CDC. Nesse sentido: "O STF, no julgamento do RE nº 636.331/RJ, com repercussão geral reconhecida, fixou a seguinte tese jurídica: Nos termos do artigo 178 da Constituição da República, as normas e os tratados internacionais limitadores da responsabilidade das transportadoras aéreas de passageiros, especialmente as Convenções de Varsóvia e Montreal, têm prevalência em relação ao Código de Defesa do Consumidor. *3. Referido entendimento tem aplicação apenas aos pedidos de reparação por danos materiais. 4. As indenizações por danos morais decorrentes de extravio de bagagem e de atraso de voo não estão submetidas à tarifação prevista na Convenção de Montreal, devendo-se observar, nesses casos, a efetiva reparação do consumidor preceituada pelo CDC.* 5. Recurso especial não provido." (STJ, REsp 1842066/RS, Rel. Ministro Moura Ribeiro, Terceira Turma, DJe 15/06/2020)

valor da bagagem, mediante o pagamento de uma taxa, se houver, para não ficar adstrito ao valor estipulado na Convenção.[149-150]

Assim, deve o consumidor, quando da compra da passagem internacional, bem como quando do despacho de sua bagagem no aeroporto, ser bem informado sobre a possibilidade da realização da declaração especial do valor da bagagem, sob pena do limite indenizatório da Convenção não ser aplicado para o caso. O consumidor, ao ser bem informado e esclarecido, poderá escolher conscientemente a melhor opção: se sujeitar ao limite indenizatório da Convenção (1000 DES) ou fazer uma declaração dos valores que constam em sua bagagem, pagando um valor adicional, se houver. Frise-se: não basta apenas informar, é necessário esclarecer o consumidor sobre as vantagens e desvantagens de se realizar esta declaração, para que o mesmo opte pela melhor solução, dependendo do que está levando na bagagem.[151]

Suponhamos que um consumidor, que frequentemente viaja para o exterior para esquiar no gelo, leve em sua bagagem as roupas e equipamentos de esqui. Certamente os valores envolvidos destes produtos ultrapassam (e muito!) os valores de 1000 DES, para o caso de sua bagagem sofrer alguma avaria ou ser extraviada. Para este caso, poderá o consumidor escolher realizar a declaração especial, mediante pagamento adicional, detalhando os produtos e valores que constam em sua bagagem, ficando o transportador obrigado a indenizá-lo pelos valores declarados, a menos que prove que este valor é superior ao valor real dos produtos.

Ademais, a meu ver, a aplicação do entendimento da prevalência do limite indenizatório da Convenção de Varsóvia e Montreal, em detrimento do limite irrestrito do CDC, somente pode ser aplicado para os casos (viagens internacionais) ocorridos após o julgamento do Rext 636.331/RJ. Isso porque, anteriormente ao referido julgamento, duas situações ocorriam:

1. Primeiramente, as cias aéreas não informavam sobre a possibilidade da realização da declaração especial de bagagem para que o consumidor optasse conscientemente

---

149. O Decreto 5910 de 27 de setembro de 2006 promulgou a Convenção de Montreal. Consta no seu artigo 22 – *Limites de Responsabilidade Relativos ao Atraso da Bagagem e da Carga* (...). 2. No transporte de bagagem, a responsabilidade do transportador em caso de destruição, perda, avaria ou atraso se limita a 1.000 Direitos Especiais de Saque por passageiro, a menos que o passageiro haja feito ao transportador, ao entregar-lhe a bagagem registrada, *uma declaração especial de valor da entrega desta no lugar de destino, e tenha pago uma quantia suplementar, se for cabível.* Neste caso, o transportador estará obrigado a pagar uma soma que não excederá o valor declarado, a menos que prove que este valor é superior ao valor real da entrega no lugar de destino".

150. Com relação a extravio de mercadoria em voo internacional, na falta de especificação do valor, haverá indenização tarifada disciplinada pela Convenção de Montreal. (STJ, EREsp n. 1.289.629/SP, relator Ministro Luis Felipe Salomão, Segunda Seção, julgado em 25/5/2022.)

151. Abordando a importância do direito de informação sobre a possibilidade de fazer a declaração especial do valor da bagagem, bem como suas consequências ao não fazê-lo, bem observou a Min. Rosa Weber em seu voto quando do julgamento do Rext 636.331/RJ: "Ressalto, por fim, que, em atenção ao estabelecido no art. 6º, III, do CDC, preceito que não conflita com a Convenção de Varsóvia e com sua sucessora, a Convenção de Montreal, sendo, pois, aplicável em conjunto com tais tratados internacionais, deve o consumidor ser informado sobre a viabilidade de fazer declaração especial de valor, mediante pagamento, se o caso, de taxa suplementar, bem como sobre os riscos existentes na hipótese de não exercer tal faculdade, inclusive com potencial adstrição a limites indenizatórios, quanto a danos materiais decorrentes do eventual extravio de sua bagagem."

por fazê-la. Assim, como este direito não lhe era informado, o limite indenizatório da Convenção não pode ser aplicado.

2. Em segundo lugar, até então a jurisprudência amplamente majoritária e dominante (incluindo, principalmente o STJ[152]) aplicava o CDC e não a Convenção de Varsóvia/Montreal. Ou seja, era amplamente conhecido que os tribunais estaduais e o próprio STJ e STF aplicavam o CDC para o caso de extravio de bagagem. Se isso era o contexto jurídico da época, pergunto: qual a finalidade do consumidor fazer uma declaração especial de bagagem, pagando uma taxa suplementar, se a Convenção não era aplicada pela jurisprudência?

Deste modo, a mudança de entendimento do STF não pode prejudicar os consumidores que fizeram viagens internacionais sem serem informados sobre a possibilidade da realização da declaração especial, bem como que, ao tempo das viagens, era aplicado o entendimento consolidado da indenização ilimitada.

Outro aspecto a ser ressaltado sobre a aplicação da Convenção de Varsóvia/Montreal é que o art. 22, ponto 5 elucida que o limite indenizatório de 4150 DES para dano causado por atraso no transporte de pessoas e 1000 DES no transporte de bagagens não será aplicado se ficar provado que o dano "*é resultado de uma ação ou omissão do transportador ou de seus prepostos, com intenção de causar dano, ou de forma temerária e sabendo que provavelmente causaria dano, sempre que, no caso de uma ação ou omissão de um preposto, se prove também que este atuava no exercício de suas funções.*"

Ou seja, caso fique configurado que o dano foi causado nestas condições elencadas acima, não se observará o limite indenizatório, devendo a indenização ser ampla. Como a regra processual do CDC (e também do CPC atual) é aplicada ao caso, poderá haver a inversão do ônus da prova (art. 6º, VIII do CDC e art. 373, § 1º do CPC/2015) para que o transportador fique com o ônus de demonstrar de que o dano causado *não foi* nas condições do ponto 5 do art. 22 da Convenção.

Assim, atualmente, com exceção do transporte aéreo internacional, ficou claro que no CDC o ressarcimento integral deverá se dar tanto em relação ao dano patrimonial e/ou moral, seja a título individual, seja a título coletivo.

O dano moral está previsto expressamente na Constituição da República, através do art. 5º, V[153] e X[154]. No plano infraconstitucional, ressaltamos o art. 186 do Código

---

152. Nesse sentido entendia o STJ: "O Superior Tribunal de Justiça possui o entendimento no sentido de que a responsabilidade civil das companhias aéreas por extravio de bagagem, após o advento da Lei n. 8.078/90, não é mais regulado pela Convenção de Varsóvia e suas posteriores alterações (Convenção de Haia e Montreal), tampouco pelo Código Brasileiro de Aeronáutica, aplicando-se, em tais casos, o Código de Defesa do Consumidor." (STJ, AgInt no AREsp 874.427/SP, Rel. Ministro Luis Felipe Salomão, Quarta Turma, DJe 07/10/2016) Já o STF possuía um precedente aplicando o CDC em detrimento da Convenção de Varsóvia. Neste sentido: RE 351.750, Primeira Turma, DJ 24.9.2009.

153. Art. 5º, V, da CF: "é assegurado o direito de resposta, proporcional ao agravo, além da indenização por dano material, moral ou à imagem."

154. Art. 5º, X, da CF: "são invioláveis a intimidade, a vida privada, a honra e a imagem das pessoas, assegurando o direito a indenização pelo dano material ou moral decorrente de sua violação."

Civil[155] e, no tocante às relações consumo, temos a previsão no art. 6º, VI[156] e VII[157], ambos do CDC.

Sob a perspectiva constitucional, que consagrou a dignidade humana como um dos fundamentos do nosso Estado Democrático de Direito, dano moral é a lesão de interesses não patrimoniais de pessoa física ou jurídica, provocada pelo fato lesivo, ou seja, é a violação aos direitos da personalidade.

Assim, sempre que uma pessoa for colocada em situação humilhante, vexatória ou degradante, afrontando assim a sua dignidade, poderá exigir, na justiça, indenização pelos danos morais causados. Quando se refere à indenização, vale lembrar que o dano moral não é passível de ressarcimento ou reparação, pois é impossível voltar ao *status quo ante*, ou seja, voltar ao estado anterior. Isso somente é possível em se tratando de dano material. Por isso é que se diz que o dano moral é passível de compensação, possibilitando compensar a dor da vítima, sua humilhação, a perda de um projeto de vida, da honra etc.

Nas relações de consumo há muitas formas de abusos praticados por fornecedores de produtos e serviços e que geram dano moral. O caso mais comum de dano moral nas relações de consumo é o "abalo de crédito", que ocorre quando uma pessoa tem seu crédito negado indevidamente. Isto acontece pelo cadastro ou pela manutenção indevida do consumidor em órgãos de restrição ao crédito, como SPC, Serasa, Bacen, Cadin etc. ou pelo protesto indevido de títulos nos cartórios de protesto.

Importante ressaltar que no dano moral não há necessidade de se provar o prejuízo operado em razão do fato lesivo (*in re ipsa*), pois provada a ofensa, o dano moral será uma presunção natural decorrente das regras da experiência comum.

A jurisprudência do STJ é pacífica no sentido de que basta a prova da inscrição indevida em cadastros de inadimplentes para ser indenizado por dano moral, não havendo necessidade de se provar o prejuízo ou o sofrimento causado.

Por sua vez, a jurisprudência brasileira tem a tendência, tanto nas relações de consumo como em outras relações, de afastar danos de pequena monta, que não apresentam gravidade relevante. Assim, o STJ tem entendido que o mero aborrecimento, dissabor, mágoa, irritação ou sensibilidade exacerbada estão fora da órbita do dano moral. Assim, somente deve ser reputado como dano moral a dor, vexame, sofrimento ou humilhação que, de forma anormal, interfira no comportamento psicológico do indivíduo.[158]

---

155. Art. 186 do CC: "aquele que, por ação ou omissão voluntária, negligência ou imprudência, violar direito e causar dano a outrem, ainda que exclusivamente moral, comete ato ilícito."

156. Art. 6º, VI, do CDC: "são direitos básicos do consumidor: a efetiva prevenção e reparação de danos patrimoniais e morais, individuais, coletivos e difusos."

157. Art. 6º, VII, do CDC: "o acesso aos órgãos judiciários e administrativos com vistas à prevenção ou reparação de danos patrimoniais e morais, individuais, coletivos ou difusos, assegurada a proteção jurídica, administrativa e técnica aos necessitados."

158. "O soar falso do alarme magnetizado na saída da loja, a indicar o furto de mercadorias do estabelecimento comercial, causa constrangimento ao consumidor, vítima da atenção pública e forçado a mostrar os seus pertences para comprovar o equívoco. Dano moral que deve ser indenizado. Precedentes da Quarta Turma" (STJ, REsp. 710876 / RJ, Rel. Min. Fernando Gonçalves, *DJ* 01/02/ 2006).

Nesse sentido, o STJ não admite o dano moral pelo simples fato do travamento da porta giratória em instituição financeira, ainda que por mau funcionamento, por se tratar de medida de segurança que se impõe para a proteção de todos, com o intuito de prevenir furtos e roubos no interior desses estabelecimentos. (STJ, REsp. 689213/RJ, Rel. Min. Jorge Scartezzini, *DJ* 11/12/2006).[159]

Nesse sentido também, o STJ tem entendido que somente haverá dano moral em caso de inadimplemento contratual quando ocasionar transtornos consideráveis, com repercussão na esfera íntima da vítima. Dessa forma, o entendimento que prevalece é que o simples inadimplemento contratual não gera dano moral. Assim, considerou que não houve ofensa moral em razão da seguradora ter feito pagamento a menor do valor do seguro.[160] Por sua vez, em outro caso, considerou que houve dano moral quando a seguradora descumpriu o contrato de seguro, frustrando as expectativas do consumidor e causando aborrecimentos anormais, uma vez que o seguro é feito justamente para liberar o segurado das preocupações decorrentes do sinistro.[161-162]

Em relação ao cheque, o STJ editou duas Súmulas em 2009 envolvendo o dano moral. A *Súmula nº 370*: "Caracteriza dano moral a apresentação antecipada de cheque pré-datado" e a *Súmula nº 388*: "A simples devolução indevida de cheque caracteriza dano moral."[163]

Outra forma interessante de indenização por dano moral que tem sido admitida pela jurisprudência é a **indenização pelo *tempo perdido do consumidor* (dano temporal)**. A indenização pelo tempo perdido do consumidor se configuraria em categoria autônoma, não sem confundindo com as demais especiais de danos. Uma das primeiras teorias sobre o tema foi a chamada teoria pela ***perda do tempo livre (ou útil)*** do consumidor.

Muitas situações do cotidiano nos trazem a sensação de perda de tempo: o tempo em que ficamos "presos" no trânsito; o tempo para cancelar a contratação que não mais nos interessa; o tempo para cancelar a cobrança indevida do cartão de crédito; a espera de atendimento em consultórios médicos etc. A maioria dessas situações, desde que não cause outros danos, deve ser tolerada, uma vez que faz parte da vida em sociedade. Ao contrário, a indenização pela perda do tempo (dano temporal) trata de situações intoleráveis, em que há desídia e desrespeito aos consumidores, que muitas vezes se veem compelidos a sair de

159. Mas se ficarem configurados abusos, cabe dano moral. Em caso julgado pelo STJ, o consumidor ficou por mais de 10 minutos retido no compartimento de porta giratória, além de ser insultado por funcionário de banco que, em postura de profunda inabilidade e desprezo pelo consumidor, afirmou que ele teria "cara de vagabundo". REsp 983.016-SP, Rel. Min. Luis Felipe Salomão, julgado em 11/10/2011. Informativo nº 485.

160. STJ, REsp. 702998/PB, Rel. Min. Carlos Alberto Menezes Direito, *DJ* 01/02/2006.

161. STJ, REsp. 257036 / RJ, Rel. Min. Ruy Rosado de Aguiar, *DJ* 12/02/2001.

162. Em outro caso, o STJ entendeu que, embora o inadimplemento contratual não gere, em regra, danos morais, esse entendimento pode ser excepcionado em situações em que o descumprimento é acompanhado de condutas que causam angústia e abalo psicológico ao consumidor. No caso, a recorrida não entregou o kit de casa pré-moldada de madeira, pago à vista, e fechou suas instalações sem explicações, frustrando o direito constitucional à moradia e agravando o sofrimento da consumidora ao não fornecer sequer um novo endereço para contato. Diante dessas circunstâncias excepcionais, reconheceu-se a ocorrência de danos morais. (STJ, REsp 1.025.665/RJ, Rel. Min. Nancy Andrighi, julgado em 23/03/2010).

163. De maneira similar, a recusa indevida de pagamento via cheque por parte do fornecedor, com fundamento em falsa provisão de fundos do consumidor, também gera danos morais. (STJ, REsp 981583 / PR, Rel. Min. Nancy Andrighi, DJe 01/07/2010).

sua rotina e perder o tempo livre para solucionar problemas causados por atos ilícitos ou condutas abusivas de fornecedores.

Tais situações fogem do que usualmente se aceita como "normal", em se tratando de espera por parte do consumidor. São aqueles famosos casos de *call center* em que se espera durante 30 minutos ou mais, sendo transferido de um atendente para outro. Nesses casos, percebe-se claramente o desrespeito ao consumidor, que é prontamente atendido quando da contratação, mas, quando busca o atendimento para resolver qualquer impasse, é obrigado, injustificadamente, a perder seu tempo de maneira desnecessária.

Abordando a teoria do tempo livre, o Des. Luiz Fernando Ribeiro de Carvalho do Tribunal de Justiça do Rio de Janeiro ensina que "o tempo, pela sua escassez, é um bem precioso para o indivíduo, tendo um valor que extrapola sua dimensão econômica. A menor fração de tempo perdido em nossas vidas constitui um bem irrecuperável. Por isso, afigura-se razoável que a perda desse bem, ainda que não implique prejuízo econômico ou material, dê ensejo a uma indenização. A ampliação do conceito de dano moral, para englobar situações nas quais um contratante se vê obrigado a perder seu tempo livre em razão da conduta abusiva do outro, não deve ser vista como um sinal de uma sociedade que não está disposta a suportar abusos."[164-165]

Outra teoria parecida e que foi adotada pelo STJ é o do ***desvio produtivo do consumidor***. A teoria ganhou repercussão a partir de alguns julgados do STJ que expressamente mencionaram a ideia do dano por desvio produtivo do consumidor para acatar pedidos de indenização de dano moral. Semelhante a teoria da perda do tempo útil (ou livre), ocorre em razão de uma ilicitude do fornecedor que, ao desviar o consumidor para resolver o problema, causa-lhe o dano. Nos moldes de Marcos Dessaune, grande divulgador da teoria, "o fato ou evento danoso que se consuma quando o consumidor, sentindo-se prejudicado, gasta o seu tempo vital – que é um recurso produtivo – e se desvia das suas atividades cotidianas – que geralmente são existenciais. Por sua vez, a esquiva abusiva do fornecedor de se responsabilizar pelo referido problema, que causa diretamente o evento de desvio produtivo do consumidor, evidencia a relação de causalidade existente entre a prática abusiva do fornecedor e o evento danoso dela resultante."[166-167]

---

164. "Dano moral em caso de descumprimento de obrigação contratual", *in AMAERJ Notícias Especiais*, nº 20, junho/2004.
165. Esta teoria é reconhecida por diversos tribunais brasileiros. Mais recentemente foi citada pelo STJ no REsp 1929288/TO, Rel. Ministra Nancy Andrighi, Terceira Turma, DJe 24/02/2022.
166. DESSSAUNE. Marcos. Teoria aprofundada do desvio produtivo do consumidor: um panorama. *Revista Direito do Consumidor*. RT. Vol. 119/2018, pg. 89-103.
167. O STJ entendeu que não se aplica a teoria do desvio produtivo fora das relações de consumo. Nesse sentido: "A Teoria dos Desvio Produtivo do Consumidor, como se infere da sua origem, dos seus fundamentos e dos seus requisitos, é predisposta a ser aplicada no âmbito do direito consumerista, notadamente em razão da situação de desigualdade e de vulnerabilidade que são as notas características das relações de consumo, não se aplicando, portanto, a relações jurídicas regidas exclusivamente pelo Direito Civil." (STJ, REsp n. 2.017.194/SP, relatora Ministra Nancy Andrighi, Terceira Turma, DJe de 27/10/2022.)

RECURSO ESPECIAL. CONSUMIDOR. TEMPO DE ATENDIMENTO PRESENCIAL EM AGÊNCIAS BANCÁRIAS. DEVER DE QUALIDADE, SEGURANÇA, DURABILIDADE E DESEMPENHO. ART. 4º, II, "D", DO CDC. FUNÇÃO SOCIAL DA ATIVIDADE PRODUTIVA. MÁXIMO APROVEITAMENTO DOS RECURSOS PRODUTIVOS. *TEORIA DO DESVIO PRODUTIVO DO CONSUMIDOR*. DANO MORAL COLETIVO. OFENSA INJUSTA E INTOLERÁVEL. VALORES ESSENCIAIS DA SOCIEDADE. FUNÇÕES. PUNITIVA, REPRESSIVA E REDISTRIBUTIVA. 1. Cuida-se de coletiva de consumo, por meio da qual a recorrente requereu a condenação do recorrido ao cumprimento das regras de atendimento presencial em suas agências bancárias relacionadas ao tempo máximo de espera em filas, à disponibilização de sanitários e ao oferecimento de assentos a pessoas com dificuldades de locomoção, além da compensação dos danos morais coletivos causados pelo não cumprimento de referidas obrigações. (...) 7. O dever de qualidade, segurança, durabilidade e desempenho que é atribuído aos fornecedores de produtos e serviços pelo art. 4º, II, d, do CDC, tem um conteúdo coletivo implícito, uma função social, relacionada à otimização e ao máximo aproveitamento dos recursos produtivos disponíveis na sociedade, entre eles, o tempo. 8. O desrespeito voluntário das garantias legais, com o nítido intuito de otimizar o lucro em prejuízo da qualidade do serviço, revela ofensa aos deveres anexos ao princípio boa-fé objetiva e configura lesão injusta e intolerável à função social da atividade produtiva e à proteção do tempo útil do consumidor. 9. Na hipótese concreta, a instituição financeira recorrida optou por não adequar seu serviço aos padrões de qualidade previstos em lei municipal e federal, impondo à sociedade o desperdício de tempo útil e acarretando violação injusta e intolerável ao interesse social de máximo aproveitamento dos recursos produtivos, o que é suficiente para a configuração do dano moral coletivo." (STJ, REsp 1737412/SE, Rel. Ministra Nancy Andrighi, Terceira Turma, DJe 08/02/2019)

Interessante são as soluções apresentadas (*menosprezo planejado*) por Laís Bergstein para identificação de quais situações deverão ser indenizadas pelo desperdício do tempo do consumidor. Salienta a autora que "em busca de uma metodologia para a aferição do dever de compensação do dano extrapatrimonial resultante do tempo perdido do consumidor, propusemos a aplicação de um duplo critério de ponderação, chamado menosprezo planejado. Em primeiro lugar, propõe-se a identificação no caso concreto do menosprezo: o consumidor ou a sua demanda foram menosprezados pelo fornecedor? O menosprezo ao consumidor é observado nos casos de fornecedores que ignoram os pedidos e as reclamações do consumidor ou não lhe prestam informações adequadas, claras e tempestivas. Menosprezo é desrespeito, desconsideração, desvalorização da importância do pleito. O segundo critério para a aferição do dano pelo tempo perdido nas relações de consumo é o do planejamento: o tempo do consumidor poderia ter sido poupado pelo fornecedor de produtos ou serviços mediante a implementação de mecanismos para aumentar a segurança das contratações?" Nesse sentido, conclui a autora que, configuradas ambas as situações, "imputa-se a responsabilidade ao fornecedor pelo tempo indevidamente perdido pelo consumidor à espera de uma resolução para a sua demanda".[168]

A aplicação do dano temporal, principalmente reconhecendo sua autonomia em relação a outros danos e aplicando o critério do "menosprezo planejado", será importante para indenizar os consumidores que são obrigados, após (às vezes, inúmeras!) tentativas de

168. BERGSTEIN, Laís. *O tempo do consumidor e o menosprezo planejado: o tratamento jurídico do tempo perdido e a superação das suas causas*. São Paulo: Thomson Reuters Brasil, 2019, pg. 197.

tratativas diretas com o fornecedor e ser "menosprezado" na resolução do problema, ajuizar ação judicial para, finalmente, conseguir o que de direito.

Esse dano (que intitulo de ***dano moral por litigância forçada***) visa compensar o consumidor pelo infortúnio de ser compelido a buscar o judiciário para resolver uma questão que deveria ter sido solucionada extrajudicialmente. Essa situação impõe ao consumidor custos emocionais e financeiros significativos, especialmente em um sistema que já é sobrecarregado e notoriamente moroso.[169]

A necessidade de comparecimento a audiências, a contratação de advogados e a exposição ao ambiente formal do Judiciário, além dos custos financeiros envolvidos, configuram elementos que violam a dignidade e o tempo do consumidor, obrigando-o a se desgastar para ter reconhecidos direitos que deveriam ser garantidos desde o início da relação de consumo. A morosidade processual, somada aos trâmites burocráticos do Judiciário, gera impacto psicológico no consumidor, que, além de ver seu problema inicial não solucionado, precisa lidar com a ansiedade e o estresse decorrentes da espera por uma decisão judicial.

O desgaste é ainda maior para consumidores que desconhecem os processos jurídicos, pois enfrentam dificuldade de adaptação às exigências processuais, além do desconforto de expor suas queixas em um ambiente de julgamento, diferente do atendimento informal esperado em uma resolução administrativa.

Ademais, sabe-se que o fornecedor analisa permanente suas ações no mercado, entre elas o de atender às reclamações do consumidor (como por exemplo trocar um produto com defeito) considerando o viés econômico. Ou seja, se o custo para atender à reclamação do consumidor for superior à possibilidade de ser condenado judicialmente (danos materiais e morais), o fornecedor prefere protelar o atendimento da demanda do consumidor, não resolvendo o impasse. Economicamente falando, não há incentivo para que o fornecedor "resolva" o problema do consumidor, uma vez que o custo para tal é maior do que o custo que suportará nas demandas judiciais (considerando, ainda, que o fornecedor analisa o percentual dos consumidores que levará o caso ao judiciário...).

Assim sendo, uma vez verificado o "menosprezo" do fornecedor em resolver um direito (muitas vezes constatável de maneira direta e assertiva), deve-se indenizar, de maneira autônoma, a perda do tempo e o descaso sofrido pelo consumidor, que teve que se socorrer ao judiciário para resolver a demanda que deveria ter sido facilmente resolvida antes pelo fornecedor.[170] Esta indenização terá a finalidade não somente de indenizar o fato de o con-

169. O dano moral por litigância forçada deve ser aplicado em situações onde a recusa do fornecedor em atender ao pleito do consumidor não se baseia em justificativas legítimas ou razoáveis. Nos casos em que o fornecedor não possui uma razão clara e fundamentada para negar a resolução extrajudicial do problema, ele estaria infringindo seu dever de cooperação, indo contra os princípios da boa-fé objetiva e da função social do contrato. Nesse contexto, a recusa sem justificativa válida configura um desrespeito à expectativa de resolução direta e eficiente, empurrando o consumidor para a via judicial sem necessidade real. Diante disso, a ausência de um motivo concreto para a negativa impõe ao fornecedor o dever de atender ao consumidor prontamente, promovendo a solução extrajudicial do conflito. Quando isso não ocorre, a aplicação do dano moral por litigância forçada se mostra adequada.

170. Nesse sentido apontam a profa. Cláudia Lima Marques e Laís Bergstein: "São igualmente concentrados no fornecedor os recursos para a resolução de eventuais os problemas decorrentes do contrato de con-

sumidor ter "perdido" o seu tempo (dano temporal) para resolver a demanda de maneira desnecessária (pois poderia ter sido resolvida facilmente de maneira extrajudicial), como também servir de desestímulo econômico para que o fornecedor repense sua atuação no mercado.[171] Quando constatada a prática reiterada pelo fornecedor de menosprezo pelas reclamações e pela não observância dos direitos dos consumidores, passível será a condenação de danos morais coletivos na perspectiva do dano temporal.[172]

Com o intuito de conter os abusos perpetrados pelos fornecedores, primeiramente foi editado o Decreto nº 6.523, de 31 de julho de 2008, tratando sobre normas gerais sobre o serviço de atendimento ao consumidor (SAC) dos serviços regulados pelo governo federal (energia elétrica, telefonia, televisão por assinatura, planos de saúde, aviação civil, empresas de ônibus, bancos e cartões de crédito fiscalizados pelo Banco Central). Em 2022, foi publicado novo Decreto (nº 11.034 de 5 de abril) estabelecendo diretrizes e normas sobre o SAC, revogando o Decreto anterior (nº 6.523/2008).[173] Para melhor regulamentar o decreto, o Ministro da Justiça elaborou portaria (nº 2.014, de 13 de outubro de 2008) detalhando, por exemplo, o tempo máximo de espera por parte do consumidor.[174]

---

sumo. Caso o fornecedor não disponibilize ao seu parceiro contratual canais e ferramentas adequadas e aptas a prestar o devido atendimento, o consumidor não pode evitar de buscar a ajuda – o que seria perfeitamente evitável com um simples ato de boa-fé de cooperação – junto às autoridades competentes, como o Procon e as agências reguladoras, ou na sociedade civil, nas associações de defesa do consumidor, e depois, acionar o Poder Judiciário. Todas essas medidas são dispendiosas porque consomem tempo e, na maioria das vezes, certo investimento financeiro. A percepção de tais peculiaridades das relações de consumo nos conduz à conclusão de que há dano a ser reparado quando o consumidor é compelido a recorrer ao Poder Judiciário para solucionar um problema ocasionado e não admitido pelo fornecedor." MARQUES, Claudia Lima. BERGSTEIN, Laís. Menosprezo planejado de deveres legais pelas empresas leva à indenização. São Paulo, *Revista Consultor Jurídico*, 21 de dezembro de 2016. Disponível em: [www.conjur.com.br/2016-dez-21/garantias-consumo-menosprezo-planejado-deveres-legais-pelas--empresas-leva-indenizacao]. Acesso em: 22.03.2022.

171. Nesse sentido: "Consumidor – Quitação do contrato – Tentativas de solução do problema infrutíferas Necessidade de ajuizamento de ação para levantamento do gravame – Dano moral configurado – Teoria do desvio produtivo – *A autora gastou considerável parcela de seu tempo na tentativa de solução do problema, em claro desvio produtivo de suas tarefas habituais, acarretando-lhe lesão a sua integridade psíquica e ao seu bem estar, direitos da personalidade* – Arbitramento segundo os critérios da prudência e razoabilidade. Recurso improvido." (TJ-SP – RI: 10221956120208260001 SP, Rel.: Andre Salomon Tudisco, Data de Julgamento: 14/06/2021, 2ª Turma Cível, Data de Publicação: 14/06/2021)

172. Nesse sentido já entendeu o STJ: "O desrespeito voluntário das garantias legais, com o nítido intuito de otimizar o lucro em prejuízo da qualidade do serviço, revela ofensa aos deveres anexos ao princípio boa-fé objetiva e configura lesão injusta e intolerável à função social da atividade produtiva e à proteção do tempo útil do consumidor. 9. Na hipótese concreta, a instituição financeira recorrida optou por não adequar seu serviço aos padrões de qualidade previstos em lei municipal e federal, impondo à sociedade o desperdício de tempo útil e acarretando violação injusta e intolerável ao interesse social de máximo aproveitamento dos recursos produtivos, o que é suficiente para a configuração do dano moral coletivo." (STJ, REsp 1737412/SE, Rel. Ministra Nancy Andrighi, Terceira Turma, DJe 08/02/2019)

173. Pelo art. 17, o novo Decreto (nº 11.034/2022) entra em vigor após 180 dias de sua publicação (ocorrida no da 06/04/2022)

174. Em linhas gerais, de acordo com as novas regras, o consumidor não pode esperar mais do que um minuto até o contato direto com o atendente, quando essa opção for selecionada. Em se tratando de bancos e empresas de cartões de crédito, o tempo será ainda menor: 45 segundos. Entretanto, há 3 exceções, hipóteses que o tempo máximo de espera será de 90 segundos (1 minuto e meio): a) nas segundas-feiras; b) nos dias que antecedem e sucedem os feriados; e c) no 5º dia útil de cada mês. Outra exceção prevista é no tocante aos serviços de energia elétrica, em que a regra geral é também de um minuto de espera,

Vale lembrar que o dano estético pode ser cumulado com o dano moral. Para isso, o STJ entende que é preciso distinguir e apurar em separado os dois danos, mesmo sendo oriundos do mesmo fato (*v.g.*, criança que foi atropelada na contramão por ônibus: dor sofrida em razão do acidente – dano moral –; dor em razão da deformidade – dano estético).

Esse entendimento deu origem à *Súmula nº 387 do STJ*: "É lícita a cumulação das indenizações de dano estético e dano moral."

Conforme veremos no decorrer do livro, há outras hipóteses de responsabilização por dano moral já consagradas pelo STJ (no art. 18: responsabilidade por vícios em veículos que causam muitos transtornos ao consumidor;[175] no art. 22: dano moral pela interrupção indevida de energia elétrica; no art. 42: dano moral pelo constrangimento causado nas cobranças abusivas; art. 43: hipóteses de dano moral nas inscrições indevidas em cadastros de restrição ao crédito etc.).

Embora seja objeto de questionamentos, o STF e o STJ utilizam, na aplicação do dano moral, a função punitiva-compensatória. De um lado, buscam compensar a dor da vítima; de outro, punir o ofensor, de modo a servir de desestímulo a práticas semelhantes.

> O valor do dano moral tem sido enfrentado no STJ com o escopo de atender a sua dupla função: reparar o dano buscando minimizar a dor da vítima e punir o ofensor, para que não volte a reincidir (STJ, REsp. 715320 / SC, Rela. Mina. Eliana Calmon, *DJ* 11/09/2007).

No mesmo sentido, decidiu o STF ao estabelecer a "necessária correlação entre o caráter punitivo da obrigação de indenizar e a natureza compensatória para a vítima" (STF, Rel. Min. Celso de Mello, Agravo de Instrumento nº 455846, j. 11/10/2004). A ementa do julgado expressamente consignou: "[...] dupla função da indenização civil por dano moral (reparação-sanção): a) caráter punitivo ou inibitório ('*exemplary or punitive damages*') e b) natureza compensatória ou reparatória."

A função punitiva encontra respaldo no inciso VI do art. 6º do CDC, que elenca como direito básico do consumidor "*a efetiva prevenção e reparação de danos patrimoniais e morais, individuais, coletivos e difusos.*" Nesse sentido, modernamente tem-se falado na *função preventiva* do dano moral. Diante de reiteradas condutas danosas praticadas pelo fornecedor contra o consumidor, o juiz deve promover a "efetiva prevenção dos danos", condenando o fornecedor a pagar quantia suficiente para servir de desestímulo à perpetuação da conduta, evitando, portanto, a ocorrência de futuros danos.

De um modo geral, são três os critérios avaliados na quantificação do dano moral: grau de culpa do ofensor; gravidade e repercussão da ofensa e situação econômica do ofensor e do ofendido.

---

mas que poderá ser aumentado no caso de atendimento emergencial que implique a interrupção do fornecimento de energia elétrica a grande número de consumidores, provocando elevada concentração de chamadas.

175. Isso é muito interessante, uma vez que normalmente os casos de dano moral nas relações de consumo ocorrem quando da responsabilidade pelo fato do produto e do serviço, por ocasionarem acidente de consumo (arts. 12 ao 14). Mas veremos que, embora em casos especiais, tem-se admitido também o dano moral na responsabilidade por vício do produto e do serviço (arts. 18 ao 20).

> Como cediço, o valor da indenização sujeita-se ao controle do Superior Tribunal de Justiça, sendo certo que, na sua fixação, recomendável que o arbitramento seja feito com moderação, proporcionalmente ao grau de culpa, ao nível socioeconômico dos autores e, ainda, ao porte econômico dos réus, orientando-se o juiz pelos critérios sugeridos pela doutrina e pela jurisprudência, com razoabilidade, valendo-se de sua experiência e do bom senso, atento à realidade da vida e às peculiaridades de cada caso (STJ, AgRg no Ag 657289 / BA, Rel. Min. Jorge Scartezzini, *DJ* 05/02/2007).

Interessante foi o **método bifásico** adotado pelo Ministro do STJ Paulo de Tarso Sanseverino no julgamento do Resp 959780/ES, DJe 06/05/2011. Este julgado tem servido de parâmetro para os demais Ministros do STJ.[176] O Ministro, após discorrer sobre o problema da reparação dos danos morais (extrapatrimoniais), expôs que a determinação da quantificação (*quantum*) constitui um dos problemas mais delicados da prática forense na atualidade, em face da dificuldade de fixação de critérios objetivos para o seu arbitramento. Assim, para o Ministro, uma forma de se estabelecer um critério razoavelmente objetivo para a operação de arbitramento da indenização por dano moral seria adotar o critério bifásico, procurando compatibilizar o *interesse jurídico lesado* com *as circunstâncias do caso concreto*. Neste caso seriam adotadas duas fases. Segundo o Ministro,

> "na *primeira fase*, arbitra-se o valor básico ou inicial da indenização, considerando-se o *interesse jurídico lesado*, em conformidade com os precedentes jurisprudenciais acerca da matéria (*grupo de casos*). Assegura-se, com isso, uma exigência da justiça comutativa que é uma razoável igualdade de tratamento para casos semelhantes, assim como que situações distintas sejam tratadas desigualmente na medida em que se diferenciam.
>
> Na *segunda fase*, procede-se à fixação definitiva da indenização, ajustando-se o seu montante às peculiaridades do caso com base nas suas circunstâncias. Partindo-se, assim, da indenização básica, eleva-se ou reduz-se esse valor de acordo com as *circunstâncias particulares do caso* (gravidade do fato em si, culpabilidade do agente, culpa concorrente da vítima, condição econômica das partes) até se alcançar o montante definitivo. Procede-se, assim, a um arbitramento efetivamente eqüitativo, que respeita as peculiaridades do caso.

---

176. Principalmente no arbitramento do *quantum* da indenização pelo evento morte. Após uma longa pesquisa efetuada pelo Ministro, concluiu-se que a maioria das indenizações arbitradas pelo STJ pelo evento morte ficavam entre 300 salários mínimos e 500 salários mínimos. Assim, a média dos arbitramentos ficou estabelecida em 400 salários mínimos. Neste sentido, "DIREITO CIVIL E PROCESSUAL CIVIL. ACIDENTE DE TRÂNSITO. MORTE DA VÍTIMA. FIXAÇÃO DO VALOR DOS DANOS MORAIS.1. Na linha dos precedentes desta Corte, os valores fixados a título de danos morais pelas instâncias de origem, porque arbitrados com fundamento nas peculiaridades fáticas de cada caso concreto, só podem ser alterados, em sede de recurso especial, quando realmente exorbitantes ou quando, ao contrário, sejam tão irrisórios que configurem um atentado à dignidade da vítima.2. A indenização fixada na origem é ínfima e destoa dos valores aceitos por esta Corte para casos semelhantes, isto é, de dano moral decorrente de morte de familiar em acidente de trânsito, devendo, portanto, ser majorada. 3. Superado o juízo a respeito da razoabilidade da indenização, cumpre buscar critérios para a fixação do novo valor indenizatório. 4. O E. Ministro Paulo de Tarso Sanseverino, no julgamento do REsp nº 959780/ES, Terceira Turma, DJe 06/05/2011, realizou estudo minudente dos precedentes desta Corte a respeito do tema. Naquela oportunidade demonstrou que as condenações impostas nesta instância Superior para a hipótese de dano-morte, com ressalva de casos excepcionais, têm variado entre 300 e 500 salários mínimos. 5. Recurso Especial provido para aumentar a indenização antes fixada em R$ 10.000,00 (dez mil reais) e R$ 5.000,00 (cinco mil reais), para R$ 100.000,00 (cem mil reais) e R$ 50.000,00 (cinquenta mil reais) em favor da mãe e da irmã da vítima, respectivamente." (STJ, Resp 1215409/RJ, Rel. Ministro Sidnei Beneti, Terceira Turma, DJe 05/10/2011).

Chega-se, com isso, a um ponto de equilíbrio em que as vantagens dos dois critérios estarão presentes. De um lado, será alcançada uma razoável correspondência entre o valor da indenização e o interesse jurídico lesado, enquanto, de outro lado, obter-se-á um montante que corresponda às peculiaridades do caso com um arbitramento equitativo e a devida fundamentação pela decisão judicial."

Através deste critério, então, primeiramente busca-se analisar quais os valores o tribunal tem arbitrado em determinado caso. Suponhamos que determinado tribunal tem arbitrado dano moral entre R$ 20.000,00 (vinte mil reais) e R$10.000,00 (dez mil reais) para os casos de negativação indevida nos órgãos de proteção ao crédito. Assim, teremos, como média, um *quantum* de R$ 15.000,00 (quinze mil reais). Ou seja, o valor básico da indenização, considerando o interesse jurídico lesado (negativação indevida) e os grupos de casos do tribunal, foi estabelecido em R$ 15.000,00 (quinze mil reais). Na segunda fase, procede-se à análise das circunstâncias do caso concreto, com os critérios citados anteriormente, entre outros: grau de culpa do ofensor e eventual participação culposa do ofendido, gravidade e repercussão da ofensa e situação econômica do ofensor e do ofendido. Através da análise destes critérios, a indenização básica encontrada na primeira fase poderá ser mantida, diminuída (se se perceber por exemplo que houve culpa concorrente do ofendido) ou até mesmo aumentada (percebendo por exemplo que o ofensor possui uma capacidade econômica muito grande ou que o grau de culpa foi elevado).

O método bifásico tem sido amplamente utilizado para fixar valores indenizatórios por danos morais, levando em conta uma referência inicial baseada em precedentes de casos análogos e ajustando o montante conforme as peculiaridades do caso concreto. Contudo, a falta de atualização dos valores usados como base tem gerado distorções significativas. A aplicação de valores de decisões passadas (decisões de 10 anos atrás), sem a devida correção monetária, desconsidera a perda do poder de compra e, com isso, diminui o impacto compensatório e pedagógico da indenização. Isso ocorre porque, ao longo do tempo, a inflação reduz o valor real da indenização, tornando-a ineficaz tanto para reparar o dano quanto para desestimular práticas lesivas. Assim, a atualização monetária dos valores visa manter a efetividade do método bifásico e garantir que a indenização cumpra seu papel de forma justa. Ajustar os parâmetros antigos às condições econômicas atuais permite que as indenizações continuem proporcionando uma compensação significativa às vítimas e uma punição eficaz aos ofensores. Sem esse ajuste, os valores se tornam baixos a ponto de esvaziar a função pedagógica da indenização, favorecendo a impunidade e incentivando a reiteração de condutas abusivas.[177]

Vale lembrar também que a modificação do *quantum* arbitrado a título de danos morais somente é admitida, em sede de recurso especial pelo STJ, na hipótese de fixação em valor irrisório ou abusivo.[178]

O **dano moral coletivo**, embora apresente divergências na doutrina quanto à existência, também foi expressamente previsto no art. 6º, incisos VI e VII, do CDC e após

---

177. Nesse sentido, conferir livro de Thays Curty intitulado *Como combater a desvalorização dos danos morais. Teoria da adequação inflacionária*. Editora Literando. 2024.

178. Nesse sentido: STJ, AG 605927/BA, Rela. Mina. Denise Arruda, *DJ* de 04/04/2005.

a alteração introduzida pela Lei nº 8.884/1994 ao art. 1º da Lei nº 7.347/1985 (Lei da Ação Civil Pública).[179-180] Configura o dano moral coletivo a injusta lesão à esfera moral de certa comunidade; a violação a determinado círculo de valores coletivos. Os valores coletivos não se confundem com os valores dos indivíduos que formam a coletividade. Com isso, percebe-se que a coletividade é passível de ser indenizada pelo abalo moral, independentemente dos danos individualmente considerados. Como exemplo, temos o dano moral gerado por propaganda enganosa ou abusiva. Em 2007 tivemos o chamado "apagão aéreo", gerando descrédito quanto ao sistema de aviação civil no Brasil. De forma ampla, a coletividade foi lesada, independentemente dos danos que cada indivíduo teve pessoalmente com os atrasos e contratempos causados. Por isso é que se diz que o dano moral coletivo abrange, em sua essência, somente os direitos difusos e coletivos, já que, para muitos doutrinadores, os direitos individuais homogêneos seriam direitos individuais coletivamente tratados.[181]

Muito embora boa parte da doutrina admita a condenação por dano moral coletivo,[182] a jurisprudência do STJ, em um primeiro momento, em caso julgado em 2006, não admitiu a sua aplicação.

Em caso envolvendo pedido de dano moral em razão de degradação ambiental, o tribunal superior considerou que a vítima do dano moral é, necessariamente, uma pessoa, concluindo que não parece ser compatível com o dano moral a ideia da "transindividualidade". Para o STJ, o dano moral envolve, necessariamente, dor, sentimento, lesão psíquica,

179. A Lei 12.529/2011 revogou o artigo da Lei 8.884/94 que alterou a LACP. Mas não houve prejuízo, pois as alterações constaram no art. 117 da nova lei.

180. Art. 1º da Lei nº 7347/1985: "Regem-se pelas disposições desta Lei, sem prejuízo da ação popular, as ações de responsabilidade por danos morais e patrimoniais causados: I – ao meio-ambiente; II – ao consumidor; III – à ordem urbanística; IV – a bens e direitos de valor artístico, estético, histórico, turístico e paisagístico; V – por infração da ordem econômica e da economia popular; VI – à ordem urbanística."

181. Em caso envolvendo direitos individuais homogêneos, houve a condenação por danos morais pelo STJ. O caso em questão e que ganhou grande repercussão na mídia foi referente ao anticoncepcional Microvlar inserido no mercado de consumo sem o princípio ativo, ocasionando a gravidez de diversas consumidoras. O laboratório Schering do Brasil foi condenado em ação civil pública proposta pelo Procon de São Paulo e pelo Estado de São Paulo ao pagamento de 1 milhão de reais pelos danos morais causados. A Mina. Nancy Andrighi ressaltou que "o produto em questão é um anticoncepcional, cuja única utilidade é a de evitar a gravidez; portanto, a mulher que toma tal medicamento tem a intenção de utilizá-lo como meio a possibilitar a escolha quanto ao momento de ter filhos. Nesse contexto, a falha do remédio frustra a opção da mulher, e nisso reside a necessidade de compensação pelos danos morais, em liquidação posterior" (STJ, REsp. 866.636/SP, Rela. Mina. Nancy Andrighi, 06/12/2007).

182. Sobre o dano moral coletivo, nos reportamos à belíssima lição de André de Carvalho Ramos: "As lesões aos interesses difusos e coletivos não somente geram danos materiais, mas também podem gerar danos morais. O ponto chave para a aceitação do chamado dano moral coletivo está na ampliação de seu conceito, deixando de ser o dano moral um equivalente da dor psíquica, que seria exclusividade de pessoas físicas. [...] Com isso, vê-se que a coletividade é passível de ser indenizada pelo abalo moral, o qual, por sua vez, não necessita ser a dor subjetiva ou estado anímico, que caracterizam o dano moral na pessoa física, podendo ser o desprestígio do serviço público, do nome social, a boa imagem de nossas leis, ou mesmo o desconforto da moral pública, que inexiste no meio social." ("Ação civil pública e o dano moral coletivo". *Revista Direito do Consumidor*. São Paulo: RT. nº 25, p. 82 e 83.)

afetando a parte sensitiva do ser humano, como a intimidade, a vida privada, a honra e a imagem das pessoas.

> Processual civil. Ação civil pública. Dano ambiental. Dano moral coletivo. Necessária vinculação do dano moral à noção de dor, de sofrimento psíquico, de caráter individual; incompatibilidade com a noção de transindividualidade (indeterminabilidade do sujeito passivo e indivisibilidade da ofensa e da reparação). Recurso especial improvido (STJ, REsp. 598281/MG, Rel. Min. Luiz Fux; Rel. p/ Acórdão Min. Teori Albino Zavascki, *DJ* 01/06/2006).

Cabe ressaltar que o Min. Luiz Fux, relator do caso acima julgado, entendeu pela possibilidade do dano moral coletivo, sendo voto vencido quando do julgamento.

Válida a exposição dos argumentos trazidos pelo Min. Luiz Fux:

1) O advento do novel ordenamento constitucional – no que concerne à proteção ao dano moral – possibilitou ultrapassar a barreira do indivíduo para abranger o dano extrapatrimonial à pessoa jurídica e à coletividade.

2) No que pertine a possibilidade de reparação por dano moral a interesses difusos como sói ser o meio ambiente amparam-na o art. 1º da Lei da Ação Civil Pública e o art. 6º, VI, do CDC.

3) Com efeito, o meio ambiente integra inegavelmente a categoria de interesse difuso, posto inapropriável *uti singuli*. Consectariamente, a sua lesão, caracterizada pela diminuição da qualidade de vida da população, pelo desequilíbrio ecológico, pela lesão a determinado espaço protegido, acarreta incômodos físicos ou lesões à saúde da coletividade, revelando atuar ilícito contra o patrimônio ambiental, constitucionalmente protegido.

4) Deveras, os fenômenos analisados sob o aspecto da repercussão física do ser humano e dos demais elementos do meio ambiente constituem dano patrimonial ambiental.

5) O dano moral ambiental caracteriza-se quando, além dessa repercussão física no patrimônio ambiental, sucede ofensa ao sentimento difuso ou coletivo – *v.g.*: o dano causado à paisagem causa impacto no sentimento da comunidade de determinada região, assim, a supressão de certas árvores na zona urbana ou localizadas na mata próxima ao perímetro urbano.

6) Consectariamente, o reconhecimento do dano moral ambiental não está umbilicalmente ligado à repercussão física no meio ambiente, mas, ao revés, relacionado à transgressão do sentimento coletivo, consubstanciado no sofrimento da comunidade, ou do grupo social, diante de determinada lesão ambiental.

7) Destarte, não se pode olvidar que o meio ambiente pertence a todos, porquanto a Carta Magna de 1988 o erigiu como bem de uso comum do povo. Dessa forma, em se tratando de proteção ao meio ambiente, podem coexistir o dano patrimonial e o dano moral, interpretação que prestigia a real exegese da Constituição Federal em favor do meio ambiente sadio e equilibrado.

8) Sob o enfoque infraconstitucional, a Lei nº 8.884/1994 introduziu alteração na LACP, restando expresso que a ação civil pública objetiva a responsabilização por danos morais e patrimoniais causados a quaisquer dos valores transindividuais de que cuida a lei.[183]

9) Outrossim, a partir da Constituição de 1988, há duas esferas de reparação: a patrimonial e a moral, gerando a possibilidade de o cidadão responder pelo dano patrimonial causado e, cumulativamente, pelo dano moral, um independente do outro.

Atualmente, passados vários anos deste julgamento histórico e com a saída do Min. Teori Zavascki para o STF (e que depois veio a falecer em um trágico acidente aéreo), o STJ vem aceitando amplamente o dano moral coletivo. Há precedentes das 4 Turmas que compõem as duas primeiras seções do STJ.[184]

Conforme bem sintetizado pela Min. Nancy Andrighi, "o dano moral coletivo é categoria autônoma de dano que não se identifica com aqueles tradicionais atributos da pessoa humana (dor, sofrimento ou abalo psíquico), mas com a violação injusta e intolerável de valores fundamentais titularizados pela coletividade (grupos, classes ou categorias de pessoas). Tem a função de: a) proporcionar uma reparação indireta à lesão de um direito extrapatrimonial da coletividade; b) sancionar o ofensor; e c) inibir condutas ofensivas a esses direitos transindividuais." (STJ, REsp 1586515/RS, Rel. Ministra Nancy Andrighi, Terceira Turma, DJe 29/05/2018)

Outra categoria de dano moral é o chamado **dano moral por ricochete**. O dano ricochete nas relações de consumo ocorre quando o prejuízo causado por um fornecedor a um consumidor atinge, indiretamente, terceiros ligados a esse consumidor. Esse fenômeno, também chamado de "dano por ricochete" ou "dano reflexo", é caracterizado pela repercussão dos efeitos danosos sobre outras pessoas que, embora não sejam diretamente afetadas pelo ato, acabam sofrendo danos em decorrência do prejuízo inicial.

No contexto das relações de consumo, a ocorrência de danos indiretos pode ser exemplificada em casos de falecimento ou invalidez do consumidor em função de um produto defeituoso, levando à privação financeira ou psicológica de seus familiares.[185]

Como exemplo, o STJ entendeu que os familiares próximos da vítima, como pais e irmãos, têm direito à indenização por dano moral por ricochete quando o evento danoso

183. Vale lembrar que em 2011 a Lei 12529 revogou praticamente todos os artigos da Lei 8.884/94.

184. Primeira Turma (AgRg no REsp 1283434/GO); Segunda Turma (Resp. 1.057.274-RS; REsp 1.397.870/MG, REsp 1509923/SP); Terceira Turma (REsp 1221756/RJ; REsp 1291213/SC; REsp 1334364/RS) Quarta Turma (REsp 1101949/DF). Veja as ementas destes julgados ao final dos comentários do artigo.

185. "Conquanto "a legitimidade para pleitear a reparação por danos morais seja, em princípio, do próprio ofendido, titular do bem jurídico tutelado diretamente atingido (CC/2002, art. 12;CC/1916, arts. 75 e 76), tanto a doutrina como a jurisprudência têm admitido, em certas situações, como colegitimadas também aquelas pessoas que, sendo muito próximas afetivamente ao ofendido, se sintam atingidas pelo evento danoso, reconhecendo-se, em tais casos, o chamado dano moral reflexo ou em ricochete. O dano moral indireto ou reflexo é aquele que, tendo se originado de um ato lesivo ao direito personalíssimo de determinada pessoa (dano direto), não se esgota na ofensa à própria vítima direta, atingindo, de forma mediata, direito personalíssimo de terceiro, em razão de seu vínculo afetivo estreito com aquele diretamente atingido" (AgInt no REsp n. 2.026.618/MA, relatora a Ministra Maria Isabel Gallotti, Quarta Turma, julgado em 4/9/2023, DJe de 8/9/2023). 4. Agravo interno desprovido." (STJ, AgInt no AREsp n. 2.542.393/MG, relator Ministro Marco Aurélio Bellizze, Terceira Turma, DJe de 26/6/2024)

causa repercussões significativas em suas vidas pessoais, gerando sofrimento emocional e psicológico. No caso, a estudante baleada no campus universitário ficou tetraplégica, o que afetou profundamente seus familiares, justificada, assim, a indenização por dano moral indireto, considerando os fortes laços afetivos e o impacto do evento. (STJ, REsp 876.448/RJ, Relator Ministro Sidnei Beneti, Terceira Turma, DJe 21/9/2010).

Outro entendimento importante do STJ foi no sentido de que o dano moral por ricochete (ou dano reflexo) pode ocorrer mesmo que a vítima direta do evento danoso sobreviva. Esse tipo de dano envolve o sofrimento de um terceiro, afetado indiretamente pelo dano sofrido pela vítima direta, como no caso dos pais de um menor que sofreu um acidente grave em ambiente escolar, resultando em amputação parcial. A Corte destacou que o dano por ricochete é autônomo, ou seja, independe da morte da vítima direta, pois visa compensar o sofrimento e a angústia suportados pelos familiares. (STJ, REsp 1.697.723-RJ, Rel. Ministro Raul Araújo, Quarta Turma, julgado em 1/10/2024).

Sobre o aspecto da prevenção de danos, previsto no art. 6º, inciso VI, o Decreto 7.963, de 15 de março de 2013, instituiu o Plano Nacional de Consumo e Cidadania, tendo como eixo a *"prevenção e redução de conflitos"* compostas pelas seguintes políticas e ações: I – aprimoramento dos procedimentos de atendimento ao consumidor no pós-venda de produtos e serviços; II – criação de indicadores e índices de qualidade das relações de consumo; e III – promoção da educação para o consumo, incluída a qualificação e capacitação profissional em defesa do consumidor.

VII - o acesso aos órgãos judiciários e administrativos com vistas à prevenção ou reparação de danos patrimoniais e morais, individuais, coletivos ou difusos, assegurada a proteção Jurídica, administrativa e técnica aos necessitados.

O inciso VII do art. 6º do CDC assegura ao consumidor o direito fundamental de acesso aos órgãos judiciários e administrativos, tanto para prevenir quanto para reparar danos, que podem ser de natureza patrimonial ou moral, e atingir de forma individual, coletiva ou difusa. Esse direito é particularmente importante porque garante proteção integral ao consumidor, inclusive suporte jurídico, administrativo e técnico para aqueles em situação de necessidade.

Esse acesso amplo significa que, ao identificar um risco de prejuízo financeiro ou moral, o consumidor pode recorrer aos órgãos de defesa antes mesmo que o dano ocorra, buscando uma solução preventiva. Imagine, por exemplo, um banco anunciando uma nova cobrança irregular de tarifas que impactará milhares de clientes. Nesse caso, o CDC permite que ações preventivas sejam tomadas para suspender a cobrança, protegendo tanto o consumidor individual quanto a coletividade. Essa possibilidade de agir preventivamente garante que práticas abusivas sejam barradas desde o início, evitando que o problema se alastre e prejudique outros consumidores.

Além disso, o apoio técnico e jurídico garantido é essencial para que consumidores hipossuficientes (aqueles com poucos recursos) possam ser devidamente representados. A Defensoria Pública, por exemplo, pode prestar assistência jurídica gratuita, oferecendo desde o esclarecimento inicial dos direitos até a representação judicial. Isso se estende para as esferas administrativas, como o Procon, que pode atuar diretamente para resolver conflitos, representar o consumidor e até iniciar processos em defesa de direitos coletivos quando uma prática abusiva impacta várias pessoas.

Fortalecer e estruturar adequadamente os Procons e as Defensorias do Consumidor é fundamental para que o direito de acesso aos órgãos de defesa se torne realmente efetivo. Esses órgãos são a linha de frente na proteção dos direitos dos consumidores, responsáveis tanto por mediar conflitos quanto por orientar e representar aqueles que não têm condições financeiras de contratar um advogado. Procons fortalecidos, com recursos humanos e técnicos suficientes, podem atuar de maneira ágil e eficiente, garantindo que práticas abusivas sejam prontamente identificadas e resolvidas. Já as Defensorias, quando bem estruturadas, permitem que os consumidores hipossuficientes tenham uma representação qualificada para levar suas demandas ao Judiciário. Dessa forma, o investimento em recursos, capacitação e expansão desses serviços é essencial para que o objetivo do CDC de prevenir e reparar danos seja plenamente alcançado.

VIII - a facilitação da defesa de seus direitos, inclusive com a inversão do ônus da prova, a seu favor, no processo civil, quando, a critério do juiz, for verossímil a alegação ou quando for ele hipossuficiente, segundo as regras ordinárias de experiências.

Outro aspecto importante foi a inclusão no inciso VIII da possibilidade da inversão do ônus da prova a favor do consumidor quando for verossímil sua alegação ou quando ele for considerado hipossuficiente. O CDC adotou a regra da *distribuição dinâmica do ônus da prova*, uma vez que o magistrado tem o poder de redistribuição (inversão) do ônus probatório, caso verificada a verossimilhança da alegação ou hipossuficiência do consumidor. O CPC/73, ao contrário, adotava a regra da *distribuição estática do ônus da prova*, distribuindo prévia e abstratamente o encargo probatório, através do art. 333 do CPC/73. Assim, caberia ao autor provar os fatos constitutivos do seu direito e ao réu provar os fatos impeditivos, modificativos e extintivos.

O novo CPC/15, embora manteve distribuição semelhante do ônus em relação ao autor e réu (os incisos I e II do art. 373 do novo CPC/15 são idênticos aos incisos I e II do art. 333 do CPC/73), possibilitou ao juiz distribuir o ônus da prova de maneira diversa em algumas hipóteses, adotando, assim, a regra dinâmica da distribuição do ônus da prova. Prevê o § 1º do art. 373 do novo CPC/15 que: "Nos casos previstos em lei ou diante de peculiaridades da causa relacionadas à impossibilidade ou à excessiva dificuldade de cumprir o encargo nos termos do caput ou à maior facilidade de obtenção da prova do fato contrário, poderá o juiz atribuir o ônus da prova de modo diverso, desde que o faça por decisão fundamentada, caso em que deverá dar à parte a oportunidade de se desincumbir do ônus que lhe foi atribuído." Complementa o §2º do mesmo artigo que: "A decisão prevista no § 1º deste artigo não pode gerar situação em que a desincumbência do encargo pela parte seja impossível ou excessivamente difícil."[186]

Percebe-se que há confusão ao analisar o instituto da inversão do ônus da prova. Não raras vezes, em se tratando de relação de consumo, diz-se que a legislação aplicável é o art. 6º, VIII, do CDC. No tocante às relações privadas em geral, diz-se que a regra a ser aplicada é a do CPC, art. 373, I e II do novo CPC/15.

186. Outra norma que previu o instituto da inversão do ônus da prova foi a Lei de Proteção de Dados Pessoais (Lei 13.709/2018) que em seu artigo 42, §2º, instituiu que "o juiz, no processo civil, poderá inverter o ônus da prova a favor do titular dos dados quando, a seu juízo, for verossímil a alegação, houver hipossuficiência para fins de produção de prova ou quando a produção de prova pelo titular resultar-lhe excessivamente onerosa."

Importante destacar que, em momento algum, o CDC tratou da distribuição do ônus da prova, ao contrário do CPC. O que o CDC regulou foi a possibilidade de inverter o ônus probatório. Conclui-se, portanto, que o art. 373, I e II do novo CPC/15, deverá ser aplicado às relações de consumo, ou seja, caso o consumidor venha a propor a ação (autor), deverá fazer prova do fato constitutivo do direito. O que pode acontecer é que, em alguns casos, quando a prova a cargo do consumidor se tornar difícil de ser feita ou muito onerosa (requisito da hipossuficiência) ou quando os argumentos alegados, segundo as regras ordinárias de experiência do magistrado, forem plausíveis (requisito da verossimilhança das alegações), o juiz poderá inverter o ônus da prova que, a princípio, foi distribuído de acordo com o CPC.

Por isso é que se diz que no CDC foi adotada a regra da distribuição dinâmica do ônus da prova, pois, no caso concreto, a fim de reequilibrar a relação processual, o juiz poderá inverter a distribuição inicialmente feita pela regra geral (CPC). Já o CPC/73 adotava a regra da distribuição estática do ônus da prova, podendo ocorrer a flexibilização tão somente quando houvesse acordo entre as partes, e, desde que não recaísse sobre *direito indisponível* ou não *tornasse excessivamente difícil a uma parte o exercício do direito* (art. 333, parágrafo único do CPC/73 – art. 373, §3º do CPC/15). No novo CPC/15 a regra adotada foi a distribuição dinâmica, uma vez que o juiz poderá atribuir o ônus probatório de maneira diversa, caso haja excessiva dificuldade para a parte cumprir o encargo ou haja maior facilidade para parte adversa fazer prova do fato contrário (§1º do art. 373 do novo CPC/15).

O art. 51, VI, do CDC ainda estipula a nulidade da convenção que estabeleça a inversão do ônus da prova em prejuízo do consumidor.

Nesse sentido, a inversão do ônus da prova procura restabelecer a igualdade e o equilíbrio na relação processual em razão do fornecedor, geralmente, dispor de melhores condições técnicas e econômicas para a disputa judicial.

Importante destacar a diferença efetuada pela doutrina no tocante aos termos "*vulnerabilidade*" e "*hipossuficiência*", sendo a primeira um fenômeno de direito material com presunção absoluta – *jure et de juris* (art. 4º, I – o consumidor é reconhecido pela lei como um ente "vulnerável"), enquanto a segunda, um fenômeno de índole processual que deverá ser analisado casuisticamente (art. 6º, VIII – a hipossuficiência deverá ser averiguada pelo juiz *segundo as regras ordinárias de experiência).*

A doutrina e a jurisprudência divergem sobre qual o momento adequado para se aplicar as regras de inversão do ônus da prova. Alguns aduzem que seria no despacho saneador, de forma a preservar o princípio do contraditório e da ampla defesa.[187] Nesse caso, a inversão do ônus da prova seria uma *regra de procedimento.* Já outros, entendem que o momento correto seria o da prolação da sentença, sustentando, pois, que a inversão do ônus da prova seria uma *regra de julgamento.*[188]

---

187. Nesse sentido, João Batista de Almeida entende que "o deferimento da inversão deverá ocorrer entre a propositura da ação e o despacho saneador, sob pena de prejuízo para a defesa do réu". *Manual de Direito do Consumidor.* São Paulo: Saraiva, 2003, p. 78. Também concorda Rizzatto Nunes aduzindo que "... o momento processual mais adequado para a decisão sobre a inversão do ônus da prova é o situado entre o pedido inicial e o saneador. Na maior parte dos casos a fase processual posterior à contestação e na qual se prepara a fase instrutória, indo até o saneador, ou neste, será o melhor momento". *Comentários ao Código de Defesa do Consumidor, Direito Material (arts. 1 a 54)*, São Paulo: Saraiva, 2000.

188. O tema não é pacífico no STJ. *Regra de julgamento* – "A inversão do ônus da prova prevista no inciso VIII do art. 6º da Lei nº 8.078/1990 não é obrigatória, mas regra de julgamento, *ope judicis*, desde que o

Nelson Nery Júnior[189], defendendo a última corrente, ensina que "não há momento para o juiz fixar o ônus da prova ou sua inversão (CDC, art. 6º, VIII), porque não se trata de regra de procedimento. O ônus da prova é regra de juízo, isto é, de julgamento, cabendo ao juiz, quando da prolação da sentença, proferir julgamento contrário àquele que tinha o ônus da prova e dele não se desincumbiu. O sistema não determina quem deve fazer a prova, mas sim quem assume o risco caso não se produza. A sentença, portanto, é o momento adequado para o juiz aplicar as regras sobre o ônus da prova. Não antes".[190]

Considerando a inversão do ônus da prova como regra de julgamento, é possível que seja decretada em 2º grau de jurisdição, não implicando em cerceamento de defesa para nenhuma das partes.

> INVERSÃO DO ÔNUS DA PROVA EM 2º GRAU DE JURISDIÇÃO. POSSIBILIDADE. REGRA DE JULGAMENTO. 1. Essa Corte firmou o entendimento de que é plenamente possível a inversão do ônus da prova em 2º grau de jurisdição, pois cuida-se de uma regra de julgamento, que não implica em cerceamento de defesa para nenhuma das partes. (STJ, AgRg no Ag 1028085 / SP, Rel. Min. Vasco Della Giustina, DJe 16/04/2010)

A Segunda Seção do STJ, julgando a divergência que havia entre a Terceira e a Quarta Turmas[191], por maioria, adotou a regra de procedimento como a melhor regra para o momento da inversão do ônus da prova.

> RECURSO ESPECIAL. CONSUMIDOR. RESPONSABILIDADE POR VÍCIO NO PRODUTO (ART. 18 DO CDC). ÔNUS DA PROVA. INVERSÃO 'OPE JUDICIS' (ART. 6º, VIII, DO CDC). MOMENTO DA INVERSÃO. PREFERENCIALMENTE NA FASE DE SANEAMENTO DO PROCESSO. A inversão do ônus da prova pode decorrer da lei ('ope legis'), como na responsabilidade pelo fato do produto ou do serviço (arts. 12 e 14 do CDC), ou por determinação judicial ('ope judicis'), como no caso dos autos, versando acerca da responsabilidade por vício no produto (art. 18 do CDC). Inteligência das regras dos arts. 12, § 3º, II, e 14, § 3º, I, e. 6º, VIII, do CDC. A distribuição do ônus da prova, além de constituir regra de julgamento dirigida ao juiz (aspecto objetivo), apresenta-se também como norma de conduta para as partes, pautando, conforme o ônus atribuído a cada uma delas, o seu comportamento processual (aspecto subjetivo). Doutrina. Se o modo como distribuído o ônus da prova influi no comportamento processual das partes (aspecto subjetivo), não pode a a inversão 'ope judicis' ocorrer quando do julgamento da causa pelo juiz (sentença) ou pelo tribunal (acórdão). Previsão nesse sentido do art. 262, §1º, do

---

consumidor seja hipossuficiente ou seja verossímil sua alegação." (STJ, REsp. 241831/RJ, Rel.Min. Castro Filho, 3ª T., j. 20/08/2002, *DJU* 03/02/2003). *Regra de procedimento*: "De fato, como já assinalei em outra oportunidade, "*não tem nenhum sentido o juiz deixar para apreciar na sentença o pedido de inversão do ônus da prova. Como é curial, a decisão alterará todo o sistema de provas no curso do processo*" (STJ, Resp. nº 195.760/PR, Rel. o Min. Eduardo Ribeiro, *DJ* 23/8/1999), o que reiterei quando do julgamento do REsp. nº 442.854/SP, Rela. a Mina. Nancy Andrighi, *DJ* 7/4/2003, afirmando que é própria a inversão no momento da dilação probatória" (Voto proferido pelo Min. Carlos Alberto Menezes Direito no REsp. 598620/MG, j. 07/12/2004, *DJU* 18/04/2005, 3ª T.).

189. *Código de Processo Civil Comentado*. 8ª ed. São Paulo: Revista dos Tribunais, 2004, p. 798.

190. Nesse sentido, Kazuo Watanabe considera que "... somente após a instrução do feito, no momento da valoração das provas, estará o juiz habilitado a afirmar se existe ou não situação de *non liquet*, sendo caso ou não, consequentemente, de inversão do ônus da prova. Dizê-lo em momento anterior será o mesmo que proceder ao prejulgamento da causa, o que é de todo inadmissível". *Código Brasileiro de Defesa do Consumidor Comentado Pelos Autores do Anteprojeto*. 6ª ed. Rio de Janeiro: Forense Universitária, 2000, p. 715.

191. Exemplificando a divergência entre as duas Turmas que compõem a Segunda Seção (vg, TERCEIRA TURMA: AgRg nos EDcl no Ag 977.795/PR e REsp 949.000/ES; QUARTA TURMA: REsp 720.930/RS e REsp 881.651/BA).

> Projeto de Código de Processo Civil. A inversão 'ope judicis' do ônus probatório deve ocorrer preferencialmente na fase de saneamento do processo ou, pelo menos, assegurando-se à parte a quem não incumbia inicialmente o encargo, a reabertura de oportunidade para apresentação de provas. Divergência jurisprudencial entre a Terceira e a Quarta Turma desta Corte. (STJ, Resp 802832/MG, Rel. Ministro Paulo de Tarso Sanseverino, Segunda Seção, DJe 21/09/2011)

O novo CPC/15 adotou a regra de procedimento, estipulando no art. 357 que o juiz deverá, na decisão de saneamento e de organização do processo, distribuir o ônus da prova (inciso III). Ademais, o art. 373 do novo CPC/15 afasta por completo a regra de julgamento ao prever que sempre que for alterado o ônus da prova, a parte deverá ter a oportunidade de se desincumbir do encargo. Como a regra de julgamento permite a inversão na sentença, não fornecendo mais oportunidade da parte se desincumbir do ônus probatório, não poderá mais ser adotada pela nova sistemática do CPC.[192]

O conceito de hipossuficiente envolve, segundo parte da doutrina, aspectos econômicos e técnico-científicos: o primeiro relacionado à carência econômica do consumidor face ao fornecedor de produtos ou serviços e, o segundo, pertinente ao desconhecimento técnico-científico que o consumidor geralmente enfrenta, na aquisição do produto ou serviço. Nesse sentido, a inversão do ônus da prova no CDC respeita tanto a dificuldade econômica, quanto a técnica do consumidor em provar os fatos constitutivos de seu direito.

Suponhamos que determinado consumidor seja cobrado pela concessionária de telefonia por várias ligações que foram efetuadas para o exterior (ligações internacionais). O consumidor afirma categoricamente que não realizou as ligações e requer o cancelamento das mesmas ou a restituição do valor, caso já tenha sido pago a conta. A grande questão é: como o consumidor provará o fato alegado (fato constitutivo do direito) nesta hipótese? Ou em outras palavras, como o consumidor provará em juízo que não efetuou as ligações? Assim, nas situações em que o consumidor tem dificuldade na realização da prova (hipossuficiência técnica) ou a produção da prova é muito onerosa para ele (hipossuficiência econômica), o juiz, de modo a equilibrar a disputa processual, deve inverter o ônus da prova.

Caso similar já foi julgado pelo STJ:

> O "produto" ou "serviço" não inerente ao contrato de prestação de telefonia ou que não seja de utilidade pública, quando posto à disposição do usuário pela concessionária – caso do "tele-sexo" – carece de prévia autorização, inscrição ou credenciamento do titular da linha, em respeito à restrição prevista no art. 31, III, do CDC. II. Sustentado pela autora não ter dado a aludida anuência, cabe à companhia telefônica o ônus de provar o fato positivo em contrário, nos termos do art. 6º, VIII, da mesma Lei nº 8.078/1990, o que inocorreu. III. Destarte, se afigura indevida a cobrança de ligações nacionais ou internacionais a tal título, e, de igual modo, ilícita a inscrição da titular da linha como devedora em cadastro negativo de crédito, gerando, em contrapartida, o dever de indenizá-la pelos danos morais causados, que hão de ser fixados com moderação, sob pena de causar enriquecimento sem causa. (STJ, REsp 265121/RJ, Rel. Min. Aldir Passarinho Júnior, DJ 17/06/2002)

Sendo assim, quando verificadas uma das hipóteses previstas no inciso VIII, deve o magistrado, de ofício ou a requerimento da parte, inverter o ônus probatório, presumindo como verdadeiros os fatos alegados pelo consumidor, dispensando-o de produzir outras

192. É o que prevê o § 2º do art. 373 do novo CPC/15: "§ 2º A decisão prevista no § 1º deste artigo não pode gerar situação em que a desincumbência do encargo pela parte seja impossível ou excessivamente difícil."

provas, cabendo ao fornecedor, então, a obrigação de produzi-las, sob pena de não se desincumbir do ônus probatório.[193]

Assim, para que haja a inversão do ônus da prova é necessário que o juiz analise as peculiaridades do caso concreto e, no contexto, facilite a atuação da defesa do consumidor. A inversão não é automática, devendo o juiz justificar devidamente se presentes os pressupostos da referida norma, para, aí sim, deferir a inversão da prova.[194]

A inversão do ônus da prova instituída no art. 6º, VIII, do CDC é chamada pela doutrina de inversão do ônus da prova *ope judicis*, ou seja, pelo juiz. Isso por que, conforme dito, a inversão aqui não é automática, dependendo de manifestação expressa do juiz. Ao contrário, conforme veremos quando do estudo da responsabilidade e da publicidade, o CDC adotou três hipóteses da chamada inversão do ônus da prova *ope legis*, ou seja, pela lei. Aqui, ao contrário do art. 6º, VIII, do CDC, não se depende de manifestação do juiz para inverter a regra geral instituída pelo art. 333 do CPC/73 (art. 373 do novo CPC/15). A própria lei é que já distribui o ônus da prova diferentemente do previsto no art. 333 do CPC/73.[195]

Na verdade, tecnicamente, não há inversão do ônus da prova, uma vez que, desde o princípio, é a lei que institui a quem caberá o encargo probatório de determinado fato. Quando se diz inversão *ope legis*, entenda-se que houve mudança do encargo probatório distribuído pela regra geral (art. 333 do CPC/73 e art. 373 do novo CPC/15). Assim, embora pela regra geral do art. 333 do CPC/73 (art. 373 do novo CPC/15), o autor deva provar o defeito do produto ou serviço, o dano sofrido e o nexo causal entre ambos, o CDC, no § 3º, II, do art. 12 e § 3º, I, do art. 14, atribui ao fornecedor o ônus de provar que não existe defeito no produto e serviço. Nesse sentido, o defeito é presumido, bastando o consumidor demonstrar o dano e o nexo causal com o produto e o serviço adquiridos.

Na publicidade, também se encontra outra forma de inversão do ônus da prova *ope legis*. O art. 38 do CDC atribui àquele que patrocina a publicidade o ônus de provar a veracidade das informações veiculadas. No sistema tradicional, o ônus seria do autor, por ser fato constitutivo do seu direito. Assim, o consumidor, pela regra do CPC, ajuizando ação indenizatória sob o fundamento de que sofreu danos por ter adquirido veículo influenciado pelo fato do fornecedor veicular informação de que é o carro mais econômico do mercado (quando posteriormente percebe que não é), o consumidor teria que provar o alegado, por estar dentro do fato constitutivo do seu direito. Pelo sistema consumerista, através do art. 38, basta o consumidor alegar (e não provar!) que o veículo adquirido não é o mais econômico.

---

193. O STJ entendeu que é "cabível o agravo de instrumento nas hipóteses de distribuição judicial do ônus da prova, seja nas situações em que há inversão autorizada pelo legislador (p. ex., art. 6º, VIII, do CDC, combinado com art. 373, §1º, primeira parte, do CPC/15), seja com base na cláusula aberta de distribuição dinâmica do art. 373, §1º, segunda parte, do CPC/15, tratando-se de regras de instrução com as quais o julgador deve se preocupar na fase instrutória." (STJ, REsp 1802025/RJ, Rel. Ministra Nancy Andrighi, Terceira Turma, DJe 20/09/2019)

194. (STJ, REsp. 284.995-SE, Rel. Min. Fernando Gonçalves, j. 26/10/2004, *Informativo* 226).

195. Interessantes são as observações de Marcelo Abelha sobre a chamada inversão *ope legis:* "Inversão do ônus da prova é técnica processual, e parte do pressuposto de que o ônus pertenceria, à data da propositura da demanda, àquele contra quem foi feita a inversão. Não devem ser tomadas como inversão do ônus da prova, senão como simples distribuição do encargo probatório, as regras de direito material que abstratamente preveem que em determinados casos especificados na lei o encargo sobre determinados fatos é desta ou daquela parte no processo. É o que acontece no art. 38 do CDC, onde não se tem, a rigor, inversão do ônus de provar, já que a regra da distribuição é esta que o legislador

Quem terá que demonstrar o contrário, ou seja, que o veículo realmente é o mais econômico, e por isso não houve publicidade enganosa, é o patrocinador (fornecedor).

Assim temos:

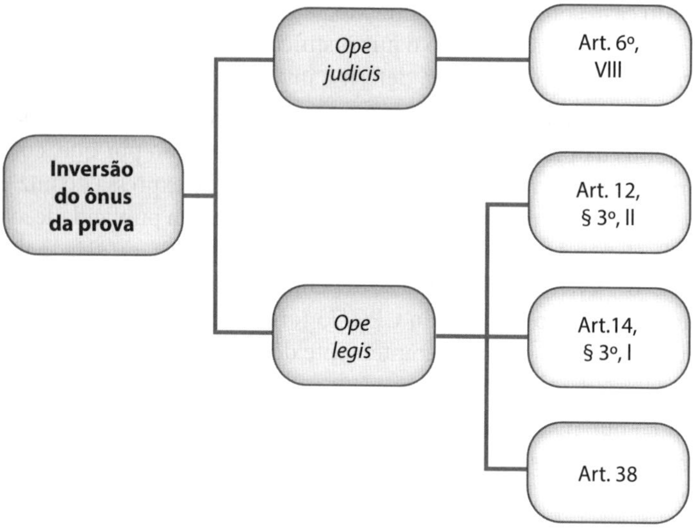

Tema controvertido no STJ era se, constatada a hipossuficiência do consumidor e determinada a inversão do ônus da prova, poderia se imputar ao fornecedor a responsabilidade pelo pagamento das despesas decorrentes de sua produção. O STJ, atualmente, consolidou seu entendimento diferenciando a inversão do ônus da prova da inversão do pagamento das despesas. Assim, a simples inversão do ônus *probandi* não teria o condão de obrigar o fornecedor a arcar com as despesas das provas requeridas pelo consumidor.

> Inversão do ônus da prova. Pagamento das despesas pela produção da prova. Precedentes da Terceira Turma. Ficou assentado na Terceira Turma que a 'inversão do ônus da prova não tem o efeito de obrigar a parte contrária a arcar com as custas da prova requerida pelo consumidor. No entanto, sofre as consequências processuais advindas de sua não produção' (STJ, REsp. 615684, Rel. Min. Carlos Alberto Menezes Direito, DJ 10/10/2005).

No concernente à produção de prova, alegam os fornecedores que em alguns casos seria impossível realizá-la. É o caso, por exemplo, de quando precisam demonstrar que o produto ou serviço que causou danos ao consumidor não foi produzido por eles. Seria o que chamamos de "prova negativa". Mas, nem por isso o fornecedor se desincumbirá do ônus de realizar a prova, caso constatada a verossimilhança das alegações do consumidor ou sua hipossuficiência, uma vez que o fato negativo pode ser provado através de provas indiretas.

Sob este ponto, destaca-se o posicionamento da Mina. Nancy Andrighi, no REsp. 422778/SP, *DJ* 27/08/2007, ao discorrer que "a afirmação dogmática de que o fato negativo nunca se prova é inexata, pois há hipóteses em que uma alegação negativa traz, inerente, uma afirmativa que pode ser provada. Desse modo, sempre que for possível provar uma afirmativa contrária àquela deduzida pela outra parte, tem-se como superada a alegação

---

determinou. Inversão há quando se inicia com um encargo e se altera no curso do processo." RODRIGUES, Marcelo Abelha. *Ação civil pública e meio ambiente*. São Paulo: Forense Universitária, 2003, p. 208.

de 'prova negativa', ou 'impossível'." No caso em comento, tratou de demanda indenizatória proposta por consumidor contra uma empresa fabricante de bebidas, em decorrência de estouro de garrafa de refrigerante 'Coca-Cola', cuja tampa causou ao autor lesão ocular que lhe retirou quase a totalidade da visão do olho direito. Por sua vez, a empresa fabricante alegou que não caberia a ela 'provar que não fabricou ou que não vendeu o refrigerante defeituoso, eis que seria 'prova negativa', de impossível produção.'"

Outro caso interessante que o STJ abordou a "prova negativa" envolvendo direito do consumidor, ocorreu no REsp 1050554 / RJ, Rel. Min. Nancy Andrighi, DJe 09/09/2009. O caso envolvia pedido de indenização por danos materiais e morais por uma consumidora que afirmou ter sido furtada (dinheiro e documentos pessoais) dentro de um supermercado. Em primeiro grau, o juiz entendeu que não poderia impor à parte (supermercado) o ônus de produzir uma prova negativa ou impossível (provar que a autora ingressou em seu estabelecimento com a bolsa intacta e que ali não foi vítima de furto).

Pela didática apresentada pela Min. Nancy Andrighi ao tratar do tema, transcrevo, mais uma vez, parte da fundamentação do voto:

> O argumento de que seria uma prova impossível, razão pela qual o ônus da prova não foi invertido, não merece prosperar, eis que, atualmente, a máxima de que as negativas são isentas de prova não é verdadeira, porquanto dizem respeito tão somente as negativas indefinidas, ou seja, não abarcam as negativas relativas, suscetíveis de prova. [...] Destarte, tendo a recorrente alegado na inicial que foi furtada no interior de estabelecimento do recorrido, onde se encontrava efetuando compras, bastaria a ré ter comprovado que a recorrente não esteve em seu estabelecimento naquele dia e horário ou que, ainda que lá se encontrasse, não teria ocorrido o furto.
>
> Com efeito, a prova desses fatos impeditivos, modificativos ou extintivos do direito da consumidora, poderia ser feita mediante o registro do sistema de monitoramento compostos por câmeras de vigilância, tecnologia usual nos dias atuais, principalmente em estabelecimentos comerciais de grande porte. Esses estabelecimentos, notoriamente e conforme a própria recorrente afirma, anunciam, mediante publicidade, propiciar segurança, estacionamento e bem estar aos consumidores, de modo a atrair clientela, propiciando ao fornecedor um maior benefício econômico.
>
> Afasta-se, portanto, a conclusão do Tribunal de origem de que a prova a ser produzida pelo recorrido seria uma prova impossível. [...]
>
> Sendo assim, caso se considere como prova impossível aquela a ser realizada pelo recorrido, qual seja, provar que a recorrente não foi furtada, igualmente seria impossível à consumidora recorrente provar o fato constitutivo de seu direito. Questiona-se como seria possível provar um furto praticado por um punguista, por meio de uma ação rápida e imperceptível da vítima. Caso a recorrente tivesse produzido prova nesse sentido, poder-se-ia questionar até sua própria boa-fé e causar a impressão de que seria uma lide temerária.
>
> Nessas hipóteses que, por sua natureza, têm dificuldades a ser esclarecidas, é o juiz obrigado a julgar o mérito com base em uma convicção de verossimilhança, porquanto tais dificuldades de prova não devem ser suportadas pela vítima, ainda mais em um campo como o do direito do consumidor.

X - a adequada e eficaz prestação dos serviços públicos em geral.

O direito à prestação adequada e eficaz dos serviços públicos impõe que serviços essenciais, como água, energia elétrica, transporte público e saneamento, sejam oferecidos de forma contínua, segura e eficiente, atendendo às necessidades básicas dos cidadãos.

A "adequação" refere-se à obrigação de que esses serviços sejam prestados com qualidade, conforme as expectativas legítimas do consumidor e os padrões técnicos exigidos.

Já a "eficácia" implica que o serviço realmente alcance o seu objetivo e atenda plenamente às finalidades para as quais foi contratado. Por exemplo, no caso do fornecimento de água, a empresa responsável deve não só assegurar o fornecimento regular, mas também que a água seja potável e disponível em quantidade suficiente.

Esse direito se fortalece com a atuação de órgãos reguladores, que fiscalizam e estabelecem diretrizes para a prestação desses serviços, protegendo o consumidor contra interrupções indevidas, falhas na qualidade e cobranças abusivas. Assim, a adequada estruturação desses serviços públicos e a vigilância sobre seu funcionamento são essenciais para que os direitos dos consumidores sejam respeitados.

XI - a garantia de práticas de crédito responsável, de educação financeira e de prevenção e tratamento de situações de superendividamento, preservado o mínimo existencial, nos termos da regulamentação, por meio da revisão e da repactuação da dívida, entre outras medidas.

O inciso XI do art. 6º do CDC introduz uma proteção essencial para o consumidor, que vai além do simples acesso ao crédito, assegurando práticas de crédito responsável, educação financeira e meios de prevenção e tratamento do superendividamento. Esse dispositivo reflete a preocupação com a vulnerabilidade financeira do consumidor, especialmente diante de um mercado onde a concessão de crédito é cada vez mais ampla, porém nem sempre feita de maneira criteriosa e transparente. Assim, o inciso XI busca evitar que o consumidor se torne incapaz de arcar com suas dívidas sem prejudicar sua subsistência e dignidade (mantendo o chamado "mínimo existencial").[196]

A responsabilidade das instituições financeiras é central para a aplicação deste inciso. Elas devem adotar práticas de crédito prudentes, avaliando com rigor a capacidade de pagamento do consumidor antes da concessão do crédito. Isso inclui realizar análises criteriosas e completas sobre a renda e os compromissos financeiros do consumidor, de modo a evitar o endividamento excessivo. Além disso, essas instituições têm o dever de fornecer informações amplas e transparentes, adequadas ao perfil específico de cada consumidor. A abordagem não deve mais ser baseada na ideia do "homem médio", mas sim considerando as particularidades de quem solicita o crédito, como seu nível de conhecimento financeiro e sua condição socioeconômica.

Essa análise precisa ir além de uma formalidade e deve ser feita com ética e responsabilidade, observando a realidade financeira individual e evitando aprovações automáticas ou imprudentes que possam comprometer o equilíbrio financeiro do consumidor.[197-198]

---

196. Na França também há que se preservar o mínimo existencial ou mínimo vital denominado "restre a vivre".

197. "O paradigma do "crédito responsável" é uma noção, nascida de uma diretiva europeia (modificada em 2010), estimulando uma conduta leal do fornecedor de crédito e do intermediário. Assim antes da celebração do contrato de crédito, o fornecedor e o intermediário que organiza (fornecedor ou mesmo correspondente bancário) deve avaliar de forma responsável e leal a situação do consumidor que solicita um contrato de crédito e se terá condições de respeitar as obrigações decorrentes do contrato; podendo para tal fim, e sob os limites da legislação específica sobre o tratamento de dados pessoais, requerer as informações necessárias e completas a fim de apreciar a sua situação financeira e sua capacidade de reembolso e, em qualquer caso, os seus compromissos financeiros em andamento. A noção evita o superendividamento e estimula a cultura da cooperação conforme à boa-fé e probidade e facilita o pagamento posterior das dívidas de consumo." (Relatório Geral da Comissão de Juristas de atualização do Código de Defesa do Consumidor, Publicação do Senado Federal, pg. 137/138)

Além da concessão responsável, o inciso XI enfatiza a importância da educação financeira como uma ferramenta de longo prazo para a proteção do consumidor. O CDC reconhece que o consumidor, para tomar decisões informadas e prudentes, precisa compreender plenamente os custos, os juros e os riscos das operações financeiras. Isso se alinha com a função social das instituições financeiras, que devem contribuir para o desenvolvimento de uma cultura de consumo consciente e sustentável. A educação financeira amplia a autonomia do consumidor, capacitando-o a avaliar com clareza os impactos das condições de crédito em seu orçamento e a evitar o superendividamento. Esse entendimento não apenas possibilita escolhas mais seguras no momento da contratação do crédito, mas também fortalece a capacidade de planejamento financeiro do consumidor no longo prazo.

Quando bem implementadas, iniciativas de educação financeira promovem maior estabilidade econômica entre consumidores e fortalecem o mercado como um todo, já que consumidores informados tendem a fazer uso do crédito de forma equilibrada e consciente, reduzindo a inadimplência e contribuindo para um ambiente de crédito mais sustentável.

Nos casos em que o consumidor já se encontra em situação de superendividamento, o CDC oferece um caminho para recuperação financeira por meio de medidas como a revisão e a repactuação da dívida. Essas ferramentas permitem que o consumidor renegocie suas dívidas com os credores de modo a preservar o mínimo existencial, isto é, garantindo recursos básicos para sua sobrevivência e bem-estar. A repactuação pode incluir a revisão de prazos, taxas e condições de pagamento, proporcionando um reequilíbrio financeiro sem comprometer a dignidade do consumidor.

Ao exigir práticas de concessão de crédito responsáveis e ao oferecer apoio para consumidores superendividados, o CDC procura não só proteger a integridade financeira do consumidor, mas também preservar a justiça nas relações econômicas e a responsabilidade social das instituições de crédito. Dessa forma, o CDC busca garantir que o crédito funcione como uma ferramenta positiva, que apoie o bem-estar do consumidor e o desenvolvimento econômico, em vez de ser um fator de vulnerabilidade e exclusão financeira.

XII - a preservação do mínimo existencial, nos termos da regulamentação, na repactuação de dívidas e na concessão de crédito.

O CDC garante ao consumidor um novo direito com embasamento constitucional no princípio da dignidade da pessoa humana: o direito à preservação do mínimo existencial, tanto na repactuação como na concessão de crédito. Esse direito é uma extensão do direito fundamental à dignidade e busca proteger as condições mínimas de subsistência do consumidor, impedindo que ele se endivide a ponto de comprometer necessidades básicas, como alimentação, moradia, saúde e educação.

O mínimo existencial é mencionado no CDC com 3 finalidades: para a definição de superendividamento (art. 54-A, §1º), para a concessão de crédito (art. 6º, XI e XII) e na delimitação da repactuação das dívidas (art. 104-A e art. 104-C). Este novo direito (que já se fazia presente em razão do princípio da dignidade, mas que agora fica mais claro para as concessões de crédito) poderá ser utilizado para limitar os descontos abusivos

198. Na maioria das vezes, não há informação adequada ao consumidor sobre o crédito a ser ofertado, sobre os encargos e juros a serem suportados, valendo-se as instituições financeiras da camada mais vulnerável da população (pessoas idosas e pessoas de baixa renda) para pressioná-los a contratar os mais variados créditos possíveis (consignado, crédito pessoal, cartão de crédito consignado, entre outros).

que são feitos nas contas dos consumidores. Há casos em que quase a totalidade dos valores recebidos mensalmente pelos consumidores estão comprometidos com dívidas (consignados e créditos em geral), afetando o mínimo existencial e a sua dignidade:[199]

Como exemplo, considerando os percentuais aceitáveis para desconto em contas salários do consumidor e considerando este novo dever de garantia da preservação do mínimo existencial, a limitação legal imposta aos consignados não se restringiria somente a estes contratos, mas a todos os créditos em geral, de forma a garantir margem suficiente na remuneração para a manutenção da vida digna do consumidor e de sua família.

Porém, o STJ, analisando dois casos concretos ocorridos antes da nova lei do superendividamento, em recurso repetitivo, entendeu que "são lícitos os descontos de parcelas de empréstimos bancários comuns em conta-corrente, ainda que utilizada para recebimento de salários, desde que previamente autorizados pelo mutuário e enquanto esta autorização perdurar, não sendo aplicável, por analogia, a limitação prevista no § 1º do art. 1º da Lei n. 10.820/2003, que disciplina os empréstimos consignados em folha de pagamento." (STJ, Resp 1.863.973/SP, Rel. Min. Marco Aurélio Bellizze, DJ. 15/03/2022).

A revisão da(s) dívida(s) contemplada(s) no inciso XI não se confunde com a revisão estipulada no inciso V. A do inciso V, conforme já abordado, trata da revisão judicial por onerosidade excessiva causada por fato superveniente. A revisão estipulada do inciso XI, contempla, na verdade, duas formas de revisão judicial: uma por ofensa ao princípio do crédito responsável na fase preventiva (com a utilização do art. 54-D, parágrafo único) e outra na fase de tratamento quando o fornecedor não aceita fazer a conciliação (art. 104-B).

O parágrafo único do art. 54-D prevê uma série de sanções ao fornecedor de crédito em razão da não verificação do princípio do crédito responsável, acarretando a redução do montante da dívida (pela redução dos juros, encargos ou qualquer acréscimo ao principal) e dilação de prazo para pagamento. Esta ação, a ser intentada pelo consumidor, será uma revisional com base no desrespeito ao princípio do crédito responsável (com a confirmação da ofensa aos artigos 54-B ao 54-D).[200] A outra revisão, estipulada no inciso XI, é a revisão prevista do art. 104-B, quando o fornecedor de crédito não aceita fazer o acordo na fase conciliatória e o consumidor requer, via revisional e de repactuação, que o magistrado defina o plano de pagamento com este credor não anuente.

Já a repactuação da dívida está disciplinada no art. 104-A, mediante a participação do consumidor e dos credores, através de uma audiência conciliatória, na formação de um plano de pagamento.

XIII - a informação acerca dos preços dos produtos por unidade de medida, tal como por quilo, por litro, por metro ou por outra unidade, conforme o caso.

---

199. O STJ também já se manifestou sobre a problemática da possibilidade de descontos em conta-corrente para pagamento de dívidas: "Não é lícito ao banco valer-se do salário do correntista, que lhe é confiado em depósito, pelo empregador, para cobrir saldo devedor de conta-corrente. Cabe-lhe obter o pagamento da dívida em ação judicial. Se nem mesmo ao Judiciário é lícito penhorar salários, não será a instituição privada autorizada a fazê-lo. – Ainda que expressamente ajustada, a retenção integral do salário de correntista com o propósito de honrar débito deste com a instituição bancária enseja a reparação moral. Precedentes. Recurso Especial provido." (STJ, REsp 1021578/SP, Rel. Ministra Nancy Andrighi, Terceira Turma, julgado em 16/12/2008, DJe 18/06/2009)

200. Nesse mesmo sentido, conferir: CALIXTO, Marcelo Junqueira. A reforma do CDC no tocante ao consumidor superendividado: primeiras impressões. Revista de Direito do Consumidor, RT, vol. 87/2013, p. 273 – 309.

Por fim, a Lei 14.181/2021 incluiu o inciso XIII para incentivar o consumidor a utilizar o crédito de forma responsável e evitar o superendividamento, com base no princípio da transparência que deve reger as relações de consumo, prevendo a possibilidade de o consumidor comparar os preços por unidade de referência.[201-202]

Nesse sentido, o CDC estipulou o *direito à comparação* por parte do consumidor, quando cabível, no momento da realização das compras. Quando cabível porque, por razões óbvias, haverá produto que não será necessário informar o preço por referência. É o caso de uma camisa ou de um carro. Ninguém compra uma camisa em razão da metragem do tecido utilizado e sim se a camisa serve ou não, se é bonita, etc. O mesmo ocorre na compra de um veículo ou de um acessório para carros (como pneus). Ninguém compra pensando no peso do carro (o preço não é proporcional ao peso do carro ou do pneu). Há uma singularidade neste tipo de produto que o afasta da relação preço e unidade de referência.

Assim, o consumidor poderá perceber facilmente quais os produtos mais baratos por unidade de medida, peso ou quantidade.[203] Como exemplo, partindo da premissa que o consumidor queira comprar um refrigerante mais barato proporcionalmente, ficava difícil saber qual embalagem apresentava o melhor preço: se a lata de 350 ml; se a garrafa de 600

201. A história da redação deste inciso é interessante. Em 2010 meu primeiro filho nasceu e, como minha esposa não podia sair de casa para fazer supermercado, padaria, etc., assumi esta incumbência. Com a lista em mãos (e, inclusive, as marcas que deveria comprar), percebi que a maioria dos produtos tinham embalagens com tamanhos diferentes (as vezes 4 a 5 tamanhos diferentes). Assim, a minha primeira reação era fazer o cálculo dos preços para verificar qual o melhor custo-benefício (ex: se levava a embalagem de 500 gr, 1kg, 2kg, etc.). Para isso, comecei a ter dificuldades (e gastar tempo) fazendo cálculos para comparar os preços (regra de três). Neste período, então, surgiu a ideia de inserir no CDC um inciso (como direito básico) obrigando o fornecedor a inserir, juntamente com o preço do produto, o preço referencial. Este novo dever não oneraria os fornecedores, porque somente deveriam informar mais um preço (o preço referencial), e ajudaria bastante o consumidor na comparação dos preços. Sugeri este novo direito aos colegas Sandra Lengruber e Alexandre Coura (que participaram comigo no Senado da elaboração do relatório) e, prontamente eles concordaram. Lembro-me exatamente do dia em que sentamos no restaurante do aeroporto de Brasília e fechamos a redação deste inciso.

202. Durante a tramitação do PLS 283/2012 (que foi incluído o inciso XIII), a Lei 13.175/2015 incluiu o art. 2º-A na Lei 10.962/2004 (que dispõe sobre a oferta e as formas de afixação de preços de produtos e serviços para o consumidor) para também impor ao comerciante o dever de informar o preço por unidade de medida. A redação ficou assim: "Art. 2º-A Na venda a varejo de produtos fracionados em pequenas quantidades, o comerciante deverá informar, na etiqueta contendo o preço ou junto aos itens expostos, além do preço do produto à vista, o preço correspondente a uma das seguintes unidades fundamentais de medida: capacidade, massa, volume, comprimento ou área, de acordo com a forma habitual de comercialização de cada tipo de produto. Parágrafo único. O disposto neste artigo não se aplica à comercialização de medicamentos." Perceba que a redação do CDC é mais ampla do que a Lei 10.962/2004. Primeiro porque não se limita ao varejo somente. Assim, até mesmo no atacado e no atacarejo o comerciante estará obrigado a informar o preço por referência (lembrando que o consumidor pode ser pessoa jurídica). Segundo porque no CDC não houve a exclusão dos medicamentos. Desta forma, também as farmácias e os estabelecimentos que vendem medicamentos deverão informar o preço por unidade de medida, tomando como referência o peso ou até mesmo a unidade do comprimido (alguns medicamentos não trazem o peso e sim a quantidade de comprimidos – ex: o medicamento Neosaldina possui embalagens com 1, 4, 10, 20 ou 30 comprimidos.)

203. No caso de pacote de fraldas, por exemplo, o que importa é a quantidade de fraldas e não o peso da embalagem. Desta forma, para que o consumidor exerça o direito à comparação, deve ser informado ao consumidor, além de preço do produto que está sendo vendido, o preço de cada fralda (unidade), de modo a possibilitar a comparação do melhor custo-benefício (qual o melhor valor em razão da quantidade de fraldas). O mesmo acontece com a venda de guardanapos e sacos de lixo.

ml, 1 litro, 1,5 l ou 2 litros, etc. Se todos estes produtos apresentassem um preço por litro (por exemplo), o consumidor poderia comparar e comprar o mais barato (ou o que apresentasse o melhor custo-benefício para o consumidor).

Agora, todo produto passível de comparação por unidade de medida deverá contemplar, ao menos, dois preços: o preço real (do produto) e o preço por referência. É aconselhável que o preço real (preço do produto que está sendo vendido) seja informado com tamanho de letra maior que o preço referencial. Assim, o consumidor poderá facilmente identificar o valor do produto (preço com caractere maior) e o preço por referência (preço com caractere menor). Logicamente, o tamanho do preço referencial (menor que o real) tem que ser legível, de modo que o consumidor consiga facilmente identificar o preço para realizar a comparação.

Exemplo de uma etiqueta contendo o preço da lasanha que está sendo vendida – 600g (com caracter maior) e o preço referencial por quilo (com caractere menor)

Vale lembrar que tal obrigação por parte do fornecedor deverá ocorrer tanto nas ofertas nos estabelecimentos físicos como nos ambientes virtuais. Assim, o supermercado que vende os seus produtos na página virtual também deverá informar, quando cabível, o preço referencial. Nos ambientes virtuais, a ausência de contato direto com os produtos faz com que a transparência nas informações seja ainda mais crucial, uma vez que o consumidor depende exclusivamente dos dados fornecidos pelo vendedor. A divulgação clara do preço por unidade de medida *on-line* oferece ao consumidor a mesma segurança que ele teria em uma compra presencial, garantindo que ele possa comparar produtos de forma justa e fazer escolhas conscientes.

PRINCIPAIS JURISPRUDÊNCIAS DO STF E STJ

PRINCÍPIO DA IGUALDADE

Princípio da igualdade. Alunos matriculados em cursos vespertinos não poderão se matricular em turnos diversos. Menor concorrência no período vespertino.

O STJ decidiu que é lícita a proibição de alunos matriculados no turno vespertino de se inscreverem em disciplinas ofertadas em turnos diferentes, desde que essa restrição esteja claramente estabelecida no edital do vestibular, como ocorreu no caso. A Corte entendeu que permitir a matrícula em outros turnos para esses alunos, que enfrentaram uma menor concorrência no processo seletivo, violaria o princípio da isonomia, prejudicando os alunos que optaram pelos turnos mais concorridos e respeitando as regras contratuais estipuladas. Ademais, os candidatos tinham conhecimento prévio das normas ao optar pelo turno, o que descaracteriza qualquer abusividade nas condições contratuais estabelecidas pela instituição de ensino, não havendo infração aos artigos 6º, III, e 51, IV, do CDC. Assim, o recurso especial foi provido para manter a restrição. (STJ, REsp 1018737/DF, Rel. Min. Mauro Campbell Marques, Segunda Turma, DJe 13/05/2013).

Princípio da igualdade. Previdência privada não pode fazer discriminação entre segurados do mesmo plano.

"Os participantes são coinvestidores que, por isso mesmo, devem partilhar os eventuais superávits – não podendo as reservas comuns serem utilizadas para favorecimento de grupos específicos, que estão em igualdade de condições, dentro da coletividade do plano (relação contratual). Com efeito, não cabe desarrazoado tratamento discriminatório entre os participantes, devendo haver "igualdade dos idênticos"." (STJ, REsp 1060882/SP, Rel. Ministro Luis Felipe Salomão, Quarta Turma, julgado em 25/06/2013, DJe 20/08/2013)

DIREITO À INFORMAÇÃO

Direito à informação. Ônus do fornecedor de provar ter dado todas as informações contratuais ao consumidor

O STJ decidiu que o plano de saúde deve reembolsar as despesas hospitalares de atendimento de urgência realizado em hospital não credenciado, especializado para tratamento de queimaduras, quando o paciente, vítima de grave acidente, necessita de atendimento imediato. A Corte entendeu que cabe ao plano de saúde o ônus de provar que havia hospitais especializados e credenciados disponíveis na localidade e que o consumidor foi informado sobre essa possibilidade. Dada a situação de urgência e o estado emocional crítico da família, o fornecedor do serviço deveria documentar adequadamente os contatos e informações passadas ao consumidor. Na ausência dessa comprovação, o pedido foi julgado procedente, determinando-se o reembolso das despesas, conforme os valores das tabelas da rede credenciada, a serem apurados em liquidação de sentença. (STJ, REsp 1878739/MG, Rel. Min. Paulo de Tarso Sanseverino, Terceira Turma, DJe 17/11/2020).

Direito à informação. Limites da cobertura securitária.

"A seguradora deve sempre esclarecer previamente o consumidor e o estipulante (seguro em grupo) sobre os produtos que oferece e existem no mercado, prestando informações claras a respeito do tipo de cobertura contratada e as suas consequências, de modo a não induzi-los em erro. Para chegar-se a tal conclusão não há necessidade de revolvimento do conteúdo fático-probatório dos autos." (STJ, AgInt no AREsp 1705073/SC, Rel. Ministra Nancy Andrighi, Terceira Turma, DJe 21/10/2020)

Direito à informação. Dever do estipulante de prestar informação prévia ao segurado a respeito das cláusulas limitativas/restritivas nos contratos de seguro de vida em grupo.

"A controvérsia posta no presente recurso especial centra-se em identificar a quem incumbe o dever de prestar informação prévia ao segurado a respeito das cláusulas limitativas/restritivas nos contratos de seguro de vida em grupo, se da seguradora, se da estipulante, ou se de ambas, solidariamente. (...) 8. *Em conclusão, no contrato de seguro coletivo em grupo cabe exclusivamente ao estipulante, e não à seguradora, o dever de fornecer ao segurado (seu representado) ampla e prévia informação a respeito dos contornos contratuais, no que se inserem, em especial, as cláusulas restritivas.*" (STJ, REsp 1825716/SC, Rel. Ministro Marco Aurélio Bellizze, Terceira Turma, DJe 12/11/2020)

Este tema foi decidido em Recurso Repetitivo, através da seguinte tese:

"(i) na modalidade de contrato de seguro de vida coletivo, cabe exclusivamente ao estipulante, mandatário legal e único sujeito que tem vínculo anterior com os membros do grupo segurável (estipulação própria), a obrigação de prestar informações prévias aos potenciais segurados acerca das condições contratuais quando da formalização da adesão, incluídas as cláusulas limitativas e restritivas de direito previstas na apólice mestre, e (ii) não se incluem, no âmbito da matéria afetada, as causas originadas de estipulação imprópria e de falsos estipulantes, visto que as apólices coletivas nessas figuras devem ser consideradas apólices individuais, no que tange ao relacionamento dos segurados com a sociedade seguradora." (STJ, REsp n. 1.874.811/SC, relator Ministro Ricardo Villas Bôas Cueva, Segunda Seção, DJe de 10/3/2023.)

Direito à informação. Riscos de investimentos bancários

O STJ decidiu que o banco é responsável por prejuízos causados ao cliente quando realiza investimentos de risco sem autorização expressa e sem fornecer informações claras e completas sobre os riscos envolvidos, especialmente quando o perfil do correntista é conservador. A Corte destacou que o dever de informação qualificada impõe ao fornecedor a obrigação de transmitir dados relevantes de forma transparente e completa, e que a "informação deficiente" equivale à falta de informação, não cumprindo o papel de equilibrar a relação entre as partes. Assim, se o banco não esclarece os riscos de forma adequada e executa investimentos incompatíveis com o perfil do cliente, eventuais perdas devem ser arcadas pela instituição financeira, que falhou em seu dever de informar. (STJ, REsp 1326592/GO, Rel. Min. Luis Felipe Salomão, Quarta Turma, DJe 06/08/2019).

Direito de informação. Regulamentação pelo CDC.
Dever de informar com clareza, lealdade e exatidão

"Inexistente legislação específica para regulamentar o dever de informação, é o Código de Defesa do Consumidor o diploma que desempenha essa função, tornando bastante rigorosos os deveres de informar com clareza, lealdade e exatidão (art. 6º, III, art. 8º, art. 9º)." (STJ, REsp 1540580/DF, Rel. Ministro Lázaro Guimarães (Desembargador convocado do TRF 5ª região), Rel. p/ Acórdão Ministro Luis Felipe Salomão, Quarta Turma, julgado em 02/08/2018, DJe 04/09/2018)

Direito de informação entre médico e paciente. Não basta a informação genérica, devendo ser claramente individualizada.

O STJ reconheceu que a relação médico-paciente envolve um dever especial de prestação de serviços, que vai além da intervenção técnica e inclui o dever de informação, essencial para o exercício da autonomia do paciente. Esse dever exige que o médico esclareça o paciente sobre riscos, vantagens, desvantagens, alternativas do tratamento e prognósticos, a menos que tal comunicação possa prejudicar psicologicamente o paciente, caso em que deverá ser feita ao representante legal. Para que o consentimento do paciente seja válido, a informação deve ser específica ao caso, evitando-se consentimentos genéricos (blanket consent), e deve ser individualizada, garantindo o direito ao consentimento livre e informado. (STJ, REsp 1540580/DF, Rel. Min. Lázaro Guimarães, Rel. p/ Acórdão Min. Luis Felipe Salomão, Quarta Turma, julgado em 02/08/2018, DJe 04/09/2018).

A inobservância do dever de informação acarreta, por si só, inadimplemento contratual

"O dever de informar é dever de conduta decorrente da boa-fé objetiva e sua simples inobservância caracteriza inadimplemento contratual, fonte de responsabilidade civil per se. A indenização, nesses casos, é devida pela privação sofrida pelo paciente em sua autodeterminação, por lhe ter sido retirada a oportunidade de ponderar os riscos e vantagens de determinado tratamento, que, ao final, lhe causou danos, que poderiam não ter sido causados, caso não fosse realizado o procedimento, por opção do paciente." (STJ, REsp 1540580/DF, Rel. Ministro Lázaro Guimarães (Desembargador convocado do TRF 5ª região), Rel. p/ Acórdão Min. Luis Felipe Salomão, Quarta Turma, DJe 04/09/2018)

O ônus da prova em relação ao consentimento informado na seara médica é do médico e hospital

"O ônus da prova quanto ao cumprimento do dever de informar e obter o consentimento informado do paciente é do médico ou do hospital, orientado pelo princípio da colaboração processual, em que cada parte deve contribuir com os elementos probatórios que mais facilmente lhe possam ser exigidos. 8. A responsabilidade subjetiva do médico (CDC, art. 14, §4º) não exclui a possibilidade de inversão do ônus da prova, se presentes os requisitos do art. 6º, VIII, do CDC, devendo o profissional demonstrar ter agido com respeito às orientações técnicas aplicáveis. Precedentes." (STJ, REsp 1540580/DF, Rel. Ministro Lázaro Guimarães (Desembargador convocado do TRF 5ª região), Rel. p/ Acórdão Ministro Luis Felipe Salomão, Quarta Turma, DJe 04/09/2018)

Comunicação prévia do segurado acerca do atraso no pagamento do prêmio

Súmula 616 do STJ: "A indenização securitária é devida quando ausente a comunicação prévia do segurado acerca do atraso no pagamento do prêmio, por constituir requisito essencial para a suspensão ou resolução do contrato de seguro."

Constitucionalidade de lei estadual que obrigue planos de saúde a informar as razões da recusa

"É constitucional lei estadual que obrigue os planos de saúde a fornecerem aos consumidores informações e documentos justificando as razões pelas quais houve recusa de algum procedimento, tratamento ou internação." (STF. Plenário. ADI 4512/MS, Rel. Min. Cármen Lúcia, julgado em 7/2/2018)

Direito à informação. Necessidade de visto de conexão em voo internacional

O STJ decidiu que empresas de viagens e companhias aéreas têm o dever de informar claramente os consumidores sobre a necessidade de vistos de trânsito em conexões de voos internacionais. No caso, a empresa falhou em informar que o voo de retorno dos Estados Unidos incluía uma conexão no Canadá, exigindo visto de trânsito. A ausência de informação suficiente torna o serviço defeituoso, segundo o CDC, impondo à empresa a responsabilidade pelos danos materiais e morais causados. A decisão também afastou a culpa exclusiva ou concorrente dos consumidores, pois a responsabilidade pela orientação adequada é da empresa que emitiu as passagens. Assim, foi restabelecida a indenização concedida por danos. (STJ, REsp 1562700/SP, Rel. Min. Paulo de Tarso Sanseverino, Terceira Turma, DJe 15/12/2016).

No mesmo sentido:

"Polêmica em torno da responsabilidade civil da agência de turismo e da companhia aérea, emitindo bilhetes de viagem internacional sem informar à consumidora adquirente – estrangeira sem visto de residência no Brasil –, acerca da necessidade de comprovação, quando do embarque, da compra da passagem aérea de retorno ao país de origem." (STJ, REsp 1799365/MG, Rel. Ministro Paulo de Tarso Sanseverino, Terceira Turma, DJe 01/10/2019). Neste julgado, a consumidora era boliviana e não foi informada de que, por não ter visto de residência no Brasil, era necessário ter a passagem de volta para a Bolívia no embarque para o Brasil. Como não tinha a passagem de retorno, foi impedida de embarcar.

Direito à informação. Operação de alto risco. Consumidor que se aventura a tais investimentos está ciente dos riscos do negócio.

"O fornecedor de serviços que causem riscos, normais e previsíveis, aos consumidores, tem o dever de dar as informações necessárias e adequadas a seu respeito, ou seja, acerca da natureza e fruição dos serviços, considerando, para tanto, o conhecimento do homem médio, consumidor-padrão. No investimento em fundos derivativos, principalmente os vinculados ao dólar-americano, é ínsito o alto grau de risco, tanto para grandes ganhos, como para perdas consideráveis. Aqueles que se encorajam a investir em fundos arrojados, estão cientes dos riscos do negócio." (STJ, REsp 1003893 / RJ, Rel. Min. Massami Uyeda, DJe 08/09/2010)

Direito à informação. Ação cautelar de exibição de documentos. Requisitos exigidos pelo STJ

"PROCESSO CIVIL. RECURSO ESPECIAL REPRESENTATIVO DE CONTROVÉRSIA. ART. 543-C DO CPC. EXPURGOS INFLACIONÁRIOS EM CADERNETA DE POUPANÇA. EXIBIÇÃO DE EXTRATOS BANCÁRIOS. AÇÃO CAUTELAR DE EXIBIÇÃO DE DOCUMENTOS. INTERESSE DE AGIR. PEDIDO PRÉVIO À INSTITUIÇÃO FINANCEIRA E PAGAMENTO DO CUSTO DO SERVIÇO. NECESSIDADE. 1. Para efeitos do art. 543-C do CPC, firma-se a seguinte tese: A propositura de ação cautelar de exibição de documentos bancários (cópias e segunda via de documentos) é cabível como medida preparatória a fim de instruir a ação principal, *bastando a demonstração da existência de relação jurídica entre as partes, a comprovação de prévio pedido à instituição financeira não atendido em prazo razoável, e o pagamento do custo do serviço conforme previsão contratual e normatização da autoridade monetária.*"(STJ, REsp 1349453/MS, Rel. Ministro Luis Felipe Salomão, Segunda Seção, DJe 02/02/2015)

Observação: Entende o STJ que deve o autor consumidor ainda especificar, de modo preciso, os períodos em que pretenda ver exibidos os extratos, tendo em conta que, nos termos do art. 333, I, do CPC, incumbe ao autor provar o fato constitutivo de seu direito.

Inversão do ônus da prova em favor do consumidor para o fim de determinar às instituições financeiras a exibição de extratos bancários

O STJ firmou o entendimento de que instituições financeiras têm a obrigação legal de fornecer extratos bancários solicitados por correntistas para comprovação de suas alegações, com base nas normas do Código de Defesa do Consumidor e no princípio da boa-fé objetiva. Essa obrigação não pode ser negada nem condicionada, como o adiantamento de custos pelo correntista. A decisão também estabelece que é cabível a inversão do ônus da prova para determinar às instituições financeiras a apresentação dos extratos, desde que o consumidor demonstre indícios mínimos da relação contratual e especifique os períodos desejados. A medida facilita o exercício de direitos do consumidor em relações bancárias, assegurando transparência e acesso à informação. (STJ, REsp 1133872/PB, Rel. Min. Massami Uyeda, Segunda Seção, DJe 28/03/2012)

Direito à informação. Banco tem que fornecer documentos em braile a clientes com deficiência visual

O STJ determinou que bancos devem disponibilizar contratos e informações em braille para consumidores com deficiência visual, fundamentando essa obrigação tanto nas leis específicas de proteção às pessoas com deficiência (Leis 4.169/62, 10.048/2000, 10.098/2000 e Decreto 6.949/2009) quanto no princípio da dignidade da pessoa humana e no Código de Defesa do Consumidor (CDC). A decisão reconhece que o direito à informação clara e adequada, garantido pelo CDC, só é plenamente exercido por pessoas com deficiência visual quando os documentos contratuais e extratos bancários são apresentados em braille, permitindo sua completa compreensão das cláusulas, especialmente aquelas que limitam direitos. Assim, o método braille é essencial para viabilizar a autonomia e a segurança jurídica nas contratações bancárias com pessoas com deficiência visual. (STJ, REsp 1315822/RJ, Rel. Min. Marco Aurélio Bellizze, Terceira Turma, DJe 16/04/2015).

No mesmo sentido, a Quarta Turma do STJ decidiu, em ação civil pública, que o Banco Santander S.A. deverá confeccionar em braile todos os documentos necessários para atendimento de clientes com deficiência visual. (REsp 1349188/RJ, Rel. Ministro Luis Felipe Salomão, Quarta Turma, julgado em 10/05/2016, DJe 22/06/2016)

DANO MORAL COLETIVO

Atualmente, há precedentes em todas as 4 turmas do STJ (1ª e 2ª Seção) aceitando o dano moral coletivo.

Dano moral coletivo. Primeira Turma – Comercialização de leite com vício de qualidade

"Esta Corte já se manifestou no sentido de que atentado aos interesses dos consumidores que seja de razoável significância e desborde os limites da tolerabilidade gera dano coletivo, como ocorre no presente caso, dada a comprovada comercialização de leite com vício de qualidade." (STJ, AgRg no REsp 1283434/GO, Rel. Ministro Napoleão Nunes Maia Filho, Primeira Turma, DJe 15/04/2016)

Dano moral coletivo. Segunda Turma – Passe Livre. Idoso

O STJ decidiu que a concessionária de transporte público não pode condicionar o direito ao passe livre dos idosos ao prévio cadastramento junto à empresa, uma vez que o art. 38 do Estatuto do Idoso exige apenas a apresentação de documento de identidade. No julgamento da ação civil pública movida pelo MP estadual, o Tribunal reavaliou o conceito de dano moral coletivo, concluindo que este tipo de dano independe de prova de dor ou sofrimento psicológico individual. Como se trata de um direito transindividual, o dano moral coletivo ocorre com o prejuízo à imagem e moral coletivas, avaliado conforme as características dos interesses difusos e coletivos. Assim, a Turma deu provimento parcial ao recurso para reconhecer o dano moral coletivo. (STJ, REsp 1.057.274-RS, Rel. Min. Eliana Calmon, julgado em 1º/12/2009, Informativo 418 STJ).

Dano moral coletivo. Segunda Turma – Venda casada. Oferecimento de linha telefônica com tarifas mais interessantes condicionada a aquisição do aparelho de telefone

DIREITO DO CONSUMIDOR. VENDA CASADA E DANO MORAL COLETIVO IN RE IPSA. Configura dano moral coletivo *in re ipsa* a realização de venda casada por operadora de telefonia consistente na prática comercial de oferecer ao consumidor produto com significativa vantagem – linha telefônica com tarifas mais interessantes do que as outras ofertadas pelo mercado – e, em contrapartida, condicionar a aquisição do referido produto à compra de aparelho telefônico. REsp 1.397.870-MG, Rel. Min. Mauro Campbell Marques, julgado em 2/12/2014, DJe 10/12/2014. Info. 553.

Dano moral coletivo. Segunda Turma – Casas de bingo. Reconhecido os danos psicológicos causados pelos jogos de azar tanto em relação aos jogadores quanto a seus familiares

O STJ reconheceu que o dano moral coletivo não exige a comprovação de dor, sofrimento ou abalo psicológico, sendo aplicável a situações que afetam interesses difusos e coletivos, como ocorre com a exploração de jogos de azar. No caso, o Ministério Público Federal e a União promoveram ação civil pública para interditar a atividade de casas de bingo e caça-níqueis e buscaram uma indenização por dano moral coletivo, destinada ao Fundo de Defesa dos Direitos Difusos. A sentença de primeiro grau condenou as rés a essa indenização, em virtude dos impactos negativos dos jogos ilegais sobre a economia, saúde pública e a coletividade, estabelecendo como parâmetro o valor de 20% da média de arrecadação após a expiração das autorizações. Contudo, o Tribunal de origem afastou essa condenação, decisão que foi posteriormente reavaliada pelo STJ para reafirmar a natureza transindividual e autônoma do dano moral coletivo. (STJ, REsp 1509923/SP, Rel. Min. Humberto Martins, Segunda Turma, DJe 22/10/2015).

No mesmo sentido, condenando em dano moral coletivo pelo desenvolvimento de atividade de bingo: (STJ, REsp 1567123/RS, Rel. Ministro Herman Benjamin, Segunda Turma, DJe 28/08/2020)

Em outra situação, o STJ não condenou em dano moral coletivo uma vez que a atividade ilícita do bingo foi promovida sem fins lucrativos por uma associação que buscava fomentar o esporte local.

"Não é qualquer atentado aos interesses dos consumidores que pode acarretar dano moral difuso. É preciso que o fato transgressor seja de razoável significância e desborde os limites da tolerabilidade. Ele deve ser grave o suficiente para produzir verdadeiros sofrimentos, intranquilidade social e alterações relevantes na ordem extrapatrimonial coletiva.- Não ocorrência de dano moral coletivo na hipótese dos autos: associação civil sem fins lucrativos que realizou a conduta em questão (bingos e sorteio prêmios) com a finalidade de angariar fundos para o fomento do desporto local." (STJ, REsp 1438815/RN, Rel. Ministra Nancy Andrighi, Terceira Turma, DJe 01/12/2016)

Dano moral coletivo. Segunda Turma – Demora em fila de agência bancária

O STJ decidiu que a demora excessiva no atendimento bancário, ultrapassando o limite de 15 ou 30 minutos estabelecido por decreto municipal, configura dano moral coletivo. No caso, a instituição financeira desrespeitou a legislação local, causando intranquilidade social e insatisfação generalizada entre os consumidores, o que demonstra a falta de razoabilidade no atendimento. A Corte entendeu que essa prática viola o art. 6º, VI, do Código de Defesa do Consumidor, que prevê o direito à reparação por danos morais, incluindo os coletivos, devido ao impacto negativo para a comunidade. Assim, foi mantida a condenação por dano moral coletivo contra a instituição bancária. (STJ, REsp 1402475/SE, Rel. Min. Herman Benjamin, Segunda Turma, DJe 28/06/2017)

Dano moral coletivo. Terceira Turma – Banco pagará dano moral coletivo por manter caixa preferencial em segundo andar de agência

O STJ decidiu que é cabível a indenização por dano moral coletivo, com base no art. 6º, VI, do Código de Defesa do Consumidor, quando o fato transgressor ultrapassa os limites de tolerabilidade e causa significante intranquilidade social e impacto negativo na ordem extrapatrimonial coletiva. No caso, uma agência bancária exigia que consumidores com dificuldades de locomoção subissem 23 degraus para serem atendidos, o que foi considerado uma medida desproporcional e desgastante, especialmente para pessoas idosas ou com deficiência. A Corte fixou a indenização em R$ 50.000,00, entendendo-a proporcional ao dano causado pela falta de acessibilidade no atendimento. (STJ, REsp 1221756/RJ, Rel. Min. Massami Uyeda, Terceira Turma, julgado em 02/02/2012, DJe 10/02/2012).

Dano moral coletivo. Terceira Turma – Caixas eletrônicos inoperantes nas agências bancárias. Excessiva espera em filas por tempo superior ao limite previsto em lei municipal. Reiteração das condutas.

"A inadequada prestação de serviços bancários, caracterizada pela reiterada existência de caixas eletrônicos inoperantes, sobretudo por falta de numerário, e pelo consequente excesso de espera em filas por tempo superior ao estabelecido em legislação municipal, é apta a caracterizar danos morais coletivos." (STJ, REsp 1929288/TO, Rel. Ministra Nancy Andrighi, Terceira Turma, DJe 24/02/2022)

Dano moral coletivo. Terceira Turma – Oferecimento de plano de telefonia sem alertar os consumidores acerca das limitações ao uso na referida adesão

O STJ reconheceu o direito a indenização por dano moral coletivo e difuso aos consumidores lesados pela oferta do plano "Lig-Mix" de uma empresa de telefonia, que omitiu informações relevantes sobre as limitações de uso. Essa omissão causou ofensa à dignidade e aos interesses econômicos dos consumidores, constituindo uma violação ao art. 6º, VI, do Código de Defesa do Consumidor. O Tribunal determinou que a reparação aos consumidores fosse realizada diretamente nas contas futuras, sem a necessidade de execuções individuais. Os danos materiais e morais individuais deverão ser compensados com descontos nas contas telefônicas, e o dano moral difuso deverá ser destinado ao Fundo de Reconstituição de Bens Lesados do Estado de Santa Catarina. A decisão prevê, ainda, a realização de levantamento técnico para operacionalizar os descontos, que devem ser informados nas faturas dos consumidores. (STJ, REsp 1291213/SC, Rel. Min. Sidnei Beneti, Terceira Turma, julgado em 30/08/2012, DJe 25/09/2012)

Dano moral coletivo. Terceira Turma – Venda de leite impróprio para consumo gera indenização por risco coletivo à saúde

O STJ decidiu que a disponibilização de produto impróprio para consumo, como o caso de leite talhado, representa uma violação ao direito básico de segurança e saúde do consumidor previsto no art. 6º, I, do Código de Defesa do Consumidor (CDC). Essa situação gera dano presumido aos consumidores, o que justifica uma condenação genérica por danos materiais e morais, destinada a proteger direitos individuais homogêneos e difusos. A Corte reconheceu que o risco potencial à saúde da coletividade configura ofensa à expectativa legítima dos consumidores e compromete a segurança das relações de consumo, justificando a reparação dos prejuízos causados, tanto individual quanto coletivamente. A fixação dos danos será feita em fase de liquidação para apurar o valor exato da indenização. (STJ, REsp 1334364/RS, Rel. Min. Ricardo Villas Bôas Cueva, Terceira Turma, DJe 23/02/2016).

Dano moral coletivo. Terceira Turma. Demora excessiva em filas de bancos

O STJ reconheceu o cabimento de dano moral coletivo em situações onde uma instituição financeira, visando maximizar lucros, desrespeita deliberadamente garantias legais, prejudicando a qualidade do serviço e o tempo útil dos consumidores. A Corte entendeu que essa conduta viola os deveres anexos à boa-fé objetiva, desconsiderando a função social da atividade produtiva e o interesse coletivo na utilização eficiente dos recursos. Na hipótese, a instituição descumpriu os padrões de qualidade exigidos por leis municipais e federais, configurando lesão aos interesses sociais e justificando a reparação por dano moral coletivo. (STJ, REsp 1737412/SE, Rel. Min. Nancy Andrighi, Terceira Turma, DJe 08/02/2019)

Dano moral coletivo. Não cabimento. Terceira Turma. "Máfia do apito" – supostos danos aos consumidores torcedores

O STJ entendeu que, para a configuração do dano moral coletivo, não basta a simples violação da lei ou do contrato; é necessário que o ato ilícito seja de elevada reprovabilidade e afete valores sociais fundamentais, transcendendo os interesses individuais. No caso, a fraude em arbitragem esportiva, destinada a favorecer grandes apostadores, embora repreensível, não causou impacto significativo no bem-estar coletivo, pois não gerou angústia profunda e permanente entre os torcedores. Como as partidas foram anuladas e reprogramadas, não se comprovou uma afetação ampla e duradoura na coletividade, o que levou ao afastamento da condenação por danos morais coletivos. (STJ, REsp 1664186/SP, Rel. Min. Ricardo Villas Bôas Cueva, Terceira Turma, DJe 17/11/2020).

Dano moral coletivo. Quarta Turma – Divulgação de publicidade ilícita de cigarros

O STJ considerou ilícita a propaganda de cigarros veiculada anteriormente à Lei nº 10.167/2000, pois, apesar de ser permitida pela Lei nº 9.294/96, infringiu o Código de Defesa do Consumidor (CDC) ao violar o princípio da identificação da publicidade e induzir o consumidor a erro, sugerindo que o uso do produto traria benefícios e sucesso pessoal. A Corte destacou que a publicidade era enganosa e inadequada, principalmente por não ser claramente identificável pelo consumidor médio, violando o art. 36 do CDC. Assim, foi reconhecido o direito à reparação por danos morais coletivos, em razão do impacto social negativo da propaganda. (STJ, REsp 1101949/DF, Rel. Min. Marco Buzzi, Quarta Turma, DJe 30/05/2016).

Dano moral coletivo. Não cabimento. Terceira Turma. Tarifa bancária considerada abusiva.

"A exigência de uma tarifa bancária considerada indevida não agride, de modo totalmente injusto e intolerável, o ordenamento jurídico e os valores éticos fundamentais da sociedade em si considerada, tampouco provoca repulsa e indignação na consciência coletiva, não dando ensejo a danos morais coletivos." (STJ, AgInt no AREsp n. 1.754.555/RN, relator Ministro Ricardo Villas Bôas Cueva, Terceira Turma, DJe de 31/8/2023.)

Dano moral coletivo. Quarta Turma – Infidelidade de bandeira de combustíveis. Publicidade enganosa.

O STJ entendeu que a prática de "infidelidade de bandeira" — na qual o revendedor de combustível exibe a marca de uma distribuidora (no caso, Petrobrás) e, simultaneamente, vende produtos de outra — configura uma conduta enganosa que viola direitos básicos dos consumidores, como a livre escolha e o direito à informação adequada. A conduta é considerada uma forma de publicidade enganosa ou fraude em oferta, independentemente de ter induzido o consumidor a erro, pois compromete a confiança, a boa-fé e a transparência nas relações de consumo. Diante disso, foi determinada a condenação por danos morais coletivos como forma de evitar a banalização dessa prática e de desestimular novos atos prejudiciais ao consumidor. (STJ, REsp 1487046/MT, Rel. Ministro Luis Felipe Salomão, Quarta Turma, DJe 16/05/2017).

Observação: Nesta ação foi utilizado o critério bifásico de quantificação do dano moral. Veja parte da ementa que menciona isso:

"A quantificação do dano moral coletivo reclama o exame das peculiaridades de cada caso concreto, observando-se a relevância do interesse transindividual lesado, a gravidade e a repercussão da lesão, a situação econômica do ofensor, o proveito obtido com a conduta ilícita, o grau da culpa ou do dolo (se presentes), a verificação da reincidência e o grau de reprovabilidade social (MEDEIROS NETO, Xisto Tiago de. Dano moral coletivo. 2. ed. São Paulo: LTr, 2007, p. 163/165). O quantum não deve destoar, contudo, dos postulados da equidade e da razoabilidade nem olvidar dos fins almejados pelo sistema jurídico com a tutela dos interesses injustamente violados.10. Suprimidas as circunstâncias específicas da lesão a direitos individuais de conteúdo extrapatrimonial, revela-se possível o emprego do método bifásico para a quantificação do dano moral coletivo a fim de garantir o arbitramento equitativo da quantia indenizatória, valorados o interesse jurídico lesado e as circunstâncias do caso."

DANO MORAL

Dano moral. Vazamento de dados pessoais corriqueiros não gera dano moral presumido

"O vazamento de dados pessoais, a despeito de se tratar de falha indesejável no tratamento de dados de pessoa natural por pessoa jurídica, não tem o condão, por si só, de gerar dano moral indenizável. Ou seja, o dano moral não é presumido, sendo necessário que o titular dos dados comprove eventual dano decorrente da exposição dessas informações." (STJ, AREsp n. 2.130.619/SP, relator Ministro Francisco Falcão, Segunda Turma, julgado em 7/3/2023)

Dano moral. A demora do pedido de dano moral não deve influir na fixação do valor.

O STJ entendeu que no ordenamento jurídico brasileiro inexiste previsão legal de prescrição gradual da pretensão. Ainda que ajuizada a demanda no dia anterior ao término do prazo prescricional, a parte autora faz jus ao amparo judicial de sua pretensão por inteiro. (STJ, REsp 1677773/RJ, DJe 07/06/2019)

Dano moral. Não há dano moral presumido no simples atraso de voo internacional. É necessário analisar outras circunstâncias.

O STJ entendeu que, em casos de atraso de voo operado por companhia aérea, o dano moral não é automaticamente presumido, sendo necessária a prova específica da lesão extrapatrimonial sofrida pelo passageiro. Para tanto, devem ser considerados fatores como a duração do atraso, as alternativas oferecidas pela companhia, a prestação de informações claras e o fornecimento de suporte material. A indenização por dano moral será devida apenas se essas circunstâncias revelarem ofensa ao âmago da personalidade do passageiro, o que não ocorreu no caso em análise, uma vez que não foi comprovado nenhum fato extraordinário que configurasse abalo moral indenizável. (STJ, REsp 1584465/MG, Rel. Ministra Nancy Andrighi, Terceira Turma, DJe 21/11/2018).

No mesmo sentido, o STJ reafirmou que a responsabilidade por danos morais não é presumida, considerando a frequência de imprevistos técnicos, climáticos ou operacionais na aviação. Somente quando comprovado o dano extrapatrimonial específico será devida a indenização. (STJ, AgInt no AREsp n. 2.150.150/SP, Rel. Min. João Otávio de Noronha, rel. p/ acórdão Min. Raul Araújo, Quarta Turma, DJe 24/6/2024)

Dano moral. Menor desacompanhado. Atraso de voo. Desembarque em cidade diversa da contratada

É cabível dano moral pelo defeito na prestação de serviço de transporte aéreo com a entrega de passageiro menor desacompanhado, após horas de atraso, em cidade diversa da previamente contratada. (STJ, REsp 1.733.136-RO, Rel. Min. Paulo de Tarso Sanseverino, Terceira Turma, por unanimidade, julgado em 21/09/2021, DJe 24/09/2021.)

Dano moral. Não tem legitimidade ativa para propor ação indenizatória por danos morais a mãe de pessoa impossibilitada de usar cartão de crédito em viagem internacional

O STJ entendeu que a mãe de uma consumidora, que foi impedida de usar seu cartão de crédito durante uma viagem internacional, não possui legitimidade ativa para propor ação de indenização por danos morais, visto que não é considerada "consumidora por equiparação" na situação descrita. Segundo o art. 17 do CDC, essa condição protege quem, sem participar diretamente da relação de consumo, sofre consequências de um defeito no produto ou serviço que represente risco à segurança. No caso, o bloqueio do cartão foi classificado como vício de qualidade, enquadrando-se no art. 20 do CDC, que regula o fornecimento inadequado de serviços, sem configurar um acidente de consumo. Assim, como não houve risco à segurança física ou psíquica, a mãe da usuária não é considerada consumidora por equiparação, sendo, portanto, carecedora de legitimidade para propor a ação indenizatória. (STJ, REsp n. 1.967.728/SP, relatora Ministra Nancy Andrighi, Terceira Turma, julgado em 22/3/2022, DJe de 25/3/2022)

Dano moral. Simples atraso na entrega de móveis planejados não acarreta dano moral

"Na hipótese, o cumprimento tardio do contrato de compra e venda, com a demora na entrega de móveis planejados, não configura dano moral indenizável, porquanto não houve demonstração de que o fato tenha extrapolado o mero aborrecimento decorrente do inadimplemento contratual, atingindo de forma significativa algum direito da personalidade do comprador (bem extrapatrimonial)." (STJ, AgInt no AREsp 1327979/SP, Rel. Ministro Raul Araújo, Quarta Turma, DJe 16/10/2018)

Dano moral. Venda de imóvel em duplicidade não acarreta, por si só, dano moral indenizável

O STJ entendeu que a venda em duplicidade de unidade habitacional, embora gere transtornos ao comprador, não configura, por si só, dano moral indenizável. No caso, a empresa reconheceu o erro, devolveu os valores pagos e ofereceu outra unidade similar no mesmo edifício, não havendo prejuízo significativo aos direitos da personalidade do consumidor. Assim, afastou-se a alegação de "frustração do sonho da casa própria" e a indenização por dano moral. (STJ, REsp 1745429/SP, Rel. Ministro Marco Aurélio Bellizze, Terceira Turma, DJe 21/09/2018).

Dano moral. Cliente não sofre dano moral pela suspensão parcial (por mais de 200 dias) no atendimento em agência bancária atingida por explosivos

O STJ entendeu que a prestação parcial de serviços em agência bancária por mais de 200 dias, embora cause frustração ao consumidor, não caracteriza, por si só, dano moral indenizável. No caso, os serviços envolvendo dinheiro em espécie foram disponibilizados por correspondentes bancários, e não houve comprovação de sofrimento grave ou violação significativa de direito da personalidade. Assim, a indenização foi afastada. (STJ, REsp 1717177/SE, Rel. Ministra Nancy Andrighi, Terceira Turma, DJe 20/03/2018).

Dano moral. Ficar cinco dias seguidos sem energia, por si só, não causa dano moral

O STJ entendeu que a interrupção do fornecimento de energia elétrica por cinco dias, apesar de configurar transtorno ao consumidor, não caracteriza, por si só, dano moral indenizável. Para que houvesse compensação, seria necessário comprovar um abalo significativo à personalidade, como grave sofrimento ou angústia, o que não foi demonstrado no caso. Assim, a indenização por dano moral foi afastada. (STJ, REsp 1705314/RS, Rel. Ministra Nancy Andrighi, Terceira Turma, DJe 02/03/2018).

Dano moral. O protesto irregular de cheque prescrito não enseja danos morais ao devedor, se ainda remanescer ao credor vias alternativas para a cobrança da dívida consubstanciada no título

O STJ entendeu que, no caso de protesto irregular de título de crédito prescrito, não há dano moral por abalo de crédito se o devedor ainda tem pendente a obrigação, embora o protesto deva ser cancelado. A irregularidade decorre do fato de que a pretensão executória estava prescrita, porém, a dívida continuava existente, e o devedor poderia ser cobrado por vias alternativas, como ações de cobrança pela relação causal ou ação monitória, conforme previsto na Lei do Cheque e na Súmula 503 do STJ. Dessa forma, embora o protesto tenha sido indevido por ser extemporâneo, ele não implicou abalo de crédito que justifique indenização por dano moral, já que a condição de inadimplência permanece. (STJ, REsp 1677772/RJ, Rel. Ministra Nancy Andrighi, Terceira Turma, DJe 20/11/2017)

Dano moral. Saque indevido na conta corrente de consumidor com o ressarcimento dos valores pela instituição financeira não caracteriza o dano moral *in re ipsa*

O STJ decidiu que o saque indevido em conta corrente do correntista, por si só, não gera dano moral presumido (in re ipsa), embora o dano possa ser reconhecido caso haja comprovação de uma violação significativa a direitos de personalidade. No caso analisado, o tribunal entendeu que o autor não demonstrou nenhuma circunstância excepcional que justificasse indenização por danos morais, uma vez que houve ressarcimento pela instituição bancária e não foram apresentadas provas de prejuízos que pudessem configurar o dano extrapatrimonial. Assim, foi mantido o acórdão que negou a compensação por dano moral. (STJ, REsp 1573859/SP, Rel. Ministro Marco Aurélio Bellizze, Terceira Turma, DJe 13/11/2017).

Dano moral. O simples atraso na baixa do gravame inserido no registro de veículo quitado não gera dano moral

"O simples atraso em baixar gravame de alienação fiduciária no registro do veículo automotor não é apto a gerar, in re ipsa, dano moral, sendo indispensável demonstrar a presença de efetivas consequências que ultrapassem os aborrecimentos normais vinculados a descumprimento contratual." (STJ, REsp 1599224/RS, Rel. Ministro Antonio Carlos Ferreira, Quarta Turma, DJe 16/08/2017)

Este entendimento foi consolidado pela Segunda Seção através do Tema 1078 com a seguinte tese:

"O atraso, por parte de instituição financeira, na baixa de gravame de alienação fiduciária no registro de veículo não caracteriza, por si só, dano moral *in re ipsa*." (STJ, REsp 1881456/RS, Rel. Ministro Marco Aurélio Bellizze, Segunda Seção, DJe 07/12/2021)

Dano moral. Demora injustificada no conserto de veículo por parte da seguradora

O STJ entendeu que o atraso excessivo e injustificado na reparação de veículo segurado, que ultrapassou em muito o prazo inicialmente estipulado, gera dano moral ao consumidor devido à violação da confiança e da expectativa legítima no cumprimento do contrato. No caso, a seguradora havia previsto um prazo de 60 dias para o conserto do veículo sinistrado, mas a reparação só foi concluída em 180 dias, o que excede o que poderia ser considerado mero aborrecimento. O tribunal destacou que a boa-fé e o dever de lealdade impõem que o prazo razoável para tais reparos seja de 30 dias, conforme prevê a Circular Susep nº 256/2004. Dessa forma, a seguradora foi condenada ao pagamento de R$ 15.000,00 a título de danos morais. (STJ, REsp 1604052/SP, Rel. Ministro Ricardo Villas Bôas Cueva, Terceira Turma, DJe 26/08/2016).

Dano moral. Existência de cadáver em avançado estágio de decomposição no reservatório do qual a concessionária de serviço público extrai a água fornecida à população

A Segunda Turma vem aceitando o dano moral:

"ADMINISTRATIVO. RESPONSABILIDADE CIVIL DO ESTADO. AUSÊNCIA DE OMISSÃO NO ACÓRDÃO. SERVIÇO DE ÁGUA E ESGOTO. CADÁVER EM DECOMPOSIÇÃO NO RESERVATÓRIO. DANO MORAL. CONFIGURADO. OMISSÃO. NEGLIGÊNCIA. FALHA NA PRESTAÇÃO DO SERVIÇO. DANO MORAL *IN RE IPSA*. 1. Fica configurada a responsabilidade subjetiva por omissão da concessionária decorrente de falha do dever de efetiva vigilância do reservatório de água, quando nele foi encontrado um cadáver humano. 2. De outro lado, também, ficou caracterizada a falha na prestação do serviço, indenizável por dano moral, quando a COPASA não garantiu a qualidade da água distribuída à população. 3. Ainda, há que reconhecer a ocorrência *in re ipsa*, o qual dispensa comprovação do prejuízo extrapatrimonial, sendo suficiente a prova da ocorrência de ato ilegal, uma vez que o resultado danoso é presumido. Recurso especial provido." (STJ, REsp 1492710/MG, Rel. Ministro Humberto Martins, Segunda Turma, DJe 19/12/2014)

A Primeira Turma não vem aceitando o dano moral:

"ADMINISTRATIVO. AGRAVO REGIMENTAL NO RECURSO ESPECIAL. RESPONSABILIDADE CIVIL. CADÁVER ENCONTRADO NO RESERVATÓRIO DE ÁGUA DA CIDADE. QUALIDADE DA ÁGUA APROVADA EM EXAME DE POTABILIDADE. DANO MORAL NÃO CARACTERIZADO. (...)1. As instâncias ordinárias, soberanas na análise do conjunto fático-probatório dos autos, afastaram a responsabilidade civil da concessionária por não vislumbrar dano moral em razão da descoberta de cadáver em reservatório da cidade de São Francisco, já que nenhuma alteração se verificou na qualidade da água distribuída aos consumidores." (STJ, AgRg no REsp 1550118/MG, Rel. Ministro Sérgio Kukina, Primeira Turma, DJe 25/09/2015)

Dano moral. Apresentação antecipada de cheque caução

"Enseja dano moral a conduta do hospital que exige do filho cheque caução para o custeio do tratamento emergencial da mãe – o que, hoje, configura crime punido com detenção e multa -, e realiza o depósito do título no dia seguinte, antes mesmo de a paciente receber alta, causando a indevida devolução por ausência de provisão de fundos." (STJ, REsp 1297904/RS, Rel. Ministra Nancy Andrighi, Terceira Turma, DJe 19/08/2014)

Dano moral. Não gera dano moral a torcedor o erro não intencional de arbitragem em partida de futebol

O STJ entendeu que erros de arbitragem em partidas de futebol, mesmo que influenciem no resultado do jogo, não configuram ato ilícito nem geram direito à indenização por dano moral. A arbitragem deve ser independente e imparcial, e o Estatuto do Torcedor não veda erros não intencionais. Além disso, a frustração causada por uma derrota faz parte da experiência esportiva e não caracteriza sofrimento duradouro capaz de violar direitos da personalidade do torcedor. (STJ, REsp 1296944/RJ, Rel. Ministro Luis Felipe Salomão, Quarta Turma, DJe 01/07/2013).

Dano moral. Responsabilidade civil dos Correios por extravio de carta registrada

O STJ entendeu que o extravio de correspondência enviada por carta registrada configura dano moral in re ipsa, ou seja, presumido, sem necessidade de comprovação específica do prejuízo. Ao optar por esse serviço, o consumidor paga para garantir o rastreamento e a entrega segura, cabendo aos Correios comprovar a efetiva entrega ou justificar sua impossibilidade. A falha na prestação do serviço postal gera o dever de indenizar. (STJ, REsp 1097266/PB, Rel. Ministro Luis Felipe Salomão, Rel. p/ Acórdão Ministro Raul Araújo, Quarta Turma, DJe 23/08/2013).

Dano moral indireto ou reflexo. Pessoa jurídica tem que comprovar o dano

O STJ entendeu que o dano moral reflexo ou por ricochete ocorre quando o ato ilícito que prejudica diretamente uma pessoa atinge indiretamente o direito de um terceiro, desde que este mantenha um vínculo direto com o lesado. Em conformidade com a Súmula 227 do STJ, é possível que a pessoa jurídica sofra dano moral quando afetada sua honra objetiva. No caso, a inscrição indevida do sócio-gerente da empresa no cadastro de inadimplentes ocasionou a negativa de um empréstimo, o que caracterizaria um prejuízo reflexo à empresa. Contudo, para a configuração de dano moral reflexo à pessoa jurídica, é necessária a comprovação de que o evento afetou sua honra objetiva de forma concreta. No caso, como a negativa do empréstimo foi de conhecimento apenas dos funcionários do banco, não houve repercussão externa comprovada do dano à imagem da pessoa jurídica, razão pela qual o pedido foi indeferido. (STJ, REsp 1022522/RS, Rel. Ministro Luis Felipe Salomão, Quarta Turma, DJe 01/08/2013).

Dano moral. Banco de sangue: indevida indenização (danos morais) por falta de notificação de exame positivo para HIV

O STJ entendeu que não houve dano moral a ser indenizado pelo hemocentro em caso de doador de sangue que, ao não retornar ao hemocentro em 1993, só tomou ciência de contaminação pelo vírus HIV em 1997, durante nova doação. O autor alegou sofrimento em razão da possibilidade de ter contaminado a companheira e filhos concebidos no período em que desconhecia a presença do vírus. O Tribunal concluiu, porém, que não houve culpa ou omissão do hemocentro, uma vez que o doador forneceu endereço incorreto e não deixou telefone de contato, tornando inviável a notificação à época. Não foi comprovado nenhum prejuízo ao autor pela descoberta tardia, pois ele não demonstrou que o atraso no diagnóstico tenha gerado efeitos danosos, tampouco tratamento negligenciado. Assim, o recurso especial foi provido para afastar a condenação por danos morais. (STJ, REsp 619.185/PR, Rel. Ministra Maria Isabel Gallotti, Quarta Turma, julgado em 13/12/2011, DJe 01/02/2012).

Dano moral. Paciente que descobriu por acaso ter AIDS não tem direito a dano moral

O STJ entendeu que a realização de exame de HIV não solicitado, que revelou a soropositividade do paciente, não configura violação ao direito à intimidade, pois a comunicação sigilosa e correta do estado de saúde favorece um direito maior: a proteção da vida e da saúde do paciente. O Tribunal ressaltou que, embora o direito à intimidade seja protegido constitucionalmente, ele não é absoluto e pode ser mitigado diante de valores de maior relevância individual e social, como o direito à vida e o interesse público de controle de doenças transmissíveis. A decisão destacou ainda que não há responsabilidade do hospital pelo abalo psíquico sofrido pelo autor, uma vez que o sofrimento decorre do próprio diagnóstico positivo para o vírus, e não de qualquer conduta inadequada do hospital. A pretensão do autor de não tomar conhecimento sobre sua condição de saúde foi considerada incompatível com o interesse social de prevenção e controle da disseminação do HIV, reforçando que o direito individual não deve se sobrepor ao interesse coletivo.

Assim, o recurso especial foi desprovido. (STJ, REsp 1195995/SP, Rel. Ministra Nancy Andrighi, Rel. p/ Acórdão Ministro Massami Uyeda, Terceira Turma, DJe 06/04/2011).

Dano moral. Paciente que teve três exames de HIV com falso resultado positivo

CIVIL E PROCESSUAL CIVIL. RECURSO ESPECIAL. AÇÃO DE COMPENSAÇÃO POR DANO MORAL. RESPONSABILIDADE CIVIL. EXAME CLÍNICO. HIV. (...) Reconhece-se a responsabilidade do hospital que emite exame com laudo positivo de HIV, repetido e confirmado, ainda que com a ressalva de que poderia ser necessário exame complementar. Precedentes. 4. Defeito no fornecimento do serviço, com exame repetido e confirmado, causa sofrimento a paciente, enquanto que o laboratório assumiu obrigação de realizar exame com resultado veraz, o que não aconteceu, pois o realizado depois em outro laboratório foi negativo." (STJ, REsp 1291576/RS, Rel. Ministra Nancy Andrighi, Terceira Turma, julgado em 28/02/2012, DJe 28/06/2012)

Dano moral. Farmácia deve indenizar cliente por reutilização de seringa descartável

"Demanda indenizatória ajuizada por consumidora contra farmácia, alegando que seu preposto teria utilizado seringa já usada anteriormente para ministrar injeção de medicamento anticoncepcional, obrigando-a a se submeter ao tratamento preventivo contra AIDS e Sifilis, e, assim, ocasionando danos morais. (...) Verossimilhança da versão dos fatos apresentada pela autora, jovem cirurgiã-dentista, conforme reconhecido na sentença pela Magistrada que presidiu a instrução do processo." (STJ, REsp 1131385/RJ, Rel. Ministro Paulo de Tarso Sanseverino, Terceira Turma, DJe 28/08/2012)

Dano moral. Fila em banco. O simples excesso do tempo permitido na legislação não é suficiente para o dano moral.

"A espera por atendimento em fila de banco quando excessiva ou associada a outros constrangimentos, e reconhecida faticamente como provocadora de sofrimento moral, enseja condenação por dano moral. *A só invocação de legislação municipal ou estadual que estabelece tempo máximo de espera em fila de banco não é suficiente para desejar o direito à indenização, pois dirige a sanções administrativas, que podem ser provocadas pelo usuário.*" (STJ, REsp 1218497/MT, Rel. Ministro Sidnei Beneti, Terceira Turma, DJe 17/09/2012)

Tese firmada em Recurso Repetitivo: "*O simples descumprimento do prazo estabelecido em legislação específica para a prestação de serviço bancário não gera por si só dano moral in re ipsa.*" É necessário que, além do ato ilícito, estejam presentes também o dano e o nexo de causalidade, tendo em vista serem elementos da responsabilidade civil. (STJ, REsp n. 1.962.275/GO, relator Ministro Ricardo Villas Bôas Cueva, Segunda Seção, DJe de 29/4/2024)

Por sua vez, se houver o descumprimento *reiterado* da lei municipal que estabelece o tempo de permanência na fila, caberá dano moral de natureza coletiva. (STJ, REsp 1662808/MT, Rel. Ministra Nancy Andrighi, Terceira Turma, DJe 05/05/2017)

Dano moral. A espera em fila, por si só, não é causa de dano moral.

"A espera em fila de banco, supermercado, farmácia, e em repartições públicas, dentre outros setores, em regra, é mero desconforto que não tem o condão de afetar direito da personalidade, isto é, interferir intensamente no equilíbrio psicológico do consumidor do serviço (saúde mental)." (STJ, REsp 1647452/RO, Rel. Ministro Luis Felipe Salomão, Quarta Turma, DJe 28/03/2019)

Dano moral. Incabível reclamação contra dano moral que segue parâmetros do STJ

CIVIL. AGRAVO REGIMENTAL NA RECLAMAÇÃO. RESPONSABILIDADE CIVIL. DANO MORAL. VALOR ARBITRADO MODERADAMENTE. AGRAVO IMPROVIDO. I. Incabível a reclamação que buscar reverter decisão de juizado cível que, na fixação do dano moral, encontra-se em sintonia com a orientação jurisprudencial do STJ. II. Agravo improvido. (STJ, AgRg na Rcl 5243/MT, Rel. Ministro Aldir Passarinho Junior, Segunda Seção, DJe 21/03/2011)

Dano moral. Cabe dano moral independentemente do consumo do alimento com corpo estranho.

Após anos de divergência entre a Terceira Turma (que entendia que caberia dano moral independentemente do consumo do alimento contaminado) e a Quarta Turma (que entendia que se não houvesse a ingestão do alimento contaminado com o corpo estranho, não haveria dano moral), a Segunda Seção do STJ pacificou o entendimento no sentido de que a presença de corpo estranho em alimento gera dano moral mesmo sem a ingestão pelo consumidor.

Assim, o STJ entendeu que a presença de corpo estranho em alimento industrializado, como fungos, insetos e ácaros, configura dano moral indenizável ao consumidor, mesmo que o produto não tenha sido ingerido. Nessa decisão, ficou estabelecido que o fornecedor é responsável pela gestão dos riscos em todas as etapas da produção e comercialização de alimentos, e que a presença de contaminantes excede o risco razoavelmente esperado pelo consumidor, violando seu direito à segurança alimentar. A exposição a esse tipo de produto insalubre coloca o consumidor em risco concreto de lesão à saúde e à integridade física e psicológica, justificando a compensação por dano moral. Ressaltou-se ainda que, embora a ingestão ou o efetivo comprometimento da saúde do consumidor sejam fatores que possam ser considerados na quantificação do valor da indenização, eles não afetam o reconhecimento do dano moral em si. (STJ, REsp 1899304/SP, Rel. Ministra Nancy Andrighi, Segunda Seção, DJe 04/10/2021).

Dano moral. Não há dano moral por produto com larvas consumido após data de validade

O STJ decidiu que, embora as relações de consumo sejam regidas pelo Código de Defesa do Consumidor, a responsabilidade do fabricante por danos morais causados por consumo de produtos defeituosos exige a existência de nexo de causalidade. No caso de um bombom consumido após o prazo de validade, não se configurou o dever de indenizar, pois a data de validade definida pelo fabricante é determinada com base em estudos técnicos para assegurar a qualidade e segurança do produto até aquele prazo. Assim, o consumo após a validade rompe o nexo causal e exclui a responsabilidade do fabricante por eventuais danos. (STJ, REsp 1252307/PR, Rel. Ministra Nancy Andrighi, Rel. p/ Acórdão Ministro Massami Uyeda, Terceira Turma, DJe 02/08/2012)

Não configura dano moral *in re ipsa* a simples remessa de fatura de cartão de crédito para a residência do consumidor com cobrança indevida.

O STJ entendeu que a simples remessa de fatura de cartão de crédito com cobrança indevida não configura dano moral in re ipsa. Para que haja indenização, é necessário que o consumidor comprove agravantes, como reiteração da cobrança após reclamação, inscrição em cadastro de inadimplentes, protesto, exposição vexatória ou coação. No caso analisado, a cobrança indevida foi considerada mero transtorno, insuficiente para caracterizar dano extrapatrimonial. (STJ, REsp 1550509/RJ, Rel. Ministra Maria Isabel Gallotti, Quarta Turma, DJe 14/03/2016).

Dano moral. Atraso no desbloqueio de cartão de crédito não gera indenização se culpa é do consumidor.

O STJ entendeu que não há abusividade na cláusula contratual que prevê o bloqueio temporário do cartão de crédito em caso de inadimplência, pois a administradora age com base no descumprimento das obrigações do consumidor e não de maneira arbitrária. O bloqueio, nesse caso, não configura vantagem exagerada ou potestatividade, pois é acionado exclusivamente quando o consumidor não paga a fatura. Além disso, o prazo de três dias úteis para desbloqueio após o pagamento da dívida, que estava dentro do prazo contratual de até cinco dias úteis, foi considerado razoável. Assim, a administradora agiu conforme o exercício regular de um direito, afastando-se a possibilidade de indenização por danos morais (STJ, Resp. 770.053-MA, Rel. Min. Sidnei Beneti, j. 3/11/2009, Informativo 414).

Dano moral. Responsabilidade do correio pela falha no serviço postal contratado

O STJ entendeu ser cabível a indenização por danos morais ao advogado prejudicado pela intempestividade de um recurso decorrente da entrega tardia da petição pela prestadora de serviços contratada. A Corte concluiu que, por se tratar de uma relação de consumo, a empresa pública prestadora de serviço público, como a ECT, está sujeita ao regime de responsabilidade civil objetiva do CDC, fundamentada no risco administrativo previsto no art. 37, § 6º, da CF. Assim, a responsabilidade da empresa pelos danos ao consumidor ocorre independentemente de culpa, bastando a comprovação da falha na prestação do serviço. Nesse caso, o dano moral é in re ipsa, ou seja, decorre automaticamente do ato ilícito pela gravidade da conduta e do abalo à dignidade do advogado, sendo desnecessária a comprovação específica de sofrimento ou prejuízo psicológico (REsp 1.210.732-SC, Rel. Min. Luis Felipe Salomão, julgado em 2/10/2012, Informativo 505).

Dano moral. STJ não reconhece dano moral por envio de *spam* erótico a internauta.

"Não obstante o inegável incômodo, o envio de mensagens eletrônicas em massa - SPAM - por si só não consubstancia fundamento para justificar a ação de dano moral, notadamente em face da evolução tecnológica que permite o bloqueio, a deletação ou simplesmente a recusada de tais mensagens.3 - Inexistindo ataques a honra ou a dignidade de quem o recebe as mensagens eletrônicas, não há que se falar em nexo de causalidade a justificar uma condenação por danos morais." (STJ, REsp 844736/DF, Rel. Ministro Luis Felipe Salomão, Rel. p/ Acórdão Ministro Honildo Amaral de Mello Castro, Quarta Turma, DJe 02/09/2010)

Dano moral. Recusa de cobertura pelo plano de saúde gera dano moral.

"Prosseguindo o julgamento, a Turma entendeu ser cabível a condenação do dano moral pela recusa indevida de cobertura médica do plano de saúde da recorrente para efetuar procedimento cirúrgico bariátrico. Precedentes citados: REsp. 993.876-DF, *DJ* 18/12/2007, e REsp. 663.196-PR, *DJ* 21/3/2005. REsp. 1.054.856-RJ, Rela. Mina. Nancy Andrighi, j. 5/11/2009. *Informativo 414*).

No mesmo sentido: "A recusa, pela operadora de plano de saúde, em autorizar tratamento a que esteja legal ou contratualmente obrigada, implica dano moral ao conveniado, na medida em que agrava a situação de aflição psicológica e de angústia no espírito daquele que necessita dos cuidados médicos. Precedentes. Essa modalidade de dano moral subsiste mesmo nos casos em que a recusa envolve apenas a realização de exames de rotina, na medida em que procura por serviços médicos - aí compreendidos exames clínicos - ainda que desprovida de urgência, está sempre cercada de alguma apreensão. Mesmo consultas de rotina causam aflição, fragilizando o estado de espírito do paciente, ansioso por saber da sua saúde." (STJ, REsp 1201736/SC, Rel. Ministra Nancy Andrighi, Terceira Turma, DJe 10/08/2012)

Dano moral. Veículo com defeito.

A jurisprudência do STJ, em hipóteses de defeito em veículo, orienta-se no sentido de que não há dano moral quando os fatos narrados estão no contexto de meros dissabores, sem abalo à honra e à dignidade do consumidor.

Assim, o STJ entendeu que a aquisição de um veículo com defeito no sistema de refrigeração (ar-condicionado), que exigiu diversas idas à oficina, configura apenas desconforto e aborrecimento, insuficientes para justificar a indenização por danos morais. Segundo o Min. Relator, a reparação por dano moral não deve ser banalizada, destinando-se apenas a situações em que o transtorno ultrapassa o limite dos dissabores comuns da vida. Na decisão, a Turma entendeu que seria cabível a indenização por danos materiais, caso comprovados os gastos com deslocamento e outras despesas, mas considerou excessivo equiparar esses transtornos a um dano moral. Por isso, a indenização por danos morais foi excluída, e o recorrido foi condenado ao pagamento das despesas processuais e honorários advocatícios. (REsp. 750.735-RJ, Rel. Min. Aldir Passarinho Junior, j. 4/6/2009, Informativo 397).

Em outro precedente, o STJ entendeu que, em casos de aquisição de veículo novo com defeito, não cabe indenização por dano moral quando o problema ocasiona apenas aborrecimentos comuns, sem provocar humilhação, perigo ou lesão à honra e dignidade do comprador. Na hipótese analisada, o defeito foi reparado dentro do prazo legal pela concessionária, configurando apenas um transtorno que não gera direito à indenização por danos morais. (STJ, REsp 1232661/MA, Rel. Ministra Maria Isabel Gallotti, Quarta Turma, DJe 15/05/2012).

Nesse julgado, a Min. Maria Isabel Gallotti concluiu que: "apenas em situações excepcionais, quando, por exemplo, o consumidor necessita retornar à concessionária por diversas vezes para reparar o veículo adquirido, a jurisprudência desta Corte tem considerado cabível indenização por dano moral em decorrência de defeito em veículo zero quilômetro..."

Nesse sentido já julgou o STJ: "A excessiva quantidade de defeitos causou ao adquirente do veículo frustração, constrangimento e angústia, elementos configuradores do dano moral. Ressaltou-se que o regime previsto no art. 18 do CDC não afasta o direito do consumidor à reparação por danos morais nas hipóteses em que o vício do produto ocasionar ao adquirente dor, vexame, sofrimento ou humilhação, capazes de ultrapassar a esfera do mero dissabor ou aborrecimento" (STJ, REsp. 324.629-MG, Rela. Mina. Nancy Andrighi, j. 10/12/2002, *Informativo* 158).

Dano moral. O indevido acionamento do air bag não gera dano moral

"O indevido acionamento de air bag constitui fato do produto e, portanto, a empresa deve indenizar o consumidor pelos danos materiais daí advindos. – Não cabe indenização por dano moral quando os fatos narrados estão no contexto de meros dissabores, sem humilhação, perigo ou abalo à honra e à dignidade do autor. – *A despeito da existência de frustração, o indevido acionamento de air bag não é causa ensejadora de compensação por danos morais.*" (STJ, REsp 1329189/RN, Rel. Ministra Nancy Andrighi, Terceira Turma, DJe 21/11/2012)

Observação: Diferentemente ocorre quando há falha no acionamento do air bag em um acidente. O STJ entende que há indenização por danos morais na hipótese de falha de air bag em acidente de trânsito, quando constatado que o impacto seria suficiente para acionar o dispositivo. Nesse sentido:

"RECURSOS ESPECIAIS. DIREITO DO CONSUMIDOR. RESPONSABILIDADE CIVIL. ACIDENTE DE TRÂNSITO. FALHA DE ACIONAMENTO DO 'AIR BAG'. DANO MORAL. 1. Polêmica em torno da ocorrência de danos morais decorrentes da falha de acionamento dos quatro "air bags" do veículo Citroen Xsara em colisão frontal de trânsito contra um caminhão no perímetro urbano, tendo sido o demandante levado para o hospital local inconsciente em face das lesões sofridas na cabeça (choque encefálico) e no rosto (trauma na face e edema mandibular), mas sem sequelas mais graves. 2. Caracterização de dano moral indenizável decorrente da falha de acionamento dos quatro 'air bags' do veículo em colisão frontal de trânsito, colocando em risco a vida e a saúde do motorista. (...) Distinção entre a hipótese dos autos e os casos de acionamento indevido do dispositivo durante o curso regular do veículo." (STJ, REsp 1384502/SC, Rel. Ministro Paulo de Tarso Sanseverino, Terceira Turma, DJe 25/05/2015)

Dano moral. Recusa de cobertura por plano de saúde.

"(...) *A Turma deu provimento ao recurso por entender que tal posicionamento está em dissonância com a jurisprudência deste Superior Tribunal, pois, especificamente quanto à situação fática, como na hipótese, isto é, relativa ao relacionamento entre segurado e plano de saúde em momentos críticos de atendimento de urgência, a jurisprudência tem entendimento mais elástico, no sentido de que é evidente o dano moral sofrido por aquele que, em momento delicado de necessidade, vê negada a cobertura médica esperada.* Assim, tendo em vista que o motivo gerador do atendimento médico negado não era dos mais traumáticos (não havia, aparentemente, risco à vida ao consumidor), fixou-se o valor dos danos morais em R$ 7.000,00" (Precedentes citados: REsp. 993.876-DF, *DJ* 18/12/2007; REsp. 880.035-PR, *DJ* 18/12/2006, REsp. 663.196- PR, *DJ* 21/3/2008, REsp. 907.718-ES, Rela. Mina. Nancy Andrighi, j. 7/10/2008. *Informativo* 371).

Dano moral. Plano de saúde. *Stent.*

"O STJ entendeu que, em casos de negativa injusta de cobertura por planos de saúde, especialmente em situações que envolvem urgência ou necessidade médica como a implantação de stent cardíaco, é devida indenização por danos morais. A Ministra Relatora destacou que tal recusa agrava a aflição e a angústia do segurado, que já se encontra em condição de vulnerabilidade devido à saúde debilitada. A jurisprudência da Corte aponta que, em situações similares, a indenização por danos morais deve ser fixada em valores consideravelmente superiores, dada a gravidade do abalo emocional sofrido. (STJ, Resp. 986.947-RN, Rel. Min. Nancy Andrighi, j. 11/3/2008. Informativo 348).

Dano moral. Morte em micareta.

"O STJ entendeu que a falha no serviço de segurança em eventos como micaretas, especialmente quando este é um dos principais atrativos para a adesão ao bloco, configura defeito na prestação do serviço, conforme o art. 14, § 1º, do CDC. No caso, a entrada de uma pessoa armada em um bloco e o consequente falecimento de um menor evidenciam a deficiência no serviço oferecido, afastando a hipótese de culpa exclusiva de terceiro e responsabilizando o bloco pela falta de segurança adequada. (STJ, REsp 878265/PB, Rel. Ministra Nancy Andrighi, Terceira Turma, DJe 10/12/2008)

Dano moral. Saque em conta corrente. Esvaziamento.

O STJ entendeu que a negligência de instituição financeira que permite a realização de saques por terceiro não autorizado, portando cartão e senha do correntista, gera o dever de indenizar por danos morais. A Corte reafirmou que, para a configuração do dano moral, é suficiente a demonstração da falha na prestação do serviço, sendo dispensável a prova de prejuízo concreto. O esvaziamento indevido da conta correntista, por si só, causa angústia e transtorno ao consumidor, caracterizando o dano moral. (STJ, REsp. 835531/MG, Rel. Min. Sidnei Beneti, DJ 27/02/2008).

Dano moral. Saque criminoso de valores na conta corrente não enseja indenização por dano moral presumido

"O saque indevido de numerário em conta corrente não configura dano moral in re ipsa (presumido), podendo, contudo, observadas as particularidades do caso, ficar caracterizado o respectivo dano se demonstrada a ocorrência de violação significativa a algum direito da personalidade do correntista. 2. Na hipótese, o Tribunal de origem consignou, diante do conjunto fático-probatório dos autos, que o autor não demonstrou qualquer excepcionalidade a justificar a compensação por danos morais, razão pela qual nada há a ser modificado no acórdão recorrido." (STJ, REsp 1573859/SP, Rel. Ministro Marco Aurélio Bellizze, Terceira Turma, DJe 13/11/2017)

Dano moral. Devolução de cheque por motivo diverso.

É cabível a indenização por danos morais pela instituição financeira quando cheque apresentado fora do prazo legal e já prescrito é devolvido sob o argumento de insuficiência de fundos. REsp 1.297.353-SP, Rel. Min. Sidnei Beneti, julgado em 16/10/2012. Informativo 507.

Dano Moral por falha na informação sobre efeitos colaterais e dependência de medicamento.

O STJ entendeu que, ao vender medicamento com potencial de dependência sem informações claras sobre seus efeitos colaterais, o laboratório é responsável por danos morais ao consumidor. No caso, o medicamento, inicialmente indicado para a memória, passou a ser controlado e reclassificado como antidepressivo, mas sem advertências adequadas na bula por mais de três anos. A ausência de informações e de comunicados de alerta configura publicidade enganosa e omissão grave, violando o direito básico de informação ao consumidor (art. 6º, IV, do CDC). Embora houvesse participação do autor no uso abusivo do remédio, a responsabilidade é compartilhada, pois o laboratório contribuiu para o risco ao omitir a periculosidade do produto. Portanto, foi reconhecida a culpa concorrente do fornecedor, que deve indenizar o consumidor por danos morais (art. 12, § 3º, do CDC). (STJ, REsp. 971.845-DF, Rel. originário Min. Humberto Gomes de Barros, Rel. para acórdão Mina. Nancy Andrighi, j. 21/8/2008).

Dano moral. Inadimplemento contratual.

O STJ entendeu que o mero inadimplemento contratual por atraso na entrega de imóvel não gera automaticamente dano moral, pois este exige uma ofensa anormal à personalidade. A Turma decidiu que, embora a quebra de contrato possa causar frustração à parte lesada, isso não basta para configurar dano à esfera íntima do indivíduo. Assim, o recurso foi provido para afastar a indenização por danos morais e determinar que a correção monetária sobre o valor devido deve incidir a partir da sentença. (STJ, REsp. 876.527-RJ, Rel. Min. João Otávio de Noronha, julgado em 1º/4/2008).

Dano moral. Ação. Indenização. Alarme antifurto.

O STJ entendeu que o simples incidente do alarme soado ao sair de um estabelecimento comercial, sem o agravamento da situação por parte dos empregados da loja, não configura dano moral indenizável. A Corte destacou que, no caso, a atitude dos empregados foi polida, com pedidos de desculpas, e não houve a alegada revista no carrinho de compras, nem qualquer ação agressiva ou constrangedora que pudesse gerar sofrimento ou dor passíveis de indenização. Portanto, o ocorrido foi classificado como um mero aborrecimento, prontamente contornado, sem relevância para ensejar o direito à indenização por danos morais. (STJ, Resp 470.694-PR, Rel. Min. Aldir Passarinho Junior, j. 7/2/2008, Informativo 343).

Dano moral. Os contratos de seguro por danos pessoais abrangem automaticamente os danos patrimoniais e morais.

"Responsabilidade civil. Seguro. Dano pessoal. Dano moral. O dano pessoal coberto pela apólice de seguro necessariamente compreende o dano moral, pois este é espécie de dano pessoal" (STJ, REsp. 290934 / RJ, Rel. Min. Ruy Rosado de Aguiar, *DJ* 02.04.2001).

Observação 1: a previsão contratual de cobertura dos danos pessoais abrange os danos morais tão somente se estes não forem objeto de exclusão expressa ou não figurarem como objeto de cláusula contratual independente (STJ, REsp. 929991 / RJ, Rel. Min. Castro Filho, *DJ* 04/06/2007).

Observação 2: este posicionamento deu origem à *Súmula nº 402 do STJ*: "O contrato de seguro por danos pessoais compreende danos morais, salvo cláusula expressa de exclusão."

Observação 3: os danos estéticos, para serem excluídos do seguro, também deverão ser mencionados expressamente no contrato. Caso não sejam mencionados no contrato, os danos corporais abrangerão também os danos estéticos. Nesse sentido o STJ: "A apólice de seguro contra danos corporais pode excluir da cobertura tanto o dano moral quanto o dano estético, desde que o faça de maneira expressa e individualizada para cada uma dessas modalidades de dano extrapatrimonial, sendo descabida a pretensão da seguradora de estender tacitamente a exclusão de cobertura manifestada em relação ao dano moral para o dano estético, ou vice-versa, ante a nítida distinção existente entre as rubricas. Hipótese sob julgamento em que a apólice continha cobertura para danos corporais a terceiros, com exclusão expressa apenas de danos morais, circunstância que obriga a seguradora a indenizar os danos estéticos." (STJ, Resp 1.408.908, Min. Nancy Andrighi, DJ 19/12/2013)

SÚMULAS DO STJ NO TOCANTE AO DANO MORAL

Súmula nº 420

Incabível, em embargos de divergência, discutir o valor de indenização por danos morais.

Súmula nº 402

O contrato de seguro por danos pessoais compreende danos morais, salvo cláusula expressa de exclusão.

Súmula nº 388

A simples devolução indevida de cheque caracteriza dano moral.

Súmula nº 387

É lícita a cumulação das indenizações de dano estético e dano moral.

Súmula nº 385

Da anotação irregular em cadastro de proteção ao crédito, não cabe indenização por dano moral, quando preexistente legítima inscrição, ressalvado o direito ao cancelamento.

Súmula nº 370

Caracteriza dano moral a apresentação antecipada de cheque pré-datado.

Súmula nº 362

A correção monetária do valor da indenização do dano moral incide desde a data do arbitramento.

Súmula nº 326

Na ação de indenização por dano moral, a condenação em montante inferior ao postulado na inicial não implica sucumbência recíproca.

Súmula nº 281

A indenização por dano moral não está sujeita à tarifação prevista na Lei de Imprensa.

Súmula nº 227

A pessoa jurídica pode sofrer dano moral.

Observação: Segundo o STJ, a indenização em danos morais para a pessoa jurídica exige a prova do prejuízo extrapatrimonial.

"Para a pessoa jurídica, o dano moral é fenômeno distinto daquele relacionado à pessoa natural. Não se aceita, assim, o dano moral em si mesmo, isto é, como uma decorrência intrínseca à existência de ato ilícito. Necessidade de demonstração do prejuízo extrapatrimonial." (STJ, REsp 1497313/PI, Rel. Ministra Nancy Andrighi, Terceira Turma, DJe 10/02/2017)

Súmula nº 37

São cumuláveis as indenizações por dano material e dano moral oriundos do mesmo fato.

INVERSÃO DO ÔNUS DA PROVA

Inversão do ônus da prova. Prova de indícios mínimos do fato constitutivo do direito.

"A pretendida inversão do ônus da prova não dispensa que o consumidor prove a existência de indícios mínimos do fato constitutivo de seu direito." (STJ, AgInt nos EDcl no AREsp n. 1.587.234/RS, relator Ministro Antonio Carlos Ferreira, Quarta Turma, DJe de 16/10/2023.)

Alteração do entendimento sobre a inversão do ônus da prova. Necessidade de dar ciência às partes.

"Antes de proceder ao julgamento da demanda com base na aplicação do CDC e na consequente inversão do ônus da prova, cabe ao julgador dar ciência às partes sobre a alteração do entendimento anteriormente firmado sobre o tema, a fim de que a parte a quem foi imposto o ônus da prova possa produzir as provas que entender cabíveis, sob pena de, não agindo assim, incorrer em cerceamento de defesa." (STJ, AgInt no AREsp 1602538/SP, Rel. Ministro Raul Araújo, Quarta Turma, DJe 01/07/2020)

A inversão do ônus da prova não dispensa a comprovação mínima, pela parte autora, dos fatos constitutivos do seu direito.

"A jurisprudência desta Corte Superior se posiciona no sentido de que a inversão do ônus da prova não dispensa a comprovação mínima, pela parte autora, dos fatos constitutivos do seu direito" (STJ, AgInt no Resp 1.717.781/RO, Rel. Ministro Marco Aurélio Bellizze, Terceira Turma, DJe de 15/06/2018).

Inversão do ônus da prova nas ações coletivas

O STJ entendeu que, em ação civil pública (ACP) com foco na defesa dos direitos dos consumidores, é possível a inversão do ônus da prova em favor do Ministério Público, com base no objetivo de facilitar a defesa da coletividade. Esse entendimento se fundamenta no conceito de "consumidor", previsto no art. 6º do Código de Defesa do Consumidor (CDC), que deve ser interpretado não apenas como parte processual, mas como a parte material da relação jurídica extraprocessual, ou seja, o destinatário da proteção legal. No caso, a ação visava a condenação do banco para que não cobrasse pelo serviço de fornecimento de extratos consolidados sem solicitação prévia e devolvesse em dobro o valor cobrado. (STJ, REsp 951.785-RS, Rel. Min. Luis Felipe Salomão, julgado em 15/2/2011, Informativo 463).

Inversão do ônus da prova no direito ambiental

O STJ entendeu que, nas ações civis públicas que envolvem danos ambientais, as normas de proteção ao consumidor podem ser aplicadas devido à relação interdisciplinar entre essas normas e as de defesa dos direitos coletivos. O caráter coletivo e público do bem jurídico tutelado justifica a extensão de regras protetivas dos consumidores ao autor da demanda, especialmente quando se busca a preservação ou reparação de patrimônio público de uso coletivo. Nesse contexto, o princípio da precaução exige a inversão do ônus da prova, cabendo ao réu comprovar que não causou o dano ambiental ou que a substância lançada no ambiente não é potencialmente lesiva. A realização de perícia técnica é considerada imprescindível, uma vez que informações simples obtidas na internet não são suficientes para comprovar a ineficácia poluente de uma conduta. A perícia, dada a complexidade dos biomas, é sempre necessária quando a prova do fato depende de conhecimento técnico especializado. (Precedentes citados: REsp 1.049.822-RS, DJe 18/5/2009; REsp 1.060.753-SP, Rel. Min. Eliana Calmon, j. 1º/12/2009, Informativo 418).

Este precedente deu origem à Súmula 618 do STJ:

Súmula 618: "A inversão do ônus da prova aplica-se às ações de degradação ambiental".

Inversão do ônus da prova. Saques. Conta bancária.

O STJ entendeu que, em ações que envolvem saques indevidos de numerário em contas bancárias, é cabível a inversão do ônus da prova com base no artigo 6º, VIII, do Código de Defesa do Consumidor (CDC). A Ministra Relatora explicou que a hipossuficiência, mencionada pelo dispositivo, não deve ser analisada apenas sob o prisma econômico e social, mas também sob o aspecto técnico. No caso dos autos, o consumidor possui hipossuficiência técnica, uma vez que dificilmente tem conhecimento dos mecanismos de segurança utilizados pelos bancos e das formas de evitar fraudes. Assim, a inversão do ônus da prova recai sobre o banco, que deve demonstrar a regularidade dos procedimentos adotados. Com isso, a Turma decidiu dar provimento ao recurso, determinando o retorno dos autos ao juízo de primeiro grau para que o processo prossiga de acordo com o devido processo legal. (Precedentes citados: AgRg no REsp. 724.954-RJ, DJ 17/10/2005, e REsp. 727.843-SP, DJ 1º/2/2006. REsp 915.599-SP, Rel. Min. Nancy Andrighi, j. 21/8/2008, Informativo 364).

Inversão do ônus da prova. Indenização. Furto. Cofre locado.

O STJ entendeu que, em caso de furto de bens guardados em cofre locado em agência bancária, é cabível a inversão do ônus da prova, com base no artigo 6º, VIII, do Código de Defesa do Consumidor (CDC). A Turma reconheceu que a recorrente havia demonstrado de forma verossímil a alegação de que os bens estavam no cofre no momento do furto, e que o banco não apresentou prova de que os bens não estavam lá. Além disso, o valor pleiteado não foi impugnado, o que fortaleceu a argumentação da consumidora. Com isso, o recurso foi provido, condenando o banco ao pagamento dos danos materiais conforme solicitado. Votou de forma divergente, em parte, o Min. Ari Pargendler, que deu provimento em menor extensão. (Precedente citado: REsp 422.778, DJ 27/8/2007. REsp 974.994-SP, Rel. Min. Nancy Andrighi, j. 5/6/2008, Informativo 358).

Inversão do ônus da prova. Pessoa Jurídica. CDC. Hipossuficiência.

"A Turma entendeu que o emprego de empréstimo para capital de giro enquadra-se no conceito de atividade negocial, razão pela qual não se cuida, no presente caso, de relação de consumo, mas de relação de consumo intermediário, que não frui dos benefícios do CDC. *Ademais, caso se tratasse dessa hipótese, a mera aplicação do CDC não autoriza automaticamente a inversão do ônus da prova, pois não se pode atribuir hipossuficiência indiscriminadamente aos correntistas em situação de uso intermediário. Essa proteção somente pode ser concedida em circunstâncias especiais (art. 6º, VIII, do CDC), ou seja, quando efetivamente demonstrada a hipossuficiência caso a caso e não presumidamente, só quando houver efetiva desigualdade*" (STJ, Resp. 716.386-SP, Rel. Min. Aldir Passarinho Junior, j. 5/8/2008. *Informativo* 362).

Inversão do ônus da prova. Telebingo. Cartela sorteada.

"SORTEIO. Telebingo. Prova. Código de Defesa do Consumidor. A adquirente da cartela que afirma ter sido sorteada deve instruir o seu pedido com esse documento, cabendo ao organizador da promoção demonstrar que foram outros os números sorteados. Aplicação do CDC para atribuir ao organizador o ônus de provar os fatos do sorteio" (STJ, REsp. 316316/PR, *DJU* 12/11/2001, p. 156, Rel. Min. Ruy Rosado de Aguiar, j. 18/09/2001, 4ª T.).

Inversão do ônus da prova. *Ope legis e Ope judicis.* Defeito em air bag do veículo

O STJ entendeu que, em casos envolvendo defeito no produto, como o não acionamento do air bag em um acidente automobilístico, a inversão do ônus da prova deve ocorrer conforme a regra da inversão ope legis, prevista no art. 12, § 3º do Código de Defesa do Consumidor (CDC), independentemente da decisão do juiz. Nesse contexto, o fornecedor tem o ônus de provar que o defeito não existia ou que a culpa era exclusiva do consumidor. A Turma concluiu que a falha no sistema de segurança do veículo foi responsável pelos danos à consumidora, já que, embora o acidente tenha ocorrido com intensidade suficiente para acionar o air bag, o sistema não foi acionado devido a defeito no produto. Diante da prova evasiva apresentada, a decisão foi tomada em favor da consumidora, reconhecendo-se o defeito do produto e a responsabilidade do fornecedor. O recurso especial foi provido para determinar a procedência do pedido de indenização. (STJ, REsp 1306167/RS, Rel. Min. Luis Felipe Salomão, Quarta Turma, DJe 05/03/2014).

FORO DE ELEIÇÃO

Foro de eleição. A competência do foro como sendo absoluta.

O STJ entendeu que, em relação a uma ação de busca e apreensão, em que o autor (recorrido) tem sede em São Paulo e o devedor (recorrente) reside no Ceará, a aplicação do Código de Defesa do Consumidor (CDC) exige que seja respeitada a competência do foro do consumidor. A Turma reconheceu que o foro de eleição não pode prevalecer sobre a regra do CDC, que visa proteger a parte mais vulnerável da relação contratual. Assim, apesar da conclusão do Tribunal a quo de que não haveria prejuízo para a defesa do recorrente, foi decidido que, para garantir o direito de defesa e evitar dificuldades no deslocamento do devedor, o foro competente seria o de Quixeramobim-CE, e não o de João Pessoa-PB. O recurso foi provido para determinar a remessa dos autos à Comarca de Quixeramobim-CE. (STJ, REsp 609.237-PB, Rel. Min. Aldir Passarinho Junior, j. 6/9/2005, Informativo nº 259).

Foro de eleição. Quando não há hipossuficiência, prevalece foro de eleição.

O STJ entendeu que, em litígios entre empresas de grande porte, como provedores de internet e detentores de redes de acesso, não se pode alegar dificuldade de acesso à Justiça por hipossuficiência. Assim, mesmo que o contrato seja de adesão e envolva prestação de serviços, deve prevalecer a cláusula de eleição de foro pactuada entre as partes, pois não há relação de consumo que justifique flexibilização dessa regra. (STJ, CC 40.220/SP, Rel. Min. Aldir Passarinho Junior, julgado em 11/02/2004, Informativo 198).

Foro de eleição. Facilitação da defesa do consumidor em juízo.

"No caso, o Tribunal de origem concluiu que a eleição do foro em comarca diversa do domicílio do consumidor desequilibra a relação entre as partes, gerando prejuízo à defesa do consumidor lesado." (STJ, AgInt no AREsp 1605331/RO, Rel. Ministro Raul Araújo, Quarta Turma, DJe 24/11/2020)

ONEROSIDADE EXCESSIVA – TEORIA DA BASE OBJETIVA

Alteração da base do negócio. Modificação superveniente. Revisão ou resolução.

O STJ entendeu que a modificação superveniente da base do negócio, quando envolve a aplicação de índices distintos para reajuste da renda do devedor e do preço contratado, tornando inviável a continuidade do pagamento, pode justificar a revisão ou até a resolução do contrato. Essa possibilidade não afronta o artigo 6º da LICC (atual LINDB), pois visa preservar o equilíbrio contratual diante de circunstâncias imprevisíveis. (STJ, REsp 73370/AM, Rel. Min. Ruy Rosado de Aguiar, Quarta Turma, DJU 12/02/1996).

***Leasing*. Onerosidade excessiva. Crise cambial. Possibilidade de revisão.**

O STJ entendeu que o CDC é aplicável aos contratos de arrendamento mercantil (leasing) e que a brusca valorização do dólar, decorrente da mudança no regime cambial, pode justificar a revisão contratual quando colocar o consumidor em extrema desvantagem. Além disso, a instituição financeira deve comprovar que os recursos foram efetivamente captados no exterior e utilizados na operação firmada com o arrendatário, para legitimar a vinculação do contrato à moeda estrangeira. (STJ, REsp 367144/RJ, Rel. Ministra Nancy Andrighi, Terceira Turma, DJU 22/04/2002).

Art. 7º Os direitos previstos neste código não excluem outros decorrentes de tratados ou convenções internacionais de que o Brasil seja signatário, da legislação interna ordinária, de regulamentos expedidos pelas autoridades administrativas competentes, bem como dos que derivem dos princípios gerais do direito, analogia, costumes e equidade.

Parágrafo único. Tendo mais de um autor a ofensa, todos responderão solidariamente pela reparação dos danos previstos nas normas de consumo.

O Código de Defesa do Consumidor se trata de um verdadeiro microssistema jurídico, não somente se relacionando com outros ramos do Direito, mas ao mesmo tempo, apresentando características que lhe são próprias.

O CDC não exclui as demais normas protetoras dos interesses do consumidor, ao contrário, recebe-as como normas importantes à consecução de seus objetivos, possibilitando uma abertura do sistema para outros direitos constantes de leis, tratados e regras administrativas, no intuito de aplicarem as normas mais favoráveis ao consumidor. Essa previsão reforça o caráter expansivo e protetivo do CDC, ao garantir que a tutela ao consumidor se adapte e se amplie conforme a evolução das normas e dos valores sociais.

Além disso, ao incluir fontes como os princípios gerais do direito, costumes e equidade, o art. 7º reconhece a importância da interpretação justa e contextual das normas, permitindo que os julgadores considerem os valores sociais e éticos na aplicação das leis de defesa do consumidor. Com isso, o artigo garante que a proteção ao consumidor seja abrangente, assegurando uma resposta eficaz para diversas situações que possam surgir nas relações de consumo.

Diante de fontes legislativas plúrimas, surge a necessidade de coordenação entre as normas do ordenamento jurídico. Tradicionalmente, os critérios para resolver os conflitos de leis no tempo são: a anterioridade, a especialidade e a hierarquia. A doutrina hoje procura a harmonia e a coordenação entre as normas do ordenamento jurídico (concebido como sistema) – propiciando o *diálogo de fontes* – em lugar de exclusão, o que acabaria por propiciar a aplicação de uma só norma para o caso concreto – ideia de monólogo.

Busca-se a eficiência funcional do sistema plural e complexo do nosso Direito, evitando a antinomia, a incompatibilidade ou a não coerência.[204]

Cláudia Lima Marques[205], com base nos ensinamentos do mestre da Universidade de Heidelberg, Erik Jayme, expõe que "é o atual e necessário 'diálogo das fontes' (*dialogue de sources*), a permitir a aplicação simultânea, coerente e coordenada das plúrimas fontes legislativas convergentes. 'Diálogo' porque há influências recíprocas, 'diálogo' porque há aplicação conjunta das duas normas ao mesmo tempo e ao mesmo caso, seja complementarmente, seja subsidiariamente, seja permitindo a opção voluntária das partes sobre a fonte prevalente [...] ou mesmo permitindo uma opção por uma das leis em conflito abstrato. Uma solução flexível e aberta, de interpretação ou mesmo a solução mais favorável aos mais fracos da relação (tratamento diferente dos diferentes)".

O diálogo de fontes propiciará, portanto, a conexão intersistemática existente entre o CDC e outros diplomas legais, mais especificamente, o Código Civil de 2002, em decorrência da forte aproximação principiológica entre ambos[206], buscando ampliar os benefícios e amparar melhor o consumidor.

O STJ já reconheceu a aplicação da teoria do "diálogo de fontes":

> O microssistema introduzido pelo Código de Defesa do Consumidor não pode ser desvinculado dos demais princípios e normas que orientam o direito pátrio, notadamente o Código Civil. Ao contrário, o que deve haver é a integração entre esses sistemas (STJ, EREsp. 702524/RS, Rela. Mina. Nancy Andrighi, Rel. p/ acórdão Min. Humberto Gomes de Barros, *DJ* 09/10/2006).

> Não se pode interpretar o Código de Defesa do Consumidor de modo a tornar qualquer encargo contratual atribuído ao consumidor como abusivo, sem observar que as relações contratuais se estabelecem, igualmente, através de regras de Direito Civil. O CDC não exclui a principiologia dos contratos de Direito Civil. Entre as normas consumeristas e as regras gerais dos contratos, insertas no Código Civil e legislação extravagante, deve haver complementação e não exclusão. É o que a doutrina chama de Diálogo das Fontes. (STJ, REsp 1060515 / DF, Rel. Min. Honildo Amaral de Mello Castro, DJe 24/05/2010)

Segundo Cláudia Lima Marques, são três os tipos de diálogos possíveis entre o Código Civil e o CDC:

---

204. MARQUES. Cláudia Lima. *Comentários ao Código de Defesa do Consumidor*. São Paulo: Revista dos Tribunais, 2003, p. 24/25.

205. *Comentários ao Código de Defesa do Consumidor*. 2ª ed. São Paulo: Revista dos Tribunais, 2006, p. 28-29.

206. Nesse sentido, foi aprovado o Enunciado nº 167 na III Jornada de Direito Civil, promovida pelo Conselho da Justiça Federal em dezembro de 2004, com a seguinte redação: "Com o advento do Código Civil de 2002, houve forte aproximação principiológica entre esse Código e o Código de Defesa do Consumidor no que respeita à regulação contratual, uma vez que ambos são incorporados de uma nova teoria geral dos contratos."

1) *Pela aplicação simultânea das duas leis (diálogo sistemático de coerência)*: uma lei pode servir de base conceitual para a outra, especialmente se uma lei é geral e a outra especial, se uma lei é a central do sistema e a outra um microssistema específico (não completo materialmente). Assim, por exemplo, se os conceitos de nulidade, pessoa jurídica, prova, decadência, prescrição etc., não estiverem definidos no microssistema (como acontece no CDC com "consumidor" – arts. 2º, 17, 29, "fornecedor" – art. 3º, *caput*, "produto" – art. 3º, § 1º, e "serviço" – art. 3º, § 2º) terão sua definição atualizada pela entrada em vigor do novo Código Civil. Isso faz sentido, porque quando o microssistema é criado, somente se preocupa em conceituar e estipular institutos que são específicos para tutelar o objeto a que tal lei destina. Dessa forma, o CDC conceituou "consumidor", "fornecedor", "produto" e "serviço", uma vez que tais definições não se encontravam no sistema. Outros institutos e conceitos (que não são específicos do microssistema e que são encontrados no sistema – CC) podem ser perfeitamente aplicados, ocorrendo aplicação simultânea das duas fontes.
2) *Pela aplicação coordenada das duas leis (diálogo sistemático de complementaridade e subsidiariedade em antinomias aparentes ou reais)*: uma lei pode complementar a aplicação da outra, a depender de seu campo de aplicação no caso concreto, a indicar a aplicação complementar tanto de suas normas, quanto de seus princípios, no que couber, no que for necessário, ou subsidiariamente.

A própria subsidiariedade é um diálogo, um diálogo de complementaridade, pois até para saber qual das leis deve ser aplicada, já aplicamos conjuntamente as duas leis, a descobrir qual deverá ter aplicação subsidiária. Primeiro esgota-se a aplicação de uma lei, depois, no que couber, aplica-se conjuntamente (e subsidiariamente) a outra.

Assim, na relação de consumo, aplica-se, prioritariamente, o CDC e, subsidiariamente, as normas do Código Civil. Assim ocorre no tocante à prescrição, quando o CDC tratou do tema apenas no art. 27. Com efeito, o CDC somente definiu o que lhe interessava, ou seja, que o prazo prescricional é de 5 anos e que a contagem se inicia quando da ocorrência do dano e de seu conhecimento. Todas as outras questões sobre prescrição, desde que não se trate de prazo ou do momento do início da contagem, são retiradas do sistema (Código Civil) de modo subsidiário, como por exemplo, as hipóteses de interrupção e suspensão de prazos. A possibilidade de aplicação coordenada das leis é interessante, de modo a evitar a repetição de artigos desnecessariamente.

A única exceção a essa regra ocorre na hipótese de contrato de transporte, quando o art. 732 do CC[207] prevê expressamente a subsidiariedade das leis especiais, como o CDC. Então, nesse caso, excepcionalmente, há prioridade das normas do Código Civil em detrimento do CDC.

O Tribunal de Justiça do Rio Grande do Sul vem adotando esse tipo de diálogo de fontes ao aplicar o CDC à lei dos planos de saúde (Lei nº 9.656/1998) e ao Estatuto da Pessoa Idosa

207. Art. 732 do CC: "Aos contratos de transporte, em geral, são aplicáveis, quando couber, desde que não contrariem as disposições deste Código, os preceitos constantes da legislação especial e de tratados e convenções internacionais."

(Lei nº 10.741/2003), conjuntamente, de modo a evitar o aumento abusivo de mensalidades, principalmente àqueles consumidores que completam 60 anos.[208]

O STJ seguiu o mesmo entendimento:

> O interesse social que subjaz do Estatuto do Idoso, exige sua incidência aos contratos de trato sucessivo, assim considerados os planos de saúde, ainda que firmados anteriormente à vigência do Estatuto Protetivo. – Deve ser declarada a abusividade e consequente nulidade de cláusula contratual que prevê reajuste de mensalidade de plano de saúde calcada exclusivamente na mudança de faixa etária – de 60 e 70 anos respectivamente, no percentual de 100% e 200%, ambas inseridas no âmbito de proteção do Estatuto do Idoso. – Veda-se a discriminação do idoso em razão da idade, nos termos do art. 15, § 3º, do Estatuto do Idoso, o que impede especificamente o reajuste das mensalidades dos planos de saúde que se derem por mudança de faixa etária; tal vedação não envolve, portanto, os demais reajustes permitidos em lei, os quais ficam garantidos às empresas prestadoras de planos de saúde, sempre ressalvada a abusividade (STJ, REsp. nº 989380/ RN, Rela. Mina. Nancy Andrighi, *DJ* 20/11/2008).

3) *Pelo diálogo das influências recíprocas* (*diálogo de coordenação e adaptação sistemática*): como no caso de possível redefinição do campo de aplicação da lei. Assim, por exemplo, a definição de consumidor *stricto sensu* e de consumidor equiparado podem sofrer influências finalísticas do novo Código Civil, posto que este regula relações entre iguais (dois iguais consumidores ou dois iguais fornecedores entre si). É a influência do sistema especial no geral e do geral no especial, em um diálogo de duplo sentido.[209] Nesse sentido, quando comentamos sobre o art. 2º do CDC, afirmamos que, com a entrada do Código Civil, a teoria finalista ganhou força, uma vez que adotou, assim como o CDC, vários princípios e cláusulas gerais que, por si sós, são suficientes para harmonizar e equilibrar as relações entre dois empresários ou entre dois consumidores. Dessa forma, não mais há necessidade de se recorrer ao CDC, ampliando o conceito de consumidor (teoria maximalista) para buscar o equilíbrio nas relações comerciais. O próprio Código Civil é capaz disso. Com isso, percebe-se claramente que o Código Civil influenciou a interpretação a ser dada ao CDC, diferenciando a aplicação das normas. Conforme se observou, realmente houve tal influência, já que o STJ, após a entrada do novo Código Civil, tem aplicado a doutrina finalista (simples ou mitigada) e não a maximalista para se interpretar o conceito de consumidor.

O mesmo ocorreu com a desconsideração da personalidade jurídica. Após a entrada do Código Civil, percebeu-se que o instituto foi tratado de forma diferenciada daquela disposta pelo CDC. Conforme estudaremos no art. 28, o STJ, aceitando a diferenciação, aplicou a chamada teoria maior para o CC (possui requisitos como o desvio de finalidade ou a confusão patrimonial) e a teoria menor para o CDC (basta a inadimplência do fornecedor perante o consumidor). Assim, a entrada em vigor do art. 50 do CC influenciou o campo de aplicação do art. 28 do CDC (e vice-versa).

208. "Majoração em razão do implemento da idade. Mostra-se abusiva a cláusula que prevê o reajuste da contraprestação em 100% em razão do implemento da idade de 60 anos. Limitação da majoração em 20%, reconhecido o diálogo estabelecido entre as seguintes fontes: CDC e Leis nos 9.656/1998 e 10.741/2003" (TJRS, Apel. 70012183521, Rel. Des. Ubirajara Mach de Oliveira, *DJ* 03/10/2005).

209. *Comentários ao Código de Defesa do Consumidor*. São Paulo: Revista dos Tribunais, 2003, p. 28 e 29.

Como vimos no art. 6º, V, "2ª parte", do CDC, outra influência ocasionada pelo CC foi no tocante à teoria adotada em razão da onerosidade excessiva. Até a edição do CC, a jurisprudência e parte da doutrina vacilavam sobre a correta interpretação a ser dada ao referido dispositivo do CDC. Durante muitos anos entendeu-se, principalmente a jurisprudência, que o art. 6º, V, "2ª parte" ("revisão em razão *de fatos supervenientes que as tornem excessivamente onerosas*"), se tratava da teoria da imprevisão.

Essa interpretação foi muito danosa aos consumidores, principalmente com a maxidesvalorização do dólar ocorrida em 1999, em que vários deles requereram na justiça a revisão do contrato alegando que não tinham condições de pagar as prestações. Assim, muitos julgados não deram provimento aos pedidos dos consumidores, alegando justamente a teoria da imprevisão, não considerando a maxidesvalorização fato imprevisível para a época.[210]

Com a entrada do CC, percebeu-se que o art. 478 é que amparava a teoria da imprevisão, uma vez que contemplava como requisito "*acontecimentos extraordinários e imprevisíveis*", diferentemente do contido no art. 6º, V, "2ª parte", do CDC. Definiu-se, portanto, que o CDC não contemplava o requisito da imprevisibilidade, fato que excluiria a aplicação da teoria da imprevisão. Passou-se, então, a adotar, para o referido artigo, a teoria da base objetiva do negócio jurídico.

Todos os exemplos dados foram da influência do sistema (CC) no microssistema (CDC), o que é mais comum de acontecer. Mas o contrário também chegou a ocorrer. Quando o CC entrou em vigor, contemplando o princípio da boa-fé objetiva e o sistema de cláusulas gerais, a jurisprudência já possuía mais de 10 anos de experiência sobre a aplicação desse sistema. Sendo assim, as conquistas adquiridas nesse período com a aplicação do CDC foram utilizadas na interpretação do CC, o que acabou influenciando-o.

Nada impede também, como ressaltamos anteriormente, a possibilidade de efetuarmos o diálogo do CDC com outros ramos do direito, desde que haja pertinência na aplicação, seja em razão da *ratio* das normas, seja em razão da mesma base principiológica. Como exemplo, o diálogo de fontes também é utilizado na tutela coletiva. Hodiernamente, tem se falado em microssistema processual coletivo, formado por várias fontes que amparam a tutela coletiva, como o Título III do CDC, a lei de ação popular, a lei de ação de improbidade administrativa, a lei da ação civil pública e por todas as normas destinadas à tutela dos direitos transindividuais.

Esse diálogo é importante, uma vez que, conforme veremos quando do estudo do Título III do CDC (arts. 81 ao 104), o CPC terá aplicação somente se não houver solução legal nas regulações que estão disponíveis dentro do microssistema coletivo.

Conclui-se que o CPC será residual e não imediatamente subsidiário, pois, verificada a omissão no diploma coletivo especial, o intérprete, antes de angariar solução na codificação processual, ressalta-se, de índole individual, deverá buscar os ditames constantes dentro do microssistema coletivo.[211]

---

210. O que, *data venia*, ainda assim discordamos. Ao contrário do exposto nesses julgados, entendemos que não havia previsibilidade. Pelo contrário, à época, toda a sociedade foi pega de surpresa, já que se falava muito na estabilidade da moeda brasileira.

211. MAZZEI, Rodrigo. "A ação popular e o microssistema da tutela coletiva." *In*: Luiz Manoel Gomes Júnior; Ronaldo Fenelon Santos Filho (Coords.) – *Ação Popular – Aspectos relevantes e controvertidos*. São Paulo: RCS, 2006.

A razão de tal solução, a partir do diálogo de fontes, é que o CPC foi criado e desenvolvido para a tutela dos direitos individuais, ao passo que a utilização de regras processuais aos direitos coletivos depende de regras próprias, que possuem a mesma *ratio*, ou seja, regras processuais inseridas em diplomas que também disciplinem direitos coletivos. É necessário primeiro esgotar as normas inseridas no microssistema coletivo, para somente depois buscar, na lei individual (como o CPC), a solução para a causa. Assim, através deste correto diálogo de fontes, estará se buscando, nas palavras do Prof. Erik Jayme, "*um sistema jurídico eficiente e justo.*"

A jurisprudência recente do STJ parece caminhar nessa direção:

> A lei de improbidade administrativa, juntamente com a lei da ação civil pública, da ação popular, do mandado de segurança coletivo, do Código de Defesa do Consumidor e do Estatuto da Criança e do Adolescente e da Pessoa Idosa, compõem um microssistema de tutela dos interesses transindividuais e sob esse enfoque interdisciplinar, interpenetram-se e subsidiam-se (STJ, REsp. 510.150/MA, Rel. Min. Luiz Fux, *DJ* 29/03/2004).

Através do diálogo de fontes, analisando a convergência de princípios, bem como a *ratio* da criação da norma, é possível, por exemplo, aplicar o instituto da desconsideração da personalidade jurídica no Direito do Trabalho. Talvez não haja outro ramo do Direito que mais utilize a desconsideração como o Trabalhista. E a pergunta que se faz é a seguinte: onde na CLT ou em outra lei trabalhista há a previsão da aplicação da desconsideração da personalidade jurídica?

Embora alguns procurem justificar sua aplicação através do art. 2º, § 2º da CLT, veremos, quando dos comentários do art. 28, que o dispositivo não trata do instituto da desconsideração, e sim da simples imputação de responsabilidade solidária das sociedades pertencentes ao mesmo grupo.

Então, se não há a previsão da desconsideração na CLT (ou outra norma relacionada a Direito do Trabalho), em que fonte normativa buscar a justificação para sua aplicação?

De antemão, importa salientar, como veremos nos comentários ao art. 28 do CDC, que há duas teorias sobre a desconsideração. A chamada teoria maior, adotada pelo CC no art. 50, exigindo requisitos para sua aplicação como o desvio de finalidade ou a confusão patrimonial; e a chamada teoria menor, adotada pelo CDC no art. 28, não exigindo requisitos, bastando a inadimplência do fornecedor perante o consumidor.

Assim, surge a pergunta: qual teoria aplicar ao Direito do Trabalho? Maior ou menor?

A partir do trabalho do diálogo de fontes é preciso perguntar qual fonte normativa mais se assemelha ao Direito do Trabalho: o CC, sendo um código de iguais; ou o CDC, sendo um código de desiguais, por possuir o consumidor como vulnerável na relação.

Não é necessário muito esforço para perceber que a *ratio* da legislação trabalhista é a mesma da legislação do consumidor, já que em ambas há a intenção de se proteger um dos polos da relação: na relação de consumo, o consumidor; e na relação trabalhista, o trabalhador. Não é à toa que, em ambos os sistemas, há o princípio da interpretação mais favorável a umas das partes: consumidor e trabalhador; em detrimento do fornecedor e do empregador, polos mais fortes da relação.

Assim, a base da aplicação da desconsideração no Direito do Trabalho há de ser o art. 28 do CDC, não só por ter adotado a teoria menor, não exigindo requisitos específicos para sua aplicação, bem como por possibilitar sua aplicação de ofício, ao contrário do contido no CC.

Na prática, é o que se verifica na Justiça do Trabalho. O magistrado não analisa nenhum requisito para desconsiderar a personalidade da empresa a fim de adentrar no patrimônio do sócio. Acontece que na fundamentação da sentença e/ou do acórdão, às vezes, não há clara referência ao art. 28 do CDC. Às vezes, acontece também do magistrado somente se referir ao art. 50 do CC e, às vezes, se referir aos dois artigos juntamente. Mas, pouco importa o dispositivo citado, o importante é que se aplique a teoria menor.[212]

Outra forma de diálogo interessante entre o CDC e o Direito do Trabalho é a possibilidade, admitida pela jurisprudência trabalhista, de aplicar a inversão do ônus da prova, contida no art. 6º, VIII, do CDC. Nesse sentido, autorizado está o magistrado trabalhista, considerando a hipossuficiência do empregado ou considerando verossímeis suas alegações, determinar, caso não existam outras provas suficientes à formação do convencimento sobre os fatos alegados pelas partes, a inversão do ônus da prova.

Continuando na seara trabalhista, os magistrados não têm admitido cláusulas nos contratos de trabalho que sejam abusivas, nos termos do art. 51 do CDC. Assim, o rol exemplificativo do art. 51 do CDC tem servido de base para anular cláusulas nos contratos de trabalho em perfeito diálogo de fontes. Realmente não seria crível que se admitisse no contrato de trabalho cláusula abusiva e "*nula de pleno direito*" pelo sistema consumerista.

Também pela técnica do diálogo das fontes resolveríamos, de maneira fundamentada e coerente, o problema da análise da pertinência temática da OAB para propor ações coletivas. Muito se discute no Brasil sobre o requisito da pertinência temática dos legitimados enumerados no art. 82 do CDC e art. 5º da LACP para proporem ações coletivas. De maneira geral, entende-se que o MP possui legitimidade para propor qualquer ação coletiva, tendo em vista sua vocação para defesa de interesses públicos e coletivos *lato sensu*. Entretanto, todos os outros entes legitimados devem defender direitos e interesses conexos com suas respectivas finalidades institucionais. Assim é que as associações, pelo próprio teor do inciso IV do art. 82 do CDC, somente estão autorizadas a propor ações coletivas para a defesa de direitos ou interesses compatíveis com as finalidades institucionais. Com efeito, a associação que tenha por finalidade proteger o meio ambiente não terá legitimidade para propor ação coletiva em defesa dos direitos dos consumidores. Do mesmo modo, o STJ entendeu que Defensoria Pública somente poderá propor ação coletiva em que os beneficiados se enquadrem na condição jurídica de "necessitados".

Mas e a OAB? Haveria o requisito da pertinência temática para a Ordem dos Advogados do Brasil? Primeiramente, vale salientar que a legitimidade da OAB é indiscutível, uma vez que foi considerada como "autarquia especial" pelo STF. Mesmo que assim não fosse, como associação (de classe) que é, poderia propor ações coletivas.

212. Nesse sentido, a jurisprudência trabalhista: "E, a par desse fato, o Juízo de primeiro grau confirma que a empresa não vem honrando seus compromissos trabalhistas, dificultando o andamento de inúmeros feitos, pois não tem sido possível localizar bens disponíveis. Vale invocar a teoria do superamento da personalidade jurídica (*disregard of legal entity*), a qual permite seja desconsiderada a personalidade jurídica das sociedades de capitais, para atingir a responsabilidade dos sócios, visando impedir a consumação de fraudes e abusos de direito cometidos através da sociedade. Aliás, aplicável, por analogia, a disposição contida ao art. 28, § 5º, do Código de Defesa do Consumidor, que autoriza a desconsideração da personalidade jurídica sempre que esta constituir obstáculo ao ressarcimento de prejuízos" (TRT 3ª R. – AP 2.172/97 – 2ª T. – Rela Juíza Alice Monteiro de Barros – *DJMG* 26/02/1998).

Voltando à questão da pertinência temática da OAB, o posicionamento não é pacífico. Há entendimentos no sentido de que a OAB somente teria legitimidade para defender direitos coletivos da categoria de advogados, e outros no sentido de que a entidade de classe teria legitimidade para a defesa também de interesses difusos.

A OAB é uma instituição reconhecida como representativa da sociedade civil e possui expressa legitimação legal para a propositura de ação civil pública, conforme dispõe o art. 54 do Estatuto da Advocacia (Lei nº 8.906/1994): "Art. 54. Compete ao Conselho Federal: [...] XIV – ajuizar ação direta de inconstitucionalidade de normas legais e atos normativos, ação civil pública, mandado de segurança coletivo, mandado de injunção e demais ações cuja legitimação para agir lhe seja outorgada por lei."

Paulo Luiz Netto Lôbo, defendendo abrangência mais ampla para a OAB, sustenta que "o elenco de legitimados foi acrescido da OAB, que poderá ingressar com a ação não apenas em prol os interesses coletivos de seus inscritos, mas também para tutela dos interesses difusos, que não se identificam em classes ou grupos de pessoas vinculadas por uma relação jurídica básica. Sendo de caráter legal a legitimidade coletiva da OAB, não há necessidade de comprovar pertinência temática com suas finalidades, quando ingressa em juízo."[213]

A questão da pertinência temática da OAB foi analisada pela jurisprudência. O STJ, em 2006, considerou que a OAB somente estaria apta a defender, em ações coletivas, interesses próprios da instituição ou dos próprios advogados.

> PROCESSUAL CIVIL. RECURSO ESPECIAL. AÇÃO COLETIVA. ILEGITIMIDADE DA SUBSEÇÃO DA OAB. TAXA DE ILUMINAÇÃO PÚBLICA. ART. 54 DA LEI Nº 8.906/1994. 1. As Subseções da OAB, carecendo de personalidade jurídica própria, não possuem legitimidade para propositura de ação coletiva. 2. A OAB (Conselho Federal e Seccionais) somente possui legitimidade para propor ação civil pública objetivando garantir direito próprio e de seus associados, e não de todos os munícipes. 3. Recurso especial provido. (STJ, REsp. 331403/RJ, Min. João Otávio de Noronha, DJ 29/05/2006)

Ousamos discordar da posição do STJ. A análise desta questão não poderia ter sido feita de maneira simplista. Além dos válidos argumentos utilizados pela doutrina para fundamentar a legitimidade da OAB para defesa de interesses difusos e coletivos e não somente dos advogados; pela técnica do diálogo das fontes, bastaria analisarmos as fontes normativas do sistema.

Assim, observamos que o legislador previu expressamente no Estatuto da Pessoa Idosa (Lei nº 10.741/2003) a Ordem dos Advogados do Brasil (OAB) como ente legítimo para propor ações cíveis fundadas em *interesses difusos, coletivos, individuais indisponíveis ou homogêneos* (art. 81, III). Como se vê, o próprio sistema legitima a OAB para propor ações coletivas que não estejam ligadas especificamente a interesses da própria instituição ou aos advogados. Do contrário, seria absurdo pensarmos que, como a legitimidade está prevista no Estatuto da Pessoa Idosa, a OAB somente poderia defender a classe dos advogados idosos.

Desta forma, não tenho dúvida em afirmar que o sistema normativo de nosso país legitima a OAB a propor ação civis públicas relacionados a direitos difusos, coletivos e individuais homogêneos, independentemente se relacionados a interesses da própria instituição ou aos advogados.

---

213. LÔBO, Paulo Luiz Netto. *Comentários ao Estatuto da Advocacia*. 2. ed. Brasília: Brasília Jurídica, 1996, p. 203.

Parece que o STJ reviu o seu entendimento, aplicando a legitimidade abrangente para a OAB:

> "A legitimidade ativa – fixada no art. 54, XIV, da Lei n. 8.906/94 – para propositura de ações civis públicas por parte da Ordem dos Advogados do Brasil, seja pelo Conselho Federal, seja pelos conselhos seccionais, deve ser lida de forma abrangente, em razão das finalidades outorgadas pelo legislador à entidade – que possui caráter peculiar no mundo jurídico – por meio do art. 44, I, da mesma norma; não é possível limitar a atuação da OAB em razão de pertinência temática, uma vez que a ela corresponde a defesa, inclusive judicial, da Constituição Federal, do Estado de Direito e da justiça social, o que, inexoravelmente, inclui todos os direitos coletivos e difusos. Recurso especial provido." (STJ, REsp 1351760/PE, Rel. Ministro Humberto Martins, Segunda Turma, DJe 09/12/2013)[214]

Talvez um dos mais belos e coerentes diálogos feitos nos últimos tempos seja o realizado pelo STJ, em dois momentos, envolvendo interrupção de serviços públicos essenciais em caso de inadimplemento. Conforme veremos quando do estudo do art. 22, os serviços públicos essenciais deverão ser contínuos. Sendo assim, poderia ocorrer interrupção em caso de inadimplemento? Após muita discussão e anos de jurisprudência inadmitindo a interrupção, o STJ resolveu o impasse através da técnica do diálogo de fontes. Propiciou o diálogo do art. 22 do CDC com o art. 6º, § 3º, II, da Lei nº 8.987/1995 (lei que trata das permissões e concessões de serviços públicos), possibilitando a interrupção, desde que haja aviso prévio.

Questionou-se, então, no STJ, se poderia ser interrompida a energia elétrica das pessoas jurídicas de direito público, quando inadimplentes. Mesmo não havendo norma específica sobre a interrupção de serviços públicos das pessoas jurídicas de direito público, o STJ buscou "dialogar" com algumas fontes do nosso sistema, a fim de se buscar a resposta coerente e justa para o caso concreto.

Foi assim que, através do diálogo do art. 22 do CDC, art. 6º da Lei no 8.987/1995 e arts. 10 e 11 da Lei nº 7.783/1989 (lei da greve), o STJ conseguiu oferecer a solução para tal impasse. Mas porque a lei da greve? Na lei da greve há previsão de alguns serviços considerados essenciais para a coletividade e que, por isso, não podem sofrer a paralisação total em virtude do movimento grevista. Assim, se o legislador entendeu que os serviços descritos na lei da greve, por serem considerados essenciais para a coletividade, não podem sofrer a paralisação total; também não é razoável aceitar a interrupção do fornecimento de energia elétrica ou de água dos órgãos e lugares responsáveis por prestar tais serviços. Isso porque o fornecimento de energia elétrica e água são essenciais para que se consiga obter o fim da norma, qual seja, propiciar a prestação de serviços essenciais para a coletividade (hospitais, prontos-socorros, centros de saúde, escolas e creches).[215-216-217]

---

214. A Quarta Turma do STJ reconheceu a legitimidade da OAB para defender interesses dos consumidores. O caso envolveu uma ação civil pública ajuizada pela OAB do Ceará contra instituições bancárias, sob o fundamento de que as empresas adotam sistema de atendimento que busca, mediante redução do número de caixas e agências, maximizar lucros, acarretando o aumento do tempo de espera de consumidores nas filas. (Resp 1423825, data do julgamento: 07/11/2017)

215. O STJ já admitiu, por exemplo, a suspensão do fornecimento de energia elétrica em ginásio esportivo de Município inadimplente, por entender que não se tratava de unidade pública essencial (STJ, Resp. 460271/SP, Rela. Mina. Eliana Calmon, *DJ* 21/02/2005).

216. A Lei de Greve define as atividades essenciais como aquelas que atendem às necessidades inadiáveis da comunidade, trazendo, no art. 10, a relação dos serviços ou atividades essenciais e definindo, no art. 11, as necessidades inadiáveis como aquelas que, caso não atendidas, colocam em perigo iminente a sobrevivência, a saúde ou a segurança da população.

217. Define o art. 10 da Lei de Greve: "São considerados serviços ou atividades essenciais: I – tratamento e abastecimento de água; produção e distribuição de energia elétrica, gás e combustíveis; II – assistência

Por fim, importa ressaltar que o STF, ao decidir pela constitucionalidade da aplicação do CDC a todas as atividades bancárias (Adin nº 2591), reconheceu a necessidade de aplicação do diálogo de fontes. O Min. Joaquim Barbosa entendeu que o regramento do sistema financeiro e a disciplina do consumo e da defesa do consumidor podem perfeitamente conviver. Sobre o possível confronto entre os dois sistemas, se valendo das técnicas do diálogo de fontes, conclui o Ministro que "não há, *a priori*, por que falar em exclusão formal entre essas espécies normativas, mas, sim, em 'influências recíprocas', em 'aplicação conjunta das duas normas ao mesmo tempo e ao mesmo caso, seja complementarmente, seja subsidiariamente, seja permitindo a opção voluntária das partes sobre a fonte prevalente'."

Assim, em resumo temos:

Diálogo das fontes	
Diálogo sistemático de coerência **Aplicação simultânea das duas leis**	Uma lei serve de base conceitual para outra. Geralmente acontece quando uma lei é geral e outra é especial. Uma, é o sistema e, a outra, o microssistema. O CDC (norma específica microssistema) teve a preocupação de disciplinar conceitos específicos que importam ao Direito do Consumidor (conceito de consumidor, fornecedor, produto e serviço). Conceitos gerais não foram disciplinados. Nesse sentido, utilizamos os conceitos do CC (prescrição, decadência, nulidade, pessoa jurídica etc.).
Diálogo sistemático de complementaridade e subsidiariedade em antinomias aparentes ou reais **Aplicação coordenada das duas leis**	A própria subsidiariedade já é uma complementaridade. Regra geral: CDC – aplicação prioritária nas relações de consumo. CC – aplicação subsidiária (aplica-se só no que couber e ao lado do CDC, não no lugar. Ex.: seguros / prescrição). Exceção – Art. 732 do CC – contrato de transporte. Ex.: Jurisprudência (Lei de Plano de Saúde, Estatuto da Pessoa Idosa e CDC – aumento abusivo para os maiores de 60 anos).
Diálogo de coordenação e adaptação sistemática **Diálogo de influências recíprocas**	É um diálogo de influências recíprocas, redefinindo o campo de aplicação de uma lei. Ex. 1: *o conceito de consumidor* foi redefinido pela jurisprudência – corrente finalista – o CC é capaz de regular relação entre dois civis ou dois empresários. Ex. 2: *Desconsideração da Personalidade Jurídica:* teorias maior e menor. Ex. 3: *Teoria da Imprevisão e Teoria da Base Objetiva do Negócio Jurídico.*

médica e hospitalar; III – distribuição e comercialização de medicamentos e alimentos; IV – funerários; V – transporte coletivo; VI – captação e tratamento de esgoto e lixo; VII – telecomunicações; VIII – guarda, uso e controle de substâncias radioativas, equipamentos e materiais nucleares; IX – processamento de dados ligados a serviços essenciais; X – controle de tráfego aéreo e navegação aérea; XI – compensação bancária; XII - atividades médico-periciais relacionadas com o regime geral de previdência social e a assistência social; XIII - atividades médico-periciais relacionadas com a caracterização do impedimento físico, mental, intelectual ou sensorial da pessoa com deficiência, por meio da integração de equipes multiprofissionais e interdisciplinares, para fins de reconhecimento de direitos previstos em lei, em especial na Lei nº 13.146, de 6 de julho de 2015 (Estatuto da Pessoa com Deficiência); XIV - outras prestações médico-periciais da carreira de Perito Médico Federal indispensáveis ao atendimento das necessidades inadiáveis da comunidade; XV - atividades portuárias."

Atualmente, o STJ tem aplicado o diálogo das fontes mesmo em outros ramos do Direito, alterando entendimentos que antes eram resolvidos pelos critérios de eliminação de normas – especialidade, anterioridade etc. – buscando em vez do "monólogo", a aplicação simultânea, coerente e coordenada das fontes legislativas (diálogo).

Foi assim que o STJ aplicou simultaneamente e de maneira harmônica as Leis nos 6.839/1980 e 9.696/1998 para concluir pela necessidade de as academias de ginástica estarem inscritas nos Conselhos Regionais de Educação Física. Antes, ao buscar apenas uma norma aplicável ao caso, o STJ excluía a aplicação da Lei nº 6.839/1980 pelo critério da especialidade.[218]

A ementa do julgado é bastante elucidativa.

> ADMINISTRATIVO. INSCRIÇÃO EM ENTIDADE FISCALIZADORA DO EXERCÍCIO DA PROFISSÃO. PESSOA JURÍDICA. ACADEMIA DE GINÁSTICA. CONSELHO REGIONAL DE EDUCAÇÃO FÍSICA. LEIS Nos 6.839/1980 E 9.696/1998. DIÁLOGO DAS FONTES. ATIVIDADE-FIM DA EMPRESA. LEGITIMIDADE. *1. Não há conflito entre o art. 1º da Lei nº 6.839/1980 e o art. 2º da Lei nº 9.696/1998, de modo a aplicar a sistemática da exclusão da norma inválida. Cada mandamento legal possui âmbito de aplicação próprio e disciplina situações diversas. Dessa feita, ao contrário do suposto monólogo no regramento da matéria, as fontes legais apreciadas estão em diálogo, devendo ambas ser aplicadas de forma harmônica.* 2. A Lei nº 6.839/1980 consigna a obrigatoriedade do registro das pessoas jurídicas nos conselhos profissionais, caso a atividade-fim delas integre a seara dos atos típicos de profissional submetido ao controle das entidades fiscalizadoras da profissão. Não há, no entanto, necessidade do registro quando a pessoa jurídica utiliza-se de serviços técnico-profissionais como meio para a exploração da atividade produtiva. 3. O art. 2º da Lei nº 9.696/1998, por sua vez, apenas regulamenta a situação da pessoa natural que exerce profissionalmente a atividade de Educação Física, devendo, portanto, ser interpretado de forma sistemática, ou seja, em conjunto com os demais preceitos normativos aplicáveis à aludida profissão. 4. Como a Lei nº 9.696/1998 limita-se a permitir o exercício profissional da atividade de Educação Física àqueles regularmente inscritos no respectivo conselho profissional, a exclusão das pessoas jurídicas do registro no Conselho de Educação Física levaria concluir pela impossibilidade de tais entes explorarem referida atividade, o que certamente não é o objetivo da lei. 5. Ademais, a interpretação isolada e literal da norma examinada ainda poderia ensejar uma inaceitável desigualdade entre as pessoas físicas e jurídicas atuantes na área de Educação Física, ao sujeitar aquelas a uma série de encargos não exigíveis para estas. 6. No caso, o objeto social da recorrente identifica-se com a prestação de serviços específicos dos profissionais de educação física, o que significa a obrigatoriedade do registro no conselho profissional correspondente. 7. Recurso especial não provido. (STJ, REsp 1139554 / RS, Min. Castro Meira, DJe 09/10/2009)

---

218. Ao excluir a Lei nº 6.839/1980, o STJ não exigia a inscrição das academias de ginástica (pessoas jurídicas) nos conselhos profissionais. Assim, no REsp 607.364/PR, Rel. Min. Peçanha Martins, DJ. 26/04/2006, o STJ concluiu que o art. 2º da Lei nº 9.696/1998, ao preceituar *"apenas serão inscritos nos quadros dos Conselhos Regionais de Educação Física os seguintes profissionais [...]"*, excluira a incidência do art. 1º da Lei nº 6.839/1980, que estabelece a obrigatoriedade do registro de pessoas jurídicas *"nas entidades competentes para a fiscalização do exercício das diversas profissões, em razão da atividade básica ou em relação àquela pela qual prestem serviços a terceiros"*. Esse entendimento baseou-se precipuamente no princípio da especialidade, segundo o qual a norma de caráter especial deve prevalecer sobre a norma geral.

Outro caso em que houve a aplicação do diálogo das fontes foi no direito tributário. O STJ aplicou o art. 739-A do CPC/73 (art. 919 do novo CPC/15) ao processo de execução fiscal para delimitar as hipóteses em que os embargos à execução serão recebidos no efeito suspensivo. Como a Lei nº 6.830/1980 (Lei das Execuções Fiscais) não tratou especificamente do efeito suspensivo nos embargos à execução, o STJ vem aplicando, em diálogo de fontes, os requisitos do art. 739-A do CPC/73 (art. 919 do novo CPC/15).

> PROCESSUAL CIVIL. EMBARGOS À EXECUÇÃO FISCAL. EFEITO SUSPENSIVO. LEI nº 11.382/2006. REFORMAS PROCESSUAIS. INCLUSÃO DO ART. 739-A NO CPC. REFLEXOS NA LEI nº 6.830/1980. *"DIÁLOGO DAS FONTES". 1. Após a entrada em vigor da Lei nº 11.382/2006, que incluiu no CPC o art. 739-A, os embargos do devedor poderão ser recebidos com efeito suspensivo somente se houver requerimento do embargante e, cumulativamente, estiverem preenchidos os seguintes requisitos: a) relevância da argumentação; b) grave dano de difícil ou incerta reparação; e c) garantia integral do juízo. 2. A novel legislação é mais uma etapa da denominada "reforma do CPC", conjunto de medidas que vêm modernizando o ordenamento jurídico para tornar mais célere e eficaz o processo como técnica de composição de lides.* 3. Sob esse enfoque, a atribuição de efeito suspensivo aos embargos do devedor deixou de ser decorrência automática de seu simples ajuizamento. Em homenagem aos princípios da boa-fé e da lealdade processual, exige-se que o executado demonstre efetiva vontade de colaborar para a rápida e justa solução do litígio e comprove que o seu direito é bom. *4. Trata-se de nova concepção aplicada à teoria geral do processo de execução, que, por essa ratio, reflete-se na legislação processual esparsa que disciplina microssistemas de execução, desde que as normas do CPC possam ser subsidiariamente utilizadas para o preenchimento de lacunas. Aplicação, no âmbito processual, da teoria do "diálogo das fontes".* 5. A Lei de Execuções Fiscais (Lei nº 6.830/1980) determina, em seu art. 1º, a aplicação subsidiária das normas do CPC. Não havendo disciplina específica a respeito do efeito suspensivo nos embargos à execução fiscal, a doutrina e a jurisprudência sempre aplicaram as regras do Código de Processo Civil. 6. A interpretação sistemática pressupõe, além da análise da relação que os dispositivos da Lei nº 6.830/1980 guardam entre si, a respectiva interação com os princípios e regras da teoria geral do processo de execução. Nessas condições, as alterações promovidas pela Lei nº 11.382/2006, notadamente o art. 739-A, § 1º, do CPC, são plenamente aplicáveis aos processos regidos pela Lei nº 6.830/1980. 7. Não se trata de privilégio odioso a ser concedido à Fazenda Pública, mas sim de justificável prerrogativa alicerçada nos princípios que norteiam o Estado Social, dotando a Administração de meios eficazes para a célere recuperação dos créditos públicos. 8. Recurso Especial não provido" (STJ, REsp. 1024128 / PR, Rel. Min. Herman Benjamin, DJe 19/12/2008)

Já o parágrafo único do art. 7º em comento trata de um dos mais relevantes aspectos no que se refere à responsabilidade civil por danos causados a consumidores: a *responsabilidade solidária* dos causadores do dano.[219]

Como a responsabilidade é objetiva, o consumidor prejudicado poderá intentar a ação de reparação contra todos os que estiverem na cadeia de responsabilidade, ou seja, contra todos aqueles que foram responsáveis pela colocação do produto no mercado ou pela prestação do serviço (princípio da solidariedade legal entre os causadores de danos ao consumidor).

> "A melhor exegese dos arts. 14 e 18 do CDC indica que todos aqueles que participam da introdução do produto ou serviço no mercado devem responder solidariamente por eventual

219. O Código Civil prevê dispositivo semelhante no art. 942: "... se a ofensa tiver mais de um autor, todos responderão solidariamente pela reparação."

> defeito ou vício, isto é, imputa-se a toda a cadeia de fornecimento a responsabilidade pela garantia de qualidade e adequação. 2. No sistema do CDC, fica a critério do consumidor a escolha dos fornecedores solidários que irão integrar o polo passivo da ação. Poderá exercitar sua pretensão contra todos ou apenas contra alguns desses fornecedores, conforme sua comodidade e/ou conveniência." (STJ, REsp 1058221/PR, Rel. Ministra Nancy Andrighi, Terceira Turma, DJe 14/10/2011)

Aqui, cabe uma observação importante. Quando o legislador previu a responsabilidade solidária de todos aqueles que foram responsáveis pela colocação do produto ou serviço no mercado sabia que, eventualmente, algum dos fornecedores, em caso de dano causado ao consumidor, não teria relação direta com o dano. Assim, quando contrato viagem de férias em alguma agência de turismo, contrato todos os serviços que estão relacionados à viagem: passagem aérea, hospedagem, transporte do aeroporto ao hotel, *city tour*, ingressos de *shows* ou eventos etc. Se por exemplo, deixo de viajar porque fui alvo de *overbooking* (venda de passagens acima do número de assentos), embora o responsável direto pelo dano causado seja a companhia aérea (afinal de contas, foi ela que vendeu as passagens), posso responsabilizar também a agência de turismo. Ao oferecer o voo da companhia aérea no pacote turístico a agência assumiu a responsabilidade por qualquer dano causado ao consumidor. Da mesma forma, a agência é responsável solidária por qualquer dano que venha a sofrer na hospedagem, no transporte contratado, nos ingressos adquiridos etc.

Nesse caso, a agência terá mais condições de se ressarcir frente ao causador direto do dano do que o próprio consumidor. O princípio da solidariedade no CDC foi inserido por uma política de proteção ao consumidor. Além de facilitar a reparação (danos materiais) e a compensação (danos morais) ao consumidor de modo mais fácil, também serve para que os fornecedores tenham maior cuidado na escolha dos serviços que oferecem.

Uma ressalva vem sendo feita pelo STJ no tocante à solidariedade. Se a agência de turismo vendeu somente a passagem, sem vender "pacote turístico", não responderá pela má prestação da cia aérea.

> "A jurisprudência deste Tribunal admite a responsabilidade solidária das agências de turismo apenas na comercialização de pacotes de viagens. 2. No caso, o serviço prestado pela agência de turismo foi exclusivamente a venda de passagens aéreas, circunstância que afasta a sua responsabilidade pelo efetivo cumprimento do contrato de transporte aéreo e autoriza o reconhecimento da sua ilegitimidade para figurar no polo passivo da ação indenizatória decorrente de cancelamento de voo." (STJ, AgRg no REsp n. 1.453.920/CE, relator Ministro Ricardo Villas Bôas Cueva, Terceira Turma, DJe de 15/12/2014).[220]

No mesmo sentido, o STJ entendeu que a empresa que vende a passagem aérea não responde solidariamente pelos danos morais causados ao passageiro em razão do extravio de bagagem.

---

220. O STJ entendeu que, ainda que a agência de turismo atue apenas na venda da passagem, ela pode ser responsabilizada solidariamente caso o dano esteja vinculado à sua atividade. Isso porque as agências integram a cadeia de fornecimento e possuem o dever de informar corretamente o consumidor sobre aspectos essenciais do serviço contratado. No caso, a falha na comunicação sobre o horário limite de embarque configurou descumprimento do dever de informação, essencial para a boa-fé e a transparência na relação de consumo. Assim, nos termos do CDC, a agência e a empresa de cruzeiro devem responder solidariamente pelos prejuízos causados ao consumidor. (STJ, REsp n. 2.166.023/PR, Rel. Min. Nancy Andrighi, Terceira Turma, DJEN 7/2/2025)

> "A vendedora de passagem aérea não responde solidariamente pelos danos morais experimentados pelo passageiro em razão do extravio de bagagem. 3. A venda da passagem aérea, muito embora possa constituir antecedente necessário do dano, não representa, propriamente, uma de suas causas. O nexo de causalidade se estabelece, no caso, exclusivamente em relação à conduta da transportadora aérea. 4. Uma leitura sistemática dos arts. 12, 13 e 14 do CDC exclui a responsabilidade solidária do comerciante não apenas pelos fatos do produto, mas também pelos fatos do serviço. 5. Recurso especial provido." (STJ, REsp n. 1.994.563/MG, relatora Ministra Nancy Andrighi, relator para acórdão Ministro Moura Ribeiro, Terceira Turma, julgado em 25/10/2022

Já em relação as situações de contratação de serviços médicos e odontológicos por meio de plano de saúde, o STJ vem reconhecendo a solidariedade:

> "A empresa prestadora do plano de assistência à saúde é parte legitimada passivamente para a ação indenizatória movida por filiado em face de erro verificado em tratamento odontológico realizado por dentistas por ela credenciados, ressalvado o direito de regresso contra os profissionais responsáveis pelos danos materiais e morais causados. Inexistência, na espécie, de litisconsórcio passivo necessário." (STJ, REsp. 328309/RJ, Rel. Min. Aldir Passarinho Júnior, *DJ* 17/03/2003).
>
> "A Cooperativa que mantém plano de assistência à saúde é parte legitimada passivamente para ação indenizatória movida por associada em face de erro médico originário de tratamento pós-cirúrgico realizado com médico cooperativado." (STJ, REsp. 309760, Min. Rel. Aldir Passarinho Júnior, *DJ* 18/03/2002).

Conforme veremos no decorrer do livro, tal princípio será a regra geral adotada no CDC.[221] Assim, está presente também nos arts. 18 e 19 (responsabilidade por vício do produto e do serviço); no art. 25, ao prever que "tendo mais de um autor a ofensa, todos responderão *solidariamente* pela reparação dos danos previstos nas normas de consumo", e no art. 34, ao estabelecer que o fornecedor do produto ou serviço é solidariamente responsável pelos atos de seus prepostos ou representantes autônomos.

Não há possibilidade de haver qualquer tipo de discussão estranha que não seja aquela entre consumidor e fornecedor responsável solidário. Assim, descabe no sistema do Código de Defesa do Consumidor o recurso do chamamento ao processo instituído no art. 77 do CPC/73 (art. 130 do novo CPC/15). O fornecedor condenado poderá, em regresso, cobrar a quantia que lhe é devida aos outros fornecedores solidários, na medida da participação de cada um na causa do evento danoso, conforme o parágrafo único do art. 13 do CDC.

O CDC elenca apenas uma hipótese de chamamento ao processo, descrita em seu art. 101, II (conferir comentários ao art. 101).

PRINCIPAIS JURISPRUDÊNCIAS DO STF E STJ

Responsabilidade solidária. Clínica odontológica responde por dano causado por erro de laboratório

O STJ entendeu que clínicas odontológicas seguem o mesmo regime de responsabilidade das instituições hospitalares em relação a danos causados ao paciente-consumidor. A clínica responde objetivamente por

221. O art. 19, § 2º, do CDC, excepciona a regra geral da solidariedade, prevendo a responsabilidade exclusiva do fornecedor imediato ou comerciante que fizer a pesagem ou a medição do produto e o instrumento utilizado não estiver aferido segundo os padrões oficiais.

defeitos no serviço que envolvam profissionais vinculados a ela, enquanto atos técnicos de profissionais sem vínculo direto são imputados ao próprio profissional. Já o laboratório de prótese dentária, que presta serviço técnico diretamente à clínica ou ao dentista, é responsável objetivamente por falhas em sua atividade, conforme o art. 14 do CDC. No caso analisado, o dano suportado pela paciente decorreu de defeito na estrutura da prótese, que impediu sua correta fixação, sem culpa atribuída ao dentista. Assim, foi reconhecida a responsabilidade objetiva do laboratório e a solidariedade com a clínica odontológica que contratou o serviço. Esse entendimento reforça a responsabilidade solidária entre todos os integrantes da cadeia de fornecimento do serviço. (STJ, REsp 2.067.675/RS, Rel. Min. Nancy Andrighi, Terceira Turma, DJe 07/03/2024).

Responsabilidade solidária. Vendedora de ingressos responde solidariamente por cancelamento de evento

"A recorrente e as demais sociedades empresárias que atuaram na organização e na administração da festividade e da estrutura do local integram a mesma cadeia de fornecimento e, portanto, são solidariamente responsáveis pelos danos suportados pelos recorridos, em virtude da falha na prestação do serviço, ao não prestar informação adequada, prévia e eficaz acerca do cancelamento/adiamento do evento." (STJ, REsp n. 1.985.198/MG, relatora Ministra Nancy Andrighi, Terceira Turma, julgado em 5/4/2022)

Responsabilidade solidária. Franqueador responde solidariamente apenas por falhas do franqueado em serviços relacionados à franquia

"No caso em exame, inexiste responsabilidade solidária da franqueadora de serviços educacionais pelos danos materiais e morais decorrentes da morte de aluno em razão de acidente de trânsito, causado por culpa do motorista de ônibus escolar, pois o serviço de transporte escolar realizado por terceiro foi contratado exclusivamente pela franqueada, sendo serviço autônomo e alheio aos serviços prestados em razão da franquia de metodologia de ensino." (STJ, AgInt no AREsp n. 1.456.249/SP, relator Ministro Raul Araújo, Quarta Turma, julgado em 7/6/2022)

Responsabilidade solidária. Instituições financeiras envolvidas na operação de portabilidade

"As instituições financeiras envolvidas na operação de portabilidade, ainda que concorrentes, passam a integrar uma mesma cadeia de fornecimento, impondo-se a ambas o dever de apurar a regularidade do consentimento e da transferência da operação, recaindo sobre elas a responsabilidade solidária em relação aos danos decorrentes de falha na prestação do serviço." (STJ, REsp 1771984/RJ, Rel. Ministro Marco Aurélio Bellizze, Terceira Turma, DJe 29/10/2020)

Responsabilidade solidária: Engarrafadora e distribuidora são responsabilizadas por atropelamento durante entrega de gás

O STJ entendeu que, nas relações de consumo, a responsabilidade solidária entre os integrantes da cadeia de fornecimento de produtos ou serviços se aplica quando estes se beneficiam da atividade, independentemente de vínculo trabalhista ou subordinação, com base nos princípios da boa-fé, transparência e na teoria da aparência. No caso, o dano foi causado por atropelamento durante a entrega de um botijão de gás (GLP) por caminhão da empresa responsável pelo serviço, configurando defeito no serviço. A fabricante do botijão (Ultragaz) também foi responsabilizada, pois, aos olhos do consumidor, a marca identifica tanto o produto quanto o serviço de entrega, não sendo necessário distinguir entre quem fabrica e quem entrega. (STJ, REsp 1358513/RS, Rel. Min. Luis Felipe Salomão, Quarta Turma, DJe 04/08/2020).

Responsabilidade solidária: fabricante de bebidas responde por acidente causado por cacos de garrafas que uma de suas distribuidoras deixou em via pública

O STJ entendeu que uma fabricante de bebidas, por integrar a cadeia de fornecimento prevista no Código de Defesa do Consumidor (CDC), pode ser responsabilizada solidariamente por acidente causado por cacos de garrafas deixados na via pública por uma de suas distribuidoras. No caso, um pedestre, ao tentar desviar de um caminhão com a porta aberta, caiu sobre os cacos, que estavam na calçada devido a um acidente anterior envolvendo o transporte das garrafas. A decisão reflete o entendimento de que todos os integrantes da cadeia de fornecimento respondem solidariamente pelos danos causados ao consumidor ou a terceiros, conforme o CDC. (Informações extraídas do site do STJ, sem número do processo devido a segredo de justiça).

Responsabilidade solidária de Clube de Turismo (Bancorbrás) por má prestação de serviço em hotel conveniado

O STJ entendeu que a Bancorbrás, ao oferecer títulos de clube de turismo que permitem hospedagem em hotéis de uma rede previamente selecionada, não atua como mera intermediadora, mas como fornecedora direta de serviços de hospedagem, sendo responsável pela qualidade e padrão dos estabelecimentos conveniados. No caso, o alojamento da autora e sua família em quarto insalubre durante um período de lazer configurou um defeito no serviço que ultrapassou a esfera econômica, causando abalos morais e desconfortos desarrazoados. A Bancorbrás responde solidariamente pelos danos, nos termos do art. 34 do CDC, pois os prestadores conveniados são considerados seus representantes para fins de responsabilidade consumerista. (STJ, REsp 1378284/PB, Rel. Min. Luis Felipe Salomão, Quarta Turma, DJe 07/03/2018).

Responsabilidade solidária não pode ser invocada contra consumidor para ressarcir prejuízo de empresa

"A solidariedade existente entre os integrantes da cadeia de fornecimentos de bens ou serviços é formada, com fundamento na legislação consumerista, apenas para a reparação de danos sofridos pelo consumidor. 5. Esse fundamento legal não pode ser utilizado para embasar uma solidariedade com a finalidade de reparar prejuízos ocorridos relações empresarias no interior dessa cadeia de fornecimento." (STJ, REsp 1695781/SP, Rel. Ministra Nancy Andrighi, Terceira Turma, DJe 20/11/2017)

Observação: no caso, um hospital visava cobrar do consumidor os custos de despesas hospitalares em razão da seguradora estar em recuperação extrajudicial. Nesta hipótese, uma vez autorizado pelo plano a internação do paciente, não poderá o consumidor ser cobrado caso o plano ou seguradora não arque com as despesas, ainda que o consumidor tenha assinado um termo de responsabilidade.

Não há responsabilidade solidária entre as cooperativas centrais e cooperativas singulares de crédito

O STJ entendeu que, no sistema cooperativo de crédito, não há responsabilidade solidária entre cooperativas singulares, centrais, confederações e bancos cooperativos. Cada entidade atua de forma independente e autônoma, com atribuições específicas delimitadas por normas legais e regulamentares. As cooperativas centrais, por exemplo, têm a função de supervisionar as cooperativas singulares, mas não podem substituir sua administração, mesmo em casos de problemas de gestão. A responsabilidade de cada órgão deve ser analisada dentro dos limites de suas atribuições, sendo inaplicável a teoria da aparência ou a solidariedade com base na composição de uma cadeia de serviços, dado o caráter normativo e regulatório de suas funções. (STJ, REsp 1535888/MG, Rel. Min. Nancy Andrighi, Terceira Turma, DJe 26/05/2017)

No mesmo sentido:

"Na linha dos precedentes desta Corte, o BANCOOB não pode ser chamado a responder solidariamente pelos prejuízos que as cooperativas de crédito singulares venham a causar em suas operações bancárias, uma vez que o sistema de crédito cooperativo funciona de molde a preservar a autonomia e independência de cada órgão que o compõe" (STJ, AgInt no REsp 1437522/ES, Rel. Ministro Moura Ribeiro, Terceira Turma, DJe 02/02/2018).

A franqueadora pode ser solidariamente responsabilizada pelos danos causados pela franqueada aos consumidores.

O STJ entendeu que, aos olhos do consumidor, a relação entre franqueador e franqueado se apresenta como uma mera intermediação ou revenda de bens ou serviços do franqueador. Com base nos arts. 14 e 18 do Código de Defesa do Consumidor (CDC), todos os participantes da cadeia de fornecimento, incluindo aqueles que organizam essa cadeia, como as franqueadoras, são solidariamente responsáveis por defeitos ou vícios nos produtos ou serviços ofertados. Assim, a franqueadora, ao estruturar e coordenar a rede de franqueados, assume responsabilidade solidária pelos danos causados ao consumidor pela inadequação dos serviços prestados no âmbito da franquia. (STJ, REsp 1426578/SP, Rel. Min. Marco Aurélio Bellizze, Terceira Turma, DJe 22/09/2015).

Responsabilidade solidária das Unimed`s

O STJ entendeu que as sociedades cooperativas Unimed podem ser responsabilizadas solidariamente nas demandas consumeristas, considerando que a publicidade do Sistema Unimed induz o consumidor a acreditar tratar-se de uma entidade única com atuação nacional. A ausência de informação clara sobre a autonomia e a independência das unidades reforça no consumidor a expectativa de acesso a uma ampla gama de serviços. Essa comunicação unificada, aliada à exploração de uma marca comum, impõe a responsabilidade solidária entre as cooperativas para assegurar os direitos dos consumidores, quando não forem esclarecidas as eventuais limitações de cobertura ou diferenças nos serviços oferecidos. (STJ, REsp 1377899/SP, Rel. Min. Luis Felipe Salomão, Quarta Turma, DJe 11/02/2015; REsp 1627881/TO, Rel. Min. Nancy Andrighi, Terceira Turma, DJe 15/09/2017).

Responsabilidade solidária: a Seguradora denunciada pode ser condenada direta e solidariamente com o causador do dano

O STJ decidiu, em sede de recurso especial representativo de controvérsia, que, em ações de reparação de danos movidas contra o segurado, a seguradora litisdenunciada pode ser condenada de forma direta e solidária a indenizar a vítima, observados os limites contratados na apólice. Esse entendimento assegura maior proteção às vítimas, permitindo que elas busquem a reparação diretamente da seguradora, sem prejuízo das obrigações do segurado. (STJ, REsp 925130/SP, Rel. Min. Luis Felipe Salomão, Segunda Seção, julgado em 08/02/2012, DJe 20/04/2012).

Responsabilidade solidária: a desistência da ação em relação a algum réu não necessita da anuência dos demais

O STJ entendeu que, em ações de consumo com responsabilidade solidária, o litisconsórcio passivo é facultativo, permitindo ao consumidor escolher contra qual devedor solidário demandar. A desistência da ação em relação a um dos litisconsortes passivos não depende da anuência dos demais, conforme o art. 117 do CPC/15, pois os litisconsortes são considerados litigantes distintos em suas relações com a parte adversa. Além disso, a extinção da ação sem resolução do mérito em relação a um dos coobrigados não impede o exercício do direito de regresso por parte do réu que venha a pagar a integralidade da dívida, podendo esse direito ser exercido por ação autônoma. A celeridade processual, em favor do consumidor, justifica essa dinâmica, e a ausência de chamamento ao processo não prejudica o ressarcimento entre os responsáveis solidários. (STJ, REsp 1739718/SC, Rel. Min. Nancy Andrighi, Terceira Turma, DJe 04/12/2020).

Responsabilidade solidária: responsabilidade da locadora de veículos por danos causados pelo locador

O STJ entendeu que o proprietário de um veículo responde objetiva e solidariamente pelos danos causados por terceiro que o conduza, mesmo que não seja seu empregado ou preposto. Essa responsabilidade decorre do risco criado pelo uso de automóvel, considerado veículo perigoso. No caso de locação, a locadora também é solidariamente responsável pelos prejuízos causados pelo locatário, conforme a Súmula 492 do STF, independentemente de cláusulas contratuais sobre seguro. Assim, tanto o proprietário quanto a locadora devem responder pelos atos culposos do condutor, reforçando a teoria do risco. (STJ, REsp 1354332/SP, Rel. Min. Luis Felipe Salomão, Quarta Turma, DJe 21/09/2016; REsp 577902/DF, Rel. Min. Antônio de Pádua Ribeiro, Rel. p/ Acórdão Min. Nancy Andrighi, Terceira Turma, julgado em 13/06/2006, DJ 28/08/2006).

Responsabilidade solidária: acidente causado por empresa transportadora. Empresa contratante também responde pelos danos

O STJ entendeu que, em contratos de prestação de serviços de transporte de mercadorias, existe responsabilidade solidária entre a tomadora e a transportadora de cargas quando há interesse econômico da tomadora no serviço, como o lucro decorrente da entrega dos produtos aos destinatários. Ambas podem ser responsabilizadas perante terceiros por acidentes ocorridos durante o deslocamento da mercadoria. No caso, a decisão também tratou da impossibilidade de pagamento de pensão vitalícia em cota única, conforme o art. 950, parágrafo único, do Código Civil, e da majoração do valor da indenização por danos morais em razão da gravidade das lesões sofridas. (STJ, REsp 1282069/RJ, Rel. Min. Luis Felipe Salomão, Quarta Turma, julgado em 17/05/2016, DJe 07/06/2016).

Responsabilidade solidária: conserto realizado por oficina credenciada ou indicada pela seguradora

O STJ entendeu que seguradoras, ao credenciarem ou indicarem oficinas para consertos de veículos sinistrados, assumem responsabilidade solidária pelos defeitos nos serviços prestados pelas oficinas credenciadas. Essa responsabilidade decorre da relação institucional e de vantagens recíprocas estabelecidas entre seguradoras e oficinas, que extrapola a simples comodidade oferecida ao segurado. Nos termos dos arts. 7º, parágrafo único, 14, 25, § 1º, e 34 do Código de Defesa do Consumidor (CDC), a seguradora é corresponsável pelos danos materiais causados ao consumidor em razão de falhas nos consertos realizados pelas oficinas indicadas. No caso, os danos materiais foram reconhecidos, mas os danos morais foram rejeitados. (STJ, REsp 827833/MG, Rel. Min. Raul Araújo, Quarta Turma, julgado em 24/04/2012, DJe 16/05/2012).

Responsabilidade solidária: empresa de seguros vinculada a instituição financeira

"Na esteira de precedentes desta Corte, a oferta de seguro de vida por companhia seguradora vinculada a instituição financeira, dentro de agência bancária, implica responsabilidade solidária da empresa de seguros e do Banco perante o consumidor." (STJ, REsp 1300116/SP, Rel. Ministra Nancy Andrighi, Terceira Turma, DJe 13/11/2012)

Responsabilidade solidária: Anúncio erótico falso publicado em sites de classificados na internet. Responsabilidade de todos da cadeia de consumo.

O STJ entendeu que todos os integrantes da cadeia de consumo podem ser responsabilizados solidariamente pelos danos causados em anúncios difamantes publicados na internet. No caso, o nome e telefone do autor foram usados em anúncios falsos, vinculando-o a serviços de caráter erótico e homossexual, publicados pelo site "O Click", hospedado no site "ipanorama.com", pertencente à TV Juiz de Fora. A Mídia 1, proprietária de "O Click", foi responsabilizada objetivamente pela ausência de mecanismos para verificar a idoneidade das informações veiculadas, enquanto a TV Juiz de Fora foi responsabilizada pela relação contratual e por culpa in eligendo. A decisão baseou-se na principiologia do CDC, que impõe solidariedade entre os participantes da cadeia de consumo, ainda que a responsabilidade de alguns decorra de imputação legal. Foi arbitrada indenização por danos morais no valor de R$ 30.000,00. (STJ, REsp 997.993/MG, Rel. Min. Luis Felipe Salomão, Quarta Turma, DJe 06/08/2012).

Responsabilidade solidária: Agência de turismo

O STJ entendeu que a operadora de turismo é objetivamente responsável pelos danos causados aos consumidores em razão de má prestação de serviço, nos termos do art. 14 do Código de Defesa do Consumidor (CDC). No caso, a negativa indevida de cobertura de seguro saúde durante viagem ao exterior, contratado juntamente com o pacote turístico, integra a cadeia de consumo, configurando responsabilidade solidária entre a operadora e a seguradora, conforme o art. 7º do CDC. Essa solidariedade permite ao consumidor escolher qual dos responsáveis será acionado, podendo o ressarcimento entre os coobrigados ser pleiteado posteriormente. A tentativa da operadora de dissociar sua atuação da seguradora não afasta sua responsabilidade solidária pelos prejuízos, incluindo despesas médicas e transporte em UTI aérea para o Brasil. (STJ, REsp 1102849/RS, Rel. Min. Sidnei Beneti, Terceira Turma, julgado em 17/04/2012, DJe 26/04/2012).

No mesmo sentido:

"CIVIL. RESPONSABILIDADE CIVIL. AGÊNCIA DE TURISMO. Se vendeu "pacote turístico", nele incluindo transporte aéreo por meio de vôo fretado, a agência de turismo responde pela má prestação desse serviço."(STJ, REsp 783.016/SC, Rel. Min. Ari Pargendler, DJ 5.6.06)

Responsabilidade solidária das operadoras de saúde por erro médico.

Diferença importante: se a escolha do profissional ou hospital é do consumidor (com reembolso das despesas efetuadas), não há responsabilidade da operadora (seguro-saúde). Se o profissional ou hospital é credenciado do plano (a escolha pelo consumidor somente de dá entre os credenciados), há responsabilidade da operadora.[222]

Assim, o STJ entendeu que, nos contratos de planos de saúde que envolvem a prestação de serviços médicos e hospitalares próprios ou credenciados, as operadoras respondem solidariamente pelos danos causados ao consumidor em razão de defeitos na prestação desses serviços. Essa responsabilidade, baseada nos arts. 2º, 3º, 14 e 34 do CDC, é objetiva e decorre do papel das operadoras como fornecedoras de serviços que incluem a indicação de profissionais e hospitais conveniados. No entanto, nos contratos que permitem a livre escolha de médicos e hospitais pelo beneficiário, sem vínculo com a operadora, esta não responde

222. Entre a diferenciação entre seguro-saúde e plano de saúde, inclusive quanto à possibilidade de responsabilidade solidária, o voto do Min. Raul Araújo no REsp 866371/RS é bastante elucidativo: "Os planos de saúde privados podem ser operados por companhias de seguro – os chamados seguros-saúde, por empresas de medicina de grupo, por cooperativas de serviços médicos e por entidades de autogestão ou filantrópicas. Todas essas entidades são reconhecidas como operadoras de plano de saúde, independentemente de sua forma de organização, nos termos do art. 1º da Lei 9.656/98 e devem obedecer às diretrizes e à fiscalização da Agência Nacional de Saúde Suplementar (ANS). Para tais hipóteses, há a possibilidade de celebração de contrato de seguros-saúde e de plano de saúde propriamente dito. O primeiro, abarcado pelo conceito tradicional de seguro, segundo o qual o segurado, mediante o pagamento de prêmio, transfere a probabilidade de perda financeira para a companhia de seguro que garante o risco. O segundo, por seu turno, é a modalidade de contrato em que o beneficiário--contratante,"*mediante o pagamento antecipado e periódico de um determinado preço, obtém de uma empresa a contraprestação consistente na realização de determinados tratamentos e atendimentos médicos, hospitalares e laboratoriais, a serem realizados por seus prepostos*"(SCAFF, Fernando Campos. *Direito à saúde no âmbito privado: Contratos de adesão, planos de saúde e seguro-saúde*. São Paulo: Saraiva, 2010, pp. 50/51). A distinção mais marcante entre essas duas espécies de contrato funda-se no fato de que no seguro-saúde há, em regra, livre escolha pelo segurado dos médicos e hospitais e reembolso pela seguradora dos preços dos serviços prestados por terceiros, enquanto nos planos de saúde a própria operadora assume, por meio dos profissionais e dos recursos hospitalares e laboratoriais próprios ou credenciados, a obrigação de prestar os serviços. Daí poder-se-ia concluir que: (I) se o contrato for fundado na livre escolha pelo beneficiário/segurado de médicos e hospitais e reembolso das despesas no limite da apólice, não se poderia falar em responsabilidade da operadora do plano de saúde pela má prestação do serviço, na medida em que a eleição dos médicos ou hospitais é feita pelo próprio paciente ou segurado, sem indicação de profissionais credenciados ou diretamente vinculados à referida operadora, sendo a responsabilidade direta do médico e/ou hospital; (II) se o contrato é fundado na prestação de serviços médicos e hospitalares próprios e/ou credenciados, no qual a operadora de plano de saúde mantém hospitais e emprega médicos ou indica um rol de conveniados, neste caso, não haveria como afastar sua responsabilidade solidária pela má prestação do serviço."

por má prestação de serviço, sendo a responsabilidade diretamente atribuída ao médico ou hospital. No caso analisado, foi reconhecida a responsabilidade solidária da operadora e o dano moral, com majoração do valor da indenização. (STJ, REsp 866371/RS, Rel. Min. Raul Araújo, Quarta Turma, julgado em 27/03/2012, DJe 20/08/2012).

Responsabilidade solidária. Hospital e plano de saúde por negativa indevida de atendimento

"A decisão que condena solidariamente o hospital e o plano de saúde, com base na responsabilidade objetiva do CDC, pela negativa indevida de atendimento, reservando o direito de regresso, não é estranha à jurisprudência desta Corte, de modo que deve ser mantida." (STJ, AgInt no REsp 1639724/DF, Rel. Ministro Antonio Carlos Ferreira, Quarta Turma, DJe 31/08/2020)

Responsabilidade solidária: Cartão de crédito (entendimentos divergentes entre a Terceira e a Quarta Turmas do STJ no tocante à responsabilidade do logista)

"Cabe às administradoras, em parceria com o restante da cadeia de fornecedores do serviço (proprietárias das bandeiras, adquirentes e estabelecimentos comerciais), a verificação da idoneidade das compras realizadas com cartões magnéticos, utilizando-se de meios que dificultem ou impossibilitem fraudes e transações realizadas por estranhos em nome de seus clientes, independentemente de qualquer ato do consumidor, tenha ou não ocorrido roubo ou furto." (STJ, REsp 1058221/PR, Rel. Ministra Nancy Andrighi, Terceira Turma, DJe 14/10/2011)

Porém, no tocante a responsabilidade do logista, em caso recente (final de 2023), a Quarta Turma do STJ entendeu que atualmente a realidade das transações comerciais é outra e que exigir do lojista, caso seja utilizada a senha correta, que ele faça conferência extraordinária, para verificar se o cartão foi emitido regularmente e não foi objeto de fraude ou furto não parece razoável, até porque, enquanto não for registrada nenhuma ocorrência, é mesmo impossível atestar a inexistência de irregularidades. Assim, o entendimento foi que não é correto imputar responsabilidade à empresa ou à loja em que foi utilizado o cartão extraviado, furtado ou fraudado para a realização de compras, a não ser que se comprove que o lojista também está envolvido na fraude, furto ou roubo, ou que o cartão tenha sido emitido em razão de parceria comercial entre o estabelecimento comercial e o banco administrador. (STJ, REsp n. 2.095.413/SC, relatora Ministra Maria Isabel Gallotti, Quarta Turma, DJe de 6/11/2023.)

Então, no tocante à responsabilidade do logista pelo uso fraudulento do cartão, não há um posicionamento totalmente pacífico do STJ. É preciso que a Terceira Turma analise este novo posicionamento atual da Quarta Turma, aderindo ou não a ele. Isso porque a jurisprudência da turma (datada de 2011) é no sentido da responsabilidade do logista.

Responsabilidade solidária: agente financeiro (CEF) responde pela solidez e segurança de obra financiada pelo SFH

"RESPONSABILIDADE CIVIL. AQUISIÇÃO DE UNIDADE HABITACIONAL MEDIANTE FINANCIAMENTO (SISTEMA FINANCEIRO DA HABITAÇÃO). VÍCIOS DA CONSTRUÇÃO. LEGITIMIDADE DE PARTE DO AGENTE FINANCEIRO. 1. A obra iniciada mediante financiamento do Sistema Financeiro da Habitação acarreta a solidariedade do agente financeiro pela respectiva solidez e segurança. Precedentes" (STJ, REsp. 385788 / RS, Rel. Min. Fernando Gonçalves, DJe 18/12/2009)

O STJ também entendeu que a seguradora é responsável pelos vícios ocultos mesmo após a quitação do imóvel pelo SFH. Assim, o STJ decidiu que a quitação do contrato de mútuo para aquisição de imóvel não extingue a obrigação da seguradora de indenizar os adquirentes-segurados por vícios ocultos de construção que impliquem ameaça de desmoronamento. O seguro habitacional, integrante da política nacional de habitação, possui caráter obrigatório e visa proteger tanto a família do segurado quanto o imóvel que garante o financiamento. À luz da boa-fé objetiva e da proteção contratual do consumidor, foi concluído que os vícios estruturais, mesmo que revelados após a conclusão do contrato, permanecem acobertados pelo seguro, desde que tenham coexistido com a vigência contratual. Nesse contexto, os segurados têm direito à indenização pelos prejuízos nos moldes da apólice. (STJ, REsp 1717112/RN, Rel. Min. Nancy Andrighi, Terceira Turma, DJe 11/10/2018).

Responsabilidade solidária da corretora e da seguradora pelo pagamento ao consumidor

"Por força do contrato de corretagem ou intermediação subjacente, aquela relação jurídica de consumo atrai também a responsabilidade do corretor que intermediou o negócio perante o consumidor. Devido à atuação ostensiva do corretor como representante do segurador, estabelece-se uma cadeia de fornecimento a tornar solidários seus participantes." (STJ, REsp 658938/RJ, Rel. Ministro Raul Araújo, Quarta Turma, DJe 20/08/2012)

Em sentido contrário:

"À cobrança de indenização securitária – vale dizer, cobrança de uma prestação contratual – não se aplicam os arts. 14, caput, 7º, § único, e 25, § 1º, no que concerne à responsabilidade solidária decorrente de causação de danos ao consumidor, pois a pretensão deduzida em juízo diz respeito à exigência do próprio serviço, e não de responsabilidade por fato do serviço. 3. Assim, muito embora a corretora de seguros responda pelos danos causados ao segurado em razão de eventual conduta culposa, isso não a torna solidariamente responsável pelo pagamento da própria indenização securitária." (STJ, REsp 1190772/RJ, Rel. Ministro Luis Felipe Salomão, Quarta Turma, DJe 26/10/2010)

Em regra, não há responsabilidade solidária da corretora imobiliária por descumprimento contratual da incorporadora

O STJ entendeu que o corretor de imóveis, em regra, não possui vínculo jurídico com as obrigações assumidas pela incorporadora no contrato de compra e venda de imóvel, não podendo ser responsabilizado solidariamente por descumprimentos contratuais dessa natureza. Para que a corretora seja incluída na cadeia de fornecimento, seria necessário demonstrar falha na prestação do serviço de corretagem, envolvimento direto na incorporação ou construção do imóvel, ou ainda confusão patrimonial por pertencer ao mesmo grupo econômico da incorporadora. Inexistindo essas condições, sua atuação como intermediadora não justifica sua responsabilização pelos danos causados ao comprador. (STJ, AgInt no REsp 1779271/SP, Rel. Min. Luis Felipe Salomão, Rel. p/ Acórdão Min. Maria Isabel Gallotti, Quarta Turma, julgado em 01/06/2021, DJe 25/06/2021).

No mesmo sentido é o entendimento da Terceira Turma:

(STJ, REsp 1811153/SP, Rel. Ministro Marco Aurélio Bellizze, Terceira Turma, julgado em 15/02/2022)

Responsabilidade solidária da montadora e da concessionária pela entrega do veículo zero

O STJ entendeu que a montadora de veículos responde solidariamente pelo inadimplemento da concessionária credenciada que não entrega veículo comprado e totalmente pago pelo consumidor. Com base no art. 34 do Código de Defesa do Consumidor (CDC), que prevê a responsabilidade solidária do fornecedor pelos atos de seus prepostos ou representantes, a montadora integra a cadeia de fornecimento, beneficiando-se dos negócios jurídicos e devendo garantir os deveres de boa-fé, transparência e confiança. Além disso, a utilização de marca de renome pela concessionária gera no consumidor a legítima expectativa de que a montadora assegura o contrato. A aplicação da Lei Ferrari (Lei n. 6.729/1979), que regula as relações entre montadora e concessionária, não pode prejudicar os direitos do consumidor garantidos pelo CDC. (STJ, REsp 1309981/SP, Rel. Min. Luis Felipe Salomão, Quarta Turma, DJe 17/12/2013).

Responsabilidade solidária: defeito em veículo zero quilômetro

"A constatação de defeito em veículo zero-quilômetro revela hipótese de vício do produto e impõe a responsabilização solidária da concessionária (fornecedor) e do fabricante, conforme preceitua o art.

18, caput, do CDC." (STJ, REsp 611872/RJ, Rel. Ministro Antonio Carlos Ferreira, Quarta Turma, DJe 23/10/2012)

Diálogo das fontes: prazo decadencial para abatimento do preço de imóvel menor que o contratado

O STJ entendeu que, em casos de entrega de imóvel com metragem inferior à contratada, a relação entre as partes configura-se como de consumo, admitindo-se a aplicação da teoria do diálogo das fontes para determinar a legislação mais favorável ao consumidor. No caso, prevaleceu o prazo decadencial de um ano previsto no Código Civil de 2002, por ser mais benéfico ao consumidor do que o prazo de 90 dias do CDC. Entretanto, mesmo com a aplicação do prazo mais extenso, foi reconhecida a decadência do direito, pois o registro do título ocorreu em 04/01/2013 e a ação foi ajuizada somente em 28/03/2019, ultrapassando o prazo estipulado. (STJ, REsp 1898171/SP, Rel. Min. Nancy Andrighi, Terceira Turma, DJe 26/04/2021)

Diálogo das fontes: complementação entre o CDC e CC.
Possibilidade de exigência da contratação de seguro no contrato de *leasing*.

O STJ entendeu que, em contratos de arrendamento mercantil (*leasing*), a cláusula que obriga o arrendatário a contratar seguro em favor da arrendante não é abusiva, pois decorre do dever de conservação do bem pelo arrendatário, que usufrui da coisa como se fosse proprietário. O seguro garante a integridade do bem e protege o patrimônio da arrendante contra eventuais infortúnios, sendo compatível com a natureza do contrato e os princípios do Direito Civil, que complementam o Código de Defesa do Consumidor (CDC) no que se refere à boa-fé e ao equilíbrio contratual. Contudo, a imposição de venda casada é vedada, devendo ser assegurada ao arrendatário a livre escolha da seguradora. (STJ, REsp. 1060515/DF, Rel. Min. Honildo Amaral de Mello Castro, DJe 24/05/2010).

Capítulo IV
Da Qualidade de Produtos e Serviços, da Prevenção e da Reparação dos Danos

Seção I
Da Proteção à Saúde e Segurança

Art. 8º Os produtos e serviços colocados no mercado de consumo não acarretarão riscos à saúde ou segurança dos consumidores, exceto os considerados normais e previsíveis em decorrência de sua natureza e fruição, obrigando-se os fornecedores, em qualquer hipótese, a dar as informações necessárias e adequadas a seu respeito.

§ 1º Em se tratando de produto industrial, ao fabricante cabe prestar as informações a que se refere este artigo, através de impressos apropriados que devam acompanhar o produto.

§ 2º O fornecedor deverá higienizar os equipamentos e utensílios utilizados no fornecimento de produtos ou serviços, ou colocados à disposição do consumidor, e informar, de maneira ostensiva e adequada, quando for o caso, sobre o risco de contaminação.

Os arts. 8º, 9º e 10 tratam da proteção à saúde e segurança dos consumidores. O capítulo intitulado "*Da qualidade de produtos e serviços, da prevenção e da reparação dos danos*" deverá ser analisado por meio da leitura interpretativa dos incisos I, III e VI do art.

6º do CDC, também conhecidos como princípios da proteção da vida, saúde e segurança; da informação, e da efetiva prevenção e reparação dos danos.

Segundo o art. 8º do CDC, os produtos e serviços oferecidos no mercado de consumo não poderão acarretar riscos à saúde e à segurança dos consumidores, salvo aqueles que, pela sua própria natureza, apresentam em si um risco inerente – considerados pelo código no art. 8º, *caput*, como "*normais e previsíveis*" (*v.g.*, remédios, bebidas alcoólicas, agrotóxicos, fogos de artifício etc.). Uma faca de cozinha, por exemplo, se quiser ser eficiente (afiada), terá que ser naturalmente perigosa.

A normalidade e a previsibilidade são importantes e decorrem da própria natureza de alguns produtos e serviços, pois, caso contrário, boa parte de produtos e serviços não poderiam ser inseridos no mercado, uma vez que apresentam, em maior ou menor grau, riscos à saúde e à segurança dos consumidores. Assim, todo produto ou serviço, por mais seguro e inofensivo, traz sempre um pouco de insegurança para o consumidor. Aduz o Ministro do STJ, Antônio Herman Benjamin[223] que "o Direito, de regra, só atua quando a insegurança ultrapassa o patamar da normalidade e da previsibilidade do risco, consubstanciando-se em verdadeiro defeito."

Para a interpretação do que é "normal" e "previsível", o magistrado deverá, no caso concreto, verificar se a insegurança está de acordo com a legítima expectativa do consumidor. Como critérios, dois requisitos deverão ser analisados: um objetivo, exigindo que a existência da periculosidade esteja de acordo com o tipo específico de produto ou serviço (*v.g.*, que a faca corta; que o agrotóxico possui substâncias que causam intoxicação etc.); e outro subjetivo, analisando se o consumidor tinha condições para prever a periculosidade.

Mas, em qualquer hipótese e em decorrência do princípio da informação, o legislador garantiu ao consumidor o direito de ser informado, de maneira ostensiva e adequada, sobre a periculosidade ou nocividade do que vai adquirir. Caso contrário, em decorrência da falta de informação, o produto será defeituoso e, se causar qualquer tipo de dano ao consumidor, poderá ser pleiteada indenização frente ao fornecedor.

> "O fabricante de massa de tomate que coloca no mercado produto acondicionado em latas cuja abertura requer certos cuidados, sob pena de risco à saúde do consumidor, e sem prestar a devida informação, deve indenizar os danos materiais e morais daí resultantes." (STJ, REsp. 237964/SP, Rel. Min. Ruy Rosado de Aguiar, *DJ* 08/03/2000).

Nesse sentido o STJ entende que o fato de o uso de um medicamento causar efeitos colaterais ou reações adversas, por si só, não configura defeito do produto se o usuário foi prévia e devidamente informado e advertido sobre tais riscos inerentes, de modo a poder decidir, de forma livre, refletida e consciente, sobre o tratamento que lhe é prescrito, além de ter a possibilidade de mitigar eventuais danos que venham a ocorrer em função dele.

> "O risco inerente ao medicamento impõe ao fabricante um dever de informar qualificado (art. 9º do CDC), cuja violação está prevista no § 1º, II, do art. 12 do CDC como hipótese de defeito do produto, que enseja a responsabilidade objetiva do fornecedor pelo evento danoso dele decorrente. 6. O ordenamento jurídico não exige que os medicamentos sejam fabricados com garantia de segurança absoluta, até porque se trata de uma atividade de risco permitido, mas exige que garantam a segurança legitimamente esperável, tolerando os riscos considera-

223. BENJAMIN, Antônio Herman V. *Manual de Direito do Consumidor*. São Paulo: RT, 2007, p. 115.

> dos normais e previsíveis em decorrência de sua natureza e fruição, desde que o consumidor receba as informações necessárias e adequadas a seu respeito (art. 8º do CDC)." (STJ, REsp 1774372/RS, Rel. Ministra Nancy Andrighi, Terceira Turma, DJe 18/05/2020)

Nos dias de hoje, a utilização de produtos ou serviços que são considerados normais à sociedade não eram assim considerados quando da colocação no mercado. Nesse sentido, o magistrado deverá analisar se, à época, o consumidor possuía as informações necessárias para evitar danos à saúde e à segurança. Tal fato se verificou quando da inserção do forno de micro-ondas no mercado. O fornecedor, à época, precisou de muito mais cuidado ao informar adequadamente sobre a correta utilização do novo produto. Hoje, a normalidade e a previsibilidade com relação à insegurança que o produto apresenta são de conhecimento geral. Mas, repita-se: ainda assim, caso falte a informação adequada, sempre poderá o fornecedor ser responsável pelos danos causados.

Antônio Herman Benjamin, com sustentação em doutrina alienígena, propõe uma divisão, no tocante à segurança de produtos e serviços, em três grandes grupos. Pela importância do autor, tendo sido um dos coautores do CDC e atualmente ocupando o cargo de Ministro do STJ, percebe-se que a jurisprudência, ainda que de forma tímida, tem se valido dessa divisão.

A divisão a que se propõe o autor é a seguinte: *periculosidade inerente*; *periculosidade adquirida* (em razão de um defeito) e *periculosidade exagerada*.

De forma bem didática, explica que quando a insegurança presente em produtos ou serviços for normal e previsível, *a periculosidade será inerente*, atendendo à expectativa legítima do consumidor, não dando ensejo, regra geral, que o fornecedor indenize os danos ocorridos. Como exemplo, expõe que o fabricante de uma faca de cozinha não está obrigado a reparar os danos sofridos pela consumidora ao utilizá-la nas suas atividades domésticas.

Com relação às ações indenizatórias de ex-fumantes contra as empresas fabricantes de cigarros em razão dos malefícios causados pelo uso do tabaco, o STJ considerou o cigarro como produto de periculosidade inerente (não defeituoso), não concedendo, portanto, indenização aos consumidores supostamente lesados.[224]

> "O cigarro é um produto de *periculosidade inerente* e não um produto defeituoso, nos termos do que preceitua o Código de Defesa do Consumidor, pois o defeito a que alude o Diploma consubstancia-se em falha que se desvia da normalidade, capaz de gerar uma frustração no consumidor ao não experimentar a segurança que ordinariamente se espera do produto ou serviço." (STJ, REsp. 1113804/RS, Rel. Min. Luis Felipe Salomão, DJe 24/06/2010)

Por sua vez, os produtos e serviços de *periculosidade adquirida* tornam-se perigosos em decorrência da existência de um defeito que apresentam. Caso fosse sanado o defeito que trazem, o produto ou serviço não apresentaria risco superior àquele legitimamente esperado pelo consumidor. Com relação aos defeitos, que irão caracterizar a periculosidade adquirida, temos: *defeitos de fabricação*; *defeitos de concepção* (*design* ou projeto) e os *defeitos de comercialização* (também englobados os de informação ou de instrução). Sobre o tema,

224. O STF entendeu pela incompetência do juizado especial para julgar indenização por danos por fumo em razão da complexidade da demanda. Nesse sentido, RE 537427, Rel Min. Marco Aurélio, Tribunal Pleno, DJe 17-08-2011.

doutrina João Batista de Almeida[225] que "são elencados em três modalidades os defeitos que geram a responsabilização do fornecedor: a) defeitos de fabricação – aqueles que decorrem de fabricação, produção, montagem, manipulação, construção ou acondicionamento dos produtos; b) defeitos de concepção – os de projeto ou de fórmula; e c) defeitos de comercialização – por insuficiência ou inadequação de informações sobre sua utilização e riscos (CDC, art. 12). Os primeiros (a e b) são intrínsecos; os últimos (c) extrínsecos".

> "Responsabilidade civil – Fabricante – Fornecimento de produto – *Periculosidade adquirida* – Risco imprevisível – Defeito do produto – Explosão de garrafa de refrigerante gaseificada – O fabricante de refrigerante gaseificado acondicionado em garrafa responde pelos danos causados ao consumidor decorrente da sua explosão em razão da ausência de informação quanto à possibilidade deste risco em caso de manutenção inadequada. O defeito do produto se deve ao fato de que a periculosidade, no caso, desborda da expectativa legítima do consumidor. Recurso provido em parte." (TJRS – APC 595124314 – 5ª C.Cív. – Rela Desa Maria Isabel de Azevedo Souza – j. 28/09/1995).

Por fim, a *periculosidade exagerada* se enquadra como espécie dos bens de consumo de periculosidade inerente (então, em regra, não possuem defeitos), mas que a informação adequada aos consumidores não serve para mitigar os riscos. Explica Antônio Herman[226] que "seu potencial danoso é tamanho que o requisito da previsibilidade não consegue ser totalmente preenchido pelas informações prestadas pelos fornecedores. Por isso mesmo, não podem, em hipótese alguma – em face da imensa desproporção entre custos e benefícios sociais de sua produção e comercialização – ser colocados no mercado. São considerados *defeituosos por ficção*. É o caso de um brinquedo que apresente grandes possibilidades de sufocação da criança. A informação, nestes casos, é de pouca valia em decorrência dos riscos excessivos do produto ou serviço. Em linguagem econômica: os riscos não compensam os benefícios".

> "Ação de reparação de dano moral cumulada com dano estético. Furacão Negro Dakron. Produto colocado no mercado na finalidade do desentupimento de pias e ralos domésticos. Consumidora que, não obstante a adoção das precauções regulares, vem a sofrer intensa queimadura química, com a consequência de lesões que justificam cirurgia estético-reparadora. Produto perigoso. Produtos e serviços que apresentem *periculosidade exagerada*, de modo a não advertirem suficientemente o consumidor (*unreasonably dangerous*) não devem ser colocados no mercado de consumo. Inteligência do art. 10 do CDC." (TJRS – APC 70003095759 – 9ª C.Cív. – Rela Desa Ana Lúcia Carvalho Pinto Vieira – *DJRS* 27/11/2002).

Concluindo, temos:

---

225. ALMEIDA. João Batista. *Manual de Direito do Consumidor*. São Paulo: Saraiva, 2003, p. 66.

226. BENJAMIN, Antônio Herman V. *Manual de Direito do Consumidor*. São Paulo: RT, 2007, p. 119.

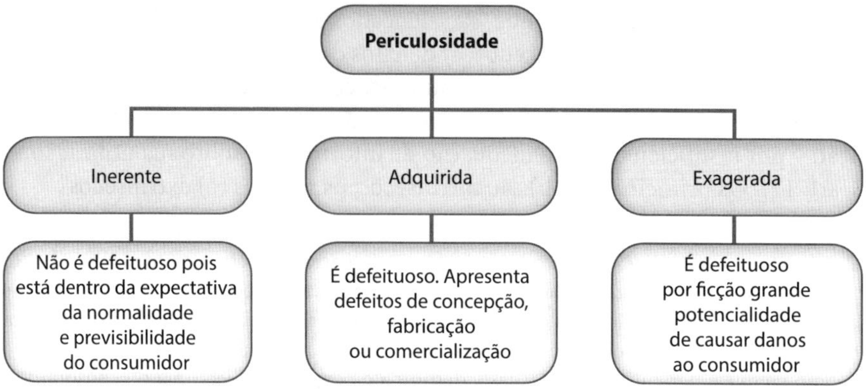

O § 1º do art. 8º estabelece uma exigência específica para produtos industriais, determinando que o fabricante forneça as informações de segurança por meio de impressos apropriados, como manuais e etiquetas de advertência, que devem acompanhar o produto. Essa obrigação busca garantir que o consumidor tenha acesso fácil e direto às instruções sobre o uso seguro, além de informações sobre possíveis riscos, manuseio e cuidados necessários.

A Lei 13.486, de 3 de outubro de 2017 acrescentou o parágrafo segundo ao art. 8º (o antigo parágrafo único tornou-se o parágrafo primeiro), estipulando a obrigação de o fornecedor higienizar os equipamentos e utensílios utilizados no fornecimento de produtos ou serviços, informando de maneira ostensiva e adequada, quando for o caso, sobre os riscos de contaminação.[227]

O exemplo dado no projeto de lei justificando a necessidade de inclusão desta obrigatoriedade é que as pesquisas mostram que equipamentos como carrinhos de supermercados e mouses usados em computadores de cybercafés são os objetos usados no dia a dia mais contaminados por bactérias. O objetivo foi no sentido de aumentar a proteção dos consumidores, ampliando a norma "*de modo a alcançar não apenas os produtos e serviços colocados no mercado, mas também os equipamentos e utensílios utilizados no fornecimento de produtos ou serviços ou colocados à disposição do consumidor.*"

No início, considerei desnecessária a inclusão desse dispositivo específico, pois, como já afirmado nesta obra, o CDC é principiológico e dotado de normas gerais, as quais já previam a proteção da saúde e segurança dos consumidores em sua totalidade. O CDC, especialmente por meio dos arts. 8º a 10º, sempre teve como objetivo a proteção integral dos consumidores contra riscos, abrangendo inclusive a higienização de equipamentos e utensílios utilizados no fornecimento de produtos e serviços. Assim, a norma já previa amplamente a responsabilidade do fornecedor pela segurança, sendo que uma especificação

227. A pandemia de Covid-19 destacou a importância das medidas de segurança e higiene mencionadas no § 2º do art. 8º do CDC, tornando evidente o papel fundamental do fornecedor em prevenir riscos de contaminação. Durante a crise sanitária, a higienização de equipamentos e utensílios, bem como a comunicação ostensiva sobre os riscos de contaminação, passou a ser ainda mais essencial para a proteção dos consumidores. O dever de informar, de maneira clara e acessível, os cuidados necessários ao uso de determinados produtos e serviços, especialmente em locais de grande circulação, como supermercados, restaurantes e farmácias, tornou-se um fator decisivo para conter a propagação do vírus.

adicional poderia causar a impressão equivocada de que, antes da alteração, o fornecedor não estava obrigado a zelar pela higienização e a informar sobre riscos de contaminação.

No entanto, à luz da pandemia de Covid-19, essa especificação tornou-se importante para reforçar e conscientizar ainda mais sobre o dever de higienização, garantindo que todos os fornecedores tomem medidas adequadas para evitar a propagação de doenças. A crise sanitária evidenciou que a falta de procedimentos rigorosos de limpeza pode ter consequências graves, ampliando o papel dessa obrigação como uma medida de prevenção essencial para a saúde pública. Dessa forma, o dispositivo agora se revela fundamental, não apenas para cumprir a função de proteção do consumidor, mas também para assegurar um ambiente seguro e adequado nas relações de consumo futuras.

Art. 9º O fornecedor de produtos e serviços potencialmente nocivos ou perigosos à saúde ou segurança deverá informar, de maneira ostensiva e adequada, a respeito da sua nocividade ou periculosidade, sem prejuízo da adoção de outras medidas cabíveis em cada caso concreto.

O art. 9º do CDC impõe ao fornecedor a obrigação de informar, de forma clara e ostensiva, sobre a nocividade ou periculosidade de produtos e serviços que possam representar risco à saúde ou segurança do consumidor. Esse dever de informar é fundamental para garantir que o consumidor tenha plena ciência dos riscos envolvidos no uso ou consumo de determinado produto ou serviço, possibilitando que tome decisões conscientes e adote as precauções necessárias.

A norma é especialmente aplicável a produtos que, por sua natureza, apresentam potenciais riscos, como produtos químicos, medicamentos, cosméticos, produtos inflamáveis e até certos serviços de natureza perigosa, como os de manuseio de substâncias tóxicas ou atividades radicais. A informação sobre os riscos deve ser ostensiva, ou seja, deve chamar a atenção do consumidor para a importância das advertências, com linguagem acessível e direta, evitando termos técnicos que dificultem a compreensão.

Além disso, o art. 9º prevê que o dever de informar não exclui a adoção de outras medidas cabíveis em cada caso concreto. Isso significa que, dependendo do tipo e da gravidade do risco, o fornecedor pode ser obrigado a implementar ações adicionais de segurança, como instruções detalhadas de uso, manuais de segurança, rotulagem especial, embalagens de segurança, e, em alguns casos, até campanhas de conscientização.

Esse dispositivo fortalece a proteção do consumidor ao garantir que produtos e serviços potencialmente perigosos sejam acompanhados de todas as precauções necessárias, reduzindo a possibilidade de acidentes e preservando a saúde e segurança do público.

Art. 10. O fornecedor não poderá colocar no mercado de consumo produto ou serviço que sabe ou deveria saber apresentar alto grau de nocividade ou periculosidade à saúde ou segurança.

§ 1º O fornecedor de produtos e serviços que, posteriormente à sua introdução no mercado de consumo, tiver conhecimento da periculosidade que apresentem, deverá comunicar o fato imediatamente às autoridades competentes e aos consumidores, mediante anúncios publicitários.

§ 2º Os anúncios publicitários a que se refere o parágrafo anterior serão veiculados na imprensa, rádio e televisão, às expensas do fornecedor do produto ou serviço.

§ 3º Sempre que tiverem conhecimento de periculosidade de produtos ou serviços à saúde ou segurança dos consumidores, a União, os estados, o Distrito Federal e os municípios deverão informá-los a respeito.

O Código proíbe, também, a colocação, no mercado de consumo, de produto ou serviço que apresente alto grau de periculosidade ou nocividade. O conhecimento desses riscos por parte do fornecedor é presumido, já que ele "*sabe ou deveria saber*" de sua existência, não podendo, então, eximir-se da responsabilidade ao argumento de que os desconhecia.

Com relação à proteção à saúde e à segurança dos consumidores, vale salientar a aplicação dos princípios da prevenção e da precaução, típicos do direito ambiental. Assim, o CDC visa prevenir os danos causados aos consumidores, de modo que não ocorram. As medidas que evitam o nascimento de atentados à saúde e à segurança do consumidor devem ser priorizadas. Afinal de contas, conforme nos diz o ditado popular, "*prevenir é melhor do que remediar*".

Já pelo princípio da precaução, caso o fornecedor não comprove que o produto ou serviço não oferece riscos, não deve introduzi-los no mercado. Como não se tem certeza quanto aos possíveis efeitos negativos, por precaução, não se permite a introdução do produto ou serviço até que se prove o contrário. Podemos citar como exemplo os transgênicos, em que os efeitos de tais produtos são ainda totalmente desconhecidos. Assim, basicamente, as diferenças entre o princípio da prevenção e da precaução é que no primeiro há conhecimentos sobre a periculosidade dos produtos ou serviços, devendo tomar todas as medidas para que não ocorram danos à saúde e à segurança dos consumidores, enquanto no segundo (precaução) não se conhece, inteira ou parcialmente, os possíveis danos que os produtos ou serviços possam causar.

Com base no princípio da precaução é que os órgãos de defesa do consumidor e o Ministério Público têm requerido, em ações coletivas, a não inserção e/ou a retirada dos produtos geneticamente modificados do mercado de consumo. O art. 102 do CDC enumera que os legitimados para as ações coletivas (art. 82 do CDC) poderão propor ação visando compelir o Poder Público competente a proibir, em todo o território nacional, a produção, divulgação, distribuição ou venda, ou a determinar alteração na composição, estrutura, fórmula ou acondicionamento de produto, cujo uso ou consumo regular se revele nocivo ou perigoso à saúde pública e à incolumidade pessoal.

Uma vez colocados os produtos e serviços no mercado de consumo e caso posteriormente tenha conhecimento de algum vício que poderá afetar a saúde e segurança dos consumidores, caberá ao fornecedor o dever de alertá-los, nos moldes do § 1º do art. 10, através de anúncios publicitários, às suas expensas, na imprensa, rádio e televisão devendo, também, comunicar tal fato imediatamente às autoridades competentes.

Por intermédio da observância do disposto neste parágrafo é que se procede ao denominado *recall* (chamar de volta). Quando se descobre que um produto, por exemplo, foi posto no mercado de consumo com algum defeito de fabricação, deve o fornecedor comunicar a constatação aos consumidores, chamando de volta do mercado os produtos imprestáveis – nocivos ou perigosos – de modo a possibilitar o conserto do vício e/ou ressarcir o consumidor por eventuais danos.[228] O *recall* é um excelente instrumento para prevenir possíveis danos advindos dos produtos e serviços após sua inserção no mercado de consumo.[229]

A comunicação aos consumidores serve para alertá-los dos riscos que o produto possa vir a causar, conscientizando-os do cuidado que devam ter quando da utilização ou evitando, quando necessário, a compra ou utilização do mesmo. Já a comunicação às autoridades competentes é importante para que possam tomar as medidas cabíveis, determinando, até mesmo, a retirada do produto do mercado.

Nos moldes do STJ, "a decisão sobre a realização do recall não cabe ao fornecedor, por tratar-se de um dever legal. Caso não seja voluntariamente realizado, incumbirá às autoridades competentes determinar a realização do chamamento." (STJ, REsp 1838184/RS, Rel. Ministro Luis Felipe Salomão, Quarta Turma, DJe 26/11/2021)[230]

Em 2004 tivemos a retirada do mercado, a nível mundial, do medicamento Vioxx, uma vez que foi constatado que o uso contínuo dessa droga poderia provocar problemas cardíacos.

O fato de o fornecedor alertar os consumidores, através de anúncios publicitários ou comunicar o ato imediatamente às autoridades competentes, não o exime da responsabilidade objetiva sobre os danos provenientes dos vícios e defeitos de tais produtos e serviços, devendo responder nos exatos termos do art. 12 e ss. do CDC.

Mas, caso o consumidor seja comprovadamente notificado do vício e informado de que deva comparecer ao estabelecimento do fornecedor para possibilitar a troca, por exemplo, da peça defeituosa e, mesmo assim, se mantém inerte, entendemos que age com negligência e, caso venha a sofrer danos posteriormente em razão da peça objeto do *recall*, poderá ter o *quantum* da indenização reduzida em razão da culpa concorrente.

Em decorrência do princípio da boa-fé objetiva, o consumidor deverá colaborar com o fornecedor, de forma a evitar danos a ambas as partes, uma vez que se o vício for sanado, o consumidor terá a segurança esperada pelo produto e o fornecedor não será responsabilizado por eventuais danos.

Embora não tenha tratado especificamente do assunto, parece que o STJ, através da 4ª Turma, sinaliza nesse sentido:

---

228. Nunes Júnior. Vidal Serrano e Pinto Serrano, Yolanda Alves. *Código de Defesa do Consumidor Interpretado.* São Paulo: Ed. Saraiva, 2003, p. 53.

229. A Portaria Conjunta nº3/2019 do Ministro da Justiça e do Ministro da Infraestrutura disciplina o *recall* para substituição ou reparo de veículos que forem considerados nocivos ou perigosos após a sua introdução no mercado de consumo. Já a Portaria nº618/2019 do Ministro da Justiça disciplina, de modo geral, o procedimento de comunicação da nocividade ou periculosidade de produtos e serviços após sua colocação no mercado de consumo.

230. Sobre a importância do *Recall* e como esta prática pode ser benéfica para os fornecedores, este julgado ainda asseverou que: "A realização espontânea do recall significa o cumprimento do dever de transparência e de boa-fé do fornecedor, a qual deve ser amplamente incentivada pelos fornecedores amedrontados pela opinião pública, sob pena de haver simulação das falhas em seus produtos e a possibilidade de majoração do risco de acidentes de consumo. O recall é evidentemente benéfico aos fornecedores e à própria sociedade, dada sua efetividade na prevenção de danos, devendo ser desconsiderada a interpretação que configura o instrumento como ato desabonador do fornecedor e/ou agravante da conduta de colocação do produto defeituoso no mercado, não induzindo sua realização à configuração de dano moral coletivo ou individual." (STJ, REsp 1838184/RS, Rel. Ministro Luis Felipe Salomão, Quarta Turma, DJe 26/11/2021)

"Veja que o acórdão foi minucioso em sua argumentação, citando, inclusive, casos semelhantes em outros Estados da Federação; esclarecendo que o procedimento *recall* é muito comum, atualmente, entre as fábricas de automóveis; que só haveria culpa do consumidor, caso ele não atendesse ao chamado da fábrica para o conserto da peça, mas que, como a correspondência foi enviada muito após o evento danoso, o consumidor fica isento de qualquer responsabilidade; além de outros fundamentos, conforme podem ser constatados às fls. 426434." (STJ, AgRg no Ag 555049/PB, voto do Min. Rel. Aldir Passarinho Júnior, *DJ* 23/08/2004).

A 3ª turma do STJ teve um entendimento diferente, não considerando culpa concorrente o fato do consumidor não ter atendido ao *recall*. Considerou que "*a circunstância de o adquirente não levar o veículo para conserto, em atenção à recall, não isenta o fabricante da obrigação de indenizar*" (STJ, REsp. 1010392/RJ, Rel. Min. Humberto Gomes de Barros, 3ª Turma, *DJe* 13/05/2008).

Outro entendimento interessante da 4ª Turma do STJ foi de que "*o simples chamamento de montadora de veículo para corrigir defeito de fabricação em cinto de segurança não se constitui, por si só, em ato ofensivo à vida, à honra, à segurança, à saúde ou mesmo à tranquilidade, capaz de gerar indenização por dano moral.*" Assim, não se pode pleitear danos morais pelo simples fato de o fornecedor "chamar" o consumidor para sanar o vício no produto.[231-232]

Os arts. 63 a 65 do CDC tratam das infrações penais relativas aos arts. 8º ao 10.[233]

---

231. Foi publicado no *Informativo* 274: "Dano Moral. *Recall*. Automóvel. A recorrente insiste na tese de que houve dano moral em razão da convocação (*recall*) feita pela montadora de veículos para que comparecesse a uma concessionária da marca para efetuar reparos nos cintos de segurança de seu automóvel, mesmo diante de não restarem dúvidas de que o defeito a ser sanado sequer se apresentou concretamente em seu veículo. Diante disso, apesar de aplicar a Súmula nº 7-STJ à hipótese e reconhecer que o aresto estadual tachou de sem relevância jurídica a tese de a recorrente ter sofrido "choque emocional", a Turma anotou que não convence a defesa de que o *recall* teria o condão de causar dano moral à compradora de veículo, pois essa prática é, sim, favorável ao consumidor, não podendo ser aceita como instrumento de oportunismo a alimentar infundados pleitos indenizatórios." AgRg no Ag 675.453-PR, Rel. Min. Aldir Passarinho Junior, j. 14/2/2006.

232. Em outro julgado, asseverou o STJ no mesmo sentido: "O recall é evidentemente benéfico aos fornecedores e à própria sociedade, dada sua efetividade na prevenção de danos, devendo ser desconsiderada a interpretação que configura o instrumento como ato desabonador do fornecedor e/ou agravante da conduta de colocação do produto defeituoso no mercado, não induzindo sua realização à configuração de dano moral coletivo ou individual." (STJ, REsp n. 1.838.184/RS, relator Ministro Luis Felipe Salomão, Quarta Turma, DJe de 26/11/2021)

233. "*Art. 63.* Omitir dizeres ou sinais ostensivos sobre a nocividade ou periculosidade de produtos, nas embalagens, nos invólucros, recipientes ou publicidade:

§ 1º Incorrerá nas mesmas penas quem deixar de alertar, mediante recomendações escritas ostensivas, sobre a periculosidade do serviço a ser prestado.

§ 2º Se ao crime é culposo:

Pena – Detenção de um a seis meses ou multa."

"*Art. 64.* Deixar de comunicar à autoridade competente e aos consumidores a nocividade ou periculosidade de produtos cujo conhecimento seja posterior à sua colocação no mercado:

Pena – Detenção de seis meses a dois anos e multa.

Parágrafo único. Incorrerá nas mesmas penas quem deixar de retirar do mercado, imediatamente quando determinado pela autoridade competente, os produtos nocivos ou perigosos, na forma deste artigo."

"*Art. 65.* Executar serviço de alto grau de periculosidade, contrariando determinação de autoridade competente:

Pena – Detenção de seis meses a dois anos e multa.

Por fim, interessante observar que o CDC utilizou-se de *conceitos jurídicos indeterminados*, que são intencionalmente imprecisos e vagos, devendo ser preenchidos pelo aplicador do direito em cada caso concreto (*v.g.*, nocividade e periculosidade).

Como já falamos no art. 1º o que são cláusulas gerais, oportuno diferenciarmos dos conceitos jurídicos indeterminados.

Fredie Didier Jr.[234] destaca que a distinção é bem sutil, já que ambos pertencem ao gênero *conceito vago*. Assim, para o autor, "no conceito jurídico indeterminado, o legislador não confere ao juiz competência para criar o efeito jurídico do fato cuja hipótese de incidência é composta por termos indeterminados; na cláusula geral, além da hipótese de incidência ser composta por termos indeterminados, é conferida ao magistrado a tarefa de criar o efeito jurídico decorrente da verificação da ocorrência daquela hipótese normativa."

Assim, quando o magistrado, analisando o caso concreto, preenche o que vem a ser periculosidade (conceito jurídico indeterminado), a norma automaticamente já lhe impõe a consequência: se for considerado perigoso, não deve ser colocado no mercado. Diferente é quando o magistrado preenche no caso concreto o que vem a ser boa-fé objetiva, nos moldes do art. 51, IV (cláusula geral), pois poderá adotar uma variedade de consequências. Exemplo desse fato ocorre quando uma cláusula contraria o princípio da boa-fé. Nesse caso, ao considerá-la abusiva, o magistrado poderá invalidar o contrato; manter o contrato e excluir a cláusula; alterar o conteúdo substancial da cláusula abusiva, de modo a manter o equilíbrio etc.

PRINCIPAIS JURISPRUDÊNCIAS DO STF E STJ

Dever do estado de informar os consumidores sobre a periculosidade de produtos ou serviços.

O STJ entendeu que, na sociedade de consumo, o dever de informação sobre a periculosidade de produtos e serviços não se limita aos fornecedores, cabendo também ao Estado atuar de forma preventiva e educativa para proteger a saúde e a segurança dos consumidores. A simples apreensão de um produto ou interrupção de um serviço nocivo não substitui essa obrigação da Administração Pública, conforme prevê o art. 10, § 3º, do CDC. (STJ, REsp 1.531.382/SP, Rel. Min. Herman Benjamin, Segunda Turma, julgado em 02/02/2016, DJe 26/08/2020)

Medicamento que adverte na bula sobre possíveis riscos e danos a serem causados. Periculosidade inerente. Não indenização ao consumidor.

O STJ entendeu que a responsabilidade do fornecedor pelo fato do produto, nos termos do Código de Defesa do Consumidor, exige a comprovação de defeito no produto, caracterizado pela violação do dever de segurança que frustra as legítimas expectativas do consumidor. No caso, o medicamento Vioxx, classificado como produto de periculosidade inerente, apresentava riscos conhecidos e previstos na bula, sendo tais informações devidamente comunicadas ao consumidor. O Tribunal concluiu que não houve defeito de concepção, fabricação ou informação, nem descumprimento do dever de segurança. Além disso, a prova técnica apontou que a morte do paciente decorreu de doença autoimune pré-existente, não sendo suficiente para responsabilizar o fornecedor apenas a alegação de que o medicamento foi utilizado. Assim, eventual dano causado pelo produto não enseja responsabilidade, já que não se trata de produto defeituoso. (STJ, REsp 1599405/SP, Rel. Min. Marco Aurélio Bellizze, Terceira Turma, DJe 17/04/2017).

---

§ 1º. As penas deste artigo são aplicáveis sem prejuízo das correspondentes à lesão corporal e à morte.
§ 2º. A prática do disposto no inciso XIV do art. 39 desta Lei também caracteriza o crime previsto no caput deste artigo."

234. *Curso de Direito Processual Civil*. vol. 3. Salvador: Juspodivm, 2006, p. 186.

Dever de indenizar por danos fora da normalidade ocasionados por produtos de periculosidade inerente (air bag)

O STJ entendeu que um produto é considerado defeituoso quando não oferece a segurança que o consumidor espera, levando em conta seu uso regular e os riscos inerentes. No caso de airbags, as montadoras não podem se eximir da responsabilidade por danos que ultrapassem os riscos normais esperados em sua utilização. Assim, se o dispositivo de segurança causar lesões graves além do previsível, a fabricante pode ser responsabilizada com base no CDC. (STJ, REsp 1656614/SC, Rel. Ministra Nancy Andrighi, Terceira Turma, DJe 02/06/2017).

Art. 11. Vetado

Seção II
Da Responsabilidade pelo Fato do Produto e do Serviço

Art. 12. O fabricante, o produtor, o construtor, nacional ou estrangeiro, e o importador respondem, independentemente da existência de culpa, pela reparação dos danos causados aos consumidores por defeitos decorrentes de projeto, fabricação, construção, montagem, fórmulas, manipulação, apresentação ou acondicionamento de seus produtos, bem como por informações insuficientes ou inadequadas sobre sua utilização e riscos.

§ 1º O produto é defeituoso quando não oferece a segurança que dele legitimamente se espera, levando-se em consideração as circunstâncias relevantes, entre as quais:

I – sua apresentação;

II – o uso e os riscos que razoavelmente dele se esperam;

III – a época em que foi colocado em circulação.[235]

§ 2º O produto não é considerado defeituoso pelo fato de outro de melhor qualidade ter sido colocado no mercado.

§ 3º O fabricante, o construtor, o produtor ou importador só não será responsabilizado quando provar:

I – que não colocou o produto no mercado;

II – que, embora haja colocado o produto no mercado, o defeito inexiste;

III – a culpa exclusiva do consumidor ou de terceiro.[236]

---

235. A Lei de Proteção de Dados Pessoais (Lei 13.709/2018) se inspirou neste parágrafo para definir quando o tratamento de dados pessoais será irregular. Nesse sentido é o teor do art. 44 desta lei: *"Art. 44. O tratamento de dados pessoais será irregular quando deixar de observar a legislação ou quando não fornecer a segurança que o titular dele pode esperar, consideradas as circunstâncias relevantes, entre as quais: I – o modo pelo qual é realizado; II – o resultado e os riscos que razoavelmente dele se esperam; III – as técnicas de tratamento de dados pessoais disponíveis à época em que foi realizado."*

236. A Lei de Proteção de Dados Pessoais (Lei 13.709/2018) se inspirou nestas excludentes (e no teor do parágrafo 3º) para delimitar as excludentes de responsabilidade dos agentes de tratamento dos dados. Nesse sentido é o teor do art. 43 desta lei: *"Art. 43. Os agentes de tratamento só não serão responsabilizados quando provarem: I – que não realizaram o tratamento de dados pessoais que lhes é*

Primeiramente, é preciso compreender os modelos de responsabilidade adotados pelo Código. Assim, o Código de Defesa do Consumidor disciplina em sua Seção II (arts. 12 a 17) a responsabilidade por vícios de segurança (sob o título "Responsabilidade pelo Fato do Produto e do Serviço"), em que a utilização do produto ou serviço é capaz de gerar riscos à segurança do consumidor ou de terceiros, podendo ocasionar um evento danoso, denominado de "*acidente de consumo*". Por sua vez, a Seção III (arts. 18 a 25) se ocupa dos vícios de adequação (sob o título "Da Responsabilidade por Vício do Produto e do Serviço") em que os produtos ou serviços não correspondem às expectativas geradas pelo consumidor quando da utilização ou fruição, afetando, assim, a prestabilidade, tornando-os inadequados.[237]

Se for à loja de eletrodomésticos e comprar aparelho de som em que uma das caixas não funciona ou funciona mal, há vício de adequação do produto, gerando responsabilidade por vícios (arts. 18 a 25). Aqui, o prejuízo é intrínseco, estando o bem somente em desconformidade com o fim a que se destina. Entretanto, se este mesmo aparelho de som, por exemplo, em decorrência de um curto-circuito, pega fogo e causa danos às pessoas, tem-se acidente de consumo, gerando responsabilidade pelo fato (no caso, como se trata de aparelho de som, a responsabilidade é pelo fato do produto – arts. 12 e 13). Nesta hipótese, o prejuízo é extrínseco ao bem, ou seja, não há uma limitação da inadequação do produto em si, mas uma inadequação que gera danos além do produto. Assim, a responsabilidade pelo fato centraliza suas atenções na garantia da *incolumidade físico-psíquica* do consumidor, protegendo sua saúde e segurança. Já a responsabilidade por vício busca garantir a *incolumidade econômica* do consumidor.[238]

Somente para exemplificar, veremos que na responsabilidade pelo fato a responsabilidade do comerciante (art. 13) é diferenciada, o que já não ocorre na responsabilidade por vício. Ou seja, na responsabilidade por vício, pouco importa a figura do comerciante, sendo responsável da mesma forma que os outros fornecedores (responsabilidade solidária). Também veremos que a única exceção em relação à regra geral da responsabilidade objetiva no CDC é no tocante à responsabilidade pelo fato do serviço dos profissionais liberais (art. 14, § 4º), respondendo somente com culpa. Na responsabilidade por vício do serviço, mesmo em relação aos profissionais liberais, a responsabilidade é objetiva, não havendo diferenciação. Não bastasse, veremos também que na responsabilidade pelo fato aplicamos o instituto da prescrição (art. 27 – prazo de 5 anos) enquanto na responsabilidade por vício aplicamos a decadência (art. 26 – prazo de 30 e 90 dias).

Assim, em relação às diferenças entre a responsabilidade pelo fato e por vício, temos:

---

atribuído; II – que, embora tenham realizado o tratamento de dados pessoais que lhes é atribuído, não houve violação à legislação de proteção de dados; ou III – que o dano é decorrente de culpa exclusiva do titular dos dados ou de terceiro."

237. Para Antônio Herman Benjamin, estes conceitos estariam contidos dentro da "*Teoria da Qualidade*" dos produtos e serviços. Assim, a Teoria da Qualidade se bifurcaria na existência de *qualidade-segurança* (vícios de qualidade por insegurança – arts. 12 a 17); *qualidade-adequação* (vícios de qualidade por inadequação – arts. 18 a 25). Além dos vícios de qualidade, temos ainda também os vícios de quantidade (art. 19). Conferir *Comentários ao Código de Defesa do Consumidor*. São Paulo: Revista dos Tribunais, 2003, p. 225.

238. Nesse sentido, Antônio Herman Benjamin expõe que enquanto na responsabilidade pelo fato busca regrar os "*acidentes*" de consumo, na responsabilidade por vício busca regrar os "*incidentes*" de consumo. *Manual de Direito do Consumidor*. São Paulo: RT, 2007, p. 100.

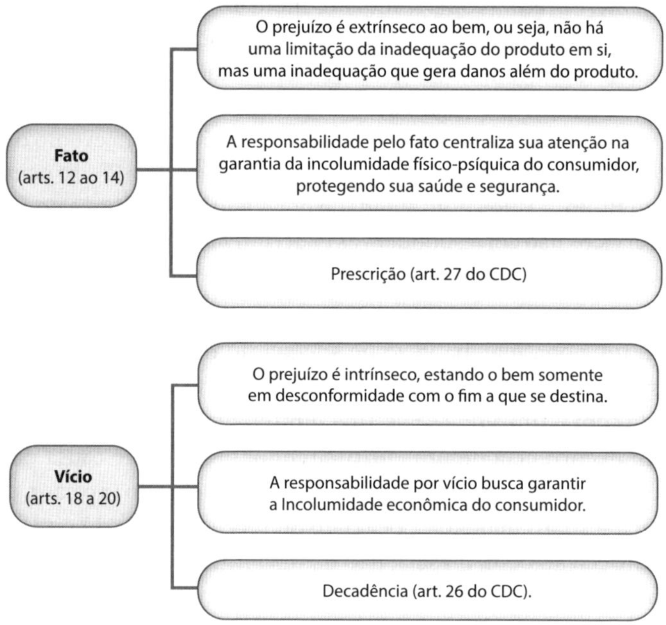

De forma a ter uma visão topográfica da matéria, sugerimos o leitor a ter sempre em mente o seguinte quadro esquemático:

Sistema de Responsabilidade no CDC

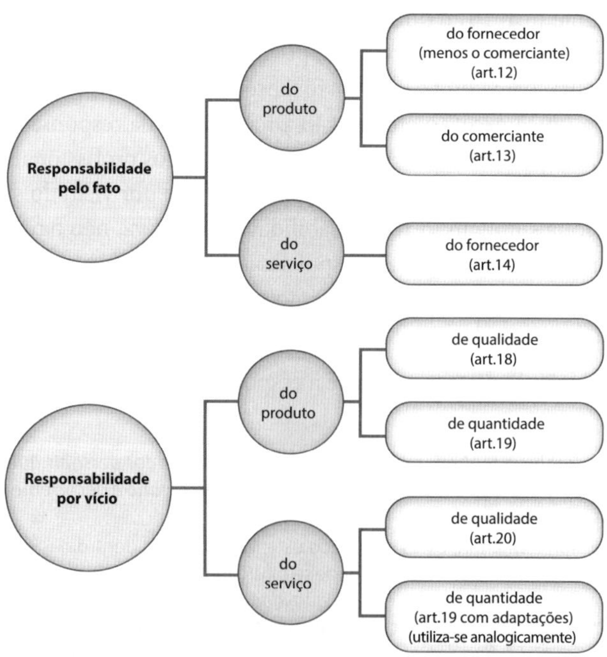

A doutrina diferencia os termos "vício" e "defeito". Assim, para parte da doutrina, vício pertence ao produto ou serviço, tornando-o inadequado, mas que não atinge o consumidor ou outras pessoas. Ex.: a televisão adquirida que funciona mal. Já o defeito é o vício acrescido de um problema extra. O defeito não só gera uma inadequação do produto ou serviço, mas um dano ao consumidor ou a outras pessoas. Ex.: televisão que explode causando danos às pessoas. Nesse sentido, há vício sem defeito, mas não defeito sem vício.[239]

Importante salientar que o ordenamento jurídico brasileiro e o STJ não fazem esta distinção.[240] Leonardo Roscoe Bessa nos lembra de que o art. 26, § 3º é um bom exemplo da não distinção dos termos pelo CDC.[241] Isso porque, o art. 26 trata de prazos decadenciais (portanto, relacionados a vícios) e quando aborda o início do prazo decadencial dos vícios ocultos, determina que será "no momento em que ficar evidenciado *o defeito*". Se o CDC considerasse a diferenciação entre os termos, o correto seria ter utilizado "no momento em que ficar evidenciado o *vício*".

Outro aspecto importante antes de adentrarmos nos comentários do art. 12 é que, para as relações de consumo, pouco importa a clássica divisão do direito civil entre responsabilidade contratual e extracontratual (também chamada de aquiliana). O que realmente importa é a existência de uma relação jurídica de consumo a ser pautada por vícios de qualidade (por insegurança e inadequação) e vícios de quantidade. Nesse sentido, conforme informa a doutrina, temos a chamada *teoria unitária da responsabilidade civil*. Nesse sentido, Anelise Becker analisa com muita propriedade que "no âmbito do Direito do Consumidor, por força da necessidade de uma atuação mais eficiente de suas medidas tutelares, já se verifica a adoção da teoria unitária da responsabilidade civil, sob a roupagem da teoria da qualidade. A responsabilidade pelo vício de qualidade instituída por nosso CDC representa a consagração de um dever de qualidade, anexo à atividade do fornecedor e fundado no princípio da proteção à confiança. Este dever de qualidade imprime no próprio produto ou serviço a garantia de ausência de vício de qualidade por insegurança ou por inadequação, funcionando, assim, como fundamento único da responsabilidade, contratual e extracontratual, da cadeia de fornecedores em relação aos consumidores e fazendo prescindir inteiramente da existência de vínculo contratual entre uns e outros para a responsabilização dos primeiros. Tudo isto constitui uma mudança profunda nas concepções tradicionais que têm seu ponto de referência numa clara distinção entre responsabilidade contratual e delitual. A aproxi-

239. RIZZATTO NUNES, Luís Antônio. *Curso de Direito do Consumidor*. São Paulo: Saraiva, 2005, p. 167. Entendendo que não há diferença entre os termos "vício" e "defeito": Zelmo Denari. *Código Brasileiro de Defesa do Consumidor Comentado pelos Autores do Anteprojeto*. 9ªed.,*op. cit.*, p. 183.

240. O STJ, em diversas oportunidades, utiliza o termo "defeito" para constatar os "vícios" em veículos. Nesse sentido: "a jurisprudência desta Corte orienta-se no sentido de ser cabível indenização por dano moral quando o consumidor de veículo zero quilômetro necessita retornar à concessionária por diversas vezes para reparo de defeitos apresentados no veículo adquirido." (STJ, AgRg no AREsp 385.994/MS, Rel. Ministra Maria Isabel Gallotti, Quarta Turma, DJe 10/12/2014). Em outro julgado, ao abordar o art. 18 do CDC (vícios de qualidade), o STJ também utilizou a expressão "defeitos": "A ampliação do prazo de 30 (trinta) dias para a realização de reparos no produto, quando apresentar defeitos, consoante o disposto no art. 18, §§ 1º e 2º do CDC, depende de prévia convenção das partes." (STJ, AgRg no AREsp 588.448/SP, Rel. Ministro Marco Aurélio Bellizze, Terceira Turma, DJe 28/11/2014)

241. BESSA, Leonardo Roscoe. Responsabilidade pelo fato do produto: questões polêmicas. *Revista de Direito do Consumidor*, vol. 89/2014, p. 149.

mação entre os dois tipos de responsabilidade tende a uma uniformização de soluções, bem como uma harmonização dos conceitos."[242]

Questão importante e que produz repercussão prática refere-se à aplicação dos arts. 12 a 14. Isso porque, a controvérsia cinge em estabelecer o que se trata especificamente de "responsabilidade pelo fato" ou "fato", para fins de aplicação dos arts. 12 a 14. Para se configurar a responsabilidade pelo fato seria necessário dano físico causado ao consumidor, ou bastaria a mera probabilidade da ocorrência deste dano, com repercussão na esfera íntima do consumidor? Como exemplo, podemos citar o caso do veículo adquirido com falha no freio. Se o consumidor tiver alguma lesão decorrente da batida ocorrida em razão da falha do freio, não há dúvidas de que esta hipótese se enquadra no art. 12 (responsabilidade pelo fato do produto), uma vez que houve dano à saúde do consumidor. No entanto, e se antes de bater o veículo, mesmo com a falha no freio, o consumidor conseguir parar o veículo sem que, necessariamente, o dano físico ocorra? Seria nesta hipótese fato do produto para fins de responsabilização da montadora de veículos ou a responsabilidade se daria nos moldes do art. 18 (vício de qualidade do produto)? Qual a repercussão prática desta diferenciação? Se se enquadrar como "fato", o prazo prescricional será o do art. 27 do CDC (5 anos). Se for vício, o prazo será decadencial (no caso, como é produto durável, o prazo será de 90 dias). Mas e o dano extrapatrimonial sofrido pelo consumidor com toda a problemática da falha do freio? Por se pleitear dano moral (portanto ação condenatória e prazo prescricional) estaria necessariamente na seara da responsabilidade pelo fato?

Primeiramente, antes de tratarmos da questão do dano moral (principalmente qual o prazo a ser utilizado nesta hipótese), importante, conforme mencionado, delimitar o que se trata especificamente de fato do produto ou serviço.

O art. 12 (e consequentemente o art. 14 por ser praticamente cópia daquele) foi inspirado nitidamente na Diretiva da Comunidade Europeia 85/374/CEE.[243-244]

Quando tratou da responsabilidade decorrente dos produtos defeituosos, a Comunidade Europeia, através da Diretiva 85/374/CEE, especificou:

> **Artigo 1º.** O produtor é responsável pelo dano causado por um defeito do seu produto.
>
> (...)
>
> **Artigo 9.º** Para efeitos do disposto no artigo 1.º, entende-se por "Dano":
>
> a) O dano causado pela morte ou por lesões corporais;
>
> b) O dano causado a uma coisa ou a destruição de uma coisa que não seja o próprio produto defeituoso, com dedução de uma franquia de 500 ECUs, desde que esta coisa:

242. BECKER, Anelise. "Elementos para uma teoria unitária da responsabilidade civil". *Revista Direito do Consumidor* 13, p. 54.

243. O art.12, §§ 1º e 2º do CDC (e consequentemente o art. 14, §§ 1º e 2º do CDC) são praticamente cópias do artigo 6 º da Diretiva 85/374/CEE. Veja: "Artigo 6º da Diretiva 85/374/CEE: 1. Um produto é defeituoso quando não oferece a segurança que se pode legitimamente esperar, tendo em conta todas as circunstâncias, tais como: a) A apresentação do produto; b) A utilização do produto que se pode razoavelmente esperar; c) O momento de entrada em circulação do produto. 2. Um produto não será considerado defeituoso pelo simples facto de ser posteriormente colocado em circulação um produto mais aperfeiçoado."

244. A Diretiva (UE) 2024/2853 do Parlamento Europeu e do Conselho, de 23 de outubro de 2024, relativa à responsabilidade decorrente dos produtos defeituosos revogou a Diretiva 85/374/CEE.

i) seja de um tipo normalmente destinado ao uso ou consumo privados, e

ii) tenha sido utilizada pela vítima principalmente para seu uso ou consumo privados.

O presente artigo não prejudica as disposições nacionais relativas aos danos não patrimoniais.

Observa-se, então, que segundo a Diretiva 85/374, defeito é toda a ocorrência de um produto que venha a causar dano (lesão corporal, morte, ou destruição a outro bem).

Assim, dano, nos moldes da Diretiva europeia, é a situação que extrapola a esfera do produto, tendo um "reflexo" externo em um bem (patrimônio) ou na integridade física do consumidor ou em ambos.

Deste modo, somente poderá ser considerado "fato" do produto ou serviço quando, *de fato*, ocorrer o dano (chamado de acidente de consumo), principalmente à saúde do consumidor. Ou seja, é necessária a verificação de um evento que exterioriza o produto ou serviço sem si, vindo a concretizar um dano ao consumidor (à sua saúde ou ao seu patrimônio). Quando este dano não se concretizar, estamos na esfera da responsabilidade pelo vício.[245] Assim, no exemplo citado do veículo com falha no freio, mas que o consumidor conseguiu pará-lo antes da batida, melhor considerar a situação como vício de qualidade do produto (art. 18 do CDC).[246] Claro que o consumidor, neste caso, poderá alegar o dano extrapatrimonial, afinal de contas passou por uma situação que extrapola a normalidade. Mas o fato de se pleitear dano moral (por ser ação condenatória) não significa que a situação deva ser considerada como "fato do produto". A situação exposta é de vício de qualidade do produto em que o consumidor poderá pleitear danos morais. Aliás, o art. 18 do CDC prevê expressamente a possiblidade do consumidor pleitear "perdas e danos" independentemente do conserto do produto, troca, devolução da quantia ou abatimento do preço (art. 18, §1º e incisos). Neste caso, duas situações ocorrem: a primeira com prazo decadencial para sanar o vício (falha no freio) e a segunda com prazo prescricional para pleitear o dano moral.[247]

---

245. O STJ, em recente julgado, entendeu que o aparecimento de grave vício em revestimento (pisos e azulejos), quando já se encontrava devidamente instalado na residência do consumidor, configura "fato do produto" (e não vício do produto). (STJ, REsp 1.176.323-SP, Rel. Min. Villas Bôas Cueva, julgado em 3/3/2015). Conforme mencionado, entendemos que neste caso, como não houve danos à saúde do consumidor, não seria hipótese de "fato" e sim de "vício". A solução para possibilitar o consumidor pedir indenização ao fornecedor pelos danos sofridos em razão dos azulejos com vícios não é enquadrar a hipótese como "fato". Basta simplesmente admitir que mesmo nas hipóteses de vícios, o consumidor poderá pleitear danos morais e materiais decorrentes dos vícios.

246. Leonado Roscoe Bessa parece entender da mesma forma, ao aludir que "antes de qualquer acidente de consumo, o produto com potencial de causar dano à saúde ou integridade física é impróprio." Depois complementa que "a responsabilidade civil decorrente do disposto no art. 12 da Lei 8078/1990 refere-se exclusivamente aos casos em que o evento danoso já tenha ocorrido (acidente de consumo). Antes disso, ainda que o problema no produto seja de alta potencialidade lesiva à integridade psicofísica do consumidor (interesses existenciais) e ao seu patrimônio, não tem cabimento invocar referido dispositivo: a resolução deve ocorrer com base na disciplina constante no art. 18 do CDC." BESSA, Leonardo Roscoe. Responsabilidade pelo fato do produto: questões polêmicas. *Revista de Direito do Consumidor*, vol. 89/2014, p. 150/151.

247. No art. 27 tratamos da discussão sobre a unicidade ou duplicidade de prazos em danos advindos de vícios de produtos ou serviços.

Neste sentido, quando não ocorre o acidente de consumo, o dano moral pleiteado é independente, devendo-se buscar o prazo no Código Civil (em relação ao prazo, ver comentários ao art. 27 do CDC).

Após estes importantes questionamentos iniciais, passamos à análise específica do art. 12 do CDC.

O art. 12 trata da *responsabilidade pelo fato do produto* de todos os integrantes do ciclo produtivo-distributivo, excluindo, à primeira vista, o comerciante, que somente será responsabilizado nos moldes do art. 13.

Lembre-se do que já dito: sempre que o artigo não se referir a "fornecedor" é porque está querendo diferenciar a responsabilidade de alguém. Nesse caso, conforme veremos no art. 13, o legislador teve a clara intenção de diferenciar a responsabilidade do comerciante. Então, o segredo não é gravar quais são os fornecedores elencados no art. 12 (*produtor, construtor, importador etc.*), mas sim gravar que a responsabilidade pelo fato do produto do comerciante está inserida no art. 13 e que a de todos os outros fornecedores está disciplinada no art. 12.

A doutrina classifica os fornecedores sujeitos a participar no polo passivo da relação jurídica de responsabilidade civil nas seguintes categorias:

a) *Fornecedor real*, envolvendo o *fabricante*, o *produtor* e o *construtor;*

b) *Fornecedor aparente*, que compreende o detentor do nome, marca ou signo aposto no produto final;

c) *Fornecedor presumido*, abrangendo o *importador* de produto industrializado ou *in natura* e o comerciante de produto anônimo (este último disciplinado no art. 13);[248]

d) *Fornecedor equiparado*, envolvendo entidades que, embora não se encontrem diretamente na conceituação prevista pelo art. 3º do CDC, são a ele sujeitos em razão da natureza da atividade que desenvolvem.

O fornecedor real é o que efetivamente participa da realização e criação do produto acabado ou parte componente, abrangendo assim o fornecedor final e o intermediário.

Por *fabricante*, entende-se qualquer um que, direta ou indiretamente, insere produtos no mercado. Não é somente o que fabrica o produto de modo completo e final, como também o que fabrica somente peças ou componentes. Assim, é considerado fabricante o mero montador, utilizando produtos produzidos por terceiros, como o próprio responsável pela produção das matérias primas e componentes. Esse é o sentido do art. 25, § 2º, ao dispor que "*sendo o dano causado por componente ou peça incorporada ao produto ou serviço, são responsáveis solidários seu fabricante, construtor ou importador e o que realizou a incorporação.*" Na era da especialização é comum as empresas deterem somente o processo final de montagem. As empresas automobilísticas (chamadas inclusive de montadoras) se valem de outras empresas que são criadas justamente para produzirem peças específicas utilizadas na montagem do veículo.

248. Nesse sentido, Zelmo Denari *in Código Brasileiro de Defesa do Consumidor Comentado Pelos Autores do Anteprojeto*. 9ª ed. Rio de Janeiro: Forense Universitária, 2007, p. 190. Para Antônio Herman Benjamin, a divisão seria a seguinte: fornecedor real (o fabricante, o construtor e o produtor), o presumido (o importador) e o aparente (o comerciante quando deixa de identificar o responsável real). *Manual de Direito do Consumidor*. São Paulo: RT, 2007, p. 121.

Assim, por exemplo, quando o consumidor vem a sofrer danos em razão de falha no cinto de segurança e possui conhecimentos sobre quem o fabricou, poderá perfeitamente acionar o fabricante da peça específica, bem como o responsável pela sua inserção no veículo, que, na verdade, é a própria empresa automobilística, já que a responsabilidade é solidária. Nessa hipótese, a denunciação da lide é vedada. Assim, caso condenado, o réu fornecedor deverá suportar a indenização e cobrar regressivamente do verdadeiro responsável.

Por sua vez, o *produtor* é considerado, pelo CDC, aquele que coloca no mercado de consumo produtos não industrializados (*v.g.*, produtos de origem vegetal ou animal). Caso o produto venha a sofrer qualquer tipo de processamento, como o de embalagem, por exemplo, serão solidariamente responsáveis o produtor e o responsável pela embalagem, cabendo ação regressiva de quem efetivamente pagou a indenização sobre quem causou o defeito, nos moldes do art. 13, parágrafo único.

Construtor é aquele que introduz produtos imobiliários no mercado de consumo, através do fornecimento de bens ou serviços.

O *fornecedor aparente* é o que se apresenta apondo no produto o seu próprio nome, marca ou sinal distintivo. Diante disso, pode ser responsabilizado diretamente. Exemplo claro de fornecedor aparente é encontrado nos contratos de franquia. Nesse tipo de contrato, o titular de uma marca (franqueador) concede seu uso a outro empresário (franqueado), recebendo em contrapartida uma remuneração. Assim, por levar a sua marca no produto ou serviço, o franqueador é responsável pelos danos causados, sem excluir a responsabilidade do franqueado (ou seja, respondem conjunta e solidariamente), nos moldes do § 1º do art. 25. A responsabilidade do fornecedor aparente se dá em razão da teoria da aparência. Arruda Alvim,[249] ao tratar do tema, expôs que "o fornecedor aparente, ou quase-fornecedor, é o que se apresenta como tal, apondo no produto o seu próprio nome, marca ou sinal distintivo, respondendo, por assim dizer, a título de uma 'responsabilidade substitutiva' pelo fato do produto. A responsabilização direta dessa espécie de fornecedor, aplicando-se a 'teoria da aparência' justifica-se pela apropriação que a empresa distribuidora faz do produto, assumindo a fabricação do mesmo, ao apor seu nome, marca ou signo distintivo e aparecendo, então, como produtora perante o consumidor."[250]

Interessante julgado do STJ reafirmou a figura do fornecedor aparente para as empresas de eletrodomésticos e similares. É muito comum um determinado produto ser produzido por uma empresa no exterior e a marca possuir representantes no Brasil (que ostentam a marca da empresa), mas com outras razões sociais e CNPJs (ex.: um telefone celular IPHONE comprado no EUA e que deve ser garantido pela representante da APPLE no Brasil). Acontece que, muitas vezes, a empresa representante no Brasil, quando solicitada a trocar ou consertar o produto, alega que é outra empresa e que não possui responsabilidade alguma já que não foi a responsável por produzir o produto. Nesse sentido, em razão da teoria da

249. *Código do Consumidor Comentado*, 2ª ed., São Paulo: RT, p. 97.

250. "Processual Civil. Recurso Especial. Revisão de cláusulas contratuais. Legitimidade. Banco líder de conglomerado financeiro. – O banco líder de conglomerado financeiro é parte legítima para responder à ação de revisão de cláusulas de contrato de mútuo feneratício, realizado em suas instalações, com pessoa jurídica diversa, mas integrante do mesmo grupo econômico. Aplicação da teoria da aparência. Recurso especial provido" (STJ, REsp. 879113 / DF, Rela. Mina. Nancy Andrighi, *DJe* 11/09/2009).

aparência, a empresa representante no Brasil, por ostentar a marca do fornecedor, deve ser responsável pela garantia (envolvendo troca, conserto, etc.) do produto.

> "RECURSO ESPECIAL – AÇÃO DE INDENIZAÇÃO – DANOS MATERIAL E MORAL – RELAÇÃO DE CONSUMO – DEFEITO DO PRODUTO – FORNECEDOR APARENTE – MARCA DE RENOME GLOBAL – LEGITIMIDADE PASSIVA – RECURSO ESPECIAL DESPROVIDO. INSURGÊNCIA RECURSAL DA EMPRESA RÉ. Hipótese: A presente controvérsia cinge-se a definir o alcance da interpretação do art. 3º do Código de Defesa do Consumidor, a fim de aferir se na exegese de referido dispositivo contempla-se a figura do fornecedor aparente – e, consequentemente, sua responsabilidade –, entendido como aquele que, sem ser o fabricante direto do bem defeituoso, compartilha a mesma marca de renome mundial para comercialização de seus produtos. 1. A adoção da teoria da aparência pela legislação consumerista conduz à conclusão de que o conceito legal do art. 3º do Código de Defesa do Consumidor abrange também a figura do fornecedor aparente, compreendendo aquele que, embora não tendo participado diretamente do processo de fabricação, apresenta-se como tal por ostentar nome, marca ou outro sinal de identificação em comum com o bem que foi fabricado por um terceiro, assumindo a posição de real fabricante do produto perante o mercado consumidor. 2. O fornecedor aparente em prol das vantagens da utilização de marca internacionalmente reconhecida, não pode se eximir dos ônus daí decorrentes, em atenção à teoria do risco da atividade adotada pelo Código de Defesa do Consumidor. Dessa forma, reconhece-se a responsabilidade solidária do fornecedor aparente para arcar com os danos causados pelos bens comercializados sob a mesma identificação (nome/marca), de modo que resta configurada sua legitimidade passiva para a respectiva ação de indenização em razão do fato ou vício do produto ou serviço. *3. No presente caso, a empresa recorrente deve ser caracterizada como fornecedora aparente para fins de responsabilização civil pelos danos causados pela comercialização do produto defeituoso que ostenta a marca TOSHIBA, ainda que não tenha sido sua fabricante direta, pois ao utilizar marca de expressão global, inclusive com a inserção da mesma em sua razão social, beneficia-se da confiança previamente angariada por essa perante os consumidores. É de rigor, portanto, o reconhecimento da legitimidade passiva da empresa ré para arcar com os danos pleiteados na exordial.* 4. Recurso especial desprovido." (STJ, REsp 1580432/SP, Rel. Ministro Marco Buzzi, Quarta Turma, DJe 04/02/2019)[251]

O *fornecedor presumido* é o *importador* e o *comerciante de produto anônimo*. A lei admite, por ficção, que assumam a condição de fabricantes, sendo-lhes imputada a responsabilidade pelos acidentes de consumo. Isso porque, no caso de produtos importados, os verdadeiros fabricantes ou produtores não podem, em razão da distância, serem responsabilizados. Caso não houvesse tal ficção legal, dificilmente o consumidor lesado poderia ser ressarcido, já que seria praticamente impossível responsabilizar o verdadeiro fabricante. No caso do comerciante, será fornecedor presumido quando vender produtos sem identificação clara de seu fabricante, produtor, importador ou construtor, assumindo a responsabilidade (responsabilidade do comerciante – art. 13). Conforme veremos no art. 13, a responsabilidade do comerciante se dá porque ele se torna o único fornecedor acessível e identificável para o consumidor.

Por fim, o fornecedor equiparado, abordada pelo professor Leonardo Bessa como "aquele terceiro na relação de consumo, um terceiro apenas intermediário ou ajudante da relação principal, mas que atua frente a um consumidor [...] como se fornecedor fosse".[252]

251. No art. 18 há a citação de duas jurisprudências similares envolvendo as marcas Panasonic e Sony.

252. MARQUES, Cláudia Lima. *Manual de Direito do Consumidor*, p. 103-105.

Exemplo de fornecedor equiparado são os bancos de dados253, o estipulante profissional (o empregador) no caso de seguros de vida, etc. Leva-se em consideração a atividade desenvolvida pelo sujeito, não necessitando, portanto, conformar-se aos requisitos do caput do artigo 3º, bastando que a atividade, por si, apresente-se "potencialmente ofensiva a legítimos interesses presentes no mercado".

A responsabilidade, portanto, do fabricante, produtor, construtor e do importador ocorrerá independentemente da investigação de culpa (responsabilidade objetiva), ou seja, será desnecessária a averiguação de negligência, imperícia ou imprudência, sendo suficiente que o consumidor demonstre o dano ocorrido (acidente de consumo) e a relação de causalidade entre o dano e o produto adquirido (nexo causal).

Nos moldes do § 2º do art. 12, não será considerado defeituoso o produto pelo simples fato de outro de melhor qualidade ter sido colocado no mercado. Assim, para verificação do defeito do produto deverá ser demonstrada impropriedade capaz de ocasionar acidente de consumo. O simples fato, por exemplo, de um carro ser fabricado com dispositivos que permitem maior segurança do consumidor, como a inserção de *air bags* ou freios ABS, não induz que os veículos anteriormente fabricados sem tais dispositivos sejam considerados defeituosos.

Cumpre esclarecer que a responsabilidade objetiva adotada pelo CDC foi a do risco da atividade e não a do risco integral. Isso se demonstra claramente, pois o artigo previu hipóteses que irão mitigar tal responsabilidade.

Poderá o fornecedor, de acordo com o § 3º, alegar que não colocou o produto no mercado ou que, embora o produto tenha entrado no mercado de consumo, o defeito inexiste ou que o dano foi causado por culpa exclusiva do consumidor ou de terceiro. São verdadeiras excludentes de responsabilidade, afastando a teoria do risco integral.[254]

É do fornecedor o ônus de provar a ocorrência das excludentes de responsabilidade. Assim, não basta alegar para tentar excluir o dever de indenizar, é necessário provar o acontecimento das excludentes. O próprio § 3º do art. 12 dispõe nesse sentido, ao dispor que o fornecedor somente "*não será responsabilizado quando provar*" as excludentes.

> O ônus da prova das excludentes da responsabilidade do fornecedor de serviços, previstas no art. 14, § 3º, do CDC, é do fornecedor, por força do art. 12, § 3º, também do CDC (STJ, REsp. 685.662/RJ, Rela. Mina. Nancy Andrighi, *DJ* 05/12/2005).

Logicamente, quando o fornecedor provar que o produto causador do dano ao consumidor não foi inserido no mercado de consumo, nenhuma responsabilidade existirá. Se o produto não foi inserido no mercado, não há como imputar responsabilidade ao fornecedor.

---

253. No caso dos bancos de dados, por exemplo, a relação direta envolve consumidor (em débito) e fornecedor. Em tese, o banco de dados (SPC, Serasa, etc.) é um terceiro que não possui relação com o consumidor, não sendo fornecedor, portanto, nos moldes do art. 3º, caput. Mas a atuação do banco de dados (negativação indevida, demora em retirar o nome em caso de pagamento da dívida, etc.) atinge o consumidor, sendo assim, considerado para todos os efeitos como fornecedor (equiparado).

254. Conforme veremos, as excludentes de responsabilidade por fato do serviço (§ 3º do art. 14) são praticamente idênticas às excludentes contidas por fato do produto (§ 3º do art. 12). Sendo assim, os exemplos dados ora tratarão de produto, ora de serviço.

Zelmo Denari[255] doutrina que "os exemplos mais nítidos da causa excludente prevista no inciso I seriam aqueles relacionados com o furto ou roubo de produto defeituoso estocado no estabelecimento, ou com a usurpação do nome, marca ou signo distintivo, cuidando-se, nesta última hipótese, da falsificação do produto. Da mesma forma, pode ocorrer que, em função do vício de qualidade, o produto defeituoso tenha sido apreendido pela administração e, posteriormente, à revelia do fornecedor, tenha sido introduzido no mercado de consumo, circunstância esta eximente da sua responsabilidade."[256]

A segunda excludente que poderá ser demonstrada pelo fornecedor é que o produto, embora inserido no mercado, não apresenta defeito. Ora, se não há defeito, não haveria como o produto causar o acidente de consumo. O interessante é que aqui o legislador atribuiu ao fornecedor o ônus da prova (de que o produto não apresenta defeito) e não ao consumidor. Conforme verificamos quando do estudo da inversão do ônus da prova no art. 6º, pela regra geral do art. 333, I, do CPC/73 (art. 373, I do novo CPC/15), é o autor que deve provar o defeito do produto (uma vez que o defeito do produto é um dos pressupostos da responsabilidade por danos nas relações de consumo), o dano sofrido e o nexo causal entre ambos (fato constitutivo do seu direito).

Mas o CDC, diferentemente, atribui ao fornecedor o ônus de provar que não existe defeito no produto, como forma de excluir a responsabilidade (hipótese de inversão do ônus da prova *ope legis*). Nesse sentido, o defeito é presumido, bastando o consumidor demonstrar o dano e o nexo causal com o produto adquirido.

> "O ônus da prova da inexistência de falha na prestação do serviço advém da própria lei (ope legis), razão pela qual o pronunciamento do julgador na sentença não impôs à parte ônus diverso daquele previamente determinado por lei." (STJ, AgInt no AREsp 1344544/MG, Rel. Ministro Paulo de Tarso Sanseverino, Terceira Turma, DJe 28/05/2020)

> "O fornecedor responde, independentemente de culpa, pela reparação dos danos causados aos consumidores por defeitos do produto (art. 12 do CDC). O defeito, portanto, se apresenta como pressuposto especial à responsabilidade civil do fornecedor pelo acidente de consumo. Todavia, basta ao consumidor demonstrar a relação de causa e efeito entre o produto e o dano, que induz à presunção de existência do defeito, cabendo ao fornecedor, na tentativa de se eximir de sua responsabilidade, comprovar, por prova cabal, a sua inexistência ou a configuração de outra excludente de responsabilidade consagrada no § 3º do art. 12 do CDC." (STJ, REsp 1955890/SP, Rel. Ministra Nancy Andrighi, Terceira Turma, DJe 08/10/2021)

Inexistindo o defeito, mesmo havendo dano, o fornecedor não será responsável. Nesse caso, o dano poderá ter ocorrido por culpa exclusiva do consumidor ou exclusiva de terceiro.

Tal excludente é importante, uma vez que impõe ao fornecedor a prova da ausência de defeito do produto. Então, o consumidor somente terá que demonstrar o dano ocorrido e o nexo causal com o produto adquirido (*v.g.*, a televisão explodiu e causou queimaduras no consumidor). Não será necessário, pois, demonstrar a ocorrência do defeito (que, por exemplo, existia um fio mal encapado na televisão que possibilitou um curto-circuito e

255. *Código Brasileiro de Defesa do Consumidor Comentado pelos Autores do Anteprojeto.* 9ª ed. Rio de Janeiro: Forense Universitária, 2007, p. 196.

256. No mesmo sentido, Antônio Herman Benjamin. *Comentários ao Código de Proteção ao Consumidor*. São Paulo: Saraiva, 1991, p. 65.

consequentemente a explosão), já que a incumbência é do fornecedor, por conhecer, melhor do que ninguém, o seu produto, tendo melhores condições de realizar a prova.[257]

Nesse sentido, embora tratando de serviço (servindo também para produto), aponta o STJ:

> "O CDC, com o objetivo de facilitar a defesa, em juízo, dos direitos dos consumidores-vítimas dos acidentes de consumo, conferindo-lhes maior proteção, estabeleceu hipótese legal de inversão do ônus da prova, determinando que cabe ao fornecedor, no desiderato de se eximir de responsabilidade, comprovar alguma das excludentes previstas no § 3º do art. 14 do CDC, ou seja, que o defeito inexiste ou que o dano resulta de culpa exclusiva do consumidor ou de terceiro. 6. Demonstrando o consumidor, na ação por si ajuizada, que o dano sofrido decorreu do serviço prestado pelo fornecedor, a esse último compete comprovar, por prova cabal, que o evento danoso não derivou de defeito do serviço, mas de outros fatores." (STJ, REsp 1875164/MG, Rel. Ministra Nancy Andrighi, Terceira Turma, DJe 19/11/2020)

No mesmo sentido:

> "O fornecedor responde, independentemente de culpa, pela reparação dos danos causados aos consumidores por defeitos do produto (art. 12 do CDC). O defeito, portanto, se apresenta como pressuposto especial à responsabilidade civil do fornecedor pelo acidente de consumo. Todavia, basta ao consumidor demonstrar a relação de causa e efeito entre o produto e o dano, que induz à presunção de existência do defeito, cabendo ao fornecedor, na tentativa de se eximir de sua responsabilidade, comprovar, por prova cabal, a sua inexistência ou a configuração de outra excludente de responsabilidade consagrada no § 3º do art. 12 do CDC. 5. Hipótese em que o Tribunal de origem não acolheu a pretensão ao fundamento de que os recorrentes (autores) não comprovaram a existência de defeito no veículo que incendiou. Entretanto, era ônus das fornecedoras demonstrar a inexistência de defeito." (STJ, REsp 1955890/SP, Rel. Ministra Nancy Andrighi, Terceira Turma, DJe 08/10/2021)

Por fim, o § 3º, III do art. 12 enumera como excludente a "*culpa exclusiva do consumidor ou de terceiro*".

Se o comportamento do consumidor ou de terceiro é o único causador do acidente de consumo, não haverá responsabilidade do fornecedor, uma vez que inexistirá nexo causal entre o dano e a atividade do fornecedor.

No tocante à culpa exclusiva do consumidor, já decidiu o STJ:

> "Conforme precedentes desta Corte, em relação ao uso do serviço de conta-corrente fornecido pelas instituições bancárias, cabe ao correntista cuidar pessoalmente da guarda de seu cartão

---

257. Interessante caso aconteceu com uma ação intentada por consumidor pelo fato do air bag do veículo não ter acionado no acidente ocorrido. Por ter a montadora provado, via perícia, que não houve defeito no acionamento do air bag, o fornecedor não foi responsabilizado. Para o STJ, "no caso concreto, todavia, mostra-se irrelevante a alegação acerca do ônus da prova, uma vez que a solução a que chegou o Tribunal a quo não se apoiou na mencionada técnica, mas sim efetivamente nas provas carreadas aos autos. A improcedência do pedido indenizatório decorreu essencialmente da prova pericial produzida em Juízo, sob a vigilância de assistentes nomeados por autor e réu, prova essa que chegou à conclusão de que a colisão do veículo dirigido pelo consumidor não fora frontal e que, para aquela situação, não era mesmo caso de abertura do sistema de airbags. De fato, a despeito de a causa de pedir apontar para hipótese em que a responsabilidade do fornecedor é objetiva, este se desincumbiu do ônus que lhe cabia, tendo sido provado que, "embora haja colocado o produto no mercado, o defeito inexistiu", nos termos do art. 12, § 3º, inciso II, do CDC." (STJ, REsp 1095271/RS, Rel. Ministro Luis Felipe Salomão, Quarta Turma, DJe 05/03/2013)

magnético e sigilo de sua senha pessoal no momento em que deles faz uso. Não pode ceder o cartão a quem quer que seja, muito menos fornecer sua senha a terceiros. Ao agir dessa forma, passa a assumir os riscos de sua conduta, que contribui, a toda evidência, para que seja vítima de fraudadores e estelionatários". (STJ, REsp. 601805/SP, Rel. Min. Jorge Scartezzini, *DJ* 14/11/2005).

Com relação à culpa de terceiro ou fato de terceiro, o STJ entende que somente quando for imprevisível e inevitável é que poderá ser considerado como excludente. Assim, quando o fato de terceiro for inevitável, mas previsível, ou seja, quando o fornecedor tiver como prever a ocorrência, não poderá servir para excluir sua responsabilidade.

> Todavia, como afirmam a doutrina e a jurisprudência desta Corte, o fato de terceiro só atua como excludente da responsabilidade quando tal fato for inevitável e imprevisível. Não basta, portanto, que o fato de terceiro seja inevitável para excluir a responsabilidade do fornecedor, é indispensável que seja também imprevisível (STJ, REsp. 685.662/RJ, Rela. Mina. Nancy Andrighi, *DJ* 05/12/2005).

Assim, o STJ não excluiu a responsabilidade de instituição bancária pelo roubo de talões de cheques quando da entrega aos consumidores. Tal fato causou sérios danos aos consumidores, uma vez que os ladrões emitiram vários cheques sem fundos na praça, possibilitando a negativação de seus nomes. Nesse caso, o STJ entendeu que o fato era previsível, fazendo parte do risco da atividade da instituição bancária. Nesse sentido destacou a Mina. Nancy Andrighi explicando que "é notório o fato de que furtos e roubos de talões de cheques passaram a ser prática corriqueira nos dias atuais. Assim, a instituição financeira, ao desempenhar suas atividades, tem ciência dos riscos da guarda e do transporte dos talões de cheques de clientes, havendo previsibilidade quanto à possibilidade de ocorrência de furtos e roubos de malotes do banco; em que pese haver imprevisibilidade em relação a qual (ou quais) malote será roubado."[258-259]

O CDC somente considerou como excludente de responsabilidade a culpa "exclusiva" do consumidor ou de terceiro. Dessa forma, para boa parte da doutrina consumerista, a culpa concorrente não será considerada como excludente e nem poderá ser usada para diminuir o valor da indenização.[260] O Código Civil, ao contrário, admite a culpa concorrente como fator de redução da indenização, ao prever no art. 945 que: "*Se a vítima tiver concorrido culposamente para o evento danoso, a sua indenização será fixada tendo-se em conta a gravidade de sua culpa em confronto com a do autor do dano.*"

Embora o CDC não faça nenhuma referência à culpa concorrente, o STJ a tem admitido para reduzir a indenização:

---

258. STJ, REsp. 685.662/RJ, Rela. Mina. Nancy Andrighi, *DJ* 05/12/2005.

259. Nesse julgamento foi equiparada a culpa de terceiro ao caso fortuito. Consigna a Min. Nancy Andrighi que "o roubo de talões de cheques é, na verdade, um caso fortuito interno, que não rompe o nexo causal, ou seja, não elide o dever de indenizar, pois é um fato que se liga à organização da empresa; relaciona-se com os riscos da própria atividade desenvolvida." Estudaremos o caso fortuito (interno e externo) mais à frente.

260. Nesse sentido: Cláudia Lima Marques, Antônio Herman Benjamin e Bruno Miragem em *Comentários ao Código de Defesa do Consumidor*. São Paulo: Revista dos Tribunais, 2003, p. 237.

> Responsabilidade do hotel, que não sinaliza convenientemente a profundidade da piscina, de acesso livre aos hóspedes. Art. 14 do CDC. *A culpa concorrente da vítima permite a redução da condenação imposta ao fornecedor. Art. 12, § 2º, III, do CDC.* A agência de viagens responde pelo dano pessoal que decorreu do mau serviço do hotel contratado por ela para a hospedagem durante o pacote de turismo (STJ, REsp. 287849/SP, Rel. Min. Ruy Rosado de Aguiar, *DJ* 13/08/2001).[261]

> A jurisprudência das Turmas que compõem a 2ª Seção é no sentido de que há culpa concorrente entre a concessionária do transporte ferroviário e a vítima, pelo atropelamento desta por trem em via férrea; pois a primeira tem o dever de cercar e fiscalizar os limites da linha férrea, mormente em locais de adensamento populacional e a segunda, pois atravessou os trilhos, apesar da existência de local próprio para passagem próximo ao local do acidente. – Havendo culpa concorrente, as indenizações por danos materiais e morais devem ser fixadas pelo critério da proporcionalidade. (STJ, REsp. 773853/RS, Rel. Min. Nancy Andrighi, DJ 22/05/2006)

Fato polêmico e dividido tanto na doutrina como na jurisprudência se encontra com relação ao caso fortuito e força maior como causas excludentes da responsabilidade.

Nelson Nery Júnior[262], aliado à corrente que não admite a força maior e o caso fortuito como excludentes da responsabilidade civil no Código de Defesa do Consumidor, sustenta que "apenas e tão somente as circunstâncias mencionadas no CDC em *numerus clausus* como causas excludentes do dever de indenizar é que efetivamente podem ser invocadas pelo fornecedor a fim de eximi-lo desse dever". E continua demonstrando que "esse sistema é semelhante ao já existente no Brasil para o dano causado ao meio ambiente (art. 14 da Lei nº 6.938/1981), que não admite o caso fortuito e a força maior como causas de exclusão da responsabilidade civil".[263]

Embora não constem expressamente no CDC, a jurisprudência mais atual tem admitido tais causas como excludentes da responsabilidade civil, principalmente quando ocorrem após a introdução do produto no mercado de consumo.

> Como assentado em precedente da Corte, o fato de o art. 14, § 3º, do Código de Defesa do Consumidor não se referir ao caso fortuito e à força maior, ao arrolar as causas de isenção de responsabilidade do fornecedor de serviços, não significa que, no sistema por ele instituído, não possam ser invocadas (STJ, REsp. 330523/SP, *DJ* 25/03/2002, Rel. Min. Carlos Alberto Menezes Direito).

Interessante verificarmos as teorias do "*fortuito interno*" e "*fortuito externo*", já admitidas pelo STJ.

O fortuito interno é fato imprevisível, e, por isso, inevitável, que se liga à organização da empresa, relacionando-se com os riscos da atividade desenvolvida pelo fornecedor. Assim,

---

261. Nesse sentido, conferir REsp. 327420 / DF.

262. "Os princípios gerais do Código Brasileiro de Defesa do Consumidor". *Revista de Direito do Consumidor.* São Paulo: Revista dos Tribunais, vol. 3. 1992, p. 56.

263. Nesse sentido: Roberto Senise Lisboa, *Responsabilidade Civil nas Relações de Consumo.* Revista dos Tribunais: São Paulo, 2001, p. 270-271; e Tupinambá Miguel de Castro do Nascimento, *Responsabilidade Civil no Código do Consumidor.* Rio de Janeiro: Aide, 1991, p. 53 e 54. Admitindo a força maior e o caso fortuito como excludentes: Arruda Alvim, Thereza Alvim, Eduardo Alvim e James Marins; *Código de Defesa do Consumidor Comentado.* São Paulo: RT, p. 127; e Cláudio Bonatto e Paulo Valério Dal Pai Moraes, *Questões Controvertidas no Código de Defesa do Consumidor.* 2ª ed. Porto Alegre: Livraria do Advogado, 1999, p. 122- 123.

conforme leciona Sérgio Cavalieri Filho, seriam exemplos de fortuito interno, o estouro de um pneu do ônibus, o incêndio do veículo, o mal súbito do motorista etc., já que não obstante acontecimentos imprevisíveis, estão ligados à organização do negócio explorado pelo fornecedor.[264]

> O roubo do talonário de cheques durante o transporte por empresa contratada pelo banco não constituiu causa excludente da sua responsabilidade, pois trata-se de *caso fortuito interno*. Se o banco envia talões de cheques para seus clientes, por intermédio de empresa terceirizada, deve assumir todos os riscos com tal atividade. O ônus da prova das excludentes da responsabilidade do fornecedor de serviços, previstas no art. 14, § 3º, do CDC, é do fornecedor, por força do art. 12, § 3º, também do CDC (STJ, REsp. 685662/RJ, Rela. Mina. Nancy Andrighi, *DJ* 05/12/2005).

> Inescondível a responsabilidade da instituição bancária, atrelada ao risco da própria atividade econômica que exerce, pela entrega de talão de cheques a terceiro, que mediante fraude, abriu conta bancária em nome do recorrido, dando causa, com isso e com a devolução do cheque emitido, por falta de fundos, à indevida inclusão do nome do autor em órgão de restrição ao crédito. Irrelevante, na espécie, para configuração do dano, que os fatos tenham se desenrolado a partir de conduta ilícita praticada por terceiro, circunstância que não elide, por si só, a responsabilidade da instituição recorrente, tendo em vista que o panorama fático descrito no acórdão objurgado revela a ocorrência do chamado *caso fortuito interno* (STJ, REsp. 774640 / SP, Rel. Min. Hélio Quaglia Barbosa, *DJ* 05/02/2007).

Por sua vez, o fortuito externo é também o fato imprevisível e inevitável, mas estranho à organização do negócio, não guardando nenhuma ligação com a atividade negocial do fornecedor.

> INDENIZAÇÃO POR DANOS MORAIS, ESTÉTICOS E MATERIAL. ASSALTO À MÃO ARMADA NO INTERIOR DE ÔNIBUS COLETIVO. *CASO FORTUITO EXTERNO*. EXCLUSÃO DE RESPONSABILIDADE DA TRANSPORTADORA. A Segunda Seção desta Corte já proclamou o entendimento de que o fato inteiramente estranho ao transporte em si (assalto à mão armada no interior de ônibus coletivo) constitui caso fortuito, excludente de responsabilidade da empresa transportadora (STJ, REsp. 726371 / RJ, Rel. Min. Hélio Quaglia Barbosa, *DJ* 05/02/2007).[265-266]

264. *Programa de Responsabilidade Civil*. São Paulo: Editora Malheiros, 2005, p. 322.

265. Por se tratar de uma situação diferente, o STJ entende que o assalto à mão armada dentro de estacionamentos em shoppings e bancos não configura caso de fortuito externo. (STJ, EREsp 419059/SP, Rel. Min. Luis Felipe Salomão, Segunda Seção, DJe 12/06/2012)

266. A jurisprudência do STJ é pacífica em reconhecer que o roubo dentro de ônibus configura hipótese de fortuito externo, por se tratar de fato de terceiro inteiramente independente ao transporte em si, afastando-se, com isso, a responsabilidade da empresa transportadora por danos causados aos passageiros. Porém, no REsp 1728068/SP, Rel. Ministro Marco Aurélio Bellizze, Terceira Turma, DJe 08/06/2018, o entendimento foi diverso em razão de uma peculiaridade: o consumidor utilizou o ônibus na viagem em razão do voo ter sido cancelado. Assim, segundo o ministro relator, "não obstante essa seja a regra, o caso em análise guarda peculiaridade que comporta solução diversa. Com efeito, a alteração substancial e unilateral do contrato firmado pela recorrente – de transporte aéreo para terrestre -, sem dúvida alguma, acabou criando uma situação favorável à ação de terceiros (roubo), pois o transporte rodoviário é sabidamente muito mais suscetível de ocorrer crimes dessa natureza, ao contrário do transporte aéreo. Dessa forma, a conduta da transportadora concorreu para o evento danoso, pois ampliou significativamente o risco de ocorrência desse tipo de situação, não podendo, agora, se valer da excludente do fortuito externo para se eximir da responsabilidade."

Assim, de acordo com a moderna doutrina civilista, somente o fortuito externo excluiria a responsabilidade do fornecedor, justamente por não guardar nenhuma relação com a atividade negocial, sendo fato estranho a esta.

Ao contrário do CDC, o Código Civil inclui expressamente no art. 393 o caso fortuito e a força maior como causas excludentes de responsabilidade.

Mais especificamente ao contrato de transporte, em que são verificadas as maiores discussões sobre caso fortuito e força maior como excludentes, a jurisprudência do STJ, a fim de delimitar o conceito de fortuito interno e externo, entende que o dano conexo ao transporte, ou seja, aquele que guarda relação com a atividade de transporte, não serviria para excluir a responsabilidade do transportador, sendo considerado fortuito interno. Assim, danos sofridos por passageiro (consumidor) em decorrência de acidente, ainda que causado por terceiro ou em decorrência de má conservação de estradas, não isenta a responsabilidade do transportador por guardar conexão com a atividade de transporte. Por se tratar de obrigação de resultado, o transportador assume a obrigação, perante o passageiro, de levá-lo com segurança ao destino contratado. É a chamada cláusula de incolumidade.[267]

Nesse sentido o STJ:

> RESPONSABILIDADE CIVIL. RESPONSABILIDADE OBJETIVA. ACIDENTE FERROVIÁRIO. MORTE. DANOS MORAL E MATERIAL. Contrato de transporte caracterizado, dada a comprovação da condição de passageiro da vítima. Não produzindo prova de qualquer uma das excludentes admissíveis, responde a transportadora, cuja responsabilidade é objetiva, pelos danos decorrentes do acidente (STJ, REsp. 721091/SP, Rel. Min. Jorge Scartezzini, *DJ* 01/02/2006).
>
> Em outras palavras, tratando-se de obrigação de resultado, com cláusula de incolumidade, se o contrato não for cumprido nos termos em que estabelecido, sem que ocorram as causas excludentes de irresponsabilidade (*v.g*, caso fortuito, força maior e culpa exclusiva do contratante), obriga-se o transportador a compor os prejuízos suportados pelo passageiro ou pela contratante, no caso a ré (STJ, REsp. 302397 / RJ, Rel. Min. Sálvio de Figueiredo Teixeira, *DJ* 03/09/2001).

Um tema que gerou muita controvérsia era se o assédio sexual praticado contra consumidora no interior de transporte público era passível de indenização (fortuito interno) ou não (fortuito externo). A Terceira Turma do STJ considerava que o assédio sexual ocorrido dentro dos transportes coletivos era caso de fortuito interno, uma vez que tal ocorrência guardava conexidade com os serviços prestados pelas transportadoras de passageiros.

> "AÇÃO DE INDENIZAÇÃO POR DANOS MATERIAIS E COMPENSAÇÃO POR DANOS MORAIS. ATO LIBIDINOSO PRATICADO CONTRA PASSAGEIRA NO INTERIOR DE UMA COMPOSIÇÃO DE TREM NA CIDADE DE SÃO PAULO/SP ("ASSÉDIO SEXUAL"). FUNDAMENTAÇÃO DEFICIENTE. SÚMULA 284/STF. RESPONSABILIDADE DA TRANSPORTADORA. NEXO CAUSAL. ROMPIMENTO. FATO EXCLUSIVO DE TERCEIRO. AUSÊNCIA DE CONEXIDADE COM A ATIVIDADE DE TRANSPORTE. (...) 4. A cláusula de incolumidade é ínsita ao contrato de transporte, implicando obrigação de resultado do transportador, consistente em levar o passageiro com conforto e segurança ao seu destino, salvo se demonstrada causa de exclusão do nexo de causalidade, notadamente o caso fortuito, a força

267. Vale lembrar que pela Súmula nº 187 do STF, "*A responsabilidade contratual do transportador, pelo acidente com passageiro, não é elidida por culpa de terceiro contra o qual tem ação regressiva.*" No mesmo sentido está disposto no art. 735 do Código Civil.

maior ou a culpa exclusiva da vítima ou de terceiro. 5. O fato de terceiro, conforme se apresente, pode ou não romper o nexo de causalidade. Exclui-se a responsabilidade do transportador quando a conduta praticada por terceiro, sendo causa única do evento danoso, não guarda relação com a organização do negócio e os riscos da atividade de transporte, equiparando-se a fortuito externo. De outro turno, a culpa de terceiro não é apta a romper o nexo causal quando se mostra conexa à atividade econômica e aos riscos inerentes à sua exploração, caracterizando fortuito interno. 6. Na hipótese, conforme consta no acórdão recorrido, a recorrente foi vítima de ato libidinoso praticado por outro passageiro do trem durante a viagem, isto é, um conjunto de atos referidos como assédio sexual. 7. O momento é de reflexão, pois não se pode deixar de ouvir o grito por socorro das mulheres, vítimas costumeiras desta prática odiosa, que poderá no futuro ser compartilhado pelos homens, também objetos potenciais da prática de assédio. 8. É evidente que ser exposta a assédio sexual viola a cláusula de incolumidade física e psíquica daquele que é passageiro de um serviço de transporte de pessoas. 9. Mais que um simples cenário ou ocasião, o transporte público tem concorrido para a causa dos eventos de assédio sexual. Em tal contexto, a ocorrência desses fatos acaba sendo arrastada para o bojo da prestação do serviço de transporte público, tornando-se assim mais um risco da atividade, a qual todos os passageiros, mas especialmente as mulheres, tornam-se sujeitos. 10. *Na hipótese em julgamento, a ocorrência do assédio sexual guarda conexidade com os serviços prestados pela recorrida CPTM e, por se tratar de fortuito interno, a transportadora de passageiros permanece objetivamente responsável pelos danos causados à recorrente.* 11. Recurso especial conhecido e provido." (STJ, REsp 1662551/SP, Rel. Ministra Nancy Andrighi, Terceira Turma, DJe 25/06/2018)

Já a Quarta Turma, por sua vez, vinha entendendo que a mesma hipótese configurava fortuito externo, excluindo, portanto, a responsabilidade do transportador.

"RECURSO ESPECIAL - DIREITO CIVIL - AÇÃO DE INDENIZAÇÃO POR DANOS MORAIS - ATO LIBIDINOSO PRATICADO CONTRA PASSAGEIRA NO INTERIOR DE UMA COMPOSIÇÃO DE TREM DO METRÔ PAULISTA - AUSÊNCIA DE RESPONSABILIDADE DA TRANSPORTADORA - FATO EXCLUSIVO DE TERCEIRO E ESTRANHO AO CONTRATO DE TRANSPORTE - PRECEDENTES DO STJ. INCONFORMISMO DA AUTORA. 1. Nos termos da jurisprudência desta Corte Superior, não há responsabilidade da empresa de transporte coletivo em caso de ilícito alheio e estranho à atividade de transporte, pois o evento é considerado caso fortuito ou força maior, excluindo-se, portanto, a responsabilidade da empresa transportadora. Precedentes do STJ. 2. Não pode haver diferenciação quanto ao tratamento da questão apenas à luz da natureza dos delitos. 3. Na hipótese, sequer é possível imputar à transportadora eventual negligência pois, como restou consignado pela instância ordinária, o autor do ilícito foi identificado e detido pela equipe de segurança da concessionária de transporte coletivo, tendo sido, inclusive, conduzido à Delegacia de Polícia, estando apto, portanto, a responder pelos seus atos penal e civilmente. 4. Recurso especial desprovido." (STJ, REsp 1748295/SP, Rel. p/ Acórdão Ministro Marco Buzzi, Quarta Turma, DJe 13/02/2019)

Tal questão foi pacificada pela Segunda Seção no REsp n. 1.853.361/PB, relatora Ministra Nancy Andrighi, relator para acórdão Ministro Marco Buzzi, julgado em 3/12/2020, entendendo que a empresa de transporte coletivo não tem responsabilidade por atos libidinosos praticados dentro de seus veículos, devendo o assédio ser considerado ato de terceiro alheio à atividade, sem conexão com aos riscos a ela ligados e excludente da responsabilidade de pagar indenização por danos morais.

Já os danos desconexos ao transporte não guardam nenhuma relação com a atividade desenvolvida, excluindo a responsabilidade do transportador, sendo considerado fortuito externo. Assim, para o STJ "o transportador só responde pelos danos resultantes de fatos conexos com o serviço que presta" (STJ, REsp. 468900 / RJ, Rel. Min. Ari Pargendler, *DJ* 31/03/2003).

Exemplos de danos desconexos ao transporte (fortuito externo):

O roubo de mercadoria transportada, praticado mediante ameaça exercida com arma de fogo, é fato desconexo ao contrato de transporte, e, sendo inevitável, diante das cautelas exigíveis da transportadora, constitui-se em caso fortuito ou força maior, excluindo-se a responsabilidade desta pelos danos causados ao dono da mercadoria (STJ, Resp. 904733 / MG, Rela. Mina. Nancy Andrighi, *DJ* 27/08/2007).

DIREITO CIVIL. RESPONSABILIDADE CIVIL. EXPLOSÃO DE BOMBA EM COMPOSIÇÃO FERROVIÁRIA. FATO DE TERCEIRO. CASO FORTUITO. O depósito de artefato explosivo na composição ferroviária por terceiro não é fato conexo aos riscos inerentes do deslocamento, mas constitui evento alheio ao contrato de transporte, não implicando responsabilidade da transportadora (STJ, REsp. 589051 / SP, Rel. Min. César Asfor Rocha, *DJ* 13/09/2004).

DIREITO CIVIL. RESPONSABILIDADE CIVIL. TRANSPORTE COLETIVO. BALA PERDIDA. FATO DE TERCEIRO. Bala perdida não é fato conexo aos riscos inerentes do deslocamento, mas constitui evento alheio ao contrato de transporte, não implicando responsabilidade da transportadora (STJ, REsp. 613402 / SP, Rel. Min. César Asfor Rocha, *DJ* 04/10/2004).

"Não está dentro da margem de previsibilidade e de risco da atividade de transporte metroviário o óbito de consumidor por equiparação (bystander) por golpes de arma branca desferidos por terceiro com a intenção de subtrair-lhe quantia em dinheiro, por se tratar de fortuito externo com aptidão de romper o nexo de causalidade entre o dano e a conduta da transportadora. 3. Recurso especial provido." (STJ, REsp 974138/SP, Rel. Ministro Raul Araújo, Quarta Turma, DJe 09/12/2016)

Importante destacar a responsabilidade dos transportadores concessionários e permissionários de serviço público. Dúvidas não há de que respondem objetivamente em razão dos danos causados, seja pela sistemática do CDC, seja pelo art. 37, § 6º, da CF. A discussão que se trava é se há diferença quanto à responsabilidade entre concessionário/usuário e entre concessionário/terceiro. Conforme visto, na relação entre concessionário e consumidor-usuário, a responsabilidade do transportador é objetiva. Agora, e no caso do dano ser causado ao terceiro que não o usuário? Por exemplo, o transportador concessionário atropela algum pedestre ou bate em outro veículo que estava trafegando. Nesse caso, a responsabilidade é objetiva, nos mesmos moldes do consumidor-usuário, ou é subjetiva?

A solução para tal entrave encontra fundamento no art. 17 do CDC. Segundo o referido dispositivo, são equiparados aos consumidores todas as vítimas do evento. Assim, o terceiro que sofreu danos pela concessionária, é o chamado "*bystander*", sendo considerado consumidor, beneficiando-se da responsabilidade objetiva do fornecedor de serviços prevista no art. 14 do CDC.

O STF vinha entendendo de modo diferente. Quando do julgamento do RE 262651/SP, Rel. Min. Carlos Veloso, *DJ* 06/05/2005, a Suprema Corte entendeu que "a responsabilidade civil das pessoas jurídicas de direito privado prestadoras de serviço público é objetiva relativamente aos usuários do serviço, não se estendendo a pessoas outras que não ostentem a condição de usuário."

Como se vê, a nossa Corte Suprema havia deixado bem claro que a responsabilidade objetiva das empresas concessionárias transportadoras só se aplicava aos passageiros transportados, àqueles que pagaram tarifa pelo serviço e não a terceiros. Com relação a terceiros, portanto, a responsabilidade seria subjetiva, mediante culpa.

Ocorre que tal tema foi levado novamente à discussão no STF. A repercussão geral foi reconhecida por unanimidade da corte a fim de se discutir se a palavra "terceiros", contida no art. 37, § 6º, da Constituição Federal, também alcançaria pessoas que não se utilizavam do serviço público. Assim, no julgamento do RE 591874/MS, Rel. Min. Ricardo Lewandowski, *DJe* 21/11/2008, o STF alterou o entendimento anteriormente adotado para consagrar que a responsabilidade civil das empresas que prestam serviço público é objetiva, mesmo com relação a não usuários.

Outra questão também polemizada na doutrina é se o chamado **risco de desenvolvimento** (*"developmental risk"*)[268] também poderia ser considerado como excludente de responsabilidade.

Trata-se da possibilidade de que produtos ou serviços, ainda que concebidos com base nos conhecimentos científicos e tecnológicos disponíveis à época de sua criação, venham a causar danos identificados apenas posteriormente, com o avanço das tecnologias ou estudos mais aprofundados. Imagine, por exemplo, um fabricante que desenvolve um novo medicamento, realiza rigorosos testes e o coloca no mercado com a aprovação de órgãos reguladores. Anos depois, descobrem-se efeitos colaterais graves que não eram previsíveis no momento do lançamento. Esse é um caso clássico de risco do desenvolvimento: um dano que estava além do horizonte científico e tecnológico existente à época.

O risco do desenvolvimento não deriva de negligência, imprudência ou imperícia, mas da natural limitação do conhecimento humano em um dado período histórico. O CDC adota uma abordagem protetiva nesse contexto. Nos arts. 12 e 14, que tratam da responsabilidade pelo fato do produto e do serviço, o CDC estabelece que o fornecedor é responsável por danos causados ao consumidor, independentemente da existência de culpa. Isso significa que, mesmo em casos de risco do desenvolvimento, o fornecedor pode ser responsabilizado. Essa proteção reflete o princípio da precaução, reconhecendo a vulnerabilidade do consumidor e atribuindo à indústria o dever de responder pelos danos que sua inovação causar, mesmo que esses danos sejam identificados no futuro.

Eduardo Gabriel Saad,[269] assumindo posição dominante na doutrina pela não consideração do risco de desenvolvimento como causa excludente de responsabilidade, ensina que "é o fornecedor sempre responsável pelos efeitos nefastos de seu produto, ainda que este apresente inteira conformidade com as exigências da tecnologia e da ciência da época da fabricação. Pensar-se diferente é incrementar meios de defesa do produto que lembram a teoria da culpa subjetiva, o que contraria a tendência moderna de caracterizar-se a culpa do produtor pela teoria objetiva ou do risco do negócio".

Para minimizar os riscos do desenvolvimento, cabe às indústrias e fornecedores adotar práticas de monitoramento contínuo e realizar estudos de longo prazo sobre os impactos de seus produtos e serviços. O CDC, ao exigir transparência e segurança, também incentiva a criação de mecanismos de controle pós-venda, como recalls e reavaliações periódicas. Além disso, é fundamental que o fornecedor informe ao consumidor os possíveis riscos conhecidos, por menores que sejam, reforçando o direito à informação previsto no CDC.

268. Os que o admitem como causa de exclusão de responsabilidade se baseiam no inciso III do § 1º do art. 12: *"a época em que foi colocado em circulação."* Isto porque o art. 12, § 1º, prescreve as circunstâncias que deverão ser levadas em consideração para saber se se trata de um produto defeituoso ou não.

269. *Comentários ao Código de Defesa do Consumidor. Lei nº 8.078 de 11/09/90.* 3ª ed. São Paulo: Editora LTR, 1998, p. 212.

O STJ, em precedente de 2020, considerou que o risco de desenvolvimento caracteriza o fortuito interno, ou seja, não exclui a responsabilidade. Nesse caso, a Terceira Turma do STJ decidiu que o laboratório fabricante de um medicamento é objetivamente responsável pela ausência de informação adequada sobre possíveis efeitos colaterais, mesmo que se trate de risco de desenvolvimento. O Tribunal entendeu que o risco de desenvolvimento, definido como aquele que não podia ser conhecido ou evitado no momento em que o medicamento foi colocado em circulação, constitui defeito existente desde a concepção do produto, caracterizando hipótese de fortuito interno. Essa decisão reforça a responsabilidade dos fornecedores em informar adequadamente os consumidores sobre os riscos associados aos produtos, mesmo quando tais riscos só se tornam conhecidos posteriormente. O entendimento do STJ é que a proteção ao consumidor deve prevalecer, impondo ao fornecedor o dever de diligência contínua e de comunicação transparente sobre possíveis perigos. (STJ, REsp 1774372/RS, Rel. Ministra Nancy Andrighi, Terceira Turma, DJe 18/05/2020)

Teoria que vem sendo aplicada pelo STJ no tocante à indenização do consumidor é a chamada **teoria da perda de uma chance**. A teoria da perda de uma chance é um conceito jurídico que busca reparar o dano causado pela frustração de uma expectativa real e séria de obter um benefício ou evitar um prejuízo. Essa teoria não visa indenizar o bem ou resultado final que deixou de ser alcançado, mas sim a própria oportunidade perdida, considerando-se sua probabilidade concreta de êxito. Através desta teoria, reconhece-se que as oportunidades concretas têm valor jurídico e devem ser protegidas contra condutas que as eliminem indevidamente.

Raimundo Simão de Melo,[270] discorrendo com maestria sobre a teoria, ensina que "a doutrina francesa, aplicada com frequência pelos nossos tribunais, fala na perda de uma chance (*perte d'une chance*), nos casos em que o ato ilícito tira da vítima a oportunidade de obter uma situação futura melhor, como progredir na carreira artística ou no trabalho, conseguir um novo emprego, deixar de ganhar uma causa pela falha do advogado[271] etc." Porém, conclui o autor que é necessário que se trate de uma chance real e séria, proporcionando ao lesado efetivas condições pessoais de concorrer à situação futura esperada.

O caso julgado pelo STJ se refere ao programa "Show do Milhão" transmitido pelo SBT.[272] No programa, o participante deveria responder a uma série de perguntas e, a cada

---

270. *Direito Ambiental do Trabalho e a Saúde do Trabalhador*. 2ª ed. São Paulo: Editora LTr, p. 326/327.

271. Nesse sentido: "APELAÇÃO CÍVEL. RESPONSABILIDADE CIVIL. *PERDA DE UMA CHANCE*. ADVOGADO. MANDATO. DECISIVA CONTRIBUIÇÃO PARA O INSUCESSO EM DEMANDA INDENIZATÓRIA. DEVER DE INDENIZAR CARACTERIZADO. Tendo a advogada, contratada para a propositura e acompanhamento de demanda indenizatória por acidente de trânsito, deixado de atender o mandante durante o transcorrer da lide, abandonando a causa sem atender às intimações e nem renunciando ao mandato, contribuindo de forma decisiva pelo insucesso do mandante na demanda, deve responder pela *perda de chance* do autor de obtenção da procedência da ação indenizatória. Agir negligente da advogada que ofende ao art. 1.300 do CCB/1916." APELO DESPROVIDO (Apelação Cível nº 70005473061, Nona Câmara Cível, Tribunal de Justiça do RS, Relator: Adão Sérgio do Nascimento Cassiano, j. 10/12/2003).

272. Sobre a relação entre este programa e o direito do consumidor, já havia decidido o STJ: "TELEVISÃO. "SHOW DO MILHÃO". Código de Defesa do Consumidor. Prática abusiva. A emissora de televisão presta um serviço e como tal se subordina às regras do Código de Defesa do Consumidor. Divulgação de concurso com promessa de recompensa segundo critérios que podem prejudicar o participante. Manutenção da liminar para suspender a prática" (STJ, Resp. 436135/SP, Rel. Min. Ruy Rosado de Aguiar, *DJ* 12/08/ 2003).

resposta certa, ia aumentando o valor do prêmio. A penúltima pergunta, caso acertasse a resposta, levava o participante ao montante de R$ 500.000,00 e a última pergunta ao montante de 1 milhão. Caso o participante errasse a resposta, perdia tudo o que havia conseguido até então.[273] No entanto, poderia o participante ouvir a pergunta e resolver não responder, o que lhe daria o direito de receber tudo o que havia conquistado.

No caso em tela, a autora, chegando na pergunta do milhão, resolveu não respondê-la por entender que inexistia uma resposta correta, para não correr o risco de perder os R$ 500.000,00 que já havia conseguido. Fora feita a seguinte pergunta: A Constituição reconhece direitos aos índios de quanto do território brasileiro?

Resposta:

1	2	3	4
22%	2%	4%	10% (esta seria a resposta considerada pelo programa como correta)

Considerando que não havia resposta correta para tal indagação, a participante ajuizou ação pleiteando exatamente o valor de R$ 500.000,00, pois deixara de ganhar esse valor em razão da pergunta ter sido erroneamente formulada pelo programa, havendo uma nítida perda de uma chance de receber o milhão.

Em primeira instância, sua ação foi julgada procedente, sendo reconhecido o direito de receber os R$ 500.000,00; o que foi mantido pelo Tribunal de Justiça da Bahia. No entanto, o STJ, aplicando corretamente a teoria da perda de uma chance, reduziu a condenação para R$ 125.000,00, sob o argumento de que a candidata, caso resolvesse responder à pergunta final, teria 25% de chance de acertar a resposta, já que haviam 4 alternativas.

O acerto da decisão do STJ se deu já que a indenização pela perda de uma chance há de ser sempre menor que a chance perdida, uma vez que não há como saber, com certeza, se a chance realmente seria verificada. No presente caso, não há como saber se a participante acertaria a resposta, caso fosse formulada de modo correto. Conclui-se, portanto, que a teoria visa indenizar não a chance em si, ou seja, o resultado final, mas a perda da oportunidade de se tentar chegar àquele resultado. Assim, bem como no dano moral, a indenização pela perda de uma chance deverá ser arbitrada pelo juiz, levando em consideração o caso concreto.

O Ministro Fernando Gonçalves destacou em seu voto que "não há, dentro de um juízo de probabilidade, como se afirmar categoricamente – ainda que a recorrida tenha, até o momento em que surpreendida com uma pergunta no dizer do acórdão sem resposta, obtido desempenho brilhante no decorrer do concurso – que, caso fosse o questionamento final do programa formulado dentro de parâmetros regulares, considerando o curso normal dos eventos, seria razoável esperar que ela lograsse responder corretamente à "pergunta do milhão". [...] Destarte, não há como concluir, mesmo na esfera da probabilidade, que o normal andamento dos fatos conduziria ao acerto da questão. Falta, assim, pressuposto essencial à condenação da recorrente no pagamento da integralidade do valor que ganharia a recorrida caso obtivesse êxito na pergunta final, qual seja, a certeza – ou a probabilidade objetiva – do acréscimo patrimonial apto a qualificar o lucro cessante. Não obstante, é de se ter em conta que a recorrida, ao se deparar com questão mal formulada, que não com-

273. O participante recebia apenas a quantia de R$ 300,00 a título de participação.

portava resposta efetivamente correta, justamente no momento em que poderia sagrar-se milionária, foi alvo de conduta ensejadora de evidente dano."[274]

Nos moldes da nova Lei Geral do Esporte - LGE (Lei 14.597/2023), a responsabilidade pela segurança do espectador em evento esportivo será da organização esportiva diretamente responsável pela realização do evento esportivo e de seus dirigentes (art. 149).

> "Art. 149 da LGE. Sem prejuízo do disposto nos arts. 12, 13 e 14 da Lei nº 8.078, de 11 de setembro de 1990 (Código de Defesa do Consumidor), a responsabilidade pela segurança do espectador em evento esportivo será da organização esportiva diretamente responsável pela realização do evento esportivo e de seus dirigentes, que deverão:
>
> I - solicitar ao poder público competente a presença de agentes públicos de segurança, devidamente identificados, responsáveis pela segurança dos espectadores dentro e fora dos estádios e dos demais locais de realização de eventos esportivos;
>
> II - informar imediatamente após a decisão acerca da realização da partida, entre outros, aos órgãos públicos de segurança, de transporte e de higiene os dados necessários à segurança do evento, especialmente:
>
> a) o local;
>
> b) o horário de abertura da arena esportiva;
>
> c) a capacidade de público da arena esportiva;
>
> d) a expectativa de público;
>
> III - colocar à disposição do espectador orientadores e serviço de atendimento para que ele encaminhe suas reclamações no momento do evento, em local:
>
> a) amplamente divulgado e de fácil acesso, especialmente pela internet; e
>
> b) situado na arena;
>
> IV - disponibilizar 1 (um) médico e 2 (dois) profissionais de enfermagem, devidamente registrados nos respectivos conselhos profissionais, para cada 10.000 (dez mil) torcedores presentes ao evento;
>
> V - comunicar previamente à autoridade de saúde a realização do evento.
>
> § 1º O detentor do direito de arena ou similar deverá disponibilizar 1 (uma) ambulância para cada 10.000 (dez mil) torcedores presentes ao evento.
>
> § 2º A organização esportiva diretamente responsável pela promoção do evento deverá solucionar imediatamente, sempre que possível, as reclamações dirigidas ao serviço de atendimento referido no inciso III do caput deste artigo, bem como reportá-las ao ouvidor da competição, e, nos casos relacionados à violação de direitos e interesses de consumidores, aos órgãos de proteção e defesa do consumidor."

274. A ementa foi a seguinte: "INDENIZAÇÃO. IMPROPRIEDADE DE PERGUNTA FORMULADA EM PROGRAMA DE TELEVISÃO. *PERDA DA OPORTUNIDADE*. 1. O questionamento, em programa de perguntas e respostas, pela televisão, sem viabilidade lógica, uma vez que a Constituição Federal não indica percentual relativo às terras reservadas aos índios, acarreta, como decidido pelas instâncias ordinárias, a impossibilidade da prestação por culpa do devedor, impondo o dever de ressarcir o participante pelo que razoavelmente haja deixado de lucrar, pela perda da oportunidade" (STJ, REsp. 788459/BA, Rel. Min. Fernando Gonçalves, *DJ* 13/03/2006).

PRINCIPAIS JURISPRUDÊNCIAS DO STF E STJ

Chuva forte não caracteriza fortuito externo para livrar shopping de indenização por desabamento de teto.

O STJ reconheceu a responsabilidade civil do shopping center por danos causados a consumidores em razão do desabamento de um teto no interior de uma loja, mesmo que o evento tenha ocorrido durante uma forte tempestade. Entendeu-se que a segurança oferecida aos consumidores é inerente à atividade do empreendimento, não podendo ser afastada por caso fortuito ou força maior. Além disso, o laudo pericial apontou que as obras de expansão do shopping contribuíram para o acidente, e não havia restrições de acesso à área em questão. O shopping deveria ter isolado a região em obras, garantindo a segurança dos consumidores. Assim, não é possível eximir o empreendimento da responsabilidade pelos danos sofridos. (STJ, REsp 1764439/SP, Rel. Min. Nancy Andrighi, Terceira Turma, DJe 24/05/2019).

Responsabilidade exclusiva do fabricante pelo soro contaminado. Não responsabilidade do hospital que ministrou o soro.

O STJ entendeu que a empresa fabricante de soro glicofisiológico contaminado deve ser responsabilizada pela morte de um menor em razão de infecção generalizada causada pela administração do produto. Foi comprovado que a contaminação ocorreu durante as etapas do processo de fabricação, caracterizando o defeito do produto nos termos do art. 12 do CDC, que prevê a responsabilidade objetiva do fabricante por danos causados por defeitos em seus produtos. Não se verificou falha na prestação do serviço pelo hospital, afastando sua responsabilização solidária ou subsidiária pelo ocorrido. Assim, a responsabilidade recai exclusivamente sobre o fabricante. (STJ, REsp 1678984/SP, Rel. Min. Nancy Andrighi, Terceira Turma, DJe 02/10/2017).

Responsabilidade da montadora por incêndio em automóvel. Ônus da prova de que não havia defeito de fabricação é da montadora.

O STJ decidiu que, em casos de responsabilidade objetiva prevista no art. 12 do CDC, a dúvida sobre a causa de um incêndio em automóvel adquirido pelo consumidor não afasta o dever de indenizar do fabricante. Constatada a ausência de comprovação de excludentes de responsabilidade, como culpa exclusiva do consumidor ou de terceiros, prevalece o nexo de causalidade entre os danos sofridos e o defeito do produto. Assim, foi determinado o provimento do recurso especial, com imputação ao fabricante do dever de indenizar os consumidores por danos materiais e morais decorrentes do incêndio, em conformidade com os princípios do Código de Defesa do Consumidor. (STJ, REsp 1171767/RJ, Rel. Min. Marco Buzzi, Quarta Turma, DJe 16/08/2016).

Culpa exclusiva do consumidor: não há responsabilidade da empresa de transporte se o consumidor não embarca em uma das paradas

O STJ entendeu que a simples partida de um ônibus sem a presença de um passageiro em parada obrigatória não caracteriza, por si só, falha na prestação do serviço ou quebra da cláusula de incolumidade. Para definir a responsabilidade da empresa de transporte, é necessário analisar as circunstâncias específicas, como o tempo de parada, eventual partida antecipada, atraso do passageiro e a clareza na comunicação do motorista sobre o reembarque. O consumidor também tem o dever de cooperar com a execução normal do contrato de transporte, incluindo a atenção às orientações sobre o tempo de parada, conforme o art. 738 do Código Civil. (STJ, REsp 1354369/RJ, Rel. Min. Luis Felipe Salomão, Quarta Turma, DJe 25/05/2015).

Fabricante de sabão em pó deve indenizar consumidora que teve reação alérgica grave ao utilizar o produto por falha na informação

O STJ decidiu que a responsabilidade do fornecedor pode ser reconhecida por defeito de informação quando o produto não apresenta instruções claras e ostensivas sobre o uso e os riscos associados. No caso, uma consumidora desenvolveu dermatite de contato ao usar sabão em pó para limpar o chão, atividade que não caracteriza uso negligente ou anormal. A anotação discreta na embalagem, orientando evitar "contato prolongado com a pele", foi considerada insuficiente para cumprir o dever de informação clara exigido pelo art. 6º, III, do CDC. Assim, concluiu-se pela violação do dever geral de segurança, decorrente de informação inadequada, mesmo sem defeito intrínseco no produto. (STJ, REsp 1358615/SP, Rel. Min. Luis Felipe Salomão, Quarta Turma, DJe 01/07/2013)

Assalto de correntista em via pública após o saque não gera responsabilidade da instituição financeira.

O STJ entendeu que a instituição financeira não pode ser responsabilizada por assalto sofrido por correntista em via pública, após a retirada de valores em espécie na agência, desde que não haja falha nos sistemas internos de segurança que tenha contribuído para o evento. Reconhece-se a responsabilidade objetiva dos bancos por crimes dentro de suas dependências ou em estacionamentos oferecidos aos clientes. Contudo, ilícitos ocorridos fora do estabelecimento bancário, sem qualquer vínculo com falhas na segurança oferecida pela instituição, configuram responsabilidade do Estado, que deve garantir a segurança pública. (STJ, REsp 1.284.962-MG, Rel. Min. Nancy Andrighi, julgado em 11/12/2012).

No mesmo sentido: (STJ, REsp 1621868/SP, Rel. Ministra Nancy Andrighi, Terceira Turma, DJe 18/12/2017)

Banco digital não responde por golpe caso comprove cumprimento das normas de segurança

O STJ entendeu que um banco digital não pode ser responsabilizado por golpes aplicados por terceiros caso demonstre que cumpriu as normas de segurança e identificação previstas na Resolução 4.753/19 do Banco Central. No caso, a vítima do golpe não era correntista do banco onde os estelionatários abriram a conta, razão pela qual não se aplica o entendimento de que a instituição deve barrar transações suspeitas com base no perfil do cliente. Como o banco comprovou ter adotado as diligências exigidas para verificar a identidade e autenticidade dos dados dos titulares, não houve falha na prestação do serviço. (STJ, REsp n. 2.124.423/SP, Rel. Min. Nancy Andrighi, Terceira Turma, DJe 27/8/2024).

Fortuito interno: explosão elétrica no vagão decorrente de ato de terceiro causando tumulto e pânico, havendo falha na segurança aos passageiros

O STJ entendeu que eventos como tumultos e explosões elétricas em vagões de trem são considerados fortuitos internos, inseridos nos riscos inerentes à atividade de transporte, não afastando a responsabilidade objetiva da transportadora pelos danos morais sofridos pelos passageiros. No caso, a falta de informações claras e de socorro adequado agravou o pânico e o tumulto entre os passageiros, contribuindo para as lesões reportadas, mesmo que o evento inicial tenha sido causado por ato de vandalismo. A transportadora deve adotar medidas preventivas e protocolos para garantir a segurança e a incolumidade dos usuários diante de eventos previsíveis relacionados à sua operação. (STJ, REsp 1786722/SP, Rel. Ministra Nancy Andrighi, Terceira Turma, DJe 12/06/2020).

Observação sobre o acórdão: houve a comprovação da ocorrência de arremesso de artefato (cabo de aço com madeira nas pontas) sobre o trem, em ato de vandalismo, que rompeu o cabo de energia, gerando um curto-circuito. Mesmo havendo o ato de terceiro (vandalismo), o STJ entendeu que se trataria de fortuito interno, uma vez a empresa de transporte não proporcionou segurança aos passageiros após a pane elétrica. Consta do acórdão, como subsídios para o fortuito interno: *"Na hipótese dos autos, conforme a moldura fática delimitada pelas instâncias de origem e incontroversa nos autos: a) ocorreram explosões elétricas no vagão de transporte nos quais se encontrava o recorrido; b) não houve explicações aos passageiros acerca da gravidade da situação e das medidas de segurança a serem adotadas; c) o recorrido e os demais passageiros entraram em pânico, forçaram a abertura das portas e emergência e saltaram para fora do vagão, de uma altura superior a um metro e setenta centímetros, no trajeto entre duas estações; d) a recorrente não prestou socorro imediato."*

Fortuito interno: responsabilidade de lanchonete por assalto em drive-thru

O STJ entendeu que o assalto ocorrido em drive-thru de restaurante configura fortuito interno, inserido nos riscos inerentes à atividade empresarial, e não excludente de responsabilidade. A disponibilização do serviço de drive-thru, como benefício financeiro indireto para o fornecedor, cria a legítima expectativa de segurança ao consumidor, conforme o princípio da confiança e a Súmula 130 do STJ. No caso, constatou-se a inadequação do serviço ao não adotar medidas eficazes para prevenir o evento, resultando na obrigação de indenizar o consumidor pelos danos sofridos. (STJ, REsp 1450434/SP, Rel. Ministro Luis Felipe Salomão, Quarta Turma, DJe 09/11/2018).

Fortuito interno: responsabilidade bancária pelo pagamento de cheques adulterados, mesmo com fraude tecnicamente sofisticada.

STJ entendeu que as instituições financeiras respondem objetivamente por danos decorrentes de fraudes sofisticadas, como cheques falsificados cuja adulteração só é identificável por meios especializados ("falso hábil"). Tal responsabilidade é caracterizada como fortuito interno, decorrente do risco inerente à atividade bancária. No caso, inexistindo culpa do correntista, a instituição deve indenizar por danos materiais e morais, reforçando o dever de segurança e proteção esperados na prestação de serviços bancários. (STJ, REsp 1093440/PR, Rel. Ministro Luis Felipe Salomão, Quarta Turma, DJe 17/04/2013)

Fortuito Interno: responsabilidade do banco por fraude de terceiros

Súmula 479 do STJ: As instituições financeiras respondem objetivamente pelos danos gerados por fortuito interno relativo a fraudes e delitos praticados por terceiros no âmbito de operações bancárias.

O STJ entendeu também que as instituições financeiras respondem objetivamente por fraudes bancárias, especialmente quando há **movimentações atípicas e alheias ao padrão de consumo do consumidor**. Nesse sentido:

> "A instituição financeira, ao possibilitar a contratação de serviços de maneira facilitada, por intermédio de redes sociais e aplicativos, tem o dever de desenvolver mecanismos de segurança que identifiquem e obstem movimentações que destoam do perfil do consumidor, notadamente em relação a valores, frequência e objeto. Como consequência, a ausência de procedimentos de verificação e aprovação para transações atípicas e que aparentam ilegalidade corresponde a defeito na prestação de serviço, capaz de gerar a responsabilidade objetiva por parte da instituição financeira." (STJ, REsp n. 2.052.228/DF, relatora Ministra Nancy Andrighi, Terceira Turma, DJe de 15/9/2023.)

No mesmo sentido, o STJ entendeu ser a instituição financeira responsável pelo **golpe do motoboy**:

> "Entende a Terceira Turma deste STJ que o banco deve responder objetivamente pelo dano sofrido pelas vítimas do golpe do motoboy quando restar demonstrada a falha de sua prestação de serviço, por ter admitido transações que fogem do padrão de consumo do correntista. Se demonstrada a existência de falha na prestação do serviço bancário, mesmo que causada por terceiro, e afastada a hipótese de culpa exclusiva da vítima, cabível a indenização por dano extrapatrimonial, fruto da exposição sofrida em nível excedente ao socialmente tolerável." (STJ, REsp n. 2.015.732/SP, relatora Ministra Nancy Andrighi, Terceira Turma, DJe de 26/6/2023.)

No mesmo sentido, o STJ entendeu ser a instituição financeira responsável pelo **golpe do boleto**, principalmente quando no golpe há utilização de dados bancários do consumidor pelos estelionatários (assim, houve vazamento de dados):

> "No particular, não há como se afastar a responsabilidade da instituição financeira pela reparação dos danos decorrentes do famigerado "golpe do boleto", uma vez que os criminosos

> têm conhecimento de informações e dados sigilosos a respeito das atividades bancárias do consumidor. Isto é, os estelionatários sabem que o consumidor é cliente da instituição e que encaminhou e-mail à entidade com a finalidade de quitar sua dívida, bem como possuem dados relativos ao próprio financiamento obtido (quantidade de parcelas em aberto e saldo devedor do financiamento). 7. O tratamento indevido de dados pessoais bancários configura defeito na prestação de serviço, notadamente quando tais informações são utilizadas por estelionatário para facilitar a aplicação de golpe em desfavor do consumidor." (STJ, REsp n. 2.077.278/SP, relatora Ministra Nancy Andrighi, Terceira Turma, DJe de 9/10/2023.)

Nos casos em que o consumidor **comunica o roubo ou furto do celular ao Banco**, as transações realizadas após a comunicação (justamente porque o Banco poderia tomar as providências cabíveis), também foi considerada como fortuito interno (ou seja, gera a responsabilidade do Banco).

> "Na hipótese dos autos, a recorrente teve seu celular roubado e, ato contínuo, informou o fato ao banco, solicitando o bloqueio de operações via pix. No entanto, o recorrido não atendeu à solicitação e o infrator efetuou operações por meio do aplicativo instalado no aparelho celular. A não implementação das providências cabíveis configura defeito na prestação dos serviços bancários por violação do dever de segurança. O ato praticado pelo infrator não caracteriza fato de terceiro, mas sim fortuito interno, porquanto inerente à atividade desempenhada pelo recorrido." (STJ, REsp n. 2.082.281/SP, relatora Ministra Nancy Andrighi, Terceira Turma, DJe de 29/11/2023.)

Hipótese diferente ocorre quando tenta se imputar responsabilidade de instituição financeira por prejuízos suportados por sociedade empresária que, no desenvolvimento de sua atividade empresarial, **aceita cheque (roubado/furtado/extraviado) apresentado por falsário/estelionatário**, como forma de pagamento, e teve o mesmo devolvido pelo Banco, pelo Motivo n. 25 (cancelamento de talonário). Neste caso, o STJ entendeu que não se aplica a Súmula 479 e que não há responsabilidade da instituição financeira. Nesse sentido, conferir: STJ, REsp 1324125/DF, Rel. Ministro Marco Aurélio Bellizze, Terceira Turma, DJe 12/06/2015.

Também o STJ afastou a responsabilidade do banco quando **as transações são feitas com o cartão pessoal e a senha do correntista**. Nessas circunstâncias, a jurisprudência do STJ tem afastado a responsabilidade das instituições financeiras sob o fundamento de que o cartão pessoal e a respectiva senha são de uso exclusivo do correntista, que deve tomar as devidas cautelas para impedir que terceiros tenham acesso a eles. Nesse sentido: "Demonstrado na perícia que as transações contestadas foram feitas com o cartão original e mediante uso de senha pessoal do correntista, passa a ser do consumidor a incumbência de comprovar que a instituição financeira agiu com negligência, imprudência ou imperícia ao efetivar a entrega de numerário a terceiros." (STJ, REsp 1633785/SP, Rel. Ministro Ricardo Villas Bôas Cueva, Terceira Turma, DJe 30/10/2017). No mesmo sentido foi o entendimento da Quarta Turma: (STJ, REsp n. 1.898.812/SP, relatora Ministra Maria Isabel Gallotti, Quarta Turma, DJe de 1/9/2023.)

Também foi afastada a aplicação da Súmula 479 quando **a instituição financeira somente é o emissor do boleto de pagamento por produto adquirido na internet e não entregue**. Neste caso, a responsabilidade é somente do fornecedor (vendedor) da mercadoria que recebeu o pagamento e não entregou o produto. (STJ, REsp 1786157/SP, Rel. Ministra Nancy Andrighi, Terceira Turma, DJe 05/09/2019)

Também foi afastada a Súmula 479 na hipótese de a **fraude ter sido cometida por preposta da vítima.** Assim, "na hipótese ora em foco, o procedimento escuso fora empreendido por funcionário/preposto/contratado da pessoa jurídica que não permitiu aos gestores da casa bancária sequer desconfiar acerca da ocorrência de fraude, pois além da falsificação das assinaturas ser primorosa, vez que a distinção para com as legítimas somente fora constatada por perícia grafotécnica, a fraudadora possuía inegável laço de parentesco ante o corpo dirigente da empresa que atribuíra à falsária diversas funções atinentes à gestão dos negócios quando do afastamento da representante legal da entidade." (STJ, REsp 1463777/MG, Rel. Ministro Marco Buzzi, Quarta Turma, DJe 16/10/2020)

Fortuito Interno: responsabilidade da escola por danos ocorrido ao aluno

O STJ entendeu que instituições de ensino são objetivamente responsáveis por acidentes ocorridos com alunos durante atividades sob sua supervisão, como excursões organizadas pela escola. No caso, o serviço foi considerado defeituoso por falta de pessoal adequado para a segurança dos alunos, configurando fato do serviço nos termos do art. 14 do CDC. A Corte destacou que o dever de segurança integra a relação de consumo e que eventos ligados aos riscos normais da atividade não rompem o nexo causal, mantendo a responsabilidade do fornecedor. (STJ, Resp 762.075/DF, Rel. Ministro Luis Felipe Salomão, Quarta Turma, DJe 29/06/2009)

Fortuito interno: roubo ou furto de cofre situado em instituição financeira

O STJ entendeu que a disponibilização de cofre por instituições financeiras configura relação contratual que envolve não apenas a cessão de espaço, mas também a garantia de segurança e vigilância dos bens depositados, sendo esta uma obrigação essencial do banco. Assim, furtos ou roubos ocorridos nos cofres locados constituem fortuito interno, pois estão relacionados aos riscos inerentes à atividade bancária. Por isso, a instituição financeira responde pelos prejuízos causados ao consumidor nesses casos, independentemente de culpa. (STJ, REsp 1250997/SP, Rel. Ministro Marco Buzzi, Quarta Turma, DJe 14/02/2013)

Fortuito interno: a ECT é responsável pelos danos sofridos por consumidor que foi assaltado no interior de agências dos Correios na qual é fornecido o serviço de banco postal

O STJ entendeu que os Correios, ao agregar a atividade de correspondente bancário aos seus serviços, assumiram os riscos inerentes às operações financeiras, incluindo o dever de garantir a segurança esperada pelo consumidor. No caso, a prestação inadequada do serviço, sem a segurança necessária, configurou fortuito interno, relacionado aos riscos da própria atividade, não sendo possível afastar a responsabilidade por eventual rompimento do nexo causal. Assim, os Correios devem responder pelos danos causados nessa circunstância. (STJ, REsp 1183121/SC, Rel. Ministro Luis Felipe Salomão, Quarta Turma, DJe 07/04/2015)

Já com relação ao roubo de carga transportada pela ECT (Correios), o STJ tem precedente entendendo a não responsabilização, considerando o evento "roubo" como força maior.

> "O roubo de carga constitui força maior e exclui a responsabilidade da transportadora perante a seguradora do proprietário da mercadoria transportada, quando adotadas as cautelas necessárias para o transporte seguro da carga. 2. Portanto, há exclusão da responsabilidade da empresa pública transportadora pela perda da carga transportada, a qual se deu por motivo de ocorrência de roubo, caracterizando-se, no caso, força maior." (STJ, AgRg no REsp 1580824/SP, Rel. Ministro Humberto Martins, Segunda Turma, DJe 22/03/2016)

Fortuito interno: Atraso no procedimento da imigração com perda da conexão. Responsabilidade da Cia Aérea.

O STJ entendeu que a demora no procedimento de imigração em voos internacionais constitui fortuito interno, estando relacionada aos riscos da atividade de transporte aéreo. A companhia aérea, embora não controle diretamente o procedimento, tem o dever de se manter informada sobre eventuais atrasos que possam impactar os passageiros e adotar medidas para minimizar os prejuízos. No caso, a perda de conexão por demora na imigração, aliada à ausência de assistência aos passageiros, gerou responsabilidade da empresa por danos materiais e morais. (STJ, REsp 2.043.687/SC, Rel. Ministra Nancy Andrighi, Terceira Turma, DJe 26/06/2023.)

Fortuito interno: roubo de veículo à mão armada em estabelecimento de lavagem de carro

O STJ entendeu que, quando um bem móvel é subtraído enquanto está sob a posse do fornecedor para a prestação de um serviço, configura-se também um contrato de depósito, no qual o fornecedor assume o dever de guarda e restituição do bem ao cliente. O roubo do bem é considerado um risco inerente à atividade desempenhada pelo prestador, caracterizando fortuito interno. No caso, o veículo de um cliente foi roubado após ser deixado em um estabelecimento para serviços de conservação, responsabilizando-se o fornecedor pelos danos causados. (STJ, REsp 2.076.294/PR, Rel. Ministra Nancy Andrighi, Terceira Turma, DJe 19/12/2023)

Fortuito externo: inexistência de responsabilidade civil de estabelecimento de hospedagem por homicídio sem relação com a atividade empresarial

O STJ entendeu que a responsabilidade civil objetiva dos donos de estabelecimentos de hospedagem, prevista nos arts. 932, IV e 933 do Código Civil, exige uma análise do nexo causal entre o dano ocorrido e os riscos da atividade de hospedagem. No caso específico, um hóspede matou outro em uma discussão sobre cerveja, situação que foi considerada um fortuito externo, ou seja, um evento alheio à natureza da atividade do estabelecimento e sem vínculo com o risco da hospedagem. Dessa forma, o homicídio foi tratado como um ato imprevisível, não relacionado com a atividade do balneário, afastando-se a responsabilidade civil do estabelecimento. (STJ, REsp n. 2.114.079/RS, Rel. Min. Nancy Andrighi, Rel. p/ acórdão Min. Moura Ribeiro, Terceira Turma, DJe 30.4.2024)

Fortuito externo: queda de passageiro em via férrea de metrô em decorrência de mal súbito não gera responsabilidade da concessionária.

O STJ entendeu que a queda de passageira na linha férrea, decorrente exclusivamente de mal súbito, configura fortuito externo, por não estar relacionada à organização ou falhas no serviço prestado pela concessionária de transporte público. Assim, o evento não integra os riscos inerentes à atividade, afastando a responsabilidade objetiva da empresa. (STJ, REsp 1.936.743/SP, Rel. Ministro Luis Felipe Salomão, Quarta Turma, julgado em 14/06/2022)

Fortuito externo: Consumidor que foi vítima de ataque do chamado "maníaco da seringa", ao ter sua mão perfurada por uma agulha nas dependências do metrô de São Paulo.

O STJ entendeu que o dano causado por ato de terceiro estranho ao serviço de transporte metroviário, sem relação direta com a prestação do serviço, não configura fortuito interno, afastando a responsabilidade da transportadora. No caso, o transporte foi apenas a ocasião do dano, e não sua causa, inexistindo nexo entre o serviço prestado e o evento danoso. Ressaltou-se que o dever de segurança do transportador não implica controle absoluto sobre as ações de terceiros, especialmente em situações imprevisíveis ou inevitáveis. (STJ, REsp 1.849.987/SP, Rel. Ministro Marco Aurélio Bellizze, Terceira Turma, DJe 29/08/2023)

Fortuito externo: Concessionária de rodovia não responde por roubo e sequestro ocorridos nas dependências de estabelecimento por ela mantido para a utilização de usuários.

O STJ entendeu que o fato de terceiro pode romper o nexo de causalidade quando não há conexão entre o evento danoso e as atividades desempenhadas pela concessionária de serviço público. No caso, o roubo e o sequestro com uso de arma de fogo foram considerados eventos externos e suficientes para afastar a responsabilidade da concessionária, pois não guardam relação direta com suas atividades. (STJ, REsp 1749941/PR, Rel. Ministra Nancy Andrighi, Terceira Turma, DJe 07/12/2018)

Fortuito externo: assalto em posto de combustível

O STJ entendeu que, no caso de postos de combustíveis, delitos como roubo a clientes não estão diretamente relacionados à prestação específica do serviço, configurando caso fortuito externo que exclui a responsabilidade do estabelecimento. O dever de segurança do fornecedor, nos termos do art. 14, § 1º, do CDC, limita-se às atividades próprias do posto, como a qualidade do combustível, segurança das instalações e correto abastecimento. A prevenção de crimes é responsabilidade do Estado, conforme o art. 144 da Constituição Federal. (STJ, REsp 1243970/SE, Rel. Ministro Massami Uyeda, Terceira Turma, DJe 10/05/2012)

Fortuito externo: roubo de veículo ocorrido em estacionamento público em frente ao supermercado

O STJ entendeu que o roubo de veículo de cliente em estacionamento gratuito, localizado em área pública em frente a um estabelecimento comercial, configura caso fortuito ou força maior, caracterizando fortuito externo. Nessa situação, o evento é imprevisível e alheio à atuação do comerciante, afastando sua responsabilidade pelo prejuízo sofrido pelo cliente, conforme o art. 393 do Código Civil. A Súmula nº 130 do STJ, que trata de responsabilidade por danos em estacionamentos, não se aplica ao caso. (STJ, REsp 1642397/DF, Rel. Ministro Ricardo Villas Bôas Cueva, Terceira Turma, DJe 23/03/2018)

Fortuito externo: responsabilidade de correspondentes bancários em casos de roubo com explosão

O STJ decidiu que a Empresa Brasileira de Correios e Telégrafos (ECT), quando atua como correspondente bancário, não responde por danos materiais a estabelecimentos próximos em caso de roubos que ocorrem fora do horário de funcionamento e sem falha na segurança. Nesse julgamento, o tribunal entendeu que o evento – um roubo com uso de explosivos na madrugada – foi um ato exclusivo de terceiros, sem ligação com falhas na segurança oferecida pela ECT e, portanto, não caracteriza acidente de consumo. Assim, a empresa afetada não pode ser considerada "consumidor por equiparação", afastando-se a responsabilidade da ECT. (STJ, REsp n. 2.102.877/RN, Rel. Min. Nancy Andrighi, Terceira Turma, DJe 24/5/2024)

O STJ não tem reconhecido a responsabilidade das empresas de cigarro por danos causados aos consumidores.

O STJ entendeu que os fabricantes de cigarros não podem ser responsabilizados por danos associados ao tabagismo, pois se trata de atividade lícita e regulamentada, relativa a um produto com periculosidade inerente, mas não defeituoso. Além disso, o hábito de fumar é considerado uma escolha individual, não gerando responsabilidade civil pelo consumo ao longo do tempo. (STJ, AgInt no REsp 1843850/RS, Rel. Ministro Marco Aurélio Bellizze, Terceira Turma, DJe 17/08/2020)

Parece que o STJ tem utilizado do mesmo entendimento no tocante às bebidas alcoólicas:

O STJ entendeu que os fabricantes de bebidas alcoólicas não podem ser responsabilizados por danos causados pelo consumo prolongado de seus produtos, como a dependência química, pois a atividade é lícita e regulamentada, atendendo às disposições da Lei nº 9.294/1996, que exige ressalvas sobre os riscos do consumo excessivo. Ressaltou-se que o hábito de consumir bebidas alcoólicas decorre de escolha pessoal, não podendo ser imputada ao fabricante a responsabilidade por seus efeitos. Ademais, concluiu-se que o tribunal de origem não poderia reconhecer de ofício o cerceamento de defesa sem provocação da parte interessada. (STJ, REsp 886.347/RS, Rel. Min. Nancy Andrighi, DJe 8/6/2010)

Perda de uma chance. Participante eliminado por erro do programa *Amazônia – reality show*

O STJ entendeu que é cabível a indenização por perda de uma chance quando a eliminação indevida de um participante de reality show decorre de erro na contagem de pontos, configurando violação das regras da competição e frustrando uma oportunidade séria e real de disputar a rodada de desempate. Ressaltou-se que a teoria da perda de uma chance visa reparar o dano causado pela interrupção do curso normal de eventos que poderia levar a um resultado favorável. Além disso, foi mantida a condenação por danos morais no valor de R$ 25.000,00, considerada adequada às circunstâncias do caso. (STJ, REsp 1757936/SP, Rel. Ministro Ricardo Villas Bôas Cueva, Terceira Turma, DJe 28/08/2019)

Perda de uma chance. Falha na coleta de células-tronco de recém-nascido. Frustação da chance de obter um proveito futuro

O STJ entendeu que é aplicável a teoria da perda de uma chance quando o descumprimento de contrato por empresa especializada em coleta de células-tronco, ao não comparecer ao hospital no momento do parto, frustra a oportunidade do recém-nascido de utilizar, no futuro, tais células para possíveis tratamentos de saúde. Reconheceu-se a legitimidade da criança para pleitear indenização, considerando seu direito à integridade e proteção da personalidade. Nesse contexto, o dano extrapatrimonial foi caracterizado pela perda da chance de acesso a um recurso médico essencial. (STJ, REsp 1291247/RJ, Rel. Ministro Paulo de Tarso Sanseverino, Terceira Turma, DJe 01/10/2014)

Perda de uma chance. Apuração de responsabilidade civil ocasionada por erro médico.

O STJ entendeu que a teoria da perda de uma chance pode ser aplicada em casos de erro médico, quando a falha no tratamento reduz significativamente as possibilidades de cura do paciente, ainda que o óbito tenha sido causado pela doença em si. A chance frustrada é reconhecida como um bem autônomo indenizável, devendo o valor da indenização ser proporcional à probabilidade de sucesso perdida, sem jamais atingir o montante do bem final não alcançado. No caso, foi reduzido o valor fixado a título de indenização, aplicando-se essa proporcionalidade. (STJ, REsp 1254141/PR, Rel. Ministra Nancy Andrighi, Terceira Turma, DJe 20/02/2013)

Perda de uma chance. Danos materiais. Promoção publicitária de supermercado. Sorteio de casa

O STJ entendeu que a consumidora tem direito à reparação por danos materiais com base na teoria da perda de uma chance, pois foi impedida de participar do segundo sorteio de uma promoção publicitária de supermercado que premiava com casas os ganhadores de vales-compras. Embora não tenha ocorrido publicidade enganosa, o fato incontroverso de a consumidora não ter sido informada ou recebida o bilhete necessário para o segundo sorteio privou-a de uma chance séria e real de concorrer a uma das trinta casas. A indenização foi fixada proporcionalmente ao valor do prêmio, correspondente a 1/30 de R$ 40.000,00, corrigidos à época do sorteio. (STJ, EDcl no AgRg no Ag 1.196.957/DF, Rel. Min. Maria Isabel Gallotti, julgados em 10/04/2012, Informativo 495)

Perda de uma chance. Programa televisivo de perguntas e respostas. Boa-fé objetiva do participante

O STJ entendeu que a emissora de televisão deve indenizar, com base na teoria da perda de uma chance, o participante de programa de perguntas e respostas que foi desclassificado injustamente após ter respondido corretamente uma pergunta. No caso, a resposta foi considerada errada por estar em desacordo com uma informação fictícia constante de livro adotado como bibliografia pelo programa. Tal conduta frustrou a legítima expectativa do participante de continuar competindo, caracterizando a perda de uma chance séria e real. (STJ, REsp 1.383.437/SP, Rel. Min. Sidnei Beneti, julgado em 13/08/2013, Informativo 528)

Art. 13. O comerciante é igualmente responsável, nos termos do artigo anterior, quando:

I – o fabricante, o construtor, o produtor ou o importador não puderem ser identificados;

II – o produto for fornecido sem identificação clara do seu fabricante, produtor, construtor ou importador;

III – não conservar adequadamente os produtos perecíveis.

Parágrafo único. Aquele que efetivar o pagamento ao prejudicado poderá exercer o direito de regresso contra os demais responsáveis, segundo sua participação na causação do evento danoso.

O artigo trata da *responsabilidade pelo fato do produto do comerciante*. A responsabilidade do comerciante será, nos acidentes de consumo, condicionada a algumas circunstâncias.[275-276]

A responsabilidade do comerciante somente se justifica nas hipóteses dos incisos do art. 13, pois, na maioria dos acidentes de consumo, os defeitos se dão quando da fabricação, produção ou construção, e não quando da simples comercialização. Realmente não seria justo uma pequena loja que vende eletrodomésticos, havendo uma explosão de uma televisão, causando sérios danos a vários consumidores, ser obrigada a pagar as indenizações decorrentes do acidente de consumo. A televisão explodiu em razão de algum defeito de fabricação e não em decorrência de ato do comerciante, que simplesmente fez a venda do produto. Por isso é que o código tratou de forma diferente a responsabilidade por fato do produto com relação ao comerciante, não o incluindo no rol do art. 12.

Nos termos do art. 13, somente ocorrerá a responsabilidade do comerciante quando não conservar adequadamente os produtos perecíveis ou quando o fabricante, o construtor, o produtor ou o importador não puderem ser identificados.

Na primeira hipótese, a responsabilidade se dá porque o comerciante tem o dever direto de conservar os produtos que comercializa, ainda mais em se tratando de produtos perecíveis. Assim, quando o comerciante aumentar a temperatura de seu freezer no intuito de economizar energia e, em consequência, danificar os produtos perecíveis, responderá pelo acidente de consumo que vier a ser verificado.

Já na segunda hipótese, quando o fabricante, produtor, construtor ou importador não puderem ser identificados, seja em função do inciso I (produtos anônimos – ex.: vendas de produtos hortifrutigranjeiros em feiras e supermercados que não se sabe quem é o produtor), seja em função do inciso II (produtos mal identificados – ex.: produtos em que somente consta o nome fantasia da empresa, não contendo dados para a correta identificação), a responsabilidade do comerciante se dá porque se torna o único fornecedor acessível e identificável para o consumidor reclamar dos defeitos dos produtos.

Vínhamos entendendo, conforme edições anteriores e amparados por doutrina majoritária, que a responsabilidade do comerciante seria subsidiária.[277] Nesse sentido, um dos

---

275. Nesse sentido, doutrina Gustavo Tepedino que "a responsabilidade do comerciante, entretanto, em princípio excluída, é condicionada à ocorrência de alguma das situações previstas no art. 13 do CDC: produto anônimo, mal-identificado, ou produto perecível malconservado. Verificada qualquer destas hipóteses, a responsabilidade do comerciante equipara-se a dos demais obrigados. "*A responsabilidade civil por acidentes de consumo na ótica Civil Constitucional*", Temas de Direito Civil. Rio de Janeiro: Renovar, 2004, p. 245.

276. Reformulei, na 10ª edição, os comentários ao art. 13. Isso porque, nas edições anteriores havia explanado que nas hipóteses do inciso III do art. 13 do CDC, o comerciante responderia exclusivamente pelos danos causados ao consumidor, em virtude de não ter conservado adequadamente os produtos perecíveis. Após maior reflexão, percebi que esta não é a melhor exegese para o inciso em comento. Os fornecedores do art. 12 são sempre responsáveis pelos danos causados por seus produtos, ainda que o comerciante tenha causado, por sua culpa, o dano ao consumidor. Os fornecedores somente não serão responsáveis nas hipóteses do §3º do art. 12 (excludentes de responsabilidade) e o comerciante não pode ser enquadrado como "terceiro" para fins de exclusão de responsabilidade. Sendo assim, a responsabilidade solidária do comerciante com os demais fornecedores do art. 12, nas hipóteses do art. 13, servirá melhor para proteger o consumidor, cabendo sempre o direto de regresso de um fornecedor conta o outro.

277. Este é o posicionamento, inclusive, da maioria dos tribunais estaduais.

coautores do CDC, Zelmo Denari,[278] ao comentar este artigo, aduziu que "a responsabilidade do comerciante nos acidentes de consumo é meramente subsidiária, pois os obrigados principais são aqueles elencados no art. 12."[279]

Porém, a responsabilidade subsidiária implicaria sempre na obrigatoriedade da execução prévia dos obrigados principais (hierarquia de fornecedores), anteriormente a do comerciante, o que não coaduna com os arts. 12 e 13.[280-281]

Assim, quando constatada qualquer das hipóteses do art. 13, não é necessário executar primeiro os fornecedores do art. 12 para somente depois executar o comerciante. Se acontecer qualquer das hipóteses do art. 13, a responsabilidade será direta e solidária do comerciante, seja porque nas hipóteses do inciso I e II não terá como responsabilizar o fornecedor (fabricante, construtor, produtor e importador), seja porque na hipótese do inciso III a responsabilidade é também do comerciante, por não ter conservado adequadamente os produtos perecíveis.

Na hipótese do inciso III (conservação de produtos perecíveis), a responsabilidade será do comerciante em solidariedade com os demais fornecedores do art. 12, mesmo que o defeito tenha aparecido por culpa exclusiva daquele. Assim, o fabricante de um alimento, por exemplo, não poderá alegar ilegitimidade passiva em uma ação indenizatória alegando que quem deu causa aos danos ao consumidor foi o comerciante pelo fato de não ter conservado adequadamente os produtos. Isso porque o comerciante não pode ser considerado "terceiro" para fins de excluir a responsabilidade do fabricante.

O STJ possui precedente nesse sentido entendendo que o comerciante não pode ser considerado "terceiro":

> "Direito do consumidor. Recurso especial. Ação de indenização por danos morais e materiais. Consumo de produto colocado em circulação quando seu prazo de validade já havia transcorrido. "Arrozina Tradicional" vencida que foi consumida por bebês que tinham apenas três meses de vida, causando-lhes gastroenterite aguda. Vício de segurança. Responsabilidade do fabricante. Possibilidade. *Comerciante que não pode ser tido como terceiro estranho à relação*

278. *Código Brasileiro de Defesa do Consumidor Comentado Pelos Autores do Anteprojeto*. 6ª ed. Rio de Janeiro: Forense Universitária, 2000, p. 169.

279. Nesse mesmo sentido, considerando a responsabilidade do comerciante subsidiária, Cláudia de Lima Marques, Bruno Miragem, Paulo de Tardo Sanseverino, Roberto Senise Lisboa, Flávio Tartuce, Pablo Stolze, Carlos Roberto Gonçalves, Sérgio Cavalieri Filho, Sílvio Luís Ferreira da Rocha, James Marins, Cláudio Bonatto e Paulo Valério Dal Pai Moraes. Esse também é o entendimento do DPDC – Departamento de Proteção e Defesa do Consumidor – quando da edição do Atlas Geopolítico – http://www.mj.gov.br/DPDC/pdf/Atlas_geopolitico.pdf. – acessado em 16 de dezembro de 2006. Na verdade, como bem lembrado por Leonardo Roscoe Bessa, muitos autores, embora utilizem a expressão responsabilidade subsidiária, não afastam a ideia de solidariedade nas hipóteses indicadas no art. 13 do CDC. (Responsabilidade pelo fato do produto: questões polêmicas. *Revista de Direito do Consumidor*, vol. 89/201, p. 141.) Exemplificando, Paulo de Tarso Sanseverino expõe que "destarte, a responsabilidade do comerciante é subsidiária em relação aos demais responsáveis pelo fato de consumo. Porém, uma vez ocorridas as hipóteses do art. 13 do CDC, ele assume a posição de devedor solidário em relação ao consumidor prejudicado." *Responsabilidade Civil no Código do Consumidor e a Defesa do Fornecedor.* 2ªed. Saraiva. P. 179.

280. Nesse sentido, Gustavo Tepedino, *A responsabilidade civil por acidentes de consumo na ótica Civil – Constitucional,* Temas de Direito Civil. Rio de Janeiro: Renovar, 2004, p. 245.

281. No mesmo sentido é o entendimento de Leonardo Roscoe Bessa. "Reitere-se: não é a melhor opção afirmar que a responsabilidade do comerciante é subsidiária, já que tal termo indica hierarquia entre responsáveis." Responsabilidade pelo fato do produto: questões polêmicas. *Revista de Direito do Consumidor,* vol. 89/2014, p. 153.

de consumo. Não configuração de culpa exclusiva de terceiro. – Produto alimentício destinado especificamente para bebês exposto em gôndola de supermercado, com o prazo de validade vencido, que coloca em risco a saúde de bebês com apenas três meses de vida, causando-lhe gastroenterite aguda, enseja a responsabilização por fato do produto, ante a existência de vício de segurança previsto no art. 12 do CDC. – *O comerciante e o fabricante estão inseridos no âmbito da cadeia de produção e distribuição, razão pela qual não podem ser tidos como terceiros estranhos à relação de consumo.- A eventual configuração da culpa do comerciante que coloca à venda produto com prazo de validade vencido não tem o condão de afastar o direito de o consumidor propor ação de reparação pelos danos resultantes da ingestão da mercadoria estragada em face do fabricante.* Recurso especial não provido." (STJ, REsp 980.860/SP, Rel. Ministra Nancy Andrighi, Terceira Turma, DJe 02/06/2009)

A razão para a responsabilidade solidária se configura, nos moldes do aludido pelo Min. Herman Benjamin, porque "é o próprio fabricante, produtor, construtor ou importador que escolhe -ou pode escolher – os seus revendedores. Seu dever jurídico é duplo: colocar no mercado produtos e serviços sem vícios de qualidade por insegurança e impedir que aqueles que comercializam -em seu benefício – maculem sua qualidade original."[282]

A responsabilidade solidária nestes casos é importante para o sistema de proteção ao consumidor, pois fará com que o fornecedor do art. 12 tenha um cuidado maior em escolher quem será o responsável pela comercialização de seus produtos. Se por exemplo, um fabricante perceber que determinado comerciante expõe à venda produtos com a validade vencida ou não possui equipamentos para conservar adequadamente os produtos perecíveis, ele não escolherá e/ou permitirá que este comerciante venda seus produtos.

Ademais, o art. 13, *caput*, aduz que o comerciante "é igualmente responsável" nos termos do art. 12. Assim, o comerciante responde solidariamente com o fabricante, produtor, construtor e o importador nas hipóteses mencionadas no art. 13.[283-284] É claro que nas hipóteses dos incisos I e II do art. 13, como os agentes não podem ser identificados (ou por se tratar de produtos anônimos ou em razão dos produtos serem mal identificados), de nada servirá a solidariedade, uma vez que o único agente conhecido do consumidor é o comerciante.

A dificuldade em identificar os agentes causadores do dano é apreciada no momento da propositura da ação. Dessa forma, se no decorrer da lide, o fabricante, construtor, produtor ou importador chegarem a serem identificados, ainda assim o comerciante será o

282. *Comentários ao Código de Defesa do Consumidor.* São Paulo: Saraiva, 1991, p. 72.

283. Nesse sentido: Rizzatto Nunes, *Curso de Direito do Consumidor.* 2ª ed., São Paulo: Saraiva, 2005, p. 275; João Batista de Almeida. *Manual de Direito do Consumidor.* São Paulo: Saraiva, 2003, p. 62. Herman Benjamin, ao tratar do assunto, doutrina que "realmente, a letra do art. 13 não deixa dúvidas: 'O comerciante é igualmente responsável, nos termos do artigo anterior'. 'Igualmente responsável' quer dizer, in casu, responsável solidariamente. Se a solução fosse outra, o legislador teria dito 'é o responsável'. E não há nisso injustiça, posto que o próprio Código, em seguida (art. 13, parágrafo único), prevê o direito de regresso para aquele que pagar sem ser, de fato, o verdadeiro causador do dano." *Comentários ao Código de Defesa do Consumidor.* Coordenador: Juarez de Oliveira. Saraiva, pg.71.

284. O STJ também se posiciona assim: "O indeferimento de pedido de denunciação à lide de incorporadora falida, pela sua sucessora, na comercialização das unidades imobiliárias, está baseado na *responsabilidade solidária do comerciante,* prevista no art. 13 do CDC; na possibilidade do direito de regresso (art. 13, parágrafo único, CDC); na vedação à denunciação da lide (art. 88, CDC) e na ocorrência de prejuízo aos consumidores pelo deslocamento da ação para o juízo universal da falência."(STJ, AgRg no Ag 364178/RJ, Rela. Min. Nancy Andrighi, DJ 11/06/2001).

responsável perante o consumidor, devendo exercer posteriormente o direito de regresso contra o causador do dano.[285]

Dessa forma, aquele que pagar a indenização em decorrência do acidente de consumo pode ser ressarcido através do direito de regresso contra os demais corresponsáveis na causação do evento danoso. Esse direito de regresso não somente se aplica ao comerciante, mas a todos os responsáveis que indenizaram os prejuízos sofridos pelo consumidor (fabricante, produtor, construtor e importador, entre outros), inclusive na hipótese de fato do serviço.

O Ministro Herman Benjamin aponta que o direito de regresso é uma consequência natural da solidariedade legal estabelecida no CDC, observando que a localização da norma foi "infeliz", pois o instituto abrange também as demais hipóteses de responsabilidade por acidentes de consumo, que estão previstas nos artigos 12 e 14 do CDC.[286]

Segundo o art. 88 do CDC, o direito poderá ser exercitado nos mesmos autos da ação de responsabilidade ou em processo autônomo, ficando vedada a denunciação da lide.

Com relação à interpretação do art. 88 do CDC, no tocante a vedação da denunciação da lide, existia no STJ divergência entre a 3ª e a 4ª Turmas.

Isto porque a 4ª Turma entende que a denunciação da lide, envolvendo qualquer relação de consumo, é vedada, pois a intervenção de terceiros somente causaria retardo à ação principal, não interessando tais discussões paralelas ao consumidor.[287-288]

---

285. Interessantes são as observações de Herman Benjamin de que "'tampouco está o consumidor impedido, após a propositura de ação contra o comerciante, de também acionar o fabricante, o produtor, o construtor ou o importador posteriormente identificado. Lembremos que o art. 13 tem por *ratio* alargar a proteção do consumidor, demonstrando, de mais a mais, insatisfação com o comportamento do comerciante e, exatamente por isso, incluindo-o no rol dos obrigados." *Comentários ao Código de Defesa do Consumidor*. Coordenador: Juarez de Oliveira. Saraiva, pg.73.

286. BENJAMIN, Antônio Herman de Vasconcelos. *Comentários ao código de proteção do consumidor.* São Paulo: Saraiva, 1991, p. 76. No mesmo sentido, Gustavo Tepedino. A responsabilidade civil por acidentes de consumo na ótica civil-constitucional. In: *Ensaios jurídicos.* BUSTAMANTE, Ricardo, SODRÉ, Paulo César (Coord.). Niterói: Instituto Brasileiro de Atualização Jurídica (IBAJ), 1996. v. 1, p. 249.

287. "Em se tratando de relação de consumo, protegida pelo Código de Defesa do Consumidor, descabe a denunciação da lide (art. 88 do CDC)" (STJ, REsp. 750031/SP, Rel. Min. Fernando Gonçalves, j. 15/9/2005, 4ª T.).

288. Os argumentos da Min. Nancy Andrighi para se vedar a denunciação da lide nas relações de consumo extraídas do REsp 1165279/SP, DJe 28/05/2012 são interessantes: "Acrescente-se, por oportuno, que a responsabilidade do fornecedor frente ao consumidor é de natureza objetiva, enquanto a do fornecedor para com os demais corresponsáveis é de caráter subjetivo. Dessa forma, a denunciação da lide inaugura discussão alheia aos interesses do consumidor, acerca da existência ou não de culpa do litisdenunciado, distorcendo o foco da ação, cujo processamento foi pensado visando a uma prestação jurisdicional rápida e efetiva, resguardando o consumidor como parte hipossuficiente da relação de consumo. Assim como o comerciante de um produto, o prestador de um serviço poderá, eventualmente, imputar a terceiro a responsabilidade pelo dano suportado pelo consumidor, mas essa faculdade, em qualquer caso, não se sobrepõe à garantia deste último de "facilitação da defesa de seus direitos", assegurada de forma ampla e irrestrita pelo próprio CDC em seu art. 6º, VIII, e que será severamente comprometida caso o consumidor tenha que se sujeitar ao devido processo legal inerente à apuração da responsabilidade subjetiva do litisdenunciado. Por outro lado, não há de se cogitar de prejuízo para o fornecedor, que poderá, após o pagamento da indenização, ajuizar ação autônoma de regresso nos próprios autos da ação originária, consoante autoriza a próprio art. 88 do CDC." No mesmo julgamento, o Min. Paulo de Tarso Sanseverino completou: "Os motivos que inspiraram o legislador certamente estão intimamente ligados às dificuldades ensejadas pela denunciação da lide em outras ações indenizatórias, com fundamento na responsabilidade objetiva, como ocorre com o artigo 37, § 6º, da Constituição Federal. Nessas demandas, em que tem sido admitida a denunciação

Já a 3ª Turma, no REsp. 464.466/MT (DJ 01/09/2003), entendia que a restrição do art. 88 alcançava apenas as ações em que se pleiteava indenização por fato do produto, que são justamente as tratadas pelos arts. 12 e 13 do CDC. A vedação à denunciação da lide não abrangeria, portanto, as hipóteses de ações visando à reparação de danos por fato do serviço, tratadas no art. 14 do CDC.[289] Tal interpretação era justificada pela Mina. Nancy Andrighi, apontando que o art. 88 do CDC, que veda a denunciação da lide, refere-se de maneira expressa às hipóteses do art. 13 do CDC, não fazendo qualquer menção às hipóteses do art. 14.[290]

Eis a redação do dispositivo:

> **Art. 88.** *Nas hipóteses do art. 13, parágrafo único, deste Código*, a ação de regresso poderá ser ajuizada em processo autônomo, facultada a possibilidade de prosseguir-se nos mesmos autos, vedada a denunciação da lide.

A Terceira Turma, por sua vez, revisou o seu entendimento, não fazendo mais a diferenciação citada. Segundo o novo posicionamento, aderindo ao entendimento da Quarta Turma, a denunciação da lide é vedada tanto nas hipóteses de fato do produto como também nas de fato do serviço. Para o Min. Paulo de Tarso Sanseverino, relator do julgamento, "a melhor exegese do enunciado normativo do art. 88 do CDC é no sentido de que foi estabelecida uma proibição ampla da denunciação da lide nas ações indenizatórias ajuizadas com fundamento nos artigos 12 a 17 do CDC (responsabilidade pelo fato do produto e pelo fato do serviço)".

> "RECURSO ESPECIAL. RESPONSABILIDADE CIVIL. INDENIZAÇÃO POR DANOS MORAIS. DEFEITO NA PRESTAÇÃO DO SERVIÇO A CONSUMIDOR. DENUNCIAÇÃO DA LIDE. INTERPRETAÇÃO DO ART. 88 DO CDC. IMPOSSIBILIDADE. 1. A vedação à denunciação da lide prevista no art. 88 do CDC não se restringe à responsabilidade de comerciante por fato do produto (art. 13 do CDC), sendo aplicável também nas demais hipóteses de responsabilidade civil por acidentes de consumo (arts. 12 e 14 do CDC). *2. Revisão da jurisprudência desta Corte.*" (STJ, REsp 1165279/SP, Rel. Ministro Paulo de Tarso Sanseverino, Terceira Turma, julgado em 22/05/2012, DJe 28/05/2012)

---

da lide do servidor responsável, desenvolvem-se controvérsias paralelas paradoxais. De um lado, discute-se a responsabilidade objetiva do Estado com base na teoria do risco administrativo. De outro lado, o Estado imputa uma conduta culposa a seu funcionário. Muitas vezes a discussão fica restrita apenas a aspectos do direito de regresso debatidos na ação de denunciação, ensejando uma demora injustificável para a vítima ver concretizada a sua pretensão."

289. "Havendo relação de consumo, é vedada a denunciação da lide com relação às hipóteses do art. 13 do Código de Defesa do Consumidor, determinando o art. 88 que a ação de regresso "poderá ser ajuizada em processo autônomo, facultada a possibilidade de prosseguir-se nos mesmos autos, vedada a denunciação da lide". Ora, o art. 13 do Código de Defesa do Consumidor cuida da responsabilidade do comerciante, o que não é o caso, do fornecedor de serviços, alcançado pelo art. 14 do mesmo Código. Daí que, em tal circunstância, não há falar em vedação à denunciação da lide com tal fundamento" (STJ, REsp. 464466/MT, Rel. Min. Carlos Alberto Menezes Direito, *DJ* 01/09/2003, 3ª T.).

290. STJ, REsp. 741898/RS, Rela. Mina. Nancy Andrighi, 3ª T., *DJ* 20/11/2006. Nesse julgamento, o STJ aceitou a denunciação da lide feita por uma empresa de telefonia. O consumidor pleiteou ação de danos morais em face da Telest S.A., sob a argumentação de que tivera cortado o serviço de telefonia celular. A operadora alegou o corte em razão da falta de pagamento de uma das faturas. Todavia, o consumidor comprovou documentalmente o pagamento da fatura. Assim, em contestação, a operadora alegou que o valor não lhe foi repassado pelo Banco do Brasil, pleiteando a denunciação da lide da instituição financeira.

Caso interessante e que demonstra a diferença de responsabilidade entre os "fornecedores" do art. 12 e o comerciante situado no art. 13 foi julgado pelo STJ. Um consumidor que ingeriu produto (suco) contendo corpo estranho (fungos) ajuizou ação de danos morais e materiais contra o fabricante (que produziu o suco) e o comerciante (que realizou a venda). Na hipótese, foi celebrado acordo entre o consumidor e comerciante (que, em tese, por se tratar de hipótese de "fato do produto", poderia alegar ilegitimidade passiva, uma vez que o fabricante foi identificado). Após o acordo, o fabricante alegou o §3º do art. 844 do Código Civil, para que o acordo celebrado pelo comerciante se estendesse a ele, sob o fundamento de que havia solidariedade no caso em questão (entre o fabricante o comerciante). O STJ, acertadamente, concluindo que se tratava de "fato do produto", entendeu que o acordo celebrado pelo comerciante (por não ser solidário, uma vez que não houve nenhuma das hipóteses do art. 13 do CDC) não poderia ser estendido ao fabricante. Assim, não havendo solidariedade passiva, cada réu deve responder de forma individualizada. (STJ, REsp 1968143/RJ, Rel. Ministro Marco Aurélio Bellizze, Terceira Turma, julgado em 08/02/2022)

PRINCIPAIS JURISPRUDÊNCIAS DO STF E STJ

Inexistência de responsabilidade solidária da vendedora (comerciante) de passagens aéreas por extravio de bagagem

O STJ entendeu que a empresa vendedora de passagens aéreas não responde solidariamente por danos morais decorrentes do extravio de bagagem, pois a venda da passagem, embora seja um antecedente necessário do dano, não configura sua causa direta. O nexo de causalidade se estabelece exclusivamente com a transportadora aérea, que realiza o serviço de transporte. Dessa forma, os arts. 12, 13 e 14 do CDC afastam a responsabilidade solidária do comerciante tanto por fatos do produto quanto por fatos do serviço. (STJ, REsp 1.994.563/MG, Rel. Ministra Nancy Andrighi, Rel. para acórdão Ministro Moura Ribeiro, Terceira Turma, julgado em 25/10/2022, DJe 30/11/2022)

Responsabilidade do comerciante condicionada à não identificação do produtor

"Nos termos da jurisprudência desta Corte, a condenação do comerciante como responsável solidário somente teria lugar caso o produtor não pudesse ser identificado, o que não ocorreu na espécie." (STJ, AgInt no AREsp n. 1.016.278/RJ, relator Ministro Marco Aurélio Bellizze, Terceira Turma, DJe de 6/4/2017)

Responsabilidade objetiva do comerciante e inversão do ônus da prova na identificação do fabricante

"Não podendo ser identificado o fabricante, estende-se a responsabilidade objetiva ao comerciante (CDC, art. 13). Tendo o consumidor optado por ajuizar a ação contra suposto fabricante, sem comprovar que o réu foi realmente o fabricante do produto defeituoso, ou seja, sem prova do próprio nexo causal entre ação ou omissão do réu e o dano alegado, a inversão do ônus da prova a respeito da identidade do responsável pelo produto pode ocorrer com base no art. 6º, VIII, do CDC, regra de instrução, devendo a decisão judicial que a determinar ser proferida "preferencialmente na fase de saneamento do processo ou, pelo menos, assegurando-se à parte a quem não incumbia inicialmente o encargo, a reabertura de oportunidade" (RESP 802.832, STJ 2ª Seção, DJ 21.9.2011)." (STJ, EREsp n. 422.778/SP, relator Ministro João Otávio de Noronha, relatora para acórdão Ministra Maria Isabel Gallotti, Segunda Seção, julgado em 29/2/2012, DJe de 21/6/2012)

Art. 14. O fornecedor de serviços responde, independentemente da existência de culpa, pela reparação dos danos causados aos consumidores por defeitos relativos à prestação dos serviços, bem como por informações insuficientes ou inadequadas sobre sua fruição e riscos.

§ 1º O serviço é defeituoso quando não fornece a segurança que o consumidor dele pode esperar, levando-se em consideração as circunstâncias relevantes, entre as quais:

I - o modo de seu fornecimento;

II - o resultado e os riscos que razoavelmente dele se esperam;

III - a época em que foi fornecido.

§ 2º O serviço não é considerado defeituoso pela adoção de novas técnicas.

§ 3º O fornecedor de serviços só não será responsabilizado quando provar:

I - que, tendo prestado o serviço, o defeito inexiste;

II - a culpa exclusiva do consumidor ou de terceiro.

§ 4º A responsabilidade pessoal dos profissionais liberais será apurada mediante a verificação de culpa.

O artigo trata da responsabilidade pelo fato do serviço que, semelhantemente ao art. 12 (responsabilidade pelo fato do produto), contém basicamente as mesmas características.

Com o intuito de facilitar a visualização dos referidos artigos, demonstrando a semelhança entre ambos, sugerimos o seguinte quadro comparativo. Na verdade, estudado o art. 12 (resp. pelo fato do produto), bastará o operador fazer as alterações necessárias para o art. 14 (resp. pelo fato do serviço).

Da Responsabilidade pelo Fato do Produto	Da Responsabilidade pelo Fato do Serviço
Art. 12. O fabricante, o produtor, o construtor, nacional ou estrangeiro, e o importador respondem, independentemente da existência de culpa, pela reparação dos danos causados aos consumidores por defeitos decorrentes de projeto, fabricação, construção, montagem, fórmulas, manipulação, apresentação ou acondicionamento de seus produtos, bem como por informações insuficientes ou inadequadas sobre sua utilização e riscos.	**Art. 14.** O fornecedor de serviços responde, independentemente da existência de culpa, pela reparação dos danos causados aos consumidores por defeitos relativos à prestação dos serviços, bem como por informações insuficientes ou inadequadas sobre sua fruição e riscos.
§ 1º O produto é defeituoso quando não oferece a segurança que dele legitimamente se espera, levando-se em consideração as circunstâncias relevantes, entre as quais: I - sua apresentação; II - o uso e os riscos que razoavelmente dele se esperam; III - a época em que foi colocado em circulação.	§ 1º O serviço é defeituoso quando não fornece a segurança que o consumidor dele pode esperar, levando-se em consideração as circunstâncias relevantes, entre as quais: I - o modo de seu fornecimento; II - o resultado e os riscos que razoavelmente dele se esperam; III - a época em que foi fornecido.

Da Responsabilidade pelo Fato do Produto	Da Responsabilidade pelo Fato do Serviço
§ 2º O produto não é considerado defeituoso pelo fato de outro de melhor qualidade ter sido colocado no mercado.	§ 2º O serviço não é considerado defeituoso pela adoção de novas técnicas.
§ 3º O fabricante, o construtor, o produtor ou importador só não será responsabilizado quando provar: I – que não colocou o produto no mercado;	§ 3º O fornecedor de serviços só não será responsabilizado quando provar: I – que, tendo prestado o serviço, o defeito inexiste;
II – que, embora haja colocado o produto no mercado, o defeito inexiste; III – a culpa exclusiva do consumidor ou de terceiro.	II – a culpa exclusiva do consumidor ou de terceiro.
	§ 4º A responsabilidade pessoal dos profissionais liberais será apurada mediante a verificação de culpa.

Importante destacar que no fato do produto a responsabilidade do comerciante é diferenciada, estando contida no art. 13 (por isso é que o art. 12 diz "*fabricante, produtor, construtor e importador*", ou seja, é o fornecedor menos o comerciante). Já no fato do serviço não há tal distinção, uma vez que o art. 14 diz "fornecedor". Além disso, no fato do serviço há responsabilidade diferenciada para o profissional liberal (responsabilidade subjetiva – § 4º) enquanto que no fato do produto não há esta diferenciação.

Assim, para a averiguação da responsabilidade em razão da prestação de serviços defeituosos é preciso demonstrar o dano ocorrido (acidente de consumo) e a relação de causalidade entre o dano e o serviço prestado (nexo causal).[291]

Do mesmo modo que no art. 12, a responsabilidade é objetiva baseada na teoria do risco da atividade, e não do risco integral, uma vez que também contempla hipóteses de exclusão da responsabilidade.

Desse modo, basta o fornecedor demonstrar que, tendo prestado o serviço, o defeito inexiste ou que houve culpa exclusiva do consumidor ou de terceiro para que fique isento de responsabilidade (sobre o caso fortuito e força maior, conferir comentários ao art. 12). Da mesma forma, o STJ aceita a culpa concorrente como redutor do *quantum* indenizatório.

Algumas legislações específicas devem ser aplicadas aos consumidores por serem mais benéficas que o CDC (aplicação do art. 7º do CDC). É o caso do Decreto nº 2.681/1912 que regula o transporte terrestre e ferroviário, pois, em se tratando de excludentes de responsabilidade, não contemplou "a culpa de terceiro". Assim, o transportador não

291. "CIVIL. INDENIZAÇÃO. DANO MORAL. CIRURGIA PARA DESCOMPRESSÃO DA MEDULA. PARAPLEGIA DO AUTOR. NEXO CAUSAL. INEXISTÊNCIA. COMPROVAÇÃO. VIOLAÇÃO AO ART. 159 DO CC/1916. CONFIGURADA. 1. Não há como se deferir qualquer pretensão indenizatória sem a comprovação, ao curso da instrução nas instâncias ordinárias, do nexo de causalidade entre a cirurgia e a paraplegia do Autor."(STJ, REsp 685929 / RJ, Rel. Min. Honildo Amaral de Mello Castro, DJe 03/05/2010)

poderá alegar culpa de terceiro para se eximir de indenizar o consumidor, como o art. 14 do CDC prevê.

> O Decreto nº 2.681/1912 não se encontra revogado pelo CDC no que tange a responsabilidade das estradas de ferro e, por analogia, das rodovias, e suas excludentes. Persiste assim, aplicável a Súmula nº 187/STF que determina que "a responsabilidade contratual do transportador, pelo acidente com o passageiro, não é elidida por culpa de terceiro, contra o qual tem ação regressiva" (STJ, REsp. 293292/SP, *DJ* 08/10/2001, Rela. Mina. Nancy Andrighi).

Aliás, essa matéria está sumulada pelo STF.[292]

Outro ponto interessante é a ressalva contida no § 4º, em que há a única exceção quanto à aplicação da responsabilidade objetiva: quando se tratar de serviços prestados por profissionais liberais. Nesse caso, a responsabilidade será apurada mediante verificação de culpa, ou seja, constatando imperícia, imprudência ou negligência.

A diversidade no tratamento é em razão desses serviços serem contratados com a natureza *intuitu personae*, ou seja, com base na confiança que os profissionais inspiram em seus clientes.

Para aplicação do § 4º, Nelson Nery Júnior[293] conceitua com muita propriedade o profissional liberal como "o não empregado, aquele que trabalha por conta própria, seja em profissão de nível universitário ou não, exercendo atividade científica ou artística. É geralmente autônomo, exercendo sua atividade por livre opção e havendo faculdade na sua escolha pelo cliente. Para que o profissional seja considerado liberal, não deve exercer sua atividade mediante vínculo empregatício, com subordinação hierárquica. Não são profissionais liberais as empresas ou pessoas jurídicas em geral, ainda que explorem serviços de procuração judicial, medicina, engenharia etc., como hospitais, casas de saúde, empreiteiras, construtoras, escolas etc. A relação de consumo é celebrada com profissional liberal, para efeitos do CDC, art. 14, § 4º, se o for *intuitu personae*. Na hipótese de o consumidor procurar a empresa onde presta serviços o profissional liberal, ou, ainda procurar os serviços de qualquer profissional liberal, não o contratando pela sua própria pessoa, a responsabilidade pelos danos causados ao consumidor é objetiva".

Nelson Nery Júnior aduz, ainda, para a necessidade de estabelecer se a obrigação assumida pelo profissional liberal é de meio ou de resultado. A obrigação de meio é aquela em que o profissional se obriga a empenhar todos os esforços possíveis para a prestação de determinados serviços, não existindo qualquer compromisso com a obtenção de um resultado específico. Já a obrigação de resultado é aquela que o profissional garante a consecução de um resultado final específico.

Assim, para o autor, se a obrigação for de meio, a responsabilidade do profissional liberal será apurada mediante a verificação de culpa nos moldes do § 4º do art. 14 do CDC. Agora, se a obrigação assumida for de resultado, ainda que haja uma relação *intuitu personae*, a responsabilidade será objetiva.

O STJ vinha aplicando este entendimento:

---

292. Súmula nº 187 do STF: "A responsabilidade contratual do transportador, pelo acidente com o passageiro, não é elidida por culpa de terceiro, contra o qual tem ação regressiva." No mesmo sentido da súmula, praticamente de igual teor, conferir art. 735 do novo Código Civil.

293. *Código de Processo Civil Comentado*. 4ª ed. São Paulo: Revista dos Tribunais, 1999, p. 1.812.

> Contratada a realização da cirurgia estética embelezadora, o cirurgião assume obrigação de resultado (Responsabilidade contratual ou objetiva), devendo indenizar pelo não cumprimento da mesma, decorrente de eventual deformidade ou de alguma irregularidade (STJ, REsp. 81101/PR,, Rel. Min. Waldemar Zveiter, *DJ* 31/05/1999).

Com a devida vênia, entendo que não houve por parte do legislador a intenção de criar regime especial para os profissionais liberais no tocante à responsabilidade de meio e de resultado. O que o legislador fez foi excepcionar a regra da responsabilidade objetiva, imputando aos profissionais liberais a responsabilidade subjetiva (com culpa!). Assim, não haveria como imputar responsabilidade objetiva aos profissionais liberais, mesmo na obrigação de resultado, pois a norma não autoriza tal interpretação. O que pode acarretar na obrigação de resultado é a inversão do ônus da prova quanto à culpa, ou seja, haveria o que chamamos de culpa presumida, em que o profissional liberal teria o ônus de provar que não agiu com culpa. Mas, frisamos: teria que haver culpa, ao contrário da responsabilidade objetiva. Teríamos então, segundo este raciocínio, culpa provada nos casos de obrigação de meio e culpa presumida nos casos de obrigação de resultado.[294]

Em vários julgados, o STJ vem aplicando a responsabilidade subjetiva, mesmo nas hipóteses de obrigação de resultado, importando somente em presunção de culpa (inversão do ônus da prova):[295]

> RECURSO ESPECIAL. RESPONSABILIDADE CIVIL. ERRO MÉDICO. ART. 14 DO CDC. CIRURGIA PLÁSTICA. OBRIGAÇÃO DE RESULTADO. CASO FORTUITO. EXCLUDENTE DE RESPONSABILIDADE. 1. Os procedimentos cirúrgicos de fins meramente estéticos caracterizam verdadeira obrigação de resultado, pois neles o cirurgião assume verdadeiro compromisso pelo efeito embelezador prometido. 2. Nas obrigações de resultado, a responsabilidade do profissional da medicina permanece subjetiva. Cumpre ao médico, contudo, demonstrar que os eventos danosos decorreram de fatores externos e alheios à sua atuação durante a cirurgia. (STJ, REsp 1180815 / MG, Rel. Min. Nancy Andrighi, DJe 26/08/2010)[296]

---

294. Nesse sentido, Sérgio Cavalieri Filho. *Programa de Responsabilidade Civil*. São Paulo: Editora Malheiros, 2005, p. 403.
295. "Apesar de abalizada doutrina em sentido contrário, este Superior Tribunal de Justiça tem entendido que a situação é distinta, todavia, quando o médico se compromete com o paciente a alcançar um determinado resultado, o que ocorre no caso da cirurgia plástica meramente estética. Nesta hipótese, segundo o entendimento nesta Corte Superior, o que se tem é uma obrigação de resultados e não de meios. 4. No caso das obrigações de meio, à vítima incumbe, mais do que demonstrar o dano, provar que este decorreu de culpa por parte do médico. *Já nas obrigações de resultado, como a que serviu de origem à controvérsia, basta que a vítima demonstre, como fez, o dano (que o médico não alcançou o resultado prometido e contratado) para que a culpa se presuma, havendo, destarte, a inversão do ônus da prova.* 5. Não se priva, assim, o médico da possibilidade de demonstrar, pelos meios de prova admissíveis, que o evento danoso tenha decorrido, por exemplo, de motivo de força maior, caso fortuito ou mesmo de culpa exclusiva da "vítima" (paciente). (STJ, REsp 236708 / MG, Rel. Min. Carlos Fernando Mathias, Quarta Turma, DJe 18/05/2009)
296. Quando houver dano decorrente de cirurgia estética e reparadora ao mesmo tempo, deve ser analisada de forma fracionada a responsabilidade do médico. Nesse sentido, "a relação médico-paciente encerra obrigação de meio, e não de resultado, salvo na hipótese de cirurgias estéticas. Precedentes. Nas cirurgias de natureza mista – estética e reparadora -, a responsabilidade do médico não pode ser generalizada, devendo ser analisada de forma fracionada, sendo de resultado em relação à sua parcela estética e de meio em relação à sua parcela reparadora." (STJ, Resp 1097955/MG, Rel. Ministra Nancy Andrighi, Terceira Turma, DJe 03/10/2011)

Questão que suscitou muita discussão no STJ é no tocante à responsabilização dos hospitais em face da atuação dos médicos. Poderia o médico, profissional liberal, ser responsabilizado subjetivamente e o hospital ser responsabilizado objetivamente? A 4ª Turma do STJ trata a questão à luz do art. 951 do CC/2002, entendendo que o hospital somente será responsabilizado por ato do médico mediante a comprovação de culpa. Nesse caso, a responsabilidade objetiva dos hospitais circunscreve-se apenas aos serviços exclusivamente relacionados com o estabelecimento empresarial propriamente dito, ou seja, aqueles que digam respeito à estadia do paciente (internação), instalações, equipamentos, serviços auxiliares (enfermagem, exames, radiologia) etc. E não aos serviços técnicos-profissionais dos médicos que ali atuam, permanecendo estes na relação subjetiva de preposição (culpa). Já a 3ª Turma do STJ aplica o CDC, responsabilizando o hospital de forma objetiva.

Parece que a controvérsia foi dirimida pela 2ª Seção do STJ (órgão que compõe a 3ª e a 4ª Turmas), por 4 votos a 3, prevalecendo o entendimento da 4ª Turma. Veja o *informativo* 365 do STJ:

> *Segunda Seção – Responsabilidade. Cirurgia*
>
> Cuida-se de ação indenizatória ajuizada pela recorrida em desfavor de hospital e de dois médicos, sob o argumento de que foi submetida à cirurgia de varizes realizada pelos réus nas dependências do hospital, ante a negligência e imperícia do cirurgião. Foram lesionados nervos de sua perna esquerda, de forma que perdeu definitivamente os movimentos tanto da perna quanto do pé. A Min. Relatora não conheceu do recurso, considerando que o hospital não demonstrou nenhuma circunstância excludente de responsabilidade e que o fato de ter admitido, em seu estabelecimento, a atividade que se revelou lesiva é suficiente para demonstrar o liame com o hospital do resultado danoso advindo da cirurgia. O Min. João Otávio de Noronha, divergindo do entendimento da Relatora, entende não se poder dizer que o acórdão recorrido tenha ofendido as disposições do § 1º do art. 14 do CDC, porquanto é inequívoco que a sequela da autora não decorreu de nenhum serviço de atribuição da entidade hospitalar, razão pela qual não se lhe pode atribuir a condição de fornecedor a fim de imputar-lhe a responsabilidade pelo dano. Aduz que, atualmente, tem-se remetido às disposições do § 1º do art. 14 do CDC, como sendo a norma sustentadora de tal responsabilidade. Também ocorre que, na hipótese dos autos, não se está diante de falha de serviços de atribuição do hospital, tais como as indicadas (instrumentação cirúrgica, higienização adequada, vigilância, ministração de remédios etc.), mas diante de consequências atinentes a ato cirúrgico de responsabilidade exclusiva da área médica, *de profissional sem nenhum vínculo com o hospital recorrente.* Assim, não há por que falar em prestação de serviços defeituosos, a ensejar, por conseguinte, a reparação de danos pelo hospital. *Quanto ao fato de inexistir vínculo de emprego entre o cirurgião e o hospital, não resta dúvida, nos autos, de que o médico cirurgião não tinha nenhum tipo de vínculo com o hospital, apenas se serviu de suas instalações para as cirurgias.* Diante disso, a Seção, ao prosseguir o julgamento, por maioria, conheceu do recurso do hospital e deu-lhe provimento, a fim de julgar a ação improcedente quanto a ele (STJ, Resp. 908.359-SC, Rela. originária Mina. Nancy Andrighi, Rel. para acórdão Min. João Otávio de Noronha, 27/8/2008).

Na verdade, analisando o julgamento proferido pela Segunda Seção, depois de longa discussão dos ministros, verifica-se que o STJ faz primeiramente uma diferenciação importante, qual seja, se o médico causador do dano tem ou não vínculo com o hospital.[297]

297. Dúvida não há sobre o vínculo dos médicos integrantes do corpo clínico do hospital. A dúvida surge nos casos de médicos que se utilizam do hospital para efetuarem cirurgias e outros procedimentos, sem fazerem parte do corpo médico daquele estabelecimento. São somente credenciados e autorizados a

Se o médico não possuir vínculo algum com o hospital, não haverá responsabilidade deste último.

> Restando inequívoco o fato de que o médico a quem se imputa o erro profissional não possuía vínculo com o hospital onde realizado o procedimento cirúrgico, não se pode atribuir a este a legitimidade para responder à demanda indenizatória. (STJ, REsp. 764001 / PR, Rel. Min. Rel. Aldir Passarinho Júnior, DJe 15/03/2010)

Assim, o hospital somente será responsabilizado se o médico tinha vínculo com ele. Mas qual o tipo de responsabilidade terá o hospital nestes casos? Conforme decidido pelo STJ, será objetiva quanto à atividade do médico. Expliquemos melhor. A responsabilidade dos profissionais liberais, dentre os quais o médico se enquadra, é subjetiva (mediante culpa). Ou seja, para que o dano seja indenizado, é necessário que se prove a culpa do médico (negligência, imprudência ou imperícia). Uma vez constatada a culpa do médico, a responsabilidade do hospital é objetiva e solidária, ou seja, não poderá entrar na discussão de prática culposa de sua parte. Desta forma, uma vez constatada a culpa do médico e reconhecido o vínculo deste com o hospital, responderá o hospital pelos danos causados.[298]

O Min. Sidnei Beneti bem elucidou a questão:

> Não há espaço jurídico para discussão a respeito de culpa do hospital, em decorrência da responsabilidade do médico, quando o paciente especificamente procura o hospital, sem buscar, portanto, individualizadamente, determinado médico, e recebe atendimento inadequado por parte do profissional disponibilizado entre os integrantes do corpo clínico. O hospital, ademais, não se livra da responsabilidade pelo ato do seu médico, no caso de falta de acionamento também do próprio médico – contra o qual deve ser demonstrada, pelo lesado, a culpa subjetiva. É que, acionado apenas o hospital, deve ele provar tudo o que tenha em seu prol, inclusive a falta de responsabilidade do médico, cuja culpa, se comprovada, lhe acarreta, objetivamente, a responsabilidade. A responsabilidade objetiva do hospital, nesse caso, quer dizer que não poderá ele, o hospital, entrar a discutir a existência, ou não, de culpa sua, dele, hospital, na contratação, admissão, designação ou do quer que seja relativamente ao médico. Demonstrada culpa do médico, também acionado ou denunciado na lide, ou não, é objetiva e automaticamente responsável o hospital. (STJ, REsp. 696284 / RJ, Rel. Min. Sidnei Beneti, DJe 18/12/2009)

---

realizarem determinado procedimento médico. Na ementa do acórdão, constou o seguinte: "*O cadastro que os hospitais normalmente mantêm de médicos que utilizam suas instalações para a realização de cirurgias não é suficiente para caracterizar relação de subordinação entre médico e hospital. Na verdade, tal procedimento representa um mínimo de organização empresarial.*" Assim, o STJ somente tem admitido a responsabilidade dos hospitais por atos dos médicos quando estes possuem relação de subordinação ou preposição com o hospital.

298. "Uma vez caracterizada a culpa do médico que atua em determinado serviço disponibilizado por estabelecimento de saúde (art. 14, § 4º, CDC), responde a clínica de forma objetiva e solidária pelos danos decorrentes do defeito no serviço prestado, nos termos do art. 14, § 1º, CDC." (STJ, REsp. 605435 / RJ, Rel. p. acórdão Min. Luis Felipe Salomão, DJe 16/11/2009). Neste mesmo processo, em embargos de divergência, a Segunda Seção, por maioria, entendeu que, diante do desenvolvimento das especialidades médicas, não se pode atribuir ao cirurgião chefe a responsabilidade por tudo que ocorre na sala de cirurgia, especialmente quando comprovado que as complicações deram-se por erro exclusivo do anestesista, em relação às quais não competia ao cirurgião intervir. EREsp 605.435-RJ, Rel. originária Min. Nancy Andrighi, Rel. para acórdão Min. Raul Araújo Filho, julgados em 14/9/2011 (ver Informativo n. 408). Assim, manteve a responsabilidade solidária da clínica e do anestesista, excluindo a do cirurgião chefe.

Por sua vez, nas hipóteses de serviços de atribuição do hospital (instrumentação cirúrgica, higienização adequada, vigilância, ministração de remédios etc.), a responsabilidade será objetiva.

> O hospital responde objetivamente pela infecção hospitalar, pois esta decorre do fato da internação e não da atividade médica em si. (STJ, REsp. 629212 / RJ, Rel. Min. Cesar Asfor Rocha, DJ 17/09/2007)

A questão ficou bem elucidada com o julgamento do REsp 1145728/MG, Rel. Ministro João Otávio de Noronha, Rel. p/ Acórdão Ministro Luis Felipe Salomão, Quarta Turma, DJe 08/09/2011:

> A responsabilidade das sociedades empresárias hospitalares por dano causado ao paciente-consumidor pode ser assim sintetizada:
>
> (i) as obrigações assumidas diretamente pelo complexo hospitalar limitam-se ao fornecimento de recursos materiais e humanos auxiliares adequados à prestação dos serviços médicos e à supervisão do paciente, hipótese em que a responsabilidade objetiva da instituição (por ato próprio) exsurge somente em decorrência de defeito no serviço prestado (art. 14, caput, do CDC);[299]
>
> (ii) os atos técnicos praticados pelos médicos sem vínculo de emprego ou subordinação com o hospital são imputados ao profissional pessoalmente, eximindo-se a entidade hospitalar de qualquer responsabilidade (art. 14, § 4, do CDC), se não concorreu para a ocorrência do dano;
>
> (iii) quanto aos atos técnicos praticados de forma defeituosa pelos profissionais da saúde vinculados de alguma forma ao hospital, respondem solidariamente a instituição hospitalar e o profissional responsável, apurada a sua culpa profissional. Nesse caso, o hospital é responsabilizado indiretamente por ato de terceiro, cuja culpa deve ser comprovada pela vítima de modo a fazer emergir o dever de indenizar da instituição, de natureza absoluta (arts. 932 e 933 do CC), sendo cabível ao juiz, demonstrada a hipossuficiência do paciente, determinar a inversão do ônus da prova (art. 6º, VIII, do CDC).[300]

PRINCIPAIS JURISPRUDÊNCIAS DO STF E STJ

Patrocinador do evento: mero patrocinador não deve indenizar por acidente de consumo ocorrido em evento

O STJ entendeu que o conceito de fornecedor no art. 3º do CDC, para fins de responsabilização por acidentes de consumo, abrange todos os integrantes da cadeia de consumo que contribuíram diretamente com produtos ou serviços para a prestação do serviço final. Contudo, terceiros que atuem apenas como patrocinadores, sem participação na organização ou garantia de segurança do evento, não são considerados

299. O STJ entendeu que, no caso de infecção hospitalar, a responsabilidade do hospital é objetiva por ser ato próprio e não do médico. Nesse sentido: "De fato, a situação dos autos não comporta reflexões a respeito da responsabilização de clínicas médicas ou hospitais por atos de seus profissionais (responsabilidade pelo fato de outrem). Isso porque os danos sofridos pela recorrente resultaram de infecção hospitalar, ou seja, do ambiente em que foram efetuados os procedimentos cirúrgicos, e não de atos dos médicos. 3. Dessa forma, considerando que é objetiva a responsabilidade dos hospitais e clínicas por danos decorrentes dos serviços por eles prestados (ambiente hospitalar), bem como que não foi elidido no caso dos autos o nexo de causalidade entre os danos sofridos pela recorrente e a conduta dos recorridos, é imperioso o provimento do presente recurso especial para condená-los ao pagamento de indenização a título de dano moral, em virtude da perda completa da visão e do bulbo ocular do olho direito da recorrente." (STJ, REsp 1511072/SP, Rel. Ministro Marco Buzzi, Quarta Turma, DJe 13/05/2016)

300. O mesmo entendimento foi aplicado para as clínicas odontológicas quanto aos danos causados aos pacientes-consumidores. (STJ, REsp n. 2.067.675/RS, relatora Ministra Nancy Andrighi, Terceira Turma, DJe de 7/3/2024)

fornecedores e, portanto, não podem ser responsabilizados por danos causados aos consumidores. (STJ, REsp 1.955.083/BA, Rel. Ministra Nancy Andrighi, Terceira Turma, julgado em 15/02/2022)

Banco não é responsável pela devolução de cheque sem fundo

O STJ entendeu que é dever do banco, ao receber um cheque para saque, verificar se há motivos para sua devolução, como saldo insuficiente ou ausência de limite de crédito, conforme o art. 6º da Resolução BACEN 1.682/90. Caso a devolução seja por falta de fundos (motivos 11 ou 12) e não haja irregularidades nessa conferência, não há defeito na prestação do serviço que configure conduta ilícita ou risco social imputável ao banco, afastando-se a responsabilidade com base no CDC. (STJ, AgInt no REsp 1603038/SC, Rel. Ministra Maria Isabel Gallotti, Quarta Turma, DJe 04/09/2020)

Banco não é responsável por fraude em compra on-line paga via boleto

O STJ entendeu que o banco que emite um boleto de pagamento não pode ser responsabilizado por prejuízos decorrentes de produtos não entregues, uma vez que não pertence à cadeia de fornecimento envolvida e não houve falha na prestação de seus serviços bancários. Além disso, o suposto estelionato não configura descumprimento do dever de segurança relacionado aos serviços bancários. (STJ, REsp 1786157/SP, Rel. Ministra Nancy Andrighi, Terceira Turma, DJe 05/09/2019)

Loja que aceita cartão com senha sem exigir identificação não pode ser responsabilizada por uso indevido

O STJ entendeu que não comete ato ilícito o estabelecimento comercial que deixa de exigir documento de identidade no momento do pagamento mediante cartão com uso de senha, porquanto inexiste lei federal que estabeleça obrigação nesse sentido. (STJ, REsp 1676090/RS, Rel. Ministro Ricardo Villas Bôas Cueva, Terceira Turma, DJe 03/09/2019)

Companhia aérea é civilmente responsável por não promover condições dignas de acessibilidade de pessoa cadeirante ao interior da aeronave

O STJ entendeu que a companhia aérea é objetivamente responsável pelos danos causados a um cadeirante submetido a tratamento indigno ao embarcar em aeronave, devido à ausência de meios adequados para seu acesso desembaraçado. A obrigação de garantir acessibilidade, conforme a Resolução n. 9/2007 da ANAC, vigente à época dos fatos, e os compromissos internacionais assumidos pelo Brasil, reforçam o dever de assegurar tratamento digno às pessoas com deficiência. A má-prestação do serviço configura falha no dever de segurança, nos termos do art. 14 do CDC. (STJ, REsp 1611915/RS, Rel. Ministro Marco Buzzi, Quarta Turma, DJe 04/02/2019)

Defeito na prestação de serviço de transporte aéreo com a entrega de passageiro menor desacompanhado, após horas de atraso, em cidade diversa da previamente contratada

O STJ entendeu que "é cabível dano moral pelo defeito na prestação de serviço de transporte aéreo com a entrega de passageiro menor desacompanhado, após horas de atraso, em cidade diversa da previamente contratada." (STJ, REsp 1733136/RO, Rel. Ministro Paulo de Tarso Sanseverino, Terceira Turma, DJe 24/09/2021)

Responsabilidade solidária de todos agentes que participam da relação de consumo (art. 14, caput)

O STJ entendeu que, conforme o art. 14 do CDC, a responsabilidade civil dos fornecedores de serviços é objetiva, fundamentada na teoria do risco da atividade, alcançando todos os agentes econômicos que participam da colocação do serviço no mercado, com exceção dos profissionais liberais, cuja responsabilidade exige verificação de culpa. Além disso, há solidariedade entre os integrantes da cadeia de fornecimento, cabendo direito de regresso proporcional à participação de cada um na causação do dano. (STJ, REsp 1378284/PB, Rel. Ministro Luis Felipe Salomão, Quarta Turma, DJe 07/03/2018)

Responsabilidade das instituições de ensino por curso não reconhecido pelo MEC

Súmula 595 do STJ: As instituições de ensino superior respondem objetivamente pelos danos suportados pelo aluno/consumidor pela realização de curso não reconhecido pelo Ministério da Educação, sobre o qual não lhe tenha sido dada prévia e adequada informação.

Concessionária de veículos responde por fraude de estelionatário na venda de carro em uma de suas lojas. Teoria da aparência

O STJ entendeu que o conceito amplo de fornecedor no art. 3º do CDC abrange qualquer entidade que, por ação ou omissão, cause danos ao consumidor, aplicando-se as teorias da aparência e da causalidade adequada. No caso, a responsabilidade da concessionária foi reconhecida, pois o estelionatário atuava dentro de suas dependências com ampla liberdade, induzindo o consumidor ao erro. Além disso, o valor da indenização por danos morais foi mantido por ter sido fixado com razoabilidade, considerando as circunstâncias do caso. (STJ, REsp 1637611/RJ, Rel. Ministra Nancy Andrighi, Terceira Turma, DJe 25/08/2017)

Hospital não responde por falta de informações sobre risco cirúrgico

"Não observa boa lógica a responsabilização do hospital por ausência de informações adequadas ao paciente, quanto aos riscos da cirurgia, pois, normalmente, essas informações são prestadas pelo médico cirurgião, sem interferência do hospital. Não cabe ao hospital, normalmente, intrometer-se na relação de confiança existente entre médico e paciente." (STJ, REsp 902.784/MG, Rel. Ministro Raul Araújo, Quarta Turma, DJe 11/10/2016)

Responsabilidade objetiva do hospital por morte de paciente quando há falhas na prestação de serviço por parte do hospital

O STJ entendeu que a instituição hospitalar responde objetivamente pelos danos decorrentes de defeitos na prestação de serviços médicos, conforme o art. 14 do CDC. No caso, foi constatado defeito ao se submeter um paciente idoso, com fratura no colo do fêmur, a uma cirurgia em que a prótese implantada deslocou-se durante a transferência da mesa operatória para a maca, exigindo nova cirurgia. O paciente faleceu no dia seguinte devido à perda excessiva de sangue, caracterizando o nexo de causalidade entre o defeito e o óbito. Assim, foi reconhecido o direito à reparação por danos morais. (STJ, REsp 1410960/RJ, Rel. Ministro Paulo de Tarso Sanseverino, Terceira Turma, DJe 23/03/2015)

Disparos de arma de fogo em cinema. Não condenação do Shopping em dano moral. Fato de terceiro. Excludente de responsabilidade

O STJ entendeu que o fato de terceiro, como disparos de arma de fogo realizados por um indivíduo em sala de cinema, é evento imprevisível, inevitável e autônomo, apto a romper o nexo de causalidade entre os danos sofridos pelos espectadores e a conduta do cinema ou do shopping. Assim, não é razoável exigir que tais estabelecimentos prevejam ou estejam preparados para conter atos homicidas, pois esses não integram os deveres ordinários de segurança exigidos. Consequentemente, afastou-se a responsabilidade civil do cinema e do shopping com base no art. 14, § 3º, II, do CDC. (STJ, REsp 1133731/SP, Rel. Ministro Marco Buzzi, Quarta Turma, DJe 20/08/2014)

Disparo de arma de fogo para dentro do shopping provocando a morte de um frequentador. Fortuito externo. Não há responsabilidade do shopping

O STJ entendeu que o disparo de arma de fogo realizado por terceiro dentro de um shopping, causando a morte de um frequentador, configura caso fortuito externo, sendo um evento imprevisível, inevitável e autônomo. Essa circunstância rompe o nexo causal entre o dano e a conduta do shopping, afastando o dever de indenizar com fundamento no art. 14, § 3º, II, do CDC. (STJ, REsp 1440756/RJ, Rel. Ministro Moura Ribeiro, Terceira Turma, DJe 01/07/2015)

Responsabilidade por falha em exames de diagnósticos laboratoriais

O STJ entendeu que clínicas e laboratórios que realizam exames médicos, como a ultrassonografia obstétrica morfológica, se enquadram na relação de consumo prevista no art. 14 do CDC, respondendo objetivamente por falhas na prestação do serviço. No caso, o erro de diagnóstico em exame essencial para identificar mielomeningocele causou sofrimento evitável à paciente, configurando defeito no serviço e impondo o dever de reparação pelos danos à personalidade da consumidora. (STJ, AgInt no REsp 1830752/RJ, Rel. Ministro Luis Felipe Salomão, Quarta Turma, DJe 03/08/2020)

Em outro precedente, considerou como obrigação de resultado os exames realizados pelos laboratórios

"Por outro lado, no que diz respeito a erro em exame laboratorial, o laboratório – assim como o hospital ao qual o laboratório é subordinado -, possui obrigação de resultado na realização de exame médico, de maneira que o fornecimento de diagnóstico incorreto configura defeito na prestação do serviço, a implicar responsabilidade objetiva também com base no artigo 14, caput, do código consumerista." (STJ, REsp 1426349/PE, Rel. Ministro Luis Felipe Salomão, Quarta Turma, DJe 08/02/2019)

Necessidade de demonstração do nexo causal para responsabilizar o fornecedor. Hospital não terá que indenizar paciente que alega ter contraído hepatite C em transfusão

O STJ entendeu que, em casos de responsabilidade civil hospitalar, é imprescindível comprovar o nexo de causalidade entre o dano e o serviço prestado. No caso, o diagnóstico de hepatite C sete anos após uma transfusão de sangue não foi suficiente para estabelecer o nexo causal, já que não se comprovou que a infecção decorreu do procedimento realizado, nem se excluíram outras possíveis formas de contágio no período. Embora a responsabilidade objetiva do hospital seja possível em situações semelhantes, o dever de indenizar exige que o dano seja consequência necessária e direta do serviço prestado. (STJ, REsp 1322387/RS, Rel. Ministro Luis Felipe Salomão, Quarta Turma, julgado em 20/08/2013, DJe 26/09/2013)

A Caixa Econômica Federal não tem legitimidade para figurar no polo passivo de ação por roubo ocorrido no interior de agência lotérica

O STJ entendeu que as unidades lotéricas, embora autorizadas a prestar determinados serviços bancários, não possuem natureza de instituição financeira e, portanto, não estão sujeitas às exigências de segurança previstas na Lei n. 7.102/1983. Como o permissionário de serviço público atua por sua conta e risco, a Caixa Econômica Federal não pode ser responsabilizada diretamente por danos decorrentes de disparo de arma de fogo em lotérica, salvo em situações excepcionais que configurem responsabilidade subsidiária, o que não permite o ajuizamento da ação apenas contra a CEF. (STJ, REsp 1317472/RJ, Rel. Ministra Nancy Andrighi, Terceira Turma, julgado em 05/03/2013, DJe 08/03/2013)

Não há responsabilidade do administrador de fundo de investimento quando há prejuízos. Risco inerente ao produto

O STJ entendeu que administradores e gestores de fundos de investimento derivativos não podem ser responsabilizados por prejuízos decorrentes da desvalorização do real ou mudanças na política cambial, pois o alto risco é inerente a esse tipo de aplicação. Esses investimentos, voltados a perfis agressivos e especulativos, não oferecem garantia de retorno, configurando uma obrigação de meio, e não de resultado, por parte do gestor. Assim, a ausência de ganho financeiro não caracteriza defeito na prestação do serviço. (STJ, REsp 799.241/RJ, Rel. Ministro Raul Araújo, Quarta Turma, julgado em 14/08/2012, DJe 26/02/2013)

Responsabilidade da concessionária de energia por danos causados em virtude de rompimento de cabo de energia

O STJ entendeu que a concessionária de energia elétrica é objetivamente responsável pela morte de uma vítima que, horas após o rompimento de um cabo de energia por disparo de fuzil, tentou prevenir acidentes e foi eletrocutada. Apesar de o rompimento do cabo ter sido causado por um evento inusual, a demora injustificada no reparo, mesmo após comunicação à concessionária, configurou negligência. A responsabilidade da concessionária foi reconhecida, pois os riscos do acidente foram ampliados pela omissão no dever de mitigar os perigos inerentes ao serviço público prestado. (STJ, REsp 1308438/RJ, Rel. Ministro Luis Felipe Salomão, Quarta Turma, DJe 27/09/2013)

Transferência de veículo a outra pessoa não impede cobertura de seguro

Súmula nº 465 do STJ: "Ressalvada a hipótese de efetivo agravamento do risco, a seguradora não se exime do dever de indenizar em razão da transferência do veículo sem a sua prévia comunicação".

Tratamento ortodôntico – obrigação de resultado. Presunção de culpa

O STJ entendeu que tratamentos odontológicos, especialmente os ortodônticos, em regra configuram obrigações de resultado, já que os objetivos estéticos e funcionais podem ser alcançados com previsibilidade. Assim, caso o resultado esperado não seja atingido, presume-se a culpa do profissional, cabendo-lhe demonstrar que agiu com a técnica adequada ou que o insucesso decorreu de culpa exclusiva do paciente. No caso, além de não alcançar o resultado previsto, o tratamento foi considerado equivocado, causando danos à paciente, o que fundamentou a responsabilidade do profissional. (STJ, REsp 1238746/MS, Rel. Ministro Luis Felipe Salomão, Quarta Turma, DJe 04/11/2011)

Caso fortuito externo: transporte coletivo. Arremesso de pedra por terceiro

O STJ entendeu que a empresa de transporte coletivo não pode ser responsabilizada por danos causados ao passageiro por ato de terceiro, como o arremesso de pedra contra o veículo, quando não houver contribuição da empresa para o ocorrido. Nessa hipótese, a ausência de ato ilícito praticado pela transportadora isenta-a do dever de indenizar. (STJ, REsp 919.823/RS, Rel. Min. Aldir Passarinho Junior, julgado em 04/03/2010)

Caso fortuito externo: transporte coletivo. Disparo de arma de fogo vindo de outro veículo

O STJ entendeu que a empresa de transporte coletivo não é responsável pelos danos sofridos por passageiro atingido por bala disparada de outro veículo, pois tal fato configura força maior. De acordo com a jurisprudência, a responsabilidade do transportador é afastada quando o dano resulta de evento totalmente alheio ao serviço de transporte. (STJ, REsp 589.629/RJ, Rel. Min. Fernando Gonçalves, julgado em 02/10/2008, Informativo 370)

Caso fortuito externo: assalto em estação do metrô

O STJ entendeu que a empresa prestadora de serviço não é responsável por danos causados a usuário durante assalto ocorrido nas escadas de acesso ao metrô, pois tal fato configura caso fortuito, rompendo o nexo de causalidade com o serviço prestado. O evento foi equiparado a assalto em transporte coletivo, que não caracteriza falha na prestação do serviço. (STJ, REsp 402708/SP, Rel. Ministra Eliana Calmon, DJ 28/02/2005)

Roubo de veículo em estacionamento bancário. Responsabilidade

O STJ entendeu que o roubo de veículo em estacionamento de estabelecimento bancário não afasta a responsabilidade do banco pela indenização, pois a segurança do estacionamento é inerente à atividade desempenhada. A alegação de força maior também não é suficiente para elidir o dever de reparar os danos causados. (STJ, REsp 503.208/SP, Rel. Min. Aldir Passarinho Junior, julgado em 26/05/2008, Informativo 357)

Não há responsabilidade de estacionamento privado por roubo de quantia sacada pelo consumidor

O STJ entendeu que, em estacionamentos oferecidos por instituições financeiras, o roubo sofrido por cliente após saque em agência bancária constitui risco inerente à atividade bancária, gerando responsabilidade pela indenização. Entretanto, no caso de estacionamento particular e autônomo, desvinculado do banco, a responsabilidade limita-se à guarda do veículo. O roubo à mão armada de valores e pertences do cliente é considerado caso fortuito, excluindo o dever de indenizar, pois vai além do que o consumidor poderia legitimamente esperar do serviço contratado. (STJ, REsp 1232795/SP, Rel. Ministra Nancy Andrighi, Terceira Turma, julgado em 02/04/2013, DJe 10/04/2013)

Serviço de valet não pode ser responsabilizado por assalto à mão armada

O STJ entendeu que, no serviço de manobristas (valets), o roubo de veículo por terceiro, em regra, configura fato exclusivo de terceiro, rompendo o nexo causal e afastando a responsabilidade civil do fornecedor do serviço. No caso, não foi comprovado defeito na prestação do serviço que contribuísse para o evento danoso, aplicando-se o art. 14, § 3º, II, do CDC. (STJ, REsp 1321739/SP, Rel. Ministro Paulo de Tarso Sanseverino, Terceira Turma, DJe 10/09/2013)

Interessante foi a diferenciação feita pelo Rel. Paulo de Tarso Sanseverino, em seu voto, entre as consequências do furto e roubo. Assim: "Nos serviços de manobristas (valets) ofertados por restaurantes nas grandes cidades, deve-se estabelecer uma distinção entre a ocorrência de furto ou roubo de veículo para efeito de responsabilidade civil. Nas hipóteses de roubo, caracteriza-se o fato de terceiro ou a força maior, podendo-se discutir apenas eventual concorrência do demandado, mediante uma prestação defeituosa do seu serviço, para o evento danoso (fato exclusivo ou concorrrente). Nas hipóteses de furto, em que não há violência, permanece a responsabilidade, pois o serviço prestado mostra-se defeituoso por não apresentar a segurança legitimamente esperada pelo consumidor."

Concessionária. Rodovia. Colisão. Animal. CDC. Aplicação

O STJ entendeu que as concessionárias de serviços rodoviários, sujeitas ao Código de Defesa do Consumidor, possuem responsabilidade objetiva pela manutenção e segurança das rodovias. Isso inclui o dever de evitar a presença de animais na pista, a fim de proteger os usuários e prevenir acidentes. A falha nesse dever configura defeito na prestação do serviço, nos termos do art. 14 do CDC. (STJ, REsp 647.710/RJ, Rel. Min. Castro Filho, julgado em 20/06/2006, Informativo 289)

Cartão eletrônico. Saques indevidos em conta-corrente. Responsabilidade

O STJ entendeu que, em casos de retirada indevida de numerário da conta-corrente do cliente por meio de cartão eletrônico, as instituições financeiras não podem presumir culpa exclusiva do consumidor ou de terceiros, pois o sistema de segurança bancária é suscetível a falhas. Como o sistema é gerido pelas instituições, recai sobre elas a responsabilidade objetiva pela segurança das transações, devendo implementar mecanismos que comprovem que as operações foram efetivamente realizadas pelo cliente ou sob sua autorização, conforme o art. 4º, III, do CDC. (STJ, REsp 557.030/RJ, Rel. Ministra Nancy Andrighi, julgado em 16/12/2004, Informativo 233)

Saques indevidos em conta-corrente. Culpa do consumidor em fornecer senha e cartão à terceiro

O STJ entendeu que, em casos de saques indevidos em conta-corrente, a instituição financeira não pode ser responsabilizada quando comprovar culpa exclusiva do consumidor, conforme o art. 14, § 3º, do CDC. É dever do correntista zelar pela guarda do cartão magnético e pelo sigilo da senha, sendo proibido cedê-los a terceiros. Ao agir de forma negligente, o consumidor assume os riscos de sua conduta, afastando a responsabilidade do banco. (STJ, REsp 601805/SP, Rel. Min. Jorge Scartezzini, DJ 14/11/2005)

Médico. Responsabilidade subjetiva

O STJ entendeu que, em casos de responsabilidade civil de médicos, é indispensável a comprovação de culpa, como negligência, imprudência ou imperícia, nos termos do art. 1.545 do CC/1916 e do art. 14, § 4º, do CDC.

No caso, a presunção de culpa foi afastada, pois não houve comprovação de conduta culposa por parte do médico durante a cirurgia que resultou em lesões na paciente, excluindo o dever de indenizar. (STJ, REsp 196.306/SP, Rel. Min. Fernando Gonçalves, julgado em 03/08/2004, Informativo 216)

Art. 15. Vetado

Art. 16. Vetado

Art. 17. Para os efeitos desta Seção, equiparam-se aos consumidores todas as vítimas do evento.

O legislador estendeu a proteção concedida ao destinatário final de produtos e serviços (consumidor *stricto sensu)* para terceiros (vítimas), estranhos à relação jurídica, mas que sofreram prejuízo em decorrência do acidente de consumo.

Cumpre esclarecer que tal dispositivo aplica-se somente à responsabilidade pelo fato do produto e serviço (arts. 12 ao 14).[301]

Em caso de defeito de conformidade ou vício do serviço, não cabe a aplicação do art. 17, CDC, pois a Lei somente equiparou as vítimas do evento ao consumidor nas hipóteses dos arts. 12 a 16 do CDC. (STJ, Resp. 753512 / RJ, Rel. Min. João Otávio de Noronha, DJe 10/08/2010)

Agora, quando um terceiro se torna vítima do evento (chamado de *bystander* pela doutrina americana – tradução: *expectador*) se equipara a consumidor e pode ser ressarcido pelos danos sofridos com base no CDC.

Nos termos do que dispõe o art. 17 da Lei nº 8.078/1990, equipara-se à qualidade de consumidor para os efeitos legais, àquele que, embora não tenha participado diretamente da relação de consumo, sofre as consequências do evento danoso decorrente do defeito exterior que ultrapassa o objeto e provoca lesões, gerando risco à sua segurança física e psíquica. (STJ, AgRg no REsp. 1000329/SC, Rel. João Otávio de Noronha, DJe 19/08/2010)[302]

---

301. Interessante são as observações de Fernando Büscher von Teschenhausen Eberlin: "Como a norma ora analisada deve ter a sua utilização restrita ao seu âmbito de aplicação (para não banalizar a lei consumerista), um mero vício de inadequação que traga algum tipo de prejuízo a terceiro não é suficiente para elevar este terceiro à posição de *bystander*. Imagine-se, por exemplo, que uma pessoa ("A") pegue uma carona no veículo de um amigo ("B") para se deslocar para um compromisso profissional, sendo que tal veículo, em razão de um vício de inadequação (sem qualquer risco à segurança do consumidor), sofra uma pane, vindo a quebrar, impedindo que "A" chegue ao seu compromisso profissional, causando a ele prejuízos de ordem material (exemplo: lucros cessantes decorrentes da não concretização de um negócio). Como não houve "fato" do produto, pois não ocorreu "defeito" (inadequação agravada pelo fator segurança), não há que se falar na aplicação do art. 17 do CDC a este consumidor. Esta observação é importante, pois o referido art. 17 do CDC vem sendo usado de forma incorreta pela jurisprudência para casos de vício do produto ou do serviço. Por exemplo, nos casos em que um fornecedor inclui indevidamente o nome de uma pessoa com a qual nunca teve relação jurídica nos cadastros de proteção ao crédito. Este não é um caso de fato, pois não há nenhum problema de segurança no serviço. Embora haja dano moral, a sua origem está em uma falha (vício) do serviço prestado pelo banco a um terceiro que atinge pessoas não envolvidas diretamente na relação de consumo. A equiparação desta "vítima" à qualidade de consumidor encontraria melhor fundamento no art. 29 do CDC ou ainda no parágrafo único do art. 2.o (acima analisado), mas não no art. 17, pois não houve o fato." *O concorrente como consumidor equiparado: proteção ao consumidor contra práticas abusivas por meio do diálogo entre o CDC e as normas concorrenciais. Revista de Direito do Consumidor 66/16.*

302. Nesse caso julgado pelo STJ, uma pessoa caiu em fosso de cabos telefônicos utilizados pelas empresas de TV a cabo pelo fato de a tampa metálica (que cobria o fosso) estar com rachaduras. Embora a

Para a constatação do *bystander* (conceito ampliado de consumidor), basta o terceiro ter sido vítima de um acidente de consumo, independentemente se houve dano causado ao consumidor *stricto sensu*. Nesse sentido:

> "Enquadramento do demandante atropelado por ônibus coletivo, enquanto vítima de um acidente de consumo, no conceito ampliado de consumidor estabelecido pela regra do art. 17 do CDC ("bystander"), não sendo necessário que os consumidores, usuários do serviço, tenham sido conjuntamente vitimados." (STJ, REsp 1787318/RJ, Rel. Ministro Paulo de Tarso Sanseverino, Terceira Turma, julgado em 16/06/2020, DJe 18/06/2020)

Abrange o conceito de *bystander* aquelas pessoas físicas ou jurídicas que foram atingidas em sua integridade física ou segurança, em virtude do defeito do produto, não obstante não serem partícipes diretos da relação de consumo. Imagine uma pessoa que, ao atravessar a rua, é atropelada por veículo que perdeu o freio. Esta pessoa não é consumidora *stricto sensu* (art. 2º, *caput*), uma vez que não adquiriu nenhum produto ou serviço como destinatário final. Ao contrário, foi vítima de um acidente de consumo. Assim, poderá se valer do CDC como consumidor equiparado para pleitear indenização à montadora fabricante do veículo em virtude do defeito ocasionador do dano (falha no freio).

Uma questão interessante que envolve o conceito e configuração do *bystander* para fins de aplicação do CDC e que pode suscitar dúvidas é se o produto ou serviço (causadores do acidente) teriam que ser, obrigatoriamente, originários de uma relação de consumo. No exemplo citado acima do defeito do freio, no caso do carro ter sido adquirido por uma pessoa comum (e, portanto, havendo relação de consumo inicial), dúvida não haveria de que o terceiro atropelado seria um consumidor equiparado. Mas e se este veículo tivesse sido adquirido por uma grande locadora de veículos (supondo, portanto, que não haveria vulnerabilidade)? Havendo o acidente em decorrência de falha no freio, não poderíamos enquadrar o terceiro vitimado como consumidor equiparado, uma vez que a relação anterior não era de consumo? Penso que a melhor interpretação seja a análise não especificamente da relação anterior propriamente dita, mas sim se o produto ou serviço causadores do dano poderiam estar em uma relação de consumo (embora, no caso concreto, não integravam uma).

Talvez com um exemplo podemos explicitar melhor. Imagine que um avião de carga, transportando produtos industriais (havendo, portanto, uma relação civil), por alguma falha do piloto venha a cair sobre várias casas em um centro urbano. Não sendo a relação inicial de consumo, as pessoas lesadas com suas casas destruídas não poderiam suscitar o CDC como consumidores equiparados? Assim, ainda que não esteja em uma relação de consumo no momento do acidente, a empresa aérea de transporte poderia figurar, com a atividade de transporte (por desenvolver esta atividade), como fornecedor em uma relação. Nesse sentido, não seria justo não aplicar o CDC a estas pessoas lesadas somente porque, naquele caso especificamente, não havia relação de consumo no momento do acidente.[303] Diferente

vítima não tivesse nenhuma relação com a empresa de TV a cabo, foi vítima de acidente de consumo (expectador – *bystander*), podendo se valer do art. 17 do CDC para pleitear danos materiais e morais. A discussão foi importante, pois estava em jogo a aplicação da prescrição trienal do CC ou quinquenal do CDC (art. 27).

303. Em caso parecido, o STJ já decidiu: "CÓDIGO DE DEFESA DO CONSUMIDOR. ACIDENTE AÉREO. TRANSPORTE DE MALOTES. RELAÇÃO DE CONSUMO. CARACTERIZAÇÃO. RESPONSABILIDADE PELO FATO DO

situação acontece quando um avião particular, pela mesma falha humana do piloto, venha a cair sobre estas casas. O dono do avião, por não desenvolver a atividade de transporte, não poderá ser enquadrado como fornecedor em nenhuma relação.[304]

Caso amplamente noticiado pela imprensa e que se encaixa perfeitamente no artigo, foi a explosão ocorrida em um *Shopping Center* na cidade de Osasco, Estado de São Paulo, quando pessoas que sofreram danos em razão do acidente, embora muitas delas não fossem consideradas destinatárias finais de produtos ou serviços, foram equiparadas a consumidores, fazendo jus à tutela do CDC.

Outro bom exemplo também da aplicação deste artigo foi o acidente aéreo acontecido em São Paulo, em que um avião caiu sobre várias casas e pessoas que estavam trafegando na via terrestre. Todas estas pessoas (que não tinham relação contratual com a empresa aérea), vítimas do acidente de consumo, puderam se valer do art. 17 para pleitearem indenizações por dano material e moral.

PRINCIPAIS JURISPRUDÊNCIAS DO STF E STJ

Responsabilidade civil de empresa de transporte por atropelamento em faixa de pedestres: consumidor por equiparação

O STJ reafirmou que, em casos de acidente envolvendo transporte coletivo, como o atropelamento de pedestres em faixas, a empresa de transporte responde objetivamente pelos danos causados a terceiros, independentemente de culpa. Essa responsabilidade objetiva se fundamenta no art. 14 do Código de Defesa do Consumidor (CDC), que estabelece a responsabilidade do fornecedor por defeitos na prestação de serviço, e no art. 734 do Código Civil, que impõe responsabilidade objetiva ao transportador por danos causados a passageiros e terceiros durante a execução do serviço. No caso específico de transporte por fretamento, o entendimento é de que, ainda que a vítima não seja diretamente o consumidor contratante, ela se enquadra como "consumidor por equiparação", conforme o art. 17 do CDC, que protege terceiros vítimas de acidentes de consumo, ou seja, eventos lesivos derivados da atividade fornecida ao consumidor final. (STJ, AgInt no AREsp n. 2.355.144/SP, Rel. Min. João Otávio de Noronha, Quarta Turma, DJe 12/6/2024)

Disparo de arma de fogo em razão de falha no armamento. Agente de segurança como *bystander*

"No caso, o autor deve ser considerado consumidor *bystander*, pois exercia atividade delegada de segurança na fiscalização de trânsito quando ouviu um estampido de tiro, percebendo que tal fato teve origem em seu próprio armamento, no interior do coldre, atingindo-lhe a perna direita, causando-lhe lesões físicas e danos morais e estéticos." (STJ, REsp n. 1.959.787/SP, relator Ministro Marco Aurélio Bellizze, Terceira Turma, DJe de 15/12/2023.)

Cadeirante como consumidor por equiparação

O STJ entendeu que, nos termos do CDC, equipara-se à qualidade de consumidor aquele que, embora não tenha participado diretamente da relação de consumo, sofre as consequências de um evento danoso

SERVIÇO. VÍTIMA DO EVENTO. EQUIPARAÇÃO A CONSUMIDOR. ARTIGO 17 DO CDC. I – (...) - Em decorrência, pela aplicação conjugada com o artigo 17 do mesmo diploma legal, cabível, por equiparação, o enquadramento do autor, atingido em terra, no conceito de consumidor. Logo, em tese, admissível a inversão do ônus da prova em seu favor. Recurso especial provido." (STJ, REsp 540235 / TO, Rel. Min. Castro Filho, J. 07.02.2006)

304. Diferente quando a falha é do avião, porque neste caso o fornecedor será a empresa fabricante do avião. Neste caso, os lesados poderão acionar a empresa fabricante do avião como consumidores equiparados.

causado por defeito no serviço, especialmente quando há risco à segurança física ou psíquica. No caso, a ausência de condições de acessibilidade em estabelecimento comercial impediu o acesso de uma pessoa com deficiência, gerando situação constrangedora e configurando dano moral. A decisão reforçou o dever dos fornecedores de garantir acessibilidade, conforme o art. 4º, § 1º, da Lei 13.146/2015, com determinação para adequação do espaço físico às normas legais. (STJ, REsp 2.041.463/RJ, Rel. Ministra Nancy Andrighi, Terceira Turma, DJe 16/06/2023)

As vítimas de incêndio, iniciado no interior de estabelecimento comercial, devem ser equiparadas a consumidores

O STJ entendeu que as vítimas de incêndio iniciado no interior de um estabelecimento comercial, mesmo que não sejam consumidoras diretas dos produtos ou serviços oferecidos, devem ser equiparadas a consumidores, conforme o conceito de bystander, para fins de responsabilização por acidente de consumo. O evento, inserido no risco da atividade empresarial, gera responsabilidade do fornecedor pelos danos materiais e morais sofridos por terceiros. No caso, os danos atingiram proprietários de imóvel vizinho ao supermercado onde o incêndio teve início. (STJ, REsp 2.026.602/ES, Rel. Ministra Nancy Andrighi, Terceira Turma, DJe 27/04/2023)

Empregada de loja que escorrega no chão molhado do banheiro de shopping é consumidora por equiparação

"Ao acessar o ambiente disponibilizado pelo shopping center, o cliente passa a desfrutar, direta ou indiretamente, do serviço prestado, ainda que não adquira novos produtos ou serviços no local, estando caracterizada, portanto, a relação de consumo." (STJ, REsp n. 2.080.225/SP, relatora Ministra Nancy Andrighi, Terceira Turma, DJe de 10/10/2023)

Inaplicabilidade do CDC: beneficiário de cheques devolvidos não é equiparado a consumidor em caso de ausência de defeito no serviço bancário

O STJ entendeu que o simples fato de um banco sacar grande número de cheques ou manter relação recente com o cliente emitente não caracteriza defeito na prestação do serviço bancário. Nessa situação, o beneficiário dos cheques devolvidos não pode ser equiparado a consumidor para fins de aplicação do art. 17 do CDC, sendo inaplicáveis as normas protetivas do Código de Defesa do Consumidor. (STJ, REsp 1508977/SC, Rel. p/ Acórdão Ministro Ricardo Villas Bôas Cueva, Terceira Turma, DJe 27/11/2018)

Consumidor (*bystander*) atingido por tiroteio entre seguranças e bandidos

O STJ entendeu que, conforme o art. 17 do CDC, a vítima de acidente de consumo, ainda que não participe diretamente da relação de consumo, é equiparada a consumidor. No caso, uma adolescente foi baleada e ficou tetraplégica durante um tiroteio provocado por seguranças contratados por lojistas em reação a uma tentativa de roubo em joalheria. A Corte concluiu que o dano foi causado pela conduta dos prepostos, afastando a caracterização de fortuito externo e configurando a responsabilidade pelos prejuízos. (STJ, REsp 1732398/RJ, Rel. Ministro Marco Aurélio Bellizze, Terceira Turma, DJe 01/06/2018)

Consumidor (*bystander*) atingido por arma de fogo em assalto à transportadora de valores que retirava malotes de dinheiro de supermercado. Responsabilidade solidária do supermercado

O STJ entendeu que o supermercado instalado em shopping center é solidariamente responsável, junto com os demais integrantes da cadeia de prestação de serviços, pelos danos causados a um consumidor bystander atingido por disparo de arma de fogo durante assalto a um carro-forte que transportava valores retirados do estabelecimento. Aplicam-se os artigos 14 e 17 do CDC, que estabelecem a responsabilidade civil objetiva e a proteção do consumidor por equiparação. (STJ, REsp 1327778/SP, Rel. Ministro Luis Felipe Salomão, Quarta Turma, DJe 23/08/2016)

Derramamento de óleo que afetou atividade pesqueira (pescador como *bystander*)

O STJ entendeu que pescadores afetados por acidente de consumo decorrente de derramamento de óleo podem propor ação no foro de seu domicílio, aplicando-se o artigo 101, I, do Código de Defesa do Consumidor, que privilegia a proteção do consumidor. Além disso, reconheceu a condição de consumidores por equiparação, conforme artigo 17 do CDC. (STJ, CC 143.204/RJ, Rel. Ministro Ricardo Villas Bôas Cueva, Segunda Seção, DJe 18/04/2016)

Morador afetado por poluição de fábrica (consumidor por equiparação)

O STJ entendeu que danos individuais causados por atividade empresarial poluidora, como ruído, fuligem, gases e vazamentos, configuram acidente de consumo, permitindo o reconhecimento do consumidor por equiparação, conforme o artigo 17 do Código de Defesa do Consumidor. Dessa forma, aplicam-se as disposições do CDC para responsabilizar a empresa pelos prejuízos. (STJ, REsp 2.005.977/RS, Rel. Ministra Nancy Andrighi, Segunda Seção, DJe 30/09/2022)

Não há que se equiparar a consumidor os terceiros lesados pela não compensação bancária de cheques

O STJ entendeu que terceiros lesados pela emissão de cheques sem provisão de fundos não podem ser equiparados a consumidores, pois a não compensação bancária realizada conforme a legislação não configura relação de consumo. Assim, não se aplica o Código de Defesa do Consumidor, afastando a responsabilidade civil da instituição financeira. (STJ, AgRg no REsp 1581927/SC, Rel. Ministro Marco Aurélio Bellizze, Terceira Turma, DJe 17/05/2016)

Consta no voto do Relator: *"Depreende-se, assim, consoante firme jurisprudência desta Corte, que instituição bancária não é parte legítima para figurar nas ações de indenização por danos materiais suportados pelo portador de cheque sem provisão de fundos de seus correntistas, afastando-se, por consequência, a aplicação do Código de Defesa do Consumidor, sendo o emitente, o único responsável pelo pagamento da dívida na hipótese."*

Empregado não pode ser considerado *bystander* (consumidor por equiparação)

O STJ entendeu que a figura do consumidor por equiparação prevista no artigo 17 do Código de Defesa do Consumidor não se aplica quando há vínculo jurídico específico entre fornecedor e vítima, como no caso de relação trabalhista. Nessa hipótese, a responsabilidade pelo dano deve ser apurada com base na relação jurídica existente entre as partes. (STJ, REsp 1370139/SP, Rel. Ministra Nancy Andrighi, Terceira Turma, julgado em 03/12/2013, DJe 12/12/2013)

Comerciante também pode ser *bystander*. Explosão de garrafa de cerveja perfurando o olho.

O STJ entendeu que o comerciante atingido por estilhaços de uma garrafa de cerveja que explodiu durante o manuseio é considerado consumidor por equiparação, conforme o artigo 17 do CDC. Configurando acidente de consumo, foi reconhecido o nexo causal entre as lesões sofridas e o defeito do produto, cabendo ao fabricante o ônus de provar a inexistência do defeito. (STJ, REsp 1288008/MG, Rel. Ministro Paulo de Tarso Sanseverino, Terceira Turma, DJe 11/04/2013)

Nas palavras do Min. Paulo de Tarso Sanseverino, "no conceito de *bystander* estão abrangidos tanto o usuário direto do bem adquirido por outro consumidor, como a empregada doméstica que está trocando o botijão de gás defeituoso que explode em suas mãos, quanto o espectador ou o transeunte anônimo que se encontra nas imediações do local do evento no momento que se manifesta o defeito, como é o caso clássico de acidente de consumo de um automóvel desgovernado pelo estouro de um pneu defeituoso que vai atingir um pedestre na calçada. Enfim, são as vítimas ocasionais ou anônimas de um acidente de consumo."

Explosão em loja de fogos de artifício. Vítimas do evento equiparadas aos consumidores.

O STJ entendeu que a Procuradoria de Assistência Judiciária do Estado de São Paulo tem legitimidade para propor ação civil pública visando à reparação por danos materiais e morais causados pela explosão de um estabelecimento de fogos de artifício. As vítimas, mesmo não sendo clientes, são equiparadas a consumidores nos termos do artigo 17 do CDC, considerando a responsabilidade civil por fato do produto decorrente de vício de qualidade por insegurança. (STJ, REsp 181.580/SP, Rel. Min. Castro Filho, julgado em 09/12/2003, Informativo 195)

Queda de avião. Vítimas equiparadas a consumidores. Art. 17 do CDC

O STJ entendeu que o Código de Defesa do Consumidor é aplicável em caso de acidente aéreo envolvendo aeronave que transportava malotes, caracterizando-se a relação de consumo, mesmo que o destinatário final seja pessoa jurídica. As vítimas atingidas em terra são equiparadas a consumidores, nos termos do artigo 17 do CDC, sendo admissível, em tese, a inversão do ônus da prova em seu favor. (STJ, REsp 540235/TO, Rel. Min. Castro Filho, DJ 06/03/2006)

Seção III
Da Responsabilidade por Vício do Produto e do Serviço

Art. 18. Os fornecedores de produtos de consumo duráveis ou não duráveis respondem solidariamente pelos vícios de qualidade ou quantidade que os tornem impróprios ou inadequados ao consumo a que se destinam ou lhes diminuam o valor, assim como por aqueles decorrentes da disparidade, com as indicações constantes do recipiente, da embalagem, rotulagem ou mensagem publicitária, respeitadas as variações decorrentes de sua natureza, podendo o consumidor exigir a substituição das partes viciadas.

§ 1º Não sendo o vício sanado no prazo máximo de trinta dias, pode o consumidor exigir, alternativamente e à sua escolha:

I – a substituição do produto por outro da mesma espécie, em perfeitas condições de uso;

II – a restituição imediata da quantia paga, monetariamente atualizada, sem prejuízo de eventuais perdas e danos;

III – o abatimento proporcional do preço.

§ 2º Poderão as partes convencionar a redução ou ampliação do prazo previsto no parágrafo anterior, não podendo ser inferior a sete nem superior a cento e oitenta dias. Nos contratos de adesão, a cláusula de prazo deverá ser convencionada em separado, por meio de manifestação expressa do consumidor.

§ 3º O consumidor poderá fazer uso imediato das alternativas do § 1º deste artigo sempre que, em razão da extensão do vício, a substituição das partes viciadas puder comprometer a qualidade ou características do produto, diminuir-lhe o valor ou se tratar de produto essencial.

§ 4º Tendo o consumidor optado pela alternativa do inciso I do § 1º deste artigo, e não sendo possível a substituição do bem, poderá haver substituição por outro de espécie, marca ou modelo diversos, mediante complementação ou restituição de eventual diferença de preço, sem prejuízo do disposto nos incisos II e III do § 1º deste artigo.

> § 5º No caso de fornecimento de produtos *in natura*, será responsável perante o consumidor o fornecedor imediato, exceto quando identificado claramente seu produtor.
>
> § 6º São impróprios ao uso e consumo:
>
> I – os produtos cujos prazos de validade estejam vencidos;
>
> II – os produtos deteriorados, alterados, adulterados, avariados, falsificados, corrompidos, fraudados, nocivos à vida ou à saúde, perigosos ou, ainda, aqueles em desacordo com as normas regulamentares de fabricação, distribuição ou apresentação;
>
> III – os produtos que, por qualquer motivo, se revelem inadequados ao fim a que se destinam.

O artigo trata da *responsabilidade por vício de qualidade do produto*, na qual se encontram como sujeitos passivos todos os fornecedores que respondem pelo ressarcimento dos vícios, coobrigados e solidariamente.[305] Aqui, ao contrário da responsabilidade pelo fato do produto (arts. 12 e 13), não há responsabilidade diferenciada para o comerciante.[306]

Da mesma forma que na responsabilidade pelo fato, a responsabilidade por vícios será aferida de forma objetiva, ou seja, não se indaga se o vício decorre de conduta culposa ou dolosa do fornecedor.[307] Também pouco importa se o fornecedor tinha ou não conhecimento do vício para que seja aferida sua responsabilidade. Nos moldes do art. 23, "*a ignorância do fornecedor sobre os vícios de qualidade por inadequação dos produtos e serviços não o exime de responsabilidade.*"

Assim, por exemplo, quando o consumidor adquire veículo com vícios na concessionária, são legitimados a responder pelos vícios tanto o comerciante (concessionária), quanto a fábrica (montadora). A responsabilidade é solidária. É muito comum o consumidor comprar o produto em determinada loja e quando se dirige à mesma para realizar o conserto, é informado que deverá procurar a assistência técnica do produto situada em outro endereço. Essa prática é considerada abusiva e não pode ser tolerada, podendo, inclusive, a loja (comerciante) responder por perdas e danos, uma vez que, conforme exposto, a responsabilidade por vícios é solidária.

---

305. "A jurisprudência pacífica desta Corte orienta acerca da responsabilidade solidária de toda a cadeia de fornecimento pela garantia de qualidade e adequação do produto perante o consumidor." (STJ, AgInt no AREsp 1183072/SP, Rel. Ministra Maria Isabel Gallotti, Quarta Turma, DJe 16/10/2018)

306. Assim já se pronunciou o STJ: "Ademais, o art. 18 do CDC, ao impor a responsabilidade solidária da cadeia de fornecedores, confere ao consumidor a possibilidade de demandar qualquer deles, indistintamente, pelo vício do produto, de modo que, surgindo o vício durante a garantia contratual oferecida pelo fabricante, pode o consumidor exercer o direito de reclamar contra o comerciante." (STJ, REsp 1734541/SE, Rel. Ministra Nancy Andrighi, Terceira Turma, DJe 22/11/2018)

307. Alguns doutrinadores questionam se a responsabilidade por vícios não seria subjetiva. Isto porque, ao contrário dos arts. 12 e 14, o art. 18 ao 20 não previu de forma expressa a expressão "*independentemente da existência de culpa*". Devemos lembrar sempre que a regra geral do CDC é a responsabilidade objetiva e que, quando quis prever uma exceção, o fez expressamente no art. 14, § 4º (Responsabilidade pelo fato do serviço dos profissionais liberais). Ademais, seria um grande ônus impor ao consumidor a prova de negligência, imperícia e imprudência do fornecedor sobre os vícios dos produtos e serviços, não se coadunando com o sistema protetivo do CDC.

Infelizmente o STJ, no REsp 1411136/RS, Rel. Ministro Marco Aurélio Bellizze, Terceira Turma, DJe 10/03/2015, entendeu que o comerciante não tem o dever de receber e de encaminhar o produto viciado à assistência técnica, a não ser que esta não esteja localizada no mesmo município do estabelecimento comercial. Conforme ressaltado, esta prática é abusiva e não deveria ser admitida pelo STJ. Exigir que o consumidor vá diretamente à assistência técnica, muitas vezes longe do seu local habitual de passagem (imaginemos as grandes cidades do Brasil como São Paulo, Rio de Janeiro, Belo Horizonte, etc.)[308], ofende o sistema de proteção do CDC, causando um ônus excessivo sobre o consumidor. No sistema de vícios, a lógica do CDC foi a de privilegiar a resolução rápida e menos onerosa possível ao consumidor, uma vez que se trata de inadequação dos produtos e serviços adquiridos e não da saúde ou outros bens do consumidor, como na responsabilidade pelo fato. O que acontece, na prática, é que o consumidor, muitas vezes, acaba desistindo de encaminhar o produto viciado à assistência técnica pelas dificuldades apontadas.

A ementa do julgado ficou assim:

> "DIREITO DO CONSUMIDOR E CIVIL. RECURSO ESPECIAL. AÇÃO CIVIL PÚBLICA. DEVER DE PRESTAÇÃO DE ASSISTÊNCIA TÉCNICA. INTERMEDIAÇÃO PELO COMERCIANTE. ORGANIZAÇÃO DOS SERVIÇOS. DIREITO DOS FORNECEDORES E EQUIPARADOS. JUROS DE MORA. TERMO A QUO. CITAÇÃO NA DEMANDA COLETIVA. PRECEDENTES. 1. Demanda em que se discute a responsabilidade do comerciante de intermediar a relação entre consumidor e assistência técnica disponibilizada pelo fornecedor. 2. A boa-fé objetiva, alçada à condição de princípio geral de direito, transita incessantemente em duplo sentido, exigindo a conduta leal e cooperada, na relação de consumo entre consumidores e fornecedores. 3. A assistência técnica é caracterizada pela especialização do serviço prestado, com finalidade de correção de vícios de produtos comercializados. 4. Sua organização eficaz e eficiente concretiza a proteção do consumidor em razão de produtos viciados postos no comércio, bem como o direito de reparação do vício no prazo legal de 30 dias garantido aos fornecedores e seus equiparados. 5. Disponibilizado serviço de assistência técnica, de forma eficaz, efetiva e eficiente, na mesma localidade do estabelecimento do comerciante, a intermediação do serviço apenas acarretaria delongas e acréscimo de custos, não justificando a imposição pretendida na ação coletiva." (STJ, REsp 1411136/RS, Rel. Ministro Marco Aurélio Bellizze, Terceira Turma, DJe 10/03/2015).

Mas felizmente a própria Terceira Turma do STJ, acolhendo as críticas da doutrina consumerista, reviu o seu entendimento para permitir que o consumidor possa escolher o melhor local para encaminhar o produto viciado: fabricante, comerciante ou assistência técnica. Assim, não mais o comerciante poderá se recusar a receber o produto viciado, direcionando o consumidor à assistência técnica.

Nesse sentido:

> "À frustração do consumidor de adquirir o bem com vício, não é razoável que se acrescente o desgaste para tentar resolver o problema ao qual ele não deu causa, o que, por certo, pode ser evitado – ou, ao menos, atenuado – se o próprio comerciante participar ativamente do processo de reparo, intermediando a relação entre consumidor e fabricante, inclusive porque,

---

308. Basta imaginarmos um produto comprado no centro do Rio de Janeiro e a assistência técnica do fabricante instalada na Barra da Tijuca. O valor que o consumidor gastará para ir à Barra da Tijuca (se não for um lugar habitual de passagem) e o tempo gasto para se deslocar até lá, poderá inviabilizar o conserto do produto, deixando o consumidor de exigir a sanação do vício.

juntamente com este, tem o dever legal de garantir a adequação do produto oferecido ao consumo. 6. À luz do princípio da boa-fé objetiva, se a inserção no mercado do produto com vício traz em si, inevitavelmente, um gasto adicional para a cadeia de consumo, esse gasto deve ser tido como ínsito ao risco da atividade, e não pode, em nenhuma hipótese, ser suportado pelo consumidor. Incidência dos princípios que regem a política nacional das relações de consumo, em especial o da vulnerabilidade do consumidor (art. 4º, I, do CDC) e o da garantia de adequação, a cargo do fornecedor (art. 4º, V, do CDC), e observância do direito do consumidor de receber a efetiva reparação de danos patrimoniais sofridos por ele (art. 6º, VI, do CDC). 7. Como a defesa do consumidor foi erigida a princípio geral da atividade econômica pelo art. 170, V, da Constituição Federal, ***é ele – consumidor – quem deve escolher a alternativa que lhe parece menos onerosa ou embaraçosa para exercer seu direito de ter sanado o vício em 30 dias – levar o produto ao comerciante, à assistência técnica ou diretamente ao fabricante -, não cabendo ao fornecedor impor-lhe a opção que mais convém.***" (STJ, REsp 1634851/RJ, Rel. Ministra Nancy Andrighi, Terceira Turma, DJe 15/02/2018)

No mesmo sentido:

"Por estar incluído na cadeia de fornecimento do produto, quem o comercializa, ainda que não seja seu fabricante, fica responsável, perante o consumidor, por receber o item que apresentar defeito e o encaminha-lo à assistência técnica, independente do prazo de 72 horas da compra, sempre observado o prazo decadencial do art. 26 do CDC. Precedente recente da Terceira Turma desta Corte."(STJ, REsp 1568938/RS, Rel. Ministro Moura Ribeiro, Terceira Turma, julgado em 25/08/2020, DJe 03/09/2020)

De qualquer forma, sempre que o produto viciado for de difícil remoção (v.g. geladeira, fogão, e até mesmo televisões), jamais poderá ser exigido do consumidor que o produto seja encaminhado à assistência técnica ou até mesmo à loja. Nestas hipóteses, cabe à assistência técnica, se for o caso, encaminhar-se à até o local onde se encontra o produto.

O comerciante (lojista) também não poderá se recusar a receber o produto viciado alegando que o produto não foi adquirido naquele estabelecimento e sim em outro estabelecimento da mesma rede. Imagine o consumidor que adquiriu um produto quando estava viajando de férias em loja com vários estabelecimentos espalhados pelo Brasil. Ao retornar a sua cidade percebe que o produto apresenta vícios. Assim, exigir que o consumidor somente possa levar o produto à loja (estabelecimento) que vendeu o mesmo (no caso em outra cidade) configuraria prática abusiva, praticamente desestimulando o consumidor de tentar sanar o vício pela impossibilidade de encaminhar o produto à loja (ou impondo ao consumidor o custo do frete, o que poderá, muitas vezes, ser mais alto que o valor do produto, impedindo o consumidor de exercer o seu direito). Desta forma, tendo a loja vários estabelecimentos (em várias cidades ou não), poderá o consumidor entregar o produto para reparo em qualquer deles.

O STJ também considerou válida prática do comerciante de estipular prazo de 3 dias corridos a partir da compra (emissão da nota fiscal) para que o consumidor troque diretamente o produto viciado na própria loja. Neste aspecto, vale ressaltar que o que o CDC garante ao consumidor (salvo nas hipóteses do §3º do art. 18) é a sanação do vício no prazo de 30 dias e não o direito de troca imediata do produto (repito: salvo nas hipóteses do §3º do art. 18). Assim, quando o lojista garante ao consumidor a troca imediata do produto em um prazo de até 3 dias a contar da compra (emissão da nota fiscal) ele concede ao consumidor mais uma opção, qual seja, de trocar imediatamente o produto sem esperar o prazo de até 30 dias para a sanação do vício. Sobre este prisma, não haveria assim prática abusiva quando o lojista oferece ao consumidor uma nova opção (de certa maneira mais benéfica), desde que não sejam excluídas as outras hipóteses do §1º do art. 18 (troca, restituição ou abatimento). Assim, caso o consumidor não efetue a troca no prazo de 3 dias e a assistência técnica não sane o vício no prazo de 30 dias, o consumidor poderá também exigir do comerciante (loja), e não somente do fabricante, as hipóteses do §1º do art. 18 do CDC. Isso porque, conforme já elucidado, a responsabilidade no art. 18 é solidária entre todos os fornecedores presentes na relação com o consumidor.

Segue ementa do julgado:

> "RECURSO ESPECIAL. PROCESSUAL CIVIL. AÇÃO CIVIL PÚBLICA. JULGAMENTO EXTRA PETITA. OCORRÊNCIA. ASSISTÊNCIA TÉCNICA. FORNECEDOR. INTERMEDIAÇÃO. DESNECESSIDADE. ARTIGO 18, § 1º, DO CÓDIGO DE DEFESA DO CONSUMIDOR. OBSERVÂNCIA. (...) 2. Ausência de norma cogente no CDC, que confira ao consumidor um direito potestativo de ter o produto trocado antes do prazo legal. Não se colhe dos autos nenhum comportamento abusivo da empresa recorrente, que permite a troca da mercadoria no prazo de 3 (dias) para beneficiar o consumidor diligente. 3. Na hipótese, não sendo reparado o vício pela assistência técnica no prazo de 30 (trinta) dias, o consumidor poderá exigir do fornecedor, à sua escolha, as três alternativas constantes dos incisos I, II e III do § 1º do artigo 18 do CDC. 4(...) 5. A Terceira Turma já concluiu que a disponibilização de serviço de assistência técnica, de forma eficaz, efetiva e eficiente, na mesma localidade do estabelecimento do comerciante, afasta o dever do fornecedor de intermediar o serviço, sob pena de acarretar delongas e acréscimo de custos." (STJ, REsp 1459555/RJ, Rel. Ministro Ricardo Villas Bôas Cueva, Terceira Turma, DJe 20/02/2017)

Interessante caso julgado pelo STJ[309] possibilitou a exclusão da responsabilidade das instituições financeiras, mesmo se tratando de relação de consumo e de responsabilidade por vício do produto (veículo). Tal caso envolvia contrato de alienação fiduciária. A consumidora autora ajuizou ação de consignação em pagamento com pedido de resolução de contrato, alegando vícios de fabricação no veículo e pedindo, alternativamente, a troca por outro ou a resolução do contrato de alienação fiduciária com a devolução das prestações pagas. Como a instituição financeira tinha financiado a aquisição do veículo, foi inserida no polo passivo da ação. Nessas condições, o STJ considerou inviável a legitimidade passiva *ad causam* atribuída ao banco, uma vez que não foi o mesmo quem produziu ou alienou o veículo, não havendo como responder pelos vícios existentes no veículo. A instituição financeira apenas possibilitou o financiamento para a aquisição do veículo pela consumidora junto à concessionária. Assim, o STJ entendeu que em relação a vícios no veículo, a responsabilidade seria da concessionária ou da fábrica automotiva, a teor do art. 18 do CDC, eximindo a instituição financeira de qualquer responsabilidade. Agora, se a discussão envolvesse o próprio contrato de financiamento, dúvida não há de que a instituição financeira seria parte legítima para responder a ação, por exemplo, de revisão de cláusulas em razão de juros abusivos, etc.

---

309. "AÇÃO CONSIGNATÓRIA CUMULADA COM PEDIDO DE RESOLUÇÃO DE CONTRATO MOVIDA CONTRA O BANCO FINANCIADOR. FUNDAMENTO ALUSIVO A DEFEITO DE FABRICAÇÃO NO VEÍCULO. ILEGITIMIDADE PASSIVA. [...] É o banco réu parte ilegitimida para a causa, quando o fundamento do pedido é alheio ao contrato celebrado entre aquele e o autor, porém referente a vício de fabricação alegadamente encontrado no veículo, portanto advindo da compra e venda celebrada com a concessionária, envolvendo produto de montadora, e ambas não integram a lide" (STJ, REsp. 444699 / MA, Rel. Min. Aldir Passarinho, *DJ* 19/11/2007).

Por sua vez, quando se trata de instituição financeira vinculada à montadora (chamadas de "banco da montadora"), o STJ admite a responsabilidade da instituição financeira pelos vícios no veículo, tendo em vista sua condição de membro integrante da cadeia de fornecedores.

> DIREITO DO CONSUMIDOR. RESPONSABILIDADE SOLIDÁRIA DO BANCO DA MONTADORA, QUE FAVORECE A INSERÇÃO DO VEÍCULO NO MERCADO, PELOS VÍCIOS DO PRODUTO FINANCIADO. AGRAVO IMPROVIDO. 1. Demanda movida por consumidor que visa à substituição de bem móvel defeituoso. 2. Responsabilidade solidária da instituição financeira vinculada à concessionária do veículo ("banco da montadora"), pois parte integrante da cadeia de consumo. 3. Agravo interno improvido. (STJ, AgInt no AREsp 829.380/RJ, Rel. Ministro Marco Aurélio Bellizze, Terceira Turma, DJe 25/08/2016)

> "O cancelamento de contrato de compra e venda de veículo com a revendedora não se estende ao contrato de financiamento estabelecido com a instituição financeira, tendo em vista que a jurisprudência desta Corte entende não haver relação de acessoriedade entre o contrato de compra e venda de bem de consumo e o de financiamento bancário com alienação fiduciária destinado a viabilizar a aquisição. 2. Ressalte-se que esse entendimento difere dos casos em que a instituição financeira for vinculada diretamente à concessionária do veículo ("banco da montadora"), por ser parte integrante da cadeia de consumo." (STJ, AgRg no AREsp 688.771/RJ, Rel. Ministro Marco Aurélio Bellizze, Terceira Turma, DJe 03/02/2016)

Com a nova redação do art. 54-F, incluída pela Lei do Superendividamento, não haverá mais a distinção entre "banco de varejo" e "banco de montadora" para fins de relação de conexão entre os contratos. Bastará que, de alguma forma, o contrato de fornecimento de produto e serviço esteja vinculado ao contrato de crédito para configurar a relação de interdependência entre os contratos, de modo que a "sorte" de um, acarretará a "sorte" do outro (efeito dominó). Assim, havendo o exercício do direito do arrependimento, a exceção do contrato não cumprido, a invalidade ou ineficácia do contrato principal (fornecimento de produto ou serviço), o contrato acessório de crédito terá o mesmo fim.

Importante destacar que se o fornecedor mantiver alguma filial ou serviço de assistência no país, não poderá alegar a isenção de responsabilidade por vício em razão de o produto ter sido adquirido no exterior. No mundo globalizado, os direitos do consumidor não encontram fronteiras para proteger o ente vulnerável e responsabilizar o fornecedor.

> DIREITO DO CONSUMIDOR. FILMADORA ADQUIRIDA NO EXTERIOR. DEFEITO DA MERCADORIA. RESPONSABILIDADE DA EMPRESA NACIONAL DA MESMA MARCA ("PANASONIC"). ECONOMIA GLOBALIZADA. PROPAGANDA. PROTEÇÃO AO CONSUMIDOR. Se a economia globalizada não mais tem fronteiras rígidas e estimula e favorece a livre concorrência, imprescindível que as leis de proteção ao consumidor ganhem maior expressão em sua exegese, na busca do equilíbrio que deve reger as relações jurídicas, dimensionando-se, inclusive, o fator risco, inerente à competitividade do comércio e dos negócios mercantis, sobretudo quando em escala internacional, em que presentes empresas poderosas, multinacionais, com filiais em vários países, sem falar nas vendas hoje efetuadas pelo processo tecnológico da informática e no forte mercado consumidor que representa o nosso País. O mercado consumidor, não há como negar, vê-se hoje 'bombardeado' diuturnamente por intensa e hábil propaganda, a induzir a aquisição de produtos, notadamente os sofisticados de procedência estrangeira, levando em linha de conta diversos fatores, dentre os quais, e com relevo, a respeitabilidade da marca. Se empresas nacionais se beneficiam de marcas mundialmente conhecidas, incumbe-lhes responder também pelas deficiências dos produtos que anunciam e comercializam, não sendo razoável destinar-se ao consumidor as consequências negativas dos negócios envolvendo objetos defeituosos (STJ, REsp. 63981/SP, Rel. Min. Aldir Passarinho Júnior, *DJ* 20/11/2000).

Em outro interessante precedente, o STJ não permitiu que as empresas, que se valem da mesma marca (teoria da aparência), pudessem opor ao consumidor a distinta personalidade para não responder pelo vício do produto.

> "PROCESSUAL CIVIL E CONSUMIDOR. TEORIA DA APARÊNCIA. TEORIA DA CONFIANÇA. EMPRESA NACIONAL QUE SE BENEFICIA DE NOME E MARCA ESTRANGEIRA. RESPONSABILIZAÇÃO. POSSIBILIDADE. RESPONSABILIDADE OBJETIVA E SOLIDÁRIA. CONCEITO DE FORNECEDOR. PRÁTICA ABUSIVA. ARTS. 18, 34 E 39 DO CÓDIGO DE DEFESA DO CONSUMIDOR. ART. 265 DO CÓDIGO CIVIL. DEVER DE PRESTAÇÃO DE ASSISTÊNCIA TÉCNICA. 1. Segundo consta dos autos, o consumidor adquiriu, no Carrefour de Uberlândia, um videogame Playstation III, 80 GB AX e um controle PS3, sem fio, dual shock, Sony AX, pelo valor total de R$1.698,00. Em virtude de vício no produto, solicitou ao vendedor o envio do bem à assistência técnica do fabricante, o que não foi feito, sob o argumento de indisponibilidade, no Brasil, de tal serviço autorizado. A empresa Sony Brasil alegou não ter colocado o produto no mercado e que a responsável seria a empresa americana Sony Computer Entertainment America INC. 2. Extrai-se do acórdão recorrido que o entendimento do Tribunal de origem está em consonância com a orientação do Superior Tribunal de Justiça, de que, se empresas nacionais se beneficiam de marcas mundialmente conhecidas, incumbe-lhes responder também pelos vícios dos produtos que oferecem, anunciam ou comercializam. 3. Segundo o Tribunal de Justiça de Minas Gerais, "não se revela razoável exigir-se que o consumidor, que adquire um produto de marca de renome mundial, como a SONY, tenha ciência de que a empresa SONY BRASIL S/A difere-se da SONY AMERICA INC., sendo possível a aplicação da teoria da aparência". 4. À luz do sistema de proteção do consumidor, a teoria da aparência e a teoria da confiança, duas faces da mesma moeda, protegem a segurança jurídica e a boa-fé objetiva dos sujeitos vulneráveis e dos contratantes em geral. Em consequência, atribuem força negocial vinculante à marca mundial em detrimento de ficções contratuais, contábeis ou tributárias que contrariam a realidade dos fatos tal qual se apresentam nas transações de consumo e, simultaneamente, embasam – como técnica de defesa judicial contra o consumidor-vulnerável – a fragmentação de pessoas jurídicas em mercado reconhecidamente globalizado. 5. Quando campanhas publicitárias massivas e altamente sofisticadas são veiculadas de maneira a estimular sentimento, percepção e, correlatamente, expectativas legítimas dos consumidores, de um produto ou serviço único, que dilui e supera fronteiras nacionais – tornando irrelevante o país em que a operação negocial venha a se realizar -, justifica-se afastar a formalidade burocrática do nome do fornecedor ocasionalmente estampado na Nota Fiscal ou no contrato. Desarrazoado pretender que o consumidor faça distinção entre Sony Brasil Ltda. e Sony America Inc. Para qualquer adquirente, o produto é simplesmente Sony, é oferecido como Sony e comprado como Sony. 6. No Código de Defesa do Consumidor, a regra geral é a da responsabilidade civil objetiva e solidária. Não se sustenta, pois, a tese da recorrente, rechaçada pelo Tribunal a quo, de que o art. 265 do Código Civil, em casos de incidência das teorias da aparência e da confiança, afastar a a solidariedade do art. 18 do Código de Defesa do Consumidor. É exatamente por conta da teoria da aparência e da teoria da confiança que os fabricantes de marcas globalizadas, por meio de seus representantes no Brasil, "respondem solidariamente pelos vícios de qualidade ou quantidade" (art. 18) que se apresentem nos bens de consumo ofertados. Não custa lembrar que, no microssistema do CDC, existe inafastável obrigação de assistência técnica, associada não só ao vendedor direto, como também ao fabricante e ao titular da marca global, em nome próprio ou por meio de seu representante legal no país. 7. Em vez de deixar o consumidor à míngua de remédio jurídico e financeiro, compete às empresas integrantes de grupos econômicos com operação mundial, ou regional, prever, em contratos comerciais que celebrem entre si, mecanismos de ressarcimento e compensação recíprocos para hipóteses como a dos autos. Investir maciçamente em marcas mundiais para, logo após, contraditoriamente e em detrimento de sujeitos vulneráveis, usar de artifícios jurídicos vetustos e injustos de uma contratualística ultrapassada (nos planos ético e político) para negar, no varejo dos negócios, o que, com afinco, se pregou a quatro ventos,

caracteriza venire contra factum proprium (o proprium aqui significando a força comum e abrangente da marca globalizada), ou seja, prática abusiva, nos termos do art. 39 do CDC. Não se pode punir o consumidor que acredita em marca globalizada, mundialização essa que é estimulada pelo próprio titular da marca e que a ele favorece. 8. Logo, para fins legais, consoante dispõe o art. 34 do CDC e por força da teoria de aparência e da teoria da confiança, a Sony Brasil inclui-se no rol de fornecedores e, portanto, na cadeia de solidariedade prevista no art. 18 do CDC. Daí sua responsabilidade por vício de qualidade ou de quantidade em produtos que ostentem a mesma marca, obrigação genérica que inclui a de prestar assistência técnica – de início, não custa lembrar, foi esse o único pleito (modesto, legítimo e compreensível) do consumidor lesado." (STJ, REsp 1709539/MG, Rel. Ministro Herman Benjamin, Segunda Turma, DJe 05/12/2018)

Muito embora o art. 18 se refira a "*vícios de qualidade ou quantidade*", neste momento somente falaremos sobre os vícios de qualidade, deixando para tratar dos vícios de quantidade no art. 19.

Vícios de qualidade dos produtos são: 1) aqueles capazes de torná-los impróprios ou inadequados ao consumo; 2) aqueles que lhes diminuam o valor; e 3) aqueles que contêm falhas na informação (verdadeiros vícios de informação) em razão da disparidade com as indicações constantes do recipiente, da embalagem, rotulagem ou mensagem publicitária.

Assim, de modo exemplificativo, temos: veículo com falha no freio (produto inadequado); enlatados cujo conteúdo esteja deteriorado (produto impróprio); veículo com lataria amassada (vício que diminui o valor do produto); produto em que as informações sobre o uso estejam incorretas (vício de informação). Sobre o vício de informação, interessante as observações de Paulo Luiz Netto Lôbo[310] de que "nesta espécie de vício, o produto ou o serviço não apresentam defeito intrínseco. O vício é configurado objetivamente pela desconformidade entre os dados do rótulo, da embalagem, ou da mensagem publicitária, e os efetivamente existentes." Conclui, ao final, que "não há necessidade de demonstrar a impropriedade ou a inadequação do produto do serviço ao uso a que se destinam ou mesmo a diminuição de valor. Basta a desconformidade (ou disparidade) entre o anunciado e o existente adquirido ou utilizado."

Com relação aos produtos impróprios, a própria lei no § 6º enumera aqueles que são considerados impróprios para o uso e consumo: produtos cujos prazos de validade estejam vencidos; produtos deteriorados, alterados, adulterados, avariados, falsificados, corrompidos, fraudados, nocivos à vida ou à saúde, perigosos ou, ainda, aqueles em desacordo com as normas regulamentares de fabricação, distribuição ou apresentação; e produtos que, por qualquer motivo, se revelem inadequados ao fim a que se destinam.

O § 1º dispõe que o fornecedor terá a oportunidade de sanar o vício no prazo de 30 dias. Então, caso a televisão adquirida na loja apresente vícios, como imagem distorcida, por exemplo, o consumidor não poderá, de imediato, exigir outra nova, o dinheiro de volta ou o abatimento do preço. Isto porque o fornecedor terá o direito de consertar o vício. Somente quando não verificado o prazo de 30 dias para sanar o vício é que o consumidor, de acordo com a sua escolha e independentemente de justificativa[311], poderá exigir:

---

310. *Responsabilidade por vício do produto ou do serviço*. Brasília: Brasília Jurídica, 1996, p. 66.

311. "Conforme disposto no art. 18, § 1º, do CDC, no caso de o vício de qualidade não ser sanado no prazo de 30 (trinta) dias, cabe ao consumidor, *independentemente de justificativa*, optar pela substituição do bem, pela restituição do preço, ou pelo abatimento proporcional." (STJ, AgInt no AREsp 1674107/SP, Rel. Ministro Antonio Carlos Ferreira, Quarta Turma, DJe 28/08/2020)

1) a substituição do produto por outro da mesma espécie (inciso I);
2) a restituição imediata da quantia paga, monetariamente atualizada, exigindo inclusive perdas e danos (inciso II);
3) o abatimento proporcional do preço (inciso III).

Comprado veículo novo com defeito, aplica-se o art. 18 do Código de Defesa do Consumidor e não os artigos 12 e 13 do mesmo Código, na linha de precedentes da Corte. Em tal cenário, não há falar em ilegitimidade passiva do fornecedor (STJ, Resp nº 554.876/RJ, 3ª Turma, Rel. Min. Carlos Alberto Menezes, DJU de 17/02/2004). [...] Cabe ao consumidor a escolha entre a substituição, a restituição do preço, ou o seu abatimento proporcional em tais hipóteses – art. 18, § 1º, I a III, da Lei nº 8.078/1990. Precedente. (STJ, REsp. 912772 / RS, Rel. Min. Aldir Passarinho Júnior, DJe 11/11/2010)

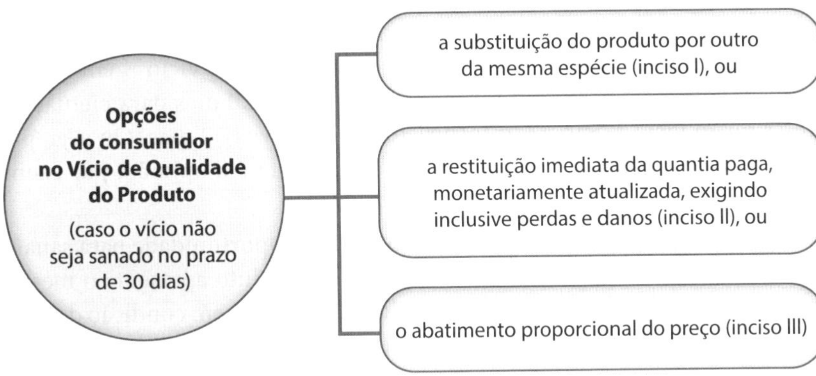

Sobre as opções do consumidor, duas observações são necessárias.

1) No caso de escolher outro produto da mesma espécie (na verdade o código deveria ter dito da mesma espécie, marca e modelo, ou seja, o mesmo produto) e o fornecedor não possibilitar a substituição do produto pretendido, o consumidor poderá optar pela substituição por outro de espécie, marca ou modelo diversos, mediante complementação ou restituição de eventual diferença de preço. É o que reza o § 4º do art. 18.
2) Embora a possibilidade de perdas e danos esteja elencada apenas no inciso II (quando o consumidor exigir a restituição da quantia paga), poderá ocorrer em quaisquer das hipóteses enumeradas no § 1º. Pelo princípio da reparação ampla do consumidor, sempre que houver comprovação de dano, seja patrimonial, moral ou ambos, deverá ser indenizado.

Para exercer o direito de opção contemplado no § 1º, decidiu o STJ que o consumidor não necessita notificar formalmente o fornecedor sobre o aparecimento do vício. Basta a prova de que o fornecedor teve conhecimento do vício e que não houve a sanação do mesmo no prazo de 30 dias.

Ação de indenização. Aquisição de veículo com defeito de fábrica. Reparação do vício. Art. 18, § 1º, do Código de Defesa do Consumidor. Notificação formal dos responsáveis. Desnecessidade. I – Constatado o vício de qualidade ou quantidade no produto, que o torne impróprio ou inadequado para o consumo, o § 1º do art. 18 do Código de Defesa do Consumidor concede ao fornecedor a oportunidade de saná-lo, no prazo de 30 dias, sendo facultado ao consumidor, em caso de não reparação do defeito, optar por uma dentre três alternativas: a substituição do produto por outro da mesma espécie em perfeitas condições de uso, a restituição imediata da quantia paga, monetariamente atualizada, sem prejuízo de eventuais perdas e danos, ou o abatimento proporcional do preço. II – *O objetivo do dispositivo legal em comento é dar conhecimento ao fornecedor do vício detectado no produto, oportunizando-lhe a iniciativa de saná-lo, fato que prescinde da notificação formal do responsável, quando este, por outros meios, venha a ter ciência da existência do defeito.* III – É o que se verifica na hipótese dos autos, em que, a despeito de não ter sido dirigida nenhuma notificação formal às rés, por força dos documentos comprobatórios das revisões realizadas no veículo, tiveram elas conhecimento dos problemas detectados, sem que os tivessem solucionado de modo definitivo (STJ, REsp. 435852/MG, Rel. Min. Castro Filho, *DJ* 10/09/ 2007).

Circunstância interessante e que o código não responde é se o fornecedor, a cada conserto efetuado no produto, teria mais 30 dias para efetuar novo conserto. Alguns autores defendem que o fornecedor teria, no máximo, 30 dias para efetuar o conserto de cada vício. Assim, suponhamos que o fornecedor sanasse o vício X em 10 dias. Caso o mesmo vício voltasse a ocorrer o fornecedor teria mais 20 dias para efetuar o reparo. Se ocorresse outro vício (vício Y), o fornecedor teria novos 30 dias. Ou seja, para cada vício, o fornecedor disporia de, no máximo, 30 dias. Esta é a opinião, por exemplo, de "Rizzatto Nunes.[312]

Para outros autores, o fornecedor teria apenas uma oportunidade para sanar o vício, devendo fazê-lo no prazo máximo de 30 dias. Caso o produto apresente o mesmo vício, presume-se que o fornecedor não conseguiu colocar o produto em condição de pleno uso e de forma apropriada para o consumidor. Assim, o consumidor poderá se valer das hipóteses do § 1º, ou seja, pedir outro produto; a restituição da quantia paga ou solicitar o abatimento proporcional, sem prejuízo de eventual indenização por perdas e danos. Leonardo Bessa[313] entende, inclusive, que mesmo que se trate de outro vício, o fornecedor não teria o prazo de 30 dias e o consumidor poderia, de imediato, valer-se das alternativas do § 1º. Para o autor, "há, no mínimo, um indicativo de desvalorização do produto."

Preferimos adotar uma posição intermediária. A primeira posição dá margens a abusos praticados pelos fornecedores. Imagine se o fornecedor consertar o produto em apenas um dia! Terá ele mais 29 oportunidades para sanar o vício? Nesse sentido é que entendemos que o fornecedor terá somente uma oportunidade para sanar cada vício. Mas também aceitar apenas um único vício por produto não parece a melhor solução. Será necessário analisar o caso concreto e verificar até que ponto o consumidor teve frustrada sua expectativa quanto à segurança e à qualidade do produto adquirido. Assim, o vício facilmente sanável em que o fornecedor utiliza apenas algumas horas no conserto é diferente do vício de maior complexidade, que demanda vários dias para ser sanado. No primeiro caso, apresentando o produto outro vício (diferente do já ocorrido), ainda que um pouco mais complexo, não servirá para que o consumidor utilize diretamente das alternativas do § 1º, devendo suportar a possibilidade de o fornecedor sanar o novo vício. Agora, no segundo caso, se mesmo depois de o consumidor ter sido privado da utilização do produto por um longo período de tempo, outro vício aparecer, vindo a deixar o consumidor novamente desamparado por

312. *Curso de Direito do Consumidor*. São Paulo: Saraiva, 2005, p. 184.
313. *Manual de Direito do Consumidor*. São Paulo: RT, 2007, p. 155.

dias, poderá haver a quebra da confiança depositada no produto, o que permite a utilização das alternativas do § 1º.

O STJ, por sua vez, entendeu que o fornecedor tem o prazo máximo de 30 dias para o saneamento do vício apresentado no produto, iniciando a contagem desde a primeira manifestação do vício (entenda-se o momento em que o consumidor comunicou o vício ao fornecedor) até o seu efetivo reparo, sem interrupção ou suspensão, após o que nasce para o consumidor o direito potestativo de exigir a substituição do produto, ou restituição imediata da quantia paga ou o abatimento proporcional do preço. Assim, suponhamos que um veículo tenha sido levado para a concessionária para conserto no primeiro dia do mês por apresentar falha no freio. Sendo o veículo entregue para o consumidor supostamente consertado dentro do prazo de 30 dias, o aparecimento do mesmo vício (falha no freio) posteriormente não criará para o fornecedor um novo prazo. Isso porque a entrega do veículo ao consumidor não tem o condão de suspender ou interromper o prazo de 30 dias, tendo a concessionária, portanto, no máximo, 30 dias para consertar o vício, iniciando o prazo a partir da primeira oportunidade que teve para sanar o vício. Assim, se o vício (falha no freio) somente foi consertado efetivamente após 45 dias da primeira comunicação do consumidor ao fornecedor (ainda que o veículo, neste interregno, tenho sido levado várias vezes para conserto), por ter se passado mais de 30 dias, o consumidor terá direito às opções do §1º do art. 18.

> "Em havendo sucessiva manifestação do mesmo vício no produto, o trintídio legal é computado de forma corrida, isto é, sem que haja o reinício do prazo toda vez que o bem for entregue ao fornecedor para a resolução de idêntico problema, nem a suspensão quando devolvido o produto ao consumidor sem o devido reparo." (STJ, REsp 1684132/CE, Rel. Ministra Nancy Andrighi, Terceira Turma, DJe 04/10/2018)

Mesmo quando o fornecedor utilizar-se do direito de sanar o vício dentro do prazo de 30 dias, poderá vir a indenizar o consumidor pelos prejuízos sofridos em razão da privação do uso do bem durante o prazo de conserto, que conforme veremos, poderá ser ampliado para até 180 dias (§ 2º). Isso ocorre em razão do princípio básico da efetiva prevenção e reparação de danos patrimoniais e morais contemplado no art. 6, VI, do CDC.[314] Sobre o tema, interessantes as observações de Leonardo Bessa[315] no sentido de que "embora não seja a regra, o direito privado aceita e regula situações em que o exercício normal de um direito enseja indenização a pessoas lesadas. Recordem-se as hipóteses previstas no art. 188 c/c o art. 929 do CC: atos praticados em legítima defesa ou estado de necessidade com danos a terceiros. No caso, exercita-se um direito, mas há o dever de indenizar."

Trazendo a ideia para o CDC, continua o ilustre autor dizendo que o "mesmo ocorre com o fornecedor ao retirar o bem da posse do consumidor para realizar o reparo: há exercício do direito e, concomitantemente, o dever de indenizar o consumidor pelos prejuízos

314. Conforme exposto, as perdas e danos sempre serão possíveis. Essa é a posição do STJ: "O vício do produto ou serviço, ainda que solucionado pelo fornecedor no prazo legal, poderá ensejar a reparação por danos morais, desde que presentes os elementos caracterizadores do constrangimento à esfera moral do consumidor. Se o veículo zero-quilômetro apresenta, em seus primeiros meses de uso, defeitos em quantidade excessiva e capazes de reduzir substancialmente a utilidade e a segurança do bem, terá o consumidor direito à reparação por danos morais, ainda que o fornecedor tenha solucionado os vícios do produto no prazo legal." (STJ, REsp. 324629 / MG, Rela. Mina. Nancy Andrighi, *DJ* 28/04/2003).

315. *Manual de Direito do Consumidor.* São Paulo: RT, 2007, p. 155.

sofridos (art. 6º, VI). Daí ser recomendável, para afastar ou diminuir a indenização, que, no período de conserto, o fornecedor entregue ao consumidor produto semelhante (ex.: um outro veículo, até a troca do retrovisor do carro do consumidor)."

Por acarretar geralmente maiores transtornos para o consumidor, importante apontar algumas considerações em relação a ocorrências de vícios em veículos automotores. Primeiro porque os valores envolvidos são vultuosos (em geral o valor de um veículo é considerável em relação ao patrimônio do consumidor) e em segundo lugar os veículos são utilizados para o deslocamento do consumidor e de sua família, sendo utilizados até mesmo no exercício de uma atividade lucrativa (imagine um família que produz doces e bolos para festas e que utiliza o único carro para entregar os produtos).

A jurisprudência, de uma maneira geral, é um pouco complacente com as concessionárias e montadores pelos transtornos causados aos consumidores em vícios nos veículos. Pelo CDC, caso o vício não seja sanado pela concessionária, o consumidor já teria as hipóteses do § 1º do art. 18 para escolher. Como já exposto, como a concessionária não foi capaz de consertar o vício, o consumidor não é obrigado a ficar com o produto adquirido (se não foi possível consertar o vício é porque o fornecedor ou não sabe consertá-lo – o que é grave! – ou porque o vício é complexo e de difícil conserto.)

O problema é que seja na hipótese de ocorrência de vícios reiterados no veículo em que o consumidor precisa ir várias vezes à concessionária, seja na hipótese do vício no veículo não ser consertado no prazo de 30 dias, o consumidor não consegue efetivar o seu direito simplesmente comunicando a sua opção à concessionária ou montadora. Isso porque a concessionária ou montadora irá se negar a trocar o veículo do consumidor, devolver o dinheiro gasto ou até mesmo dar o abatimento no valor.

Neste caso, não resta outra alternativa ao consumidor do que pleitear o seu direito na justiça. E é aí que começa o martírio para o consumidor e o problema para as relações de consumo. Muitas vezes o consumidor não vai à justiça porque ele ficará sem o uso de seu veículo (afinal de contas o vício não foi consertado) e ainda terá que esperar vários anos até o processo ser finalizado. Nestas hipóteses, o consumidor acaba tolerando as várias idas às concessionárias no afã de resolver o problema. Por outro lado, sabendo desta realidade, a concessionária e a montadora se negam a efetivar o direito do consumidor, justamente porque sabem que o mesmo não procurará a justiça, acarretando um problema global nas relações de consumo.

Somente quando o consumidor necessita ir várias vezes à concessionária, ou seja, somente quando o vício não é sanado em diversos consertos realizados é que, em geral, a jurisprudência tem condenado o fornecedor em danos morais.[316]

316. Nesse sentido: "O defeito apresentado por veículo zero-quilômetro e sanado pelo fornecedor, via de regra, se qualifica como mero dissabor, incapaz de gerar dano moral ao consumidor. Todavia, a partir do momento em que o defeito extrapola o razoável, essa situação gera sentimentos que superam o mero dissabor decorrente de um transtorno ou inconveniente corriqueiro, causando frustração, constrangimento e angústia, superando a esfera do mero dissabor para invadir a seara do efetivo abalo psicológico.4. Hipótese em que o automóvel adquirido era zero-quilômetro e, em apenas 06 meses de uso, apresentou mais de 15 defeitos em componentes distintos, parte dos quais ligados à segurança do veículo, ultrapassando, em muito, a expectativa nutrida pelo recorrido ao adquirir o bem." (STJ, REsp 1395285/SP, Rel. Ministra Nancy Andrighi, Terceira Turma, DJe 12/12/2013) No mesmo sentido: "Configura dano moral, suscetível de indenização, quando o consumidor de veículo zero quilômetro necessita retornar à concessionária por

Independentemente da condenação por danos morais, a preocupação maior é com a efetivação de um direito reconhecido pelo CDC e que na prática tem impossibilitado o consumidor de exercê-lo, ocasionando não somente uma lesão individual mas permitindo um grave dano global às relações de consumo, uma vez que o fornecedor nunca concede o direito de escolha ao consumidor.

A fim de amenizar esta situação, quando o consumidor, na causa de pedir, demonstrasse minimamente que o conserto não foi realizado no prazo de 30 dias e/ou que o mesmo vício voltou aparecer (sinal de que o vício não foi consertado), havendo pedido liminar, deveria o magistrado abrir prazo para o fornecedor rebater os argumentos e após esta fase, já deveria, de plano, decidir se o consumidor tem direito a exercer as escolhas das hipóteses do § 1º do art. 18. Geralmente o consumidor consegue fazer facilmente esta prova (basta demonstrar o recibo que deixou o carro para conserto e que o mesmo somente foi devolvido do conserto – ou nem foi devolvido – em prazo superior a 30 dias; ou demonstrar via nota fiscal que o vício era repetido).

Não apresentando o fornecedor argumentos e provas que refutam a veracidade do postulado pelo consumidor, deverá o magistrado já permitir, de maneira satisfativa, que o consumidor possa fazer uso das hipóteses do § 1º do artigo 18.[317] É o que prevê

---

diversas vezes para reparo de defeitos apresentados no veículo adquirido." (STJ, AgRg no AREsp 672.872/PR, Rel. Ministro Marco Aurélio Bellizze, Terceira Turma, DJe 10/06/2015)

317. Veja como a trágica história a seguir, julgada pelo STJ, poderia ter sido evitada caso fosse suscitado a tutela antecipada e aplicado o entendimento acima. O caso envolveu um veículo novo adquirido em 2004 que, em menos de 02 meses após a aquisição, começou a apresentar descascamento na pintura, primeiramente no para-lamas e depois no capô. Como a concessionária não quis pintar o carro todo e somente se ofereceu para pintar a parte descascada, o consumidor não aceitou o serviço pois o carro ficaria com "*aparência de um carro reformado*", solicitando então, judicialmente contra a concessionária e a montadora, a substituição por outro veículo ou a devolução do dinheiro (aplicação do §3º do art. 18 que permite o consumidor fazer uso das hipóteses do §1º do art. 18). A sentença julgou improcedente o pedido do consumidor, sendo reformada pelo TJ ao argumento de que *"a única proposta oferecida pelas Demandadas não é capaz de sanar completamente o vício que maculava o produto então fornecido, há que se aplicar a contida no art. 18, §1º do CDC."* Embora não citando o §3º do art. 18, o TJ garantiu ao consumidor a substituição por outro veículo. Tanto a concessionária como a montadora recorreram ao STJ. Acontece que, no curso da demanda, em 2012, ou seja, após 8 anos da compra do veículo, o consumidor alienou o veículo a terceiro pelo preço médio de mercado. Assim, embora o STJ tenha reconhecido ao consumidor na fundamentação do acórdão o direito a substituição do veículo por ele não ser obrigado a suportar a depreciação do mesmo – depreciação esta confirmada inclusive por perícia -, o STJ reformou o acordão do TJ sob o argumento de que como o consumidor conseguiu vender o carro pelo preço médio de mercado (8 anos após a aquisição), no caso concreto não houve a depreciação que supostamente as partes descascadas acarretariam ao preço do veículo. O resumo da história é, ao meu ver, trágico. O consumidor foi inicialmente lesado comprando um carro zero quilômetro de alto custo (modelo Hilux 4CDK) que, após 2 meses, apresentou problemas na pintura. Neste caso, de plano, principalmente em razão da negativa da concessionária de pintar o carro todo (opção sugerida pelo consumidor), o magistrado já tem condições de aplicar o §3º do art. 18, dando ao consumidor o direito a substituição do veículo (conclusão que chegou o STJ 14 anos depois) em concessão de tutela de evidência. O consumidor teve que ajuizar a ação e, naturalmente, em razão do tempo de uso (mais de 8 anos), preferiu alienar o veículo a terceiros. Como foi vendido após 8 anos, é natural que não apareça no carro a depreciação específica do descascamento ocorrida nos primeiros meses da compra. Este fato (venda a terceiros pelo preço médio de mercado) foi justamente o que fez com que o consumidor "perdesse" o seu direito a substituição do veículo. Ou seja, após todo o dissabor de comprar um veículo novo com vícios que caso, fossem sanados, acarretariam uma depreciação no mesmo, teve que ajuizar a ação, esperar 14 anos o trâmite e ainda, após a reforma pelo STJ, terá que pagar custas e honorários

o novo CPC/15 através da tutela da evidência instituída no art. 311. Reza o art. 311, IV do novo CPC/15 que:

> Art. 311 do novo CPC/15. A tutela da evidência será concedida, independentemente da demonstração de perigo de dano ou de risco ao resultado útil do processo, quando:
>
> (...)
>
> IV – a petição inicial for instruída com prova documental suficiente dos fatos constitutivos do direito do autor, a que o réu não oponha prova capaz de gerar dúvida razoável.

Ao final do processo, considerando que o fornecedor (concessionária e/ou montadora) tinha razão, caberá a este cobrar do consumidor os valores atualizados e mais perdas e danos, se houver. Semelhante hipótese já acontece com as liminares para internação, medicamentos e procedimentos cirúrgicos requeridos pelo consumidor contra os planos de saúde. Atestando ao final que o consumidor não tinha direito, caberá ao plano de saúde cobrar os valores dispendidos no tratamento, internação, etc.

Com esta prática, certamente o consumidor poderia exercer seus direitos de forma mais plena, requerendo do fornecedor o cumprimento dos direitos instituídos no CDC. De outro modo, os fornecedores, receosos de que o consumidor conseguirá provar a hipótese do § 1º, *caput,* do art. 18 (que o vício não foi sanado no prazo máximo de trinta dias), fará de tudo para que o vício seja realmente sanado e que o conserto seja efetivado no prazo de 30 dias, melhorando as relações de consumo como um todo.

Tema extremamente atual e que vem ganhando força nos Estados Unidos e na Europa é sobre o direito subjetivo do consumidor de poder consertar os produtos (***right to repair***), caso apresentem vícios, principalmente quando ocorrem fora da garantia contratual e não são decorrentes de vícios ocultos. Isso porque, nas hipóteses de produtos na garantia ou no caso de vícios ocultos, o fornecedor tem o dever de garantir o conserto ao consumidor. Fora estas hipóteses, o que acontece é que muitas vezes (para não dizer a maioria), o consumidor

---

advocatícios. A ementa do julgado foi a seguinte: "Ação de obrigação de fazer c/c pedido de indenização por danos materiais, ajuizada por consumidor em razão da aquisição de veículo novo ("zero quilômetro") que apresentou defeito na pintura. (...) 5. A teor do disposto no art. 18, § 1º, do CDC, tem o fornecedor, regra geral, o prazo de 30 (trinta) dias para reparar o vício no produto colocado no mercado, após o que surge para o consumidor o direito de exigir a substituição do produto, a restituição imediata da quantia paga ou o abatimento proporcional do preço. 6. A oportunidade de sanear o vício no prazo de 30 (trinta) dias trata-se, a rigor, de um direito do fornecedor, que apenas é afastado nas hipóteses previstas no art. 18, § 3º, do CDC, a saber: (i) quando, em razão da extensão do vício, a substituição das partes viciadas puder comprometer a qualidade ou características do produto, ou diminuir-lhe o valor; (ii) quando se tratar de produto essencial. 7. Hipótese dos autos em que a pretensão do consumidor de substituir o veículo defeituoso por outro similar está assentada, ainda que implicitamente, na primeira exceção disposta no parágrafo terceiro do art. 18 do CDC, sob o argumento de que a solução proposta pelas fornecedoras, no sentido de promover apenas a pintura das partes afetadas do veículo, seria inadmissível porque ensejaria a depreciação do bem, diminuindo-lhe o valor de revenda. 8. *Todavia, no curso do processo, verificou-se que o veículo foi vendido a terceiro por valor correspondente ao preço médio praticado no mercado, diferentemente do prognóstico feito pelo consumidor. A hipótese concreta, portanto, se subsume à regra geral do parágrafo primeiro do art. 18 do CDC, e não à exceção contida no parágrafo terceiro do mesmo dispositivo legal.* 9. À luz do disposto no art. 462 do CPC/73, é dever do julgador tomar em consideração fatos supervenientes que influam no julgamento da lide, constituindo, modificando ou extinguindo o direito alegado, sob pena de a prestação jurisdicional se tornar desprovida de eficácia ou inapta à justa composição da lide. 10. Recursos especiais conhecidos e providos." (STJ, REsp 1637628/ES, Rel. Ministra Nancy Andrighi, Terceira Turma, DJe 07/12/2018)

encontra enormes obstáculos na hora de consertar o produto. Já ficou conhecido o jargão de que é mais *"fácil e barato comprar outro do que consertar"* e de que consertar os produtos hoje em dia *"não compensa"*. O orçamento apresentado pela assistência técnica, envolvendo peças e mão de obra, chega a ser, muitas vezes, quase o preço de um novo produto (quando não chega, até mesmo, a ultrapassar o preço de um novo...).

Em boa parte, isso se deve ao desinteresse da indústria em postergar ou aumentar o tempo de duração dos produtos (vida útil). Os produtos atualmente são fabricados para terem durabilidade limitada, de modo a incentivar o consumidor a adquirir novos produtos em curto espaço de tempo. Ou seja, a indústria hoje trabalha com o conceito de obsolescência (tornar-se obsoleto) de forma programada (***obsolescência programada***).

É muito mais produtivo focar na produção e na inserção de novas tecnologias do que produzir peças (muitas vezes de modelos não mais produzidos) para o eventual reparo. Assim, uma vez danificada a peça de um produto, é mais lucrativo, para a indústria, o consumidor descartar e providenciar a compra de outro, com melhor tecnologia e preço agregado.

O chamado ***direito ao conserto*** *(right do repair)* visa garantir que os produtos adquiridos correspondam à finalidade para o quais foram concebidos no tocante a vida útil adequada. Este direito visaria não somente proteger os interesses econômicos do consumidor individual, mas também a toda a sociedade, uma vez que o consumo exacerbado de novos produtos e o consequente descarte dos antigos aumenta o chamado lixo eletrônico, impactando substancialmente o meio ambiente. O impacto ambiental varia desde grandes emissões de carbono à contaminação de fontes de água e de cadeias de abastecimento de alimentos. Com a garantia do direito ao conserto, assim, estará se promovendo um consumo sustentável.

O direito ao conserto (reparo) está em consonância com principiologia do CDC. O art. 4º, II, d, estipula o princípio da ação governamental no sentido de proteger efetivamente o consumidor através da *"garantia dos produtos e serviços com padrões adequados de qualidade, segurança, durabilidade e desempenho'*. Deste modo, para que se obtenha padrões adequados de durabilidade é essencial que se incentive e oportunize a reparabilidade dos produtos danificados.

Para isso, é fundamental que seja rechaçada qualquer tentativa do fornecedor de não permitir a reparabilidade dos produtos danificados, seja através do preço exagerado das peças de reposição, seja demorando muito tempo para disponizar as peças no mercado.[318-319] Vale

318. Fábio Siebeneichler de Andrade ainda ressalta outro abuso praticado pelos fabricantes (o de não fornecer peças de reposição para oficinas independentes não oficiais). Ressalta o autor que "deveria ser desestimulado aos fornecedores, que, de alguma forma, concebessem ou fabricassem produtos eletrônicos de modo a impedir diagnósticos razoáveis de seus produtos, ou o conserto deles, por oficinas independentes. Nesse sentido, tem sido identificada a sistemática por parte dos fabricantes, que obstaculizam o acesso às peças para o mercado independente, ou tentam mesmo evitar que outros agentes atuem no setor de fornecimento de peças ou de conserto." ANDRADE. Fábio Siebeneichler de. Perspectivas sobre o direito à reparação: um novo direito subjetivo do consumidor *Revista de Direito do Consumidor*, vol. 136/2021, p. 423-440.

319. Laís Bergstein elenca vários setores em que há obstáculos ao reparo (direito ao conserto). Segundo a autora, "obstáculos ao reparo são atualmente presentes em diversos setores, especialmente com tratores, veículos automotores, smartphones, máquinas de café e refrigeradores, cujas peças com desgaste mais acelerado não podem tecnicamente ser substituídas, o seu custo é impeditivo ou inexiste concorrência no setor. Começaram, então, a surgir propostas legislativas de estabelecimento do direito ao conserto – right to repair –, que

lembrar que o fabricante e/ou o importador deverão, por força do art. 32 do CDC, fornecer peças de reposição enquanto durar a vida útil do produto (conjugação do parágrafo único do art. 32 do CDC com o art. 13, XXI do Decreto 2.181/1997).

Caberá, assim, aos órgãos de defesa do consumidor fiscalizar e multar os fabricantes e importadores que disponibilizarem peças com atraso e também com preços elevados, considerando o preço final do produto. Não é admissível que uma peça de reposição, que servirá para o conserto do produto danificado, custar quase o preço do produto novo. O argumento econômico das empresas de que o custo de produção e disponibilização de peças isoladas é extremamente alto não deverá se sobrepor ao princípio que garante a reparabilidade dos produtos de modo a preservar o mercado de consumo e o meio ambiente.

Deverá também a jurisprudência ser sensível ao problema não permitindo os preços abusivos cobrados pelas peças de reposição, de modo a incentivar o consumidor a conseguir a reparabilidade, através do pagamento de um preço acessível, considerando o preço final do produto.

Pelo § 2º, o Código também prevê a possibilidade de as partes convencionarem a redução ou ampliação do prazo de 30 dias para que seja sanado o vício, mas não poderá ser nunca inferior a 7 dias e nem superior a 180 dias. Essa flexibilidade permite que fornecedores e consumidores negociem prazos mais adequados ao tipo de produto ou serviço, desde que dentro do intervalo legal. Na prática, tal estipulação é quase inexistente no mercado de consumo.[320] De acordo com o § 2º, quando a ampliação ou redução do prazo para sanar o vício ocorrer nos contratos de adesão, essa estipulação deverá ser convencionada em separado, através de manifestação expressa do consumidor. O CDC busca equilibrar a flexibilidade contratual com a proteção dos direitos do consumidor, garantindo transparência e consentimento informado na definição dos prazos de garantia em contratos de adesão.

Existem quatro hipóteses contempladas no § 3º em que o consumidor não precisará esperar o prazo de 30 dias para sanar o vício. Em tais circunstâncias, o consumidor poderá, diretamente, exigir as alternativas do § 1º (substituição do produto, restituição da quantia paga ou abatimento proporcional do preço). São elas:

1) quando a substituição das partes viciadas puder comprometer a qualidade do produto (*v.g.*, queima no circuito eletrônico do aparelho e a troca comprometer a qualidade do produto, ou seja, o aparelho não terá a mesma eficiência);
2) quando a substituição das partes viciadas puder comprometer as características do produto (*v.g.*, copo de liquidificador trincado e o fornecedor não possui peças de reposição daquele modelo e ao inserir copo de outro modelo ou marca há comprometimento das características do produto);

---

obrigaria os fabricantes a disponibilizar ferramentas, peças de reposição, equipamentos de software para proprietários de dispositivos e técnicos independentes." BERGSTEIN, Laís. Coluna Garantias do Consumo. *O direito ao conserto e a erosão da propriedade* Disponível em: < https://www.conjur.com.br/2021-set-01/garantias-consumo-direito-conserto-erosao-propriedade#_ednref18 > Acesso em: 16/02/2022.

320. "Não é abusiva cláusula de tolerância de até 180 dias, convencionada com específica concordância do consumidor, para que o fornecedor sane o vício do seu produto (art. 18, § 2º, do CDC)." (STJ, REsp n. 1.556.142/GO, relatora Ministra Maria Isabel Gallotti, Quarta Turma, DJe de 14/9/2023.)

3) quando a substituição das partes viciadas diminuir o valor do produto (*v.g.*, automóvel com a lataria amassada, pois ainda que haja o conserto, haverá naturalmente a diminuição do preço do produto);
4) quando se tratar de produto essencial (*v.g.*, vício em telefone celular, principalmente quando o consumidor o utiliza profissionalmente, tornando-se um produto essencial).[321]

Por produto essencial entende-se aquele produto que, devido a importância e necessidade para a sua vida, o consumidor tem a justa expectativa de sua pronta utilização (ou seja, não pode esperar para ser consertado). É o caso de eletrodomésticos, como geladeiras e fogão; aparelho celular; carro para o taxista, vestido de noiva em que o casamento se dará em um prazo inferior a 30 dias, etc.

Sobre as alternativas do consumidor elencadas no § 1º e o momento certo de exigi-las, doutrina Luis Guilherme Marinoni "que o consumidor somente pode exercer esse seu direito de opção se houver solicitado a substituição das partes viciadas. De modo que a reclamação de substituição das partes viciadas não constitui opção, mas antes verdadeira obrigação, que somente pode ser excepcionada nas hipóteses do § 3º do art. 18."[322]

De acordo com o § 5º, "*no caso de fornecimento de produtos* in natura, *será responsável perante o consumidor o fornecedor imediato, exceto quando identificado claramente seu produtor.*" Produtos *in natura* são classificados por Zelmo Denari[323] como "o produto agrícola ou pastoril, colocado no mercado de consumo sem sofrer qualquer processo de industrialização, muito embora possa ter sua apresentação alterada em função da embalagem ou acondicionamento".

Para alguns doutrinadores como Zelmo Denari[324] e Antônio Herman Benjamin,[325] o § 5º teria previsto uma responsabilidade exclusiva para o fornecedor imediato, excepcionando a regra da solidariedade, conclusão com a qual não concordamos.

Nos dizeres da Prof.ª Cláudia Lima Marques, a norma tem finalidade educativa[326] e visa ampliar as garantias de proteção ao consumidor e não, ao contrário, limitar. Quando a norma determina que a responsabilidade será do fornecedor imediato (o que, na maioria das vezes, é o comerciante) é uma forma de ampliar a proteção do consumidor (embora não precisasse já que o próprio *caput* do art. 18 já estipula a solidariedade), pois ainda que o produtor não possa ser claramente identificado, restará a responsabilidade do fornece-

321. De acordo com o Decreto 7.963, de 15 de março de 2013, o Conselho de Ministros da Câmara Nacional das Relações de Consumo (integrado pelos Ministro de Estado da Justiça, Ministro Chefe da Casa Civil, Ministro de Estado da Fazenda, Ministro de Estado do Desenvolvimento, Indústria e Comércio Exterior e Ministro de Estado do Planejamento, Orçamento e Gestão), elaborará proposta de regulamentação do § 3º do art. 18 para especificar produtos de consumo considerados essenciais e dispor sobre procedimentos para uso imediato das alternativas previstas no § 1º do art. 18.

322. MARINONI, Luis Guilherme. "A Tutela Específica do Consumidor". *Revista de Direito do Consumidor*. 50/100.

323. *Código Brasileiro de Defesa do Consumidor*. 6ª ed. Rio de Janeiro: Forense Universitária, 1999, p. 185.

324. *Código Brasileiro de Defesa do Consumidor*. 9ª ed. Rio de Janeiro: Forense Universitária, 2007, p. 219.

325. *Comentários ao Código de Proteção do Consumidor*. São Paulo: Saraiva, 1991. Coordenador: Juarez de Oliveira, p. 87.

326. *Comentários ao Código de Defesa do Consumidor*. 2ª ed. São Paulo: RT, 2005, p. 340. Entendendo também que o § 50 não excepcionou a regra da responsabilidade solidária, Rizzatto Nunes. *Curso de Direito do Consumidor*. São Paulo: Saraiva, 2005, p. 205.

dor imediato, uma vez que é o único que o consumidor tem conhecimento da existência. Logicamente, quando também conhecido o produtor, ambos serão responsáveis, podendo haver ação de regresso de quem suportou o vício contra quem realmente é o responsável.

Dessa forma, a regra continua a mesma, ou seja, a responsabilidade solidária. Se for possível conhecer o produtor, o consumidor poderá reclamar tanto dele quanto do fornecedor imediato.

Em relação aos produtos *in natura*, o fornecedor não poderá se valer do prazo de 30 dias estabelecido no § 1º para sanar o vício apresentado. Aqui, de imediato, o fornecedor deve providenciar a substituição do produto ou a restituição da quantia paga ou o abatimento proporcional do preço.

Por fim, o § 6º do CDC define como impróprios ao uso e consumo os produtos que, por suas condições ou características, representam um risco à saúde, segurança ou funcionalidade esperada pelo consumidor. Esse dispositivo visa proteger o consumidor contra itens que, ao invés de atender às finalidades para as quais foram adquiridos, possam causar danos ou não cumprir suas funções básicas.

O inciso I do § 6º classifica como impróprios os produtos com prazo de validade vencido, pois esses itens apresentam riscos de deterioração e contaminação, podendo ser prejudiciais à saúde. Produtos alimentícios, medicamentos e cosméticos, por exemplo, perdem sua segurança e eficácia ao ultrapassarem essa data, justificando a proibição de sua comercialização ou consumo.

Já o inciso II do § 6º inclui uma lista de produtos que, devido à sua condição, também são considerados impróprios, como os deteriorados, adulterados, avariados, falsificados ou perigosos. Essa classificação protege o consumidor contra produtos que, por sua má conservação, manipulação incorreta ou fraudes, possam trazer prejuízos graves. Além disso, o inciso abrange aqueles que não atendem às normas regulamentares, assegurando que o produto cumpra os requisitos técnicos e legais para seu uso seguro.

E o inciso III do § 6º considera impróprios os produtos que, por qualquer motivo, sejam inadequados para o fim a que se destinam. Isso engloba itens que, ainda que estejam em boas condições e dentro da validade, não cumprem a função prometida, enganando o consumidor ou frustrando suas expectativas legítimas de uso. Um exemplo seria um protetor solar que, embora dentro do prazo de validade e aparentemente em boas condições, não oferece a proteção contra raios UV prometida na embalagem. Mesmo sem sinais visíveis de deterioração, o produto se revela inadequado para a finalidade a que se destina, pois não cumpre sua função essencial de proteger a pele, expondo o consumidor a riscos de queimaduras e outros danos.

Essas previsões do § 6º garantem que o consumidor tenha acesso a produtos seguros, funcionais e adequados ao uso esperado, reforçando o compromisso do CDC com a proteção da saúde, segurança e confiança nas relações de consumo.

PRINCIPAIS JURISPRUDÊNCIAS DO STF E STJ

A instituição financeira responde por vício na qualidade do produto ao emitir comprovantes de suas operações por meio de papel termossensível

O STJ entendeu que a emissão de comprovantes em papel termossensível, cuja durabilidade é reduzida, caracteriza vício de qualidade no serviço bancário, pois não atende às necessidades do consumidor nem respeita o princípio da confiança. A frágil impressão pode prejudicar a comprovação de operações financeiras, onerando o consumidor, especialmente com cobranças abusivas para reemissão de segunda via. Assim, é dever das instituições financeiras oferecer gratuitamente a segunda via do comprovante, garantindo segurança e equilíbrio na relação de consumo. (STJ, REsp 1414774/RJ, Rel. Ministro Luis Felipe Salomão, Quarta Turma, DJe 05/06/2019)

Seguro habitacional no SFH cobre vícios ocultos mesmo após quitação do contrato de financiamento

O STJ entendeu que a quitação do contrato de mútuo para aquisição de imóvel no SFH não extingue a obrigação da seguradora (no seguro obrigatório) de indenizar os compradores por vícios de construção ocultos que impliquem ameaça de desabamento. (STJ, REsp 1622608/RS, Rel. Ministra Nancy Andrighi, Terceira Turma, DJe 19/12/2018)

Tolerância do consumidor não implica renúncia ao direito de reclamar por vício no produto

O STJ entendeu que a tolerância do consumidor ao aguardar a solução de um vício no produto, mesmo após o prazo legal para reparação, não configura renúncia ao direito de reclamar, conforme o art. 26, § 3º, do CDC, já que o prazo decadencial só se inicia após resposta inequívoca do fornecedor. Além disso, mesmo com o vício sanado, o consumidor pode exigir a substituição do produto, a devolução do valor pago ou o abatimento proporcional do preço, caso a reparação comprometa a qualidade, características ou valor do bem, especialmente em produtos essenciais. (STJ, REsp 1734541/SE, Rel. Ministra Nancy Andrighi, Terceira Turma, DJe 22/11/2018)

Seguradora deve arcar com conserto em oficina escolhida pelo consumidor, no limite do orçamento aprovado

O STJ entendeu que é direito do segurado escolher livremente a oficina para reparar seu veículo, podendo optar por uma de sua confiança, ainda que existam vantagens no uso de oficinas referenciadas, como redução de franquia ou carro reserva. Essa escolha não impede a seguradora de avaliar o estado do veículo e o orçamento apresentado, sendo o reparo realizado conforme a autorização da seguradora, salvo situações de má-fé. (STJ, REsp 1336781/SP, Rel. Ministro Ricardo Villas Bôas Cueva, Terceira Turma, DJe 08/10/2018)

Vício do produto não causa, por si só, dano moral

"Dano moral: agressão ou atentado aos direitos de personalidade. Necessidade de reavaliação da sensibilidade ético-social comum na configuração do dano moral. Inadimplemento contratual ou vício do produto não causa, por si, danos morais." (STJ, REsp 1637266/BA, Rel. Ministra Nancy Andrighi, Terceira Turma, DJe 15/12/2016)

O provedor de buscas de produtos à venda on-line não pode ser responsabilizado por qualquer vício da mercadoria ou inadimplemento contratual

"O provedor de buscas de produtos que não realiza qualquer intermediação entre consumidor e vendedor não pode ser responsabilizado por qualquer vício da mercadoria ou inadimplemento contratual." (STJ, REsp 1444008/RS, Rel. Ministra Nancy Andrighi, Terceira Turma, DJe 09/11/2016)

Responsabilidade solidária: publicidade da concessionária de que os automóveis seminovos ali vendidos haviam sido inspecionados e aprovados com o aval da montadora

O STJ entendeu que o fornecedor é responsável pelas expectativas geradas pela publicidade, que integra o contrato com o consumidor, especialmente quando utiliza a marca da fabricante para garantir a qualidade do produto. Essa responsabilidade decorre da boa-fé objetiva, que impõe deveres de lealdade, confiança e informação. No caso, a fabricante foi responsabilizada pelos vícios de veículos seminovos vendidos sob sua chancela publicitária, pois a propaganda vinculava sua marca à qualidade dos produtos e serviços, além de auferir benefícios econômicos ao permitir o uso de sua marca pela concessionária. (STJ, REsp 1365609/SP, Rel. Ministro Luis Felipe Salomão, Quarta Turma, DJe 25/05/2015)

Responsabilidade solidária entre fornecedor e fabricante por vício do produto

O STJ entendeu que, nos casos de vício do produto previstos no art. 18 do CDC, a responsabilidade do fornecedor e do fabricante é solidária. Cabe ao consumidor escolher quais fornecedores solidários serão incluídos no polo passivo da demanda, assegurando maior proteção em suas reclamações. (STJ, REsp 1505263/RS, Rel. Ministro Moura Ribeiro, Terceira Turma, DJe 13/05/2015)

Consumidor deve devolver veículo com vícios após receber o valor

O STJ entendeu que, em ação redibitória, a procedência do pedido rescinde o contrato de compra e venda, retornando as partes ao estado anterior à sua celebração ("status quo ante"). Assim, é obrigação do comprador devolver o bem adquirido após receber a restituição do valor pago, corrigido monetariamente, como consequência automática da sentença com eficácia restitutória. (STJ, REsp 1823284/SP, Rel. Ministro Paulo de Tarso Sanseverino, Terceira Turma, DJe 15/10/2020)

Restituição integral do valor pago por produto viciado sem abatimento por desvalorização

O STJ entendeu que, ao optar pela restituição do valor pago em razão de vício no produto, o consumidor tem direito à devolução integral da quantia desembolsada, sem abatimento por desvalorização decorrente do uso. Essa solução decorre do direito à resolução contratual e ao retorno ao "status quo ante", previsto no CDC, sendo inadmissível transferir ao consumidor o ônus da ineficiência na solução do problema. Isso é especialmente relevante em casos onde o vício impediu o pleno uso do produto, como veículos zero quilômetro. (STJ, REsp 2.000.701/PR, Rel. Ministra Nancy Andrighi, Terceira Turma, julgado em 30/8/2022)

No mesmo sentido:

"O valor a ser restituído deve corresponder à quantia paga, corrigida monetariamente desde o desembolso, conforme prevê o inciso II do § 1° do art. 18 do CDC, não sendo devido abatimento decorrente da utilização do produto pelo consumidor." (STJ, AgInt no AREsp n. 2.233.500/DF, relator Ministro João Otávio de Noronha, Quarta Turma, DJe de 13/9/2023.)

Montadora não responde por venda de carro alienado feita por concessionária

"Se a GM não deu em alienação fiduciária o veículo vendido ao autor pela corré CÓRSEGA, que o deu em locação, não pode ela responder pelo levantamento do gravame que não instituiu. Pedido que se mostra impossível em relação à fabricante GM." (STJ, REsp 1498487/SP, Rel. Ministro Moura Ribeiro, Terceira Turma, DJe 18/05/2015)

Concessionária não responde por adulteração em hodômetro detectada após revenda do veículo por outra agência

O STJ entendeu que, ao remover um bem durável do mercado de consumo por sua venda ao destinatário final, encerra-se a cadeia de fornecimento original. Na revenda posterior desse bem, como no caso de um veículo usado com hodômetro adulterado, forma-se uma nova relação jurídica. Assim, a empresa integrante da cadeia de fornecimento inicial não pode ser responsabilizada solidariamente pelos prejuízos dessa segunda relação, nos termos do art. 18 do CDC. (STJ, REsp 1517800/PE, Rel. Ministro Ricardo Villas Bôas Cueva, Terceira Turma, DJe 05/05/2017)

Afasta-se a responsabilidade solidária do fabricante e do vendedor somente nos casos em que comprovada a culpa exclusiva do consumidor

"O vício do produto acarreta responsabilidade solidária do fornecedor e do fabricante. 3. Afasta-se a responsabilidade do fabricante e do vendedor somente nos casos em que comprovada a culpa exclusiva do consumidor." (STJ, AgRg no AREsp 400.983/PB, Rel. Ministra Maria Isabel Gallotti, Quarta Turma, DJe 19/08/2014)

A incompatibilidade entre veículo comercializado no mercado nacional e o tipo de combustível disponível nos postos do país, se não for informada ao consumidor, configura vício do produto.

O STJ entendeu que a incompatibilidade, não informada ao consumidor, entre o combustível necessário ao funcionamento de um veículo e aquele disponível no mercado nacional caracteriza vício do produto. No caso, veículo importado da Alemanha não operava adequadamente com o diesel brasileiro, e os reparos realizados não solucionaram o problema, indicando que o vício não foi sanado no prazo de 30 dias previsto no CDC. Além disso, reiteradas idas à concessionária para conserto de veículo zero quilômetro justificam a indenização por danos morais ao consumidor. (STJ, REsp 1443268/DF, Rel. Ministro Sidnei Beneti, Terceira Turma, DJe 08/09/2014)

Reiterados defeitos em veículos zero-quilômetro configuram prática abusiva e não isentam fornecedor de responsabilidade

O STJ entendeu que a garantia de 30 dias para reparo de vícios prevista no art. 18, § 1º, do CDC não isenta o fornecedor de responder por infrações administrativas ou práticas abusivas, conforme o art. 39, caput. No caso, veículos zero-quilômetro foram levados à assistência técnica diversas vezes, sem solução definitiva, configurando prática abusiva. O prazo legal não é uma autorização para colocar no mercado produtos com vícios nem para postergar a solução de problemas apresentados, reforçando o dever do fornecedor de garantir a qualidade dos bens ofertados. (STJ, REsp 1821331/SP, Rel. Ministro Herman Benjamin, Segunda Turma, DJe 09/09/2020)

Responsabilidade solidária do comerciante por ilícito administrativo.

O STJ entendeu que violações aos deveres de informação e transparência quantitativa nas relações de consumo, fiscalizadas pelo Inmetro, configuram ilícitos administrativos passíveis de sanção. A responsabilidade solidária entre os fornecedores, prevista no CDC, também se aplica a esses ilícitos, não sendo afastada pelo fato de o comerciante não ser o fabricante do produto. O argumento de identificação do fabricante não exclui a responsabilidade administrativa do comerciante, conforme o § 5º do art. 18 do CDC. (STJ, REsp 1118302/SC, Rel. Min. Humberto Martins, DJe 14/10/2009)

Fabricante e concessionária são solidariamente responsáveis por problemas na entrega de veículo

O STJ entendeu que, no sistema de comercialização de veículos por meio de concessionárias autorizadas, fabricante e concessionária respondem solidariamente por falhas, como a não entrega do automóvel adquirido, conforme o art. 18 do CDC. A solidariedade permite que o consumidor direcione a demanda contra qualquer dos co-obrigados, embora seja possível analisar o nexo de causalidade no caso concreto para apurar a responsabilidade específica de um deles. (STJ, REsp 1155730/SP, Rel. Ministro Sidnei Beneti, Terceira Turma, DJe 09/09/2011)

Fornecedor deve arcar integralmente com os custos de reparação de veículo usado em garantia

O STJ entendeu que, em caso de veículo usado adquirido com garantia, o fornecedor é responsável por todos os custos decorrentes de reparação de defeitos surgidos durante o prazo de garantia, incluindo despesas com mão de obra, além das peças substituídas. Essa obrigação decorre da responsabilidade objetiva prevista no art. 18 do CDC, considerando que os vícios de qualidade tornam o produto inadequado ao uso ou diminuem seu valor. Não havendo prova de culpa do consumidor, a reparação deve ser completa. (STJ, REsp 760.262/DF, Rel. Min. Sidnei Beneti, j. 03/04/2008, Informativo 350)

O art. 18 do CDC não impõe que o produto, quando substituído pelo fornecedor, tenha que ser novo.

O STJ entendeu que, ao constatar vício no produto, o fornecedor tem o direito de tentar repará-lo no prazo máximo de 30 dias. Não sanado o problema, o consumidor pode optar por uma das alternativas do art. 18, § 1º, do CDC: substituição do produto por outro da mesma espécie, restituição do valor pago ou abatimento proporcional do preço. Contudo, o dispositivo não confere ao consumidor o direito imediato à troca do bem por outro novo, mas sim a garantia de um produto em perfeitas condições de uso. (STJ, REsp 991.985/PR, Rel. Min. Castro Meira, j. 18/12/2007, Informativo 343)

Em sentido contrário, entendendo que deve ser "novo" o produto:

"Na hipótese de responsabilidade pelo vício, a substituição do produto "por outro da mesma espécie" – prevista no inciso I, do §1°, do art. 18, do CDC – implica a substituição por outro produto novo na data da substituição. 7- Ocorrendo a alienação do produto viciado, a restituição da quantia paga prevista no inciso II, § 1º, do art. 18, do CDC, deverá corresponder à diferença entre o valor de um produto novo na data da alienação a terceiros e o valor recebido nesta transação." (STJ, REsp n. 1.982.739/MT, relatora Ministra Nancy Andrighi, Terceira Turma, julgado em 15/3/2022)

Veículo novo. Defeito. Aplicação do art. 18.
Responsabilidade solidária do fabricante e do fornecedor.

"*Comprado veículo novo com defeito, aplica-se o art. 18 do Código de Defesa do Consumidor, e não os arts. 12 e 13 do mesmo Código. Em tal cenário, não há falar em ilegitimidade passiva do fornecedor.* Afastada a ilegitimidade passiva e considerando que as instâncias ordinárias reconheceram a existência dos danos, é possível passar ao julgamento do mérito, estando a causa madura. A indenização por danos materiais, nos casos do art. 18 do CDC, esgota-se nas modalidades do respectivo § 1º. Se a descrição dos fatos para justificar o pedido de danos morais está no âmbito de dissabores, sem abalo à honra e ausente situação que produza no consumidor humilhação ou sofrimento na esfera de sua dignidade, o dano moral não é pertinente" (STJ, REsp. 554.876-RJ, Rel. Min. Carlos Alberto Menezes Direito, j. 17/2/2004, *Informativo* 199).

Nesse mesmo sentido:

Solidariedade. Defeito. Automóvel. O veículo foi adquirido na concessionária representante da fábrica de automóveis, mas logo passou a apresentar defeito persistente no sistema de ar condicionado, que não foi solucionado. Buscou-se, então, sem sucesso, a troca do veículo ou o desfazimento do negócio. Vem daí o ajuizamento da ação de obrigação de fazer cumulada com a reparação de danos contra a concessionária. Nesse contexto, conforme precedentes deste Superior Tribunal, vê-se incidir não os arts. 12 e 13 do CDC, mas sim o art. 18 do mesmo código, mostrando-se impossível afastar a solidariedade entre o fabricante e o fornecedor nesses casos, podendo ser a demanda ajuizada contra qualquer dos co-obrigados, como no caso. Contudo, de acordo com os julgados, a existência de solidariedade não impede ser apurado o nexo de causalidade entre as condutas dos supostos responsáveis para concluir pela responsabilização de um só. REsp. 821.624-RJ, Rel. Min. Aldir Passarinho Junior, julgado em 19/10/2010. Informativo 452.

Danos morais por defeitos em veículos: verificar jurisprudência no art. 6º

Carro. Defeito de fabricação. Indenização pela diminuição do valor do bem

"*Possibilidade de o juiz deferir, em vez da entrega de um carro novo, a indenização pela diminuição de valor do bem.* Observa-se o princípio de que o processo deve ser conduzido e decidido de modo a assegurar a efetiva prestação jurisdicional que, no caso, consistia em encontrar a justa composição dos danos" (STJ, REsp. 109294/RS; *DJU* 12/05/1997, p. 18.814, Rel. Min. Ruy Rosado de Aguiar, j. 18/02/1997, 4ª T.).

Automóvel. Vício de qualidade não sanado. Escolha das hipóteses do art. 18, § 1º

"Havendo vício de qualidade do produto e não sendo o defeito sanado no prazo de 30 (trinta) dias, cabe ao consumidor optar pela substituição do bem, restituição do preço ou abatimento proporcional, nos termos do art. 18, § 1º, I, II, e III, do CDC." (STJ, REsp 1673107/BA, Rel. Ministra Nancy Andrighi, Terceira Turma, DJe 02/10/2017)

Observação interessante: neste caso, o carro foi consertado em 36 dias. Mesmo ultrapassado apenas 6 dias do prazo legal, o STJ considerou que o consumidor tinha direito a devolução do valor do carro.

Em sentido contrário (coincidentemente com o mesmo acréscimo de 6 dias):

"VEÍCULO ZERO KM. VÍCIOS SANADOS APÓS 36 DIAS. OFENSA AO ART. 18, § 1º, DO CDC NÃO EVIDENCIADA. RESTITUIÇÃO QUE SE MOSTRA MEDIDA DESPROPORCIONAL, TENDO EM VISTA A UTILIZAÇÃO DO VEÍCULO POR MAIS DE 3 ANOS APÓS O CONSERTO. (...) 2. Conforme assinalado no acórdão estadual, apesar de ultrapassado em 6 dias o trintídio legal, a recorrida solucionou o vício de forma satisfatória, motivo pelo qual não se mostra razoável a restituição integral dos valores pagos na aquisição do veículo. 3. Assim, deve-se manter a decisão agravada, tendo em vista as peculiaridades do caso, em que não se mostra proporcional a restituição integral do valor pago pelo consumidor, que utilizou do veículo por mais de 3 anos após o conserto, pelo simples descumprimento de 6 dias do prazo legal para a devolução do veículo com os vícios sanados." (STJ, AgInt no AREsp n. 2.329.940/MG, relator Ministro Raul Araújo, Quarta Turma, julgado em 4/9/2023, DJe de 8/9/2023.)

Falta de peça de reposição essencial caracteriza vício do produto e permite desfazimento do negócio

O STJ entendeu que a ausência de peças de reposição para veículo automotor zero quilômetro, ainda em comercialização, configura vício do produto, pois compromete sua utilização e frustra a legítima expectativa do consumidor. Nessa hipótese, aplica-se o art. 18, § 1º, do CDC, garantindo ao consumidor o direito de exigir a substituição do bem, a restituição do valor pago ou o abatimento proporcional do preço. Além disso, em casos de vício do produto, a responsabilidade é solidária entre fabricante e comerciante. (STJ, REsp n. 2.149.058/SP, Rel. Min. Moura Ribeiro, Terceira Turma, DJEN 18/12/2024).

Responsabilidade da CEF pelos vícios nos imóveis financiados: distinção se atua meramente como agente financeiro ou como executor da obra

O STJ entendeu que a legitimidade passiva da CEF em ações de indenização por vícios de construção depende do papel desempenhado no contrato de financiamento. Quando atua como agente financeiro em sentido estrito, sua responsabilidade limita-se à liberação dos recursos e à gestão do contrato de financiamento, sem abranger os vícios da obra. Apenas nos casos em que exerce função de agente executor de políticas habitacionais para pessoas de baixa renda poderia responder por problemas relacionados à construção. (STJ, REsp 1102539/PE, Rel. Min. Luis Felipe Salomão, Rel. p/ Acórdão Min. Maria Isabel Gallotti, Quarta Turma, DJe 06/02/2012)

Art. 19. Os fornecedores respondem solidariamente pelos vícios de quantidade do produto sempre que, respeitadas as variações decorrentes de sua natureza, seu conteúdo líquido for inferior às indicações constantes do recipiente, da embalagem, rotulagem ou de mensagem publicitária, podendo o consumidor exigir, alternativamente e à sua escolha:

I – o abatimento proporcional do preço;

II – complementação do peso ou medida;

III – a substituição do produto por outro da mesma espécie, marca ou modelo, sem os aludidos vícios;

IV – a restituição imediata da quantia paga, monetariamente atualizada, sem prejuízo de eventuais perdas e danos.

§ 1º Aplica-se a este artigo o disposto no § 4º do artigo anterior.

§ 2º O fornecedor imediato será responsável quando fizer a pesagem ou a medição e o instrumento utilizado não estiver aferido segundo os padrões oficiais.

O artigo trata da *responsabilidade por vício de quantidade do produto.*

O produto, quando apresentar conteúdo líquido inferior ao indicado no recipiente, embalagem, rótulo ou mensagem publicitária, contém um vício de quantidade, fazendo com que o consumidor possa, à sua escolha, optar pelas hipóteses previstas nos incisos I, II, III e IV. Veja que, em confronto ao § 1º do art. 18, o art. 19 somente acrescentou a possibilidade de o consumidor exigir a complementação do peso ou da medida do produto viciado.

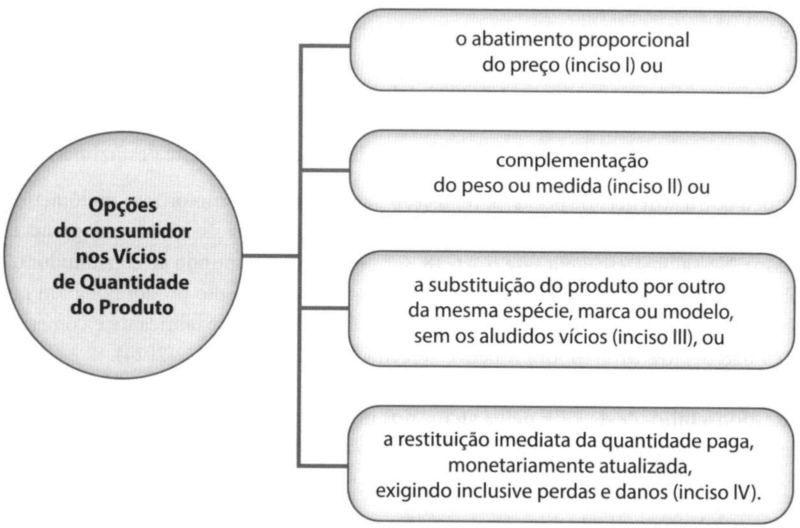

Da mesma forma que no art. 18, os fornecedores respondem solidariamente por esses vícios.

Um dos aspectos mais interessantes do art. 19 do CDC é a menção às "*variações decorrentes de sua natureza*" em relação ao peso ou volume do produto. As variações naturais são pequenas alterações no peso ou volume de um produto que ocorrem de forma inevitável devido às características físicas ou químicas do item, ou por conta de fatores externos durante o transporte, armazenamento ou exposição. Essas variações são consideradas normais e, em geral, não representam vício no produto, desde que estejam dentro de limites toleráveis definidos por normas técnicas. Essas variações naturais podem ocorrer, por exemplo, devido à evaporação de líquidos em alimentos ou bebidas ou a mudanças de umidade que afetam alimentos secos.

De modo excepcional, o § 2º determina a *responsabilidade exclusiva* do fornecedor imediato ou comerciante quando fizer a pesagem ou a medição do produto e o instrumento utilizado não estiver aferido segundo os padrões oficiais. Aqui, por expressa disposição legal, há exceção à regra geral da responsabilidade solidária.

Se o fornecedor imediato for demandado judicialmente, caberá a ele a prova de que os instrumentos utilizados estavam de acordo com esses padrões. Um exemplo típico são os sacolões, supermercados, açougues e os comerciantes que trabalham nas feiras livres, pois, na maioria das vezes, fazem a pesagem de frutas, verduras e carnes em balanças no momento da compra pelo consumidor. Se as balanças estiverem adulteradas, ou seja, não estiverem aferindo a verdadeira pesagem dos produtos, o comerciante que as utiliza será exclusivamente responsabilizado, eximindo assim, totalmente, a responsabilidade do produtor rural.

Dessa forma, ressalta-se o caráter educativo do CDC, pois obriga o comerciante constantemente a aferir os instrumentos de pesagem, de forma a se desincumbir da responsabilidade.[327]

Vale lembrar, por fim, que na hipótese de vícios de quantidade não incide o prazo de 30 dias para que o fornecedor possa sanar o vício, como o previsto nos vícios de qualidade (§ 1º do art. 18). Assim, constatado o vício de quantidade, o consumidor poderá imediatamente exercer uma das quatro opções dispostas no art. 19, quais sejam: substituição do produto; restituição da quantia paga; abatimento do preço ou complementação do peso ou medida.

Caso o consumidor opte pela substituição do produto, e não seja possível, poderá haver substituição por outro de espécie, marca ou modelo diversos, mediante complementação ou restituição de eventual diferença de preço, uma vez que o § 1º autoriza a aplicação do § 4º do art. 18.

Também, na mesma linha adotada quando do estudo do art. 18, o consumidor sempre poderá ser ressarcido e/ou compensado por perdas e danos, não ficando tal possibilidade restrita ao inciso IV.

Art. 20. O fornecedor de serviços responde pelos vícios de qualidade que os tornem impróprios ao consumo ou lhes diminuam o valor, assim como por aqueles decorrentes da disparidade com as indicações constantes da oferta ou mensagem publicitária, podendo o consumidor exigir, alternativamente e à sua escolha:

I – a reexecução dos serviços, sem custo adicional e quando cabível;

II – a restituição imediata da quantia paga, monetariamente atualizada, sem prejuízo de eventuais perdas e danos;

III – o abatimento proporcional do preço.

§ 1º A reexecução dos serviços poderá ser confiada a terceiros devidamente capacitados, por conta e risco do fornecedor.

§ 2º São impróprios os serviços que se mostrem inadequados para os fins que razoavelmente deles se esperam, bem como aqueles que não atendam as normas regulamentares de prestabilidade.

327. A observação é de Cláudia Lima Marques. *Comentários ao Código de Defesa do Consumidor*. São Paulo: Revista dos Tribunais, 2003, p. 304.

O artigo trata da *responsabilidade por vício de qualidade do serviço.*

O serviço, quando prestado, deve, antes de tudo, ser adequado para os fins que razoavelmente dele se esperam. Trata-se de uma norma que protege o consumidor contra serviços defeituosos ou mal executados, conferindo-lhe o direito de buscar soluções concretas, sempre de forma proporcional ao problema identificado.

Os vícios de qualidade são aqueles que fazem com que os serviços se tornem impróprios ao consumo ou lhes diminuam o valor. São considerados também como vícios de qualidade quando os serviços apresentam falhas na informação (verdadeiros vícios de informação), sendo as decorrentes da disparidade com as indicações constantes da oferta ou mensagem publicitária.[328] Assim, a responsabilidade do fornecedor se aplica a qualquer falha que comprometa a finalidade esperada do serviço, o que inclui tanto a inadequação para o uso quanto a entrega de um resultado abaixo do valor esperado. Por exemplo, se um consumidor contrata uma empresa para realizar a pintura de um imóvel e o serviço é entregue com manchas ou falhas visíveis, isso configura um vício de qualidade, pois o trabalho não atende ao padrão mínimo de qualidade esperado. Essa responsabilidade abrange também situações em que o serviço diverge das características anunciadas. Imagine, por exemplo, uma academia que anuncia um plano com aulas conduzidas por profissionais especializados, mas, na prática, entrega o serviço com instrutores sem qualificação específica. Esse descumprimento caracteriza uma disparidade entre o prometido e o entregue, também prevista no art. 20.

A noção de impropriedade do serviço é indicada pelo § 2º, ao dispor que "são impróprios os serviços que se mostrem inadequados para os fins que razoavelmente deles se esperam, bem como aqueles que não atendam as normas regulamentares de prestabilidade." Essa definição amplia a proteção do consumidor, abarcando tanto falhas explícitas quanto problemas que derivem de descumprimento de requisitos técnicos ou regulamentares. Por exemplo, um serviço de manutenção predial que não segue as normas de segurança previstas em legislação específica não apenas compromete a qualidade esperada, mas também expõe o consumidor a riscos inaceitáveis.

Os fornecedores também respondem solidariamente por esses vícios, muito embora seja mais comum a verificação de um único fornecedor na cadeia de consumo, no caso, o que prestou o serviço. A solidariedade decorre do disposto no art. 7º, parágrafo único, e art. 25, § 1º.

> "Se vendeu "pacote turístico", nele incluindo transporte aéreo por meio de voo fretado, a agência de turismo responde pela má prestação desse serviço." (STJ, REsp. 783016 / SC, Rel. Min. Ari Pargendler, *DJ* 05/06/2006).
>
> "A prestadora de serviços de plano de saúde é responsável, concorrentemente, pela qualidade do atendimento oferecido ao contratante em hospitais e por médicos por ela credenciados, aos quais aquele teve de obrigatoriamente se socorrer sob pena de não fruir da cobertura respectiva." (STJ, REsp. 164084/SP, Rel. Min. Aldir Passarinho Júnior, *DJ* 17/04/2000).

328. "Quando o fornecedor faz constar de oferta ou mensagem publicitária a notável pontualidade e eficiência de seus serviços de entrega, assume os eventuais riscos de sua atividade, inclusive o chamado risco aéreo, com cuja consequência não deve arcar o consumidor." (STJ, REsp. 196031/MG, Rel. Min. Antônio de Pádua Ribeiro, DJ 11/06/2001).

Roberto Senise Lisboa,[329] sobre a responsabilidade por vícios nos serviços, esclarece que "o fornecedor de serviços, seja ele profissional liberal ou não, responde objetivamente pelos danos puramente econômicos sofridos pelo consumidor quando a atividade se demonstrar inadequada para o fim que razoavelmente dela se espera".

Conforme ressaltado pelo autor, aqui não há exceção quanto à responsabilidade objetiva para os profissionais liberais nos moldes do art. 14, § 4º. A exceção, então, somente se verifica para a responsabilidade por fato do serviço (art. 14) e não para a responsabilidade por vício do serviço (art. 20).

Na verificação de tais vícios, o consumidor poderá, além da restituição da quantia paga e do abatimento proporcional do preço, constante também nos arts. 18 e 19, optar pela reexecução do serviço (quando cabível) e sem nenhum custo adicional para ele. Poderá também o consumidor, pelo disposto no § 1º, optar que terceiro reexecute o serviço, por conta e risco do fornecedor.[330]

Na verdade, são as mesmas hipóteses do § 1º do art. 18, porém, adaptadas para serviço. Assim, ao invés de o consumidor solicitar a substituição do produto por outro, poderá exigir outro serviço (o que se consegue através da reexecução).

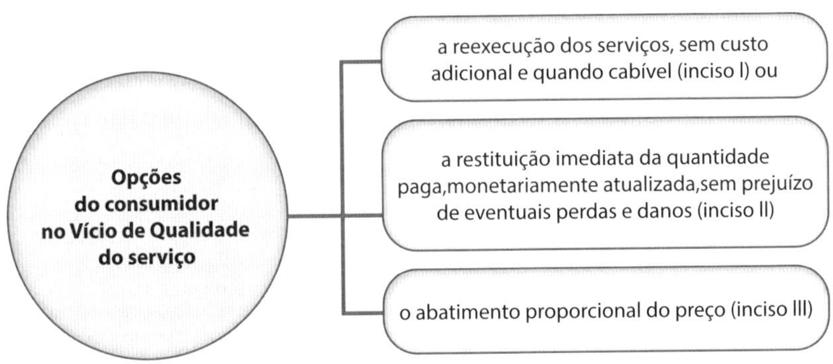

Importante: não precisa esperar prazo de 30 dias. Pode-se fazer uso direto das hipóteses do art. 20.

A reexecução do serviço, conforme exposto no inciso I, somente ocorrerá *quando cabível*. Muitas vezes, a reexecução não mais interessa ao consumidor, seja pela sua impossibilidade ou pelo simples fato de o consumidor não mais desejar que o fornecedor que prestou o serviço viciado venha a reexecutar o serviço. Como exemplo, pensemos em um corte de cabelo malfeito. Dependendo da situação, será impossível efetuar outro corte (reexecução do serviço). Ainda que seja possível a reexecução (novo corte), o consumidor pode não mais desejar que o serviço seja realizado pelo profissional que efetuou o corte malfeito (com vícios). Nesse caso, como já exposto, o consumidor poderá optar pela reexecução do serviço por outro profissional (na verdade, consertar o corte malfeito), tudo por conta e risco do fornecedor, nos moldes do § 1º.

---

329. "Responsabilidade Civil nas Relações de Consumo". Revista dos Tribunais: São Paulo, 2001, p. 204.

330. Semelhante hipótese é contemplada no art. 249 do Código Civil: "Se o fato puder ser executado por terceiro, será livre ao credor mandá-lo executar à custa do devedor, havendo recusa ou mora deste, sem prejuízo da indenização cabível."

Assim como no art. 19, também para os vícios de qualidade do serviço (art. 20) não há estipulação do prazo de 30 dias para o fornecedor sanar o vício, como disposto no § 1º do art. 18. Nesse sentido, o consumidor poderá imediatamente exigir as alternativas previstas no artigo, como a reexecução dos serviços; a restituição imediata da quantia paga ou o abatimento do preço.

Na mesma linha adotada quando do estudo do art. 18, o consumidor sempre poderá ser ressarcido e/ou compensado por perdas e danos, não ficando tal possibilidade restrita ao inciso II.

Por fim, não há tratamento expresso pelo código com relação aos vícios de quantidade dos serviços. Todavia, não significa que o consumidor ficará sem a devida proteção. Nesses casos, a doutrina busca, por analogia, a aplicação das regras estipuladas para os vícios de quantidade dos produtos (art. 19), bem como a *ratio* do dispositivo legal.

Assim, caso o pintor, contratado para pintar quatro paredes por determinado preço, somente execute o serviço de pintura em três delas, estará caracterizado o vício de quantidade do serviço. Vejam bem: não se trata de vício de qualidade! Vício de qualidade ocorreria se as paredes ficassem mal pintadas. No exemplo dado, as paredes podem até ter sido muito bem pintadas (não havendo vício de qualidade), porém, se faltar uma das paredes para se executar o serviço, há vício de quantidade. Nessa hipótese, então, o consumidor se valerá das alternativas (adaptadas) elencadas no art. 19, ou seja: o abatimento proporcional do preço; a execução do serviço na parte faltante; a restituição imediata da quantia paga (pelo menos em relação ao serviço não prestado).

Assim, teremos:

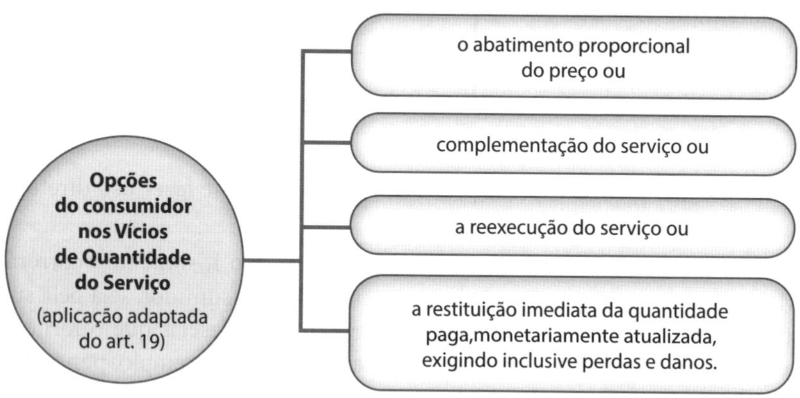

Importante: não precisa esperar prazo de 30 dias. Pode-se fazer uso direto destas hipóteses.

PRINCIPAIS JURISPRUDÊNCIAS DO STF E STJ

Instituição de ensino. Ausência de credenciamento de curso de mestrado. Abatimento do preço

O STJ entendeu que a instituição de ensino responde objetivamente pelos danos causados ao consumidor quando oferece um curso de mestrado sem o devido credenciamento, impedindo a obtenção do título. Aplicam-se as normas do CDC, e a indenização deve considerar a utilidade parcial do serviço prestado, como o possível aproveitamento das disciplinas em outra instituição. Assim, a restituição dos valores pagos não foi integral, mas proporcional ao prejuízo efetivo. (STJ, REsp 1079145/SP, Rel. Ministro Luis Felipe Salomão, Rel. p/ Acórdão Ministro Antonio Carlos Ferreira, Quarta Turma, DJe 12/11/2015).

Falha na prestação do provedor de pesquisa na internet – nome do consumidor vinculado a site – vício de qualidade do serviço

O STJ entendeu que a simples exibição de resultados por um provedor de pesquisa não gera dano moral, mesmo que contenham conteúdo potencialmente ofensivo. No entanto, quando os resultados exibidos não correspondem aos termos pesquisados, configura-se vício de qualidade na prestação do serviço, frustrando a expectativa legítima do consumidor. Nesses casos, aplica-se o CDC, e o provedor pode ser obrigado a corrigir a falha, garantindo a exatidão das informações exibidas. (STJ, REsp 1582981/RJ, Rel. Ministro Marco Aurélio Bellizze, Terceira Turma, DJe 19/05/2016).

Observação: neste julgado o consumidor propôs ação cominatória cumulada com reparação de danos morais contra o Google Brasil, asseverando que, conquanto tenha sido excluída matéria na qual comentário de terceiro foi indevidamente vinculado a seu nome e profissão, o Google continua exibindo, em seu resultado de busca, a referida matéria associada a seu nome.

CDC. Passagem Aérea. Visto. Vício de informação

O STJ entendeu que a falha na prestação de informações essenciais ao consumidor caracteriza vício de informação, nos termos do CDC. No caso, a companhia aérea deveria ter alertado claramente sobre a necessidade de visto para ingresso na França, garantindo que as passageiras pudessem usufruir plenamente do serviço contratado. A ausência dessa advertência violou o direito básico à informação adequada e clara, frustrando a legítima expectativa do consumidor e tornando o serviço impróprio para o fim esperado. Diante disso, foi reconhecido o dever de indenizar pelos danos morais causados. (STJ, REsp 988.595/SP, Rel. Ministra Nancy Andrighi, julgado em 19/11/2009, Informativo 416).

Prestação de serviços de viagem turística. Vícios de qualidade

O STJ entendeu que a frustração causada por falhas na prestação de serviços turísticos configura vício de qualidade, pois o consumidor não recebe o lazer e o conforto esperados. Esse vício compromete a finalidade do serviço contratado, afetando a experiência do viajante e justificando a reparação por danos morais. Já os danos materiais devem se restringir à recomposição dos valores gastos devido à prestação inadequada, sem caráter punitivo. O direito de opção do consumidor, previsto no CDC, deve garantir uma reparação proporcional, sem gerar enriquecimento indevido. (STJ, REsp 328182/RS, Rel. Min. Sálvio de Figueiredo Teixeira, Quarta Turma, DJU 04/02/2002).

Art. 21. No fornecimento de serviços que tenham por objetivo a reparação de qualquer produto considerar-se-á implícita a obrigação do fornecedor de empregar componentes de reposição originais adequados e novos, ou que mantenham as especificações técnicas do fabricante, salvo, quanto a estes últimos, autorização em contrário do consumidor.

O art. 21 do CDC impõe um dever fundamental a todo prestador de serviço que realize reparos em produtos: a utilização de componentes de reposição que sejam originais e adequados, novos ou, no mínimo, que mantenham as especificações técnicas do fabricante.

A regra visa garantir que a qualidade e a segurança do produto não sejam comprometidas após um reparo. Entretanto, a norma permite, mediante autorização expressa do consumidor, o uso de peças não originais e/ou usadas, desde que respeitem integralmente as especificações técnicas do fabricante.

A redação do dispositivo, no entanto, apresenta uma imprecisão perigosa. A expressão *"salvo, quanto a estes últimos, autorização em contrário do consumidor"* pode levar à interpretação errônea de que o consumidor teria o poder de autorizar a utilização de qualquer peça, inclusive aquelas que não mantêm as especificações do fabricante. Essa interpretação, se adotada, seria contrária à própria lógica do Código de Defesa do Consumidor, pois permitiria que o consumidor, por falta de conhecimento técnico, autorizasse o uso de peças inadequadas, que poderiam comprometer o funcionamento e a segurança do produto.

O consumidor médio não possui expertise técnica para avaliar se um determinado componente pode impactar negativamente o desempenho ou a segurança do produto. Isso se agrava em situações que envolvem bens de alto risco, como veículos automotores, aparelhos médicos e eletrodomésticos essenciais, nos quais o uso de peças incompatíveis pode gerar graves falhas mecânicas, superaquecimentos, curtos-circuitos e até acidentes fatais. Portanto, a única interpretação correta desse artigo é a de que o consumidor somente pode autorizar a utilização de peças não originais e/ou usadas, mas jamais de componentes que não respeitem as especificações técnicas do fabricante.

A reutilização de peças é uma prática comum no mercado, muitas vezes motivada por questões econômicas, pois peças novas e originais tendem a ser mais caras. No entanto, essa prática só é válida se o consumidor for previamente informado e der seu consentimento expresso.

O prestador de serviço tem o dever de apresentar todas as opções disponíveis, detalhando se as peças são novas ou usadas, originais ou de outra marca, e quais impactos essas escolhas podem ter sobre o desempenho do produto. Essa informação deve ser clara, objetiva e documentada, garantindo a transparência na relação de consumo. O ideal é que essa autorização seja feita por escrito, em um termo formal, no qual fique registrado quais peças serão trocadas, quais serão reutilizadas e qual a origem de cada uma delas.

Caso o prestador de serviço descumpra essas exigências e utilize peças inadequadas, sem autorização ou sem informar corretamente o consumidor, o serviço será considerado defeituoso, nos termos do art. 20 do CDC. O consumidor poderá exigir a reexecução do serviço, o abatimento do preço ou até a devolução dos valores pagos.

Além disso, a conduta configura crime contra as relações de consumo, conforme prevê o art. 70 do CDC, sujeitando o fornecedor a sanções penais.

Do ponto de vista jurídico, o art. 21 do CDC reflete um princípio central da legislação consumerista: a proteção da vida, saúde e segurança do consumidor. Essa proteção se baseia na vulnerabilidade técnica do consumidor, que não tem conhecimentos suficientes para avaliar os riscos da substituição de componentes. O prestador de serviço, por outro lado, tem o dever de agir com boa-fé e transparência, assegurando que o reparo preserve as condições de funcionamento e segurança do produto.

A relevância desse artigo não se restringe apenas ao direito do consumidor. Em setores como a indústria automobilística e a assistência técnica de equipamentos hospitalares, o uso de peças inadequadas ou de origem duvidosa pode gerar responsabilidade civil e até criminal para os fornecedores. Se um veículo, por exemplo, sofrer um acidente devido ao uso de uma peça não certificada, a responsabilidade poderá recair sobre o prestador de serviço que realizou o reparo, podendo ser caracterizada culpa grave ou até dolo eventual caso tenha havido omissão ou negligência na prestação das informações ao consumidor.

Portanto, o art. 21 do CDC deve ser interpretado de forma a garantir máxima segurança ao consumidor, vedando qualquer prática que possa comprometer a integridade do produto ou colocar em risco a sua utilização.

O prestador de serviço, além de respeitar as especificações do fabricante, tem o dever de transparência e de informação, assegurando que o consumidor possa tomar decisões com base em critérios técnicos e não apenas econômicos. Qualquer desvio dessas obrigações sujeita o fornecedor a sanções civis, administrativas e penais, reforçando o caráter de ordem pública da norma consumerista.

Art. 22. Os órgãos públicos, por si ou suas empresas, concessionárias, permissionárias ou sob qualquer outra forma de empreendimento, são obrigados a fornecer serviços adequados, eficientes, seguros e, quanto aos essenciais, contínuos.

Parágrafo único. Nos casos de descumprimento, total ou parcial, das obrigações referidas neste artigo, serão as pessoas jurídicas compelidas a cumpri-las e a reparar os danos causados, na forma prevista neste código.

As pessoas jurídicas prestadoras de serviço público, sejam de direito público, sejam de direito privado, estão submetidas às regras do Código de Defesa do Consumidor[331], não só devendo prestar serviços adequados, eficientes e seguros, como também estando sujeitos a reparar os danos que porventura vierem a causar aos consumidores, nos mesmos moldes do art. 14 do CDC (responsabilidade objetiva).

Sobre o tema, o CDC estabeleceu ainda como princípio da Política Nacional de Relações de Consumo *a racionalização e melhoria dos serviços públicos* (art. 4º, VII) e elencou, dentre os direitos básicos do consumidor, *a adequada e eficaz prestação dos serviços públicos em geral* (art. 6º, X).

Não é todo serviço público que se submete às regras do CDC, mas somente aqueles realizados mediante uma contraprestação ou remuneração diretamente efetuada pelo consumidor ao fornecedor (serviços *uti singuli*), nos termos do art. 3º, § 2º, pois somente os serviços fornecidos "*mediante remuneração*" se enquadram no CDC. Já o serviço público realizado mediante o pagamento de tributos, prestado a toda a coletividade (serviços *uti universi*), não se submete aos preceitos consumeristas, pois aqui não há um consumidor propriamente dito e sim um contribuinte, que não efetua um pagamento direto pelo serviço prestado, mas sim um pagamento aos cofres públicos que destinam as respectivas verbas, de acordo com a previsão orçamentária, para as atividades devidas.

Estão, portanto, sujeitos ao CDC os serviços públicos cuja remuneração é feita diretamente pelo consumidor.

331. Nesse sentido, vale lembrar que as pessoas jurídicas de direito público e/ou privado poderão ser consideradas fornecedoras, nos moldes do art. 3º, *caput*.

Desse modo, exemplificando, aplica-se o CDC aos serviços de energia elétrica, de água, de telefonia, de transportes públicos e outros. Já os serviços relativos à segurança e à iluminação pública não estariam amparados pelo CDC.

Conforme bem observa Leonardo Roscoe,[332] o tema não é pacífico na doutrina e na jurisprudência. Segundo o autor, "existem, a respeito, três posições: 1) interpretação extensiva (todos os serviços públicos estão sujeitos ao CDC); 2) a prestação do serviço deve ser remunerada (art. 3º, § 2º), seja por taxa ou tarifa; 3) somente os serviços remunerados por tarifa ou preço público estariam sujeitos ao CDC: os serviços custeados por tributos não estariam sob a incidência do CDC, pois não há uma remuneração específica."

O STJ, em sua grande maioria, seguindo o entendimento da Mina. Eliana Calmon, vem adotando a 3ª posição:

> Os serviços *uti universi*, também chamados de próprios, são remunerados por espécie tributária específica, a taxa, cujo pagamento é obrigatório, porque decorre da lei, independentemente da vontade do contribuinte. A espécie tem por escopo remunerar um serviço público específico e divisível, posto à disposição do contribuinte. Esse serviço caracteriza-se pela obrigatoriedade, pois o contribuinte não tem opção, porque, mesmo que dele não se utilize, é obrigado a remunerá-lo, e pela continuidade, mesmo ocorrendo a inadimplência. Trava-se, então, entre o contribuinte e o Poder Público, uma relação administrativo-tributária, solucionada pelas regras do Direito Administrativo. Com esses serviços não se confundem os *uti singuli* ou impróprios, prestados pelo Estado via delegação, por parceria com entes da Administração descentralizada ou da iniciativa privada. Diferente daqueles, esses serviços são remunerados por tarifas ou preços públicos, e as relações entre o Poder Público e os usuários são de direito privado, aplicando-se o Código de Defesa do Consumidor, ao identificarem-se os usuários como consumidores, na dicção do art. 3º do CDC. A tarifa é, portanto, remuneração facultativa, oriunda de relação contratual na qual impera a manifestação da vontade, podendo o particular interromper o contrato quando assim desejar. Assim, não se há confundir taxa com tarifa ou preço público, como aliás advertido está na Súmula nº 545 STF. Se o serviço público é remunerado por taxa, não podem as partes cessar a prestação ou a contraprestação por conta própria, característica só pertinente às relações contratuais, na esfera do Direito Civil. Verifica-se, portanto, que, a partir do sistema de remuneração, é que se define a natureza jurídica da relação do serviço público prestado (STJ, REsp. 793422/RS, Rela. Mina. Eliana Calmon, *DJ* 17/08/2006).[333]

---

332. *Manual de Direito do Consumidor*. São Paulo: RT, 2007, p. 171.

333. Em relação à espécie remuneratória dos serviços *uti universi* e *uti singuli*, a Mina. Eliana Calmon destoou do entendimento dos administrativistas. Por todos, Hely Lopes Meirelles que, ao classificar os serviços públicos em serviços "*uti universi*" ou gerais e serviços "*uti singuli*" ou individuais, destaca: "Serviços "*uti universi*" ou gerais: são aqueles que a Administração presta sem ter usuários determinados, para atender à toda coletividade no seu todo, como os de polícia, iluminação pública, calçamento e outros dessa espécie. Esses serviços satisfazem indiscriminadamente a população, sem que se erijam em direito subjetivo de qualquer administrado à sua obtenção para seu domicílio, para sua rua ou para o seu bairro. Esses serviços são indivisíveis, isto é, não são mensuráveis na sua utilização. Daí por que, normalmente, os serviços uti universi devem ser mantidos por imposto (tributo geral), e não por taxa ou tarifa, que é remuneração mensurável e proporcional ao uso individual do serviço.

Serviços "*uti singuli*" ou individuais: são os que têm usuários determinados e utilização particular e mensurável para cada destinatário, como ocorre com o telefone, a água e a energia elétrica domiciliares. Esses serviços, desde que implantados, geram direito subjetivo à sua obtenção para todos os administrados que se encontrem na área de sua prestação ou fornecimento e satisfaçam as exigências regulamentares. São sempre serviços de utilização individual, facultativa e mensurável, pelo que devem

Importante ressaltar que a posição adotada pelo STJ no sentido de verificar o sistema de remuneração para definir pela aplicação ou não do CDC aos serviços públicos é criticada por Leonardo Bessa. Para o autor, tal entendimento pode gerar algumas controvérsias, uma vez que o pagamento do serviço relativo ao fornecimento de água ora é considerado preço público ou tarifa, ora é considerado taxa pela jurisprudência.[334] E ninguém tem dúvidas de que o serviço de fornecimento de água é contemplado pelo CDC. Assim, segundo o autor, "tais incertezas não devem afetar a certeza de ser um serviço oferecido profissionalmente (com habitualidade), divisível, mensurável, com remuneração específica, fatores que realmente devem ser considerados para exame da aplicação do CDC."[335]

Para o autor, então, a aplicação do CDC aos serviços públicos independe da verificação da natureza da remuneração. O que importa é que a remuneração seja feita diretamente pelo consumidor.

Quanto aos serviços essenciais,[336] aqueles entendidos como imprescindíveis para os interesses básicos da sociedade, o Código impõe um dever de continuidade (princípio da continuidade dos serviços públicos).[337]

A jurisprudência não vinha admitindo a interrupção desses serviços como meio para compelir o usuário ao pagamento da tarifa ou da multa, uma vez que existem outros meios para efetuar a cobrança.[338] Assim, o corte ou suspensão no fornecimento de serviços

---

ser remunerados por taxa (tributo) ou tarifa (preço público), e não ser imposto." (MEIRELLES, Hely Lopes. *Direito Administrativo Brasileiro*. 28 ed. 2003, p. 322).

334. Entendendo que o serviço de fornecimento de água seria taxa: "Recurso especial segundo o qual a contraprestação devida pelo usuário do serviço de fornecimento de água e coleta de esgoto é realizada mediante o pagamento de taxa" (STJ, REsp. 853964/ SE, Rel. Min. José Delgado, *DJ* 14/09/2006). Por sua vez, entendendo que seria tarifa: "A relação jurídica, na hipótese de serviço público prestado por concessionária, tem natureza de Direito Privado, pois o pagamento é feito sob a modalidade de tarifa, que não se classifica como taxa" (STJ, REsp. 684020/RS, Rela. Mina. Eliana Calmon, *DJ* 30/05/2006). Há, ainda, alguns julgados que não são técnicos quanto às diferenças: ADMINISTRATIVO – SERVIÇO PÚBLICO – TAXA DE ÁGUA – COBRANÇA DE TARIFA – PROGRESSIVIDADE – LEGALIDADE – PRECEDENTES. 1. É lícita a cobrança de tarifa de água, em valor correspondente ao consumo mínimo presumido mensal" (STJ, AgRg no REsp. 873647/RJ, Rel. Min. Humberto Martins, *DJ* 19/11/2007). O STF, por sua vez, vem decidindo, reiteradamente, tratar-se de tarifa ou preço público, consubstanciando, assim, contraprestação de caráter não tributário. Nesse sentido: RE nº 464.952/MS, Rel. Mina Ellen Gracie, *DJ* 23/03/2006.) O STJ pacificou a questão, através da 1ª Seção, adotando o entendimento do STF: "Este Tribunal Superior, encampando entendimento sedimentado no Pretório Excelso, firmou posição no sentido de que a contraprestação cobrada por concessionárias de serviço público de água e esgoto detém natureza jurídica de tarifa ou preço público" (STJ, EREsp. 690.609-RS, Rela. Mina. Eliana Calmon, j. 26/3/2008, 1ª Seção, *Informativo* 349). No final de 2009, o STJ reconheceu a natureza de tarifa da contraprestação paga pela água e esgoto e ainda definiu o prazo da ação de repetição de indébito. Consta na *Súmula nº 412 do STJ* que "*a ação de repetição de indébito de tarifas de água e esgoto sujeita-se ao prazo prescricional estabelecido no Código Civil.*"

335. *Manual de Direito do Consumidor*. São Paulo: RT, 2007, p. 172.

336. O art. 10 da Lei nº 7.783 de 1989 fixa uma relação de serviços considerados essenciais.

337. A Lei 14.052, de 8 de setembro de 2020, incluindo o art. 16-A na Lei 9.427/1996, estabeleceu que as empresas prestadoras do serviço público de distribuição de energia elétrica deverão pagar multa nos casos de interrupção do fornecimento. Os valores da penalidade aplicada são em benefício dos usuários finais que forem diretamente prejudicados.

338. "Esta Corte vem reconhecendo ao consumidor o direito da utilização dos serviços públicos essenciais ao seu cotidiano, como o fornecimento de energia elétrica, em razão do princípio da continuidade (CDC, art. 22). O corte de energia, utilizado pela Companhia para obrigar o usuário ao pagamento de tarifa em atraso, extrapola os limites da legalidade, existindo outros meios para buscar o adim-

essenciais constitui forma de constrangimento, expondo o consumidor a ridículo, devendo ser reprimida de acordo com o art. 42 do CDC.[339]

Entretanto, há autores que entendem que somente existiria continuidade do serviço essencial em relação à coletividade de consumidores, no sentido de que o serviço não poderia deixar de ser ofertado a todos os usuários. Já em relação ao consumidor individual inadimplente, afirmam esses doutrinadores que não há óbice para a interrupção do serviço, uma vez que o Poder Público não pode ser obrigado a prestar e suportar serviços sem a devida contraprestação.[340]

Ultimamente, o STJ vem aceitando essa tese:

> A 1ª Seção, no julgamento do REsp. nº 363.943/MG, assentou o entendimento de que é lícito à concessionária interromper o fornecimento de energia elétrica, se, após aviso prévio, o consumidor de energia elétrica permanecer inadimplente no pagamento da respectiva conta (Lei nº 8.987/95, art. 6º, § 3º, II). (STJ, REsp. 604364/CE, Rel. Min. Luiz Fux, *DJ* 21/06/2004, 1º T.).

Assim, o STJ entende que o corte de fornecimento de energia elétrica em caso de inadimplemento não caracteriza a descontinuidade do serviço público.

> A interrupção do fornecimento de energia elétrica por inadimplemento não configura descontinuidade da prestação do serviço público (STJ, Corte Especial, AgRg na SLS nº 216/RN, *DJ* 10/04/2006).

O STJ, através da técnica do diálogo de fontes, entendeu que o CDC tem que ser analisado em consonância com a Lei nº 8.987/1995 (lei que regula a concessão e a permissão dos serviços públicos), pois esta norma contém a expressa previsão de interrupção, em determinados casos, como se depreende da leitura do seu art. 6º, § 3º, inciso II:

> Não se caracteriza como descontinuidade do serviço a sua interrupção em situação de emergência ou após prévio aviso, quando por inadimplemento do usuário, considerando o interesse da coletividade.

Como se depreende da norma, exige-se, portanto, que a interrupção seja antecedida por aviso prévio.

> O princípio da continuidade do serviço público assegurado pelo art. 22 do Código de Defesa do Consumidor deve ser obtemperado, ante a exegese do art. 6º, § 3º, II, da Lei nº 8.987/1995, que prevê a possibilidade de interrupção do fornecimento de energia elétrica quando, após aviso, permanecer inadimplente o usuário, considerado o interesse da coletividade (STJ, REsp. 864715/RS, Rel. Min. Castro Meira, *DJ* 11/10/2006).

---

plemento do débito" (STJ, AGResp 298017/MG, *DJU* 27/08/2001, p. 230, Rel. Min. Francisco Falcão, j. 03/04/2001, 1ª T.).

339. "Os arts. 22 e 42, do Código de Defesa do Consumidor, aplicam-se às empresas concessionárias de serviço público" (STJ, ROMS 8915/MA, *DJU* 17/08/1998, p.23, Rel. Min. José Delgado, j. 12/05/1998, 1ªT.).

340. Coadunam com esse entendimento: Roberto Senise Lisboa, *Responsabilidade Civil nas Relações de Consumo*. Revista dos Tribunais: São Paulo, 2001, p. 218-219; e Zelmo Denari. Cita ainda nesse sentido: Eduardo de Lima Matos e Diógenes Gasparini, *Código Brasileiro de Defesa do Consumidor*. 6ª ed. Rio de Janeiro: Forense Universitária, 1999, p. 191.

Nesse sentido, o STJ utilizou a técnica do diálogo de fontes ao aplicar o art. 22 do CDC conjuntamente com o art. 6º da Lei nº 8.987/1995, conforme verificado quando do estudo do art. 7º.

Deixando ainda mais claro a necessidade de comunicação prévia ao consumidor em caso de interrupção do serviço público por inadimplemento, a Lei 14.015 de 15 de julho de 2020 alterou as leis 13.460/2017 (*dispõe sobre os direitos do usuário de serviços públicos*) e 8.987/1995 (*dispõe sobre o regime de concessão e permissão da prestação de serviços públicos*).

Nesse sentido, foram incluídos o inciso XVI e parágrafo único ao art. 5º na Lei 13.460/2017 e o §4º ao art. 6º da Lei 8.987/1995. Vejamos:

> **Art. 5º da Lei 13460/2017:** "O usuário de serviço público tem direito à adequada prestação dos serviços, devendo os agentes públicos e prestadores de serviços públicos observar as seguintes diretrizes:
>
> (...)
>
> XVI – comunicação prévia ao consumidor de que o serviço será desligado em virtude de inadimplemento, bem como do dia a partir do qual será realizado o desligamento, necessariamente durante horário comercial.
>
> Parágrafo único. A taxa de religação de serviços não será devida se houver descumprimento da exigência de notificação prévia ao consumidor prevista no inciso XVI do caput deste artigo, o que ensejará a aplicação de multa à concessionária, conforme regulamentação."
>
> **Art. 6º da Lei 8987/1995:** "Toda concessão ou permissão pressupõe a prestação de serviço adequado ao pleno atendimento dos usuários, conforme estabelecido nesta Lei, nas normas pertinentes e no respectivo contrato.
>
> (...)
>
> § 4º A interrupção do serviço na hipótese prevista no inciso II do § 3º deste artigo não poderá iniciar-se na sexta-feira, no sábado ou no domingo, nem em feriado ou no dia anterior a feriado".

Conforme se extrai das duas leis, além da comunicação prévia ao consumidor sobre a interrupção propriamente dita, também deverá ser comunicado previamente ao consumidor o dia exato em que se dará a interrupção, devendo este necessariamente ocorrer durante o horário comercial, e não podendo se iniciar na sexta-feira, no sábado ou no domingo, bem como em feriado ou no dia anterior a feriado.

Na hipótese de o consumidor querer regularizar a situação pagando as contas atrasadas, a taxa de religação não poderá ser cobrada caso a concessionária interrompa o serviço sem prévia notificação. Caso isso aconteça, além da concessionária não poder cobrar a taxa de religação, ela sofrerá multa pela falta do dever de comunicação prévia ao consumidor.

Vale ressaltar o posicionamento do Min. Luiz Fux, em voto no REsp. 684442/RS, *DJ* 05/09/2005; que discorda da possibilidade de corte de serviços públicos essenciais, em respeito ao princípio da dignidade da pessoa humana, mormente quando o indivíduo se encontra em estado de miserabilidade. Observa-se a utilização, mais uma vez, da eficácia horizontal dos direitos fundamentais.[341]

341. O Ministro Herman Benjamin do STJ também tem destacado que, em excepcionais casos, a possibilidade de suspensão deve ser abrandada se o corte puder causar lesões irreversíveis à integridade física do usuário, isso em razão da supremacia da cláusula de solidariedade prevista no art. 3º, I, da CF/1988.

Assevera o Ministro que "embora adote entendimento diverso, no sentido de que o corte de energia, como forma de compelir o usuário ao pagamento de tarifa ou multa, extrapola os limites da legalidade e afronta a cláusula pétrea de respeito à dignidade humana, porquanto o cidadão se utiliza dos serviços públicos posto essenciais para a sua vida. Com efeito, entendo que, hoje, não se pode fazer uma aplicação da legislação infraconstitucional sem passar pelos princípios constitucionais, dentre os quais sobressai o da dignidade da pessoa humana, que é um dos fundamentos da República e um dos primeiros que vem prestigiado na Constituição Federal. [...] Com tais fundamentos, e também outros que seriam desnecessários alinhar, sou radicalmente contra o corte de energia de pessoa física em situação de miserabilidade e absolutamente favorável ao corte de pessoa jurídica portentosa, que pode pagar e protela a prestação da sua obrigação, aproveitando-se dos meios judiciais cabíveis."

Interessante notar é o posicionamento do STJ no tocante à possibilidade de corte de energia elétrica em relação às pessoas jurídicas de direito público. A jurisprudência do STJ proclama que, diante da inadimplência de pessoa jurídica de direito público, pode haver a interrupção do fornecimento do serviço, mas devem-se preservar as unidades públicas provedoras de necessidades inadiáveis da comunidade (hospitais, prontos-socorros, centros de saúde, escolas e creches).[342] Para a caracterização do que sejam "unidades públicas essenciais", o STJ utiliza, por analogia, a descrição contida na Lei de Greve (Lei nº 7.783/1989).[343-344] Conforme visto quando do estudo do art. 7º, mais uma vez o STJ utilizou a técnica do diálogo de fontes (diálogo do art. 22 do CDC, art. 6º da Lei nº 8.987/1995 e arts. 10 e 11 da Lei nº 7.783/1989).[345]

> Quando o consumidor é pessoa jurídica de direito público, prevalece nesta Turma a tese de que o corte de energia é possível, desde que não aconteça de forma indiscriminada, preservando-se as unidades públicas essenciais. A interrupção de fornecimento de energia elétrica de Município inadimplente somente é considerada ilegítima quando atinge as unidades públicas provedoras das necessidades inadiáveis da comunidade, entendidas essas – por analogia à Lei de Greve – como 'aquelas que, não atendidas, coloquem em perigo iminente a sobrevivência,

342. O STJ já admitiu, por exemplo, a suspensão do fornecimento de energia elétrica em ginásio esportivo de Município inadimplente, por entender que não se tratava de unidade pública essencial (STJ, Resp. 460271/SP, Rela. Mina. Eliana Calmon, *DJ* 21/02/2005).

343. A Lei de Greve define as atividades essenciais como aquelas que atendem às necessidades inadiáveis da comunidade, trazendo, no art. 10, a relação dos serviços ou atividades essenciais e definindo, no art. 11, as necessidades inadiáveis como aquelas que, caso não atendidas, colocam em perigo iminente a sobrevivência, a saúde ou a segurança da população.

344. Define o art. 10 da Lei de Greve: "São considerados serviços ou atividades essenciais: I – tratamento e abastecimento de água; produção e distribuição de energia elétrica, gás e combustíveis; II – assistência médica e hospitalar; III – distribuição e comercialização de medicamentos e alimentos; IV – funerários; V – transporte coletivo; VI – captação e tratamento de esgoto e lixo; VII – telecomunicações; VIII – guarda, uso e controle de substâncias radioativas, equipamentos e materiais nucleares; IX – processamento de dados ligados a serviços essenciais; X – controle de tráfego aéreo e navegação aérea; XI – compensação bancária; XII - atividades médico-periciais relacionadas com o regime geral de previdência social e a assistência social; XIII - atividades médico-periciais relacionadas com a caracterização do impedimento físico, mental, intelectual ou sensorial da pessoa com deficiência, por meio da integração de equipes multiprofissionais e interdisciplinares, para fins de reconhecimento de direitos previstos em lei, em especial na Lei nº 13.146, de 6 de julho de 2015 (Estatuto da Pessoa com Deficiência); XIV - outras prestações médico-periciais da carreira de Perito Médico Federal indispensáveis ao atendimento das necessidades inadiáveis da comunidade; XV - atividades portuárias."

345. Sobre o diálogo de fontes, conferir comentários ao art. 7º.

a saúde ou a segurança da população', o que se perfaz na hipótese (STJ, Resp. 791713RN, Rel. Min. Castro Meira, *DJ* 1/2/2006).

Finalmente, o STJ entende que para haver a suspensão do serviço público, a inadimplência tem que ser atual, não servindo como meio de cobrança para débitos pretéritos do consumidor, o que configuraria constrangimento e ameaça, nos moldes do art. 42.

Hipótese dos autos que se caracteriza pela exigência de débito pretérito, não devendo, com isso, ser suspenso o fornecimento, visto que o corte de energia elétrica pressupõe o inadimplemento de conta regular, relativa ao mês do consumo, sendo inviável, pois, a suspensão do abastecimento em razão de débitos antigos, em relação aos quais existe demanda judicial ainda pendente de julgamento, devendo a companhia utilizar-se dos meios ordinários de cobrança, não se admitindo nenhuma espécie de constrangimento ou ameaça ao consumidor, nos termos do art. 42 do CDC (STJ, AgRg no REsp. 820665/ RS, Rel. Min. José Delgado, *DJ* 08/06/2006).

Ademais, segundo o STJ, a obrigação de pagar a conta de energia elétrica é de natureza pessoal, e não *propter rem*, o que impossibilita qualquer tentativa da empresa concessionária de providenciar o corte do serviço para aqueles que sucederem o devedor na titularidade da unidade consumidora.

"Consoante a jurisprudência pacífica desta Corte, a obrigação de pagar por serviço de natureza essencial, tal como água e energia, não é propter rem, mas pessoal, isto é, do usuário que efetivamente se utiliza do serviço." (STJ, AgRg no AREsp 45073/MG, Rel. Ministro Napoleão Nunes Maia Filho, Primeira Turma, julgado em 02/02/2017)

Quando os serviços não forem prestados de forma adequada, eficiente, segura e, em se tratando dos essenciais, de forma contínua, caberá ação judicial para obrigar a empresa responsável a prestá-los na forma como determina o CDC e, ainda, se acarretar qualquer dano ao consumidor, caberá ressarcimento.

O ressarcimento "*na forma prevista neste Código*" como determina o parágrafo único do artigo, significa que se dará independentemente da existência de culpa, conforme estatui o art. 14, adotando, neste particular, a teoria do risco administrativo.

Ainda em relação aos serviços públicos, o STJ considerou que não ofende o direito do consumidor a cobrança de tarifa mínima, tanto de água, como de telefonia (chamada de tarifa de assinatura básica ou mensal), ainda que o consumidor não tenha utilizado o serviço ou tenha utilizado à menor. O fornecedor estaria impondo um limite mínimo de utilização pelos consumidores, tanto no fornecimento de água, quanto no de telefonia.

A argumentação dos consumidores é que tal prática ofenderia o art. 39, I, do CDC, que proíbe o fornecedor de condicionar o fornecimento de produtos ou serviços "*a limites quantitativos*".

Mas o STJ entende que a cobrança de um valor mínimo justifica-se pela necessidade da concessionária manter disponibilizado o serviço ao consumidor, de modo contínuo e ininterrupto, exigindo dispêndios financeiros para garantir a eficiência. Para o Tribunal Superior, a vedação constante no art. 39, I, do CDC, não é absoluta, uma vez que o legislador, no mesmo dispositivo, afastou essa proibição quando houver "justa causa".

O STJ tem permitido, com relação ao serviço de consumo de água, a cobrança mensal de tarifa mínima, cuja natureza jurídica é a mesma da ora discutida, a qual garante ao assinante o uso de, no máximo, 90 pulsos, sem nenhum acréscimo ao valor mensal. O consumidor só pagará pelos serviços utilizados que ultrapassarem essa quantificação (STJ, REsp. 926159 / RS, Rel. Min. José Delgado, *DJ* 29/11/2007).

Esse entendimento em relação aos serviços de telefonia foi consolidado pela *Súmula nº 356 do STJ*: "É legítima a cobrança da tarifa básica pelo uso dos serviços de telefonia fixa."

Na mesma linha de argumentação, o STJ também considerou ser legal a cobrança de tarifa progressiva de água. Isto porque a Lei nº 8.987/1995, que trata, especificamente, do regime de concessão e permissão da prestação de serviços públicos, autoriza a cobrança do serviço de fornecimento de água de forma escalonada (tarifa progressiva), de acordo com o consumo (art. 13).

Para o STJ, a política de discriminação tarifária tem por objetivo efetivar, a partir de critérios razoáveis e proporcionais, a igualdade jurídica (tratamento igual aos consumidores que estejam na mesma situação, e diferenciado aos que não se encontrem nas mesmas condições), justa causa que legitima, por conseguinte, o faturamento do serviço de forma gradativa.

A Lei nº 8.987/1995, que trata, especificamente, do regime de concessão e permissão da prestação de serviços públicos autoriza a cobrança do serviço de fornecimento de água, de forma escalonada (tarifa progressiva), de acordo com o consumo. Cuida-se de norma especial que não destoa do art. 39, inciso I, do CDC que, em regra, proíbe ao fornecedor condicionar o fornecimento de produtos ou serviços a limites quantitativos. Tal vedação não é absoluta, pois o legislador, no mesmo dispositivo, afasta essa proibição quando houver justa causa (STJ, AgRg no REsp. 873647 / RJ, Rel. Min. Humberto Martins, *DJ* 19/11/2007).

Esse entendimento acabou sumulado. Trata-se da *Súmula nº 407 do STJ*: "*É legítima a cobrança da tarifa de água, fixada de acordo com as categorias de usuários e as faixas de consumo*".

No que tange aos serviços de telefonia, foram questionadas na justiça o dever das empresas concessionárias informar corretamente o consumidor, identificando as ligações efetuadas. Como prescreve o art. 6º, III, do CDC, são direitos básicos do consumidor: "*a informação adequada e clara sobre os diferentes produtos e serviços, com especificação correta de quantidade, características, composição, qualidade e preço, bem como sobre os riscos que apresentem.*" Pacificando a controvérsia sobre a necessidade de discriminação das ligações ou não, o STJ entendeu que as empresas concessionárias não estavam obrigadas a discriminar todos os pulsos nas contas telefônicas até o dia 1º de janeiro de 2006, quando entrou em vigor o Decreto nº 4.733/2003, que tratou sobre o assunto. De acordo com o STJ, as empresas concessionárias passaram a ser obrigadas a discriminar as ligações efetuadas somente a partir do dia 01/01/2006, em razão do prescrito no Decreto nº 4.733/2003. Antes disso, não havia disposição legal que obrigasse as empresas concessionárias a tal prestação, não dando correta aplicação ao art. 6º, III do CDC.

As empresas que exploram os serviços concedidos de telecomunicações não estavam obrigadas a discriminar todos os pulsos nas contas telefônicas, especialmente os além da franquia, bem como as ligações de telefone fixo para celular, até o dia 1º de janeiro de 2006, quando entrou em vigor o Decreto nº 4.733/2003, art. 7º (STJ, REsp. 925523 / MG, Rel. Min. José Delgado, *DJ* 30/08/2007).

Tal entendimento foi consolidado pela *Súmula nº 357 do STJ*: *"A pedido do assinante, que responderá pelos custos, é obrigatória, a partir de 1º de janeiro de 2006, a discriminação de pulsos excedentes e ligações de telefone fixo para celular."*

No entanto, menos de um ano após a publicação da Súmula nº 357, a Primeira Seção do STJ, no julgamento do REsp. 1.074.799/MG, na sessão de 27/05/2009, deliberou por sua revogação. Isso porque a alteração do sistema de tarifação de pulsos para tempo de utilização viabilizou o detalhamento das ligações. Assim, com a revogação da Súmula nº 357, o STJ decidiu que o fornecimento das faturas discriminadas não gerará ônus para o assinante/consumidor, bastando que seja requerido uma única vez, marcando para a concessionária o momento a partir do qual o consumidor pretende obter suas faturas com detalhamento.

Segue ementa bem explicativa do referido acórdão:

TELEFONIA FIXA. DETALHAMENTO DAS CHAMADAS. OBRIGATORIEDADE. TERMO INICIAL. SOLICITAÇÃO DO USUÁRIO. GRATUIDADE. EMBARGOS DE DECLARAÇÃO TIDOS COMO PROTELATÓRIOS. MULTA. AFASTAMENTO. SÚMULA nº 98/STJ. I – O Estado, com a edição do Decreto nº 4.733/2003, entre outras medidas necessárias para a alteração do sistema de tarifação de pulsos para tempo de utilização, determinou o detalhamento de todas as ligações locais e de longa distância. II – O prazo para a conversão do sistema, inicialmente previsto para 31 de julho de 2006 pela Resolução nº 423/2005, foi ampliado em doze meses pela Resolução nº 432/2006, para não prejudicar os usuários da internet discada, os quais, neste prazo, foram atendidos com plano alternativo apresentado na Resolução nº 450/2006. III – Assim, a partir de 1º de Agosto de 2007, data da implementação total do sistema, passou a ser exigido das concessionárias o detalhamento de todas as ligações na modalidade local, independentemente de ser dentro ou fora da franquia contratada, por inexistir qualquer restrição a respeito, conforme se observa do constante do art. 83 do anexo à Resolução nº 426/2005, que regulamentou o sistema de telefonia fixa. IV – Também no art. 83 do anexo à Resolução nº 426/2005, restou reafirmada a determinação para que a concessionária forneça, mediante solicitação do assinante, documento de cobrança contendo o detalhamento das chamadas locais, entretanto ficou consignado que o fornecimento do detalhamento seria gratuito para o assinante, modificando, neste ponto, o constante do art. 7º, X, do Decreto nº 4.733/2003. V – A solicitação do fornecimento das faturas discriminadas, sem ônus para o assinante, basta ser feita uma única vez, marcando para a concessionária o momento a partir do qual o consumidor pretende obter suas faturas com detalhamento. VI – Revogação da Súmula no 357/STJ que se impõe. VII – Recurso especial parcialmente provido *(Acórdão sujeito ao regime do art. 543-C do CPC e da Resolução STJ 08/08) (STJ, REsp. 1074799/MG, Rel. Min. Francisco Falcão, DJe 08/06/2009).*[346]

Em relação às contas de energia elétrica contestadas em juízo por suposta fraude em medidor, o STJ não tem admitido a interrupção, quando o ilícito for aferido unilateralmente pela concessionária:

346. O STJ entendeu que não é ilegal a cobrança de pulsos excedentes no período anterior a 1º/8/2007. "O ato reclamado deve, então, amoldar-se ao entendimento desta Corte, de que não é ilegal a cobrança de pulsos excedentes, no período anterior a 01.08.07, com base apenas na ausência de discriminação das ligações efetuadas pelos usuários do serviço de telefonia." (STJ, Rcl 3914/BA, Rel. Ministro Castro Meira, Primeira Seção, DJe 21/08/2012)

Administrativo – Fornecimento de energia elétrica – Suposta fraude no medidor – Dívida contestada em juízo – Ilegalidade do corte – Constrangimento ao consumidor – Precedentes. 1. Discute-se, na presente controvérsia, da possibilidade de corte no fornecimento de energia elétrica, em face de dívida decorrente de diferenças de consumo que geraram a fiscalização, e a constatação unilateral de irregularidades no aparelho de medição. 2. Há ilegalidade na interrupção no fornecimento de energia elétrica nos casos de dívidas contestadas em Juízo – decorrentes de suposta fraude no medidor do consumo de energia elétrica –, uma vez que o corte configura constrangimento ao consumidor que procura discutir no Judiciário débito que considera indevido. Precedentes. 3. Para solucionar tal controvérsia existem meios ordinários de cobrança, razão pela qual a interrupção do serviço implica infringência ao disposto no art. 42, *caput*, do Código de Defesa do Consumidor (STJ, REsp. 708176/RS, Rel. Min. Humberto Martins, *DJ* 31/08/2007).

Entretanto, uma vez que a apuração da fraude e da dívida seja precedida de procedimento que possibilite o contraditório e ampla defesa do consumidor, há a possibilidade do corte do serviço público. Isso porque, segundo o STJ, "restringir o corte de energia somente à circunstância de não pagamento do consumo regular acaba por prestigiar o fraudador em detrimento do consumidor cumpridor da lei."[347] Nestes casos (reconhecimento da possibilidade de corte do serviço de energia elétrica nas situações de fraude com contraditório e ampla defesa), o STJ concluiu em Recurso Repetitivo que deve ser respeitado um limite temporal de apuração retroativa. Para o STJ, a suspensão do fornecimento do serviço somente será permitida em relação aos débitos relativos aos últimos 90 (noventa) dias da averiguação da fraude. Ademais, a suspensão também somente poderá ocorrer no período de até 90 (noventa) dias após o vencimento da fatura de recuperação de consumo.

A tese ficou assim definida:

"Na hipótese de débito estrito de recuperação de consumo efetivo por fraude no aparelho medidor atribuída ao consumidor, desde que apurado em observância aos princípios do contraditório e da ampla defesa, é possível o corte administrativo do fornecimento do serviço de energia elétrica, mediante prévio aviso ao consumidor, pelo inadimplemento do consumo recuperado correspondente ao período de 90 (noventa) dias anterior à constatação da fraude, contanto que executado o corte em até 90 (noventa) dias após o vencimento do débito, sem prejuízo do direito de a concessionária utilizar os meios judiciais ordinários de cobrança da dívida, inclusive antecedente aos mencionados 90 (noventa) dias de retroação." (STJ, REsp 1412433/RS, Rel. Ministro Herman Benjamin, Primeira Seção, DJe 28/09/2018.)

Por fim, importante mencionar que a Lei 13.312, de 12 de julho de 2016, alterando a Lei nº 11.445/2007, torna obrigatória a medição individualizada do consumo hídrico nas novas edificações condominiais. O § 3º do art. 29 da Lei 11.445/2007 prescreve agora que "As novas edificações condominiais adotarão padrões de sustentabilidade ambiental que incluam, entre outros procedimentos, a medição individualizada do consumo hídrico por unidade imobiliária." Vale lembrar que esta exigência somente valerá em 2021. Isso porque a Lei 13.312, de 12 de julho de 2016, entra em vigor após decorridos cinco anos de sua publicação (que ocorreu em 12/07/2016).

347. REsp 1412433/RS, Rel. Ministro Herman Benjamin, Primeira Seção, DJe 28/09/2018.

Sintetizando a jurisprudência do STJ sobre serviços públicos:
• STJ – possibilidade de corte no fornecimento de serviços públicos essenciais (principalmente energia elétrica e água) em decorrência da inadimplência do consumidor, desde que tenha aviso prévio (diálogo de fontes entre a Lei nº 8.987/1995 e o CDC).
• STJ – no tocante às pessoas jurídicas de direito público, pode haver a interrupção desde que preserve as unidades públicas provedoras de necessidades inadiáveis da comunidade (hospitais, prontos-socorros, centros de saúde, escolas e creches)
• STJ – só admite a interrupção do serviço caso o inadimplemento seja atual, não servindo como meio de compelir o consumidor a pagar débitos pretéritos.
• STJ – em casos especiais, como de miserabilidade do consumidor, em respeito ao princípio da dignidade da pessoa humana, não tem permitido a interrupção do serviço.
• STJ – considerou legal a cobrança de tarifa mínima (para fornecimento de água e telefonia). No caso de telefonia, editou a Súmula nº 356: *"É legítima a cobrança de tarifa básica pelo uso dos serviços de telefonia fixa."*
• STJ – considerou legal a cobrança de tarifa progressiva de água. *Súmula nº 407* do STJ: *"É legítima a cobrança da tarifa de água, fixada de acordo com as categorias de usuários e as faixas de consumo".*
• STJ – A *Súmula nº 357* foi revogada pelo STJ. A redação da súmula era o seguinte: *"A pedido do assinante, que responderá pelos custos, é obrigatória, a partir de 1º de janeiro de 2006, a discriminação de pulsos excedentes e ligações de telefonia fixa para celular."* Assim, com a revogação da Súmula nº 357, decidiu o STJ que o fornecimento das faturas discriminadas será sem ônus para o assinante consumidor, bastando que seja requerida uma única vez, marcando para a concessionária o momento a partir do qual o consumidor pretende obter suas faturas com detalhamento.
• STJ – não tem admitido a interrupção em relação às contas de energia elétrica contestadas em juízo por suposta fraude em medidor.
• STJ – reconheceu a natureza de tarifa da contraprestação paga pela água e esgoto e ainda definiu o prazo da ação de repetição de indébito (prazo geral do Código Civil). *Súmula nº 412 do STJ: "a ação de repetição de indébito de tarifas de água e esgoto sujeita-se ao prazo prescricional estabelecido no Código Civil."*

PRINCIPAIS JURISPRUDÊNCIAS DO STF E STJ

Súmula 506 do STJ

"A Anatel não é parte legítima nas demandas entre a concessionária e o usuário de telefonia decorrentes de relação contratual."

Observação: de modo semelhante, entendeu o STJ que a ANS não é parte legítima em ação que se discute suposto abuso em reajuste de plano de saúde.

"RECURSO ESPECIAL. PROCESSUAL CIVIL. AÇÃO CIVIL PÚBLICA. PLANO DE SAÚDE. REAJUSTES ABUSIVOS POR FAIXA ETÁRIA. RELAÇÃO ENTRE CONSUMIDOR E OPERADORA. AUSÊNCIA DE INTERESSE DIRETO DA AGÊNCIA NACIONAL DE SAÚDE SUPLEMENTAR (ANS). 1. Ilegitimidade passiva da Agência Nacional de Saúde Suplementar (ANS) para figurar no polo passivo de ação civil pública em que se pleiteia a declaração de abusividade de reajustes em contrato de plano de saúde. 2. Ausência de interesse jurídico direto da agência reguladora. 3. Precedentes específicos do STJ." (STJ, REsp 1384604/RS, Rel. Ministro Paulo de Tarso Sanseverino, Terceira Turma, DJe 22/06/2015)

Súmula Vinculante nº 27 do STF

"Compete à Justiça Estadual julgar causas entre consumidor e concessionária de serviço público de telefonia, quando a Anatel não seja litisconsorte passiva necessária, assistente nem opoente."

Justiça Federal não é competente para julgar pedido de restituição de tarifa de energia elétrica majorada ilegalmente

O STJ entendeu que a Justiça Federal não tem competência para processar e julgar ações que discutam a restituição de valores cobrados indevidamente por majoração ilegal da tarifa de energia elétrica. Isso porque nem a União nem a ANEEL possuem legitimidade para figurar no polo passivo dessas demandas, pois a discussão envolve apenas a relação entre consumidores e concessionárias de energia. (STJ, AgRg no REsp 1383131/RS, Rel. Min. Herman Benjamin, Segunda Turma, DJe 19/09/2013)

Distribuidora de gás pode cobrar tarifa por medição individualizada em condomínios

O STJ entendeu que não há abusividade na cobrança de tarifa pela medição individualizada do consumo de gás em condomínios, desde que os moradores tenham liberdade para escolher essa modalidade. A decisão cabe à assembleia condominial, que pode optar entre a medição coletiva ou individualizada. Assim, se houver essa escolha, a distribuidora pode cobrar a tarifa correspondente pelo serviço prestado. (STJ, REsp 1.986.320/SP, Rel. Min. Marco Aurélio Bellizze, Terceira Turma, DJe 15/08/2023)

Aviso de suspensão do fornecimento de energia elétrica por emissoras de rádio é válido

O STJ entendeu que a divulgação da interrupção do fornecimento de energia elétrica por meio de emissoras de rádio, com antecedência, atende ao requisito legal de aviso prévio. A interrupção do serviço é legítima por razões técnicas, de segurança ou inadimplência do usuário, desde que a concessionária cumpra essa exigência prevista na Lei 8.987/1995. Assim, o aviso por rádio descaracteriza eventual dano extrapatrimonial ao consumidor. (STJ, REsp 1270339/SC, Rel. Min. Gurgel de Faria, Primeira Turma, DJe 17/02/2017)

Indenização por interrupção excessiva no abastecimento de água

O STJ entendeu que a interrupção do fornecimento de água por cinco dias, sem prestação de assistência aos consumidores, constitui grave falha na prestação de serviço, considerando-se a água um direito humano essencial. A responsabilidade da concessionária deve ser analisada à luz do CDC, afastando-se a aplicação do Código Civil. Para ações de indenização por danos oriundos dessa falha, aplica-se o prazo prescricional de cinco anos previsto no art. 27 do CDC. (STJ, REsp 1629505/SE, Rel. Ministro Herman Benjamin, Segunda Turma, DJe 19/12/2016)

Essencialidade do transporte aéreo. Cancelamento de voos sem razões técnicas ou de segurança

O STJ entendeu que o transporte aéreo, sendo serviço essencial, deve ser prestado com continuidade, adequação, eficiência e segurança, conforme o art. 22 do CDC. Cancelar voos sem razões técnicas ou de segurança comprovadas, bem como descumprir o dever de informar os consumidores de forma clara e justificada, configura prática abusiva nos termos do art. 39 do CDC. A malha aérea ofertada pela concessionária vincula a prestação do serviço, e seu descumprimento gera violação aos direitos dos consumidores, cabendo reparação por danos materiais e morais, inclusive coletivos. (STJ, REsp 1469087/AC, Rel. Ministro Humberto Martins, Segunda Turma, DJe 17/11/2016)

Passe livre para pessoas com deficiência não se aplica ao transporte aéreo

O STJ entendeu que a gratuidade do transporte interestadual para pessoas com deficiência hipossuficientes, prevista na Lei 8.899/94, se aplica apenas aos modais rodoviário, ferroviário e aquaviário, não abrangendo o transporte aéreo. A Corte destacou que não pode ampliar, por interpretação judicial, os benefícios concedidos por lei, pois essa seria uma função exclusiva do legislador, sob pena de atuar como legislador positivo. (STJ, REsp 1155590/DF, Rel. Min. Marco Buzzi, Quarta Turma, DJe 07/12/2018)

Concessionária de rodovia responde por acidentes causados por falha na prestação do serviço

O STJ entendeu que as concessionárias de rodovias são prestadoras de serviço público e, portanto, sujeitas ao CDC, respondendo objetivamente por danos causados aos usuários. Assim, quando há falha na prestação do serviço, como a presença de animais na pista, a concessionária é responsável pelos danos, pois cabe a ela garantir a segurança e a adequada manutenção da rodovia concedida. (STJ, AgRg no AREsp 586.409/PR, Rel. Min. Antonio Carlos Ferreira, Quarta Turma, DJe 13/08/2015)

Ação indenizatória contra prestadora de serviço público prescreve em cinco anos com base no artigo 1º-C da Lei 9.494/97

"O prazo de prescrição das ações indenizatórias movidas em desfavor de pessoa jurídica de direito privado prestadora de serviços públicos de transporte é quinquenal, consoante o disposto no art. 1º-C da Lei n. 9.494/97." (STJ, REsp 1277724/PR, Rel. Ministro João Otávio de Noronha, Terceira Turma, DJe 10/06/2015)

Observação: no voto do Min. Paulo de Tarso Sanseverino, ele ressaltou também a possibilidade de aplicação do art. 17 do CDC (*bystander*) e assim aplicar o art. 27 (prazo prescricional de 5 anos), chegando ao mesmo resultado. Nesse sentido: "Sr. Presidente. Concordo com o voto do Ministro João Otávio de Noronha no sentido da incidência da prescrição quinquenal. Tomo a liberdade apenas de agregar como fundamento a possibilidade de aplicação do art. 27 do CDC, chegando ao mesmo resultado. Com efeito, trata-se também de relação de consumo por força da regra de extensão do art. 17 do CDC. No caso, é um atropelamento, podendo-se enquadrar o pedestre como *bystander*. Assim, pode-se aplicar também o regime da responsabilidade pelo fato do serviço do art. 14, do CDC, e, consequentemente, o prazo de prescrição seria também de cinco anos (art. 27 do CDC). Com esses breves acréscimos, acompanho o voto do Ministro Relator, revisando a jurisprudência da Corte."

Cobrança de tarifa de esgoto é ilegal se não houver coleta ou houver despejo irregular

O STJ entendeu que a tarifa de esgoto só pode ser cobrada quando há efetiva prestação do serviço, ainda que o tratamento dos resíduos não esteja completo. No entanto, a cobrança é ilegal se não houver coleta ou se os dejetos forem despejados in natura em galerias pluviais, pois isso configura poluição ambiental e não um serviço público legítimo. O Tribunal reafirmou a tese do REsp 1.339.313/RJ, destacando que a simples remoção dos resíduos sem tratamento adequado não atende aos requisitos do saneamento básico, e o Poder Público e as concessionárias podem ser responsabilizados por danos ambientais. (STJ, AgInt no AREsp 1.974.167/RJ, Rel. Ministro Herman Benjamin, Segunda Turma, DJe 15/03/2022)

Responsabilidade dos correios pelo não protocolo de petição enviada via sedex pelo advogado

O STJ entendeu que a demora na entrega de correspondência enviada por Sedex, quando o serviço garante prazo específico de chegada, configura vício de qualidade na prestação do serviço, nos termos do CDC. No caso, o atraso causou a perda do prazo recursal de um advogado, gerando dano moral indenizável. Empresas públicas prestadoras de serviços estão sujeitas à responsabilidade civil objetiva, e a contratação do serviço postal configura relação de consumo, impondo aos Correios o dever de cumprir as condições pactuadas. (STJ, REsp 1210732/SC, Rel. Ministro Luis Felipe Salomão, Quarta Turma, DJe 15/03/2013).

Dívida de consumo de água e esgoto é de quem utilizou o serviço, não do novo morador

O STJ entendeu que a responsabilidade pelo pagamento de débitos referentes ao consumo de água e serviço de esgoto é pessoal do usuário que efetivamente utilizou o serviço. Assim, o novo morador ou proprietário do imóvel não pode ser responsabilizado por dívidas deixadas pelo usuário anterior, pois a obrigação não acompanha o imóvel, mas sim quem usufruiu do fornecimento. (STJ, AgRg no REsp 1327162/SP, Rel. Min. Napoleão Nunes Maia Filho, Primeira Turma, DJe 28/09/2012)

Cobrança de tarifa básica de telefonia é legítima, e a Anatel não é parte necessária em ações individuais

O STJ entendeu, em recurso repetitivo, que a cobrança da tarifa básica pelos serviços de telefonia é legítima e que a Anatel não deve figurar no polo passivo das ações individuais movidas por usuários contra concessionárias, pois não é responsável direta pela cobrança. No entanto, quando se tratar de ação coletiva ajuizada por órgão de proteção ao consumidor, a participação da Anatel no processo é necessária, o que desloca a competência para a Justiça Federal. (STJ, REsp 1.068.944-PB, Rel. Min. Teori Albino Zavascki, j. 22/10/2008, Informativo 373; EDcl no AgRg no Ag 1195826/GO, Rel. Min. Eliana Calmon, DJe 10/09/2010)

Consumidor pode questionar cobrança de assinatura básica de telefonia no juizado especial cível

O STJ entendeu que as ações movidas por consumidores contra concessionárias de telefonia, com o objetivo de questionar a cobrança da assinatura básica mensal e pedir a devolução dos valores pagos, podem ser processadas nos juizados especiais cíveis. Essa possibilidade se baseia na jurisprudência consolidada, que reconhece a competência dos juizados para demandas dessa natureza, facilitando o acesso do consumidor à Justiça. (STJ, CC 83.676/MG, Rel. Min. Teori Albino Zavascki, Primeira Seção, DJ 10/09/2007; CC 89.936/MG, Rel. Min. Francisco Falcão, Primeira Seção, DJe 19/05/2008)

Recurso repetitivo. Responsabilidade civil. Atropelamento em via férrea

"A despeito de situações fáticas variadas no tocante ao descumprimento do dever de segurança e vigilância contínua das vias férreas, a responsabilização da concessionária é uma constante, *passível de ser elidida tão somente quando cabalmente comprovada a culpa exclusiva da vítima.*

Para os fins da sistemática prevista no art. 543-C do CPC, citam-se algumas situações (de responsabilidade das ferrovias):

> (i) existência de cercas ao longo da via, mas caracterizadas pela sua vulnerabilidade, insuscetíveis de impedir a abertura de passagens clandestinas, ainda quando existente passarela nas imediações do local do sinistro;
>
> (ii) *a própria inexistência de cercadura ao longo de toda a ferrovia;*
>
> (iii) a falta de vigilância constante e de manutenção da incolumidade dos muros destinados à vedação do acesso à linha férrea pelos pedestres;
>
> (iv) a ausência parcial ou total de sinalização adequada a indicar o perigo representado pelo tráfego das composições."
>
> (STJ, REsp 1210064/SP, Rel. Ministro Luis Felipe Salomão, Segunda Seção, DJe 31/08/2012)

É ilegal cobrar a tarifa de água por estimativa quando ausente o hidrômetro ou quando este estiver com defeito. Cobrança da tarifa mínima

O STJ entendeu que, na falta de hidrômetro ou em caso de defeito no seu funcionamento, a cobrança pelo fornecimento de água deve ser realizada pela tarifa mínima, sendo vedada a cobrança por estimativa. A tarifa deve refletir o consumo efetivamente medido, e a cobrança por estimativa configura enriquecimento ilícito da concessionária. Como a instalação do hidrômetro é obrigação da concessionária, a ausência do aparelho não pode prejudicar o consumidor. (STJ, REsp 1.513.218-RJ, Rel. Min. Humberto Martins, DJe 13/03/2015)

Metodologia de cálculo de tarifa de água e esgoto com múltiplas unidades autônomas de consumo com um único hidrômetro

Tese do Recurso Repetitivo:

"1. Nos condomínios formados por múltiplas unidades de consumo (economias) e um único hidrômetro é lícita a adoção de metodologia de cálculo da tarifa devida pela prestação dos serviços de saneamento por meio da exigência de uma parcela fixa ("tarifa mínima"), concebida sob a forma de franquia de consumo devida por cada uma das unidades consumidoras (economias); bem como por meio de uma segunda parcela, variável e eventual, exigida apenas se o consumo real aferido pelo medidor único do condomínio exceder a franquia de consumo de todas as unidades conjuntamente consideradas.

2. Nos condomínios formados por múltiplas unidades de consumo (economias) e um único hidrômetro é ilegal a adoção de metodologia de cálculo da tarifa devida pela prestação dos serviços de saneamento que, utilizando-se apenas do consumo real global, considere o condomínio como uma única unidade de consumo (uma única economia).

3. Nos condomínios formados por múltiplas unidades de consumo (economias) e um único hidrômetro é ilegal a adoção de metodologia de cálculo da tarifa devida pela prestação dos serviços de saneamento que, a partir de um hibridismo de regras e conceitos, dispense cada unidade de consumo do condomínio da tarifa mínima exigida a título de franquia de consumo." (STJ, REsp n. 1.937.887/RJ, Rel. Min. Paulo Sérgio Domingues, Primeira Seção, DJe 25/6/2024)

Assim, o STJ decidiu que, em condomínios com várias unidades de consumo (como apartamentos) e um único hidrômetro, é permitido cobrar uma tarifa mínima para cada unidade, além de uma tarifa extra se o consumo total do condomínio ultrapassar o limite da franquia. Porém, é ilegal calcular a tarifa considerando o condomínio como se fosse uma única unidade de consumo ou adotar um método que dispense as unidades da cobrança da tarifa mínima, combinando diferentes regras.

Responsabilidade civil do Estado por omissão exige a comprovação de culpa

O STJ entendeu que a responsabilidade civil do Estado ou de concessionária de serviço público, quando baseada em conduta omissiva, só ocorre se for comprovada a culpa, ou seja, o descumprimento do dever legal de impedir a ocorrência do dano. Dessa forma, não basta a mera inércia do poder público, sendo necessária a demonstração do nexo causal entre a omissão e o prejuízo sofrido pelo particular. (STJ, REsp 1210064/SP, Rel. Min. Luis Felipe Salomão, Segunda Seção, DJe 31/08/2012)

Ligação telefônica dentro do mesmo município pode ser tarifada como interurbana

O STJ entendeu que a definição de "área local" para fins de tarifação de chamadas telefônicas não se baseia na divisão política dos municípios, mas sim em critérios técnicos estabelecidos pela Anatel. Assim, é possível que uma ligação realizada dentro do mesmo município seja tarifada como interurbana, desde que essa definição esteja de acordo com as normas regulatórias vigentes. (STJ, REsp 757971/RS, Rel. Min. Luiz Fux, DJe 19/12/2008)

Concessionária de serviço público responde por atos ilícitos de funcionários terceirizados

O STJ entendeu que a concessionária de energia elétrica é responsável pelos danos causados por funcionários de empresas terceirizadas que atuam em seu nome, conforme o art. 37, § 6º, da CF/1988 e o art. 932, III, do CC/2002. No caso, a concessionária foi considerada legítima para responder por agressões cometidas por preposto terceirizado durante o corte de luz em uma residência, cabendo-lhe eventual direito de regresso contra a prestadora de serviços. Tal entendimento reforça a responsabilidade na prestação de serviços e o controle sobre sua qualidade. (STJ, REsp 904.127/RS, Rel. Min. Nancy Andrighi, j. 18/9/2008, Informativo 368)

Lei estadual que regula serviços de telefonia fixa é formalmente inconstitucional por usurpar competência da União

O STJ entendeu que a Lei Estadual nº 11.699/2001, ao impor à concessionária de telefonia fixa a obrigação de detalhar informações na fatura telefônica, apresenta inconstitucionalidade formal por vício de iniciativa. Isso porque a Constituição Federal confere competência privativa à União para legislar sobre serviços de telefonia, conforme os arts. 21, XI, e 22, IV. A lei estadual, por ser autoaplicável e prever sanções como multas, possui efeitos concretos, afastando a aplicação da Súmula nº 266 do STF. Casos semelhantes já tiveram eficácia suspensa pelo STF em ações diretas de inconstitucionalidade. (QO em RMS 17.112/SC, Rel. Min. Denise Arruda, j. 09/09/2008)

Suspensão de energia elétrica em unidades de saúde é ilegal

O STJ entendeu que é ilegítima a interrupção do fornecimento de energia elétrica em unidades públicas que prestam serviços essenciais e inadiáveis à coletividade, como postos de saúde e hospitais, mesmo em caso de inadimplência do município. Essa proteção se aplica por analogia à Lei de Greve, que impede a suspensão de serviços essenciais à população. (STJ, REsp 831.010-RS, Rel. Min. Castro Meira, j. 26/08/2008, Informativo 365)

Corte de energia elétrica em órgãos públicos só é permitido se não afetar serviços essenciais

O STJ entendeu que, no caso de inadimplência, a interrupção do fornecimento de energia elétrica para órgãos públicos só é permitida quando não afetar unidades essenciais, como hospitais, escolas e creches. No caso analisado, tratava-se de agências do INSS, cujo funcionamento pode ser suspenso sem comprometer serviços inadiáveis à população, permitindo-se o corte do fornecimento em caso de inadimplência. (STJ, REsp 848.784-RJ, Rel. Min. Eliana Calmon, j. 09/02/2008, Informativo 345)

Cobrança de assinatura básica de telefonia é legal

O STJ entendeu que a cobrança de assinatura básica em telefonia, bem como a tarifação dos pulsos excedentes dentro da franquia, é legítima e fundamentada no equilíbrio econômico-financeiro dos contratos entre usuários, concessionárias e o poder concedente. Permitir a continuidade do serviço sem o pagamento adequado geraria prejuízo à empresa e violaria o direito líquido e certo à remuneração pelo serviço prestado. (STJ, RMS 26.319-AM, Rel. Min. Eliana Calmon, j. 26/08/2008)

Estados não podem legislar sobre suspensão de energia elétrica sem prévia comunicação

O STF entendeu que é inconstitucional a lei estadual que proíbe o corte de energia elétrica sem prévia comunicação ao usuário, pois essa matéria é de competência exclusiva da União. A decisão reforça que a regulamentação dos serviços públicos federais cabe ao poder concedente federal e às agências reguladoras, como a ANEEL, sendo vedada a interferência dos estados-membros nessas relações contratuais. (STF, ADI 3729/SP, Rel. Min. Gilmar Mendes, j. 17/09/2007, Informativo 480)

Município e empresa pública respondem solidariamente por danos morais em estacionamento público

O STJ entendeu que o município responde solidariamente pelos danos morais causados a um consumidor que teve seu veículo rebocado após estacionar em local público administrado por empresa pública. Mesmo sendo a exploração do estacionamento delegada a uma empresa, cabe ao município sua implantação, manutenção e operação, nos termos do art. 37, § 6º, da CF e do art. 28 do CDC. (STJ, REsp 746555/RJ, Rel. Min. Francisco Falcão, DJ 19/12/2005)

Suspensão do fornecimento de água por inadimplência é permitida

O STJ entendeu que a concessionária pode interromper o fornecimento de água por falta de pagamento, desde que o consumidor tenha sido previamente notificado. A decisão considerou que a Lei 8.987/1995 autoriza a suspensão do serviço por inadimplência e que o CDC não impede essa medida. Assim, a interrupção do fornecimento é legítima quando o usuário não cumpre com suas obrigações tarifárias. (STJ, REsp 337.965-MG, Rel. Min. Eliana Calmon, j. 02/09/2003, Informativo 182)

Serviços 0900 não são considerados serviço público, e concessionárias podem ser responsabilizadas

O STJ entendeu que os serviços prestados por meio da linha 0900 não se enquadram como serviço público e que as concessionárias de telefonia podem ser responsabilizadas quando impõem aos consumidores cobranças indevidas desses serviços adicionais sem solicitação expressa. A concessionária deve comprovar que o serviço foi solicitado pelo consumidor, não podendo impor obrigações unilaterais. (STJ, REsp 246140/MG, Rel. Min. José Delgado, DJU 02/05/2000)

Consumidor não tem direito à restituição dos valores investidos na extensão da rede de telefonia por PCT

O STJ entendeu que o consumidor não pode exigir a devolução dos valores investidos na expansão da rede telefônica pelo sistema de Plantas Comunitárias de Telefonia (PCT), pois os contratos previam a doação desses bens à concessionária. A doação foi considerada para a fixação da tarifa e garantiu a continuidade do serviço, evitando enriquecimento ilícito da operadora. Além disso, ao término da concessão, os bens revertidos à empresa serão posteriormente transferidos ao poder concedente. (STJ, AgRg nos EDcl no AREsp 254.007-RS, Rel. Min. Maria Isabel Gallotti, julgado em 21/02/2013, Informativo 514)

Dano moral por morte causada por corte indevido de energia elétrica

O STJ entendeu que a concessionária de energia elétrica pode ser responsabilizada por danos morais quando o corte do serviço resultar na morte de um consumidor que dependia de aparelho eletrônico para sobreviver. No caso, foi fixada indenização de R$ 100.000,00, considerando a gravidade do dano e a relação direta entre a interrupção do fornecimento e o falecimento do consumidor. (STJ, AgRg no AREsp 295.230/CE, Rel. Min. Herman Benjamin, Segunda Turma, DJe 30/09/2013)

Art. 23. A ignorância do fornecedor sobre os vícios de qualidade por inadequação dos produtos e serviços não o exime de responsabilidade.

O art. 23 do CDC reforça um dos princípios fundamentais da legislação consumerista: a teoria do risco da atividade econômica. De acordo com essa teoria, quem coloca um produto ou serviço no mercado deve assumir integralmente os riscos decorrentes de sua atividade, respondendo pelos vícios de qualidade ou quantidade, independentemente de dolo ou culpa.

O dispositivo legal afasta qualquer possibilidade de o fornecedor alegar desconhecimento do vício como forma de se eximir da responsabilidade. Essa previsão é essencial para garantir a segurança jurídica e a proteção do consumidor, pois impede que o fornecedor transfira para o consumidor os ônus de problemas que decorrem da própria atividade empresarial. Assim, constatado o vício, o consumidor tem direito à sua reparação imediata e, caso tenha sofrido prejuízos adicionais, pode exigir indenização por perdas e danos, nos termos do art. 6º, VI, do CDC.

Esse regime consumerista diverge profundamente da lógica do Código Civil no tratamento dos vícios redibitórios. O art. 443 do CC estabelece que a responsabilidade do vendedor pelo vício da coisa varia conforme seu conhecimento prévio: se sabia do defeito, deve restituir o valor pago com perdas e danos; se não sabia, apenas restitui o valor e as despesas do contrato. O CDC, no entanto, não admite essa diferenciação. A responsabilidade do fornecedor é objetiva, o que significa que, independentemente de boa-fé ou conhecimento prévio do vício, ele deverá responder integralmente.

Essa distinção é crucial porque, no mercado de consumo, o fornecedor é sempre a parte tecnicamente mais capacitada para avaliar a adequação do produto ou serviço. Permitir que ele alegue ignorância do vício seria um retrocesso, pois abriria espaço para que vícios ocultos ou falhas estruturais nos produtos passassem despercebidos até causarem danos irreparáveis ao consumidor. O CDC parte da premissa de que a garantia da qualidade é inerente à atividade empresarial, e qualquer falha nesse compromisso gera o dever de reparação.

Além disso, a previsão do art. 23 do CDC está alinhada com o princípio da reparação integral do dano, garantindo ao consumidor não apenas o saneamento do vício, mas também eventuais indenizações pelos prejuízos materiais e morais sofridos. Esse entendimento está em conformidade com a boa-fé objetiva, que impõe ao fornecedor o dever de agir de forma transparente, diligente e responsável.

Portanto, o art. 23 do CDC consolida uma proteção fundamental ao consumidor, impedindo que o fornecedor utilize a ignorância como escudo para se eximir da responsabilidade. A mera existência do vício já impõe ao fornecedor o dever de reparação, independentemente de culpa ou conhecimento prévio. Isso reforça a lógica do risco do empreendimento, garantindo que a atividade econômica seja exercida com padrões elevados de qualidade, segurança e respeito ao consumidor.

Art. 24. A garantia legal de adequação do produto ou serviço independe de termo expresso, vedada a exoneração contratual do fornecedor.

Quando um fornecedor coloca um produto ou presta um serviço no mercado, assume automaticamente o dever de garantir sua qualidade, quantidade, eficiência e adequação às expectativas legítimas do consumidor. Essa obrigação não decorre da vontade das partes, mas da própria lei, sendo uma imposição do princípio da garantia legal, que protege o consumidor de forma irrenunciável.

A garantia legal é inerente ao próprio ato de consumo, existindo independentemente de qualquer contrato ou termo expresso. Trata-se de um direito automático do consumidor, conferido pela legislação consumerista, de modo que nenhuma cláusula contratual pode restringi-lo ou suprimi-lo. Nesse sentido, o art. 51, I, do CDC, determina a nulidade de pleno direito de qualquer cláusula que exonere, atenuem ou impossibilite a responsabilidade do fornecedor por vícios de qualquer natureza. Isso significa que, mesmo que um contrato contenha disposições que tentem afastar a responsabilidade do fornecedor, essas cláusulas serão juridicamente inválidas.

Por exemplo, se um consumidor adquire um eletrodoméstico que apresenta vício logo após a compra, ele tem o direito à reparação, substituição ou restituição do valor pago, conforme os arts. 18 e 20 do CDC. Ainda que o contrato de compra e venda não mencione expressamente uma garantia, ou que o fornecedor tente se eximir dessa responsabilidade com um termo limitador, a lei impõe a obrigação de garantir a adequação do produto. Do mesmo modo, se um serviço for prestado de maneira defeituosa ou ineficiente, o consumidor tem direito à sua reexecução sem custo adicional.

A garantia legal funciona como um patamar mínimo e obrigatório de proteção, assegurando que o consumidor não dependa de garantias voluntárias oferecidas pelo fabricante ou prestador de serviços para ter um produto ou serviço em condições adequadas. O fornecedor não pode condicionar a correção de um vício à aquisição de uma garantia adicional, pois essa responsabilidade já existe naturalmente, sendo interna ao produto ou serviço.

Além disso, a garantia contratual – prevista no art. 50 do CDC – não substitui, nem reduz a garantia legal. Pelo contrário, ela apenas a complementa, oferecendo ao consumidor uma proteção adicional em condições estabelecidas pelo fornecedor. No caso de um produto eletrônico, por exemplo, a garantia legal já assegura que ele deve funcionar adequadamente dentro do prazo razoável esperado para sua natureza e finalidade, independentemente do que estiver escrito no contrato. Se o fabricante oferece uma garantia contratual de um ano, essa garantia não pode ser utilizada para restringir direitos do consumidor previstos na legislação, como a vida útil razoável do produto e a reposição obrigatória de peças essenciais.

Portanto, o princípio da garantia legal protege o consumidor de práticas abusivas e assegura que ele não precise negociar ou pagar a mais para obter um direito básico: receber um produto ou serviço adequado e funcional. Nenhuma cláusula contratual pode afastar essa proteção, pois sua existência é indisponível e inderrogável, refletindo o compromisso do CDC com o equilíbrio e a transparência nas relações de consumo.

Art. 25. É vedada a estipulação contratual de cláusula que impossibilite, exonere ou atenue a obrigação de indenizar prevista nesta e nas seções anteriores.

§ 1º Havendo mais de um responsável pela causação do dano, todos responderão solidariamente pela reparação prevista nesta e nas seções anteriores.

§ 2º Sendo o dano causado por componente ou peça incorporada ao produto ou serviço, são responsáveis solidários seu fabricante, construtor ou importador e o que realizou a incorporação.

De acordo com esse artigo, serão proibidas cláusulas que impossibilitem, exonerem ou atenuem a obrigação de indenizar nos casos previstos no CDC. Assim, tanto a garantia legal de segurança (arts. 12 a 17) como a garantia legal de adequação (arts. 18 a 25) são obrigatórias por vontade da lei. É muito comum frases do tipo "*o estacionamento não se responsabiliza por eventuais danos sofridos pelo veículo*". Cláusula como essa é considerada como não escrita, devendo ser excluída no aferimento da responsabilidade pelo fornecedor.

Nesse sentido, dispõe também a Súmula nº 130 do STJ: "*A empresa responde, perante o cliente, pela reparação de dano ou furto de veículos ocorridos em seu estacionamento.*"

Assim, a chamada "*cláusula de não indenizar*" não tem validade perante o direito do consumidor, uma vez que o art. 25 veda tal estipulação. Tal cláusula, também denominada por alguns doutrinadores de "cláusula exonerativa de responsabilidade" ou de "cláusula de irresponsabilidade", consiste em ajuste que visa afastar as consequências normais advindas da não execução da obrigação, ou seja, de forma prática, objetiva liberar o sujeito do pagamento da indenização.

Em alguns casos, a cláusula de não indenizar nos contratos tem sido admitida com base no princípio da autonomia da vontade e na liberdade de contratar entre os pactuantes. A jurisprudência dos Tribunais vem se posicionando no sentido de acatar a aplicação e validade da cláusula de não indenizar, desde que presentes os requisitos inerentes a todo negócio jurídico, como capacidade das partes, livre manifestação de vontade, objeto lícito e possível, forma prescrita e não defesa em lei. Para que o pacto liberatório seja válido e eficaz não basta a observância dos requisitos genéricos, mas é necessário, primordialmente, que a convenção não afete a ordem pública e os bons costumes.

Cumpre destacar que a responsabilidade dos condomínios por fatos ilícitos ocorridos em detrimento dos condôminos, nas suas áreas comuns, somente têm sido reconhecida pelo STJ quando expressamente prevista na convenção e claramente assumida. Assim, se não houver cláusula que a preveja ou exista cláusula de não indenizar, a responsabilidade fica afastada (STJ, Resp. 268669/SP). Por se tratar de obrigação essencial do contrato, da mesma forma, o STJ não admitiu tal cláusula para isentar instituição bancária da obrigação de indenizar pelo furto de joias ocorrido em cofres de sua propriedade (STJ, Resp. 38222/RJ).

A cláusula de não indenizar não será permitida quando a própria norma jurídica vedá-la. Nesse sentido, temos o art. 734 do CC que fulmina de nulidade qualquer cláusula excludente da responsabilidade no transporte de pessoas. Conforme dito, o CDC também proíbe a cláusula exonerativa, não somente no art. 25, mas também através do art. 51, I, do CDC, ao qualificar como nula de pleno direito qualquer estipulação nesse sentido.

A única exceção à norma disposta no *caput* do art. 25 é no tocante às relações de consumo entre o fornecedor e o consumidor–pessoa jurídica, prevista no art. 51, I, em que a indenização poderá ser limitada em situações justificáveis, como veremos mais adiante.

Nos mesmos moldes do parágrafo único do art. 7º, todos aqueles que participaram da causação do dano, de alguma forma, são responsáveis solidários (§ 1º do art. 25) e, se o dano for causado por componente ou peça incorporada ao produto ou serviço, haverá também uma responsabilidade solidária entre o fornecedor (fabricante, construtor ou importador) e o responsável pela incorporação da peça ou componente (§ 2º do art. 25).

Assim, quando o automóvel apresenta defeito de fabricação em virtude dos freios não funcionarem devidamente e, em razão disso, vem a causar danos ao consumidor, poderá ser acionada não somente a montadora, como também o fabricante dos freios. Conforme dito, a responsabilidade é solidária. Caso a montadora seja acionada sozinha (é o que normalmente ocorre) e for condenada a ressarcir os danos causados ao consumidor, poderá cobrar regressivamente do fabricante dos freios (pois foi este que deu causa ao dano).

PRINCIPAIS JURISPRUDÊNCIAS DO STF E STJ

É nula a cláusula que limita a indenização da CEF por joia furtada em contrato de penhor

O STJ entendeu que é abusiva e nula a cláusula contratual que limita a indenização da Caixa Econômica Federal (CEF) em casos de furto ou roubo de joias empenhadas. Isso porque, no contrato de penhor, o consumidor está em posição de hipossuficiência, aderindo a cláusulas impostas unilateralmente pela instituição financeira. A limitação da indenização viola o art. 51, I, do CDC, pois desconsidera o valor real e sentimental do bem, frustrando a legítima expectativa do consumidor de reavê-lo. (STJ, REsp 1155395/PR, Rel. Min. Raul Araújo, Quarta Turma, DJe 29/10/2013)

Empresa de estacionamento responde por furto ou roubo de veículo

O STJ entendeu que a empresa que explora comercialmente um estacionamento tem o dever de indenizar o cliente em caso de furto ou roubo do veículo. O roubo mediante ameaça com arma de fogo não caracteriza força maior, pois é um risco previsível da atividade. A responsabilidade decorre do contrato de depósito, que impõe à empresa o dever de guarda e vigilância do veículo estacionado. (STJ, REsp 230180/SP, Rel. Min. Barros Monteiro, j. 16/10/2001; REsp 419465/DF, Rel. Min. Aldir Passarinho Junior, j. 25/02/2003)

Furto de veículo em estacionamento de universidade pública gera responsabilidade subjetiva do Estado

O STJ entendeu que, quando um veículo é furtado dentro do estacionamento de uma universidade pública, a responsabilidade do Estado é subjetiva, ou seja, depende da comprovação de falha no dever de vigilância. Aplicando a teoria da falta do serviço (faute du service), a Corte reconheceu que, se a instituição oferece estacionamento com aparência de segurança, ainda que gratuito, assume o dever de guarda, podendo ser responsabilizada em caso de omissão na vigilância. (STJ, REsp 615.282-PR, Rel. Min. Castro Meira, j. 06/04/2004, Informativo 204; Ag 910070, Rel. Min. João Otávio de Noronha, DJ 18/10/2007)

Seção IV
Da Decadência e da Prescrição

Art. 26. O direito de reclamar pelos vícios aparentes ou de fácil constatação caduca em:

I – trinta dias, tratando-se de fornecimento de serviço e de produtos não duráveis;

II – noventa dias, tratando-se de fornecimento de serviço e de produtos duráveis.

§ 1º Inicia-se a contagem do prazo decadencial a partir da entrega efetiva do produto ou do término da execução dos serviços.

§ 2º Obstam a decadência:

I – a reclamação comprovadamente formulada pelo consumidor perante o fornecedor de produtos e serviços até a resposta negativa correspondente, que deve ser transmitida de forma inequívoca;

II – (Vetado).

III – a instauração de inquérito civil, até seu encerramento.

§ 3º Tratando-se de vício oculto, o prazo decadencial inicia-se no momento em que ficar evidenciado o defeito.

Atenção: a Lei 14.010, de 10 de junho de 2020, que dispôs sobre o regime jurídico emergencial e transitório das relações jurídicas de Direito Privado no período da pandemia do Covid-19, disciplinou que os prazos prescricionais consideravam-se impedidos ou suspensos, conforme o caso, a partir da entrada em vigor da Lei (12/06/2020) até 30 de outubro de 2020. E disciplinou ainda que este dispositivo se aplicava à decadência, conforme a ressalva prevista no art. 207 do Código Civil.

Assim, os prazos decadenciais do art. 26 estavam impedidos de começarem a correr (durante a vigência da lei até 30/10/2020) ou, se já começaram, foram suspensos a partir de 12/06/2020 (data em que entrou em vigor a lei), durando a suspensão ou impedimento até 30/10/2020.

Se o prazo decadencial já estava paralisado quando da vigência da lei (ocorrência de uma das hipóteses do §2º do art. 26), não se aplica a suspensão prevista (de acordo com o §1º da Lei 14.010), a não ser que a hipótese que acabaria com a paralisação do prazo[348] (*resposta negativa do fornecedor ou encerramento do inquérito civil*) ocorresse antes de 30/10/2020. Aí, neste caso, o prazo estaria impedido de começar a correr (pois seria um novo prazo por se tratar de interrupção) até 30/10/2020.

Exemplificando, suponhamos que um consumidor tenha adquirido um produto durável (ex.: televisão) com vício aparente em 10/06/2020. Como o vício é aparente, o prazo de 90 dias inicia-se quando o consumidor adquiriu o produto (ou seja, em 10/06/2020). Como a Lei 14.010 entrou em vigor dia 12/06/2020, houve suspensão do prazo (só correu dois dias) até 30/10/2020. Em 31/10/2020 o prazo restante – 88 dias por se tratar de produto durável – voltará a correr.

Se o consumidor tiver feito a reclamação comprovada ao fornecedor no dia 11/06/2020, houve a interrupção do prazo nos termos do §2º, inciso I do art. 26. Nesta hipótese, não haverá que se falar em suspensão ou impedimento, uma vez que o prazo já estará paralisado. Caso o fornecedor dê uma resposta negativa (sobre a reclamação do consumidor) antes de 30/10/2020, o prazo decadencial não recomeçará, pois estará impedido pela Lei 14.010.

Porém, se nesta mesma situação, a compra for feita no dia 15/06/2020 (ou seja, após a vigência da Lei 14.010), o prazo decadencial de 90 dias estará impedido de começar a correr (impedimento que durará até 30/10/2020).

Capítulo II
Da Prescrição e Decadência

Art. 3º Os prazos prescricionais consideram-se impedidos ou suspensos, conforme o caso, a partir da entrada em vigor desta Lei até 30 de outubro de 2020.

§ 1º Este artigo não se aplica enquanto perdurarem as hipóteses específicas de impedimento, suspensão e interrupção dos prazos prescricionais previstas no ordenamento jurídico nacional.

§ 2º Este artigo aplica-se à decadência, conforme ressalva prevista no art. 207 da Lei nº 10.406, de 10 de janeiro de 2002 (Código Civil).

A Seção IV (arts. 26 e 27) trata da decadência e da prescrição no Código de Defesa do Consumidor.

O CDC separou as duas realidades. Tratou da decadência no art. 26 ("*O direito... caduca...*") e da prescrição no art. 27 ("*Prescreve... a pretensão*").

O direito caduca, a pretensão prescreve. No caso específico do CDC, a decadência afeta o direito de reclamar, a prescrição afeta a pretensão à reparação pelos danos causados pelo fato do produto ou do serviço.

348. Conforme se verá no decorrer do artigo, entendo que as hipóteses de paralisação do prazo do §2º do art. 26 são de interrupção e não de suspensão.

Mais tecnicamente, o prazo do art. 26 é de decadência, pois se trata de decurso de prazo para que o consumidor exerça um direito potestativo[349] (*direito de reclamar*), impondo uma sujeição ao fornecedor, para que este possa sanar os vícios do produto ou serviço em razão da responsabilidade por vício de inadequação estampada nos arts. 18 a 25 do CDC.

Já o prazo do art. 27 é de prescrição, pois se trata de exercer uma pretensão nascida em decorrência de uma lesão sofrida pelo consumidor (responsabilidade pelo fato do produto e do serviço).

O STJ, no voto proferido pelo Min. Ruy Rosado Aguiar, de forma brilhante, sintetizou as diferenças entre os dois institutos, relacionando o direito potestativo à decadência e o direito subjetivo (propriamente dito) à prescrição. Assim, ensina o ministro que

> a diferença entre uma e outra dessas figuras (arts. 26 e 27), para o que nos interessa, deve ser feita a partir da distinção entre direito subjetivo propriamente dito (direito formado, fundamental ou bastante em si), que contém poderes sobre bens da vida, permite ao seu titular dispor sobre eles, de acordo com a sua vontade e nos limites da lei, e está armado de pretensão dirigida contra quem se encontra no polo passivo da relação (devedor), para que efetue a prestação a que está obrigado (ex.: direito de propriedade, direito de crédito), e direito formativo (dito de configuração ou potestativo), que atribui ao seu titular, por ato unilateral, formar relação jurídica concreta, a cuja atividade a outra parte simplesmente se sujeita. Esse direito formativo é desarmado de pretensão, pois o seu titular não exige da contraparte que venha efetuar alguma prestação decorrente exclusivamente do direito formativo; apenas exerce diante dela o seu direito de configurar uma relação. O efeito do tempo sobre os direitos armados de pretensão atinge a pretensão, encobrindo-a, e a isso se chama de prescrição. Os direitos formativos, porque não têm pretensão, são afetados diretamente pelo tempo e extinguem-se: é a decadência.
>
> A lei trata dessas duas situações. O direito à indenização, do qual é titular o consumidor lesado por defeito do produto ou do serviço com ofensa à sua segurança (arts. 12 e 14), é um direito subjetivo de crédito que pode ser exercido no prazo de 5 anos, mediante a propositura de ação através da qual o consumidor (credor) deduz sua pretensão dirigida contra o fornecedor para que efetue a sua prestação (pagamento da indenização). Portanto, se já ocorreu a ofensa à segurança do consumidor, com incidência dos referidos arts. 12 e 14, houve o dano e cabe a ação indenizatória. É uma ação de condenação deferida a quem tem direito e pretensão de exigir a prestação pelo devedor. O efeito do tempo faz encobrir essa pretensão. É caso, portanto, de prescrição, assim como regulado no art. 27: 'Prescreve em 5 anos a pretensão à reparação pelos danos causados por fato do produto ou do serviço [...]'.
>
> Se o produto ou serviço apresenta vício quanto à quantidade ou qualidade (arts. 18 e 20), sendo de algum modo impróprio ao uso e ao consumo (arts. 18, § 6º, e 20, § 2º), a lei concede ao consumidor o direito formativo de escolher entre as alternativas de substituição do produto, abatimento proporcional do preço, a reexecução do serviço, ou a resolução do contrato, com a restituição do preço (art. 18, § 2º, e incisos do art. 20). A lei cuida dessas situações como sendo um direito formativo do consumidor, a ser exercido dentro de prazo curto de 30 ou 90

349. Por direito potestativo entende-se o poder que a lei confere a determinadas pessoas de influírem, com uma declaração de vontade, sobre situações jurídicas de outras, sem o concurso da vontade dessas. Ex.: o poder que tem o mandante e o doador de revogarem o mandato e a doação; o poder que tem o cônjuge de promover a separação; o poder que tem o condômino de desfazer a comunhão; o poder que tem o herdeiro de aceitar ou renunciar a herança; o poder que têm os interessados de promover a invalidação dos atos jurídicos anuláveis (contratos, testamentos, casamentos etc.)

dias, conforme se trata de bens não duráveis ou duráveis, respectivamente (art. 26, incisos I e II). O caso é de extinção do direito formativo e o prazo é de decadência.[350]

Agnelo Amorim Filho[351], em sua excelente obra sobre o critério científico para distinguir a prescrição da decadência, explica que "os direitos potestativos são os únicos direitos que podem estar subordinados a prazos de decadência, uma vez que o objetivo e efeito desta é, precisamente, a extinção dos direitos não exercitados dentro dos prazos fixados".

De forma extremamente didática e objetiva, Agnelo Amorim, com base em Chiovenda, conclui ainda que:

1) estão sujeitas a prescrição todas as ações condenatórias e somente elas;[352]
2) estão sujeitas a decadência as ações constitutivas que possuem prazo fixado em lei;[353]
3) são perpétuas (imprescritíveis) as ações constitutivas que não possuem prazo e todas as ações declaratórias.

Feita essa importante diferenciação, importa compararmos o regime dos vícios do CDC e dos vícios redibitórios do CC.

O regime de vícios no CC ganhou a nomenclatura de redibitórios e está disciplinado nos arts. 441 a 446 do CC. O sistema dos vícios redibitórios é aplicado nos contratos comutativos e nas doações onerosas quando há vício oculto que desvaloriza a coisa ou torna-a imprestável ao uso a que se destina, podendo o adquirente se valer das *ações edilícias*, rejeitando a coisa (*ação redibitória* – daí o nome dos vícios), ou alternativamente, reclamando abatimento proporcional do preço (*ação estimatória* ou *quanti minoris*). Conforme exposto quando dos comentários ao art. 23, o conhecimento do vício pelo alienante acarreta a restituição do que recebeu, acrescido de perdas e danos. Caso não tenha conhecimento do vício, somente restituirá o que recebeu mais as despesas do contrato.

No tocante aos prazos decadenciais para exercício das ações edilícias, o art. 445 prescreve: "*O adquirente decai do direito de obter a redibição ou abatimento no preço no prazo*

350. STJ, REsp. 100710/SP, Rel. Min. Ruy Rosado de Aguiar, *DJ* 03/02/1997. No mesmo sentido: "Existindo vício aparente, de fácil constatação no produto, não há que se falar em prescrição quinquenal, mas, sim, em decadência do direito do consumidor de reclamar pela desconformidade do pactuado, incidindo o art. 26 do Código de Defesa do Consumidor. O art. 27 do mesmo diploma legal cuida somente das hipóteses em que estão presentes vícios de qualidade do produto por insegurança, ou seja, casos em que produto traz um vício intrínseco que potencializa um acidente de consumo, sujeitando-se o consumidor a um perigo iminente" (STJ, REsp. 114473/RJ, Rel. Min. Sálvio de Figueiredo Teixeira, *DJ* 05/05/1997).

351. "Critério científico para distinguir a prescrição da decadência e para identificar as ações imprescritíveis". *Revista dos Tribunais*. São Paulo, vol. 744, p. 738, outubro de 1997.

352. Assim, o prazo de 5 anos do art. 27 é de prescrição, pois somente as ações condenatórias servirão para se obter a reparação de danos em decorrência de um acidente de consumo. Uma regra bastante útil para o Código Civil é que os prazos prescricionais estão elencados no art. 205 (prazo geral de 10 anos) e no art. 206 (prazos especiais). Todos os outros prazos constantes do Código Civil são de decadência, o que facilita (e muito!) a vida do operador do Direito.

353. Por exemplo, o Código Civil, no art. 178, especifica que é de 4 anos o prazo de decadência para pleitear a anulação de negócio jurídico decorrente de erro, dolo, coação etc. Percebe-se claramente que a "anulação de negócio jurídico" se dá através das ações constitutivas negativas (ou desconstitutivas) e nunca condenatórias. Assim, como possuem prazo específico (4 anos), o prazo somente poderá ser de decadência e nunca de prescrição. Da mesma forma, o prazo de 2 anos do art. 179 do CC somente poderá ser de decadência, embora o referido artigo não diga expressamente, ao contrário do art. 178.

de trinta dias se a coisa for móvel, e de um ano se for imóvel, contado da entrega efetiva; se já estava na posse, o prazo conta-se da alienação, reduzido à metade." Percebe-se que houve aumento nos prazos decadenciais do CC/2002 em relação ao CC/1916. Os bens móveis passaram de 15 para 30 dias e os bens imóveis de 6 meses para 1 ano.

De forma inovadora, o CC estipulou o período máximo em que deverá ocorrer o aparecimento do vício oculto: "*Quando o vício, por sua natureza, só puder ser conhecido mais tarde, o prazo contar-se-á do momento em que dele tiver ciência, até o prazo máximo de cento e oitenta dias, em se tratando de bens móveis; e de um ano, para os imóveis*" (art. 445, § 1º).

Assim, quando o vício aparecer em até 180 dias da entrega efetiva (pois o vício estava oculto) o adquirente terá 30 dias para exigir a redibição do contrato ou abatimento do preço em se tratando de bens móveis e um ano se for bens imóveis.

Tratando-se de venda de animais, os prazos de garantia por vícios ocultos serão os estabelecidos em lei especial, ou, na falta desta, pelos usos locais, aplicando-se o disposto no § 1º do art. 445, se não houver regras disciplinando a matéria (art. 445, § 2º).

Outra interessante mudança ocorrida no CC/2002 foi a possibilidade de soma do prazo decadencial com o prazo de garantia contratual. O art. 446 dispôs que: "*Não correrão os prazos do artigo antecedente na constância de cláusula de garantia; mas o adquirente deve denunciar o defeito ao alienante nos trinta dias seguintes ao seu descobrimento, sob pena de decadência.*"

Já os vícios tratados pelo CDC, segundo o art. 26, poderão ser, segundo a sua natureza: 1) aparente ou de fácil constatação e 2) oculto[354].

Os vícios aparentes ou de fácil constatação são aqueles cuja identificação não exige conhecimento especializado por parte do consumidor, em que a constatação se dá apenas com o exame superficial do produto ou serviço. Tal exame poderá se dar através de simples visualização sobre o bem (como no caso de um carro com riscos na pintura) ou através de experimentação ou uso do bem (carro que ao ser testado pela primeira vez, esquenta o motor).[355]

Por sua vez, vício oculto é aquele vício que já estava presente quando da aquisição do produto ou do término do serviço, mas que somente se manifestou algum tempo depois; ou seja, é aquele cuja identificação não se dá com simples exame pelo consumidor.

A diferenciação entre vícios aparentes/fácil constatação e ocultos será importante para se delimitar o início do prazo decadencial.

O prazo decadencial será de 90 dias para os produtos e serviços duráveis e de 30 dias para os não duráveis.

---

354. Vale lembrar que o CC somente protege os defeitos e vícios ocultos (vícios redibitórios) – art. 441 do CC.

355. Há autores que procuram distinguir vícios aparentes dos vícios de fácil constatação. Antônio Herman V. Benjamin, por exemplo, entende que o vício de fácil constatação se manifesta pela obviedade, pois a simples visualização do bem é suficiente para que o consumidor identifique o vício, como no caso do televisor sem tela. Já os vícios aparentes demandam uma análise, uma experimentação do bem de consumo, utilizando-se para sua apuração de esforço físico e mental por parte do consumidor. Exemplo disso ocorre no televisor com tubo de imagem invertido, necessitando do primeiro uso para sua constatação. *Comentários ao Código de Defesa do Consumidor* Coordenado por Juarez de Oliveira. São Paulo: Saraiva, p. 132.

Produtos não duráveis são aqueles que se exaurem após o consumo ao passo que os duráveis, a *contrario sensu*, seriam aqueles que não se exaurem após o consumo, mas que também não se perpetuam, tendo sua vida útil.

> Entende-se por produtos não duráveis aqueles que se exaurem no primeiro uso ou logo após sua aquisição, enquanto que os duráveis, definidos por exclusão, seriam aqueles de vida útil não efêmera (STJ, REsp. 114473/RJ, Rel. Min. Sálvio de Figueiredo Teixeira, *DJ* 05/05/1997).

Elucidativo é o voto do Min. Ricardo Villas Bôas Cueva no Resp 1161941, DJe 14/11/2013:

> "Entende-se por produto durável aquele que, como o próprio nome consigna, não se extingue pelo uso, levando certo tempo para se desgastar. Ao consumidor é facultada a utilização do bem conforme sua vontade e necessidade, sem, todavia, se olvidar que nenhum produto é eterno, pois, de um modo ou de outro, todos os bens tendem a um fim material em algum momento, já que sua existência está atrelada à sua vida útil.
>
> O aspecto de durabilidade do bem impõe reconhecer que um dia todo bem perderá sua função, deixando de atender à finalidade à qual um dia se destinou. O bem durável é aquele fabricado para servir durante determinado tempo, que variará conforme a qualidade da mercadoria, os cuidados que lhe são emprestados pelo usuário, o grau de utilização e o meio ambiente no qual inserido. Portanto, natural que um terno, um eletrodoméstico, um automóvel ou até mesmo um livro, à evidência exemplos de produtos duráveis, se desgastem com o tempo, já que a finitude, é de certo modo, inerente a todo bem.
>
> Por outro lado, os produtos não duráveis, tais como alimentos, os remédios e combustíveis, em regra *in natura*, findam com o mero uso, extinguindo-se em um único ato de consumo. O desgaste é, por consequência, imediato."[356]

Já em relação aos serviços, a durabilidade está ligada ao resultado pretendido com a execução do serviço, e não ao tempo de duração da atividade desenvolvida pelo fornecedor.[357]

Nesse sentido, interessante as observações de Paulo José Scartezzini Guimarães[358] de que "o conceito de durável e não durável está ligado aos efeitos que o serviço gera ao consumidor. Quando contratamos uma empresa para a dedetização de nossas residências,

356. O STJ entendeu que um vestido de noiva é um bem durável, pois não se extingue pelo mero uso. Nesse sentido, foi o voto do Min. Ricardo Villas Bôas Cueva no Resp 1161941, DJe 14/11/2013: "Logo, o vestuário, mormente um vestido de noiva, é um bem "durável", pois não se extingue pelo mero uso. Aliás, é notório que por seu valor sentimental há quem o guarde para a posteridade, muitas vezes com a finalidade de vê-lo reutilizado em cerimônias de casamento por familiares (filhas, netas e bisnetas) de uma mesma estirpe. Por outro lado, há pessoas que o mantém como lembrança da escolha de vida e da emoção vivenciada no momento do enlace amoroso, enquanto há aquelas que guardam o vestido de noiva para uma possível reforma, seja por meio de aproveitamento do material (normalmente valioso), do tingimento da roupa (cujo tecido, em regra, é de alta qualidade) ou, ainda, para extrair lucro econômico, por meio de aluguel (negócio rentável e comum atualmente). Desse modo, o vestido de noiva jamais se enquadraria como bem não durável, porquanto não consumível, tendo em vista não se exaurir no primeiro uso ou em pouco tempo após a aquisição, para consignar o óbvio. Aliás, como claramente se percebe, a depender da vontade da consumidora, o vestido de noiva, vestimenta como outra qualquer, sobreviverá a muitos usos."

357. Outra diferença marcante em relação ao CC é no tocante aos vícios dos serviços (arts. 20 e 21 do CDC), uma vez que inexistem vícios redibitórios em relação aos serviços.

358. *Vícios do produto e do serviço por qualidade, quantidade e insegurança: cumprimento imperfeito do contrato.* São Paulo: RT, 2004, p. 403-404.

é irrelevante para a conceituação o fato de a empresa demorar duas horas para realizar o trabalho. Para a conceituação jurídica é importante apenas que aquele serviço, segundo a informação dada pelo fornecedor, afastará os insetos de nossas casas, por, digamos, seis meses. Nesse caso poderemos classificá-lo como serviço durável."

Como exemplos, são considerados duráveis os serviços de seguro de automóvel; de assistência técnica; de reforma de imóveis etc. São considerados não duráveis, por sua vez, os serviços de transporte; de lavagem de automóvel; de cabeleireiro, de pacote turístico etc.

A contagem do prazo decadencial inicia-se a partir da entrega do produto ou da execução do serviço, para os vícios aparentes ou de fácil constatação. Para os vícios ocultos, esse prazo só começa a partir da constatação do defeito, uma vez que, se o vício ainda não se manifestou, embora oculto, não há possibilidade do consumidor reclamar por ele.

Prazos de decadência

Vícios	Produtos ou serviços	Prazo	Início da contagem
Aparentes ou de fácil constatação	não duráveis	30 dias	Entrega efetiva do produto ou do término da execução dos serviços
	duráveis	90 dias	
Ocultos	não duráveis	30 dias	Momento em que ficar evidenciado o defeito
	duráveis	90 dias	

Questão interessante é se existe prazo máximo para o aparecimento do vício oculto, uma vez que a norma não disciplinou nada a respeito. Por exemplo, se adquiro um carro e o vício oculto (por estar presente desde a compra) somente se manifesta 15 anos depois, estaria aberto o prazo decadencial de 90 dias (produto durável) para que fosse sanado o vício pelo fornecedor?

Neste ponto, a doutrina considera a vida útil do produto ou serviço como limite temporal para o surgimento do vício oculto. Sustenta Cláudia Lima Marques[359] que "se o vício é oculto, porque se manifesta somente com o uso, a experimentação do produto ou porque se evidenciará muito tempo após a tradição, o limite temporal da garantia legal está em aberto, seu termo inicial; segundo o § 3º do art. 26, é a descoberta do vício. Somente a partir da descoberta do vício (talvez meses ou anos após o contrato) é que passarão a correr os 30 ou 90 dias. Será, então, a nova garantia legal eterna? Não, os bens de consumo possuem uma durabilidade determinada. É a chamada vida útil do produto."

Exemplifica a autora que "se se trata de videocassete, por exemplo, sua vida útil seria de oito anos, aproximadamente; se o vício oculto se revela nos primeiros anos de uso há descumprimento do dever legal de qualidade, há responsabilidade dos fornecedores para sanar o vício. Somente se o fornecedor conseguir provar que não há vício, ou que sua causa foi alheia à atividade de produção como um todo, pois o produto não tinha vício quando foi entregue (ocorreu mau uso desmesurado ou caso fortuito posterior), verdadeira prova diabólica, conseguirá excepcionalmente se exonerar. Se o vício aparece no fim da vida útil do produto a garantia ainda existe, mas começa a esmorecer, porque se aproxima o fim na-

359. *Contratos no Código de Defesa do Consumidor*. São Paulo: RT, 4ª ed., p. 1.022/1.023.

tural da utilização deste, porque o produto atingiu já durabilidade normal, porque o uso e o desgaste como que escondem a anterioridade ou não do vício, são causas alheias à relação de consumo que como se confundem com a agora revelada inadequação do produto para seu uso normal." Nesse sentido, conclui que "a garantia legal de adequação dos produtos com vício oculto tem um limite temporal, qual seja a vida útil do produto".[360]

O critério da vida útil do produto ou serviço tem sido adotado pela jurisprudência:

> RESPONSABILIDADE CIVIL – DANOS MATERIAIS – VEÍCULO AUTOMOTOR – PEÇA – RUPTURA POR FADIGA – CONDUÇÃO ADEQUADA – VíCIO OCULTO CONFIGURADO. Comprovada a ruptura da biela por fadiga do material, inexistente prova da má condução do veículo por seu proprietário, presente a responsabilidade do fabricante pelas indenizações devidas. Vício oculto configurado. Vida útil do bem de consumo que não pode ficar restrita ao prazo de garantia do fabricante (TJRS, Apel. Cível nº 70014964498, Des. Rel. Jorge Alberto Schreiner Pestana, DJ 09/04/2007).

O STJ, no REsp 984106/SC, Rel. Min. Luis Felipe Salomão, DJe 20/11/2012, também entendeu que o "*o Código de Defesa do Consumidor, no § 3º do art. 26, no que concerne à disciplina do vício oculto, adotou o critério da vida útil do bem, e não o critério da garantia, podendo o fornecedor se responsabilizar pelo vício em um espaço largo de tempo, mesmo depois de expirada a garantia contratual*.". Ou seja, nos casos dos vícios ocultos, terá que se avaliar o período de vida útil do produto para se averiguar a responsabilidade do fornecedor. Se estiver no período da vida útil, o fornecedor ainda responderá pelo vício. Se já estiver no fim da vida útil ou se já esgotado o período, não haverá responsabilidade. [361]

Neste sentido, o CDC adotou o critério da vida útil do bem, e não o critério da garantia, podendo o fornecedor se responsabilizar pelo vício mesmo depois de expirada a garantia contratual. O que valerá então, para efeito de responsabilidade do fornecedor, é o tempo de vida útil dos produtos e serviços. Aparecendo o vício durante a vida útil, ainda que já tenha escoado a garantia contratual, ficará responsável o fornecedor. Tal responsabilidade somente não se dará se o fornecedor provar que o vício decorreu de má utilização por parte do consumidor (ou seja, de que não era oculto e sim de que surgiu em decorrência de uma má utilização – uso inadequado pelo consumidor).

Pela belíssima fundamentação, vale a transcrição da parte da ementa do acórdão que interessa:

> "No mérito da causa, cuida-se de ação de cobrança ajuizada por vendedor de máquina agrícola, pleiteando os custos com o reparo do produto vendido. O Tribunal a quo manteve a sentença de improcedência do pedido deduzido pelo ora recorrente, porquanto reconheceu sua responsabilidade pelo vício que inquinava o produto adquirido pelo recorrido, tendo sido comprovado que se tratava de defeito de fabricação e que era ele oculto. Com efeito, a conclusão a que chegou o acórdão, sobre se tratar de vício oculto de fabricação, não se desfaz sem a reapreciação do conjunto fático-probatório, providência vedada pela Súmula 7/STJ. Não fosse por isso, o ônus da prova quanto à natureza do vício era mesmo do ora recorrente, seja porque é autor da demanda (art. 333, inciso I, do CPC) seja porque se trata de relação de consumo, militando em benefício do consumidor eventual déficit em matéria probatória.

360. *Op. Cit.*, p. 1.023.

361. No mesmo sentido, mais recentemente: Resp. 1787287/SP.

4. O prazo de decadência para a reclamação de defeitos surgidos no produto não se confunde com o prazo de garantia pela qualidade do produto – a qual pode ser convencional ou, em algumas situações, legal. O Código de Defesa do Consumidor não traz, exatamente, no art. 26, um prazo de garantia legal para o fornecedor responder pelos vícios do produto. Há apenas um prazo para que, tornando-se aparente o defeito, possa o consumidor reclamar a reparação, de modo que, se este realizar tal providência dentro do prazo legal de decadência, ainda é preciso saber se o fornecedor é ou não responsável pela reparação do vício.

5. Por óbvio, o fornecedor não está, ad aeternum, responsável pelos produtos colocados em circulação, mas sua responsabilidade não se limita pura e simplesmente ao prazo contratual de garantia, o qual é estipulado unilateralmente por ele próprio. Deve ser considerada para a aferição da responsabilidade do fornecedor a natureza do vício que inquinou o produto, mesmo que tenha ele se manifestado somente ao término da garantia.

6. Os prazos de garantia, sejam eles legais ou contratuais, visam a acautelar o adquirente de produtos contra defeitos relacionados ao desgaste natural da coisa, como sendo um intervalo mínimo de tempo no qual não se espera que haja deterioração do objeto. Depois desse prazo, tolera-se que, em virtude do uso ordinário do produto, algum desgaste possa mesmo surgir. Coisa diversa é o vício intrínseco do produto existente desde sempre, mas que somente veio a se manifestar depois de expirada a garantia. Nessa categoria de vício intrínseco certamente se inserem os defeitos de fabricação relativos a projeto, cálculo estrutural, resistência de materiais, entre outros, os quais, em não raras vezes, somente se tornam conhecidos depois de algum tempo de uso, mas que, todavia, não decorrem diretamente da fruição do bem, e sim de uma característica oculta que esteve latente até então.

7. Cuidando-se de vício aparente, é certo que o consumidor deve exigir a reparação no prazo de noventa dias, em se tratando de produtos duráveis, iniciando a contagem a partir da entrega efetiva do bem e não fluindo o citado prazo durante a garantia contratual. Porém, conforme assevera a doutrina consumerista, o Código de Defesa do Consumidor, no § 3º do art. 26, no que concerne à disciplina do vício oculto, adotou o critério da vida útil do bem, e não o critério da garantia, podendo o fornecedor se responsabilizar pelo vício em um espaço largo de tempo, mesmo depois de expirada a garantia contratual.

8. Com efeito, em se tratando de vício oculto não decorrente do desgaste natural gerado pela fruição ordinária do produto, mas da própria fabricação, e relativo a projeto, cálculo estrutural, resistência de materiais, entre outros, o prazo para reclamar pela reparação se inicia no momento em que ficar evidenciado o defeito, não obstante tenha isso ocorrido depois de expirado o prazo contratual de garantia, devendo ter-se sempre em vista o critério da vida útil do bem.

9. Ademais, independentemente de prazo contratual de garantia, a venda de um bem tido por durável com vida útil inferior àquela que legitimamente se esperava, além de configurar um defeito de adequação (art. 18 do CDC), evidencia uma quebra da boa-fé objetiva, que deve nortear as relações contratuais, sejam de consumo, sejam de direito comum. Constitui, em outras palavras, descumprimento do dever de informação e a não realização do próprio objeto do contrato, que era a compra de um bem cujo ciclo vital se esperava, de forma legítima e razoável, fosse mais longo.

10. Recurso especial conhecido em parte e, na extensão, não provido.

(STJ, Resp 984106/SC, Rel. Ministro Luis Felipe Salomão, Quarta Turma, DJe 20/11/2012)

A questão é extremamente importante. Como o fornecedor responde pelos vícios ocultos durante o período de vida útil do produto, será fundamental que o fornecedor informe expressamente qual o período de vida útil de cada produto nos rótulos ou manuais. Esta informação, que já pode ser exigida pelo art. 31 do CDC, é de extrema importância não somente para bem informar o consumidor sobre o prazo que dispõe para reclamar nos aparecimentos dos vícios ocultos, mas também serve para melhor orientar o consumidor na hora da compra. Entre dois produtos similares, o prazo de vida útil informado pode ser um ingrediente importante para a tomada de decisão sobre qual produto a ser adquirido. Produtos mais duráveis certamente serão mais atraentes para o consumidor do que os que rapidamente se deterioram. É sabido que os produtos atualmente são fabricados para terem durabilidade limitada, de modo a incentivar o consumidor a adquirir novos produtos em curto espaço de tempo. Ou seja, a indústria hoje trabalha com o conceito de obsolescência (tornar-se obsoleto) de forma programada (***obsolescência programada***). Assim, ao informar em cada produto a vida útil do mesmo, estaremos incentivando um *consumo sustentável*, uma vez que o consumidor poderá optar pelo produto mais duradouro, evitando a troca prematura bem como o acúmulo de resíduos que serão naturalmente descartados no meio ambiente.[362-363-364]

A Lei 13.186, de 11 de novembro de 2015, que institui a Política de Educação para o Consumo Sustentável (PECS), prevê no art. 2º como objetivos a serem perseguidos pela PECS, dentre outros: "*I – incentivar mudanças de atitude dos consumidores na escolha de produtos que sejam produzidos com base em processos ecologicamente sustentáveis*" e "*VIII – zelar pelo direito à informação e pelo fomento à rotulagem ambiental*". Assim, de forma a incentivar os consumidores a consumirem de maneira mais sustentável, degradando menos o meio ambiente, deverão os fornecedores indicar nos rótulos e manuais o tempo de vida útil dos produtos, informando os consumidores sobre a durabilidade esperada, fornecendo, assim, meios para se promover o consumo sustentável.[365]

No voto do Min. Luis Felipe Salomão, no REsp 984106/SC, também foi abordado o tema da obsolescência programada:

> "Ressalte-se, também, que desde a década de 20 – e hoje, mais do que nunca, em razão de uma sociedade massificada e consumista -, tem-se falado em obsolescência programada, consistente

362. A Lei 12.305, de 2 de agosto de 2010, que instituiu a Política Nacional de Resíduos Sólidos, prevê princípios e objetivos básicos que tentam assegurar a proteção ao meio ambiente, reforçando em seus artigos 30 a 33 a responsabilidade compartilhada entre Poder Público, fornecedores de produtos e consumidores, sobre o ciclo de vida dos produtos, suas embalagens e a forma correta do descarte de pilhas, pneus, óleos, lâmpadas, produtos eletrônicos e demais componentes, a fim de evitar não só a Obsolescência Programada, mas também o manejo correto de todo o lixo e sua devida reciclagem.
363. O Decreto 7.963, de 15 de março de 2013, que instituiu o Plano Nacional de Consumo e Cidadania, previu como *objetivo* desse plano "*promover o acesso a padrões de produção e consumo sustentáveis*" (art. 3º, V).
364. A legislação francesa contra a obsolescência programada foi reforçada pela Portaria 2016-301 de 14 de março de 2016, que alterou o Código do Consumo. A normativa estabelece que é proibido reduzir deliberadamente a vida útil dos produtos para aumentar a taxa de reposição. Além disso, impede o uso de técnicas, incluindo software, que impossibilitem o reparo ou recondicionamento fora dos circuitos aprovados pelo fabricante e proíbe práticas que dificultem o acesso de reparadores independentes a peças, instruções ou informações técnicas essenciais. As infrações podem resultar em até dois anos de prisão e multa de até 300 mil euros. Sobre o tema, conferir: BORRALHO, Danielle Flora Costa; MARANHÃO, Flávia Thaise Santos; SANTIAGO, Mariana Ribeiro. A sociedade descartável da obsolescência programada: impactos econômicos frente ao protagonismo da Geração Millennial e da Geração Z. *Revista de Direito do Consumidor*. vol. 150. ano 32. p. 261-286. São Paulo: Ed. RT, nov./dez. 2023.
365. O parágrafo único do art. 1º da Lei 13.186/2015 define consumo sustentável: "Entende-se por consumo sustentável o uso dos recursos naturais de forma a proporcionar qualidade de vida para a geração presente sem comprometer as necessidades das gerações futuras."

> na redução artificial da durabilidade de produtos ou do ciclo de vida de seus componentes, para que seja forçada a recompra prematura.
>
> Como se faz evidente, em se tratando de bens duráveis, a demanda por determinado produto está viceralmente relacionada com a quantidade desse mesmo produto já presente no mercado, adquirida no passado. Com efeito, a maior durabilidade de um bem impõe ao produtor que aguarde mais tempo para que seja realizada nova venda ao consumidor, de modo que, a certo prazo, o número total de vendas deve cair na proporção inversa em que a durabilidade do produto aumenta.
>
> Nessas circunstâncias, é até intuitivo imaginar que haverá grande estímulo para que o produtor eleja estratégias aptas a que os consumidores se antecipem na compra de um novo produto, sobretudo em um ambiente em que a eficiência mercadológica não é ideal, dada a imperfeita concorrência e o abuso do poder econômico, e é exatamente esse o cenário propício para a chamada obsolescência programada (...)
>
> São exemplos desse fenômeno: a reduzida vida útil de componentes eletrônicos (como baterias de telefones celulares), com o posterior e estratégico inflacionamento do preço do mencionado componente, para que seja mais vantajoso a recompra do conjunto; a incompatibilidade entre componentes antigos e novos, de modo a obrigar o consumidor a atualizar por completo o produto (por exemplo, softwares); o produtor que lança uma linha nova de produtos, fazendo cessar açodadamente a fabricação de insumos ou peças necessárias à antiga."

Questão inovadora no CDC foram as causas obstativas da decadência que evitam a perda do prazo para reclamar. Inovadora, pois se rompe com a falsa ideia de que o prazo decadencial nunca se suspende ou interrompe. A lei pode, perfeitamente, prever hipóteses que obstam o andamento do prazo[366]. Rizzatto Nunes[367] observa que a inserção do termo "obstam" foi justamente para "fugir da discussão – especialmente doutrinária – a respeito da possibilidade ou não de que um prazo decadencial pudesse suspender-se ou não, interromper-se ou não, o legislador, inteligentemente, lançou mão do verbo 'obstar'."

Mas a dúvida que se instaura é quanto ao real significado de "*obstam a decadência*", no sentido de saber se se trata de modalidade de suspensão, interrupção ou se seria uma nova modalidade *sui generis*.

A doutrina, nesse ponto, não é pacífica.

Nelson Nery Júnior,[368] Zelmo Denari,[369] Fábio Ulhoa Coelho[370] e Luiz Antônio Rizzatto Nunes[371] entendem que se trata de uma modalidade de suspensão e que, por isso, o prazo transcorrido antes da paralisação seria considerado.

---

366. O novo Código Civil também destacou essa hipótese, ao prever em seu art. 207 que "*salvo disposição em contrário*" não se aplicam à decadência as normas que impedem, suspendem ou interrompem a prescrição. E previu expressamente uma hipótese de impedimento e/ou suspensão da decadência, ao estabelecer em seu art. 208 que o prazo não corre contra os absolutamente incapazes.
367. *Curso de Direito do Consumidor*. São Paulo: Saraiva, 2005, p. 368.
368. Código *de Processo Civil e Legislação Processual Civil Extravagante em Vigor*. 4ª ed. São Paulo: RT, 1999, p. 1.819.
369. *Código Brasileiro de Defesa do Consumidor Comentado Pelos Autores do Anteprojeto*. 6ª ed. Rio de Janeiro: Forense Universitária, 1999, p. 201.
370. *O Empresário e os Direitos do Consumidor*. São Paulo: Saraiva, 1994, p. 113.
371. *Comentários ao Código de Defesa do Consumidor*. São Paulo: Saraiva, 2000, p. 341.

Cláudia Lima Marques,[372] Luiz Edson Fachin,[373] Luís Daniel Pereira Cintra[374] e Odete Novais Carneiro Queiroz[375] já entendem que se trata de uma modalidade de interrupção, em que o prazo anterior seria desconsiderado, beneficiando, assim, o consumidor, que disporia novamente do prazo por completo para exercitar seu direito.[376]

Héctor Valverde Santana[377] apresenta forte argumento em favor da tese da interrupção. Segundo o autor, o parágrafo único do art. 27 do CDC foi vetado pelo Presidente da República por reconhecer nele grave defeito de formulação. O dispositivo censurado dizia que seria interrompida a prescrição nas hipóteses do § 1º do art. 26 do CDC (houve um erro de remissão, já que pretendia se referir às causas obstativas do § 2º do art. 26 do CDC).

William Santos Ferreira,[378] por sua vez, possui um entendimento específico para o caso. Entende o autor que não se trata de suspensão, nem de interrupção do prazo decadencial. Na verdade, o artigo previu diferentes formas de exercício do direito com a existência de dois prazos distintos. O primeiro seria para o exercício do direito extrajudicialmente e, depois dos termos estipulados no artigo (*"até a resposta negativa"* e *"até seu encerramento"*), seria para o exercício do direito judicialmente.

A posição de William Santos Ferreira, na prática, em nada difere dos que entendem que se trata de interrupção, pois, na ocorrência dos termos estipulados nos incisos I e III ("até a resposta negativa" e "até seu encerramento"), começaria a correr novamente o prazo por inteiro (30 ou 90 dias). Dessa forma, seja a posição de que se trata de dois prazos distintos, seja a posição de que se trata de interrupção, por não terem diferenças no limite temporal, servem para interpretar o termo "obstam", pois apresentam um cunho mais protetivo aos consumidores, seguindo a *ratio* do sistema.

Por sua vez, a interpretação que entende como suspensão, por ser mais prejudicial aos consumidores, deve ser descartada. Mas, infelizmente, muitas decisões que tratam do assunto se apoiam nos entendimentos de Nelson Nery e Zelmo Denari (suspensão).[379-380]

Uma dessas causas obstativas, previstas no § 2º do art. 26 do CDC, é a reclamação comprovadamente feita pelo consumidor ao fornecedor, perdurando até a resposta negativa

---

372. *Comentários ao Código de Defesa do Consumidor*. São Paulo: Revista dos Tribunais, 2003, p. 371.

373. "Da prescrição e da decadência no Código do Consumidor", *Revista da Procuradoria Geral do Estado – RPGE*, Fortaleza, 10(12): 29-40, 1993.

374. "Anotações sobre os vícios, a prescrição e a decadência no Código de Defesa do Consumidor", *Revista de Direito do Consumidor*, nº 8, p. 118 a 145, outubro/dezembro. 1993.

375. *Da responsabilidade por vício do produto e do serviço*. São Paulo: RT, 1998, p. 112.

376. O Min. Ricardo Villas Bôas Cueva, no Resp 1161941, DJe 14/11/2013, também entendeu como "interrupção" a melhor interpretação do termo "obstam". A Min. Nancy Andrighi, embora tenha reconhecido a decadência do direito de pleitear a substituição do produto, considerou o prazo integral de 90 dias após a sanação do vício, ou seja, considerou como interrupção. (STJ, REsp 1734541/SE, Rel. Ministra Nancy Andrighi, Terceira Turma, DJe 22/11/2018)

377. *Prescrição e Decadência nas Relações de Consumo*. São Paulo: RT. 2002, p. 126.

378. "Prescrição e Decadência no Código de Defesa do Consumidor", *Revista de Direito do Consumidor*, nº 10, p. 77 a 96, abril/junho, 1994.

379. De modo exemplificativo, conferir: TAMG, Apel. 293310-4, 7ª Câmara Cível, Rel. Lauro Bracarense, j. 25/11/1999 e Apel. 323876-8, 3ª Câmara Cível, Rel. Dorival Guimarães Pereira, j. 07/03/2001.

380. Zelmo Denari possui uma posição respeitada e destacada por todos, pois foi um dos elaboradores do CDC e responsável por comentar este artigo no Livro *Código Brasileiro de Defesa do Consumidor Comentado pelos Autores do Anteprojeto*. 6ª ed. Rio de Janeiro: Forense Universitária, 1999.

dada de forma inequívoca (inciso I).[381] A reclamação deve ser comprovada pelo consumidor para poder se valer do benefício.

Interessante são as observações de Héctor Valverde Santana[382] sobre as formas de reclamação que dispõe o consumidor e a importância de sua comprovação. Disciplina o autor que "não há uma forma preestabelecida para realizar a reclamação. Efetivamente, pode o consumidor, ou quem o represente legalmente, apresentar sua reclamação perante o fornecedor por todos os meios possíveis, seja verbal, pessoalmente ou por telefone, nos Serviços de Atendimento ao Cliente (SAC), por escrito, mediante instrumento enviado pelo cartório de títulos e documentos, carta registrada ou simples, encaminhada pelo serviço postal ou entregue diretamente pelo consumidor, e-mail, fax, dentre outros. A exigência da lei é apenas quanto à comprovação de que o fornecedor tomou ciência inequívoca quanto ao propósito do consumidor de reclamar pelos vícios do produto ou serviço. A reclamação verbal é válida, podendo ser provada mediante a oitiva de testemunhas. Ressalte-se que a reclamação por escrito deve ter a preferência do consumidor, pois é o meio mais seguro em caso de necessidade de comprovação em eventual processo judicial."

Sobre a reclamação verbal, o STJ já teve oportunidade de se pronunciar:

> A reclamação verbal seria suficiente a obstar os efeitos da causa extintiva (decadência) se efetivamente comprovada (STJ, REsp. 156760 / SP, voto do Rel. Min. Fernando Gonçalves, *DJ* 22/03/2004).

No mesmo sentido, admitindo inclusive a prova testemunhal para comprovação da reclamação verbal efetuada pelo consumidor:

> "A lei não preestabelece uma forma para a realização da reclamação, exigindo apenas comprovação de que o fornecedor tomou ciência inequívoca quanto ao propósito do consumidor de reclamar pelos vícios do produto ou serviço.4. A reclamação obstativa da decadência, prevista no art. 26, § 2º, I, do CDC, pode ser feita documentalmente – por meio físico ou eletrônico – ou mesmo verbalmente – pessoalmente ou por telefone – e, consequentemente, a sua comprovação pode dar-se por todos os meios admitidos em direito.5. Admitindo-se que a reclamação ao fornecedor pode dar-se pelas mais amplas formas admitidas, sendo apenas exigível ao consumidor que comprove a sua efetiva realização, inviável o julgamento antecipado da lide, quando este pleiteou a produção de prova oral para tal desiderato. Ocorrência de cerceamento de defesa." (STJ, REsp 1442597/DF, Rel. Ministra Nancy Andrighi, Terceira Turma, DJe 30/10/2017)

Outra causa que obsta a decadência, segundo o artigo, é a instauração de inquérito civil a cargo do Ministério Público, perdurando até o seu encerramento (inciso III), que

---

381. O STJ já decidiu que a reclamação feita ao comerciante se estende ao fabricante em razão da cadeia de responsabilidade. Nesse sentido: "Ademais, o art. 18 do CDC, ao impor a responsabilidade solidária da cadeia de fornecedores, confere ao consumidor a possibilidade de demandar qualquer deles, indistintamente, pelo vício do produto, de modo que, surgindo o vício durante a garantia contratual oferecida pelo fabricante, pode o consumidor exercer o direito de reclamar contra o comerciante. 13. A regra do art. 18 do CDC induz à conclusão de que a reclamação direcionada a qualquer dos fornecedores é ato capaz de obstar o prazo decadencial previsto no art. 26 em face de toda a cadeia, porque é a demonstração inequívoca da intenção do consumidor de ver sanado o vício, sob pena de exercer seu direito de exigir a adoção das medidas previstas no § 1º daquele dispositivo legal." (STJ, REsp 1734541/SE, Rel. Ministra Nancy Andrighi, Terceira Turma, DJe 22/11/2018)

382. *Prescrição e Decadência nas Relações de Consumo*. São Paulo: RT. 2002, p. 128.

poderá se dar com o arquivamento do procedimento, com o início da ação civil pública, ou com a concretização de um acordo (termo de ajustamento de conduta).[383]

O inquérito civil está previsto na CF (art. 129, III) e nos arts. 8º e 9º da Lei nº 7.347/1985 (Lei da Ação Civil Pública). O inquérito civil visa à produção do conjunto probatório investigativo das efetivas lesões a interesses metaindividuais (art. 81 do CDC) para que o Ministério Público possa ajuizar a Ação Civil Pública.[384] A iniciativa da instauração do procedimento pode ocorrer por iniciativa própria do Ministério Público ou por provocação de qualquer pessoa.[385]

Assim, são duas causas que obstam o prazo decadencial pelo CDC:

Por fim, não obsta a decadência a reclamação formalizada perante os órgãos ou entidades de defesa do consumidor. Essa hipótese constava no inciso II do § 2º do art. 26 e foi vetado pelo Presidente da República, sob o argumento de que "o dispositivo ameaça a estabilidade das relações jurídicas, pois atribui a entidade privada função reservada, por sua própria natureza, aos agentes públicos."

383. O Tribunal de Justiça de Minas Gerais já decidiu que "a instauração de procedimento policial investigatório, por não ser enumerado no Art. 26, do Código de Defesa do Consumidor, não obsta a decadência" (TJMG, Apel. Cível 2.0000.00.401401-9/000(1), Rel. Des. Batista Franco, *DJ* 27/09/2003).

384. "O inquérito civil é procedimento administrativo facultativo, inquisitorial e autoexecutório, o que desobriga o Ministério Público de instaurá-lo se dispõe dos elementos necessários à propositura da ação. Como medida antecipativa com objetivo de angariar elementos que deem sustentação à ação civil pública, pode o Ministério Público dispor de todos os elementos arrecadados no inquérito civil, ou de parte deles, quando assim entender pertinente" (STJ, REsp. 448023 / SP, Mina. Eliana Calmon, *DJ* 09/06/2003).

385. Rizzatto Nunes entende que a simples apresentação da reclamação do consumidor ao Ministério Público já é capaz de obstar a decadência. Isto porque há um hiato entre a reclamação do consumidor e a instauração ou não do inquérito civil pelo MP. *Curso de Direito do Consumidor*. São Paulo: Saraiva, 2005, p. 382. Interpretando o dispositivo em questão também de forma a ampliar os direitos dos consumidores, Leonardo Bessa doutrina que considera-se obstado o prazo decadencial quando o Ministério Público realiza investigações por meio de "peças de informação" ou "procedimento preliminar de investigação" sem instauração formal de inquérito civil. *Manual de Direito do Consumidor*. São Paulo: RT, 2007, p. 164.

O STJ já decidiu:

Não obsta a decadência a simples denúncia oferecida ao Procon, sem que se formule qualquer pretensão, e para a qual não há cogitar de resposta (STJ, REsp. 65498/SP, Rel. Min. Eduardo Ribeiro, *DJ* 16/12/1996).

PRINCIPAIS JURISPRUDÊNCIAS DO STF E STJ

Prazo prescricional se aplica quando há pedido de danos materiais, e não apenas vício no produto

O STJ entendeu que o prazo decadencial do art. 26, II, do CDC não se aplica quando a causa de pedir ultrapassa a simples reclamação sobre vício do produto, envolvendo também pedido de reparação por danos materiais e morais decorrentes de ilícito civil. Nesses casos, aplica-se o prazo prescricional correspondente à reparação civil. (STJ, AgRg no REsp 1.544.621/SP, Rel. Min. Ricardo Villas Bôas Cueva, Terceira Turma, DJe 10/11/2015)

Consumidor tem 1 ano para reclamar de metragem inferior em imóvel vendido por área medida

O STJ entendeu que, quando um imóvel é vendido com base na sua metragem (venda ad mensuram) e sua área real for inferior à contratada, o consumidor tem o prazo decadencial de 1 ano, conforme o art. 501 do CC, para exigir complemento da área, resolver o contrato ou pedir abatimento proporcional do preço. No entanto, se a ação for ajuizada após esse prazo, a decadência impede o pedido. (STJ, REsp 1898171/SP, Rel. Min. Nancy Andrighi, Terceira Turma, DJe 26/04/2021)

É válida cláusula que fixa prazo para uso de diárias em clube de turismo

O STJ entendeu que, em contratos de turismo, é possível estipular prazo decadencial para utilização de diárias adquiridas, desde que a cláusula seja clara, ostensiva e legível. Como não há previsão específica no CDC para essas situações, aplicam-se as regras gerais do Código Civil, respeitando-se o equilíbrio contratual. (STJ, REsp 1778574/DF, Rel. Min. Marco Aurélio Bellizze, Terceira Turma, DJe 28/06/2019)

Consumidor tem 90 dias para questionar diferença entre metragem do imóvel anunciada e a constante no contrato

O STJ entendeu que a diferença entre a metragem anunciada de um imóvel e a área efetivamente entregue configura vício do produto, sujeitando-se ao prazo decadencial de 90 dias previsto no art. 26, II, do CDC. No entanto, o pedido de indenização por danos morais pode ser feito no prazo prescricional de 5 anos. (STJ, REsp 1488239/PR, Rel. Min. Ricardo Villas Bôas Cueva, Terceira Turma, DJe 07/03/2016)

Consumidor tem 90 dias para reclamar de defeito em vestido de noiva

O STJ entendeu que o vestido de noiva é um bem durável, e, portanto, o prazo decadencial para reclamação de vícios aparentes ou de fácil constatação é de 90 dias, contados a partir da entrega do produto. Como o vestido não se desgasta imediatamente após o primeiro uso, enquadra-se na definição de produto durável para fins de aplicação do CDC. (STJ, REsp 1161941/DF, Rel. Min. Ricardo Villas Bôas Cueva, Terceira Turma, DJe 14/11/2013)

Prazo decadencial do art. 26 do CDC não se aplica à ação de prestação de contas sobre tarifas bancárias

O STJ entendeu, em recurso repetitivo, que o prazo decadencial previsto no art. 26 do CDC, aplicável a reclamações por vícios em produtos e serviços, não se estende às ações de prestação de contas ajuizadas por correntistas para esclarecer a cobrança de taxas, tarifas e encargos bancários. Essas demandas possuem natureza distinta, e, portanto, não estão sujeitas ao prazo decadencial do CDC. (STJ, REsp 1117614/PR, Rel. Min. Maria Isabel Gallotti, Segunda Seção, DJe 10/10/2011)

O entendimento acabou sumulado em 2012:

Súmula 477 do STJ: "A decadência do artigo 26 do CDC não é aplicável à prestação de contas para obter esclarecimentos sobre cobrança de taxas, tarifas e encargos bancários".[386]

Prazo decadencial de 30 dias para ação indenizatória por vício em sementes destinadas ao plantio

O STJ entendeu que sementes destinadas ao plantio são produtos não duráveis, pois se consomem ao serem lançadas ao solo. Assim, quando há vício de qualidade, aplica-se o prazo decadencial de 30 dias previsto no art. 26, I, do CDC. No caso de vício oculto, o prazo começa a contar a partir do momento em que o problema se torna evidente para o consumidor, o que, no caso analisado, ocorreu com a realização do laudo pericial. (STJ, REsp 442.368-MT, Rel. Min. Jorge Scartezzini, 05/10/2004, Informativo 224)

Decadência não corre enquanto o consumidor tenta solucionar o defeito do produto

O STJ entendeu que, se o consumidor busca solucionar o defeito do produto junto ao fabricante ou concessionária, o prazo decadencial não deve ser contado nesse período. No caso analisado, o comprador fez diversas tentativas para sanar os defeitos do veículo antes de ingressar com a ação, motivo pelo qual a decadência não foi reconhecida. (STJ, REsp 286202/RJ, Rel. Min. Ruy Rosado de Aguiar, DJ 19/11/2001)

Extinção do processo por reconhecimento da decadência

O STJ entendeu que, se a data inicial do prazo de decadência ocorreu muito antes dos 90 dias anteriores à propositura da ação, o reconhecimento da decadência e a consequente extinção do processo são corretos. O art. 26 do CDC estabelece prazos curtos para o consumidor reclamar de vícios, e o não cumprimento desses prazos impede o exercício do direito de ação. (STJ, REsp 242192/MA, Rel. Min. Ruy Rosado de Aguiar, DJ 08/05/2000)

386. O STJ entende que o tomador de empréstimo (contrato de financiamento) não pode ajuizar ação de prestação de contas para discutir cláusulas contratuais. Nesse sentido, fazendo diferenciação entre contrato de abertura de conta-corrente e contrato de financiamento, decidiu: "O titular de conta-corrente bancária tem interesse processual para exigir contas do banco (Súmula 259). Isso porque a abertura de conta-corrente tem por pressuposto a entrega de recursos do correntista ao banco (depósito inicial e eventual abertura de limite de crédito), seguindo-se relação duradoura de sucessivos créditos e débitos. Por meio da prestação de contas, o banco deverá demonstrar os créditos (depósitos em favor do correntista) e os débitos efetivados em sua conta-corrente (cheques pagos, débitos de contas, tarifas e encargos, saques etc) ao longo da relação contratual, para que, ao final, se apure se o saldo da conta corrente é positivo ou negativo, vale dizer, se o correntista tem crédito ou, ao contrário, se está em débito. 2. No contrato de financiamento, ao contrário, não há a entrega de recursos do consumidor ao banco, para que ele os mantenha em depósito e administre, efetuando pagamentos, mediante débitos em conta-corrente. A instituição financeira entrega os recursos ao tomador do empréstimo, no valor estipulado no contrato, cabendo ao financiado restituir a quantia emprestada, com os encargos e na forma pactuados. Não há, portanto, interesse de agir para pedir a prestação de contas, de forma mercantil, de créditos e débitos sucessivos lançados ao longo da relação contratual. 3. Hipótese em que a pretensão deduzida na inicial, voltada a aferir a legalidade dos encargos cobrados (comissão de permanência, juros, multa, tarifas), deveria ter sido veiculada por meio de ação ordinária revisional, cumulada com repetição de eventual indébito, no curso da qual pode ser requerida a exibição de documentos, caso esta não tenha sido postulada em medida cautelar preparatória. 4. Recurso especial a que se nega provimento." (STJ, REsp 1244361/PR, Rel. Ministra Maria Isabel Gallotti, Quarta Turma, julgado em 25/09/2012, DJe 30/10/2012)

Art. 27. Prescreve em cinco anos a pretensão à reparação pelos danos causados por fato do produto ou do serviço prevista na Seção II deste Capítulo, iniciando-se a contagem do prazo a partir do conhecimento do dano e de sua autoria.

Parágrafo único. (Vetado).

Atenção: a Lei 14.010, de 10 de junho de 2020, que dispôs sobre o regime jurídico emergencial e transitório das relações jurídicas de Direito Privado no período da pandemia do Covid-19, disciplinou que os prazos prescricionais consideravam-se impedidos ou suspensos, conforme o caso, a partir da entrada em vigor da Lei (12/06/2020) até 30 de outubro de 2020. Assim, o prazo de 5 anos do CDC estava impedido de começar a correr ou, se já tinha começado, ficou suspenso a partir de 12/06/2020 (data em que entrou em vigor a lei), durando a suspensão ou impedimento até 30/10/2020.

Esta suspensão do prazo é importante porque, em razão da pandemia, vários estabelecimentos oficiais foram fechados em razão de atos de governos locais, podendo acarretar ao consumidor dificuldades na interposição da ação, coleta de provas, dificuldade de consultar advogado para tratar do tema, entre outros.

Assim, se o início do prazo (conhecimento do dano e autoria) começou entre 12/06/2020 a 30/10/2020, o prazo não começou a correr em razão do impedimento, devendo ser contado somente após 30/10/2020. Se o prazo já estava correndo, ele ficou suspenso durante este período, voltando a correr após 30/10/2020.

Capítulo II
Da Prescrição e Decadência

Art. 3º Os prazos prescricionais consideram-se impedidos ou suspensos, conforme o caso, a partir da entrada em vigor desta Lei até 30 de outubro de 2020.

§ 1º Este artigo não se aplica enquanto perdurarem as hipóteses específicas de impedimento, suspensão e interrupção dos prazos prescricionais previstas no ordenamento jurídico nacional.

§ 2º Este artigo aplica-se à decadência, conforme ressalva prevista no art. 207 da Lei nº 10.406, de 10 de janeiro de 2002 (Código Civil).

O artigo trata da prescrição do direito de pleitear judicialmente a reparação pelos danos causados por um acidente de consumo (responsabilidade pelo fato do produto e do serviço – arts. 12 a 17).

Em relação aos acidentes de consumo, doutrina Zelmo Denari[387] que "a responsabilidade pelo fato do produto ou do serviço decorre da exteriorização de um vício de qualidade, vale dizer, de um defeito capaz de frustrar a legítima expectativa do consumidor quanto à sua utilização de fruição. [...] um produto ou serviço é defeituoso, da mesma sorte, quando sua utilização ou fruição é capaz de adicionar riscos à segurança do consumidor ou de terceiros. Nesta hipótese, podemos aludir a um vício ou defeito de insegurança do produto ou serviço. [...] A insegurança é um vício de qualidade que se agrega ao produto ou serviço como um novo elemento de desvalia. De resto, em ambas as hipóteses, sua utilização ou fruição suscita um evento danoso *(eventus damni)* que se convencionou designar 'acidente de consumo.'"

387. *Código Brasileiro de Defesa do Consumidor Comentado pelos Autores do Anteprojeto.* 6ª ed. Rio de Janeiro: Forense Universitária, 1999, p. 152 e 153.

Indagação importante é se a norma disposta no art. 27 estaria limitada ao "acidente de consumo", ou seja, à ocorrência de vícios de qualidade por insegurança; ou se poderia ser aplicada a toda e qualquer ação indenizatória (portanto, prescricional) oriunda de relação de consumo, como por exemplo, indenização por inadimplemento contratual ou por danos morais sem que haja potencialidade de causar acidente.

Ao que parece, o CDC não desejou disciplinar toda espécie de responsabilidade. Somente o fez em relação àquelas que entendeu ser específicas para as relações de consumo. Nesse sentido é que deu tratamento diferenciado para a responsabilidade pelo fato e por vício do produto e serviço, deixando outras modalidades de responsabilidade serem tratadas em normas específicas ou no Código Civil.

Conforme vimos, quando do diálogo de fontes, especificamente no diálogo de complementaridade e subsidiariedade, as situações que não encontrarem normas previstas no CDC, poderão buscar o regramento em outras leis e, principalmente, no Código Civil, por apresentar a mesma base principiológica (aplicação subsidiária).

O art. 27 é claro no sentido de delimitar sua aplicação às situações concernentes à "*reparação pelos danos causados por fato do produto ou do serviço prevista na Seção II deste Capítulo*," ou seja, a aplicação da norma é restrita às hipóteses de acidente de consumo.

Com efeito, a "*Seção II, deste Capítulo*", a que se refere o art. 27, trata exclusivamente da responsabilidade civil pela reparação dos danos causados pelo fornecedor aos consumidores por defeitos relativos ao produto ou à prestação do serviço, conforme previstos nos arts. 12 e 14 do CDC. E ao definir produto e serviço defeituoso, é taxativo ao afirmar que ocorre quando não oferece e/ou fornece a segurança que o consumidor dele pode esperar (§ 1º dos arts. 12 e 14).

> O art. 27 do mesmo diploma legal cuida somente das hipóteses em que estão presentes vícios de qualidade do produto por insegurança, ou seja, casos em que produto traz um vício intrínseco que potencializa um acidente de consumo, sujeitando-se o consumidor a um perigo iminente (STJ, REsp. 114473/RJ, Rel. Min. Sálvio de Figueiredo Teixeira, *DJ* 05/05/1997).

De maneira correta, por se tratar de fato do produto – causa um risco à saúde dos consumidores –, o STJ vem aplicando o prazo do art. 27 do CDC (quinquenal) para as ações indenizatórias pelos danos causados por uso de cigarros (tabagismo).

> RESPONSABILIDADE CIVIL. CONSUMIDOR. FATO DO PRODUTO. TABAGISMO. PRESCRIÇÃO QUINQUENAL. INÍCIO DA CONTAGEM DO PRAZO. CONHECIMENTO DO DANO. 1. A pretensão do autor, apoiada na existência de vícios de segurança, é de informação relativa ao consumo de cigarros – responsabilidade por fato do produto. 2. A ação de responsabilidade por fato do produto prescreve em cinco anos, consoante dispõe o art. 27 do Código de Defesa do Consumidor. 3. O prazo prescricional começa a correr a partir do conhecimento do dano. 4. Recurso especial conhecido e provido. (STJ, REsp 489895 / SP, Rel. Fernando Gonçalves, DJe 23/04/2010)

Assim, com a devida vênia dos que entendem em sentido contrário, entendo que as demais ações condenatórias (que não envolvam acidente de consumo – fato do produto e do serviço) oriundas das relações de consumo têm os respectivos prazos estabelecidos pelo Código Civil ou leis específicas, cuja aplicação é subsidiária.

Corroborando a tese exposta, destaca a Mina. Nancy Andrighi que "importa ponderar que o fato de o CDC ter regulado duas novas categorias de responsabilidade: do vício e do fato do produto, não exclui aquelas previstas no CC. Ao contrário, havendo multifárias formas de se gerar dano, a coexistência de diferentes responsabilidades é medida que se impõe como pressuposto de justiça. [...] Assim, ainda que haja relação de consumo, podem haver outras espécies de responsabilidade (legal, contratual, extracontratual) que não tratou o CDC. Com esta consideração, ao exegeta não se impõe o trabalho de tentar subsumir toda e qualquer situação fática danosa às responsabilidades regradas no código consumerista. Não reunidos os pressupostos destas, há que se invocar por extensão o Código Civil para que se cumpra o postulado ético "onde há dano deve haver reparação".[388]

Com base no entendimento acima exposto, o STJ já reconheceu que não se aplica o prazo de cinco anos do CDC quando houver um inadimplemento contratual sem caracterizar um acidente de consumo.

> Em ação de indenização, sendo a causa de pedir o inadimplemento contratual, não incide o prazo prescricional estabelecido no art. 27 do CDC, aplicável somente à hipótese de danos decorrentes de acidente de consumo (STJ, REsp. 476.458-SP, Rela. Mina. Nancy Andrighi, j. 4/8/2005).[389]

Nesse sentido o STJ tem aplicado o prazo decenal (10 anos) para o consumidor ajuizar ação contra construtora por atraso na entrega do imóvel (inadimplemento contratual).

> "AÇÃO DE RESCISÃO CONTRATUAL C/C INDENIZAÇÃO POR PERDAS E DANOS E DANO MORAL. CONTRATO DE COMPRA E VENDA DE IMÓVEL. ATRASO NA ENTREGA DA OBRA. INADIMPLEMENTO CONTRATUAL. PRAZO PRESCRICIONAL. ART. 205 DO CC. DIVERGÊNCIA JURISPRUDENCIAL NÃO DEMONSTRADA. (...) Aplica-se o prazo prescricional decenal previsto no art. 205 do CC nas pretensões indenizatórias decorrentes de inadimplemento contratual." (STJ, REsp 1591223/PR, Rel. Ministro João Otávio de Noronha, Terceira Turma, DJe 09/06/2016)

Pelas mesmas razões, o STJ já decidiu que não se aplica o prazo de cinco anos do art. 27 e sim o prazo do CC (o art. 177 do CC citado no julgamento refere-se ao CC/1916) à indenização em contrato de transporte por atraso de voo, por não se caracterizar como acidente de consumo.

> À ação de indenização decorrente do inadimplemento do contrato de transporte, por atraso de voo, não se aplica o art. 26 do Código de Defesa do Consumidor, dispondo essa norma a propósito da decadência em trinta (30) dias no caso de vício aparente, de fácil constatação. De qualquer forma, nos termos da jurisprudência deste Tribunal, o prazo prescricional do

---

388. Voto proferido no REsp. 200827 / SP, Rel. Min. Carlos Alberto Menezes Direito, *DJ* 09/12/2002. No mesmo sentido: "Consoante entendimento desta Corte, não incide a prescrição quinquenal prevista no art. 27 do Código de Defesa do Consumidor em ações de reparação de danos com fundamento em responsabilidade civil" (STJ, AgRg no Ag 585235 / RJ, Rel. Min. Fernando Gonçalves, *DJ* 23/08/2004).

389. Para maiores detalhes, conferir REsp. 476.458-SP, Rela. Mina. Nancy Andrighi, j. 4/8/2005, *Informativo* 254. "Trata-se de descumprimento do contrato de depósito em que se verificou danos aos diversos componentes de maquinário, o que equivale à responsabilidade em razão do inadimplemento contratual, e não responsabilidade por fato do serviço. Embora seja possível aplicar a legislação consumerista à espécie, não há, no processo em exame, qualquer elemento que identifique defeito de segurança na prestação do serviço de depósito, sendo, portanto, inviável aplicar o prazo prescricional definido no art. 27 do CDC." No mesmo sentido: "Outrossim, a responsabilidade civil decorrente de inadimplemento contratual não se assemelha àquela advinda de danos causados por fato do produto ou do serviço (acidente de consumo), cujo prazo prescricional para exercício da pretensão à reparação é o quinquenal previsto no artigo 27 do Código de Defesa do Consumidor." (STJ, AgRg no AREsp 521.484/SP, Rel. Ministro Marco Buzzi, Quarta Turma, DJe 17/11/2014)

art. 177 do Código Civil (CC/1916) subsiste mesmo com o advento do Código de Defesa do Consumidor, considerando que suas disposições não se confundem. (STJ, Resp. 304705 / RJ, Rel. Min. Sálvio de Figueiredo Teixeira, *DJ* 13/08/2001).

Também nesse sentido, em se tratando de ações entre segurados e seguradoras em que não se observa um "*acidente de consumo*", o STJ tem aplicado o prazo de um ano, com base no art. 206, § 1º, II do novo Código Civil (art. 178, § 6º, II, do Código Civil de 1916) e na Súmula nº 101 do STJ, não o prazo de cinco anos.

O Código de Defesa do Consumidor, como lei nova, estabeleceu disciplina especial apenas quanto à ação de reparação de danos por fato de serviço, não revogando o art. 178, § 6º, II, do Código Civil *(206, § 1º, II do novo Código Civil)*, dispositivo mais amplo, pois engloba toda e qualquer ação entre segurado e segurador. A jurisprudência desta Corte, consolidada por sua Súmula no 101, posterior, inclusive, ao Código de Defesa do Consumidor, é no sentido de que a ação do segurado contra a seguradora, decorrente do contrato de seguro, prescreve em um ano (STJ, REsp. 255147/RJ, *DJ* 02/04/2001, Rel. Min. Waldemar Zveiter).[390]

O STJ, no Resp 1303374/ES, Segunda Seção, Rel. Min. Luis Felipe Salomão, DJ 16/12/2021, fixou a seguinte tese envolvendo o prazo prescricional nas ações entre segurados e seguradora e vice-versa:

"É ânuo o prazo prescricional para exercício de qualquer pretensão do segurado em face do segurador – e vice-versa – baseada em suposto inadimplemento de deveres (principais, secundários ou anexos) derivados do contrato de seguro, ex vi do disposto no artigo 206, § 1º, II, "b", do Código Civil de 2002 (artigo 178, § 6º, II, do Código Civil de 1916)".[391-392]

O STJ pacificou o entendimento no sentido de que não se aplica o prazo de 5 anos do art. 27 na repetição do indébito da tarifa de água e esgoto. Como não se trata de reparação de danos causados por defeitos na prestação de serviços, não há como aplicar o art. 27 do CDC. O prazo aplicável, então, será o do Código Civil (prazo geral de dez anos), uma vez que não há prazo específico para esta hipótese.

Ora, o que se tem presente no caso é uma pretensão de restituir tarifa de serviço paga indevidamente. Não se trata, pois, de ação de reparação de danos causados por defeitos na prestação de serviços. Não há como aplicar à hipótese, portanto, o prazo do referido art. 27 do CDC. Também não se pode supor aplicável o prazo quinquenal estabelecido no Código Tributário Nacional – CTN, para restituição de créditos tributários, eis que a tarifa (ou preço) não tem natureza tributária. Quanto a esse aspecto, há mais de um precedente da própria Seção (EResp 690.609, Mina. Eliana Calmon, *DJ* 07/04/2008; REsp. 928.267, Min. Teori Albino Zavascki, *DJ*

390. Em relação ao beneficiário do seguro não aplica a prescrição ânua. "A jurisprudência do Superior Tribunal de Justiça possui entendimento no sentido de que, no caso de terceiro beneficiário de contrato de seguro de vida em grupo, o qual não se confunde com a figura do segurado, o prazo para propositura da ação indenizatória é decenal, em consonância com o artigo 205 do Código Civil de 2002." (STJ, AgInt no AgInt no AREsp 1040714/SP, Rel. Ministra Maria Isabel Gallotti, Quarta Turma, DJe 25/08/2021)

391. Neste julgamento o STJ referendou mais uma vez a não aplicação do prazo de 5 anos do art. 27 do CDC uma vez que a ação do segurado contra o segurador e vice-versa não se amolda às hipóteses de acidente de consumo.

392. O interessante deste julgado é que o STJ entendeu que todas as pretensões que envolvam segurado e segurador terão prazo prescricional de 1 ano, independentemente do *nomen iuris* declinado na exordial e da extensão do pedido formulado. Assim, exemplificando, ações de dano moral em razão de alguma prática abusiva decorrente do contrato de seguro também terá prazo prescricional de 1 ano.

> 21/08/2009). Não havendo norma específica a reger a hipótese, aplica-se o prazo prescricional estabelecido pela regra geral do Código Civil, ou seja: de 20 anos, previsto no art. 177 do Código Civil de 1916 ou de 10 anos, previsto no art. 205 do Código Civil de 2002. Observar-se-á, na aplicação de um e outro, se for o caso, a regra de direito intertemporal estabelecida no art. 2.028 do Código Civil de 2002 ("Art. 2.028. Serão os da lei anterior os prazos, quando reduzidos por este Código, e se, na data de sua entrada em vigor, já houver transcorrido mais da metade do tempo estabelecido na lei revogada"). Na hipótese dos autos, a matéria de direito intertemporal não está em causa. (STJ, REsp. 1113403/RJ, voto do Rel. Min. Teori Albino Zavascki, Primeira Seção, *DJe* 15/09/2009).

Tal entendimento foi transformado na *Súmula nº 412 do STJ*: "*a ação de repetição de indébito de tarifas de água e esgoto sujeita-se ao prazo prescricional estabelecido no Código Civil.*"

O entendimento da Súmula 412 (prazo de 10 anos) também vem sendo aplicado pelo STJ para os casos de repetição do indébito dos serviços de telefonia. Como havia divergência entre a Primeira Seção (que aplicava o prazo de 10 anos) e a Segunda Seção (que aplicava o prazo de 3 anos), a Corte Especial do STJ pacificou a questão.

> "A repetição de indébito por cobrança indevida de valores referentes a serviços não contratados promovida por empresa de telefonia deve seguir a norma geral do lapso prescricional (10 anos, artigo 205 do Código Civil) a exemplo do que decidido e sumulado (Súmula 412/STJ) no que diz respeito ao lapso prescricional para repetição de medida de tarifas de água e esgoto."

Outro entendimento do STJ nesse sentido foi em relação ao prazo prescricional de indenização por danos morais em razão de inscrição indevida nos órgãos de proteção ao crédito (negativação). Justamente por não se tratar de fato do serviço que pressupõe um risco à saúde e segurança do consumidor, o STJ considerou aplicável o prazo do CC.

> CIVIL E PROCESSUAL CIVIL. CONSUMIDOR. AÇÃO INDENIZATÓRIA. INSCRIÇÃO INDEVIDA EM CADASTRO DE PROTEÇÃO AO CRÉDITO. DANOS MORAIS. PRESCRIÇÃO. [...] 2. O defeito do serviço ensejador de negativação indevida do nome do consumidor, ato ilícito em essência, caracterizando-se também infração administrativa (art. 56 do CDC c/c o art. 13, inciso XIII, do Decreto nº 2.181/1997) e ilícito penal (arts. 72 e 73 do CDC), gerando direito à indenização por danos morais, não se confunde com o fato do serviço, que pressupõe um risco à segurança do consumidor. 3. Portanto, não se aplica, no caso, o art. 27, CDC, que se refere aos arts. 12 a 17, do mesmo diploma legal. 4. Inexistindo norma específica quanto ao prazo prescricional aplicável ao caso, é de rigor a incidência do art. 177 do CC/1916. (STJ, REsp 740061 / MG, Rel. Luis Felipe Salomão, DJe 22/03/2010)[393-283]

Também não considerou, acertadamente, como fato do serviço a ação de indenização que teve como causa de pedir fato que se passou no interior de um shopping: os seguranças

---

393. A Quarta Turma do STJ tinha precedente entendendo que este caso (indenização por negativa indevida) não se amolda a nenhum dos prazos específicos do Código Civil, aplicando o prazo prescricional de dez anos previsto no artigo 205 do CC. (STJ, REsp 1276311/RS, Rel. Ministro Luis Felipe Salomão, Quarta Turma, DJe 17/10/2011). Posteriormente, em 2017, alterou seu entendimento adotando o prazo trienal (3 anos) nos mesmos moldes da Terceira Turma (STJ, AgInt no REsp 1294478/RS, Rel. Ministro Luis Felipe Salomão, Quarta Turma, DJe 03/05/2017). Assim, atualmente, tanto a Terceira como a Quarta turma adotam o prazo prescricional de 3 anos para danos morais decorrentes de inscrição indevida. No meu entender, o prazo correto é o decenal (10 anos). Isso porque o art. 206, § 3º, V (reparação civil) é utilizado para danos extracontratuais. No caso de negativação indevida, a inscrição do nome do consumidor decorre de uma relação (ou suposta relação) contratual que, por haver o "suposto" inadimplemento do consumidor, permitiu que seu nome fosse inscrito nos órgãos de proteção ao crédito.

impediram o autor e seus amigos de permanecerem sentados sem consumir na praça de alimentação.[394]

> Prescreve em três anos (art. 206, § 3º, V, do CC/2002) a ação indenizatória que tem como causa de pedir fato que se passou no interior do shopping center, o qual não se confunde com o fato do produto ou do serviço, consoante enumera os arts. 12, *caput,* e 14, § 1º, do CDC. (STJ, AgRg no REsp 1190574 / RJ, Rel. Min. Sidnei Beneti, DJe 01/07/2010)

O tema ainda não é pacífico na doutrina e na jurisprudência, inclusive no STJ. Em muitas situações, o STJ tem interpretado o art. 27 do CDC de forma ampla, aplicando o prazo de cinco anos sempre que houver ação condenatória em relação de consumo.

Nesse sentido, mesmo não sendo hipóteses de acidente de consumo, o STJ aplicou o prazo de cinco anos previsto no art. 27:

> Direito do consumidor. Oferecimento de curso de mestrado. Posterior impossibilidade de reconhecimento, pela Capes/MEC, do título conferido pelo curso. Alegação de decadência do direito do consumidor a pleitear indenização. Afastamento. Hipótese de inadimplemento absoluto da obrigação da instituição de ensino, a atrair a aplicação do art. 27 do CDC. Alegação de inexistência de competência da Capes para reconhecimento do mestrado, e de exceção por contrato não cumprido. Ausência de prequestionamento. Na esteira de precedentes desta Terceira Turma, as hipóteses de inadimplemento absoluto da obrigação do fornecedor de produtos ou serviços atraem a aplicação do art. 27 do CDC, que fixa prazo prescricional de cinco anos para o exercício da pretensão indenizatória do consumidor (STJ, REsp. 773994 / MG, Rela. Mina. Nancy Andrighi, *DJ* 18/06/2007).
>
> Consumidor. Recurso especial. Danos decorrentes de falha na prestação do serviço. Publicação incorreta de nome e número de assinante em listas telefônicas. Ação de indenização. Prazo. Prescrição. Incidência do art. 27 do CDC e não do art. 26 do mesmo código. – O prazo prescricional para o consumidor pleitear o recebimento de indenização por danos decorrentes de falha na prestação do serviço é de 5 (cinco) anos, conforme prevê o art. 27 do CDC, não sendo aplicável, por consequência, os prazos de decadência, previstos no art. 26 do CDC. – A ação de indenização movida pelo consumidor contra a prestadora de serviço, por danos decorrentes de publicação incorreta de seu nome e/ou número de telefone em lista telefônica, prescreve em cinco anos, conforme o art. 27, do CDC (STJ, REsp. 722510/RS, Rela. Mina. Nancy Andrighi, *DJ* 01/02/2006).
>
> "Por se tratar de cobrança indevida, feita em relação de consumo, a pretensão de restituição dos valores indevidamente pagos submete-se à prescrição quinquenal, prevista no art. 27 do CDC, e não ao art. 205 do Código Civil, conforme afirmado pela Corte de origem." (STJ, REsp 1329607/RS, Rel. Ministro Napoleão Nunes Maia Filho, Primeira Turma, DJe 02/09/2014)

Quando o STJ faz diferenciação entre fato do produto e/ou serviço e outras ações indenizatórias, outro problema pode surgir. Se se tratar de ações indenizatórias que não versam sobre acidente de consumo, qual o prazo a ser aplicado? Resposta: se tiver algum prazo específico no Código Civil ou em outra lei, aplica-se este prazo, uma vez que o prazo

394. O termo inicial do prazo prescricional é a data em que o consumidor toma ciência do registro indevido, pois, pelo princípio da *"actio nata"*, o direito de pleitear a indenização surge quando constatada a lesão e suas consequências. (STJ, AgRg no AREsp 696.269/SP, Rel. Ministro Luis Felipe Salomão, Quarta Turma, DJe 15/06/2015)

do art. 27 do CDC é somente para acidente de consumo[395]. Mas muitas vezes a dúvida que surge é entre a aplicação do prazo de 3 anos do art. 206, §3º, V (a pretensão de reparação civil) ou o prazo geral de 10 anos do art. 205 do Código Civil, sob o argumento de que o caso tratado não possui prazo específico.

Para dirimir este problema, interessantes são os apontamentos de Carlos Alberto Dabus Maluf, o qual, ao citar a doutrina de Humberto Theodoro Júnior, entende que o artigo 206, § 3º, V, do Código Civil cuida do prazo prescricional relativo à indenização por responsabilidade civil aquiliana (extracontratual), disciplinada pelos artigos 186 e 187 do CC. Quando se tratar de responsabilidade derivada de contrato, o art. 206, § 3º, V (prazo de 3 anos) não se aplicaria, devendo, portanto, buscar prazo específico – se houver – ou aplicar a prescrição geral do art. 205 do CC (prazo de 10 anos).[396]

Este entendimento doutrinário foi sedimentado pela Segunda Seção do STJ no EREsp 1280825/RJ, Rel. Ministra Nancy Andrighi, DJe 02/08/2018:[397]

> "EMBARGOS DE DIVERGÊNCIA EM RECURSO ESPECIAL. RESPONSABILIDADE CIVIL. PRESCRIÇÃO DA PRETENSÃO. INADIMPLEMENTO CONTRATUAL. PRAZO DECENAL. INTERPRETAÇÃO SISTEMÁTICA. REGIMES JURÍDICOS DISTINTOS. UNIFICAÇÃO. IMPOSSIBILIDADE. ISONOMIA. OFENSA. AUSÊNCIA.(...) 2. O propósito recursal consiste em determinar qual o prazo de prescrição aplicável às hipóteses de pretensão fundamentadas em inadimplemento contratual, especificamente, se nessas hipóteses o período é trienal (art. 206, §3, V, do CC/2002) ou decenal (art. 205 do CC/2002).(...) 5. Nas controvérsias relacionadas à responsabilidade contratual, aplica-se a regra geral (art. 205 CC/02) que prevê dez anos de prazo prescricional e, quando se tratar de responsabilidade extracontratual, aplica-se o disposto no art. 206, § 3º, V, do CC/02, com prazo de três anos. 6. Para o efeito da incidência do prazo prescricional, o termo "reparação civil" não abrange a composição da toda e qualquer consequência negativa, patrimonial ou extrapatrimonial, do descumprimento de um dever jurídico, mas, de modo geral, designa indenização por perdas e danos, estando associada às hipóteses de responsabilidade civil, ou seja, tem por antecedente o ato ilícito. 7. Por observância à lógica e à coerência, o mesmo prazo prescricional de dez anos deve ser aplicado a todas as pretensões do credor nas hipóteses de inadimplemento contratual, incluindo o da reparação de perdas e danos por ele causados. 8. Há muitas diferenças de ordem fática, de bens jurídicos protegidos e regimes jurídicos aplicáveis entre responsabilidade contratual e extracontratual que largamente justificam o tratamento distinto atribuído pelo legislador pátrio, sem qualquer ofensa ao princípio da isonomia."[398]

---

395. É o caso, por exemplo, das ações condenatórias oriundas dos contratos de seguro que, por disposição do art. 206, §1º, II, do Código Civil, prescreve expressamente a prescrição ânua (1 ano). Nesse sentido é o entendimento do STJ: "É pacífica a jurisprudência desta Corte no sentido de que a ação de indenização fundada em contrato de seguro, por ser inerente à relação entre segurado e segurador e não relacionada a defeito do serviço, sujeita-se ao prazo prescricional ânuo previsto no art. 206, §1º, II, do Código Civil e não ao de cinco anos, preconizado pelo artigo 27 do Código de Defesa do Consumidor, tampouco ao de três anos, previsto no art. 206, §3º, V, do Código Civil." (STJ, AgRg no REsp 1321897/SP, Rel. Ministro Luis Felipe Salomão, Quarta Turma, DJe 14/08/2013)

396. MALUF, Carlos Alberto Dabus. Código Civil Comentado: artigos 189 a 232. Atlas: São Paulo, 2009, ps. 111-112.

397. E confirmado posteriormente pela Corte Especial no EREsp 1281594/SP, Rel. p/ Acórdão Ministro Felix Fischer, DJe 23/05/2019.

398. Fundamentando a ligação do termo "reparação civil" à responsabilidade extracontratual, a Min. Nancy Andrighi exarou: "Nesse sentido, questiona-se a designação "reparação civil" também poderia ser utilizada para se referir a situações de danos gerados a partir do inadimplemento contratual. Para

Sendo assim, corretamente, o STJ decidiu no REsp 1276311/RS, DJe 17/10/2011, que o prazo prescricional de danos morais referente a negativação indevida seria o geral de 10 anos,[399] uma vez que o dano tem origem em natureza contratual e não há prazo específico no Código Civil (ou em outra lei) para exercer a pretensão nesta hipótese. Também corretamente, sobre este viés, o prazo de 10 anos do art. 205 do CC para repetição de indébito de tarifas de água e esgoto (súmula 412 STJ), uma vez que a ação indenizatória decorre de dano oriundo de relação contratual. Sendo contratual e não havendo prazo específico para repetição do indébito, correta a aplicação do art. 205 do CC (prazo de 10 anos). Também seguindo este entendimento, o STJ vinha entendendo que o prazo prescricional de demanda em que se pleiteia a revisão de cláusula abusiva de contrato de plano de saúde é de 10 (dez) anos, nos termos do art. 205 do CC.[400-401]

Outro caso que merece destaque é o posicionamento do STF no tocante ao prazo prescricional de indenização de danos causados em contrato de transporte internacional aéreo. Nesse ponto, o STF entendeu que seria aplicado o prazo de dois anos previsto na Convenção de Varsóvia e não o prazo de cinco anos do CDC. Isto porque o art. 178 da Constituição Federal de 1988 expressamente estabeleceu que, quanto à ordenação do transporte internacional, a lei observará os acordos firmados pela União.

> Embora válida a norma do Código de Defesa do Consumidor quanto aos consumidores em geral, no caso específico de contrato de transporte internacional aéreo, com base no art. 178 da Constituição Federal de 1988, prevalece a Convenção de Varsóvia, que determina prazo prescricional de dois anos (STF, RE 297901/RN, Rela. Mina. Ellen Gracie, *DJ* 31/03/2006).[402]

---

esse mister, é necessário analisar as ocorrências desse termo no CC/02. A primeira ocorrência é no art. 932, em que expande os responsáveis pela reparação civil por danos cometidos por terceiros, por exemplo, de forma que os pais são responsáveis pelos filhos, o tutor, pelos pupilos, o empregador, pelos empregados, etc. Outra ocorrência é no art. 942, em que se estabelece a solidariedade pela reparação em situações de coautoria. Ademais, no art. 943 dispõe que o direito de exigir a reparação é transmissível por meio de herança. Por fim, o *caput* do art. 953 afirma que "a indenização por injúria, difamação ou calúnia consistirá na reparação do dano que delas resulte ao ofendido". Repare-se que todas essas ocorrências do uso da expressão "reparação civil" estão contidas no Título IX, do Livro I, da Parte Especial do CC/02, que versa sobre responsabilidade civil extracontratual. Nas hipóteses em que o CC/02 se refere à inadimplemento contratual, tal como o Título IV do Livro I da Parte Especial (arts. 389 a 405), não há menção à expressão "reparação civil". Da mesma forma no CC/16, o qual não continha a esse termo nos arts. 955 a 963 e 1056 a 1061, os quais dispunham sobre inadimplemento contratual. Dessa forma, partindo-se de uma interpretação literal do texto normativo, compreende-se que o termo "reparação civil" foi utilizado pelo legislador apenas quando pretendeu se referir à responsabilidade extracontratual."

399. Atualmente tanto a Terceira como a Quarta Turma entendem que o prazo é trienal (3 anos).

400. STJ, REsp 1261469/RJ, Rel. Ministro Ricardo Villas Bôas Cueva, Terceira Turma, DJe 19/10/2012.

401. Em 2016, em sede de recurso repetitivo, a Segunda Seção do STJ, alterando o posicionamento anterior que entendia pelo prazo de 10 anos, pacificou que o prazo é trienal (3 anos) nos moldes do art. 206 § 3º, IV, do CC. A tese ficou assim definida: "Na vigência dos contratos de plano ou de seguro de assistência à saúde, a pretensão condenatória decorrente da declaração de nulidade de cláusula de reajuste nele prevista prescreve em 20 anos (art. 177 do CC/1916) ou em 3 anos (art. 206, § 3º, IV, do CC/2002), observada a regra de transição do art. 2.028 do CC/2002." (STJ, REsp 1360969/RS, Rel. Ministro Marco Buzzi, Rel. p/ Acórdão Ministro Marco Aurélio Bellizze, Segunda Seção, DJe 19/09/2016)

402. Tal entendimento foi ratificado pelo Rext com repercussão geral nº 636.331/RJ, Rel. Min. Gilmar Mendes, DJ 13/11/2017. Foi fixada a seguinte tese: "*Nos termos do art. 178 da Constituição da República, as normas e os tratados internacionais limitadores da responsabilidade das transportadoras aéreas de passageiros, especialmente as Convenções de Varsóvia e Montreal, têm prevalência em relação ao Código de Defesa do*

Vale ainda lembrar que a regra geral para o início do cômputo do prazo prescricional é o momento da violação do direito, em que o termo inicial do prazo coincide justamente com o nascimento da ação (lesão do direito).[403] Mas o CDC deu um tratamento específico à matéria. Ao contrário do Código Civil, o início da contagem do prazo prescricional para o CDC é do *conhecimento do dano e de sua autoria.*[404]

Assim, o prazo extintivo se exaure em cinco anos, contados da data do conhecimento do dano e de sua autoria, cumulativamente. Assim, o CDC exige tanto o conhecimento do dano, como também da autoria para que se inicie o prazo prescricional. Isto se mostra importante porque, não raras vezes, o consumidor sofre o dano, mas não tem conhecimento do fator responsável que ocasionou o dano. Acontece, por exemplo, quando o consumidor sofre danos (ex.: fortes dores) ao tomar vários medicamentos. Ora, apenas após uma perícia ou através da análise do médico especialista é que será possível ter conhecimento do remédio causador do dano. Somente a análise de exames e do médico especialista é que ficará definida que as dores sofridas pelo consumidor (dano) foram causadas pelo medicamento (pois as dores poderiam estar sendo causadas por outro motivo).

O conhecimento do dano e da autoria engloba, então, para fins do início do prazo prescricional, o também conhecimento do defeito do produto ou serviço e do nexo causal (relação entre o produto ou serviço defeituoso de um determinado fornecedor causando danos ao consumidor).[405] Isso para que não seja alegado, por parte do fornecedor, perda da

Consumidor". Assim, como o prazo prescricional do tratado é de dois anos, será este o prazo a ser aplicado nas ações condenatórias envolvendo o transporte aéreo internacional. Vale frisar que no tocante às ações condenatórias envolvendo transporte aéreo nacional, o prazo será do CDC (se acidente de consumo) ou do Código Civil.

403. O novo Código Civil corrigiu a falta de precisão do Código Civil de 1916 ao estabelecer em seu art. 189 que "Violado o direito, nasce para o titular a pretensão, a qual se extingue pela prescrição, nos prazos a que aludem os arts. 205 e 206".

404. A Diretiva europeia 85/374/CEE, que serviu de inspiração para o art. 27 do CDC, contempla em seu artigo 10 que o termo inicial do prazo prescricional se dá quando o lesado "teve ou devia ter tido conhecimento do dano, do defeito e da identidade do produtor". Assim, além do dano e da autoria, a Diretiva também prevê o conhecimento do defeito.

405. Nesse sentido, Youssef Said Cahali aponta que o início do prazo se dá somente quando o consumidor consegue relacionar (nexo) o dano com o defeito do produto ou serviço: "O marco inicial para a contagem do prazo prescricional, portanto, depende não somente do conhecimento do dano, desde que pode o consumidor sofrê-lo, apesar de desconhecer a sua origem, mas do momento em que ele puder relacioná-lo com o defeito do produto ou do serviço, por ele adquirido ou contratado" (CAHALI, Youssef Said. *Prescrição e Decadência*. São Paulo: Editora Revista dos Tribunais, 2008, p. 234). O STJ considera 3 critérios para o início do prazo (dano, autoria e defeito): "DIREITO DO CONSUMIDOR. RECURSO ESPECIAL. AÇÃO DE INDENIZAÇÃO POR DANOS MATERIAIS E COMPENSAÇÃO POR DANOS MORAIS. PRÓTESES DE SILICONE MAMÁRIAS. ALEGAÇÃO DE DEFEITO. PRESCRIÇÃO. PRAZO QUINQUENAL. TERMO INICIAL. DATA DO CONHECIMENTO INEQUÍVOCO DO DANO, DO DEFEITO E DA AUTORIA. ART. 27 DO CDC. (...) 5. Além dos dois requisitos elencados pelo legislador para que seja deflagrado o início da contagem do prazo prescricional – o conhecimento do dano e o conhecimento da autoria -, é necessário, ainda, o conhecimento do defeito, isto é, a consciência do consumidor de que o dano sofrido está relacionado a defeito do produto ou do serviço. 6. A combinação desses três critérios tem por objetivo conferir maior proteção da vítima que, em determinadas situações, pode ter conhecimento do dano e da identidade do fornecedor, porém, só mais tarde saber que o dano resulta de um defeito do produto adquirido ou do serviço contratado. 7. Na hipótese dos autos, conquanto os danos sofridos pela autora tenham se iniciado com a colocação das próteses de silicone, conforme alegado na exordial, o suposto defeito do produto somente veio a ser conhecido, de forma inequívoca, quando da realização do exame que

pretensão do consumidor (prescrição). No caso exemplificado acima, o dano por uso do medicamento já era "conhecido" por parte do consumidor (uma vez que vinha sofrendo dores) e também a autoria (pois, em tese, ele conhecia o laboratório fabricante do medicamento), mas não tinha certeza do nexo nem do defeito, ou seja, de que era, de fato, o medicamento com defeito o causador das dores (dano). Assim, somente após a constatação pelo médico é que ficou definido que o medicamento era o causador das dores que o consumidor vinha sofrendo.[406]

Por fim, segue interessante julgado do STJ, asseverando que o início do prazo é do conhecimento do dano e da autoria, pouco importando se a lesão continua a ocorrer no tempo. O caso se referia à indenização requerida por consumidor em razão de ter contraído câncer de laringe em função do tabagismo. O acórdão estadual, mantido pelo STJ, entendeu que o autor consumidor já tinha conhecimentos dos danos e também da autoria há mais de cinco anos da propositura da ação, uma vez que, segundo o Min. Humberto Gomes de Barros "*é fato notório, há muito tempo (muito mais de cinco anos, pelo menos) que o fumo é prejudicial à saúde e é um dos maiores responsáveis pelo câncer de garganta, laringe e esôfago*".

> A prescrição da ação de reparação por fato do produto é contada do conhecimento do dano e da autoria, nada importa a renovação da lesão no tempo, pois, ainda que a lesão seja contínua, a fluência da prescrição já se iniciou com o conhecimento do dano e da autoria (STJ, REsp. 304.724-RJ, Rel. Min. Humberto Gomes de Barros, j. 24/5/2005).

O prazo para ajuizar ação indenizatória em relação aos danos causados em razão dos vícios dos produtos ou serviços gera divergência na doutrina. Haveria um prazo decadencial para o exercício do direito potestativo (de reclamar pelos vícios apresentados) e outro prazo prescricional autônomo para a utilização da pretensão (reparação dos danos sofridos); ou haveria somente um prazo único para o exercício do direito potestativo e para pretender a reparação dos danos?

A questão é polêmica, sobretudo na doutrina alienígena. Segundo informa Paulo Jorge Scartezzini Guimarães,[407] no direito português, Calvão da Silva, com fundamento na doutrina e jurisprudência lusa, sustenta que o prazo para a ação de indenização é o mesmo das ações redibitórias, estimatórias ou de substituição da coisa. No mesmo sentido, porém, restringindo o raciocínio às hipóteses de responsabilidade civil contratual, temos na doutrina italiana o posicionamento de Luciana Pisu no sentido de que existe uma relação de acessoriedade entre a ação indenizatória decorrente do vício e as ações edilícias, aplicando a todas as situações um único prazo.

Na doutrina nacional, Pontes de Miranda, ao discorrer sobre as pretensões indenizatórias decorrentes do vício, sustentava que elas "nada têm com a preclusão que a lei fixara com o redibição." Para o citado autor, é preciso "que não se confunda prazo preclusivo para

---

atestou o rompimento das próteses e o vazamento do gel no organismo da consumidora. Não há se falar, destarte, no implemento do prazo prescricional." (STJ, REsp 1698676/SP, Rel. Ministra Nancy Andrighi, Terceira Turma, DJe 30/11/2017)

406. Lembrando que o *defeito* é importante para a responsabilidade pelo fato do produto ou serviço uma vez que a prova da ausência do defeito (seja de concepção, fabricação ou comercialização) exclui a responsabilidade do fornecedor (art. 12, §3º, II e art. 14, §3º, I)

407. *Vícios do Produto e do Serviço por Qualidade, Quantidade e Insegurança. Cumprimento Imperfeito do Contrato*. 2ª ed. São Paulo: RT, 2008, p. 318.

a pretensão à responsabilidade por vício do objeto com as pretensões que se irradiaram do exercício daquela pretensão."[408] Ou seja, para Pontes de Miranda, os prazos devem ser distintos.

Interessante é o posicionamento de Jorge Scartezzini, aludindo que a questão deve ser enfrentada com base na distinção entre danos *circa rem* e danos *extra rem*. Danos *circa rem* são os danos ligados diretamente ao vício do produto ou do serviço. Como exemplo, temos os danos decorrentes da diminuição ou perda do valor da coisa; os custos para sanar o vício; prejuízos decorrentes da não utilização da coisa (danos emergentes e lucros cessantes) etc. Os danos *circa rem* estão no campo da responsabilidade contratual.

Os danos *extra rem* são danos causados em virtude dos vícios apresentados, mas que não decorrem diretamente desses. Ou seja, os danos não acontecem em virtude do aparecimento do vício, mas por um fator externo. Por exemplo, quando um veículo apresenta vícios (falha no motor, nos freios etc.), o consumidor pleiteia indenização não apenas em razão do aparecimento do vício, mas também porque a concessionária deixou de agir de forma correta, não prestando o serviço adequado. Assim, se os vícios não tivessem ocorrido, o consumidor não teria levado o veículo à concessionária e ficado sujeito à má prestação do serviço. Nesse caso, os danos apenas se deram através de um fator alheio ao vício, por isso "*extra rem*" (fora da coisa). Os danos *extra rem* estão no campo da responsabilidade extracontratual.

Essa diferenciação é importante porque, segundo o autor, para os danos *circa rem*, justamente por serem decorrentes diretamente do vício, o prazo para as perdas e danos será o mesmo da reclamação dos vícios (prazo dos vícios redibitórios do Código Civil e dos vícios do produto e serviço do CDC). Já para os danos *extra rem*, por estarem na esfera extracontratual (se deram por causa superveniente), os prazos seriam autônomos e, portanto, independentes.

Embora não tenha analisado a diferença entre dano *circa* e *extra rem*, a 4ª turma do STJ considerou que o prazo para ser indenizado em razão de vícios do produto era o prazo decadencial do art. 26. No caso, o consumidor ajuizou ação de indenização buscando o ressarcimento por prejuízos causados em razão da entrega de sementes de algodão de qualidade inferior às efetivamente contratadas, o que causou significativa quebra na safra. Para o ajuizamento da ação indenizatória, o STJ considerou que o prazo não seria o do art. 27 (prescricional e autônomo), e sim o prazo do art. 26 (decadencial).

> Baseando-se o pedido de indenização na ocorrência de vício de qualidade de produto não durável (entrega de sementes de algodão de qualidade inferior à contratada), o prazo decadencial para o ajuizamento da ação é o previsto no art. 26, I, da Lei nº 8.078/1990. Tratando-se de vício oculto, porquanto na aquisição das sementes ele não era detectável, a contagem do prazo iniciou-se no momento em que aquele se tornou evidente para o consumidor, nos termos do art. 26, § 3º, da Lei nº 8.078/1990. Logo, o prazo já havia se escoado, há nove meses, quando da propositura da presente ação. Ademais, o prazo prescricional estabelecido no art. 27 do mesmo diploma legal somente se refere à responsabilidade pelo fato do produto (defeito relativo à falha na segurança), em caso de pretensão à reparação de danos (STJ, REsp. 442368/MT, Rel. Min. Jorge Scartezzini, *DJ* 14/02/2005).

---

408. MIRANDA, Pontes de. *Tratado de Direito Privado*. Rio de Janeiro: Borsoi, 1954, 1958 e 1962. t. XXXVIII. p. 301-306, *apud* SCARTEZZINI GUIMARÃES, Paulo Jorge. *Vícios do Produto e do Serviço por Qualidade, Quantidade e Insegurança. Cumprimento Imperfeito do Contrato*. 2ª ed. São Paulo: RT, 2008, p. 318.

Já em recente precedente, embora o STJ entendeu pela aplicação do prazo prescricional, o direito à indenização somente pode ser exercido se o consumidor notificou o fornecedor no prazo decadencial do art. 26. Ou seja, para possibilitar a indenização/compensação por danos materiais e morais, seria necessário o consumidor reclamar primeiramente, dentro do prazo decadencial, sobre os vícios apresentados.

> "DIREITO DO CONSUMIDOR. AÇÃO DE PRECEITO CONDENATÓRIO. REPARAÇÃO DE DANO MATERIAL. NATUREZA DA AÇÃO. INTERPRETAÇÃO LÓGICO-SISTEMÁTICA DA PETIÇÃO INICIAL. VÍCIO OCULTO. BEM DURÁVEL. DECADÊNCIA. 1. O objeto da demanda deve ser extraído da interpretação sistemática do pedido e causa de pedir, não ficando adstrito ao pedido formulado em capítulo próprio do petitório e sendo irrelevante o nome ou o fundamento legal apontado. 2. A garantia legal por vícios preexistente tem por finalidade proteger o adquirente, em razão de imperfeições de informação, estabelecendo instrumentos que assegurem a manutenção do sinalagma contratual mesmo nas hipóteses em que o alienante desconhecia o vício. 3. Nas relações consumeristas, reconhecida a iniquidade essencial entre as partes, a ampliação da proteção do adquirente resulta em garantir-lhe mais alternativas para satisfazer sua legítima expectativa, ressalvando ainda a pretensão por perdas e danos decorrentes (art. 18 do CDC), bem como no alargamento do prazo para optar por uma daquelas alternativas legalmente asseguradas (art. 26 do CDC). 4. Transcorrido *in albis* o prazo decadencial para concentração não se haverá constituído o próprio direito à reparação, não havendo que se cogitar de incidência de prazo prescricional, seja ele civil ou consumerista. 5. Recurso especial não provido." (REsp 1520500/SP, Rel. Ministro Marco Aurélio Bellizze, Terceira Turma, julgado em 27/10/2015, DJe 13/11/2015)

Com as devidas ressalvas à doutrina alienígena e ao posicionamento de Paulo Scartezzini, entendemos que, quando houver prejuízos decorrentes direta ou indiretamente do vício do produto ou serviço, o prazo será sempre prescricional e independente do prazo decadencial para reclamar pela sanação dos vícios (posicionamento de Pontes de Miranda). Isso porque, caso seja considerado o prazo único decadencial como prazo para ressarcimento dos prejuízos em virtude dos vícios, o consumidor terá um prazo muito exíguo para exercer a pretensão, principalmente nos casos de vícios em produtos ou serviços não duráveis, em que o prazo é de 30 dias. Nesse sentido, discordamos do posicionamento do STJ nos casos acima relatados de que a pretensão indenizatória deve ser exercida no prazo decadencial e também sobre a necessidade de o consumidor notificar o fornecedor no prazo decadencial para possibilitar o direito à reparação.

Assim, quando o vício causar um acidente de consumo, por envolver riscos à saúde e segurança do consumidor, o prazo será o do art. 27 do CDC (5 anos). Do contrário, causando prejuízos, mas sem afetar a saúde e segurança do consumidor, o prazo será o do Código Civil (3 anos para responsabilidade extracontratual e 10 anos para responsabilidade contratual).[409]

De uma maneira didática, podemos sintetizar da seguinte forma:

1. Caso o produto ou serviço apresente vícios (de qualidade ou quantidade), o direito "potestativo" ao conserto, substituição do produto, reexecução do serviço, abatimento no preço, complemento da quantidade, etc. (arts. 18, § 1º; 19 e 20 do

409. Vale lembrar que não consideramos qualquer espécie de dano como fato do produto ou serviço, mas somente aqueles que envolvam riscos à saúde e segurança do consumidor (acidente de consumo).

CDC) será exercido nos prazos decadenciais do art. 26 do CDC (30 dias para não duráveis e 90 dias para duráveis).

2. Independentemente do exercício do direito potestativo (nos prazos decadenciais do art. 26), havendo direito subjetivo à indenização (seja de danos materiais, seja de danos morais, estéticos, etc.), a pretensão será exercida no prazo do art. 27 do CDC (5 anos) nas hipóteses de acidente de consumo ou nos prazos do Código Civil quando não há acidente de consumo (3 anos para responsabilidade extracontratual e 10 anos para responsabilidade contratual).[410]

Em alguns precedentes o STJ vem aplicando prazos decadenciais para sanação de vícios ou outras hipóteses (abatimento do preço, restituição da quantia paga, etc.) e prazos prescricionais para ações indenizatórias.

> "DIREITO DO CONSUMIDOR. AÇÃO DE INDENIZAÇÃO POR DANOS MATERIAIS E MORAIS DECORRENTES DE VÍCIOS NO SERVIÇO. PRESCRIÇÃO. CINCO ANOS. INCIDÊNCIA DO ART. 27 DO CDC. 1. Escoado o prazo decadencial de 90 (noventa) dias previsto no art. 26, II, do CDC, não poderá o consumidor exigir do fornecedor do serviço as providências previstas no art. 20 do mesmo Diploma – reexecução do serviço, restituição da quantia paga ou o abatimento proporcional do preço –, porém, a pretensão de indenização dos danos por ele experimentados pode ser ajuizada durante o prazo prescricional de 5 (cinco) anos, porquanto rege a hipótese o art. 27 do CDC." (STJ, REsp 683809/RS, Rel. Min. Luis Felipe Salomão, DJe 03/05/2010)[411]

> "RECURSO ESPECIAL. DIREITO DO CONSUMIDOR. VENDA E COMPRA DE IMÓVEL. METRAGEM. PROPAGANDA. CONTRATO. DIFERENÇA. VÍCIO. PRODUTO DURÁVEL. PRAZO DECADENCIAL. ART. 26, II, DO CDC. INDENIZAÇÃO. DANOS MORAIS. PRESCRIÇÃO QUINQUENAL. 1. O Código de Defesa do Consumidor estabeleceu limites temporais diferentes para a responsabilização civil do fornecedor. O art. 27 prevê o prazo prescricional de 5 (cinco) anos para a pretensão indenizatória pelos danos causados por fato do produto ou do serviço; e o art. 26, o prazo decadencial de 30 (trinta) ou 90 (noventa) dias para a reclamação, conforme se trate de vícios aparentes ou de fácil constatação de produtos ou serviços não duráveis ou duráveis. 2. Segundo a jurisprudência desta Corte, se o produto apresenta vício quanto à quantidade ou qualidade, ou que lhe diminua o valor, estar-se-á diante de vício aparente ou de fácil constatação, de acordo com o art. 26 do Código Consumerista. 3. No caso, decaiu em 90 (noventa) dias o direito de os autores reclamarem da diferença entre a metragem do imóvel veiculada em propaganda e a área do apartamento descrita na promessa de compra e venda. 4. A pretensão de indenização pelos danos morais experimentados pelos autores pode ser ajuizada no prazo prescricional de 5 (cinco) anos. Precedentes. 5. Recurso especial parcialmente provido." (REsp 1488239/PR, Rel. Ministro Ricardo Villas Bôas Cueva, Terceira Turma, DJe 07/03/2016)

Em recente julgado, por maioria, o STJ aplicou o entendimento que expusemos acima, não só diferenciando os prazos referentes a cada direito a ser pleiteado: decadencial *(direito de solicitar a substituição do produto ou reexecução do serviço; direito de resolução com perdas e danos e direito ao abatimento do preço)* ou prescricional (*pretensão de ressarcimento por*

---

410. Nesse sentido o STJ já se manifestou: "A eventual decadência do direito potestativo do consumidor de pleitear uma das alternativas que lhe são conferidas pelos arts. 18, § 1º, e 20, *caput*, do CDC, não representa óbice à que se veicule também pretensão indenizatória ou compensatória." (STJ, AgInt no REsp 1788020/PB, Rel. Ministro Luis Felipe Salomão, Quarta Turma, DJe 16/10/2020)

411. Somente não concordamos com a aplicação neste caso do prazo do art. 27 do CDC, pois entendemos que não se trata de acidente de consumo. Assim, teria que ser aplicado o prazo do CC.

danos materiais e morais), mas também aplicando o prazo geral do Código Civil (10 anos) por se tratar de relação de natureza contratual (diversos vícios no imóvel adquirido):

> "É de 90 (noventa) dias o prazo para o consumidor reclamar por vícios aparentes ou de fácil constatação no imóvel por si adquirido, contado a partir da efetiva entrega do bem (art. 26, II e § 1º, do CDC). 5. No referido prazo decadencial, pode o consumidor exigir qualquer das alternativas previstas no art. 20 do CDC, a saber: a reexecução dos serviços, a restituição imediata da quantia paga ou o abatimento proporcional do preço. Cuida-se de verdadeiro direito potestativo do consumidor, cuja tutela se dá mediante as denominadas ações constitutivas, positivas ou negativas. 6. Quando, porém, a pretensão do consumidor é de natureza indenizatória (isto é, de ser ressarcido pelo prejuízo decorrente dos vícios do imóvel) não há incidência de prazo decadencial. A ação, tipicamente condenatória, sujeita-se a prazo de prescrição. 7. À falta de prazo específico no CDC que regule a pretensão de indenização por inadimplemento contratual, deve incidir o prazo geral decenal previsto no art. 205 do CC/02, o qual corresponde ao prazo vintenário de que trata a Súmula 194/STJ, aprovada ainda na vigência do Código Civil de 1916 ("Prescreve em vinte anos a ação para obter, do construtor, indenização por defeitos na obra")." (STJ, REsp 1534831/DF, Rel. Min. Ricardo Villas Bôas Cueva, Rel. p/ Acórdão Min. Nancy Andrighi, Terceira Turma, DJe 02/03/2018). No mesmo sentido: (STJ, REsp 1721694/SP, Rel. Ministra Nancy Andrighi, Terceira Turma, DJe 05/09/2019)

De qualquer forma, o tema ainda carece de pacificação na doutrina e jurisprudência do STJ.

Conforme foi visto, a jurisprudência do STJ não é uniforme no tocante à definição dos prazos prescricionais (utilização do prazo de 5 anos do art. 27 do CDC, prazo de 3 anos do CC – arts. 206, §§ 4º e 5º e prazo decenal – 10 anos – do art. 205). De forma a sanar tais divergências, a comissão de juristas responsável por várias propostas de atualização do CDC, em 2012, sugeriu a criação de um artigo (art. 27-A) com os seguintes dizeres: "*as pretensões dos consumidores não reguladas nesta seção prescrevem em dez anos, se a lei não estabelecer prazo mais favorável ao sujeito vulnerável.*" Com isso, a ideia seria que, fora dos casos de acidente de consumo – em que o prazo prescricional é de 5 anos conforme o art. 27 do CDC, os outros casos envolvendo ações condenatórias nas relações de consumo, o prazo seria de 10 anos, caso não houvesse outro prazo mais favorável ao consumidor.[412] O único problema que ainda restaria nesta hipótese, caso fosse aprovada, seria a discussão entre o que seria "acidente de consumo" para fins de aplicação do prazo de 5 anos. Mas, pelo menos, a discussão seria entre aplicar o prazo de 5 anos ou de 10 anos. Buscando ainda minimizar este problema, outra sugestão interessante seria alterar o art. 27 do CDC para aplicar o prazo de 10 anos (ou até mesmo 5 anos) para todas as ações condenatórias, inclusive as que se referem aos acidentes de consumo. Assim, nas relações de consumo, teríamos um único prazo prescricional para todas as ações condenatórias (que exigem, obrigatoriamente, prazos prescricionais), acabando com a problemática atual no tocante aos prazos prescricionais (basta verificar o quadro abaixo para perceber o quanto o STJ possui variados entendimentos, divergindo, inclusive, entre suas Turmas e Seções).

412. Esta sugestão constava do Projeto de Lei 283/2012, que visava disciplinar o superendividamento. Porém, a proposta de inclusão deste novo artigo ao CDC não foi aprovada na Comissão Especial do Senado Federal. Assim, no relatório aprovado no Senado no final de 2015 e que seguiu para a Câmara dos Deputados (e que posteriormente foi transformado na Lei 14.181/2021 – Lei do Superendividamento) não consta alteração em relação à sistemática atual no tocante ao prazo prescricional.

De forma a sintetizar o posicionamento atual do STJ no tocante aos prazos, temos:

PRINCIPAIS PRAZOS PRESCRICIONAIS NO STJ		
SITUAÇÃO	**DISPOSITIVO LEGAL**	**PRAZO**
Ações entre segurados e seguradoras (inadimplemento de deveres principais, secundários ou anexos). (Obs: a prescrição ânua não se aplica ao seguro saúde – prazo trienal)[413]	Art. 206, § 1º, II Súmula nº 101 do STJ	1 ano
Ação de repetição do indébito para ressarcimento da taxa SATI	Art. 206 § 3º, IV do CC	3 anos
Ação de repetição do indébito em decorrência de declaração de nulidade de cláusula de reajuste nos planos de saúde e seguro saúde	Art. 206 § 3º, IV do CC	3 anos
Ação de indenização por negativação indevida	Art. 206, § 3º, V, do CC	3 anos (Terceira e Quarta Turmas)
Danos causados por uso de cigarros (tabagismo).	Art. 27 do CDC	5 anos
Dano ambiental acarretando danos à saúde do consumidor	Art. 27 do CDC	5 anos
Indenização por acidente aéreo	Art. 27 do CDC	5 anos
Indenização por danos materiais e morais decorrentes de falha na prestação de serviço público (ex: interrupção de energia elétrica)	Art. 27 do CDC	5 anos
Indenização por erro médico	Art. 27 do CDC	5 anos
Ação de repetição de indébito por descontos indevidos decorrentes de defeito na prestação do serviço bancário	Art. 27 do CDC	5 anos
Ação para cobrar parcelas de empréstimo consignado em folha de pagamento	Art. 206, § 5º, I, do CC	5 anos
Ação revisional e de repetição do indébito nos contratos bancários	Art. 205 do CC	10 anos
Ação contra construtora por atraso na entrega do imóvel	Art. 205 do CC	10 anos
Cobrança do VRG nos contratos de leasing	Art. 205 do CC	10 anos
Ação de repetição do indébito para cobrança de água e esgoto pagos indevidamente	Art. 205 do CC Súmula 412 do STJ	10 anos

413. "As regras jurídicas a respeito da prescrição devem ser interpretadas estritamente, repelindo-se a interpretação extensiva ou analógica. Assim, o prazo prescricional de 1 (um) ano, próprio das relações securitárias, não pode ser estendido ao seguro saúde, que possui mais familiaridade com os planos de saúde, de natureza sui generis." (STJ, REsp 1597230/SP, Rel. Ministro Ricardo Villas Bôas Cueva, Terceira Turma, DJe 23/03/2018)

PRINCIPAIS PRAZOS PRESCRICIONAIS NO STJ		
SITUAÇÃO	**DISPOSITIVO LEGAL**	**PRAZO**
Ação de repetição do indébito para cobrança de serviços de telefonia pagos indevidamente	Art. 205 do CC	10 anos
Ações envolvendo inadimplemento contratual	Art. 205 do CC	10 anos
Ação de reembolso de despesas médico-hospitalares alegadamente cobertas pelo contrato de plano de saúde (ou de seguro saúde), mas que não foram adimplidas pela operadora.	Art. 205 do CC	10 anos
Ação de prestação de contas com o escopo de obter esclarecimentos acerca da cobrança de taxas, tarifas e/ou encargos bancários	Art. 205 do CC	10 anos
Ação de indenização de herdeiros cobrando seguro habitacional	Art. 205 do CC	10 anos
Ação indenizatória de ressarcimento por prejuízos decorrentes de vício no imóvel	Art. 205 do CC	10 anos
Ação de repetição de indébito por cobrança indevida de valores referentes a serviços de TV por assinatura não previstos no contrato	Art. 205 do CC	10 anos

PRINCIPAIS JURISPRUDÊNCIAS DO STF E STJ

Ação indenizatória em razão de saneamento de vício construtivo – Prazo decenal

"AÇÃO DE INDENIZAÇÃO. PROMESSA DE COMPRA E VENDA DE IMÓVEL. AUSÊNCIA DE INDICAÇÃO DE QUE O IMÓVEL SERIA ENTREGUE COM ADEGA CLIMATIZADA. ENTREGA EM DESCONFORMIDADE COM AS ESPECIFICAÇÕES ANUNCIADAS. SANEAMENTO DO VÍCIO CONSTRUTIVO. INADIMPLEMENTO CONTRATUAL. PRAZO PRESCRICIONAL DECENAL. ART. 205 DO CC/2002. O entendimento desta Corte é de que "a pretensão cominatória de obrigar a construtora às providências necessárias ao saneamento do vício construtivo não se confunde com a mera substituição de produto ou reexecução de serviço, de modo que não se sujeita ao prazo decadencial previsto no art. 26 do Código de Defesa do Consumidor" (STJ, AgInt no REsp 1.863.245/SP, Relator Ministro MOURA RIBEIRO, TERCEIRA TURMA, julgado em 24/8/2020, DJe de 27/8/2020).

Ação para cobrar parcelas de empréstimo consignado em folha de pagamento prescreve em cinco anos

"Controvérsia em torno do prazo prescricional para a propositura de ação de cobrança, em razão do inadimplemento pelo devedor das parcelas descontadas em seu contracheque decorrente da perda da margem consignável. 2. A pretensão de cobrança de dívida líquida constante de instrumento público ou particular, conforme o art. 206, § 5º, I, do Código Civil, prescreve em cinco anos." (STJ, REsp 1742514/RJ, Rel. Ministro Paulo de Tarso Sanseverino, Terceira Turma, DJe 18/12/2020)

A pretensão indenizatória do consumidor de receber ressarcimento por prejuízos decorrentes de vício no imóvel prescreve em 10 anos

"Quando a pretensão do consumidor é de natureza indenizatória (isto é, de ser ressarcido pelo prejuízo decorrente dos vícios do imóvel) não há incidência de prazo decadencial. A ação, tipicamente condenatória, sujeita-se a prazo de prescrição. 10. À falta de prazo específico no CDC que regule a pretensão de indenização por inadimplemento contratual, deve incidir o prazo geral decenal previsto no art. 205 do CC/02." (STJ, REsp 1819058/SP, Rel. Ministra Nancy Andrighi, terceira turma, DJe 05/12/2019)

Prescrição de ação indenizatória de inexecução de contrato de empreitada global para a construção de imóvel residencial é de 10 anos

"Controvérsia acerca da reparação de perdas e danos decorrentes de inexecução de um contrato de empreitada global para a construção de imóvel residencial. 2. *Incidência prazo geral de prescrição pelo do CC/2002 nas hipóteses de responsabilidade civil contratual,* sendo inaplicável o prazo trienal relativo à responsabilidade extracontratual. (...) 3. Inaplicabilidade ao caso do prazo decadencial do art. 618 do CC/2002, ou o do art. 26 do CDC, pois a causa de pedir não diz com vício de solidez e segurança da obra, ou com vício do serviço, mas com a inexecução contratual." (STJ, AgInt no REsp 1773386/RJ, Rel. Ministro Paulo de Tarso Sanseverino, Terceira Turma, DJe 19/11/2020)

Prescrição para herdeiro cobrar seguro habitacional é de 10 anos (prazo geral do CC)

"O propósito recursal é definir se está prescrita a ação interposta pelos recorrentes que, na condição de herdeiros dos mutuários já falecidos, pretendem o recebimento de indenização referente a seguro habitacional, bem como a quitação do financiamento realizado. 4. Tendo em vista que os recorrentes, herdeiros do mutuário falecido, não podem ser considerados como segurados, inviável mostra-se a aplicação da prescrição ânua prevista no art. 206, § 1º, II, do CC/02. 5. Ainda que sejam considerados beneficiários, inviável mostra-se, também, a aplicação do art. 206, § 3º, IX, do CC/02, pois o seguro habitacional não pode ser considerado seguro de responsabilidade civil. 6. Sob essa ótica, aplica-se o prazo prescricional decenal previsto no art. 205 do CC/02." (STJ, REsp 1694257/SP, Rel. Ministra Nancy Andrighi, Terceira Turma, DJe 31/08/2018)

Prazo prescricional para cobrar reembolso de seguro-saúde e plano de saúde é de 10 anos

"É decenal o prazo prescricional aplicável para o exercício da pretensão de reembolso de despesas médico-hospitalares alegadamente cobertas pelo contrato de plano de saúde (ou de seguro saúde), mas que não foram adimplidas pela operadora."(STJ, REsp 1756283/SP, Rel. Ministro Luis Felipe Salomão, Segunda Seção, DJe 03/06/2020)Prescrição em acidente que vitimou usuária do transporte público é regulada pelo CDC (5 anos)

"O acidente ocorrido no interior de ônibus afeto ao transporte público coletivo, que venha a causar danos aos usuários, caracteriza defeito do serviço, nos termos do art. 14 do CDC, a atrair o prazo de prescrição quinquenal previsto no art. 27 do mesmo diploma legal." (STJ, REsp 1461535/MG, Rel. Ministra Nancy Andrighi, Terceira Turma, DJe 23/02/2018)

Indenização por furto de jóias, objeto de penhor em instituição financeira. Prazo de 5 anos do art. 27 do CDC

"O furto das joias, objeto do penhor, constitui falha do serviço prestado pela instituição financeira e não inadimplemento contratual, devendo incidir o prazo prescricional de 5 (cinco) anos para as ações de indenização, previsto no art. 27 do Código de Defesa do Consumidor." (STJ, REsp 1369579/PR, Rel. Ministro Luis Felipe Salomão, Quarta Turma, DJe 23/11/2017)

Indenização por interrupção excessiva no abastecimento de água. Prazo de 5 anos do art. 27 do CDC

"As nuances fáticas delineadas no acórdão recorrido demonstram claramente o elevado potencial lesivo dos atos praticados pela concessionária recorrente, tendo em vista os cinco dias sem abastecimento de água na residência da parte recorrida, o que configura notória falha na prestação de serviço, ensejando, portando, a aplicação da prescrição quinquenal do art. 27 do Código de Defesa do Consumidor." (STJ, REsp 1629505/SE, Rel. Ministro Herman Benjamin, Segunda Turma, DJe 19/12/2016)

Indenização por interrupção de energia elétrica. Prazo de 5 anos do art. 27 do CDC

"O acórdão de origem não destoa do entendimento do STJ de que a relação entre a concessionária de serviço público e o usuário final para o fornecimento de serviços essenciais, como a energia, é consumerista, o que atrai a aplicação do prazo prescricional de 5 (cinco) anos previsto no Código de Defesa do Consumidor. Portanto, não há falar em aplicação da prescrição trienal do Código Civil." (STJ, AgInt no AREsp 1873076/SP, Rel. Ministro Og Fernandes, Segunda Turma, DJe 17/12/2021)

Prazo de repetição do indébito para restituição da taxa SATI – prescrição trienal (3 anos – art. 206, § 3º, IV, CC)

"Incidência da prescrição trienal sobre a pretensão de restituição dos valores pagos a título de comissão de corretagem ou de serviço de assistência técnico-imobiliária (SATI), ou atividade congênere (art. 206, § 3º, IV, CC)." (Tese firmada no REsp 1551956/SP, Rel. Ministro Paulo de Tarso Sanseverino, Segunda Seção, DJe 06/09/2016)

Prazo de repetição de indébito por cobrança indevida de valores referentes a serviços de TV por assinatura não previstos no contrato – 10 anos

"A pretensão de repetição de indébito por cobrança indevida de valores referentes a serviços de TV por assinatura, não previstos no contrato, sujeita-se à norma geral do lapso prescricional de dez anos (art. 205 do CC/2002)." (STJ, REsp 1.951.988-RS, Rel. Min. Antonio Carlos Ferreira, Quarta Turma, julgado em 10/05/2022)

Prazo prescricional do CDC (5 anos) por dano ambiental configurado como acidente de consumo

É de cinco anos o prazo prescricional aplicável para o ajuizamento de ação de indenização contra concessionária de serviço público de energia elétrica por dano pessoal consistente no desenvolvimento de doença grave em razão de contaminação do solo e da água ocasionada por aquela empresa ao proceder ao tratamento químico de postes de luz. Isso porque aplicável à hipótese o prazo inserto no artigo 27 da Lei 8.078/1990, Código de Defesa do Consumidor, por se estar diante de acidente de consumo relativo a fato do produto, em face das substâncias químicas utilizadas, e a fato do serviço, já que o tratamento dos postes liga-se à atividade-fim da empresa. (Voto vista do Min. Paulo de Tarso Sanseverino no REsp 1346489/RS, DJe 26/08/2013)

Termo inicial da prescrição da pretensão reparatória decorrente de prejuízos à saúde advindos de acidente ambiental é a ciência inequívoca do consumidor

"Considera-se como termo a quo da contagem do prazo prescricional quinquenal previsto no art. 27 do CDC, para ajuizamento de ação de reparação de dano moral decorrente de prejuízos à saúde advindos do acidente ambiental, a data da ciência inequívoca pelo autor de que a doença diagnosticada (câncer) decorreu da contaminação do solo e do lençol freático por produtos químicos lançados pela ré. A notificação pública da poluição ambiental não pode ser considerada como termo inicial da contagem do referido prazo prescricional, porquanto os efeitos nocivos à saúde da população não surgiram imediatamente a ela, mas nos anos subsequentes. Precedentes: REsp 1.354.348/RS, Quarta Turma, Rel. Min. Luis Felipe Salomão; REsp 346.489/RS, Terceira Turma, Rel. Min. Ricardo Villas Bôas Cueva.." (STJ, AgRg no AgRg no AREsp 608.324/RS, Rel. Ministro Raul Araújo, Quarta Turma, DJe 17/05/2016)

Prazo de 10 anos para ressarcimento de valores dispendidos, pelo segurado, com procedimento cirúrgico não custeado, pela seguradora, por suposta falta de cobertura na apólice.

"RECURSO ESPECIAL. PLANO DE SAÚDE. AÇÃO DE RESSARCIMENTO. CIRURGIA CARDÍACA. DESCUMPRIMENTO DE CLÁUSULA CONTRATUAL. PRAZO PRESCRICIONAL DECENAL.

1.- Em se tratando de ação objetivando o ressarcimento de despesas realizadas com cirurgia cardíaca para a implantação de "stent", em razão da negativa do plano de saúde em autorizar o procedimento, a relação controvertida é de natureza contratual. 2.- Não havendo previsão específica quanto ao prazo prescricional, incide o prazo geral de 10 (dez) anos, previsto no art. 205 do Código Civil, o qual começa a fluir a partir da data de sua vigência (11.1.2003), respeitada a regra de transição prevista no art. 2.028. 3.- Recurso Especial provido." (STJ, REsp 1176320/RS, Rel. Ministro Sidnei Beneti, Terceira Turma, DJe 26/02/2013)

Prazo de 10 anos para ações envolvendo inadimplemento contratual

"CIVIL E CONSUMIDOR. AÇÃO DE RESSARCIMENTO E INDENIZAÇÃO POR DANOS MORAIS. PLANO DE SAÚDE. IMPLANTAÇÃO DE "STENTS". RECUSA DE CUSTEIO. PRESCRIÇÃO. AÇÃO FUNDADA EM DESCUMPRIMENTO CONTRATUAL. DIREITO PESSOAL. PRAZO DECENAL DO ART. 205, DO CÓDIGO CIVIL. 1. Segundo a orientação jurisprudencial desta Corte Superior, "[...] a ação de ressarcimento por despesas que só foram realizadas em razão de suposto descumprimento de contrato de prestação de serviços de saúde, hipótese sem previsão legal específica, atrai a incidência do prazo de prescrição geral de 10 (dez) anos, previsto no art. 205 do Código Civil [...]" (AgRg no AREsp 300337/ES, Terceira Turma, Rel. Ministro SIDNEI BENETI, DJe 20/06/2013)." (STJ, AgRg no REsp 1416118/MG, Rel. Ministro Paulo de Tarso Sanseverino, Terceira Turma, DJe 26/06/2015)

Prazo de 5 anos do CDC às ações de repetição de indébito por descontos indevidos decorrentes de defeito na prestação do serviço bancário

"A jurisprudência do Superior Tribunal de Justiça é no sentido de que, em se tratando de pretensão de repetição de indébito decorrente de descontos indevidos, por falta de contratação de empréstimo com a instituição financeira, ou seja, em decorrência de defeito do serviço bancário, aplica-se o prazo prescricional do art. 27 do CDC." (STJ, AgInt no AREsp 1720909/MS, Rel. Ministro Raul Araújo, Quarta Turma, DJe 24/11/2020)

Prazo de 5 anos do CDC para indenização por danos materiais e morais decorrentes de falha na prestação de serviço

"Consoante jurisprudência desta Corte, o prazo decadencial a que alude o art. 26 do CDC não se aplica em caso de indenização por danos materiais e morais decorrentes de falha na prestação de serviço, devendo ser aplicado o prazo quinquenal previsto no art. 27 do CDC." (STJ, AgInt no AREsp 888.223/SP, Rel. Ministro Antonio Carlos Ferreira, Quarta Turma, DJe 04/10/2016)

O prazo prescricional para a ação de prestação de contas com o escopo de obter esclarecimentos acerca da cobrança de taxas, tarifas e/ou encargos bancários será o decenal do Código Civil (10 anos)

"AÇÃO DE PRESTAÇÃO DE CONTAS. 1. PRAZO PRESCRICIONAL VINTENÁRIO SEGUNDO O CÓDIGO CIVIL DE 1916 E DECENAL, CONFORME O ART. 205 DO ATUAL CÓDIGO CIVIL, OBSERVADA A APLICAÇÃO DA REGRA DE TRANSIÇÃO DO ART. 2.028." (STJ, AgRg no AREsp 657.399/PR, Rel. Min. Marco Aurélio Bellizze, Terceira Turma, DJe 24/04/2015)

Prazo de 5 anos do CDC para ações indenizatórias movidas em desfavor de concessionária de serviço público de transporte

"Aplica-se o prazo prescricional previsto no art. 27 do Código de Defesa do Consumidor às ações indenizatórias movidas em desfavor de concessionária de serviço público de transporte." (STJ, AgRg no AREsp 734.217/RJ, Rel. Ministro João Otávio de Noronha, Terceira Turma, DJe 11/12/2015)

Prazo de prescrição em caso de acidente aéreo é de cinco anos

"RESPONSABILIDADE CIVIL. ACIDENTE AÉREO. PESSOA EM SUPERFÍCIE QUE ALEGA ABALO MORAL EM RAZÃO DO CENÁRIO TRÁGICO. QUEDA DE AVIÃO NAS CERCANIAS DE SUA RESIDÊNCIA. CONSUMIDOR POR EQUIPARAÇÃO. ART. 17 DO CDC. PRAZO PRESCRICIONAL. CÓDIGO CIVIL DE 1916. INAPLICABILIDADE. CONFLITO ENTRE PRAZO PREVISTO NO CÓDIGO

BRASILEIRO DE AERONÁUTICA (CBA) E NO CDC. PREVALÊNCIA DESTE. PRESCRIÇÃO, TODAVIA, RECONHECIDA. 1. A Segunda Seção sufragou entendimento no sentido de descaber a aplicação do prazo prescricional geral do Código Civil de 1916 (art. 177), em substituição ao prazo específico do Código de Defesa do Consumidor, para danos causados por fato do serviço ou produto (art. 27), ainda que o deste seja mais exíguo que o daquele (STJ, Resp 489.895/SP, Rel. Ministro FERNANDO GONÇALVES, SEGUNDA SEÇÃO, julgado em 10/3/2010). 2. As vítimas de acidentes aéreos localizadas em superfície são consumidores por equiparação (*bystanders*), devendo ser a elas estendidas as normas do Código de Defesa do Consumidor relativas a danos por fato do serviço (art. 17, CDC). 3. O conflito entre o Código de Defesa do Consumidor e o Código Brasileiro de Aeronáutica – que é anterior à CF/88 e, por isso mesmo, não se harmoniza em diversos aspectos com a diretriz constitucional protetiva do consumidor -, deve ser solucionado com prevalência daquele (CDC), porquanto é a norma que melhor materializa as perspectivas do constituinte no seu desígnio de conferir especial proteção ao polo hipossuficiente da relação consumerista." (STJ, REsp 1281090/SP, Rel. Ministro Luis Felipe Salomão, Quarta Turma, julgado em 07/02/2012, DJe 15/03/2012)

Indenização por erro médico. Prazo de 5 anos do CDC

"A orientação jurisprudencial desta Corte é de que o prazo para a ação de reparação do dano material, moral e estético decorrente de erro médico é o de 5 (cinco) anos previsto no art. 27 do CDC." (STJ, AgRg no AREsp 626.816/SP, Rel. Ministro Moura Ribeiro, Terceira Turma, DJe 10/06/2016)

Prazo para ajuizar ação de exibição de documento está vinculado à vigência de contrato bancário

"A existência de prazo para pleitear a exibição de documentos prende-se à possibilidade de ajuizarem-se ações relacionadas aos ditos documentos cuja exibição se busca. Cabe à sociedade empresária (ou comerciante, pela nomenclatura adotada pelo Código Comercial) preservar os documentos em relação aos quais ainda se possa ajuizar alguma ação, nos termos do que dispunha o revogado art. 10, alínea "3", do Código Comercial (repetido, em essência, pelo art. 1.194 do Código Civil de 2002). 2. Com efeito, a investigação acerca do prazo para a exibição de documentos relativos à existência de contrato de depósito bancário passa necessariamente pela prescrição/decadência do próprio direito de reclamar os valores depositados na instituição financeira. 3. De regra, em um contrato de depósito, durante sua vigência, o direito de resgatar o bem depositado pode ser exercido pelo seu titular como decorrência lógica do pacto, mostrando-se tal providência uma parte ínsita do sinalagma subjacente à avença. Assim, mesmo na atual disciplina do Código Civil de 2002, na vigência de um contrato de depósito, há de se proclamar a imprescritibilidade da ação para reclamar os valores depositados. Isso porque, em verdade, durante o contrato de depósito e antes que os valores sejam efetivamente pleiteados pelo depositante, não há obrigação vencida, aplicando-se o que dispõe o art. 199, inciso II. (...)" (STJ, REsp 995375/SP, Rel. Ministro Luis Felipe Salomão, Quarta Turma, DJe 01/10/2012)

Prazo prescricional para cobrança do VRG nos contratos de leasing é o geral de 10 anos

"O valor residual garantido (VRG) é o adiantamento da quantia que seria devida ao final do contrato, na hipótese de o arrendatário pretender adquirir o bem. Isto é, além do arrendamento já pago durante a vigência do contrato, o arrendatário deveria pagar mais essa importância previamente ajustada se pretendesse ficar com a propriedade do bem arrendado, capitalizando-se de modo a tornar menos onerosa para o arrendatário a opção de adquirir o bem no termo final do contrato. Desfeito o arrendamento mercantil, e não importa a causa, nada justifica a manutenção, com o arrendador, do valor residual garantido e pago por antecipação, devendo ser devolvidos ao arrendatário os valores recebidos a título de VRG. Precedentes. O diploma civil brasileiro divide os prazos prescricionais em duas espécies. O prazo geral decenal, previsto no art. 205, destina-se às ações de caráter ordinário, quando a lei não houver fixado prazo menor. Os prazos especiais, por sua vez, dirigem-se a direitos expressamente mencionados, podendo ser anuais, bienais, trienais, quadrienais e quinquenais, conforme as disposições contidas nos parágrafos do art. 206. Não se tratando de pedido fundado no princípio que veda o enriquecimento sem causa, mas de restituição de quantias em razão de contrato de leasing, cuja natureza contratual, como já decidiu esta Corte, basta para conferir caráter pessoal às obrigações dele decorrentes, a prescrição para essa ação é a geral. (...)" (STJ, REsp 1174760/PR, Rel. Ministra Nancy Andrighi, Terceira Turma, DJe 09/12/2011)

Súmula 564 do STJ: "no caso de reintegração de posse em arrendamento mercantil financeiro, quando a soma da importância antecipada a título de valor residual garantido (VRG) com o valor da venda do bem ultrapassar o total do VRG previsto contratualmente, o arrendatário terá direito de receber a respectiva diferença, cabendo, porém, se estipulado no contrato, o prévio desconto de outras despesas ou encargos pactuados".

Não cabe aplicação do prazo prescricional geral do Código Civil de 1916 – entendimento da Segunda Seção do STJ

A Segunda Seção sufragou entendimento no sentido de descaber a aplicação do prazo prescricional geral do Código Civil de 1916 (art. 177), em substituição ao prazo específico do Código de Defesa do Consumidor, para danos causados por fato do serviço ou produto (art. 27), ainda que o deste seja mais exíguo que o daquele. (STJ, Resp 489.895/SP, Rel. Ministro Fernando Gonçalves, Segunda Seção, julgado em 10/3/2010)

Prazo para prescrição por erro médico se inicia quando o paciente se dá conta da lesão

RECURSO ESPECIAL. RESPONSABILIDADE CIVIL. ERRO MÉDICO. CONHECIMENTO DA LESÃO POSTERIORMENTE AO FATO LESIVO. PRESCRIÇÃO. TERMO A QUO. DATA DA CIÊNCIA. 1. Ignorando a parte que em seu corpo foram deixados instrumentos utilizados em procedimento cirúrgico, a lesão ao direito subjetivo é desconhecida e não há como a pretensão ser demandada em juízo. 2. O termo a quo do prazo prescricional é a data em que o lesado tomou conhecimento da existência do corpo estranho deixado no seu abdome. (STJ, Resp 1020801/SP, Rel. Ministro João Otávio de Noronha, Quarta Turma, DJe 03/05/2011)

Prazo de 10 anos para ação revisional e de repetição do indébito nos contratos bancários

"Nas ações revisionais de contrato bancário, adota-se o prazo prescricional vintenário na vigência do Código Civil de 1916 e o decenal na vigência do Código Civil de 2002." (STJ, AgInt no AREsp 868.658/PR, Rel. Ministro João Otávio de Noronha, Terceira Turma, DJe 01/07/2016)

Obs: O STJ entendeu que, nas ações de revisão de contrato bancário para discutir a legalidade das cláusulas, o prazo de prescrição de dez anos começa a contar a partir da data de assinatura do contrato. (STJ, AgInt no AREsp n. 2.525.981/PB, Rel. Min. Marco Aurélio Bellizze, Terceira Turma, DJe 25.4.2024)

Prazo para consumidor ajuizar ação de repetição de indébito devido à ilegalidade e majoração da tarifa de energia elétrica é o do CC

A Seção, ao julgar recurso admitido na origem como representativo de controvérsia (art. 543-C e Res. nº 8/2008-STJ), reafirmou ser vintenário o prazo prescricional (art. 177 do CC/1916) para o consumidor ajuizar ação de repetição de indébito devida à ilegalidade da majoração da tarifa elétrica estabelecida pelas Portarias nos 38/1986 e 45/1986 do Departamento Nacional de Água e Energia Elétrica (DNAEE) durante o congelamento de preços instituído pelo Plano Cruzado. É importante assinalar que, embora a Port. nº 38/1986-DNAEE tenha majorado a tarifa para todos os consumidores, ela não chegou a vigorar por prazo superior a 30 dias, visto que a Port. nº 45/1986-DNAEE, seis dias depois, restabeleceu a todas as classes, exceto à dos consumidores industriais, a tarifa anteriormente cobrada pela Port. nº 18-DNAEE, de 29/1/1986. Daí porque os consumidores residenciais não têm direito à repetição de indébito. Ressaltou-se a legalidade dos reajustes a partir da vigência da Port. nº 153-DNAEE, de 27/11/1986, quando sobreveio novo sistema tarifário, época em que não havia mais o congelamento de preços. Note-se que, no caso dos autos, trata-se de consumidores industriais, cujo direito à repetição de indébito, em decorrência das citadas portarias, é inquestionável. REsp 1.110.321-DF, Rel. Min. Benedito Gonçalves, julgado em 28/4/2010. Info. 432.

Prazo de 5 anos da ação coletiva em relação à diferença de expurgos inflacionários

"A Segunda Seção desta Corte, no julgamento do REsp n. 1.070.896/SC, (Relator Ministro LUIS FELIPE SALOMÃO, julgado em 14/4/2010, DJe 4/8/2010), consolidou entendimento segundo o qual é de 5 (cinco) anos o prazo prescricional da ação coletiva em que se busca a tutela de direitos individuais homogêneos dos consumidores em relação à diferença de expurgos inflacionários, conforme interpretação, por analogia, do art. 21 da Lei n. 4.717/1965 (Lei da Ação Popular)." (STJ, AgRg no REsp 1173874/RS, Rel. Ministro Antônio Carlos Ferreira, Quarta Turma, DJe 24/03/2015)

*Há um precedente da Terceira Turma (REsp 1736091/PE, Rel. Ministra Nancy Andrighi, DJe 16/05/2019) considerando que não há prazo de natureza processual para o ajuizamento de ação coletiva de consumo, não sendo aplicável analogicamente o prazo de 5 anos da Lei da Ação Popular.

Ajuizamento da ação. Prazo prescricional em curso.
Não aplicação do CDC fatos anteriores à sua vigência

"O art. 27 do Código de Defesa do Consumidor não alcança o prazo prescricional em curso quando do ajuizamento da ação, não se aplicando o Código aos fatos anteriores à sua vigência" (STJ, REsp. 194531/RJ, *DJU* 27/03/2000, p. 95, Rel. Min. Carlos Alberto Menezes Direito, j. 17/02/2000, 3ª T.).

Seção V
Da Desconsideração da Personalidade Jurídica

Art. 28. O juiz poderá desconsiderar a personalidade jurídica da sociedade quando, em detrimento do consumidor, houver abuso de direito, excesso de poder, infração da lei, fato ou ato ilícito ou violação dos estatutos ou contrato social. A desconsideração também será efetivada quando houver falência, estado de insolvência, encerramento ou inatividade da pessoa jurídica provocados por má administração.

§ 1º (Vetado).

§ 2º As sociedades integrantes dos grupos societários e as sociedades controladas são subsidiariamente responsáveis pelas obrigações decorrentes deste código.

§ 3º As sociedades consorciadas são solidariamente responsáveis pelas obrigações decorrentes deste código.

§ 4º As sociedades coligadas só responderão por culpa.

§ 5º Também poderá ser desconsiderada a pessoa jurídica sempre que sua personalidade for, de alguma forma, obstáculo ao ressarcimento de prejuízos causados aos consumidores.

Sabemos que um dos princípios aplicáveis às pessoas jurídicas é o da autonomia patrimonial. Para Fábio Ulhoa Coelho,[414] "em razão do princípio da autonomia da pessoa jurídica é ela mesma parte dos negócios jurídicos"; "é ela, e não seus integrantes, a parte legítima para demandar e ser demandada em juízo, em razão dos direitos e obrigações que titulariza". E, "finalmente, no seu desdobramento mais relevante, o princípio da autonomia importa, em regra, a impossibilidade de se cobrarem dos seus integrantes as dívidas e obrigações da pessoa jurídica."

Todavia, o princípio da autonomia não pode ser utilizado de forma indevida, dando margem à realização de fraudes e abusos na tentativa de lesar credores e locupletar-se ilicitamente. O uso irregular, ou abuso, na utilização do instituto da pessoa jurídica ensejou a criação da teoria da desconsideração da personalidade jurídica (*disregard doctrine* na

414. *Curso de Direito Civil*, vol. 1, 2003, p. 233-4.

Inglaterra; *disregard of legal entity* nos Estados Unidos; *teoria de la penetración de la personalidad* na Espanha e em alguns países de língua espanhola).

O CDC, ao acolher a teoria da desconsideração da personalidade jurídica *(disregard doctrine)*, teve o intuito de propiciar a máxima proteção ao consumidor, estipulando de forma expressa e ampla a possibilidade de a pessoa jurídica ser desconsiderada no caso concreto, afetando assim, o patrimônio dos sócios ou outra pessoa jurídica do mesmo grupo societário.

Importa salientar que o instituto da desconsideração será episódico, casual, ou seja, somente ocorrerá no caso concreto a ser avaliado pelo juiz. Não acarretará a extinção da pessoa jurídica, somente acarretando a "*suspensão episódica da eficácia do ato constitutivo da pessoa jurídica*" nos dizeres do Min. Ruy Rosado de Aguiar (STJ, Resp. 86502, *DJ* 26/08/1996). Assim, para outras relações efetuadas com terceiros, a pessoa jurídica continua existindo e com autonomia patrimonial em face de seus sócios, a não ser que seja desconsiderada também sua personalidade em cada caso.

O CDC foi o primeiro dispositivo legal a se referir à desconsideração da personalidade jurídica. Posteriormente, foi inserida em outras leis: art. 18 da Lei nº 8.884/1994 (Lei do CADE) – atualmente art. 34 da Lei no. 12.529/2011[415]; art. 4º da Lei nº 9.605/1998 (dispõe sobre as sanções derivadas de danos ao meio ambiente); art. 50 do Código Civil[416], art. 14 da Lei 12.846/2013 (Lei Anticorrupção Brasileira)[417] e art. 160 da Lei 14.133/2021 (nova Lei de Licitações e Contratos).[418]

---

415. A Lei nº 12.529/2011 revogou a Lei 8.884/94 (somente não foram revogados os arts. 86 e 87). Assim o artigo que trata da desconsideração da personalidade jurídica na nova lei do CADE é o art. 34. O teor do art. 34 da nova Lei do CADE é o mesmo do art. 18 da Lei 8.884/94.

416. "Art. 50. Em caso de abuso da personalidade jurídica, caracterizado pelo desvio de finalidade ou pela confusão patrimonial, pode o juiz, a requerimento da parte, ou do Ministério Público quando lhe couber intervir no processo, desconsiderá-la para que os efeitos de certas e determinadas relações de obrigações sejam estendidos aos bens particulares de administradores ou de sócios da pessoa jurídica beneficiados direta ou indiretamente pelo abuso.

§ 1º Para os fins do disposto neste artigo, desvio de finalidade é a utilização da pessoa jurídica com o propósito de lesar credores e para a prática de atos ilícitos de qualquer natureza.

§ 2º Entende-se por confusão patrimonial a ausência de separação de fato entre os patrimônios, caracterizada por:

I – cumprimento repetitivo pela sociedade de obrigações do sócio ou do administrador ou vice-versa;

II – transferência de ativos ou de passivos sem efetivas contraprestações, exceto os de valor proporcionalmente insignificante; e

III – outros atos de descumprimento da autonomia patrimonial.

§ 3º O disposto no caput e nos §§ 1º e 2º deste artigo também se aplica à extensão das obrigações de sócios ou de administradores à pessoa jurídica.

§ 4º A mera existência de grupo econômico sem a presença dos requisitos de que trata o caput deste artigo não autoriza a desconsideração da personalidade da pessoa jurídica.

§ 5º Não constitui desvio de finalidade a mera expansão ou a alteração da finalidade original da atividade econômica específica da pessoa jurídica.

417. "Art. 14. A personalidade jurídica poderá ser desconsiderada sempre que utilizada com abuso do direito para facilitar, encobrir ou dissimular a prática dos atos ilícitos previstos nesta Lei ou para provocar confusão patrimonial, sendo estendidos todos os efeitos das sanções aplicadas à pessoa jurídica aos seus administradores e sócios com poderes de administração, observados o contraditório e a ampla defesa."

418. Art. 160. A personalidade jurídica poderá ser desconsiderada sempre que utilizada com abuso do direito para facilitar, encobrir ou dissimular a prática dos atos ilícitos previstos nesta Lei ou para provocar confusão patrimonial, e, nesse caso, todos os efeitos das sanções aplicadas à pessoa jurídica serão estendidos aos

Uma maneira fácil de analisarmos os artigos que tratam da desconsideração é perceber que a previsão normativa constante do CDC inspirou claramente os institutos previstos nas Leis nos 8.884/1994 (atual Lei no. 12.529/2011) e 9.605/1998. Enquanto a Lei nº 12.529/2011, em seu art. 34, repetiu a redação do art. 28, *caput*, do CDC, a Lei nº 9.605/1998 repetiu, em seu art. 4º, a redação do art. 28, § 5º, do CDC.[419]

Assim, comparativamente, temos:

CDC	Lei nº. 12.529/2011
Art. 28, *caput*. O juiz poderá desconsiderar a personalidade jurídica da sociedade quando, em detrimento do consumidor, houver abuso de direito, excesso de poder, infração da lei, fato ou ato ilícito ou violação dos estatutos ou contrato social.	**Art. 34.** A personalidade jurídica do responsável por infração da ordem econômica poderá ser desconsiderada quando houver da parte deste abuso de direito, excesso de poder, infração da lei, fato ou ato ilícito ou violação dos estatutos ou contrato social.
A desconsideração também será efetivada quando houver falência, estado de insolvência, encerramento ou inatividade da pessoa jurídica provocados por má administração.	Parágrafo único. A desconsideração também será efetivada quando houver falência, estado de insolvência, encerramento ou inatividade da pessoa jurídica provocados por má administração.
CDC	**Lei nº 9.605/1998**
Art. 28, § 5º. Também poderá ser desconsiderada a pessoa jurídica sempre que sua personalidade for, de alguma forma, obstáculo ao ressarcimento de prejuízos causados aos consumidores.	**Art. 4º.** Poderá ser desconsiderada a pessoa jurídica sempre que sua personalidade for obstáculo ao ressarcimento de prejuízos causados à qualidade do meio ambiente.

O art. 158 da Lei nº 6.404/1976 (Lei de Sociedades Anônimas)[420] e o art. 135 do Código Tributário Nacional[421] não são hipóteses de desconsideração. Na verdade, são hipóteses de responsabilização direta imputada aos sócios. Nos casos de responsabilidade pessoal de sócios, gerentes ou administradores, não existe a manipulação da personalidade jurídica, mas tão somente a caracterização da ilicitude em decorrência dos atos praticados por eles, o que leva à responsabilização direta dos membros. Nesse sentido, Fábio Ulhoa Coelho[422] doutrina que "quando alguém, na qualidade de sócio, controlador ou representante legal da pessoa jurídica,

seus administradores e sócios com poderes de administração, a pessoa jurídica sucessora ou a empresa do mesmo ramo com relação de coligação ou controle, de fato ou de direito, com o sancionado, observados, em todos os casos, o contraditório, a ampla defesa e a obrigatoriedade de análise jurídica prévia.

419. A observação é de André Luiz Santa Cruz Ramos (*Curso de Direito Empresarial – O novo regime jurídico--empresarial brasileiro*. Salvador: Juspodivm, 2007, p. 308.).

420. "Art. 158. O administrador não é pessoalmente responsável pelas obrigações que contrair em nome da sociedade e em virtude de ato regular de gestão; responde, porém, civilmente, pelos prejuízos que causar, quando proceder:

I – dentro de suas atribuições ou poderes, com culpa ou dolo;

II – com violação da lei ou do estatuto."

421. "Art. 135. São pessoalmente responsáveis pelos créditos correspondentes a obrigações tributárias resultantes de atos praticados com excesso de poderes ou infração de lei, contrato social ou estatutos:

I – as pessoas referidas no artigo anterior;

II – os mandatários, prepostos e empregados;

III – os diretores, gerentes ou representantes de pessoas jurídicas de direito privado."

422. *Curso de Direito Comercial*. vol. 2. 6ª ed. São Paulo: Saraiva. 2003, p. 50-51.

provoca danos a terceiros, inclusive consumidores, em virtude de comportamento ilícito, responde pela indenização correspondente. Nesse caso, no entanto, estará respondendo por obrigação pessoal, decorrente do ilícito em que incorreu. Não há nenhuma dificuldade em estabelecer essa responsabilização, e a existência da pessoa jurídica não a obsta, de maneira alguma".[423]

Vale lembrar ainda que alguns autores e parte da jurisprudência aplicam o art. 2º, § 2º, da CLT[424] para desconsiderar a personalidade jurídica.[425] Tal entendimento é equivocado, haja vista que não há a teoria da desconsideração nesse caso e, sim, a simples imputação de responsabilidade solidária às sociedades pertencentes ao mesmo grupo.

Como no Direito Trabalhista não há previsão legal para a desconsideração da personalidade jurídica, os juízes se utilizam do art. 28 do CDC para desconsiderarem a personalidade da empresa e adentrarem no patrimônio pessoal dos sócios, caso haja dívidas trabalhistas não saldadas. Verifica-se, portanto, a utilização do "diálogo de fontes" entre o direito do trabalho e o direito do consumidor.[426]

O art. 28, *caput,* do CDC, arrola as seguintes hipóteses:

a) abuso de direito;

b) excesso de poder;

c) infração da lei;

d) fato ou ato ilícito;

e) violação dos estatutos ou contrato social;

---

423. No mesmo sentido é a doutrina de Fredie Didier: "aplica-se a teoria da desconsideração, apenas, se a personalidade jurídica autônoma da sociedade empresária colocar-se como obstáculo à justa composição dos interesses; se a autonomia patrimonial da sociedade não impedir a imputação de responsabilidade ao sócio ou administrador, não existe desconsideração. Uma regra geral que atribua responsabilidade ao sócio, em certos ou em todos os casos, não é regra de desconsideração da personalidade jurídica. JUNIOR, Fredie Didier. *Curso de Direito Processual Civil*. Salvador: Juspodivm. 17ª ed. Vol. 1. 2015, pg.518.

424. "Art. 2º (*omissis*)

§ 2º Sempre que uma ou mais empresas, tendo, embora, cada uma delas, personalidade jurídica própria, estiverem sob a direção, controle ou administração de outra, constituindo grupo industrial, comercial ou de qualquer outra atividade econômica, serão, para os efeitos da relação de emprego, solidariamente responsáveis a empresa principal e cada uma das subordinadas."

425. "Execução trabalhista. Responsabilidade objetiva dos sócios. Despersonalização do empregador. No Processo do Trabalho, a responsabilidade dos sócios é objetiva, respondendo os mesmos com seus respectivos patrimônios no caso de descumprimento de obrigações trabalhistas, de forma a obstar o locupletamento indevido do trabalho alheio. *É facultado ao Juiz, nesse caso, adotar a teoria da despersonalização do empregador, insculpida no caput do art. 2º da CLT,* de modo que o crédito trabalhista persegue o patrimônio para onde quer que vá, como um direito de sequela. *Se o patrimônio da empresa desaparecer, pouco importando a causa, os sócios, diretores e dirigentes respondem com seus patrimônios particulares.*" (TRT/SP, 8ª Turma, Processo 029603117006, Ac. 02970004580, *DOJ*, 16-1-1997).

426. "DESCONSIDERAÇÃO DA PERSONALIDADE JURÍDICA DA EMPRESA – CONSTRIÇÃO DE NUMERÁRIO EXISTENTE NAS CONTAS CORRENTES DOS SÓCIOS – *É absolutamente legal a desconsideração da personalidade jurídica da empresa quando esta não apresenta força financeira capaz de suportar a execução, conforme estabelecem o art. 28 da Lei nº 8.078/1990* e art. 1.024 do Código Civil. Nessa circunstância o juiz pode determinar que a execução avance no patrimônio dos sócios para satisfazer as dívidas da sociedade executada. A Colenda Corregedoria Geral da Justiça do Trabalho no art. 1º do Provimento nº 1/2003 recomenda a utilização do sistema Bacen Jud com prioridade sobre outras formas de penhora. Segurança que se denega" (TRT 2ª R. – MS 12949-2003-000-02-00 – (2005012872) – SDI – Rel. p/o Ac. Juiz Marcelo Freire Gonçalves – DOESP 10/06/2005).

f) falência;

g) estado de insolvência;

h) encerramento ou inatividade da pessoa jurídica quando provocados por má administração.

Essa previsão ampla de hipóteses denota a clara intenção do legislador de prestigiar uma proteção especial à classe dos consumidores.

O artigo também disciplina as responsabilidades de alguns tipos de sociedades. Assim, as sociedades integrantes dos grupos societários e as sociedades controladas respondem subsidiariamente (art. 28, § 2º), as sociedades consorciadas respondem solidariamente (art. 28, § 3º), e as sociedades coligadas respondem somente por culpa (art. 28, § 4º). O que varia entre elas são somente os requisitos e a natureza da responsabilidade.

Conforme bem pontua Jorge Alberto Quadros de Carvalho Silva, os §§ 2º, 3º e 4º do art. 28, relativos às responsabilidades das sociedades integrantes de grupos societários, das sociedades controladas, das consorciadas e das coligadas, nada têm a ver com a teoria da desconsideração da personalidade jurídica. Segundo o autor, "eles, na verdade, apenas estendem a responsabilidade de uma determinada pessoa jurídica a outra, por subsidiariedade ou por solidariedade. Em vez de desprezar a personalidade jurídica de uma sociedade fornecedora, o comando §§ 3º e 4º tem por objeto a consideração da personalidade jurídica de uma terceira sociedade, para o fim de responsabilização civil."[427]

Grupo de sociedades[428] é formado pela sociedade controladora e suas controladas, mediante convenção, pela qual se obrigam a combinar recursos ou esforços para a realização dos respectivos objetos, ou a participar de atividades ou empreendimentos comuns. Segundo o CDC, esgotados os recursos, seja da sociedade controladora, seja da sociedade controlada, qualquer outra integrante do grupo responde pela dívida perante os consumidores.

Sociedade controlada[429] é aquela cuja preponderância nas deliberações e decisões pertencem à outra sociedade, dita controladora. Assim, diante da manifesta insuficiência dos bens que compõem o patrimônio da sociedade controladora, a sociedade controlada responde pelas dívidas.

O *consórcio* é uma reunião de sociedades que se agrupam para executar um determinado empreendimento. Para o CDC, ao contrário da Lei nº 6.404/1976 (Lei das Sociedades Anônimas – LSA),[430] a responsabilidade entre as sociedades consorciadas é solidária. Assim, estando em uma relação de consumo, as sociedades consorciadas responderão solidariamente e não na forma da LSA (sem presunção de solidariedade).

> "Cuida-se de ação de indenização por danos materiais e compensação por danos morais, ajuizada em razão de atropelamento por ônibus do transporte público coletivo. 2. O pro-

427. Jorge Alberto Quadros de Carvalho Silva. *Código de Defesa do Consumidor Anotado e Comentado*. São Paulo: Editora Atlas, 2015, p. 395.

428. Lei nº 6.404/1976, art. 265 e seguintes.

429. Lei nº 6.404/1976, art. 243 § 2º, e art. 1.098 do novo Código Civil.

430. Lei nº 6.404/1976, art. 278 § 1º: "O consórcio não tem personalidade jurídica e as consorciadas somente se obrigam nas condições previstas no respectivo contrato, *respondendo cada uma por suas obrigações, sem presunção de solidariedade*."

pósito recursal, para além da negativa de prestação jurisdicional, consiste em definir se as sociedades integrantes de consórcio para a prestação de serviço de transporte coletivo urbano, assim como o próprio consórcio, respondem solidariamente por acidente envolvendo ônibus de propriedade exclusiva de uma das empresas consorciadas. (...) 5. Como regra geral, as sociedades consorciadas apenas se obrigam nas condições previstas no respectivo contrato, respondendo cada uma por suas obrigações, sem presunção de solidariedade, de acordo com o disposto no art. 278, § 1º, da Lei das Sociedades Anônimas (Lei 6.404/76). 6. Essa regra, no entanto, não é absoluta, havendo no ordenamento jurídico diversas normas que preveem a solidariedade entre as sociedades consorciadas, notadamente quando está em jogo interesse que prepondera sobre a autonomia patrimonial das integrantes do consórcio. 7. Na hipótese de responsabilidade derivada de relação de consumo, afasta-se a regra geral da ausência de solidariedade entre as consorciadas por força da disposição expressa contida no art. 28, § 3º, do CDC. Essa exceção em matéria consumerista justifica-se pela necessidade de se atribuir máxima proteção ao consumidor, mediante o alargamento da base patrimonial hábil a suportar a indenização. 8. Não obstante, é certo que, por se tratar de exceção à regra geral, a previsão de solidariedade contida no art. 28, § 3º, do CDC deve ser interpretada restritivamente, de maneira a abarcar apenas as obrigações resultantes do objeto do consórcio, e não quaisquer obrigações assumidas pelas consorciadas em suas atividades empresariais. 9. Ademais, a exceção em comento não alcança o próprio consórcio, que apenas responderá solidariamente com suas integrantes se houver previsão contratual nesse sentido." (STJ, REsp 1635637/RJ, Rel. Ministra Nancy Andrighi, Terceira Turma, DJe 21/09/2018)

As *sociedades são coligadas*[431] quando uma participa com 10 % ou mais do capital da outra, porém, sem controlá-la. Justamente pela falta de controle nas deliberações das decisões de uma sobre a outra é que a responsabilidade de cada qual é apurada mediante culpa na participação do evento danoso.

Assim, apenas para uma melhor visualização da questão, temos:

Tipo de sociedades	Tipo de responsabilidade
Integrantes dos Grupos Societários e Controladas	Subsidiária
Consorciadas	Solidária
Coligadas	Só respondem por culpa

431. O art. 1.099 do CC/2002 estabelece que haverá coligação entre duas sociedades quando uma participar de mais de 10% do capital da outra, sem exercer seu controle Já a "Lei das S.A.", sem estabelecer um percentual mínimo, dispõe em seu art. 243, § 1.º – com a redação dada pela Lei 11.941/2009 – da seguinte forma: *"são coligadas as sociedades nas quais a investidora tenha influência significativa"*. Acontece que o art. 46 da Lei 11.941/2009 prescreve que o novo conceito de sociedade coligada (art. 243 da Lei 6.404/1976) somente será utilizado para os propósitos previstos na lei das sociedades anônimas. Veja-se: *"Art. 46. O conceito de sociedade coligada previsto no art. 243 da Lei n. 6.404, de 15 de dezembro de 1976, com a redação dada por esta Lei, somente será utilizado para os propósitos previstos naquela Lei. Parágrafo único. Para os propósitos previstos em leis especiais, considera-se coligada a sociedade referida no art. 1.099 da Lei n. 10.406, de 10 de janeiro de 2002 – Código Civil."* Como se percebe, o preceito legal acima restringe a aplicação do novo conceito de sociedade coligada aos propósitos prenunciados pela Lei 6.404/1976 – "Lei das SA". Assim, para os fins previstos em leis especiais, como o CDC, deve-se utilizar o conceito de coligada constante do art. 1.099 do CC/2002, o qual, em linhas gerais, assemelha-se ao antigo conceito previsto na redação primitiva do próprio art. 243 da Lei 6.404/1976, segundo o qual se considera coligada a sociedade de cujo capital a investidora participa com 10% ou mais, sem controlá-la.

Questão controvertida é se o juiz poderia desconsiderar a personalidade jurídica das empresas de ofício ou se dependeria de requerimento da parte. Sendo as normas consumeristas consideradas de ordem pública e de interesse social, o juiz, verificando qualquer das hipóteses presentes no art. 28, poderá imputar a responsabilidade diretamente aos sócios, inclusive de ofício, de modo a tutelar os consumidores, considerados vulneráveis nas relações contratuais.[432]

Nesse sentido, o ex-Ministro do STJ, Carlos Alberto Menezes Direito, no julgamento do REsp. 279.273/SP, publicado em 29/03/2004:

> "Outra questão é saber se o ato do Juiz depende de pedido da parte. E, a meu juízo, não depende a aplicação do art. 28 de requerimento da parte. Se houver a presença das situações descritas no *caput*, em detrimento do consumidor, o Juiz poderá fazer incidir o dispositivo, independentemente de requerimento da parte. O que provoca a incidência da desconsideração é a existência de prejuízo para o consumidor. Havendo o prejuízo, está o Juiz autorizado a fazer valer o art. 28."

Há precedentes de Tribunais Estaduais aplicando a desconsideração de ofício nas relações de consumo:

> "Desconsideração da personalidade jurídica inversa Pedido de reconsideração de decisão interlocutória Ausência de previsão no ordenamento jurídico *Relação de consumo Desconsideração da personalidade jurídica que pode ser decretada de ofício pelo magistrado Artigo 28 do Código de Defesa Consumidor* - Análise do mérito adequada. Sócios de executado que foram incluídos no polo passivo da ação. Sociedade em outras empresas ativas. Ausência de relacionamento com instituições bancárias. Personalidade jurídica das empresas que representa óbice para o pagamento do débito. Hipótese de desconsideração de personalidade jurídica. Artigo 28, parágrafo 5º do Código de Defesa do Consumidor. Agravo parcialmente provido." (TJ-SP - AI: 02336983320118260000, Rel. Sá Moreira de Oliveira, 23ª Câmara de Direito Privado, DJ: 08/03/2013)

O TST também vem aplicando a desconsideração de ofício nas relações trabalhistas com base no art. 28 do CDC:

> RECURSO DE REVISTA - RITO SUMARÍSSIMO - JULGAMENTO EXTRA PETITA - *AUSÊNCIA DE PEDIDO DE DESCONSIDERAÇÃO DA PESSOA JURÍDICA - DECRETAÇÃO DE OFÍCIO - VIOLAÇÃO DO PRINCÍPIO DO CONTRADITÓRIO E DA AMPLA DEFESA - NÃO OCORRÊNCIA.* A norma contida no art. 5º, LV, da Constituição Federal não abrange todos os pressupostos do tema pertinente à configuração de julgamento extra petita, em virtude de decretação, de ofício, da desconsideração da pessoa jurídica. Portanto, não se afere ofensa direta e literal da mencionada regra constitucional, nos termos exigidos pelo art. 896, § 6º, da CLT. *Ademais, não há óbice legal para que o juiz, no âmbito do Processo do Trabalho, decrete, de ofício, a desconsideração da personalidade jurídica da empresa reclamada, nos termos dos arts. 28 do CDC (Lei nº 8.078/90) e 50 do Código Civil, inclusive nos autos principais do processo,* em face das disposições contidas nos arts. 765 e 878 da CLT, que conferem aos órgãos judicantes trabalhistas ampla liberdade na direção do processo, podendo determinar qualquer diligência necessária ao esclarecimento das causas, bem como estabelecem que a execução será feita de ofício pelo juiz. Nessa quadra, não se há de cogitar na existência de julgamento extra petita no caso concreto, menos ainda em vilipêndio ao direito do contraditório e da ampla defesa. Isso porque estão sendo assegurados à ora recorrente todos os meios e garantias processuais para o exercício do referido direito constitucional, haja vista a interposição de recurso ordinário e do presente recurso de revista. O juízo de primeiro grau inclusive, antecipou a discussão acerca da desconsideração

432. De forma contrária, o novo Código Civil exigiu expressamente, no *caput* do art. 50, o "requerimento da parte ou do Ministério Público", vedando assim, a desconsideração de ofício.

da pessoa jurídica para a fase de conhecimento, com o claro objetivo de possibilitar a ampla defesa sobre a questão em testilha. Ademais, em fase de execução, na hipótese de efetivação da ordem judicial de desconsideração da personalidade jurídica da reclamada, serão assegurados à empresa-ré, aos seus sócios e a interessados o uso de outras medidas processuais disponíveis naquela fase processual, como por exemplo, embargos à execução, embargos de terceiros, exceção de ilegitimidade passiva ad causam, agravo de petição etc. Tecidas essas considerações, não se verifica violação do princípio do contraditório e da ampla defesa, em face da configuração de julgamento extra petita. Recurso de revista não conhecido (TST-RR-873-19.2012.5.22.0106, 7ª Turma, Rel. Min. 12/03/2014, 7ª Turma, DEJT 14/3/2014).

O novo CPC/15, no intuito criar mecanismos para efetivar o instituto da desconsideração, previu um incidente de desconsideração da personalidade jurídica, modalidade de intervenção de terceiros, pois provoca o ingresso de terceiro (sócio ou outra pessoa jurídica do mesmo grupo societário) em juízo.[433] O art. 133 do novo CPC/15 prevê que o incidente será instaurando *a pedido da parte ou do Ministério Público, quando lhe couber intervir no processo* (veja que o novo CPC/15 baseou-se no art. 50 do CC que traz dispositivo semelhante, proibindo a atuação de ofício do magistrado).

Com a disciplina do incidente de desconsideração da personalidade jurídica pelo novo CPC e em razão do dispositivo do art. 133 do novo CPC/15 que proíbe, *a priori*, a atuação de ofício do magistrado, dúvida pode existir sobre a possibilidade da intervenção de ofício para desconsiderar a personalidade jurídica nas relações de consumo e trabalhista. Pois bem. Entendemos que nas relações de consumo e também na seara trabalhista (que aplica o art. 28 do CDC e não o art. 50 do CC) a decretação da desconsideração da personalidade jurídica poderá ser de ofício.

A Constituição Federal no art. 5º, XXXII, disciplina que o *"Estado promoverá, na forma da lei, a defesa do consumidor."* Assim, a própria Constituição reconheceu a vulnerabilidade do consumidor como marca fundante da proteção. Isso porque quando a Constituição previu no art. 5º, XXXII, que o Estado deverá promover a "defesa do consumidor", é porque reconheceu que este indivíduo se apresenta vulnerável frente ao outro parceiro contratual (no caso o fornecedor, *expert* da relação).

De outro modo, se fossem parceiros (consumidor e fornecedor) que agissem na relação em "pé de igualdade", não faria sentido a Constituição prever a defesa de um deles. O princípio da isonomia somente deve ser aplicado na medida em que trata desigualmente os desiguais. E é justamente isso o que acontece com a defesa do consumidor na Constituição. Defender o consumidor, pois, por se apresentar vulnerável na relação de consumo, necessita de proteção (tratamento diferenciado).

Nesse sentido, a própria carta magna reconhece a vulnerabilidade do consumidor e a necessidade de sua proteção, seja pelo Estado-legislador, pelo Estado- executivo, bem como pelo Estado-juiz.[434]

433. Se a desconsideração da personalidade jurídica for requerida na petição inicial, é dispensada a instauração do incidente (art. 134, § 2º do novo CPC/15). O sócio ou a pessoa jurídica (sócia) serão citados para refutarem a possibilidade da desconsideração (art. 135 do novo CPC/15).

434. Segundo Cláudia Lima Marques e Bruno Miragem, "trata-se aqui de uma nova dimensão ou geração de direitos fundamentais, direito à ação positiva, direito às prestações do Estado-juiz, do Estado-legislador e do Estado-executivo". MARQUES, Claudia Lima; MIRAGEM, Bruno. O novo direito privado e a proteção dos vulneráveis. São Paulo: RT, 2012, p. 149.

A proteção ao consumidor deverá ser feita, de acordo com o preceito constitucional, na forma da lei. A lei, no caso, é o Código de Defesa do Consumidor (art. 48 da ADCT). O Código de Defesa do Consumidor, por sua vez, dando eficácia ao preceito constitucional e visando proteger o consumidor, estipula que as normas protetivas são consideradas de *ordem pública e de interesse social* (art. 1º do CDC). Conforme já discorremos quando abordarmos o art. 1º do CDC, normas de ordem pública e de interesse social são aquelas que interessa a toda a sociedade e não somente as partes. Com isso, a intervenção do magistrado (Estado - Juiz), independentemente de requerimento da parte (no caso, o consumidor), se faz necessária para que ocorra a efetiva proteção aos direitos dos consumidores vulneráveis.

Assim, o juiz, ao se deparar com alguma situação em que se configure a insolvência do fornecedor frente ao consumidor (hipótese do § 5º do art. 28 do CDC), deverá, ainda que não haja requerimento expresso, desconsiderar a pessoa jurídica para atingir os bens dos sócios (pessoas físicas ou outras empresas sócias). O ressarcimento ao consumidor é de interesse social na medida em que a atuação do magistrado serve para mitigar a vulnerabilidade existente, promovendo o equilíbrio entre as partes, efetivando o instituído no art. 5º, XXXII da CF.

Deste modo, no nosso entender, o dispositivo do novo CPC/15 que determina a obrigatoriedade do incidente, nos moldes do art. 133 e seguintes do novo CPC/15, para que ocorra a desconsideração da personalidade jurídica (art. 795, § 4º do novo CPC/15), somente deve ser aplicada nas hipóteses em que o magistrado não poderá atuar de ofício, como no caso do Código Civil e da Lei do CADE, por exemplo.

Nas relações de consumo e trabalhista, como o magistrado pode decretar de ofício a desconsideração, não haverá a necessidade do incidente de desconsideração previsto no novo CPC.[435] Até porque, o incidente se faz necessário nas hipóteses em que há requisitos específicos para a desconsideração (no caso do CC, *confusão patrimonial* e/ou *desvio de finalidade*), permitindo o contraditório inicial dos sócios, de modo a esclarecer ao magistrado se existe ou não os requisitos autorizadores da desconsideração. No caso do CDC (ambiental e trabalhista também), o requisito autorizador é objetivo, ou seja, basta a insolvência da pessoa jurídica. Havendo óbices ao ressarcimento do consumidor, por não serem encontrados bens suficientes da pessoa jurídica, poderá o juiz desconsiderar a personalidade para adentrar no patrimônio dos sócios.[436] Ademais, o consumidor tem o direito à facilitação da defesa de seus direitos em juízo (art. 6º, VIII do CDC) e possibilitar um incidente processual, modalidade de intervenção de terceiros com a suspensão do processo principal, acarreta uma delonga processual que não interessa ao consumidor.

Ademais, a necessidade do incidente para desconsiderar a personalidade jurídica nas relações de consumo ofende o princípio do não retrocesso. Se antes do novo CPC poderia o juiz realizar a desconsideração da personalidade jurídica, de ofício, nas relações de consumo (isso porque o CDC é uma norma de ordem pública), agora, com o novo CPC (em que há

435. A Lei 13.467/2017, que propiciou a reforma trabalhista, incluiu o art. 855-A na CLT aduzindo que aplica ao processo do trabalho o incidente de desconsideração da personalidade jurídica previsto no CPC/15.

436. Assim, no nosso entender, o art. 1062 do novo CPC/15 que manda aplicar o incidente de desconsideração da personalidade jurídica ao processo de competência dos juizados especiais somente pode ser aplicado aos processos que não sejam de relações de consumo.

necessidade de instauração do incidente – e não poderá ser de ofício!) haverá um claro retrocesso na defesa do consumidor. O que antes possibilitava a desconsideração de ofício (e no meu entender continua assim!), agora, com o novo CPC, além de não poder desconsiderar de ofício, até o incidente (antecedente à desconsideração) deverá ter requerimento expresso.[437]

Em relação ao § 5º do art. 28 do CDC, verifica-se toda a *ratio* do sistema protetivo dos consumidores. De forma genérica e ampla, a desconsideração poderá também se dará sempre que a personalidade atribuída à sociedade for obstáculo ao ressarcimento dos danos sofridos pelo consumidor.

Nessa hipótese, a desconsideração da pessoa jurídica acontece independentemente de se configurar fraude ou abuso de direito. O que prevalece hoje é a noção de que a pessoa jurídica deve atender ao fim para o qual foi concebida, não podendo jamais servir como óbice ao justo ressarcimento das pessoas lesadas.

Já o Código Civil estabeleceu a desconsideração da pessoa jurídica, ao estipular no art. 50 que (redação alteração pela Lei da Liberdade Econômica – Lei 13.874/2019):

> Art. 50. Em caso de abuso da personalidade jurídica, caracterizado pelo desvio de finalidade ou pela confusão patrimonial, pode o juiz, a requerimento da parte, ou do Ministério Público quando lhe couber intervir no processo, desconsiderá-la para que os efeitos de certas e determinadas relações de obrigações sejam estendidos aos bens particulares de administradores ou de sócios da pessoa jurídica beneficiados direta ou indiretamente pelo abuso.
>
> § 1º Para os fins do disposto neste artigo, desvio de finalidade é a utilização da pessoa jurídica com o propósito de lesar credores e para a prática de atos ilícitos de qualquer natureza.
>
> § 2º Entende-se por confusão patrimonial a ausência de separação de fato entre os patrimônios, caracterizada por:
>
> I – cumprimento repetitivo pela sociedade de obrigações do sócio ou do administrador ou vice-versa;
>
> II – transferência de ativos ou de passivos sem efetivas contraprestações, exceto os de valor proporcionalmente insignificante; e
>
> III – outros atos de descumprimento da autonomia patrimonial.
>
> § 3º O disposto no caput e nos §§ 1º e 2º deste artigo também se aplica à extensão das obrigações de sócios ou de administradores à pessoa jurídica.
>
> § 4º A mera existência de grupo econômico sem a presença dos requisitos de que trata o caput deste artigo não autoriza a desconsideração da personalidade da pessoa jurídica.
>
> § 5º Não constitui desvio de finalidade a mera expansão ou a alteração da finalidade original da atividade econômica específica da pessoa jurídica.

437. Sobre o princípio do não retrocesso no direito do consumidor, com maestria nos ensina Oscar Ivan Prux que "nessa conjuntura, então, é fundamental que a transformação do direito do consumidor como forma de adaptação à realidade deste século, não seja assistemática, mas integrada por normas que se harmonizem e façam avançar o processo civilizatório no País. E, principalmente, que essas novas normas para reger as relações de consumo atendam ao cumprimento do princípio de não retrocesso, (inadmissível perder as conquistas obtidas nestes 25 anos de vigência do Código de Defesa do Consumidor), o que, inclusive, faz parte da segurança jurídica configurada nos valores já incorporados na sociedade brasileira." PRUX, Oscar Ivan. Os 25 anos do Código de Proteção e Defesa do Consumidor, sua história e as novas perspectivas para o século XXI. *Revista de Direito do Consumidor*, Ed: RT, vol. 104, p.58.

Note-se que as possibilidades de desconsideração pelo CDC são bem mais amplas que as da codificação civil, valendo, a propósito, transcrever trechos do voto da Ministra Nancy Andrighi, em que se discute justamente as diferenças existentes:

> "A teoria da desconsideração da pessoa jurídica, quanto aos pressupostos de sua incidência, subdivide-se em duas categorias: **teoria maior e teoria menor da desconsideração.**
>
> A teoria maior não pode ser aplicada com a mera demonstração de estar a pessoa jurídica insolvente para o cumprimento de suas obrigações. Exige-se, aqui, para além da prova de insolvência, ou a demonstração de desvio de finalidade, ou a demonstração de confusão patrimonial.
>
> A prova do desvio de finalidade faz incidir a teoria (maior) subjetiva da desconsideração. O desvio de finalidade é caracterizado pelo ato intencional dos sócios em fraudar terceiros com o uso abusivo da personalidade jurídica.
>
> A demonstração da confusão patrimonial, por sua vez, faz incidir a teoria (maior) objetiva da desconsideração. A confusão patrimonial caracteriza-se pela inexistência, no campo dos fatos, de separação patrimonial do patrimônio da pessoa jurídica e do de seus sócios, ou, ainda, dos haveres de diversas pessoas jurídicas.
>
> A teoria maior da desconsideração, seja a subjetiva, seja a objetiva, constitui a regra geral no sistema jurídico brasileiro, positivada no art. 50 do CC/02.
>
> A teoria menor da desconsideração, por sua vez, parte de premissas distintas da teoria maior: para a incidência da desconsideração com base na teoria menor, basta a prova de insolvência da pessoa jurídica para o pagamento de suas obrigações, independentemente da existência de desvio de finalidade ou de confusão patrimonial.
>
> Para esta teoria, o risco empresarial normal às atividades econômicas não pode ser suportado pelo terceiro que contratou com a pessoa jurídica, mas pelos sócios e/ou administradores desta, ainda que estes demonstrem conduta administrativa proba, isto é, mesmo que não exista qualquer prova capaz de identificar conduta culposa ou dolosa por parte dos sócios e/ou administradores da pessoa jurídica.
>
> *No ordenamento jurídico brasileiro, a teoria menor da desconsideração foi adotada excepcionalmente, por exemplo, no Direito Ambiental (Lei nº. 9605/98, art. 4º) e no Direito do Consumidor (CDC, art. 28, § 5º).*
>
> O referido dispositivo do CDC, quanto à sua aplicação, como bem ressaltado pelo i. Min. Relator, sugere uma "circunstância objetiva". Da exegese do § 5º deflui, expressamente, a possibilidade de desconsideração da personalidade jurídica pela mera prova da insolvência da pessoa jurídica, fato este suficiente a causar "obstáculo ao ressarcimento de prejuízos causados aos consumidores"". (STJ, REsp 279.273/SP, Rel. Ministro Ari Pargendler, Rel. p/ Acórdão Ministra Nancy Andrighi, Terceira Turma, DJ 29/03/2004)

Assim, conforme muito bem demonstrado pela i. Mina. Nancy Andrighi, a desconsideração aplicada atualmente no Brasil apresenta duas teorias: "*uma maior e uma menor*". A teoria maior tem base sólida e se trata da verdadeira desconsideração, vinculada à verificação do uso fraudulento da personalidade jurídica, ou seja, apresenta requisitos específicos para que seja concretizada. Já a teoria menor tem aplicação a qualquer situação em que haja insolvência da sociedade. Neste último caso, a fraude é presumida. Dessa forma, é chamada de "menor" justamente porque independe de requisitos específicos, bastando a insolvência da pessoa jurídica.

Assim, a Lei do CADE (atual Lei 12.529/2011 – art. 34), o Código Civil (art. 50 do CC/02), a Lei Anticorrupção (art. 14) e a nova Lei de Licitações e Contratos (art. 160) contemplam a teoria maior, uma vez que apresentam requisitos específicos para a desconsideração. Já o CDC e o Direito Ambiental (Lei nº 9.605/1998, art. 4º) contemplam a teoria menor, pois basta que a personalidade seja obstáculo ao ressarcimento de prejuízos causados ao consumidor e ao meio ambiente, respectivamente, para que seja autorizada a desconsideração.

Teoria Maior e Teoria Menor no Direito brasileiro	
Teoria Maior	**Teoria Menor**
Lei do CADE (Lei 12.529/2011, art. 34)	Direito do Consumidor (CDC, art. 28, § 5º)
Código Civil (CC/02, art. 50)	Direito Ambiental (Lei nº 9.605/1998, art. 4º)
Lei Anticorrupção (Lei 12.846/2013, art. 14)	
Lei de Licitações e Contratos (Lei 14.133/2021, art. 160)	

Depois da exposição, fica claro entender porque a jurisprudência trabalhista utiliza o sistema de desconsideração do CDC, e não o do Código Civil. O CDC e o Direito do Trabalho possuem a mesma *ratio*, qual seja, proteger um "ser" (consumidor e trabalhador), em decorrência de suas vulnerabilidades, frente ao fornecedor e empregador respectivamente. Então, basta a insuficiência de recursos do empregador (pessoa jurídica) para satisfazer os créditos trabalhistas, para que haja a desconsideração e imputabilidade de responsabilidade aos sócios da empresa, sendo desnecessário analisar outros requisitos, como fraude ou abuso.

Consoante Amador Paes de Almeida[438], "nenhum ramo do direito se mostra tão adequado à aplicação da teoria da desconsideração do que o Direito do Trabalho, até porque os riscos da atividade econômica, na forma da lei, são exclusivos do empregador [...]. No Direito do Trabalho a teoria da desconsideração da pessoa jurídica tem sido aplicada pelos juízes de forma ampla, tanto nas hipóteses de abuso de direito, excesso de poder, como em casos de violação da lei ou do contrato, ou, ainda, na ocorrência de meios fraudulentos, e, inclusive, na hipótese, não rara, de insuficiência de bens da empresa, adotando, por via de consequência, a regra disposta no art. 28 do Código de Proteção ao Consumidor."

Finalmente, comparando o CC e o CDC, em relação à desconsideração da personalidade jurídica, temos:[439]

CC (art. 50)	CDC (art. 28)
As hipóteses são restritas	As hipóteses são bem amplas
Aplicação da Teoria Maior	Aplicação da Teoria Menor

438. ALMEIDA. Amador Paes de. *Execução de bens dos sócios*. 7ª ed. São Paulo: Saraiva, 2004, p. 194.

439. Na Iª Jornada de Direito Comercial, promovida em 2012 pelo Conselho da Justiça Federal (CJF), foi aprovado o seguinte enunciado: "9. Quando aplicado às relações jurídicas empresariais, o art. 50 do Código Civil não pode ser interpretado analogamente ao art. 28, § 5º, do CDC ou ao art. 2º, § 2º, da CLT."

CC (art. 50)	CDC (art. 28)
Exige *confusão patrimonial* (teoria maior objetiva) ou *desvio de finalidade* (teoria maior subjetiva)	Não se limita somente a estas duas hipóteses. Basta haver a insolvência da pessoa jurídica para o pagamento de suas obrigações
Não pode ser aplicada de ofício. Exige requerimento da parte ou do Ministério Público (quando a este couber intervir no processo)	Pode ser aplicada de ofício. O CDC prescreve normas de ordem pública e interesse social

Discutível é a questão quanto à possibilidade de haver desconsideração no processo de execução, uma vez que o contraditório ainda não foi instituído de forma plena, o que somente acontecerá na oposição de embargos do devedor. Para o STJ, o juiz poderá decretar a desconsideração no próprio processo de execução, não sendo preciso que haja ação específica para tal.

> A aplicação da teoria da desconsideração da personalidade jurídica dispensa a propositura de ação autônoma para tal. Verificados os pressupostos de sua incidência, poderá o Juiz, incidentemente no próprio processo de execução (singular ou coletiva), levantar o véu da personalidade jurídica para que o ato de expropriação atinja os bens particulares de seus sócios, de forma a impedir a concretização de fraude à lei ou contra terceiros (STJ, RMS 16.274, Rela. Mina. Nancy Andrighi, *DJ* 02/08/2004).

De acordo com o novo CPC/15, o incidente de desconsideração é cabível em todas as fases do processo de conhecimento, no cumprimento de sentença e na execução fundada em título executivo extrajudicial (art. 134 do novo CPC/15). Assim, com o incidente de desconsideração, mesmo na fase de execução ou de cumprimento de sentença, o processo será suspenso (§3º do art. 134 do novo CPC/15) e o sócio ou a pessoa jurídica será citado para manifestar-se e requerer as provas cabíveis (§2º do art. 134 do novo CPC/15). Com esta regra, concretiza-se o princípio do contraditório. Vale lembrar que nas relações de consumo, como o magistrado poderá, no nosso entender, desconsiderar de ofício a personalidade jurídica, não será necessário seguir o rito do incidente. Isso não impede, uma vez desconsiderada a personalidade jurídica, que os sócios se manifestem sobre a desconsideração, alegando que não há insolvência da pessoa jurídica, apresentado os bens suficientes para garantir o ressarcimento ao consumidor. Com isso, o magistrado pode revogar a desconsideração para que os bens dos sócios não sejam atingidos.

Por fim, importa ressaltar que a teoria da desconsideração surgiu e foi aplicada para permitir adentrar no patrimônio dos sócios e/ou administradores por dívidas da sociedade. Todavia, a doutrina e jurisprudência começaram a sustentar também o caminho inverso, ou seja, a possibilidade da quebra da autonomia patrimonial a fim de executar bens da sociedade por dívidas pessoais dos sócios. Trata-se da *desconsideração inversa da personalidade jurídica*. Sendo assim, caracteriza-se pelo afastamento da autonomia patrimonial da sociedade, para, ao contrário do que ocorre na desconsideração da personalidade jurídica tradicional, atingir o patrimônio da empresa, de modo a responsabilizar a pessoa jurídica por obrigações do sócio.

A desconsideração inversa, aplicando os fundamentos e princípios da *disregard doctrine,* vem sendo muito aplicada no direito de família, nos casos em que se percebe que um dos cônjuges desvia os bens pessoais para a pessoa jurídica, com a finalidade de afastá-los da partilha.

Nesse contexto, Rolf Madaleno[440] afirma que a desconsideração inversa "é larga e procedente a sua aplicação no processo familiar, principalmente frente à constatação nas disputas matrimoniais, do cônjuge empresário esconder-se sob as vestes da sociedade, para a qual faz despejar, se não todo, o rol mais significativo de seus bens [...] quando o marido transfere para a sua empresa o rol significativo de seus bens matrimoniais, sentença final de cunho declaratório haverá de desconsiderar esse negócio específico, flagrada a fraude ou o abuso, havendo, em consequência, como matrimoniais esses bens, para ordenar a sua partilha no ventre da separação judicial, na fase destinada a sua divisão, já considerados comuns e comunicáveis."

O STJ já reconheceu a aplicação da *desconsideração inversa.* No caso em questão, constatou-se que o carro de propriedade da empresa era utilizado no dia a dia pelo sócio devedor e por sua esposa. Como o sócio devedor não possuía patrimônio para suportar a dívida, admitiu-se a utilização do bem da empresa para quitar o débito. Nestas hipóteses, é possível aplicar a regra da desconsideração da personalidade jurídica na forma inversa, uma vez que há evidência de que o devedor se vale da empresa ou sociedade à qual pertence para ocultar bens que, se estivessem em nome da pessoa física, seriam passíveis de penhora.

> *A desconsideração inversa da personalidade jurídica caracteriza-se pelo afastamento da autonomia patrimonial da sociedade, para, contrariamente do que ocorre na desconsideração da personalidade propriamente dita, atingir o ente coletivo e seu patrimônio social, de modo a responsabilizar a pessoa jurídica por obrigações do sócio controlador.* IV – Considerando-se que a finalidade da disregard doctrine é combater a utilização indevida do ente societário por seus sócios, o que pode ocorrer também nos casos em que o sócio controlador esvazia o seu patrimônio pessoal e o integraliza na pessoa jurídica, conclui-se, de uma interpretação teleológica do art. 50 do CC/2002, ser possível a desconsideração inversa da personalidade jurídica, de modo a atingir bens da sociedade em razão de dívidas contraídas pelo sócio controlador, conquanto preenchidos os requisitos previstos na norma. V – A desconsideração da personalidade jurídica configura-se como medida excepcional. Sua adoção somente é recomendada quando forem atendidos os pressupostos específicos relacionados com a fraude ou abuso de direito estabelecidos no art. 50 do CC/2002. Somente se forem verificados os requisitos de sua incidência, poderá o juiz, no próprio processo de execução, "levantar o véu" da personalidade jurídica para que o ato de expropriação atinja os bens da empresa. VI – *À luz das provas produzidas, a decisão proferida no primeiro grau de jurisdição, entendeu, mediante minuciosa fundamentação, pela ocorrência de confusão patrimonial e abuso de direito por parte do recorrente, ao se utilizar indevidamente de sua empresa para adquirir bens de uso particular.* (STJ, REsp. 948117 / MS, Rel. Min. Nancy Andrighi, DJe 03/08/2010)

Conforme se observa da ementa do julgado, na desconsideração inversa o juiz deve ter cuidado especial na verificação dos requisitos, justamente porque será o patrimônio da empresa que será atingido, sendo esta geradora de riqueza e emprego. Uma medida precipitada ou extrema, sem a observância dos requisitos do art. 50 do CC, poderá levar a sérias consequências financeiras, causando desemprego e até mesmo falência. É necessário,

440. MADALENO, Rolf. *Direito de Família: aspectos polêmicos.* Porto Alegre: Livraria do Advogado, 1998, p. 27.

portanto, verificar se houve transferência de bens pessoais do sócio para a pessoa jurídica com o intuito de prejudicar terceiros.

A Min. Nancy Andrighi destacou que "por outro lado, a aplicação da teoria da desconsideração da personalidade jurídica exige especial cautela do Juiz, sobretudo quando importa em aplicação inversa. Primeiramente, porque não se pode olvidar que o sentido operativo da teoria da desconsideração está intimamente ligado com o fomento à atividade econômica, porquanto o ente societário representa importante gerador de riquezas sociais e empregos. Se por um lado a distinção entre a responsabilidade da sociedade e de seus integrantes serve de estímulo à criação de novas empresas, por outro visa também preservar a pessoa jurídica e a manutenção de seu fim social, que seria fadada ao insucesso se fosse permitido, descriteriosamente, responsabilizá-la por dívidas de qualquer sócio, ainda que titular de uma parcela ínfima de quotas sociais. Por óbvio, somente em situações excepcionais em que o sócio controlador se vale da pessoa jurídica para ocultar bens pessoais em prejuízo de terceiros é que se deve admitir a desconsideração inversa."

Outro ponto a ser destacado neste julgamento é que não é óbice para a aplicação da desconsideração inversa o fato de não estar prevista expressamente em nosso ordenamento jurídico. Isso porque, como temos defendido neste curso, o importante na interpretação jurídica não é buscar prioritariamente a literalidade da norma, mas sim o que a motivou, a sua *ratio*. Nesse sentido, deve-se buscar a interpretação teleológica de modo a verificar a real intenção do legislador quando da elaboração das normas.

Mais uma vez, com brilhantismo, a Min. Nancy Andrighi expõe que "a interpretação literal do art. 50 do CC/2002, de que esse preceito de lei somente serviria para atingir bens dos sócios em razão de dívidas da sociedade e não o inverso, não deve prevalecer. Há de se realizar uma exegese teleológica, finalística desse dispositivo, perquirindo os reais objetivos vislumbrados pelo legislador. Assim procedendo, verifica-se que a finalidade maior da disregard doctrine, contida no referido preceito legal, é combater a utilização indevida do ente societário por seus sócios. A utilização indevida da personalidade jurídica da empresa pode, outrossim, compreender tanto a hipótese de o sócio esvaziar o patrimônio da pessoa jurídica para fraudar terceiros, quanto no caso de ele esvaziar o seu patrimônio pessoal, enquanto pessoa natural, e o integralizar na pessoa jurídica, ou seja, transferir seus bens ao ente societário, de modo a ocultá-los de terceiros. Feitas essas considerações, tem-se que a interpretação teleológica do art. 50 do CC/2002 legitima a inferência de ser possível a desconsideração inversa da personalidade jurídica, de modo a atingir bens da sociedade em razão de dívidas contraídas pelo sócio controlador, conquanto preenchidos os requisitos previstos na norma."

Com o novo CPC/15, este suposto óbice foi suprimido. Isso porque o novo CPC previu expressamente a possibilidade da desconsideração inversa da personalidade jurídica. Assim reza o §1° do art. 133 do novo CPC/15, contemplado dentro do capítulo que trata do incidente de desconsideração da personalidade jurídica:

> "Art. 133. 2° Aplica-se o disposto neste Capítulo à hipótese de desconsideração inversa da personalidade jurídica."

PRINCIPAIS JURISPRUDÊNCIAS DO STF E STJ

Desconsideração da personalidade jurídica de associação civil é possível, mas só atinge dirigentes

"É admissível a desconsideração da personalidade jurídica de associação civil, contudo a responsabilidade patrimonial deve ser limitada apenas aos associados que estão em posições de poder na condução da entidade, pois seria irrazoável estender a responsabilidade patrimonial a um enorme número de associados que pouco influenciaram na prática dos atos associativos ilícitos." (STJ, REsp n. 1.812.929/DF, relator Ministro Marco Aurélio Bellizze, Terceira Turma, DJe de 28/9/2023.)

Recuperação judicial não impede execução redirecionada a sócio após desconsideração da personalidade jurídica

"Em se tratando de sociedades anônimas, é admitida a desconsideração da personalidade jurídica efetuada com fundamento na Teoria Menor, em que não se exige a prova de fraude, abuso de direito ou confusão patrimonial, mas os seus efeitos estão restritos às pessoas (sócios/acionistas) que detêm efetivo poder de controle sobre a gestão da companhia. (...) A inovação de que trata o art. 6º-C da LREF, introduzida pela Lei nº 14.112/2020, não afasta a aplicação da norma contida no art. 28, § 5º, do CDC, ao menos para efeito de aplicação da Teoria Menor pelo juízo em que se processam as ações e execuções contra a recuperanda, ficando a vedação legal de atribuir responsabilidade a terceiros em decorrência do mero inadimplemento de obrigações do devedor em recuperação judicial restrita ao âmbito do próprio juízo da recuperação. 6. O processamento de pedido de recuperação judicial da empresa que tem a sua personalidade jurídica desconsiderada não impede o prosseguimento da execução redirecionada contra os sócios, visto que eventual constrição dos bens destes não afetará o patrimônio da empresa recuperanda, tampouco a sua capacidade de soerguimento." (STJ, REsp n. 2.034.442/DF, relator Ministro Ricardo Villas Bôas Cueva, Terceira Turma, DJe de 15/9/2023)

No mesmo sentido:

"A extinção de execuções contra a empresa recuperanda, resultante da aprovação do plano de recuperação judicial, não impede o prosseguimento daquelas que, no momento da aprovação do PRJ, voltam-se contra o patrimônio pessoal dos sócios, chamados a responder pela dívida da sociedade por força da desconsideração da personalidade jurídica." (STJ, REsp n. 2.072.272/DF, relator Ministro Ricardo Villas Bôas Cueva, Terceira Turma, DJe de 28/9/2023.)

Inclusive com a possibilidade de penhora de ações dos sócios:

"Não há óbice à penhora de ações que integrem o capital social de sociedade anônima em recuperação judicial, em relação às quais se adota o princípio da livre circulabilidade da participação societária. Os ativos integram o capital social da companhia recuperanda, mas são de titularidade dos acionistas e, portanto, penhoráveis. 5. Não tendo recaído a penhora sobre o patrimônio de nenhuma das empresas do grupo que estão em recuperação judicial, nada obsta a sua manutenção em relação a bens particulares da acionista majoritária, estes, sim, objeto de constrição judicial." (STJ, REsp n. 2.055.518/DF, relator Ministro Ricardo Villas Bôas Cueva, Terceira Turma, DJe de 15/9/2023.)

Incidente de desconsideração e empresa pertencente do mesmo grupo econômico

O STJ entendeu que "para que uma empresa, pertencente ao mesmo grupo econômico da executada, sofra constrição patrimonial, é necessária prévia instauração do incidente de desconsideração da personalidade jurídica, não sendo suficiente mero redirecionamento do cumprimento de sentença contra quem não integrou a lide na fase de conhecimento, nos termos dos arts. 28, § 2º, do CDC e 133 a 137 do CPC/2015." (STJ, REsp n. 1.864.620/SP, relator Ministro Antonio Carlos Ferreira, Quarta Turma, DJe de 19/9/2023)

Desconsideração da personalidade jurídica: poderá ser requerida a qualquer tempo

O STJ entendeu que "correspondendo a direito potestativo, sujeito a prazo decadencial, para cujo exercício a lei não previu prazo especial, prevalece a regra geral da inesgotabilidade ou da perpetuidade, segundo a qual os direitos não se extinguem pelo não-uso. Assim, à míngua de previsão legal, o pedido de desconsideração da personalidade jurídica, quando preenchidos os requisitos da medida, poderá ser realizado a qualquer tempo." (STJ, REsp 1312591/RS, Rel. Ministro Luis Felipe Salomão, Quarta Turma, DJe 01/07/2013)

Desconsideração no CDC não atinge membro do conselho fiscal que não atuou como gestor da empresa

"A despeito de não se exigir prova de abuso ou fraude para fins de aplicação da Teoria Menor da desconsideração da personalidade jurídica, tampouco de confusão patrimonial, o § 5º do art. 28 do CDC não dá margem para admitir a responsabilização pessoal de quem jamais atuou como gestor da empresa. 3. A desconsideração da personalidade jurídica de uma sociedade cooperativa, ainda que com fundamento no art. 28, § 5º, do CDC (Teoria Menor), *não pode atingir o patrimônio pessoal de membros do Conselho Fiscal sem que que haja a mínima presença de indícios de que estes contribuíram, ao menos culposamente, e com desvio de função, para a prática de atos de administração*. 4. Recurso especial provido." (STJ REsp 1766093/SP, Rel. Ministra Nancy Andrighi, Rel. p/ Acórdão Ministro Ricardo Villas Bôas Cueva, Terceira Turma, DJe 28/11/2019)

Desconsideração da personalidade jurídica das sociedades cooperativas. Aplicação da teoria menor do CDC

"O Código de Defesa do Consumidor é aplicável aos empreendimentos habitacionais promovidos pelas sociedades cooperativas. Súmula 602/STJ 11. De acordo com a Teoria Menor, a incidência da desconsideração se justifica: a) pela comprovação da insolvência da pessoa jurídica para o pagamento de suas obrigações, somada à má administração da empresa (art. 28, caput, do CDC); ou b) pelo mero fato de a personalidade jurídica representar um obstáculo ao ressarcimento de prejuízos causados aos consumidores, nos termos do § 5º do art. 28 do CDC. 12. Na hipótese em exame, segundo afirmado pelo acórdão recorrido, a existência da personalidade jurídica está impedindo o ressarcimento dos danos causados aos consumidores, o que é suficiente para a desconsideração da personalidade jurídica da recorrente, por aplicação da teoria menor, prevista no art. 28, § 5º, do CDC." (STJ, REsp 1735004/SP, Rel. Ministra Nancy Andrighi, Terceira Turma, DJe 29/06/2018)

Desconsideração da personalidade jurídica não pode ser aplicada contra coisa julgada

"Na hipótese, decisão proferida na fase de conhecimento, transitada em julgado, afastara a aplicação do Código de Defesa do Consumidor e afirmara a inexistência de pressupostos processuais e materiais necessários a aplicação da teoria da desconsideração da personalidade jurídica, com base no art. 50 do Código Civil. 2. Nesse contexto, é inviável a modificação de tal entendimento, quando do cumprimento da sentença, para se aplicar agora ao caso, com base na mesma razão já antes examinada, a Teoria Menor da Desconsideração da Personalidade Jurídica e o CDC, afastados no título judicial, sob pena de ofensa à coisa julgada." (STJ, REsp 1473782/MG, Rel. Ministro Raul Araújo, Quarta Turma, DJe 31/08/2017)

Desconsideração da personalidade jurídica. Legitimidade da pessoa jurídica para interposição de recurso

"O interesse na desconsideração ou, como na espécie, na manutenção do véu protetor, podem partir da própria pessoa jurídica, desde que, à luz dos requisitos autorizadores da medida excepcional, esta seja capaz de demonstrar a pertinência de seu intuito, o qual deve sempre estar relacionado à afirmação de sua autonomia, vale dizer, à proteção de sua personalidade. Assim, é possível, pelo menos em tese, que a pessoa jurídica se valha dos meios próprios de impugnação existentes para defender sua autonomia e regular administração, desde que o faça sem se imiscuir indevidamente na esfera de direitos dos sócios/administradores incluídos no polo passivo por força da desconsideração." (STJ, REsp 1421464/SP, Rel. Ministra Nancy Andrighi, Terceira Turma, DJe 12/05/2014)

Execução contra sócio por desconsideração da empresa não é limitada à cota social

"(...) A partir da desconsideração da personalidade jurídica, a execução segue em direção aos bens dos sócios, tal qual previsto expressamente pela parte final do próprio art. 50, do Código Civil e não há, no referido dispositivo, qualquer restrição acerca da execução, contra os sócios, ser limitada às suas respectivas quotas sociais e onde a lei não distingue, não é dado ao intérprete fazê-lo. O art. 591 do Código de Processo Civil é claro ao estabelecer que os devedores respondem com todos os bens presentes e futuros no cumprimento de suas obrigações, de modo que, admitir que a execução esteja limitada às quotas sociais levaria em temerária e indevida desestabilização do instituto da desconsideração da personalidade jurídica que vem há tempos conquistando espaço e sendo moldado às características de nosso ordenamento jurídico." (STJ, Resp 1169175/DF, Rel. Ministro Massami Uyeda, Terceira Turma, DJe 04/04/2011)

Desconsideração. Personalidade Jurídica. Pressupostos. Teoria Maior e Menor.

"Houve a desconsideração da personalidade jurídica (*disregard doctrine*) da empresa devedora, ao imputar ao grupo controlador a responsabilidade pela dívida, sem sequer as instâncias ordinárias declinarem presentes os pressupostos do art. 50 do CC/2002. Houve apenas menção ao fato de que a cobrança é feita por um órgão público e que a empresa controlada seria simples *longa manus* da controladora. Daí a violação do art. 131 do CPC, visto que não há fundamentação nas decisões das instâncias ordinárias, o que leva a afastar a extensão do arresto às recorrentes em razão da exclusão da desconsideração da personalidade jurídica da devedora, ressalvado o direito de a recorrida obter nova medida para a defesa de seu crédito acaso comprovadas as condições previstas no retrocitado artigo. *Anotou-se não se cuidar da chamada teoria menor: desconsideração pela simples prova da insolvência diante de tema referente ao Direito Ambiental (art. 4º da Lei nº 9.605/1998) ou do Consumidor (art. 28, § 5º, da Lei nº 8.078/1990), mas sim da teoria maior que, em regra, exige a demonstração do desvio de finalidade da pessoa jurídica ou a confusão patrimonial.* Precedente citado: REsp. 279.273-SP, *DJ* 29/3/ 2004" (STJ, Resp. 744.107-SP, Rel. Min. Fernando Gonçalves, j. 20/5/2008. *Informativo* 356).

Impossibilidade de analisar os requisitos da desconsideração em Recurso Especial. Questão fática.

"As matérias referentes à não ocorrência da prescrição intercorrente bem como à necessidade de desconsideração da personalidade jurídica não podem ser apreciadas por esta Corte, porquanto demandam incursão na seara fático-probatória, soberanamente decidida pelas instâncias ordinárias, o que faz incidir a censura da Súmula nº 7/STJ" (STJ, AgRg no Ag 677435/MG, Rel. Min. Fernando Gonçalves, *DJ* 05/09/2005).

O credor não pode, antes da desconsideração, propor a ação contra os sócios.

"A despersonalização da pessoa jurídica é efeito da ação contra ela proposta; o credor não pode, previamente, despersonalizá-la, endereçando a ação contra os sócios" (STJ, REsp. 282266/RJ; Rel. Min. Ari Pargendler, *DJ* 05/08/2002)

Desconsideração na falência. Possibilidade.

"Está correta a desconsideração da personalidade jurídica da Sociedade Anônima falida quando utilizada por sócios controladores, diretores e ex-diretores para fraudar credores. Nesse caso, o juiz falimentar pode determinar medida cautelar de indisponibilidade de bens daquelas pessoas, de ofício, na própria sentença declaratória de falência, presentes os requisitos do *fumus boni iuris* e os do *periculum in mora*" (STJ, REsp. 370068, Rela. Mina. Nancy Andrighi, *DJ* 14/03/2005).

Fraude. Existência de credores prejudicados.

"[...] Provada a existência de fraude, é inteiramente aplicável a Teoria da Desconsideração da Pessoa Jurídica a fim de resguardar os interesses dos credores prejudicados" (STJ, REsp. 211619/SP, *DJ* 23/04/ 2001, Rel. Min. Eduardo Ribeiro, Rel. p/ Acórdão Min. Waldemar Zveiter).

"Doutrina da desconsideração da personalidade jurídica. Art. 28 do Código de Defesa do Consumidor. Não desqualificada a relação de consumo, possível a desconsideração da personalidade jurídica, provada nas instâncias ordinárias a existência de ato fraudulento e o desvio das finalidades da empresa, ainda mais quando presente a participação direta do sócio, em proveito próprio" (STJ, REsp. 252759/SP, *DJ* 27/ 11/2000, Rel. Min. Carlos Alberto Menezes Direito).

***Bateau Mouche*. Responsabilidade dos sócios.**

"Arguições de ilegitimidade de parte passiva e imputações recíprocas dos réus acerca da responsabilidade pelo trágico evento. Acolhimento da teoria da "desconsideração da personalidade jurídica". O Juiz pode julgar ineficaz a personificação societária, sempre que for usada com abuso de direito, para fraudar a lei ou prejudicar terceiros" (STJ, REsp. 158051/RJ, *DJ* 12/04/1999, Rel. Min. Barros Monteiro).

Capítulo V
Das Práticas Comerciais

Seção I
Das Disposições Gerais

Art. 29. Para os fins deste Capítulo e do seguinte, equiparam-se aos consumidores todas as pessoas determináveis ou não, expostas às práticas nele previstas.

Segundo o artigo, são consumidores por equiparação aquelas pessoas, sejam elas determináveis ou não, expostas às práticas previstas neste capítulo (Das Práticas Comerciais) e no seguinte (Da Proteção Contratual).

Sendo assim, consumidores não são somente aqueles que adquirem produtos ou serviços como destinatários finais (art. 2º do CDC), mas, também, aqueles que estão expostos às práticas previstas nestes capítulos como a oferta, a publicidade, a cobrança de dívidas, a inserção de seus nomes em banco de dados e cadastros e as abusividades contratuais. Em outras palavras, não é necessário que a pessoa tenha adquirido ou contratado diretamente o produto ou serviço para estar protegida pelo CDC; basta que ela esteja exposta a práticas que possam ser lesivas.

Esse artigo reflete o caráter protetivo do CDC, reconhecendo que as práticas comerciais abusivas podem afetar não apenas o consumidor final, mas também outras pessoas impactadas indiretamente. Isso é relevante em situações em que uma prática prejudicial de um fornecedor atinge um grupo de pessoas ou a coletividade, como no caso de publicidade enganosa, propaganda abusiva ou condições de venda que induzem o público ao erro. Assim, mesmo aqueles que não adquiriram o produto ou serviço diretamente, mas foram expostos à prática, podem ser protegidos e buscar reparação.

Para Cláudia Lima Marques,[441] o art. 29 "concedeu um novo e poderoso instrumento (as ações autorizadas pelo CDC e sua ética de boa-fé objetiva nas relações negociais) para que os 'consumidores-equiparados' (na maioria também empresários) combatam as práticas comerciais abusivas que os lesam diretamente e que, mediatamente, prejudicam os outros consumidores e a harmonia do mercado".

441. *Contratos no Código de Defesa do Consumidor.* 4ª ed. Revista dos Tribunais: São Paulo, 2002, p. 297.

Do mesmo modo que no parágrafo único do art. 2º, o art. 29 do CDC não exige que as pessoas expostas às práticas comerciais abusivas ou lesivas sejam necessariamente identificáveis ou determináveis. Isso significa que a proteção do CDC abrange tanto consumidores específicos quanto o público em geral, mesmo que indeterminado, que venha a ser afetado pelas práticas de um fornecedor.

PRINCIPAIS JURISPRUDÊNCIAS DO STF E STJ

Pessoa jurídica empresária. Possibilidade de ser equiparada a consumidor.

"*A jurisprudência do STJ tem evoluído no sentido de somente admitir a aplicação do CDC à pessoa jurídica empresária excepcionalmente, quando evidenciada a sua vulnerabilidade no caso concreto; ou por equiparação, nas situações previstas pelos arts. 17 e 29 do CDC.* Mesmo nas hipóteses de aplicação imediata do CDC, a jurisprudência do STJ entende que deve prevalecer o foro de eleição quando verificado o expressivo porte financeiro ou econômico da pessoa tida por consumidora ou do contrato celebrado entre as partes. – É lícita a cláusula de eleição de foro, seja pela ausência de vulnerabilidade, seja porque o contrato cumpre sua função social e não ofende à boa-fé objetiva das partes, nem tampouco dele resulte inviabilidade ou especial dificuldade de acesso à Justiça" (STJ, REsp. 684613/SP; Rela. Mina. Nancy Andrighi, j. 21/06/2005, *DJ* 01/07/2005, 3ª T).

Seção II
Da Oferta

Art. 30. Toda informação ou publicidade, suficientemente precisa, veiculada por qualquer forma ou meio de comunicação com relação a produtos e serviços oferecidos ou apresentados, obriga o fornecedor que a fizer veicular ou dela se utilizar e integra o contrato que vier a ser celebrado.

O CDC assegura, através desse artigo, a inclusão da publicidade, desde que suficientemente precisa, como uma modalidade de oferta.

Segundo o artigo, a "informação" e a "publicidade" integram o termo "oferta". A oferta é um veículo que transmite uma mensagem, incluindo informação e publicidade. O fornecedor é o emissor da mensagem e o consumidor é o seu receptor.

Toda publicidade veicula alguma forma de informação, mas nem toda informação é publicidade. A informação é mais ampla. Exemplificando, a resposta do gerente do banco ou o preço dado pelo feirante "de boca" são informações suficientes para vincular o fornecedor, mas não são consideradas publicidade.

Já a publicidade é entendida como o anúncio veiculado por qualquer meio de comunicação, inclusive embalagens, rótulos, folhetos e material de ponto de venda.[442-443]

442. Nesse sentido, Rizzatto Nunes, com base no art. 18 do Código Brasileiro de Autorregulamentação Publicitária. *Curso de Direito do Consumidor*. São Paulo: Saraiva, 2005, p. 390.

443. Interessante as observações da Profa. Suzana Maria Catta Preta Federighi sobre a definição de publicidade: "A definição da publicidade não é de fácil trato. Não porque a compreensão do conceito seja de difícil alcance, mas porque a dimensão dela e o seu enquadramento social e jurídico não é unânime." *Publicidade abusiva*. Incitação à violência. São Paulo: Juarez de Oliveira, 1999, p. 64.

A oferta (ou proposta) pode ser conceituada como a declaração inicial de vontade direcionada à realização de um contrato.

A oferta, por si só, já é suficiente para criar um vínculo entre fornecedor e consumidor, surgindo uma obrigação pré-contratual, devendo o fornecedor cumpri-la nos exatos termos anunciados, vinculando-o contratualmente (princípio da vinculação contratual da publicidade).

> Se o fornecedor, através de publicidade amplamente divulgada, garantiu que os imóveis comercializados seriam financiados pela Caixa Econômica Federal, submete-se a assinatura do contrato de compra e venda nos exatos termos da oferta apresentada (STJ, REsp. 341405/DF, Rela. Mina. Nancy Andrighi, *DJ* 28/04/2003).

Verifica-se a presença do princípio da boa-fé objetiva, pela qual o fornecedor, através da oferta, deve-se portar no sentido de cumprir os deveres anexos de lealdade, proteção, informação, confiança e cooperação[444]. A oferta deverá ser respeitada, devendo seus elementos integrar o futuro contrato que vier a ser celebrado.

> Quando o fornecedor faz constar de oferta ou mensagem publicitária a notável pontualidade e eficiência de seus serviços de entrega, assume os eventuais riscos de sua atividade, inclusive o chamado risco aéreo, com cuja consequência não deve arcar o consumidor. (STJ, REsp. 196031/MG, *DJ* 11/06/2001, Rel. Min. Antônio de Pádua Ribeiro)

Se o fornecedor se recusar a cumprir o anunciado, o consumidor poderá fazer uso das hipóteses do art. 35, ou seja, poderá exigir o cumprimento forçado da obrigação; aceitar outro produto ou prestação de serviço equivalente ou, caso já tenha realizado o contrato, poderá rescindi-lo, com direito à restituição de quantia eventualmente antecipada, monetariamente atualizada; e, ainda, perdas e danos.

Para que se aplique tal princípio, é necessário que a informação contenha certa precisão ou, nos dizeres do Código, seja "*suficientemente precisa*". Para Nelson Nery Júnior e Rosa Maria Andrade Nery,[445] a informação que vincula o fornecedor é "aquela que contenha elementos claros para que possam ser identificados os seus termos, tais como a marca do produto, condições de pagamento etc."

Os exageros (*puffing*), a princípio, não obrigam os fornecedores, justamente por lhes faltar a característica da precisão. Assim, expressões do tipo "*o melhor carro do mundo*" ou "*o mais elegante terno*" não se aplicam ao artigo. Geralmente, são expressões exageradas, que não permitem uma verificação objetiva. Antônio Herman Benjamin,[446] contudo, doutrina que "até essas expressões, em alguns contextos, podem ganhar precisão, vinculando, então, o anunciante – por exemplo, quando o fornecedor afirma ter 'o melhor preço da capital' ou 'a garantia mais completa do mercado'. A utilização do *puffing* em relação a preço impõe, em regra, a vinculação."

O STJ já analisou a utilização do puffing nas publicidades:

---

444. A violação desses deveres anexos ou laterais é chamado pela doutrina de "*violação positiva do contrato*" ou também de "*adimplemento ruim*".

445. *Código de Processo Civil e Legislação Processual Civil Extravagante em Vigor*. 4ª ed. São Paulo: RT, 1999, p. 1.822.

446. *Manual de Direito do Consumidor*. São Paulo: RT, 2007, p. 183.

> "Não há ilicitude na assertiva publicitária *"O melhor em tudo que faz"*, tendo em vista caracterizar-se como *puffing*, mero exagero tolerável, conduta amplamente aceita no mercado publicitário brasileiro e praticada pela própria recorrente. Tal frase não é passível de avaliação objetiva e advém de uma crítica subjetiva do produto. Portanto, é razoável permitir ao fabricante ou prestador de serviço que se declare o melhor naquilo que faz, mormente porque esta é a auto avaliação do seu produto e aquilo que se busca alcançar, ainda mais quando não há qualquer mensagem depreciativa no tocante aos seus concorrentes. 5. As expressões utilizadas pela recorrida – *"O ketchup mais vendido do mundo"* e *"O melhor em tudo que faz"* - são lícitas, bem como não há prova de dano material pela ocorrência de suposta vantagem competitiva, em decorrência do uso das mencionadas assertivas, nos autos, o que afasta a obrigação de indenizar." (STJ, REsp n. 1.759.745/SP, relator Ministro Marco Buzzi, Quarta Turma, DJe de 29/3/2023.)

> "Mesmo na atual quadra de desenvolvimento do direito consumerista, afirmar-se, em propaganda, que aparelhos de ar condicionado são "silenciosos" pode ser considerado mero puffing, ou seja, técnica publicitária de lícita utilização de exagero, para enaltecer certa característica do produto." (STJ, REsp n. 1.370.677/SP, relator Ministro Raul Araújo, Quarta Turma, DJe de 3/11/2023.)

Questão intrigante é se o fornecedor poderá alegar que houve equívoco na oferta (seja na informação ou publicidade) para se escusar de cumprir o ofertado. Por exemplo, poderá alegar que o preço do produto anunciado apareceu publicado errado? No primeiro momento, a resposta é negativa, ou seja, a responsabilidade é do fornecedor pelo informado e/ou anunciado, vinculando-o contratualmente.

Mas, em respeito ao princípio da boa-fé objetiva, segundo o qual as partes (fornecedor e consumidor) deverão agir com base na lealdade e confiança, tem-se admitido o chamado "*erro grosseiro*" como forma de não responsabilizar o fornecedor.

O erro grosseiro é aquele erro latente, que facilmente o consumidor tem condições de verificar o equívoco, por fugir ao padrão normal do que usualmente acontece.

Vamos imaginar que um determinado fornecedor tenha ofertado um televisor 29 polegadas em dois jornais de grande circulação. O preço anunciado deveria ser o de R$ 500,00 (quinhentos reais). Mas, em ambos os jornais, houve equívoco em relação ao preço ofertado. No primeiro, o preço anunciado foi de R$ 400,00 (quatrocentos reais) e no outro o preço anunciado foi de R$ 40,00 (quarenta reais). Pergunta-se: é possível (pelo que se observa do mercado) uma televisão que custa R$ 500,00 custar R$ 400,00? Repetindo a pergunta para o segundo exemplo: é possível uma televisão que custa R$ 500,00 custar R$ 40,00?

Ninguém tem dúvidas de que o primeiro preço (R$ 400,00) vincula o fornecedor, uma vez que o produto custar 20% a menos é muito comum no mercado (aliás, tem produtos que chegam a custar, em época de promoção, até 50% a menos). Já o segundo preço anunciado (R$ 40,00), não vincula o fornecedor, pois não é crível que o produto possa custar menos de um décimo do seu valor.

A relação, acima de tudo, conforme nos informa o art. 4º, III, do CDC, deve buscar o equilíbrio contratual e a verificação da boa-fé objetiva, de modo a evitar vantagem desmedida para qualquer um dos envolvidos no negócio jurídico.

Interessante caso aconteceu no Rio Grande do Sul. Diante de erro grosseiro no preço (R$ 3,00) de ar-condicionado oferecido à venda em importante *web site* de comércio eletrônico, não foi aplicado o princípio da vinculação contratual da oferta.

CONSUMIDOR. OFERTA. VINCULAÇÃO. ERRO. PREÇO IRRISÓRIO DE BEM DE CONSUMO. Ar-condicionado de 30.000 btus oferecido na rede da Internet, no *site* da loja Submarino. com pelo valor de R$ 3,00. Aplicável à espécie os princípios da boa-fé, equilíbrio e a vedação ao enriquecimento sem causa, os quais afastam a obrigatoriedade da oferta constante do art. 30 e 35, inciso I, do CDC (TJRS, Rec. Inom. nº 71000650705, 3ª T. Rec. Cível, Com. de Porto Alegre).

O STJ também já aplicou o "erro grosseiro" para não permitir a aplicação do art. 30 (vinculação contratual da oferta).

"Na espécie, os consumidores promoveram a reserva de bilhetes aéreos com destino internacional (Amsterdã), a preço muito aquém do praticado por outras empresas aéreas, não tendo sequer havido a emissão dos bilhetes eletrônicos (e-tickets) que pudessem, finalmente, formalizar a compra. Agrega-se a isto o fato de que os valores sequer foram debitados do cartão de crédito do primeiro recorrente e, em curto período de tempo, os consumidores receberam e-mail informando a não conclusão da operação. 7. Diante da particularidade dos fatos, em que se constatou inegável erro sistêmico grosseiro no carregamento de preços, não há como se admitir que houve falha na prestação de serviços por parte das fornecedoras, sendo inviável a condenação das recorridas à obrigação de fazer pleiteada na inicial, relativa à emissão de passagens aéreas em nome dos recorrentes nos mesmos termos e valores previamente disponibilizados." (STJ, REsp 1794991/SE, Rel. Ministra Nancy Andrighi, Terceira Turma, DJe 11/05/2020)

O Código Civil, no art. 429, inseriu uma nova regra atinente à oferta nas relações comerciais. Dispõe que: "*A oferta ao público equivale a proposta quando encerra os requisitos essenciais ao contrato, salvo se o contrário resultar das circunstâncias ou dos usos.*"

É preciso, então, distinguir quando se aplica o mencionado dispositivo do Código Civil ou quando se aplica o do CDC. Seguindo a *ratio* dos arts. 2º e 4º do CDC, a regra do art. 30 somente seria aplicada quando a oferta fosse voltada para os consumidores, ou seja, aqueles que se encontram numa situação de vulnerabilidade. Já com relação à oferta voltada aos comerciantes, como na venda a atacado, seriam aplicadas as regras do Código Civil.

O parágrafo único do art. 429 do Código Civil prevê uma hipótese não contida no CDC, qual seja, o poder de revogar a oferta pela mesma via de divulgação, desde que tenha sido ressalvada expressamente essa faculdade. Nas relações de consumo, uma vez feita a oferta, não dispõem os fornecedores do poder de revogá-la, uma vez que o vínculo já foi estabelecido, surgindo, desde então, uma obrigação pré-contratual. Isso se mostra em consonância com o sistema protetivo consumerista, já que o art. 51, XI, prescreve como nula de pleno direito a cláusula que autorize o fornecedor a cancelar o contrato unilateralmente, sem que igual direito seja conferido ao consumidor.

Também não se aplica o art. 427 do CC às relações de consumo, uma vez que prescreve que: "*A proposta de contrato obriga o proponente, se o contrário não resultar dos termos dela, da natureza do negócio, ou das circunstâncias do caso.*" Ou seja, ao contrário do CDC, o CC permite que em alguns casos, o ofertante não fique obrigado pela simples apresentação da proposta.

Por fim, a responsabilidade pela oferta recairá, em última análise, no titular da marca do produto ou do serviço. Ainda que sejam pessoas jurídicas distintas, toda a rede de fornecedores que detém a marca será responsável pelo anúncio.

Nesse sentido, já decidiu o STJ:

Constatado pelo eg. Tribunal *a quo* que o fornecedor, através de publicidade amplamente divulgada, garantiu a entrega de veículo objeto de contrato de compra e venda firmado entre o consumidor e uma de suas concessionárias, submete-se ao cumprimento da obrigação nos exatos termos da oferta apresentada. Diante da declaração de falência da concessionária, a responsabilidade pela informação ou publicidade divulgada recai integralmente sobre a empresa fornecedora (STJ, REsp. 363939/MG, Rela. Mina. Nancy Andrighi, j. 04/06/2002).

É solidária a responsabilidade entre aqueles que veiculam publicidade enganosa e os que dela se aproveitam, na comercialização de seu produto (STJ, REsp. 327257 / SP, Rela. Mina. Nancy Andrighi, *DJ* 16/11/2004).

PRINCIPAIS JURISPRUDÊNCIAS DO STF E STJ

Não responsabilidade do jornal que publica produtos ou serviços defeituosos nos classificados

"Ao publicar anúncios em caderno de classificados, a empresa jornalística atua como mera divulgadora de ofertas elaboradas por terceiros, não assumindo, por isso, a condição de fornecedora dos produtos e/ou serviços que ali são efetivamente oferecidos por seus anunciantes. 4. A editora responsável pela publicação de jornais não responde objetivamente pela reparação de eventuais prejuízos causados a consumidores por vício do produto ou defeito na prestação de serviços anunciados na seção de classificados dos referidos periódicos, sendo completamente descabido pretender inseri-la na cadeia de fornecimento de seus anunciantes." (STJ, REsp 1427314/RS, Rel. Ministra Nancy Andrighi, Rel. p/ Acórdão Ministro Ricardo Villas Bôas Cueva, Terceira Turma, DJe 11/10/2018)

Viola o direito à plena informação do consumidor a conduta de não informar na roleta do ônibus o saldo do vale-transporte eletrônico.

"A falta de acesso à informação suficiente e adequada sobre os créditos existentes no bilhete eletrônico utilizado pelo consumidor para o transporte público, notadamente quando essa informação foi garantida pelo fornecedor em propaganda por ele veiculada, viola o disposto nos arts. 6º, III e 30 do CDC." (STJ, REsp 1099634/RJ, Rel. Ministra Nancy Andrighi, Terceira Turma, DJe 15/10/2012)

Seguro. Viagem. Cartão. Crédito. Propaganda.

"O recorrente alegava que a propaganda veiculada pelos recorridos levava a crer que, ao se comprarem passagens aéreas, marítimas ou terrestres mediante o uso do cartão de crédito, obter-se-ia um seguro total referente a todo o período que durasse a viagem e não cobertura apenas para o trecho referente à passagem adquirida, o que teria induzido a falecida e seu marido a não contratar outro seguro que abrangesse esses riscos. A Turma, ao anotar que a base fática da controvérsia é protegida pela Súmula nº 7- STJ, entendeu que a própria leitura da inicial transcreve passagem contida no Guia do Associado, que deixa claro ser o seguro restrito a sinistros ocorridos no percurso da viagem nas compras de passagens com o cartão. Daí não se poder afirmar a falta de conhecimento desse fato pelo ora consumidor (art. 30 do CDC)" (STJ, REsp. 947.968-SP, Rela. Mina. Nancy Andrighi, j. 6/3/2008. *Informativo* 347).

Empresa de consórcio. Publicidade. Responsabilidade.

"A empresa que, segundo se alegou na inicial, permite a utilização da sua logomarca, de seu endereço, instalações e telefones, fazendo crer, através da publicidade e da prática comercial, que era responsável pelo empreendimento consorcial, é parte passiva legítima para responder pela ação indenizatória proposta pelo consorciado fundamentada nesses fatos" (STJ, REsp. 139400/MG, Rel. Min. César Asfor Rocha, *DJU* 25/09/2000)

Art. 31. A oferta e apresentação de produtos ou serviços devem assegurar informações corretas, claras, precisas, ostensivas e em língua portuguesa sobre suas características, qualidades, quantidade, composição, preço, garantia, prazos de validade e origem, entre outros dados, bem como sobre os riscos que apresentam à saúde e segurança dos consumidores.

Parágrafo único. As informações de que trata este artigo, nos produtos refrigerados oferecidos ao consumidor, serão gravadas de forma indelével (Incluído pela Lei nº 11.989, de 2009).

O Código, em consonância com os princípios da transparência e da informação, corolários do princípio da boa-fé objetiva e do princípio da confiança, estipula que todo produto ou serviço deve conter em suas apresentações informações corretas, claras, ostensivas, precisas e em língua portuguesa, pois é um direito do consumidor saber de todas as informações e características do produto ou serviço que está adquirindo.

A informação clara e adequada sobre os produtos e serviços é um direito básico do consumidor, estampado no art. 6º, III, sendo essencial para haver equilíbrio e harmonia nas relações de consumo.

De acordo com a doutrina do Min. Herman Benjamin, estampada no REsp. 586316/MG, DJe 19/03/2009, "informação adequada, nos termos do art. 6º, III, do CDC, é aquela que se apresenta simultaneamente completa, gratuita e útil, vedada, neste último caso, a diluição da comunicação efetivamente relevante pelo uso de informações soltas, redundantes ou destituídas de qualquer serventia para o consumidor. A informação deve ser *correta* (= verdadeira), *clara* (= de fácil entendimento), *precisa* (= não prolixa ou escassa), *ostensiva* (= de fácil constatação ou percepção) e, por óbvio, *em língua portuguesa*."

Ainda de acordo com o Ministro, a obrigação de informação é desdobrada no art. 31 do CDC em quatro categorias principais, relacionadas entre si: *a) informação-conteúdo* (= características intrínsecas do produto e serviço), *b) informação-utilização* (= como se usa o produto ou serviço), *c) informação-preço* (= custo, formas e condições de pagamento), e *d) informação-advertência* (= riscos do produto ou serviço).

O direito à informação ganha importância especial principalmente nos produtos e serviços que possam causar riscos à saúde e segurança dos consumidores. No mercado de consumo, a variedade de produtos e serviços ofertados, assim como a constante mudança de tecnologia, torna impossível para o consumidor acompanhar e ter conhecimento de todos os benefícios e malefícios que os produtos e serviços oferecem.

Nesse sentido é que o STJ, em julgamento ímpar, no REsp 586316/MG, Rel. Herman Benjamin, DJe 19/03/2009, destacou que o simples cumprimento da legislação especial não exonera o fornecedor do dever de informar, nos moldes do art. 31, outras situações e hipóteses importantes para o conhecimento do consumidor.

No caso, a Lei nº 10.674/2003, em seu art. 1º, dispõe que todos os alimentos industrializados deverão conter em seu rótulo e bula, obrigatoriamente, as inscrições "contém Glúten" ou "não contém Glúten", conforme o caso. A ideia do legislador ao prever tal obrigação aos fornecedores foi proteger os consumidores portadores de doença celíaca.[447] Acontece que o fato de cumprir meramente a legislação, estampando nos alimentos "*contém Glúten*" ou "*não contém Glúten*", não estava sendo suficiente para informar adequadamente o consumidor, nos moldes do art. 31. Assim, o Procon-MG requereu que fosse estampado nos produtos a advertência de que o "*Glúten é prejudicial à saúde dos doentes celíacos*".

O Min. Herman Benjamin, um dos coautores do CDC, destacou a importância da informação ampla ao consumidor, não devendo se reduzir somente ao que contempla eventual legislação. Caso haja alguma legislação que insira o dever de informar, como é o caso da Lei nº 10.674/2003, não significa que esta legislação esgote todas as informações necessárias ao consumidor. Ela será considerada como "piso mínimo" a ser verificado no caso concreto, podendo ser exigido outras informações que forem importantes para o caso.

Nas palavras do Ministro: "Estou convencido de que a Lei nº 10.674/2003 não afasta o Código de Defesa do Consumidor, pois se limita a fixar um piso mínimo de informação, cabendo ao Poder Público e ao Judiciário, apoiados nos microssistemas que tratam da informação do consumidor – o principal deles sendo o CDC – e atentos à evolução do conhecimento científico e das técnicas de comunicação, instituir exigências mais rigorosas e protetoras da saúde e da segurança do consumidor. Nesse sentido, pode-se dizer que o CDC estatui uma obrigação geral de informação (= comum, ordinária ou primária), enquanto a Lei nº 10.674/2003 cuida de uma obrigação especial de informação (= secundária, derivada ou tópica). Com o CDC o dever de informação deixa de ser apêndice da obrigação principal e ganha projeção de direito básico do consumidor (art. 6º, III). Isso implica dizer que se o dever-direito tem-se como básico, já não é secundário, nem acessório, é autônomo. [...] Se as exigências do texto legal especial que disciplina um produto ou serviço específico não são suficientes para bem informar o consumidor, cabe ao profissional – o maior conhecedor dos produtos e serviços que comercializa – oferecer informações complementares. Na hipótese de recusa ou resistência, incumbe à Administração e ao Judiciário exigir o cumprimento integral do que se espera do fornecedor."[448]

No mesmo sentido, o STJ decidiu que, sob pena de ofensa ao princípio da informação clara e adequada, cerveja com teor alcoólico reduzido não pode ter inscrição "sem álcool" no rótulo. No caso específico, a empresa detentora da cerveja Kronenbier (Ambev) sustentou que há legislação específica regulando o setor e que o Decreto nº 2.314/1997 justifica a classificação da cerveja como "sem álcool". Essa legislação determina que, para

447. Por Glúten entende-se um grupo de proteínas encontradas em certos grãos (trigo, cevada, centeio, aveia, malte e seus derivados), todos de larga utilização em alimentos industrializados e medicamentos. O organismo das pessoas acometidas da chamada doença celíaca sofre de intolerância a essas substâncias. A doença celíaca é uma grave enfermidade crônica no aparelho digestivo, que danifica o intestino delgado e interfere na absorção de nutrientes, vitaminas e sais minerais dos alimentos, bem como de água. A patologia causa perda de peso, paralisação do crescimento de crianças, osteoporose e dor nos ossos, anemia, defeito no esmalte dos dentes, doenças do sistema nervoso periférico, problemas de coagulação, doenças pancreáticas, hemorragias internas, problemas no fígado, baço e bexiga etc. (extraído do Resp 586316/MG, DJ 19/03/2009).

448. Recentemente a Corte Especial, no EREsp 1515895/MS, DJe 27/09/2017, ratificou este entendimento no sentido de que a informação "contém glúten" é, por si só, insuficiente para informar os consumidores sobre o prejuízo que o alimento com glúten acarreta à saúde dos doentes celíacos, tornando-se necessária a integração com a informação-advertência correta, clara, precisa, ostensiva e em vernáculo: "CONTÉM GLÚTEN: O GLÚTEN É PREJUDICIAL À SAÚDE DOS DOENTES CELÍACOS".

ser considerada alcoólica, a bebida deve ter ao menos 0,5% de álcool na composição. O STJ, de modo acertado, entendeu que não há conflito de normas e que o referido decreto disciplina somente a desobrigação de constar o teor alcoólico nos rótulos das bebidas nos percentuais estabelecidos e não o direito de informar algo inverídico (como constar "sem álcool" em bebidas em que há álcool). De acordo com o Min. Vasco Della Giustina, "de outra parte, constar do rótulo que se trata de bebida SEM ÁLCOOL, seguida a expressão de um asterisco, supondo que tal sinal remeta o consumidor à leitura de frases com letras quase ilegíveis pelo pequeno tamanho dos tipos gráficos, conforme se infere da embalagem do produto, para dizer que se trata de bebida COM ÁLCOOL, configura violação ao disposto no referido art. 6.º do Código de Defesa do Consumidor."

> DIREITO DO CONSUMIDOR. DIREITO BÁSICO DO CONSUMIDOR À INFORMAÇÃO ADEQUADA. PROTEÇÃO À SAÚDE. CERVEJA KRONENBIER. UTILIZAÇÃO DA EXPRESSÃO "SEM ÁLCOOL" NO RÓTULO DO PRODUTO. IMPOSSIBILIDADE. BEBIDA QUE APRESENTA TEOR ALCOÓLICO INFERIOR A 0,5% POR VOLUME. IRRELEVÂNCIA, IN CASU, DA EXISTÊNCIA DE NORMA REGULAMENTAR QUE DISPENSE A MENÇÃO DO TEOR ALCOÓLICO NA EMBALAGEM DO PRODUTO. ARTS. 6.º E 9.º DO CÓDIGO DE DEFESA DO CONSUMIDOR.(...) 6. A comercialização de cerveja com teor alcoólico, ainda que inferior a 0,5% em cada volume, com informação ao consumidor, no rótulo do produto, de que se trata de bebida sem álcool, a par de inverídica, vulnera o disposto nos arts. 6.º e 9.º do CDC, ante o risco à saúde de pessoas impedidas ao consumo. 7. O fato de ser atribuição do Ministério da Agricultura a padronização, a classificação, o registro, a inspeção, a produção e a fiscalização de bebidas, não autoriza a empresa fabricante de, na eventual omissão deste, acerca de todas as exigências que se revelem protetivas dos interesses do consumidor, malferir o direito básico deste à informação adequada e clara acerca de seus produtos. 8. A dispensa da indicação no rótulo do produto do conteúdo alcoólico, prevista no já revogado art. 66, III, "a", do Decreto n.º 2.314/97, não autorizava a empresa fabricante a fazer constar neste mesmo rótulo a não veraz informação de que o consumidor estaria diante de cerveja "sem álcool", mesmo porque referida norma, por seu caráter regulamentar, não poderia infirmar os preceitos insculpidos no Código de Defesa do Consumidor. (STJ, Resp 1181066/RS, Rel. Ministro Vasco Della Giustina (Desembargador Convocado do TJ/RS), Terceira Turma, DJe 31/03/2011)[449]

Já com relação à informação nos rótulos de vinhos acerca da quantidade de sódio ou de calorias, o STJ entendeu que inexiste obrigação dos fabricantes de informar sobre estes aspectos, uma vez que a rotulagem atende às normas administrativas e inexiste obrigação legal para tanto. Infelizmente, em detrimento ao princípio da informação ao consumidor, o STJ priorizou o argumento legalista de que não há imposição legal para que o fabricante informe a respeito das calorias e sódio. Em momento em que os índices de obesidade e hipertensão da população brasileira são alarmantes[450], a informação das calorias e teor de

449. Infelizmente a quarta turma do STJ concedeu interpretação inversa, autorizando a cervejaria Kaiser a utilizar a expressão "sem álcool" nas cervejas Bavaria. (STJ, REsp 1185323/RS, Rel. Ministro Luis Felipe Salomão, Rel. p/ Acórdão Ministro Raul Araújo, Quarta Turma, DJe 03/08/2015). Diante da controvérsia entre as turmas do STJ, a Corte Especial pacificou a questão, considerando indevido o uso da expressão "sem álcool" adotada nos rótulos de cervejas com graduação alcoólica inferior a 0,5%. (STJ, EREsp 1185323, Corte Especial, Data do julgamento 24/10/2016)

450. Segundo o Ministério da Saúde, em dados divulgados em 2017, uma em cada cinco pessoas do país está acima do peso. A prevalência da doença passou de 11,8%, em 2006, para 18,9%, em 2016. Os números fazem parte da Pesquisa de Vigilância de Fatores de Risco e Proteção para Doenças Crônicas por Inquérito Telefônico (Vigitel), realizada em todas as capitais brasileiras. O resultado reflete respostas de entrevistas realizadas de fevereiro a dezembro de 2016 com 53,2 mil pessoas maiores de 18 anos. Dados

sódio ajudariam os consumidores na conscientização e utilização devida e moderada do uso do vinho. Não faltam campanhas e propagandas alertando sobre os benefícios do consumo do vinho, porém é omitido informações relevantes e que poderiam ser essenciais para a saúde de determinados consumidores.

A ementa do julgado ficou assim:

> "RECURSO ESPECIAL. PROCESSUAL CIVIL. AÇÃO CIVIL PÚBLICA. VINHO. RÓTULO. LEGISLAÇÃO ESPECÍFICA. ARTIGO 2º DA LEI Nº 8.918/1994. DECRETO Nº 6.871/2009. OBSERVÂNCIA. CÓDIGO DE DEFESA DO CONSUMIDOR. NÃO APLICABILIDADE. DENUNCIAÇÃO DA LIDE. DIREITO DE GARANTIA DECORRENTE DE LEI OU DE CONTRATO. INEXISTÊNCIA. (...) 2. O artigo 2º da Lei nº 8.918/1994, que prevê o registro necessário para a comercialização de bebidas, e o seu decreto regulamentador (Decreto nº 6.871/2009) não se aplicam às bebidas derivadas da uva. 3. Inexiste a obrigação legal de se inserir nos rótulos dos vinhos informações acerca da quantidade de sódio ou de calorias (valor energético) presente no produto. 4. Não se aplica o Código de Defesa do Consumidor ao caso concreto ante o princípio da especialidade. 5. A rotulagem dos produtos que a recorrente fabrica atende estritamente às normas administrativas impostas pelos órgãos de fiscalização governamentais, tendo obtido sua aprovação junto ao Ministério da Agricultura, Pecuária e Abastecimento. 6. Recurso especial provido." (STJ, REsp 1605489/SP, Rel. Ministro Ricardo Villas Bôas Cueva, Terceira Turma, DJe 18/10/2016)

Também sobre o amparo do art. 6º, III, e art. 31 do CDC, o STJ vinha entendendo que os supermercados deveriam colocar o preço estampado em cada produto, não se podendo valer do chamado "código de barras".

> Os donos de supermercados devem fornecer ao consumidor informações adequadas, claras, corretas, precisas e ostensivas sobre os preços de seus produtos à venda. O fato de já existir, em cada produto, o código de barras não é suficiente para assegurar a todos os consumidores estas informações. Para atender realmente o que estabelece o Código do Consumidor, além do código de barras e do preço nas prateleiras, devem os supermercados colocar o preço em cada produto (STJ, MS 6010/DF, *DJ* 06/12/1999, Rel. Min. Garcia Vieira).

Entretanto, em decorrência de pressões exercidas pelas grandes redes de supermercados, o Congresso Nacional editou a Lei nº 10.962/2004, permitindo que os estabelecimentos comerciais fixem o preço do produto por meio do código de barras.

> Após a vigência da Lei Federal nº 10.962 em 13/10/2004, permite-se aos estabelecimentos comerciais a afixação de preço do produto por meio de código de barras, sendo desnecessária a utilização de etiqueta com preço individual de cada mercadoria (STJ, REsp. 688151/MG, Rela. Mina. Nancy Andrighi, DJ. 08/08/2005).

Após, foi publicado o Decreto nº 5.903, de 20/09/2006, regulamentando a Lei nº 10.962/2004.[451]

---

consultados em: http://www.brasil.gov.br/saude/2017/04/obesidade-cresce-60-em-dez-anos-no-brasil. Consulta realizada em 30 de junho de 2016.

451. Interessante as observações do art. 7º do decreto: "Na hipótese de utilização do código de barras para apreçamento, os fornecedores deverão disponibilizar, na área de vendas, para consulta de preços pelo consumidor, equipamentos de leitura ótica em perfeito estado de funcionamento.

§ 1º. Os leitores óticos deverão ser *indicados por cartazes suspensos que informem a sua localização.*

§ 2º. Os leitores óticos deverão ser dispostos na área de vendas, *observada a distância máxima de quinze metros entre qualquer produto e a leitora ótica mais próxima.*

O fornecedor deverá também informar aos consumidores sobre *"outros dados"* que reputar importantes, não se isentando de sua responsabilidade se cumprir apenas o rol estabelecido no referido artigo, já que tem caráter meramente exemplificativo.[452]

Importante frisar que as informações prestadas devem ser apresentadas em língua portuguesa. Em alguns casos, em que o significado da palavra ou expressão, utilizada na língua estrangeira, é de conhecimento popular, tem sido tolerado o uso, mesmo que o fornecedor não traduza o significado para a língua portuguesa. São exemplos: *delivery; show room; compact disc* etc. Entretanto, os riscos são sempre do fornecedor. Ou seja, caso algum consumidor venha adquirir o produto ou serviço de modo equivocado e o desconhecimento da expressão ou palavra na língua estrangeira tenha sido a razão do erro, o fornecedor responde pelos danos que porventura venha a causar.

A norma também se aplica aos produtos importados. Assim, os importadores e demais fornecedores que pretendem vender produtos importados, antes de inseri-los no mercado, deverão possibilitar a tradução dos dizeres no rótulo, embalagem, manual etc.[453]

O descumprimento do art. 31 acarreta vício de informação, gerando dever de indenização, além de configurar infração penal, nos termos do art. 66 do CDC.[454]

A Lei nº 11.989, de 27 de julho de 2009, acrescentou o parágrafo único ao art. 31 do Código de Defesa do Consumidor. O novo parágrafo único do art. 31 trata da oferta e apresentação de produtos refrigerados. A ideia do legislador é dar proteção ampla aos consumidores no sentido de exigir que as informações contidas nos produtos refrigerados

---

§ 3º. Para efeito de fiscalização, os fornecedores deverão prestar as informações necessárias aos agentes fiscais *mediante disponibilização de croqui da área de vendas*, com a identificação clara e precisa da localização dos leitores óticos e a distância que os separa, demonstrando graficamente o cumprimento da distância máxima fixada neste artigo."

452. O STJ entendeu que a Anvisa deve regulamentar a obrigatoriedade de informar os consumidores sobre a presença do composto bisfenol A (BPA) em produtos. Segundo o ministro Herman Benjamin, o direito à informação é essencial para que o consumidor possa avaliar os riscos associados ao BPA, substância potencialmente tóxica encontrada em utensílios de plástico, brinquedos e embalagens. Embora existam estudos sobre os riscos do BPA, a ausência de certeza científica sobre seus efeitos não exime a necessidade de transparência. Assim, a rotulagem deve detalhar a presença desse composto, garantindo ao consumidor o direito de decisão consciente sobre sua saúde. (STJ, REsp 1.762.984)

453. Interessantes as observações de Antônio Herman Benjamin. Para o autor e ministro do STJ, "não se trata, contudo, de obrigação cega. Tem ela uma *ratio*, e, uma vez que esta esteja ausente, desnecessária a aplicação da norma. O que se busca é dar ao consumidor informação plena e adequada. Quer-nos parecer que, por tal linha de raciocínio, estão isentos os estabelecimentos que só vendem produtos importados, exatamente porque o seu consumidor tem clara percepção do caráter especial daquele fornecimento. Igual solução merecem as seções de importados dos grandes supermercados e magazines, desde que total e suficientemente separadas das restantes. Tal exceção, contudo, não se aplica às advertências contra os riscos e instruções de manuseio. A saúde do consumidor vem sempre em primeiro lugar." *Manual de Direito do Consumidor*. São Paulo: RT, 2007, p. 190.

454. "Art. 66. Fazer afirmação falsa ou enganosa, ou omitir informação relevante sobre a natureza, característica, qualidade, quantidade, segurança, desempenho, durabilidade, preço ou garantia de produtos ou serviços:

Pena – Detenção de três meses a um ano e multa.

§ 1º Incorrerá nas mesmas penas quem patrocinar a oferta.

§ 2º Se o crime é culposo;

Pena – Detenção de um a seis meses ou multa."

(gelados e congelados) deverão ser gravadas nas embalagens de forma duradoura, ou seja, não poderão desaparecer com o tempo.

PRINCIPAIS JURISPRUDÊNCIAS DO STF E STJ

Rotulagem obrigatória de alimentos com OGM acima de 1% é compatível com o ordenamento jurídico

O STJ entendeu que é compatível com o ordenamento jurídico o Decreto n. 4.680/2003, na parte que estabelece o limite de 1 (um) por cento, acima do qual se torna obrigatória a informação expressa nos rótulos dos produtos alimentícios comerciali-zados da presença de organismos geneticamente modificados (OGM). Assim, só se o produto tiver mais de 1% de ingredientes modificados, as empresas são obrigadas a colocar essa informação no rótulo. (STJ, REsp 1.788.075-DF, Rel. Ministro Francisco Falcão, Segunda Turma, por unanimidade, julgado em 15/10/2024)

As restrições, advertências e exceções devem estar em destaque (dever de ostensividade)

"Por expressa disposição legal, só respeitam o princípio da transparência e da boa-fé objetiva, em sua plenitude, as informações que sejam "corretas, claras, precisas, ostensivas" e que indiquem, nessas mesmas condições, as "características, qualidades, quantidade, composição, preço, garantia, prazos de validade e origem, entre outros dados" do produto ou serviço, objeto da relação jurídica de consumo (art. 31 do CDC, grifo acrescentado). Logo, em tese, o tipo de fonte e localização de restrições, condicionantes, advertências e exceções devem ter destaque, sob pena de violação do dever de ostensividade." (STJ, REsp 1447301/CE, Rel. Ministro Herman Benjamin, Segunda Turma, julgado em 08/11/2016, DJe 26/08/2020)

A ANVISA deve exigir, na rotulagem dos produtos alimentícios, a advertência da variação de 20% nos valores nutricionais

"O consumidor tem o direito de ser informado no rótulo dos produtos alimentícios da existência de variação de 20% nos valores nutricionais, principalmente porque existe norma da ANVISA permitindo essa tolerância. 3. O dever de informação exige comportamento positivo e ativo, pois o CDC afasta a regra *caveat emptor* e não aceita que o silêncio equivalha à informação, caracterizando-o, ao contrário, como patologia repreensível, que é relevante somente em desfavor do fornecedor, inclusive como oferta e publicidade enganosa por omissão, punida civil, administrativa e criminalmente pelo CDC. 4. Sobretudo em alimentos e medicamentos, os rótulos constituem a via mais fácil, barata, ágil e eficaz de transmissão de informações aos consumidores. São eles mudados frequentemente para atender a oportunidades êfemeras de marketing e de negócio, como eventos desportivos ou culturais. Não parece razoável, por conseguinte, alegar que a inclusão expressa da frase "variação de 20% dos valores nutricionais" das matérias-primas utilizadas cause onerosidade excessiva aos fabricantes." (STJ, REsp 1537571/SP, Rel. Ministro Herman Benjamin, Segunda Turma, julgado em 27/09/2016, DJe 20/08/2020)

Rótulo de vinho não precisa informar quantidade de sódio ou calorias

"O artigo 2º da Lei nº 8.918/1994, que prevê o registro necessário para a comercialização de bebidas, e o seu decreto regulamentador (Decreto nº 6.871/2009) não se aplicam às bebidas derivadas da uva. 3. Inexiste a obrigação legal de se inserir nos rótulos dos vinhos informações acerca da quantidade de sódio ou de calorias (valor energético) presente no produto. 4. Não se aplica o Código de Defesa do Consumidor ao caso concreto ante o princípio da especialidade. 5. A rotulagem dos produtos que a recorrente fabrica atende estritamente às normas administrativas impostas pelos órgãos de fiscalização governamentais, tendo obtido sua aprovação junto ao Ministério da Agricultura, Pecuária e Abastecimento. 6. Recurso especial provido". (STJ, Resp 1605489/SP, Rel. Min. Ricardo Villas Bôas Cueva, Data do Julgamento 04/10/16)

Maquiagem dos produtos. Diminuição do volume ou quantidade. Dever de informar.

"VÍCIO DE QUANTIDADE. VENDA DE REFRIGERANTE EM VOLUME MENOR QUE O HABITUAL. REDUÇÃO DE CONTEÚDO INFORMADA NA PARTE INFERIOR DO RÓTULO E EM LETRAS REDUZIDAS. INOBSERVÂNCIA DO DEVER DE INFORMAÇÃO. DEVER POSITIVO DO FORNECEDOR DE INFORMAR. VIOLAÇÃO DO PRINCÍPIO DA CONFIANÇA. PRODUTO ANTIGO NO MERCADO. FRUSTRAÇÃO DAS EXPECTATIVAS LEGÍTIMAS DO CONSUMIDOR. MULTA APLICADA PELO PROCON. POSSIBILIDADE.(...) 1. No caso, o Procon estadual instaurou processo administrativo contra a recorrente pela prática da infração às relações de consumo conhecida como "maquiagem de produto" e "aumento disfarçado de preços", por alterar quantitativamente o conteúdo dos refrigerantes "Coca Cola", "Fanta", "Sprite" e "Kuat" de 600 ml para 500 ml, sem informar clara e precisamente aos consumidores, porquanto a informação foi aposta na parte inferior do rótulo e em letras reduzidas. Na ação anulatória ajuizada pela recorrente, o Tribunal de origem, em apelação, confirmou a improcedência do pedido de afastamento da multa administrativa, atualizada para R$ 459.434,97, e majorou os honorários advocatícios para R$ 25.000,00. 2. Hipótese, no cível, de responsabilidade objetiva em que o fornecedor (lato sensu) responde solidariamente pelo vício de quantidade do produto. (...) O dever de informação positiva do fornecedor tem importância direta no surgimento e na manutenção da confiança por parte do consumidor. A informação deficiente frustra as legítimas expectativas do consumidor, maculando sua confiança. A sanção administrativa aplicada pelo Procon reveste-se de legitimidade, em virtude de seu poder de polícia (atividade administrativa de ordenação) para cominar multas relacionadas à transgressão da Lei n. 8.078/1990, esbarrando o reexame da proporcionalidade da pena fixada no enunciado da Súmula 7/STJ." (STJ, REsp 1364915/MG, Rel. Ministro Humberto Martins, Segunda Turma, julgado em 14/05/2013, DJe 24/05/2013)

Não há obrigatoriedade em informar a "garantia legal" nos rótulos e embalagens dos produtos.

"RECURSO ESPECIAL - AÇÃO CIVIL COLETIVA - DIREITO DO CONSUMIDOR - DEVER DE INFORMAÇÃO - SENTENÇA A QUO QUE REPUTOU NECESSÁRIA A INSCRIÇÃO DO PRAZO DA GARANTIA LEGAL EM RÓTULOS E EMBALAGENS DE PRODUTOS - ARESTO ESTADUAL QUE AFASTOU TAL OBRIGAÇÃO. INSURGÊNCIA DA ASSOCIAÇÃO NACIONAL DE DEFESA DA CIDADANIA E DO CONSUMIDOR. (...) Hipótese em que a agremiação nacional representativa dos interesses do consumidor pleiteou a inclusão do prazo da garantia legal nos rótulos/embalagens de lâmpadas de fabricação própria da empresa recorrida. Desnecessidade. Interpretação do art. 31 do Código de Defesa do Consumidor. Alcance do termo "garantia". Não abrangência da legal, mas, sim, da contratual. O dever de o fornecedor assegurar informações corretas, claras e precisas na apresentação dos produtos e serviços ofertados no mercado de consumo (art. 31 da Lei n. 8.078/90) não contempla a obrigação de transcrever a garantia legal nos rótulos/embalagens, porquanto esta deflui diretamente da própria lei (art. 24 e 26 do CDC), a qual o ordenamento jurídico presume ser de conhecimento de todos ("ninguém se escusa de cumprir a lei, alegando que não a conhece" - art. 3º da Lei de Introdução do Direito Brasileiro). A norma em voga prescreve um rol mínimo de itens a serem informados pelo fabricante e comerciante, cujo objetivo é conferir dados suficientes ao consumidor, a fim de que possa emitir um juízo particularizado sobre o bem ou serviço que tenciona adquirir, destacando-se as condições e vantagens oferecidas, aí incluída a garantia contratual, e não a legal (30 ou 90 dias, conforme o caso), justamente por esta última decorrer do próprio sistema." (STJ, REsp 1067530/SP, Rel. Ministro Marco Buzzi, Quarta Turma, DJe 10/06/2013)

Ação de indenização. Sobra de gás. A oferta do produto não se operou de maneira correta, clara e precisa. Reconhecimento de empresa hoteleira como consumidora.

"O recorrido (empresa hoteleira) ajuizou ação de indenização contra a recorrente (empresa fornecedora de gás) com o fim de se ressarcir de prejuízos decorrentes da impossibilidade de usufruir sobras de gás remanescentes em recipientes de gás GLP vendidos pela distribuidora. Tais sobras de gás são devolvidas à fornecedora ante a inviabilidade de utilização do produto até o final. Neste Superior Tribunal, a jurisprudência tem avançado no sentido de reconhecer a necessidade de mitigar o rigor excessivo do critério subjetivo do conceito de consumidor e permitir, por exceção, a equiparação e a aplicabilidade do CDC nas relações entre fornecedores e consumidores-empresários. No caso, a fornecedora não se preocupou em atender às exigências da sua atividade comercial, porque, em violação do art. 31 do CDC, a oferta do produto não se operou de maneira correta, clara e precisa – no que se refere à característica do produto, quantidade e composição. Além de não respeitar o sistema ressarcitivo estipulado pela Portaria nº 23/1993 do Departamento Nacional de Combustíveis, que prevê a ponderação das sobras de gás na determinação do preço (desconto do valor da sobra aferida), fato que, se não revela uma conduta dolosa da fornecedora (por omissão), certamente determina a sua culpa (negligência). Sendo assim, o CDC aplica-se à hipótese, ainda que por fundamentos diversos daqueles esposados no acórdão recorrido, e o prazo decadencial do CDC conta-se somente do momento da confirmação da suspeição da existência de sobras nos vasilhames pela perícia (art. 26, § 3º) (STJ, REsp. 476.428-SC, Rela. Mina. Nancy Andrighi, 19/ 4/2005, *Informativo* 243).

Impossibilidade da transferência de risco da atividade financeira ao consumidor. Direito de informação.

"O princípio da boa-fé e seus deveres anexos devem ser aplicados na proteção do investidor-consumidor que utiliza os serviços de fornecedores de serviços bancários, o que implica a exigência, por parte desses, de informações adequadas, suficientes e específicas sobre o serviço que está sendo prestado com o patrimônio daquele que o escolheu como parceiro. O redirecionamento das aplicações do recorrente ao fundo gerido pelo Banco Santos S/A. configura-se operação realizada pela instituição bancária fora de seu compromisso contratual e legal, que extrapola, por essa razão, a alea natural do contrato. Essa situação não pode ser equiparada, a título exemplificativo, ao risco de que o real se desvalorize frente ao dólar ou de que determinada ação sofra uma queda abrupta na bolsa de valores, pois não se pode chamar de risco, a desonerar a instituição bancária de sua responsabilidade, o que foi sua própria escolha, elemento volitivo, com o qual o conceito de risco é incompatível.. Não estando inserida na alea natural do contrato a aplicação junto ao Banco Santos S/A do capital investido pelo recorrente enquanto correntista da instituição financeira recorrida, a mera presunção de conhecimento ou anuência acerca desses riscos não é fundamento para desonerar a instituição bancária da obrigação de ressarcir ao consumidor-investidor os valores aplicados. Deve restar demonstrada a autorização expressa quanto à finalidade pretendida, ônus que cabe ao banco e do qual, na espécie, não se desincumbiu." (STJ, REsp 1131073/MG, Rel. Ministra Nancy Andrighi, Terceira Turma, julgado em DJe 13/06/2011)

"[...] É ilegal a transferência de risco da atividade financeira, no mercado de capitais, próprio das instituições de crédito, ao consumidor, ainda mais que não observado o seu direito de informação (art. 6º, III, e 10, *caput*, 31 e 52 do CDC)" (STJ, REsp. 299501/MG, Rela. Mina. Nancy Andrighi, *DJ* 22/10/2001).

Cartão de crédito. Informação clara e precisa.

"O Código de Defesa do Consumidor assegura, expressamente, ao consumidor o direito à informação correta, clara e precisa do preço dos produtos, inclusive para os casos de pagamento via cartão de crédito" (STJ, REsp. 81269/SP, Rel. Min. Castro Filho, *DJ* 25/06/2001).

Art. 32. Os fabricantes e importadores deverão assegurar a oferta de componentes e peças de reposição enquanto não cessar a fabricação ou importação do produto.

Parágrafo único. Cessadas a produção ou importação, a oferta deverá ser mantida por período razoável de tempo, na forma da lei.

O fabricante e o importador têm o dever de fornecer e assegurar peças de reposição enquanto durarem a produção ou importação do produto, e mesmo depois, por um período razoável. Interessante notar que o artigo não fala em "fornecedor" e sim em fabricante e importador. Conforme estudamos, quando o legislador não trata do gênero fornecedor é porque quer limitar a aplicação da norma a determinadas pessoas. Assim, por exemplo, estão excluídas da responsabilidade imputada no artigo as concessionárias de veículos, já que somente são responsáveis por venderem os automóveis e não fabricá-los. Por sua vez, a montadora, que é a fabricante de veículos, está inserida no dispositivo.

Verifica-se, portanto, uma responsabilidade pós-contratual do fornecedor para com o consumidor, prestigiando o princípio da boa-fé objetiva.

Assim, o art. 32 do CDC assegura ao consumidor o ***direito ao uso do ciclo completo do produto***, garantindo que ele possa utilizar o bem pelo tempo que corresponde à sua vida útil esperada. Essa garantia está fundamentada no *princípio da durabilidade adequada* dos produtos, previsto no Art. 4º, II, "d", do CDC, que exige que produtos e serviços ofereçam padrões adequados de qualidade, segurança, durabilidade e desempenho. Dessa forma, a norma protege o consumidor contra a obsolescência programada e o estimula para uma opção de uso consciente e sustentável. Além disso, esse direito ao acesso a peças e componentes de reposição contribui para o ***direito ao conserto*** – uma prática que estimula a manutenção, o reparo e o prolongamento do ciclo de vida dos produtos. Esse viés é também essencial para a sustentabilidade, pois evita o descarte antecipado de bens e, consequentemente, reduz a geração de resíduos e o impacto ambiental.

O CDC não estabelece qual seria esse prazo e nem o que *seria "período razoável de tempo"* que o fabricante e o importador devem disponibilizar as peças no mercado. Na ausência de lei regulamentadora, caberá ao juiz fazê-lo no caso concreto.

Visando definir a expressão "período razoável", o Decreto nº 2.181/1997, em seu art. 13, inciso XXI, dispõe que o "período razoável" nunca pode ser inferior ao tempo de vida útil do produto ou serviço.

Importante também frisar que o critério da vida útil deverá ser utilizado após a cessação da produção ou importação e não quando da compra em si. Assim, cessadas a produção e importação, o fabricante e o importador ainda deverão fornecer peças de reposição pelo período de vida útil do produto. Deste modo, não se conta o período da vida útil do produto quando da aquisição do mesmo e sim quando da cessação da produção e importação, cabendo ao fabricante e ao importador o ônus de demonstrar a cessação. Não havendo prova, presume-se que o produto ainda é fabricado e/ou importado.

O TJDFT julgou caso interessante envolvendo o roubo da frente removível do aparelho de som de veículo. O consumidor, considerando o valor significativo que pagou pelo som, ajuizou ação pretendendo obrigar a empresa Sony a substituir o aparelho, por outro modelo similar atual, mediante o pagamento apenas do valor referente à frente removível. O pleito do consumidor foi julgado procedente. Inconformada, a Sony apelou, sustentando que o bem em questão é indivisível, e que a frente destacável não se trata de um componente ou peça que possa ser disponibilizada separadamente. O TJDFT, mantendo a sentença, confirmou que a conduta da apelante fere frontalmente a norma inserta no parágrafo único do art. 32 do CDC, não sendo razoável que o consumidor adquira um produto de consumo durável, com a perspectiva de vir a utilizá-lo durante alguns anos, e, após três meses ou quatro meses da aquisição, não encontre mais à venda, no mercado, um de seus componentes principais.

A ementa ficou assim:

"Direito do Consumidor. Produto de Consumo Durável. Fim de produção do modelo. Obrigação quanto ao fornecimento de peças de reposição, por tempo razoável. Inteligência do art. 32, parágrafo único, do CDC. Cessada a produção de um modelo de produto de consumo durável, é dever do fabricante continuar a fornecer ao mercado peças ou componentes de reposição, por tempo razoável. No caso, tendo o consumidor adquirido um aparelho de som, na expectativa de poder utilizá-lo durante alguns anos, não é razoável que, quatro meses após a compra, não encontre para adquirir, nas próprias oficinas autorizadas pelo fabricante, o componente que lhe fora subtraído, sem o qual o aparelho não funciona." (TJDFT, ACJ 20030110838019, Rel. Jesuíno Rissato, *DJ* 04/08/2004).

PRINCIPAIS JURISPRUDÊNCIAS DO STF E STJ

Filmadora adquirida no exterior. Responsabilidade da empresa nacional da mesma marca.

"Direito do consumidor. Filmadora adquirida no exterior. Defeito da mercadoria. Responsabilidade da empresa nacional da mesma marca ("Panasonic"). Economia globalizada. Propaganda. Proteção ao consumidor. Se a economia globalizada não mais tem fronteiras rígidas e estimula e favorece a livre concorrência, imprescindível que as leis de proteção ao consumidor ganhem maior expressão em sua exegese, na busca do equilíbrio que deve reger as relações jurídicas, dimensionando-se, inclusive, o fator risco, inerente à competitividade do comércio e dos negócios mercantis, sobretudo quando em escala internacional, em que presentes empresas poderosas, multinacionais, com filiais em vários países, sem falar nas vendas hoje efetuadas pelo processo tecnológico da informática e no forte mercado consumidor que representa o nosso País. O mercado consumidor, não há como negar, vê-se hoje "bombardeado" diuturnamente por intensa e hábil propaganda, a induzir a aquisição de produtos, notadamente os sofisticados de procedência estrangeira, levando em linha de conta diversos fatores, dentre os quais, e com relevo, a respeitabilidade da marca. *Se empresas nacionais se beneficiam de marcas mundialmente conhecidas, incumbe-lhes responder também pelas deficiências dos produtos que anunciam e comercializam, não sendo razoável destinar-se ao consumidor as consequências negativas dos negócios envolvendo objetos defeituosos*" (STJ, REsp. 63981/SP, Rel. Min. Aldir Passarinho Júnior, *DJ* 20/11/2000).

Art. 33. Em caso de oferta ou venda por telefone ou reembolso postal, deve constar o nome do fabricante e endereço na embalagem, publicidade e em todos os impressos utilizados na transação comercial.

Parágrafo único. É proibida a publicidade de bens e serviços por telefone, quando a chamada for onerosa ao consumidor que a origina (incluído pela Lei nº 11.800, de 2008).

O Código estabelece uma obrigação de ostensiva identificação tanto para o fabricante, quanto para o importador quando pretenderem ofertar ou vender por telefone ou reembolso postal, ou qualquer outro tipo de contratação à distância, como os feitos atualmente pela Internet (verificação dos princípios da informação e da transparência).

Isso acontece porque o consumidor fica muito mais vulnerável quando são utilizadas tais práticas comerciais, pois, ao menos, é preciso saber o nome e endereço do fornecedor para poder reclamar algum problema ou saber maiores informações sobre o produto ou serviço adquirido ou ofertado.

Em 2008, a Lei nº 11.800 introduziu um parágrafo ao art. 33 do CDC proibindo a veiculação de publicidade de qualquer bem ou serviço durante ligações que o consumidor fizer a quaisquer fornecedores. O legislador visou conter os abusos dos fornecedores, que se valiam da vulnerabilidade do consumidor, e promoviam o oferecimento de produtos e serviços durante as chamadas onerosas feitas pelo consumidor a SACs (serviços de atendimento ao consumidor). Normalmente, em situações como essa, enquanto aguardava o atendimento, o consumidor era compelido a ouvir vários tipos de publicidade, o que onerava ainda mais a conta telefônica.

O parágrafo único, por sua vez, somente regulou as chamadas onerosas, ou seja, as chamadas realizadas e pagas pelo consumidor. Assim, ficaram de fora da normatização os *call centers* e os SACs gratuitos. Com relação a esses últimos, somente estarão liberados de veicular publicidade os que não foram abrangidos pelo Decreto nº 6.523/2008 (atualmente regulados pelo Decreto nº 11.034/2022). Isso porque, tanto o Decreto nº 6.523/2008 como o atual Decreto nº 11.034/2022, que regulamenta os serviços de atendimento ao consumidor (SAC) dos serviços regulados pelo poder público federal, determina que as ligações serão gratuitas e o atendimento das solicitações não deverá resultar em qualquer ônus para o consumidor. Ademais, é vedada a veiculação de mensagens publicitárias durante o tempo de espera para o atendimento, salvo se houver prévio consentimento do consumidor. Então, nos SACs abrangidos pelo decreto (energia elétrica, telefonia, televisão por assinatura, planos de saúde, aviação civil, empresas de ônibus, bancos e cartões de crédito fiscalizados pelo Banco Central), muito embora as ligações devam ser gratuitas, os fornecedores não poderão veicular publicidade durante a ligação, a não ser que o consumidor consinta expressamente.

Art. 34. O fornecedor do produto ou serviço é solidariamente responsável pelos atos de seus prepostos ou representantes autônomos.

Os fornecedores são responsáveis solidários por atos de seus prepostos ou representantes autônomos, mesmo que não guardem com aqueles nenhum vínculo trabalhista ou de subordinação, aumentando assim a proteção dos direitos dos consumidores.[455] Isso significa que o fornecedor é responsável não apenas por suas próprias ações, mas também pelas ações praticadas em seu nome por funcionários, agentes e representantes independentes, como vendedores comissionados ou franqueados.

> "Para o reconhecimento do vínculo de preposição, não é preciso que exista um contrato típico de trabalho; é suficiente a relação de dependência ou que alguém preste serviço sob o interesse e o comando de outrem" (STJ, REsp. 304.673, Min. Barros Monteiro, *DJ* 11/03/2002).

Para os consumidores é irrelevante que o fornecedor tenha um documento assinado pelo seu preposto ou representante assumindo os riscos do negócio, uma vez que esse ato não pode invalidar a lei.

455. Nesse mesmo sentido, o novo Código Civil, no art. 932, III, dispõe: "São também responsáveis pela reparação civil: o empregador ou comitente, por seus empregados, serviçais e prepostos, no exercício do trabalho que lhes competir, ou em razão dele."

Assim, a solidariedade prevista nesse artigo implica que o consumidor pode buscar reparação diretamente do fornecedor, independentemente de quem, especificamente, causou o dano na relação de consumo. Essa responsabilidade solidária é uma proteção essencial ao consumidor, pois facilita o acesso à reparação. Caso um representante cometa uma infração, o consumidor não precisa identificar, processar ou buscar reparação apenas contra esse agente, podendo exigir diretamente do fornecedor a reparação dos prejuízos.

Esse dispositivo também incentiva os fornecedores a monitorarem a conduta de seus prepostos e representantes autônomos, promovendo boas práticas e evitando abusos que possam prejudicar a confiança dos consumidores. Por exemplo, se um vendedor autônomo de uma empresa de cosméticos engana consumidores sobre os benefícios de um produto, a empresa é solidariamente responsável por essa prática enganosa e deve responder pelos danos causados, ainda que o vendedor atue de forma autônoma.

Além disso, essa responsabilidade solidária incentiva os fornecedores a investirem em treinamento e capacitação de seus representantes, assegurando um atendimento cortês e qualificado. Com o objetivo de minimizar riscos e promover transparência, muitas empresas passaram a adotar políticas de compliance, estabelecendo normas internas e códigos de conduta para alinhar o comportamento de seus representantes com os valores e compromissos éticos da organização.[456] Essas práticas buscam assegurar que todos os envolvidos na prestação de serviços ou venda de produtos ajam de acordo com os padrões de honestidade, transparência e respeito ao consumidor, fortalecendo a credibilidade e a confiabilidade da empresa no mercado.

Art. 35. Se o fornecedor de produtos ou serviços recusar cumprimento à oferta, apresentação ou publicidade, o consumidor poderá, alternativamente e à sua livre escolha:

I – exigir o cumprimento forçado da obrigação, nos termos da oferta, apresentação ou publicidade;

II – aceitar outro produto ou prestação de serviço equivalente;

III – rescindir o contrato, com direito à restituição de quantia eventualmente antecipada, monetariamente atualizada, e a perdas e danos.

Como consequência do princípio da vinculação contratual da publicidade disposto no art. 30, quando o fornecedor não cumprir a oferta ou publicidade, ou se não tiver condições de cumprir o que prometeu, o consumidor poderá optar 1) pelo cumprimento forçado da obrigação; ou 2) aceitar outro produto ou serviço equivalente, ou ainda; 3) se já tiver acertado o negócio, poderá pedir rescisão do contrato com a devolução da quantia paga, atualizada monetariamente. Vale a pena repetir: a opção por uma das alternativas é do consumidor!

---

456. A origem do termo "compliance" remonta ao verbo inglês to comply, que significa "conformar-se" ou "agir de acordo" com uma regra, norma ou pedido. Nos anos 1970, o conceito de compliance ganhou força nos Estados Unidos, após escândalos corporativos que levaram à criação de normas anticorrupção e regulamentações mais rígidas, como a Lei de Práticas de Corrupção no Exterior (FCPA) em 1977. *Compliance*, hoje, representa o conjunto de práticas, políticas e procedimentos adotados por empresas para garantir o cumprimento de normas legais, regulatórias e internas, visando a ética e a transparência em suas operações. É uma ferramenta essencial para prevenir irregularidades e fortalecer a confiança de consumidores, parceiros e investidores.

Em todas as hipóteses previstas nesse artigo, o consumidor pode ainda pedir indenização pelos eventuais danos sofridos em decorrência da quebra de confiança. Assim como nos arts. 18 a 20, embora a previsão das perdas e danos esteja contida em apenas uma das alternativas (no art. 35, está no inciso III), o consumidor sempre poderá pleitear o ressarcimento dos danos sofridos.

Questão interessante é saber se o fornecedor pode alegar que não houve culpa ou dolo de sua parte em relação ao anúncio veiculado. Antônio Herman Benjamin[457] explicita que é despiciendo a análise de tais institutos, uma vez que "a responsabilidade dos arts. 30 e 35 é objetiva, pois em seu texto em nada alude à culpa do anunciante, razão pela qual não pode o intérprete agregá-la, muito menos num contexto em que, seja pela vulnerabilidade da parte protegida (o consumidor), seja pelas características do fenômeno regrado (a publicidade), o Direito, antes mesmo da interferência do legislador, já se encaminhava na direção da objetivação da responsabilidade civil".

> Publicidade. Concurso. Prêmio. Numeração ilegível. Código de Defesa do Consumidor. A fornecedora de refrigerante que lança no mercado campanha publicitária sob forma de concurso com tampinhas premiadas, não se libera de sua obrigação ao fundamento de que a numeração é ilegível. O sistema do CDC, que incide nessa relação de consumo, não permite à fornecedora – que se beneficia com a publicidade – exonerar-se do cumprimento da sua promessa apenas porque a numeração que ela mesma imprimiu é defeituosa. A regra do art. 17 do Decreto nº 70.951/1972 apenas regula a hipótese em que o defeito tiver sido comprovadamente causado pelo consumidor (STJ, REsp. 396943/RJ; Rel. Ruy Rosado de Aguiar, DJ. 05/08/2002).

Outra situação que ocorre com certa frequência, principalmente no comércio eletrônico, é a empresa alegar, para o não cumprimento da obrigação, após a compra realizada pelo consumidor, que não possui mais o produto em estoque. Desta forma, o fornecedor, as vezes muitos dias após a compra, informa ao consumidor que seu dinheiro será estornado e o contrato rescindido, em razão da falta de produto em estoque. Nestes casos, a discussão é saber se o consumidor poderá se valer do art. 35 do CDC para exigir o cumprimento forçado da obrigação ou se o fornecedor poderia se eximir de sua obrigação, uma vez que, por não ter mais o produto em estoque, não tem como fazer a entrega ao consumidor.

Inicialmente, é importante constatar que o art.35 (que prestigia a preservação do negócio jurídico com a imposição do efetivo cumprimento nos termos da oferta) não prevê

457. *Código Brasileiro de Defesa do Consumidor Comentado Pelos Autores do Anteprojeto*. 6ª ed. Rio de Janeiro: Forense Universitária, 2000, p. 256.

nenhuma ressalva ou possibilidade do fornecedor se eximir de cumprir os incisos do referido artigo. Assim, uma vez feita a oferta ao consumidor e realizada a venda do produto, o fornecedor terá que se sujeitar às hipóteses do art. 35 do CDC, mais notadamente: *i)* o cumprimento forçado da obrigação com a entrega do produto ou serviço adquirido ou *ii)* a entrega de outro produto ou serviço equivalente. Conforme já ressalvado, a escolha caberá ao consumidor. Desta forma, a possibilidade de rescisão do contrato, com a devolução da quantia paga (inciso III do art. 35) somente se dará se o consumidor optar por esta alternativa.

O controle do estoque é de responsabilidade do fornecedor, de modo que não poderá alegar, para eximir-se de responsabilidade, que o produto e/ou serviço adquirido não existe mais e/ou acabou. Muitas vezes o consumidor gasta horas (e até dias) pesquisando o melhor preço para o produto que pretende adquirir e somente recebe a informação da impossilidade da entrega por falta de estoque alguns dias depois, frustrando a expectativa de receber o produto no prazo inicialmente informado.

Isso sem contar que, entre a data da compra inicialmente feita e a data em que o consumidor tiver que adquirir de outro fornecedor, poderá ter ocorrido um aumento significativo do preço do produto/serviço. Imagine, por exemplo, um produto importado que pode sofrer um aumento no preço de maneira repentina em razão da desvalorização do real frente ao dólar, fato corriqueiro em nosso país. Ou imagine que o consumidor aproveite um período promocional (como a Black Friday por exemplo) para adquirir um produto por um preço mais acessível. Caso a compra seja frustada em razão da não entrega por falta de estoque, provavelmente o consumidor não conseguirá comprar o produto pelo valor que pretendia pagar, uma vez que a promoção já terá acabado.

Assim, considerando que a responsabilidade pelo controle do estoque é do fornecedor, caso o consumidor exerça a opção do cumprimento forçado da obrigação (por realmente desejar aquele produto adquirido e não outro equivalente), e exisitindo o produto em empresas concorrentes, deverá o fornecedor que realizou a venda adquirir o produto vendido e não entregue de outro fornecedor para promover a entrega ao consumidor, cumprindo assim a finalidade do código.

Neste sentido, no REsp 1872048/RS, DJe 01/03/2021, foi o entendimento da Min. Nancy Andrighi, ao asseverar que "a possibilidade ou não do cumprimento da escolha formulada livremente pelo consumidor deve ser aferida à luz da boa-fé objetiva, de forma que, sendo possível ao fornecedor cumprir com a obrigação, entregando ao consumidor o produto anunciado, ainda que obtendo-o por outros meios, como o adquirindo de outros revendedores, não há razão para se eliminar a opção pelo cumprimento forçado da obrigação."

A única possibilidade de o fornecedor não ser obrigado ao cumprimento forçado da obrigação por falta de estoque é na hipótese de o produto não ser vendido em mais nenhum outro lugar (como por exemplo produtos próprios do fornecedor vendidos somente por ele). Neste caso, em razão da impossibilidade existencial do produto, o fornecedor somente ficaria obrigado a cumprir a entrega do produto equivalente ou a rescisão do contrato, com a devolução do valor pago pelo consumidor.[458]

---

458. No mesmo sentido foi o entendimento do STJ: "A impossibilidade do cumprimento da obrigação de entregar coisa, no contrato de compra e venda, que é consensual, deve ser restringida exclusivamente à inexistência absoluta do produto, na hipótese em que não há estoque e não haverá mais, pois aquela

Seção III
Da Publicidade

Art. 36. A publicidade deve ser veiculada de tal forma que o consumidor, fácil e imediatamente, a identifique como tal.

Parágrafo único. O fornecedor, na publicidade de seus produtos ou serviços, manterá, em seu poder, para informação dos legítimos interessados, os dados fáticos, técnicos e científicos que dão sustentação à mensagem.

Primeiramente, é necessário destacar uma distinção abordada pela doutrina acerca dos termos publicidade e propaganda. Para a maioria da doutrina, embora pareçam sinônimos, apresentam diferenças relevantes. O termo *publicidade* expressa o fato de tornar público (divulgar) o produto ou serviço, com o intuito de aproximar o consumidor do fornecedor, promovendo o lucro da atividade comercial. Já o termo *propaganda* expressa o fato de difundir uma ideia, promovendo a adesão a um dado sistema ideológico (*v.g.*, político, filosófico, religioso, econômico). O STJ não faz tal diferenciação, tratando-os como sinônimos.[459]

A publicidade no Brasil se encontrava sem regulamentação até o Código de Defesa do Consumidor, que a regulamentou e a sistematizou juridicamente.

O **Conselho Nacional de Autorregulamentação Publicitária (Conar)** é uma entidade privada brasileira fundada em 1980, com o objetivo de supervisionar e regulamentar a publicidade no país com base em normas éticas estabelecidas pelo Código Brasileiro de Autorregulamentação Publicitária (CBAP). Financiado e mantido pelo setor publicitário, o Conar reúne anunciantes, agências de publicidade e veículos de comunicação, estabelecendo um sistema de controle voluntário e autorregulado para evitar práticas de publicidade enganosa, abusiva ou que desrespeitem valores sociais. Embora sua atuação vise assegurar a ética na propaganda, o Conar não possui poder coercitivo legal, e suas decisões não têm força judicial; o cumprimento de suas normas depende da adesão voluntária dos envolvidos e do poder de influência da entidade no setor.

Agora, diante do CDC, subsistem duas formas de controle da publicidade: o controle legal, estabelecido pelo CDC, e o controle privado, já feito pelo Conar, ambas compatíveis entre si.

O CDC elenca uma série de princípios que devem ser verificados em relação à publicidade:[460] princípio da identificação da mensagem publicitária (art. 36); princípio da

espécie, marca e modelo não é mais fabricada." (STJ, REsp 1872048/RS, Rel. Ministra Nancy Andrighi, Terceira Turma, DJe 01/03/2021)

459. Também nesse sentido: Rizzatto Nunes. *Curso de Direito do Consumidor*, São Paulo: Saraiva, 2005, p. 421 e 422.

460. O professor Adalberto Pasqualotto assevera que embora o Brasil conte com normas robustas no CDC e diretrizes de autorregulamentação pelo Conar para controlar a publicidade enganosa e abusiva, esses mecanismos ainda são insuficientes para efetiva proteção do consumidor. O CDC estabelece princípios legais claros de veracidade e identificação da publicidade, enquanto o Conar aplica normas baseadas na ética do setor, mas sem poder coercitivo ou transparência nas decisões. Segundo o professor, a ausência de um controle prévio do conteúdo publicitário pelo Conar, tal como praticado na Europa com o "copy advice", limita a prevenção de danos ao consumidor, sugerindo que uma integração maior entre as diretrizes legais e a autorregulação poderia aperfeiçoar a fiscalização e assegurar que a publicidade

vinculação contratual da publicidade (art. 30); princípio da veracidade da publicidade (art. 37, § 1º); princípio da não abusividade da publicidade (art. 37, § 2º); princípio do ônus da prova a cargo do fornecedor (art. 38); princípio da transparência da fundamentação da publicidade (art. 36, parágrafo único); princípio da correção do desvio publicitário (art. 56, XII).

O art. 36 adota o ***princípio da identificação obrigatória da publicidade*** segundo o qual a publicidade, quando veiculada, tem o dever de ser identificada como tal, de modo fácil e imediato pelo consumidor. Visa o dispositivo legal, principalmente, proteger o consumidor, de modo a torná-lo consciente de que é o destinatário de uma mensagem publicitária e facilmente tenha condições de identificar o fornecedor (patrocinador), assim como o produto ou o serviço oferecido. É a proibição da chamada ***publicidade clandestina***.

Ao adquirir um produto ou serviço, o consumidor deve fazê-lo de modo racional e consciente, sem ser enganado ou induzido pelos anúncios publicitários, harmonizando e equilibrando as relações contratuais.

O princípio da identificação obrigatória da publicidade proíbe, portanto, a chamada ***publicidade subliminar***,[461-462-463] uma vez que atinge somente o inconsciente do indivíduo, fazendo com que não perceba que está sendo induzido a compras.

Outra técnica que comumente esbarra nesse princípio é o ***merchandising***. O *merchandising* é a técnica utilizada para veicular produtos e serviços de forma camuflada, inserindo-os em programas de televisão, rádio, espetáculos teatrais e filmes. O consumidor não sabe que está diante de uma publicidade, pois ela não se apresenta de forma ostensiva, mas, ao contrário, é usada dentro de um contexto não publicitário. De fato, quando o telespectador assiste aos comerciais inseridos durante os intervalos dos programas, está consciente de que produtos e serviços serão oferecidos mediante publicidade. Entretanto, quando está assistindo a um filme, teatro ou novela e o ator se refere a uma marca de refrigerante ou cerveja, o telespectador não sabe se está diante de atividade publicitária ou não.

Ao analisarmos a questão, percebemos que o CDC não proíbe expressamente o *merchandising*. O que o CDC repele é aquele utilizado de forma clandestina, ou seja, que não obedece ao princípio da identificação obrigatória da publicidade. Para que a técnica seja possível e legal, é preciso que o telespectador saiba, antes do filme ou da novela, por exemplo, quais produtos serão apresentados como *merchandising*, pois assim, ele poderá atuar de forma crítica e consciente na análise dos produtos e serviços utilizados pelos ato-

---

respeite os direitos do consumidor e os padrões éticos de mercado. Pasqualotto, Adalberto. Publicidade enganosa e abusiva: uma análise sobre a efetividade do seu controle com base em decisões do STJ e do Conar. *Revista de Direito do Consumidor*. vol. 139. ano 31. p. 195-212. São Paulo: Ed. RT, jan.-fev./2022.

461. A palavra subliminar se originou da fusão de duas palavras latinas: *sub* – abaixo de, e *limen* – limiar, ou seja, a palavra significa mensagem abaixo do limiar da percepção consciente.

462. A mensagem subliminar foi testada nos Estados Unidos, em meados de 1950, quando, em algumas sessões de cinemas de Nova Jersey, foram veiculadas várias imagens dizendo "coma pipoca" ("eat popcorn") ou "beba Coca-Cola" ("drink coke") na velocidade de 1/3000 de segundo, ou seja, totalmente imperceptíveis conscientemente aos olhos humanos. Os pesquisadores apontaram que a venda desses dois produtos aumentou significativamente na época.

463. Veja, ao final deste livro, alguns exemplos de publicidade subliminar.

res, evitando que seja induzido.[464] Mas, infelizmente, não é isso que se vê atualmente nos diversos programas e filmes veiculados.

Outra técnica ultimamente utilizada na publicidade é a ***gamificação***, que se conecta diretamente com a lógica da ***economia da atenção***. A economia da atenção se baseia na disputa pelo tempo e foco dos consumidores, transformando a atenção em um recurso valioso e explorado comercialmente. Dentro desse contexto, a gamificação surge como uma estratégia poderosa para capturar e manter esse foco, tornando experiências de consumo mais imersivas e envolventes.

A técnica da gamificação consiste em aplicar elementos característicos de jogos – como desafios, metas, recompensas e rankings – em contextos que não são originalmente lúdicos, como o trabalho, a educação e, especialmente, o consumo. O objetivo é tornar essas atividades mais atraentes e interativas, incentivando o engajamento e a participação do público.

No âmbito das relações de consumo, a gamificação é usada para aumentar o envolvimento do consumidor com uma marca, oferecendo experiências que remetem ao universo dos jogos, mas que têm uma finalidade comercial clara: fidelizar o cliente, promover a marca e estimular o consumo. Combinada à economia da atenção, essa técnica potencializa o tempo de permanência do consumidor em plataformas digitais, levando a decisões de compra impulsivas e, em alguns casos, à dependência de determinados serviços, como ocorre nas apostas on-line e em aplicativos de compras gamificados.[465]

Exemplos de gamificação incluem campanhas de redes de *fast food*, como o McDonald's, que utiliza jogos em suas promoções para oferecer prêmios a quem coleciona itens de suas embalagens, incentivando compras repetidas. Outro exemplo é o aplicativo Nike Plus, que utiliza um sistema de recompensas e desafios para motivar o consumidor a comprar produtos da marca e competir com outros usuários por metas de atividades físicas. Essa técnica é empregada por fornecedores para aumentar o envolvimento do consumidor com os produtos e serviços, promovendo uma conexão emocional e estimulando o desejo de consumo de maneira leve e indireta.[466]

No entanto, como a gamificação pode funcionar como uma forma de publicidade institucional, o Código de Defesa do Consumidor impõe o *princípio da identificação da publicidade*, que exige clareza de propósito nas mensagens publicitárias para garantir que o consumidor saiba que está sendo exposto a uma comunicação comercial.[467] A ideia é proteger

464. Nesse sentido, Antônio Herman de Vasconcellos e Benjamin. *In Código Brasileiro de Defesa do Consumidor Comentado Pelos Autores do Anteprojeto*. 6ª ed. Rio de Janeiro: Forense Universitária, 2000, p. 279.

465. A economia da atenção é um modelo no qual empresas e plataformas digitais competem para capturar e manter o foco dos consumidores. Por meio de estratégias como notificações constantes, algoritmos de recomendação e recompensas instantâneas, as empresas incentivam o engajamento prolongado, transformando a atenção humana em um recurso valioso e comercializável. No contexto dos jogos e apostas on-line, essa lógica contribui para a criação de ambientes altamente viciantes, explorando vulnerabilidades cognitivas e emocionais.

466. Vita, Jonathan Barros; Fuzetto, Murilo Muniz. A relação entre gamificação e relação de consumo à luz da psicologia de massas e da engenharia do consentimento. *Revista de Direito do Consumidor*. vol. 141. ano 31. p. 99-128. São Paulo: Ed. RT, mai./jun. 2022.

467. A **publicidade institucional** é uma estratégia de comunicação voltada para promover a imagem e os valores de uma empresa, organização ou marca, em vez de focar diretamente na venda de produtos ou serviços específicos. Seu objetivo é fortalecer a reputação da empresa e estabelecer um vínculo positivo

o consumidor de manipulações inconscientes, assegurando que a publicidade gamificada seja transparente e que o consumidor esteja ciente de que o engajamento é incentivado para promover o consumo.[468]

Uma prática publicitária que também fere o princípio da identificação da publicidade é a prática do "***unboxing***". O unboxing é uma estratégia de marketing utilizada em plataformas digitais como o YouTube, onde influenciadores – inclusive crianças e adolescentes – desembrulham e apresentam produtos na frente das câmeras, geralmente para um público infantil. Nesse tipo de vídeo, a apresentação de brinquedos, acessórios, alimentos e outros itens de consumo ocorre de forma descontraída e lúdica, parecendo apenas entretenimento, mas com clara intenção de estimular o desejo de compra. A prática aproveita-se do fato de que a criança não consegue distinguir a publicidade embutida no conteúdo, acreditando que a recomendação é autêntica e espontânea. Isso é ainda mais relevante no caso de crianças, definidas pelo CDC como hipervulneráveis, já que possuem entendimento limitado sobre a intenção persuasiva dos anúncios.

O *unboxing* viola, assim, esse princípio ao disfarçar publicidade como entretenimento, burlando as normas que exigem clareza e transparência na comunicação mercadológica. Assim, essa prática induz o público infantil ao consumo de forma abusiva e desleal, infringindo os direitos previstos no CDC que visam proteger os consumidores mais jovens.

Já a utilização do ***teaser*** não encontra óbice no CDC. Consiste o *teaser* em criar uma expectativa ou curiosidade em relação aos produtos ou serviços que serão lançados (ex.: "Aí vem o filme mais esperado do ano, aguardem!"). Nos dizeres de Plínio Cabral,[469] é "o anúncio do anúncio". Está expressamente regulado no art. 9º, parágrafo único do Código Brasileiro de Autorregulamentação Publicitária. O *teaser* representa apenas uma parte da mensagem publicitária, não se conseguindo obter todas as informações sobre os produtos e serviços. O que o CDC exige é que a mensagem publicitária seja facilmente identificada como um todo e não apenas uma parte. Somente quando se completar a mensagem publicitária é que se verificará a ofensa ao princípio da identificação obrigatória da publicidade. Ademais, o *teaser* não induz o indivíduo a consumir nenhum produto ou serviço, até mesmo porque eles somente serão identificados posteriormente. A técnica consiste, como já ressaltado, em apenas dar um maior impacto ao anúncio.

Outro princípio adotado no artigo é o ***princípio da transparência da fundamentação***, estipulado no parágrafo único, ordenando aos fornecedores manterem, em seu poder dados fáticos, técnicos e científicos capazes, a quem interessar, de comprovar a veracidade do vinculado na publicidade.

---

com o público, transmitindo princípios, ideias e compromissos, como sustentabilidade, responsabilidade social, inovação e ética. Um exemplo comum são as campanhas que promovem a sustentabilidade ou responsabilidade social da empresa, com foco em melhorar a imagem institucional e o posicionamento da marca a longo prazo. Em contraste, a **publicidade promocional** é voltada para promover diretamente produtos, serviços ou ofertas específicas, incentivando o consumo imediato. Seu objetivo principal é aumentar as vendas em curto prazo, criando um senso de urgência e atraindo o consumidor com descontos, condições especiais ou lançamentos. A publicidade promocional é muito comum em campanhas sazonais, como as de final de ano, ou em datas específicas como Black Friday, onde o foco está na venda direta e na conversão rápida.

468. Vita, Jonathan Barros; Fuzetto, Murilo Muniz. *Op. Cit.*

469. Propaganda: técnica da comunicação industrial e comercial. São Paulo: Atlas, 1986, p. 110.

O que se busca no dispositivo é fazer com que as informações publicitárias sejam dotadas de veracidade e correção, de modo a evitar que os anunciantes ofereçam vantagens fantasiosas ou irreais dos produtos ou serviços, para que o consumidor saiba, realmente, o que está adquirindo, em perfeita consonância com o princípio da boa-fé objetiva.

Assim, são comuns publicidades de sabão em pó em que o fornecedor elenca uma série de vantagens do produto, inclusive através de "testes comprovados" (muitas vezes, o objeto da publicidade é justamente demonstrar o teste ao consumidor, mostrando, por exemplo, que uma blusa branca suja fica limpa em poucos minutos de imersão no sabão em pó). Nesses casos, o fornecedor deverá comprovar, caso solicitado, que as informações publicitárias são verdadeiras e que não foram colocadas apenas para iludirem os consumidores.

Outro exemplo muito comum é o anúncio pelos cursos pré-vestibulares de que grande percentual das vagas de determinada faculdade ou universidade foram preenchidas por seus alunos. Nesses casos, caso exigido, o curso deverá demonstrar quais foram os alunos e a respectiva aprovação nos vestibulares, de modo a aferir se o percentual anunciado na publicidade é verídico ou não.

Vale lembrar que os exageros *(**puffing**)*, desde que não sejam capazes de induzir o consumidor a erro, por serem comuns e socialmente aceitos, como, por exemplo, o "*melhor carro do mundo*" ou "*a comida mais saborosa do mercado*", não sofrem a incidência do princípio da transparência da fundamentação, justamente porque o exagero é evidente e inofensivo ao consumidor. Essas afirmações, geralmente imprecisas e de difícil comprovação objetiva, visam atrair a atenção do consumidor e diferenciar o produto de forma entusiástica. Quando o puffing é utilizado de forma sutil e exagerada a ponto de confundir ou induzir o consumidor a expectativas irrealistas, ele pode violar o princípio da transparência. Nesses casos, a prática pode ser considerada enganosa, pois omite uma fundamentação objetiva e clara, ocultando os reais atributos do produto e prejudicando o direito de informação do consumidor, que deve sempre ser protegido contra práticas publicitárias ambíguas ou manipuladoras.

O não cumprimento do disposto no parágrafo único é caracterizado como ilícito penal de acordo com o art. 69.[470]

Art. 37. É proibida toda publicidade enganosa ou abusiva.

§ 1º É enganosa qualquer modalidade de informação ou comunicação de caráter publicitário, inteira ou parcialmente falsa, ou, por qualquer outro modo, mesmo por omissão, capaz de induzir em erro o consumidor a respeito da natureza, características, qualidade, quantidade, propriedades, origem, preço e quaisquer outros dados sobre produtos e serviços.

§ 2º É abusiva, dentre outras, a publicidade discriminatória de qualquer natureza, a que incite à violência, explore o medo ou a superstição, se aproveite da deficiência de julgamento e experiência da criança, desrespeita valores ambientais, ou que seja capaz de induzir

470. Art. 69 do CDC: "Deixar de organizar dados fáticos, técnicos e científicos que dão base à publicidade. Pena: Detenção de um a seis meses ou multa."

o consumidor a se comportar de forma prejudicial ou perigosa à sua saúde ou segurança.

§ 3º Para os efeitos deste código, a publicidade é enganosa por omissão quando deixar de informar sobre dado essencial do produto ou serviço.

§ 4º (Vetado).

O legislador proibiu de forma expressa a publicidade enganosa e a abusiva (os arts. 67 e 68 tratam das infrações penais relativas ao art. 37).[471]

A **publicidade enganosa** é aquela inteira ou parcialmente falsa, ou aquela capaz de induzir o consumidor ao erro. Primeiramente, é importante registrar que a publicidade não precisa ser totalmente falsa para ser caracterizada como enganosa. Basta que parte da publicidade, ainda que pequena, não corresponda à verdade para que se caracterize a enganosidade. A preocupação é que todas as informações passadas ao consumidor sejam verdadeiras. O fornecedor não poderá alegar que somente um item veiculado não era verdadeiro para tentar descaracterizar a publicidade enganosa. Assim, publicidade de máquina fotográfica que informa a resolução das fotos, a possibilidade de utilizá-la como filmadora, o peso e o tamanho, todos estes de maneira correta; mas informa que as fotos podem ser tiradas com nitidez em qualquer horário do dia (quando a máquina não possui o sistema de flashes) é enganosa, já que esta última informação é falsa (afinal de contas, sem o flash, o consumidor não conseguirá tirar com nitidez as fotos pela noite).

Mas ainda que todas as informações sejam verdadeiras, podemos ter publicidade enganosa. Segundo o parágrafo primeiro do art. 37, basta que a publicidade induza o consumidor a erro para que a publicidade também seja considerada enganosa. A análise da indução ao erro será objetiva, ou seja, independerá da intenção do fornecedor. Desta forma, mesmo que o fornecedor não tenha intenção de induzir o consumidor a erro, o que vale é o simples fato de o consumidor ter sido induzido.[472] Imagine uma montadora de automóveis veiculando publicidade em *outdoor* com preço promocional de carro popular. A publicidade contém o preço promocional em destaque (em tamanho bem grande) com a foto do carro. Acontece que o carro que aparece na foto contém roda de liga leve, antena de rádio, para-choque e retrovisores pintados da cor do veículo. Ou seja, mesmo sendo carro popular, contém alguns

---

471. "Art. 67. Fazer ou promover publicidade que sabe ou deveria saber ser enganosa ou abusiva:
Pena – Detenção de três meses a um ano e multa.
Parágrafo único. (Vetado)."
"Art. 68. Fazer ou promover publicidade que sabe ou deveria saber ser capaz de induzir o consumidor a se comportar de forma prejudicial ou perigosa à sua saúde ou segurança:
Pena – Detenção de seis meses a dois anos e multa:
Parágrafo único. (Vetado)."

472. "A publicidade enganosa, a luz do Código de Defesa do Consumidor (art. 37, CDC), não exige prova da vontade de enganar o consumidor, tampouco tal nefanda prática também colha que deva estar evidenciada de plano sua ilegalidade, ou seja, a publicidade pode ter aparência de absoluta legalidade na sua vinculação, mas, por omitir dado essencial para formação do juízo de opção do consumidor, finda por induzi-lo a erro ou tão somente coloca dúvidas acerca do produto ou serviço oferecido, contaminando sua decisão." (STJ, REsp 1317338/MG, Rel. Ministro Mauro Campbell Marques, Segunda Turma, DJe 01/04/2013)

itens que normalmente não são incluídos nos carros (na fabricação), sendo considerados como opcionais. Ao chegar perto deste *outdoor*, percebe-se que com letras bem pequenas, a publicidade informa que a foto do carro é meramente ilustrativa e que o preço ofertado se refere ao carro simples (sem os opcionais).

Analisando a publicidade, poderia se alegar que não houve informação falsa veiculada, pois, ainda que com letras pequenas, foi informado que a foto não corresponderia ao carro que estava sendo vendido na promoção. Porém, percebe-se, de maneira clara, que ainda que não contenha informação falsa, o consumidor é induzido a pensar que o preço promocional se refere ao carro da foto. E muitas vezes, somente quando vai à concessionária adquirir ou testar o veículo é que é informado que o preço se referia ao carro simples, caracterizando desta forma a publicidade enganosa.

A publicidade enganosa pode ser *comissiva*, quando afirma algo que, na verdade, não é; como por exemplo, anunciar que determinado veículo é o mais econômico da categoria quando existe outro mais econômico; ou *omissiva*, quando não informa sobre algo fundamental ("essencial") do produto ou serviço.[473]

Informação "essencial" é aquela cuja ausência pode influenciar o consumidor nas compras, uma vez que relevante aos produtos ou serviços e o consumidor a desconhece.

Elucidativo é o exemplo proposto por Rizzatto Nunes:[474] "por exemplo, não é omissão deixar de informar que um automóvel tem direção; que os pneus são de borracha, e que para pará-lo é preciso pisar no breque, pois são dados que, apesar de inerentes ao produto e essenciais para sua utilização, são por demais conhecidos pelo mercado e pelo consumidor, fazendo parte de sua experiência regular, não afetando a publicidade só porque não são apresentados."

Por sua vez, seria omissão "não informar que um apartamento vendido com preço diferenciado, bem abaixo do mercado, em região nobre e novo (isto é, que acaba de ser construído), não tem vaga de garagem. O pressuposto é que apartamentos novos em regiões nobres tenham vaga de garagem. Se aquele não tem, é um dado essencial que precisa ser veiculado."

Alguns anos atrás foram propostas ações civis públicas contra os fabricantes de televisores de plasma, tendo como fundamento suposta veiculação de publicidade enganosa por omissão no tocante à qualidade da imagem das TVs. Não teria sido divulgada a informação de que a imagem nas TVs de plasma é prejudicada quando o sinal é analógico. Também não teria sido informado que, em se tratando de sinal de TVs por assinatura, há formação de tarjas pretas grandes nas letras da tela manchando o plasma e causando o efeito "*burn-in*", caso permaneça por um período contínuo na tela (aproximadamente duas horas), o mesmo ocorrendo com a logomarca do canal que permanece estática na tela. Dessa forma,

473. O Min. Herman Benjamin resumiu bem a publicidade enganosa no RESP. 1828620 através da expressão *"o direito de não ser enganado"*. Apontou o ministro que "o direito de não ser enganado antecede o próprio nascimento do Direito do Consumidor, daí sua centralidade no microssistema do CDC. A oferta, publicitária ou não, deve conter não só informações verídicas, como também não ocultar ou embaralhar as essenciais. Sobre produto ou serviço oferecido, ao fornecedor é lícito dizer o que quiser, para quem quiser, quando e onde desejar e da forma que lhe aprouver, desde que não engane, ora afirmando, ora omitindo (= publicidade enganosa)." (STJ, REsp 1828620/RO, Rel. Ministro Herman Benjamin, Segunda Turma, julgado em 03/12/2019, DJe 05/10/2020)

474. *Curso de Direito do Consumidor*, 2ª ed. São Paulo: Saraiva, 2005, p. 479.

buscou-se a condenação dos fabricantes à adequação das publicidades das TVs de plasma, a "receber de volta todos os aparelhos" e, ainda, à "restituição imediata dos valores pagos".[475]

Ademais, todos aqueles que tiveram algum proveito com a publicidade enganosa respondem, solidariamente, perante o consumidor.

> É solidária a responsabilidade entre aqueles que veiculam publicidade enganosa e os que dela se aproveitam, na comercialização de seu produto (STJ, REsp. 327257/SP, Rela. Mina. Nancy Andrighi, *DJ* 16/11/2004).

Basta a mera potencialidade de engano para caracterizar a publicidade como enganosa, não necessitando de prova da enganosidade real. A aferição é feita abstratamente, buscando simplesmente a capacidade de induzir o consumidor a erro.

Uma modalidade de publicidade enganosa muito comum é a chamada "***publicidade chamariz***". Essa modalidade de publicidade consiste em atrair o consumidor de maneira enganosa a adquirir algum produto ou serviço. Isto acontece, por exemplo, quando um fornecedor anuncia determinado produto a preço altamente competitivo, mas, no momento em que o consumidor vai à loja adquirir o produto é informado que já havia esgotado o estoque. Assim, outros produtos similares são oferecidos ao consumidor; mas com preços não tão competitivos. Ou quando o fornecedor anuncia uma liquidação e no momento em que consumidor vai ao estabelecimento, percebe que a liquidação se refere somente a uma estante ou a algumas peças da coleção passada, passando, então, a sofrer o ataque do vendedor, que imediatamente lhe oferece outros produtos fora da liquidação.

O ***greenwashing*** (lavagem verde ou maquiagem verde), prática em que empresas promovem uma imagem ambientalmente responsável sem que suas ações sejam efetivamente sustentáveis, é uma forma de publicidade enganosa, proibida pelo CDC. No caso do *greenwashing*, empresas utilizam termos e imagens que sugerem práticas ecologicamente corretas, como "produto sustentável" ou "amigo do meio ambiente", sem embasamento real, levando o consumidor a acreditar que está adquirindo um produto que contribui para a preservação ambiental. Essa prática fere o direito à informação adequada e clara, previsto no art. 6º do CDC, e desrespeita a confiança do consumidor, que é induzido ao erro ao pensar que seu consumo está alinhado com práticas de sustentabilidade.[476]

Já o ***bluewashing*** (lavagem azul ou ***social washing***) é a prática corporativa na qual a empresa se autodenomina "azul", ou socialmente responsável, mas, na verdade, desrespeita

---

475. Outro exemplo relacionado a televisores é citado por Antônio Herman Benjamin: "O bom exemplo, tirado do mercado brasileiro, é o anúncio, feito pela Philips, de um televisor estéreo, o primeiro a ser comercializado no País. Só que o anunciante deixou de informar ao consumidor que tal qualidade especial – que o distinguia de seus similares – só era alcançável com a aquisição, à parte, de uma peça específica. Ora, o dado relevante para aquela aquisição – e por isso essencial – era exatamente a sua qualidade de sonoridade estéreo". *Manual de Direito do Consumidor*. São Paulo: RT, 2007, p. 207.

476. A proposta da Comissão Europeia de uma Diretiva para combater a prática de *greenwashing* foi aprovada pela Comissão Europeia e pelo Parlamento Europeu e, em 27 de março de 2024, a Diretiva 2024/825/UE1, destinada a fortalecer os direitos dos consumidores e capacitá-los na transição para práticas de consumo mais sustentáveis, entrou em vigor. A Diretiva 2024/825/UE altera as Diretivas 2005/29/CE (Diretiva sobre Práticas Comerciais Desleais – DPDC) e 2011/83/EU (Direitos do Consumidor). Nesse sentido, conferir: ATZ, Ana Paula. Comentários à Diretiva 2024/825/UE do Parlamento Europeu e do Conselho de 28 de fevereiro de 2024, que altera as Diretivas 2005/29/CE e 2011/83/UE. *Revista de Direito do Consumidor*. vol. 154. ano 33. São Paulo: Ed. RT, jul./ago. 2024.

os direitos ou marginaliza a comunidade onde está inserida. O azul (*blue*) do termo vem da cor da bandeira da ONU, defensora dos direitos sociais. Essa prática também configura uma forma de publicidade enganosa, pois induz o público a acreditar que a empresa adota políticas éticas e sustentáveis que, na realidade, não são implementadas, gerando uma falsa percepção de responsabilidade social.

A ***publicidade abusiva***, por sua vez, é aquela que fere a vulnerabilidade do consumidor, podendo ser até mesmo verdadeira, mas que, pelos seus elementos ou circunstâncias, ofendem valores básicos de toda a sociedade. O § 2º do artigo elenca, de modo exemplificativo, uma série de publicidades abusivas, como a que apresenta alguma forma de discriminação, que incita à violência, que explora o medo ou a superstição, a antiambiental, a indutora de insegurança, a que se aproveita da hipossuficiência da criança etc.

É comum verificarmos publicidades abusivas, principalmente envolvendo crianças.[477] Assim, não são admissíveis anúncios que causem em crianças um sentimento de inferioridade, caso não adquiram ou não possam adquirir um produto ou serviço; que estimulem o menor a constranger seus responsáveis ou terceiros a comprar determinado produto ou serviço. Como exemplos, tivemos aquela famosa propaganda de tênis, que posteriormente foi tirada do ar, em que aparecia um garoto destruindo um tênis para ensinar às crianças como ganhar um tênis novo daquela marca que estava sendo veiculada. Nesse caso, a sugestão pela destruição dos tênis era dada por uma famosa apresentadora de programa infantil. Outra propaganda que foi considerada abusiva veiculava uma criança com uma "tesourinha" na mão dizendo: "eu tenho, você não tem".

O STJ, em importante precedente, considerou abusiva a publicidade dirigida às crianças (publicidade infantil). Na hipótese, foi considerada publicidade abusiva e prática abusiva de venda casada o condicionamento do consumidor adquirir 5 embalagens de biscoito com o pagamento de R$ 5,00 para a aquisição de um relógio. Consta do voto do Rel. Humberto Martins que: "*é abusivo o marketing (publicidade ou promoção de venda) de alimentos dirigido, direta ou indiretamente, às crianças. A decisão de compra e consumo de gêneros alimentícios, sobretudo em época de crise de obesidade, deve residir com os pais. Daí a ilegalidade, por abusivas, de campanhas publicitárias de fundo comercial que utilizem ou manipulem o universo lúdico infantil (art. 37, § 2º, do Código de Defesa do Consumidor).*" (STJ, REsp 1558086/SP, Rel. Ministro Humberto Martins, Segunda Turma, DJe 15/04/2016)[478]

O que se busca é evitar o abuso frente à ingenuidade, inexperiência e o sentimento de lealdade das crianças.[479]

477. A Lei nº 12.921, de 26 dezembro de 2013, proibiu a fabricação, a comercialização, a distribuição e a propaganda de produtos nacionais e importados, de qualquer natureza, bem como embalagens, destinados ao público infanto-juvenil, reproduzindo a forma de cigarros e similares.

478. No mesmo sentido, reconhecendo como abusiva a publicidade de alimentos direcionada, de forma explícita ou implícita, a crianças: STJ, REsp 1.613.561-SP, Rel. Min. Herman Benjamin, Segunda Turma, julgado em 25/04/2017, DJe 01/09/2020.

479. O Decreto 9579/2018 reafirmou o direito à publicidade adequada às crianças, especificando as hipóteses de publicidade abusiva. O art. 29 dispõe que: "A publicidade é considerada abusiva à criança quando se aproveitar da sua deficiência de julgamento ou inexperiência, e especialmente quando: I – incitar qualquer forma de violência; II – explorar o medo ou a superstição; III – desrespeitar valores ambientais; IV – for capaz de induzi-la a se comportar de forma prejudicial ou perigosa à sua saúde ou à sua segurança; ou V – infringir o disposto em legislação específica de controle da publicidade. Parágrafo único.

No contexto do CDC, a responsabilidade pela publicidade é estruturada conforme o papel que cada agente desempenha na divulgação. O *anunciante* é quem arca com a maior carga de responsabilidade. Ele responde de forma objetiva, o que significa que qualquer dano causado pela publicidade veiculada é de sua inteira responsabilidade, independentemente de dolo ou culpa (má ou boa-fé).

Essa responsabilidade objetiva está alicerçada na confiança que o consumidor deposita na mensagem publicitária, já que a empresa que oferece o produto ou serviço é quem efetivamente se beneficia da atração gerada pela publicidade. O CDC, ao impor essa responsabilidade objetiva, evita que o anunciante possa argumentar sobre sua intenção ao elaborar o anúncio. Basta que a publicidade seja enganosa ou abusiva para que o anunciante seja responsável por qualquer prejuízo causado ao consumidor.

Já *agência de publicidade*, por sua vez, não carrega uma responsabilidade objetiva. Ela só será responsabilizada caso tenha agido com culpa ou dolo, isto é, se houve negligência ou intenção de enganar ao elaborar ou veicular a publicidade.

Esse entendimento se deve ao fato de que a agência atua, em regra, como intermediária na execução da campanha publicitária, sem possuir o mesmo nível de controle sobre o produto ou serviço anunciado. Cabe ao anunciante, que contrata e dirige as instruções, a decisão final sobre o conteúdo da publicidade.

Contudo, quando a agência omite dados importantes ou manipula informações de forma que o consumidor seja induzido ao erro, pode ser responsabilizada pelos danos causados, mas sempre em função de sua conduta culposa ou dolosa.

O mesmo acontece com os *veículos de comunicação* – como emissoras de televisão, rádio, jornais, revistas e plataformas digitais. Em termos práticos, os veículos de comunicação geralmente atuam como difusores da publicidade, sem interferir diretamente na sua criação, estrutura ou conteúdo específico. Isso os coloca, em regra, fora da responsabilidade objetiva que recai sobre o anunciante.

Contudo, existem situações em que os veículos de comunicação podem responder solidariamente por danos. Isso ocorre quando há omissão ou negligência grave na filtragem ou controle do conteúdo publicitário, principalmente se o veículo de comunicação tiver ciência de que o anúncio pode ser enganoso ou abusivo, ou quando não adota práticas mínimas de verificação para evitar que propagandas potencialmente prejudiciais sejam divulgadas. Assim, um site que deliberadamente aceita anúncios fraudulentos ou uma emissora que veicula propagandas sem atender a normas de verificação mínima podem ser corresponsáveis pelos danos causados, especialmente se houver indícios de omissão consciente ou participação.[480]

Caso seja necessário comprovar a não abusividade da publicidade, o ônus da correção incumbe ao seu patrocinador."

480. Nesse sentido é a jurisprudência do STJ. O STJ entendeu, por exemplo, que não pode o jornal responder por anúncio de instituição financeira em que se faz a oferta de juros tidos por abusivos. Assim, não é dever dos veículos de comunicação apurar, em princípio, veracidade ou abusividade do anúncio contratado, pois esse ônus é do fornecedor-anunciante. "As empresas de comunicação não respondem por publicidade de propostas abusivas ou enganosas. Tal responsabilidade toca aos fornecedores-anunciantes, que a patrocinaram (CDC, arts. 3º e 38). O CDC, quando trata de publicidade, impõe deveres ao anunciante

As *celebridades que endossam a publicidade* assumem uma responsabilidade mais delicada e situacional. Embora a atuação dessas figuras seja restrita ao papel de divulgar a marca, em casos de publicidade que resulte em prejuízo ao consumidor, há um entendimento de que a celebridade pode ser responsabilizada, desde que haja dolo ou culpa.

Assim, uma figura pública pode ser chamada a responder solidariamente caso tenha participado conscientemente de uma campanha que cause danos aos consumidores, especialmente se tiver ciência dos potenciais enganos. Mas, em campanhas onde a celebridade se limita a atuar como mero rosto ou voz da marca, sem envolvimento direto com o conteúdo ou sem possibilidade de intervir, a responsabilidade geralmente recai exclusivamente sobre o anunciante. Casos de "*publicidade de palco*", por exemplo, onde o apresentador endossa produtos ao vivo, são tratados sem corresponsabilidade para o apresentador se ele não participa da criação ou controle do produto.[481]

Já a responsabilidade dos *influenciadores digitais* (*digital influencers*) no CDC é especialmente relevante diante da forte influência e proximidade que exercem sobre o público.[482] Quando realizam publicidade de forma velada, sem a devida identificação, ferem o art. 36 do CDC, que exige a transparência na comunicação publicitária. Esse artigo fundamenta o princípio da identificação da publicidade, assegurando ao consumidor o direito de saber quando uma mensagem é um anúncio.

Em casos onde o influenciador disfarça o caráter comercial de um conteúdo, induzindo o seguidor a crer que se trata de uma opinião pessoal ou conselho isento, ocorre uma violação desse direito, o que pode levar à responsabilização do influenciador por omissão de informação essencial. Tal prática lesiona a confiança do consumidor e compromete a clareza da publicidade, um direito básico que o CDC visa proteger para evitar manipulação e práticas comerciais desleais.

Outro aspecto de responsabilidade decorre do art. 30, que define o princípio da vinculação da publicidade. Influenciadores que garantem benefícios como brindes ou promoções

– não às empresas de comunicação. (art. 3º, CDC)" (STJ, REsp. 604172 / SP, Rel. Min. Humberto Gomes de Barros, DJ 21/05/2007).

481. O STJ entendeu que a responsabilidade pela oferta de produtos ou serviços anunciados em programas de TV, especialmente em apresentações ao vivo, recai sobre o anunciante e não sobre a emissora ou seu apresentador, ainda que este exalte a qualidade do que está sendo promovido. Assim, a "publicidade de palco" não torna a emissora ou o apresentador corresponsáveis pelo cumprimento das promessas do produto ou serviço divulgado. O Ministro Luis Felipe Salomão, ao acompanhar o relator, destacou que a análise de responsabilidade da empresa de comunicação deve considerar o caso concreto, permitindo que se avalie eventual abuso ou vício manifesto na publicidade, com base no conceito de fornecedor e na cadeia de consumo estabelecida pelo Código de Defesa do Consumidor (CDC). (STJ, REsp 1.157.228-RS, Rel. Min. Aldir Passarinho Junior, 3ª Turma, DJ 3/2/2011).

482. Segundo Carlos Mendes Monteiro da Silva e Dante Ponte de Brito, a diferença básica entre celebridades e influenciadores digitais está na forma e na proximidade com que se relacionam com o público. Celebridades são conhecidas por suas habilidades específicas, como atuar ou cantar, e sua imagem é promovida pela mídia tradicional, com uma relação mais distante e de admiração. Já influenciadores digitais constroem uma relação íntima e direta com seus seguidores nas redes sociais, baseada em empatia e acessibilidade. Eles criam e compartilham conteúdo regularmente, o que gera confiança e proximidade, tornando-os mais eficazes em persuadir o público na recomendação de produtos e serviços. (Silva, Carlos Mendes Monteiro da; Brito, Dante Ponte de. Há responsabilização dos influenciadores digitais pela veiculação de publicidade ilícita nas redes sociais? *Revista de Direito do Consumidor*. vol. 133. ano 30. p. 205-221. São Paulo: Ed. RT, jan./fev. 2021)

para seguidores que adquiram produtos ou serviços criam para si um vínculo de garantia dessa oferta. A teoria da aparência se aplica aqui, pois a palavra e a imagem do influenciador são frequentemente percebidas pelo consumidor como uma extensão da própria marca.

Esse vínculo implica que, se um consumidor compra um produto ou serviço com base em uma promessa feita pelo influenciador, este pode ser responsabilizado caso o benefício não seja entregue conforme anunciado. Assim, o influenciador assume a função de endossar a veracidade da promoção, respondendo solidariamente por eventuais descumprimentos da oferta publicitária que, por sua atuação, foi vinculada à expectativa do consumidor.

Por fim, em casos de publicidade enganosa ou abusiva (art. 37 do CDC), cabe responsabilidade ao influenciador quando este, por dolo ou culpa, promove produtos ou serviços que possam prejudicar o consumidor. A responsabilidade aqui se torna evidente quando o influenciador tinha condições de saber, ou poderia ter se informado, sobre a veracidade ou os riscos do que estava promovendo.

Quando um influenciador divulga algo que pode trazer danos ao consumidor – como produtos sem eficácia comprovada ou que apresentam riscos à saúde –, sua omissão ou negligência caracteriza uma infração ao dever de cuidado na publicidade, impondo a responsabilidade pelos danos causados.[483-484]

Provar a culpa do influenciador é muitas vezes difícil para o consumidor, que geralmente não possui acesso a informações que demonstrem se o influenciador sabia dos riscos ou omissões na publicidade. Para equilibrar essa dificuldade, é possível a inversão do ônus da prova, permitindo que o influenciador tenha que provar que agiu com diligência e transparência. Assim, cabe a ele demonstrar que a divulgação foi feita de boa-fé e que não houve engano ou risco ao consumidor, facilitando o acesso à justiça e à reparação de danos.

---

483. Para Marília Sampaio e Thainá Bezerra, a responsabilidade dos influenciadores digitais é objetiva e fundamenta-se em seu papel central na cadeia de consumo e na confiança que estabelecem com seus seguidores. As autoras argumentam que os influenciadores, ao promoverem produtos e serviços, agem como "fornecedores equiparados" segundo o CDC, o que os torna sujeitos ao mesmo rigor de responsabilização civil. Esse entendimento considera que, ao atuarem como intermediários entre as marcas e o público, os influenciadores devem assegurar a transparência de suas mensagens publicitárias, respeitando princípios como a boa-fé e a tutela da confiança do consumidor. (Sampaio, Marília de Ávila e Silva; Miranda, Thainá Bezerra. A responsabilidade civil dos influenciadores digitais diante do Código de Defesa do Consumidor. *Revista de Direito do Consumidor*, vol. 133, ano 30, pp. 175-204, São Paulo: Ed. RT, jan./fev. 2021)

484. O TJSP entendeu que influenciadores digitais não possuem responsabilidade civil por inadimplemento de produto anunciado quando atuam apenas como divulgadores, sem envolvimento direto no fornecimento ou controle da qualidade do produto. No caso analisado, uma influenciadora promoveu a venda de um smartwatch em rede social, mas o produto não foi entregue à compradora. A compradora, então, ingressou com ação buscando responsabilizar o influenciador e a empresa fornecedora. A corte manteve a sentença que afastou a responsabilidade do influenciador digital, considerando que este atuou unicamente como "garoto-propaganda" e que a responsabilidade objetiva por falhas no produto ou no serviço anunciado é do fornecedor, conforme o artigo 38 do Código de Defesa do Consumidor (CDC). Assim, a responsabilidade pelo cumprimento da oferta recai exclusivamente sobre o anunciante que patrocinou a publicidade, sem que o influenciador tenha o dever de apurar a veracidade das informações ou garantir o sucesso da transação. A decisão do TJSP, portanto, preservou o entendimento de que o influenciador digital que apenas divulga produtos não se torna corresponsável pelo inadimplemento do fornecedor, a menos que tenha participação direta na transação. (TJSP, Processo n. 1006926-92.2020.8.26.0223, 6ª Turma Cível - Santos, Rel. Suzana Pereira da Silva, j. 29/06/2021).

Uma diferenciação importante na publicidade feita por influenciadores digitais surge quando eles atuam apenas divulgando a marca ou produto, em comparação aos casos em que são remunerados com base na quantidade de vendas realizadas.

No primeiro cenário, o influenciador, mesmo ao receber por uma publicação paga, desempenha um papel mais distante do processo de consumo, sendo apenas um promotor da marca (havendo responsabilidade subjetiva como explanado acima). Entretanto, quando a remuneração está atrelada diretamente ao volume de vendas – como ocorre em campanhas onde o influenciador recebe comissões por cada venda gerada pelo seu link ou código promocional – ele passa a integrar ativamente a cadeia de fornecimento. Nesse caso, o influenciador é considerado um "fornecedor equiparado" nos termos do CDC, assumindo responsabilidades semelhantes às dos demais fornecedores, uma vez que sua participação afeta diretamente o processo de venda e a decisão de compra do consumidor.[485]

Em conclusão, a responsabilidade do influenciador digital, quando da divulgação das marcas e produtos, embora dependa da análise de culpa, assim como ocorre com as celebridades, exige uma avaliação mais cuidadosa.

Isso se deve à influência profunda e direta que o influenciador exerce sobre seus seguidores, construída com base em proximidade e confiança nas redes sociais. Diferente de uma celebridade que anuncia em mídias tradicionais como rádio ou TV, o influenciador engaja e impacta seus seguidores de forma mais pessoal e persuasiva, o que pode amplificar as expectativas e decisões de consumo do público.[486]

Assim, a análise de sua responsabilidade deve considerar o poder que sua imagem e palavras têm de influenciar o consumidor, reforçando a necessidade de transparência e zelo na publicidade para proteger o consumidor. Dependendo do caso, a responsabilidade do influenciador pode ser objetiva, aplicando-se independentemente de culpa, especialmente

485. Em um caso recente, O TJSC entendeu que influenciadores digitais podem ser responsabilizados por publicidade enganosa quando atuam além do papel de anunciantes, passando a integrar a relação de consumo. No caso, um influenciador famoso por sua participação no reality show "Big Brother Brasil - 2021" e por manter um perfil de grande alcance no Instagram (com mais de 3,7 milhões de seguidores) promoveu produtos de uma loja, alegando publicamente ser o proprietário. Ele assumiu compromisso, em vídeo, de resolver as reclamações dos consumidores que não receberam suas compras, reforçando a confiança de seus seguidores de que, ao adquirirem os produtos anunciados, estariam amparados por ele. Dessa forma, o tribunal entendeu que o influenciador excedeu o papel de mero "garoto-propaganda", pois sua postura demonstrou uma associação direta e ativa com o negócio. O TJSC concluiu que o influenciador integrou a cadeia de fornecimento e, portanto, deveria ser responsabilizado pela ausência de entrega dos produtos, reconhecendo a ocorrência de danos materiais e morais ao consumidor. A Segunda Turma Recursal do TJSC, por fim, decidiu manter a sentença que condenou o influenciador, aplicando a responsabilidade solidária com a loja fornecedora, e ressaltou a importância de proteger o consumidor diante das novas práticas de publicidade digital. (TJSC, Recurso Cível n. 5015593-34.2022.8.24.0045, rel. Edson Marcos de Mendonça, Segunda Turma Recursal, j. 23/04/2024).

486. Segundo pesquisa realizada pela QualiBest com 2 mil internautas que acessam pelo menos 2 redes sociais com frequência, 63% dos respondentes disseram que gostam que os influenciadores digitais recomendem produtos, 55% acham que essas recomendações são menos invasivas do que os anúncios na Internet e na TV, e 50% costumam pesquisar a opinião dos influenciadores antes de comprar produtos e serviços. Além disso, verificou-se que os influenciadores digitais são a segunda fonte de informação para a tomada de decisão na compra de um produto, perdendo apenas para amigos e parentes. QUALIBEST, Instituto. *Marketing com influenciadores: saiba como construir uma estratégia*. Instituto QualiBest, 21 dez. 2019. Disponível em: [www.institutoqualibest.com/blog/dicas/marketing-com-influenciadores-saiba-como-construir-uma-estrategia]. Acesso em: 12/11/2024.

quando ele participa diretamente da cadeia de fornecimento e obtém benefícios econômicos. Conforme já explorado, nos casos em que o influenciador digital é remunerado pelo volume das vendas que sua divulgação alcança, sua responsabilidade será objetiva por integrar a cadeia de fornecimento.

O CDC, por sua vez, no art. 60, de forma a desfazer o malefício da publicidade enganosa ou abusiva e para melhor proteger os direitos dos consumidores, estipulou a imposição de contrapropaganda que será divulgada pelo responsável da mesma forma, frequência e dimensão e, preferencialmente, no mesmo veículo, local, espaço e horário.

A contrapropaganda visa tanto reparar a verdade da publicidade enganosa como também desqualificar a mensagem abusiva, reparando, ao final, o direito à informação do consumidor que foi violado.

Por fim, convém destacar o ***princípio da lealdade publicitária***, que não foi inserido na seção III "*Da Publicidade*" (arts. 36 ao 38), e sim no art. 4º, VI, ao instituir como princípio da política nacional das relações de consumo a "*coibição e repressão eficientes de todos os abusos praticados no mercado de consumo, inclusive a concorrência desleal e utilização indevida de inventos e criações industriais das marcas e nomes comerciais e signos distintivos, que possam causar prejuízos aos consumidores*".

O princípio da lealdade publicitária é utilizado como parâmetro nas chamadas publicidades comparativas. A publicidade comparativa ocorre, diz Fernando Gherardini Santos,[487] "quando a mensagem destaca um produto ressaltando suas características em relação a outros similares de outras marcas".

A **publicidade comparativa** é permitida, mas tem que observar algumas regras estabelecidas no Código Brasileiro de Autorregulação Publicitária (CBAP), além dos princípios instituídos no CDC.

O art. 32 do CBAP estabelece que:

> Tendo em vista as modernas tendências mundiais – e atendidas as normas pertinentes do Código da Propriedade Industrial, a publicidade comparativa será aceita, contanto que respeite os seguintes princípios e limites:
>
> a. seu objetivo maior seja o esclarecimento, se não mesmo a defesa do consumidor;
>
> b. tenha por princípio básico a objetividade na comparação, posto que dados subjetivos, de fundo psicológico ou emocional, não constituem uma base válida de comparação perante o Consumidor;
>
> c. a comparação alegada ou realizada seja passível de comprovação;
>
> d. em se tratando de bens de consumo a comparação seja feita com modelos fabricados no mesmo ano, sendo condenável o confronto entre produtos de épocas diferentes, a menos que se trate de referência para demonstrar evolução, o que, nesse caso, deve ser caracterizado;
>
> e. não se estabeleça confusão entre produtos e marcas concorrentes;
>
> f. não se caracterize concorrência desleal, denegrimento à imagem do produto ou à marca de outra empresa;
>
> g. não se utilize injustificadamente a imagem corporativa ou o prestígio de terceiros;

487. *Direito do* marketing*: uma abordagem jurídica do* marketing *empresarial*. São Paulo: Ed. Revista dos Tribunais, 2000, p. 32.

h. quando se fizer uma comparação entre produtos cujo preço não é de igual nível, tal circunstância deve ser claramente indicada pelo anúncio.

Caso não sejam respeitadas essas regras delimitadas no CBAP e os princípios instituídos no CDC, e vindo a causar danos ao consumidor ou ao fornecedor concorrente, a empresa patrocinadora da publicidade comparativa pode ser responsabilizada.

> "DIREITO MARCÁRIO E DO CONSUMIDOR. PROPAGANDA PUBLICITÁRIA COMPARATIVA ENTRE PRODUTOS. ESCLARECIMENTO OBJETIVO DO CONSUMIDOR. POSSIBILIDADE. 1. A propaganda comparativa é forma de publicidade que identifica explícita ou implicitamente concorrente de produtos ou serviços afins, consagrando-se, em verdade, como um instrumento de decisão do público consumidor. 2. Embora não haja lei vedando ou autorizando expressamente a publicidade comparativa, o tema sofre influência das legislações consumerista e de propriedade industrial, tanto no âmbito marcário quanto concorrencial. 3. A publicidade comparativa não é vedada pelo Código de Defesa do Consumidor, desde que obedeça ao princípio da veracidade das informações, seja objetiva e não abusiva. 4. Para que viole o direito marcário do concorrente, as marcas devem ser passíveis de confusão ou a referência da marca deve estar cumulada com ato depreciativo da imagem de seu produto/serviço, acarretando a degenerescência e o consequente desvio de clientela. 5. Conforme ressaltado em outros julgados desta Corte, a finalidade da proteção ao uso das marcas – garantida pelo disposto no art. 5º, XXIX, da Constituição da República e regulamentada pelo art. 129 da LPI – é dupla: por um lado, protegê-las contra usurpação, proveito econômico parasitário e o desvio desleal de clientela alheia e, por outro, evitar que o consumidor seja confundido quanto à procedência do produto (art. 4º, VI, do CDC) (REsp 1.105.422/MG, Rel. Ministra Nancy Andrighi, Terceira Turma, DJe 18/05/2011 e REsp 1320842/PR, Rel. Ministro Luis Felipe Salomão, Quarta Turma, DJe 01/07/2013). 6. Propaganda comparativa ilegal é aquela que induz em erro o consumidor, causando confusão entre as marcas, ocorrendo de maneira a depreciar a marca do concorrente, com o consequente desvio de sua clientela, prestando informações falsas e não objetivas. 7. Na espécie, consoante realçado pelo acórdão recorrido, as marcas comparadas não guardam nenhuma semelhança, não sendo passíveis de confusão entre os consumidores. Ademais, foram prestados esclarecimentos objetivos sem denegrir a marca da concorrente, pelo que não se verifica infração ao registro marcário ou concorrência desleal. 8. Recurso especial não provido." (REsp 1377911/SP, Rel. Ministro Luis Felipe Salomão, Quarta Turma, julgado em 02/10/2014, DJe 19/12/2014).

Em dois outros julgados, o STJ sintetizou bem as hipóteses em que consideram a publicidade comparativa abusiva:

> "Consoante a jurisprudência desta Corte, a publicidade comparativa, apesar de ser de utilização aceita, encontra limites na vedação à propaganda (i) enganosa ou abusiva; (ii) que denigra a imagem ou gere confusão entre os produtos ou serviços comparados, acarretando degenerescência ou desvio de clientela; (iii) que configure hipótese de concorrência desleal e (iv) que peque pela subjetividade e/ou falsidade das informações." (STJ, REsp 1481124/SC, Rel. Ministro Ricardo Villas Bôas Cueva, Terceira Turma, DJe 13/04/2015)

> "PUBLICIDADE COMPARATIVA COMO PRÁTICA ABUSIVA 9. Publicidade comparativa, em si, não contradiz o espírito e a letra do CDC. Muito ao contrário, serve para ampliar o grau e a qualidade da informação existente no mercado, estimulando a concorrência e fortalecendo a liberdade de escolha do consumidor. Contudo, o legal vira ilícito, e o legítimo vira abusivo quando a publicidade comparativa manipula ou suprime dados, ou os utiliza infringindo condição de divulgação fixada pela fonte de origem. Em tais circunstâncias, a publicidade comparativa se converte em prática abusiva, podendo, em acréscimo e simultaneamente, tipi-

ficar oferta (publicitária ou não) enganosa ou abusiva." (STJ, REsp 1794971/SP, Rel. Ministro Herman Benjamin, Segunda Turma, DJe 24/06/2020)

O Decreto nº 2.181/1997, estabelecendo as normas gerais de aplicação das sanções administrativas previstas no CDC, autoriza em seu art. 60 a utilização, através da publicidade comparativa, dos dados reunidos no cadastro de reclamações, tratados pelo art. 44 do CDC. Assim, institutos de defesa do consumidor, por exemplo, podem divulgar listas de produtos comparando preços e outras características, de modo a alertar e informar melhor os consumidores sobre o mercado de consumo.

Sobre o princípio da lealdade publicitária, conferir os comentários feitos ao inciso VI do art. 4º, bem como a sua aplicação pelo STJ.

PRINCIPAIS JURISPRUDÊNCIAS DO STF E STJ
PUBLICIDADE ABUSIVA

Publicidade abusiva ocorre quando ataca valores fundamentais do Estado Social de Direito

O STJ entendeu que a publicidade de produtos e serviços deve respeitar limites éticos e jurídicos, sendo considerada abusiva quando atinge valores essenciais, como dignidade humana, saúde, segurança, proteção de grupos vulneráveis, sustentabilidade, igualdade e não discriminação. Além disso, o fornecedor tem liberdade para divulgar seus produtos, desde que não engane o consumidor com informações falsas ou omissões (publicidade enganosa) nem viole princípios fundamentais da sociedade. (STJ, REsp 1.828.620/RO, Rel. Min. Herman Benjamin, Segunda Turma, DJ 05/10/2020).

Uso de animal ameaçado de extinção em propaganda caracteriza publicidade abusiva

O STJ entendeu que a utilização de chimpanzés, espécie ameaçada de extinção e integrante do Anexo I da CITES, em campanhas publicitárias configura publicidade abusiva, conforme o art. 37, § 2º, do CDC. O fato de o animal ser exótico ou criado em cativeiro não afasta a infração, pois a publicidade desrespeita valores ambientais protegidos pelo ordenamento jurídico. Assim, a veiculação de anúncios com animais ameaçados pode sujeitar os responsáveis a sanções e indenizações. (STJ, REsp 1.549.459/SP, Rel. Min. Herman Benjamin, Segunda Turma, DJ 01/09/2020).

Publicidade com conteúdo moralmente inadequado pode gerar dano moral coletivo

O STJ reafirmou que campanhas publicitárias que afrontam valores essenciais da sociedade podem ser consideradas abusivas e ensejar dano moral coletivo. No caso analisado, a propaganda continha um diálogo com conotação sexual inadequada, o que levou ao reconhecimento de sua abusividade. O Tribunal ressaltou que, ao violar interesses transindividuais, a publicidade abusiva deve ser reprimida com condenação em danos morais coletivos, a fim de garantir a função pedagógica e preventiva da responsabilidade civil. (STJ, REsp 1.655.731/SC, Rel. Min. Nancy Andrighi, Terceira Turma, DJ 16/05/2019).

Cartões informativos dentro de embalagens de cigarro não configuram publicidade abusiva

O STJ decidiu que a inserção de cartões informativos no interior das embalagens de cigarro (cartões inserts ou onserts) não caracteriza publicidade abusiva, pois não há estímulo ao consumo do produto. Diferentemente da publicidade tradicional, que busca persuadir o consumidor por meio de elementos sensoriais e psicológicos, esses cartões apenas informam sobre o novo layout das embalagens. Assim, como não há violação às restrições legais sobre propaganda de cigarros, também não há fundamento para a condenação em danos morais coletivos. (STJ, REsp 1.703.077/SP, Rel. p/ Acórdão Min. Moura Ribeiro, Terceira Turma, DJ 15/02/2019).

PUBLICIDADE ENGANOSA POR COMISSÃO

Publicidade enganosa gera dano moral coletivo e violação ao direito à informação

O STJ entendeu que a publicidade enganosa não se limita a meros aborrecimentos do consumidor, mas representa uma violação ao direito fundamental à informação, podendo gerar dano moral coletivo. No caso analisado, empresas anunciaram veículos sem fornecer informações essenciais, induzindo consumidores a erro. O Tribunal reafirmou que a indenização coletiva é cabível sempre que há clara violação ao CDC, independentemente de dolo ou culpa, pois a responsabilidade do fornecedor decorre do risco da atividade e do dever de transparência. (STJ, REsp 1.828.620/RO, Rel. Min. Herman Benjamin, Segunda Turma, DJ 05/10/2020).

Venda a crédito com juros embutidos sem informação clara configura publicidade enganosa

O STJ decidiu que a ocultação de juros em ofertas publicitárias de financiamento constitui uma das formas mais nocivas de publicidade enganosa, violando o dever de informação previsto no CDC. Expressões como "sem juros" ou omissões sobre taxas e encargos são consideradas enganosas quando ocultam o custo real do crédito. Informações essenciais, como o montante dos juros e o valor total do financiamento, devem ser claras e visíveis, não podendo ser disfarçadas em letras minúsculas, rodapés ou mensagens rápidas de difícil compreensão. (STJ, REsp 1.828.620/RO, Rel. Min. Herman Benjamin, Segunda Turma, DJ 05/10/2020).

Oferta de veículo com destaque para parcelas reduzidas sem informação clara sobre aumento posterior é publicidade enganosa

O STJ entendeu que anúncios que induzem o consumidor a erro ao destacar parcelas reduzidas sem esclarecer de forma ostensiva o aumento significativo das prestações posteriores configuram publicidade enganosa. No caso analisado, uma montadora anunciava parcelas de R$ 299, mas essa condição era válida apenas para as 12 primeiras prestações, sendo as demais muito superiores. Como a informação completa foi inserida apenas em mensagem secundária, a publicidade foi considerada ilícita, justificando a aplicação de penalidade administrativa. (STJ, AgInt no AREsp 1.086.752/SP, Rel. Min. Napoleão Nunes Maia Filho, Primeira Turma, DJ 18/12/2020).

Promessa enganosa de efeitos terapêuticos em produto gera dever de indenizar

O STJ reconheceu a violação da boa-fé objetiva e a configuração de dano moral in re ipsa na comercialização de almofadas anunciadas com falsas promessas terapêuticas. O caso envolveu a venda de um produto alegadamente capaz de tratar diversas doenças, induzindo consumidores vulneráveis, especialmente idosos, a financiamentos fraudulentos para adquiri-lo. Como a propaganda explorou a fragilidade da saúde dos consumidores e utilizou alegações sem respaldo científico, a indenização foi considerada devida. (STJ, REsp 1.250.505/RS, Rel. Min. Maria Isabel Gallotti, Quarta Turma, DJ 04/11/2016).

Normas do CDC sobre publicidade enganosa podem ser aplicadas em relações civis sem vínculo de consumo

O STJ decidiu que as normas do Código de Defesa do Consumidor sobre publicidade enganosa possuem caráter principiológico e podem ser aplicadas mesmo em relações civis que não envolvem diretamente uma relação de consumo. No caso julgado, uma empresa de comunicação manipulou dados em um anúncio para prejudicar concorrentes, induzindo o público a erro. A Corte reafirmou que a liberdade de expressão não permite a divulgação de informações distorcidas e que a responsabilidade civil se aplica mesmo sem vínculo contratual entre as partes. (STJ, REsp 1.552.550/SP, Rel. Min. Moura Ribeiro, Terceira Turma, DJ 22/04/2016).

Lançamento de veículo como modelo do ano seguinte e posterior substituição caracteriza publicidade enganosa

O STJ entendeu que a prática de anunciar veículos como modelos do ano seguinte e, posteriormente, lançar outro modelo com alterações no mesmo ano, sem manter a versão inicial no mercado, constitui publicidade enganosa. No caso analisado, um veículo anunciado como "modelo 2007" foi comercializado apenas em 2006, sendo posteriormente substituído por uma nova versão ainda em 2006, frustrando a expectativa legítima dos consumidores de que possuiriam um veículo do ano seguinte. Essa prática foi considerada abusiva, pois impacta diretamente a valorização do bem adquirido. (STJ, REsp 1.342.899/RS, Rel. Min. Sidnei Beneti, Terceira Turma, DJ 09/09/2013).

Publicidade de bebidas alcoólicas com teor inferior a 13º Gay-Lussac não está sujeita às restrições da Lei Seca

O STJ confirmou que a Lei 9.294/1996, que impõe restrições à propaganda de bebidas alcoólicas, se aplica apenas a produtos com teor alcoólico superior a 13º Gay-Lussac. Assim, propagandas de cervejas e vinhos não estão sujeitas às mesmas limitações legais impostas a destilados. O entendimento foi reforçado pelo STF na ADO 22, que reafirmou a constitucionalidade da norma e sua não alteração pela Lei Seca. Dessa forma, a publicidade desses produtos deve observar apenas as normas gerais da atividade publicitária e as diretrizes do CONAR. (STJ, REsp 1.583.083/RS, Rel. Min. Herman Benjamin, Segunda Turma, DJ 17/05/2017).

Anúncio de veículo importado com preço em dólar não caracteriza publicidade enganosa

O STJ entendeu que a divulgação de preços de veículos importados em dólar norte-americano, desde que acompanhada de informação clara sobre a conversão pela cotação comercial no dia da venda, não configura publicidade enganosa. A Corte considerou que, mesmo para consumidores de menor escolaridade, a indicação da moeda estrangeira no anúncio é suficiente para afastar qualquer indução a erro. Além disso, o simples uso de moeda estrangeira na publicidade não implica violação ao art. 37, § 1º, do CDC. (STJ, REsp 1.057.483/SP, Rel. Min. Castro Meira, Segunda Turma, DJ 24/04/2013).

Informações essenciais em letras minúsculas ou rodapés caracterizam publicidade enganosa por omissão

O STJ reafirmou que a transparência e a boa-fé objetiva exigem que informações essenciais sobre produtos e serviços sejam veiculadas de forma clara, ostensiva e legível. Práticas como ocultar restrições em letras pequenas, rodapés ou mensagens rápidas e ininteligíveis afrontam o dever de informar e caracterizam publicidade enganosa por omissão. Segundo a Corte, essa estratégia subverte a lógica do CDC, transferindo indevidamente ao consumidor a obrigação de se informar, em vez de garantir que o fornecedor preste informações de maneira adequada. (STJ, AgRg no AgRg no REsp 1.261.824/SP, Rel. Min. Herman Benjamin, Segunda Turma, DJ 09/05/2013).

Uso do termo "diet por natureza" em rótulo de água mineral caracteriza publicidade enganosa

O STJ decidiu que a expressão "diet por natureza" em rótulo de água mineral é enganosa, pois induz o consumidor a erro ao sugerir que o produto possui características dietéticas especiais. De acordo com as normas sanitárias, apenas alimentos modificados em relação à sua composição original podem ser classificados como "diet", o que não se aplica à água mineral, que é comercializada sem qualquer alteração. Como a propaganda gerou um aumento significativo nas vendas, a autuação aplicada à empresa foi considerada válida. (STJ, REsp 447.303/RS, Rel. Min. Luiz Fux, DJ 28/10/2003).

Publicidade enganosa pode gerar dever de ressarcimento por danos causados aos consumidores

O STJ reconheceu que a veiculação de publicidade manifestamente enganosa, quando realizada com culpa grave, pode resultar na obrigação de indenizar consumidores prejudicados. O Tribunal ressaltou que o dever de ressarcimento decorre da violação ao princípio da boa-fé objetiva e da indução do consumidor a erro, sendo aplicável tanto no âmbito administrativo quanto na esfera civil. (STJ, REsp 92.395/RS, Rel. Min. Eduardo Ribeiro, Terceira Turma, DJ 06/04/1998).

PUBLICIDADE ENGANOSA POR OMISSÃO

Publicidade enganosa por omissão: falta de clareza sobre unidades participantes de promoção induz consumidor a erro

O STJ entendeu que a omissão de informações essenciais em campanhas publicitárias pode configurar publicidade enganosa por omissão, especialmente quando o consumidor é levado a acreditar que determinada oferta vale para todas as unidades da empresa, sem restrições claras. No caso analisado, uma promoção de coxinhas foi divulgada sem especificar de forma objetiva quais estabelecimentos participavam, o que induziu consumidores a erro. O Tribunal ressaltou que informações essenciais devem ser apresentadas de forma clara e direta no próprio anúncio, sem exigir que o consumidor "monte um quebra-cabeça" para compreender as condições da oferta. (STJ, REsp 1.802.787/SP, Rel. Min. Herman Benjamin, Segunda Turma, DJ 11/09/2020).

Observação sobre o acórdão: interessante a abordagem do acórdão no que se refere á análise da informação. Cada informação deve ser analisada de maneira isolada para constatar se há como induzir o consumidor a erro ou não. O fornecedor deve ter todo o cuidado de informar (de maneira fácil e clara) ao consumidor (principalmente os de classe mais baixas, menos instruídos) sobre as condições da oferta, promoção, limites, etc. Não se pode exigir que o consumidor fique lendo rodapés, "cantos" de sites, juntando informações distintas, etc, para conseguir entender completamente o que configura a oferta. Nesse sentido, feliz a expressão do Min. Herman Benjamim sobre a figura do detetive "Sherlock Holmes". Aproveitando a ilustração utilizada pelo Ministro, ousaria dizer que é proibido (por configurar publicidade enganosa) a chamada *publicidade Sherlock Holmes*, que seria aquela que exige do consumidor uma busca de diversas informações (como um quebra cabeça) para conseguir entender a extensão completa da publicidade.

No mesmo sentido: "ENGANOSIDADE POR DISCREPÂNCIA ENTRE TÍTULO, CONTEÚDO E RESSALVA DE MENSAGEM 5. Título, chamada, conteúdo principal e eventuais notas explicativas de oferta, publicitária ou não, devem guardar perfeita harmonia entre si. Impróprio ao acessório no anúncio contradizer, esvaziar ou negar o principal. Assim, ressalva ou reserva – caso se pretenda frustrar ou substancialmente condicionar a mensagem de maior destaque ou impacto – deveriam elas próprias assumir a função de título e de corpo, e não o inverso. Daí absolutamente ilícito, de maneira aberta ou dissimulada, desdizer, contrariar, exonerar ou limitar, em ressalva no pé ou lateral de página, ou por qualquer outro meio, o que, com realce, se afirmou ou se insinuou na oferta ou anúncio. Precedente do STJ." (STJ, REsp 1794971/SP, Rel. Ministro Herman Benjamin, Segunda Turma, DJe 24/06/2020)

Faculdade responde por danos morais ao ofertar curso inexistente sem aviso prévio ao aluno

O STJ decidiu que a oferta de curso inexistente ou irregular, sem prévia e adequada informação ao aluno, caracteriza publicidade enganosa por omissão e gera o dever de indenizar. No caso concreto, uma instituição de ensino divulgou um curso de Comércio Exterior, sem informar que ele não era mais reconhecido pelo MEC, forçando o aluno a migrar para um curso diferente do inicialmente escolhido. O Tribunal considerou que a frustração causada pela falsa expectativa extrapolou o mero aborrecimento, justificando a condenação por danos morais e materiais. O entendimento reforça a Súmula 595 do STJ, que estabelece a responsabilidade objetiva das instituições de ensino em casos semelhantes. (STJ, REsp 1.342.571/MG, Rel. Min. Marco Buzzi, Quarta Turma, DJ 16/02/2017).

Nesse sentido, nova súmula do STJ publicada em 2017:

Súmula 595: As instituições de ensino superior respondem objetivamente pelos danos suportados pelo aluno/consumidor pela realização de curso não reconhecido pelo Ministério da Educação, sobre o qual não lhe tenha sido dada prévia e adequada informação.

Omissão de preço e forma de pagamento em publicidade televisiva caracteriza publicidade enganosa

O STJ entendeu que anúncios televisivos que omitem informações essenciais, como preço e condições de pagamento, obrigando o consumidor a realizar ligação tarifada para obtê-las, configuram publicidade enganosa por omissão. No caso analisado, uma empresa veiculava publicidade de seus produtos em um canal de TV paga sem divulgar os preços, induzindo o consumidor a ligar para um número pago para obter informações básicas sobre a oferta. O Tribunal considerou que essa prática viola o dever de transparência e impõe um ônus indevido ao consumidor, tornando ilícita a publicidade. (STJ, REsp 1.428.801/RJ, Rel. Min. Humberto Martins, Segunda Turma, DJ 13/11/2015).

Ausência de preço na publicidade não configura propaganda enganosa por omissão

O STJ entendeu que a divulgação de produtos sem indicação de preço em panfletos publicitários não configura, por si só, propaganda enganosa por omissão. No caso analisado, a ausência do preço não induzia o consumidor a erro, pois a publicidade informava outra condição relevante de aquisição do produto, garantindo que o consumidor pudesse avaliar a oferta de forma adequada. Assim, a mera omissão do preço não justificava a aplicação de penalidade à empresa. (STJ, REsp 1370708/RN, Rel. Min. Mauro Campbell Marques, Segunda Turma, DJe 01/07/2015)

Para configurar propaganda enganosa por omissão, o dado omitido deve ser essencial

O STJ entendeu que a omissão do preço em anúncios publicitários não caracteriza, automaticamente, publicidade enganosa. Para que a prática seja considerada irregular, é necessário que o dado omitido seja essencial para a decisão do consumidor e que sua ausência comprometa a transparência da oferta. No caso analisado, o Tribunal de origem reconheceu a infração sem verificar se a omissão do preço realmente afetava a percepção do consumidor, o que violou o Código de Defesa do Consumidor. (STJ, REsp 1705278/MA, Rel. Min. Antônio Carlos Ferreira, Quarta Turma, DJe 02/12/2019)

Oferta de mestrado sem informar falta de reconhecimento pela Capes configura publicidade enganosa

O STJ decidiu que instituições de ensino que oferecem cursos de mestrado sem informar claramente a falta de reconhecimento pela Capes praticam publicidade enganosa por omissão. No caso julgado, alunos se matricularam em um curso sem saber que ele não possuía validade oficial, o que os impediu de usufruir dos benefícios acadêmicos e profissionais esperados. O Tribunal ressaltou que a omissão de informação essencial sobre o reconhecimento do curso viola o direito do consumidor e gera o dever de indenizar por danos morais e materiais. (STJ, REsp 1.101.664/SP, Rel. Min. Marco Buzzi, Quarta Turma, DJ 28/02/2013).

Venda de empreendimento como hotel sem autorização municipal para operar caracteriza publicidade enganosa

O STJ entendeu que a comercialização de imóveis sob a promessa de serem parte de um empreendimento hoteleiro, quando na realidade não há autorização municipal para essa finalidade, configura publicidade enganosa por omissão. No caso analisado, investidores adquiriram unidades acreditando que fariam parte de um hotel operado por uma rede renomada, mas o imóvel foi posteriormente interditado por falta de alvará. O Tribunal determinou a anulação do negócio, a restituição dos valores pagos e a indenização por danos morais e lucros cessantes, destacando que informações essenciais sobre o empreendimento devem ser prestadas de forma clara e ostensiva. (STJ, REsp 1.188.442/RJ, Rel. Min. Luis Felipe Salomão, Quarta Turma, DJ 05/02/2013).

Ausência de informação sobre valor do frete em anúncio publicitário não configura publicidade enganosa

O STJ decidiu que a falta de indicação do valor do frete em anúncios publicitários, desde que o consumidor seja informado de que ele não está incluído no preço do produto, não configura publicidade enganosa. O Tribunal destacou que, em campanhas publicitárias de âmbito nacional, a variação do frete torna inviável a divulgação prévia de seu custo exato. No entanto, se o anúncio fosse completamente omisso sobre a necessidade do pagamento do frete, haveria potencial para induzir o consumidor a erro, o que poderia configurar prática abusiva. (STJ, REsp 1.057.828/SP, Rel. Min. Eliana Calmon, DJ 27/09/2010).

Falta de informação sobre efeitos colaterais de medicamento configura publicidade enganosa por omissão

O STJ reconheceu que a ausência de informações sobre efeitos colaterais e riscos de um medicamento na bula e na publicidade configura publicidade enganosa por omissão. No caso julgado, um medicamento foi inicialmente vendido como ativador cerebral, sem advertências sobre seus riscos, mas posteriormente teve sua indicação alterada para antidepressivo e passou a ser comercializado apenas com receita controlada. O Tribunal entendeu que a omissão de alertas ao consumidor violou o dever de transparência e o direito à informação, justificando a indenização por danos morais e materiais. (STJ, REsp 971.845/DF, Rel. para acórdão Min. Nancy Andrighi, DJ 21/08/2008).

Supermercado não comete publicidade enganosa ao limitar quantidade de produto em promoção sem aviso prévio

O STJ decidiu que a ausência de informação sobre restrição de quantidade em oferta promocional não configura, por si só, publicidade enganosa por omissão. No caso analisado, um consumidor tentou comprar 50 unidades de um produto anunciado com preço reduzido, mas teve a compra limitada pelo estabelecimento. O Tribunal entendeu que, embora seja recomendável informar previamente sobre eventuais restrições, a falta dessa informação não gera automaticamente o dever de indenizar, pois a limitação pode ser justificada por razões logísticas e comerciais. (STJ, REsp 595.734/RS, Rel. para acórdão Min. Castro Filho, Informativo 254).

Defeitos de impressão em tampinhas premiáveis sem aviso ao consumidor caracterizam publicidade enganosa por omissão

O STJ decidiu que a ausência de informação sobre a possibilidade de defeitos de impressão em tampinhas de refrigerantes que davam direito a prêmios configura publicidade enganosa por omissão. No caso julgado, consumidores adquiriram refrigerantes acreditando que poderiam concorrer a prêmios, mas foram surpreendidos com tampinhas ilegíveis devido a falhas de impressão. O Tribunal entendeu que a empresa deveria ter informado previamente essa possibilidade, garantindo a transparência da promoção e evitando frustrações aos consumidores. (STJ, REsp 327.257/SP, Rel. Min. Nancy Andrighi, Terceira Turma, DJ 16/11/2004).

Art. 38. O ônus da prova da veracidade e correção da informação ou comunicação publicitária cabe a quem as patrocina.

Segundo o dispositivo, o ônus da prova sobre a veracidade e correção das informações ou comunicações publicitárias cabe ao fornecedor que as patrocina. Esse princípio, estabelecido pelo CDC, busca garantir que o consumidor não seja induzido ao erro por afirmações enganosas ou imprecisas feitas em anúncios, embalagens, rótulos ou qualquer forma de comunicação publicitária.

Assim, se uma empresa promete em sua publicidade que determinado produto emagrece em 30 dias ou que um aparelho eletrônico é resistente à água, é ela quem deve provar, de maneira clara e objetiva, que essas afirmações são verdadeiras e que os consumidores podem confiar nelas. Essa responsabilidade protege o consumidor, que muitas vezes não possui condições técnicas ou acesso a meios para verificar a veracidade das informações apresentadas.

Ao colocar o ônus da prova sobre o fornecedor, o CDC busca reforçar o princípio da boa-fé e o dever de transparência nas relações de consumo. Caso a empresa não consiga comprovar suas alegações, ela poderá ser responsabilizada, sendo obrigada a corrigir a publicidade e até a indenizar consumidores prejudicados por informações incorretas.

Ao contrário do art. 6º, VIII, a inversão do ônus da prova em relação à publicidade não está no poder discricionário do juiz. O Código, de forma expressa, incumbe esse dever ao patrocinador do anúncio (inversão do ônus da prova *ope legis*). Nesse caso, a inversão é obrigatória, sendo desnecessária declaração judicial.[488]

O Decreto nº 2.181, de 20/03/1997, que regulamenta o Código de Defesa do Consumidor, também dispôs em seu art. 14, § 3º, que "*o ônus da prova da veracidade (não enganosidade) e da correção (não abusividade) da informação ou comunicação publicitária cabe a quem as patrocina*".

Princípios relativos à publicidade	
1.	Princípio da vinculação contratual da publicidade (art. 30).
2.	Princípio da identificação da mensagem publicitária (art. 36).
3.	Princípio da transparência da fundamentação da publicidade (art. 36, parágrafo único).
4.	Princípio da veracidade da publicidade (art. 37, § 1º) (refere-se à publicidade enganosa).
5.	Princípio da não abusividade da publicidade (art. 37, § 2º) (refere-se à publicidade abusiva).
6.	Princípio do ônus da prova a cargo do fornecedor (art. 38).
7.	Princípio da correção do desvio publicitário (arts. 56, XII, e 60).
8.	Princípio da lealdade publicitária (art. 4º, VI).

PRINCIPAIS JURISPRUDÊNCIAS DO STF E STJ

Ônus da prova sobre dúvidas em promoções publicitárias cabe ao responsável pela campanha

O STJ entendeu que, em promoções publicitárias com sorteio de prêmios, eventuais dúvidas sobre a inscrição em tampinhas de vasilhames devem ser resolvidas pelo responsável pela campanha. O Código de Defesa do Consumidor se aplica nesses casos, impondo ao fornecedor o dever de esclarecer qualquer incerteza gerada pela publicidade. Dessa forma, o ônus da prova recai sobre a empresa promotora, garantindo a proteção do consumidor contra possíveis falhas na divulgação da premiação. (STJ, REsp 302174/RJ, Rel. Min. Antônio de Pádua Ribeiro, DJ 15/10/2001)

488. Sobre a inversão do ônus da prova *ope legis* e *ope judicis*, conferir comentários ao art. 6º.

Seção IV
Das Práticas Abusivas

Art. 39. É vedado ao fornecedor de produtos ou serviços, dentre outras práticas abusivas.

I – condicionar o fornecimento de produto ou de serviço ao fornecimento de outro produto ou serviço, bem como, sem justa causa, a limites quantitativos;

II – recusar atendimento às demandas dos consumidores, na exata medida de suas disponibilidades de estoque e, ainda, de conformidade com os usos e costumes;

III – enviar ou entregar ao consumidor, sem solicitação prévia, qualquer produto, ou fornecer qualquer serviço;

IV – prevalecer-se da fraqueza ou ignorância do consumidor, tendo em vista sua idade, saúde, conhecimento ou condição social, para impingir-lhe seus produtos ou serviços;

V – exigir do consumidor vantagem manifestamente excessiva;

VI – executar serviços sem a prévia elaboração de orçamento e autorização expressa do consumidor, ressalvadas as decorrentes de práticas anteriores entre as partes;

VII – repassar informação depreciativa, referente a ato praticado pelo consumidor no exercício de seus direitos;

VIII – colocar, no mercado de consumo, qualquer produto ou serviço em desacordo com as normas expedidas pelos órgãos oficiais competentes ou, se normas específicas não existirem, pela Associação Brasileira de Normas Técnicas ou outra entidade credenciada pelo Conselho Nacional de Metrologia, Normalização e Qualidade Industrial (Conmetro);

IX – recusar a venda de bens ou a prestação de serviços, diretamente a quem se disponha a adquiri-los mediante pronto pagamento, ressalvados os casos de intermediação regulados em leis especiais;

X – elevar, sem justa causa, o preço de produtos ou;

XI – dispositivo incorporado pela MPV nº 1.890-67, de 22/10/1999, transformado em inciso XIII, quando da conversão na Lei nº 9.870, de 23/11/1999;

XII – deixar de estipular prazo para o cumprimento de sua obrigação ou deixar a fixação de seu termo inicial a seu exclusivo critério;

XIII – aplicar fórmula ou índice de reajuste diverso do legal ou contratualmente estabelecido.

XIV – permitir o ingresso em estabelecimentos comerciais ou de serviços de um número maior de consumidores que o fixado pela autoridade administrativa como máximo.

Parágrafo único. Os serviços prestados e os produtos remetidos ou entregues ao consumidor, na hipótese prevista no inciso III, equiparam-se às amostras grátis, inexistindo obrigação de pagamento.

No artigo estão enumeradas, de forma meramente exemplificativa (*numerus apertus*), algumas práticas consideradas abusivas e que devem ser repelidas quando constatadas.

Em relação às práticas abusivas, interessante são as palavras do Min. Herman Benjamin de que o rol estabelecido no CDC é mínimo, devendo, inclusive, em diálogo de fontes, interagir com outras práticas abusivas descritas em outras normas:

> "PRÁTICA ABUSIVA 6. O art. 39, *caput*, do Código de Defesa do Consumidor veda e pune, genericamente, práticas comerciais abusivas de natureza pré-contratual, contratual e pós-contratual. Vários incisos exemplificativos (numerus apertus) desse dispositivo listam, especificamente, tipologia mínima de abusividade ("dentre outras"). Tudo sem prejuízo, primeiro, de modalidades complementares previstas em diversos preceitos normativos no próprio microssistema do CDC e em diplomas correlatos, inclusive penais, de cunho sanitário, de economia popular, de concorrência etc (= diálogo das fontes); e, segundo, de abundante e fluida casuística reconhecida como tal pelo juiz, com arrimo em litígios aflorados no mundo comercial. Juridicamente falando, deve-se entender prática como sinônimo de comportamento e de conduta, em que abusiva vem a ser a ação ou a omissão per se, não a sua reiteração ou habitualidade. Incompatível com a hermenêutica do CDC cogitar de equiparar prática abusiva com atividade abusiva, o que levaria ao absurdo de – pouco importando a gravidade, a lesividade ou o número de vítimas do ato imputado – franquear ao fornecedor infringir a lei livremente, desde que o faça uma vez apenas. Numa palavra: garantia de gratuidade e de impunidade da primeira prática abusiva! 7. Refreada *in abstracto*, a ilicitude de prática abusiva enquadra-se *in re ipsa*, independentemente de verificação de dano efetivo do consumidor. Por outro lado, mais do que a abuso de direito, prática abusiva refere-se a abuso de poder: poder econômico, poder mercadológico, poder de informação, poder tecnológico, poder religioso, poder de manipulação. Não equivale exatamente a abuso de direito, pois, embora o abranja, muito extrapola suas fronteiras." (STJ, REsp 1794971/SP, Rel. Ministro Herman Benjamin, Segunda Turma, DJe 24/06/2020)

A noção de atos abusivos tem relação com a teoria do abuso do direito, encampada pelo art. 187 do CC.

> **Art. 187**, CC: Também comete ato ilícito o titular de um direito que, ao exercê-lo, excede manifestamente os limites impostos pelo seu fim econômico ou social, pela boa-fé ou pelos bons costumes.

Dessa forma, não se admite no ordenamento brasileiro o exercício de direito de modo absoluto. O direito somente será reconhecido quando exercido de modo leal, não frustrando as legítimas expectativas criadas em outrem, sem desvio de finalidade. Caso contrário, será considerado ato ilícito ainda que o titular não ofenda a norma em si (legalidade estrita), mas ofenda a sua valoração.

Conforme estudamos no art. 4º, o princípio da boa-fé objetiva será o parâmetro utilizado para aferir os limites do abuso do direito (função de controle da boa-fé objetiva). Portanto, quando não houver lealdade no exercício do direito subjetivo, de forma a frustrar a confiança criada em outrem, o ato será abusivo e considerado ato ilícito.

O ato abusivo decorre do direito subjetivo lícito atribuído ao titular, que, ao exercê-lo, o torna antijurídico. Ao contrário, o ato ilícito, por ser contrário à disposição legal, não comporta controle de abusividade, já que se mostra previamente reprovado pelo ordenamento. Dessa forma, os conceitos de ilícito e de abuso são excludentes.

São exemplos de abuso de direito pelo STJ:

> "Conta-corrente. Apropriação do saldo pelo banco credor. Numerário destinado ao pagamento de salários. *Abuso de direito. Boa-fé.* Age com abuso de direito e viola a boa-fé o banco que, invocando cláusula contratual constante do contrato de financiamento, cobra-se lançando mão do numerário depositado pela correntista em conta destinada ao pagamento dos salários de seus empregados, cujo numerário teria sido obtido junto ao BNDES. A cláusula que permite esse procedimento é mais abusiva do que a cláusula mandato, pois, enquanto esta autoriza apenas a constituição do título, aquela permite a cobrança pelos próprios meios do credor, nos valores e no momento por ele escolhidos." (STJ, REsp. 250523/SP, Rel. Min. Ruy Rosado de Aguiar, *DJ* 18/12/2000).

> "A recorrente, ao suspender o fornecimento de energia elétrica em razão de um débito de R$ 0,85, não agiu no exercício regular de direito, e sim com flagrante abuso de direito. Aplicação dos princípios da razoabilidade e proporcionalidade." (STJ, REsp. 811690/RR, Rel. Min. Denise Arruda, *DJ* 19/06/2006).

Cumpre ressaltar algumas espécies de atos abusivos elencados pela doutrina e com reconhecimento dos tribunais, até mesmo do STJ.

O mais conhecido deles é o chamado *venire contra factum proprium* (proibição do comportamento contraditório). O *venire* se insere na "teoria dos atos próprios", segundo a qual a ninguém é dado retornar sobre os próprios passos, depois de criar, com sua conduta inequívoca anterior, expectativa segura quanto ao futuro, quebrando princípios de lealdade e de confiança. Assim, é abusivo contradizer seu próprio comportamento, após ter produzido, em outra pessoa, uma legítima expectativa. Cuida-se de dois comportamentos, lícitos e sucessivos, porém o primeiro (*factum proprium*) é contrariado pelo segundo (*venire*).

O interessante é que, no *venire*, cada um dos comportamentos, individualmente considerado, mostra-se válido, mesmo porque, não sendo assim, não estaríamos no campo do *venire contra factum proprium*, mas no puro e simples campo da ilegalidade (ato ilícito subjetivo). O ilícito, portanto, não é a atitude isolada de qualquer dos dois comportamentos, mas a conduta considerada de modo global, ou seja, a conduta considerada no conjunto dos dois comportamentos. Quando a conduta, a teor do art. 187 do CC, *excede manifestamente os limites impostos pelo seu fim econômico ou social, pela boa-fé ou pelos bons costumes*, comete o que chamamos de ato ilícito objetivo.

Hipótese que ilustra bem o *venire* na jurisprudência é o famoso "caso dos tomates", ocorrido no Rio Grande do Sul.

A fábrica de extrato de tomates Cica, procurando incentivar o plantio de tomate na região, forneceu aos produtores rurais sementes para, posteriormente, adquirir a safra para industrialização. Porém, em determinado ano, depois de ter distribuído as sementes, como vinha fazendo em diversos anos, após a colheita da safra, a fábrica, atendendo aos seus exclusivos interesses, simplesmente recusou-se a comprar a produção dos agricultores, alegando que havia sido detectada uma redução no consumo.

Nesse sentido, percebe-se que o primeiro comportamento – a distribuição das sementes – (o *factum proprium*), foi contrariado pelo segundo – a recusa quanto à compra da safra – (o *venire*), sendo certo que a partir da primeira conduta e levando-se em consideração o histórico dos negócios jurídicos celebrados entre as partes nos anos anteriores, os agricultores confiaram, justificadamente, que toda a produção seria adquirida pela fábrica, e essa confiança foi quebrada, não tendo a quem vender todo o tomate colhido.

Assim, diante de tal situação, o Tribunal de Justiça do Rio Grande do Sul condenou a fábrica Cica a indenizar os danos sofridos pelos agricultores em razão da ofensa à boa-fé objetiva, mais especificamente, pela quebra da confiança gerada na relação.

O STJ já aplica a teoria do "*venire contra factum proprium*":

> Parte que autoriza a juntada, pela parte contrária, de documento contendo informações pessoais suas, não pode depois ingressar com ação pedindo indenização, alegando violação do direito à privacidade pelo fato da juntada do documento. Doutrina dos atos próprios (STJ, REsp. 605687/AM, Rela. Mina. Nancy Andrighi, *DJ* 20/06/2005).
>
> A seguradora que aceita o contrato e recebe durante anos as contribuições da beneficiária do seguro em grupo não pode recusar o pagamento da indenização, quando comprovada a invalidez, sob a alegação de que a tenossinovite já se manifestara anteriormente (STJ, REsp. 258805/MG, Rel. Min. Ruy Rosado de Aguiar, *DJ* 13/08/2001).

Outro tipo de ato abusivo é a *supressio (Verwirkung) e a surrectio (Erwirkung).* Pela *supressio*, constata-se que o não exercício de um direito durante longo tempo poderá significar a extinção desse direito, quando contrariar o princípio da boa-fé. O não exercício de um direito pelo decurso do tempo pode gerar a expectativa na outra parte de que o direito não mais será exercido. Deste modo, caso venha a ser exercido, mesmo posteriormente, será considerado abusivo e, portanto, ilícito, já que frustrou a confiança gerada na outra parte de que não seria mais exercido.[489]

A configuração da *supressio* não depende da análise de dolo ou má-fé do titular do direito, pois o objetivo primordial do instituto não é punir a inércia do sujeito, mas sim proteger a outra parte, em virtude da boa-fé objetiva, pela confiança criada na relação.

Importante frisar que para caracterizar a *supressio* não é suficiente o simples retardamento no exercício do direito. Além disso, é indispensável que em virtude do retardamento tenha surgido na outra parte a confiança, em termos objetivos, de que não mais haveria o seu exercício. É fundamental que o lapso temporal venha acompanhado de outras circunstâncias objetivas capazes de fazer surgir a confiança (de que não mais seria exercido), de modo tal que o exercício posterior e súbito do direito venha a contrariar a boa-fé.

Assim, são três os requisitos necessários para a caracterização da *supressio*:

a) a omissão no exercício do direito;

b) o transcurso de um determinado período, geralmente variável; e

c) indícios objetivos de que esse direito não mais seria exercido.

489. A origem da *supressio* é jurisprudencial. Decorre de julgados dos tribunais alemães logo após o término da Primeira Guerra Mundial. Como se sabe, a guerra resultou em inflação elevadíssima na Alemanha. Dessa forma, quando o credor retardava por algum tempo a exigência do pagamento, isso fazia com que a quantia devida, tendo em vista a enorme inflação, fosse corrigida para valores elevadíssimos, impossibilitando que o devedor cumprisse com a obrigação. Assim, passaram os tribunais a entender que a demora no exercício do direito era causadora de inaceitável desequilíbrio entre as prestações, contrariando a boa-fé, podendo levar à perda da possibilidade de exercício tardio do direito.

Percebe-se que a *supressio* guarda semelhanças com outros institutos que relacionam os efeitos do tempo sobre os direitos, como a prescrição e a decadência. Todavia, tratam-se de institutos diferentes, pois, enquanto na prescrição e decadência basta o mero transcurso do tempo previsto na lei e a inatividade do titular, sendo despiciendo a análise de outras circunstâncias; a *supressio* demanda a análise da confiança despertada na outra parte de que o direito não mais seria exercido, não bastando um determinado período de tempo. Assim, é justamente a presença das circunstâncias objetivas da *supressio* que a distinguem da prescrição e da decadência.

Além disso, no caso da prescrição e da decadência, a lei fixa o momento exato da ocorrência. No caso da *supressio,* ao contrário, não há como prever o tempo necessário para se caracterizar a inadmissibilidade do exercício do direito pelo titular, uma vez que tal lapso temporal apenas poderá ser aferido em virtude das circunstâncias (objetivas) do caso concreto.

Exemplificando, quando o fornecedor aceita que o pagamento do financiamento concedido ao consumidor seja efetuado em lugar diferente do previsto no contrato, por um longo período, gerará a confiança no consumidor de que o fornecedor não exercitará mais seu direito contratual (exigir que o pagamento seja efetuado no local previsto no contrato), ocorrendo, assim, a supressão do direito do fornecedor, nascendo um novo direito para o consumidor (efetuar o pagamento no local habitualmente feito).[490] O nascimento desse novo direito (em razão da inércia do titular) decorre da *surrectio.* Através da *surrectio*, a prática reiterada de certos atos pode gerar no beneficiário a expectativa de continuidade. Conforme se depreende, *supressio* e *surrectio* são dois lados de uma mesma moeda. Enquanto na *supressio* ocorre a supressão do direito em razão da inércia de seu titular; a *surrectio* gera a aquisição do direito subjetivo em razão de um comportamento continuado.

O STJ já teve oportunidade de reconhecer a aplicação da *supressio* através do voto do eminente Min. Ruy Rosado de Aguiar:[491]

> Tenho como admissível a teoria da *supressio,* segundo a qual o comportamento da parte, que se estende por longo período de tempo ou se repete inúmeras vezes, porque incompatível com o exercício do direito, pode levar a que se reconheça a extinção desse direito, com base na boa-fé objetiva (STJ, REsp. 207509/SP, Rel. Min. Sálvio de Figueiredo Teixeira, *DJ* 18/08/2003).

No Direito do Trabalho, embora não mencione expressamente, a jurisprudência tem-se valido da utilização da *supressio* através do chamado "perdão-tácito". Acontece quando o empregador, tendo conhecimento de que o empregado praticou falta grave suficiente para acarretar a resolução do contrato de trabalho por justa causa, deixa passar certo tempo sem exercer seu direito de romper o contrato unilateralmente. Assim, depois desse prazo, caso resolva exercer tal direito, não poderá fazê-lo, por ter se caracterizado a ocorrência da *supressio* ("perdão tácito").

Nesse sentido:

> JUSTA CAUSA. PRINCÍPIO DA IMEDIATIDADE NA APLICAÇÃO DA PENA. A não observância ao princípio da imediatidade na aplicação da penalidade máxima, ante a ocorrência de falta reputada grave pelo empregador, atrai a presunção de perdão tácito. A questão não

490. De modo semelhante, dispõe o art. 330 do CC: "O pagamento reiteradamente feito em outro local faz presumir renúncia do credor relativamente ao previsto no contrato."

491. Embora tenha sido voto vencido no julgamento.

se caracteriza apenas pelo transcurso do tempo, mas também por qualquer medida adotada pelo empregador reveladora da inequívoca intenção de manter o empregado em seus quadros (TRT 2ª Região (SP), 4ª T., Acórdão nº 20050455057, unânime. Rel. Juiz Paulo Augusto Câmara. DOE EP 22/07/2005).

Conforme se extrai do julgamento, foram verificados os três requisitos da *supressio*: *1)* a omissão do exercício do direito quando o empregador não resolveu o contrato diante da falta grave do empregado; *2)* a omissão se concretizou através de um lapso de tempo; *3)* as circunstâncias objetivas protegidas pela boa-fé, configuradas na expressão: "*por qualquer medida adotada pelo empregador reveladora da inequívoca intenção de manter o empregado em seus quadros*".

Também como exercício abusivo do direito é vista a figura do adimplemento substancial do contrato. A teoria do adimplemento substancial dos contratos foi construída no direito inglês, onde é conhecida sob o nome de teoria da *substantial performance*. Traduz-se na possibilidade de rejeição judicial da resolução do acordo contratual quando o inadimplemento tem significância diminuta relativamente às parcelas contratuais regularmente cumpridas no âmbito global do contrato.

O cumprimento do contrato de financiamento, com a falta apenas da última prestação, não autoriza o credor a lançar mão da ação de busca e apreensão, em lugar da cobrança da parcela faltante. O adimplemento substancial do contrato pelo devedor não autoriza ao credor a propositura de ação para a extinção do contrato, salvo se demonstrada a perda do interesse na continuidade da execução, que não é o caso. Na espécie, ainda houve a consignação judicial do valor da última parcela. Não atende à exigência da boa-fé objetiva a atitude do credor que desconhece esses fatos e promove a busca e apreensão, com pedido liminar de reintegração de posse (STJ, REsp. 272739/MG, Rel. Min. Ruy Rosado de Aguiar, *DJ* 02/ 04/2001).

O STJ tem se inclinado em somente admitir a teoria do adimplemento substancial quando faltar apenas uma prestação.

Apenas a falta de pagamento da última prestação do contrato de seguro pode, eventualmente, ser considerada adimplemento substancial da obrigação contratual, na linha de precedentes do STJ, sob pena de comprometer as atividades empresariais da companhia seguradora. (STJ, Resp. 415971/SP, Rela. Mina. Nancy Andrighi, *DJ* 24/06/2002).

Embora o STJ tenha esse posicionamento, preferimos a análise do juiz ao caso concreto, avaliando a circunstância em que o valor da dívida for de pequena monta em relação ao valor do bem, independentemente de faltar somente uma prestação.

Nesse sentido, o STJ considerou a análise global do contrato e não simplesmente a falta de uma única parcela:

É pela lente das cláusulas gerais previstas no Código Civil de 2002, sobretudo a da boa-fé objetiva e da função social, que deve ser lido o art. 475, segundo o qual "[a] parte lesada pelo inadimplemento pode pedir a resolução do contrato, se não preferir exigir-lhe o cumprimento, cabendo, em qualquer dos casos, indenização por perdas e danos". Nessa linha de entendimento, a teoria do substancial adimplemento visa a impedir o uso desequilibrado do direito de resolução por parte do credor, preterindo desfazimentos desnecessários em prol da preservação da avença, com vistas à realização dos princípios da boa-fé e da função social do contrato. *No caso em apreço, é de se aplicar a da teoria do adimplemento substancial dos contratos, porquanto o réu pagou: "31 das 36 prestações contratadas, 86% da obrigação total (contraprestação e VRG parcelado) e mais R$ 10.500,44 de valor residual garantido". O mencionado descumprimento contratual é inapto a ensejar a reintegração de posse pretendida* *e, consequentemente, a resolução do contrato de arrendamento mercantil, medidas desproporcionais diante do substancial adimplemento da avença.* Não se está a afirmar que a dívida não paga desaparece, o que seria um convite a toda sorte de fraudes. Apenas se afirma que o meio de realização do crédito por que optou a instituição financeira não se mostra consentâneo com a extensão do inadimplemento e, de resto, com os ventos do Código Civil de 2002. Pode, certamente, o credor valer-se de meios menos gravosos e proporcionalmente mais adequados à persecução do crédito remanescente, como, por exemplo, a execução do título. (STJ, Resp 1051270/RS, Rel. Ministro Luis Felipe Salomão, Quarta Turma, DJe 05/09/2011)

Em relação à aplicação da teoria do adimplemento substancial aos contratos de alienação fiduciária em garantia, regulados pelo Dec.Lei 911/69, o STJ vedou sua aplicação em julgamento realizado dia 22/02/2017 pela Segunda Seção.[492]

Entendeu o STJ pela diferenciação desta espécie de contrato; a não restrição de qualquer óbice pelo Dec. Lei 911/69 da utilização da ação de busca e apreensão (ainda que a dívida seja ínfima); a exigência da quitação integral do débito como condição imprescindível para que o bem alienado seja transferido livre de ônus ao devedor e também asseverou a preocupação, caso fosse admitida a aplicação da teoria, ao desestímulo dos consumidores ao pagamento das últimas parcelas.[493]

Data vênia, não concordamos com este posicionamento do STJ. Se estava havendo desvirtuamento da aplicação da teoria, como o próprio STJ induz em seus argumentos, caberia ao judiciário analisar os abusos nos casos concretos, restringindo ou limitando a aplicação da teoria (aliás, como vinha já fazendo, diga-se de passagem). Mas simplesmente proibir em absoluto a aplicação da referida teoria, criada justamente sobre os ditames da boa-fé e da função social do contrato, não coaduna com a aplicação do direito na pós-modernidade. Há casos sim de consumidores que, em razão de eventos imprevistos, como a perda de um emprego ou a morte de um ente arrimo de família, sofrem uma desestabilização em suas finanças e impedem, até mesmo, o pagamento de uma única parcela do contrato. Nestes casos, devidamente comprovados nos autos, não há razão para impossibilitar ao consumidor a permanência do bem alienado fiduciariamente, devendo a instituição financeira cobrar a (s) parcela(s) restante(s) por outras vias. Retirar o bem adquirido pelo consumidor, justamente quando ele mais precisa (pois se não está conseguindo pagar a única ou poucas prestações do contrato, presume-se que a situação dele não está boa), é simplesmente se valer de uma condição contratual e legal em detrimento da dignidade da pessoa humana, principalmente porque este bem apreendido será levado à leilão, vendido por um preço bem abaixo do mercado e muitas vezes, o valor arrecado não servirá nem para pagar a dívida (considerando a aplicação dos juros moratórios, multa moratória, etc.) Ou seja, privilegia-se a condição do credor em detrimento do devedor, ainda que este último já tenha pago substancialmente o contrato.

492. STJ, REsp 1622555/MG, Rel. Ministro Marco Buzzi, Rel. p/ Acórdão Ministro Marco Aurélio Bellizze, Segunda Seção, DJe 16/03/2017.

493. Assim, entendeu o STJ que a teoria do adimplemento substancial não se aplica às ações de busca e apreensão previstas no Decreto-Lei 911/69. No caso, mesmo com o inadimplemento das quatro últimas parcelas de um contrato de 48 prestações, o credor pode ajuizar a busca e apreensão sem necessidade de converter a ação em execução ou cobrança. O tribunal destacou que a lei especial exige o pagamento integral da dívida para que o bem fiduciário seja remancipado ao devedor. A teoria do adimplemento substancial busca evitar a extinção do contrato por inadimplência mínima, mas não impede o uso da garantia fiduciária para compelir o devedor a cumprir suas obrigações. Além disso, a consolidação da propriedade pelo credor decorre do descumprimento contratual e não configura abuso de direito.

Por fim, temos a figura do *tu quoque*. A expressão ficou conhecida pela frase de Júlio César ao perceber que seu filho adotivo Brutus estava entre os que atentavam contra sua vida no ano 44 a.C.: "*Tu quoque, Brute, tu quoque fili mi?*" (Até tu, Brutus, até tu, filho meu). Assim o *tu quoque* é a ideia de que ninguém pode invocar normas jurídicas, após descumpri-las. Por isso é que a expressão *tu quoque* significa literalmente "*até tu*", indicando o sentimento de surpresa pelo fato de alguém tentar se beneficiar de sua própria irregularidade no agir.

Um exemplo é a exceção do contrato não cumprido (*exceptio non adimpleti contractus*) que está previsto no art. 476 do Código Civil. Se a parte (*v.g.*, fornecedor) não executou a sua prestação no contrato sinalagmático, não poderá exigir da outra parte (*v.g.*, consumidor) a contraprestação. Assim, não poderá invocar a regra que descumpriu em seu benefício.

Outro exemplo que tem ocorrido com frequência no campo tributário diz respeito às restituições de tributos cobrados indevidamente ou em quantia maior do que o devido. A Fazenda Pública utiliza a taxa Selic para a atualização dos tributos devidos pelo contribuinte. No entanto, quando o contribuinte requer a repetição, em relação a tributo que tenha sido indevidamente cobrado, a Fazenda Pública sustenta a inaplicabilidade da taxa Selic, pretendendo fazer a devolução corrigida por outros índices de atualização, que são menores do que os da Selic. Nesse sentido, caracterizado está o *tu quoque*, uma vez que: como pode a Fazenda Pública exigir uma taxa de atualização na cobrança e aplicar outra quando da restituição?

O STJ, mesmo não se valendo expressamente do *tu quoque*, tem repelido os argumentos da Fazenda Pública, aplicando a taxa Selic quando da restituição de tributos:

> Na repetição de indébito tributário, incide a Taxa Selic a partir do recolhimento indevido ou, se este for anterior à Lei nº 9.250/1995, a partir de 1º/01/1996. Precedentes. A Selic é composta de taxa de juros e correção monetária, não podendo ser cumulada, a partir de sua incidência, com nenhum outro índice de atualização (STJ, REsp. 975408/SP, Rel. Min. Castro Meira, *DJ* 04/10/2007).

Voltando às hipóteses previstas no art. 39, temos como práticas abusivas:

CONDICIONAMENTO NO FORNECIMENTO DE PRODUTO OU SERVIÇO AO FORNECIMENTO DE OUTRO PRODUTO OU SERVIÇO

I - condicionar o fornecimento de produto ou de serviço ao fornecimento de outro produto ou serviço, bem como, sem justa causa, a limites quantitativos;

O fornecedor não pode vincular seu produto ou serviço a outro. É o que comumente chamamos de "venda casada" ou "operação casada". O consumidor tem o intuito de adquirir um produto ou serviço específico e acaba tendo, contra sua vontade, que adquirir, obrigatoriamente, outro (produto ou serviço) dispensável, violando sua liberdade de escolha. Segundo aponta Tasso Duarte, "a venda casada constante do artigo 39, inciso I, do Código de Defesa do Consumidor se perfaz quando o fornecedor obriga o consumidor, na compra de um produto, a levar outro que não deseje, apenas para ter direito ao primeiro, seu verdadeiro intento, circunstância que violaria sua liberdade de escolha, direito básico do consumidor (art. 6º, inciso II, do CDC)".[494] Além de ferir a autonomia do consumidor,

494. Melo, Tasso Duarte de. A definição de venda casada segundo a jurisprudência do Superior Tribunal de Justiça. *Revista Luso-Brasileira de Direito do Consumo*, Curitiba, v. 4, n. 13, p. 77-91, mar. 2014.

a venda casada é uma estratégia que pode levar a gastos desnecessários e frustrar as expectativas do consumidor.

Assim, é vedado, por exemplo, o fornecedor condicionar a abertura de conta corrente com a contratação de seguro de vida ou de seguro de residência. Os objetos são completamente distintos, não havendo razão para condicioná-los na contratação. Da mesma forma, a empresa que oferece serviço de conexão à Internet não pode condicionar o serviço à contratação de provedor de acesso. Essa prática é muito usual e tem sido questionada pelo Ministério Público em ações civis públicas.[495]

Interessante caso julgado pelo STJ em que foi constatada, indiretamente, a venda casada tratava da prática da empresa cinematográfica Cinemark de proibir que os consumidores adentrassem nas salas de cinema com produtos alimentícios adquiridos em outro lugar. Somente os produtos vendidos pela empresa cinematográfica eram permitidos. O STJ considerou que se tratava de uma forma de venda casada, uma vez que o consumidor somente poderia consumir pipoca ou refrigerante durante a exibição do filme se tivesse adquirido os produtos nas dependências da empresa cinematográfica. Ademais, considerou que a prática ofendia a liberdade do consumidor de adquirir produtos mais baratos ou de outra marca, principalmente porque a venda de produtos alimentícios não faz parte da atividade principal da empresa cinematográfica.

> A denominada 'venda casada', sob esse enfoque, tem como *ratio essendi* da vedação a proibição imposta ao fornecedor de, utilizando de sua superioridade econômica ou técnica, opor-se à liberdade de escolha do consumidor entre os produtos e serviços de qualidade satisfatório e preços competitivos. Ao fornecedor de produtos ou serviços, consectariamente, não é lícito, dentre outras práticas abusivas, condicionar o fornecimento de produto ou de serviço ao fornecimento de outro produto ou serviço (art. 39, I do CDC). A prática abusiva revela-se patente se a empresa cinematográfica permite a entrada de produtos adquiridos nas suas dependências e interdita o adquirido alhures, engendrando por via oblíqua a cognominada 'venda casada', interdição inextensível ao estabelecimento cuja venda de produtos alimentícios constituiu a essência da sua atividade comercial como, *verbi gratia*, os bares e restaurantes. O juiz, na aplicação da lei, deve aferir as finalidades da norma, por isso que, *in casu*, revela-se manifesta a prática abusiva (STJ, REsp. 744602/RJ, Rel. Min. Luiz Fux, *DJ* 15/03/2007).[496]

495. Notícia veiculada no *site* Consultor Jurídico em 27 de agosto de 2007: *Telefônica é proibida de exigir provedor de Internet.* A Telefônica está proibida de exigir que os usuários do serviço de banda larga – Speedy, de todo o Estado de São Paulo, contratem paralelamente um provedor de acesso como UOL, Terra e iG. A determinação é do juiz Marcelo Freiberger Zandavali, da 3ª Vara Federal de Bauru. A empresa vai recorrer. A ação foi proposta pelo Ministério Público Federal, que considerou a exigência do provedor 'como venda de serviço em operação casada'. Para Zandavali, o MPF conseguiu comprovar a prática de 'venda casada', vetada pelo Código de Defesa do Consumidor." Disponível em: http://conjur.estadao.com.br/static/text/58964,1.

496. No mesmo sentido: "RECURSO ESPECIAL. PROCESSO CIVIL. DIREITO DO CONSUMIDOR. ART. 39, I, DO CDC. VENDA CASADA. VENDA DE ALIMENTOS. ESTABELECIMENTOS CINEMATOGRÁFICOS. LIBERDADE DE ESCOLHA. ART. 6º, II, DO CDC. VIOLAÇÃO. AQUISIÇÃO DE PRODUTOS EM OUTRO LOCAL. VEDAÇÃO. (...) 1. A venda casada ocorre em virtude do condicionamento a uma única escolha, a apenas uma alternativa, já que não é conferido ao consumidor usufruir de outro produto senão aquele alienado pelo fornecedor. 2. Ao compelir o consumidor a comprar dentro do próprio cinema todo e qualquer produto alimentício, o estabelecimento dissimula uma venda casada (art. 39, I, do CDC), limitando a liberdade de escolha do consumidor (art. 6º, II, do CDC), o que revela prática abusiva." (STJ, REsp 1331948/SP, Rel. Ministro Ricardo Villas Bôas Cueva, Terceira Turma, DJe 05/09/2016)

Outra prática de venda casada considerada abusiva pelo STJ, julgada em Recurso Repetitivo, é a imposição de contratação de seguro, nos contratos do Sistema Financeiro da Habitação (SFH), com o mutuante (agente financeiro) ou com seguradora por ela indicada (geralmente vinculada ao mesmo grupo econômico). A Lei que trata do SFH exige que o contrato de financiamento seja efetuado mediante contratação de seguro. O seguro habitacional é um dos meios encontrados pelo legislador para atender a política habitacional e incentivar a aquisição da casa própria. O seguro viabiliza os empréstimos, reduzindo os riscos inerentes ao repasse de recursos aos mutuários consumidores. Mas, em nenhum momento a Lei exige que o seguro seja contratado diretamente com o mutuante. Assim, quando o mutuante vincula o seguro habitacional ao financiamento, há evidente venda casada. No caso, o consumidor é livre para escolher o seguro que melhor lhe atenda.

> É necessária a contratação do seguro habitacional, no âmbito do SFH. Contudo, não há obrigatoriedade de que o mutuário contrate o referido seguro diretamente com o agente financeiro, ou por seguradora indicada por este, exigência esta que configura "venda casada", vedada pelo art. 39, inciso I, do CDC. (STJ, Resp. 969129/MG, Rel. Min. Luis Felipe Salomão, 2ª Seção, *DJ* 15/12/2009).

Em 2012 o STJ sumulou o assunto:

> **Súmula 473** "O mutuário do SFH não pode ser compelido a contratar o seguro habitacional obrigatório com a instituição financeira mutuante ou com a seguradora por ela indicada".

O mesmo entendimento foi estendido para os contratos bancários em geral. No Recurso Repetitivo REsp 1639320/SP, Rel. Ministro Paulo de Tarso Sanseverino, Segunda Seção, DJe 17/12/2018, foi fixada a seguinte tese:

> "Nos contratos bancários em geral, o consumidor não pode ser compelido a contratar seguro com a instituição financeira ou com seguradora por ela indicada."[497]

Outro entendimento interessante do STJ foi a constatação da prática da venda casada "às avessas" indireta ou dissimulada. Segundo a Min. Nancy Andrighi, no Resp 1737428/RS, DJ 15/03/2019, a venda casada "às avessas", indireta ou dissimulada "consiste em se admitir uma conduta de consumo intimamente relacionada a um produto ou serviço, mas cujo exercício é restringido à única opção oferecida pelo próprio fornecedor, limitando, assim, a liberdade de escolha do consumidor." Este caso envolveu a venda de ingressos para espetáculos e a cobrança da taxa de conveniência. Como os ingressos eram vendidos em um único site com a cobrança da referida taxa, não havia outro modo do consumidor adquirir o ingresso a não ser pagando a taxa de conveniência. Daí a configuração da venda casada

497. Assim, o STJ entendeu que, em contratos de crédito rural, a instituição financeira não pode impor ao produtor a contratação de seguro com seguradora do mesmo grupo econômico ou indicada pela própria instituição, mesmo em casos de seguros obrigatórios. A legislação exige que o financiador apresente ao produtor ao menos duas opções de apólices de diferentes seguradoras, sendo que uma delas deve ser de uma seguradora independente. Essa exigência visa garantir a livre escolha do produtor, impedindo que ele seja obrigado a contratar seguros com valores unilateralmente impostos pelo banco, o que caracteriza prática abusiva (art. 39, I, do CDC). No caso analisado, o banco não observou as exigências legais ao condicionar o crédito rural à contratação de seguro rural com seguradora própria, prática que foi considerada abusiva e, portanto, ilícita. Isso tornou indevida a cobrança dos prêmios desse seguro. (STJ, REsp n. 1.874.910/DF, Rel. Min. Marco Aurélio Bellizze, Terceira Turma, DJe 25.4.2024).

às avessas, indireta ou dissimulada, porque o consumidor não tinha liberdade de escolha (ou seja, para ir ao espetáculo não havia outra forma a não ser comprando o ingresso na plataforma *on-line* e pagando a taxa de conveniência).[498]

Este julgado (envolvendo a abusividade da cobrança da taxa de conveniência) foi revisto em embargos de declaração. O STJ, dando efeitos infringentes, entendeu pela validade da intermediação, pela internet, da venda de ingressos para eventos culturais e de entretenimento mediante cobrança de "taxa de conveniência", desde que o consumidor seja previamente informado sobre o preço total da aquisição do ingresso, com o destaque do valor da "taxa de conveniência".(STJ, EDcl no REsp 1737428/RS, Rel. Ministra Nancy Andrighi, Rel. p/ Acórdão Ministro Paulo de Tarso Sanseverino, Terceira Turma, DJe 19/11/2020) Assim, o que é abusivo é a empresa não informar adequadamente ao consumidor sobre o valor da taxa de conveniência, adicionando o referido valor posteriormente no ato da aquisição dos ingressos. O valor informado (final) ao consumidor já deverá constar (estar embutido) a taxa de conveniência, devendo, inclusive, este valor estar destacado (para que o consumidor saiba exatamente o valor que está pagando a título de "taxa de conveniência").

Da mesma forma, o STJ entendeu que a cobrança de retirada e entrega de ingressos adquiridos pela internet (*taxa de entrega e taxa de retirada*) não configura prática abusiva, desde que os valores sejam claros, acessíveis e previamente informados ao consumidor. Essas taxas refletem os custos de intermediação e dos serviços adicionais prestados, como a entrega em domicílio ou a retirada em posto físico, e o consumidor tem a liberdade de optar entre as diferentes formas de obtenção do ingresso. Se há serviço disponibilizado ao consumidor, que pode optar, a seu critério, se vai imprimir seu ingresso em casa, se vai solicitar que ele seja entregue pelos Correios, ou se vai preferir retirá-lo em bilheteria, e se o valor cobrado pelo serviço é acessível e claro, não há que se falar em abusividade. (STJ, REsp n. 1.632.928/RJ, relator Ministro Marco Buzzi, relatora para acórdão Ministra Maria Isabel Gallotti, Quarta Turma, DJe de 25/4/2024). O STJ decidiu que a cobrança de taxa de conveniência é legal, mesmo quando o consumidor opta por retirar o ingresso na bilheteria do evento uma vez que há uma distinção entre taxa de conveniência, retirada e entrega, que são práticas comuns no mercado de venda de ingressos. Portanto, a cobrança da taxa de conveniência foi considerada válida, mesmo sem a entrega física do ingresso fora da bilheteria.

Outra forma de venda casada indireta pode acontecer quando o fornecedor faz "promoções" para aquisição de produto (e/ou serviço) atrelado a outro produto (e/ou serviço), sendo que o preço do "combinado" (dos dois produtos/serviços) é quase igual (ou igual!) ao preço do produto/serviço isoladamente considerado. Isso é feito para "forçar" o consumidor a adquirir o combo em vez do produto isolado. Na verdade, o fornecedor aumenta o valor do produto/serviço isolado para que o consumidor ache mais vanta-

498. Assim, segundo a Min. Nancy Andrighi, "Se os incumbentes optam por submeter os ingressos à venda terceirizada em meio virtual (da internet), devem oferecer ao consumidor diversas opções de compra em diversos sítios eletrônicos, caso contrário, a liberdade dos consumidores de escolha da intermediadora da compra é cerceada, limitada unicamente aos serviços oferecidos pela recorrida, de modo a ficar configurada a venda casada, nos termos do art. 39, I e IX, do CDC. A potencial vantagem do consumidor em adquirir ingressos sem se deslocar de sua residência fica totalmente aplacada pelo fato de ser obrigado a se submeter, sem liberdade, às condições impostas pela recorrida e pelos incumbentes no momento da contratação, o que evidencia que a principal vantagem desse modelo de negócio – disponibilização de ingressos na internet – foi instituída em seu favor dos incumbentes e da recorrida."

joso e viável a aquisição conjunta e não individual. Na prática há venda casada, pois, o fornecedor mitiga a liberdade de escolha do consumidor, praticamente inviabilizando a aquisição individual.

A venda casada é considerada, também, infração da ordem econômica, prevista no art. 36, § 3º, XVIII, da Lei 12.529/2011:

> "Art. 36, § 3º, XVIII – subordinar a venda de um bem à aquisição de outro ou à utilização de um serviço, ou subordinar a prestação de um serviço à utilização de outro ou à aquisição de um bem;"

O fornecedor também não pode condicionar o fornecimento de produto ou serviço, sem justa causa, a limites quantitativos. Assim, duas situações podem ocorrer: imposição de limite máximo de aquisição e imposição de limite mínimo. Ambas podem ocorrer, devendo analisá-las somente se foram feitas com razoabilidade (justa causa). No primeiro caso (imposição de limite máximo), tem-se aceitado como justa causa a justificar a limitação, principalmente em promoções, o argumento de que se um consumidor adquirir todo o estoque, justamente porque não há limitação de quantidade, outro ficará sem aproveitar a promoção.[499]

> A falta de indicação de restrição quantitativa relativa à oferta de determinado produto, pelo fornecedor, não autoriza o consumidor exigir quantidade incompatível com o consumo individual ou familiar, nem, tampouco, configura dano ao seu patrimônio extramaterial. (STJ, REsp. 595.734-RS, Rel. originária Mina. Nancy Andrighi, Rel. para acórdão Min. Castro Filho, *DJ* 28/11/2005).

No segundo caso (imposição de limite mínimo), a possibilidade também existe, por exemplo, nas vendas promocionais do tipo "*pague 2 e leve 3*", desde que o consumidor possa adquirir, caso queira, o produto singular pelo seu preço normal.[500] Nesses casos de imposição de limite mínimo, sobretudo, por serem situações mais delicadas, deverá o intérprete analisar se há razoabilidade ou não na limitação, de forma a evitar os abusos, tanto pelo fornecedor como pelo consumidor.[501]

Analisando o mencionado inciso, o STJ considerou que não ofende o direito do consumidor a cobrança de tarifa mínima, tanto de água, como de telefonia (chamada de tarifa de assinatura básica ou mensal), ainda que o consumidor não tenha utilizado o serviço ou tenha utilizado à menor, o que seria, de certa forma, uma imposição de limite mínimo. Para

499. Rizzatto Nunes ainda aponta como fato justificador estar "em época de crise", pois, se há falta de determinado produto no mercado, é justificável que o fornecedor limite a quantidade por pessoa. *Curso de Direito do Consumidor*, p. 516.

500. Nesse sentido Rizzatto Nunes. *Curso de Direito do Consumidor*, p. 517. Antônio Herman Benjamin não aceita a justa causa nesta hipótese. Para o autor, então, "a justa causa, porém, só tem aplicação aos limites quantitativos que sejam inferiores à quantidade desejada pelo consumidor." *Código Brasileiro de Defesa do Consumidor Comentado Pelos Autores do Anteprojeto*. 9ª ed. Rio de Janeiro: Forense Universitária, 2007, p. 380.

501. Exemplo de uma forma de abuso cometido pelo consumidor: existem alguns bares e restaurantes em que o consumidor pode escolher a quantidade (peso) de carnes que deseja. Mas é muito comum os bares e restaurantes estipularem um limite mínimo (por exemplo de 300 gramas) para o pedido. Nessas hipóteses, se valendo "friamente" do inciso I, não pode o consumidor desejar somente 10 gramas de carne, com o argumento de que o fornecedor não pode impor limite mínimo para a aquisição.

o STJ, a cobrança de valor mínimo justifica-se pela necessidade da concessionária manter disponibilizado o serviço ao consumidor, de modo contínuo e ininterrupto, exigindo dispêndios financeiros para garantir a sua eficiência (*justa causa*).

JURISPRUDÊNCIA STF E STJ

Cobrança conjunta de energia elétrica e cartão de descontos é prática abusiva

O STJ entendeu que a cobrança da fatura de energia elétrica junto com a de um "cartão de descontos em serviços de saúde" em um único código de barras é prática abusiva, pois pode induzir o consumidor ao erro. Essa conduta prejudica especialmente consumidores de baixa renda, que podem ser levados a acreditar que a falta de pagamento do cartão de descontos resultaria no corte do fornecimento de energia. O tribunal destacou que essa prática viola o CDC, que protege o consumidor contra publicidade enganosa e métodos comerciais coercitivos. (STJ, AgInt no AREsp n. 2.183.704/SP, Rel. Min. Herman Benjamin, Segunda Turma, DJe 17/10/2023).

Cancelamento automático da passagem de volta por não comparecimento no voo de ida é prática abusiva

O STJ entendeu que é abusiva a prática das companhias aéreas de cancelar automaticamente a passagem de volta caso o passageiro não embarque no voo de ida. Essa conduta afronta direitos básicos do consumidor, configurando enriquecimento ilícito, sanção desproporcional e falha na informação sobre o serviço. Além disso, a exigência de embarque no trecho de ida para garantir a reserva do voo de volta caracteriza venda casada, prática vedada pelo CDC. (STJ, REsp 1595731/RO, Rel. Min. Luis Felipe Salomão, Quarta Turma, DJe 01/02/2018).

Exigência de adesão a plano de previdência ou seguro para concessão de empréstimo não caracteriza venda casada

O STJ entendeu que não há venda casada quando entidades abertas de previdência complementar ou sociedades seguradoras condicionam a concessão de empréstimos à adesão a um plano de benefícios ou à contratação de um seguro de pessoas. A exigência decorre de norma legal que restringe as operações financeiras dessas entidades aos seus participantes ou segurados, não havendo abuso de posição econômica ou cerceamento da liberdade de escolha do consumidor. Assim, a prática não configura infração ao CDC, pois não impõe ao consumidor uma obrigação desproporcional ou desvantajosa. (STJ, REsp 1385375/RS, Rel. Min. Ricardo Villas Bôas Cueva, Terceira Turma, DJe 23/05/2016)

Exigir a compra de biscoitos para adquirir brinde configura venda casada

O STJ entendeu que condicionar a compra de cinco embalagens de biscoito para adquirir um relógio configura venda casada, prática abusiva vedada pelo CDC. Além disso, a publicidade foi considerada duplamente abusiva, pois, além de impor a compra conjunta de produtos, era direcionada ao público infantil, explorando o universo lúdico para influenciar o consumo. A decisão reforça a proteção do consumidor, especialmente das crianças, contra estratégias de marketing que induzem compras desnecessárias. (STJ, REsp 1558086/SP, Rel. Min. Humberto Martins, Segunda Turma, DJe 15/04/2016).

Consta no voto: *"(...) ficou configurada a venda casada no caso dos autos, pois os consumidores só poderiam adquirir o relógio se comprassem 5 (cinco) produtos da linha "Gulosos" e mediante o pagamento de R$ 5,00 (cinco reais)."*

Venda casada de chip e aparelho celular é prática abusiva

O STJ entendeu que a exigência da compra de um aparelho celular como condição para a contratação de um plano de telefonia configura venda casada, prática abusiva vedada pelo CDC. A operadora não pode impor ao consumidor a aquisição de um produto específico para ter acesso a condições mais vantajosas de serviço, pois essa conduta restringe a liberdade de escolha e fere direitos básicos do consumidor. (STJ, REsp 1397870/MG, Rel. Min. Mauro Campbell Marques, Segunda Turma, DJe 10/12/2014).

Fidelização com comodato de celular não configura venda casada

O STJ decidiu que a cláusula de fidelização em contratos de telefonia móvel atrelados ao comodato de aparelhos celulares não caracteriza venda casada, desde que ofereça benefícios reais ao consumidor, como tarifas reduzidas ou bônus em serviços. Além disso, o consumidor deve ter a opção de adquirir o aparelho separadamente, sem obrigatoriedade de vínculo com a operadora. (STJ, REsp 1097582/MS, Rel. Min. Marco Buzzi, Quarta Turma, DJe 08/04/2013).

Venda casada em pagamento a prazo vinculado à aquisição de outro produto

O STJ entendeu que condicionar o pagamento a prazo de um produto à compra de outro configura venda casada. No caso analisado, a venda de gasolina a prazo estava vinculada à aquisição de refrigerantes, o que foi considerado prática abusiva. A decisão reforça que o fornecedor não pode impor ao consumidor a aquisição de produtos distintos para usufruir de condições comerciais diferenciadas, salvo em situações excepcionais e justificadas, o que não se aplicava ao caso. (STJ, REsp 384.284/RS, Rel. Min. Herman Benjamin, Segunda Turma, DJe 15/12/2009).

RECUSA DE ATENDIMENTO

II – recusar atendimento às demandas dos consumidores, na exata medida de suas disponibilidades de estoque e, ainda, de conformidade com os usos e costumes;

O fornecedor não pode recusar a prestar o serviço ou a vender o produto a qualquer consumidor que se disponibilizar a pagá-los, desde que tenha os produtos em estoque ou esteja habilitado a prestar o serviço.

Isso significa que o fornecedor, ao colocar um produto ou serviço à disposição do público, deve atendê-lo dentro das possibilidades reais de sua oferta, sem criar obstáculos injustificados. Essa regra busca garantir que o consumidor tenha acesso aos produtos e serviços de forma igualitária, respeitando as condições anunciadas e a boa-fé nas relações de consumo.

Na prática, isso impede, por exemplo, que um fornecedor selecione ou discrimine consumidores em razão de interesses próprios ou que recuse a venda de um produto, sem justificativa razoável, quando ele ainda possui o item em estoque. Um exemplo comum pode ocorrer em liquidações, onde todos os consumidores devem ter as mesmas oportunidades de compra enquanto o estoque anunciado durar. A recusa sem fundamento na venda de um produto disponível, portanto, representa prática abusiva, desrespeitando o direito do consumidor de ter acesso à oferta conforme divulgada.

Além de assegurar o acesso igualitário, essa norma protege o consumidor contra possíveis manipulações, como reservar o estoque para um grupo específico ou tentar direcionar o consumidor a um produto mais caro. Se a oferta foi feita e o produto está disponível, o fornecedor tem a obrigação de cumprir o que anunciou, dentro das normas e limites de mercado, evitando prejuízos ao consumidor e fortalecendo uma relação de confiança e transparência.

A recusa de venda constitui crime contra as relações de consumo esculpidas na Lei nº 8.137/1990 no art. 7º, I, ao dispor que o crime ficará caracterizado quando "*favorecer ou preferir, sem justa causa, comprador ou freguês, ressalvados os sistemas de entrega ao consumo por intermédio de distribuidores ou revendedores*" e também no inciso VI do mesmo artigo, quando "*sonegar insumos ou bens, recusando-se a vendê-los a quem pretenda comprá-los nas condições publicamente ofertadas, ou retê-los para o fim de especulação*".

Como exemplo, considera-se abusiva a prática de motorista de táxi negar a "corrida" ao consumidor por ser pequena a distância a ser percorrida.

ENVIO DE PRODUTO E FORNECIMENTO DE SERVIÇO NÃO SOLICITADO

III – enviar ou entregar ao consumidor, sem solicitação prévia, qualquer produto, ou fornecer qualquer serviço;

O código veda a prática de enviar ao consumidor produtos ou prestar serviços não solicitados por ele. Esse dispositivo visa proteger o consumidor contra práticas abusivas, nas quais o fornecedor tenta forçar uma venda ou criar uma situação de obrigação artificial, induzindo o consumidor a pagar por algo que não pediu.

Um exemplo comum ocorre quando empresas enviam amostras de produtos ou assinaturas de revistas sem que o consumidor tenha solicitado, para depois cobrar pelo serviço ou produto entregue. Outra situação frequente é a inclusão de serviços adicionais em contratos, como seguros e garantias estendidas, sem a expressa solicitação do consumidor, especialmente em contratos de adesão. Essa conduta é expressamente vedada pelo CDC, pois fere o direito do consumidor de decidir livremente sobre o que deseja adquirir.

Se isso ocorrer, de acordo com o parágrafo único do art. 39, os produtos ou serviços serão considerados como amostras grátis, desobrigando os consumidores do respectivo pagamento.

> RECURSO ESPECIAL. CONSUMIDOR. AÇÃO CIVIL PÚBLICA. ENVIO DE CARTÃO DE CRÉDITO NÃO SOLICITADO. PRÁTICA COMERCIAL ABUSIVA. ABUSO DE DIREITO CONFIGURADO. 1. O envio do cartão de crédito, ainda que bloqueado, sem pedido pretérito e expresso do consumidor, caracteriza prática comercial abusiva, violando frontalmente o disposto no artigo 39, III, do Código de Defesa do Consumidor.2. Doutrina e jurisprudência acerca do tema. (STJ, REsp 1199117/SP, Rel. Ministro Paulo de Tarso Sanseverino, Terceira Turma, DJe 04/03/2013)[502]

O STJ sumulou a prática abusiva de envio não solicitado de cartão de crédito. Consta da Súmula 532 do STJ que "*constitui prática comercial abusiva o envio de cartão de crédito sem prévia e expressa solicitação do consumidor, configurando-se ato ilícito indenizável e sujeito à aplicação de multa administrativa*".

502. No mesmo sentido, o STJ já tinha decidido: "O envio de cartão de crédito não solicitado, conduta considerada pelo Código de Defesa do Consumidor como prática abusiva (art. 39, III), adicionado aos incômodos decorrentes das providências notoriamente dificultosas para o cancelamento cartão causam dano moral ao consumidor, mormente em se tratando de pessoa de idade avançada, próxima dos cem anos de idade à época dos fatos, circunstância que agrava o sofrimento moral." (STJ, REsp 1.061.500/RS, Rel. Min. Sidnei Beneti, Terceira Turma, DJe 20/11/2008).

O STJ tem entendido que, neste caso, o dano não é presumido, bastando a prova de algum fato extraordinário pelo consumidor.

> "Agravo interno no recurso especial. Direito do consumidor. Cartão de crédito. Envio não solicitado. Dano moral. Interpretação temperada da súmula 532/STJ. Necessária demonstração de fato extraordinário que tenha causado mais do que um mero aborrecimento ao consumidor." (STJ, AgInt no REsp 1781345/RS, Rel. Ministro Paulo de Tarso Sanseverino, Terceira Turma, DJe 27/10/2020)

Parágrafo único. Os serviços prestados e os produtos remetidos ou entregues ao consumidor, na hipótese prevista no inciso III, equiparam-se às amostras grátis, inexistindo obrigação de pagamento.

> O oferecimento do serviço '900-disque prazer' sem prévia solicitação do titular da linha telefônica configura prática abusiva (art. 39, III, do CDC). Se prestados sem o pedido anterior, 'equiparam-se às amostras grátis, inexistindo a obrigação de pagamento' (art. 39, parágrafo único, do CDC) (STJ, REsp. 318.372-SP, Rel. Min. Humberto Gomes de Barros, j. 27/4/2004, *Informativo* 206).

Como não foi requerido pelo consumidor, qualquer dano sofrido em decorrência do envio de produto ou do fornecimento de serviço, o fornecedor deverá ser responsabilizado.

> O banco é parte legitimada passivamente e comete ato ilícito, previsto no art. 39, inciso III, da Lei nº 8.078/1990, quando, fornecendo ao cliente cartão de crédito por ele não solicitado, dá-se ulterior extravio e indevida utilização por terceiros, gerando inadimplência fictícia e inscrição do nome do consumidor em cadastros restritivos de crédito, causadora de dano moral indenizável (STJ, REsp. 514.358-MG, Rel. Min. Aldir Passarinho Junior, j. 16/3/2004, *Informativo* 202).

APROVEITAMENTO DA VULNERABILIDADE DO CONSUMIDOR

IV – prevalecer-se da fraqueza ou ignorância do consumidor, tendo em vista sua idade, saúde, conhecimento ou condição social, para impingir-lhe seus produtos ou serviços;

O fornecedor não poderá se aproveitar das excepcionais vulnerabilidades do consumidor para impor-lhe produtos ou serviços. Vários critérios são levados em consideração pela norma, como a idade (quer se trate de criança ou pessoa idosa); condição social (já que uma pessoa mais simples terá mais dificuldade de compreender novas tecnologias, podendo ser vítimas dos maus fornecedores); conhecimento (os analfabetos, por exemplo, terão dificuldades na contratação, sendo alvos fáceis também dos maus fornecedores) e a saúde (muito comum a prática dos hospitais de exigirem garantias abusivas da família – *v.g.*, cheque caução de quantia vultuosa – para que um ente querido seja internado[503]).

---

503. Esta abusividade passou a ser, inclusive, crime pela Lei nº 12.653, de 2012, acrescentando o art. 135-A ao Código Penal:

Art. 1º O Decreto-Lei nº 2.848, de 7 de dezembro de 1940 – Código Penal, passa a vigorar acrescido do seguinte art. 135-A:

"Condicionamento de atendimento médico-hospitalar emergencial

Art. 135-A. Exigir cheque-caução, nota promissória ou qualquer garantia, bem como o preenchimento prévio de formulários administrativos, como condição para o atendimento médico-hospitalar emergencial:

Pena – detenção, de 3 (três) meses a 1 (um) ano, e multa.

Parágrafo único. A pena é aumentada até o dobro se da negativa de atendimento resulta lesão corporal de natureza grave, e até o triplo se resulta a morte."

A vulnerabilidade agravada a que é acometida o consumidor em algumas circunstâncias é chamada de hipervulnerabilidade.[504] Enquanto a vulnerabilidade é a condição geral de todo consumidor (art. 4º, I), a hipervulnerabilidade é a situação social fática e objetiva de agravamento da vulnerabilidade da pessoa física consumidora, seja permanente (deficiência física ou mental) ou temporária (doença, gravidez, turista, analfabetismo, crianças, pessoas idosas, etc.).[505]

Esses consumidores, por estarem em uma posição de desvantagem ainda maior, estão mais suscetíveis a práticas abusivas, fraudes e pressões comerciais. Por exemplo, crianças, idosos e pessoas com deficiência muitas vezes não possuem o discernimento ou os recursos necessários para se proteger de ofertas enganosas ou contratos complexos. A hipervulnerabilidade exige, portanto, um nível mais elevado de cuidado e proteção por parte dos fornecedores e uma atuação mais rigorosa dos órgãos de defesa do consumidor, que devem garantir que esses indivíduos não sejam explorados ou manipulados devido à sua condição particular de fragilidade.[506]

Esse tipo de prática é comum em casos em que o fornecedor tenta explorar a insegurança ou falta de informação do consumidor. Exemplificando, atualmente são comuns as práticas abusivas de oferta de crédito às pessoas idosas, aproveitando das dificuldades dos mesmos para aferirem todos os contornos da contratação. As financeiras, aproveitando da dificuldade de discernimento das pessoas idosas, impingem-lhes diversos contratos de

---

Art. 2º O estabelecimento de saúde que realize atendimento médico-hospitalar emergencial fica obrigado a afixar, em local visível, cartaz ou equivalente, com a seguinte informação: "Constitui crime a exigência de cheque-caução, de nota promissória ou de qualquer garantia, bem como do preenchimento prévio de formulários administrativos, como condição para o atendimento médico-hospitalar emergencial, nos termos do art. 135-A do Decreto-Lei nº 2.848, de 7 de dezembro de 1940 – Código Penal."

Art. 3º O Poder Executivo regulamentará o disposto nesta Lei.

Art. 4º Esta Lei entra em vigor na data de sua publicação.

Brasília, 28 de maio de 2012; 191º da Independência e 124º da República.

DILMA ROUSSEFF

504. A expressão hipervulnerabilidade é do Min. Antônio Herman Benjamin. Em voto no REsp 931.513/RS, 1.ª Seção, j. 25.11.2009, DJe 27.09.2010, o Ministro destacou que a "a categoria ético-política, e também jurídica, dos sujeitos vulneráveis inclui um subgrupo de sujeitos hipervulneráveis... Ao se proteger o hipervulnerável, a rigor quem verdadeiramente acaba beneficiada é a própria sociedade, porquanto espera o respeito ao pacto coletivo de inclusão social imperativa, que lhe é caro, não por sua faceta patrimonial, mas precisamente por abraçar a dimensão intangível e humanista dos princípios da dignidade da pessoa humana e da solidariedade. Assegurar a inclusão judicial (isto é, reconhecer a legitimação para agir) dessas pessoas hipervulneráveis, inclusive dos sujeitos intermediários a quem incumbe representá-las, corresponde a não deixar nenhuma ao relento da Justiça por falta de porta-voz de seus direitos ofendidos".

505. Nesse sentido, Cláudia Lima Marques e Bruno Miragem em *O Novo Direito Privado e a Proteção dos Vulneráveis*, Editora Revista dos Tribunais,2012. págs. 188-189.

506. Tem-se falado, diante das novas tecnologias, em ultravulnerabilidade. A "ultravulnerabilidade" é um conceito jurídico proposto para descrever o grau extremo de fragilidade a que indivíduos estão expostos diante do avanço das neurotecnologias e da inteligência artificial. Diferente da vulnerabilidade tradicional do consumidor, a ultravulnerabilidade destaca a exposição máxima da integridade psicofísica do ser humano, incluindo sua mente e identidade, quando dispositivos e tecnologias acessam e potencialmente manipulam pensamentos, sentimentos e ações. Nesse contexto, a ultravulnerabilidade ocorre quando a tecnologia transcende a barreira do físico para acessar o espaço mais íntimo do indivíduo – a mente –, gerando riscos elevados à liberdade cognitiva, à privacidade mental e à integridade psíquica. Nesse sentido, conferir: MUCELIN, Guilherme; SILVA, Roberta Scalzilli. Neurodireitos e ultravulnerabilidade. *Revista de Direito do Consumidor*. vol. 153. ano 33. p. 225-256. São Paulo: Ed. RT, mai./jun. 2024.

créditos (entre eles o crédito consignado de aposentado e o cartão de crédito consignado), sem a devida cautela e informação necessária.

Outro exemplo é um idoso com pouca familiaridade com tecnologia que, ao buscar um celular simples, é induzido a comprar um modelo avançado e mais caro, sem que haja a real necessidade ou interesse por parte dele.

O CDC, ao estabelecer essa proibição, reforça o princípio da vulnerabilidade, reconhecendo que, em uma relação de consumo, o consumidor geralmente é a parte mais fraca e precisa de proteção adicional contra práticas que abusem de suas limitações.

Assim, podemos destacar algumas vulnerabilidades que tornam os consumidores ainda mais vulneráveis nas relações de consumo (tornando-os hipervulneráveis):

- **Vulnerabilidade etária:** Consumidores em faixas etárias específicas, como crianças e idosos, enfrentam desafios particulares. Crianças, por exemplo, são mais suscetíveis a práticas publicitárias que exploram a fantasia e a emoção, enquanto idosos podem ter mais dificuldade em entender tecnologias avançadas ou serem alvo de práticas abusivas, como vendas casadas em serviços de saúde.
- **Vulnerabilidade física e psicológica:** Consumidores com deficiências físicas, visuais, auditivas ou psicológicas enfrentam dificuldades adicionais ao acessar informações e produtos, especialmente quando as empresas não adaptam seu atendimento ou comunicação para essas necessidades. Consumidores com depressão ou outras condições psicológicas, por exemplo, podem ser mais suscetíveis a práticas que exploram o emocional, como venda de produtos milagrosos.
- **Vulnerabilidade cultural e linguística:** Estrangeiros ou imigrantes, que possuem limitações com o idioma e podem desconhecer seus direitos no país, também encontram barreiras. Essa situação se aplica a consumidores que vivem em um país com uma língua ou cultura diferente e têm dificuldade em entender contratos, termos de serviço e informações técnicas.
- **Vulnerabilidade digital:** Com a crescente digitalização dos serviços, consumidores que não têm familiaridade com o ambiente digital ou que não têm acesso à internet de qualidade são mais suscetíveis a fraudes e a práticas abusivas *on-line*. Além disso, a complexidade do ambiente digital expõe consumidores a riscos adicionais, como a captura de dados pessoais sem consentimento claro.
- **Vulnerabilidade situacional:** Em situações específicas, qualquer consumidor pode se tornar vulnerável, como em contextos de emergência ou crises de saúde pública (ex.: pandemias), quando há alta demanda por produtos essenciais e fornecedores podem tentar se aproveitar da urgência. Situações como essas criam uma vulnerabilidade momentânea e intensa, onde o consumidor está mais suscetível a abusos.
- **Vulnerabilidade socioeconômica:** Consumidores de baixa renda ou que enfrentam desigualdade social são particularmente suscetíveis a práticas abusivas. A limitação de recursos financeiros não só reduz o poder de escolha e negociação, mas também torna esses consumidores alvo fácil para créditos com taxas abusivas, como empréstimos e financiamentos com juros excessivos, e até mesmo de práticas de venda casada.

- **Vulnerabilidade de saúde:** Consumidores com doenças graves ou crônicas, além de idosos, encontram dificuldades específicas, sobretudo em áreas como planos de saúde, seguros e acesso a medicamentos. Esse grupo, muitas vezes, precisa urgentemente de produtos ou serviços, o que pode levar à aceitação de condições desvantajosas ou à exposição a vendas casadas e reajustes inesperados. O CDC considera essa vulnerabilidade ao proibir práticas abusivas que explorem a urgência de consumo desses produtos e serviços essenciais.
- **Vulnerabilidade educacional:** Consumidores com menor escolaridade enfrentam limitações no entendimento de cláusulas contratuais complexas e termos técnicos, especialmente em contratos financeiros, seguros e outros serviços com linguagem jurídica densa. Essa vulnerabilidade é especialmente relevante em contratos de adesão, onde o consumidor não tem a chance de negociar ou alterar os termos. A linguagem complexa, nessas situações, dificulta o entendimento de riscos e deveres, ampliando a dependência do consumidor sobre a boa-fé do fornecedor.
- **Vulnerabilidade por localização geográfica:** Consumidores em regiões remotas ou de difícil acesso, como áreas rurais ou cidades distantes dos grandes centros, têm um acesso mais limitado a produtos, serviços e alternativas de fornecedores. Essa condição os torna mais suscetíveis a preços abusivos e a poucas opções, em especial para serviços essenciais como transporte, telecomunicações e saúde, limitando ainda a possibilidade de defesa em caso de abuso, pois os órgãos de defesa do consumidor estão concentrados em áreas urbanas.

O STJ, em várias oportunidades, já reconheceu a figura do hipervulnerável:

a) Crianças: "A possibilidade de confusão ou associação entre as marcas fica nítida no caso, pois, como é notório e as próprias embalagens dos produtos da marca "CHEE. TOS" e "CHEESE.KI.TOS" reproduzidas no corpo do acórdão recorrido demonstram, o público consumidor alvo do produto assinalado pelas marcas titularizadas pelas sociedades empresárias em litígio são as crianças, que têm inegável maior vulnerabilidade, por isso denominadas pela doutrina – o que encontra supedâneo na inteligência do 37, § 2º, do Código de Defesa do Consumidor – como consumidores hipervulneráveis. (STJ, REsp 1188105/RJ, Rel. Ministro Luis Felipe Salomão, Quarta Turma, DJe 12/04/2013)

b) Pessoas com deficiências físicas, mentais ou sensoriais: "A categoria ético-política, e também jurídica, dos sujeitos vulneráveis inclui um subgrupo de sujeitos hipervulneráveis, entre os quais se destacam, por razões óbvias, as pessoas com deficiência física, sensorial ou mental." (STJ, REsp 931.513/RS, Rel. p/ Acórdão Ministro Herman Benjamin, Primeira Seção, DJe 27/09/2010)

c) Indígenas: "O status de índio não depende do local em que se vive, já que, a ser diferente, estariam os indígenas ao desamparo, tão logo pusessem os pés fora de sua aldeia ou Reserva. Mostra-se ilegal e ilegítimo, pois, o discrímen utilizado pelos entes públicos na operacionalização do serviço de saúde, ou seja, a distinção entre índios aldeados e outros que vivam foram da Reserva. Na proteção dos vulneráveis e, com maior ênfase, dos hipervulneráveis, na qual o legislador não os distingue, descabe ao juiz fazê-lo, exceto se for para ampliar a extensão, o grau e os remédios em favor dos sujeitos especialmente amparados." (STJ, REsp 1064009/SC, Rel. Ministro Herman Benjamin, Segunda Turma, DJe 27/04/2011)

d) Pessoas com restrição ao glúten: "Ao Estado Social importam não apenas os vulneráveis, mas sobretudo os hipervulneráveis, pois são esses que, exatamente por serem minoritários e amiúde discriminados ou ignorados, mais sofrem com a massificação do consumo e a "pasteurização" das diferenças que caracterizam e enriquecem a sociedade moderna. Ser diferente ou minoria, por doença ou qualquer outra razão, não é ser menos consumidor, nem menos cidadão, tampouco merecer direitos de segunda classe ou proteção apenas retórica do legislador. O fornecedor tem o dever de informar que o produto ou serviço pode causar malefícios a um grupo de pessoas, embora não seja prejudicial à generalidade da população, pois o que o ordenamento pretende resguardar não é somente a vida de muitos, mas também a vida de poucos." (STJ, REsp 586.316/MG, Rel. Ministro Herman Benjamin, Segunda Turma, DJe 19/03/2009)

e) Doente: "Cuida-se de ação por danos morais proposta por consumidor ludibriado por propaganda enganosa, em ofensa a direito subjetivo do consumidor de obter informações claras e precisas acerca de produto medicinal vendido pela recorrida e destinado à cura de doenças malignas, dentre outras funções. (...) A vulnerabilidade informacional agravada ou potencializada, denominada hipervulnerabilidade do consumidor, prevista no art. 39, IV, do CDC, deriva do manifesto desequilíbrio entre as partes." (STJ, REsp 1329556/SP, Rel. Ministro Ricardo Villas Bôas Cueva, Terceira Turma, DJe 09/12/2014)

VANTAGEM EXCESSIVA

V – exigir do consumidor vantagem manifestamente excessiva;

O fornecedor não pode, valendo-se de sua condição de superioridade econômica, causar prejuízo ao consumidor, rompendo com o equilíbrio contratual.

Por serem expressões sinônimas, poderá o intérprete se valer dos critérios para verificação da "vantagem exagerada" contidos no § 1º do art. 51.

> § 1º Presume-se exagerada, entre outros casos, a vantagem que:
>
> I – ofende os princípios fundamentais do sistema jurídico a que pertence;
>
> II – restringe direitos ou obrigações fundamentais inerentes à natureza do contrato, de tal modo a ameaçar seu objeto ou equilíbrio contratual;
>
> III – se mostra excessivamente onerosa para o consumidor, considerando-se a natureza e conteúdo do contrato, o interesse das partes e outras circunstâncias peculiares ao caso.

O STJ utiliza ora um termo ora outro, não fazendo diferenciação.[507]

Considerando imposição de ônus excessivo ao consumidor, o STJ considerou abusiva a conduta da cia aérea, em programa de fidelidade, que permite o resgate de passagem com "pontos"de forma *on-line* e exige a presença física para fazer o cancelamento.

> "O fato de a empresa aérea não disponibilizar a opção de cancelamento de passagem por meio da plataforma digital da empresa (internet) configura prática abusiva, na forma do art. 39, inciso V, do CDC, especialmente quando a ferramenta é disponibilizada ao consumidor no caso de aquisição/resgate de passagens. 3. A conduta, além de ser desprovida de fundamento técnico ou econômico, evidencia a imposição de ônus excessivo ao consumidor, considerando

507. Conferir REsp. 437607 / PR, Rel. Min. Hélio Quaglia Barbosa, *DJ* 04/06/2007.

a necessidade de seu deslocamento às lojas físicas da empresa (apenas aquelas localizadas nos aeroportos) ou a utilização do call center, medidas indiscutivelmente menos efetivas quando comparadas ao meio eletrônico. 4. Nesse passo, configurada a prática de conduta lesiva ao consumidor, não há falar em ingerência desmotivada na atividade empresarial." (STJ, REsp n. 1.966.032/DF, relator Ministro Luis Felipe Salomão, Quarta Turma, julgado em 16/8/2022)

Outra dúvida que pode surgir é sobre a possibilidade de os fornecedores cobrarem preços diferentes para o mesmo produto ou serviço na loja física e no comércio eletrônico. Isso porque é comum que os consumidores encontrem preços diferentes para o mesmo produto entre a loja física e a loja *on-line* de uma mesma rede. Essa prática é legal e, muitas vezes, justificada. A principal razão para essa disparidade são os custos envolvidos na manutenção de um estabelecimento físico, como aluguel, energia elétrica, água, salários e comissões. Esses custos extras, inexistentes ou reduzidos no *e-commerce*, impactam diretamente o valor dos produtos vendidos na loja física.

O CDC não define um limite para essas variações de preço, apenas proíbe práticas abusivas que coloquem o consumidor em desvantagem excessiva, conforme o art. 39. Em outras palavras, enquanto as diferenças de preço entre o físico e o *on-line* sejam razoáveis e justificadas pelos custos operacionais, elas são permitidas pela legislação. Essa política permite às lojas físicas sobreviverem diante dos custos adicionais, ao mesmo tempo em que mantém a competitividade com o comércio digital, que pode oferecer preços menores.

Além disso, a variação nos preços pode até ser uma estratégia de marketing. Em algumas redes, o consumidor consegue solicitar o preço mais baixo do site ao realizar a compra presencialmente. Embora não exista uma obrigação legal para isso, algumas empresas utilizam essa prática para fidelizar clientes, oferecendo a conveniência da compra física com o valor reduzido encontrado *on-line*. Por isso, antes de realizar a compra, é importante que o consumidor compare as opções disponíveis e escolha o meio mais vantajoso.

NECESSIDADE DE ORÇAMENTO PRÉVIO E AUTORIZAÇÃO DO CONSUMIDOR

VI – executar serviços sem a prévia elaboração de orçamento e autorização expressa do consumidor, ressalvadas as decorrentes de práticas anteriores entre as partes;

O inciso VI, em conjunto com o art. 40 do CDC, prevê a necessidade de se realizar orçamento prévio e também de autorização expressa do consumidor para execução de quaisquer serviços. Se o consumidor não autorizar o serviço e esse for realizado, será considerado como amostra grátis de acordo com o parágrafo único do artigo.

> O art. 39, VI, do referido Código determina que o serviço somente pode ser realizado com a expressa autorização do consumidor. Em consequência, não demonstrada a existência de tal autorização, é imprestável a cobrança, sendo devido, apenas, o valor autorizado expressamente pelo consumidor (STJ, REsp. 332.869-RJ, Rel. Min. Carlos Alberto Menezes Direito, j. 24/6/2002, *Informativo* 140).

Na prática, o orçamento funciona como uma proposta detalhada que deve incluir o valor do serviço, as condições de pagamento e, se aplicável, os materiais que serão utilizados. Apenas após o consumidor concordar com esses termos, é que o fornecedor pode iniciar o serviço. Por exemplo, em uma oficina mecânica, o fornecedor precisa fornecer uma estimativa do custo do reparo antes de começar a trabalhar no veículo. Assim, o consumidor decide se autoriza ou não o serviço, e evita surpresas desagradáveis ao final do processo.

Essa proteção busca promover a transparência e o equilíbrio na relação entre consumidor e fornecedor, evitando situações de abuso onde o consumidor é confrontado com uma conta inesperada ou excessiva.

Desta forma, o silêncio do consumidor não poderá ser utilizado como anuência para a execução de serviços, salvo somente se as práticas anteriores assim indicarem. Neste sentido, por exemplo, o STJ entendeu que é ilícita a conduta da instituição financeira que transfere, sem autorização expressa, recursos do correntista para modalidade de investimento incompatível com o perfil do investidor.

> "Nessa perspectiva, em se tratando de práticas abusivas vedadas pelo código consumerista, não pode ser atribuído ao silêncio do consumidor (em um dado decurso de tempo) o mesmo efeito jurídico previsto no artigo 111 do Código Civil (anuência/aceitação tácita), tendo em vista a exigência legal de declaração de vontade expressa para a prestação de serviços ou aquisição de produtos no mercado de consumo, ressalvada tão somente a hipótese de "prática habitual" entre as partes."(STJ, REsp 1326592/GO, Rel. Ministro Luis Felipe Salomão, Quarta Turma, DJe 06/08/2019)

Conforme já mencionado, o fornecedor poderá se desonerar da obrigação, demonstrando que existem práticas anteriores entre ele e o consumidor, na qual não é costume haver orçamento prévio, nem autorização do consumidor. O juiz, ao apreciar a situação em concreto, deverá, todavia, observar o princípio da confiança (boa-fé objetiva) nas relações contratuais.

REPASSE DE INFORMAÇÕES DEPRECIATIVAS

VII – repassar informação depreciativa, referente a ato praticado pelo consumidor no exercício de seus direitos;

O fornecedor não poderá repassar informações sobre atos praticados por consumidor no exercício de seus direitos. Assim, não poderá ser divulgado que determinado consumidor efetua queixas no Procon ou propõe demandas judiciais contra os fornecedores. A ideia é evitar que o consumidor seja constrangido ao defender seus direitos.

Divulgar esse tipo de informação, além de ser antiético, pode gerar um efeito intimidatório, desestimulando o consumidor a buscar seus direitos em situações futuras. Imagine, por exemplo, que um consumidor precise recorrer a uma assistência técnica repetidas vezes para consertar um produto defeituoso. Caso a empresa espalhe a informação de que o consumidor é "problemático" ou "reclamante", poderá prejudicar sua imagem e dificultar seu relacionamento com outras empresas, o que é injusto e ilegal.

Ao proteger o consumidor dessa prática, o CDC busca manter um equilíbrio nas relações de consumo, evitando que o consumidor seja punido por exigir um serviço de qualidade e respeito a seus direitos. Além disso, o fornecedor que insiste em propagar tais informações depreciativas pode ser responsabilizado por dano moral e material, sendo obrigado a reparar o consumidor pelos prejuízos causados à sua honra ou reputação. Esse direito assegura que o consumidor possa buscar soluções para problemas sem receio de represálias ou de ter sua imagem negativamente impactada no mercado.

DESCUMPRIMENTO DE NORMAS TÉCNICAS

VIII – colocar, no mercado de consumo, qualquer produto ou serviço em desacordo com as normas expedidas pelos órgãos oficiais competentes ou, se normas específicas não existirem, pela Associação Brasileira de Normas Técnicas ou outra entidade credenciada pelo Conselho Nacional de Metrologia, Normalização e Qualidade Industrial (Conmetro);

Quando o fornecedor está obrigado a observar normas expedidas pelos órgãos oficiais (ABNT ou Conmetro), não poderá colocar produto ou serviço no mercado fora das especificações previstas.[508]

O referido inciso, ao prever o respeito das chamadas "normas técnicas", visa melhorar a qualidade dos produtos e serviços, de modo a garantir maior segurança e eficiência.

> Não há ilegalidade na Resolução nº 11/1988 do Conmetro e na Resolução no74/1995 do Inmetro, por se tratarem de atos que estabelecem normas e critérios para efetivar a política nacional de metrologia, nos termos da Lei no5.966/1973. Ademais, Código de Defesa do Consumidor veda a introdução no mercado de consumo de qualquer produto ou serviço em desacordo com as normas expedidas pelos órgãos oficiais competentes (art. 39, VIII) (STJ, REsp. 416211/PR, Rela. Mina. Denise Arruda, *DJ* 31/05/2004).

O STJ entendeu que a adequação de um produto às normas técnicas não afasta, por si só, a responsabilidade do fornecedor em caso de acidente. Nesse sentido:

> "A adequação do produto com as normas técnicas vigentes à época do evento danoso e a aprovação antecedente pelo INMETRO não afastam a responsabilidade do fornecedor, pois, considerando a natureza de ordem pública e de interesse social das normas dispostas no diploma consumerista (art. 1º do CDC), estas (normas consumeristas) devem ser atendidas com primazia sobre aquelas (normas técnicas), sobretudo à luz do art. 8º do CDC, segundo o qual "os produtos e serviços colocados no mercado não acarretarão riscos à saúde ou segurança dos consumidores". 5. Na hipótese em julgamento, estando comprovados os defeitos de informação e de concepção do berço colocado em circulação no mercado consumidor

508. Antônio Herman Benjamin traz um histórico sobre os órgãos de normalização no Brasil. O autor ensina que "o Brasil adota um sistema misto de normalização: participação do Estado e de entidades privadas (em particular, a Associação Brasileira de Normas Técnicas) em um esforço comum. Todos os organismos de normalização, privados ou públicos, integram o Sistema Nacional de Metrologia, Normalização e Qualidade Industrial (Sinmetro). O Estado, de qualquer modo, mantém um controle final do processo de normalização. Assim, por exemplo, uma norma elaborada pela ABNT só se torna 'norma brasileira' uma vez registrada no Instituto Nacional de Metrologia, Normalização e Qualidade Industrial (Inmetro). Fundada em 28 de setembro de 1940, a Associação Brasileira de Normas Técnicas (ABNT) é uma sociedade civil, sem fins lucrativos, com sede no Rio de Janeiro. Tem utilidade pública, nos termos da Lei nº 4.150/1962, sendo considerada o Fórum Nacional de Normalização (Resolução nº 14/1983, do Conmetro). O Sistema Nacional de Metrologia, Normalização e Qualidade Industrial (Sinmetro) tem por finalidade 'formular e executar a política nacional de metrologia, normalização industrial e certificação de qualidade de produtos industriais' (Lei no5.966/1973, art. 1º, *caput*). É ele integrado por 'entidades públicas ou privadas que exerçam atividades relacionadas com metrologia, normalização industrial e certificação da qualidade de produtos industriais' (Lei nº 5.966/1973, art. 1º, parágrafo único). O Conselho Nacional de Metrologia, Normalização e Qualidade Industrial (Conmetro), por sua vez, é o 'órgão normativo do Sistema Nacional de Metrologia, Normalização e Qualidade Industrial' (Lei nº 5.966/1973, art. 2º, *caput*). Já o Instituto Nacional de Metrologia, Normalização e Qualidade Industrial (Inmetro), uma autarquia federal, é 'o órgão executivo central' do Sinmetro, cabendo-lhe, 'mediante autorização do Conmetro, credenciar entidades públicas ou privadas para a execução de atividades de sua competência, exceto as de metrologia legal.' (Lei no 5.966/1973, art. 5º)." *Manual de Direito do Consumidor*, p. 224.

brasileiro pela recorrente, que acarretou a morte da filha e irmã dos recorridos, de rigor é o reconhecimento da responsabilidade dessa importadora pelo fato do produto e, assim, da obrigação de reparação civil, conforme acertadamente concluíram as instâncias ordinárias, com fulcro no art. 12 do CDC, não se vislumbrando, por outro lado, a ocorrência de nenhuma das hipóteses excludentes de responsabilidade da recorrente/fornecedora previstas no art. 12, § 3º, do CDC, sobretudo à luz dos respectivos incisos I e II." (STJ, REsp n. 2.033.737/SP, relator Ministro Marco Aurélio Bellizze, Terceira Turma, DJe de 16/2/2023.)

A importância dessa proibição é garantir que todos os produtos e serviços ofertados sigam padrões mínimos de segurança e qualidade, protegendo a saúde, a segurança e o bem-estar dos consumidores. Imagine, por exemplo, um brinquedo infantil que não atende às normas de segurança estabelecidas. Esse produto pode representar sérios riscos, como peças pequenas que podem ser engolidas, material tóxico ou riscos de ferimento. Ao seguir normas técnicas, os fabricantes asseguram que o produto passou por testes rigorosos, garantindo um padrão de qualidade e segurança essencial para o consumidor.

Caso o fornecedor ignore essas normas, o CDC prevê penalidades que vão desde sanções administrativas até a retirada do produto do mercado. Além disso, o consumidor que sofrer danos em função de um produto ou serviço inadequado tem o direito de exigir reparação. Essa medida assegura que o mercado de consumo seja mais confiável e que o consumidor não corra riscos desnecessários ao adquirir produtos ou serviços que não cumprem com os requisitos técnicos e legais.

RECUSA DE VENDA DIRETA

IX – recusar a venda de bens ou a prestação de serviços, diretamente a quem se disponha a adquiri-los mediante pronto pagamento, ressalvados os casos de intermediação regulados em leis especiais;

O fornecedor não pode recusar a venda de um bem ou a prestação de um serviço a consumidor que se disponha a adquiri-lo mediante pronto pagamento. Caso contrário, o consumidor poderá se valer do art. 84 do CDC para obter a tutela específica da obrigação, além de perdas e danos, se houver. Em casos excepcionais, o princípio da autonomia privada no momento de contratar cede perante outros princípios, tais como: a função social do contrato, a boa-fé, a igualdade, dentre outros, o que autoriza, caso necessário, que o órgão julgador imponha condenação no sentido de obrigar a contratação pelas partes – fornecedor e consumidor.[509]

A diferença em relação à norma prevista no inciso II é que aqui a prática abusiva acontece quando o fornecedor se recusa a vender o produto ou prestar o serviço diretamente ao consumidor, impondo intermediários para a conclusão do negócio. A norma, todavia, excepciona "*os casos de intermediação regulados em leis especiais*". Assim, o dispositivo não impede que continue a existir atacadista que venda apenas para pessoa jurídica intermediária e não para o consumidor final.

Sobre a obrigatoriedade de contratar, em relação aos incisos II e IX do art. 39 do CDC, leciona Caio Mário Pereira da Silva[510] que "mesmo a lei contém hoje diversas exceções ao princípio de que as pessoas contratam apenas se o quiserem, o qual não vigora mais hoje

509. Com base no inciso IX do art. 39 do CDC, a empresa Makro, por exemplo, foi condenada pelo TJDFT, por impor aos consumidores que a contratação de seus produtos somente se daria mediante o chamado "passaporte Makro", não aceitando dinheiro em espécie para pagamento (no do processo:20000110511867).

510. *Instituições de Direito Civil – Contratos*, vol. III. 11ª ed. Rio de Janeiro: Forense, 2004, p. 22.

em dia na plenitude com que se afirmava no período clássico da teoria dos contratos. O Código de Defesa do Consumidor, *v.g.*, limitou expressivamente essa faculdade em diversas das suas disposições, em especial no seu art. 39, II, e IX-A, ao dispor que o fornecedor de produtos e serviços não pode recusar atendimento às demandas dos consumidores, na exata medida de suas disponibilidades de estoque, e em conformidade com os usos e costumes, e proibindo a recusa à venda de bens ou a prestação de serviços, diretamente a quem se disponha a adquiri-los mediante pronto pagamento, ressalvados os casos de intermediação regulados em leis especiais".

Esse direito visa impedir que fornecedores discriminem clientes ou estabeleçam preferências que limitem o consumo. Por exemplo, se uma loja de eletrônicos se recusasse a vender um produto de alta demanda a um consumidor para reservar a venda a um revendedor, estaria infringindo o CDC. O objetivo do artigo é assegurar que qualquer consumidor que tenha condições de comprar o produto, especialmente com pagamento imediato, possa adquiri-lo sem enfrentar discriminações ou restrições indevidas.

Assim, a recusa injustificada pode levar o fornecedor a responder por danos morais e materiais, uma vez que a prática afeta diretamente o direito de acesso ao mercado e à escolha do consumidor. Deste modo, esse artigo visa a garantir que o consumidor tenha liberdade para adquirir produtos e serviços de forma justa e acessível, sempre que possível e sem imposições ou reservas indevidas por parte do fornecedor.

PRINCIPAIS JURISPRUDÊNCIAS DO STF E STJ

Bancos não são obrigados a manter conta-corrente e outros serviços

O STJ entendeu que as instituições financeiras não são obrigadas a manter contratos de conta-corrente, cheque especial ou outros serviços bancários de execução continuada. Como esses serviços exigem análise frequente de risco e cadastro, não se aplica a regra do CDC que veda a recusa injustificada de contratação. Assim, os bancos podem rescindir unilateralmente esses contratos, conforme previsão do Código Civil e regulamentação do Banco Central. (STJ, REsp 1538831/DF, Rel. Min. Raul Araújo, Quarta Turma, DJe 17/08/2015).

Negativa de contratar seguro de vida pode ser ilícita

O STJ decidiu que a recusa injustificada de contratação de seguro de vida para pessoa clinicamente curada de uma doença grave é ilícita e viola o CDC. Em vez de negar o contrato, a seguradora poderia adotar medidas alternativas, como aumentar o valor do prêmio ou restringir a cobertura para eventos relacionados à doença preexistente. Além disso, a recusa arbitrária pode causar dano moral, especialmente quando expõe desnecessariamente informações sensíveis do consumidor. (STJ, REsp 1300116/SP, Rel. Min. Nancy Andrighi, Terceira Turma, DJe 13/11/2012).

ELEVAÇÃO DE PREÇOS SEM JUSTA CAUSA

X – elevar, sem justa causa, o preço de produtos ou serviços;

O inciso foi sugerido pelo Ministro do STJ, Antônio Herman de Vasconcellos, e visa assegurar, mesmo diante de um regime de liberdade de preços, que o Poder Público e o Judiciário possam controlar o chamado *preço abusivo*. O que se veda é a possibilidade de uma elevação nos preços sem que se tenha um motivo (justa causa) como o aumento da matéria-prima, o aumento do salário-mínimo, que reflita no preço final do produto ou serviço. Essa prática abusiva ocorre quando um comerciante ou prestador de serviço aumenta o valor de forma arbitrária, sem um motivo razoável que justifique essa alteração. A regra protege o consumidor de oscilações injustas e abruptas nos preços, que podem prejudicar seu acesso a bens e serviços essenciais.

A justa causa para um aumento de preço geralmente está ligada a fatores objetivos, como elevações nos custos de produção, variações cambiais ou aumentos de impostos. Por exemplo, se o custo das matérias-primas utilizadas para fabricar determinado produto aumenta, isso pode justificar um reajuste de preço. No entanto, aumentar o valor sem qualquer explicação ou apenas com base na alta demanda (como em períodos de crise ou desastres) é uma prática abusiva que o CDC visa coibir.

O aumento injustificado de preços durante períodos de crise, como a pandemia de COVID-19 ou desastres ambientais, é uma prática particularmente grave no contexto das relações de consumo. Em situações de emergência, a demanda por certos produtos e serviços essenciais tende a aumentar consideravelmente – por exemplo, alimentos básicos, medicamentos, produtos de higiene e combustível. Muitos consumidores acabam em situação de extrema vulnerabilidade, precisando adquirir esses itens urgentemente, o que, em alguns casos, abre margem para a chamada "prática de preços abusivos" através do *oportunismo de calamidade.*

Durante a pandemia de COVID-19, houve uma corrida por produtos como álcool em gel e máscaras, com relatos de preços multiplicados várias vezes. Essa prática fere diretamente o princípio da boa-fé nas relações de consumo, um dos pilares do CDC. O inciso X do artigo 39 proíbe a elevação de preços sem uma causa justa, e crises sanitárias ou desastres naturais não são justificativas válidas para aumentos exorbitantes, pois não implicam necessariamente em maiores custos de produção para muitos itens. Assim, o fornecedor que se aproveita de uma situação de calamidade para obter lucro desproporcional viola o equilíbrio e a justiça nas relações de consumo.

Além disso, o CDC é reforçado por legislações específicas e normas administrativas que podem ser acionadas em situações emergenciais. Em períodos de crise, por exemplo, órgãos como o Procon intensificam a fiscalização para monitorar práticas abusivas e proteger o consumidor. Esse aumento injustificado de preços, quando constatado, pode levar a sanções como multas, suspensão das atividades comerciais, ou até a requisição de produtos para regularização do abastecimento no mercado.

Em casos de abusos comprovados, o fornecedor pode ser responsabilizado, sendo obrigado a corrigir os preços, além de poder enfrentar sanções administrativas e ter de indenizar os consumidores prejudicados. Dessa forma, o CDC busca garantir que o mercado opere de forma justa e que o consumidor não seja lesado por aumentos injustificados.

Aplicando o referido inciso, o STJ vem entendendo que a mudança abrupta nos preços de seguro ofende o sistema de proteção ao consumidor, principalmente os postulados da boa-fé objetiva. Assim, a seguradora deve "enxergar" o consumidor como um parceiro contratual – colaborador – de forma que qualquer mudança nos valores das prestações, além de serem previamente avisadas, devem ser feitas de forma amena e gradativa, não causando impacto surpreendente no consumidor.

DIREITO DO CONSUMIDOR. CONTRATO DE SEGURO DE VIDA, RENOVADO ININTERRUPTAMENTE POR DIVERSOS ANOS. CONSTATAÇÃO DE PREJUÍZOS PELA SEGURADORA, MEDIANTE A ELABORAÇÃO DE NOVO CÁLCULO ATUARIAL. NOTIFICAÇÃO, DIRIGIDA AO CONSUMIDOR, DA INTENÇÃO DA SEGURADORA DE NÃO RENOVAR O CONTRATO, OFERECENDO-SE A ELE DIVERSAS OPÇÕES DE NOVOS SEGUROS, TODAS MAIS ONEROSAS. CONTRATOS RELACIONAIS. DIREITOS E DEVERES ANEXOS. LEALDADE, COOPERAÇÃO, PROTEÇÃO DA SEGURANÇA E BOA FÉ OBJETIVA. MANUTENÇÃO DO CONTRATO DE SEGURO NOS TERMOS ORIGINALMENTE PREVISTOS. RESSALVA DA POSSIBILIDADE DE MODIFICAÇÃO DO CONTRATO, PELA SEGURADORA, MEDIANTE A APRESENTAÇÃO PRÉVIA DE EXTENSO CRONOGRAMA, NO QUAL OS AUMENTOS SÃO APRESENTADOS DE MANEIRA SUAVE E ESCALONADA. 1. No moderno direito contratual reconhece-se, para além da existência dos contratos descontínuos, a existência de contratos relacionais, nos quais as cláusulas estabelecidas no instrumento não esgotam a gama de direitos e deveres das partes. 2. Se o consumidor contratou, ainda jovem, o seguro de vida oferecido pela recorrida e se esse vínculo vem se renovando desde então, ano a ano, por mais de trinta anos, a pretensão da seguradora de modificar abruptamente as condições do seguro, não renovando o ajuste anterior, ofende os princípios da boa fé objetiva, da cooperação, da confiança e da lealdade que deve orientar a interpretação dos contratos que regulam relações de consumo. 3. Constatado prejuízos pela seguradora e identificada a necessidade de modificação da carteira de seguros em decorrência de novo cálculo atuarial, compete a ela ver o consumidor como um colaborador, um parceiro que a tem acompanhado ao longo dos anos. Assim, os aumentos necessários para o reequilíbrio da carteira têm de ser estabelecidos de maneira suave e gradual, mediante um cronograma extenso, do qual o segurado tem de ser cientificado previamente. Com isso, a seguradora colabora com o particular, dando-lhe a oportunidade de se preparar para os novos custos que onerarão, ao longo do tempo, o seu seguro de vida, e o particular também colabora com a seguradora, aumentando sua participação e mitigando os prejuízos constatados. 4. A intenção de modificar abruptamente a relação jurídica continuada, com simples notificação entregue com alguns meses de antecedência, ofende o sistema de proteção ao consumidor e não pode prevalecer. 5. Recurso especial conhecido e provido. (STJ, Resp 1073595/MG, Rel. Ministra Nancy Andrighi, Segunda Seção, DJe 29/04/2011)

Situação controversa diz respeito à possibilidade de se cobrar preços diferenciados nas vendas com cartão de crédito em relação ao pagamento em dinheiro. É muito comum no mercado o fornecedor/comerciante oferecer descontos de 5% a 10% para pagamentos em dinheiro. A doutrina consumerista, em geral, defende que a diferenciação de preços ao consumidor, principalmente nas compras efetuadas com o cartão de crédito, configura prática abusiva, uma vez que o fornecedor estaria repassando o custo da operação para o consumidor. Por sua vez, parcela da doutrina (principalmente empresarial) e os comerciantes sustentam que, ao contrário, os descontos nos pagamentos efetuados em espécie beneficiariam os consumidores mais pobres (isso porque muitos não possuem cartões de crédito ou não podem utilizá-lo por estarem inadimplentes), ao mesmo tempo em que ajudariam os pequenos comerciantes que estariam de posse do dinheiro em espécie, não precisando esperar mais de trinta dias para receber o valor da venda quando efetuada no cartão.

O STJ possui precedentes considerando prática abusiva a diferenciação de preços:

RECURSO ESPECIAL - AÇÃO COLETIVA DE CONSUMO - COBRANÇA DE PREÇOS DIFERENCIADOS PRA VENDA DE COMBUSTÍVEL EM DINHEIRO, CHEQUE E CAR-

TÃO DE CRÉDITO – PRÁTICA DE CONSUMO ABUSIVA – VERIFICAÇÃO – RECURSO ESPECIAL PROVIDO. I – Não se deve olvidar que o pagamento por meio de cartão de crédito garante ao estabelecimento comercial o efetivo adimplemento, já que, como visto, a administradora do cartão se responsabiliza integralmente pela compra do consumidor, assumindo o risco de crédito, bem como de eventual fraude; II – O consumidor, ao efetuar o pagamento por meio de cartão de crédito (que só se dará a partir da autorização da emissora), exonera-se, de imediato, de qualquer obrigação ou vinculação perante o fornecedor, que deverá conferir àquele plena quitação. Está-se, portanto, diante de uma forma de pagamento à vista e, ainda, pro soluto" (que enseja a imediata extinção da obrigação); III – O custo pela disponibilização de pagamento por meio do cartão de crédito é inerente à própria atividade econômica desenvolvida pelo empresário, destinada à obtenção de lucro, em nada referindo-se ao preço de venda do produto final. Imputar mais este custo ao consumidor equivaleria a atribuir a este a divisão de gastos advindos do próprio risco do negócio (de responsabilidade exclusiva do empresário), o que, além de refugir da razoabilidade, destoa dos ditames legais, em especial do sistema protecionista do consumidor; IV – O consumidor, pela utilização do cartão de crédito, já paga à administradora e emissora do cartão de crédito taxa por este serviço (taxa de administração). Atribuir-lhe ainda o custo pela disponibilização de pagamento por meio de cartão de crédito, responsabilidade exclusiva do empresário, importa em onerá-lo duplamente *(in bis idem)* e, por isso, em prática de consumo que se revela abusiva; V – Recurso Especial provido. (STJ, REsp 1133410/RS, Rel. Min. Massami Uyeda, T3, DJe 07/04/2010)[511-512]

Entretanto, o presidente Temer, dentro das medidas visando incentivar a economia, editou a MP 764 em 26 de dezembro de 2016 permitindo expressamente a diferenciação de preços de bens e serviços em função do prazo (pagamentos à vista podem ser mais baratos do que os realizados à prazo, por exemplo) e do instrumento utilizado (pagamento em cartão de crédito/débito ou cheque podem ser mais caros dos que os realizados à vista em dinheiro).

A MP 764/2016 foi convertida na Lei 13.455 de 26 de junho de 2017.

511. No mesmo sentido: STJ, REsp 1479039/MG, Rel. Min. Humberto Martins, Segunda Turma, DJe 16/10/2015.

512. Válidas são as palavras do Min. Massumi Uyeda, extraídas do voto relator, no sentido de que "poder-se-ia, ainda, argumentar que a proibição de diferenciação de preços para o pagamento em espécie e o efetuado por meio de cartão de crédito teria, diversamente do que ora se propõe, o condão de fazer com que os estabelecimentos comerciais diluíssem o valor do qual são responsáveis no preço da mercadoria para todos os consumidores, mesmo para aqueles que pagassem em dinheiro. Tem-se, entretanto, que referida argumentação parte de premissa equivocada. Isso porque, não há qualquer imposição legal aos estabelecimentos comerciais de conceder desconto em razão de pagamento em dinheiro. E nem poderia haver, já que a mensuração do preço da venda cabe exclusivamente aos empresários (desde que, nos termos assentados, não repasse ao consumidor, custos inerentes ao risco de seu empreendimento). Na verdade, o impedimento à referida diferenciação de preços fará com que aquele estabelecimento comercial que, a seu alvedrio, prefira não conferir desconto em razão do pagamento à vista (seja ele por qualquer meio: dinheiro, cheque, cartão de crédito – não parcelado), perca um diferencial a seu negócio (e que, certamente, importe num menor fluxo de clientes) em relação àquele empresário, do mesmo ramo, que conceda o referido desconto para qualquer pagamento à vista. Esclareça-se: o que não se permite não é a concessão de desconto (este, salutar para as relações de consumo), mas sim a diferenciação de preços para formas de pagamentos que em muito se assemelham. Tem-se, assim, por qualquer aspecto que se aborde a questão, inexistir razões plausíveis para a existência de diferenciação de preços para o pagamento em pecúnia, por meio de cheque (no caso, assim reconhecido pelas Instâncias ordinárias, inclusive) e de cartão de crédito (não parcelado), constituindo, inclusive, prática de consumo abusiva, nos termos dos artigos 39, inciso X, e 51, inciso X, ambos do Código de Defesa do Consumidor."

> Art. 1º Fica autorizada a diferenciação de preços de bens e serviços oferecidos ao público em função do prazo ou do instrumento de pagamento utilizado.
>
> Parágrafo único. É nula a cláusula contratual, estabelecida no âmbito de arranjos de pagamento ou de outros acordos para prestação de serviço de pagamento, que proíba ou restrinja a diferenciação de preços facultada no caput deste artigo.
>
> Art. 2º A Lei nº 10.962, de 11 de outubro de 2004, passa a vigorar acrescida do seguinte art. 5º-A:
>
> "Art. 5º-A. O fornecedor deve informar, em local e formato visíveis ao consumidor, eventuais descontos oferecidos em função do prazo ou do instrumento de pagamento utilizado.
>
> Parágrafo único. Aplicam-se às infrações a este artigo as sanções previstas na Lei nº 8.078, de 11 de setembro de 1990."
>
> Art. 3º Esta Lei entra em vigor na data de sua publicação.

Assim, agora por lei, o comerciante e outros fornecedores de bens e serviços podem cobrar mais caro, caso o consumidor opte por pagar com cartão de crédito/débito ou cheque, ao invés de pagar em dinheiro ou o pagamento seja a prazo, ao invés de pagamento à vista. De modo a informar bem o consumidor sobre os descontos efetuados, a Lei 13455/2017 acrescentou o art. 5º-A à Lei 10962/2004 (dispõe sobre a oferta e as formas de afixação de preços de produtos e serviços para o consumidor), exigindo que o fornecedor informe, em local e formato visível, quais os descontos serão concedidos em razão da forma ou do prazo de pagamento.

> "A Lei n. 13.455/2017 passou a autorizar, em seu art. 1º, a diferenciação de preços de bens e serviços ofertados ao público, levando em consideração o prazo ou a modalidade do instrumento utilizado para pagamento pelo consumidor. Precedentes." (STJ, AgInt no REsp 1608592/ES, Rel. Ministro Og Fernandes, Segunda Turma, DJe 04/06/2020)

NECESSIDADE DE PRAZO PARA CUMPRIMENTO DA OBRIGAÇÃO

XII – deixar de estipular prazo para o cumprimento de sua obrigação ou deixar a fixação de seu termo inicial a seu exclusivo critério;

O código estipula a necessidade de todo contrato de consumo conter, necessariamente, o prazo definido para o cumprimento das obrigações. É comum a ausência de prazos para que os fornecedores entreguem produtos ou prestem os serviços enquanto que para os consumidores, o prazo para pagamento sempre é bem definido.

Quando um fornecedor deixa de especificar o prazo de forma objetiva, ou define um prazo que só ele mesmo pode alterar, o consumidor fica em uma posição de extrema vulnerabilidade. Imagine, por exemplo, a contratação de um serviço de reforma residencial, no qual a empresa responsável não estipula uma data clara para o término do trabalho. Sem essa informação, o consumidor fica sem controle sobre o prazo de conclusão e pode ter sua rotina e seus planos de moradia prejudicados indefinidamente. Essa indefinição cria uma situação em que o fornecedor tem liberdade para postergar o cumprimento da obrigação, o que é expressamente vedado pelo CDC.

A norma também visa impedir práticas abusivas, especialmente em situações em que o consumidor já pagou (ou se comprometeu a pagar) por um produto ou serviço. A ausência de prazos claros ou a fixação de prazos de maneira unilateral também pode ser considerada uma violação ao princípio da boa-fé objetiva, que exige transparência e equilíbrio nas relações contratuais. Em caso de descumprimento, o consumidor pode exigir o cumprimento forçado da obrigação no prazo razoável ou até mesmo a rescisão do contrato, com direito à restituição dos valores pagos e, quando aplicável, indenização por danos materiais e morais.

APLICAÇÃO DE REAJUSTE DIVERSO DO PREVISTO EM LEI OU NO CONTRATO

XIII – aplicar fórmula ou índice de reajuste diverso do legal ou contratualmente estabelecido.

Dispositivo inserido por Medida Provisória sobre mensalidades escolares (porque nesta área é onde mais se percebia o abuso) vedando, em toda e qualquer relação de consumo, aplicar índice ou fórmula de reajuste diverso do estabelecido em lei ou do que foi convencionado.

Quando um fornecedor altera os índices de reajuste sem autorização contratual ou legal, ele cria uma situação de surpresa e insegurança para o consumidor, que, na maioria das vezes, não está preparado para arcar com aumentos inesperados. Por exemplo, em um contrato de plano de saúde, onde o reajuste foi estipulado com base na inflação anual, a aplicação de um índice diferente e mais elevado, como um reajuste arbitrário e injustificado, representa uma prática abusiva. O consumidor, que já planejou seu orçamento com base no índice contratado, pode ser impactado negativamente, sendo obrigado a arcar com um aumento que não foi acordado.

Essa regra está diretamente ligada aos princípios da boa-fé objetiva e da transparência, fundamentais no CDC. A alteração unilateral e inesperada dos índices de reajuste fere esses princípios, pois o fornecedor não pode, de forma arbitrária, impor condições mais onerosas ao consumidor. Além disso, em contratos de adesão – comuns nas relações de consumo – a liberdade contratual do consumidor é limitada, reforçando ainda mais a necessidade de proteção contra mudanças inesperadas.

Caso o fornecedor insista em aplicar um índice diferente do combinado, o consumidor tem o direito de contestar judicialmente o aumento, podendo pedir a revisão ou a restituição de valores cobrados indevidamente. O fornecedor que desrespeita essa regra está sujeito a sanções administrativas e também à obrigação de indenizar o consumidor pelos prejuízos sofridos. Dessa forma, o inciso XIII do CDC visa assegurar um ambiente de consumo justo e previsível, onde as condições contratuais estabelecidas sejam respeitadas e o consumidor não seja surpreendido com reajustes abusivos.

INGRESSO EM ESTABELECIMENTOS EM NÚMERO MAIOR QUE O PERMITIDO

XIV – permitir o ingresso em estabelecimentos comerciais ou de serviços de um número maior de consumidores que o fixado pela autoridade administrativa como máximo.

Essa norma visa garantir a segurança e o bem-estar dos consumidores, especialmente em locais onde a aglomeração pode representar risco, como shoppings, casas de shows, estádios, lojas e estabelecimentos de serviços essenciais.

Motivado pelo acidente da boate Kiss em Santa Maria/RS ocorrido em 2013 (matando 242 pessoas e ferindo outras 680), o legislador achou melhor incluir, através da Lei 13.425/2017, a previsão de prática abusiva de permitir o ingresso em estabelecimentos comerciais ou de serviços de um número maior de consumidores que o fixado pela autoridade administrativa como máximo.

Esse limite de capacidade, definido pelas autoridades, leva em consideração aspectos como saídas de emergência, circulação de ar, tamanho do local, etc. Quando o limite é desrespeitado, há um aumento significativo no risco de acidentes, como quedas, empurrões, falta de oxigênio adequado e até dificuldade em evacuar o local em situações de urgência.

Além de ser considerado prática abusiva, o fornecedor que permitir a entrada de um número maior de pessoas do que o permitido comete o crime do art. 65 do CDC.

> Art. 65. Executar serviço de alto grau de periculosidade, contrariando determinação de autoridade competente:
>
> Pena Detenção de seis meses a dois anos e multa.
>
> § 2º A prática do disposto no inciso XIV do art. 39 desta Lei também caracteriza o crime previsto no caput deste artigo. (parágrafo inserido pela Lei nº 13.425/2017).

OUTRAS PRÁTICAS ABUSIVAS

1) Reduflação[513]

A "reduflação" é uma prática cada vez mais observada no mercado de consumo, na qual fornecedores mantêm o preço de um produto, mas reduzem a quantidade ou alteram características importantes, como o tamanho ou peso da embalagem. Embora a redução em si não seja ilegal, a prática torna-se abusiva e contrária ao CDC quando não informa adequadamente o consumidor sobre a alteração.[514-515]

Essa omissão de informações relevantes desrespeita o direito básico de informação e a transparência que devem reger as relações de consumo, como previsto no art. 6º do CDC.

O princípio da boa-fé objetiva, essencial nas transações consumeristas, exige que o consumidor seja informado de maneira clara, precisa e ostensiva sobre qualquer modificação que impacte o valor percebido do produto. Quando a reduflação é feita de forma discreta,

513. O próprio conceito não é por acaso: trata-se de uma junção das palavras redução e inflação.

514. A informação sobre a mudança deve estar em destaque na embalagem, preferencialmente na parte frontal, com indicações como "nova quantidade" ou "nova fórmula". Esse destaque deve ser fácil de localizar e de entender, de modo que o consumidor perceba imediatamente a alteração. Esse cuidado evita que o consumidor seja induzido a erro, acreditando que está adquirindo o mesmo volume de produto de antes. Em casos de mudanças significativas, é recomendável que o fornecedor invista em campanhas informativas nas prateleiras, redes sociais, sites e outros canais de comunicação para informar o público. Campanhas de conscientização ajudam a educar o consumidor e a evitar confusão, promovendo uma relação de confiança. Quando houver redução de quantidade, o fornecedor deve evitar manter exatamente o mesmo design ou tamanho de embalagem, o que pode confundir o consumidor. Alterações sutis no design ou a inclusão de avisos claros sobre a mudança reforçam o compromisso com a transparência.

515. A Portaria nº 392, de 29 de setembro de 2021, do MJSP (Ministério da Justiça e Segurança Pública) estabelece que fornecedores devem informar de forma clara e ostensiva ao consumidor sobre qualquer alteração na quantidade de produto embalado à venda. De acordo com a Portaria, sempre que houver uma modificação quantitativa no produto, o fornecedor é obrigado a indicar no rótulo da embalagem a ocorrência dessa alteração, especificando a quantidade anterior, a nova quantidade e a variação em termos absolutos e percentuais. Essa informação deve ser apresentada no painel principal do rótulo, em local de fácil visualização e com caracteres legíveis, obedecendo a requisitos de formatação que incluem o uso de caixa alta, negrito, cor contrastante com o fundo e uma altura mínima de 2 mm, ou 1 mm no caso de embalagens com áreas de painel principal menores que 100 cm^2. Além disso, é vedada a colocação dessas informações em áreas de difícil visualização, como áreas de selagem ou de torção. A Portaria determina que a declaração de alteração quantitativa seja mantida na embalagem por, no mínimo, seis meses a partir da data de alteração do produto. Informações detalhadas sobre a mudança também devem ser disponibilizadas ao consumidor por meio do Serviço de Atendimento ao Consumidor (SAC), QR code ou outras tecnologias. A regulamentação se aplica igualmente ao comércio eletrônico, assegurando que consumidores *on-line* recebam o mesmo nível de informação.

sem aviso explícito ao consumidor, configura-se uma prática enganosa, pois o consumidor pode acreditar que está adquirindo o mesmo volume ou qualidade de antes, enquanto, na realidade, está recebendo menos. Essa prática se aproxima da publicidade enganosa, tipificada no art. 37 do CDC, que considera abusivas as práticas que "induzam o consumidor a erro sobre a natureza, qualidade e quantidade do produto."

Por exemplo, imagine um consumidor que compra um pacote de biscoitos que sempre teve 200 gramas, mas que, após a mudança, passa a conter 180 gramas sem nenhum aviso claro na embalagem sobre a alteração. O consumidor é induzido ao erro, pois, sem essa informação, não pode tomar uma decisão consciente e livre de qualquer manipulação.

Portanto, a omissão de informações sobre a reduflação pode ser considerada uma prática abusiva, sujeitando o fornecedor às sanções previstas no CDC, como multa e obrigação de corrigir as informações ao consumidor. Essa proteção visa manter o equilíbrio e a transparência no mercado de consumo, assegurando que o consumidor tenha sempre o direito de ser informado de forma clara e completa, de modo a evitar práticas desleais que comprometam sua livre escolha.

O STJ entendeu que a prática de reduzir o volume de um produto sem informar de maneira clara e destacada constitui infração ao dever de informação do fornecedor, configurando o chamado "vício de quantidade". No caso, a redução do volume dos refrigerantes foi comunicada em letras pequenas na parte inferior do rótulo, o que foi considerado insuficiente para atender ao dever de transparência exigido pelo CDC. A falha no fornecimento de uma informação clara compromete a confiança do consumidor e frustra suas expectativas legítimas em relação ao produto. (STJ, REsp 1364915/MG, Rel. Ministro Humberto Martins, Segunda Turma, DJe 24/05/2013)

Exemplo de um produto que sofreu reduflação:

2) Padrões enganosos (Deceptive patterns)

Os *deceptive patterns* (ou "padrões enganosos") são práticas manipulativas que tentam influenciar o usuário a realizar ações que ele não pretende, geralmente utilizando técnicas de design e elementos visuais. Um exemplo simples para entender essas táticas é imaginar um vendedor persistente em uma loja física que repete ofertas e cria pressões desnecessárias para que você compre produtos extras. Agora, ao transpor esse cenário para uma loja virtual, percebemos como essas técnicas podem ser ainda mais insistentes e sutis, utilizando mensagens automáticas e pop-ups que exploram a atenção e a paciência do consumidor.

Deceptive patterns foram originalmente denominados "dark patterns" por Harry Brignull em 2010, mas o termo evoluiu para "deceptive" em respeito a conotações mais inclusivas. Eles englobam diversas estratégias, sendo algumas das mais comuns a urgência e a escassez sintéticas, que tentam convencer o consumidor de que ele deve comprar rapidamente para não "perder uma oportunidade". Outras práticas incluem a inserção de custos ocultos durante o *checkout* e a continuidade forçada, em que uma assinatura é cobrada sem o consentimento claro do usuário.

Por exemplo, a "escassez sintética" pode aparecer quando um site informa que há apenas alguns itens restantes, pressionando o consumidor a comprar sem o tempo adequado para refletir sobre a necessidade do produto. Já a "vergonha confirmada" utiliza mensagens que culpabilizam o usuário por não aderir a uma oferta, como botões que dizem "não quero aproveitar essa oportunidade", manipulando-o a se sentir mal por rejeitar o serviço.

Essas práticas violam o direito do consumidor à informação e à liberdade de escolha, princípios fundamentais do Código de Defesa do Consumidor (CDC). A prática de transparência e honestidade nas interfaces de usuário, permitindo decisões informadas e respeitando o tempo do consumidor, é essencial para garantir uma experiência ética e confiável. Os profissionais de design têm um papel importante em identificar e evitar esses padrões enganosos, promovendo um ambiente digital mais justo e transparente.[516-517]

516. O IDEC cita em sua página *on-line* várias hipóteses de padrões enganosos, tais como: *1. Política de Privacidade:* A apresentação da política de privacidade com textos confusos ou alertas falsos força o usuário a aceitar os termos sem plena compreensão. Um exemplo notório foi o aviso do WhatsApp sobre a indisponibilidade do serviço para quem não aceitasse a nova política. *2. Escassez Sintética*: Comum em sites de infoprodutos e redes sociais, cria um senso de urgência falso, com contadores e alegações de "poucas vagas" para pressionar o consumidor a comprar rapidamente, sem tempo para avaliar a compra. 3. *Clique sem Querer:* Em redes sociais como o Instagram, links de anúncios são estrategicamente posicionados no local onde o usuário frequentemente toca para mudar de story, gerando cliques acidentais. *4. Valores Ocultos:* Em lojas virtuais, o consumidor adiciona itens ao carrinho e, no momento do pagamento, percebe a adição de taxas ou seguros não informados anteriormente, o que configura uma prática enganosa. *5. Assinatura Não Cancelável:* Aplicativos oferecem períodos gratuitos mediante o cadastro de um cartão, mas dificultam o processo de cancelamento, resultando em cobranças automáticas indesejadas. 6. *Confirmação por Vergonha (Confirmshaming):* Aqui, o consumidor é induzido a adicionar seguros ou proteções a compras, como no caso de viagens ou eletrônicos, explorando o medo e gerando uma sensação de responsabilidade caso ocorra algum problema. Disponível em <https://idec.org.br/dicas-e-direitos/deceptive-patterns-voce-ja-ouviu-falar-de-padroes-enganosos?__dPosclick=PRpTP.BlyU.800c&utm_campaign=tarifa-zero&utm_content=cartilha-tarifa-zero&utm_medium=email&utm_source=print-mobilidade&utm_term=link>. Acesso em 06/11/2024.

517. Para uma análise mais aprofundada do *dark patterns*, conferir: Sampaio, Marília de Ávila e Silva; Jandrey, Cláudio Luiz. Dark patterns e seu uso no mercado de consumo. *Revista de Direito do Consumidor*. vol. 143. ano 31. p. 231-257. São Paulo: Ed. RT, set./out. 2022.

3) Geodiscriminação (*Geoblocking* e *Geopricing*)

Geoblocking e *geopricing* são práticas recorrentes no *e-commerce* e consistem em estratégias utilizadas por fornecedores para segmentar consumidores com base em sua localização geográfica, o que impacta diretamente o acesso e os preços de bens e serviços.[518]

Essas práticas, no entanto, suscitam dúvidas quanto à possibilidade de abuso e discriminação injusta entre consumidores de diferentes regiões, principalmente em contextos onde a transparência não é garantida e os consumidores não conseguem facilmente compreender os critérios de segmentação.

Geoblocking, especificamente, refere-se à prática de restringir ou bloquear o acesso de consumidores a determinados conteúdos, produtos ou serviços com base em sua localização. Isso pode significar o bloqueio completo de acesso a um site ou a impossibilidade de adquirir produtos específicos de certas regiões. No contexto europeu, por exemplo, já existe regulamentação para restringir o *geoblocking* injustificado, mas em muitos países, essa prática ainda é amplamente aplicada, com consumidores sendo impedidos de acessar produtos e serviços oferecidos a outras regiões, mesmo dentro do mesmo território nacional ou internacional. O problema dessa prática é que, em muitos casos, os fornecedores não apresentam justificativas transparentes para tais limitações, criando desigualdade de acesso entre consumidores.

O *geopricing*, por outro lado, ajusta o preço de produtos e serviços com base na localização do consumidor. Um exemplo frequente ocorre no setor de turismo, onde passagens aéreas e reservas de hotel apresentam valores distintos para consumidores em diferentes países, mesmo que o produto ou serviço ofertado seja idêntico. Nesse caso, a justificativa para a variação de preços muitas vezes se baseia em diferenças de carga tributária, custos de transporte ou mesmo variações cambiais, que podem ter um fundamento econômico razoável. No entanto, quando não há uma justificativa clara ou quando o ajuste de preço é exagerado e desvinculado dos custos efetivos, a prática torna-se discriminatória, prejudicando o consumidor que não possui outras opções de compra.

A distinção entre práticas legítimas e abusivas depende, assim, de alguns fatores fundamentais. Para que uma prática de *geoblocking* ou *geopricing* seja considerada não abusiva, é necessário que ela possua uma justificativa razoável, como a diferença de impostos locais, custos de transporte ou regulamentações específicas aplicáveis ao país ou região do consumidor.

No entanto, sem uma transparência devida, o consumidor fica impossibilitado de entender por que está pagando mais ou não tem acesso a determinado produto. A ausência de justificativas ou a aplicação arbitrária de bloqueios e preços diferentes, portanto,

---

518. "Um dos dados de mais fácil coleta, porque detectado através da identificação do IP do dispositivo por meio do qual foi acessado o site do fornecedor, é a geolocalização. Sua captura auxilia na perfilização e pode justamente vir a ser o elemento definidor do tratamento discriminatório. O *geoblocking* e o *geopricing* são exemplos de práticas que, a partir da geolocalização, restringem ou alteram condições de oferta ou preços. Diferenciam-se na medida em que este permite acesso amplo ao site ou à plataforma e a compra de quaisquer bens ou serviços oferecidos, porém mediante condições distintas de preço; e aquele literalmente bloqueia acesso a conteúdo ou restringe tentativa de compra pelo usuário." (Targa, Maria Luiza Baillo. Discriminação e direito do consumidor: as práticas de geoblocking e geopricing nas relações digitais de consumo. *Revista de Direito do Consumidor*. vol. 147. ano 32. p. 105-141. São Paulo: Ed. RT, mai./jun. 2023).

caracteriza uma prática abusiva, uma vez que viola o direito do consumidor à igualdade e à livre escolha.[519]

Para evitar abusos, é essencial que as empresas ofereçam transparência quanto às razões de bloqueio e variação de preços com base em geolocalização, informando de forma clara os consumidores sobre os critérios utilizados.

Assim, embora o *geoblocking* e o *geopricing* possam ser legítimos em certos contextos, sua aplicação sem justificativa clara e com falta de transparência constitui uma prática abusiva e discriminatória.

4) Preço "In Box"

A prática de "preço por inbox", comum nas redes sociais e plataformas de e-commerce, consiste na ocultação do preço de um produto ou serviço, incentivando o consumidor a solicitar o valor diretamente ao vendedor. Embora seja defendida por alguns como uma estratégia de marketing para aumentar o engajamento e o contato direto com o cliente, essa prática viola direitos básicos do consumidor, previstos no CDC.

Esta prática infringe diretamente o direito à informação do consumidor e o direito à comparação facilitada entre produtos, garantido pelo art. 6º, inciso XIII, do CDC. Esse dispositivo assegura que o consumidor possa comparar produtos e serviços com clareza, transparência e de forma acessível, elementos essenciais para que ele tome decisões informadas e assertivas sobre suas aquisições. Quando o preço de um produto ou serviço não é apresentado de forma ostensiva e imediata, mas sim condicionado a um contato direto com o fornecedor, o consumidor é privado de uma informação essencial, dificultando a comparação de preços e condições de forma prática e imediata.[520]

Esse tipo de ocultação configura uma prática abusiva, pois ao ocultar o valor, o fornecedor impede a realização de uma escolha livre e racional, colocando o consumidor em posição de desvantagem e desrespeitando o princípio da transparência.

Conforme salientam Milena Donato e Luiz Leite Coutinho, a prática do "preço inbox" tem ainda como agravante o uso de Inteligência Artificial (IA) e algoritmos de coleta de dados, que permitem ao fornecedor definir preços diferentes para cada consumidor com base

---

519. Um exemplo interessante foi citado por Maria Luiza Baillo Targa em seu artigo: "Recentemente, consumidores brasileiros relataram prática de geopricing pelo resort Club Med. A demanda por hospedagens no México aumentou em virtude da possibilidade de vacinação contra a Covid-19 nos Estados Unidos após quarentena no país vizinho. De acordo com consumidores, pesquisa em diferentes sites da rede apuraram que as tarifas oferecidas no site mexicano (clubmed.com.mx) são mais baratas do que as ofertadas para brasileiros (clubmed.com.br), que também são mais elevadas do que aquelas dos sites norte-americano (clubmed.us) e francês (clubmed.com.fr). Questionada a respeito, a rede hoteleira afirmou seguir a prática do mercado de turismo, aplicando preços dinâmicos que variam conforme oferta e demanda, e que os preços aplicados em cada país são fixados conforme especificidades locais, levando em consideração critérios como impostos e taxa de câmbio." (Targa, Maria Luiza Baillo. Discriminação e direito do consumidor: as práticas de geoblocking e geopricing nas relações digitais de consumo. *Revista de Direito do Consumidor*. vol. 147. ano 32. p. 105-141. São Paulo: Ed. RT, mai./jun. 2023).

520. Vale lembrar que a Lei 10.962/2004 que "dispõe sobre a oferta e as formas de afixação de preços de produtos e serviços para o consumidor" prevê que serão afixados preços, em vendas a varejo ao consumidor, "no comércio eletrônico, mediante divulgação ostensiva do preço à vista, junto à imagem do produto ou descrição do serviço, em caracteres facilmente legíveis com tamanho de fonte não inferior a doze".

em informações extraídas de redes sociais e perfis digitais.[521] Essa prática, conhecida como *discriminação algorítmica*, permite ao fornecedor identificar a disposição de pagamento de cada consumidor e ajustar preços de forma personalizada, sem que haja uma justificativa clara ou justa para tal variação. Essa abordagem coloca o consumidor em posição de extrema vulnerabilidade e o impede de fazer escolhas livres e conscientes, uma vez que a personalização de preços fica oculta. A Lei Geral de Proteção de Dados Pessoais (LGPD) também é desrespeitada quando dados de usuários são utilizados para manipular decisões de compra sem o consentimento expresso.[522]

5) Obsolescência Programada

A obsolescência programada é uma prática que limita intencionalmente a vida útil dos produtos, levando os consumidores a substituí-los em intervalos curtos. Essa estratégia comercial, comum em setores como tecnologia e eletrodomésticos, é pautada no estímulo ao consumo contínuo e resulta em sérios impactos ambientais e sociais, ao incentivar o descarte acelerado de produtos.

Essa prática desconsidera a sustentabilidade e leva a uma sociedade que valoriza o consumo e a posse do novo, em detrimento da durabilidade e da reparação. Em vez de estender a vida útil dos produtos, a obsolescência programada prioriza o lucro e o desperdício, fomentando a substituição de produtos que ainda poderiam ser úteis. O CDC identifica essa prática como abusiva por contrariar os princípios de transparência, boa-fé e durabilidade nas relações de consumo.[523]

A legislação brasileira protege os consumidores ao exigir que os produtos estejam livres de vícios ocultos que prejudiquem seu funcionamento, e o CDC reforça a obrigação dos fornecedores de proporcionar produtos de qualidade e duráveis. O art. 18 do CDC permite que o consumidor solicite a substituição de um produto ou o ressarcimento do valor pago quando se comprova que um item possui vícios ou falhas, mesmo que ocultas. No entanto, a obsolescência programada oculta a real durabilidade dos produtos, o que infringe o direito à informação e à boa-fé previstos no artigo 6º do CDC.

Por fim, o impacto ambiental causado pela obsolescência programada é significativo, pois o descarte frequente de produtos, sobretudo eletrônicos, contribui para a poluição e o desperdício de recursos naturais.

---

521. O termo ***profiling*** é a prática de coleta, análise e utilização de dados pessoais dos consumidores para traçar perfis comportamentais e prever padrões de consumo. No ambiente digital, essa técnica é viabilizada por algoritmos e inteligência artificial, que analisam interações *on-line*, histórico de navegação, preferências e redes sociais para segmentar consumidores. O perigo do *profiling* reside na sua aplicação indiscriminada, permitindo a personalização de ofertas e preços de forma opaca, o que pode resultar em discriminação algorítmica e na manipulação das decisões de compra. Além disso, o uso de dados sem consentimento expresso infringe direitos fundamentais, como a privacidade e a autodeterminação informativa, protegidos pela Lei Geral de Proteção de Dados (LGPD).

522. Oliva, Milena Donato; Coutinho, Luiza Leite Cabral Loureiro. A prática abusiva do "preço por inbox" e a responsabilidade civil do fornecedor por precificação discriminatória. *Revista de Direito do Consumidor*. vol. 143. ano 31. p. 349-372. São Paulo: Ed. RT, set./out. 2022.

523. Art. 4º, II, *d*, do CDC.

O CDC, ao promover a responsabilidade civil e o direito ao consumo consciente, incentiva os fornecedores a adotar práticas mais sustentáveis e transparentes. Dessa forma, o CDC não apenas protege os interesses individuais dos consumidores, mas também se alinha a uma visão de responsabilidade coletiva, essencial para um desenvolvimento mais sustentável. Assim, a obsolescência programada, ao comprometer tanto a economia doméstica dos consumidores quanto o meio ambiente, se configura como uma prática lesiva e contrária aos princípios do CDC, justificando-se a responsabilização dos fornecedores por seu uso.[524]

6) Pirâmide Financeira e Marketing Multinível (MMN)

A **pirâmide financeira** é um esquema fraudulento onde os lucros dos participantes iniciais são gerados principalmente a partir da entrada de novos membros, em vez de produtos ou serviços reais. Em um modelo de pirâmide, os primeiros membros são remunerados pelas taxas de adesão de novos recrutas, e a prática exige uma entrada contínua de novos participantes para que os primeiros continuem a receber rendimentos. Esse sistema é insustentável e acaba levando à falência, prejudicando os membros mais recentes, que sofrem perdas financeiras ao não conseguir recrutar novos adeptos. Segundo o CDC, a prática de pirâmides financeiras é abusiva, pois explora a vulnerabilidade dos consumidores e engana sobre os ganhos possíveis, configurando-se como uma publicidade enganosa e contrária aos princípios da boa-fé e da transparência.

Para muitos consumidores, a promessa de lucro fácil que acompanha a pirâmide financeira é irresistível, ainda mais em uma sociedade marcada pela cultura do consumo e da busca por ganhos rápidos. A publicidade enganosamente utilizada em pirâmides e esquemas semelhantes é uma violação direta ao CDC, uma vez que induz o consumidor a crer na possibilidade de ganhos extraordinários e sem riscos, explorando sua vulnerabilidade financeira e emocional.[525-526]

524. Para evitar a obsolescência programada e adotar práticas mais éticas, os fornecedores devem investir em produtos com maior durabilidade e qualidade, utilizando materiais e processos de fabricação que garantam uma vida útil prolongada. Além disso, facilitar o direito ao reparo é essencial: oferecer peças de reposição, manuais técnicos e suporte para conserto permite que os consumidores prolonguem o uso dos produtos, evitando o descarte precoce. Adotar um design modular que permita a substituição de componentes específicos, em vez de forçar a troca completa do item, também contribui para a sustentabilidade. Fornecedores devem ainda ser transparentes com relação à vida útil esperada dos produtos e suas políticas de atualização de software, no caso de eletrônicos, ajudando o consumidor a planejar melhor suas aquisições e a optar por produtos com ciclos de uso mais longos. Com essas práticas, as empresas não apenas ganham a confiança dos consumidores como também contribuem para uma economia mais ética e sustentável, em que a longevidade e a qualidade prevalecem sobre o consumo excessivo.

525. Um exemplo notório de pirâmide financeira no Brasil foi o caso da empresa Avestruz Master, que operou no início dos anos 2000 com a promessa de altos rendimentos por meio da criação e comercialização de avestruzes. A empresa oferecia contratos de investimento onde os participantes compravam aves que, supostamente, seriam criadas e abatidas para venda, gerando lucros elevados. No entanto, a lucratividade do negócio dependia da entrada constante de novos investidores e não da venda real de produtos. Quando a pirâmide entrou em colapso, milhares de investidores foram prejudicados, perdendo seus investimentos. O esquema foi desmascarado e a empresa foi fechada, com seus responsáveis sendo processados por crimes financeiros.

526. A pirâmide financeira é uma prática caracterizada como crime contra a economia popular no Brasil, enquadrada pela Lei nº 1.521/1951, que visa proteger os consumidores de práticas financeiras fraudulentas.

O **marketing multinível (MMN)** é um modelo de vendas legítimo e regulamentado, onde os participantes são remunerados pela venda de produtos e, de forma secundária, pela indicação de novos vendedores. No entanto, o MMN pode se tornar abusivo e ilegal se começar a adotar as características de uma pirâmide financeira, como a priorização de lucros provenientes da adesão de novos participantes em detrimento das vendas de produtos. Quando o recrutamento se torna a principal fonte de renda, os princípios de proteção ao consumidor previstos no CDC são violados, pois as expectativas criadas sobre a oportunidade de negócios se tornam enganosas. Nesse contexto, o MMN transforma-se numa prática abusiva que engana e explora consumidores, promovendo um esquema insustentável e em desacordo com o direito à informação e à segurança econômica.[527]

7) O Uso da Inteligência Artificial (IA) de Maneira Abusiva

A inteligência artificial (IA) transformou radicalmente o comércio e o consumo, tornando-se uma ferramenta essencial e valiosa para empresas e consumidores. Com sua capacidade de processar vastas quantidades de dados em tempo real, a IA personaliza experiências, facilita a tomada de decisões e aprimora o atendimento ao consumidor, ajudando a identificar preferências e a recomendar produtos de forma eficiente e prática. Esse avanço, que permite desde recomendações personalizadas até o ajuste dinâmico de ofertas, está presente em diversas áreas do nosso cotidiano e veio para ficar, consolidando-se como um diferencial indispensável no mercado.[528]

No entanto, ao mesmo tempo em que possibilita um consumo mais direcionado e prático, a IA pode ser usada de forma abusiva para manipular escolhas e explorar as vulnerabilidades dos consumidores. Com base em algoritmos de aprendizado de máquina e análise de dados comportamentais, algumas empresas usam IA para prever e até mesmo influenciar decisões de compra em momentos de maior suscetibilidade, criando ofertas ou ajustando preços de acordo com o perfil e a situação emocional do consumidor. Esse uso invasivo e opaco da tecnologia compromete a transparência e a equidade nas relações de consumo, configurando práticas abusivas que aproveitam a vulnerabilidade do consumidor em ambientes digitais altamente controlados.

Por exemplo, ao monitorar o histórico de navegação e de compras de cada usuário, a IA consegue identificar consumidores que visitam repetidamente uma página de produto sem finalizar a compra. Com base nesse comportamento, o sistema pode ajustar o preço para

527. Um exemplo marcante foi o caso da Telexfree, empresa que afirmava operar dentro do marketing multinível, vendendo pacotes de ligações VoIP. Na prática, a empresa foi acusada de operar como uma pirâmide financeira, já que a maior parte dos ganhos dos participantes vinha das taxas pagas por novos aderentes, e não da venda real dos serviços. Esse esquema resultou em grandes perdas para consumidores e foi investigado e interditado pelas autoridades brasileiras. O caso Telexfree demonstra como práticas abusivas e disfarçadas de MMN podem desrespeitar o CDC, gerando impacto negativo na economia popular e lesando o patrimônio de consumidores vulneráveis, e reforça a importância de monitoramento contínuo das autoridades e do cuidado dos consumidores.

528. Conforme apontam Felipe Comarela Milanez e Edgar Gaston, "a utilização dos algoritmos para a construção de perfis comportamentais, geográficos, etários e psicológicos, entre outros, apresenta-se como uma ferramenta bastante difundida no mercado de consumo, principalmente no que se refere ao mercado de consumo no ambiente virtual." (MILANEZ, Felipe Comarela; FLORES FILHO, Edgar Gaston Jacobs. A influência indevida da inteligência artificial na persuasão para o consumo. Revista de Direito do Consumidor. vol. 155. ano 33. São Paulo: Ed. RT, set./out. 2024).

oferecer um desconto temporário ao usuário, criando a sensação de urgência e induzindo--o a comprar por impulso. Embora a oferta personalizada possa parecer um benefício, ela aproveita uma hesitação natural do consumidor e tira proveito de sua indecisão, configurando uma manipulação de sua liberdade de escolha ao alterar o preço unicamente para aumentar a chance de uma compra imediata.

Outro exemplo de abuso é o uso de IA para categorizar consumidores com base em fatores geográficos, etários ou econômicos, aplicando preços mais altos ou menores chances de descontos a grupos que demonstram maior disposição para pagar. A IA pode, por exemplo, definir preços distintos para consumidores em regiões com poder aquisitivo elevado, ou a depender do tipo de dispositivo usado para acessar o site (oferecendo valores mais altos para usuários de dispositivos premium, como iPhones).[529] Nesse cenário, o consumidor é impedido de uma negociação justa e transparente, sendo alvo de um tratamento desigual e abusivo, sem o seu conhecimento ou consentimento.

A IA também é capaz de explorar momentos de fragilidade emocional, detectando padrões no comportamento digital do consumidor que indicam estados de ânimo específicos, como momentos de vulnerabilidade noturna. Em sites de compras ou redes sociais, a IA pode aproveitar o horário noturno, em que o consumidor está mais propenso a compras impulsivas, e bombardear o usuário com notificações e "ofertas imperdíveis", sem que ele tenha ciência de que tais ofertas foram estrategicamente programadas para aquele horário específico. O consumidor, assim, é direcionado a uma decisão que não seria a mesma em outras circunstâncias, comprometendo sua autonomia.

Além disso, o uso da IA para a criação de perfis psicográficos também possibilita práticas invasivas e antiéticas, como a entrega de mensagens personalizadas que exploram medos ou inseguranças específicas do consumidor. Por exemplo, um consumidor que realizou buscas por tratamentos estéticos ou produtos de bem-estar pode receber uma série de anúncios de "promoções exclusivas" em procedimentos de alto custo, que exploram seu desejo de autoestima. Esses anúncios são ajustados para aumentar o sentimento de necessidade ou urgência no consumidor, manipulando-o a agir por insegurança pessoal.

Assim, a IA utiliza dados privados para construir um ambiente de consumo manipulado, onde a liberdade de escolha é minada por estratégias que visam unicamente maximizar o lucro. Esse tipo de prática, ao comprometer a autodeterminação do consumidor, exige respostas jurídicas que garantam transparência e proteção contra essas formas de manipulação digital, que exploram e ampliam a vulnerabilidade do consumidor no ambiente virtual.

Deste modo, embora a IA represente um avanço, é fundamental equilibrar seu uso com normas que garantam uma proteção efetiva aos direitos dos consumidores.

8) Prática do "Profiling"

O *profiling* consiste na coleta e análise de dados pessoais para traçar perfis de consumo, sendo amplamente utilizado no mercado digital para personalização de ofertas e publicidade. Embora possa ser apresentado como estratégia de marketing, seu uso indiscriminado pode

529 *Preço de produtos em sites muda quando pesquisado em iPhone, Android e computador*. Disponível em <https://valorinveste.globo.com/objetivo/gastar-bem/noticia/2019/10/07/preco-de-produtos-em-sites--muda-quando-pesquisado-em-iphone-android-e-computador.ghtml>. Acesso em 11/11/2024.

configurar prática abusiva, violando a privacidade do consumidor e comprometendo sua capacidade de tomar decisões livres e informadas. O CDC e a LGPD estabelecem limites para o tratamento de dados, exigindo transparência e consentimento expresso do titular.

Um exemplo emblemático da utilização abusiva do profiling ocorre nas farmácias, que frequentemente solicitam o CPF do consumidor sob a justificativa de oferecer descontos. No entanto, o que ocorre na prática é a formação de perfis de consumo, permitindo a segmentação de ofertas e a direção de publicidade personalizada sem a devida transparência. Essa prática pode induzir o consumidor a acreditar que o fornecimento do dado é necessário para a realização da compra, caracterizando possível violação do direito à informação previsto no CDC.[530]

O *profiling* também pode levar à discriminação algorítmica, em que diferentes consumidores são expostos a condições de preço e ofertas distintas, sem justificativa objetiva. Essa segmentação pode gerar desigualdades no acesso a produtos e serviços, comprometendo o equilíbrio da relação de consumo. A LGPD, em seu art. 20, estabelece o direito do consumidor de solicitar revisão de decisões automatizadas, incluindo aquelas baseadas em profiling, a fim de mitigar possíveis impactos discriminatórios.

Assim, o *profiling* torna-se abusivo quando ocorre sem o consentimento informado e explícito do consumidor, violando sua privacidade e autodeterminação informativa, especialmente no contexto digital, onde consumidores hipervulneráveis têm seus dados pessoais coletados, analisados e utilizados para publicidade direcionada sem ciência ou controle sobre esse uso. O abuso ocorre quando há manipulação do comportamento do consumidor, exploração de suas vulnerabilidades emocionais e financeiras, ou quando o tratamento dos dados pessoais não atende aos princípios da transparência e minimização de dados previstos na LGPD e no CDC.[531]

9) Medida Provisória sobre o PIX

A Medida Provisória nº 1.288, de 16 de janeiro de 2025, tem como objetivo evitar que os consumidores sejam prejudicados ao optar pelo pagamento via Pix à vista. De acordo com a norma, os fornecedores de produtos e serviços, tanto em estabelecimentos físicos quanto virtuais, não podem cobrar valores superiores, taxas adicionais ou qualquer encargo pelo uso dessa forma de pagamento.

Essa prática é expressamente considerada abusiva nos termos do artigo 39 do CDC, o que significa que aqueles que descumprirem a regra estarão sujeitos a penalidades previstas na legislação consumerista. Além disso, os estabelecimentos são obrigados a informar os consumidores de maneira clara e inequívoca sobre essa proibição, garantindo transparência e evitando que o consumidor seja induzido ao erro.

---

530. Em dezembro de 2024, o Procon-MG multou a rede de farmácias Raia Drogasil em mais de R$ 8 milhões por exigir o CPF dos consumidores como condição para a concessão de descontos. Segundo o órgão, a prática configura infração ao CDC, pois condiciona vantagens ao fornecimento de dados pessoais sem transparência quanto ao seu uso. Além disso, a coleta compulsória do CPF para descontos pode ser considerada abusiva, pois permite a criação de perfis de consumo (profiling), viabilizando publicidade direcionada sem consentimento explícito.

531. ROSA, Luiz Carlos Goiabeira; NUNES, Daniela Macedo; RODRIGUES, Marcella Cunha Santos. A proteção da privacidade do consumidor digital frente ao *profiling* e à publicidade on-line no ciberespaço. *Revista de Direito do Consumidor.* vol. 155. ano 33. São Paulo: Ed. RT, set./out. 2024.

Outro ponto relevante da Medida Provisória é a determinação de que o pagamento via Pix à vista deve ser tratado da mesma forma que o pagamento em espécie, conforme previsto na Lei nº 13.455/2017. Essa equiparação reforça que o consumidor não pode ser penalizado por escolher essa modalidade de pagamento, garantindo que o Pix continue sendo um meio acessível e vantajoso.

Além disso, a MP estabelece que a Secretaria Nacional do Consumidor deverá regulamentar a aplicação dessas normas e disponibilizar um canal digital para denúncias de consumidores que identificarem práticas abusivas.

O Banco Central, por sua vez, seguirá responsável por garantir a segurança e a privacidade das informações financeiras no âmbito do Sistema de Pagamentos Instantâneos. Ao impedir que comerciantes imponham cobranças indevidas, a medida fortalece a proteção ao consumidor, assegura a livre escolha e reforça o princípio da boa-fé nas relações de consumo.

PRINCIPAIS JURISPRUDÊNCIAS DO STF E STJ SOBRE PRÁTICAS ABUSIVAS

Cobrança de tarifa mínima por estacionamento de shopping não é abusiva

O STJ entendeu que a fixação de uma tarifa mínima para o uso do estacionamento de shopping centers não configura prática abusiva. O empreendedor pode estipular um valor mínimo para remunerar os custos iniciais do serviço, cabendo ao consumidor decidir se deseja utilizá-lo. Como não há imposição ou limitação injustificada, a cobrança é legítima. (STJ, REsp 1855136/SE, Rel. Min. Marco Aurélio Bellizze, Terceira Turma, DJe 18/12/2020).

Cobrança de aluguel por equipamento de TV a cabo não é abusiva

O STJ decidiu que a cobrança de aluguel por equipamentos adicionais de TV a cabo não é abusiva, pois o consumidor pode escolher adquiri-los por outros meios, como compra ou comodato. Se optar por alugar os aparelhos da própria operadora, a cobrança é justificada, desde que haja benefícios reais ao consumidor. (STJ, REsp 1449289/RS, Rel. Min. Luis Felipe Salomão, Rel. p/ Acórdão Min. Marco Buzzi, Quarta Turma, DJe 13/12/2017; AgInt no REsp 1844526/SP, Rel. Min. Ricardo Villas Bôas Cueva, Terceira Turma, DJe 28/05/2020).

Concessionária não pode reter veículo para exigir pagamento de conserto

O STJ entendeu que uma concessionária ou oficina mecânica não pode reter um veículo como forma de cobrar pelo conserto realizado. A retenção indevida caracteriza esbulho, pois a empresa não é possuidora do bem, mas apenas sua detentora. Caso o pagamento não seja efetuado, a empresa deve buscar meios legais para a cobrança, sem reter o carro do cliente. (STJ, REsp 1628385/ES, Rel. Min. Ricardo Villas Bôas Cueva, Terceira Turma, DJe 29/08/2017).

Cancelamento de voos sem justificativa técnica ou de segurança é prática abusiva

O STJ decidiu que o cancelamento de voos sem razões técnicas ou de segurança inequívocas configura prática abusiva, especialmente quando a companhia aérea não informa adequadamente os consumidores. A malha aérea concedida pela ANAC vincula a empresa ao cumprimento da oferta, sendo devida a reparação por danos materiais e morais em caso de descumprimento. (STJ, REsp 1469087/AC, Rel. Min. Humberto Martins, Segunda Turma, DJe 17/11/2016).

Universidade não pode negar matrícula de aluno inadimplente em curso anterior

O STJ entendeu que uma universidade não pode recusar a matrícula de um aluno aprovado em vestibular sob a justificativa de inadimplência em outro curso anterior. A instituição tem o direito de cobrar a dívida pelos meios legais, mas impedir a matrícula configura prática abusiva, pois não há previsão legal para essa restrição. (STJ, REsp 1583798/SC, Rel. Min. Herman Benjamin, Segunda Turma, DJe 07/10/2016).

Desconto de pontualidade em contratos educacionais é permitido

O STJ entendeu que a prática de "desconto de pontualidade" em contratos de prestação de serviços educacionais não é abusiva. O desconto funciona como um incentivo ao pagamento em dia e não como uma multa camuflada. Se o valor total da anuidade for respeitado e diluído nas mensalidades, não há infração ao CDC, pois o desconto premia o adimplemento e não penaliza o inadimplemento. (STJ, REsp 1424814/SP, Rel. Min. Marco Aurélio Bellizze, Terceira Turma, DJe 10/10/2016).

Reestilização de veículos pode ser prática abusiva se gerar propaganda enganosa

O STJ decidiu que a reestilização de um modelo de veículo pode configurar propaganda enganosa se, no mesmo ano em que um modelo foi vendido ao consumidor, outro for lançado com alterações significativas. Isso frustra a legítima expectativa do comprador. No entanto, se a reestilização ocorrer apenas no modelo do ano seguinte, sem afetar veículos adquiridos anteriormente, não há ilegalidade. (STJ, REsp 1.342.899/RS, Rel. Min. Sidnei Beneti, Terceira Turma, DJe 09/09/2013; STJ, REsp 1330174/MG, Rel. Min. Sidnei Beneti, Terceira Turma, DJe 04/11/2013).

Conferência de mercadorias pagas na saída do estabelecimento não é prática abusiva

O STJ entendeu que a conferência de mercadorias já pagas na saída de um estabelecimento comercial não configura prática abusiva, desde que seja feita de maneira respeitosa e sem contato físico com o consumidor. A medida visa evitar fraudes e não representa uma presunção automática de má-fé do cliente. No entanto, a revista de objetos pessoais, como bolsas e casacos, não é permitida. (STJ, REsp 1.120.113-SP, Rel. Min. Nancy Andrighi, julgado em 15/02/2011, Informativo 463).

Cobrança automática por serviços como "900-Disque Prazer" é prática abusiva

O STJ decidiu que a cobrança de serviços como o "900-Disque Prazer" sem a solicitação prévia do titular da linha telefônica configura prática abusiva. Se o serviço for prestado sem consentimento, ele deve ser equiparado a uma amostra grátis, sem gerar obrigação de pagamento por parte do consumidor. (STJ, REsp 318.372-SP, Rel. Min. Humberto Gomes de Barros, 27/04/2004, Informativo 206).

Art. 40. O fornecedor de serviço será obrigado a entregar ao consumidor orçamento prévio discriminando o valor da mão de obra, dos materiais e equipamentos a serem empregados, as condições de pagamento, bem como as datas de início e término dos serviços.

§ 1º Salvo estipulação em contrário, o valor orçado terá validade pelo prazo de dez dias, contado de seu recebimento pelo consumidor.

§ 2º Uma vez aprovado pelo consumidor, o orçamento obriga os contraentes e somente pode ser alterado mediante livre negociação das partes.

§ 3º O consumidor não responde por quaisquer ônus ou acréscimos decorrentes da contratação de serviços de terceiros não previstos no orçamento prévio.

O art. 40 do CDC exige que o fornecedor de serviços apresente ao consumidor um orçamento prévio, detalhando o valor da mão de obra, materiais e equipamentos a serem utilizados, além das condições de pagamento e as datas de início e término dos serviços.

Essa exigência visa garantir transparência, permitindo que o consumidor saiba exatamente o que está contratando e possa tomar uma decisão informada.

Conforme verificado no art. 39, VI, é considerada prática abusiva "*executar serviços sem a prévia elaboração de orçamento e autorização expressa do consumidor, ressalvadas as decorrentes de práticas anteriores entre as partes*". Assim, quando o fornecedor demonstrar que existem práticas anteriores entre ele e o consumidor, na qual não é costume haver orçamento prévio, nem autorização para a prestação do serviço, o consumidor não poderá alegar, para não pagar o serviço executado ou pagar à menor, falta de orçamento prévio ou de autorização. Essa ressalva contida na norma é importante e visa prestigiar sempre o princípio da boa-fé objetiva nas relações de consumo.

De acordo com o § 1º, o valor do orçamento terá validade de dez dias, a menos que haja acordo em contrário entre as partes, garantindo um período razoável para que o consumidor analise a proposta e decida se deseja contratar o serviço.

O § 2º estabelece que, uma vez aprovado o orçamento, ele passa a obrigar ambas as partes, e qualquer alteração só pode ser feita mediante nova negociação entre o fornecedor e o consumidor. Isso assegura que o valor e as condições inicialmente acordados não sejam unilateralmente modificados, preservando a segurança contratual.

Por fim, o § 3º protege o consumidor ao estabelecer que ele não será responsável por qualquer custo adicional decorrente da contratação de serviços de terceiros que não tenham sido previstos no orçamento inicial. Isso impede que o fornecedor inclua cobranças inesperadas, garantindo que o valor final do serviço permaneça dentro dos limites informados e aprovados pelo consumidor.

Dessa forma, o art. 40 do CDC promove uma relação de consumo baseada na clareza e na confiança, evitando surpresas financeiras e abusos contratuais.

PRINCIPAIS JURISPRUDÊNCIAS DO STF E STJ

Atendimento emergencial hospitalar dispensa orçamento prévio

O STJ entendeu que, em situações de atendimento médico emergencial, não é necessária a apresentação prévia de orçamento, pois isso seria incompatível com a urgência do caso. No julgamento, ficou demonstrado que um hospital privado prestou socorro imediato a uma criança em convulsão, havendo pactuação tácita entre o pai e a instituição. Exigir orçamento prévio nessas circunstâncias colocaria o hospital em posição desvantajosa, podendo comprometer a prestação do serviço essencial e gerar responsabilização civil e criminal. (STJ, REsp 1.256.703-SP, Rel. Min. Luis Felipe Salomão, julgado em 06/09/2011, Informativo 482).

Perito judicial não está sujeito às normas do CDC e não precisa apresentar orçamento prévio

O STJ decidiu que peritos judiciais não estão obrigados a seguir as regras do CDC, incluindo a exigência de orçamento prévio para seus honorários. A atividade pericial é uma função auxiliar da justiça, inserida na prestação jurisdicional do Estado, e não no mercado de consumo. Portanto, as regras de defesa do consumidor não se aplicam à fixação dos honorários periciais. (STJ, REsp 213.799/SP, Rel. Min. Sálvio de Figueiredo, julgado em 24/06/2003, Informativo 178).

Cobrança de serviços médico-hospitalares sem orçamento prévio não é abusiva se o consumidor não questiona o valor

O STJ entendeu que a ausência de orçamento prévio na prestação de serviços médico-hospitalares não configura prática abusiva quando o consumidor não contesta o valor cobrado. No caso, o hospital não informou previamente o custo do parto, mas o paciente também não alegou que o valor era excessivo ou abusivo, apenas que estava acima de sua capacidade financeira. Assim, a falta de orçamento não impede a cobrança, desde que os serviços tenham sido efetivamente prestados e não haja contestação sobre a razoabilidade do valor. (STJ, REsp 285.241-RJ, Rel. Min. Hélio Quaglia Barbosa, julgado em 11/09/2007).

Art. 41. No caso de fornecimento de produtos ou de serviços sujeitos ao regime de controle ou de tabelamento de preços, os fornecedores deverão respeitar os limites oficiais sob pena de não o fazendo, responderem pela restituição da quantia recebida em excesso, monetariamente atualizada, podendo o consumidor exigir à sua escolha, o desfazimento do negócio, sem prejuízo de outras sanções cabíveis.

O art. 41 do CDC foi inserido no contexto da instabilidade econômica que o Brasil vivia no início dos anos 1990, período marcado por sucessivos planos econômicos, congelamentos de preços e tentativas de controle da inflação.

Nessa época, era comum que o governo estabelecesse tabelamentos e limites oficiais para os preços de determinados bens e serviços essenciais, com o objetivo de conter aumentos arbitrários e proteger o poder de compra da população. Entretanto, muitos fornecedores descumpriam essas regras, cobrando valores acima do permitido, o que prejudicava diretamente os consumidores.

Até então, o descumprimento desses tabelamentos era tratado sob a ótica administrativa e penal, sendo considerado uma infração de economia popular e passível de sanções, como multas e processos criminais. O CDC, ao introduzir o art. 41, trouxe um novo mecanismo de proteção, incluindo a responsabilidade civil do fornecedor. Ou seja, além das penalidades impostas pelo Estado, o consumidor passou a ter o direito de buscar a reparação individual do prejuízo sofrido.

Nesse sentido, o dispositivo confere ao consumidor duas opções claras, caso tenha pago um valor acima do limite permitido:

1) Restituição da quantia paga em excesso, devidamente corrigida monetariamente.
2) Desfazimento do negócio, com a devolução integral do valor pago.

Essas medidas garantem que o consumidor não suporte sozinho o ônus do descumprimento das regras pelo fornecedor, possibilitando a correção da ilegalidade sem necessidade de intervenção estatal direta. Além disso, o fornecedor ainda pode ser punido com sanções administrativas e criminais, conforme prevê o art. 56 do CDC.

A jurisprudência consolidou esse entendimento, reconhecendo que o descumprimento dos preços tabelados gera o dever de restituição ao consumidor. No caso das tarifas de energia elétrica, por exemplo, o STJ declarou ilegal o aumento de preços durante o congelamento estabelecido pelo Plano Cruzado, determinando a devolução dos valores cobrados indevidamente:

"É ilegítima a majoração da tarifa de energia elétrica estabelecida pelas Portarias nº 38/86 e 45/86 do DNAEE, por desrespeitarem o congelamento de preços instituído pelo chamado 'Plano Cruzado', sendo devida a restituição de valores pagos a maior pelos consumidores, durante o período do congelamento." (STJ, AgRg no REsp. 698400/RS, Rel. Min. Luiz Fux, DJ 28/11/2005).

O STF também reconheceu a legitimidade da atuação estatal na regulação de preços, especialmente quando o objetivo é proteger o consumidor e combater aumentos abusivos. Um exemplo relevante foi a decisão que validou a lei que estabelecia limites para reajustes de mensalidades escolares, com base na necessidade de equilíbrio entre a livre iniciativa e a defesa do consumidor:

"Em face da atual Constituição, para conciliar o fundamento da livre iniciativa e do princípio da livre concorrência com os da defesa do consumidor e da redução das desigualdades sociais, em conformidade com os ditames da justiça social, pode o Estado, por via legislativa, regular a política de preços de bens e de serviços abusivos, que é o poder econômico que visa ao aumento arbitrário dos lucros." (STF, ADI 319-DF, Rel. Min. Moreira Alves, Pleno, DJ 30/04/1993).

Por outro lado, o STJ também reconheceu que o tabelamento de preços não deve ser aplicado de forma inflexível, permitindo exceções em casos específicos. No julgamento de um recurso envolvendo a venda de mercadorias com pequenos defeitos, o tribunal flexibilizou a rigidez do congelamento, permitindo que tais produtos fossem vendidos a preços promocionais, fora da tabela oficial:

"A rigidez das normas de congelamento não pode impor a sua aplicação verticalizada sem exceção alguma. Mercadorias com pequenos defeitos poderiam fugir às regras do preço tabelado, para venda promocional." (STJ, REsp. 353765/ES, Rel. Min. Eliana Calmon, DJ 31/03/2003).

Essa decisão demonstra que a regulação de preços deve ser interpretada com razoabilidade, evitando distorções no mercado e garantindo que a aplicação da norma não gere prejuízos desnecessários aos consumidores.

Atualmente, embora o Brasil não adote políticas de congelamento de preços como no passado, ainda existem setores sujeitos à regulação de valores, como tarifas de transporte público e energia elétrica. Assim, o art. 41 do CDC continua sendo um instrumento essencial para garantir que o consumidor não seja explorado em mercados onde há controle de preços, assegurando o direito à restituição do valor pago em excesso e à manutenção de um ambiente econômico mais justo e equilibrado.

Seção V
Da Cobrança de Dívidas

Art. 42. Na cobrança de débitos, o consumidor inadimplente não será exposto a ridículo, nem será submetido a qualquer tipo de constrangimento ou ameaça.

Parágrafo único. O consumidor cobrado em quantia indevida tem direito à repetição do indébito, por valor igual ao dobro do que pagou em excesso, acrescido de correção monetária e juros legais, salvo hipótese de engano justificável.

A cobrança de débitos é um exercício regular de direito, mas deve ser feita de forma comedida e sem excessos, devendo, sempre, respeitar o princípio da dignidade da pessoa humana. O Código veda todas as formas de abusos praticados para se obter a quitação da dívida.

Constitui prática criminosa contra as relações de consumo, de acordo com o art. 71 do CDC, a utilização na cobrança de dívidas de ameaça, coação, constrangimento físico ou moral, afirmações falsas, incorretas ou enganosas ou de qualquer outro procedimento que exponha o consumidor, injustificadamente, a ridículo ou interfira em seu trabalho, descanso ou lazer, sob pena de detenção de três meses a um ano e multa.

Assim, é vedado ao fornecedor, por exemplo, ligar várias vezes para o consumidor devedor no local de trabalho exigindo o pagamento ou divulgar lista de devedores. A exposição a ridículo, o constrangimento e a ameaça deverão ser analisados caso a caso.

> "Hipótese em que o Sodalício local foi claro ao afirmar que houve manifesto abuso do direito de cobrança de crédito, *diante do número excessivo de ligações diárias que a instituição financeira passou a realizar*. 2. Na forma do art. 42 do CDC, não é admissível que o consumidor seja submetido a cobranças de natureza vexatória, constrangedora ou ameaçadora, sob pena de cometimento de ato ilícito por parte da figura do credor." (STJ, AgInt no AREsp 1617472/RS, Rel. Ministro Luis Felipe Salomão, Quarta Turma, DJe 29/09/2020)

O STJ, conforme já ressaltamos quando dos comentários ao art. 22, não admite o corte de energia elétrica ou água de faturas antigas, ou seja, para que a concessionária possa suspender o fornecimento do serviço, a inadimplência do consumidor tem que ser atual.

> É indevido o corte do fornecimento de água ou de energia elétrica quando o inadimplemento do consumidor (pessoa física ou jurídica de direito privado ou pessoa jurídica de direito público) advém de contas de consumo relativas a débitos antigos e consolidados, os quais devem ser reivindicados pelas concessionárias pelas vias ordinárias de cobrança, sob pena de infringir o disposto no art. 42 do Código de Defesa do Consumidor (STJ, REsp. 963417/MG, Rel. Min. Castro Meira, *DJ* 25/09/2007).

Se o consumidor se sentir prejudicado pelas cobranças vexatórias ou abusivas, poderá pleitear indenização por dano moral, com base no art. 6º, VII, o que, comumente, vem acontecendo.

> Dano moral. Cobrança abusiva. Empresa de cobrança. A forma abusiva de efetuar a cobrança de dívida pode causar dano moral a ser indenizado na forma do art. 159 do CC (art. 186 do CC). Comete ato ilícito a empresa de cobrança que envia carta ameaçando de representação criminal por emissão de cheque sem fundos, quando esse documento não existe. (STJ, REsp. 343700/PR, Rel. Min. Ruy Rosado de Aguiar, *DJ* 03/06/2002).

Com relação ao dano moral em decorrência do constrangimento causado ao consumidor, decidiu o STJ:

> A indenização por dano moral deve se revestir de caráter indenizatório e sancionatório de modo a compensar o constrangimento suportado pelo consumidor, sem que caracterize enriquecimento ilícito e adstrito ao princípio da razoabilidade (STJ, REsp. 768988/RS, Rel. Min. Jorge Scartezzini, *DJ* 12/09/2005).

Se o consumidor pagou por uma dívida indevida ou por um preço maior do que o devido, tem direito a receber em dobro o que pagou em excesso, acrescido de correção monetária e juros legais, salvo quando o fornecedor provar que o erro se deu por engano justificável.[532]

Primeiramente é importante destacar que a sanção prevista (repetição em dobro) somente é aplicada quando houver: *1)* cobrança indevida, *2)* pagamento em excesso e *3)* inexistência de engano justificável. Isso é importante, uma vez que a repetição em dobro somente é aplicada quando houver cobrança indevida. Assim, o STJ já se pronunciou que "não se tratando de cobrança de dívida, mas sim de transferência de numerário de uma conta corrente para outra, injustificável é a condenação em dobro do prejuízo efetivamente suportado pela vítima" (STJ, REsp. 257075/PE, Rel. Min. Barros Monteiro, *DJ* 22/04/2002).

Também só há que se falar em repetição em dobro se houver "pagamento em excesso" e a duplicação ocorrerá somente em relação ao valor indevido (pago em excesso). Claro que se a cobrança toda é indevida e houve o pagamento pelo consumidor, o dobro será calculado sobre todo o valor. Por exemplo, no caso de cobrança de conta de energia de R$ 250,00, quando a devida seria de R$ 200,00, havendo o pagamento pelo consumidor, terá direito de repetir em dobro o valor pago em excesso, ou seja, R$ 100,00 (R$ 50,00 em excesso multiplicado por 2). No exemplo citado, se o consumidor nada devia e efetuou o pagamento, terá direito a R$ 500,00 (já que todo o valor era indevido – R$ 250,00 multiplicado por dois). Isso pode ocorrer, pois não raras vezes, o consumidor efetua os pagamentos pelo sistema de débito automático, somente vindo a conferir depois os valores debitados.

Embora não conste expressamente no art. 42, o consumidor faz *jus*, além da repetição em dobro, a perdas e danos, desde que comprovados. É a aplicação da regra do art. 6º, VII.

Para a aferição do "engano justificável" é preciso analisar se não houve culpa por parte do fornecedor. Se ele provar que não houve negligência, imprudência ou imperícia de sua parte, ficará isento de indenizar o consumidor pelo dobro da quantia cobrada. Seria o caso de uma cobrança indevida em razão de um vírus do computador que alterou o valor a ser exigido do consumidor ou o erro cometido pelos correios quando da entrega do boleto de pagamento. Entretanto, o fornecedor não poderá se eximir alegando que o erro foi praticado por um funcionário seu, uma vez que responde pelos atos causados pelos seus subordinados.

Sobre os critérios utilizados para a concessão da devolução em dobro na repetição do indébito, havia no STJ uma grande divergência. A 1ª Seção do STJ (composta pelas 1ª e 2ª Turmas), responsável pelos julgamentos envolvendo serviços públicos, exigia somente a "culpa" do fornecedor para a devolução em dobro. Assim, para a 1ª Seção do STJ a comprovação da má-fé era dispensável, bastando a configuração de culpa para o cabimento da devolução em dobro.[533]

---

532. Sobre a prova do "engano justificável", o STJ já pacificou que o ônus é do fornecedor: "O entendimento desta Turma sobre a incidência do art. 42, parágrafo único, do CDC é pacífico no sentido de que a devolução em dobro não está condicionada à existência de dolo ou má-fé. Entretanto, é possível a devolução simples por engano justificável, cuja prova cabal incumbe ao fornecedor. Precedente do STJ." (STJ, AgRg no REsp 1275775/MS, Rel. Ministro Herman Benjamin, Segunda Turma, DJe 28/10/2011)

533. Nesse sentido: "RECURSO ESPECIAL. PROCESSUAL CIVIL. ADMINISTRATIVO. TARIFA DE ÁGUA E ESGOTO. ENQUADRAMENTO NO REGIME DE ECONOMIAS. CULPA DA CONCESSIONÁRIA. RESTITUIÇÃO EM DOBRO. 1. O art. 42, parágrafo único, do CDC estabelece que "o consumidor cobrado em quantia indevida tem direito à repetição do indébito, por valor igual ao dobro do que pagou em excesso, acrescido de correção monetária e juros legais, salvo hipótese de engano justificável". 2. Interpre-

Já a 2ª Seção (composta pelas 3ª e 4ª Turmas), responsável pelos julgamentos de direito privado (com exceção das ações envolvendo serviços públicos que, como vimos, é competência da 1ª Seção), exigia que o fornecedor agisse com má-fé, não sendo suficiente somente a verificação da culpa, dificultando o ressarcimento do dobro do que pagou em excesso pelo consumidor.[534]

Em relação a este posicionamento que a 2ª Seção detinha, Cláudia Lima Marques[535] apontava severas críticas, destacando que "a devolução em dobro acabou sendo vista pela jurisprudência, não como uma punição razoável ao fornecedor negligente ou que abusou de seu "poder" na cobrança, mas como uma fonte de enriquecimento "sem causa" do consumidor. Quase que somente em caso de má-fé subjetiva do fornecedor, há devolução em dobro, quando o CDC, ao contrário, menciona a expressão "engano justificável" como a única exceção."

Instado a se manifestar para acabar com a divergência, a Corte Especial, no EAREsp 676608, chegou a um consenso sobre a matéria. Na prática, não foi adotada, literalmente, nem o posicionamento da 1ª Seção, nem da 2ª Seção, mas sim um entendimento intermediário. A Corte Especial entendeu que a má-fé (requisito exigido pela 2ª Seção) é dispensável (ou seja, independe do elemento volitivo – intenção – do fornecedor). Porém, acrescentou que a restituição em dobro somente será cabível quando constatar conduta contrária a boa-fé objetiva na cobrança indevida.

A tese ficou assim:

> "A restituição em dobro do indébito (parágrafo único do artigo 42 do CDC) independe da natureza do elemento volitivo do fornecedor que cobrou valor indevido, revelando-se cabível quando a cobrança indevida consubstanciar conduta contrária à boa-fé objetiva."

Espera-se que os tribunais não criem óbice à restituição em dobro na interpretação do que seja *"conduta contrária à boa-fé objetiva."* A simples cobrança indevida, desde que não haja um engano justificável, já se configura como uma conduta contrária a boa-fé objetiva. Isso porque o fornecedor tem que ser diligente e cuidadoso no momento de efetuar qualquer cobrança, analisando o valor a ser cobrado, se o consumidor já pagou, ainda que em parte, o valor, se a cobrança persiste, etc. O que se vê muitas vezes é uma automação no

---

tando o referido dispositivo legal, as Turmas que compõem a Primeira Seção desta Corte de Justiça firmaram orientação no sentido de que "o engano, na cobrança indevida, só é justificável quando não decorrer de dolo (má-fé) ou culpa na conduta do fornecedor do serviço" (STJ, Resp. 1.079.064/SP, 2ª Turma, Rel. Min. Herman Benjamin, DJe de 20/4/2009). Ademais, "basta a culpa para a incidência de referido dispositivo, que só é afastado mediante a ocorrência de engano justificável por parte do fornecedor" (STJ, Resp. 1.085.947/SP, 1ª Turma, Rel. Min. Francisco Falcão, DJe de 12/11/2008). Destarte, o engano somente é considerado justificável quando não decorrer de dolo ou culpa. 3. Na hipótese dos autos, conforme premissas fáticas formadas nas instâncias ordinárias, não é razoável falar em engano justificável. A cobrança indevida de tarifa de água e esgoto deu-se em virtude de culpa da concessionária, a qual incorreu em erro no cadastramento das unidades submetidas ao regime de economias. Assim, caracterizada a cobrança abusiva, é devida a repetição de indébito em dobro ao consumidor, nos termos do parágrafo único do art. 42 do CDC." (STJ, REsp. 1084815/SP, Rela. Mina. Denise Arruda, DJe 05/08/2009).

534. Nesse sentido: "A devolução em dobro dos valores pagos pelo consumidor pressupõe a existência de pagamento indevido e a má-fé do credor, consoante o entendimento desta Corte." (STJ, AgInt no REsp 1502471/RS, Rel. Ministro Antonio Carlos Ferreira, Quarta Turma, DJe 05/11/2019)

535. *Comentários ao Código de Defesa do Consumidor.* 2ª ed. São Paulo: Revista dos Tribunais, 2006, p. 42.

sistema de cobrança, gerando erros e lesando consumidores. Com o entendimento antigo da 2ª Seção, o fornecedor era "blindado" com o requisito da má-fé (elemento volitivo) que praticamente impedia o consumidor de ser restituído em dobro.

Assim, uma coisa é certa: o elemento volitivo/intencional caracterizada pela má-fé foi eliminado na caracterização da restituição em dobro, o que por si só já é motivo para se comemorar. Isso porque a exigência da má-fé era considerada um grande retrocesso na defesa dos consumidores, principalmente porque não havia no CDC a exigência de tal requisito, prejudicando inúmeros consumidores que ficavam se receber a quantia indevidamente cobrada em dobro, nos moldes do parágrafo único do art. 42 do CDC.

Através da 2ª seção, em embargos de divergência, o STJ pacificou que no caso de o pagamento ter sido efetuado em decorrência de cláusula contratual posteriormente reconhecida como nula, o consumidor não teria direito ao pagamento em dobro, mas somente o que pagou indevidamente, de modo simples.

> CIVIL. CLÁUSULA NULA. REPETIÇÃO DO INDÉBITO. O pagamento resultante de cláusula contratual mais tarde declarada nula em sede judicial deve ser devolvido de modo simples, e não em dobro; age no exercício regular de direito quem recebe a prestação prevista em contrato. Embargos de divergência conhecidos e providos (STJ, EREsp. 328338/MG, Rel. Min. Ari Pargendler, *DJ* 01/02/2006).

Outro posicionamento interessante do STJ no tocante à matéria é a não aplicação da restituição em dobro quando houver controvérsia nos tribunais em relação ao objeto da cobrança indevida.

> O art. 42, parágrafo único, do Código de Defesa do Consumidor não se aplica quando o objeto da cobrança está sujeito à controvérsia na jurisprudência dos Tribunais (STJ, REsp. 528186/RS, Rel. Min. Carlos Alberto Menezes Direito, *DJ* 22/03/2004).

Se a cobrança indevida se deu em virtude de má interpretação da legislação em vigor também não haverá restituição em dobro, segundo o STJ:

> "Na hipótese dos autos, a cobrança indevida se deu em razão de interpretação equivocada de legislação estadual (Decreto estadual nº 21.123/83), com o consequente enquadramento incorreto da entidade recorrente, o que, nos termos dos mais recentes precedentes desta Corte, afasta a atração do referido artigo. 3. Caracterizado engano justificável na espécie, notadamente porque o Tribunal de origem, apreciando o conjunto fático-probatório, não constatou a presença de culpa ou má-fé, é de se afastar a repetição em dobro. (STJ, EREsp 1155827/SP, Rel. Ministro Humberto Martins, Primeira Seção, DJe 30/06/2011)

Concluindo, para que haja a devolução em dobro, nos moldes do parágrafo único do art. 42, o STJ tem entendido que:

- nos casos envolvendo serviços públicos, basta a verificação de culpa – entendimento da 1ª Seção do STJ;
- nos demais casos, tem que haver a má-fé do fornecedor na cobrança indevida – entendimento da 2ª Seção do STJ;
- a cobrança não pode ser oriunda de cláusula posteriormente declarada nula, pois o fornecedor exerceu seu direito de modo regular quando cobrou o convencionado na cláusula;
- não pode o objeto da cobrança indevida ter posicionamento controvertido nos tribunais;

- a cobrança indevida não pode ser oriunda de má interpretação da lei.

Por sua vez, nos casos em que a concessionária não prestou o serviço e efetuou a cobrança indevida, não cabe alegação de erro justificável, devendo indenizar o consumidor pelo dobro do pagamento indevido.

> "ADMINISTRATIVO. ESGOTO SANITÁRIO. AUSÊNCIA DE PRESTAÇÃO DO SERVIÇO. COBRANÇA ABUSIVA. REPETIÇÃO DE INDÉBITO. DEVOLUÇÃO EM DOBRO. ART. 42, PARÁGRAFO ÚNICO, DO CDC. Não configura engano justificável a cobrança de tarifa referente a esgoto, se não foi prestado pela concessionária o serviço público, razão pela qual os valores indevidamente cobrados ao usuário devem ser restituídos em dobro. Precedentes. Agravo regimental improvido." (STJ, AgRg no AREsp 62.613/RJ, Rel. Ministro Humberto Martins, Segunda Turma, julgado em 06/12/2011, DJe 14/12/2011)[536]

Por fim, entendemos que o direito a repetição em dobro independe do meio de cobrança. Ou seja, tanto na cobrança extrajudicial, quanto na cobrança judicial, desde que indevidas, cabe a aplicação do parágrafo único do art. 42 (repetição em dobro). De modo contrário, Antônio Herman Benjamin entende que o art. 42 do CDC somente se aplica às cobranças extrajudiciais. Para as dívidas judiciais, segundo o autor, se aplicaria o art. 940 do CC: "*Aquele que demandar por dívida já paga, no todo ou em parte, sem ressalvar as quantias recebidas ou pedir mais do que for devido, ficará obrigado a pagar ao devedor, no primeiro caso, o dobro do que houver cobrado e, no segundo, o equivalente do que dele exigir, salvo se houver prescrição.*"

A justificativa para tratamentos diferenciados em relação ao meio de cobrança seria porque o CC utilizou o verbo "*demandar*", enquanto o CDC utilizou o verbo "*cobrar*". *Data vênia*, não concordamos. Realmente o art. 940 do CC somente é utilizado para a cobrança judicial. Tanto é verdade que o art. 941 do CC se refere especificamente à ação judicial, prescrevendo que: "*As penas previstas nos arts. 939 e 940 não se aplicarão quando o autor desistir da ação antes de contestada a lide, salvo ao réu o direito de haver indenização por algum prejuízo que prove ter sofrido.*" Assim, "demandar" para o CC significa realmente demandar "*em juízo*". Agora, nem por isso podemos interpretar que o fato de o legislador ter utilizado o termo "*cobrar*" no CDC e não o termo "*demandar*" foi para limitar sua abrangência às cobranças extrajudiciais.

Sobre o assunto, entendendo que o art. 42 se aplica tanto às cobranças extrajudiciais, como às judiciais, Rizzatto Nunes[537] reprova a tese que diferencia a aplicação da norma pelo meio de cobrança. Doutrina que "seria pueril afirmar que na cobrança abusiva só por ser judicial, o credor não responde pelas penas do parágrafo único do art. 42. Como é que uma atitude abusiva se transmudaria em lícita apenas pelo fato do ajuizamento da medida? Se assim fosse, bastaria dar entrada em ações judiciais para, burlando a lei, praticar toda sorte de abusos."

Importante lembrar que caso o consumidor seja demandado (ação judicial) por dívida já paga e havendo má-fé do credor, ainda que não haja o pagamento pelo consumidor, será possível a devolução em dobro. Nesta hipótese, mesmo não sendo possível a aplicação do

536. Este entendimento foi aplicado, inclusive, para repartições públicas que sofreram cobrança indevida e que tiveram direito a restituição em dobro dos valores pagos. Nesse sentido: REsp 1571393/SC, Rel. Ministro Herman Benjamin, Segunda Turma, DJe 30/05/2016.

537. *Curso de Direito do Consumidor*. 2ª ed., p. 549.

art. 42, parágrafo único do CDC (uma vez que não houve o pagamento em excesso), poderá ser aplicado o art. 940 do CC.[538]

Nesse sentido, o STJ:

> "Os artigos 940 do Código Civil e 42, parágrafo único, do Código de Defesa do Consumidor possuem pressupostos de aplicação diferentes e incidem em hipóteses distintas. 5. A aplicação da pena prevista no parágrafo único do art. 42 do CDC apenas é possível diante da presença de engano justificável do credor em proceder com a cobrança, da cobrança extrajudicial de dívida de consumo e de pagamento de quantia indevida pelo consumidor. 6. O artigo 940 do CC somente pode ser aplicado quando a cobrança se dá por meio judicial e fica comprovada a má-fé do demandante, independentemente de prova do prejuízo. 7. No caso, embora não estejam preenchidos os requisitos para a aplicação do art. 42, parágrafo único, do CDC, visto que a cobrança não ensejou novo pagamento da dívida, todos os pressupostos para a aplicação do art. 940 do CC estão presentes. 8. Mesmo diante de uma relação de consumo, se inexistentes os pressupostos de aplicação do art. 42, parágrafo único, do CDC, deve ser aplicado o sistema geral do Código Civil, no que couber. 9. O art. 940 do CC é norma complementar ao art. 42, parágrafo único, do CDC e, no caso, sua aplicação está alinhada ao cumprimento do mandamento constitucional de proteção do consumidor. 10. Recurso especial não provido." (STJ, REsp 1645589/MS, Rel. Min. Ricardo Villas Bôas Cueva, Terceira Turma, DJe 06/02/2020)

Outro entendimento importante do STJ foi que o reconhecimento da prescrição impede não somente a cobrança judicial mas também a extrajudicial da dívida. É sabido que muitas empresas (principalmente de cobrança que compram créditos prescritos e/ou em vias de prescrever), como não podem ajuizar ação de cobrança ou de execução (em razão da prescrição), tentam, insistentemente, cobrar de forma extrajudicial os créditos, constrangendo muitas vezes o consumidor (ligações sem cessar para o trabalho e para a residência em horários de descanso). Assim, prescrita a pretensão em relação a determinado crédito, não poderá mais haver nenhuma forma de cobrança (judicial ou extrajudicial) sob pena de multa e condenação em danos morais.

> "A pretensão é o poder de exigir o cumprimento da prestação, uma vez paralisada em razão da prescrição, não será mais possível exigir o referido comportamento do devedor, ou seja, não será mais possível cobrar a dívida. Logo, o reconhecimento da prescrição da pretensão impede tanto a cobrança judicial quanto a cobrança extrajudicial do débito." (STJ, REsp n. 2.088.100/SP, relatora Ministra Nancy Andrighi, Terceira Turma, DJe de 23/10/2023.)

PRINCIPAIS JURISPRUDÊNCIAS DO STF E STJ

Compensação de dívidas em contratos só é possível para parcelas vencidas

O STJ entendeu que a compensação de dívidas em contratos somente pode ocorrer em relação a valores já vencidos, sendo vedada a compensação de parcelas vincendas. Isso porque o artigo 369 do Código Civil exige que a compensação envolva dívidas líquidas, vencidas e de coisas fungíveis. Permitir a compensação de valores ainda não exigíveis poderia prejudicar o consumidor, especialmente em contratos bancários

538. O STJ exige a verificação da má-fé do credor para a aplicação do art. 940 do CC. Nesse sentido: "É pacífica a orientação da Corte e da doutrina especializada no sentido de que o art. 940 do Código Civil – que dispõe acerca da obrigação de reparar daquele que demandar por dívida já paga – só tem aplicação quando *(i) comprovada a má-fé do demandante e (ii) tal cobrança se dê por meio judicial*." (STJ, AgRg no REsp 1.535.596/RN, Rel. Min. Ricardo Villas Bôas Cueva, Terceira Turma, DJe 23/10/2015).

de trato sucessivo, comprometendo a devolução de cobranças indevidas. (STJ, REsp n. 2.137.874/RS, Rel. Min. Nancy Andrighi, Terceira Turma, DJe 20/9/2024).

Repetição do indébito nos contratos bancários não será pelas mesmas taxas pactuadas no contrato

Tese aplicável a todo contrato de mútuo feneratício celebrado com instituição financeira mutuante: "Descabimento da repetição do indébito com os mesmos encargos do contrato" (STJ, REsp 1552434/GO, Rel. Ministro Paulo de Tarso Sanseverino, Segunda Seção, DJe 21/06/2018)

Cobrança indevida de tarifa de esgoto gera restituição em dobro, independentemente de má-fé

O STJ entendeu que a devolução em dobro dos valores cobrados indevidamente, conforme o artigo 42, parágrafo único, do CDC, não exige a comprovação de má-fé da empresa, bastando a culpa. No caso, a concessionária de água tarifava o tratamento de esgoto com base no volume total de água fornecido, desconsiderando que parte desse volume se perdia pelo uso e não era efetivamente despejada na rede de esgoto. Como não ficou demonstrado engano justificável, a restituição deve ser feita em dobro. Além disso, os honorários advocatícios devem ser calculados com base no valor da condenação, conforme o artigo 20, § 3º, do CPC. (STJ, REsp. 1.085.947/SP, Rel. Min. Francisco Falcão, julgado em 4/11/2008, Informativo 376).

Universidade deve restituir valores cobrados indevidamente, mas sem devolução em dobro

O STJ entendeu que a universidade deve restituir os valores pagos indevidamente por alunos que foram cobrados por créditos de horas-aula que não foram ministrados. No caso, mesmo após a formatura, os estudantes mantiveram a ação de repetição do indébito, demonstrando que não houve conformidade com a cobrança. No entanto, a restituição deve ocorrer apenas na forma simples, pois o artigo 42 do CDC, que prevê devolução em dobro, aplica-se apenas a casos de cobrança indevida acompanhada de constrangimento ou ameaça, o que não ocorreu. Assim, aplica-se o Código Civil, e não o CDC, afastando a repetição em dobro. (STJ, REsp. 893.648/SC, Rel. Min. Nancy Andrighi, julgado em 2/10/2008, Informativo 370).

No mesmo sentido:

Universidade deve restituir mensalidades pagas indevidamente, mas sem devolução em dobro

O STJ entendeu que a universidade deve restituir os valores pagos indevidamente pelos alunos quando não cumprir integralmente o contrato de prestação de serviços educacionais. A colação de grau não implica aceitação da irregularidade, especialmente quando os estudantes buscaram a restituição tanto pela via administrativa quanto judicial. No entanto, a devolução deve ser feita de forma simples, pois não houve cobrança vexatória ou constrangimento que justificasse a repetição em dobro prevista no artigo 42, parágrafo único, do CDC. (STJ, REsp. 895.480/SC, Rel. Min. Luis Felipe Salomão, julgado em 16/11/2010).

Art. 42-A. Em todos os documentos de cobrança de débitos apresentados ao consumidor, deverão constar o nome, o endereço e o número de inscrição no Cadastro de Pessoas Físicas – CPF ou no Cadastro Nacional de Pessoa Jurídica – CNPJ do fornecedor do produto ou serviço correspondente (incluído pela Lei nº 12.039, de 2009).

O art. 42-A do CDC foi introduzido pela Lei nº 12.039/2009 com o objetivo de reforçar a transparência no processo de cobrança de dívidas. Essa norma responde a uma necessidade concreta de proteção do consumidor, que muitas vezes recebia cobranças sem qualquer identificação clara do credor, dificultando o exercício de seus direitos.

Agora, todos os documentos de cobrança encaminhados ao consumidor devem, obrigatoriamente, conter:

1. **Nome do fornecedor** (pessoa física ou jurídica que está realizando a cobrança);
2. **Endereço completo** do credor, permitindo que o consumidor o localize para esclarecimentos e contestações;
3. **Número de inscrição no CPF ou CNPJ**, garantindo a correta identificação da empresa ou indivíduo responsável pela dívida.

Essa exigência fortalece a relação de consumo, garantindo que o consumidor tenha acesso imediato à identificação do credor, o que permite verificar a legitimidade da cobrança, evitar fraudes e buscar soluções rápidas para eventuais equívocos. Com a informação clara sobre quem está cobrando a dívida, o consumidor pode negociar diretamente com o credor, solicitar esclarecimentos, exigir comprovantes da dívida e até quitar o débito de forma segura, sem o risco de cair em golpes ou intermediários fraudulentos.

A ausência dessas informações nos documentos de cobrança pode gerar insegurança e confusão, especialmente quando há cessão de créditos ou terceirização da cobrança, prática comum no mercado financeiro. Muitas vezes, os consumidores recebiam boletos ou notificações de cobrança sem qualquer identificação clara de quem estava realizando a exigência do pagamento, o que levava a dificuldades na verificação da dívida e aumentava os riscos de pagamentos indevidos ou golpes.

Além de proporcionar segurança jurídica, essa norma também contribui para a prevenção de danos ao consumidor, reduzindo o risco de inscrições indevidas nos cadastros de inadimplentes. Muitas vezes, a falta de transparência na cobrança levava consumidores a não reconhecerem débitos, e, por não conseguirem esclarecer a situação, acabavam sendo negativados injustamente. O art. 42-A possibilita que o consumidor se comunique diretamente com o credor, exercendo seus direitos antes de sofrer prejuízos.

Caso essa obrigação não seja cumprida, o consumidor pode questionar a cobrança com base nos princípios do CDC, especialmente no art. 6º, III, que garante o direito à informação clara e adequada. Se for prejudicado, pode buscar indenização por eventuais danos morais e materiais.

Seção VI
Dos Bancos de Dados e Cadastros de Consumidores

Art. 43. O consumidor, sem prejuízo do disposto no art. 86, terá acesso às informações existentes em cadastros, fichas, registros e dados pessoais e de consumo arquivados sobre ele, bem como sobre as suas respectivas fontes.

§ 1º Os cadastros e dados de consumidores devem ser objetivos, claros, verdadeiros e em linguagem de fácil compreensão, não podendo conter informações negativas referentes a período superior a cinco anos.

§ 2º A abertura de cadastro, ficha, registro e dados pessoais e de consumo deverá ser comunicada por escrito ao consumidor, quando não solicitada por ele.

§ 3º O consumidor, sempre que encontrar inexatidão nos seus dados e cadastros, poderá exigir sua imediata correção, devendo o arquivista, no prazo de cinco dias úteis, comunicar a alteração aos eventuais destinatários das informações incorretas.

§ 4º Os bancos de dados e cadastros relativos a consumidores, os serviços de proteção ao crédito e congêneres são considerados entidades de caráter público.

§ 5º Consumada a prescrição relativa à cobrança de débitos do consumidor, não serão fornecidas, pelos respectivos Sistemas de Proteção ao Crédito, quaisquer informações que possam impedir ou dificultar novo acesso ao crédito junto aos fornecedores.

§ 6º Todas as informações de que trata o caput deste artigo devem ser disponibilizadas em formatos acessíveis, inclusive para a pessoa com deficiência, mediante solicitação do consumidor. (Incluído pela Lei 13146/2015)

Não existe concessão de crédito no mercado sem que se tenha informação sobre o destinatário (consumidor) de modo a avaliar os riscos de futura inadimplência. Até mesmo porque o "crédito" pressupõe confiança do credor para com o devedor e tal confiança apenas existe entre aqueles que se conhecem.[539] O conhecimento, por sua vez, principalmente no mercado globalizado, somente se adquire através de informações captadas sobre o devedor (consumidor que irá receber o crédito). Assim, quando o fornecedor sabe que o consumidor é bom pagador, que cumpre em dia com suas obrigações (informações positivas) ou, pelo menos, que não é mau pagador (informações negativas – daí o termo *negativação, negativar*), a concessão de crédito é permitida e realizada.

Inicialmente, a coleta de dados sobre o consumidor era demorada e extremamente onerosa para os fornecedores. As empresas, muitas vezes, de forma a realizarem um crediário mais seguro, continham setores específicos com a única função de pesquisar e coletar as informações sobre o futuro contratante. Bertram Sturmer[540] ilustra bem o período, em que "a concessão de crédito era demorada, trabalhosa e complexa. O candidato ao crédito preenchia um longo cadastro de informações, entre elas indicando o armazém onde realizava as compras, o seu alfaiate e, eventualmente, outras lojas onde comprava a crédito. A loja, por sua vez, possuía um quadro de funcionários com a função chamada de informante que [...] chegaram a alcançar o número de 20 empregados, os quais percorriam, diária e pessoalmente, os locais indicados em busca de informações sobre o crédito da pessoa. O setor de crediário dessas lojas pioneiras possuía cadastro de grande número de pessoas, o que fazia com que ficassem, no início de cada manhã, apinhados de informantes de outras lojas em busca de dados e informações dos clientes já por ela cadastrados."

539. O crédito tem origem no verbo latino *credere* e significa *confiar*.

540. STUMER, Bertram Antônio. "Bancos de dados e *habeas data* no código de defesa do consumidor". *Revista de Direito do Consumidor*, vol. I., p. 59.

Com o tempo, percebeu-se que seria mais eficaz e menos oneroso para o fornecedor que o levantamento de informações sobre os consumidores fosse feito por empresa com a finalidade específica para tal desiderato. Foi assim que inicialmente surgiram na década de 1950, diante do grande aumento das vendas a crédito no Brasil, os primeiros bancos de dados. Tal atividade foi transferida para as associações de classe dos lojistas com o intuito de beneficiar seus associados (lojistas). Assim, em 1955 a Câmara de Dirigentes Lojistas de Porto Alegre fundou o primeiro Serviço de Proteção ao Crédito, conhecido como SPC. Atualmente, são aproximadamente 1.000 Câmaras de Dirigentes Lojistas existentes no mercado.

Paralelamente às associações, foram criadas empresas para atuarem também no setor de proteção ao crédito, com destaque para a Serasa – Centralização de Serviços dos Bancos S.A., prestando serviços principalmente às instituições financeiras.

No setor público, existe o Cadastro de Emitentes de Cheques sem Fundos (CCF), que é um cadastro que possui dados dos emitentes de cheques sem fundos, de propriedade do Banco Central, mas operacionalizado pelo Banco do Brasil.[541]

O armazenamento de dados sobre consumidores é uma atividade lícita e permitida pelo CDC, devendo somente respeitar os preceitos legais a fim de evitar abusos.

Atualmente, além das disposições contidas no art. 43 do CDC, temos três leis que deverão dialogar com o CDC na proteção dos dados e da privacidade do consumidor, garantindo a proteção dos direitos fundamentais deste. São elas: a Lei do *Habeas Data* (Lei nº 9.507/1997), principalmente no tocante ao direito de acesso e retificação aos dados arquivados e o meio processual para isso; a Lei do Cadastro Positivo (Lei 12.414/2011), que disciplinou a formação e consulta de bancos de dados com informações de adimplemento para formação de histórico de crédito[542] e a recente Lei de Proteção de Dados Pessoais (Lei 13.709/2018) que trouxe um arcabouço mais completo de dispositivos, inclusive com prin-

541. O STJ já se pronunciou sobre o CCF: "O cadastro de emitentes de cheques sem fundo mantido pelo Banco Central do Brasil é de consulta restrita, não podendo ser equiparado a dados públicos, como os oriundos dos cartórios de protesto de títulos e de distribuição de processos judiciais, de sorte que a negativação do nome decorrente de elementos de lá coletados pelo Serasa deve ser comunicada ao devedor, ao teor do art. 43, § 2º, do CPC, gerando lesão moral se a tanto não procede." (STJ, REsp. 688456 / RJ, Rel. Min. Aldir Passarinho Júnior, *DJ* 21/03/2005). Outro julgamento importante decidiu que o *Sistema de Informação do Banco Central (Sisbacen)* se equipara às instituições restritivas ao crédito. Consta do voto da Min. Nancy Andrighi: "Por outro lado, como um cadastro de negativação, o Sisbacen, no âmbito das instituições bancárias, por meio de seu SCR – Sistema de Informações de Crédito do Banco Central do Brasil –, age, da mesma forma como os demais órgãos restritivos de crédito, como uma central de risco, cuja finalidade é avaliar o "risco de crédito", com vistas à idoneidade financeira dos consumidores, ou seja, avaliar a probabilidade de que o valor emprestado por consumidor de serviços bancários seja recebido de volta pelo banco mutuante. As informações estão disponibilizadas no sistema para uso no processo de tomada de decisões, tanto de um pequeno empresário que consulta o SPC antes de vender à crédito determinada mercadoria, quanto para uma grande instituição bancária, que realiza consulta ao SCR – Sistema de Informações de Crédito do Banco Central do Brasil – antes

542. Conforme se verá mais adiante, a Lei do Cadastro Positivo dialoga com o CDC determinando, por exemplo, a solidariedade dos arquivos de consumo e do credor/fornecedor pelos danos causados aos consumidores no tratamento dos dados.

cípios orientadores sobre a proteção de dados pessoais (o que inclui, obviamente, a proteção dos dados de crédito dos consumidores).[543-544]

O STF, sobre a importância que os arquivos de consumo exercem no mercado de consumo, considerou através da Adin nº 1790-5/DF que "*os arquivos de consumo são um dado inextirpável da economia fundada em relações massificadas de crédito*".

O STJ também já atestou a legalidade e a importância dos arquivos de consumo, inclusive aceitando a transferência de informações entre os bancos de dados:

> "O SPC, instituído em diversas cidades pelas entidades de classe de comerciantes e lojistas, tem a finalidade de informar seus associados sobre a existência de débitos pendentes por compra dos que pretendam obter novo financiamento. É evidente o benefício que dele decorre em favor da agilidade e da segurança das operações comerciais, assim como não se pode negar ao vendedor o direito de informar-se sobre o crédito do seu cliente na praça, e de repartir com os demais os dados de que dele dispõe." (STJ, REsp. 22337/RS, Rel. Min. Ruy Rosado Aguiar, j. 13/02/1995).

Embora o código não faça distinção, a doutrina diferencia os *bancos de dados* dos *cadastros de consumidores*. Em relação às diferenças básicas, temos:

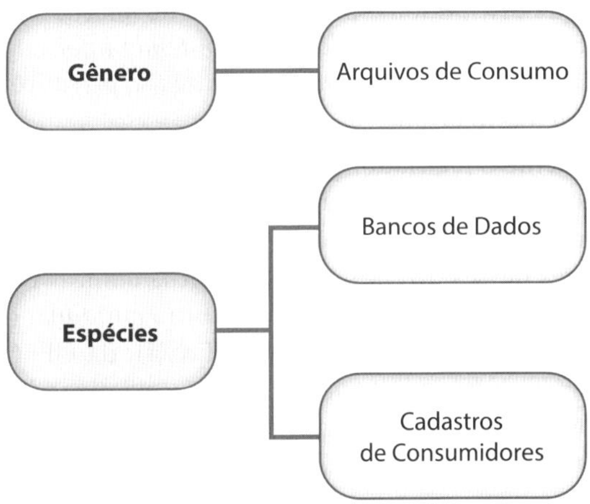

543. A própria Lei de Proteção de Dados Pessoais dispõe que ela se aplica a "qualquer operação de tratamento realizada por pessoa natural ou por pessoa jurídica de direito público ou privado, independentemente do meio, do país de sua sede ou do país onde estejam localizados os dados..." (art. 3º), o que abrage o tratamento de dados pessoais de crédito dos consumidores. E também o art. 7º disciplina que o "tratamento de dados pessoais somente poderá ser realizado (...) X – para a proteção do crédito, inclusive quanto ao disposto na legislação pertinente."

544. A Lei de Proteção de Dados Pessoais determina em seu art. 2º que "a disciplina da proteção de dados pessoais tem como fundamentos (...) *IV: a livre iniciativa, a livre concorrência e a defesa do consumidor.*" E também o art. 45 da referida lei determina que "as hipóteses de violação do direito do titular no âmbito das relações de consumo permanecem sujeitas às regras de responsabilidade previstas na legislação pertinente." Embora o art. 45 ressalve a aplicação da legislação pertinente, no caso o CDC, na verdade o que deverá ocorrer é um diálogo das fontes dos diversos dispositivos presentes na legislação nacional que tratam sobre a proteção de dados.

Bancos de dados	Cadastros de consumidores
Aleatoriedade da coleta (arquivista e fornecedor não são a mesma pessoa. Ex.: SPC e Serasa)	Não é aleatório. É particularizado no interesse da atividade comercial (arquivista e fornecedor são a mesma pessoa)
Organização permanente das informações (fim em si mesmo quanto maior o banco, maior a credibilidade)	A permanência das informações é acessória (o registro não é um fim em si mesmo está vinculado à relação entre consumidor e fornecedor)
Transmissibilidade externa (beneficia terceiros)	Transmissibilidade interna (circula e beneficia somente o fornecedor e não terceiro)
Inexistência de autorização ou conhecimento do consumidor	Geralmente, há o conhecimento e anuência do consumidor

Os bancos de dados e cadastros de consumidores, denominados genericamente de arquivos de consumo, conforme exposto, podem ser privados, quando instituídos e mantidos por entidades privadas, como os SPCs e Serasa; ou podem ser públicos, quando instituídos e mantidos por entidades oficiais, como os Procons, Bacen, Cadin etc. Mas, todos, sejam privados ou públicos, são considerados, segundo o § 4º do art. 43, de *caráter público*, dada a importância e efeitos que provocam na sociedade. Reza o parágrafo único do art. 1º da Lei nº 9.507/1997 (lei que disciplinou o procedimento do *habeas data*) que: "*Considera-se de caráter público todo registro ou banco de dados contendo informações que sejam ou que possam ser transmitidas a terceiros ou que não sejam de uso privativo do órgão ou entidade produtora ou depositária das informações.*"

Assim, teve em mente o legislador possibilitar um amplo controle desses arquivos de consumo, evitando a violação de direitos fundamentais dos consumidores, como a privacidade e a dignidade da pessoa humana, permitindo o uso de certos instrumentos processuais garantidores desses direitos como o *habeas data.*[545] A CF, no art. 5º, LXXII, estabelece que o *habeas data* pode ser impetrado contra *entidades governamentais* ou de *caráter público*. Nesse sentido prescreve o art. 5º, LXXII, da CF: *Conceder-se-á* **habeas data**: *a) para assegurar o conhecimento de informações relativas à pessoa do impetrante, constantes de registros ou bancos de dados de entidades governamentais ou de caráter público; b) para a retificação de dados, quando não se prefira fazê-lo por processo sigiloso, judicial ou administrativo.*

O interessante em relação ao *habeas data* é que o próprio *caput* do art. 43 faz menção ao art. 86 que, por sua vez, foi vetado pelo Presidente da República. Previa o art. 86 que: "*Aplica-se o* habeas data *à tutela dos direitos e interesses dos consumidores.*" Assim, conforme exposto, o veto não surtiu nenhum efeito, uma vez que, por serem considerados de caráter público, os arquivos de consumo podem ser legitimados passivos em ação de *habeas data.*

O *habeas data*, e não o mandado de segurança, é o instrumento processual cabível para a proteção ao direito de informação do cidadão, seja para possibilitar o conhecimento dessas informações, seja para a retificação. Isso porque, se a lesão ao direito do cidadão

545. O Decreto 7.963, de 15 de março de 2013, que instituiu o Plano Nacional de Consumo e Cidadania, previu como diretriz desse plano a *"autodeterminação, privacidade, confidencialidade e segurança das informações e dados pessoais prestados ou coletados, inclusive por meio eletrônico"* (art. 2º, VII).

pode ser reparada por *habeas data*, afasta-se a possibilidade de impetração de mandado de segurança, segundo o inciso LXIX do art. 5º da CF.[546]

> Se a proteção pedida pelo impetrante se refere à busca de informações relativas a sua pessoa constantes de registro ou banco de dados de entidade governamental, o instrumento processual adequado é o *habeas data*, não cabendo o uso do mandado de segurança como seu sucedâneo (art. 5º, LXIX, da CF) (STJ, MS 8196/DF, Rel. Min. Felix Fischer, *DJ* 28/04/2003).

Basicamente o CDC garante quatro direitos aos consumidores em relação aos arquivos de consumo: 1) direito de acesso; 2) direito de informação; 3) direito de retificação; 4) direito de exclusão.

Direitos dos consumidores em relação aos arquivos de consumo	Correspondência no art. 43 do CDC
1. Direito de Acesso	Art. 43, *caput*
2. Direito de Informação	Art. 43, § 2º
3. Direito de Retificação	Art. 43, § 3º
4. Direito de Exclusão	Art. 43, §§ 1º e 5º

Sobre o direito de acesso, o *caput* do art. 43 é expresso ao obrigar os órgãos responsáveis pelo armazenamento dos dados e dos cadastros a fornecer aos consumidores, quando solicitadas, todas as informações arquivadas, assim como a respectiva fonte. O acesso deve ser imediato, devendo ser fornecido logo após o requerimento do consumidor.[547]

O parágrafo 6º, incluído pela Lei 13.146/2015 (Estatuto da pessoa com deficiência), determina ainda que todas as informações solicitadas pelo consumidor devem ser disponibilizadas em formatos acessíveis para a pessoa com deficiência.

---

546. A Constituição Federal, em seu art. 5º, LXIX, garante aos cidadãos a concessão de mandado de segurança "para proteger direito líquido e certo, não amparado por *habeas corpus* ou *habeas data*".

547. A recente Lei 13.709/2018 (Lei de Proteção de Dados Pessoais) prevê como princípio orientador o *princípio do livre acesso aos dados pessoais*, garantindo aos titulares a consulta facilitada e gratuita sobre a forma e a duração do tratamento dos dados, bem como a integralidade dos dados pessoais (inciso IV do art. 6º). O art. 9º, por sua vez, garante ao titular dos dados o "acesso facilitado às informações sobre o tratamento de seus dados, que deverão ser disponibilizadas de forma clara, adequada e ostensiva acerca de, entre outras características previstas em regulamentação para o atendimento do princípio do livre acesso: I – finalidade específica do tratamento; II – forma e duração do tratamento, observados os segredos comercial e industrial; III – identificação do controlador; IV – informações de contato do controlador; V – informações acerca do uso compartilhado de dados pelo controlador e a finalidade; VI – responsabilidades dos agentes que realizarão o tratamento; e VII – direitos do titular, com menção explícita aos direitos contidos no art. 18 desta Lei." O art. 18 prevê como direito do titular (consumidor) o de obter, do controlador (arquivo de consumo nas relações de consumo), a qualquer momento e mediante requisição: "I – confirmação da existência de tratamento; II – acesso aos dados; III – correção de dados incompletos, inexatos ou desatualizados; IV – anonimização, bloqueio ou eliminação de dados desnecessários, excessivos ou tratados em desconformidade com o disposto nesta Lei; V – portabilidade dos dados a outro fornecedor de serviço ou produto, mediante requisição expressa, de acordo com a regulamentação da autoridade nacional, observados os segredos comercial e industrial; VI – eliminação dos dados pessoais tratados com o consentimento do titular, exceto nas hipóteses previstas no art. 16 desta Lei; VII – informação das entidades públicas e privadas com as quais o controlador realizou uso compartilhado de dados; VIII – informação sobre a possibilidade de não fornecer consentimento e sobre as consequências da negativa; IX – revogação do consentimento, nos termos do § 5º do art. 8º desta Lei."

A recusa ou imposição de dificuldades por parte do arquivista é considerada infração penal nos moldes do art. 72 do CDC: "*Impedir ou dificultar o acesso do consumidor às informações que sobre ele constem em cadastros, banco de dados, fichas e registros: Pena – Detenção de seis meses a um ano ou multa.*"

O acesso à fonte de onde provieram as informações é importante, pois havendo qualquer irregularidade, o consumidor tem meios para solicitar a retificação (direito à retificação), que deverá ser feita de forma imediata pelo arquivista, devendo este, no prazo de até cinco dias úteis, comunicar aos outros destinatários as informações incorretas (§ 3º do art. 43).[548] A Lei de Proteção de Dados Pessoais (Lei 13.709/2018) previu a possibilidade do consumidor (titular dos dados) reclamar em relação aos seus dados arquivados perante os organismos de defesa do consumidor (no caso os Procons) (art. 18, § 8º). Assim, embora este direito já poderia ser exercitado anteriormente à lei (pois qualquer reclamação envolvendo relação de consumo pode ser feita nos órgãos de defesa do consumidor), a lei veio reforçar e dotar ainda mais de legitimidade os Procons sobre a tarefa de fiscalizar e intervir na relação entre os arquivos de consumo, fornecedores e consumidores.

Também é considerada infração penal, com detenção de seis meses ou multa, não proceder à retificação: "*Deixar de corrigir imediatamente informação sobre consumidor constante de cadastro, banco de dados, fichas ou registros que sabe ou deveria saber ser inexata*" (art. 73 do CDC).

A correção imediata a ser realizada pelo fornecedor deve ser interpretada conjuntamente com o § 1º do art. 4º da Lei nº 9.507/1997 (Lei do *Habeas Data*), segundo o qual a entidade de proteção ao crédito deve concluir as investigações em relação ao direito de retificação em dez dias. Faz sentido, uma vez que o fornecedor muitas vezes não terá condições, de forma imediata, de saber sobre a incorreção das informações. Claro que se o consumidor demonstrar a incorreção (por exemplo, que pagou o débito que gerou a inscrição), o fornecedor deverá imediatamente proceder à retificação, não podendo se valer do prazo de dez dias. De qualquer modo, a fim de evitar prejuízo ao consumidor, enquanto o fornecedor estiver procedendo à verificação sobre a veracidade da informação, melhor será suspender a inscrição.

O STJ, por sua vez, estipulou o prazo de 5 dias úteis do pagamento efetivo, por analogia ao art. 43, § 3º, do CDC. Este é o teor da Súmula 548 do STJ: "*Incumbe ao credor a exclusão do registro da dívida em nome do devedor no cadastro de inadimplentes no prazo de cinco dias úteis, a partir do integral e efetivo pagamento do débito.*" Não concordamos neste ponto com o STJ. Embora a ideia seja de pacificar o entendimento sobre a questão, há situações em que o consumidor pode facilmente comprovar o pagamento do débito e, neste caso, deverá o fornecedor imediatamente proceder a retirada de seu nome dos arquivos de consumo. Atualmente, todos os registros são feitos de maneira informatizada, bastando o fornecedor entrar no sistema e retirar o nome do consumidor. Não justifica, nesse sentido, o prazo de 5 dias para a retirada do nome do consumidor dos arquivos de consumo.

Vale lembrar que o art. 21 da Lei nº 9.507/1997 (Lei do *Habeas Data*) disciplina a gratuidade do direito ao acesso e à retificação: "*São gratuitos o procedimento administrativo para acesso a informações e retificação de dados e para anotação da justificação [...]*". No mesmo sentido a Lei 13.709/2018 (Lei de Proteção de Dados Pessoais), art. 6º, IV, prevê o

548. Conforme já exposto, o arquivista, muitas vezes, fornece os dados a terceiros.

princípio do livre acesso que garante aos titulares dos dados a consulta facilitada e gratuita sobre o tratamento dos dados e o art. 18 que prevê *que o titular dos dados poderá solicitar, sem custos, o acesso e correção dos dados incompletos, inexatos e desatualizados (§ 5º do art. 18).*

Conforme exposto, a recusa do acesso às informações, bem como da retificação das informações inexatas, enseja a interposição do *habeas data*.

O STJ julgou um *habeas data* pela 1ª Seção, *HD* 160/DF, Rela. Mina. Denise Arruda, *DJe* 22/09/2008, expondo dois entendimentos interessantes:

1) "Em razão da necessidade de comprovação de plano do direito do demandante, mostra-se inviável a pretensão de que, em um mesmo *habeas data*, se assegure o conhecimento de informações e se determine a sua retificação. É logicamente impossível que o impetrante tenha, no momento da propositura da ação, demonstrado a incorreção desses dados se nem ao menos sabia o seu teor. Por isso, não há como conhecer do *habeas data* no tocante ao pedido de retificação de eventual incorreção existente na base de dados."
2) "O fornecimento de informações insuficientes ou incompletas é o mesmo que o seu não fornecimento, legitimando a impetração da ação de *habeas data*."

De acordo com o § 2º do art. 43, quando não solicitada pelo consumidor, a abertura de cadastro, ficha, registro de dados pessoais e de consumo deverão por escrito lhe ser comunicadas, uma vez que o aviso ou comunicação de abertura de cadastro ou inscrição é obrigatório pelo sistema consumerista (direito à comunicação). Conforme vimos anteriormente, nos cadastros de consumidores, geralmente é o próprio consumidor que fornece as informações para o fornecedor. Mas, nos bancos de dados, o consumidor não sabe das informações arquivadas, devendo, portanto, ser comunicado de tal fato, sob pena de ser indenizado por dano moral.[549]

> A inobservância da norma inserta no art. 43, § 2º, do CDC por parte da entidade responsável pela manutenção de cadastro de inadimplentes enseja danos morais ao consumidor que tem o nome inscrito em tal circunstância. (STJ, REsp. 773871/RS, Rel. Min. César Asfor Rocha, *DJ* 13/03/2006).

A constatação do direito de informação é importante uma vez que, desse direito decorrem outros dois previstos no art. 43 do CDC, quais sejam, o direito de acesso aos dados (art. 43, caput) e o direito à retificação das informações incorretas (art. 43, § 3º).

Quando não há a notificação, além da indenização por dano moral, o consumidor terá direito ao cancelamento da inscrição, independentemente da existência do débito. A notificação (prévia) é essencial para que o fornecedor possa inscrever o nome do consumidor nos órgãos de proteção ao crédito. Nesse sentido o STJ já se manifestou:

> "Cinge-se a controvérsia a saber se o fato de o devedor não negar a existência da dívida impede o cancelamento do registro no cadastro de inadimplente, realizado sem a observância do art. 43, § 2º, do CDC. (...) A ausência da notificação prévia enseja o cancelamento da respectiva

549. A única ressalva do STJ é quando o consumidor já está negativado por outra dívida, ainda que em outro banco de dados. Assim, quando o consumidor já está negativado, não caberá dano moral pela falta da notificação da (nova) dívida. Porém a nova inscrição deverá ser cancelada até que se faça a notificação.

inscrição." (STJ, REsp 1538164/PR, Rel. Ministro Ricardo Villas Bôas Cueva, Terceira Turma, DJe 29/10/2015)

Interessantes são as observações feitas por Rizzatto Nunes[550] no sentido de que a comunicação deve ser prévia e precedida de, no mínimo, cinco dias úteis do registro, por aplicação analógica do prazo previsto no § 3º do art. 43, de modo a permitir ao consumidor, caso haja alguma inexatidão na informação, proceder à retificação.

Muito embora o § 2º do art. 43 não tenha estabelecido expressamente que a comunicação deve ser prévia, a jurisprudência do STJ se consolidou nesse sentido. Ou seja, entende o STJ que a comunicação deve ser prévia, de modo a oferecer ao consumidor oportunidade de contestar o registro, caso tenha algum equívoco a ser sanado, evitando, assim, lesões a seus direitos.

> "A inscrição do nome do devedor no cadastro do Serasa deve ser precedida da comunicação exigida no art. 43, § 2º do Código de Defesa do Consumidor. O interstício de mais de dois anos entre a inscrição do nome no Serasa e a posterior notificação judicial ao devedor, além de não ser razoável, não afasta o constrangimento que advém da inscrição, notadamente se esta for indevida, tornando cabível a indenização por dano moral." (STJ, REsp. 373219/RJ, Rel. Min. Sálvio de Figueiredo Teixeira, *DJ* 12/08/ 2002).

Concordamos com a doutrina consumerista quando entende que a responsabilidade pela falta da notificação prévia é solidária entre o órgão responsável pelo banco de dados e o fornecedor. Importante esclarecer que o real responsável pelo pagamento da indenização pode ser responsabilizado em ação regressiva. O argumento da solidariedade ganha força através da edição da Lei do Cadastro Positivo (Lei 12.414/2011) que, em seu art. 16, estabeleceu a solidariedade *do banco de dados, da fonte e do consulente* pelos danos materiais e morais causados ao consumidor cadastrado, inclusive citando *"nos termos da Lei 8.078, de 11 de setembro de 1990 (Código de Proteção e Defesa do Consumidor)"*, e também da Lei de Proteção de Dados Pessoais (Lei 13.709/2018) que, em seu art. 42, estabeleceu a responsabilidade solidária daqueles que tratam dos dados pessoais (arquivos de consumo). Assim, através do diálogo de fontes, é possível afirmar que sempre que houver tratamento irregular de dados que cause danos ao consumidor cadastrado, os arquivos de consumo (bancos de dados) e o credor (fonte) responderão objetiva e solidariamente.

Todavia, o STJ considerou que a comunicação ao consumidor sobre a inscrição nos registros de proteção ao crédito é obrigação do órgão responsável pela manutenção do cadastro, e não do credor (fornecedor).

> "A Turma decidiu que cabe exclusivamente à Serasa a responsabilidade pela indenização por danos morais, pela ausência de comunicação ao devedor, pessoa natural ou jurídica, de inscrição em seus cadastros (CDC, art. 43, § 2º), qualquer que seja o fato daí decorrente, por ação ou omissão. No caso, o banco credor não constitui parte legítima passiva, pelos atos da administração do cadastro, em razão de lançamento de débito em cartão de crédito cancelado um mês antes." (STJ, REsp. 595.170-SC, Rel. Min. Aldir Passarinho Júnior, j. 16/11/2004, *Informativo* 229).

550. *Curso de Direito do Consumidor*, p. 562.

Inclusive, sobre a necessidade de a comunicação ser prévia e ainda sobre a responsabilidade exclusiva do arquivo de consumo pela comunicação do consumidor, o STJ editou a Súmula nº 359, instituindo que "*cabe ao órgão mantenedor do Cadastro de Proteção ao Crédito a notificação do devedor antes de proceder à inscrição*."[551] Este entendimento da responsabilidade exclusiva dos arquivos de consumo (súmula 359) se deu antes da Lei do Cadastro Positivo e da Lei de Proteção de Dados Pessoais. Assim, espera-se que, diante destes novos diplomas que estabeleceram a responsabilidade solidária do banco de dados e da fonte (credor), o STJ possa revisar o seu entendimento.

O mesmo argumento vale para a responsabilidade pela retirada (retificação) do nome do consumidor do cadastro, quando quitada a dívida. Diante do art. 16 da Lei do Cadastro Positivo e do art. 42 da Lei de Proteção de Dados Pessoais, a responsabilidade deve ser solidária do banco de dados e do credor. O STJ, antes da edição destas leis, tem precedentes no sentido de que a responsabilidade seria somente do fornecedor. Assim, pago o débito que gerou a negativação no banco de dados, deveria o fornecedor providenciar imediatamente a retirada da inscrição do nome do consumidor e não o banco de dados.[552-553]

---

551. Entendeu também o STJ que "aos bancos de dados e cadastros de inadimplentes cabem apenas as anotações das informações passadas pelos credores, não sendo de suas alçadas a confirmação por meio de documento formal dos dados fornecidos." "Ademais, a reiterada jurisprudência desta Corte é assente no sentido de que aos bancos de dados e cadastros de inadimplentes cabem apenas a anotação das informações passadas pelos credores, não sendo de sua alçada a confirmação dos dados fornecidos. O banco de dados responde pela notificação e pela inserção do nome do devedor no cadastro, não cabendo a ele a confirmação de tais dados." (STJ, REsp 1033274/MS, Rel. Ministro Luis Felipe Salomão, Quarta Turma, DJe 27/09/2013) Embora não seja exigida dos arquivos de consumo que proceda à investigação de toda e qualquer informação que lhe é submetida, o STJ condenou o SPC por enviar a notificação ao consumidor em endereço diverso. Isso porque, diante de fraudes que o consumidor vinha sofrendo, ele notificou previamente o SPC informando de tal fato, solicitando que as notificações fossem encaminhadas para o endereço corretamente informado na notificação. Assim, como o SPC não notificou o consumidor no endereço previamente informado, houve negligência do órgão, tendo, por isso, que indenizar o consumidor pelos danos sofridos. Nesse sentido: "RECURSO ESPECIAL. CONSUMIDOR. CADASTRO DE DEVEDORES INADIMPLENTES. DEVER DE NOTIFICAÇÃO PRÉVIA. ENDEREÇO INCORRETO DO DEVEDOR. DISTINÇÃO EM FACE DE RECURSO REPETITIVO. DEFEITO DO SERVIÇO. DANO MORAL. 1 – Demanda indenizatória movida por consumidor que teve seu nome incluído no SPC sem prévia notificação, tendo sido a comunicação enviada para endereço incorreto. 2 – Dever legal do arquivista de notificar o consumidor antes de inclusão em cadastro no endereço informado pelo credor (Resp 1.083.291/RS, afetado ao rito dos recursos repetitivos). 3- Mantenedor de cadastro que não está obrigado, em regra, a investigar a veracidade das informações prestadas pelo credor. 4 – Inaplicabilidade do precedente ao caso, em face de prévia comunicação enviada pelo consumidor ao órgão mantenedor do cadastro para que futuras notificações fossem remetidas a endereço por ele indicado ante a existência de fraudes praticadas com seu nome. 5 – Liame causal entre os danos sofridos pelo consumidor e o defeito do serviço prestado pelo mantenedor do cadastro." (STJ, REsp 1620394/SP, Rel. Ministro Paulo de Tarso Sanseverino, Terceira Turma, DJe 06/02/2017)

552. O STJ diferencia o cancelamento de inscrição em cadastro negativo do cancelamento de protesto. Isso porque neste último caso, cabe ao devedor, quando paga a dívida junto ao credor, providenciar a baixa no cartório de protesto. Nesse sentido, REsp. 665311/RS, Rel. Min. Carlos Alberto Menezes Direito, *DJ* 03/10/2005: "Protesto. Pagamento efetuado com atraso. Obrigação de cancelamento do protesto. Art. 26 da Lei nº 9.492/1997. Precedente da Corte. 1. Como assentado em precedente da Corte, quando o protesto 'foi realizado em exercício regular de direito (protesto devido), o posterior pagamento do título pelo devedor, diretamente ao credor, não retira o ônus daquele em proceder ao cancelamento do registro junto ao cartório competente' (STJ, Resp. nº 442.641/PB, Relatora a Ministra Nancy Andrighi, *DJ* de 22/9/2003)."

553. Vale lembrar que pela Súmula 548, o STJ considerou como prazo máximo para retirada do nome do consumidor o prazo de 5 dias úteis a partir do integral e efetivo pagamento do débito.

"Consoante entendimento firmado nesta Corte, 'cabe às entidades credoras que fazem uso dos serviços de cadastro de proteção ao crédito mantê-los atualizados, de sorte que uma vez recebido o pagamento da dívida, devem providenciar, em breve espaço de tempo, o cancelamento do registro negativo do devedor, sob pena de gerarem por omissão, lesão moral, passível de indenização.'" (STJ, REsp. 777004/RJ, Rel. Min. Jorge Scartezzini, *DJ* 06/03/2006).

Assim, nos casos de inscrição indevida, ou seja, naqueles em que o nome do consumidor não poderia estar inscrito, seja porque não está inadimplente, seja porque não foi o responsável pelo débito (hipóteses em que o consumidor tem documentos clonados e o falsário faz dívidas em nome daquele, tendo o nome incluído nos arquivos), o STJ vinha entendendo que apenas o fornecedor era responsável, excluindo a responsabilidade dos arquivos de consumo. Nesse sentido segue precedente da Quarta Turma:[554]

"Reconhecida a responsabilidade exclusiva da empresa pela inclusão injustificada do nome da autora em cadastro negativo de crédito, caracterizadora do dano moral, a esta cabe a legitimidade passiva para a demanda e não à associação mantenedora do serviço de proteção ao crédito." (STJ, REsp. 748561/RS, Rel. Min. Aldir Passarinho Júnior, *DJ* 18/09/2006).

Tanto a Terceira como a Quarta Turma do STJ entenderam que, após a Lei do Cadastro Positivo, não há mais dúvidas sobre a responsabilidade dos arquivos de consumo sobre a fidedignidade e veracidade das informações cadastradas, em solidariedade com o fornecedor/credor. Nesse sentido:

"As entidades mantenedoras de cadastros de crédito devem responder solidariamente pela exatidão das informações constantes em seus arquivos, excetuados dessa obrigação, apenas, os dados detidos exclusivamente pelo consumidor, como alteração de endereço residencial, por exemplo." (STJ, AgRg no AREsp 415.022/SC, Rel. Ministro Marco Buzzi, Quarta Turma, DJe 25/04/2014)

"As entidades mantenedoras de cadastros de crédito devem responder solidariamente com a fonte e o consulente pela inexatidão das informações constantes em seus arquivos e pelos danos que podem causar danos aos consumidores (art. 16 da Lei 12.414/2011)." (STJ, REsp 1630659/DF, Rel. Ministra Nancy Andrighi, Terceira Turma, DJe 21/09/2018)[555]

Assim, conforme exarado anteriormente, diante da Lei do Cadastro Positivo e também da Lei de Proteção de Dados Pessoais, espera-se que o STJ possa revisar a Súmula 359, para incluir a responsabilidade do credor fornecedor pela ausência de informação prévia ao consumidor sobre a existência do cadastro.

554. A jurisprudência do STJ é uníssona no sentido de que a inscrição indevida em cadastro restritivo gera dano moral *in re ipsa*, sendo despicienda, pois, a prova de sua ocorrência. (STJ, AgInt no AREsp n. 2.282.338/MG, relatora Ministra Maria Isabel Gallotti, Quarta Turma, julgado em 30/10/2023, DJe de 6/11/2023.) Para o STJ, ainda que a ilegalidade (inscrição indevida) tenha permanecido por um prazo exíguo (muito pequeno), esta circunstância não será capaz de afastar o direito do consumidor a uma justa compensação pelos danos morais sofridos. Porém, o curto espaço de tempo que o consumidor ficou negativado deve ser levado em consideração para a fixação do valor do dano moral. (STJ, AgInt no AREsp n. 2.282.338/MG, relatora Ministra Maria Isabel Gallotti, Quarta Turma, julgado em 30/10/2023, DJe de 6/11/2023.)

555. A doutrina já vinha defendendo esta responsabilidade. Nesse sentido, "se o banco de dados registra – ou permite que o fornecedor registre diretamente – informação sem qualquer exigência ou cautela quanto à demonstração da veracidade dos dados, deve, naturalmente, arcar com as sanções civis decorrentes de sua conduta" (BESSA. Leonardo Roscoe, Responsabilidade civil dos bancos dos dados de proteção ao crédito: diálogo entre o Código de Defesa do Consumidor e a Lei do Cadastro Positivo, *Revista de Direito do Consumidor*: RDC, v. 23, n. 92, p. 49-73, mar./abr. 2014).

Outro entendimento importante do STJ no tocante à comunicação do registro é que não cabe dano moral pela falta de notificação ao consumidor, quando a informação que possibilitou a negativação é acessível ao público (dados oriundos dos cartórios de protesto de títulos e de distribuição de processos judiciais). Tal fato ocorre, por exemplo, quando o banco de dados registra ação de execução em face do devedor, tendo extraído a informação do Diário Oficial.[556]

> "A falta de prévia comunicação acerca da inserção da recorrente no cadastro mantido pela Serasa não lhe acarretou efetivo dano moral, porquanto anotado dado verídico, qual seja, a existência de Execução Fiscal em desfavor da recorrente, perfazendo-se irrelevantes a declaração de inexistência da dívida e a extinção da ação após o cadastramento e o ajuizamento da Ação de Indenização, pelo que descabido cogitar-se de retificação da informação ainda que comunicada a negativação. [...] Em se cuidando de dado extraído do Diário Oficial e constante do Cartório Distribuidor da Justiça Federal, ainda que não passasse a constar de cadastro mantido por órgão de proteção ao crédito, já possuía acesso franqueado ao público, pelo que inviável cogitar-se de prejuízo moral originário da sistematização de dados públicos pela Serasa. À vista do somatório das peculiaridades do caso *sub judice*, quais sejam, inserção de dado verídico, público e previamente conhecido pela recorrente, em banco de dados mantido pela Serasa, não obstante a ausência de prévia comunicação acerca do cadastramento, afasta-se a ocorrência de dano moral imputável à recorrida." (STJ, REsp. 720493/SP, Rel. Min. Jorge Scartezzini, DJ 01/07/2005).

Nestes casos, como não há o dever de notificação prévia ao consumidor, o dever de zelo dos arquivos de consumo ao retirar a informação de outras fontes deve ser muito maior (uma vez que não havendo notificação, o consumidor não poderá solicitar a retificação).

> "Saliente-se que, no caso, se trata de inscrição sponte propria, na qual o arquivista retira informações de domínio público, sem o dever de notificar o devedor, tão somente para abastecer o seu banco de dados com a finalidade precípua de auferir lucros, devendo, por isso, assumir os riscos e cuidados de sua atividade. 8. É pacífica a jurisprudência desta Corte "no sentido de que a ausência de prévia comunicação ao consumidor da inscrição de seu nome em cadastros de proteção ao crédito, prevista no art. 43, § 2º, do CDC, não dá ensejo à reparação de danos morais quando oriunda de informações contidas em assentamentos provenientes de serviços notariais e de registros, bem como de distribuição de processos judiciais, por serem de domínio público" (Rcl n. 6.173/SP, 2ª Seção, Rel. Min. Raul Araújo, DJe de 15/3/2012). 9. Tal entendimento, contudo, só vem a reforçar o fato de que, como não há obrigação de notificação – oportunidade em que o devedor inscrito poderia solicitar a correção ou a exclusão –, o dever de zelo do arquivista deve ser muito maior. Deveras, justamente por estar isento do dever de notificação é que, nesses casos, o mínimo possível de informações para a identificação da pessoa que será registrada deverá ser respeitada, principalmente porque a finalidade do banco de dados é justamente prestar informações mais relevantes para a decisão de concessão de crédito." (STJ, REsp 1297044/SP, Rel. Ministro Luis Felipe Salomão, Quarta Turma, DJe 29/09/2015)

O STJ também entendeu que no caso de replicação de negativação (Ex: CDL negativa com base nas informações do SERASA), basta apenas uma notificação. Não é necessário que cada entidade tenha que notificar.

556. Como exemplo, podemos ainda citar a inscrição dos nomes de consumidores em cadastros de proteção ao crédito por conta da existência de débitos discutidos judicialmente em processos de busca e apreensão, cobrança ordinária, concordata, despejo por falta de pagamento, embargos, execução fiscal, falência ou execução comum.

"Esta Corte Superior já se pronunciou no sentido de que a realização de notificação prévia ao consumidor, feita por uma das empresas congêneres (no caso em concreto pelo SERASA), perfaz o cumprimento do art. 43, § 2º, CDC, inexistindo qualquer ilícito apto a configurar a indenização por danos morais." (STJ, AgInt nos EDcl no REsp n. 2.002.914/GO, relator Ministro Moura Ribeiro, Terceira Turma, , DJe de 23/8/2023.)

Em relação à forma de comunicação, a lei exige que seja por escrito. Com base nisso, o STJ vinha entendendo, principalmente através da Terceira Turma, que para inscrever o nome do consumidor em cadastros restritivos de crédito, era necessário enviar uma notificação por correspondência física ao endereço do consumidor, sendo proibida a notificação apenas por e-mail, *WhatsApp* ou SMS, pois esses meios não garantiam a mesma segurança de recebimento. (STJ, REsp n. 2.056.285/RS, Rel. Min. Nancy Andrighi, Terceira Turma, DJe 27.4.2023)

Porém, em 2024, a Quarta Turma entendeu de maneira contrária, ou seja, que a notificação ao consumidor sobre a inclusão de seu nome em cadastros de inadimplentes pode ser feita por meios eletrônicos (e-mail, SMS ou WhatsApp), desde que haja comprovação do envio e recebimento. (STJ, REsp n. 2.063.145/RS, relatora Ministra Maria Isabel Gallotti, Quarta Turma, DJe de 7/5/2024) Posteriormente, a Terceira Turma também seguiu este entendimento da Quarta Turma. (STJ, REsp n. 2.092.539/RS, relator Ministro Marco Aurélio Bellizze, Terceira Turma, DJe de 26/9/2024) Neste acórdão, ficou constatado que "no contexto atual da sociedade brasileira, marcado por intenso e democrático avanço tecnológico, com utilização, por maciça camada da população, de dispositivos eletrônicos com acesso à internet, na quase totalidade do território nacional, constata-se que não subsiste a premissa fática na qual se baseou a Terceira Turma nos precedentes anteriores, que vedavam a utilização exclusiva dos meios eletrônicos." Ou seja, ambas as turmas atualmente entendem que a notificação ao consumidor pode ser feita por meios eletrônicos (e-mail, SMS ou WhatsApp), desde que haja comprovação do envio e recebimento.[557]

Sobre a comprovação da comunicação, a doutrina consumerista entende que tem que ser efetiva, ou seja, o consumidor deve ser comunicado da inscrição. Havendo dúvida, o ônus da prova é do fornecedor. Por isso é que alguns autores defendem que a comunicação deve ser feita através de carta com aviso de recebimento, em que consta a assinatura do consumidor, de forma a comprovar a comunicação.[558] Tal fato, na prática, tem sido evitado pelos fornecedores em razão dos altos custos. Assim, a fim de diminuir os custos, os fornecedores somente enviam cartas simples aos consumidores. O problema que se instaura é que a carta simples não comprova que o consumidor foi efetivamente

557. No mesmo sentido, o STJ decidiu que a notificação extrajudicial em ação de busca e apreensão fundada em contratos garantidos com alienação fiduciária (art. 2º, § 2º, do Decreto-Lei n. 911/1969), para a comprovação da mora, pode ser realizada por e-mail, desde que seja enviada ao endereço eletrônico indicado no contrato e que seu recebimento seja comprovado. No entanto, se não houver prova de que o devedor fiduciante recebeu a notificação, a busca e apreensão não pode ser confirmada. (STJ, REsp n. 2.087.485/RS, relator Ministro Antonio Carlos Ferreira, Quarta Turma, DJe de 2/5/2024).

558. Por exemplo, Leonardo Bessa doutrina que "embora o CDC não determine que a comunicação seja realizada com documento comprobatório, como aviso de recebimento, tal providência é recomendável, pois, se houver discussão judicial a respeito, o ônus da prova de demonstrar que a comunicação foi realizada é do banco de dados e do fornecedor." *Manual de Direito do Consumidor*, p. 267. No mesmo sentido, Antônio Herman Benjamin. *Código Brasileiro de Direito do Consumidor Comentado pelos Autores do Anteprojeto*. 9ª ed., p. 470.

comunicado da inscrição. E para comprovar em juízo a comunicação, os fornecedores, em grande maioria, somente demonstram listagem fornecida pelos correios constando a entrega de correspondência com o nome e endereço das pessoas para as quais foram enviadas as correspondências.

Sobre a matéria, o STJ entende que o fornecedor não possui o ônus de provar que o consumidor foi efetivamente comunicado da inscrição, bastando apenas que demonstre que foi remetida a correspondência para a residência do mesmo.

O STJ pacificou o entendimento no sentido de que a comunicação ao consumidor não precisa ser via AR (Aviso de Recebimento). É o que consta na *Súmula nº 404*: "*É dispensável o Aviso de Recebimento (AR) na carta de comunicação ao consumidor sobre a negativação de seu nome em bancos de dados e cadastros.*"

A jurisprudência atual do STJ entende que a simples inscrição irregular já é por si só suficiente para configurar o dano moral, não havendo necessidade da prova do prejuízo sofrido. Por outro lado, o dano material, em decorrência da inscrição indevida, não pode ser apenas alegado, devendo estar provado nos autos.

Veja o *leading case* citado em todos os julgamentos:

> O banco que promove a indevida inscrição de devedor no SPC e em outros bancos de dados responde pela reparação do dano moral que decorre dessa inscrição. A exigência de prova de dano moral (extrapatrimonial) *se satisfaz com a demonstração da existência da inscrição irregular*. Já a indenização pelo dano material depende de prova de sua existência, a ser produzida ainda no processo de conhecimento, recurso conhecido e provido em parte." (STJ, REsp. 51158/DF, Rel. Ruy Rosado Aguiar, j. 27/03/1995)

Interessante entendimento do STJ é no tocante à inscrição nos órgãos de proteção ao crédito em razão de cheque sem fundos quando há conta conjunta. O STJ não admite a negativação do consumidor que não emitiu o cheque, mesmo sendo titular da conta corrente. Neste caso, somente o consumidor emissor do cheque sem fundos poderá ser inscrito nos arquivos de consumo. Caso o outro consumidor também seja inscrito, considera-se como indevida, cabendo indenização por danos morais.

> "Civil. Recurso Especial. Ação de compensação por danos morais. Conta-corrente conjunta. Emissão de cheque sem provisão de fundos por um dos correntistas. Impossibilidade de inscrição do nome do cotitular da conta, que não emitiu o cheque, em cadastro de proteção ao crédito. Ocorrência de dano moral. – Celebrado contrato de abertura de conta-corrente conjunta, no qual uma das cotitulares da conta emitiu cheque sem provisão de fundos, é indevida a inscrição do nome daquele que não emitiu o cheque, em cadastro de proteção ao crédito. – Nos termos do art. 51 da Lei nº 7.357/1985, todos os obrigados respondem solidariamente para com o portador do cheque. Tais obrigados, de acordo com o art. 47, I e II, da mesma lei, são os emitentes, endossantes e seus avalistas. Com efeito, a Lei nº 7.357/1985 não prevê a responsabilidade do cotitular da conta-corrente pelos cheques emitidos pelo outro correntista, sendo incabível a sua extensão, pois a solidariedade não se presume; resulta da lei ou da vontade das partes art. 265 do CC/2002. – Destarte, a cotitularidade da conta-corrente limita-se ao exercício de direitos referentes aos créditos nela existentes e às respectivas movimentações. A responsabilidade pela emissão de cheque sem provisão de fundos é exclusiva daquele que após a sua assinatura no título. – A inscrição indevida em cadastros de proteção ao crédito ocasiona dano moral *in re ipsa*, sendo despicienda, pois, a prova da sua ocorrência. Precedentes". (STJ, REsp 981081 / RS, Rel. Min. Nancy Andrighi, DJe 09/04/2010)

Também o STJ entende que o erro no valor inscrito da dívida não gera danos morais. Assim, se por exemplo o consumidor deve R$ 100,00 ao fornecedor, mas no cadastro consta que a dívida é de R$ 200,00 (o dobro!), não há que se falar em danos morais, nem em exclusão do nome do consumidor do registro. O que importa para a inclusão nos órgãos de proteção ao crédito é a inadimplência, não importando o seu valor. Claro que, quando o consumidor pagar a dívida, ele deverá pagar o valor devido (R$ 100,00) e não o indevido (R$ 200,00).

> "O simples erro no valor inscrito da dívida, em órgão de proteção ao crédito, não tem o condão de causar dano moral ao devedor, haja vista que não é o valor do débito que promove o dano moral ou o abalo de crédito, mas o registro indevido, que, no caso, não ocorreu, uma vez que a dívida existe, foi reconhecida pelo autor e comprovada, expressamente, pelo acórdão recorrido". (STJ, REsp. 831162/ES, Rel. Min. Jorge Scartezzini, DJ 21/08/2006)

Até o ano de 2009, o STJ entendia que o fato de haver diferentes inscrições do nome do devedor no cadastro de inadimplentes não elidia o direito à indenização em caso de inscrição irregular. De acordo com o STJ, as diversas inscrições influenciariam apenas no valor da indenização, causando a diminuição do *quantum*.

Atualmente, o STJ entende que, se o consumidor possui negativação anterior, não cabe dano moral por uma nova inscrição indevida. O consumidor somente terá direito ao cancelamento da inscrição indevida. É o que consta na Súmula nº 385, publicada no *DJe* 08/06/2009: "*Da anotação irregular em cadastro de proteção ao crédito, não cabe indenização por dano moral, quando preexistente legítima inscrição, ressalvado o direito ao cancelamento.*" O fundamento para o novo entendimento foi descrito pelo Min. Ari Pargendler no julgamento do REsp. 1.002.985/RS, *DJe* 27/08/2008: "*quem já é registrado como mau pagador não pode se sentir moralmente ofendido pela inscrição do seu nome como inadimplente em cadastros de proteção ao crédito.*"

É importante ressaltar que a inscrição anterior tem que ser legítima, ou seja, o consumidor realmente deve estar inadimplente, podendo constar seu nome nos órgãos de proteção ao crédito. Caso a inscrição anterior seja ilegítima, caberá a condenação por dano moral quanto à nova inscrição (também ilegítima).

No Recurso Repetitivo Resp 1386424/MG, DJ 16/05/2016, o STJ definiu que a Súmula 385 também se aplica para as ações de dano moral contra os supostos credores (fornecedores) que inscreveram o nome do consumidor. Isso porque, nos precedentes que originaram a Súmula 385, as ações foram intentadas contra os cadastros de proteção ao crédito (arquivos de consumo). Assim, o STJ entendeu que a Súmula 385 aplica tanto para os arquivos de consumo como para os credores (fornecedores).[559]

---

559. "RECURSO ESPECIAL. OMISSÃO. NÃO OCORRÊNCIA. DANO MORAL. NÃO CARACTERIZADO. INSCRIÇÃO INDEVIDA COMANDADA PELO SUPOSTO CREDOR. ANOTAÇÕES ANTERIORES. SÚMULA 385/STJ. 1. O acórdão recorrido analisou todas as questões necessárias ao deslinde da controvérsia, não se configurando omissão alguma ou negativa de prestação jurisdicional. 2. "Da anotação irregular em cadastro de proteção ao crédito, não cabe indenização por dano moral, quando preexistente legítima inscrição, ressalvado o direito ao cancelamento" (Súmula 385/STJ). 3. Embora os precedentes da referida súmula tenham sido acórdãos em que a indenização era buscada contra cadastros restritivos de crédito, o seu fundamento – "quem já é registrado como mau pagador não pode se sentir moralmente ofendido por mais uma inscrição do nome como inadimplente em cadastros de proteção ao crédito", cf. REsp 1.002.985-RS, rel. Ministro Ari Pargendler – aplica-se também às ações voltadas contra o suposto credor que efetivou a inscrição irregular. 4. Hipótese em que a inscrição indevida coexistiu com quatorze outras anotações que as instâncias ordinárias verificaram constar em nome do autor em cadastro de

Antigamente, o STJ entendia que, quando o débito estivesse sendo discutido em juízo, não poderia o fornecedor inserir o consumidor nos órgãos de proteção ao crédito ou, se já tivesse inserido, deveria suspender a inscrição até o final do processo. A justificativa era que se o débito que motivou a inscrição está sendo discutida em juízo, não haveria certeza se a inadimplência do consumidor era legítima. Assim, bastava o consumidor ajuizar ação ordinária de revisão contratual com pedido de tutela antecipada ou, até mesmo ação cautelar, para que o fornecedor ficasse proibido de negativar ou tivesse que suspender a inscrição.[560]

Mas este entendimento estava levando vários consumidores a agirem de má-fé. Ajuizavam demandas sobre qualquer fundamento somente para evitarem a inscrição ou para suspender as que já tinham sido feitas. Desta forma, mesmo nos casos de flagrantes inadimplementos, o fornecedor ficava impedido de negativar o consumidor caso o débito estivesse sendo discutido judicialmente.

Para evitar estes abusos, o STJ tem decidido que, para permitir o cancelamento ou a abstenção da inscrição do nome do devedor em cadastro de proteção ao crédito (SPC, Cadin, Serasa e outros), o juiz deverá agir com cautela, analisando o caso concreto, sendo indispensável a existência de prova inequívoca ou da verossimilhança do direito alegado, ou ainda, da fumaça do bom direito, consubstanciados na presença concomitante de três elementos:

a) a existência de ação proposta pelo devedor, contestando a existência integral ou parcial do débito;[561]
b) a efetiva demonstração de que a cobrança indevida se funda em jurisprudência consolidada do Supremo Tribunal Federal ou do Superior Tribunal de Justiça;[562]
c) o depósito do valor referente à parte incontroversa do débito ou que seja prestada caução idônea.[563]

Com base neste entendimento, foi editada a *Súmula nº 380 do STJ* com os seguintes dizeres: "*A simples propositura da ação de revisão do contrato não inibe a caracterização da mora do autor.*"

---

inadimplentes. 5. Recurso especial a que se nega provimento." (STJ, REsp 1386424/MG, Rel. Ministro Paulo de Tarso Sanseverino, Rel. p/ Acórdão Ministra Maria Isabel Gallotti, Segunda Seção, julgado em 27/04/2016, DJe 16/05/2016)

560. Como exemplo, temos: "SPC. Serasa. Cadin. Exclusão do registro. Liminar. Pendência de ação ordinária. – Não cabe a inclusão do nome do devedor em bancos particulares de dados (SPC, Cadin, Serasa) enquanto é discutido em ação ordinária o valor do débito, pois pode ficar descaracterizada a inadimplência, causa daquele registro. Recurso conhecido, pelo dissídio, e provido para deferir a liminar." (STJ, REsp 188390 / SC, Rel. Min. Ruy Rosado Aguiar, DJ 22/03/1999).

561. O STJ entende que "até o reconhecimento judicial definitivo acerca da inexigibilidade do débito, deve ser presumida como legítima a anotação realizada pelo credor junto aos cadastros restritivos, e essa presunção, via de regra, não é ilidida pela simples juntada de extratos comprovando o ajuizamento de ações com a finalidade de contestar as demais anotações." (STJ, REsp 1704002/SP, Rel. Ministra Nancy Andrighi, Terceira Turma, DJe 13/02/2020)

562. Este requisito sofreu certo abrandamento pelo STJ, passando a exigir, em muitos casos, somente o "bom direito" e não "jurisprudência consolidada". Nesse sentido: "Para evitar sua inscrição nos cadastros restritivos de crédito o devedor deve provar que: a) pende ação proposta contestando, integral ou parcialmente, a existência do débito; b) a negativa do débito em cobrança se funda em bom direito; c) depositou o valor correspondente à parte reconhecida do débito ou preste caução idônea" (STJ, AgRg no REsp. 931979 / PR, Rel. Min. Humberto Gomes de Barros, *DJ* 01/08/2007).

563. Nesse sentido, conferir REsp. 527.618-RS, Rel. Min. Cesar Asfor Rocha, j. 22/10/2003, *Informativo* 189.

Em outras palavras, a simples propositura de ação discutindo o débito não descaracteriza a mora. E se há mora (inadimplemento), o consumidor pode figurar nos órgãos de proteção ao crédito.

Em relação ao limite temporal do registro, destaca o CDC que as informações negativas não poderão ser mantidas:

1) por prazo superior a cinco anos (§ 1º do art. 43); ou
2) após a consumação da prescrição da ação de cobrança (§ 5º do art. 43).

Trata-se do direito de exclusão do consumidor.

Embora o CDC seja omisso em estabelecer a partir de qual momento o prazo de cinco anos será contado, entendemos que deverá ser o do dia seguinte à data de vencimento da dívida e não o dia em que foi efetivamente inscrito no arquivo. Ou seja, como no dia seguinte ao vencimento da dívida o fornecedor já poderá tomar as providências para proceder à inscrição, esta é a data que deverá ser considerada para a contagem do prazo de cinco anos. Nesse sentido, aponta Bertram Stumer[564] que "o termo inicial de contagem do prazo deve ser o da data do ato ou fato que está em registro e não a data do registro, eis que, se assim fosse, aí, sim, a lei estaria autorizando que as anotações fossem perpétuas. Bastaria que elas passassem de um banco de dados para outro ou para um banco de dados novo."

Nesse sentido, interessante apontar o correto entendimento de um precedente do STJ que obriga os arquivos de consumo a inserirem os prazos de vencimento da dívida, juntamente com as informações desabonadoras, para controle dos limites temporais em que o consumidor poderá constar nos cadastros.

> "Os arquivistas devem adotar a posição que evite o dano potencial ao direito da personalidade do consumidor, razão pela qual é legítima a imposição da obrigação de não-fazer, consistente em não incluir em sua base de dados informações coletadas dos cartórios de protestos, sem a informação do prazo de vencimento da dívida, para controle de ambos os limites temporais estabelecidos no art. 43 da Lei 8.078/90." (STJ, REsp 1630889/DF, Rel. Ministra Nancy Andrighi, Terceira Turma, DJe 21/09/2018)

Porém, em relação ao termo inicial da contagem do prazo de permanência do consumidor nos arquivos de consumo, o tema é ainda controverso no STJ. Há precedentes que entendem que o prazo deve ser contado da efetiva inscrição (AgRg no Ag 713629/ES, Terceira Turma, DJe 04/08/2009; AgRg no Ag 1271123/RS, Rel. Quarta Turma, DJe 30/08/2010; REsp 615639/RS, Terceira Turma, DJ 02/08/2004; REsp 1196699/RS, Quarta Turma, DJe 20/10/2015) e precedentes que entendem que o prazo deve ser contado a partir do dia subsequente ao vencimento da obrigação (REsp 1316117/SC, Rel. Ministro João Otávio de Noronha, Rel. p/ Acórdão Ministro Paulo de Tarso Sanseverino, Terceira Turma, DJe 19/08/2016).[565]

564. Bancos de dados e *habeas data* no código de defesa do consumidor. *Revista de Direito do Consumidor*, vol. I., p. 74.

565. A Terceira Turma reafirmou este entendimento: "Em razão do respeito à exigibilidade do crédito e ao princípio da veracidade da informação, o termo inicial do limite temporal de cinco anos em que a dívida pode ser inscrita no banco de dados de inadimplência é contado do primeiro dia seguinte à data de vencimento da dívida." (STJ, REsp 1630659/DF, Rel. Ministra Nancy Andrighi, Terceira Turma, DJe 21/09/2018)

Ao lado do prazo de cinco anos, a norma impõe como limite temporal do registro a prescrição da ação para cobrança da obrigação. Deverá ser considerado o que ocorrer primeiro; ou seja, se o prazo da prescrição se esgotar antes do prazo de cinco anos, prevalecerá como limite temporal para o registro o fim do prazo prescricional, repita-se – ainda que antes do prazo de cinco anos.

O ex-ministro do STJ, Eduardo Ribeiro,[566] explanou que "nenhum dado negativo persistirá por prazo superior a cinco anos. Não importa se referente a não pagamento de débito ou tenha qualquer outro conteúdo. Tratando-se, entretanto, de dívida não saldada, ocorrendo prescrição antes do quinquênio, cessará a possibilidade de, a seu respeito, transmitir-se informação capaz de acarretar as consequências de que se cuida no § 5º".

Seguindo esta orientação, o STJ pacificou a questão:

> "Cadastro negativo. Interpretação do art. 43, §§ 1º e 5º, do Código de Defesa do Consumidor. Precedentes da Corte. Prescrita a execução do título cambial, não tem sentido manter-se o registro em cadastro negativo." (STJ, REsp. 522757, Rel. Min. Carlos Alberto Menezes Direito, *DJ* 14/10/2003).

Com a mudança dos prazos prescricionais do novo Código Civil, parte da doutrina sustenta que o prazo prescricional das dívidas registradas em banco de dados cairia de cinco para três anos. Isso porque o art. 206, § 3º, VIII, dispõe que prescreve em três anos "*a pretensão para haver o pagamento de título de crédito, a contar do vencimento, ressalvadas as disposições de lei especial.*[567]"

O STJ não vem aceitando tal entendimento, como se denota do seguinte julgamento:

> "Desinfluente a prescrição trienal da ação executiva para efeito de cancelamento do registro desfavorável ao devedor nos órgãos de cadastro de crédito, se a dívida pode ainda ser exigida por outra via processual que admite prazo igual ou superior a cinco anos, caso em que a prescrição a ser considerada é a quinquenal, de conformidade com o art. 43, § 1º, da Lei nº 8.078/1990." (STJ, Resp. 533625/RS; Rel. Min. Aldir Passarinho Júnior, *DJ* 15/09/2003).

Os ministros do STJ então, depois de interpretarem o CDC, decidiram que o prazo prescricional de cinco anos nele referido não diz respeito somente à ação de execução, mas a qualquer outra forma de cobrança, já que existem outros meios de exercer tal direito, como a ação monitória, a ação de locupletamento ou até mesmo ação de cobrança pelo rito ordinário.

Com base neste entendimento, o STJ deu nova redação à Súmula nº 323 com o objetivo de tornar mais clara a questão. A súmula passa a vigorar com o seguinte texto: "*A inscrição do nome do devedor pode ser mantida nos serviços de proteção ao crédito até o prazo máximo de cinco anos, independentemente da prescrição da execução.*" Anteriormente o texto dizia: "*A inscrição de inadimplente pode ser mantida nos serviços de proteção ao crédito por, no máximo, cinco anos*".

Após a abordagem dos quatro direitos do consumidor (acesso; retificação, comunicação e exclusão), verifica-se que a cláusula geral da boa-fé objetiva, irradiando seus efeitos por todo o Código, aplica-se inteiramente aos dispositivos desse artigo. Assim, os responsáveis pelos arquivos de consumo devem se portar com lealdade e confiança, cumprindo os deveres anexos *de informação*, ao comunicar previamente o consumidor sobre o registro; *de cuidado*

566. *Revista de Direito do Consumidor*. vol. 22, abril/junho. 1997, p. 179.

567. Nesse sentido, vinha entendendo o Tribunal de Justiça do Rio Grande do Sul, ao aplicar o prazo de três anos como o máximo permitido para a manutenção dos dados negativos sobre o devedor.

e proteção, ao retificar as informações incorretas, excluir o nome do consumidor quando prescrita a dívida ou quando consumado o período de 5 anos, bem como não inserir nos cadastros quando estiver a dívida sendo discutida judicialmente; e *de cooperação*; devendo permitir o acesso dos consumidores às suas informações.[568]

Para melhor visualização, temos:

Direitos do consumidor	Deveres anexos da boa-fé objetiva
Direito ao acesso (art. 43, *caput*)	Dever anexo de cooperação
Direito à comunicação (art. 43, § 2º)	Dever anexo de informação
Direito à retificação (art. 43, § 3º)	Dever anexo de proteção e cuidado
Direito à exclusão (art. 43, §§ 1º e 5º)	Dever anexo de proteção e cuidado

CADASTRO POSITIVO

Por fim, tem-se cogitado, na seara do crédito, da utilização de informações positivas do consumidor, tais como pontualidade do pagamento, rendimentos; patrimônio; comprometimento do orçamento mensal; dentre outros, a fim de agregar valor e fomentar melhor os negócios. Quem defende a utilização de tais informações, assegura que o fornecedor poderá, principalmente, estabelecer uma taxa de juros menor para o consumidor, caso o conheça melhor. Essa abordagem busca conhecer o potencial do consumidor, discriminando quanto tempo ele está ativo no mercado, o quanto ele compra e qual o grau de pontualidade. Entretanto, o tema é bastante criticado por alguns juristas, seja por envolver restrição do direito à privacidade, seja por não assegurar, de forma prática, os benefícios que serão concedidos aos consumidores.

Visando dar tratamento à utilização das informações positivas pelas entidades de proteção ao crédito, foi publicada a Lei 12.414, de 9 de junho de 2011 (chamada de Lei do Cadastro Positivo). Em 08/04/2019, o presidente Bolsonaro sancionou a LC 166/2019, alterando a Lei 12.414/2011, para permitir a adesão automática do consumidor ao referido cadastro (antes era necessária autorização prévia do potencial cadastrado mediante consentimento informado por meio de assinatura em instrumento específico ou em cláusula apartada).

Entre outras questões relevantes tratadas na Lei do Cadastro Positivo, alterada pela LC 166/2019, destacamos:

- Desnecessidade de autorização prévia do potencial cadastrado para adesão ao cadastro positivo;
- Assim sendo, o gestor está autorizado, nas condições estabelecidas na lei, a: I – abrir cadastro em banco de dados com informações de adimplemento de pessoas naturais e jurídicas; II – fazer anotações no cadastro; III – compartilhar as informações cadastrais e de adimplemento armazenadas com outros bancos de dados; e IV – disponibilizar a consulentes (pessoa natural ou jurídica que acesse informações para qualquer finalidade permitida pela lei): a) a nota ou pontuação

568. O art. 13 do Decreto nº 2.181/1997 enumera algumas práticas consideradas infrativas e que cuidam especificamente dos arquivos de consumo. Elas estão contidas nos incisos X, XI, XII e XIII.

de crédito elaborada com base nas informações de adimplemento armazenadas; e b) o histórico de crédito, mediante prévia autorização específica do cadastrado;

- Nos elementos e critérios considerados para composição da nota ou pontuação de crédito de pessoa cadastrada em banco de dados, não podem ser utilizadas informações que não estiverem vinculadas à análise de risco de crédito e aquelas relacionadas à origem social e étnica, à saúde, à informação genética, ao sexo e às convicções políticas, religiosas e filosóficas;
- A comunicação sobre a abertura do cadastro ao cadastrado deve ser realizada pelo gestor, diretamente ou por intermédio de fontes, em até 30 (trinta) dias após a abertura do cadastro no banco de dados, sem custo para o cadastrado; devendo ainda informar de maneira clara e objetiva os canais disponíveis para o cancelamento do cadastro. Para o envio da comunicação devem ser utilizados os dados pessoais, como endereço residencial, comercial, eletrônico, fornecidos pelo cadastrado à fonte;
- Fica dispensada a comunicação ao cadastrado caso ele já tenha cadastro aberto em outro banco de dados;
- As informações do cadastrado somente poderão ser disponibilizadas a consulentes 60 (sessenta) dias após a abertura do cadastro, sendo obrigação do gestor manter procedimentos adequados para comprovar a autenticidade e a validade da autorização do fornecimento do histórico de crédito;
- O cancelamento e a reabertura de cadastro somente serão processados mediante solicitação gratuita do cadastrado ao gestor;
- O gestor que receber a solicitação de cancelamento ou de reabertura de cadastro é obrigado a, no prazo de até 2 (dois) dias úteis: I – encerrar ou reabrir o cadastro, conforme solicitado; e II – transmitir a solicitação aos demais gestores, que devem também atender, no mesmo prazo, à solicitação do cadastrado;
- O gestor deve proceder automaticamente ao cancelamento de pessoa natural ou jurídica que tenha manifestado previamente, por meio telefônico, físico ou eletrônico, a vontade de não ter aberto seu cadastro;
- O cancelamento de cadastro implica a impossibilidade de uso das informações do histórico de crédito pelos gestores, inclusive para a composição de nota ou pontuação de crédito de terceiros cadastrados;
- Para a formação do banco de dados, somente poderão ser armazenadas informações objetivas, claras, verdadeiras e de fácil compreensão, que sejam necessárias para avaliar a situação econômica do consumidor;
- Ficam proibidas as anotações de:

  I) informações excessivas, assim consideradas aquelas desproporcionais ou que não estiverem vinculadas à análise de risco de crédito ao consumidor; e

  II) informações sensíveis, assim consideradas aquelas pertinentes à origem social e étnica, à saúde, à informação genética, à orientação sexual e às convicções políticas, religiosas, filosóficas;
- São direitos do cadastrado:

  I) obter o cancelamento ou a reabertura do cadastro, quando solicitado;

II) acessar gratuitamente, independentemente de justificativa, as informações sobre ele existentes no banco de dados, inclusive seu histórico e sua nota ou pontuação de crédito, cabendo ao gestor manter sistemas seguros, por telefone ou por meio eletrônico, de consulta às informações pelo cadastrado;

III) solicitar a impugnação de qualquer informação sobre ele erroneamente anotada em banco de dados e ter, em até 10 (dez) dias (antes era 7 dias), sua correção ou seu cancelamento em todos os bancos de dados que compartilharam a informação;

IV) conhecer os principais elementos e critérios considerados para a análise de risco, resguardado o segredo empresarial;

V) ser informado previamente sobre a identidade do gestor e sobre o armazenamento e o objetivo do tratamento dos dados pessoais;

VI) solicitar ao consulente a revisão de decisão realizada exclusivamente por meios automatizados; e

VII) ter os seus dados pessoais utilizados somente de acordo com a finalidade para a qual eles foram coletados;

- É vedado aos bancos de dados estabelecer políticas ou realizar operações que impeçam, limitem ou dificultem o acesso do consumidor às informações sobre ele registradas;
- As informações de adimplemento não poderão constar de bancos de dados por período superior a quinze anos;
- O banco de dados, a fonte e o consulente são responsáveis, objetiva e solidariamente, pelos danos materiais e morais que causarem ao cadastrado, nos termos do CDC.

SISTEMA SCORE DE CRÉDITO (*CREDIT SCORE*)

O *credit score* é uma metodologia de análise de crédito desenvolvida para medir o risco associado a um consumidor em operações de concessão de crédito. Em termos práticos, trata-se de uma pontuação numérica atribuída ao perfil financeiro de uma pessoa, que reflete a probabilidade de que ela cumpra suas obrigações financeiras, especialmente quanto ao pagamento de dívidas e financiamentos. Essa pontuação facilita uma avaliação padronizada que as instituições financeiras utilizam para tomar decisões rápidas e informadas sobre a concessão de crédito.

O sistema de *credit score* funciona por meio de modelos estatísticos que analisam diferentes variáveis de comportamento financeiro, como o histórico de pagamentos, dívidas atuais, tempo de uso de crédito, tipos de crédito utilizados e novas solicitações de crédito. O histórico de pagamentos, por exemplo, é um dos principais fatores: consumidores que mantêm os pagamentos em dia tendem a obter uma pontuação mais alta, enquanto aqueles com atrasos frequentes ou registros de inadimplência enfrentam uma diminuição do score.

Já o nível de endividamento, comparado à renda, é outro elemento importante. Um alto volume de dívidas pode indicar um risco maior e, portanto, abaixar o *score*. O tempo de crédito do consumidor, ou seja, há quanto tempo ele utiliza crédito, também é considerado. Históricos mais longos e bem-administrados aumentam o *score*, pois sugerem estabilidade financeira. Outro fator é a diversidade de crédito: consumidores que utilizam diferentes tipos de crédito, como empréstimos, cartões de crédito e financiamentos, e os administram bem, podem obter uma avaliação mais positiva, pois isso demonstra sua capacidade de gerenciar crédito de formas variadas. Já as solicitações frequentes por novos créditos podem reduzir o *score*, pois indicam uma necessidade constante de crédito, o que pode ser visto como um sinal de risco.

Por sua natureza, o *credit score* é uma ferramenta que permite a instituições financeiras e outros credores realizarem uma avaliação padronizada, ágil e quantitativa do perfil de crédito dos consumidores. Esse indicador facilita a decisão sobre concessão de crédito, ao sinalizar o risco de inadimplência. No entanto, vale lembrar que o score é uma projeção baseada em dados passados e estatísticas, não sendo uma garantia do comportamento futuro do consumidor. Por isso, o *score* deve ser utilizado como uma referência, junto a outras informações de crédito, e não como uma avaliação isolada.

No Brasil, o uso do *credit score* é regulamentado pela Lei nº 12.414/2011, conhecida como Lei do Cadastro Positivo, que autoriza a formação de bancos de dados com informações sobre o histórico de crédito dos consumidores, permitindo o uso dessas informações para gerar o *credit score*. Essa prática é legal, desde que sejam respeitados direitos fundamentais à privacidade e à transparência nas operações de avaliação de crédito, conforme determina o CDC.

O entendimento atual do STJ, conforme consolidado na *Súmula 550*, reforça que, embora o consentimento do consumidor não seja exigido para a consulta ao *credit score*, o consumidor tem o direito de solicitar informações detalhadas sobre a composição de sua pontuação, incluindo dados utilizados e as fontes dessas informações. Esse direito visa garantir a transparência e possibilita ao consumidor o acesso à origem de sua avaliação de crédito, assegurando que ele tenha a chance de questionar informações incorretas ou desatualizadas que possam prejudicar sua pontuação.

> A Súmula 550 do STJ diz: *"A utilização de escore de crédito, método estatístico de avaliação de risco que não constitui banco de dados, dispensa o consentimento do consumidor, que terá o direito de solicitar esclarecimentos sobre as informações pessoais valoradas e as fontes dos dados considerados no respectivo cálculo."*

A falta de transparência é um dos problemas mais graves relacionados ao *credit score*. As empresas que calculam o *score* geralmente não divulgam a fórmula utilizada e quais dados influenciam positiva ou negativamente o cálculo da pontuação de crédito, amparando-se no sigilo empresarial para não fornecer essas informações ao consumidor. Isso impede que o consumidor compreenda a lógica por trás da sua pontuação, dificultando a identificação de erros e a contestação de resultados injustos.[569]

569. Sobre o direito à transparência das fórmulas utilizadas no *credit score*, assevera Juliana Sampaio de Araújo: "Ainda, deve-se permitir que o consumidor possa ter pleno acesso a quais fatores foram levados em consideração para a atribuição da sua nota creditícia, bem como a pontuação que foi atribuída a cada fato especificamente, para não restarem dúvidas acerca da lisura e da transparência do procedimento. O segredo profissional das fórmulas empresariais, que atribuem notas ao consumidor, existe em relação a outras empresas concorrentes, mas não em relação ao consumidor cadastrado. Considerando que a história segue um ritmo ascendente, não podemos mais retroceder quanto ao uso de tais bancos de dados na economia, mas nem por isso, e em prol de interesse eminentemente privados, podemos desconsiderar direitos e garantias individuais dos consumidores." (ARAÚJO, Juliana Sampaio de. Reflexões

A falta de transparência no *credit score* pode levar a diversas consequências negativas para o consumidor, incluindo:

- *Dificuldade de acesso ao crédito:* Sem saber os motivos da sua pontuação, o consumidor fica impedido de tomar medidas para melhorá-la, o que pode prejudicar seu acesso a crédito, empréstimos e outros serviços financeiros.
- *Discriminação algorítmica:* A opacidade do sistema dificulta a identificação e a fiscalização de práticas discriminatórias na utilização dos dados para o cálculo do *score*.[570]
- *Perpetuação de erros:* Sem acesso aos dados utilizados, o consumidor fica vulnerável a erros e informações desatualizadas que podem prejudicar sua pontuação e seu histórico de crédito.

Assim, ainda que seja uma ferramenta útil, o *credit score* deve ser aplicado com cautela. O uso inadequado ou abusivo desse sistema pode gerar prejuízos graves ao consumidor, especialmente quando resulta em recusas de crédito injustificadas, baseadas em dados excessivos, desnecessários ou incorretos. Em casos assim, as instituições envolvidas na administração e consulta ao score podem ser responsabilizadas, respondendo solidariamente por eventuais danos morais e materiais causados ao consumidor.

Como exemplo, o STJ entendeu que o gestor de banco de dados de crédito não pode compartilhar informações pessoais cadastrais de consumidores com terceiros sem o consentimento prévio do titular. No caso em questão, a Serasa foi condenada a indenizar uma consumidora por danos morais, pois, embora tenha coletado seus dados para criar o histórico de crédito, a empresa compartilhou essas informações com terceiros para finalidades comerciais, como nos serviços "Info Busca", "Lista *On-line*" e "Prospecção de Clientes". Esses serviços forneceram a terceiros dados como renda mensal, endereço e telefone da consumidora.

A min. Nancy Andrighi, relatora do recurso, destacou que, segundo a Lei 12.414/2011 (Lei do Cadastro Positivo), o gestor de banco de dados pode, sem autorização prévia, fornecer aos consulentes apenas o score de crédito. Para compartilhar o histórico de crédito (dados financeiros e de pagamento), é necessário consentimento específico do consumidor. Informações cadastrais, mesmo se não forem sensíveis, também exigem autorização prévia para serem acessadas por terceiros, podendo ser compartilhadas apenas entre bancos de dados geridos por instituições autorizadas pelo Banco Central. A decisão reforçou o entendimento de que o compartilhamento indevido de dados pessoais gera dano moral presumido devido ao sentimento de insegurança e ao potencial de uso abusivo dos dados. (STJ, RESP 2115461/SP, Min. Nancy Andrighi, Terceira Turma, julgado em 08/10/2024)

---

acerca da constitucionalidade do uso do sistema do credit score e as suas implicações com o direito ao esquecimento e a função social do crédito. Revista de Direito Privado, vol. 71/2016, p. 79-94, Nov/2016).

570. Juliana Sampaio de Araújo, citando a autora Laura Schertel Mendes, cita um caso na Alemanha onde uma empresa de crédito penalizava consumidores que exerciam o direito de acessar seus próprios dados, reduzindo seus scores. ARAÚJO, Juliana Sampaio de. *Op. Cit*

CADASTRO DE PASSAGEM OU CADASTRO DE CONSULTAS ANTERIORES

O cadastro de passagem é um tipo de registro que empresas e órgãos de proteção ao crédito mantêm sobre consultas de consumidores em estabelecimentos comerciais. Nesse cadastro, ficam armazenados dados sobre visitas ou pedidos de informações feitos por consumidores, como, por exemplo, consultas sobre condições de financiamento, preços e possibilidades de crédito. Esse tipo de cadastro não inclui informações de inadimplência; ele apenas registra que o consumidor buscou informações sobre produtos ou serviços.

A ideia por trás do cadastro de passagem é fornecer um histórico das interações do consumidor com estabelecimentos comerciais, permitindo que as empresas tenham uma visão do perfil de consumo e do nível de atividade financeira do cliente. Por exemplo, se um consumidor realiza várias consultas em um curto período, alguns comerciantes interpretam esse comportamento como um possível sinal de risco, partindo do pressuposto de que a pessoa pode estar buscando crédito de maneira insistente.

Esse tipo de análise, no entanto, é cercado de controvérsias. Em muitos casos, consumidores se veem negativamente afetados pelo cadastro de passagem, com crédito sendo negado não por terem dívidas ou inadimplência, mas por simplesmente constarem nesse banco de dados devido a consultas anteriores. Essa situação levanta questões importantes sobre privacidade, proteção de dados e o direito de o consumidor ter acesso e controle sobre as informações que circulam a seu respeito.

Foi a partir dessas preocupações que o STJ se pronunciou sobre o tema. No julgamento de um caso envolvendo o uso de cadastros de passagem, o STJ determinou que, apesar de o cadastro em si ser considerado lícito, ele deve seguir uma série de requisitos para não ferir os direitos dos consumidores. O tribunal ressaltou que, segundo o CDC, o consumidor deve ser informado previamente de sua inclusão nesse tipo de cadastro. A falta dessa comunicação constitui uma violação dos direitos do consumidor, já que ele precisa ter a oportunidade de saber, questionar e corrigir eventuais dados incorretos que possam prejudicá-lo.

O STJ também destacou que o cadastro de passagem não pode servir como único critério para restrição de crédito. Como as informações nele contidas são subjetivas e muitas vezes desprovidas de elementos que indicam inadimplência, usá-lo como justificativa para negar crédito seria um ato abusivo. Nesse sentido, o tribunal fixou o entendimento de que o consumidor tem o direito de controlar as informações que circulam a seu respeito, inclusive com a possibilidade de solicitar a correção ou a retirada de informações que sejam incorretas ou imprecisas. (STJ, REsp 1726270/BA, Rel. p/ Acórdão Ministro Ricardo Villas Bôas Cueva, Terceira Turma, DJe 07/02/2019).[571]

571. O voto da Min. Nancy Andrighi explica bem a finalidade destes cadastros: "Os "cadastros de passagem" ou de "consultas anteriores" consistem em um cadastro adicional armazenado pelos órgãos de proteção ao crédito a seus associados, consistente no registro das consultas realizadas pelos comerciantes em relação a determinado consumidor que tenha procurado ou efetivamente realizado algum negócio." Assim, na prática, após um determinado número de consultas, o comércio passa a restringir o crédito ao consumidor uma vez que este consumidor, que realizou ou está a realizar vários negócios, é visto como um consumidor de risco, mesmo não estando inadimplente. Ou seja, com base nesses dados, os fornecedores analisam o perfil dos consumidores para permitir ou negar seu acesso a produtos e serviços que oferecem no mercado.

CADASTRO NEGATIVO, POSITIVO E NEUTRO

No contexto de análise de crédito, os cadastros de consumidores se dividem em três categorias principais: **cadastro negativo, cadastro positivo e cadastro neutro**. Cada um deles desempenha um papel específico na avaliação do perfil de crédito do consumidor e influencia a concessão de crédito de diferentes maneiras.

O *cadastro negativo* é o mais tradicional e conhecido no mercado de crédito. Nele, são registrados os dados de consumidores que possuem dívidas vencidas e não pagas, ou seja, situações de inadimplência. As empresas de proteção ao crédito, como SPC e Serasa, incluem nesses cadastros informações sobre dívidas em atraso, protestos, cheques sem fundo, entre outros dados que indicam que o consumidor deixou de cumprir obrigações financeiras. Esse tipo de cadastro é utilizado para alertar o mercado sobre o risco de inadimplência, sendo uma ferramenta fundamental para credores decidirem sobre a concessão de crédito. Consumidores com registros negativos geralmente enfrentam restrições ao crédito e condições menos vantajosas, pois são vistos como de maior risco para os credores.

Já o *cadastro positivo* tem uma abordagem diferente. Regulamentado pela Lei nº 12.414/2011, o Cadastro Positivo armazena dados de adimplemento, ou seja, históricos de pagamento do consumidor. Nele, ficam registrados compromissos financeiros que foram pagos em dia, como contas de serviços, empréstimos quitados e financiamentos regulares. Esse tipo de cadastro busca oferecer uma visão mais ampla do comportamento financeiro do consumidor, destacando seu comprometimento com o pagamento de suas obrigações. A ideia é que, ao demonstrar um bom histórico de pagamento, o consumidor possa conseguir melhores condições de crédito, mesmo que tenha tido algumas dificuldades pontuais no passado.

Por fim, existe o *cadastro neutro*, ou cadastro de passagem. Esse tipo de cadastro não contém informações de inadimplência (negativas) nem de adimplência (positivas). Em vez disso, ele registra apenas consultas anteriores feitas pelo consumidor em estabelecimentos comerciais ou junto a instituições financeiras. Em geral, o cadastro neutro indica apenas que o consumidor buscou informações sobre produtos, crédito ou condições de financiamento, sem que isso signifique, necessariamente, que ele está com dificuldades financeiras. Apesar de ser um registro que, em tese, não indica comportamento de inadimplência, ele pode ser usado por algumas empresas para avaliar o nível de interesse do consumidor em crédito, podendo até mesmo influenciar a decisão final de conceder ou não o financiamento.

Conforme já analisado, cada tipo de cadastro – negativo, positivo e neutro – traz uma perspectiva específica sobre o perfil financeiro do consumidor, e juntos, eles formam uma base mais completa para análise de crédito. Contudo, é essencial que seu uso respeite os direitos à privacidade e à informação, permitindo que o consumidor conheça, conteste e até solicite a exclusão de dados que estejam incorretos ou desatualizados.

CPC E A INCLUSÃO DO NOME DO DEVEDOR NOS ORGÃOS DE PROTEÇÃO AO CRÉDITO

O CPC possibilitou a inclusão do nome do devedor de qualquer dívida (e não somente de consumo) nos órgãos de proteção ao crédito. Dispõe o art. 782, § 3º, do CPC/15, que na execução judicial ou extrajudicial, a requerimento da parte, o juiz pode determinar a inclusão do nome do executado em cadastros de inadimplentes. O § 4º do art. 782 complementa que a inscrição será cancelada imediatamente se for efetuado o pagamento, se for garantida a execução ou se a execução for extinta por qualquer outro motivo.

Embora toda a disciplina do art. 43 do CDC já pudesse ser utilizada para outros débitos, a permissão no CPC é importante para pacificar a questão, refutando aqueles que sustentavam a não inclusão de outros devedores nestes tipos de cadastros, sob o argumento de que não havia dispositivo legal autorizando tal inclusão. Assim, dúvida agora não há de que dívidas alimentícias, empresariais, de aluguel, entre outras, poderão estar inscritas nos órgãos de proteção ao crédito, devendo toda a disciplina do art. 43 do CDC, bem como toda a jurisprudência que se consolidou sobre esta temática, ser aplicada.

Consolidando este entendimento, o STJ, no final de 2015 e antes mesmo da entrada em vigor do novo CPC, permitiu a inscrição de devedor de alimentos em cadastros de inadimplentes.[572]

Recentemente, já aplicando o novo CPC, possibilitou a inscrição:

> "RECURSO ESPECIAL. DIREITO DE FAMÍLIA. PROCESSUAL CIVIL. ALIMENTOS. EXECUÇÃO. DEVEDOR. INSCRIÇÃO EM CADASTROS DE RESTRIÇÃO AO CRÉDITO. INSCRIÇÃO. POSSIBILIDADE. DIREITO À VIDA DIGNA. AUSÊNCIA DE IMPEDIMENTO LEGAL. COERÇÃO INDIRETA. MELHOR INTERESSE DO ALIMENTANDO. INOVAÇÃO LEGISLATIVA. ARTIGOS 528 E 782 DO NOVO CÓDIGO DE PROCESSO CIVIL. 1. É possível, à luz do melhor interesse do alimentando, na execução de alimentos de filho menor, o protesto e a inscrição do nome do devedor de alimentos nos cadastros de proteção ao crédito. 2. Não há impedimento legal para que se determine a negativação do nome de contumaz devedor de alimentos no ordenamento pátrio. 3. O mecanismo de proteção que visa salvaguardar interesses bancários e empresariais em geral (art. 43 da Lei nº 8.078/90) pode garantir direito ainda mais essencial relacionado ao risco de vida, que violenta a própria dignidade da pessoa humana e compromete valores superiores a mera higidez das atividades comerciais. 4. O legislador ordinário incluiu a previsão de tal mecanismo no Novo Código de Processo Civil, como se afere da literalidade dos artigos 528 e 782. 5. Recurso especial provido." (STJ, REsp 1469102/SP, Rel. Ministro Ricardo Villas Bôas Cueva, Terceira Turma, DJe 15/03/2016)

Sintetizando a jurisprudência do STJ sobre os arquivos de consumo:
• STJ – não exige que o fornecedor comprove que o consumidor tenha recebido a comunicação. Basta a prova do envio da comunicação ao endereço do consumidor. A comunicação ao consumidor não precisa ser via AR (Aviso de Recebimento). É o que consta na *Súmula nº 404*: *"É dispensável o Aviso de Recebimento (AR) na carta de comunicação ao consumidor sobre a negativação de seu nome em bancos de dados e cadastros."*
• STJ – a ausência de comunicação prévia ao consumidor da inscrição de seu nome em cadastro de proteção ao crédito caracteriza o dano moral. Mas se há outras inscrições anteriores e a dívida é devida, a falta de comunicação de nova inscrição não gera danos morais. Somente há suspensão do registro até que seja cumprido o requisito da comunicação.
• STJ – a comunicação do consumidor tem que ser prévia à inscrição.

572. Veja notícia publicada no dia 17/11/15 no site do STJ: "Quarta Turma admite inscrição de devedor de alimentos em cadastro de inadimplentes. A Quarta Turma do Superior Tribunal de Justiça (STJ) admitiu a possibilidade de inscrição do nome do devedor de alimentos definitivos em cadastro de proteção ao crédito. O caso é inédito na corte superior e teve como relator o ministro Luis Felipe Salomão. A possibilidade de inscrição do devedor de alimentos em cadastros como SPC e Serasa está prevista no novo Código de Processo Civil (CPC), como medida automática (artigo 782, parágrafo 3º). Para Salomão, trata-se de um mecanismo ágil, célere e eficaz de cobrança de prestações alimentícias. O recurso no STJ era do menor. Durante o julgamento, o ministro destacou dados segundo os quais mais de 65% dos créditos inscritos em cadastros de inadimplentes são recuperados em até três dias úteis." Disponível em <http://www.stj.jus.br/sites/STJ/default/pt_BR/noticias/noticias/Quarta-Turma-admite-inscri%C3%A7%C3%A3o-de-devedor-de-alimentos-em-cadastro-de-inadimplentes>. Acesso em 20 de novembro de 2015.

Sintetizando a jurisprudência do STJ sobre os arquivos de consumo:
• STJ – a comunicação do consumidor é obrigação do órgão responsável pela manutenção do cadastro, e não do credor (fornecedor). *Súmula nº 359* do STJ: *"Cabe ao órgão mantenedor do Cadastro de Proteção ao Crédito a notificação do devedor antes de proceder à inscrição".*
• STJ – é preciso distinguir duas situações: uma, quando, por iniciativa do credor, o registro negativo consta em cartório de protesto de títulos; e outra, no caso de inclusão em órgãos cadastrais (Serasa, SPC etc). Na primeira situação, quando se tratar de protesto de títulos (necessário para a cobrança judicial da cártula), a responsabilidade por dar baixa no cartório é do devedor e não do credor. A segunda situação é diversa. A responsabilidade pela retirada do nome do devedor de cadastro de inadimplentes é do credor, se a ele deu causa, ou seja, se teve a iniciativa de promover a inscrição no órgão cadastral.
• STJ – o Sistema de Informações de Crédito do Banco Central (SCR) é equiparado aos órgãos de restrição de crédito como a Serasa e o SPC, pois se trata de um cadastro oficial no qual as instituições financeiras são obrigadas a registrar toda sua movimentação contábil.
• STJ – a simples inscrição irregular já é por si só suficiente para configurar o dano moral, não havendo necessidade da prova do prejuízo sofrido (dano *in re ipsa*). Por outro lado, o dano material, em decorrência da inscrição indevida, não pode ser apenas alegado, devendo estar provado nos autos.
• STJ – não admite a negativação do consumidor que não emitiu o cheque sem fundos, mesmo sendo titular da conta conjunta.
• STJ – O simples erro no valor inscrito da dívida, em órgão de proteção ao crédito, não tem o condão de causar dano moral ao devedor.
• STJ – para permitir o cancelamento ou a abstenção da inscrição do nome do consumidor é necessário a presença concomitante de três elementos: a) a existência de ação proposta pelo devedor, contestando a existência integral ou parcial do débito; b) a efetiva demonstração de que a cobrança indevida se funda em jurisprudência consolidada do Supremo Tribunal Federal ou do Superior Tribunal de Justiça (houve uma certa relativização, exigindo apenas "fumaça do bom direito"); c) o depósito do valor referente à parte incontroversa do débito ou que seja prestada caução idônea. Esse entendimento acima acabou gerando a *Súmula nº 380* do STJ: *"A simples propositura da ação de revisão do contrato não inibe a caracterização da mora do autor."*
• STJ – não cabe dano moral por falta de comunicação quando a informação é acessível ao público (Diários Oficiais, ex: execução fiscal / Cartórios de protesto).
• STJ – se o consumidor possui negativação anterior, não cabe dano moral por uma nova inscrição indevida. O consumidor somente terá direito ao cancelamento da inscrição indevida. É o que consta na *Súmula nº 385*: *"Da anotação irregular em cadastro de proteção ao crédito, não cabe indenização por dano moral, quando preexistente legítima inscrição, ressalvado o direito ao cancelamento."*
• STJ – prazo máximo que o nome do consumidor poderá permanecer nos arquivos – 5 anos (se ocorrer a prescrição antes, deve ser retirado). O STJ deu nova redação à *Súmula nº 323*. O texto antigo era o seguinte: *"A inscrição de inadimplente pode ser mantida nos serviços de proteção ao crédito por, no máximo, cinco anos." Agora, a súmula passa a vigorar com o seguinte texto: "A inscrição do nome do devedor pode ser mantida nos serviços de proteção ao crédito até o prazo máximo de cinco anos, independentemente da prescrição da execução."*

Sintetizando a jurisprudência do STJ sobre os arquivos de consumo:
• STJ – estipulou o prazo de 5 dias úteis do pagamento efetivo para o credor retirar o nome do consumidor dos cadastros. Este é o teor da Súmula 548 do STJ: *"Incumbe ao credor a exclusão do registro da dívida em nome do devedor no cadastro de inadimplentes no prazo de cinco dias úteis, a partir do integral e efetivo pagamento do débito."*
• Súmula 550 do STJ: *"A utilização de escore de crédito, método estatístico de avaliação de risco que não constitui banco de dados, dispensa o consentimento do consumidor, que terá o direito de solicitar esclarecimentos sobre as informações pessoais valoradas e as fontes dos dados considerados no respectivo cálculo."*
• Súmula 572 do STJ: *"O Banco do Brasil, na condição de gestor do Cadastro de Emitentes de Cheques sem Fundos (CCF), não tem a responsabilidade de notificar previamente o devedor acerca da sua inscrição no aludido cadastro, tampouco legitimidade passiva para as ações de reparação de danos fundadas na ausência de prévia comunicação."*

PRINCIPAIS JURISPRUDÊNCIAS DO STF E STJ

Inscrição irregular do consumidor antes de outra legítima gera dano moral

O STJ entendeu que a inscrição indevida do nome do consumidor em cadastro de proteção ao crédito gera dano moral *in re ipsa*, salvo se já houver uma anotação legítima anterior (Súmula 385/STJ). No entanto, se a inscrição legítima for posterior à anotação irregular, o dano moral permanece configurado, pois, no momento da irregularidade, o consumidor ainda não possuía restrições legais em seu nome. Assim, deve-se analisar a situação do consumidor no instante da inscrição indevida, sendo irrelevante a existência de registros legítimos posteriores. (STJ, REsp n. 2.160.941/SP, Rel. Min. Nancy Andrighi, Terceira Turma, DJ 8/11/2024).

Notificação prévia por empresa congênere é válida para inclusão em cadastros de inadimplentes

O STJ entendeu que a notificação prévia exigida pelo artigo 43, § 2º, do CDC para a inclusão do consumidor em cadastros de inadimplentes pode ser realizada não apenas pela própria empresa responsável pelo cadastro, mas também por instituição congênere. Nessa hipótese, considera-se cumprida a exigência legal, não havendo ilícito que justifique indenização por danos morais. (STJ, AgInt no REsp n. 2.039.650/RS, Rel. Min. Maria Isabel Gallotti, Quarta Turma, DJ 7/11/2024).

Serasa Limpa Nome não é cadastro negativo e não afeta o *score* do consumidor

O STJ entendeu que a inclusão do nome do devedor no portal Serasa Limpa Nome não configura cadastro restritivo nem pode ser considerada cobrança extrajudicial. A plataforma tem a finalidade exclusiva de viabilizar a renegociação de dívidas entre credores e consumidores, sem impacto no score de crédito. (STJ, REsp n. 2.082.766, Rel. Min. Nancy Andrighi, DJe 7/11/2023).

No mesmo sentido: O STJ concluiu que a dívida prescrita não precisa ser removida da plataforma "Serasa Limpa Nome", pois essa plataforma apenas facilita a negociação entre credor e devedor, sem configurar uma cobrança formal ou afetar o crédito do consumidor. (STJ, REsp n. 2.103.726/SP, Rel. Min. Nancy Andrighi, Terceira Turma, DJe 17/5/2024)

Empresa que apenas consulta cadastros de inadimplentes não tem obrigação de notificar o consumidor

O STJ entendeu que a empresa que realiza apenas a consulta a cadastros restritivos não pode ser responsabilizada pelo descumprimento do dever de notificação prévia da negativação do consumidor. Essa obrigação é exclusiva da instituição mantenedora do banco de dados onde foi feita a inscrição. Assim, a empresa consultante é parte ilegítima para responder judicialmente por eventual falha na comunicação ao consumidor. (STJ, AgInt no REsp n. 2.049.749/SP, Rel. Min. Ricardo Villas Bôas Cueva, Terceira Turma, DJe 15/9/2023).

Credor deve informar o avalista sobre o inadimplemento antes da negativação

O STJ entendeu que o credor tem a obrigação de informar o avalista sobre o inadimplemento da dívida pelo devedor principal antes de inscrever seu nome em cadastros de inadimplentes. Embora a Súmula 359 do STJ estabeleça que a notificação prévia ao devedor é de responsabilidade do órgão mantenedor do cadastro, isso não isenta o credor de avisar o avalista da mora e da necessidade de pagamento antes da negativação. A ausência dessa comunicação pode gerar responsabilidade pelo dano causado ao avalista. (STJ, AgInt no REsp 1.843.563/SC, Rel. Min. Maria Isabel Gallotti, Quarta Turma, DJe 12/06/2020)

Abusividade na correção monetária não impede negativação por inadimplência

O STJ entendeu que a abusividade do índice de correção monetária aplicado a um contrato não é suficiente para afastar a mora do devedor e impedir sua negativação. Embora a Corte tenha reconhecido que a cobrança de encargos abusivos durante a normalidade contratual pode descaracterizar a mora (Tema 28/STJ), a abusividade de encargos acessórios, como a correção pelo INCC, não tem esse efeito (Tema 972/STJ). Assim, se o consumidor pagou menos que o saldo devedor nominal, a negativação é legítima e não gera direito à indenização por danos morais. (STJ, REsp 1.823.341/SP, Rel. Min. Paulo de Tarso Sanseverino, Terceira Turma, DJe 11/05/2020).

Questionamento judicial de negativação anterior não impede aplicação da Súmula 385 do STJ

O STJ entendeu que o simples fato de o consumidor questionar judicialmente uma negativação anterior não afasta, por si só, a aplicação da Súmula 385/STJ, que impede indenização por danos morais quando há inscrição preexistente legítima nos cadastros de inadimplentes. No caso, a ação para contestar a primeira negativação foi ajuizada apenas após a nova inscrição e teve seu pedido rejeitado, com trânsito em julgado. Assim, não há fundamento para afastar a súmula e garantir indenização por danos morais. (STJ, REsp 1.790.009/SP, Rel. Min. Marco Aurélio Bellizze, Terceira Turma, DJe 30/09/2020).

Compartilhamento de dados do consumidor sem comunicação prévia gera dano moral presumido

O STJ entendeu que a ausência de comunicação ao consumidor sobre a coleta, armazenamento e comercialização de seus dados pessoais em bancos de dados configura dano moral presumido (in re ipsa). O dever de informação é essencial e decorre do CDC e da Lei 12.414/2011, garantindo ao consumidor o direito de saber quais informações suas estão sendo utilizadas e a possibilidade de corrigi-las. O simples fornecimento de dados ao realizar uma compra não implica autorização para seu compartilhamento no mercado. Assim, a violação desse direito gera indenização independentemente da comprovação de prejuízo concreto. (STJ, REsp 1.758.799/MG, Rel. Min. Nancy Andrighi, Terceira Turma, DJe 19/11/2019).

Seguradora não pode recusar contratação por pessoa com restrição de crédito disposta a pagar à vista

O STJ entendeu que as seguradoras não podem se recusar a contratar ou renovar o seguro com quem, tendo restrição financeira em órgãos de proteção ao crédito, se disponha a pagar à vista. (STJ, REsp 1594024/SP, Rel. Ministro Ricardo Villas Bôas Cueva, Terceira Turma, DJe 05/12/2018)

Súmula 385 do STJ pode ser flexibilizada se houver indícios de irregularidade nas negativações anteriores

O STJ entendeu que, embora a Súmula 385/STJ estabeleça que não cabe indenização por dano moral quando há inscrições legítimas preexistentes nos cadastros de inadimplentes, essa regra pode ser flexibilizada. Caso existam elementos que demonstrem a verossimilhança das alegações de irregularidade das inscrições anteriores, ainda que sem trânsito em julgado, é possível reconhecer o dano moral pela nova negativação indevida. No caso, parte das anotações preexistentes já havia sido declarada indevida por decisão judicial definitiva, e outra estava pendente de solução, mas com sentença favorável ao consumidor. (STJ, REsp 1.704.002/SP, Rel. Min. Nancy Andrighi, Terceira Turma, DJe 13/02/2020).

Possibilidade de cumulação de indenização por danos morais e multa cominatória

O STJ entendeu que é possível a cumulação de indenização por danos morais em razão de inscrição indevida nos cadastros de inadimplentes com multa cominatória fixada em demanda anterior. Isso ocorre porque os institutos possuem naturezas jurídicas e finalidades distintas: a indenização por danos morais busca reparar o abalo sofrido pelo consumidor, enquanto a multa cominatória tem a finalidade de compelir o cumprimento de uma ordem judicial. Assim, o descumprimento de decisão judicial e a negativação indevida são fatos independentes e passíveis de sanções distintas. (STJ, REsp 1.689.074/RS, Rel. Min. Moura Ribeiro, Terceira Turma, DJe 18/10/2018).

Banco Central não fiscaliza a Serasa

O STJ decidiu que o Banco Central não tem competência para fiscalizar as atividades da Serasa, pois esta não é uma instituição financeira. O Banco Central exerce controle apenas sobre instituições financeiras, sendo a Serasa uma entidade privada que não opera com recursos financeiros próprios ou de terceiros. (STJ, REsp 1.178.768/SP, Rel. Min. Maria Isabel Gallotti, Quarta Turma, DJe 07/12/2016).

Banco do Brasil não precisa avisar sobre inclusão no Cadastro de Cheques sem Fundos (CCF)

O STJ fixou que o Banco do Brasil, na condição de gestor do CCF, não tem a obrigação de notificar previamente os correntistas sobre sua inclusão nesse cadastro. A responsabilidade por essa comunicação é do banco sacado, com o qual o correntista mantém relação contratual. Esse entendimento foi consolidado na Súmula 572 do STJ. (STJ, REsp 1.354.590/RS, Rel. Min. Raul Araújo, Segunda Seção, DJe 15/09/2015).

O STJ sumulou o assunto. A Súmula 572 do STJ diz: *"O Banco do Brasil, na condição de gestor do Cadastro de Emitentes de Cheques sem Fundos (CCF), não tem a responsabilidade de notificar previamente o devedor acerca da sua inscrição no aludido cadastro, tampouco legitimidade passiva para as ações de reparação de danos fundadas na ausência de prévia comunicação."*

Propositura da ação de exibição de documentos relacionados ao sistema *scoring*

O STJ estabeleceu que, para ajuizar ação cautelar de exibição de documentos sobre a pontuação do sistema Crediscore, o consumidor deve comprovar: (i) que teve crédito negado em razão da pontuação; e (ii) que a empresa responsável pelo sistema recusou-se a fornecer essas informações em prazo razoável. (STJ, REsp 1.268.478/RS, Rel. Min. Luis Felipe Salomão, DJe 03/02/2015).

Instituição bancária, e não o Banco Central, deve corrigir erros de débitos e encargos

O STJ decidiu que a responsabilidade por corrigir informações erradas sobre débitos e encargos financeiros lançados em conta corrente é do banco envolvido na transação, e não do Banco Central, que apenas administra o Sistema de Informações de Crédito (SCR). (STJ, HD 265/DF, Rel. Min. Humberto Martins, Primeira Seção, DJe 06/05/2014)

Recurso Repetitivo. Inscrição em cadastro de inadimplentes.

No julgamento de recurso repetitivo (art. 543-C do CPC), confirmou-se a pacificação da jurisprudência da Segunda Seção do Superior Tribunal nas seguintes questões:

Quanto à inscrição em cadastro de inadimplentes:

1) em pedido de antecipação de tutela e/ou medida cautelar, a inscrição em cadastro de inadimplentes será vedada se, cumulativamente: a) houver ação fundada na existência integral ou parcial do débito; b) ficar demonstrado que a alegação da cobrança indevida se funda na aparência do bom direito e em jurisprudên-

cia consolidada do STF ou do STJ; c) for depositada a parcela incontroversa ou prestada a caução fixada conforme o prudente arbítrio do juiz.

2) no momento da resolução do mérito, a pretensão quanto à inscrição acompanhará o que ficar decidido a respeito da mora: a) se a sentença reconhecê-la, deverá autorizar, em consequência, a inscrição do nome do devedor nos cadastros de inadimplência; b) por outro lado, se a mora não for verificada, a inscrição será indeferida ou cancelada.

(STJ, Resp. 1.061.530-RS, Rela. Mina. Nancy Andrighi, j. 22/10/2008, *Informativo* 373).

Inscrição do devedor em cadastros de inadimplência não exige execução prévia da dívida

O STJ entendeu que a inscrição do devedor nos cadastros de inadimplentes pode ocorrer independentemente da execução prévia da dívida, mesmo que haja garantia vinculada ao débito. A existência de um bem gravado como garantia não suspende a exigibilidade da obrigação principal, e a negativação pode ocorrer antes, durante ou após a cobrança judicial. Além disso, a simples contestação do débito em juízo não impede a inscrição. (STJ, REsp 1.092.765/MT, Rel. Min. Aldir Passarinho Junior, *Informativo* 466).

Negativação do devedor pode ocorrer mesmo sem a venda do bem dado em garantia

O STJ entendeu que o credor fiduciário não é obrigado a vender o bem alienado fiduciariamente antes de negativar o nome do devedor inadimplente. De acordo com o Decreto-Lei 911/69, o credor pode escolher entre executar a garantia ou cobrar a dívida judicialmente. Assim, a inscrição do devedor nos cadastros de inadimplentes, desde que o débito seja incontroverso, é legal e configura o exercício regular do direito de crédito. (STJ, REsp 1.833.824/RS, Rel. Min. Nancy Andrighi, Terceira Turma, DJe 11/05/2020).

Negativação decorrente de ação de execução só gera dano moral se houver má-fé

O STJ entendeu que a simples negativação do consumidor em razão de uma ação de execução posteriormente considerada indevida não gera, por si só, direito à indenização por danos morais. O exercício do direito de ação não pode ser interpretado como ato ilícito, salvo se comprovada a má-fé do credor ao ajuizar a demanda de forma temerária. Além disso, a negativação ocorreu por informação disponível publicamente nos cartórios de distribuição de feitos judiciais, o que reforça a ausência de ilicitude. (STJ, REsp 780.583/DF, Rel. Min. Aldir Passarinho Junior, *Informativo* 444).

Entidades de proteção ao crédito são solidárias na obrigação de notificar o devedor

O STJ entendeu que as entidades que compõem o sistema nacional de proteção ao crédito, como as Câmaras de Dirigentes Lojistas (CDL), são solidárias na obrigação de notificar previamente o consumidor sobre sua negativação. A comunicação ao devedor é obrigatória, salvo quando houver múltiplos registros negativos e o consumidor não comprovar a quitação dos débitos. Assim, foi reconhecida a legitimidade passiva da CDL no caso. (STJ, REsp 793.926/RS, Rel. Min. Aldir Passarinho Junior, Informativo 369)

Frustração de negócio por negativação indevida não gera lucros cessantes automaticamente

O STJ entendeu que a simples frustração de negócios, como a compra de um imóvel ou um carro, devido à negativação indevida, não garante automaticamente indenização por lucros cessantes. Para isso, seria necessário comprovar uma perda financeira concreta, como a aquisição frustrada de um bem por valor abaixo do mercado. A mera perda de oportunidade de crédito ou financiamento não caracteriza lucros cessantes indenizáveis. (STJ, REsp 979.118/MT, Rel. Min. Nancy Andrighi, Informativo 369)

Negação de financiamento por inscrição indevida não gera dano emergente

O STJ entendeu que a negativa de concessão de crédito devido a uma inscrição indevida nos cadastros de inadimplentes não configura, por si só, um dano emergente indenizável. Isso porque a operação financeira frustrada não causa uma perda patrimonial direta, mas apenas impede um acréscimo ao patrimônio, evitando também a criação de uma dívida. Indenizar essa situação poderia resultar em enriquecimento indevido do consumidor. (STJ, REsp 1.369.039/RS, Rel. Min. Ricardo Villas Bôas Cueva, Terceira Turma, DJe 10/04/2017).

Discussão sobre o valor da dívida não impede negativação do devedor

O STJ entendeu que, quando a existência do débito é incontroversa, a inscrição do devedor nos cadastros de inadimplentes é legítima, mesmo que haja discussão sobre o valor exato da dívida. Um equívoco na quantia cobrada, por si só, não configura dano moral, desde que a negativação esteja fundamentada em uma dívida real. (STJ, REsp 348.275/PB, Rel. Min. César Asfor Rocha, DJ 02/09/2002).

Falha na entrega de fatura telefônica torna negativações indevidas e gera responsabilidade da operadora

O STJ entendeu que a operadora de telefonia tem o dever de garantir a entrega correta da fatura ao consumidor, pois sem ela o cliente não pode verificar os valores cobrados e efetuar o pagamento. Caso a negativação ocorra devido à não entrega da conta e à falta de diligência da empresa em localizar o consumidor, caracteriza-se falha na prestação do serviço, nos termos do artigo 14 do CDC, podendo gerar indenização. (STJ, REsp 327.420/DF, Rel. Min. Sálvio de Figueiredo Teixeira, DJ 04/02/2002).

Art. 44. Os órgãos públicos de defesa do consumidor manterão cadastros atualizados de reclamações fundamentadas contra fornecedores de produtos e serviços, devendo divulgá-los pública e anualmente. A divulgação indicará se a reclamação foi atendida ou não pelo fornecedor.

§ 1º É facultado o acesso às informações lá constantes para orientação e consulta por qualquer interessado.

§ 2º Aplicam-se a este artigo, no que couber, as mesmas regras enunciadas no artigo anterior e as do parágrafo único do art. 22 deste código.

O Código estabelece uma obrigação para os órgãos públicos de defesa do consumidor de manterem cadastros atualizados de reclamações feitas contra as empresas, comerciantes e lojas que desrespeitarem os consumidores, devendo publicar os dados anualmente, informando, inclusive, se as reclamações foram atendidas.

A ideia é informar ao máximo o consumidor sobre quais são os fornecedores que mais sofrem reclamações de seus produtos e serviços e se estas reclamações são atendidas ou não, para que o consumidor possa participar de modo mais consciente da relação de consumo. Como lei de função social, o artigo também visa fazer com que o fornecedor possa melhorar a atuação no mercado, de modo a não aparecer nas listas, o que somente ocorrerá se o consumidor estiver satisfeito com o produto ou o serviço adquirido.

Ao tornar pública a lista de reclamações e indicar se elas foram atendidas, os órgãos de defesa do consumidor incentivam as empresas a agir de forma mais ética e responsável, já que o histórico de reclamações se torna um fator relevante para a imagem pública das marcas. Empresas com alto índice de reclamações não atendidas tendem a perder a confiança do consumidor, o que afeta diretamente sua competitividade e reputação. Por outro lado, empresas que demonstram agilidade e respeito ao resolver problemas de seus clientes fortalecem sua marca e criam uma relação de confiança com o mercado.

A consulta pública a esses cadastros também favorece a educação do consumidor. Ao acessar informações sobre os tipos de problemas mais comuns e sobre as empresas que possuem mais reclamações, os consumidores podem antecipar potenciais dificuldades e evitar relações de consumo com empresas de práticas duvidosas. Além disso, essa divulgação funciona como uma ferramenta de proteção coletiva, pois inibe práticas abusivas, ajudando a prevenir que novos consumidores enfrentem os mesmos problemas relatados.

São muito comuns as listas publicadas pelos Procons Estaduais e Municipais contendo rol das empresas que mais sofreram reclamações. A imprensa tem um papel fundamental nesse sentido, ao publicar as listas, dando amplo conhecimento aos consumidores (*v.g.*, "lista dos dez fornecedores com maiores reclamações no Procon").

O artigo impõe que a divulgação do cadastro seja feita pelo menos anualmente, mas é claro que poderá ser mensal, semestral ou por outro período, desde que menor ou igual a um ano.

Essa forma de arquivo de consumo estatal é regida pelas mesmas regras do art. 43 (arquivo de consumo privado) e do parágrafo único do art. 22, impondo o mesmo dever de boa-fé.

Assim, nos moldes do art. 43, o fornecedor terá direito, entre outros, de retificação de dado incorreto e de ser informado previamente do arquivo. Da mesma maneira que no arquivo privado, os cadastros de fornecedores também não podem conter informações negativas referentes a período superior a cinco anos.

Já pela aplicação do parágrafo único do art. 22, sempre que o órgão não arquivar as reclamações dos consumidores, não atualizar as informações constantes do arquivo, ou não realizar a divulgação anual, pode o consumidor obrigá-lo judicialmente, devendo o órgão responder pelos danos causados.

Qualquer interessado pode acessar as informações arquivadas, possibilitando, principalmente aos consumidores, informações acerca dos fornecedores, de forma a melhor orientá-los na escolha dos produtos e serviços.

Art. 45. Vetado

Capítulo VI
Da Proteção Contratual

Seção I
Disposições Gerais

Art. 46. Os contratos que regulam as relações de consumo não obrigarão os consumidores, se não lhes for dada a oportunidade de tomar conhecimento prévio de seu conteúdo, ou se os respectivos instrumentos forem redigidos de modo a dificultar a compreensão de seu sentido e alcance.

Para que os contratos que regulam as relações de consumo tenham validade e obriguem os consumidores, é preciso que os fornecedores lhes ofereçam a oportunidade de tomar conhecimento efetivo de todos os direitos e deveres, principalmente no que se refere às cláusulas restritivas em contratos de adesão, que, conforme o art. 54, § 4º, deverão ser redigidas com destaque, permitindo a imediata e fácil compreensão. Nesse sentido dispõe o art. 54, § 4º, que: "*As cláusulas que implicarem limitação de direito do consumidor deverão ser redigidas com destaque, permitindo sua imediata e fácil compreensão.*"

Do direito de tomar conhecimento prévio do conteúdo do contrato decorre a obrigação simples e óbvia do fornecedor de entregar uma via do contrato ao consumidor. Não raras vezes, o fornecedor compromete-se a enviar pelos correios uma via do contrato, após o consumidor ter assinado, e não cumpre o prometido. Nessa hipótese, como o consumidor não teve acesso ao contrato, não ficará obrigado pelos seus termos.

> É ineficaz, no contrato de adesão, cláusula inserida em documento que – embora registrado em cartório – não foi exibido ao consumidor, no momento da adesão (CDC, arts. 46 e segs.). (STJ, REsp 897148/MT, Rel. Min. Humberto Gomes de Barros, DJ 08/10/2007)

> Deve ser remetida cópia da apólice contratada ao segurado, ainda que a celebração do contrato tenha se dado por via telefônica. Conforme determina o art. 6º, III, do CDC, o fornecedor ou prestador de serviços tem o dever de informar devidamente o consumidor sobre os termos do contrato oferecido, prestando os esclarecimentos necessários para a perfeita compreensão quanto aos direitos e obrigações deles oriundas, especialmente quando a contratação é feita por telefone. (STJ, Resp 1176628/RS, Rel. Min. Nancy Andrighi, DJe 04/10/2010)

Uma prática usual das seguradoras é a entrega somente da apólice ao consumidor constando o bem ou pessoa segurada, as coberturas e garantias, o valor do prêmio, prazo do contrato, etc., porém as condições gerais da contratação, principalmente as cláusulas limitativas e restritivas, além de não serem informadas ao consumidor, constam somente no site da seguradora (plataforma digital).

Em geral, nestas contratações, observa-se dois abusos descritos no art. 46: primeiro, as disposições contratuais não são de conhecimento prévio do consumidor, devendo este pesquisar os termos no site da seguradora; segundo, as cláusulas limitativas ou restritivas, além de não serem previamente informadas, normalmente são redigidas de maneira obscura, de modo a que o consumidor não tenha o real alcance da cláusula.[573]

O STJ já constatou este abuso praticado pelas seguradoras, aplicando o art. 46 do CDC:

> "A pessoa jurídica que firma contrato de seguro visando à proteção de seu próprio patrimônio é considerada destinatária final dos serviços securitários, ficando submetida a relação às normas do Código de Defesa do Consumidor. 4. Nos contratos que regulam as relações de consumo, o consumidor só se vincula às disposições neles inseridas se lhe for dada a oportunidade de conhecimento prévio do seu conteúdo (CDC, art. 46), notadamente, em relação às cláusulas que importem restrição de direitos. 5. A efetividade do conteúdo da informação, por sua vez, deve ser analisada a partir da situação em concreto, examinando-se qual será substancialmente o conhecimento imprescindível e como se poderá atingir o destinatário específico daquele produto ou serviço, de modo que a transmissão da informação seja adequada e eficiente, atendendo aos deveres anexos da boa-fé objetiva, do dever de colaboração e de respeito ao consumidor (REsp n. 1.349.188/RJ, Relator o Ministro Luis Felipe Salomão, Quarta Turma, DJe de 22/06/2016). 6. No caso, reconheceu o Tribunal de origem que, sendo a autora empresa de grande porte em seu ramo de atuação, não poderia invocar desconhecimento das condições do seguro, *"ainda que só disponíveis no site da seguradora"*. Todavia, essa conclusão não encontra amparo na legislação de regência, na medida em que, além de ferir o dever de informação, transfere para o segurado o ônus que é típico das empresas seguradoras, como decorrência do próprio exercício de sua atividade. 7. Por

573. Cláusulas que limitam a cobertura em casos de problemas "estruturais" do prédio, por exemplo, em seguros habitacionais.

ser a autora empresa dedicada ao ramo de comércio e distribuição de solventes, de produtos químicos e outros, o risco da ocorrência de sinistro na modalidade incêndio encontra-se diretamente vinculado às operações de carga e descarga, *razão pela qual a existência de cláusula contratual excluindo a cobertura, especificamente, para esse tipo de situação, para ser válida entre as partes, necessitaria do conhecimento prévio da segurada no momento da contratação, o que não foi observado na espécie.* 8.Recurso especial provido a fim de permitir o recebimento da indenização reclamada, tomando por base a quantia fixada na apólice, sobre a qual foi cobrado o prêmio." (STJ, REsp 1660164/SP, Rel. Ministro Marco Aurélio Bellizze, Terceira Turma, DJe 23/10/2017)

Também não obrigará o consumidor cláusulas inseridas ou alteradas unilateralmente pelo fornecedor, sem que o consumidor tenha conhecimento prévio e efetivo das mesmas.

No caso, a empresa de saúde realizou a alteração contratual sem a participação do consumidor, por isso é nula a modificação que determinou que a assistência médico hospitalar fosse prestada apenas por estabelecimento credenciado ou, caso o consumidor escolhesse hospital não credenciado, que o ressarcimento das despesas estaria limitado à determinada tabela. Violação dos arts. 46 e 51, IV e § 1º, do CDC. (STJ, REsp. 418572/SP, Min. Luis Felipe Salomão, DJe 30/03/2009)

Segundo o Min. Luis Felipe Salomão, "o pagamento regular das parcelas cobradas não implica a aceitação tácita das modificações realizadas e, tampouco, comprova que o consumidor foi informado plenamente das consequências desvantajosas dessas alterações."

Outra imposição é a necessidade das cláusulas contratuais serem redigidas de forma a facilitar a compreensão do seu alcance pelos consumidores. Caso contrário, o contrato não vinculará. Nesse sentido, são inválidas as cláusulas ambíguas, obscuras ou em linguagem técnica. Havendo dúvida sobre a obscuridade ou ambiguidade, aplica-se o art. 47 do CDC, em que "*as cláusulas contratuais serão interpretadas de maneira mais favorável ao consumidor.*" Exemplos de cláusulas que não vinculam os consumidores são as inseridas em planos de saúde visando excluir determinadas doenças ou cirurgias, sob o rótulo de "doenças crônicas" ou "doenças infectocontagiosas", não esclarecendo amplamente o consumidor.[574]

"O segurado é um leigo que quase sempre desconhece o real significado dos termos, cláusulas e condições constantes dos formulários que lhe são apresentados. Para reconhecer a sua malícia, seria indispensável a prova de que realmente fora ele informado e esclarecido de todo o conteúdo do contrato de adesão, e, ainda, estivesse ciente das características de eventual doença, classificação e efeitos" (STJ, REsp. nº 86.095).

A compreensão por parte do consumidor deve ser analisada de forma individualizada, pois não basta que a informação seja clara para o chamado "homem médio". A proteção contratual exige que a comunicação seja efetiva para o destinatário real do contrato (princípio da informação adequada e efetiva).

Um idoso com pouca escolaridade, uma pessoa analfabeta ou um consumidor com deficiência visual não podem ser submetidos às mesmas exigências de compreensão de um

574. Nesse sentido: "CIVIL. 'SEGURO DE ASSISTÊNCIA MÉDICO-HOSPITALAR – PLANO DE ASSISTÊNCIA INTEGRAL (COBERTURA TOTAL)', ASSIM NOMINADO NO CONTRATO. As expressões 'assistência integral' e 'cobertura total' são expressões que têm significado unívoco na compreensão comum, e não podem ser referidas num contrato de seguro, esvaziadas do seu conteúdo próprio, sem que isso afronte o princípio da boa-fé nos negócios. Recurso especial não conhecido" (STJ, REsp. 264562/SE, Rel. Min. Ari Pargendler, *DJ* 13/08/2001).

consumidor com pleno domínio da linguagem técnica. Se um banco disponibiliza contratos apenas por escrito, sem oferecer versões acessíveis para quem tem limitações visuais, ou se uma construtora não explica de forma didática a possibilidade de atraso na entrega do imóvel a um comprador sem familiaridade com termos jurídicos, há falha na transparência. A informação precisa atingir de fato o consumidor, permitindo que ele compreenda as consequências do contrato antes de assinar.

A análise da clareza contratual deve levar em conta as condições pessoais de quem contrata, sob pena de tornar ineficaz o dever de informação. Não basta que as cláusulas estejam formalmente redigidas de maneira clara; elas devem ser compreensíveis para aquele consumidor específico.

Um financiamento que, por exemplo, inclui encargos pouco explícitos pode ser compreendido por um especialista em finanças, mas não por um trabalhador sem experiência com contratos bancários. Por isso, o dever de informação exige mais do que um texto bem escrito – exige uma comunicação eficaz, considerando quem irá receber e interpretar essa informação.

A *ratio* da norma foi assegurar o princípio da transparência de modo a possibilitar ao consumidor, ao tomar o efetivo conhecimento do conteúdo do contrato, atuar conscientemente no mercado de consumo.

PRINCIPAIS JURISPRUDÊNCIAS DO STF E STJ

Cláusula restritiva em seguro deve ser clara e entregue no ato da contratação

O STJ entendeu que, em contratos de seguro regidos pelo Código de Defesa do Consumidor, cláusulas que limitam direitos do segurado devem estar destacadas no contrato e ser entregues no momento da contratação. A inclusão de restrições apenas em um "manual do segurado" fornecido posteriormente viola o princípio da boa-fé e a transparência exigida pelo CDC, tornando a cláusula inválida. (STJ, REsp 1.219.406/MG, Rel. Min. Luis Felipe Salomão, Quarta Turma, DJe 18/02/2011)

Art. 47. As cláusulas contratuais serão interpretadas de maneira mais favorável ao consumidor.

O art. 47 do CDC é um dispositivo central na proteção contratual do consumidor, pois estabelece que qualquer ambiguidade nas cláusulas deve ser interpretada de maneira mais favorável ao consumidor. Esse princípio, conhecido como *in dubio pro consumidor*, fundamenta-se na ideia de que o consumidor é a parte vulnerável nas relações de consumo, frequentemente sem condições de negociar ou compreender plenamente os termos de contratos de adesão, que são elaborados unilateralmente pelo fornecedor. Esse dispositivo garante que, diante de redações obscuras, lacunas ou ambiguidades, o consumidor não seja prejudicado, mas protegido pelo entendimento mais favorável.

O fundamento desse princípio está na própria natureza das relações de consumo. Em contratos de adesão, que são a regra nas relações de consumo, o consumidor apenas aceita as condições já impostas pelo fornecedor, sem margem para alterações. Essa assimetria de poder cria um risco de que o consumidor seja lesado por cláusulas que favoreçam o fornecedor, especialmente se essas cláusulas forem formuladas de forma complexa ou técnica. O art.

47 busca equilibrar essa situação, impedindo que o fornecedor se beneficie de uma redação ambígua, ao mesmo empo em que assegura a boa-fé objetiva nas relações de consumo.

Esse princípio também incentiva práticas contratuais mais éticas e transparentes, ao exigir que os fornecedores redijam suas cláusulas de maneira clara, compreensível e precisa. Um contrato que contenha cláusulas excessivamente técnicas, incompletas ou contraditórias deve ser interpretado de forma que proteja os direitos do consumidor, considerando sua legítima expectativa de entendimento e de proteção.

O princípio da interpretação mais favorável ao consumidor acarreta também a presunção de boa-fé dos seus atos. Esse entendimento tem sido aplicado pelo STJ no tocante à exclusão de cobertura de doenças preexistentes. Entende o STJ que cabe ao fornecedor realizar no consumidor exames prévios ao contrato para detectar possíveis doenças preexistentes ou provar que o mesmo intencionalmente ocultou a doença (má-fé do consumidor).

> "A jurisprudência deste Superior Tribunal de Justiça vem afirmando, de um lado, que o reconhecimento da má-fé do segurado quando da contratação do seguro-saúde necessita ser devidamente comprovada, não podendo ser presumida, e, de outro, que não pode a seguradora recusar a cobertura securitária alegando a existência de doença pré-existente se deixou de exigir, antes da contratação, a realização de exames médicos pela parte segurada" (AgInt no AREsp 1.914.987/RN, Relator Ministro Luis Felipe Salomão, Quarta Turma , DJe de 25/11/2021).

Este entendimento foi sumulado em 2018:

> Súmula 609 do STJ: "A recusa de cobertura securitária, sob a alegação de doença preexistente, é ilícita se não houve a exigência de exames médicos prévios à contratação ou a demonstração de má-fé do segurado."

O Código Civil estipulou regra semelhante em seu art. 423,[575] mas restringiu tal "*interpretação favorável*" somente em favor do aderente aos contratos de adesão em que haja cláusulas ambíguas ou contraditórias. Já o art. 47 do CDC é utilizado em todos os contratos que envolvem os consumidores, sejam eles de adesão ou individualmente negociados, pouco importando se as cláusulas são ambíguas ou contraditórias.

PRINCIPAIS JURISPRUDÊNCIAS DO STF E STJ

Interpretação de contratos de planos de saúde deve favorecer o consumidor

O STJ entendeu que, nos contratos de planos de saúde, as cláusulas devem ser interpretadas de forma mais favorável ao consumidor. Além disso, cláusulas que limitam direitos, como aquelas que restringem o valor do reembolso a uma tabela específica, devem ser redigidas com clareza, destaque e fácil compreensão, garantindo transparência na relação contratual. (STJ, AgInt nos EDcl no AREsp 1.428.548/SP, Rel. Min. Raul Araújo, Quarta Turma, DJe 2/10/2019).

Contradição em título de capitalização deve ser resolvida a favor do consumidor

O STJ entendeu que, em caso de contradição entre as informações destacadas no título de capitalização e aquelas contidas nas cláusulas gerais do contrato, deve prevalecer a interpretação mais favorável ao consumidor, conforme o artigo 47 do CDC. No caso, o título indicava que três valores iguais seriam suficientes para o prêmio, enquanto as cláusulas gerais exigiam um requisito adicional sem o devido destaque. Diante

575. Art. 423 do Código Civil: "Quando houver no contrato de adesão cláusulas ambíguas ou contraditórias, dever-se-á adotar a interpretação mais favorável ao aderente."

disso, a empresa ficou vinculada à oferta feita de forma clara no título, devendo pagar o prêmio ao consumidor. (STJ, REsp 1.740.997/CE, Rel. Min. Paulo de Tarso Sanseverino, Terceira Turma, DJe 12/06/2020).

Plano de saúde não pode negar cobertura apenas porque o procedimento não está no rol da ANS

O STJ entendeu que o rol de procedimentos da ANS é exemplificativo e estabelece apenas uma cobertura mínima obrigatória. Assim, a operadora de plano de saúde não pode negar a cobertura de exames ou tratamentos essenciais sob a justificativa de que não estão previstos no rol da agência reguladora. Nesses casos, deve prevalecer a interpretação mais favorável ao consumidor, garantindo o direito à assistência médica necessária. (STJ, AgInt no REsp 1.888.199/SP, Rel. Min. Moura Ribeiro, Terceira Turma, DJe 16/11/2020)

Interpretação de contrato de seguro de vida coletivo deve favorecer o consumidor

O STJ entendeu que, em contratos de seguro de vida coletivo, a interpretação das cláusulas deve ser feita de forma mais favorável ao consumidor, especialmente quando há dúvida sobre as condições da cobertura. No caso, não ficou comprovado que o segurado tinha conhecimento prévio de cláusula limitativa, e a ausência de uma redação expressa e clara impede que a restrição seja aplicada contra ele. Além disso, preenchidos os requisitos para indenização por invalidez, deve ser reconhecido o direito ao pagamento. (STJ, AgInt no AREsp 1.495.626/DF, Rel. Min. Paulo de Tarso Sanseverino, Terceira Turma, DJe 04/09/2020).

Art. 48. As declarações de vontade constantes de escritos particulares, recibos e pré-contratos relativos às relações de consumo vinculam o fornecedor, ensejando inclusive execução específica, nos termos do art. 84 e parágrafos.

O art. 48 do CDC estabelece que as declarações de vontade expressas em documentos particulares, recibos e pré-contratos relativos às relações de consumo vinculam o fornecedor, permitindo ao consumidor exigir seu cumprimento por meio de execução específica, conforme o previsto no art. 84 do CDC. Esse dispositivo reforça a seriedade dos compromissos assumidos nas relações de consumo, ao assegurar que o fornecedor cumpra exatamente aquilo que foi acordado, mesmo que não esteja formalizado em um contrato definitivo.

Essa vinculação das declarações de vontade visa proteger o consumidor contra práticas em que o fornecedor assume compromissos ou promessas que posteriormente tenta desconsiderar, especialmente em situações onde o consumidor é induzido a acreditar que determinada oferta ou condição será garantida. Por exemplo, se um fornecedor emite um recibo ou uma proposta escrita oferecendo um desconto específico ou uma condição especial de pagamento, ele é obrigado a cumprir essa promessa, ainda que ela não esteja em um contrato final. Esse mecanismo é essencial para que o consumidor possa confiar naquilo que foi proposto e não seja prejudicado por mudanças unilaterais nas condições.[576]

Além disso, o direito à execução específica permite que o consumidor não tenha que aceitar uma indenização monetária em substituição ao cumprimento da obrigação. Ele pode exigir que o fornecedor cumpra exatamente o que foi prometido, desde que isso seja possível.

576. Nelson Nery Júnior, embora reconhecendo que o art. 48 contém regra semelhante ao art. 30, os diferencia, apontando que a oferta, estabelecida no art. 30, não apresenta conteúdo contratual por faltar-lhe a declaração de vontade negocial. *Código Brasileiro de Defesa do Consumidor Comentado pelos Autores do Anteprojeto*. Ed. Forense, 6ª ed., 1999, p. 478.

PRINCIPAIS JURISPRUDÊNCIAS DO STF E STJ

Promessa de compra e venda. Não inscrição no registro imobiliário. Princípio da vinculação.

"A promessa de venda gera efeitos obrigacionais não dependendo, para sua eficácia e validade, de ser formalizada em instrumento público. O direito à adjudicação compulsória é de caráter pessoal, restrito aos contratantes, não se condicionando a *obligatio faciendi* à inscrição no registro de imóveis" (STJ, REsp. 247344/MG, Rel. Min. Waldemar Zveiter, *DJ* 16/04/2001).

Art. 49. O consumidor pode desistir do contrato, no prazo de sete dias a contar de sua assinatura ou do ato de recebimento do produto ou serviço, sempre que a contratação de fornecimento de produtos e serviços ocorrer fora do estabelecimento comercial, especialmente por telefone ou em domicílio.

Parágrafo único. Se o consumidor exercitar o direito de arrependimento previsto neste artigo, os valores eventualmente pagos, a qualquer título, durante o prazo de reflexão, serão devolvidos, de imediato, monetariamente atualizados.

Atenção: a Lei 14.010 de 10 de junho de 2020, que dispôs sobre o regime jurídico emergencial e transitório das relações jurídicas de Direito Privado no período da pandemia do Covid-19, trouxe um capítulo específico sobre "Relações de Consumo", disciplinando no art. 8º que o art. 49 do CDC (direito de arrependimento) não seria aplicado **até 30 de outubro de 2020** na hipótese de entrega domiciliar (delivery) de produtos perecíveis ou de consumo imediato (ex.: alimentos) e de medicamentos.

Vale lembrar que esta suspensão do art. 49 se aplicava, obviamente, somente para o direito do consumidor arrepender da compra (direito potestativo de desistência), pois caso o produto perecível ou o medicamento vier com algum vício, aplica-se toda a normativa da responsabilidade pelo fato (caso cause danos) e por vício (caso haja somente a inadequação). É o caso do pedido de uma refeição que veio com a comida estragada ou de um medicamento com a validade vencida ou a embalagem violada. Neste caso, a recusa do consumidor em receber o produto ou solicitar a troca ou devolução do dinheiro não será através do uso do direito de arrependimento, mas sim em razão do vício existente.

Vale lembrar também que a suspensão do direito de arrependimento não atingia os produtos não perecíveis e, portanto, duráveis, tais como roupas, eletrodomésticos, equipamentos eletrônicos, etc. Assim, mesmo no período de pandemia, o consumidor poderia arrepender da compra de uma TV feita pela internet no prazo de 7 dias.

Capítulo V
Das Relações de Consumo

Art. 8º Até 30 de outubro de 2020, fica suspensa a aplicação do art. 49 do Código de Defesa do Consumidor na hipótese de ***entrega domiciliar (delivery) de produtos perecíveis ou de consumo imediato e de medicamentos***.

Quando o contrato de consumo for concluído fora do estabelecimento comercial, o consumidor tem o direito de desistir do negócio em sete dias, a contar do recebimento do produto ou do serviço ou, então, da assinatura do contrato. Trata-se de um "*prazo de reflexão obrigatório*"[577] instituído pela lei, de modo a assegurar que o consumidor possa realizar uma compra consciente, equilibrando as relações de consumo.

A *ratio* da norma é que quando o consumidor adquire o produto ou o serviço fora do estabelecimento comercial, fica ainda mais vulnerável na relação instituída com o fornecedor. Com efeito, quando o consumidor está dentro do estabelecimento, ele pode verificar o produto ou serviço (tamanho, largura, cores, condições de prestação do serviço etc.); comparar com outros de marcas ou modelos diferentes; tirar as dúvidas pessoalmente com o vendedor; conversar com outros consumidores que porventura estejam no estabelecimento e que já adquiriram o produto e/ou serviço anteriormente. Cumpre destacar, ainda, os produtos em que o consumidor pode testar pessoalmente a qualidade e a eficiência, verificando se atende as suas expectativas, como o *test drive* em veículo. Concluindo, o consumidor atua de maneira mais consciente e protegida quando está dentro do estabelecimento.

Assim, as vendas por telefone, reembolso postal, *fax*, os executados porta a porta, *telemarketing* ou até mesmo pela Internet se enquadram nesse contexto.

O prazo de sete dias inicia-se da assinatura do contrato ou do recebimento do produto ou serviço. Parece que a norma elegeu um momento (a assinatura do contrato) ou outro (recebimento do produto ou serviço) como início da contagem. Dessa forma, o prazo começaria a contar a partir do que ocorrer primeiro.

No entanto, a melhor interpretação é no sentido de que a contagem do prazo de sete dias se inicie quando a assinatura do contrato coincidir com o recebimento do produto ou serviço. Com efeito, quando o recebimento do produto ou do serviço for posterior à conclusão do contrato, a contagem do prazo deverá se iniciar na data do efetivo recebimento da mercadoria ou do serviço, pois somente nesse momento é que o consumidor terá condições de verificar se o produto ou serviço atende as suas expectativas.

Nesse sentido, Nelson Nery Júnior[578] doutrina que "se o produto ou serviço for entregue ou prestado no dia da assinatura do contrato, a partir daí é que se conta o prazo para o exercício do direito de arrependimento. Caso o contrato seja assinado num dia e o produto ou serviço entregue ou prestado em época posterior, o prazo de reflexão tem início a partir da efetiva entrega do produto ou prestação do serviço. Isso porque, na maior parte das vezes, as compras por catálogo ou por telefone são realizadas sem que o consumidor esteja preparado para tanto, e, ainda, sem que tenha podido ter acesso físico ao produto. Quando recebe o produto encomendado, verifica que está aquém de suas expectativas, pois, se o tivesse visto e examinado, não o teria comprado. Não teria sentido, portanto, contar-se o curto prazo de reflexão a partir da assinatura do contrato ou da postagem do pedido nos correios, sendo que a surpresa do consumidor somente ocorrerá quando efetivamente receber o produto em suas mãos. A proteção que a lei lhe confere restaria inócua".

Para alguns serviços específicos, o prazo se iniciará somente quando da assinatura do contrato, como a adesão ao plano de saúde ou ao seguro de automóvel. Não há como o prazo se iniciar quando do recebimento do serviço, uma vez que o consumidor

---

577. Expressão destacada *in* "Marques, Cláudia Lima e Benjamim; Antônio Herman e Miragem, Bruno. *Comentários ao Código de Defesa do Consumidor*. São Paulo: Revista dos Tribunais, p. 600.

578. *Código Brasileiro de Defesa do Consumidor Comentado pelos Autores do Anteprojeto*. Ed. Forense, 6ª ed., 1999, p. 481.

receberá *efetivamente* o serviço contratado apenas quando for acometido de doença ou quando ocorrer o sinistro com o veículo. Por isso é que, em alguns casos, o prazo será da assinatura do contrato, oportunidade em que o consumidor poderá realmente analisar as condições pactuadas.

O direito de arrependimento também poderá ser exercido nas hipóteses de compra fora do estabelecimento comercial (pela internet, telefone, etc) e que o consumidor tem a opção de retirar o produto adquirido na loja física. Assim, o fato do produto puder ser retirado na loja física – ao invés de receber em casa – (opção usual oferecida por alguns fornecedores) não retira o direito de o consumidor arrepender da compra. Isso porque o que importa é que a compra (o momento de decisão do consumidor pela aquisição do produto) se deu fora do estabelecimento comercial. Ou seja, o que define o exercício do direito de arrependimento é a modalidade de como a compra foi realizada, e não como a sua entrega se deu.

Para exercitar o direito de arrependimento é importante que o produto a ser devolvido possa ser novamente utilizado pelo fornecedor em futura transação. Assim, o consumidor deverá ter o cuidado para não depreciar ou desvalorizar o produto com o uso. Imagine a hipótese da compra de um tênis ou sapato pela internet. Se o consumidor resolver usar o produto durante um dia de trabalho, por exemplo, não poderá devolvê-lo, uma vez que impossibilitará o fornecedor de vendê-lo para outro consumidor. Assim, quando receber a caixa com o sapato ou tênis, o máximo que poderá fazer é calçá-lo, verificar se o tamanho está adequado, etc., mas não usá-lo e depois devolvê-lo. Nesse sentido é o ensinamento de Cláudia Lima Marques,[579] explicando que o consumidor "deverá cuidar para que o bem não pereça e não sofra qualquer tipo de desvalorização, devendo evitar usá-lo ou danificá-lo (abrir o pacote, experimentar o shampoo, manusear e sujar a enciclopédia etc.). Se o fizer, segundo nos parece, poderá até desistir do vínculo obrigacional, libertando-se das obrigações assumidas (por exemplo: pagamento da segunda prestação, recebimento mensal dos fascículos da enciclopédia etc.), mas, como não pode mais devolver o produto nas condições que recebeu (volta ao *statu quo*), terá de ressarcir o fornecedor pela perda do produto ou pela desvalorização que o uso causou, tudo com base no princípio do enriquecimento ilícito. Nestes termos é a solução do direito alemão, que nos parece adequada ao espírito do CDC, pois pode ser de interesse do consumidor livrar-se do vínculo contratual, mas não é justo que enriqueça sem causa. Assim, com boa-fé resolve-se o vínculo e regula-se a volta à situação anterior, sem que ninguém ganhe com isso".

Segundo o art. 49, o direito previsto é do arrependimento. Assim, o consumidor não poderá exigir do fornecedor a troca do produto, a não ser que o próprio fornecedor disponibilize esta opção (para o fornecedor, muitas vezes, a troca é mais vantajosa pois a venda é garantida, não tendo que devolver o valor pago pelo consumidor). Mas o direito à troca somente existirá se o fornecedor conceder. Caso contrário, o consumidor somente poderá "arrepender" (desistir) da compra realizada no prazo de 7 dias. Por outro lado, jamais o fornecedor poderá se recusar a devolver o valor pago pelo consumidor, incluindo as despesas de frete, caso ele opte pelo arrependimento. Assim, não poderá impor ao consumidor que ele aceite um crédito, *voucher* ou a troca do produto por outro semelhante.

579. *Comentários ao Código de Defesa do Consumidor.* 2. ed. rev. atual. e ampl. São Paulo: Ed. RT, 2006, 675.

A jurisprudência tem aplicado o direito de arrependimento até mesmo quando a contratação ocorrer no estabelecimento do fornecedor se o consumidor estiver sobre forte pressão psicológica que o coloca em situação desvantajosa, impedindo-o de refletir e manifestar livremente sua vontade. Assim, quando o fornecedor se vale do *marketing* agressivo, atraindo o consumidor para algum local preparado para a divulgação de determinado produto ou serviço, oferecendo-lhe um ambiente sedutor, através de bebidas alcoólicas, jantares, sorteios de brindes, atrações diversas etc.; certamente inibe a capacidade plena de o consumidor refletir sobre o negócio que está prestes a fechar.[580]

O direito de arrependimento não está vinculado a qualquer vício do produto ou serviço ou ainda a qualquer justificativa por parte do consumidor. Ou seja, o direito de desistir do negócio celebrado é imotivado. Qualquer explicação que o consumidor der a respeito dos motivos da desistência, além de ser voluntário, servirá apenas para que o fornecedor saiba, a título de coleta de dados e para sua pesquisa, o porquê do consumidor estar desistindo do produto e serviço.

> "Conforme o disposto no art. 49 do Código de Defesa do Consumidor, quando o contrato de consumo for concluído fora do estabelecimento comercial, o consumidor tem o direito de desistir do negócio em 7 (sete) dias, *sem nenhuma motivação*." (STJ, AgRg no Ag 1388017/RS, Rel. Ministro Ricardo Villas Bôas Cueva, Terceira Turma, DJe 14/10/2013)

Exercido o direito de arrependimento, o consumidor deverá receber de forma imediata a quantia paga, monetariamente atualizada, voltando ao *status quo ante*. Assim, todo e qualquer custo despendido pelo consumidor deverá ser ressarcido, como o valor das parcelas pagas, além de outros custos, como os de transporte, por exemplo. Além disso, a norma autoriza que a restituição seja feita de forma imediata, ou seja, o fornecedor não poderá impor prazo ao consumidor para que restitua os valores.

> "Exercido o direito de arrependimento, o parágrafo único do art. 49 do CDC especifica que o consumidor terá de volta, imediatamente e monetariamente atualizados, todos os valores eventualmente pagos, a qualquer título, durante o prazo de reflexão, entendendo-se incluídos nestes valores todas as despesas com o serviço postal para a devolução do produto, quantia esta que não pode ser repassada ao consumidor. Eventuais prejuízos enfrentados pelo fornecedor neste tipo de contratação são inerentes à modalidade de venda agressiva fora do estabelecimento comercial (internet, telefone, domicílio). Aceitar o contrário é criar limitação ao direito de arrependimento legalmente não previsto, além de desestimular tal tipo de comércio tão comum nos dias atuais." (STJ, REsp 1340604/RJ, Rel. Ministro Mauro Campbell Marques, Segunda Turma, DJe 22/08/2013)

O art. 51, II, do CDC estabelece que é nula de pleno direito a cláusula que subtraia do consumidor a opção de reembolso da quantia já paga. Então, mesmo que o contrato

580. No sul do país houve muitas ações questionando as vendas de *time-sharing* ou multipropriedade, em que geralmente são utilizadas as técnicas de vendas emocionais. Nesse sentido: "Contrato de compra e venda de título ("*time sharing*"). Método abusivo de venda. Desequilíbrio contratual. O método de vendas utilizado pela apelante gera desequilíbrio entre as partes, visto que, de um lado está a empresa estruturada com profissionais treinados para, num ambiente altamente favorável, apenas destacar a excelência do empreendimento e as inúmeras vantagens do negócio. De outro estão os clientes que, após diversas horas de explanações, vídeos e demonstrações não dispõem do tempo necessário para refletir sobre o negócio oferecido, diminuindo suas condições de avaliação. Aplicação do art. 6, inciso IV, do CDC" (TJRS, Apelação Cível nº 598021970, Sexta Câmara Cível, Relator: João Pedro Pires Freire, j. 18/11/1998).

contenha cláusula no sentido de não aplicar o direito de arrependimento, deve ser considerada como não escrita.

Também é nula a cláusula que impõe multa para a hipótese de não conclusão do negócio, uma vez que ao consumidor é garantido o direito de se ver livre da avença contratual sem qualquer ônus para si. Tratando-se de regular exercício de direito, não há como responsabilizar o consumidor por eventuais prejuízos sofridos pelo fornecedor. Trata-se de risco inerente àqueles que optam por realizar a venda fora do estabelecimento comercial.

O Decreto 7.962, de 15 de março de 2013, regulamentou as contratações e o direito de arrependimento no comércio eletrônico. Especificamente sobre o direito de arrependimento, prevê o art. 5º:

> "Art. 5º O fornecedor deve informar, de forma clara e ostensiva, os meios adequados e eficazes para o exercício do direito de arrependimento pelo consumidor.
>
> § 1º O consumidor poderá exercer seu direito de arrependimento pela mesma ferramenta utilizada para a contratação, sem prejuízo de outros meios disponibilizados.
>
> § 2º O exercício do direito de arrependimento implica a rescisão dos contratos acessórios, sem qualquer ônus para o consumidor.
>
> § 3º O exercício do direito de arrependimento será comunicado imediatamente pelo fornecedor à instituição financeira ou à administradora do cartão de crédito ou similar, para que:
>
> I – a transação não seja lançada na fatura do consumidor; ou
>
> II – seja efetivado o estorno do valor, caso o lançamento na fatura já tenha sido realizado.
>
> § 4º O fornecedor deve enviar ao consumidor confirmação imediata do recebimento da manifestação de arrependimento".

Em relação ao exercício do direito de arrependimento em compra de imóveis firmados fora do estabelecimento comercial da incorporadora ou construtora, a Lei nº 13.786/2018 (lei do distrato) acrescentou dispositivo à Lei nº 4.591/64 (lei de incorporação imobiliária) disciplinando a aplicação do "direito de arrependimento" aos contratos envolvendo incorporação imobiliária que ocorrem em *estandes de vendas e fora da sede do incorporador.*

> **Art. 67-A, § 10.** "Os contratos firmados em estandes de vendas e fora da sede do incorporador permitem ao adquirente o exercício do direito de arrependimento, durante o prazo improrrogável de 7 (sete) dias, com a devolução de todos os valores eventualmente antecipados, inclusive a comissão de corretagem."

A informação sobre o direito de arrependimento deve constar do quadro-resumo[581].

> "**Art. 35-A.** Os contratos de compra e venda, promessa de venda, cessão ou promessa de cessão de unidades autônomas integrantes de incorporação imobiliária serão iniciados por *quadro-resumo*, que deverá conter: (...) *VIII – as informações acerca da possibilidade do exercício, por parte do adquirente do imóvel, do direito de arrependimento previsto no art. 49 da Lei nº 8.078, de 11 de setembro de 1990 (Código de Defesa do Consumidor),* em todos os contratos firmados em estandes de vendas e fora da sede do incorporador ou do estabelecimento comercial;"

581. O quadro-resumo é uma parte (um anexo) dos contratos na qual haverá uma síntese contendo os dados principais do ajuste.

A mesma exigência de constar o direito de arrependimento no quadro-resumo foi exigida também para os contratos de loteamento (a Lei 13.786/2018 – Lei do Distrato – acrescentou o art. 26-A à Lei 6.766/79 – lei de parcelamento do solo).

> Art. 26-A. "Os contratos de compra e venda, cessão ou promessa de cessão de loteamento devem ser iniciados por quadro-resumo, que deverá conter, além das indicações constantes do art. 26 desta Lei: (...)
>
> *VII – as informações acerca da possibilidade do exercício, por parte do adquirente do imóvel, do direito de arrependimento previsto no art. 49 da Lei nº 8.078, de 11 de setembro de 1990 (Código de Defesa do Consumidor),* em todos os contratos firmados em estandes de vendas e fora da sede do loteador ou do estabelecimento comercial;"

Nos contratos de incorporação imobiliária, o direito de arrependimento deverá ser demonstrado por meio de carta registrada com AR considerada a data da postagem como data inicial da contagem do prazo:

> **Art. 67-A, § 11**. "Caberá ao adquirente demonstrar o exercício tempestivo do direito de arrependimento por meio de carta registrada, com aviso de recebimento, *considerada a data da postagem como data inicial da contagem do prazo* a que se refere o § 10 deste artigo."

Transcorrido o prazo de 7 (sete) dias sem que tenha sido exercido o direito de arrependimento, será observada a irretratabilidade do contrato de incorporação imobiliária, conforme disposto no § 2º do art. 32 da Lei nº 4.591/1964 (Art. 67-A, § 12).

PRINCIPAIS JURISPRUDÊNCIAS DO STF E STJ

Direito de arrependimento não justifica imposição genérica de multa ao fornecedor

O STJ entendeu que não cabe a imposição judicial de multa moratória genérica contra fornecedores em contratos de adesão no comércio varejista, mesmo nos casos de atraso na entrega de produtos ou na restituição de valores após o exercício do direito de arrependimento. O vendedor deve cumprir o contrato nos prazos e condições estabelecidos e, caso incorra em mora, responderá por prejuízos conforme previsto no Código Civil, incluindo juros, atualização monetária e honorários advocatícios. No entanto, a criação de uma penalidade automática contra o fornecedor violaria os princípios da livre iniciativa e da autonomia da vontade, pois a legislação já prevê mecanismos adequados para garantir a devolução dos valores pagos no arrependimento. (STJ, REsp n. 1.656.182/SP, Rel. Min. Nancy Andrighi, Segunda Seção, DJe 14/10/2019).

Consumidor pode cancelar financiamento bancário ao exercer o direito de arrependimento

O STJ entendeu que o direito de arrependimento previsto no artigo 49 do CDC permite ao consumidor desistir do contrato no prazo de sete dias quando a contratação ocorrer fora do estabelecimento comercial. No caso, o consumidor firmou um contrato de financiamento bancário vinculado à compra de um veículo, mas se arrependeu dentro do prazo legal e notificou o banco. Assim, a desistência do contrato principal (compra e venda) implica a resolução automática do financiamento, restabelecendo as partes ao estado anterior. O fato de o banco já ter repassado o valor à concessionária não impede o exercício desse direito. (STJ, REsp 930.351/SP, Rel. Min. Nancy Andrighi, Informativo 413).

Art. 50. A garantia contratual é complementar à legal e será conferida mediante termo escrito.

Parágrafo único. O termo de garantia ou equivalente deve ser padronizado e esclarecer, de maneira adequada em que consiste a mesma garantia, bem como a forma, o prazo e o lugar em que pode ser exercitada e os ônus a cargo do consumidor, devendo ser-lhe entregue, devidamente preenchido pelo fornecedor, no ato do fornecimento, acompanhado de manual de instrução, de instalação e uso do produto em linguagem didática, com ilustrações.

De acordo com o dispositivo acima, a garantia contratual será complementar à garantia legal, possuindo existência distinta. Nesse sentido, os prazos estipulados no art. 26 (chamados por alguns de prazo de garantia legal) só começarão a correr depois do prazo de garantia que o fornecedor oferecer, de livre e espontânea vontade, ao consumidor (garantia contratual).

Assim, suponha que o fornecedor dê um ano de garantia em seu produto (garantia contratual). O produto estará coberto contra eventuais vícios durante o prazo de um ano e, caso apareça algum vício nesse período, o prazo decadencial de 30 ou 90 dias do art. 26 para reclamar, somente começará após o prazo da garantia contratual.

O STJ, em voto proferido pelo Min. Carlos Alberto Menezes Direito, explicou corretamente o intuito do legislador ao dispor sobre as garantias complementares:

> Ocorre que o art. 50 do mesmo código estabelece que a garantia contratual é complementar à legal e será conferida mediante termo escrito. [...] Na verdade, se existe uma garantia contratual de um ano tida como complementar à legal, o prazo de decadência somente pode começar da data em que encerrada a garantia contratual, sob pena de submetermos o consumidor a um engodo com o esgotamento do prazo judicial antes do esgotamento do prazo de garantia. E foi isso que o art. 50 do Código de Defesa do Consumidor quis evitar (STJ, REsp. 225.858/SP, Rel. Min. Waldemar Zveiter, *DJ* 13/08/2001).

Apenas para elucidar melhor a questão, entendemos que os prazos constantes do art. 26 não são, na realidade, prazos de "garantia legal", como sustentam alguns.[582] A garantia legal que existe é que os produtos e serviços colocados no mercado de consumo serão adequados para o fim a que se destinam. É o que chamamos de garantia legal de adequação, a qual o fornecedor jamais poderá se desincumbir, nos moldes do art. 24.[583]

O que temos, então, no art. 26 são prazos para fazer reclamações caso os produtos ou serviços não sejam adequados para o fim a que se destinam, por apresentarem algum tipo de vício. Considerando o exemplo acima, quando o fornecedor concede um ano de garantia, ele estará garantindo que o produto não apresente vícios nesse tempo. Caso apresente, o início do prazo de decadência para efetuar a reclamação começará apenas quando expirar

582. Entendendo que os prazos do art. 26 são prazos de garantia legal: Cláudia Lima Marques. *Contratos no Código de Defesa do Consumidor.* 4ª ed. Revista dos Tribunais: São Paulo, 2002, p. 1.002. Bruno Miragem. *Direito do Consumidor.* 1ª ed. São Paulo: RT, 2008, p. 329. Boa parte da jurisprudência também tem considerado os prazos do art. 26 como de garantia legal.

583. Pelo art. 24, a garantia legal independe de termo expresso e sua exoneração contratual pelo fornecedor é vedada.

o prazo concedido na garantia (contratual), no caso, um ano. Nesse sentido é que dissemos que as garantias são complementares.[584]

Talvez o termo "*complementar*" do art. 50 não tenha sido a melhor expressão para demonstrar o intuito do legislador. Conforme explanado pelo Min. Carlos Alberto Menezes Direito, o que o legislador quis evitar foi que se desse o "*esgotamento do prazo judicial antes do esgotamento do prazo de garantia*" ou em outras palavras, que o prazo para reclamar do art. 26 transcorresse, concomitantemente, com o prazo contratual.

Ao considerar os prazos do art. 26 como prazos de garantia legal, está se admitindo que, durante o prazo de 30 ou 90 dias, o fornecedor fica, por lei, responsável pelos vícios (mesmo não sendo ocultos) que aparecem nesse período. Como vimos, no caso dos vícios ocultos, o fornecedor ficará obrigado a saná-los porque entregou produto ou forneceu serviço com vícios (só que estes somente se manifestaram depois). Agora, nos casos de vícios que aparecem não porque já estavam no produto e serviço, mas porque surgiram pela má utilização do consumidor ou por evento fortuito, por exemplo, o fornecedor não se responsabiliza, mesmo quando verificados dentro do prazo de 30 ou 90 dias, pois a garantia legal foi cumprida, ou seja, entregou o produto ou o serviço sem vícios.

Já na garantia contratual, o fornecedor é responsável pelos vícios que aparecem no período de garantia concedido, pouco importando se ocorreram por má utilização do consumidor (salvo se forem excluídos expressamente na garantia) ou evento fortuito, como uma pane na rede elétrica.

Concluindo, os vícios que aparecerem posteriormente e não sendo ocultos, somente acarretarão a responsabilidade do fornecedor se concedida a garantia contratual.

O Código Civil de 2002 foi mais preciso. Ao tratar dos vícios redibitórios (sistema semelhante aos vícios do produto e serviço), o art. 446 estabelece que: "*Não correrão os prazos do artigo antecedente na constância de cláusula de garantia [...]*" O artigo antecedente (art. 445) trata justamente dos prazos dos vícios redibitórios – 30 dias (móvel) e 1 ano (imóvel). Ou seja, os prazos *não correrão* enquanto perdurar a garantia contratual, somente se iniciando, então, após o transcurso do prazo estabelecido contratualmente. E no sistema dos vícios redibitórios não se entende que os prazos do art. 445 são prazos de garantia legal. Os prazos do art. 445 são semelhantes aos prazos do art. 26 do CDC, ou seja, prazos para reclamarem a sanação dos vícios (CDC) e para solicitar a redibição ou o abatimento no preço (CC), mas nunca "prazos de garantia legal".

Por isso é que entendemos que não é totalmente correto dizer que quando, por exemplo, o fornecedor concede um ano de garantia contratual, o consumidor possui um ano mais 90 ou 30 dias (dependendo se duráveis ou não duráveis). Como os prazos de 90 e 30 dias não são prazos de garantia legal, o vício que aparecer após 1 ano da garantia contratual (e não sendo vício oculto, porque aí o vício estaria no produto quando da aquisição pelo consumidor), não

584. Nesse sentido, Rizzatto Nunes afirma que a lei não colocou um prazo de garantia legal, sustentando que "o que fez o legislador, como se viu no exame do art. 24, foi estabelecer tempo de reclamação (30 e 90 dias). A garantia legal é de adequação, mas sem prazo. O que o consumidor tem é tempo para apresentar reclamação contra essa garantia a partir do recebimento do produto ou do término do serviço. Assim, se houver um termo final de garantia, o que acontece é que o prazo para reclamar continua o mesmo, mas o *dies a quo* é postergado para o final do tempo de garantia". *Curso de Direito do Consumidor,* São Paulo: Saraiva, 2005, p. 363.

será de responsabilidade do fornecedor. Isso porque o fornecedor terá cumprido a garantia legal de adequação (art. 24), fornecendo o produto ou o serviço em perfeitas condições de uso (e sem nenhum vício!) e também a garantia contratual, garantindo o não aparecimento de vícios no prazo de 1 ano. Mas vale frisar que a prova de que vício do produto ou serviço somente ocorreu após a garantia contratual e de que não se tratava de vício oculto será do fornecedor.

Em razão da dificuldade de se produzir essa prova é que acaba tendo o consumidor a garantia contratual, acrescida do prazo de 30 e 90. Ora, se é difícil para o fornecedor fazer a prova, para o consumidor é praticamente impossível demonstrar que o vício que apareceu após a garantia contratual não se tratava, por exemplo, de um vício oculto. Por isso é que se diz, de modo popular, que o consumidor tem a garantia contratual mais 30 ou 90 dias. E mesmo quando não há garantia contratual alguma, se diz que o consumidor tem "uma garantia legal" de 30 ou 90 dias, o que, como analisamos, não é verdade.

Na prática, a jurisprudência não tem averiguado o momento do vício, considerando simplesmente o somatório dos prazos como critério para delimitar até o momento em que o consumidor tem o direito para reclamar sobre o vício:

> Direito do consumidor – Defeito em 'placa mãe' de computador – Garantias legal e contratual – Decadência – Prazo – A garantia contratual, sabe-se, é determinada pelo próprio fornecedor, que o estipula de acordo com a sua conveniência, representando, na verdade, um *plus* em favor do consumidor, em complemento à garantia legal, consoante a exegese do art. 50 do CDC, o que equivale a dizer que os prazos respectivos se somam, sem prejuízo do fornecedor que tem condições de conhecê-los previamente. Caso em que o defeito apareceu quando ainda não expirado esse somatório. E mesmo que assim não fosse, poder-se-ia cogitar da existência de vício oculto, a prejudicar a vida útil do produto, capaz de desencadear, apenas a partir de sua descoberta, a marcha decadencial. Danos materiais e morais devidos. Apelo provido (TJRS – APC 70007694078 – 10ª C.Cív. – Rel. Des. Luiz Ary Vessini de Lima – 07/10/2004).

Não raras vezes, o fornecedor insere em manuais ou em termos de garantia que o produto ou serviço terá 30 ou 90 dias de garantia (alguns ainda inserem "30 ou 90 dias de garantia legal"). Nessa hipótese, mesmo não sendo sua intenção, o fornecedor acaba concedendo ao consumidor uma garantia contratual de 30 ou 90 dias. Nos moldes dos arts. 30 e 48, a manifestação do fornecedor o vincula contratualmente, devendo ser cumprida. Assim, estará garantindo o não aparecimento de vício pelo prazo de 30 ou 90 dias e caso apareça, o prazo decadencial somente começará a correr depois do prazo concedido. Em se tratando de um produto durável, por exemplo, caso tenha dado uma garantia de 90 dias, o prazo decadencial de 90 dias para o consumidor reclamar somente começará após o término da garantia contratual.

Concluindo, quando não há garantia contratual concedida, o fornecedor somente responde pelos vícios que os produtos ou serviços apresentarem até o momento da entrega ou execução. O vício somente pode ser constatado pelo consumidor após a aquisição do produto ou do serviço executado, como nos vícios ocultos, mas o importante é que já estejam presentes quando da contratação.[585]

585. Neste mesmo sentido entendeu o Min. Luis Felipe Salomão no REsp 984106/SC,DJe 20/11/2012: "Deveras, há de se ponderar que o Código de Defesa do Consumidor não traz, exatamente, no mencionado artigo 26, um prazo de garantia legal para que o fornecedor responda pelos vícios do produto. Há apenas um prazo para que, tornando-se aparente o defeito, possa o consumidor reclamar a reparação, de modo

Já na garantia contratual, o fornecedor é responsável pelos produtos e serviços no prazo estipulado, independentemente da época do acontecimento do vício.

O STJ teve oportunidade de julgar a questão e entendeu de forma similar ao exposto acima, ou seja, que os prazos do art. 26 não são prazos de garantia legal.

> O CDC apresenta duas regras distintas para regular o direito de reclamar, conforme se trate de vício de adequação ou defeito de segurança. Na primeira hipótese, os prazos para reclamação são decadenciais, nos termos do art. 26 do CDC, sendo de 30 (trinta) dias para produto ou serviço não durável e de 90 (noventa) dias para produto ou serviço durável. A pretensão à reparação pelos danos causados por fato do produto ou serviço vem regulada no art. 27 do CDC, prescrevendo em 5 (cinco) anos. – A garantia legal é obrigatória, dela não podendo se esquivar o fornecedor. Paralelamente a ela, porém, pode o fornecedor oferecer uma garantia contratual, alargando o prazo ou o alcance da garantia legal. – *A lei não fixa expressamente um prazo de garantia legal. O que há é prazo para reclamar contra o descumprimento dessa garantia, o qual, em se tratando de vício de adequação, está previsto no art. 26 do CDC, sendo de 90 (noventa) ou 30 (trinta) dias, conforme seja produto ou serviço durável ou não.* – Diferentemente do que ocorre com a garantia legal contra vícios de adequação, cujos prazos de reclamação estão contidos no art. 26 do CDC, a lei não estabelece prazo de reclamação para a garantia contratual. Nessas condições, uma interpretação teleológica e sistemática do CDC permite integrar analogicamente a regra relativa à garantia contratual, estendendo-lhe os prazos de reclamação atinentes à garantia legal, ou seja, a partir do término da garantia contratual, o consumidor terá 30 (bens não duráveis) ou 90 (bens duráveis) dias para reclamar por vícios de adequação surgidos no decorrer do período desta garantia. (STJ, REsp. 967623/RJ, Rel.a Min.a Nancy Andrighi, DJe 29/06/2009)

A Ministra Nancy Andrighi entendeu que no Brasil não há prazo de garantia legal e que os prazos do art. 26 são prazos de reclamação. A única diferença, conforme se observa da ementa acima, foi que a explicação para a utilização do prazo de 30 ou 90 dias posterior ao prazo de garantia seria a aplicação da analogia. Segundo a Ministra, como no Brasil o legislador não previu prazos de reclamação para o descumprimento da garantia contratual, através da interpretação teleológica e sistemática, poderíamos aplicar os prazos do art. 26 (que segundo a Ministra, seriam prazos de reclamação contra o descumprimento da garantia legal).

Neste ponto e conforme já tivemos oportunidade de comentar, ousamos discordar da Ministra do STJ. Não houve uma suposta falha do legislador ao não estipular prazos para o descumprimento da garantia contratual. Os prazos do art. 26 são prazos de reclamação que poderão ser usados a partir da entrega do produto ou do término do serviço (para vícios aparentes ou de fácil constatação) ou do aparecimento do vício (no caso dos ocultos) e também após a contagem do tempo de garantia contratual (por força do art. 50 – já que as garantias são complementares[586]). O próprio art. 50 é que explica e justifica a aplicação dos prazos do art. 26 após a garantia contratual, não havendo necessidade aqui de se socorrer à analogia.

Diferentemente da garantia legal, que é imposta pela lei, não podendo o fornecedor alterá-la, a garantia contratual poderá ser limitada pela vontade do fornecedor. Nesse sentido, a garantia contratual poderá ser total ou parcial. Será total quando o fornecedor não impuser limitações ou condições na garantia. Caso contrário, e, desde que informe expressamente o consumidor, poderá estabelecer que a garantia apenas acoberte determinadas peças (ex.: a

---

que, se este realizar tal providência dentro do prazo legal de decadência, ainda é preciso saber se o fornecedor é ou não responsável pela reparação do vício."

586. Sobre a discussão do expressão "garantia contratual é complementar à legal" já tratamos anteriormente.

garantia somente se estende para o motor de uma geladeira) ou que o consumidor somente terá direito à cobertura se cumprir certas condições (como realizar as revisões do veículo somente na concessionária).

Sendo a garantia apenas parcial, como ficaria a contagem do prazo de reclamação quando o vício não estiver coberto pela garantia? O início da contagem seria da entrega do produto ou do término do serviço ou também poderia se valer do prazo de garantia contratual para, somente depois, utilizar o prazo de 30 ou 90 dias? Suponhamos que a garantia contratual de uma geladeira acoberte somente a parte elétrica. Ou seja, qualquer vício que não esteja relacionado à parte elétrica, está fora da garantia contratual. Neste caso, havendo outro vício (que não elétrico), o consumidor poderia esperar o prazo contratual para somente depois utilizar o prazo de reclamação do art. 26 ou teria que desconsiderar o prazo contratual, uma vez que o vício está fora da garantia?

Embora faça sentido entender que o consumidor deve esperar o prazo contratual quando o vício estiver garantido contratualmente, entendemos, por uma política de defesa do consumidor, estender a ele o direito de sempre esperar o prazo contratual. Impor ao consumidor, no caso concreto, a discriminação dos vícios que estão cobertos e os que não estão, para o fim de estabelecer a correta contagem do prazo de reclamação, principalmente pela deficiência que o consumidor brasileiro apresenta (baixa escolaridade), seria dificultar, em termos práticos, a sua defesa.

Assim, o fornecedor saberá que quando oferecer garantia contratual, ainda que parcialmente, o consumidor poderá se valer do art. 50 (prazo contratual + prazo do art. 26) em todas as hipóteses. Isso não significa que será estendida a garantia contratual para todos os vícios, ou seja, que qualquer vício esteja coberto durante a prazo contratual. Continua o fornecedor podendo estipular garantias parciais. O que será estendido ao consumidor será a possibilidade de reclamar de vício que não esteja previsto na garantia contratual (que já estava no produto ou serviço) após o término do prazo da garantia contratual.

O STJ, por sua vez, entendeu por discriminar os prazos levando em consideração a cobertura contratual dos vícios (se eles poderiam ser sanados durante a garantia contratual ou não).

> O início da contagem do prazo de decadência para a reclamação de vícios do produto (art. 26 do CDC) se dá após o encerramento da garantia contratual. Precedentes. – A postergação do início da contagem desse prazo, contudo, justifica-se pela possibilidade, contratualmente estabelecida, de que seja sanado o defeito apresentado durante a garantia. – Na hipótese em que o consumidor não adquire bem propriamente defeituoso, mas alega ter se enganado quanto ao objeto adquirido, comprando o automóvel intermediário em vez do mais luxuoso, não há, necessariamente, qualquer defeito a ser corrigido durante o prazo de garantia. A decadência para pleitear a devolução da mercadoria, a troca do produto ou o abatimento do preço, portanto, conta-se, sendo aparente a diferença entre os modelos, da data da compra. (STJ, REsp 1021261 / RS, Min. Nancy Andrighi, DJe 06/05/2010)

Enfrentando a mesma problemática, mas propondo solução diferente, doutrina Leonardo Bessa que "admitindo-se a soma das garantias, o prazo decadencial, por questão lógica, só não correria em relação a direitos amparados tanto pela garantia contratual como pela legal. Se a garantia legal (*rectius:* contratual) não cobre determinada parte do produto (parte elétrica de um veículo, por exemplo), não há falar em soma de prazos em relação aos vícios surgidos no sistema elétrico do carro. Tal fato conduzirá o consumidor a ter de analisar minuciosamente ambas as garantias para verificar em que medida são coincidentes e, ainda, em quais aspectos poderá se valer de uma ou de outra. A dificuldade será inevitável e, muitas vezes, irá levar o consumidor a perder o seu direito, em face de um exame equivocado dos termos, condições e limites da garantia contratual."[587]

A proposta sugerida por Leonardo Bessa é considerar a vida útil do produto ou serviço. Segundo o autor, os prazos do art. 26 não guardam nenhuma relação com a garantia contratual. Quando o legislador estipulou que "a garantia contratual é complementar a legal" no art. 50 não teve a pretensão de indicar forma de contagem dos prazos de garantia, mas sim evidenciar que a concessão de garantia contratual não poderia afetar os direitos decorrentes da lei (por isso então a utilização do termo "complementar" –sendo um plus).

Com este entendimento, elimina-se a interpretação de soma dos prazos (garantia contratual + prazo de reclamação do art. 26). A contagem dos prazos sempre será a do art. 26, seja o vício aparente ou de fácil constatação (prazo inicia da entrega do produto ou do término do serviço), ou oculto (inicia do aparecimento do vício).[588]

Embora o critério da vida útil seja interessante, preferimos o entendimento de que o prazo do art. 26 deve ser somado ao prazo da garantia contratual, independentemente se o vício está contemplado na garantia. Somente nos casos de vício oculto é que aceitamos o critério do tempo de vida útil, ou seja, durante o tempo de vida útil de determinado produto ou serviço, o vício oculto poderá aparecer e o prazo contará do momento deste aparecimento. Mas, nos casos em que os vícios são novos (não são ocultos por não estarem presentes no produto ou serviço quando da entrega do consumidor ou término do serviço) a garantia contratual será importante de ser verificada.

Como saber se os vícios são ocultos ou novos? Nos casos de produtos ou serviços recém-adquiridos ou terminados, há presunção relativa em favor do consumidor de que o vício estava na origem dos produtos e serviços. Afinal de contas, não é crível que produto ou serviço recém-adquirido venha a apresentar falhas no uso. O consumidor tem a expectativa que o produto ou serviço terá uma durabilidade e funcionamento por tempo razoável.

Caberá ao magistrado em cada caso fazer uma análise da expectativa razoável de durabilidade e funcionamento que cada produto ou serviço traria ao consumidor. Nas hipóteses em que houver dúvida se os vícios estavam na origem ou se são novos, caberá ao juiz inverter o ônus da prova para que o fornecedor prove a origem dos vícios. Neste ponto o consumidor é tecnicamente hipossuficiente, autorizando a transferência deste ônus ao fornecedor.

Interessante ressaltar o posicionamento do STJ no sentido de que se o produto estiver consertando (ou seja, em posse do fornecedor) ao fim do prazo contratual, o início do prazo decadencial de 30 ou 90 dias somente se dará quando o fornecedor entregar o produto ao consumidor. Assim, o STJ entendeu que, nessa hipótese, prorroga-se o prazo contratual. Faz sentido, pois, do contrário, bastaria o fornecedor reter o produto durante 30 ou 90 dias após o prazo de garantia contratual para que o consumidor ficasse sem o direito de exigir a sanação dos vícios.

---

587. *Manual de Direito do Consumidor*, 3ª ed. São Paulo: RT, 2010. pg. 201/202.

588. Na verdade, segundo este entendimento, a garantia contratual é praticamente desconsiderada, valendo mesmo o critério da vida útil. Concordamos com o critério da vida útil para a delimitação do tempo de aparecimento do vício oculto (vício que já estava no produto ou serviço quando foi entregue ao consumidor) mas não para determinar até quando o consumidor poderá reclamar de qualquer vício (mesmo para aqueles que não são ocultos).

Consumidor. Rescisão de contrato de compra e venda. Vícios aparentes. Termo *a quo* do prazo decadencial. Trata-se, na hipótese, da fixação do termo inicial para a contagem do prazo decadencial de garantia, determinado no CDC, quando, durante o período de garantia ofertado pela concessionária, veículo novo que apresenta defeito é encaminhado, recorrentemente, à rede autorizada, voltando sempre com o mesmo defeito. Se ao término do prazo de garantia contratado, o veículo se achava retido pela oficina mecânica para conserto, impõe-se reconhecer o comprovado período que o automóvel passou nas dependências da oficina mecânica autorizada, sem solução para o defeito, como de suspensão do curso do prazo de garantia. Prorroga-se, nessa circunstância, o prazo de garantia inicialmente ofertado, até a efetiva devolução do veículo ao consumidor, sendo este momento fixado como *dies a quo* do prazo decadencial para se reclamar vícios aparentes em produtos duráveis (STJ, REsp. 579941/RJ, Rel. Min. Carlos Alberto Menezes Direito; Rela. p/ acórdão Mina. Nancy Andrighi, j. 28/06/2007).

O termo de garantia deve ser padronizado, garantindo uma uniformidade para com todos os consumidores. Deve conter todos os esclarecimentos necessários como a forma, prazo, em que consiste a garantia, lugar em que será exercida e os ônus a cargo do consumidor.

O termo deve ser preenchido pelo fornecedor no momento da conclusão do contrato e entregue ao consumidor, sob pena de se cometer uma infração penal determinada no art. 74[589] do CDC.[590]

PRINCIPAIS JURISPRUDÊNCIAS DO STF E STJ

Prazo de decadência para vícios no produto começa após o fim da garantia contratual

O STJ entendeu que o prazo de decadência para reclamações de vícios no produto, previsto no artigo 26 do CDC, começa a contar somente após o término da garantia contratual. Isso ocorre porque, durante o período da garantia, presume-se que o fornecedor tem a oportunidade de sanar o defeito, evitando a contagem imediata do prazo decadencial. Dessa forma, o consumidor não é prejudicado pela espera do conserto dentro do prazo garantido contratualmente. (STJ, REsp 547.794/PR, Rel. Min. Maria Isabel Gallotti, julgado em 15/02/2011).

Seção II
Das Cláusulas Abusivas

Art. 51. São nulas de pleno direito, entre outras, as cláusulas contratuais relativas ao fornecimento de produtos e serviços que:

I – impossibilitem, exonerem ou atenuem a responsabilidade do fornecedor por vícios de qualquer natureza dos produtos e serviços ou impliquem renúncia ou disposição de direitos. Nas relações de consumo entre o fornecedor e o consumidor pessoa jurídica, a indenização poderá ser limitada, em situações justificáveis;

II – subtraiam ao consumidor a opção de reembolso da quantia já paga, nos casos previstos neste código;

589. "Art. 74. Deixar de entregar ao consumidor o termo de garantia adequadamente preenchido e com especificação clara de seu conteúdo."

590. O Decreto nº 2.181/1997, no art. 13, XIX, também considera como prática infrativa o desobedecimento do parágrafo único do art. 50.

III – transfiram responsabilidades a terceiros;

IV – estabeleçam obrigações consideradas iníquas, abusivas, que coloquem o consumidor em desvantagem exagerada, ou sejam incompatíveis com a boa-fé ou a equidade;

V – (Vetado);

VI – estabeleçam inversão do ônus da prova em prejuízo do consumidor;

VII – determinem a utilização compulsória de arbitragem;

VIII – imponham representante para concluir ou realizar outro negócio jurídico pelo consumidor;

IX – deixem ao fornecedor a opção de concluir ou não o contrato, embora obrigando o consumidor;

X – permitam ao fornecedor, direta ou indiretamente, variação do preço de maneira unilateral;

XI – autorizem o fornecedor a cancelar o contrato unilateralmente, sem que igual direito seja conferido ao consumidor;

XII – obriguem o consumidor a ressarcir os custos de cobrança de sua obrigação, sem que igual direito lhe seja conferido contra o fornecedor;

XIII – autorizem o fornecedor a modificar unilateralmente o conteúdo ou a qualidade do contrato, após sua celebração;

XIV – infrinjam ou possibilitem a violação de normas ambientais;

XV – estejam em desacordo com o sistema de proteção ao consumidor;

XVI – possibilitem a renúncia do direito de indenização por benfeitorias necessárias;

XVII – condicionem ou limitem de qualquer forma o acesso aos órgãos do Poder Judiciário; (Incluído pela Lei nº 14.181, de 2021)

XVIII – estabeleçam prazos de carência em caso de impontualidade das prestações mensais ou impeçam o restabelecimento integral dos direitos do consumidor e de seus meios de pagamento a partir da purgação da mora ou do acordo com os credores; (Incluído pela Lei nº 14.181, de 2021)

XIX – (VETADO). (Incluído pela Lei nº 14.181, de 2021)

§ 1º Presume-se exagerada, entre outros casos, a vantagem que:

I – ofende os princípios fundamentais do sistema jurídico a que pertence;

II – restringe direitos ou obrigações fundamentais inerentes à natureza do contrato, de tal modo a ameaçar seu objeto ou equilíbrio contratual;

III – se mostra excessivamente onerosa para o consumidor, considerando-se a natureza e conteúdo do contrato, o interesse das partes e outras circunstâncias peculiares ao caso.

§ 2º A nulidade de uma cláusula contratual abusiva não invalida o contrato, exceto quando de sua ausência, apesar dos esforços de integração, decorrer ônus excessivo a qualquer das partes.

§ 3º (Vetado).

§ 4º É facultado a qualquer consumidor ou entidade que o represente requerer ao Ministério Público que ajuíze a competente ação para ser declarada a nulidade de cláusula contratual que contrarie o disposto neste código ou de qualquer forma não assegure o justo equilíbrio entre direitos e obrigações das partes.

O artigo enumera de forma exemplificativa *(numerus apertus)* as cláusulas consideradas abusivas que, quando presentes nos contratos, serão nulas de pleno direito, mesmo com o consumidor concordando com o conteúdo.

A doutrina consumerista interpreta a expressão "*nulas de pleno direito*" como sinônima de nulidade absoluta, não só em razão do art. 166, inciso VII, do Código Civil (aplicação do diálogo de fontes entre o CDC e o Código Civil), mas principalmente em consideração do caráter da tutela instituída no art. 1º do CDC: "*de ordem pública e interesse social*".

A sentença que decreta a nulidade é desconstitutiva (ou constitutiva negativa) e produz efeitos *ex tunc*, retroagindo à data da celebração do contrato. Conforme estudamos no art. 26, nas ações constitutivas será decadencial quando expresso em lei o prazo para o seu exercício ou será perpétua (imprescritível) para o caso de não haver prazo previsto para o exercício. Assim, como no CDC não há estipulação de prazo para que exerça o direito potestativo de desconstituir os contratos cujas cláusulas são abusivas, concluímos que é perpétua ou imprescritível, podendo ser proposta a qualquer tempo.

A nulidade das cláusulas abusivas tanto poderá ocorrer nos contratos de adesão, como nos contratos de comum acordo (*contrat de gré à gré)*, uma vez que a norma abrange toda e qualquer relação de consumo.

Por se tratar de norma de ordem pública, o Poder Judiciário declarará a nulidade absoluta das cláusulas abusivas de ofício, ou a pedido dos consumidores, das entidades que os representem ou do Ministério Público.

Conforme destacamos quando do estudo do art. 1º, a jurisprudência também vinha seguindo essa orientação,[591] porém, o STJ, no REsp. 541.153/RS,[592] através da Segunda Seção, pacificou o entendimento no sentido da impossibilidade da decretação de ofício da nulidade das cláusulas contratuais abusivas. Ou seja, em grau recursal, o Tribunal de Justiça Estadual

591. "O STJ tem preconizado a possibilidade de rever, de ofício, cláusulas contratuais consideradas abusivas, para anulá-las, com base no art. 51, IV do CDC." (STJ, AGRESP 578715/SC; Rel. Min. Fernando Gonçalves, 4ª T, *DJ* 20/09/2004).

592. "RECURSO ESPECIAL. AÇÃO REVISIONAL. CONTRATO DE ARRENDAMENTO MERCANTIL. DESCARACTERIZAÇÃO. EXAME DE OFÍCIO. JUROS REMUNERATÓRIOS. CAPITALIZAÇÃO MENSAL. – Descaracterização do contrato. Incidência do verbete nº 293 da Súmula/STJ. – *Exame de ofício de cláusulas contratuais pelo Tribunal de origem. Impossibilidade, por ofensa ao art. 515 do CPC. Princípio "tantum devolutum quantum appelattum."* Precedentes. – Não estando as instituições financeiras sujeitas à limitação da Lei de Usura, a abusividade da pactuação dos juros remuneratórios deve ser cabalmente demonstrada em cada caso, com a comprovação do desequilíbrio contratual ou de lucros excessivos, sendo insuficiente o só fato de a estipulação ultrapassar 12% ao ano ou de haver estabilidade inflacionária no período (STJ, Resp. nos 271.214/RS, 407.097/RS e 420.111/RS). – Capitalização mensal. Inadmissibilidade na hipótese. – Recurso parcialmente conhecido e, nessa extensão, provido" (STJ, Resp. 541153/RS; Min. Rel. César Asfor Rocha, Segunda Seção, *DJ* 14/09/2005).

ficará impedido de afastar a cláusula abusiva (mesmo as que o próprio STJ já reconheceu como abusivas), caso a parte (consumidor) não a argua.

A hipótese se tratava de ação revisional de contrato bancário, na qual o TJRS apreciando recurso de apelação interposto apenas pela instituição financeira, reformou a sentença de ofício para declarar a nulidade das cláusulas abusivas, que não haviam sido afastadas pelo juiz de primeiro grau. A instituição financeira argumentou em seu recurso que, assim procedendo, o tribunal gaúcho teria julgado o recurso reformando-o para piorar a situação do banco recorrente.

A Segunda Seção julgou a matéria dando razão à instituição financeira, com fundamento no art. 515 do CPC, acolhendo a tese de que sem a interposição de recurso por parte do consumidor, o tribunal estadual não pode modificar em seu favor o comando da sentença.

Após o REsp. 541.153/RS, continuava entendendo que o juiz monocrático poderia conhecer de ofício das nulidades nos contratos bancários, uma vez que o posicionamento do STJ referia-se apenas à atuação dos tribunais. Todavia, no REsp. 1061530/RS, julgado através do incidente de processo repetitivo, o STJ pacificou a questão e editou a Orientação nº 5:

> ORIENTAÇÃO 5 – DISPOSIÇÕES DE OFÍCIO
>
> É vedado aos juízes de primeiro e segundo graus de jurisdição julgar, com fundamento no art. 51 do CDC, sem pedido expresso, a abusividade de cláusulas nos contratos bancários.

Assim, o STJ vedou também a atuação do juiz de primeiro grau, estancando a dúvida. Em relação a tal posicionamento, foram vencidos a Mina. Nancy Andrighi (relatora deste processo) e o Min. Luis Felipe Salomão. A Orientação nº 5 acabou se transformando na Súmula nº 381, com o seguinte teor: "*Nos contratos bancários, é vedado ao julgador conhecer, de ofício, da abusividade das cláusulas.*"

Entendemos que houve um retrocesso no posicionamento do STJ. Conforme exposto, as normas do CDC são de ordem pública e o art. 51 é expresso ao declarar que são "*nulas de pleno direito*" as cláusulas abusivas nas relações de consumo. O consumidor é vulnerável na relação com o fornecedor e por isso é necessário permitir que o magistrado intervenha na relação, de ofício, para manter o equilíbrio contratual.

Em razão da boa-fé objetiva, a abusividade das cláusulas não é aferida subjetivamente, ou seja, não se infere se o fornecedor, ao estipular as cláusulas contratuais, tinha o conhecimento de que eram abusivas frente ao Código Consumerista. No intuito de proteger essa categoria vulnerável, denominada consumidor, o legislador privilegiou valores superiores ao dogma da autonomia da vontade (*pacta sunt servanda*), como a boa-fé objetiva e a justiça contratual, permitindo que o Poder Judiciário tenha condições de aferir, objetivamente, quando estará ocorrendo um desequilíbrio entre as partes, possibilitando, assim, um efetivo controle do conteúdo dos contratos de consumo.

O Código Civil, preocupado com o equilíbrio contratual, também estipula meios para que se controle os contratos abusivos, ao determinar que a liberdade de contratar seja exercida em razão e nos limites da função social do contrato e que os contratantes sejam obrigados a guardar, tanto na conclusão do contrato, quanto na execução, os princípios de probidade e boa-fé (arts. 421 e 422).

Sobre as cláusulas abusivas, destacamos:

A IMPOSSIBILIDADE DE EXONERAÇÃO DA RESPONSABILIDADE DO FORNECEDOR

I - impossibilitem, exonerem ou atenuem a responsabilidade do fornecedor por vícios de qualquer natureza dos produtos e serviços ou impliquem renúncia ou disposição de direitos. Nas relações de consumo entre o fornecedor e o consumidor pessoa jurídica, a indenização poderá ser limitada, em situações justificáveis;

O fornecedor não poderá inserir em contrato cláusula que o isente do dever de indenizar ou mesmo que atenue a responsabilidade. São as chamadas *cláusulas de irresponsabilidade* que, quando inseridas em contratos, são consideradas nulas de pleno direito, como se não existissem, ou seja, não terão nenhuma eficácia perante o consumidor. De outra sorte, estaria quebrado o equilíbrio contratual, pois bastaria o fornecedor inserir cláusulas que eximissem e/ou atenuassem sua responsabilidade (já que a maioria dos contratos são de adesão), para que o consumidor ficasse desprotegido.

Com relação à responsabilidade pelo fato e por vício do produto e serviço (arts. 12 e ss. e 18 e ss.), o art. 25 prevê no mesmo sentido:

> **Art. 25.** É vedada a estipulação contratual de cláusula que impossibilite, exonere ou atenue a obrigação de indenizar prevista nesta e nas seções anteriores.

É muito comum frases do tipo "*o estacionamento não se responsabiliza por eventuais danos sofridos pelo veículo*". Assim, cláusula como essa é considerada como não escrita, devendo ser excluída no aferimento da responsabilidade pelo fornecedor.

Nesse sentido, a Súmula nº 130 do STJ:

> A empresa responde, perante o cliente, pela reparação de dano ou furto de veículos ocorridos em seu estacionamento.

A única exceção é no tocante às relações de consumo entre o fornecedor e o consumidor pessoa jurídica, em que a indenização poderá ser limitada em *situações justificáveis.* Esse tratamento diferenciado leva em conta que pessoas jurídicas, em geral, possuem maior capacidade de negociação e recursos para avaliar riscos, justificando, em certos casos, uma limitação prévia da responsabilidade indenizatória.

Para que se possa aceitar a limitação da responsabilidade, deverá o consumidor pessoa jurídica participar da negociação prévia da cláusula limitadora (geralmente uma pessoa jurídica de porte que tenha um corpo jurídico que possa analisar os riscos), já que ninguém aceita uma limitação se não receber algo em troca (preço melhor, maior garantia, maior prazo para pagamento etc.). Assim, deverá o juiz ter muita cautela no momento de analisar o que sejam "*situações justificáveis*", devendo, sobretudo, observar se não foi rompido o equilíbrio contratual.

IMPEDIMENTO DE REEMBOLSO

II - subtraiam ao consumidor a opção de reembolso da quantia já paga, nos casos previstos neste código;

Em vários momentos, o CDC previu a possibilidade de o consumidor ser reembolsado. Como exemplo, temos o inciso II do § 1º do art. 18; no caso do inciso IV do art. 19

e também do inciso II do art. 20. Mas, talvez o artigo mais lembrado no que se refere ao direito de reembolso é o art. 49 que prevê o direito de arrependimento. Exercido tal direito, o consumidor terá direito de ser reembolsado dos valores eventualmente pagos monetariamente atualizados.

Assim, a cláusula contratual que subtrair o direito ao reembolso será considerada nula. A nulidade de cláusulas que tentem suprimir essa opção protege o consumidor contra abusos contratuais, garantindo que ele não seja forçado a aceitar soluções alternativas, como um crédito na loja ou a troca por outro produto, quando prefere a devolução do valor.

TRANSFERÊNCIA DE RESPONSABILIDADE A TERCEIROS

III – transfiram responsabilidades a terceiros;

A cláusula que transfere a responsabilidade do fornecedor a terceiros é considerada nula pelo CDC. O CDC, com o objetivo de proteger o consumidor, impede que o fornecedor se exima de suas responsabilidades legais por meio de cláusulas contratuais que as transfiram a terceiros.

A responsabilidade do fornecedor provém da lei e visa garantir a segurança e a qualidade dos produtos e serviços disponibilizados no mercado de consumo. Permitir que essa responsabilidade seja transferida a terceiros por meio de uma simples cláusula contratual enfraqueceria a proteção do consumidor, que muitas vezes desconhece ou não tem poder de escolha sobre os terceiros envolvidos na cadeia de fornecimento.

Um exemplo prático da aplicação deste princípio seria a vedação de que agências de turismo transfiram a responsabilidade pelos danos causados ao consumidor a hotéis ou companhias aéreas. A agência de turismo, como fornecedora direta do pacote turístico, assume a responsabilidade integral perante o consumidor, mesmo que a falha na prestação do serviço tenha sido causada por um terceiro.

Nesse sentido, já decidiu o STJ que é vedado às agências de turismo, fornecedoras diretas de *pacotes turísticos*, transferir a responsabilidade pelos danos causados ao consumidor ao hotel ou às companhias aéreas.

> "Se vendeu 'pacote turístico', nele incluindo transporte aéreo por meio de voo fretado, a agência de turismo responde pela má prestação desse serviço." (STJ, REsp. 783016/SC; Rel. Min. Ari Pargendler, *DJ* 05/06/2006).

Vale ressaltar que, embora o fornecedor não possa se eximir de sua responsabilidade perante o consumidor, ele possui o direito de regresso contra o terceiro que efetivamente causou o dano. Isso significa que, após indenizar o consumidor, o fornecedor pode acionar judicialmente o terceiro responsável para reaver os valores pagos.

A nulidade da cláusula que transfere responsabilidade a terceiros reforça a proteção conferida ao consumidor pelo CDC, garantindo que ele tenha um canal direto de responsabilização em caso de danos decorrentes da relação de consumo.

OBRIGAÇÕES INÍQUAS E DESVANTAGEM EXAGERADA

IV – estabeleçam obrigações consideradas iníquas, abusivas, que coloquem o consumidor em desvantagem exagerada, ou sejam incompatíveis com a boa-fé ou a equidade;

Percebe-se a preocupação do legislador em manter sempre o equilíbrio contratual. Assim, são vedadas obrigações iníquas (injustas, contrárias à equidade), abusivas (que desrespeitam valores da sociedade) ou que ofendam o princípio da boa-fé objetiva (como a falta de cooperação, de lealdade, quando frustra a legítima confiança criada no consumidor) e a equidade (justiça do caso concreto). Assim, esse dispositivo busca proteger o consumidor contra condições contratuais excessivamente onerosas ou desequilibradas, que aproveitam sua vulnerabilidade e limitam indevidamente seus direitos.

Note-se que a boa-fé objetiva e a equidade são verdadeiras cláusulas gerais a serem observadas em todo e qualquer contrato de consumo. Exigirá do intérprete, então, diante de um caso concreto, buscar o verdadeiro equilíbrio entre as partes contratantes, de modo a alcançar a justiça contratual.

Dando aplicação a tais cláusulas gerais, o STJ não se tem admitido a cláusula que limita o tempo de internação em contratos de plano de saúde.

Esse entendimento acabou sumulado no ano de 2004, através da Súmula nº 302 do STJ: "*É abusiva a cláusula contratual de plano de saúde que limita no tempo a internação hospitalar do segurado.*"

Também foram consideradas abusivas cláusulas que impõem a responsabilidade total do consumidor pelas compras efetuadas com cartão de crédito furtado até o momento em que comunica o furto.

> "São nulas as cláusulas contratuais que impõem ao consumidor a responsabilidade absoluta por compras realizadas com cartão de crédito furtado até o momento (data e hora) da comunicação do furto. Tais avenças de adesão colocam o consumidor em desvantagem exagerada e militam contra a boa-fé e a equidade, pois as administradoras e os vendedores têm o dever de apurar a regularidade no uso dos cartões." (STJ, REsp. 348343/SP, Rel. Min. Humberto Gomes de Barros, *DJ* 26/06/2006).

Para a correta interpretação do termo "desvantagem exagerada" será fundamental a análise do § 1º do art. 51. Isso porque o legislador elencou algumas hipóteses em que a vantagem do fornecedor será presumidamente exagerada.

> § 1º Presume-se exagerada, entre outros casos, a vantagem que:
>
> I – ofende os princípios fundamentais do sistema jurídico a que pertence;
>
> II – restringe direitos ou obrigações fundamentais inerentes à natureza do contrato, de tal modo a ameaçar seu objeto ou equilíbrio contratual;
>
> III – se mostra excessivamente onerosa para o consumidor, considerando-se a natureza e conteúdo do contrato, o interesse das partes e outras circunstâncias peculiares ao caso.

Por ter o consumidor que se deslocar para outro foro diverso do seu domicílio para litigar em juízo, o STJ tem invalidado cláusula de foro de eleição, justamente porque coloca o consumidor em "desvantagem exagerada".[593]

---

593. O STJ tem entendido que a cláusula de eleição de foro somente é inválida quando causar uma desvantagem exagerada ao consumidor. Quando não causar, mesmo que se trate de relação de consumo, deve prevalecer a cláusula. "Pelo Código de Defesa do Consumidor, o que afasta a eficácia de cláusula pactuada, caracterizando-a como abusiva e tornando-a nula de pleno direito, é a excessividade do ônus que acarreta. Ausente a demonstração da excessividade onerosa ao adquirente de equipamento

> "FORO DE ELEIÇÃO PREVISTO EM CONTRATO DE ADESÃO. CONSÓRCIO. PREJUÍZO PARA A DEFESA. NULIDADE DE CLÁUSULA. CÓDIGO DE DEFESA DO CONSUMIDOR. [...] Padece de nulidade a cláusula eletiva de foro em contrato de adesão, que coloque o consumidor em desvantagem exagerada, causando prejuízo ou dificuldade para sua defesa." (STJ, REsp. 245640/SP).[594]

Finalmente, é preciso abordar o que a doutrina chama de "cláusula-surpresa".

Cláusulas-surpresa são aquelas que, como o próprio nome já diz, surpreendem o consumidor, justamente porque não possibilitam a correta informação sobre as suas consequências, não permitindo, portanto, que o consumidor celebre um contrato consciente.[595] Um exemplo clássico ocorre em contratos de prestação de serviços de internet, nos quais há uma cláusula, muitas vezes em letras miúdas, estipulando que a velocidade prometida pode variar conforme a "disponibilidade técnica". Essa condição, quando não claramente explicada, surpreende o consumidor ao perceber que a internet é consideravelmente mais lenta do que o anunciado.

Nelson Nery Júnior[596] expõe com clareza que "a proibição da cláusula-surpresa tem relação com a cláusula geral de boa-fé, estipulada no inciso IV do art. 51 do CDC. Ambas configuram uma técnica de interpretação da relação jurídica do consumidor, e, também, verdadeiros e abrangentes pressupostos negativos da validade e eficácia do contrato de consumo, quer dizer, as cláusulas contratuais devem obediência à boa-fé e equidade e não devem surpreender o consumidor após a conclusão do negócio, pois este contrato sob certas circunstâncias é devido à aparência global do contrato".

Continua o autor apontando que "vários critérios podem ser utilizados na investigação da surpresa extraordinária trazida por uma cláusula de contrato de consumo. Uma regra prática de grande utilidade parece aquela que coloca a questão da seguinte forma. É preciso que se investigue: a) o que o consumidor espera do contrato (expectativa); b) qual o conteúdo das cláusulas contestadas ou duvidosas. Se a discrepância entre a expectativa do consumidor e o conteúdo das cláusulas for tão grande, a ponto de justificar a sua estupefação e desapontamento, a cláusula se caracteriza como surpresa."

Assim, a título de exemplo, cláusula contratual de plano de saúde que prevê a possibilidade de reajuste sem especificar os critérios a serem utilizados, denota uma abusividade, na medida em que coloca o consumidor em estado de surpresa, diante da falta de informação.

---

médico de vultoso valor, capaz de conduzi-lo à desvantagem exagerada, mantida há de ser a cláusula acordada. Competência do juízo do foro de eleição, ficando prejudicado o agravo, por perda do objeto" (STJ, CC 40450/SP, Rel. Min. Castro Filho, 2ª Seção, *DJ* 14/06/2004).

594. A Lei nº 11.280, de 2006 incluiu o parágrafo único ao art. 112 do CPC/73 (corresponde ao §3º do art. 63 do novo CPC/15):

    Art. 112. Argúi-se, por meio de exceção, a incompetência relativa.

    Parágrafo único. A nulidade da cláusula de eleição de foro, em contrato de adesão, pode ser declarada de ofício pelo juiz, que declinará de competência para o juízo de domicílio do réu. No novo CPC/15, a redação ficou assim: Art. 63, § 3º: Antes da citação, a cláusula de eleição de foro, se abusiva, pode ser reputada ineficaz de ofício pelo juiz, que determinará a remessa dos autos ao juízo do foro de domicílio do réu.

595. "A transparência e a boa-fé permeiam a contratação na fase pré-contratual. É vedada a cláusula surpresa como garantia do equilíbrio contratual e do direito de informação ao consumidor." (STJ, REsp 1344967/SP, Rel. Ministro Ricardo Villas Bôas Cueva, Terceira Turma, DJe 15/09/2014)

596. *Código Brasileiro de Defesa do Consumidor Comentado pelos Autores do Anteprojeto*. 6ª ed. Rio de Janeiro: Forense Universitária, 2000, p. 503/504.

Com relação aos contratos de prestação de serviços educacionais, a lei nº 12.886, de 26 de novembro de 2013, acrescentou o § 7º ao art. 1º da lei nº 9.870/99, para dispor sobre a nulidade de cláusula contratual que obrigue o consumidor ao pagamento adicional ou ao fornecimento de qualquer material escolar de uso coletivo. Neste sentido, dispõe o § 7º do art. 1º da Lei nº 9.870:

> Art. 1º, § 7º. Será nula cláusula contratual que obrigue o contratante ao pagamento adicional ou ao fornecimento de qualquer material escolar de uso coletivo dos estudantes ou da instituição, necessário à prestação dos serviços educacionais contratados, devendo os custos correspondentes ser sempre considerados nos cálculos do valor das anuidades ou das semestralidades escolares."

Assim, a título de exemplo, materiais como giz, papel higiênico, produtos de limpeza, canetas de quadro branco, entre outros, por serem de uso coletivo, não poderão constar na lista de materiais dos alunos.

INVERSÃO DO ÔNUS DA PROVA

VI – estabeleçam inversão do ônus da prova em prejuízo do consumidor;

Conforme estudamos no inciso VIII do art. 6º, a inversão do ônus da prova somente poderá ocorrer a favor do consumidor, quando for verossímil sua alegação ou quando for considerado hipossuficiente. Nunca poderá ocorrer a favor do fornecedor, já que o próprio sistema do CDC foi elaborado para proteger o consumidor, uma vez que são considerados vulneráveis.

Nos casos previstos, a inversão do ônus da prova servirá para equilibrar a relação. Se fosse possível a inversão do ônus da prova em prejuízo do consumidor, certamente haveria um grave desequilíbrio, o que justamente o código visa evitar, pois, na maioria das vezes, é o fornecedor que possui os meios de prova, em decorrência do conhecimento do produto ou serviço. Assim, este inciso visa proteger o consumidor de cláusulas abusivas que transferem para ele a responsabilidade de provar fatos que, em uma relação de consumo, são mais facilmente demonstráveis pelo fornecedor, considerando que o fornecedor detém os registros, conhecimentos técnicos e controle sobre o produto ou serviço oferecido.

ARBITRAGEM COMPULSÓRIA

VII – determinem a utilização compulsória de arbitragem;

O legislador consumerista, em respeito ao princípio de proteção ao hipossuficiente, vedou a estipulação compulsória de convenção de arbitragem, por entender que seria prejudicial ao consumidor.

Com efeito, normalmente, no momento da contratação, faltam informações suficientes ao consumidor para que possa optar, de forma livre e consciente, pela adoção da arbitragem como meio de solucionar futuro conflito de consumo.

Vedou-se, assim, a adoção prévia e compulsória da arbitragem no momento da celebração do contrato. Porém, quando já configurado o conflito, é possível que seja instaurado o procedimento arbitral, caso haja consenso entre fornecedor e consumidor. Ou seja, somente é admissível a convenção da arbitragem pós-dano, momento em que o consumidor poderá, de forma mais consciente, optar pelo melhor meio de solução do litígio. A cláusula compromissória, quando instituída em contrato de adesão, deverá ser ratificada pelo consumidor posteriormente para que tenha eficácia. O que se busca evitar é a imposição da arbitragem. Assim, ainda que conste sua previsão em cláusula contratual assinada pelo consumidor, a arbitragem somente poderá ser instituída se com ela o consumidor anuir.[597] Dessa forma, mesmo que haja a cláusula compromissória no contrato assinado pelo consumidor, poderá este optar pela via judicial se assim o desejar.[598]

Acertadamente, o STJ caminhou nesse sentido:

> "Dessarte a instauração da arbitragem pelo consumidor vincula o fornecedor, mas a recíproca não se mostra verdadeira, haja vista que a propositura da arbitragem pelo policitante depende da ratificação expressa do oblato vulnerável, não sendo suficiente a aceitação da cláusula realizada no momento da assinatura do contrato de adesão. Com isso, evita-se qualquer forma de abuso, na medida em o consumidor detém, caso desejar, o poder de libertar-se da via arbitral para solucionar eventual lide com o prestador de serviços ou fornecedor. É que a recusa do consumidor não exige qualquer motivação. Propondo ele ação no Judiciário, haverá negativa (ou renúncia) tácita da cláusula compromissória.7. Assim, é possível a cláusula arbitral em contrato de adesão de consumo quando não se verificar presente a sua imposição pelo fornecedor ou a vulnerabilidade do consumidor, bem como quando a iniciativa da instauração ocorrer pelo consumidor ou, no caso de iniciativa do fornecedor, venha a concordar ou ratificar expressamente com a instituição, afastada qualquer possibilidade de abuso." (STJ, REsp 1189050/SP, Rel. Ministro Luis Felipe Salomão, Quarta Turma, DJe 14/03/2016)
>
> O Min. Luis Felipe Salomão observa que: "Com isso, evita-se qualquer forma de abuso, na medida em o consumidor detém, caso desejar, o poder de libertar-se da via arbitral para solucionar eventual lide com o prestador de serviços ou fornecedor. É que a recusa do consumidor não exige qualquer motivação. Propondo ele ação no Judiciário, haverá negativa (ou renúncia) tácita da cláusula compromissória."

Destaca-se as palavras da Ministra do STJ Nancy Andrighi,[599] aduzindo que o sistema arbitral, se bem conduzido e implementado, poderá ser uma grande arma dos consumidores, ao contrário do entendimento de boa parte da doutrina, que sustenta que o fornecedor irá se prevalecer do procedimento arbitral para oprimir o consumidor e lhe causar prejuízos.

Conclui a Ministra que "assim, o grande desafio hoje, aproximadamente dez anos após a entrada em vigor da Lei nº 9.307/1996 (Lei de Arbitragem), é incentivar a implementação

---

597. No caso de o consumidor aderir ao procedimento arbitral (adesão voluntária), impedirá posteriormente de se socorrer ao judiciário. Nesse sentido o STJ: "É possível a utilização de arbitragem para resolução de litígios originados de relação de consumo quando não houver imposição pelo fornecedor, bem como quando a iniciativa da instauração ocorrer pelo consumidor ou, no caso de iniciativa do fornecedor, venha a concordar ou ratificar expressamente com a instituição. Na hipótese, os consumidores celebraram, de forma autônoma em relação ao contrato de aquisição de imóvel, um termo de compromisso e participaram ativamente no procedimento arbitral. Os supostos fatos novos deduzidos pela recorrente no curso da arbitragem não permitem que se afaste a jurisdição arbitral sobre a resolução do litígio instaurado entre as partes." (STJ, REsp 1742547/MG, Rel. Ministra Nancy Andrighi, Terceira Turma, DJe 21/06/2019)

598. Assim, ajuizando a ação judicial, o consumidor estará, ainda que implicitamente, não anuindo ao procedimento arbitral. Nesse sentido o STJ: "Na hipótese sob julgamento, a atitude da recorrente (consumidora) de promover o ajuizamento da ação principal perante o juízo estatal evidencia, ainda que de forma implícita, a sua discordância em submeter-se ao procedimento arbitral, não podendo, pois, nos termos do art. 51, VII, do CDC, prevalecer a cláusula que impõe a sua utilização, visto ter-se dado de forma compulsória." (STJ, REsp 1628819/MG, Rel. Ministra Nancy Andrighi, Terceira Turma, DJe 15/03/2018)

599. ANDRIGHI, Fátima Nancy. "Arbitragem nas relações de consumo: uma proposta concreta". *Revista de Arbitragem e Mediação*, Brasília, ano 3, nº 9, p. 13-21, abril-junho, 2006.

de um sistema arbitral de consumo para que os consumidores possam ter acesso à solução célere e eficaz de seus conflitos, já antevendo a impotência dos Juizados Especiais Cíveis ou de Consumo de proporcionar a prestação jurisdicional em um tempo razoável, segundo o Direito Constitucional assegurado a todos os cidadãos."

Sobre o tema já se manifestou o STJ:

> "DIREITO PROCESSUAL CIVIL E CONSUMIDOR. CONTRATO DE ADESÃO. CONVENÇÃO DE ARBITRAGEM. LIMITES E EXCEÇÕES. ARBITRAGEM EM CONTRATOS DE FINANCIAMENTO IMOBILIÁRIO. CABIMENTO. LIMITES. 1. Com a promulgação da Lei de Arbitragem, passaram a conviver, em harmonia, três regramentos de diferentes graus de especificidade: (i) a regra geral, que obriga a observância da arbitragem quando pactuada pelas partes, com derrogação da jurisdição estatal; (ii) a regra específica, contida no art. 4º, § 2º, da Lei nº 9.307/96 e aplicável a contratos de adesão genéricos, que restringe a eficácia da cláusula compromissória; e (iii) a regra ainda mais específica, contida no art. 51, VII, do CDC, incidente sobre contratos derivados de relação de consumo, sejam eles de adesão ou não, impondo a nulidade de cláusula que determine a utilização compulsória da arbitragem, ainda que satisfeitos os requisitos do art. 4º, § 2º, da Lei nº 9.307/96. 2. O art. 51, VII, do CDC se limita a vedar a adoção prévia e compulsória da arbitragem, no momento da celebração do contrato, mas não impede que, posteriormente, diante de eventual litígio, havendo consenso entre as partes (em especial a aquiescência do consumidor), seja instaurado o procedimento arbitral. 3. As regras dos arts. 51, VIII, do CDC e 34 da Lei nº 9.514/97 não são incompatíveis. Primeiro porque o art. 34 não se refere exclusivamente a financiamentos imobiliários sujeitos ao CDC e segundo porque, havendo relação de consumo, o dispositivo legal não fixa o momento em que deverá ser definida a efetiva utilização da arbitragem." (STJ, REsp 1169841/RJ, Rel. Ministra Nancy Andrighi, Terceira Turma, DJe 14/11/2012)

IMPOSIÇÃO DE REPRESENTANTE

VIII – imponham representante para concluir ou realizar outro negócio jurídico pelo consumidor;

Não poderá o fornecedor, valendo-se da fragilidade e vulnerabilidade do consumidor, impor representante para celebrar negócio jurídico em seu nome. Essa disposição protege a autonomia do consumidor, impedindo que o contrato force-o a aceitar um representante ou intermediário que atue em seu lugar, especialmente em transações que envolvam questões importantes ou pessoais. Essa prática é considerada abusiva, pois retira do consumidor o direito de escolher livremente quem o representará ou, até mesmo, de decidir se deseja ser representado.

Muito comum, em contratos bancários, a conhecida "*cláusula mandato*" para, caso o consumidor fique inadimplente, o banco possa ser constituído como seu procurador, assinando nota promissória ou emitindo letra de câmbio.

O STJ, visando conter abusos, editou a Súmula nº 60:

> É nula a obrigação cambial assumida por procurador do mutuário vinculado ao mutuante, no exclusivo interesse deste.

Posteriormente, julgou que:

> "É nula a cláusula contratual em que o devedor autoriza o credor a sacar, para cobrança, título de crédito representativo de qualquer quantia em atraso. Isto porque tal cláusula não se coaduna com o contrato de mandato, que pressupõe a inexistência de conflitos entre mandante e manda-

tário. Ademais, a orientação desta Corte é no sentido de que a cláusula contratual que permite a emissão da nota promissória em favor do banco/embargado, caracteriza-se como abusiva, porque violadora do princípio da boa-fé, consagrado no art. 51, inciso IV, do Código de Defesa do Consumidor." (STJ, AgRg no REsp. 808603/RS, Rel. Min. Jorge Scartezzini, *DJ* 29/05/2006).

Mas, no tocante às administradoras de cartão de crédito, o STJ vem admitindo a legalidade da cláusula mandato[600], permitindo à administradora buscar recursos no mercado para financiar o usuário inadimplente.

"O entendimento da Segunda Seção desta Corte, a partir de 25/6/2003, quando do julgamento do REsp. nº 450.453/RS, Relator o Min. Aldir Passarinho Junior, está assentado no sentido da legalidade da cláusula-mandato e do enquadramento das empresas administradoras de cartão de crédito como instituições integrantes do sistema financeiro nacional." (STJ, AgRg no REsp. 693775/RS, Rel. Min. Fernando Gonçalves, *DJ* 26/09/2005).

Embora tenha reconhecido como válida à autorização dada pelo consumidor à administradora de cartão de crédito, para que este obtenha recursos no mercado financeiro para saldar eventuais dívidas e financiamentos, considerou como abusiva cláusula que permita a administradora emitir título de crédito em nome do consumidor.

"Compreende-se por abusiva a cláusula-mandato que prevê a emissão de título de crédito, por parte do mandatário contra o mandante, haja vista que tal procedimento expõe o outorgante à posição de extrema vulnerabilidade, a ponto de converter-se em prática ilegítima, eis que dela resulta um instrumento cambial apto a possibilitar a pronta invasão de seu patrimônio por meio da compensação bancária direta ou pela via executiva, reduzindo, inegavelmente, a sua capacidade defensiva, porquanto a expropriação estará lastrada em cártula que, em regra, por mera autorização contratual firmada em contrato de adesão, será sacada independentemente da intervenção do devedor/mandante". (STJ, REsp n. 1.084.640/SP, relator Ministro Marco Buzzi, Segunda Seção, DJe de 29/9/2015)[601]

---

600. Em interessante julgamento pela Segunda Seção do STJ, o Min. Marco Buzzi explicou as diversas formas de mandato existentes nos contratos de cartão de crédito: "A cláusula-mandato inserida nos contratos de cartão de crédito possui três acepções distintas, que embora decorram da relação de representação existente entre os interessados, ensejam efeitos jurídicos e materiais totalmente diversos. A primeira é inerente a todos os contratos de cartão de crédito, tenham eles sido estabelecidos com instituições financeiras ou administradoras de cartão private label, sendo o real objeto contratado, na qual a operadora se compromete a honrar o compromisso assumido por seu mandante/cliente/consumidor perante o comerciante/prestador de serviço, até o limite estabelecido mediante eventual remuneração (comumente denominada anuidade). A segunda, considerada válida e inerente aos contratos de cartão de crédito mantidos por operadoras de cartões private label refere-se à autorização dada pelo mandante (cliente/consumidor) ao mandatário (administradora de cartão de crédito), para que este obtenha recursos no mercado financeiro para saldar eventuais dívidas e financiamentos daquele. A terceira, reputada abusiva pelo ordenamento jurídico pátrio, é no sentido de admitir que o mandatário emita título de crédito em nome do devedor principal mandante/cliente/consumidor." (STJ, REsp 1084640/SP, Rel. Ministro Marco Buzzi, Segunda Seção, DJe 29/09/2015)

601. O Min. Marco Buzzi explicou as 3 hipóteses de cláusula mandato nos contratos de cartão de crédito: "A cláusula-mandato inserida nos contratos de cartão de crédito possui três acepções distintas, que embora decorram da relação de representação existente entre os interessados, ensejam efeitos jurídicos e materiais totalmente diversos. A primeira é inerente a todos os contratos de cartão de crédito, tenham eles sido estabelecidos com instituições financeiras ou administradoras de cartão private label, sendo o real objeto contratado, na qual a operadora se compromete a honrar o compromisso assumido por seu mandante/cliente/consumidor perante o comerciante/prestador de serviço, até o limite estabelecido mediante eventual remuneração (comumente denominada anuidade). A segunda, considerada

Resta ao consumidor, em se tratando de cláusula-mandato em contratos de cartão de crédito, requerer a prestação de contas a respeito dos encargos que lhe são cobrados, independentemente das faturas mensais que lhe são enviadas.

> "Na linha da orientação das turmas que integram a Segunda Seção deste Tribunal, o titular do cartão de crédito, independentemente do recebimento das faturas mensais, pode acionar judicialmente a administradora de cartão de crédito, objetivando receber a prestação de contas dos encargos que lhe são cobrados." (STJ, REsp. 651665/RS, Rel. Min. Castro Filho, *DJ* 25/10/2004).

OPÇÃO DE CONCLUSÃO DO NEGÓCIO

IX – deixem ao fornecedor a opção de concluir ou não o contrato, embora obrigando o consumidor;

O fornecedor não poderá inserir cláusula desobrigando-o de cumprir o contrato, porém obrigando somente o consumidor, pois feriria o equilíbrio contratual. Essa disposição protege o consumidor contra cláusulas que criem uma relação de consumo desequilibrada, na qual o consumidor fica vinculado ao contrato enquanto o fornecedor pode decidir unilateralmente se cumprirá ou não as suas obrigações. Esse tipo de cláusula é abusiva porque submete o consumidor a uma situação de incerteza e dependência, podendo frustrar suas expectativas legítimas e causar prejuízos financeiros ou práticos.

Vale lembrar que se o fornecedor se obrigou, seja por qualquer informação prestada, seja por publicidade, terá que cumpri-la nos moldes do art. 30. Caso seja necessário, o consumidor ainda poderá se valer do art. 35, obrigando o fornecedor a cumprir com o informado ou anunciado.

VARIAÇÃO UNILATERAL DO PREÇO

X – permitam ao fornecedor, direta ou indiretamente, variação do preço de maneira unilateral;

Cláusula que permita o fornecedor alterar, ao seu livre-arbítrio, o preço no contrato de consumo é inválida, pois acarretaria um desequilíbrio na relação jurídica, privilegiando o fornecedor em detrimento do consumidor. Qualquer alteração superveniente à formação contratual, deverá ser convencionada pelas partes, em igualdade de condições.

A possibilidade de alteração unilateral do preço cria uma situação de insegurança para o consumidor, que, ao contratar, espera que o valor acordado permaneça estável durante a vigência do contrato. Uma cláusula que permita variação unilateral do preço pode resultar em aumento inesperado de custos, dificultando o planejamento financeiro do consumidor e colocando-o em desvantagem. Desta forma, o inciso X ajuda a prevenir o superendividamento, pois impede que o consumidor seja surpreendido por reajustes

---

válida e inerente aos contratos de cartão de crédito mantidos por operadoras de cartões private label refere-se à autorização dada pelo mandante (cliente/consumidor) ao mandatário (administradora de cartão de crédito), para que este obtenha recursos no mercado financeiro para saldar eventuais dívidas e financiamentos daquele. A terceira, reputada abusiva pelo ordenamento jurídico pátrio, é no sentido de admitir que o mandatário emita título de crédito em nome do devedor principal mandante/cliente/consumidor."

arbitrários que comprometam seu orçamento e o levem a contrair dívidas para cumprir com suas obrigações contratuais.

Assim, são inválidas cláusulas que deixam para o fornecedor, de forma livre, a escolha dos índices do reajuste do contrato (pois é claro que sempre escolherá a maior), bem como as que possibilitam a alteração unilateral da taxa de juros do cheque especial ou do cartão de crédito.

CANCELAMENTO UNILATERAL DO CONTRATO

XI – autorizem o fornecedor a cancelar o contrato unilateralmente, sem que igual direito seja conferido ao consumidor;

Após a celebração do contrato, os contratantes têm o dever de cumprir com suas obrigações. Possibilitar somente a uma das partes, no caso o fornecedor, a opção de cancelar o contrato (resilição), causaria um grave desequilíbrio na relação, uma vez que geraria sensação de insegurança e incerteza ao consumidor. Assim, tal direito deve também ser concedido ao consumidor, colocando as partes em posição contratual de igualdade e equilíbrio.

Todavia, não basta a simples previsão de uma cláusula que permita ao consumidor rescindir o contrato para que o fornecedor tenha legitimidade para cancelá-lo unilateralmente. Isso porque, em muitas situações, o fornecedor pode usar esse artifício como uma forma de manipular as condições contratuais em seu próprio benefício, rescindindo o contrato com o consumidor apenas para oferecer um novo contrato a um preço mais elevado ou com condições menos vantajosas *(cláusula de resilição oportunista)*. Tal prática pode configurar violação à boa-fé objetiva e abuso de direito. Assim, o direito de cancelar o contrato deve ser exercido de forma equilibrada e justa, respeitando a confiança legítima e a segurança jurídica do consumidor.[602]

Nas relações bancárias, por exemplo, a jurisprudência já pacificou que o correntista tem o direito de ser informado previamente da extinção do contrato de cheque especial, diante da gravidade dos efeitos que decorrem da emissão de novos cheques pelo cliente, que confia na continuidade do contrato.

> "É abusivo o cancelamento do limite de crédito em contrato de conta-corrente vigente, sem que o correntista seja previamente comunicado." (STJ, REsp. 621577/RO, Rela. Mina. Nancy Andrighi, *DJ* 23/08/2004).

RESSARCIMENTO DE CUSTOS

XII – obriguem o consumidor a ressarcir os custos de cobrança de sua obrigação, sem que igual direito lhe seja conferido contra o fornecedor;

602. O STJ entendeu que a rescisão unilateral de contrato de seguro de vida em grupo pela seguradora, desde que prevista em cláusula contratual e com a devida notificação prévia ao segurado, não é abusiva e não fere o princípio da boa-fé objetiva. No caso, a seguradora informou o segurado de sua intenção de não renovar o contrato devido ao desequilíbrio atuarial, além de apresentar uma proposta alternativa, que foi recusada. Esse entendimento está alinhado com a jurisprudência da Segunda Seção do STJ, que permite a não renovação de seguros coletivos nestas condições, sem caracterizar violação ao Código de Defesa do Consumidor. (STJ, AgInt no REsp n. 1.585.935/SP, rel. Ministro Marco Buzzi, Quarta Turma, DJe de 28/2/2024).

Cláusula que confira somente ao fornecedor o direito de se ressarcir dos gastos com a cobrança, em razão do inadimplemento do consumidor, é considerada abusiva. Assim, tal direito deve ser concedido também ao consumidor, de modo a manter o equilíbrio nas relações consumeristas. Esse tipo de cláusula é considerada abusiva, pois coloca o consumidor em uma posição de desvantagem e desequilíbrio, ao transferir exclusivamente para ele a responsabilidade pelos custos de cobrança. Além de onerar o consumidor, essa prática fere o princípio da reciprocidade nas relações contratuais, em que ambas as partes devem ter direitos e deveres equivalentes, conforme a boa-fé objetiva.

> "Em contratos de consumo, além da existência de cláusula expressa para a responsabilização do consumidor, deve haver reciprocidade, garantindo-se igual direito ao consumidor na hipótese de inadimplemento do fornecedor. A liberdade contratual integrada pela boa-fé objetiva acrescenta ao contrato deveres anexos, entre os quais, o ônus do credor de minorar seu prejuízo buscando soluções amigáveis antes da contratação de serviço especializado. O exercício regular do direito de ressarcimento aos honorários advocatícios, portanto, depende da demonstração de sua imprescindibilidade para solução extrajudicial de impasse entre as partes contratantes ou para adoção de medidas preparatórias ao processo judicial, bem como da prestação efetiva de serviços privativos de advogado e da razoabilidade do valor dos honorários convencionados." (STJ, REsp 1274629/AP, Rel. Ministra Nancy Andrighi, Terceira Turma, DJe 20/06/2013)[603]

Em muitos casos, porém, não basta haver cláusula de ressarcimento de custos de cobrança em favor do consumidor para legitimar a cobrança pelo fornecedor. Da mesma forma que no inciso XI (possibilidade de resilição unilateral), deverá verificar se não há ofensa à boa-fé objetiva ou abuso do direito.

Nesse sentido, o STJ tem precedente no sentido de que cláusula que prevê o pagamento de honorários advocatícios quando não ajuizada nenhuma demanda judicial, sob o argumento de que a cobrança já foi encaminhada para um escritório de cobrança, deve ser considerada abusiva.[604]

> "É abusiva a cláusula que impõe a obrigação de pagar honorários advocatícios independentemente do ajuizamento de ação." (STJ, REsp. 364140/MG, Rel. Min. Ruy Rosado de Aguiar, *DJ* 12/08/2002).

Em outro caso, o STJ entendeu que somente nos casos em que realmente houver a necessidade (imprescindibilidade) de intervenção de um advogado para a solução extrajudicial é que poderão ser cobrados do consumidor os honorários extrajudiciais. Assim, somente em casos justificáveis (não bastando simplesmente a previsão contratual) é que

603. Asseverou a Min. Nancy Andrighi que, "antes que se proceda à efetiva contratação de advogado para a cobrança de débitos inadimplidos entre partes contratantes, é de se exigir a demonstração de tentativas de solução amigável frustradas. Do contrário, se a partir da mora o credor já contrata advogado, impingindo ao devedor um acréscimo considerável, muitas vezes, bastante superior aos encargos de mora, a contratação será desproporcional, portanto, abusiva e não sujeita ao ressarcimento."

604. No mesmo sentido, em aditamento ao elenco do art. 51 da Lei nº 8.078/1990, e do art. 22 do Decreto no 2.181/1997, a Secretaria de Direito Econômico do Ministério da Justiça (atualmente Secretaria Nacional do Consumidor) estabeleceu que são nulas *pleno jure* as cláusulas contratuais que "Obriguem o consumidor ao pagamento de honorários advocatícios sem que haja ajuizamento de ação correspondente" (Portaria nº 4, de 13/03/1998, item 9).

poderá haver a cobrança dos honorários advocatícios extrajudiciais, devendo ser previstos no contrato e em percentual razoável.[605]

> "DIREITO DO CONSUMIDOR. RECURSO ESPECIAL. AÇÃO CIVIL PÚBLICA. CLÁUSULA QUE PREVÊ RESPONSABILIDADE DO CONSUMIDOR QUANTO AOS HONORÁRIOS ADVOCATÍCIOS CONTRATUAIS DECORRENTES DE INADIMPLEMENTO CONTRATUAL. RECIPROCIDADE. LIMITES. ABUSIVIDADE. NÃO OCORRÊNCIA. 1. Os honorários contratuais decorrentes de contratação de serviços advocatícios extrajudiciais são passíveis de ressarcimento, nos termos do art. 395 do CC/02. 2. Em contratos de consumo, além da existência de cláusula expressa para a responsabilização do consumidor, deve haver reciprocidade, garantindo-se igual direito ao consumidor na hipótese de inadimplemento do fornecedor. 3. A liberdade contratual integrada pela boa-fé objetiva acrescenta ao contrato deveres anexos, entre os quais, o ônus do credor de minorar seu prejuízo buscando soluções amigáveis antes da contratação de serviço especializado. 4. O exercício regular do direito de ressarcimento aos honorários advocatícios, portanto, depende da demonstração de sua imprescindibilidade para solução extrajudicial de impasse entre as partes contratantes ou para adoção de medidas preparatórias ao processo judicial, bem como da prestação efetiva de serviços privativos de advogado e da razoabilidade do valor dos honorários convencionados. 5. Recurso especial provido." (STJ, REsp 1274629/AP, Rel. Ministra Nancy Andrighi, Terceira Turma, DJe 20/06/2013)

Já em outro precedente, o STJ não fez nenhuma ressalva, admitindo a cobrança dos honorários extrajudiciais, desde que previsto contratualmente e assegurado ao consumidor o mesmo direito.[606]

> "RECURSOS ESPECIAIS. CIVIL, PROCESSUAL CIVIL E CONSUMIDOR. AÇÃO CIVIL PÚBLICA. I – RECURSO DO BANCO PROMOVIDO: CONTRATO BANCÁRIO. LEASING. INCIDÊNCIA DE HONORÁRIOS ADVOCATÍCIOS EM CASO DE COBRANÇA EXTRAJUDICIAL. ÔNUS DECORRENTE DA MORA. RESPONSABILIDADE DO DEVEDOR. LEGALIDADE (CC/2002, ARTS. 389, 395 E 404). CONTRATO DE ADESÃO (CDC, ART. 51, XII). EXISTÊNCIA DE CLÁUSULA CONTRATUAL EXPRESSA. (...) Nas relações de consumo, havendo expressa previsão contratual, ainda que em contrato de adesão, não se tem por abusiva a cobrança de honorários advocatícios extrajudiciais em caso de mora ou inadimplemento do consumidor. Igual direito é assegurado ao consumidor, em decorrência de imposição legal, nos termos do art. 51, XII, do CDC, independentemente de previsão contratual." (STJ, REsp 1002445/DF, Rel. Ministro Marco Buzzi, Rel. p/ Acórdão Ministro Raul Araújo, Quarta Turma, DJe 14/12/2015)[607]

---

605. O que se percebe muitas vezes é a estipulação entre 10 a 20% a título de honorários advocatícios extrajudiciais. Ou seja, havendo o inadimplemento do consumidor, o valor correspondente a este percentual já é automaticamente incorporado ao valor do débito, onerando sobremaneira o consumidor. O interessante é que, na prática, é difícil verificar a condenação judicial em mais de 10% em honorários, considerando todo o trabalho desenvolvido no processo que, normalmente, leva vários anos para ser finalizado. E, extrajudicialmente, em poucos dias, muitas vezes, o fornecedor ganha um percentual de honorários maior que ganharia se houvesse o litígio.

606. Neste caso julgado pelo STJ a previsão era de 20% de honorários advocatícios extrajudiciais.

607. Há também precedente da Terceira Turma neste sentido: "É possível a cobrança de honorários advocatícios extrajudiciais se expressamente prevista em contrato, ainda que de adesão, em caso de mora ou inadimplemento por parte do consumidor. Precedentes." (STJ, AgInt no AgInt nos EDcl no REsp 1837360/DF, Rel. Ministro Ricardo Villas Bôas Cueva, Terceira Turma, DJe 17/11/2020).

Infelizmente, parece que o entendimento que vem prevalecendo no STJ é a legalidade da cláusula de cobrança de honorários extrajudicias, não analisando sobre a imprescindibilidade da atuação dos advogados. Neste sentido, basta haver a previsão contratual para efetuar a cobrança dos honorários extrajudiciais.

> "Segundo a orientação jurisprudencial das Turmas que compõem a Segunda Seção desta Corte, é válida a cláusula contratual que prevê o pagamento das despesas decorrentes da cobrança extrajudicial da obrigação, suportadas pelo credor. 2. A previsão contratual de honorários advocatícios em caso de inadimplemento da obrigação decorre diretamente do art. 389 do CC, não guardando qualquer relação com os honorários de sucumbência." (STJ, AgInt no REsp n. 1.730.248/PE, relator Ministro Paulo de Tarso Sanseverino, Terceira Turma, DJe de 19/5/2022.)

Esse entendimento do STJ, na prática, contraria o princípio da equivalência contratual, uma vez o consumidor raramente, ou praticamente nunca, tem a mesma prerrogativa de recuperar os gastos administrativos ou extrajudiciais que enfrenta ao cobrar o fornecedor pelo descumprimento de suas obrigações. Assim, o entendimento do STJ acaba favorecendo o fornecedor, que já detém maior poder na relação de consumo, e impõe um ônus adicional ao consumidor, perpetuando a sua vulnerabilidade e reduzindo sua capacidade de exigir um adimplemento justo e recíproco.

Mais recentemente, o STJ reconheceu também a validade de cláusula contratual que estipula o ressarcimento, em favor da instituição financeira, do custo administrativo de cobrança (ligações telefônicas para os consumidores inadimplentes), com base no art. 395 do CC e inciso XII do art. 51 do CDC. (STJ, REsp 1361699/MG, Rel. Ministro Ricardo Villas Bôas Cueva, Terceira Turma, DJe 21/09/2017)

MODIFICAÇÃO UNILATERAL DO CONTRATO

XIII – autorizem o fornecedor a modificar unilateralmente o conteúdo ou a qualidade do contrato, após sua celebração;

Embora desnecessária tal previsão, uma vez que contrária à boa-fé e ao equilíbrio entre as partes, mais uma vez a intenção do legislador é repelir qualquer privilégio concedido ao fornecedor frente ao consumidor. Esse dispositivo protege o consumidor contra mudanças inesperadas e indesejadas nas condições originalmente acordadas, assegurando que o contrato seja cumprido conforme as expectativas legítimas formadas no momento da contratação.

Assim, ficam vedadas quaisquer alterações feitas de forma unilateral pelo fornecedor, sem o consentimento do consumidor. São exemplos dessa proibição cláusulas que permitem ao fornecedor alterar as taxas de juros ou alterar os materiais que serão empregados em determinado serviço.

VIOLAÇÃO DE NORMAS AMBIENTAIS

XIV – infrinjam ou possibilitem a violação de normas ambientais;

Esse dispositivo reflete a preocupação do CDC com a responsabilidade socioambiental, reconhecendo que a proteção ao consumidor deve incluir também o compromisso com a sustentabilidade e a preservação do meio ambiente. Ao vedar cláusulas que incentivem ou permitam práticas prejudiciais ao ambiente, o CDC promove uma visão ampliada de consumo sustentável, em que a proteção ao consumidor e ao meio ambiente caminham lado a lado.

O direito ao meio ambiente ecologicamente equilibrado é garantia constitucional prevista no art. 225 da CF: "*Todos têm direito ao meio ambiente ecologicamente equilibrado, bem de uso comum do povo e essencial à sadia qualidade de vida, impondo-se ao Poder Público e a coletividade o dever de defendê-lo e preservá-lo para as presentes e futuras gerações.*"

Não se admite que cláusulas contratuais possam causar danos ao meio ambiente, ainda que sejam benéficas ao consumidor. Aqui, a proibição vale para as duas partes da relação. Essa disposição impede que contratos de consumo contenham termos que, direta ou indiretamente, promovam ações lesivas ao meio ambiente, como o uso excessivo de recursos naturais, o descarte inadequado de resíduos ou a exploração irresponsável de áreas protegidas. Por exemplo, um contrato de fornecimento de produtos agrícolas que imponha o uso de métodos de produção intensiva, com o uso excessivo de agrotóxicos e sem critérios sustentáveis, seria considerado abusivo caso violasse normas ambientais, colocando em risco tanto a saúde pública quanto o ecossistema local.

Quando se diz meio ambiente, deve-se levar em conta *o meio ambiente natural*, ou também chamado de físico, constituído pelo solo, água, ar, flora, fauna; *o meio ambiente cultural* (arts. 215, 216 e 218 da CF), integrado pelo patrimônio histórico, artístico, arqueológico, paisagístico e turístico; *o meio ambiente artificial* (arts. 182 e 183 da CF), consubstanciado no conjunto de edificações (espaço urbano) e equipamentos públicos (ruas, praças, áreas verdes etc.); e *o meio ambiente do trabalho* (arts. 7º, XXII, 200, VII e VIII, da CF) que integra a proteção do homem em seu local de trabalho, com observância às normas de segurança. Envolve saúde, prevenção de acidentes, dignidade da pessoa humana, salubridade e condições de exercício saudável do trabalho.

O STF também adotou essa classificação:

> [...] a atividade econômica, considerada a disciplina constitucional que a rege, está subordinada, dentre outros princípios gerais, àquele que privilegia a 'defesa do meio ambiente' (CF, art. 170, VI), que traduz conceito amplo e abrangente das noções de meio ambiente natural, de meio ambiente cultural, de meio ambiente artificial (espaço urbano) e de meio ambiente laboral. Os instrumentos jurídicos de caráter legal e de natureza constitucional objetivam viabilizar a tutela efetiva do meio ambiente, para que não se alterem as propriedades e os atributos que lhe são inerentes, o que provocaria inaceitável comprometimento da saúde, segurança, cultura, trabalho e bem-estar da população, além de causar graves danos ecológicos ao patrimônio ambiental, considerado este em seu aspecto físico ou natural (Adin nº 3.540-MC, Rel. Min. Celso de Mello, *DJ* 03/02/06).

Ao proibir essas cláusulas, o CDC reforça o dever de fornecedores e consumidores de respeitarem as normas ambientais, promovendo um consumo consciente que atenda aos princípios da sustentabilidade. Esse inciso também sinaliza a importância da boa-fé nas relações de consumo, já que consumidores e fornecedores compartilham a responsabilidade de zelar pelo meio ambiente e assegurar que suas práticas comerciais não comprometam os recursos naturais e o bem-estar das gerações futuras.

DESACORDO COM O SISTEMA DE PROTEÇÃO AO CONSUMIDOR

XV – estejam em desacordo com o sistema de proteção ao consumidor;

Interessante norma de abertura em que a doutrina e a jurisprudência desempenham importante papel na apreciação das cláusulas que estejam em desacordo com o sistema de proteção ao consumidor. Assim, cláusulas que desrespeitem direitos como a transparência, a informação adequada, a segurança e a reparação de danos são automaticamente nulas.

Por exemplo, uma cláusula em um contrato de financiamento que limite excessivamente o direito do consumidor de questionar encargos abusivos ou de pedir revisão judicial do contrato vai contra o sistema de proteção ao consumidor e, portanto, é considerada abusiva e inválida. Da mesma forma, uma cláusula que proíba o consumidor de recorrer ao Procon ou de buscar apoio jurídico na defesa de seus direitos também seria nula, pois contraria a estrutura protetiva estabelecida pelo CDC.

Esse inciso, portanto, assegura que os contratos de consumo sejam interpretados e aplicados em consonância com os princípios e objetivos do CDC, impedindo que o fornecedor imponha condições contratuais que enfraqueçam ou limitem as garantias fundamentais do consumidor.

Esse sistema não está contemplado apenas pelo CDC, mas também por qualquer norma que tutele, ainda que indiretamente, o consumidor. Assim vale destacar a Lei de Economia Popular (Lei nº 1.521/1951), Lei dos Crimes contra a Ordem Econômica (Lei nº 8.137/1990), Lei de Planos de Saúde (Lei nº 9.656/1998) etc.

RENÚNCIA À INDENIZAÇÃO POR BENFEITORIAS NECESSÁRIAS

XVI – possibilitem a renúncia do direito de indenização por benfeitorias necessárias;

Benfeitorias necessárias são aquelas que, a teor do art. 96, § 3º, do CC, têm por fim conservar a coisa ou evitar que se deteriore (ex.: conserto do teto de uma casa evitando sua ruína). Então, quando o consumidor precisar realizar qualquer benfeitoria necessária, terá sempre o direito de ser ressarcido pelos gastos efetuados, ainda que exista cláusula excluindo tal direito. Esse direito de indenização busca evitar que o consumidor, após ter assumido despesas indispensáveis para a manutenção ou uso do bem, seja prejudicado caso o fornecedor tente negar-lhe o reembolso.

Vale lembrar que, para o STJ, os contratos de locação predial urbana não estão submetidos aos dispositivos do CDC. Isso porque o art. 35 da Lei nº 8.245/1991 (lei que dispõe sobre as locações prediais urbanas) possibilita que cláusula contratual exclua o dever de indenização pelas benfeitorias necessárias.

> "Não é nula, nos contratos de locação urbana, a cláusula que estabelece a renúncia ao direito de retenção ou indenização por benfeitorias. Não se aplica às relações regidas pela Lei nº 8.245/1991, porquanto lei específica, o Código do Consumidor". (STJ, REsp. 575020/RS, Rel. José Arnaldo da Fonseca, *DJ* 08/11/ 2004).

CONDIÇÕES OU LIMITES DE ACESSO AOS ÓRGÃOS DOS PODER JUDICIÁRIO

XVII – condicionem ou limitem de qualquer forma o acesso aos órgãos do Poder Judiciário;

Cabe ao poder judiciário apontar, em última análise, o direito aplicável para a solução de determinado litígio, conferindo às partes a prestação jurisdicional devida. A Constituição Federal prevê como direito fundamental o direito de acesso, sem condições e limites, ao poder judiciário na medida em que assegura que a lei não poderá excluir tal garantia ao cidadão que estiver sofrendo ameaça ou lesão a direito. Da mesma forma, o art. 6º, VII, do CDC, garante ao consumidor *o acesso aos órgãos judiciários e administrativos* e o inciso VIII garante *a facilitação da defesa de seus direitos.*

A exigência da *pretensão resistida* para o que o consumidor se socorra do judiciário é inconstitucional. Condicionar o acesso ao judiciário à prévia negociação e negativa do fornecedor ou à participação obrigatória nas plataformas de conciliação e mediação, como o *consumidor.gov*, fere o direito constitucionalmente assegurado de ação.[608-609]

Se o legislador infraconstitucional não poderá determinar medidas restritivas de acesso aos órgãos do poder judiciário, muito menos cláusulas contratuais poderão condicionar ou limitar que o consumidor se socorra do poder judiciário visando a solução do seu litígio. Neste sentido, conforme já comentamos, a cláusula que imponha a arbitragem compulsória é abusiva, por limitar o acesso do consumidor à obtenção da prestação jurisdicional. Também será abusiva a cláusula que imponha a mediação de forma obrigatória como condição para o ajuizamento da ação pelo consumidor.

No mesmo sentido, também é abusiva a cláusula (e nula de pleno direito!) de eleição de foro que acarrete dificuldades para a defesa do consumidor, justamente por limitar o acesso ao poder judiciário. O STJ vem entendendo neste sentido apontando que "o foro de eleição contratual cede em favor do local do domicílio do devedor, sempre que constatado ser prejudicial à defesa do consumidor, podendo ser declarada de ofício a nulidade da cláusula de eleição pelo julgador" (STJ, AgInt no AREsp 1.337.742/DF, Rel. Ministro Luis Felipe Salomão, Quarta Turma, DJe de 08/04/2019).

---

608. Nesse sentido: "AGRAVO DE INSTRUMENTO. AÇÃO DECLARATÓRIA DE INEXISTÊNCIA DE DÉBITO C/C INDENIZAÇÃO POR DANOS MORAIS. *DECISÃO INTERLOCUTÓRIA QUE SUSPENDEU O PROCESSO E DETERMINOU A PRÉVIA UTILIZAÇÃO DA PLATAFORMA WWW.CONSUMIDOR.GOV.BR, SOB PENA DE EXTINÇÃO DO PROCESSO POR AUSÊNCIA DE PRETENSÃO RESISTIDA.* INCONFORMISMO DA PARTE AUTORA. PLEITO DE CONCESSÃO DA GRATUIDADE DA JUSTIÇA. BENEPLÁCITO DEFERIDO NA ORIGEM APÓS O MANEJO DO PRESENTE RECURSO. PERDA SUPERVENIENTE DO INTERESSE RECURSAL CONFIGURADA. NÃO CONHECIMENTO NESTE PARTICULAR. AVENTADA A NECESSIDADE DE REFORMA DO DECISUM, AO ARGUMENTO DE VIOLAÇÃO AO DIREITO DE ACESSO À JUSTIÇA. TESE ACOLHIDA. *PRESTAÇÃO DA TUTELA JURISDICIONAL QUE NÃO PODE SER CONDICIONADA À COMPROVAÇÃO DE PRÉVIA TENTATIVA DE RESOLUÇÃO DO CONFLITO PELA VIA EXTRAJUDICIAL. FERRAMENTA CONCILIATÓRIA VIRTUAL QUE É ALTERNATIVA À JUDICIALIZAÇÃO, E NÃO IMPOSIÇÃO. OBSERVÂNCIA AO PRINCÍPIO DA INAFASTABILIDADE JURISDIÇÃO (ART. 5º, INC. XXXV, DA CF). PROVIMENTO DO RECURSO NO PONTO PARA DETERMINAR O PROSSEGUIMENTO DO FEITO, SEM A EXIGÊNCIA DE SUBMISSÃO DA QUESTÃO À CONCILIAÇÃO VIRTUAL.* "Não há negar que a adoção da plataforma tecnológica disponibilizada ao consumidor, poderá ser útil para a hipótese de propositura de futura demanda judicial, no caso de insucesso na composição. *Ocorre que, por se tratar a ferramenta de uma alternativa para solução de conflitos de consumo, mostra-se inviável obrigar o consumidor à empregar essa via extrajudicial e condicioná-la ao exercício do direito de ação previsto no art. 5º, XXXV, da Constituição da República Federativa do Brasil de 1988.*" (TJ-SC – AI: 50037242020198240000, Rel. Rejane Andersen, Data de Julgamento: 17/11/2020, Segunda Câmara de Direito Comercial). No mesmo sentido: "RECURSO INOMINADO CÍVEL. CONSUMIDOR. BANCÁRIO. INTERESSE PROCESSUAL. NECESSIDADE DE PROVIDÊNCIA ADMINISTRATIVA PRÉVIA. PLATAFORMA CONSUMIDOR.GOV. FACULTATIVO. SENTENÇA ANULADA. RECURSO CONHECIDO E PARCIALMENTE PROVIDO. 1- O consumidor não precisa esgotar a via administrativa, para ter acesso ao Poder Judiciário, nos termos do art. 5º, XXXV, da CF. 2- A utilização da plataforma consumidor.gov é facultativa ao consumidor." (TJ-MT - RECURSO INOMINADO: 1001001-45.2023.8.11.0024, Primeira Turma Recursal, Data de Publicação: 26/03/2024)

609. O CNJ determinou a anulação da orientação normativa nº 1/20 do NUPEMEC do TJMG que exigia prévia comprovação da tentativa de negociação como condição para aferição do interesse processual, cabendo ao juiz suspender o feito, por prazo razoável, para que a parte comprove tal tentativa. Processo: 0004447-26.2021.2.00.0000.

PRAZOS DE CARÊNCIA E IMPEDIMENTO DO RESTABELECIMENTO INTEGRAL DOS DIREITOS DOS CONSUMIDORES

XVIII – estabeleçam prazos de carência em caso de impontualidade das prestações mensais ou impeçam o restabelecimento integral dos direitos do consumidor e de seus meios de pagamento a partir da purgação da mora ou do acordo com os credores;

O inciso XVIII veda a cláusula contratual que estipule prazo de carência na hipótese em que o consumidor está inadimplente, proibindo, igualmente, a restrição no exercício de algum direito quando já tenha ocorrido a purgação da mora ou acordo com os credores.

A estipulação da carência abusiva é a chamada carência superveniente e não a inicial. A carência inicial, típica de alguns contratos, como o contrato de plano de saúde, é lícita. O que configura a abusividade é a chamada carência superveniente, no decorrer do contrato, simplesmente porque o consumidor está inadimplente. Assim, a inadimplência das prestações não acarreta, automaticamente, a isenção do fornecedor em garantir a sua obrigação. Caberá ao fornecedor, em razão do inadimplemento, rescindir o contrato nas hipóteses legais e/ou cobrar as parcelas em mora. Enquanto não rescindido o contrato, não poderá alegar o fornecedor que o período da mora do consumidor constituiu-se em "prazo de carência".

Essa proteção é especialmente relevante em contratos de prestação de serviços continuados, como planos de saúde, financiamento habitacional e contratos de fornecimento de serviços essenciais, onde a continuidade do acesso ao serviço é crucial para o bem-estar e segurança do consumidor. O CDC, ao proibir tais cláusulas, protege o consumidor contra penalidades excessivas e garante que ele não seja submetido a condições que dificultem o pleno exercício de seus direitos após resolver sua inadimplência. Esse dispositivo promove o equilíbrio nas relações contratuais, evitando que o fornecedor imponha obstáculos desproporcionais ao restabelecimento dos direitos do consumidor, em respeito aos princípios da boa-fé e da razoabilidade.

Assim, nos moldes do art. 51, XVIII, será abusiva eventual cláusula de reversão após o acordo com os credores. Ou seja, após a homologação do acordo, não se admitirá que, em caso de descumprimento por parte do consumidor, sejam restabelecidos os valores e as condições originalmente pactuados.

PORTARIAS DA SECRETARIA NACIONAL DO CONSUMIDOR – CLÁUSULAS ABUSIVAS

Finalmente, em relação à proteção contratual, a Secretaria de Direito Econômico (atualmente Secretaria Nacional do Consumidor) do Ministério da Justiça emite portarias informando sobre as cláusulas que entende por abusivas.[610] Leonardo Bessa[611] bem expõe que "a SDE, quando edita elenco de novas cláusulas abusivas, na verdade, está apenas explicitando conclusões que podem ser extraídas diretamente da Lei nº 8.078/1990. Objetiva-se, com esse procedimento, conferir maior segurança e objetividade à análise da validade de determinadas cláusulas inseridas, especialmente, em contratos de adesão. A lista de cláusulas

610. Nesse sentido, temos a Portaria nº 4, de 13 de março de 1998; a Portaria nº 3, de 19 de março de 1999; a Portaria nº 3, de 15 de março de 2001, a Portaria nº 5, de 27 de agosto de 2002 e a Portaria nº 7, de 3 de setembro de 2003.

611. *Manual de Direito do Consumidor*, p. 315.

abusivas indicada pelo SDE é, também, um importante parâmetro para atuação uniforme dos Procons."

PRINCÍPIO DA CONSERVAÇÃO DOS CONTRATOS

§ 2º A nulidade de uma cláusula contratual abusiva não invalida o contrato, exceto quando de sua ausência, apesar dos esforços de integração, decorrer ônus excessivo a qualquer das partes.

O § 2º contempla o *princípio da conservação dos contratos*, pelo qual a nulidade de uma cláusula abusiva não contamina todo o contrato, devendo ser interpretado de modo a dar-lhe operatividade, excetuando quando, apesar dos esforços de integração, ocorrer ônus excessivo a qualquer das partes.

Assim, conforme estudamos, quando constatada a presença de cláusula mandato, por exemplo, deve ser declarada nula, mas o contrato continua surtindo seus efeitos, ou seja, continua válido, uma vez que a retirada da cláusula não afeta a essência do contrato.

O Código Civil contém dispositivo semelhante no art. 184:

> **Art. 184.** Respeitada a intenção das partes, a invalidade parcial de um negócio jurídico não o prejudicará na parte válida, se esta for separável; a invalidade da obrigação principal implica a das obrigações acessórias, mas a destas não induz a da obrigação principal.

Vale lembrar que o art. 6º, V, prescreve como direito básico do consumidor "a modificação das cláusulas contratuais que estabeleçam prestações desproporcionais ou sua revisão em razão de fatos supervenientes que as tornem excessivamente onerosas." Assim, o juiz não somente poderá afastar integralmente uma determinada cláusula abusiva, como também poderá modificar o conteúdo negocial, de modo a manter o equilíbrio entre as partes, conservando igualmente o contrato. Um exemplo seria a redução da taxa de juros estipulada contratualmente e que foi considerada abusiva.

No entanto, se a exclusão da cláusula resultar em ônus excessivo para qualquer uma das partes, mesmo após tentativas de ajuste, o contrato poderá ser considerado inválido. Esse cuidado visa evitar que o consumidor seja prejudicado por um contrato desbalanceado e inviável após a retirada da cláusula.

CONTROLE DAS CLÁUSULAS ABUSIVAS

§ 4º É facultado a qualquer consumidor ou entidade que o represente requerer ao Ministério Público que ajuíze a competente ação para ser declarada a nulidade de cláusula contratual que contrarie o disposto neste Código ou de qualquer forma não assegure o justo equilíbrio entre direitos e obrigações das partes.

Por fim, através do § 4º do art. 51, verificamos a possibilidade de se efetuar o controle judicial abstrato das cláusulas contratuais abusivas. Embora o § 4º somente cite o Ministério Público, a doutrina é uniforme no sentido de admitir que qualquer dos legitimados do art. 82 do CDC pode ingressar com ação coletiva para o controle judicial da cláusula abusiva.

O *controle judicial* das cláusulas contratuais abusivas tanto pode ocorrer nos limites de relação de consumo específica deduzida em juízo, por intermédio de ação proposta pelo consumidor interessado *(controle judicial concreto)*, quanto pode incidir sobre a totalidade das cláusulas contratuais estipuladas pelo fornecedor, por provocação do Ministério Público ou de quaisquer dos legitimados pelo art. 82 do CDC *(controle judicial abstrato)*.[612] A ação civil pública, com objetivo de controle abstrato judicial das cláusulas contratuais, mostra-se como o mais eficiente meio para o combate das práticas abusivas, tutelando os consumidores vulneráveis.

A diferença entre o controle judicial abstrato e o concreto está na eficácia da sentença, uma vez que, formulado pedido de controle abstrato, a decisão declaratória da abusividade da cláusula contratual fará coisa julgada *erga omnes* (tratando-se de direitos difusos) ou *ultra partes* (tratando-se de direitos coletivos). Entretanto, formulado pedido individual de declaração de abusividade de cláusula contratual, a coisa julgada somente abrangerá as partes integrantes da relação jurídica processual.

Já o *controle administrativo* das cláusulas abusivas,[613] somente poderá ser feito pelo Ministério Público (por meio do inquérito civil ou do termo de ajustamento de conduta) ou pela administração pública, nos limites de seu poder de fiscalização e regulamentação. Exemplo desse último caso seria os Procons aplicando multas, instaurando processos administrativos, notificando os fornecedores etc. Vale lembrar que os órgãos públicos também poderão realizar o termo de ajustamento de conduta, nos moldes do art. 5º, § 6º, da Lei nº 7.347/1985 (Lei da Ação Civil Pública).[614]

Note-se que, mesmo com os vetos do § 3º do art. 51[615] e do § 5º do art. 54,[616] ambos do Código de Defesa do Consumidor, que previam a intervenção do Ministério Público como agente controlador das cláusulas contratuais, o controle administrativo das cláusulas abusivas continua eficaz. As únicas consequências reais do veto presidencial foram quanto ao caráter geral da decisão em inquérito civil proferida pelo Ministério Público e o da não obrigatoriedade dos fornecedores remeterem ao Ministério Público cópia do formulário-padrão utilizados nos contratos de adesão.

---

612. Alberto do Amaral Jr., *Comentários ao Código de Proteção do Consumidor*, trabalho coordenado por Juarez de Oliveira, Ed: Saraiva, 1991, p. 193.

613. Cláudio Bonatto diferencia o "*controle administrativo em abstrato*" do "*controle administrativo em concreto*". Para o autor, o controle administrativo em abstrato teria o objetivo de apurar a existência de cláusula com potencial abusivo em formulário-padrão, utilizado para futura contratação, oriundo da administração pública ou de qualquer fornecedor privado, sendo irrelevante que já tenha havido ou não a concretização do contrato de adesão com base no referido formulário. Essa forma de controle diz respeito aos direitos difusos, uma vez que seus titulares são indeterminados. Por sua vez, o controle administrativo em concreto ocorre nas situações originadas de contratos já consumados mediante a adesão de consumidores. Visa à supressão ou modificação das cláusulas abusivas constantes dos contratos já firmados e a indenização dos danos porventura já sofridos pelos consumidores. Diz respeito aos direitos coletivos e individuais homogêneos, já que seus titulares são determináveis. *Código de Defesa do Consumidor. Cláusulas abusivas nas relações contratuais de consumo.* 2ª ed. Porto Alegre: Livraria do Advogado, p. 115/122.

614. Art. 5º, § 6º, da Lei nº 7.347/1985: "Os órgãos públicos legitimados poderão tomar dos interessados compromisso de ajustamento de sua conduta às exigências legais, mediante cominações, que terá eficácia de título executivo extrajudicial."

615. § 3º do art. 51: "O Ministério Público, mediante inquérito civil, pode efetuar o controle administrativo abstrato e preventivo das cláusulas contratuais gerais, cuja decisão terá caráter geral."

616. § 5º do art. 54: "Cópia do formulário será remetida ao Ministério Público que, mediante inquérito civil, poderá efetuar o controle preventivo das cláusulas gerais dos contratos de adesão."

CLÁUSULAS E PRÁTICAS ABUSIVAS NOS CONTRATOS BANCÁRIOS

Conforme já exposto no comentário ao art. 3º, o STF pacificou o entendimento, através da Adin nº 2.591, que as instituições financeiras estão sujeitas ao CDC. Mesmo antes do julgamento da ação direta de inconstitucionalidade, o STJ vinha, reiteradamente, aplicando o CDC às instituições financeiras, tendo, inclusive, sumulado o assunto (Súmula nº 297: "*O Código de Defesa do Consumidor é aplicável às instituições financeiras*").

Em razão dos inúmeros julgamentos recentes envolvendo instituições financeiras em incidentes de recursos repetitivos, preferimos condensar os entendimentos do STF e do STJ.

1. JUROS REMUNERATÓRIOS

Os juros remuneratórios têm como finalidade remunerar o capital disponibilizado pelo mutuante.

Assim ficou decidido no REsp. 1061530/RS, Rela. Mina. Nancy Andrighi, Segunda Seção, *DJe* 10/03/2009:

> ORIENTAÇÃO 1 – JUROS REMUNERATÓRIOS
>
> a) As instituições financeiras não se sujeitam à limitação dos juros remuneratórios estipulada na Lei de Usura (Decreto nº 22.626/1933), Súmula no 596/STF;
>
> b) A estipulação de juros remuneratórios superiores a 12% ao ano, por si só, não indica abusividade;
>
> c) São inaplicáveis aos juros remuneratórios dos contratos de mútuo bancário as disposições do art. 591 c/c o art. 406 do CC/2002;
>
> d) É admitida a revisão das taxas de juros remuneratórios em situações excepcionais, desde que caracterizada a relação de consumo e que a abusividade (capaz de colocar o consumidor em desvantagem exagerada – art. 51, §1º, do CDC) fique cabalmente demonstrada, ante às peculiaridades do julgamento em concreto.

A letra "b" da Orientação 1 acabou se transformando em súmula. É a Súmula nº 382 do STJ, com igual teor: *"A estipulação de juros remuneratórios superiores a 12% ao ano, por si só, não indica abusividade."*[617]

Importante lembrar que o STJ entende que a Instituição não financeira – dedicada ao comércio varejista em geral – não pode estipular, em suas vendas a crédito, pagas em prestações, juros remuneratórios superiores a 1% ao mês, ou a 12% ao ano. (STJ, REsp 1720656/MG, Rel. Ministra Nancy Andrighi, Terceira Turma, DJe 07/05/2020)

Segundo o entendimento consolidado na Súmula nº 296 do STJ, os juros remuneratórios serão devidos após o vencimento do contrato, à taxa média de mercado, desde que não supere o limite avençado, permitindo-se a cumulação com os encargos da inadimplência, com exceção da comissão de permanência. O teor da Súmula nº 296 é o seguinte: "*Os juros remuneratórios, não cumuláveis com a comissão de permanência, são devidos no período de inadimplência, à taxa média de mercado estipulada pelo Banco Central do Brasil, limitada ao*

617. As empresas de factoring não integram o Sistema Financeiro Nacional, de tal modo que a taxa de juros remuneratórios está limitada em 12% ao ano. (STJ, AgRg nos EDcl no Ag 887.676/SP, Rel. Ministro João Otávio de Noronha, Quarta Turma, DJe 27/05/2010)

percentual contratado." Assim, os juros remuneratórios, desde que pactuados, são devidos desde o vencimento da obrigação até a quitação pelo devedor.

Em incidente de recurso repetitivo, o STJ definiu que os contratos bancários sem previsão de juros remuneratórios podem ser revistos pela taxa média de mercado.

> BANCÁRIO. RECURSO ESPECIAL. AÇÃO REVISIONAL DE CLÁUSULAS DE CONTRATO BANCÁRIO. INCIDENTE DE PROCESSO REPETITIVO. JUROS REMUNERATÓRIOS. CONTRATO QUE NÃO PREVÊ O PERCENTUAL DE JUROS REMUNERATÓRIOS A SER OBSERVADO. I – JULGAMENTO DAS QUESTÕES IDÊNTICAS QUE CARACTERIZAM A MULTIPLICIDADE. ORIENTAÇÃO – JUROS REMUNERATÓRIOS 1 – Nos contratos de mútuo em que a disponibilização do capital é imediata, o montante dos juros remuneratórios praticados deve ser consignado no respectivo instrumento. Ausente a fixação da taxa no contrato, o juiz deve limitar os juros à média de mercado nas operações da espécie, divulgada pelo Bacen, salvo se a taxa cobrada for mais vantajosa para o cliente. 2 – Em qualquer hipótese, é possível a correção para a taxa média se for verificada abusividade nos juros remuneratórios praticados. (STJ, REsp 1112879 / PR, Rel. Min. Nancy Andrighi, DJe 19/05/2010)

Esta orientação acabou sumulada pelo STJ. É o teor da Súmula 530 do STJ: *"nos contratos bancários, na impossibilidade de comprovar a taxa de juros efetivamente contratada – por ausência de pactuação ou pela falta de juntada do instrumento aos autos -, aplica-se a taxa média de mercado, divulgada pelo Bacen, praticada nas operações da mesma espécie, salvo se a taxa cobrada for mais vantajosa para o devedor".*

Para a análise da taxa média, é preciso verificar a mesma modalidade de contrato. Nesse sentido, o STJ não autorizou a aplicação da taxa média de juros de cheque especial para as operações de cartões de crédito. No caso, como o BACEN não elabora tabela acerca de taxa média de mercado para os contratos de cartão de crédito, o tribunal estadual tinha autorizado a aplicação analógica da taxa média do cheque especial. A Min. Isabel Gallotti destacou que *"o exame do caráter abusivo da taxa aplicada deve ser feito com base na média observada para a mesma espécie de contrato, levando-se em conta as especificidades do mercado para aquela modalidade de contratação em discussão na causa."* (STJ, REsp 1487562/ RS, Rel. Ministra Maria Isabel Gallotti, Quarta Turma, DJe 03/06/2015)

1.1. Juros remuneratórios e SFH

Através do incidente de recurso repetitivo, no REsp. 1070297/ PR, Rel. Min. Luis Felipe Salomão, Segunda Seção, *DJe* 18/09/2009, o STJ entendeu que o art. 6º, alínea *e*, da Lei nº 4.380/1964 (lei que regulamenta o SFH), não estabelece limitação dos juros remuneratórios. Dessa forma, nos contratos de SFH também não há limitação expressa de juros remuneratórios.

Desse julgamento originou-se a *Súmula nº 422 do STJ*:

> **Súmula nº 422 do STJ** – *"Os juros remuneratórios não estão limitados nos contratos vinculados ao Sistema Financeiro da Habitação."*

1.2. Juros remuneratórios e cartão de crédito

Incide a *Súmula nº 283 do STJ*: *"As empresas administradoras de cartão de crédito são instituições financeiras e, por isso, os juros remuneratórios por elas cobrados não sofrem as limitações da Lei de Usura."*

2. JUROS MORATÓRIOS

Juros moratórios são aqueles pagos pelo mutuário ao mutuante em decorrência da mora no cumprimento da prestação estabelecida no contrato.

Ficou decidido o seguinte no REsp. 1061530/RS, Rela. Mina. Nancy Andrighi, Segunda Seção, *DJe* 10/03/2009:

> ORIENTAÇÃO 3 – JUROS MORATÓRIOS
>
> Nos contratos bancários, não regidos por legislação específica, os juros moratórios poderão ser convencionados até o limite de 1% ao mês.

Este entendimento acabou sumulado. É a *Súmula nº 379 do STJ* (igual ao teor da orientação 3): *"Nos contratos bancários não regidos por legislação específica, os juros moratórios poderão ser convencionados até o limite de 1% ao mês."*

Ademais, entende o STJ que "independentemente de pactuação entre as partes contratantes, os juros moratórios, por expressa imposição legal, são devidos em caso de retardamento na restituição do capital emprestado, decorrendo sua exigibilidade, atualmente, da norma prevista no art. 406 do Código Civil." (STJ, REsp 1431572/SC, Rel. Ministro Ricardo Villas Bôas Cueva, Terceira Turma, DJe 20/06/2016)

3. MULTA MORATÓRIA

Incide a *Súmula nº 285 do STJ*: *"Nos contratos bancários posteriores ao Código de Defesa do Consumidor incide a multa moratória nele prevista."*

Vale lembrar que a multa moratória prevista no CDC não poderá ser superior a 2% (dois por cento) do valor da prestação (§ 1º do art. 52).

Ademais, entende o STJ que "a multa moratória, espécie de cláusula penal (ou pena convencional), é estipulada contra aquele que retarda o cumprimento do ato ou fato a que se obrigou, dependendo sua exigibilidade, portanto, de prévia convenção contratual." (STJ, REsp 1431572/SC, Rel. Ministro Ricardo Villas Bôas Cueva, Terceira Turma, julgado em 07/06/2016, DJe 20/06/2016)

Assim, diferentemente dos juros moratórios, que se não estipulados em contrato, terá aplicação do art. 406 do CC (1%), a multa moratória tem caráter convencional, devendo ser cobrada somente se prevista no contrato.

4. CAPITALIZAÇÃO DE JUROS

De acordo com o STJ, a capitalização de juros (conhecida como juros sobre juros) nos contratos de mútuo somente é possível com previsão contratual. Assim, tanto para a capitalização mensal (que já havia súmula do STJ prevendo a necessidade de prévia pactuação – súmula 539) como para a capitalização anual, é necessária a prévia pactuação entre as partes contratantes. Em julgamento de recurso repetitivo, foi definida a seguinte tese:

> "A cobrança de juros capitalizados nos contratos de mútuo é permitida quando houver expressa pactuação." (STJ, REsp 1388972/SC, Rel. Ministro Marco Buzzi, Segunda Seção, DJe 13/03/2017)

Com relação à capitalização diária de juros, o STJ não vem aceitando sobre o argumento de que não houve expressa previsão contratual.[618] Havendo ou não expressa previsão nos contratos celebrados com os consumidores, o que se espera do STJ é que defina pela sua abusividade, uma vez que a capitalização diária eleva de maneira abrupta e desproporcional o valor da dívida do consumidor.

De maneira bem elucidativa, o Min. Paulo de Tarso Sanseverino demonstrou no REsp 1568290/RS, DJe 02/02/2016, através de uma simulação, o aumento considerável de uma dívida quando aplicados os juros diários capitalizados em relação à mesma dívida com juros mensais capitalizados.

> "A propósito, confira-se a simulação realizada com base numa dívida de R$ 1.000,00 num contrato de cheque especial, em que a taxa de efetiva de juros cobrada é de 10,53% ao mês e de 232,54% ao ano.

Meses	Simples	Mensal	Diária	Diferença
0 –	1.000,00	1.000,00	1.000,00	0
12 –	2.263,60	3.327,77	3.530,32	202,55
24 –	3.527,20	11.054,12	12.463,14	1.409,02
36 –	4.790,80	36.752,43	43.998,81	7.246,38
48 –	5.054,40	122.193,52	155.329,74	33.136,22
60 –	7.318,00	406.265,74	548.363,17	142.097,43

Observação: vejam que a dívida em 60 meses aumentou R$ 142.097,43 em relação a mesma dívida com juros mensais capitalizados.

Assim, ainda que previamente informada aos consumidores e expressamente pactuada, a capitalização diária de juros deve ser considerada abusiva, por colocar o consumidor em desvantagem exagerada.

Mas infelizmente o STJ vem aceitando a capitalização diária se for devidamente informada ao consumidor.

618. "RECURSO ESPECIAL. CIVIL E PROCESSUAL CIVIL. CÉDULA DE CRÉDITO BANCÁRIO. CAPITALIZAÇÃO DIÁRIA. TAXA NÃO INFORMADA. DESCABIMENTO. VIOLAÇÃO A DISPOSITIVOS CONSTITUCIONAIS. DESCABIMENTO. 1. Controvérsia acerca da capitalização diária em contrato bancário. 2. Comparação entre os efeitos da capitalização anual, mensal e diária de uma dívida, havendo viabilidade matemática de se calcular taxas de juros equivalentes para a capitalização em qualquer periodicidade (cf. REsp 973.827/RS). 3. Discutível a legalidade de cláusula de capitalização diária de juros, em que pese a norma permissiva do art. 5º da Medida Provisória 2.170-36/2001. Precedentes do STJ. 4. Necessidade, de todo modo, de fornecimento pela instituição financeira de informações claras ao consumidor acerca da forma de capitalização dos juros adotada. 5. Insuficiência da informação a respeito das taxas equivalentes sem a efetiva ciência do devedor acerca da taxa efetiva aplicada decorrente da periodicidade de capitalização pactuada. 6. Necessidade de se garantir ao consumidor a possibilidade de controle 'a priori' do contrato, mediante o cotejo das taxas previstas, não bastando a possibilidade de controle 'a posteriori'. 7. Violação do direito do consumidor à informação adequada. 8. Aplicação do disposto no art. 6º, inciso III, combinado com os artigos 46 e 52, do Código de Defesa do Consumidor (CDC). 9. Reconhecimento da abusividade da cláusula contratual no caso concreto em que houve previsão de taxas efetivas anual e mensal, mas não da taxa diária." (STJ, REsp 1568290/RS, Rel. Ministro Paulo de Tarso Sanseverino, Terceira Turma, DJe 02/02/2016)

"Controvérsia acerca do cumprimento de dever de informação na hipótese em que pactuada capitalização diária de juros em contrato bancário. 2. Necessidade de fornecimento, pela instituição financeira, de informações claras ao consumidor acerca da periodicidade da capitalização dos juros adotada no contrato, e das respectivas taxas. 3. Insuficiência da informação acerca das taxas efetivas mensal e anual, na hipótese em que pactuada capitalização diária, *sendo imprescindível, também, informação acerca da taxa diária de juros, a fim de se garantir ao consumidor a possibilidade de controle 'a priori' do alcance dos encargos do contrato.*" (STJ, REsp 1826463/SC, Rel. Ministro Paulo de Tarso Sanseverino, Segunda Seção, julgado em 14/10/2020, DJe 29/10/2020)

4.1. Capitalização anual

O STJ admite a capitalização anual dos juros nos contratos firmados com as instituições financeiras, desde que previamente pactuados.

CAPITALIZAÇÃO ANUAL DOS JUROS – AUSÊNCIA DE PACTUAÇÃO – INCIDÊNCIA – INADMISSIBILIDADE – RECURSO IMPROVIDO. I – Não prospera a argumentação aduzida no presente recurso, pois, ainda que exista previsão legal acerca da capitalização anual dos juros, o que não se nega, é certo que sua incidência depende de estipulação contratual clara e precisa, porquanto, por gerar ônus à parte, não é autoaplicável (STJ, AgRg nos EDcl no REsp. 1057172 / RS, Rel. Min. Massami Uyeda, DJe 30/09/2008).

4.2. Capitalização mensal

O STJ admite a capitalização mensal dos juros pelas instituições financeiras nos casos legalmente previstos.

Assim, o STJ admite a capitalização nos títulos de crédito rural (DL no 167/1967), nos títulos de crédito industrial (Decreto-Lei nº 413/1969, e nos títulos de crédito comercial (Lei nº 6.840/1980). É o teor da *Súmula nº 93 do STJ*: "*A legislação sobre cédulas de crédito rural, comercial e industrial admite o pacto de capitalização de juros.*"

O STJ entende que a capitalização dos juros em periodicidade mensal é admitida para os contratos celebrados a partir de 31 de março de 2000 (MP no 1.963-17/2000), desde que pactuada. É o teor da Súmula 539 do STJ: "*é permitida a capitalização de juros com periodicidade inferior à anual em contratos celebrados com instituições integrantes do Sistema Financeiro Nacional a partir de 31/3/2000 (MP 1.963-17/00, reeditada como MP 2.170-36/01), desde que expressamente pactuada.*"

Nesse sentido, a *Súmula nº 121 do STF* foi mitigada. Prescreve a referida súmula que: "*É vedada a capitalização de juros, ainda que expressamente convencionada.*"

4.3. Capitalização de juros nos contratos de SFH (Sistema Financeiro da Habitação)

Os contratos celebrados para aquisição da casa própria, no âmbito do Sistema Financeiro da Habitação, são regidos por leis próprias, notadamente a Lei nº 4.380/1964, a qual, somente em recente alteração legislativa (Lei nº 11.977 de 7 de julho de 2009), previu o cômputo capitalizado de juros em periodicidade mensal.

Lei nº 4.380/1964

Art. 15-A. É permitida a pactuação de capitalização de juros com periodicidade mensal nas operações realizadas pelas entidades integrantes do Sistema Financeiro da Habitação – SFH.

Assim, até a edição dessa lei, o STJ entende que é indevida a capitalização de juros, em qualquer periodicidade, nos contratos de mútuo bancário vinculados ao Sistema Financeiro Habitacional, mesmo que haja previsão contratual expressa, em face da inexistência de previsão legal. Este entendimento foi consolidado no incidente de recurso repetitivo, REsp. 1070297 / PR, Rel. Min. Luis Felipe Salomão, *DJe* 18/09/2009.

4.4. Capitalização de juros. Tabela *Price* nos contratos de SFH

Consoante entendimento consagrado no paradigmático recurso especial repetitivo nº 1.070.297/PR, relatado pelo Exmo. Min. Luis Felipe Salomão, não cabe ao STJ aferir se há capitalização de juros com a utilização da Tabela *Price*, por força das Súmulas nºs 5 e 7 do STJ.

> SFH. CONTRATO. REVISÃO. TABELA *PRICE*. INCIDÊNCIA DE JUROS CAPITALIZADOS. REEXAME DE PROVA. SÚMULAS 5 E 7/STJ. – A existência, ou não, de capitalização de juros no sistema de amortização conhecido como Tabela *Price*, constitui questão de fato, a ser solucionada a partir da interpretação das cláusulas contratuais e/ou provas documentais e periciais, procedimento que encontra óbice nas Súmulas nos 5 e 7/STJ. – Do ponto de vista estritamente econômico-financeiro, a taxa efetiva de juros pressupõe capitalização. Isto é, temos a taxa nominal, em que o período de formação e incorporação dos juros ao capital não coincide com aquele a que a taxa está referida (ex: 12% ao ano, com capitalização mensal), e a taxa efetiva, em que tais períodos coincidem (ex: 1% ao mês, com capitalização mensal). Em outras palavras, na taxa efetiva de juros a unidade de tempo de referência é igual à unidade de tempo dos períodos de capitalização. A despeito disso, em contratos bancários é comum o uso de metodologias próprias de cálculo de juros, inclusive com a utilização equivocada de termos econômico-financeiros, sem rigorismo técnico. Diante disso, somente por intermédio de cálculos matemáticos é possível certificar-se quanto à existência ou não de capitalização nas taxas de juros aplicadas ao negócio. Recurso especial a que se nega provimento (STJ, REsp. 894682 / RS, Rela. Mina. Nancy Andrighi, *DJe* 29/10/2009).

4.5. Capitalização de juros e cartão de crédito

Aplica-se o mesmo entendimento exposto nos itens 4.1 e 4.2.

4.5.1. Capitalização anual

O STJ admite a incidência de capitalização anual dos juros nos contratos de cartão de crédito, desde que previamente pactuados.

4.5.2. Capitalização mensal

O STJ admite a incidência de capitalização mensal para os contratos celebrados a partir de 31 de março de 2000 (MP nº 1.963-17/2000), desde que pactuada.

4.6. Capitalização de juros

A previsão no contrato bancário de taxa de juros anual superior ao duodécuplo da mensal é suficiente para permitir a cobrança da taxa efetiva.

O STJ, em julgamento da Segunda Seção, em sede de recurso repetitivo, entendeu como previsão expressa da capitalização de juros em contrato de financiamento bancário a simples estipulação de taxas de juros anual e mensal, sendo a taxa anual superior a doze vezes a taxa mensal. Assim, atualmente, não precisa constar no contrato a informação expressa de que os juros são capitalizados. Basta a indicação da taxa de juros anual e mensal. Se a taxa de juros mensal, multiplicada por doze, for inferior à taxa anual, então haverá capitalização.

Ex.:

Taxa de juros anual: 21,79%,

Taxa de juros mensal: 1,66%

A taxa de juros mensal (1,66%) multiplicado por doze (meses) resulta em 19,92% ao ano. Ou seja, a taxa de juros anual é maior que o duodécimo da taxa de juros mensal.

Este é o teor da Súmula 541 do STJ: *"a previsão no contrato bancário de taxa de juros anual superior ao duodécuplo da mensal é suficiente para permitir a cobrança da taxa efetiva anual contratada."*

Com a devida vênia, não concordamos com o entendimento adotado pelo STJ. Isso porque este entendimento ofende claramente o direito de informação do consumidor. Não podemos exigir que o consumidor brasileiro, em sua grande maioria desprovido de conhecimentos técnicos, faça a conta para perceber se há capitalização ou não. Ademais, porque não exigir que as instituições financeiras indiquem expressamente esta contratação? Isso poderia ser feito através de uma cláusula, em destaque, esclarecendo ao consumidor que no contrato há estipulação de capitalização de juros.[619]

O entendimento do STJ foi o seguinte:

> "Teses para os efeitos do art. 543-C do CPC:
>
> – "É permitida a capitalização de juros com periodicidade inferior a um ano em contratos celebrados após 31.3.2000, data da publicação da Medida Provisória nº 1.963-17/2000 (em vigor como MP 2.170-36/2001), desde que expressamente pactuada."
>
> – "A capitalização dos juros em periodicidade inferior à anual deve vir pactuada de forma expressa e clara. A previsão no contrato bancário de taxa de juros anual superior ao duodécuplo da mensal é suficiente para permitir a cobrança da taxa efetiva anual contratada". (STJ, REsp 973.827/RS, Rel. Ministro Luis Felipe Salomão, Rel. p/ Acórdão Ministra Maria Isabel Gallotti, Segunda Seção, julgado em 08/08/2012, DJe 24/09/2012)

5. COMISSÃO DE PERMANÊNCIA (COBRADO SOMENTE NO PERÍODO DE INADIMPLÊNCIA)[620]

O STJ, através do incidente de recursos repetitivos, REsp. 1.058.114-RS e REsp. 1.063.343-RS, Rel. originária Min. Nancy Andrighi, Rel. para acórdão Min. João Otávio de Noronha, julgados em 12/8/2009, proferiu os seguintes entendimentos sobre a comissão de permanência:

> É válida a cláusula que prevê a cobrança da comissão de permanência para o período de inadimplência desde que não cumulada com juros remuneratórios, juros moratórios, multa moratória ou correção monetária *(Súmulas nos 30 e 296 do STJ)*.
>
> A comissão de permanência só é legal se calculada pela taxa média dos juros de mercado apurada pelo Banco Central *(Súmula nº 294 do STJ)*.

Em casos de abuso na cobrança da comissão de permanência, a aferição quanto a sua legalidade há de ser feita diante do caso concreto pelo juiz, que irá analisar se a cláu-

619. Vale mencionar que os Ministros Luis Felipe Salomão, Paulo de Tarso Sanseverino e Nancy Andrighi foram vencidos na tese.

620. Nas cédulas de crédito rural, industrial ou comercial, o STJ não admite a aplicação da comissão de permanência: "Nas Cédulas de Crédito Rural, Industrial ou Comercial, a instituição financeira está autorizada

sula ajustada discrepa da taxa média de mercado, causando um injusto e pesado ônus ao consumidor. O valor da comissão de permanência varia conforme a instituição bancária.

Observação importante: a Min. Relatora Nancy Andrighi votou pela nulidade da cláusula que estabelece a comissão de permanência. Considerou a insegurança até mesmo quanto à sua definição. Para ela, as taxas eram discrepantes e haveria falta de regulamentação relativa à sua composição, fato que, na sua opinião, ofenderia os princípios do CDC. Foi vencida neste ponto.

No ano de 2012, o STJ proferiu a *Súmula 472* com o seguinte teor:

> A cobrança de comissão de permanência – cujo valor não pode ultrapassar a soma dos encargos remuneratórios e moratórios previstos no contrato – exclui a exigibilidade dos juros remuneratórios, moratórios e da multa contratual.

O entendimento atual do STJ congrega a aplicação das súmulas citadas (Súmulas 30, 294, 296 e 472):

> "É admissível a cobrança de comissão de permanência- tão-somente no período de inadimplência – calculada pela taxa média de mercado apurada pelo Banco Central do Brasil, limitada, contudo, à taxa do contrato, sendo vedada, entretanto, a sua cumulação com juros remuneratórios, correção monetária, juros moratórios ou multa contratual. Constatada, no caso, a cobrança de juros moratórios e multa moratória, afasta-se a incidência da comissão de permanência." (STJ, AgRg no REsp 1299742/RS, Rel. Ministro Luis Felipe Salomão, Quarta Turma, DJe 24/04/2012)

6. DECLARAÇÃO DE NULIDADE DAS CLÁUSULAS ABUSIVAS DE OFÍCIO

Incidência da *Súmula nº 381 do STJ*, com o seguinte teor: "*Nos contratos bancários, é vedado ao julgador conhecer, de ofício, da abusividade das cláusulas.*"

7. SÚMULAS DO STJ: DANO MORAL E CHEQUE

Em relação ao cheque, foram editadas duas súmulas pelo STJ em 2009, envolvendo dano moral. A *Súmula nº 370*: "*Caracteriza dano moral a apresentação antecipada de cheque pré-datado*", e a *Súmula nº 388*: "*A simples devolução indevida de cheque caracteriza dano moral.*"

8. DISCUSSÃO DE ILEGALIDADES EM CONTRATOS ANTERIORES

Incidência da *Súmula nº 286 do STJ*: "*A renegociação de contrato bancário ou a confissão da dívida não impede a possibilidade de discussão sobre eventuais ilegalidades dos contratos anteriores.*"

O mesmo entendimento pode ser aplicado aos contratos do Sistema Financeiro de Habitação (SFH), permitindo ao mutuário o ajuizamento da ação revisional das cláusulas do contrato de financiamento extinto.

---

a cobrar, após a inadimplência, a taxa de juros remuneratórios, limitada a 12% ao ano, elevada de 1%, a título de juros de mora, além de multa de 10% e correção monetária, *sendo inexigível a cobrança de comissão de permanência.*" (STJ, AgRg no REsp 804118/DF, Rel. Ministro Sidnei Beneti, Terceira Turma, DJe 12/12/2008)

"RECURSO ESPECIAL. SISTEMA FINANCEIRO DA HABITAÇÃO. AÇÃO REVISIONAL. INTERESSE DE AGIR. ADJUDICAÇÃO DO IMÓVEL EM EXECUÇÃO EXTRAJUDICIAL. MANUTENÇÃO DO INTERESSE JURÍDICO DO MUTUÁRIO NA REVISÃO DO CONTRATO. 1. Inocorre a ausência de interesse de agir do mutuário ou a perda superveniente do objeto da ação revisional em decorrência da adjudicação do imóvel ocorrida em sede de execução extrajudicial. 2. A jurisprudência firme desta Corte reconhece que, mesmo nos contratos extintos, em que ocorre a figura da quitação concedida pelo credor ao devedor, mantém-se a viabilidade da ação revisional, razão, aliás, da edição da Súmula nº 286/STJ. 3. O mutuário de contrato de empréstimo comum, consoante o enunciado sumular nº 286/STJ, poderá discutir todos os contratos eventualmente extintos pela novação, sem que, atualmente, sequer cogite-se reconhecer a ausência do seu interesse de agir, inclusive quando, em tais relações negociais, há expressa quitação das dívidas que serão, ao final, revisadas. 4. Igualdade de tratamento que deve ser assegurada ao mutuário do Sistema Financeiro Habitacional. 5. Necessária a avaliação do bem no seio da execução, seja no CPC, seja na Lei 5.741, ou mesmo no DL 70/66, para que, quando da venda judicial ou extrajudicial, possa ele ser ofertado com base em seu valor real, e, assim, por terceiro arrematado ou pelo credor adjudicado. 6. Importante a também a correta liquidação do saldo devedor, cotejando-o ao valor da avaliação e, daí, concluir-se pela existência ou não de saldo positivo em favor do executado. 7. Nesse desiderato, plena é a utilidade da ação revisional de contrato proposta pelo mutuário, razão por que é de se reconhecer a existência do interesse de agir nessas hipóteses." (STJ, REsp 1119859/PR, Rel. Ministro Paulo de Tarso Sanseverino, Terceira Turma, DJe 31/08/2012)

9. CORREÇÃO MONETÁRIA

9.1. Súmulas

- *Súmula nº 287 do STJ*: *"A Taxa Básica Financeira (TBF) não pode ser utilizada como indexador de correção monetária nos contratos bancários."*
- *Súmula nº 288 do STJ*: *"A Taxa de Juros de Longo Prazo (TJLP) pode ser utilizada como indexador de correção monetária nos contratos bancários."*
- *Súmula nº 725 do STF*: *"É constitucional o § 2º do art. 6º da Lei nº 8.024/1990, resultante da conversão da Medida Provisória nº 168/1990, que fixou o BTN fiscal como índice de correção monetária aplicável aos depósitos bloqueados pelo Plano Collor I".*

9.2. Taxa Referencial

O STJ entende que a taxa referencial pode ser utilizada como índice de correção monetária, desde que previamente pactuada entre as partes. Aplicação da *Súmula nº 295 do STJ*: *"A Taxa Referencial (TR) é indexador válido para contratos posteriores à Lei nº 8.177/1991, desde que pactuada."*

9.3. SFH

O STJ, através do incidente de recurso repetitivo (STJ, Resp. 969129/MG, Rel. Min. Luis Felipe Salomão, *DJ* 15/12/2009) entendeu que a partir da Lei nº 8.177/1991, é permitida a utilização da taxa referencial (TR) como índice de correção monetária do saldo devedor. Ainda que o contrato tenha sido firmado antes desta lei, é cabível a aplicação da TR, desde que haja previsão contratual de correção monetária pela taxa básica de remuneração dos depósitos em poupança, sem nenhum outro índice específico.

- *Súmula nº 454 do STJ: "Pactuada a correção monetária nos contratos do SFH pelo mesmo índice aplicável à caderneta de poupança, incide a taxa referencial (TR) a partir da vigência da Lei nº 8.177/1991."*

10. CHEQUE ESPECIAL

Sobre o contrato de cheque especial, o STJ tem considerado:

- Abusivo o cancelamento do limite de crédito em conta-corrente (cheque especial), em contrato ainda vigente, devido à inadimplência do correntista em contrato diverso (STJ, REsp. 412651 / MG, Rel. Min. Nancy Andrighi, DJ 09/09/2002). Exemplo: o consumidor fica inadimplente em contrato de cartão de crédito. Assim, a instituição financeira não pode, por este motivo, cancelar o contrato de cheque especial.
- Abusivo o cancelamento do limite de crédito em contrato de conta-corrente vigente, sem que o correntista seja previamente comunicado. (STJ, REsp. 621577/ RO, Rel. Min. Nancy Andrighi, DJ 23/08/2004)
- Abusivo o banco valer-se do salário do correntista, que lhe é confiado em depósito, pelo empregador, para cobrir saldo devedor de conta-corrente. (STJ, REsp. 831774/ RS, Rel. Min. Humberto Gomes de Barros, DJ 29/10/2007)

Esquematizando os principais encargos da normalidade e moratórios, segundo o entendimento do STJ, temos:

Encargos da normalidade		
Juros remuneratórios	Cartão de Crédito	**Súmula 283 do STJ:** "As empresas administradoras de cartão de crédito são instituições financeiras e, por isso, os juros remuneratórios por elas cobrados não sofrem as limitações da Lei de Usura."
Juros remuneratórios	Contratos Bancários	**Súmula 382 do STJ:** "A estipulação de juros remuneratórios superiores a 12% ao ano, por si só não indica abusividade."
	SFH	**Sumula 422 do STJ:** "Os juros remuneratórios não estão limitados nos contratos vinculados ao Sistema Financeiro da Habitação."
Capitalização de Juros	Contratos Bancários e de Cartão de Crédito	**Capitalização anual:** o STJ admite a capitalização anual dos juros nos contratos financeiros com instituições financeiras, dede que previamente pactuados.
		Capitalização mensal: O STJ admite a capitalização mensal dos juros pelas instituições financeiras nos casos legalmente previstos
	SFH	**Lei nº 4380/1964. Art. 15-A.** É permitida a pactuação de capitalização de juros com periodicidade mensal nas operações realizadas pelas entidades integrantes do Sistema Financeiro da Habitação – SFH

Encargos moratórios	
Multa moratória	• **Súmula 285 do STJ:** "Nós contratos bancários posteriores ao Código de defesa do consumidor incide a multa moratória nele prevista." • Obs: multa moratória prevista no CDC não poderá ser superior a 2%(dois por cento)do valor da prestação (§ 1º do art. 52)
Juros moratórios	• **Súmula 379 do STJ:** "Nos contratos bancários não regidos por legislação específica,os juros moratórios poderão ser convencionados até o limite de 1% ao mês."
Comissão de permanência	• É válida a cláusula que prevê a cobrança da comissão de permanência para o período de inadimplência desde que não cumulada com juros remuneratórios, juros moratórios, multa moratória ou correção monetária **(Súmulas 30 e 296 do STJ).** • A comissão de permanência só é legal se calculada pela taxa média dos juros de mercado apurada pelo Banco Central **(Súmula 294 do STJ).** • **Súmula 472 do STJ:** "A cobrança de comissão de permanência – cujo valor não pode ultrapassar a soma dos encargos remuneratórios e moratórios previstos no contrato – exclui a exigibilidade dos juros remuneratórios, moratórios e da multa contratual."

Observação: a correção monetária incidirá tanto nos encargos da normalidade como nos encargos moratórios.

Observações importantes:

1) *Encargos da normalidade:* incidem no período normal do contrato (antes da inadimplência).
2) *Encargos moratórios:* incidem no período da mora (inadimplência).
3) Esta divisão é importante porque o STJ, no REsp. 1.061.530-RS, Rela. Mina. Nancy Andrighi, j. 22/10/2008, através da Orientação 2 – Configuração da Mora, pacificou que:

a) o reconhecimento da abusividade nos encargos exigidos no período da normalidade contratual (juros remuneratórios e capitalização) descaracteriza a mora;

b) não descaracteriza a mora o ajuizamento isolado de ação revisional, nem mesmo quando o reconhecimento de abusividade incidir sobre os encargos inerentes ao período de inadimplência contratual.

Mais recentemente e seguindo a mesma linha, o STJ, no Recurso Repetitivo REsp 1639320/SP, Rel. Ministro Paulo de Tarso Sanseverino, Segunda Seção, DJe 17/12/2018, fixou a seguinte tese:

"*A abusividade de encargos acessórios do contrato não descaracteriza a mora.*"

Assim, verificada a cobrança de encargo abusivo no período da normalidade contratual (por exemplo, que os juros remuneratórios são abusivos), resta descaracterizada a mora do devedor. A justificativa é que o consumidor ficou em mora (inadimplente) justamente porque os encargos foram abusivos. A consequência importante é que, afastada a mora, temos: i) é ilegal o envio de dados do consumidor para quaisquer cadastros de inadimplência; ii) deve o consumidor permanecer na posse do bem alienado fiduciariamente e iii) não se admite o protesto do título representativo da dívida.

Por sua vez, se a abusividade incidir nos encargos moratórios (multa moratória, juros moratórios e comissão de permanência), não restará descaracterizada a mora. A justificativa é simples: somente incidiu os encargos moratórios (ainda que abusivos) porque o consumidor estava em mora (inadimplente). Assim, o que acontece é a adequação dos encargos moratórios, extirpando as abusividades presentes. Mas não significa que a mora foi descaracterizada, porque o consumidor ainda continua inadimplente.

Ademais, a simples propositura da ação revisional não inibe a mora. Se isto fosse possível, bastaria o consumidor inadimplente propor qualquer ação revisional, ainda que sem fundamentação, para que a mora fosse descaracterizada. Como vimos, esta foi a estratégia de muitos advogados de consumidores para retirar ou obstar a inscrição nos órgãos de proteção ao crédito. Repelindo estes abusos, o STJ passou a exigir três importantes requisitos:

a) existência de ação fundada no valor total ou parcial do débito;
b) demonstração de que a alegação da cobrança indevida se funda na aparência do bom direito e em jurisprudência consolidada do STF ou do STJ;
c) depósito de parcela incontroversa ou prestada a caução fixada conforme o prudente arbítrio do juiz.

11. PRAZO PRESCRICIONAL – REVISIONAL E REPETIÇÃO DO INDÉBITO NOS CONTRATOS BANCÁRIOS

Para o STJ, nas ações revisionais de contrato bancário cumuladas com repetição de indébito, adota-se o prazo prescricional de 10 anos (decenal) do art. 205 do CC/2002. (STJ, AgInt no AREsp 868.658/PR, Rel. Ministro João Otávio de Noronha, Terceira Turma, DJe 01/07/2016)

12. RESSARCIMENTO DE SERVIÇOS PRESTADOS POR TERCEIROS NOS CONTRATOS BANCÁRIOS DE FINANCIAMENTO

Em recurso repetitivo (REsp 1578553/SP, Rel. Ministro Paulo de Tarso Sanseverino, DJe 06/12/2018), a Segunda Seção do STJ fixou tese envolvendo a cobrança de serviços de terceiros nos contratos bancários. Para delimitar a tese, o STJ considerou duas situações:

(a) Validade da cobrança genérica de ressarcimento de serviços prestados por terceiro: esta cobrança o STJ entendeu como abusiva. Por se tratar de uma cobrança genérica (sem especificar o serviço a ser prestado), afronta o Código de Defesa do Consumidor, uma vez que não especifica o serviço especificamente prestado pelo terceiro. Nesse sentido, o consumidor tem o direito de ser previamente informado qual o serviço (de terceiro) será realizado. Se está previsto genericamente, é abusiva. A tese ficou assim:

"Abusividade da cláusula que prevê a cobrança de ressarcimento de serviços prestados por terceiros, sem especificação do serviço a ser efetivamente prestado".

(b) Validade de cobrança de comissão do correspondente bancário, a título de serviço de terceiro: trata das hipóteses em que o contrato especifica que a cobrança de terceiro se refere à comissão do correspondente bancário. Aqui, diferentemente da primeira hipótese, o correspondente bancário se dá numa relação de preposição, de modo que a comissão do correspondente deve ser entendida como custo operacional, já embutido no preço do financiamento (ex.: cobrança pelos serviços prestados para revenda do veículo).

Assim, após algum período de dúvidas sobre a legalidade da cobrança do correspondente bancário, o CMN resolveu expressamente vetar tal cobrança através da Resolução-CMN 3.954/2011 em 25/02/2011. Nesse sentido, como havia certa ambiguidade na possibilidade da cobrança desta tarifa antes da referida Resolução, o STJ considerou abusiva somente a estipulação desta cobrança nos contratos posteriores à 25/02/2011, data da Res.-CMN 3.954/2011. Para os contratos celebrados anteriormente à 25/02/2011 somente serão considerados abusivos os valores considerados excessivamente onerosos. A tese ficou assim:

> *"Abusividade da cláusula que prevê o ressarcimento, pelo consumidor, da comissão do correspondente bancário, em contratos celebrados a partir de 25/02/2011, data de entrada em vigor da Res.-CMN 3.954/2011, sendo válida a cláusula pactuada no período anterior a essa resolução, ressalvado o controle da onerosidade excessiva"*[621]

13. DESPESA DE REGISTRO DO CONTRATO E TARIFA DE AVALIAÇÃO DO BEM NOS CONTRATOS DE FINANCIAMENTO

Em recurso repetitivo (REsp 1578553/SP, Rel. Ministro Paulo de Tarso Sanseverino, DJe 06/12/2018), a Segunda Seção do STJ fixou tese envolvendo a cobrança de despesas referentes ao registro do contrato e de despesas referentes à avaliação do bem dado em garantia. Sobre a cobrança de avaliação do bem, ressalvada a efetiva avaliação do bem dado em garantia, é abusiva a cláusula prevê a cobrança desse tipo de tarifa sem a efetiva prestação do serviço. É que muitas vezes consta no contrato a cobrança deste serviço de avaliação sem que o banco comprove que efetivamente tenha efetuado a avaliação através de laudo, por exemplo. Assim, o consumidor acaba pagando por um serviço que não foi prestado ou que ao menos não foi comprovado pelo banco.

Vale ressaltar, que conforme restou consignado neste julgamento de recurso repetitivo, quando o contrato de financiamento é destinado à aquisição do próprio bem objeto da garantia, a instituição financeira já dispõe de uma avaliação, que é aquela realizada pelo vendedor ao estipular o preço (expresso no contrato e na nota fiscal). Deste modo, essa avaliação do bem, como é inerente ao negócio jurídico de compra e venda, e embutida no preço, não pode ser objeto de cobrança pela instituição financeira. Assim também é a cobrança por "acesso a cotações", devendo ser entendido como custo operacional da instituição financeira, já embutido no preço do contrato bancário, não podendo ser cobrado em separado, portanto.

No tocante à tarifa de registro do contrato, o STJ entendeu da mesma forma que a cobrança da tarifa de avaliação do bem (constatação da efetiva prestação do serviço e do controle da onerosidade excessiva.) A tese fixada sobre a cobrança das duas tarifas ficou assim:

> *"2.3. Validade da tarifa de avaliação do bem dado em garantia, bem como da cláusula que prevê o ressarcimento de despesa com o registro do contrato, ressalvadas a:*

621. Na apreciação do caso concreto do recurso repetitivo o STJ entendeu que seria válida a tarifa pela prestação de revenda do veículo (correspondente bancário) uma vez que o contrato foi anterior a 25/02/2011, mas considerou o percentual de 8,7% sobre o valor do bem excessivamente onerosa (abusiva, portanto).

2.3.1. abusividade da cobrança por serviço não efetivamente prestado; e a

2.3.2. possibilidade de controle da onerosidade excessiva, em cada caso concreto."

14. CEF PODE COBRAR TAXA DE ADMINISTRAÇÃO E DE RISCO DE CRÉDITO NOS CONTRATOS DO SFH

O STJ entendeu que a cobrança da taxa de administração e da taxa de risco de crédito nos contratos celebrados pela Caixa Econômica Federal (CEF) no âmbito do Sistema Financeiro de Habitação (SFH), com recursos do Fundo de Garantia do Tempo de Serviço (FGTS), encontra previsão legal e, quando informada antecipadamente ao consumidor, não é abusiva. (STJ, REsp 1568368/SP, Rel. Ministra Nancy Andrighi, Terceira Turma, DJe 13/12/2018)

15. CLÁUSULA QUE RESTRINGE A RESPONSABILIDADE DE INSTITUIÇÃO FINANCEIRA NOS CONTRATOS DE PENHOR CIVIL

Súmula 638 do STJ: *"É abusiva a cláusula contratual que restringe a responsabilidade de instituição financeira pelos danos decorrentes de roubo, furto ou extravio de bem entregue em garantia no âmbito de contrato de penhor civil."*

16. CLÁUSULA DE ESTIPULAÇÃO DOS ENCARGOS FINANCEIROS DE CONTRATO DE ABERTURA DE CRÉDITO EM PERCENTUAL SOBRE A TAXA MÉDIA APLICÁVEL AOS CDIS

O STJ entendeu que não é abusiva "a cláusula que estipula os encargos financeiros de contrato de abertura de crédito em percentual sobre a taxa média aplicável aos Certificados de Depósitos Interbancários (CDIs), visto que tal indexador é definido pelo mercado, a partir das oscilações econômico-financeiras, não se sujeitando a manipulações que possam atender aos interesses das instituições financeiras." Entendeu também que "eventual abusividade deve ser verificada no julgamento do caso concreto em função do percentual fixado pela instituição financeira, comparado às taxas médias de mercado regularmente divulgadas pelo Banco Central do Brasil para as operações de mesma espécie." (STJ, REsp 1781959/SC, Rel. Ministro Ricardo Villas Bôas Cueva, Terceira Turma, DJe 20/02/2020)

17. COBRANÇA DE TARIFA DE BOLETO BANCÁRIO

O STJ considerou que a cobrança de tarifa dos consumidores pelo pagamento mediante boleto/ficha de compensação constitui enriquecimento sem causa por parte das instituições financeiras, pois há dupla remuneração pelo mesmo serviço, importando em vantagem exagerada dos bancos em detrimento dos consumidores, razão pela qual abusiva a cobrança da tarifa, nos termos do art. 39, V, do CDC c/c art. 51, § 1º, I e III, do CDC (STJ, REsp 794752/MA, Rel. Min. Luis Felipe Salomão, DJe 12/04/2010).

No REsp 1339097/SP, Rel. Ministro Ricardo Villas Bôas Cueva, DJe 09/02/2015, o STJ permitiu a cobrança do boleto bancário, quando o fornecedor concede outras formas de pagamento não onerosas ao consumidor. No caso, foi facultado ao consumidor escolher três formas de pagamento: boleto bancário, débito em conta e débito no cartão de crédito. Assim, entendeu o STJ que "inexiste vantagem exagerada em decorrência da cobrança por carnê, em especial porque o boleto bancário não é imposto pelo fornecedor, mas, ao contrário, propicia ao consumidor uma comodidade, realizando a liberdade contratual e o dever de informação."

18. BANCO NÃO PODE EXIGIR ASSINATURA DE DEVEDOR EM CONTRATO EM BRANCO

Consignou o STJ que "no que diz respeito à validade das notas promissórias emitidas em branco, a orientação desta Corte é no sentido de que a cláusula contratual que permite a emissão da nota promissória em favor do banco, caracteriza-se como abusiva, porque violadora do princípio da boa-fé, consagrado no art. 51, inciso IV do Código de Defesa do Consumidor. (STJ, AgRg no REsp 817.530/RS, Rel. Ministro Jorge Scartezzini, Quarta Turma, DJ 08/05/2006)

19. TARIFA DE ABERTURA DE CRÉDITO (TAC), TARIFA DE EMISSÃO DE CARNÊ (TEC), TARIFA DE CADASTRO E TARIFA DE RENOVAÇÃO DE CADASTRO

Em Recurso Repetitivo julgado em agosto de 2013, no REsp 1251331/RS, Rel. Min. Maria Isabel Gallotti, Segunda Seção, julgado em 28/08/2013, DJe 24/10/2013, o STJ concluiu que a cobrança de TAC e TEC é permitida se baseada em contratos celebrados até 30 de abril de 2008, desde que prevista expressamente. Após esta data não há respaldo legal para a pactuação destas tarifas.

O STJ sumulou este entendimento através da **súmula 565**: "*a pactuação das tarifas de abertura de crédito (TAC) e de emissão de carnê (TEC), ou outra denominação para o mesmo fato gerador, é válida apenas nos contratos bancários anteriores ao início da vigência da Resolução-CMN n. 3.518/2007, em 30/4/2008*".

Já a Tarifa de Cadastro pode ser cobrada no início do relacionamento entre o consumidor e a instituição financeira.

O STJ sumulou este entendimento através da **súmula 566**: "*nos contratos bancários posteriores ao início da vigência da Resolução-CMN n. 3.518/2007, em 30/4/2008, pode ser cobrada a tarifa de cadastro no início do relacionamento entre o consumidor e a instituição financeira*".

As teses para os efeitos do art. 543-C do CPC/73 (art. 1036 do novo CPC/15) (recursos repetitivos): foram as seguintes:

> - 1ª Tese: Nos contratos bancários celebrados até 30.4.2008 (fim da vigência da Resolução CMN 2.303/96) era válida a pactuação das *tarifas de abertura de crédito (TAC) e de emissão de carnê (TEC)*, ou outra denominação para o mesmo fato gerador, ressalvado o exame de abusividade em cada caso concreto.
>
> - 2ª Tese: Com a vigência da Resolução CMN 3.518/2007, em 30.4.2008, a cobrança por serviços bancários prioritários para pessoas físicas ficou limitada às hipóteses taxativamente previstas em norma padronizadora expedida pela autoridade monetária. Desde então, não mais tem respaldo legal a contratação da Tarifa de Emissão de Carnê (TEC) e da Tarifa de Abertura de Crédito (TAC), ou outra denominação para o mesmo fato gerador. Permanece válida a *Tarifa de Cadastro* expressamente tipificada em ato normativo padronizador da autoridade monetária, a qual somente pode ser cobrada no início do relacionamento entre o consumidor e a instituição financeira.
>
> - 3ª Tese: Podem as partes convencionar o pagamento do Imposto sobre Operações Financeiras e de Crédito (IOF) por meio de financiamento acessório ao mútuo principal, sujeitando-o aos mesmos encargos contratuais.

A diferenciação entre a Tarifa de Abertura de Crédito e a Tarifa de Cadastro foi salientada no acórdão: "*Distingue o Banco Central a atual tarifa de cadastro da antiga tarifa de abertura de crédito (TAC), ressaltando que "esta era usualmente cobrada sobre qualquer operação de crédito, mesmo que o tomador já fosse cliente do estabelecimento bancário; aquela, a seu turno, somente pode incidir no início do relacionamento entre o cliente e instituição financeira, e se justifica pela necessidade de ressarcir custos com realização de pesquisas em cadastros, bancos de dados e sistemas*".

Já a tarifa de renovação de cadastro, cobrada a cada seis meses, referia-se ao serviço de atualização cadastral, disciplinado pela Resolução nº 3.518, de 06/12/07, do BACEN e complementada pela Circular 3371/2007 do Conselho Monetário Nacional (CMN), vigente a partir de 30/04/08 e que veio a ser revogada pela Circular do Banco Central do Brasil nº 3466, de 11/09/2009. Assim, o STJ entendeu que. Como havia previsão do CMN, é válida a cláusula contratual que prevê a cobrança da tarifa de renovação de cadastro (TRC) nos contratos bancários celebrados no período de vigência da Circular 3.371/2007 do BACEN. Nesse sentido: REsp 1303646/RJ, Rel. Ministro João Otávio de Noronha, Terceira Turma, DJe 23/05/2016.

20. CLÁUSULA DE PRORROGAÇÃO DE FIANÇA EM CONTRATO BANCÁRIO

O STJ entendeu que o contrato bancário tem por característica a longa duração, com renovação periódica e automática. Nesse caso, a fiança também é prorrogada, mesmo sem autorização expressa do fiador, desde que previsto em cláusula contratual. (STJ, REsp 1253411/CE, Rel. Ministro Luis Felipe Salomão, Segunda Seção, DJe 04/08/2015)

21. TARIFA PARA QUEM FAZ MAIS DE QUATRO SAQUES MENSAIS EM CAIXA ELETRÔNICO NÃO É ABUSIVA

O STJ entendeu que a cobrança de tarifa bancária para quem faz mais de quatro saques no mês em terminais de autoatendimento não é abusiva. Para o STJ, "sob a vigência da Resolução n. 2.303/1996 do Banco Central do Brasil, permitia-se às instituições financeiras a cobrança pela prestação de quaisquer tipos de serviços, com exceção daqueles que a norma qualificava como básicos, em cujo rol taxativo não constava o serviço de saque sob comento, exigindo-se, para tanto, a prévia e efetiva contratação e prestação do serviço bancário. Sem descurar da essencialidade do serviço de saque em relação ao contrato de conta-corrente, a partir da entrada em vigor da Resolução n. 3.518/2007 do Banco Central do Brasil, o Conselho Monetário Nacional passou a, expressamente, definir os serviços bancários que poderiam ser objeto de remuneração, no que se inseriu o de saques excedentes em terminal eletrônico, assim considerados pela norma como aqueles superiores a quatro no mesmo mês. Esta normatização, é certo, restou reproduzida pela Resolução n. 3.919 de 2010, atualmente em vigor." Deste modo, conclui que "o saque que pressupõe a implementação e a manutenção de uma ampla rede de terminais de autoatendimento, com emprego de tecnologia, de estrutura física e de contínuo desenvolvimento de mecanismos de segurança consubstancia, sim, serviço bancário posto à disposição do correntista, conforme, aliás, expressa disposição da Resolução expedida pelo Banco Central do Brasil, por deliberação do CMN, passível de cobrança de tarifa a partir da realização do quinto saque mensal, momento em que, por presunção legal, perde o viés de essencialidade ao contrato de depósito." (STJ, REsp 1348154/DF, Rel. Ministro Marco Aurélio Bellizze, Terceira Turma, DJe 19/12/2016)

22. ÔNUS DE PROVAR A AUTENTICIDADE DA ASSINATURA CONSTANTE EM CONTRATO BANCÁRIO QUANDO IMPUGNADO PELO CONSUMIDOR

O STJ, no Tema Repetitivo 1061, pela Segunda Seção, expôs a seguinte tese:

> "*Na hipótese em que o consumidor/autor impugnar a autenticidade da assinatura constante em contrato bancário juntado ao processo pela instituição financeira, caberá a esta o ônus de provar a autenticidade (CPC, arts. 6º, 369 e 429, II)*" (STJ, REsp 1846649/MA, Rel. Ministro Marco Aurélio Bellizze, Segunda Seção, DJe 09/12/2021)

Sendo assim, havendo impugnação da autenticidade da assinatura constante de contrato bancário por parte do consumidor, caberá à instituição financeira o ônus de provar sua autenticidade, mediante perícia grafotécnica ou outro meio de prova.

Este entendimento é de extrema importância atualmente, principalmente em razão do aumento do número de fraudes e práticas abusivas perpetradas pelos correspondentes bancários contra consumidores pessoas idosas, aposentadas e de baixa renda que, muitas vezes, sequer realizam qualquer tipo de contratação (empréstimos). Assim, quando questionada a existência da contratação, bem como da assinatura do consumidor, deverá o fornecedor (banco) demonstrar a autenticidade da assinatura e, consequentemente, da validade do contrato.

23. TAXA DO CDI NÃO PODE SER UTILIZADA COMO ÍNDICE DE CORREÇÃO MONETÁRIA

O STJ entendeu que a taxa do Certificado de Depósito Interbancário (CDI) não pode ser usada como índice de correção monetária nos empréstimos bancários. Nesse sentido:

> "A correção monetária não causa o ganho de capital pelo credor, mas apenas mantém inalterado seu patrimônio, evitando o enriquecimento do devedor, que deve devolver a quantia emprestada com preservação do valor real do patrimônio, que, naturalmente foi corroído pela inflação durante o período em que o dinheiro esteve à disposição do mutuário. 2. Considerando que a correção monetária contempla índice que recompõe a desvalorização da moeda, a aplicação da taxa CDI a este título se mostra mesmo inadequada, em razão da sua própria natureza." (STJ, REsp n. 2.081.432/SC, Rel. Ministro Moura Ribeiro, Terceira Turma, DJe de 29/8/2023.)

24. COBRANÇA DE TARIFAS PARA EMISSÃO DE CHEQUES DE ALTO VALOR

O STJ entendeu que a cobrança de tarifas pela emissão de cheques com valores iguais ou superiores a R$ 5 mil é abusiva, uma vez que a tarifa não corresponde a um serviço adicional ou especial. Para o tribunal, a prática é considerada excessiva e prejudicial ao consumidor, sendo justificada a cobrança apenas se houver contraprestação real de um serviço específico, o que não ocorre nesse caso. (STJ, AgInt no REsp n. 1.517.880/SP, Rel. Min. João Otávio de Noronha, Quarta Turma, DJe 22/5/2024)

CLÁUSULAS E PRÁTICAS ABUSIVAS NOS CONTRATOS DE PLANO DE SAÚDE

Primeiramente, é importante ressaltar que o Código de Defesa do Consumidor se aplica aos contratos de Plano de Saúde. Este é o teor da recente súmula do STJ.

Súmula 608 do STJ: "*Aplica-se o Código de Defesa do Consumidor aos contratos de plano de saúde, salvo os administrados por entidades de autogestão.*" A exceção da aplicação do CDC pelo STJ aos planos de saúde se refere aos planos de autogestão, por ser pessoa jurídica de direito privado sem finalidades lucrativas que, vinculada ou não à entidade pública ou privada, opera plano de assistência à saúde com exclusividade para um público determinado de beneficiários. Os planos de autogestão ou planos fechados são, então, uma categoria de planos de saúde nos quais não há a presença da comercialização de produtos e a instituição não visa lucros.

Para o STJ, os planos de autogestão são assim denominados, "dada a opção feita pela empresa empregadora em assumir a responsabilidade pela gestão e pelo fornecimento de serviços de assistência médico-hospitalar, seja por meio de rede própria, seja por meio de convênios ou quaisquer tipos de associações com as empresas que fornecerão, de fato, o serviço."

Assim sendo, entendeu o STJ que o "tratamento legal a ser dado na relação jurídica entre os associados dos planos de saúde de autogestão, os chamados planos fechados, não pode ser o mesmo dos planos comuns, sob pena de se criar prejuízos e desequilíbrios que, se não inviabilizarem a instituição, acabarão elevando o ônus dos demais associados, desrespeitando normas e regulamentos que eles próprios criaram para que o plano se viabilize. Aqueles que seguem e respeitam as normas do plano arcarão com o prejuízo, pois a fonte de receita é a contribuição dos associados acrescida da patronal ou da instituidora". (STJ, REsp 1285483/PB, Rel. Ministro Luis Felipe Salomão, Segunda Seção, DJe 16/08/2016)[622]

Outro entendimento importante foi exarado pelo STF entendendo que a Lei dos Planos de Saúde não se aplica aos contratos anteriores a ela.

> "Os contratos de planos de saúde firmados antes do advento da Lei 9.656/1998 constituem atos jurídicos perfeitos, e, como regra geral, estão blindados contra mudanças supervenientes, ressalvada a proteção de outros direitos fundamentais ou de indivíduos em situação de vulnerabilidade. XI – Nos termos do art. 35 da Lei 9.656/1998, assegurou-se aos beneficiários dos contratos celebrados anteriormente a 10 de janeiro de 1999 a possibilidade de opção pelas novas regras, tendo o § 4° do mencionado dispositivo proibido que a migração fosse feita unilateralmente pela operadora. XII – Em suma: As disposições da Lei 9.656/1998, à luz do art. 5º, XXXVI, da Constituição Federal, somente incidem sobre os contratos celebrados a partir de sua vigência, bem como nos contratos que, firmados anteriormente, foram adaptados ao seu regime, sendo as respectivas disposições inaplicáveis aos beneficiários que, exercendo sua autonomia de vontade, optaram por manter os planos antigos inalterados. XIII – Recurso extraordinário a que se dá provimento." (STF, RE 948634, Relator(a): Ricardo Lewandowski, Tribunal Pleno, julgado em 20/10/2020, Repercussão Geral – Public 18-11-2020)

No tocante às cláusulas, temos:

1. LIMITAÇÃO DE INTERNAÇÃO HOSPITALAR

O STJ entende que é abusiva a cláusula que limita o tempo de internação hospitalar. Esse entendimento acabou sumulado no ano de 2004, através da *Súmula nº 302 do STJ*: "*É*

622. Este julgado envolveu a Caixa de Assistência dos Funcionários do Banco do Brasil – CASSI. Para o STJ, então, "não se aplica o Código de Defesa do Consumidor ao contrato de plano de saúde administrado por entidade de autogestão, por inexistência de relação de consumo." (STJ, REsp 1285483/PB, Rel. Ministro Luis Felipe Salomão, Segunda Seção, DJe 16/08/2016)

abusiva a cláusula contratual de plano de saúde que limita no tempo a internação hospitalar do segurado".

Importante destacar que o STJ entendeu que o teor do enunciado n. 302 da Súmula do STJ refere-se, expressamente, à segmentação hospitalar, e não à ambulatorial. Assim, o STJ considerou que não é abusiva cláusula em contrato de plano de saúde individual que estabelece, para o tratamento emergencial ou de urgência, no segmento atendimento ambulatorial, o limite de 12 (doze) horas.

Constou da ementa do acórdão o seguinte:

> "Compreende-se, pois, que, nos casos de urgência e emergência, após o lapso temporal de 12 (doze) horas, no qual se prestou todos os serviços médicos próprios do segmento ambulatorial, a eventual necessidade de internação hospitalar, por definição legal e regulamentar, refoge daquela segmentação ajustada. A operadora de saúde, a partir de então, não mais se responsabiliza, exceto quanto à obrigação de promover a remoção do paciente para unidade hospitalar (da rede pública ou privada, indicada pelo paciente ou familiar) na qual seja possível o prosseguimento do atendimento hospitalar, se, no local, não houver condições para tanto., referem-se, expressamente, à segmentação hospitalar, e não à ambulatorial. 6.2. A cobertura de internação hospitalar pressupõe a correlata contratação, com proporcional contraprestação por parte do segurado. Se assim é, não há como se exigir coberturas próprias de segmentação de atendimento não ajustada, do que não decorre nenhuma abusividade contratual ou ilicitude, como quer fazer crer a parte demandante. 7. O disposto no art. 12, II, a, da Lei n. 9.656/1998, que veda a limitação de tempo para a internação hospitalar, e o teor do enunciado n. 302 da Súmula do STJ, que dispõe ser abusiva a cláusula contratual de plano de saúde que limita no tempo a internação hospitalar do segurado, referem-se, expressamente, à segmentação hospitalar, e não à ambulatorial." (STJ, REsp 1764859/RS, Rel. Ministro Marco Aurélio Bellizze, Terceira Turma, DJe 08/11/2018)

2. ABUSIVIDADE DE EXCLUSÃO DE DOENÇAS INFECTOCONTAGIOSAS DE NOTIFICAÇÃO OBRIGATÓRIA (EX.: AIDS)[623]

O STJ entende que a cláusula de contrato de seguro-saúde excludente de tratamento de doenças infectocontagiosas de notificação compulsória, como a Aids, é nula porque abusiva.

3. SE A DOENÇA É COBERTA, O PLANO DE SAÚDE NÃO PODE LIMITAR O TRATAMENTO

O STJ entende que o plano de saúde pode estabelecer quais doenças serão cobertas, mas não que tipo de tratamento está alcançado para a respectiva cura. Se a patologia está coberta, como por exemplo, o câncer, é inviável vedar a quimioterapia pelo simples fato de ser esta uma das alternativas possíveis para a cura da doença.

Asseverou o STJ que "a abusividade da cláusula reside exatamente nesse preciso aspecto, qual seja, não pode o paciente, em razão de cláusula limitativa, ser impedido de receber tratamento com o método mais moderno disponível no momento em que instalada a doença coberta" (STJ, REsp. 668216 / SP, Rel. Min. Carlos Alberto Menezes Direito, *DJ* 02/04/2007).

623. Doenças de notificação compulsória: doenças que devem ser obrigatoriamente notificadas ao Ministério da Saúde, como febre amarela, dengue, malária, hepatite "C", Aids etc.

4. PLANO DE SAÚDE NÃO PODE LIMITAR VALOR DO TRATAMENTO DO ASSOCIADO

O STJ entende que os planos de saúde não podem limitar o valor do tratamento e de internações de seus associados. Para o STJ, a limitação de valor é mais lesiva que a restrição do tempo de internação vetada pela Súmula nº 302 (STJ, REsp. 326147 / SP, Rel. Min. Aldir Passarinho Júnior, *DJe* 08/06/2009).

5. PLANO DE SAÚDE NÃO PODE LIMITAR SESSÕES DE RADIOTERAPIA E QUIMIOTERAPIA

O STJ, aplicando por analogia a Súmula nº 302, entende que a cláusula contratual/ estatutária que limita a quantidade de sessões anuais de rádio e de quimioterapia cobertas pelo plano é abusiva (STJ, REsp. 1115588 / SP, Rel. Min. Sidnei Beneti, *DJe* 16/09/2009).

6. UTILIZAÇÃO DE ÓRTESE E PRÓTESE

O STJ entende que é abusiva a cláusula restritiva de direito que prevê o não custeio de prótese, imprescindível para o êxito do procedimento cirúrgico coberto pelo plano, sendo indiferente, para tanto, se referido material é ou não importado (STJ, REsp. 1046355 / RJ, Rel. Ministro Massami Uyeda, *DJe* 05/08/2008).[624]

Por sua vez, o STJ entendeu que por não estar a utilização da prótese ou órtese vinculado ao procecimento cirúrgico, não é abusiva a recusa, por operadora ou seguradora de plano de saúde, de custeio de aparelho auditivo de amplificação sonora individual – AASI cuja cobertura não possui previsão contratual.

Nesse sentido: "O art. 10, VII, da Lei n. 9.656/1998 estabelece que as operadoras de planos de saúde e as seguradoras não têm a obrigação de arcar com próteses e órteses e seus acessórios não ligados a ato cirúrgico. Portanto, o que define a cobertura legal mínima obrigatória é colocação extremamente sutil: o fornecimento do dispositivo é vinculado (entenda-se necessário) para que o ato cirúrgico atinja sua finalidade, o que não ocorre na situação contrária quando, sendo desnecessário ato cirúrgico – caso do vindicado aparelho auditivo de amplificação sonora individual -, precisa-se de órtese ou de prótese." (STJ, REsp 1915528/SP, Rel. Ministro Luis Felipe Salomão, Quarta Turma, DJe 17/11/2021)

7. TRANSPLANTES DE ÓRGÃOS

A Terceira Turma do STJ entendia que, em sendo clara e de entendimento imediato, não é abusiva a cláusula que exclui da cobertura contratual o transplante de órgãos (STJ, AgRg no REsp. 378863 / SP, Rel. Min. Humberto Gomes de Barros, *DJ* 08/05/2006). Posteriormente, a mesma Terceira Turma entendeu que deve ser invalidada a cláusula de exclusão de transplante do contrato de seguro-saúde. Destacou nesse julgado que "a negativa de cobertura de transplante – apontado pelos médicos como essencial para salvar a vida do paciente –, sob alegação de estar previamente excluído do contrato, deixa o segurado à mercê da onerosidade excessiva perpetrada pela seguradora, por meio de abusividade em cláusula contratual" (STJ, REsp 1053810 / SP, Rel. Min. Nancy Andrighi, DJe 15/03/2010).

624. No mesmo sentido: "É nula a cláusula contratual que exclua da cobertura órteses, próteses e materiais diretamente ligados ao procedimento cirúrgico a que se submete o consumidor." (STJ, REsp 1364775/ MG, Rel. Ministra Nancy Andrighi, Terceira Turma, DJe 28/06/2013)

8. EXCLUSÃO DE DOENÇA PREEXISTENTE

O STJ entende que a seguradora que não exigiu exames médicos previamente à contratação não pode eximir-se do pagamento da indenização, sob a alegação de que houve omissão de informações pelo consumidor. Assim, a doença preexistente só pode ser oposta pela seguradora ao segurado mediante a realização de prévio exame médico ou prova inequívoca de sua má-fé (STJ, AgRg no Ag 1062383 / RS, Rel. Min. Sidnei Beneti, *DJe* 15/10/2008).

O STJ entendeu também que a doença preexistente, não informada no momento da contratação do seguro de vida, não exime a seguradora de honrar sua obrigação se o óbito decorrer de causa diversa da doença omitida (STJ, REsp 765471/RS, Rel. Ministra Maria Isabel Gallotti, Quarta Turma, DJe 07/03/2013). No mesmo sentido, entendeu o STJ que quando se tratar de morte acidental e não de morte natural por doença, o silêncio do segurado acerca da enfermidade preexistente no questionário de risco não enseja a aplicação da pena do art. 766 do CC, já que a informação sonegada em nada concorreu para a ocorrência do dano, não guardando relação com o sinistro gerado (STJ, REsp 1673368/MG, Rel. Ministro Ricardo Villas Bôas Cueva, Terceira Turma, DJe 22/08/2017).

O STJ também entendeu que configura cláusula abusiva aquela que obriga o consumidor a renunciar ao direito de preencher a declaração de doenças preexistentes com a assistência de um médico. Assim, o que é preciso assegurar é o direito do consumidor, caso ele queira, de preencher o formulário com a devida orientação médica. (STJ, REsp 1554448/PE, Rel. Ministro João Otávio de Noronha, Terceira Turma, DJe 26/02/2016)

9. CLÁUSULA QUE ESTABELECE CARÊNCIA EM PLANO DE SAÚDE

9.1. Validade da cláusula

O STJ considera válida cláusula que estabelece prazo de carência em plano de saúde. Porém, em algumas hipóteses, o próprio STJ mitiga a aplicação desta cláusula. Sobre o assunto, a título de exemplo, segue significativo informativo:

> PLANO. SAÚDE. CLÁUSULA. CARÊNCIA. A matéria consiste em saber se a cláusula que estabelece a carência em plano de saúde é ou não abusiva. O Min. Relator observou que, em si, a cláusula que fixa a carência não é abusiva porquanto não se afigura desarrazoada a exigência de um período mínimo de contribuição e permanência no plano de saúde para que o contratante possa fruir de determinados benefícios. As condições são voluntariamente aceitas, os planos são inúmeros e oferecem variados serviços e níveis de assistência médica, tudo compatível com a contraprestação financeira acordada e de conhecimento da pessoa que neles ingressa por livre escolha. Todavia a jurisprudência deste Superior Tribunal tem temperado a regra quando surjam casos de urgência de tratamento de doença grave, em que o valor da vida humana sobrepuja-se ao relevo comercial, além do que, em tais situações, a suposição é que, quando foi aceita a submissão à carência, a parte não imaginava que poderia padecer de um mal súbito. No caso, a autora foi acometida de doença surpreendente e grave e, aliás, já quase ao final do período de carência, vinha contribuindo há quase três anos, para uma carência de trinta e seis meses. Nessas condições particulares, torna-se inaplicável a cláusula, não propriamente por ser em si abusiva, mas pela sua aplicação de forma abusiva, em contraposição ao fim maior do contrato de assistência médica, que é o de amparar a vida e a saúde, tornando-o verdadeiramente inócuo na espécie (STJ, Resp. 466.667-SP, Rel. Min. Aldir Passarinho Junior, j. 27/11/2007. *Informativo* 340).

9.2. Cláusula que prevê novo período de carência equivalente ao prazo de inadimplemento

O STJ entende que é ilegal a estipulação que prevê a submissão do segurado a novo período de carência, de duração equivalente ao prazo pelo qual perdurou a mora, após o adimplemento do débito em atraso (STJ, REsp. 259263 / SP, Rel. Min. Castro Filho, *DJ* 20/02/2006).

9.3. Carência nos procedimentos de urgência ou emergência

O STJ admite o prazo máximo de 24 horas de carência nos casos de urgência e emergência.

Nesse sentido é o teor da **Súmula 597 do STJ**: "*A cláusula contratual de plano de saúde que prevê carência para utilização dos serviços de assistência médica nas situações de emergência ou de urgência é considerada abusiva se ultrapassado o prazo máximo de 24 horas contado da data da contratação.*"

Ainda assim, entende o STJ que "o período de carência contratualmente estipulado pelo plano de saúde não prevalece diante de situações emergenciais graves nas quais a recusa de cobertura possa frustrar o próprio sentido e a razão de ser do negócio jurídico firmado." (STJ, AgInt no AREsp 1326316/DF, Rel. Ministra Nancy Andrighi, Terceira Turma, DJe 25/10/2018)

10. SIMPLES ATRASO NÃO IMPLICA SUSPENSÃO OU CANCELAMENTO AUTOMÁTICO DO CONTRATO

O STJ entende que é abusiva a cláusula prevista em contrato de plano de saúde que suspende o atendimento em razão do atraso de pagamento de uma única parcela. A Segunda Seção, quando do julgamento do Resp 316.449/SP, decidiu que o simples atraso não implica suspensão ou cancelamento automático do contrato de seguro, sendo necessário, ao menos, a interpelação do segurado, comunicando-o da suspensão dos efeitos da avença enquanto durar a mora (STJ, Resp. 737061/RS, Rel. Min. Castro Filho, *DJU* 1º/7/2005).

11. DANO MORAL – RECUSA DE TRATAMENTO

Entende o STJ que, muito embora o mero inadimplemento não seja causa para ocorrência de danos morais, a jurisprudência vem reconhecendo o direito ao ressarcimento dos danos morais advindos da injusta recusa de cobertura de seguro saúde, pois tal fato agrava a situação de aflição psicológica e de angústia no espírito do segurado, uma vez que, ao pedir a autorização da seguradora, já se encontra em condição de dor, de abalo psicológico e com a saúde debilitada (STJ, REsp. 986947 / RN, Rela. Mina. Nancy Andrighi, *DJe* 26/03/2008).

12. RESCISÃO UNILATERAL

O STJ considera abusiva cláusula que prevê a rescisão unilateral do plano de saúde.

> CONSUMIDOR. PLANO DE SAÚDE. CLÁUSULA ABUSIVA. NULIDADE. RESCISÃO UNILATERAL DO CONTRATO PELA SEGURADORA. LEI Nº 9.656/1998. É nula, por expressa previsão legal, e em razão de sua abusividade, a cláusula inserida em contrato de plano de saúde que permite a sua rescisão unilateral pela seguradora, sob simples alegação de inviabilidade de manutenção da avença. (STJ, REsp. 602397/RS, Rel. Min. Castro Filho, DJ 01/08/2005)

Mas considerou possível a rescisão, sem necessidade de ação judicial, dos contratos de consumidores que estejam com mensalidades em atraso há mais de dois meses, desde que notificados previamente.

> PLANO DE SAÚDE. INADIMPLÊNCIA DO SEGURADO SUPERIOR A 60 (SESSENTA) DIAS. NOTIFICAÇÃO PRÉVIA. RESCISÃO UNILATERAL. POSSIBILIDADE. 1. A rescisão unilateral do contrato de plano de saúde individual, nos termos do art. 13, parágrafo único, II, da Lei nº 9.656/1998 independe da propositura de ação judicial. (STJ, Resp 957900/SP, Rel. Ministro Antônio Carlos Ferreira, Quarta Turma, DJe 25/11/2011)

O STJ também entendeu que a inadimplência por mais de 60 dias não desonera o consumidor das mensalidades do plano de saúde. Assim, o consumidor que não desejar mais a continuidade do contrato, deve notificar a operadora de forma inequívoca, pois a simples interrupção do pagamento por 60 dias não gera o cancelamento automático do contrato, nem o desonera do pagamento das parcelas que vencerem após esse prazo. (STJ, REsp 1595897/SP, Rel. Ministro Ricardo Villas Bôas Cueva, Terceira Turma, julgado em 09/06/2020, DJe 16/06/2020)

Para os planos coletivos, há possibilidade de rescisão unilateral.

> "Os contratos de planos privados de assistência à saúde coletivos podem ser rescindidos imotivadamente após a vigência do período de 12 (doze) meses e mediante prévia notificação da outra parte com antecedência mínima de 60 (sessenta) dias (art. 17, parágrafo único, da RN nº 195/2009 da ANS). A vedação de suspensão e de rescisão unilateral prevista no art. 13, parágrafo único, II, da Lei nº 9.656/1998 aplica-se somente aos contratos individuais ou familiares." (REsp 1471569/RJ, Rel. Ministro Ricardo Villas Bôas Cueva, Terceira Turma, DJe 07/03/2016)

13. ABUSIVIDADE DOS AUMENTOS EM RAZÃO DA IDADE DOS CONSUMIDORES PESSOAS IDOSAS

O STJ considera abusiva e consequentemente nula a cláusula contratual que prevê reajuste de mensalidade de plano de saúde calcada exclusivamente na mudança de faixa etária do consumidor. Com isso, veda-se a discriminação da pessoa idosa em razão da idade, nos termos do art. 15, § 3º, do Estatuto da Pessoa Idosa. (STJ, REsp. nº 989380/ RN, Rela. Mina. Nancy Andrighi, DJ 20/11/2008). No caso, alguns contratos estavam sofrendo aumento de 100% e 200% quando o consumidor fizesse 60 e 70 anos respectivamente.

Entretanto, o STJ admite a validade de reajustes em razão da mudança de faixa etária, desde que atendidas certas condições: a) previsão no instrumento negocial; b) respeito aos limites e demais requisitos estabelecidos na Lei Federal nº 9.656/98; e c) observância ao princípio da boa-fé objetiva, que veda índices de reajuste desarrazoados ou aleatórios, que onerem em demasia o segurado. Assim, sempre que o consumidor segurado perceber abuso no aumento de mensalidade de seu seguro de saúde, em razão de mudança de faixa etária, poderá questionar a validade de tal medida, cabendo ao Judiciário o exame da exorbitância, caso a caso. (STJ, REsp 866840/SP, Rel. p/ Acórdão Ministro Raul Araújo, Quarta Turma, DJe 17/08/2011)[625] Este entendimento foi pacificado em sede de recurso repetitivo, com a seguinte tese (Tema 952):

625. A justificativa para o reajuste ficou expresso na ementa do julgado: "Nos contratos de seguro de saúde, de trato sucessivo, os valores cobrados a título de prêmio ou mensalidade guardam relação de propor-

"O reajuste de mensalidade de plano de saúde individual ou familiar fundado na mudança de faixa etária do beneficiário é válido desde que (i) haja previsão contratual, (ii) sejam observadas as normas expedidas pelos órgãos governamentais reguladores[626] e (iii) não sejam aplicados percentuais desarrazoados ou aleatórios que, concretamente e sem base atuarial idônea, onerem excessivamente o consumidor ou discriminem o idoso." (STJ, REsp 1568244/RJ, Rel. Ministro Ricardo Villas Bôas Cueva, Segunda Seção, DJe 19/12/2016)

Assim, decidiu o STJ que "se for reconhecida a abusividade do aumento praticado pela operadora de plano de saúde em virtude da alteração de faixa etária do usuário, para não haver desequilíbrio contratual, faz-se necessária, nos termos do art. 51, § 2º, do CDC, a apuração de percentual adequado e razoável de majoração da mensalidade em virtude da inserção do consumidor na nova faixa de risco, o que deverá ser feito por meio de cálculos atuariais na fase de cumprimento de sentença."

Este entendimento que era aplicado, até então, para os contratos individuais, passou a ser aplicado também para os contratos coletivos. Assim, nos moldes dos contratos individuais, o aumento nos contratos coletivos por faixa etária é possível, desde que tenha previsão contratual, siga normas de órgãos governamentais reguladores e não seja feito aleatoriamente.

A tese aprovada ficou assim:

"Aplicabilidade das teses firmadas no Tema 952 do STJ aos planos coletivos, ressalvando-se quanto às entidades de autogestão a inaplicabilidade do CDC" (STJ, Resp. 1.715.798, Rel. Min. Paulo de Tarso Sanseverino, julgado em 23/03/2022)

Para o Min. Paulo de Tarso Sanseverino, a única ressalva a ser feita diz respeito aos planos operados na modalidade de autogestão, aos quais não se aplica o CDC (Súmula 608 do STJ). Segundo o Ministro, "de todo modo, a revisão judicial do reajuste dos planos de autogestão ainda é possível, *cum grano salis* (com algumas reservas), tomando como fundamentos os princípios da função social do contrato e da boa-fé objetiva, enunciados no Código Civil, combinados com a vedação à discriminação do idoso, proclamada no Estatuto do Idoso".

---

cionalidade com o grau de probabilidade de ocorrência do evento risco coberto. Maior o risco, maior o valor do prêmio. É de natural constatação que quanto mais avançada a idade da pessoa, independentemente de estar ou não ela enquadrada legalmente como idosa, maior é a probabilidade de contrair problema que afete sua saúde. Há uma relação direta entre incremento de faixa etária e aumento de risco de a pessoa vir a necessitar de serviços de assistência médica." (STJ, REsp 866840/SP, Rel. p/ Acórdão Ministro Raul Araújo, Quarta Turma, DJe 17/08/2011)

626. Isso porque em se tratando de contrato (novo) firmado ou adaptado entre 2/1/1999 e 31/12/2003, deverão ser cumpridas as regras constantes na Resolução CONSU nº 6/1998, a qual determina a observância de 7 (sete) faixas etárias e do limite de variação entre a primeira e a última (o reajuste dos maiores de 70 anos não poderá ser superior a 6 (seis) vezes o previsto para os usuários entre 0 e 17 anos), não podendo também a variação de valor na contraprestação atingir o usuário idoso vinculado ao plano ou seguro saúde há mais de 10 (dez) anos. Para os contratos (novos) firmados a partir de 1º/1/2004, incidem as regras da RN nº 63/2003 da ANS, que prescreve a observância (i) de 10 (dez) faixas etárias, a última aos 59 anos; (ii) do valor fixado para a última faixa etária não poder ser superior a 6 (seis) vezes o previsto para a primeira; e (iii) da variação acumulada entre a sétima e décima faixas não poder ser superior à variação cumulada entre a primeira e sétima faixas.

14. DEVER DE INFORMAR A CADA CONSUMIDOR SOBRE O DESCREDENCIAMENTO DE MÉDICOS E HOSPITAIS

O STJ entendeu que a operadora de plano de saúde somente cumprirá o dever de informar se comunicar individualmente a cada associado o descredenciamento de médicos e hospitais. Isso porque o direito à informação visa assegurar ao consumidor uma escolha consciente, permitindo que suas expectativas em relação ao produto ou serviço sejam de fato atingidas, manifestando o que vem sendo denominado de *consentimento informado* ou *vontade qualificada*. A Min. Nancy Andrighi asseverou ainda que "*avisos genéricos e indeterminados, que não ofereçam um mínimo de garantia quanto à ciência pessoal do associado acerca da alteração da rede conveniada, não correspondem à informação adequada exigida pelo CDC.*" (STJ, REsp 1144840/SP, Rel. Min. Nancy Andrighi, Terceira Turma, DJe 11/04/2012).

O STJ também entendeu que ainda que a iniciativa pelo descredenciamento tenha partido de clínica médica, subsiste a obrigação de a operadora de plano de saúde promover a comunicação desse evento aos consumidores e à ANS com 30 (trinta) dias de antecedência bem como de substituir a entidade conveniada por outra equivalente, de forma a manter a qualidade dos serviços contratados inicialmente. (STJ, REsp 1561445/SP, Rel. Ministro Ricardo Villas Bôas Cueva, Terceira Turma, DJe 16/08/2019) Nesse julgado, ficou consignado que "o termo entidade hospitalar inscrito no art. 17, § 1º, da Lei nº 9.656/1998, à luz dos princípios consumeristas, deve ser entendido como gênero, a englobar também clínicas médicas, laboratórios, médicos e demais serviços conveniados."

15. CIRURGIA PLÁSTICA

15.1. Intervenção cirúrgica para tratamento de obesidade mórbida

O STJ entendeu que é abusiva a negativa do plano de saúde em cobrir as despesas de intervenção cirúrgica para tratamento de obesidade mórbida.

> "A gastroplastia, indicada para o tratamento da obesidade mórbida, bem como de outras doenças dela derivadas, constitui cirurgia essencial à preservação da vida e da saúde do paciente segurado, não se confundindo com simples tratamento para emagrecimento. 2. Abusividade da negativa do plano de saúde em cobrir as despesas da intervenção cirúrgica necessária à garantia da própria sobrevivência do segurado." (STJ, REsp 1249701/SC, Rel. Ministro Paulo de Tarso Sanseverino, Terceira Turma, DJe 10/12/2012)

15.2. Obrigação do plano de saúde custear cirurgia plástica após bariátrica

O STJ também entendeu que operações plásticas reparadoras para a retirada de excesso de pele em pacientes submetidos a gastroplastia (cirurgia bariátrica) devem ser custeadas pelos planos de saúde. (STJ, REsp 1757938/DF, Rel. Ministro Ricardo Villas Bôas Cueva, Terceira Turma, DJe 12/02/2019)

O tema foi objeto de Recurso Repetitivo. A tese jurídica ficou assim:

> "(i) é de cobertura obrigatória pelos planos de saúde a cirurgia plástica de caráter reparador ou funcional indicada pelo médico assistente, em paciente pós-cirurgia bariátrica, visto ser parte decorrente do tratamento da obesidade mórbida, e,

(ii) havendo dúvidas justificadas e razoáveis quanto a o caráter eminentemente estético da cirurgia plástica indicada ao paciente póscirurgia bariátrica, a operadora de plano de saúde pode se utilizar do procedimento da junta médica, formada para dirimir a divergência técnicoassistencial, desde que arque com os honorários dos respectivos profissionais e sem prejuízo do exercício do direito de ação pelo beneficiário, em caso de parecer desfavorável à indicação clínica do médico assistente, ao qual não se vincula o julgador". (STJ, REsp n. 1.870.834/SP, relator Ministro Ricardo Villas Bôas Cueva, Segunda Seção, , DJe de 19/9/2023.)

16. COBRANÇA DE VALORES ADICIONAIS POR ATENDIMENTOS REALIZADOS FORA DO HORÁRIO COMERCIAL

O hospital não pode cobrar valores adicionais dos pacientes conveniados a planos de saúde por atendimentos realizados pela equipe médica fora do horário comercial. De acordo com o STJ "*cuida-se de iníqua cobrança, em prevalecimento sobre a fragilidade do consumidor, de custo que está ou deveria estar coberto pelo preço cobrado da operadora de saúde – negócio jurídico mercantil do qual não faz parte o consumidor usuário do plano de saúde –, caracterizando-se como conduta manifestamente abusiva, em violação à boa-fé objetiva e ao dever de probidade do fornecedor, vedada pelos arts. 39, IV, X e 51, III, IV, X, XIII, XV, do CDC e 422 do CC/2002." (STJ, REsp 1324712/MG, Rel. Ministro Luis Felipe Salomão, Quarta Turma, DJe 13/11/2013)*

17. CONTRATOS DE GRUPO

17.1. Plano de saúde coletivo: aplicação do CDC somente com menos de 30 beneficiários

A Segunda Seção do STJ pacificou o entendimento de que a relação entre empregador e a operadora do plano de saúde coletivo não é regida pelo CDC, ressalvada a hipótese em que o contrato conta com menos de 30 (trinta) usuários, situação que revela a condição de vulnerabilidade, incidindo a legislação consumerista.

> "Inquestionável a vulnerabilidade dos planos coletivos com quantidade inferior a 30 (trinta) beneficiários, cujos estipulantes possuem pouco poder de negociação diante da operadora, sendo maior o ônus de mudança para outra empresa caso as condições oferecidas não sejam satisfatórias. 3. Não se pode transmudar o contrato coletivo empresarial com poucos beneficiários para plano familiar a fim de se aplicar a vedação do art. 13, parágrafo único, II, da Lei n. 9.656/1998, porém, a rescisão deve ser devidamente motivada, incidindo a legislação consumerista." (STJ, EREsp 1692594/SP, Rel. Ministro Marco Aurélio Bellizze, Segunda Seção, DJe 19/02/2020)

17.2. A extinção do plano coletivo não dá direito ao consumidor de manter o plano individual nas mesmas condições

O STJ entendeu que após o término do contrato coletivo (seja por resolução ou resilição) o consumidor não tem direito a manter o mesmo plano de saúde, pagando o mesmo prêmio que era pago quando do contrato coletivo. Isso porque, segundo consta no REsp. 1.119.370-PE, Rel. Min. Nancy Andrighi, julgado em 7/12/2010, "o valor do prêmio é infinitamente inferior ao devido para seguro individual, e por si só não dá à Recorrida o direito a manutenção de vínculo contratual". A Min. Nancy Andrighi destacou que "aceitar a continuidade da vinculação da recorrida a seguro saúde coletivo que nem mesmo existe mais, mediante o recolhimento de verba simbólica, é providência que visivelmente impede a preservação do necessário equilíbrio contratual. Assim, ainda que em algumas situações o princípio da autonomia da vontade ceda lugar às disposições cogentes do CDC, não há como obrigar as recorrentes a manter um vínculo contratual que satisfaça somente os interesses da recorrida. Por mais legítima que seja a pretensão da consumidora, que busca defender seu direito fundamental à saúde, não é possível afirmar que há "direito adquirido" dela à manutenção das condições previstas em contrato de seguro-saúde em grupo extinto por iniciativa do estipulante, seu empregador. A perspectiva seria completamente diferente se a recorrida estivesse pleiteando a contratação individual com o pagamento integral do prêmio e a liberação da carência."

Por sua vez, se o aposentado ou o empregado desligado por rescisão ou exoneração do contrato de trabalho arcar com o pagamento integral, poderá se manter no plano de saúde nas mesmas condições:

> "RECURSO ESPECIAL. PLANO DE SAÚDE COLETIVO. APOSENTADORIA DO BENEFICIÁRIO. MANUTENÇÃO DAS MESMAS CONDIÇÕES DE ASSISTÊNCIA MÉDICA E VALORES DE CONTRIBUIÇÃO. INTERPRETAÇÃO DO ART. 31 DA LEI 9.656/98. RECURSO PROVIDO. 1. Não obstante as disposições advindas com a Lei 9.656/98, dirigidas às operadoras de planos e seguros privados de saúde em benefício dos consumidores, tenham aplicação, em princípio, aos fatos ocorridos a partir de sua vigência, devem incidir em ajustes de trato sucessivo, ainda que tenham sido celebrados anteriormente. 2. A melhor interpretação a ser dada ao caput do art. 31 da Lei 9.656/98, ainda que com a nova redação dada pela Medida Provisória 1.801/99, *é no sentido de que deve ser assegurada ao aposentado a manutenção no plano de saúde coletivo, com as mesmas condições de assistência médica e de valores de contribuição, desde que assuma o pagamento integral desta, a qual poderá variar conforme as alterações promovidas no plano paradigma, sempre em paridade com o que a ex-empregadora tiver que custear.*" (STJ, REsp 531370/SP, Rel. Ministro Raul Araújo, Quarta Turma, DJe 06/09/2012)

O STJ também entendeu que, na hipótese de falecimento do titular do plano de saúde coletivo, nasce para os dependentes já inscritos o direito de pleitear a sucessão da titularidade, nos termos dos arts. 30 ou 31 da Lei 9.656/1998, a depender da hipótese, desde que assumam o seu pagamento integral. (STJ, REsp 1841285/DF, Rel. Ministra Nancy Andrighi, Terceira Turma, DJe 30/03/2021)

17.3. Possibilidade de resilição unilateral do contrato pela operadora do plano de saúde nos contratos coletivos

A jurisprudência do STJ é no sentido de que é possível a resilição unilateral do contrato coletivo de saúde, uma vez que a norma inserta no art. 13, parágrafo único, II, da Lei 9.656/98 aplica-se exclusivamente a contratos individuais ou familiares. (STJ, AgRg no REsp 1477859/SP, Rel. Ministro Raul Araújo, Quarta Turma, DJe 25/05/2015)

Porém, o STJ entendeu pela manutenção do beneficiário submetido a tratamento médico de doença grave em caso de cancelamento unilateral de plano de saúde coletivo.

> "A operadora, mesmo após o exercício regular do direito à rescisão unilateral de plano coletivo, deverá assegurar a continuidade dos cuidados assistenciais prescritos a usuário internado ou em pleno tratamento médico garantidor de sua sobrevivência ou de sua incolumidade física, até a efetiva alta, desde que o titular arque integralmente com a contraprestação devida." (STJ, Tese firmada no REsp n. 1.846.123/SP, relator Ministro Luis Felipe Salomão, Segunda Seção, julgado em 22/6/2022)

Se o plano coletivo apresentar até 30 beneficiários, o STJ exige que haja uma justificativa idônea para a resilição, em virtude da vulnerabilidade desse grupo de usuários, e em respeito aos princípios da boa-fé e da conservação dos contratos. Nesse sentido:

> "A jurisprudência do STJ é no sentido de que "é válida a cláusula que prevê resilição unilateral de contrato de plano de saúde coletivo empresarial com menos de trinta beneficiários, condicionada a motivação idônea"" (STJ, AgInt no AREsp n. 1.132.794/SP, Relator o Ministro Raul Araújo, Quarta Turma, DJe 20/3/2019).

17.4. Usuário de plano de saúde coletivo pode mover ação contra operadora sozinho

O STJ entendeu que o usuário de plano de saúde coletivo tem legitimidade ativa para ajuizar individualmente ação contra a operadora pretendendo discutir a validade de cláusulas do contrato, a exemplo do critério de reajuste das mensalidades, não sendo empecilho o fato de a contratação ter sido intermediada por estipulante. (STJ, REsp 1510697/SP, Rel. Ministro Ricardo Villas Bôas Cueva, Terceira Turma, DJe 15/06/2015). No mesmo sentido entendeu o STJ que beneficiário de plano de saúde coletivo por adesão tem legitimidade para questionar rescisão unilateral do contrato. (STJ, REsp 1704610/SP, Rel. Ministra Nancy Andrighi, Terceira Turma, DJe 23/02/2018)

17.5. Oferecimento de plano individual a ex-empregado demitido ou exonerado sem justa causa

O STJ entendeu que a operadora de plano de saúde não pode ser obrigada a oferecer plano individual a ex-empregado demitido ou exonerado sem justa causa após o direito de permanência temporária no plano coletivo esgotar-se (art. 30 da Lei nº 9.656/1998), sobretudo se ela não disponibilizar no mercado esse tipo de plano. Além disso, tal hipótese não pode ser equiparada ao cancelamento do plano privado de assistência à saúde feito pelo próprio empregador, ocasião em que pode incidir os institutos da migração ou da portabilidade de carências. (STJ, REsp 1592278/DF, Rel. Ministro Ricardo Villas Bôas Cueva, Terceira Turma, DJe 20/06/2016)

17.6. Operadoras de planos de saúde coletivo não são obrigadas a fornecerem plano individual

O STJ entendeu que não é ilegal a recusa de operadoras de planos de saúde de comercializarem planos individuais por atuarem apenas no segmento de planos coletivos. Não há norma legal alguma obrigando-as a atuar em determinado ramo de plano de saúde. O que é vedada é a discriminação de consumidores em relação a produtos e serviços que já são oferecidos no mercado de consumo por determinado fornecedor, como costuma ocorrer em recusas arbitrárias na contratação de planos individuais quando tal tipo estiver previsto na carteira da empresa. (STJ, REsp 1592278/DF, Rel. Ministro Ricardo Villas Bôas Cueva, Terceira Turma, DJe 20/06/2016) No mesmo sentido, "a operadora não pode ser obrigada a oferecer plano individual a usuário de plano coletivo extinto se ela não disponibiliza no mercado tal modalidade contratual (arts. 1º e 3º da Res.-CONSU nº 19/1999). Inaplicabilidade, por analogia, da regra do art. 30 da Lei nº 9.656/1998." (STJ, REsp 1846502/DF, Rel. Ministro Ricardo Villas Bôas Cueva, Terceira Turma, DJe 26/04/2021)

17.7. Condições para permanência de ex-empregado aposentado em plano de saúde coletivo

O STJ definiu quais condições assistenciais e de custeio do plano de saúde devem ser mantidas para beneficiários inativos:

> a) "Eventuais mudanças de operadora, de modelo de prestação de serviço, de forma de custeio e de valores de contribuição não implicam interrupção da contagem do prazo de 10 (dez) anos previsto no art. 31 da Lei n. 9.656/1998, devendo haver a soma dos períodos contributivos para fins de cálculo da manutenção proporcional ou indeterminada do trabalhador aposentado no plano coletivo empresarial."
>
> b) "O art. 31 da lei n. 9.656/1998 impõe que ativos e inativos sejam inseridos em plano de saúde coletivo único, contendo as mesmas condições de cobertura assistencial e de prestação de serviço, o que inclui, para todo o universo de beneficiários, a igualdade de modelo de pagamento e de valor de contribuição, admitindo-se a diferenciação por faixa etária se for contratada para todos, cabendo ao inativo o custeio integral, cujo valor pode ser obtido com a soma de sua cota-parte com a parcela que, quanto aos ativos, é proporcionalmente suportada pelo empregador."
>
> c) "O ex-empregado aposentado, preenchidos os requisitos do art. 31 da Lei n. 9.656/1998, não tem direito adquirido de se manter no mesmo plano privado de assistência à saúde vigente na época da aposentadoria, podendo haver a substituição da operadora e a alteração do modelo de prestação de serviços, da forma de custeio e os respectivos valores, desde que mantida paridade com o modelo dos trabalhadores ativos e facultada a portabilidade de carências."
>
> (REsp 1818487/SP, Rel. Ministro Antonio Carlos Ferreira, Segunda Seção, DJe 01/02/2021)

17.8. Empresa que estipula plano de saúde coletivo a funcionários é mera interveniente, não figurando no polo passivo de ação de ex-empregado para permanecer no plano de saúde

O STJ entendeu que em ação proposta por ex-empregado aposentado para permanecer em plano de saúde coletivo nas mesmas condições de cobertura e de mensalidade de quando estava em vigor o contrato de trabalho, a empresa estipulante, em princípio, não possui legitimidade para figurar no polo passivo, visto que atua apenas como interveniente, na condição de mandatária do grupo de usuários e não da operadora. (STJ, REsp 1575435/SP, Rel. Ministro Ricardo Villas Bôas Cueva, Terceira Turma, DJe 03/06/2016)

17.9. Direito à portabilidade de carências ao contratar novo plano havendo resilição unilateral do contrato de plano de saúde coletivo pela operadora

O STJ entendeu que "na ausência de norma legal expressa que resguarde o consumidor na hipótese de resilição unilateral do contrato coletivo pela operadora, há de se reconhecer o direito à portabilidade de carências, permitindo, assim, que os beneficiários possam contratar um novo plano de saúde, observado o prazo de permanência no anterior, sem o cumprimento de novos períodos de carência ou de cobertura parcial temporária e sem custo adicional pelo exercício do direito." (STJ, REsp 1739907/DF, Rel. Ministra Nancy Andrighi, Terceira Turma, DJe 26/08/2020)

18. É LÍCITA CLÁUSULA QUE PREVÊ COBRANÇA DE HONORÁRIOS MÉDICOS COMPLEMENTARES CASO O CONSUMIDOR SOLICITE O INTERNAMENTO EM ACOMODAÇÃO SUPERIOR ÀQUELA PREVISTA NO CONTRATO

O STJ definiu que, apesar de a cobertura de despesas referentes a honorários médicos estar incluída no plano de saúde hospitalar, os custos decorrentes da escolha por uma acomodação superior à contratada não se restringem aos de hospedagem. É permitido também aos médicos cobrarem honorários complementares. (STJ, REsp 1178555/PR, Rel. Ministro Ricardo Villas Bôas Cueva, Terceira Turma, DJe 15/12/2014).

19. CLÁUSULA CONTRATUAL QUE PREVÊ COPARTICIPAÇÃO EM PLANO DE SAÚDE

O STJ entendeu que não é ilegal cláusula contratual de plano de saúde que prevê a coparticipação do usuário nas despesas médico-hospitalares em percentual sobre o custo do tratamento ou em valor fixo.

Assim, para o STJ, "a adoção da coparticipação no plano de saúde implica diminuição do risco assumido pela operadora, o que provoca redução do valor da mensalidade a ser paga pelo usuário, que, por sua vez, caso utilize determinada cobertura, arcará com valor adicional apenas quanto a tal evento." Desde modo concluiu que "não há falar em ilegalidade na contratação de plano de saúde em regime de coparticipação, seja em percentual sobre o custo do tratamento seja em montante fixo, até mesmo porque "percentual de coparticipação do consumidor ou beneficiário" (art. 16, VIII, da Lei nº 9.656/1998) é expressão da lei."

A ressalva da aplicação da coparticipação se dá quando sua instituição "limite seriamente o acesso aos serviços de assistência à saúde, a exemplo de financiamentos quase integrais do procedimento pelo próprio usuário, a evidenciar comportamento abusivo da operadora", sendo proibida "apenas nos casos de internação, e somente para os eventos que não tenham relação com a saúde mental, devendo, no lugar, ser os valores prefixados (arts. 2º, VII e VIII, e 4º, VII, da Resolução CONSU nº 8/1998)." (STJ, REsp 1566062/RS, Rel. Ministro Ricardo Villas Bôas Cueva, Terceira Turma, DJe 01/07/2016)

Nesse sentido, o STJ entendeu que as **sessões de psicoterapia** que ultrapassam a cobertura do plano de saúde devem ser custeadas por coparticipação.

> "O número de consultas/sessões anuais de psicoterapia fixado pela ANS no Rol de Procedimentos e Eventos em Saúde deve ser considerado apenas como cobertura obrigatória mínima a ser custeada plenamente pela operadora de plano de saúde. A quantidade de consultas psicoterápicas que ultrapassar as balizas de custeio mínimo obrigatório deverá ser suportada tanto pela operadora quanto pelo usuário, em regime de coparticipação, aplicando-se, por analogia, com adaptações, o que ocorre nas hipóteses de internação em clínica psiquiátrica, especialmente o percentual de contribuição do beneficiário (arts. 16, VIII, da Lei nº 9.656/1998; 2º, VII e VIII, e 4º, VII, da Resolução CONSU nº 8/1998 e 22, II, da RN ANS nº 387/2015). A estipulação de coparticipação se revela necessária, porquanto, por um lado, impede a concessão de consultas indiscriminadas ou o prolongamento em demasia de tratamentos e, por outro, restabelece o equilíbrio contratual (art. 51, § 2º, do CDC), já que as sessões de psicoterapia acima do limite mínimo estipulado pela ANS não foram consideradas no cálculo atuarial do fundo mútuo do plano, o que evita a onerosidade excessiva para ambas as partes." (STJ, REsp 1679190/SP, Rel. Ministro Ricardo Villas Bôas Cueva, Terceira Turma, DJe 02/10/2017)

O mesmo entendimento foi aplicado para sessões de **terapia ocupacional**. Ou seja, a cláusula contratual de plano de saúde que permite a interrupção do tratamento após o esgotamento do número de sessões asseguradas no rol de procedimentos da Agência Nacional de Saúde Suplementar (ANS) é considerada nula também no caso de sessões de terapia ocupacional, devendo as sessões que ultrapassem a cobertura do plano serem custeadas por coparticipação. (STJ, REsp 1642255/MS, Rel. Ministra Nancy Andrighi, Terceira Turma, DJe 20/04/2018)

O STJ permitiu também a cobrança de coparticipação do usuário para **utilização de próteses, órteses e materiais cirúrgicos** (STJ, REsp 1671827/RS, Rel. Ministra Nancy Andrighi, Terceira Turma, DJe 20/03/2018) e para a hipótese de **internação psiquiátrica superior a 30 dias** (STJ, EAREsp 793.323/RJ, Rel. Ministra Nancy Andrighi, Segunda Seção, DJe 15/10/2018).

Sobre a internação psiquiátrica, o STJ proferiu tese em recurso repetitivo:

> "Nos contratos de plano de saúde não é abusiva a cláusula de coparticipação expressamente ajustada e informada ao consumidor, à razão máxima de 50% (cinquenta por cento) do valor das despesas, nos casos de internação superior a 30 (trinta) dias por ano, decorrente de transtornos psiquiátricos, preservada a manutenção do equilíbrio financeiro." (STJ, REsp 1755866/SP, Rel. Ministro Marco Buzzi, Segunda Seção, DJe 16/12/2020)

Em relação às hipóteses de **internação domiciliar (*home care*)** não relacionada à saúde mental (por ser substituta da internação hospitalar), o STJ entendeu como abusiva a cobrança em forma de "percentual" de coparticipação.

> "Hipótese dos autos em que, foi estabelecida, contratualmente, a coparticipação da parte recorrida-beneficiária sobre o total das despesas arcadas pelo recorrente no caso de internação domiciliar em forma de percentual, razão pela qual conclui-se pela sua ilegalidade, até mesmo porque substituta da internação hospitalar não relacionada à saúde mental. 7. A negativa administrativa ilegítima de cobertura para tratamento médico por parte da operadora de saúde só enseja danos morais na hipótese de agravamento da condição de dor, abalo psicológico e demais prejuízos à saúde já fragilizada do paciente. Precedentes. (REsp n. 1.947.036/DF, relatora Ministra Nancy Andrighi, Terceira Turma, julgado em 22/2/2022, DJe de 24/2/2022.)." (STJ, REsp n. 1.947.036/DF, relatora Ministra Nancy Andrighi, Terceira Turma, julgado em 22/2/2022)

O STJ também entendeu que o tratamento com o **protocolo Pediasuit** pode ser objeto de cláusula contratual de coparticipação.

> "O protocolo Pediasuit, é, em geral, aplicado em sessões conduzidas por fisioterapeutas, terapeutas ocupacionais e/ou fonoaudiólogos, dentro das respectivas áreas de atuação, sem a necessidade de internação ou mesmo da utilização de estrutura hospitalar, enquadrando-se, a despeito de sua complexidade, no conceito de atendimento ambulatorial estabelecido pela ANS. (...) 8. Hipótese em que deve ser reformado o acórdão recorrido para manter a coparticipação, limitando o valor pago a cada mês pelo beneficiário ao valor da mensalidade, até a completa quitação, respeitado, quanto ao percentual cobrado por procedimento, o limite máximo de 50% do valor contratado entre a operadora de plano de saúde e o respectivo prestador de serviço." (STJ, REsp n. 2.001.108/MT, relatora Ministra Nancy Andrighi, Terceira Turma, DJe de 9/10/2023.)

20. CLÁUSULA DE PLANO QUE RESTRINGE EXAME PEDIDO POR MÉDICO CONVENIADO

O STJ entendeu que "a realização de exames, internações e demais procedimentos hospitalares não pode ser obstada aos usuários cooperados, exclusivamente pelo fato de terem sido solicitados por médico diverso daqueles que compõem o quadro da operadora, pois isso configura não apenas discriminação do galeno, mas também tolhe tanto o direito de usufruir do plano contratado como a liberdade de escolha do profissional que lhe aprouver. Assim, a cláusula contratual que prevê o indeferimento de quaisquer procedimentos médico-hospitalares, se estes forem solicitados por médicos não cooperados, deve ser reconhecida como cláusula abusiva, nos termos do art. 51, IV, do CDC." (STJ, REsp 1330919/MT, Rel. Ministro Luis Felipe Salomão, Quarta Turma, DJe 18/08/2016)

21. PLANO DE SAÚDE NÃO PODE IMPOR RESTRIÇÃO NÃO PREVISTA NO CREDENCIAMENTO DE ENTIDADE CONVENIADA

O STJ entendeu que o credenciamento de um hospital por operadora de plano de saúde, sem restrições, abrange, para fins de cobertura, todas as especialidades médicas oferecidas pela instituição, ainda que prestadas sob o sistema de parceria com entidade não credenciada. Ou seja, para o STJ, "se a prestação do serviço (hospitalar, ambulatorial, médico-hospitalar, obstétrico e de urgência 24h) não for integral, deve ser indicada a restrição e quais especialidades oferecidas pela entidade não estão cobertas, sob pena de se considerar todas incluídas no credenciamento, principalmente em se tratando de hospitais, já que são estabelecimentos de saúde vocacionados a prestar assistência sanitária em regime de internação e de não internação, nas mais diversas especialidades médicas." (STJ, REsp 1613644/SP, Rel. Ministro Ricardo Villas Bôas Cueva, Terceira Turma, DJe 30/09/2016)

22. PLANO DE SAÚDE NÃO PODE LIMITAR A QUANTIDADE DE BOLSAS DE SANGUE UTILIZADAS NO PROCEDIMENTO MÉDICO

O STJ entendeu que é ilegal e abusiva a negativa de cobertura pelo plano de saúde de bolsas de sangue em número considerado essencial para preservar a saúde e a vida do paciente, uma vez que a opção pelos procedimentos e técnica a serem utilizados no tratamento de saúde cabe ao médico especialista. (STJ, REsp 1450134/SP, Rel. Ministro Luis Felipe Salomão, Quarta Turma, DJe 07/12/2016)

23. ALIENAÇÃO DE CARTEIRAS DE PLANO DE SAÚDE NÃO PODE PREJUDICAR OS DIREITOS DO CONSUMIDOR ANTERIORMENTE AJUSTADOS

O STJ entendeu que: "As operadoras de plano de saúde que pretendam alienar, voluntariamente, todas ou algumas de suas carteiras devem, observados os procedimentos estabelecidos pelas normas editadas pela Agência Nacional de Saúde Suplementar, sobretudo o disposto na Resolução Normativa n. 112/2005, formular requerimento, instruindo-o com a documentação exigida, perante a ANS, que, analisando o preenchimento dos requisitos necessários, poderá aprovar a transferência de carteiras. Após a aprovação, a operadora adquirente deve notificar todos os beneficiários que possuam contratos na carteira alienada por meio de comunicação individual e de publicação na imprensa." Ademais, o STJ exige os seguintes requisitos para possibilitar a alteração nos planos: "A substituição do prestador de serviço de saúde em sentido amplo (incluindo hospitais, clínicas, profissionais de saúde, laboratórios e serviços correlatos), durante a vigência do contrato de plano de assistência à saúde, é legítima e possível, mas desde que observadas as seguintes condições: (I) substituição por profissional ou estabelecimento equivalente (art. 17, § 1º, da Lei 9.656/1998); (II) comunicação à ANS e aos consumidores com, no mínimo, trinta dias de antecedência (art. 17, § 1º, da Lei 9.656/1998); e (III) manutenção de eventual internação de beneficiário iniciada antes da substituição (art. 17, § 2º, da Lei 9.656/1998). Tais requisitos devem ser observados tanto pelas operadoras de plano de saúde originariamente contratadas pelo consumidor como pelas operadoras adquirentes de carteiras alienadas (art. 4º, § 2º, da RN n.112/2005-ANS)." (STJ, REsp 1545315/PE, Rel. Ministro Marco Aurélio Bellizze, Terceira Turma, DJe 10/11/2016)

24. COBERTURA DE MEDICAMENTO IMPORTADO SEM REGISTRO NA ANVISA

O STJ entende pela impossibilidade de se obrigar uma operadora de plano de saúde privado a custear medicamentos importados sem registro nacional. Para o STJ, "a exclusão da assistência farmacêutica para o medicamento importado sem registro na ANVISA também encontra fundamento nas normas de controle sanitário. De fato, a importação de medicamentos e outras drogas, para fins industriais ou comerciais, sem a prévia e expressa manifestação favorável do Ministério da Saúde constitui infração de natureza sanitária (arts. 10, 12 e 66 da Lei nº 6.360/1976 e 10, IV, da Lei nº 6.437/1977), não podendo a operadora de plano de saúde ser obrigada a custeá-los em afronta à lei." (STJ, REsp 1632752/PR, Rel. Ministro Ricardo Villas Bôas Cueva, Terceira Turma, DJe 29/08/2017)

Este entendimento foi sedimento em recurso repetitivo com a seguinte tese: *"As operadoras de plano de saúde não estão obrigadas a fornecer medicamento não registrado pela Anvisa"* (julgamentos dos processos REsp 1726563 e REsp 1712163 ocorridos em 08/11/18).

Diferente foi a hipótese julgada pelo STJ de um medicamento importado sem registro vigente na ANVISA, mas que já teve seu registro anteriormente aprovado, somente sendo cancelado por falta de interesse comercial. Assim, por não se enquadrar na tese aprovada em recurso repetitivo (uma vez que o medicamento já teve registro na ANVISA), o STJ obrigou o plano de saúde a custear o medicamento importado.

> "Caso concreto em que o medicamento passou pelo crivo sanitário da ANVISA, tendo sofrido cancelamento de registro por motivo de desinteresse comercial. 7. Ausência de risco sanitário no caso concreto, devendo-se fazer distinção com a tese firmada no referido Tema 990/STJ. 8. Legalidade da importação, a despeito do cancelamento do registro, desde que realizada em nome da pessoa física da paciente, conforme Nota Técnica da ANVISA. 9. Manutenção da condenação da operadora a custear a importação do medicamento." (STJ, REsp 1816768/PR, Rel. Ministro Paulo de Tarso Sanseverino, Terceira Turma, DJe 18/12/2020)

Em outro caso, o STJ também não aplicou o entendimento exarado na tese do recurso repetitivo, uma vez que o medicamento importado, embora não tivesse registro na ANVISA, possuía autorização para importação em caráter excepcional. Nesse sentido, o plano de saúde teve que custear a compra do medicamento.

Assim, para o STJ, "a autorização da ANVISA para a importação excepcional do medicamento para uso próprio sob prescrição médica, é medida que, embora não substitua o devido registro, evidencia a segurança sanitária do fármaco, porquanto pressupõe a análise da Agência Reguladora quanto à sua segurança e eficácia, além de excluir a tipicidade das condutas previstas no art. 10, IV, da Lei 6.437/77, bem como nos arts. 12 c/c 66 da Lei 6.360/76." (STJ, REsp 1943628/DF, Rel. Ministra Nancy Andrighi, Terceira Turma, DJe 03/11/2021)

25. EXIGÊNCIA DE INDICAÇÃO DA CID (CLASSIFICAÇÃO INTERNACIONAL DE DOENÇAS) PARA DEFERIMENTO DE EXAMES E SERVIÇOS OFERECIDOS PELAS PRESTADORAS DE PLANO DE SAÚDE, BEM COMO PARA O PAGAMENTO DE HONORÁRIOS MÉDICOS

O STJ entendeu que a exigência da CID pelas operadoras de planos de saúde, para o deferimento de exames e o pagamento de honorários médicos, não se mostra iníqua ou incompatível com a boa-fé. Asseverou o STJ que "a Lei 9.656/98 estreita sobremaneira a relação entre a prestação dos serviços de saúde pelas operadoras às doenças classificadas no CID, devendo aqueles preverem procedimentos, observadas as normas legais e contratuais limitativas, de acordo com a segmentação do plano celebrado, que se voltem ao tratamento das doenças catalogadas pela OMS. O condicionamento da indicação da CID nas requisições de exames e serviços de saúde ao deferimento da cobertura destes decorre, razoavelmente, do fato de as operadoras de planos de saúde estarem obrigadas a prestar os serviços relacionados no plano-referência celebrado com o respectivo usuário. Inocorrência de abusividade no procedimento, não se tonalizando como iníqua e nem colocando o consumidor em desvantagem exagerada, ou incompatível com a boa-fé ou a eqüidade, a exigência de indicação da CID pelo profissional que requisita a realização de exames médicos." (STJ, REsp 1509055/RJ, Rel. Ministro Paulo de Tarso Sanseverino, Terceira Turma, DJe 25/08/2017)

26. CLÁUSULA DE EXCLUSÃO DE COBERTURA DE INSEMINAÇÃO ARTIFICIAL

O STJ entendeu, em recurso repetitivo (tema 1067), que "salvo disposição contratual expressa, os planos de saúde não são obrigados a custear o tratamento médico de fertilização in vitro." (STJ, REsp 1851062/SP, Rel. Ministro Marco Buzzi, Segunda Seção, DJe 27/10/2021)

Anteriormente a tese firmada, há precedente no sentido de que se a inseminação artificial for para prevenir (evitar) a infertilidade como efeito colateral de algum tratamento (quimioterapia por exemplo), o plano de saúde é obrigado a cobrir.

No REsp 1815796/RJ, Rel. Ministro Paulo de Tarso Sanseverino, DJe 09/06/2020, fica bem claro a distinção:

> "Distinção entre o caso dos autos, em que a paciente é fértil e busca a criopreservação como forma de prevenir a infertilidade, daqueloutros em que a paciente já é infértil, e pleiteia a criopreservação como meio para a reprodução assistida, casos para os quais não há obrigatoriedade de cobertura."

Mais recentemente, o STJ entendeu que, enquanto possível efeito adverso do tratamento de quimioterapia prescrito para câncer, a operadora de plano de saúde deve custear o procedimento de criopreservação de óvulos, como medida preventiva à infertilidade, até a alta da quimioterapia. (STJ, REsp n. 1.962.984/SP, relatora Ministra Nancy Andrighi, Terceira Turma, DJe de 23/8/2023.)

Assim, o STJ, fez a distinção entre o tratamento da infertilidade - que não é de cobertura obrigatória pelo plano de saúde - e a prevenção da infertilidade, enquanto efeito adverso do tratamento prescrito ao paciente e coberto pelo plano de saúde.

27. OPERADORA DE PLANO DE SAÚDE NÃO PODE NEGAR TRATAMENTO PRESCRITO POR MÉDICO, SOB O FUNDAMENTO DE QUE O MEDICAMENTO A SER UTILIZADO ESTÁ FORA DAS INDICAÇÕES DESCRITAS EM BULA REGISTRADA NA AGÊNCIA NACIONAL DE VIGILÂNCIA SANITÁRIA (ANVISA). (USO *OFF-LABEL*[627])

O STJ entendeu que quem decide se a situação concreta de enfermidade do paciente está adequada ao tratamento conforme as indicações da bula/manual da ANVISA daquele específico remédio é o profissional médico. Para o STJ, autorizar que a operadora negue a cobertura de tratamento sob a justificativa de que a doença do paciente não está contida nas indicações da bula representa inegável ingerência na ciência médica, em odioso e inaceitável prejuízo do paciente enfermo. (STJ, REsp 1721705/SP, Rel. Ministra Nancy Andrighi, Terceira Turma, DJe 06/09/2018)

28. CLÁUSULA QUE RESTRINJA TRATAMENTOS MÉDICOS É ABUSIVA, AINDA QUE CONTRATO SEJA ANTERIOR À LEI DOS PLANOS DE SAÚDE

O STJ entendeu que "as regras estabelecidas na Lei 9.656/98 restringem-se aos contratos de plano de saúde celebrados após sua vigência (art. 35), mas o abuso de cláusula contratual prevista em avenças celebradas em datas anteriores pode ser aferido com base no Código de Defesa do Consumidor." Assim, "à luz do Código de Defesa do Consumidor, devem ser reputadas como abusivas as cláusulas que nitidamente afetam de maneira significativa a própria essência do contrato, impondo restrições ou limitações aos procedimentos médicos, fisioterápicos e hospitalares (v.g. limitação do tempo de internação, número de sessões de fisioterapia, entre outros) prescritos para doenças cobertas nos contratos de assistência e seguro de saúde dos contratantes. Se há cobertura de doenças ou sequelas relacionadas a certos eventos, em razão de previsão contratual, não há possibilidade de restrição ou limitação de procedimentos prescritos pelo médico como imprescindíveis para o êxito do tratamento, inclusive no campo da fisioterapia." (STJ, AgInt no REsp 1349647/RJ, Rel. Ministro Raul Araújo, Quarta Turma, DJe 23/11/2018)

29. PAGAMENTO DE PROCEDIMENTO FORA DO ROL DA ANS

Havia uma divergência grande entre a Quarta e a Terceira Turmas do STJ. A Quarta Turma entendia que o rol era taxativo e a Terceira Turma que o rol de procedimentos mínimos da ANS era exemplificativo.

A divergência foi pacificada pela Segunda Seção, através das seguintes teses:

> "1 – o Rol de Procedimentos e Eventos em Saúde Suplementar é, em regra, taxativo;
>
> 2 – a operadora de plano ou seguro de saúde não é obrigada a arcar com tratamento não constante do Rol da ANS se existe, para a cura do paciente, outro procedimento eficaz, efetivo e seguro já incorporado à lista;
>
> 3 – é possível a contratação de cobertura ampliada ou a negociação de aditivo contratual para a cobertura de procedimento extrarrol;

627. O uso de medicamentos para situações não previstas na bula é conhecido como *off label*.

4 – não havendo substituto terapêutico ou estando esgotados os procedimentos do Rol da ANS, pode ha-ver, a título de excepcionalidade, a cobertura do tratamento indicado pelo médico ou odontólogo-assistente, desde que (i) não tenha sido indeferida expressamente pela ANS a incorporação do procedimento ao Rol da Saúde Suplementar; (ii) haja comprovação da eficácia do tratamento à luz da medicina baseada em evidências; (iii) haja recomendações de órgãos técnicos de renome nacionais (como Conitec e NatJus) e estrangeiros; e (iv) seja realizado, quando possível, o diálogo interinstitucional do magistrado com entes ou pessoas com expertise na área da saúde, incluída a Comissão de Atualização do Rol de Procedimentos e Eventos em Saúde Suplementar, sem deslocamento da competência do julgamento do feito para a Justiça Federal, ante a ilegitimidade passiva ad causam da ANS." (STJ, EREsp n. 1.886.929/SP, relator Ministro Luis Felipe Salomão, Segunda Seção, DJe de 3/8/2022.)

30. REEMBOLSO DE DESPESAS HOSPITALARES REALIZADAS JUNTO A ENTIDADE NÃO CONVENIADA

O STJ entende que não é abusiva "a cláusula que limita o reembolso de despesas hospitalares realizadas junto a entidade não conveniada a limites contratualmente previstos." (STJ, AgInt no AREsp 1169121/SP, Rel. Ministro Raul Araújo, Quarta Turma, DJe 09/10/2019)

Entendeu também que "o reembolso das despesas médico-hospitalares efetuadas pelo beneficiário com tratamento/atendimento de saúde fora da rede credenciada pode ser admitido somente em hipóteses excepcionais, tais como a inexistência ou insuficiência de estabelecimento ou profissional credenciado no local e urgência ou emergência do procedimento" (STJ, EAREsp 1459849/ES, Rel. Ministro Marco Aurélio Bellizze, Segunda Seção, DJe 17/12/2020)

Diferente foi a hipótese em que o consumidor precisou realizar a cirurgia em estabelecimento não conveniado pelo fato de o plano de saúde ter se recusado, indevidamente, a realizar o procedimento. Neste caso, o STJ condenou o plano a ressarcir os gastos efetuados pelo consumidor, uma vez que "se o requerimento para a realização de procedimento cirúrgico de emergência coberto pelo contrato não é deferido no prazo regulamentar ou se é indeferido indevidamente, não há outra opção para o beneficiário que se encontra em iminente risco de lesão grave à saúde senão a de buscar realizá-lo por conta própria, custeando o tratamento, se possível, ou buscando o SUS, se necessário." O STJ concluiu que "tendo sido a beneficiária obrigada a pagar todos os custos da cirurgia de emergência, após a recusa manifestamente indevida de cobertura pela operadora de plano de saúde, em flagrante desrespeito à obrigação assumida no contrato, faz jus ao reembolso integral, a título de indenização pelo dano material." (STJ, REsp 1840515/CE, Rel. Ministra Nancy Andrighi, Terceira Turma, DJe 01/12/2020)

31. CLÁUSULA QUE EXCLUI COBERTURA DE LENTES EM PLANO DE SAÚDE

O STJ entendeu que é abusiva "cláusula de exclusão da cobertura de prótese (lentes) essencial para que os segurados acometidos de catarata e necessitados da cirurgia denominada facectomia restabeleçam plenamente a sua visão." (STJ, REsp 1585614/SP, Rel. Ministro Paulo de Tarso Sanseverino, Terceira Turma, DJe 15/03/2019)

32. COMUNICAÇÃO DO ÓBITO DO BENEFICIÁRIO Á OPERADORA PARA FINS DE EXTINÇÃO DO CONTRATO DE PLANO DE SAÚDE

O STJ entendeu que se reputam indevidas todas as cobranças efetuadas em relação ao período posterior à notificação da operadora da morte da beneficiária. Nesse sentido: "A morte é fato jurídico superveniente que implica o rompimento do vínculo entre a beneficiária e a operadora do plano de saúde, mas esse efeito só se produzirá para a operadora depois de tomar conhecimento de sua ocorrência; ou seja, a eficácia do contrato se protrai no tempo até que a operadora seja comunicada do falecimento da beneficiária." (STJ, REsp 1879005/MG, Rel. Ministra Nancy Andrighi, Terceira Turma, DJe 26/08/2020)

33. *HOME CARE*

33.1. Cobertura de medicamento para uso domiciliar (*home care*)

O STJ entendeu que é "lícita a exclusão, na Saúde Suplementar, do fornecimento de medicamentos para tratamento domiciliar, isto é, aqueles prescritos pelo médico assistente para administração em ambiente externo ao de unidade de saúde, salvo os antineoplásicos orais (e correlacionados), a medicação assistida (*home care*) e os incluídos no rol da ANS para esse fim." (STJ, REsp n. 1.692.938/SP, Rel. Ministro Ricardo Villas Bôas Cueva, Terceira Turma, DJe 4/5/2021).

No entanto, o STJ entendeu que, apesar de o medicamento fingolimode, para tratamento de esclerose múltipla, não estar previsto como de cobertura obrigatória para uso domiciliar pelo rol da ANS, a operadora de plano de saúde deve fornecê-lo em casos excepcionais. No caso concreto, o tribunal destacou que o fingolimode é registrado pela Anvisa e indicado especificamente para esclerose múltipla, sendo imprescindível para evitar surtos e degeneração neurológica progressiva na paciente. Assim, o tribunal considerou abusiva a negativa de cobertura. (STJ, AgInt no AREsp n. 2.251.773/DF, Rel. Min. Antonio Carlos Ferreira, Rel. p/ Acórdão Min. Marco Buzzi, Quarta Turma, DJe 23/9/2024)

33.2. Cobertura de insumos para uso domiciliar (*home care*)

O STJ entendeu que a cobertura de *home care* deve incluir tudo (insumos) que estaria à disposição em hospital. A ação tratava de uma paciente que precisava de fraudas geriátricas, cama hospitalar com colchão e material de uso da enfermagem, nutrição enteral e da respectiva bomba de infusão e o plano, por sua vez, estava se recusando a arcar com estes custos.

Assim, o STJ entendeu que "a cobertura de internação domiciliar, em substituição à internação hospitalar, deve abranger os insumos necessários para garantir a efetiva assistência médica ao beneficiário; ou seja, aqueles insumos a que ele faria jus acaso estivesse internado no hospital, sob pena de desvirtuamento da finalidade do atendimento em domicílio, de comprometimento de seus benefícios, e da sua subutilização enquanto tratamento de saúde substitutivo à permanência em hospital. 5. O atendimento domiciliar deficiente levará, ao fim e ao cabo, a novas internações hospitalares, as quais obrigarão a operadora, inevitavelmente, ao custeio integral de todos os procedimentos e eventos delas decorrentes. 6. Hipótese em que deve a recorrida custear os insumos indispensáveis ao tratamento de saúde da recorrente – idosa, acometida de tetraplegia, apresentando grave quadro clínico, com dependência de tratamento domiciliar especializado – na modalidade de home care, conforme a prescrição feita pelo médico assistente, limitado o custo do atendimento domiciliar por dia ao custo diário em hospital." (STJ, REsp n. 2.017.759/MS, relatora Ministra Nancy Andrighi, Terceira Turma, DJe de 16/2/2023.)

No mesmo sentido, o STJ entendeu como abusiva "a recusa de custeio do medicamento prescrito pelo médico responsável pelo tratamento do beneficiário, ainda que ministrado em ambiente domiciliar" (STJ, AgInt no AREsp 1.433.371/SP, Rel. Ministra Maria Isabel Gallotti, Quarta Turma, DJe 24/9/2019).

33.3. Redução, pelo plano de saúde, de atendimento em *home care* sem indicação médica

O STJ entendeu que "a arbitrária, abrupta e significativa redução da assistência à saúde até então recebida pela beneficiária, no curso do tratamento de doença grave e contrariando a indicação do médico assistente, é conduta que também deve ser considerada manifestamente abusiva, por violação dos princípios da boa-fé objetiva, da função social do contrato e da dignidade da pessoa humana." (STJ, REsp n. 2.096.898/PE, relatora Ministra Nancy Andrighi, Terceira Turma, DJe de 23/10/2023.)

33.4. Cláusula contratual que veda a internação domiciliar (*home care*)

Segundo o STJ, "é abusiva a cláusula contratual que veda a internação domiciliar (home care) como alternativa à internação hospitalar" (STJ, AgInt no AREsp 1.725.002/PE, Rel. Ministra Maria Isabel Gallotti, Quarta Turma, DJe de 23/4/2021).

Mais especificamente sobre o serviço de *home care*, interessante foi o julgado proferido pelo STJ impondo certos requisitos para o custeio do serviço pelos planos de saúde:

> "Cumpre ressaltar, por outro lado, que o *home care* não pode ser concedido de forma automática, tampouco por livre disposição ou comodidade do paciente e de seus familiares.
>
> Efetivamente, na ausência de regras contratuais que disciplinem a utilização do serviço, a internação domiciliar pode ser obtida não como extensão da internação hospitalar, mas como conversão desta. Assim, para tanto, há a necessidade (i) de haver condições estruturais da residência, (ii) de real necessidade do atendimento domiciliar, com verificação do quadro clínico do paciente, (iii) da indicação do médico assistente, (iv) da solicitação da família, (v) da concordância do paciente e (vi) da não afetação do equilíbrio contratual, como nas hipóteses em que o custo do atendimento domiciliar por dia não supera o custo diário em hospital.
>
> Isso porque, nesses casos, como os serviços de atenção domiciliar não foram considerados no cálculo atuarial do fundo mútuo, a concessão indiscriminada deles, quando mais onerosos que os procedimentos convencionais já cobertos e previstos, poderá causar, a longo prazo, desequilíbrio econômico-financeiro do plano de saúde, comprometendo a sustentabilidade das carteiras.
>
> De qualquer modo, quando for inviável a substituição da internação hospitalar pela internação domiciliar apenas por questões financeiras, a operadora deve sempre comprovar a recusa com dados concretos e dar oportunidade ao usuário de complementar o valor de tabela." (STJ, REsp 1378707/RJ, Rel. Ministro Paulo de Tarso Sanseverino, Terceira Turma, DJe 15/06/2015)

Concluindo, para o STJ são necessários os seguintes requisitos:

1) a residência do paciente deve ter condições estruturais para fazer o tratamento domiciliar;
2) exista real necessidade do atendimento domiciliar, com verificação do quadro clínico do paciente;

3) indicação desse tratamento pelo médico assistente;
4) haja solicitação da família do paciente;
5) concordância do paciente com o tratamento domiciliar;
6) não ocorra uma afetação do equilíbrio contratual em prejuízo do plano de saúde (exemplo de desequilíbrio: nos casos em que o custo do atendimento domiciliar por dia supera a despesa diária em hospital).

34. NOTIFICAÇÃO PARA REGULARIZAÇÃO DO DÉBITO NO PLANO DE SAÚDE. INFORMAÇÃO DOS MEIOS HÁBEIS PARA A REALIZAÇÃO DO PAGAMENTO

O STJ entendeu que diante do inadimplemento do pagamento da mensalidade, o plano de saúde deverá notificar o segurado para regularizar o débito e informar os meios hábeis para a realização do pagamento, tal como o envio do boleto ou a inserção da mensalidade em atraso na próxima cobrança. Entendeu que "é exigir demais do consumidor que acesse o sítio eletrônico da empresa e, dentre os vários links, faça o login, que possivelmente necessita de cadastro prévio, encontre o ícone referente a pagamento ou emissão de segunda via do boleto, selecione a competência desejada, imprima e realize o pagamento, entre outros tantos obstáculos. O procedimento é desnecessário e cria dificuldade abusiva para o consumidor." (STJ, REsp 1.887.705-SP, Rel. Min. Moura Ribeiro, Rel. Acd. Min. Moura Ribeiro, Terceira Turma, por maioria, DJe 30/11/2021.

35. TRATAMENTO EXPERIMENTAL

O STJ entendeu que na hipótese de existir tratamento convencional, com perspectiva de resposta satisfatória, não pode o paciente, às custas da seguradora ou operadora de plano de saúde, optar por tratamento experimental. Por outro lado, nas situações em que os tratamentos convencionais não forem suficientes ou eficientes, fato atestado pelos médicos que acompanham o caso, existindo, no País, tratamento experimental, em instituição de reputação científica reconhecida, com indicação para a doença, a seguradora ou operadora deve arcar com os custos do tratamento, na medida em que este passa a ser o único de real interesse para o contratante, configurando o tratamento mínimo garantido. (STJ, REsp 1279241/SP, Rel. Ministra Maria Isabel Gallotti, Rel. p/ Acórdão Ministro Raul Araújo, Quarta Turma, DJe 07/11/2014)

36. CONSUMIDOR NEGATIVADO NÃO PODE TER A CONTRATAÇÃO AO PLANO NEGADA PELO SIMPLES FATO DE ESTAR NEGATIVADO

O STJ entendeu que o fato de o consumidor registrar negativação nos cadastros de consumidores não pode bastar, por si só, para vedar a contratação do plano de saúde pretendido. (STJ, REsp n. 2.019.136/RS, relatora Ministra Nancy Andrighi, relator para acórdão Ministro Moura Ribeiro, DJe de 23/11/2023.)

37. PLANO DE SAÚDE NÃO PODE NEGAR TERAPIAS MULTIDISCIPLINARES PARA PESSOAS COM TRANSTORNO DO ESPECTRO AUTISTA

O STJ entendeu que a equoterapia e a musicoterapia são de cobertura obrigatória pelas operadoras de planos de saúde para os beneficiários com transtornos globais do desenvolvimento, dentre eles o transtorno do espectro autista. Assim, a Terceira Turma consolidou o entendimento de que, sendo a equoterapia e a musicoterapia métodos eficientes de reabilitação da pessoa com deficiência, hão de ser tidas como de cobertura obrigatória pelas operadoras de planos de saúde para os beneficiários com transtornos globais do desenvolvimento, dentre eles o transtorno do espectro autista. (STJ, Processo em segredo de justiça, Rel. Ministra Nancy Andrighi, Terceira Turma, julgado em 20/2/2024)

Porém, o STJ decidiu que os planos de saúde só são obrigados a cobrir sessões de psicopedagogia para pessoas com transtorno do espectro autista (TEA) quando realizadas em ambiente clínico, por profissionais da saúde. Se as sessões ocorrerem em ambiente escolar ou domiciliar, ou forem conduzidas por profissionais de ensino, o plano não é obrigado a custear o tratamento, a menos que esteja previsto contratualmente. A psicopedagogia pode ser incluída nas sessões de psicologia, que têm cobertura obrigatória e ilimitada, mas essa obrigação não se aplica fora do ambiente clínico *(número do processo não divulgado em razão de segredo judicial)*.

38. COBERTURA DE CIRURGIAS DE TRANSGENITALIZAÇÃO E DE PLÁSTICA MAMÁRIA

O STJ entendeu que é obrigatória a cobertura, pela operadora do plano de saúde, de cirurgias de transgenitalização e de plástica mamária com implantação de próteses em mulher transexual. No tocante à cirurgia de plástica mamária, acentuou o STJ que "no processo transexualizador, a cirurgia plástica mamária reconstrutiva bilateral incluindo prótese mamária de silicone é procedimento que, muito antes de melhorar a aparência, visa à afirmação do próprio gênero, incluída no conceito de saúde integral do ser humano, enquanto medida de prevenção ao adoecimento decorrente do sofrimento causado pela incongruência de gênero, pelo preconceito e pelo estigma social vivido por quem experiencia a inadequação de um corpo masculino à sua identidade feminina." (STJ, REsp n. 2.097.812/MG, relatora Ministra Nancy Andrighi, Terceira Turma, DJe de 23/11/2023.)

39. INTERPRETAÇÃO MAIS FAVORÁVEL E CLÁUSULAS LIMITATIVAS EM DESTAQUE

O STJ entendeu que "no âmbito dos planos de saúde é assegurada a interpretação das cláusulas contratuais de forma mais favorável ao consumidor" e, ainda, "as cláusulas limitativas dos direitos do consumidor, a exemplo daquela que restringe o valor do reembolso ao previsto em tabela, devem ser escritas com destaque e de maneira clara e de fácil compreensão". Precedente" (STJ, AgInt nos EDcl no AREsp 1.428.548/SP, Relator Ministro Raul Araújo, Quarta Turma, DJe de 2/10/2019).

40. OBRIGAÇÃO DO PLANO DE SAÚDE EM CUSTEAR TRANSPORTE POR FALTA DE PRESTADOR LOCAL

O STJ entendeu que a operadora de plano de saúde é obrigada a cobrir os custos de transporte do beneficiário sempre que ele precise se deslocar para outra cidade, fora da área de cobertura do plano, devido à falta de prestadores de serviço no município onde mora. Essa obrigação ocorre quando não há disponibilidade do procedimento ou serviço de saúde contratado na cidade do beneficiário, e ele precisa viajar para um município que não seja vizinho para realizar o atendimento. Isso garante que o beneficiário tenha acesso ao tratamento mesmo em casos de indisponibilidade local. (STJ, REsp 2.112.090-SP, Rel. Ministra Nancy Andrighi, Terceira Turma, por unanimidade, DJe 22/3/2024)

41. PLANO DE SAÚDE NÃO É OBRIGADO A PAGAR EXAME FEITO NO EXTERIOR

O STJ entendeu que, em contratos de plano de saúde, a operadora não é obrigada a custear exames ou tratamentos realizados no exterior quando a área geográfica de abrangência contratual está limitada ao território nacional, conforme previsto no art. 1º, §1º, I, da Resolução Normativa 566/2022 da ANS e no art. 10 da Lei 9.656/1998. Excepcionalmente, essa cobertura só seria exigida se houvesse cláusula contratual específica nesse sentido, não sendo aplicável a regra do §13 do art. 10 da Lei 9.656/1998 em situações em que o tratamento ocorre fora do país. (STJ, REsp 2.167.934/SP, Rel. Ministra Nancy Andrighi, Terceira Turma, DJe 17/10/2024)

ANÁLISE DE OUTRAS CLÁUSULAS E PRÁTICAS ABUSIVAS

1. DEVOLUÇÃO DAS PARCELAS PAGAS SOMENTE AO FINAL DO TÉRMINO DA OBRA

O STJ, em sede de recurso repetitivo, considerou que é abusiva a cláusula contratual que determina a restituição dos valores devidos somente ao término da obra ou de forma parcelada, na hipótese de resolução de contrato de promessa de compra e venda de imóvel, por culpa de quaisquer contratantes. Em tais avenças, deve ocorrer a imediata restituição das parcelas pagas pelo promitente comprador – integralmente, em caso de culpa exclusiva do promitente vendedor/construtor, ou parcialmente, caso tenha sido o comprador quem deu causa ao desfazimento. (REsp 1300418/SC, Rel. Ministro Luis Felipe Salomão, Segunda Seção, DJe 10/12/2013)

Este entendimento acabou sendo sumulado pelo STJ. A súmula 543 do STJ prevê que: *"na hipótese de resolução de contrato de promessa de compra e venda de imóvel submetido ao Código de Defesa do Consumidor, deve ocorrer a imediata restituição das parcelas pagas pelo promitente comprador – integralmente, em caso de culpa exclusiva do promitente vendedor/construtor, ou parcialmente, caso tenha sido o comprador quem deu causa ao desfazimento."*

2. VALIDADE DA COBRANÇA DE JUROS COMPENSATÓRIOS ANTES DA ENTREGA DAS CHAVES DO IMÓVEL – "JUROS NO PÉ"

O STJ, através da Segunda Seção, decidiu que não é abusiva a cláusula de cobrança de juros compensatórios incidentes em período anterior à entrega das chaves nos contratos de compromisso de compra e venda de imóveis em construção sob o regime de incorporação imobiliária. EREsp 670.117-PB, Rel. originário Min. Sidnei Beneti, Rel. para acórdão Min. Antonio Carlos Ferreira, julgado em 13/6/2012. Info. 499.[628]

---

628. Havia entendimento em sentido contrário pela Terceira Turma: "Em contratos de promessa de compra e venda de imóvel em construção, descabe a cobrança de juros compensatórios antes da entrega das chaves do imóvel – "juros no pé" -, porquanto, nesse período, não há capital da construtora/incorpora-

3. COMISSÃO DE CORRETAGEM E TAXA SATI (SERVIÇO DE ASSESSORIA TÉCNICO-IMOBILIÁRIA)

O STJ entendeu que não sendo concluída a compra e venda do imóvel, por desistência das partes, é indevido o pagamento da comissão de corretagem, não atingindo assim o seu o resultado útil. (STJ, AgRg no AgRg no REsp 1066792/MS, Rel. Ministra Maria Isabel Gallotti, Quarta Turma, DJe 10/08/2015)

Já no REsp 1339642/RJ, Rel. Ministra Nancy Andrighi, Terceira Turma, DJe 18/03/2013, o STJ entendeu devida a comissão de corretagem, uma vez que já tinha sido assinado o contrato de promessa de compra e venda, com o pagamento do sinal, e posteriormente houve o arrependimento do consumidor. A Min. Nancy Andrighi ponderou que, após o Código Civil de 2002, deve ser interpretado o art. 725 do CC[629] para determinar o que deve ser considerado resultado útil, a partir do trabalho de mediação do corretor. Nesse sentido, "*a assinatura da promessa de compra e venda e o pagamento do sinal demonstram que o resultado útil foi alcançado e, por conseguinte, apesar de ter o comprador desistido do negócio posteriormente, é devida a comissão por corretagem.*"

Se o arrependimento do consumidor comprador decorrer de fato atribuível ao corretor (ex.: falha na informação sobre as características do imóvel), não será devida a comissão de corretagem segundo o STJ. Nesse sentido manifestou o STJ que "ainda que tenha havido a concreta aproximação das partes, com a assinatura da promessa de compra e venda e, inclusive, pagamento do sinal, o posterior arrependimento por parte dos promissários compradores deu-se por fato atribuível aos próprios corretores, sendo indevida, por este motivo, a comissão de corretagem." (STJ, REsp 1810652/SP, Rel. Ministra Nancy Andrighi, Terceira Turma, DJe 06/06/2019)[630]

Já com relação à validade da cláusula contratual que transfere ao consumidor a obrigação de pagar a comissão de corretagem nos contratos de promessa de compra e venda (isso porque a obrigação é da incorporadora que contratou o serviço do corretor), o STJ, em sede de recurso repetitivo, entendeu que é válida, desde que o consumidor seja previamente informado desta "transferência" e o valor da comissão esteja já incorporado no preço final informado ao consumidor.[631] Ou seja, o que se quer evitar é informar (ofertar)

---

dora mutuado ao promitente comprador, tampouco utilização do imóvel prometido (STJ, Resp 670.117/PB, Rel. Min. Luis Felipe Salomão, Quarta Turma, DJe 23/09/2010)." (STJ, AgRg no Ag 1402399/RJ, Rel. Ministro Sidnei Beneti, Terceira Turma, julgado em 21/06/2011, DJe 28/06/2011)

629. Art. 725 do CC: A remuneração é devida ao corretor uma vez que tenha conseguido o resultado previsto no contrato de mediação, ou ainda que este não se efetive em virtude de arrependimento das partes.

630. Na hipótese, constatou que os corretores não atuaram com prudência e diligência na mediação do negócio, uma vez que lhes cabia conferir previamente sobre a existência de eventuais ações judiciais que pendiam em desfavor dos promitentes vendedores – ou das pessoas jurídicas de que são sócios -, a fim de proporcionar aos promissários compradores todas as informações necessárias à segura conclusão da avença.

631. Sobre o dever de informação em relação à comissão de corretagem, enfatizou o Min. Paulo de Tarso Sanseverino no julgamento do REsp 1.599.511/SP que "portanto, há o reconhecimento da necessidade de clareza e transparência na previsão contratual acerca da transferência para o comprador ou promitente-comprador (consumidor) do dever de pagar a comissão de corretagem. Para cumprir essa obrigação, deve a incorporadora informar ao consumidor, até o momento celebração do contrato de promessa de compra e venda, o preço total de aquisição da unidade imobiliária, especificando o valor da comissão de corretagem, ainda que esta venha a ser paga destacadamente. Conclui-se este tópico, portanto, no sentido de que o dever de informação é cumprido quando o consumidor é informado

ao consumidor o preço do imóvel e depois, surpreendentemente, acrescentar ao preço final o valor da comissão de corretagem, o que configuraria abuso e ofensa à boa-fé objetiva.

A tese ficou assim definida:

> "Validade da cláusula contratual que transfere ao promitente-comprador a obrigação de pagar a comissão de corretagem nos contratos de promessa de compra e venda de unidade autônoma em regime de incorporação imobiliária, desde que previamente informado o preço total da aquisição da unidade autônoma, com o destaque do valor da comissão de corretagem" (Tese firmada no julgamento do REsp 1.599.511/SP, Rel. Ministro Paulo de Tarso Sanseverino, Segunda Seção, DJe 06/09/2016).

O STJ também entendeu que o comprador pode ser informado sobre pagamento de taxa de corretagem no mesmo dia da assinatura do contrato. (STJ, REsp 1793665/SP, Rel. Ministra Maria Isabel Gallotti, Quarta Turma, DJe 15/03/2019)

O mesmo entendimento sobre a comissão de corretagem foi externado pelo STJ nos contratos do *Programa Minha Casa, Minha Vida* (PMCMV). Por se tratar de um programa que visa mecanismos de incentivo à produção e aquisição de novas unidades habitacionais para famílias de baixa/média renda, foi questionada à legalidade da cobrança da comissão de corretagem. Embora o Min. Relator Paulo de Tarso Sanseverino tenha defendido em seu voto a abusividade desta cobrança neste tipo de contrato, a tese vencedora foi de que, com exceção dos contratos celebrados com clientes constantes na Faixa 1[632], é válida a cobrança da comissão de corretagem. A tese vencedora do recurso repetitivo ficou assim:

> "Para os fins do art. 1.040 do CPC/2015, fixa-se a seguinte tese: Ressalvada a denominada Faixa 1, em que não há intermediação imobiliária, é válida a cláusula contratual que transfere ao promitente-comprador a obrigação de pagar a comissão de corretagem nos contratos de

---

até o momento da celebração do contrato acerca do preço total da unidade imobiliária, incluído nesse montante o valor da comissão de corretagem."

632. A razão da exclusão da cobrança na Faixa 1 foi bem delineada no acórdão: "A Faixa 1 compreende famílias com renda mensal bruta de até R$ 1.800,00 (valores atuais), bem como as famílias com renda mensal bruta de até R$ 3.600,00, desde que enquadradas, nesta segunda hipótese, em situações específicas de vulnerabilidade social, como emergência ou calamidade pública. Nessa faixa do programa, a operação mais se assemelha a um benefício social com contrapartida do que propriamente a um contrato de compra e venda de imóvel. Com efeito, não se estabelece relação de consumo entre o beneficiário e a construtora/incorporadora, como ocorre nas outras faixas do programa. Na Faixa 1, o imóvel é incorporado ao patrimônio de um fundo público (Fundo de Arrendamento Residencial – FAR ou Fundo de Desenvolvimento Social – FDS), e esse fundo assume a condição de "alienante" do imóvel. A seleção dos beneficiários, por sua vez, é realizada pelo Poder Público ou por "entidades organizadoras" previamente habilitadas pelo Ministério das Cidades. A subvenção econômica nessa faixa alcança até 90% do valor do imóvel, sendo o restante diluído em até 120 parcelas mensais (limitadas a 5% da renda bruta), sem juros e sem formação de saldo devedor, diversamente do que ocorre num típico financiamento imobiliário. Nessa faixa do programa, a operação mais se assemelha a um benefício social com contrapartida do que propriamente a um contrato de compra e venda de imóvel. Com efeito, não se estabelece relação de consumo entre o beneficiário e a construtora/incorporadora, como ocorre nas outras faixas do programa. Na Faixa 1, o imóvel é incorporado ao patrimônio de um fundo público (Fundo de Arrendamento Residencial – FAR ou Fundo de Desenvolvimento Social – FDS), e esse fundo assume a condição de "alienante" do imóvel. A seleção dos beneficiários, por sua vez, é realizada pelo Poder Público ou por "entidades organizadoras" previamente habilitadas pelo Ministério das Cidades. A subvenção econômica nessa faixa alcança até 90% do valor do imóvel, sendo o restante diluído em até 120 parcelas mensais (limitadas a 5% da renda bruta), sem juros e sem formação de saldo devedor, diversamente do que ocorre num típico financiamento imobiliário."

promessa de compra e venda do Programa Minha Casa, Minha Vida, desde que previamente informado o preço total da aquisição da unidade autônoma, com o destaque do valor da comissão de corretagem." (STJ, REsp 1601149/RS, Rel. Ministro Paulo De Tarso Sanseverino, Rel. p/ Acórdão Ministro Ricardo Villas Bôas Cueva, Segunda Seção, DJe 15/08/2018)

Sobre o direito de informação do consumidor, será preciso analisar com cuidado o contrato e a relação estabelecida com a incorporadora para verificar se não houve indução a erro. Isso porque poderá a incorporadora destacar e informar o valor do imóvel (sem a taxa de corretagem) em vários momentos do contrato (inclusive oralmente ao consumidor), e, somente em uma única cláusula, inserir de modo menos destacado o valor final com o acréscimo da comissão de corretagem. Sob pena de ofensa à boa-fé objetiva e ao direito de informação, a simples menção no contrato do valor final (com o acréscimo da comissão de corretagem) não será suficiente para permitir a cobrança do consumidor. A análise do contrato e da relação contratual (inclusive as tratativas) deverá ser verificada de modo global, perquirindo se houve realmente a informação clara e ostensiva ao consumidor acerca do preço final e sua anuência sobre a inclusão da comissão de corretagem.[633]

Já em relação à cobrança da taxa SATI (Serviço de Assessoria Técnico-Imobiliária), cobrada do consumidor sobre a justificativa de constituir em prestação de esclarecimentos técnicos e jurídicos acerca das cláusulas do contrato e das condições do negócio, o STJ entendeu que seria abusiva e, portanto, nula. Isso porque, nas palavras do Min. Paulo de Tarso Sanseverino, "essa atividade de assessoria prestada ao consumidor por técnicos vinculados à incorporadora constitui mera prestação de um serviço inerente à celebração do próprio contrato, inclusive no que tange ao dever de informação, não constituindo um serviço autônomo oferecido ao adquirente, como ocorre com a corretagem."[634]

A tese ficou assim definida:

"Abusividade da cobrança pelo promitente-vendedor do serviço de assessoria técnico-imobiliária (SATI), ou atividade congênere, vinculado à celebração de promessa de compra e venda de imóvel." (Tese firmada no julgamento do REsp 1.599.511/SP, Rel. Ministro Paulo de Tarso Sanseverino, Segunda Seção, DJe 06/09/2016).

O STJ também entendeu que todos aqueles fornecedores que compõem a relação jurídica do contrato de promessa de compra e venda de imóvel possuem legitimidade para figurar no polo passivo da demanda, incluindo não apenas a construtora, mas também a incorporadora do empreendimento. Sobre o tema, a Segunda Seção do STJ firmou a seguinte tese em recurso repetitivo:

"Legitimidade passiva 'ad causam' da incorporadora, na condição de promitente-vendedora, para responder pela restituição ao consumidor dos valores pagos a título de comissão de

633. Conforme previsto, já surgiram problemas sobre a efetiva informação ao consumidor sobre a comissão de corretagem. No RESP 1747307, Rel. Ministro Paulo de Tarso Sanseverino, Terceira Turma, julgado em 28/08/2018, o consumidor alegou que o preço do imóvel não previa o valor da comissão. O STJ, porém, analisando a documentação dos autos, entendeu que o "documento contém informação acerca do valor total da venda, bem sobre o valor da comissão de corretagem, destacada do preço do imóvel, estando cumprido, portanto, o dever de informação."

634. No voto apresentado pelo Ministro, constou a ressalva da possibilidade da cobrança de outros serviços prestados ao consumidor, como eventuais serviços de despachante ou a cobrança de taxas de serviços cartorários.

corretagem e de taxa de assessoria técnico-imobiliária, nas demandas em que se alega prática abusiva na transferência desses encargos ao consumidor" (REsp 1.551.951/SP, Rel. Min. Paulo de Tarso Sanseverino, julgado em 24/8/2016, DJe 6/9/2016 – Tema 939/STJ). Sobre o prazo prescricional para que o consumidor que tenha pago a taxa SATI possa solicitar a restituição dos valores pagos indevidamente, o STJ decidiu que incide a prescrição trienal (3 anos – art. 206, § 3º, IV, CC).

A tese ficou assim definida:

"Incidência da prescrição trienal sobre a pretensão de restituição dos valores pagos a título de comissão de corretagem ou de serviço de assistência técnico-imobiliária (SATI), ou atividade congênere (art.206, § 3º, IV, CC)." (Tese firmada no REsp 1551956/SP, Rel. Ministro Paulo de Tarso Sanseverino, Segunda Seção, DJe 06/09/2016)[635]

Hipótese diferente ocorre quando a pretensão de restituição da taxa SATI ou da comissão de corretagem decorre em virtude de necessidade de resolução contratual por inadimplemento da incorporadora (na hipótese anterior a causa de pedir é decorrente da abusividade da transferência destes custos ao consumidor). Neste caso, o STJ entendeu que, como o direito à resolução por inadimplemento é um direito potestativo, o prazo é decadencial e não prescricional, e não tendo no ordenamento jurídico prazo decadencial para resolução de contratos, deve ser aplicado o prazo prescricional do direito ao crédito decorrente do inadimplemento (para que o direito à resolução não se perpetuasse indefinidamente). Assim, como não há prazo prescricional específico, deve ser aplicado o prazo geral de 10 anos do CC.[636]

635. O STJ entendeu em um precedente que não cabe devolução em dobro de comissão de corretagem retida indevidamente. Nesse sentido, "No caso em julgamento, é descabida a devolução em dobro, pois a vedação à cobrança decorre da má redação dos instrumentos contratuais de adesão apontados na exordial, não ficando caracterizada a má-fé da incorporadora, pois cuida-se de abatimento justificável da comissão de corretagem, na vigência da Lei n. 13.786/2018, com expressa previsão legal, desde que estabelecida claramente no contrato, inclusive no quadro-resumo. 7. A cobrança de "taxa administrativa" no razoável valor total de R$ 480,00 (quatrocentos e oitenta reais) para remunerar "serviços de pré-análise cadastral e de capacidade financeira do pagador", "obtenção de documentos, certidões e outros com esse fim, para montagem e encaminhamento do dossiê do financiamento para a Caixa Econômica Federal, independentemente da aprovação do financiamento", por se tratar de serviço necessário e efetivamente prestado, não caracteriza cobrança arbitrária. 8. Não é cabível a cobrança da taxa de cessão de direitos sobre o valor do contrato prevista nas avenças elencadas na inicial, pois é desproporcional, uma vez que não guarda correspondência com nenhum serviço prestado pela incorporadora, implicando desvantagem exagerada para o consumidor. 9. Recurso especial parcialmente provido." (STJ, REsp n. 1.947.698/MS, relator Min. Luis Felipe Salomão, Quarta Turma, julgado em 8/3/2022)

636. A ementa do julgado ficou assim: "RECURSO ESPECIAL. CIVIL E PROCESSUAL CIVL. CPC/2015. PROMESSA DE COMPRA E VENDA. INCORPORAÇÃO IMOBILIÁRIA. ATRASO NA ENTREGA DO IMÓVEL. PRETENSÃO DE RESTITUIÇÃO DE PARCELAS PAGAS, COMISSÃO DE CORRETAGEM E SATI. PRESCRIÇÃO INOCORRÊNCIA. NECESSIDADE DE PRONUNCIAMENTO JUDICIAL SOBRE A RESOLUÇÃO JUDICIAL DO CONTRATO NO CASO. DISTINÇÃO COM A HIPÓTESE DE PRESCRIÇÃO TRIENAL DO TEMA 938/STJ. DANOS MATERIAIS. AUSÊNCIA INDICAÇÃO DA QUESTÃO FEDERAL. ÓBICE DA SÚMULA 284/STF. 1. Controvérsia acerca da prescrição das pretensões restituitórias decorrentes da resolução de promessa de compra e venda por atraso na entrega do imóvel. 2. Nos termos da Súmula 543/STJ: "Na hipótese de resolução de contrato de promessa de compra e venda de imóvel submetido ao Código de Defesa do Consumidor, deve ocorrer a imediata restituição das parcelas pagas pelo promitente comprador – integralmente, em caso de culpa exclusiva do promitente vendedor/construtor, ou parcialmente, caso tenha sido o comprador quem deu causa ao desfazimento". 3. Caso concreto em que a resolução foi pleiteada

4. A CLÁUSULA CONTRATUAL QUE IMPÕE AO COMPRADOR A RESPONSABILIDADE PELA DESOCUPAÇÃO DE IMÓVEL QUE LHE É ALIENADO PELA CEF NÃO É ABUSIVA

O STJ entendeu que a cláusula contratual que impõe ao comprador a responsabilidade pela desocupação do imóvel que lhe é alienado pela CEF não é abusiva. (STJ, REsp 1509933/SP, Rel. Ministro Ricardo Villas Bôas Cueva, Terceira Turma, DJe 18/10/2016)

5. CARÊNCIA PARA DEVOLUÇÃO DE VALOR INVESTIDO EM PLANO DE CAPITALIZAÇÃO NÃO É ABUSIVA

Nos contratos de capitalização, é válida a convenção que prevê, para o caso de resgate antecipado, o prazo de carência de até 24 (vinte e quatro) meses para a devolução do montante da provisão matemática. Não pode o juiz, com base no CDC, determinar a anulação de cláusula contratual expressamente admitida pelo ordenamento jurídico pátrio se não houver evidência de que o consumidor tenha sido levado a erro quanto ao seu conteúdo. No caso concreto, não há nenhuma alegação de que a recorrente tenha omitido informações aos aplicadores ou agido de maneira a neles incutir falsas expectativas. Deve ser utilizada a técnica do "diálogo das fontes" para harmonizar a aplicação concomitante de dois diplomas legais ao mesmo negócio jurídico; no caso, as normas específicas que regulam os títulos de capitalização e o CDC, que assegura aos investidores a transparência e as informações necessárias ao perfeito conhecimento do produto. (STJ, REsp 1216673/SP, Rel. Ministro João Otávio de Noronha, Quarta Turma, DJe 09/06/2011)

6. CLÁUSULA DE FIDELIZAÇÃO

O STJ entendeu que a cláusula de fidelização é, em regra, legítima em contrato de telefonia. Isso porque o assinante recebe benefícios em contrapartida à adesão dessa cláusula. AgRg no AREsp 253.609-RS, Rel. Min. Mauro Campbell Marques, julgado em 18/12/2012. O mesmo entendimento foi exarado em relação ao serviço de TV a cabo. Nesse sentido: "*a cláusula de fidelização em contrato de serviços de telecomunicação (como o serviço de TV a cabo) revela-se lícita, tendo em vista os benefícios concedidos pelas operadoras aos assinantes que optam por tal pacto e a necessária estipulação de prazo mínimo para a recuperação do investimento realizado.*" (STJ, REsp 1362084/RJ, Rel. Ministro Luis Felipe Salomão, Quarta Turma, DJe 01/08/2017)

---

com base na culpa da incorporadora, sendo cabível, portanto, a restituição integral das parcelas pagas, nos termos da referida súmula. 4. No julgamento do Tema 938/STJ, esta Corte Superior concluiu pela Incidência da "prescrição trienal sobre a pretensão de restituição dos valores pagos a título de comissão de corretagem ou de serviço de assistência técnico-imobiliária (SATI), ou atividade congênere (art. 206, § 3º, IV, CC)". 5. Distinção entre a pretensão restituitória abordada no Tema 938/STJ (fundada na abusividade de cláusula contratual) e a pretensão restituitória do caso dos autos (fundada na resolução do contrato por inadimplemento da incorporadora). Doutrina sobre o tema da pretensão restituitória decorrente da resolução do contrato. 6. Inaplicabilidade do Tema 938/STJ aos casos em que a pretensão de restituição da comissão de corretagem e da SATI tem por fundamento a resolução do contrato por culpa da incorporadora. 7. Recurso Especial desprovido, com majoração de honorários." (STJ, REsp 1737992/RO, Rel. Ministro Paulo de Tarso Sanseverino, Terceira Turma, DJe 23/08/2019)

6.1. Multa por descumprimento em contrato de fidelização

A ANATEL expediu a Resolução 632/2014 a fim de regular a forma de cálculo da multa a ser cobrada em caso de resilição antecipada dos contratos com cláusula de fidelização. O referido regulamento entrou em vigor em 07 de julho de 2014 e, a partir de então, as prestadoras de serviço de TV a cabo (assim como as demais prestadoras de serviços de telecomunicações) são obrigadas a calcular a multa proporcionalmente ao valor do benefício concedido e ao período restante para o decurso do prazo mínimo estipulado no contrato fidelidade. Porém, mesmo antes da vigência da referida resolução, o STJ entendeu abusiva a prática comercial adotada pela prestadora do serviço de TV a cabo que cobrava a multa fidelidade integral dos consumidores, independentemente do tempo faltante para o término da relação de fidelização. Para o STJ, a cobrança integral da multa, sem computar o prazo de carência parcialmente cumprido pelo consumidor, coloca o fornecedor em vantagem exagerada, caracterizando conduta iníqua, incompatível com a equidade, consoante disposto no § 1º e inciso IV do artigo 51 do CDC. (STJ, REsp 1362084/RJ, Rel. Ministro Luis Felipe Salomão, Quarta Turma, DJe 01/08/2017)

7. CLÁUSULA PREVENDO REAJUSTE DE SEGURO DE VIDA POR FAIXA ETÁRIA

O STJ entendeu que a cláusula que estabelece o aumento do prêmio do seguro de acordo com a faixa etária, se mostra abusiva somente após o segurado complementar 60 anos de idade e ter mais de 10 anos de vínculo contratual. Assim, o STJ entendeu que se o reajuste e seus percentuais estiverem estabelecidos em contrato e não violarem a restrição dos 60 anos, a cobrança não será abusiva. (STJ, REsp 1376550/RS, Rel. Ministro Moura Ribeiro, Terceira Turma, DJe 12/05/2015)

8. ABUSIVIDADE DE CLÁUSULA QUE OBRIGA CLIENTE DE CARTÃO DE CRÉDITO A FORNECER DADOS A TERCEIROS

O STJ entendeu que é abusiva e ilegal a cláusula prevista em contrato de prestação de serviços de cartão de crédito que autoriza o banco contratante a compartilhar dados dos consumidores com outras entidades financeiras, assim como com entidades mantenedoras de cadastros positivos e negativos de consumidores, sem que seja dada opção de discordar daquele compartilhamento. (STJ, REsp 1348532/SP, Rel. Ministro Luis Felipe Salomão, Quarta Turma, DJe 30/11/2017)

9. CLÁUSULA QUE PREVÊ A LIMITAÇÃO DA INDENIZAÇÃO SECURITÁRIA PROPORCIONAL AO PERCENTUAL DE INVALIDEZ

O STJ entendeu que "não se revela abusiva a cláusula que prevê a limitação da indenização securitária proporcional ao percentual de invalidez, desde que não haja deficiência no dever de informação, por parte da seguradora, de que a cobertura poderia ser paga em valor inferior ao limite do capital segurado." (STJ, AgInt no AREsp 1684630/MT, Rel. Ministro Raul Araújo, Quarta Turma, DJe 23/09/2020)

10. CLÁUSULA QUE PREVÊ COBERTURA DE INVALIDEZ VINCULADA A PERDA TOTAL DA AUTONOMIA DO SEGURADO

O STJ, em recurso repetitivo, entendeu que não é abusiva a cláusula de contrato de seguro de vida que prevê cobertura para invalidez permanente por doença apenas na hipótese de perda total da autonomia do segurado. É a chamada *cobertura adicional para invalidez funcional permanente total por doença (IFPD).*

Esta modalidade de cobertura de invalidez foi autorizada pela SUSEP, em substituição a cobertura por *Invalidez Permanente por Doença (IPD),* na qual o pagamento da indenização estava condicionado à impossibilidade de exercício, pelo segurado, de toda e qualquer atividade laborativa. Porém, esta cobertura foi alvo de grande número de disputas judiciais, uma vez que era difícil a sua delimitação ante a falta de especificação e de transparência quanto ao conceito de "invalidez" prevista nas apólices. Assim, a SUSEP, em substituição à IPD, criou com a Circular SUSEP nº 302/2005 duas novas modalidades de coberturas de invalidez por doença: a laborativa e a funcional.

Na Invalidez Laborativa Permanente Total por Doença (ILPD), há o pagamento de indenização em caso de invalidez laborativa permanente total, consequente de doença para a qual não se pode esperar recuperação ou reabilitação com os recursos terapêuticos disponíveis no momento de sua constatação, para a atividade laborativa principal do segurado. Já na *Invalidez Funcional Permanente Total por Doença* (IFPD), há o pagamento da indenização nos casos de invalidez consequente de doença que cause a perda da existência independente do segurado, ocorrida quando o quadro clínico incapacitante inviabilizar de forma irreversível o pleno exercício das relações autonômicas do segurado (ex: levantar-se, deitar-se, ser capaz de alimentar-se em ajuda de terceiros, etc) comprovado na forma definida nas condições gerais e/ou especiais do seguro.

Nesse sentido, primeiramente o STJ entendeu que a previsão da cláusula prevendo a cobertura de *Invalidez Funcional Permanente Total por Doença* (IFPD), mesmo sendo mais restritiva que a cobertura profissional, não é incompatível com o CDC. Em segundo lugar, o STJ entendeu que "eventual aposentadoria por invalidez permanente concedida peloINSS não confere ao segurado o direito automático de receber indenização de seguro contratado com empresa privada, sendo imprescindível a realização de perícia médica para atestar tanto a natureza e o grau da incapacidade quanto o correto enquadramento na cobertura contratada (art. 5º, parágrafo único, da Circular nº 302/2005). O órgão previdenciário oficial afere apenas a incapacidade profissional ou laborativa, que não se confunde com as incapacidades parcial, total, temporária ou funcional."

A tese resultante do julgamento do recurso repetitivo ficou assim definida:

> *"Não é ilegal ou abusiva a cláusula que prevê a cobertura adicional de invalidez funcional permanente total por doença (IFPD) em contrato de seguro de vida em grupo, condicionando o pagamento da indenização securitária à perda da existência independente do segurado, comprovada por declaração médica."* (STJ, REsp 1845943/SP, Rel. Ministro Ricardo Villas Bôas Cueva, Segunda Seção, DJe 18/10/2021)

O que é importante, segundo o STJ, é o consumidor ser bem-informado sobre as condições e coberturas contratadas, para que não seja induzido a erro.

Assim, "embora a cobertura IFPD (invalidez funcional) seja bem mais restritiva que a cobertura ILPD (invalidez profissional ou laboral), tal cláusula não é, em si mesma, abusiva. Contudo há que se ressalvar, que os consumidores devem ser previa e devidamente esclarecidos, prestando-se informações claras a respeito do tipo de cobertura contratada e as suas consequências, de modo a não induzi-los em erro." (STJ, AgInt no AREsp 1700831/SC, Rel. Ministro Luis Felipe Salomão, Quarta Turma, DJe 10/12/2020)

11. PERDA TOTAL DO BEM SEGURADO E O VALOR DA INDENIZAÇÃO

O STJ entendeu que "nas hipóteses de perda total do bem segurado, o valor da indenização só corresponderá ao montante integral da apólice se o valor segurado, no momento do sinistro, não for menor." (STJ, REsp 1943335/RS, Rel. Ministro Moura Ribeiro, Terceira Turma, DJe 17/12/2021)

12. DEVER DE INFORMAÇÃO PRÉVIA SOBRE AS CLÁUSULAS LIMITATIVAS E RESTRITIVAS

Aqui é preciso distinguir duas situações: contrato individual e contrato coletivo.

No **contrato securitário individual**, a pessoa física ou jurídica é quem contrata diretamente com a seguradora o interesse segurável mediante o pagamento de um prêmio. Pode atuar, como intermediário, um corretor autorizado, o qual presta serviços, integrando a cadeia de fornecimento. Desse modo, tanto o ente segurador quanto o corretor de seguros devem prestar informações adequadas ao proponente quando da contratação (CDC e arts. 2º, VIII, "b", e 3º, caput, e § 1º, V, VI e VIII, da Res.-CNSP nº 382/2020).

Já o **contrato de seguro coletivo** é aquele contratado por um estipulante, que negocia com a seguradora o contrato mestre (ou principal), passível de adesão posterior por integrantes do grupo segurável. Nos seguros de vida em grupo, há a figura do **estipulante**, que é a pessoa natural ou jurídica que estipula o seguro de pessoas em proveito do grupo que a ela se vincula (arts. 2º e 3º da Res.-CNSP nº 434/2021), ou seja, nesses seguros facultativos, o estipulante é mandatário dos segurados (art. 21, § 2º, do Decreto-Lei nº 73/1966). O estipulante, possuidor de poderes de representação legal, contrata o seguro coletivo com a seguradora com vistas a facultar a adesão de um grupo de pessoas, geralmente a ele vinculadas previamente por relação empregatícia ou associativa. Assim, a responsabilidade por prestar as informações prévias ao consumidor segurado é do estipulante e não da seguradora.

Nos casos de estipulação imprópria, em que o estipulante possui tão só vínculo securitário com o grupo segurado (ou seja, não tem vínculo empregatício nem associativo), de modo que as apólices coletivas, nesses casos, deverão ser consideradas apólices individuais no que concerne ao relacionamento dos segurados com a sociedade seguradora. Neste caso, o "seguro coletivo" será descaracterizado como se individual fosse.

O tema foi objeto de Recurso Repetitivo, ficando assim a tese:

> "(i) Na modalidade de contrato de seguro de vida coletivo, cabe exclusivamente ao estipulante, mandatário legal e único sujeito que tem vínculo anterior com os membros do grupo segurável (estipulação própria), a obrigação de prestar informações prévias aos potenciais segurados acerca das condições contratuais quando da formalização da adesão, incluídas as cláusulas limitativas e restritivas de direito previstas na apólice mestre. (ii) Não se incluem, no âmbito da matéria afetada, as causas originadas de estipulação imprópria e de falsos estipulantes, visto que as apólices coletivas nessas figuras devem ser consideradas apólices individuais no que tange ao relacionamento dos segurados com a sociedade seguradora".(STJ, REsp n. 1.874.811/SC, relator Ministro Ricardo Villas Bôas Cueva, Segunda Seção, DJe de 10/3/2023.)

PRINCIPAIS JURISPRUDÊNCIAS DO STF E STJ

Cláusula que transfere ao consumidor custos de instalações públicas é válida se redigida com destaque

O STJ entendeu que é válida a cláusula contratual que transfere ao promitente comprador a obrigação de pagar o preço das instalações e ligações de serviços públicos, desde que esteja redigida com destaque, mesmo sem a quantificação exata dos valores. No entanto, eventual abuso na cobrança poderá ser questionado judicialmente. (STJ, REsp n. 2.041.654/RS, Rel. Min. Nancy Andrighi, Terceira Turma, DJEN 13/12/2024).

Cláusula de responsabilidade integral por equipamentos de tv e internet é abusiva

O STJ entendeu que cláusulas em contratos de adesão de serviços de TV por assinatura e internet, que atribuem ao consumidor a responsabilidade integral por danos, perda, furto, roubo, extravio, caso fortuito ou força maior relacionados aos equipamentos fornecidos pela prestadora, são abusivas. O Tribunal destacou que esses contratos impõem ao consumidor uma desvantagem exagerada, pois o usuário não possui autonomia para negociar ou escolher as condições de locação ou comodato dos aparelhos, que são essenciais para o funcionamento do serviço, mas atendem principalmente aos interesses da própria operadora. A prática foi considerada desequilibrada e contrária ao Código de Defesa do Consumidor (CDC), sendo as cláusulas declaradas nulas. A decisão tem efeito erga omnes, abrangendo todos os consumidores em situações semelhantes. (STJ, REsp n. 1.852.362/SP, Rel. Min. Humberto Martins, Terceira Turma, DJe de 21/8/2024.)

Cláusula que proíbe a venda de milhas aéreas não é abusiva

O STJ entendeu que não é abusiva a cláusula que impede a venda de milhas aéreas a terceiros, pois os programas de fidelidade são bonificações gratuitas oferecidas pelas companhias aéreas como forma de incentivo à lealdade do cliente. Como não há regulamentação específica, aplicam-se as regras do Código Civil e do CDC, sendo legítima a restrição de cessão imposta pelas empresas. Além disso, o consumidor tem liberdade para escolher outro programa caso não concorde com as condições estabelecidas. (STJ, REsp n. 2.011.456/SP, Rel. Min. Marco Aurélio Bellizze, Terceira Turma, DJe 12/3/2024).

Hotel. Período da diária (24 horas). Abusividade da cobrança de tempo de permanência menor.

O STJ entendeu que não é abusiva a cobrança de uma diária completa de 24 horas em hotéis que adotam a prática de check-in às 15:00h e de check-out às 12:00h do dia de término da hospedagem. (STJ, REsp 1717111/SP, Rel. Ministro Paulo de Tarso Sanseverino, Terceira Turma, DJe 15/03/2019)

Tarifa de inclusão de gravame eletrônico (pré-gravame)[637]

O STJ, no Recurso Repetitivo REsp 1639320/SP, Rel. Ministro Paulo de Tarso Sanseverino, Segunda Seção, DJe 17/12/2018, fixou a seguinte tese:

"Abusividade da cláusula que prevê o ressarcimento pelo consumidor da despesa com o registro do pré-gravame, em contratos celebrados a partir de 25/02/2011, data de entrada em vigor da Res.-CMN

637. O pré-gravame, na verdade, é um registro adicional, de caráter privado, alimentado pelas instituições financeiras, com o objetivo de conferir maior segurança e agilidade às contratações. Segundo a Febraban, "é uma plataforma privada, criada pelo mercado financeiro, sob a fiscalização das autoridades competentes, com o objetivo de estabelecer uma base única de informações com relação às garantias constituídas sobre veículos, permitindo, desse modo, que todos os integrantes do mercado privado e, também, órgãos executivos de trânsito [através de convênios entre a FENASEG e o DETRAN] consigam enxergar as restrições financeiras incidentes sobre os veículos e, assim, impedindo que um mesmo veículo seja objeto de garantia em mais de uma operação de crédito."

3.954/2011, sendo válida a cláusula pactuada no período anterior a essa resolução, ressalvado o controle da onerosidade excessiva."

Assim, para os contratos posteriores a 25/02/2011, a despesa com o pré-gravame será de responsabilidade das instituições financeiras não podendo ser cobrada do consumidor.

Exclusão de cobertura securitária (acidentes pessoais) em complicações de gravidez e tratamentos médicos é abusiva.

O STJ entendeu que é abusiva a exclusão do seguro de acidentes pessoais em contrato de adesão para as hipóteses de: I) gravidez, parto ou aborto e suas consequências; II) perturbações e intoxicações alimentares de qualquer espécie; e III) todas as intercorrências ou complicações consequentes da realização de exames, tratamentos clínicos ou cirúrgicos. (STJ, REsp 1635238/SP, Rel. Ministra Nancy Andrighi, Terceira Turma, DJe 13/12/2018)

Cláusula que exclui cobertura de seguro de vida por embriaguez do segurado é abusiva

O STJ entendeu que é abusiva a cláusula que exclui a cobertura do seguro de vida quando o sinistro decorre de atos praticados pelo segurado em estado de embriaguez. No seguro de vida, a cobertura deve ser ampla, e a embriaguez não pode ser considerada como agravamento intencional do risco que justifique a negativa de indenização. Além disso, normas da SUSEP vedam a exclusão de cobertura em casos de alcoolismo ou uso de substâncias tóxicas. Assim, salvo em situações de má-fé do segurado, a seguradora tem o dever de pagar a indenização aos beneficiários. (STJ, REsp 1.665.701/RS, Rel. Min. Ricardo Villas Bôas Cueva, Terceira Turma, DJe 31/05/2017)

Cláusula que exclui cobertura de seguro de automóvel por embriaguez do condutor é válida

O STJ entendeu que é lícita a cláusula contratual que exclui a cobertura do seguro de automóvel em caso de acidente causado por condutor embriagado. A embriaguez ao volante representa um agravamento essencial do risco segurado, aumentando significativamente a probabilidade de sinistro. Além disso, permitir a cobertura nesses casos poderia estimular a assunção irresponsável de riscos, contrariando a função social do contrato e as normas de segurança viária. (STJ, REsp 1.485.717/SP, Rel. Min. Ricardo Villas Bôas Cueva, Terceira Turma, DJe 14/12/2016).

Indenização por perda total de veículo deve considerar o valor na data do sinistro

O STJ entendeu que, em caso de perda total do veículo, a seguradora deve pagar a indenização com base no valor médio de mercado vigente na data do acidente, e não na data do efetivo pagamento. Cláusulas contratuais que determinam a liquidação com base na cotação posterior são abusivas, pois prejudicam o segurado devido à depreciação natural do bem, contrariando o princípio indenitário. (STJ, REsp 1.546.163/GO, Rel. Min. Ricardo Villas Bôas Cueva, Terceira Turma, DJe 16/05/2016).

Seguradora pode recusar a renovação de seguro de vida coletivo, desde que notifique previamente

O STJ entendeu que não é abusiva a cláusula que permite à seguradora ou ao segurado optar pela não renovação automática do seguro de vida em grupo, desde que haja prévia notificação dentro de um prazo razoável. Isso ocorre porque essa modalidade de seguro possui caráter mutualista e temporário. No entanto, esse entendimento não se aplica ao seguro de vida individual renovado sucessivamente por longo período, situação em que há maior proteção ao consumidor. (STJ, AgRg no AREsp 299.894/MG, Rel. Min. Ricardo Villas Bôas Cueva, Terceira Turma, DJe 01/12/2015).

Cláusula que prevê perda total dos valores pagos em pacote turístico é abusiva

O STJ entendeu que é abusiva a cláusula penal que determina a perda integral dos valores pagos antecipadamente pelo consumidor que desiste do pacote turístico. Essa previsão impõe desvantagem excessiva ao consumidor e viola tanto o artigo 413 do Código Civil, que permite a redução de penalidades excessivas, quanto o artigo 51, II e IV, do CDC, que proíbe cláusulas abusivas. Assim, mesmo em caso de desistência, o consumidor tem direito à restituição parcial do valor pago. (STJ, REsp 1.321.655/MG, Rel. Min. Paulo de Tarso Sanseverino, Terceira Turma, DJe 28/10/2013).

Multa por desistência em pacote turístico não pode ultrapassar 20% sem comprovação de custos irrecuperáveis

O STJ entendeu que é abusiva a cláusula que estipula multa entre 25% e 100% do valor pago pelo consumidor que desiste de um pacote turístico. O percentual máximo razoável para a penalidade é de 20%, conforme a Deliberação Normativa nº 161/1985 da Embratur, salvo se a agência de turismo comprovar efetivos gastos irrecuperáveis. Além disso, a multa não pode ser cobrada de forma desproporcional, devendo respeitar o prazo de antecedência da desistência. (STJ, REsp 1.580.278/SP, Rel. Min. Nancy Andrighi, Terceira Turma, DJe 03/09/2018).

É válida cláusula que exige seguro total do bem arrendado em leasing, com a arrendadora como beneficiária

O STJ entendeu que não é abusiva a cláusula que obriga o arrendatário a contratar seguro total do bem arrendado, tendo a arrendadora como beneficiária. No contrato de leasing, embora a propriedade do bem pertença à arrendadora, o arrendatário tem o dever de conservação, pois usufrui do bem como se fosse dono. O seguro garante o cumprimento do contrato, protegendo tanto o patrimônio da arrendadora quanto o próprio arrendatário contra eventuais prejuízos. (STJ, REsp 1.060.515/DF, Rel. Min. Honildo Amaral de Mello Castro, Quarta Turma, DJe 24/05/2010).

Cobrança de mensalidade é devida mesmo que o aluno não frequente as aulas

O STJ entendeu que a instituição de ensino pode cobrar pelos serviços educacionais contratados e disponibilizados ao aluno, mesmo que ele não compareça às aulas. Não há abusividade nessa cobrança, pois a obrigação da instituição é oferecer as aulas conforme o contrato, independentemente da frequência do estudante. Assim, não se configura violação ao artigo 51, IV e XV, do CDC. (STJ, REsp 726.417/RJ, Rel. Min. João Otávio de Noronha, Informativo 414).

É nula a cláusula que exige pagamento do semestre e parcelas em atraso para trancamento de matrícula

O STJ entendeu que é abusiva a cláusula contratual que condiciona o trancamento da matrícula ao pagamento das mensalidades vencidas e do valor correspondente ao semestre em curso. Essa exigência configura penalidade pedagógica, vedada pelo artigo 6º da Lei 9.870/99, e impõe ao aluno a obrigação de pagar por um serviço educacional que não será prestado, contrariando o artigo 51, §1º, III, do CDC. Embora a instituição de ensino tenha o direito de cobrar débitos em aberto, deve fazê-lo por meios legais, sem restringir direitos do estudante. (STJ, REsp 1.081.936/SP, Rel. Min. Benedito Gonçalves, Primeira Turma, DJe 26/11/2008).

Consumidor pode discutir abusividade de cláusulas contratuais em ação de busca e apreensão

O STJ entendeu que, na ação de busca e apreensão fundamentada no Decreto-Lei nº 911/1969, o devedor pode questionar a legalidade e a abusividade das cláusulas contratuais. A jurisprudência evoluiu para permitir essa discussão, pois a legalidade das cláusulas está diretamente relacionada à configuração da mora. Além disso, com a edição do CDC e da Lei nº 10.931/2004, reforçou-se o direito do consumidor à ampla defesa, à revisão de cláusulas excessivamente onerosas e à equalização da relação de consumo. Assim, limitar essa possibilidade seria incompatível com o texto constitucional. (STJ, REsp 267.758/MG, Rel. p/ Acórdão Min. Aldir Passarinho Junior, Informativo 244).

Art. 52. No fornecimento de produtos ou serviços que envolva outorga de crédito ou concessão de financiamento ao consumidor, o fornecedor deverá, entre outros requisitos, informá-lo prévia e adequadamente sobre:

I – preço do produto ou serviço em moeda corrente nacional;

II – montante dos juros de mora e da taxa efetiva anual de juros;

III – acréscimos legalmente previstos;

IV – número e periodicidade das prestações;

V – soma total a pagar, com e sem financiamento.

§ 1º As multas de mora decorrentes do inadimplemento de obrigações no seu termo não poderão ser superiores a dois por cento do valor da prestação.

§ 2º É assegurado ao consumidor a liquidação antecipada do débito, total ou parcialmente, mediante redução proporcional dos juros e demais acréscimos.

§ 3º (Vetado).

São abrangidos por esse artigo todos os contratos de consumo que envolvam relação de crédito ou de financiamento para que o consumidor possa adquirir o bem ou o serviço pretendido. Nos dizeres de Nelson Nery Júnior,[638] "são redutíveis ao regime deste artigo todos os contratos que envolverem crédito, como os de mútuo, de abertura de crédito rotativo ('cheque especial'), de cartão de crédito, de financiamento de aquisição de produto durável por alienação fiduciária ou reserva de domínio, de empréstimo para aquisição de imóvel etc."

Pelo princípio da informação e da transparência que permeia todo o Código, o dispositivo obriga o fornecedor a conceder ao consumidor informações prévias e adequadas sobre o preço em moeda nacional, montante de juros de mora e a taxa efetiva aplicada, acréscimos legais (como impostos e outros), número e o período das prestações, total a pagar à vista e com financiamento. Note-se uma preocupação especial do legislador referente a este tipo de contrato, uma vez que o mesmo poderá levar o consumidor a uma situação de endividamento, vinculando-o permanentemente ao fornecedor.

O Código tem o intuito de proteger o consumidor de modo a lhe garantir a máxima informação possível para que possa fazer uma escolha consciente e mais vantajosa. Isso se torna importante, pois se o fornecedor fizer alguma exigência que não deu prévio conhecimento ao consumidor, a mesma não poderá ser exigida de acordo com o art. 46 do CDC.

Ademais, estabelecer uma relação transparente é importante para que o consumidor verifique quanto de seu orçamento familiar ficará comprometido com o financiamento ou com o crédito, podendo avaliar de forma mais prudente e concreta se terá reais condições de arcar com a dívida, evitando assim a inadimplência e o chamado *superendividamento*.[639]

---

638. *Código Brasileiro de Defesa do Consumidor Comentado pelos Autores do Anteprojeto*. 6ª ed. Rio de Janeiro: Forense Universitária, 2000, p. 540.

639. O STJ já começou a enfrentar o tema: "AGRAVO REGIMENTAL. RECURSO ESPECIAL. DECISÃO INTERLOCUTÓRIA. RETENÇÃO. POSSIBILIDADE DE AFASTAMENTO. CRÉDITO CONSIGNADO. CONTRATO DE MÚTUO. DESCONTO EM FOLHA DE PAGAMENTO. POSSIBILIDADE. LIMITAÇÃO DA MARGEM DE CONSIGNAÇÃO A 30% DA REMUNERAÇÃO DO DEVEDOR. *SUPERENDIVIDAMENTO*. PRESERVAÇÃO DO MÍNIMO EXISTENCIAL. (...) Validade da cláusula autorizadora do desconto em folha de pagamento das prestações do contrato de empréstimo, não configurando ofensa ao art. 649 do Código de Processo Civil, 3. Os descontos, todavia, não podem ultrapassar 30% (trinta por cento) da remuneração percebida pelo devedor. 4. Preservação

A multa moratória não pode exceder a 2% por mês do valor da prestação (ou das prestações vencidas), podendo o juiz adequá-la aos ditames legais cogentes.

> A multa é calculada sobre o valor das prestações vencidas, não sobre o total do financiamento (art. 52, § 1º, do CDC) (STJ, REsp. 231208/PE, Rel. Min. Ruy Rosado de Aguiar, *DJ* 19/03/2001).

O STJ, por sua vez, afastou a dúvida quanto à aplicação do limite de 2% em outros contratos de consumo, já que o *caput* do art. 52 do CDC dispõe apenas sobre os contratos que envolvem outorga de crédito ou concessão de financiamento.

No julgamento do REsp. 476.649/SP, *DJ* 25/2/2004, a Mina. Nancy Andrighi afirmou que a interpretação do § 1º do art. 52 do CDC não poderia ficar presa à sua mera posição topológica em detrimento da uma interpretação sistemática e teleológica, e que, de toda forma, o juiz poderia, com fundamento nos arts. 6º, V, e 51, IV e XV, do CDC, utilizar o percentual de 2% como parâmetro para estabelecer o necessário equilíbrio entre os contratantes.

O julgamento foi assim ementado:

> Consumidor. Contrato de prestações de serviços educacionais. Mensalidades escolares. Multa moratória de 10% limitada em 2%. Art. 52, § 1º, do CDC. Aplicabilidade. Interpretação sistemática e teleológica. Equidade. Função social do contrato. É aplicável aos contratos de prestações de serviços educacionais o limite de 2% para a multa moratória, em harmonia com o disposto no § 1º do art. 52, do CDC.

Uma prática abusiva e que foi permitida pelo STJ é o chamado "desconto de pontualidade". Ele parece um benefício para quem paga em dia, mas, na verdade, funciona como uma multa disfarçada. O fornecedor anuncia um desconto, por exemplo, de 10% para quem paga até o vencimento, mas o que ocorre é que quem paga depois perde esse "desconto", pagando um valor 10% maior. No fundo, isso equivale a uma multa moratória disfarçada, só que superior ao limite de 2% estabelecido pelo CDC.

O truque é simples: em vez de cobrar uma multa explícita para quem atrasa, o fornecedor infla o preço original e depois "premia" quem paga em dia. Assim, evita a limitação legal da multa moratória. Essa prática foi questionada na justiça, mas o STJ entendeu que, nos contratos educacionais, por exemplo, o desconto de pontualidade seria legítimo, pois apenas incentivaria o cumprimento do contrato e não configuraria multa abusiva. (STJ, REsp 1424814/SP, Rel. Ministro Marco Aurélio Bellizze, Terceira Turma, DJe 10/10/2016)

O problema é que, na prática, o consumidor não tem escolha real. O preço cheio nunca foi o verdadeiro, e a perda do "desconto" acaba funcionando exatamente como uma penalidade disfarçada. Embora permitido pelo STJ, esse tipo de manobra compromete a transparência na relação de consumo e pode levar a distorções no mercado.

Quando o consumidor quiser quitar o débito, total ou parcialmente, terá direito à redução proporcional dos juros e demais acréscimos, não podendo o fornecedor se opor a essa faculdade, sob pena de responder por perdas e danos. Qualquer cláusula que preveja tal restrição será, de acordo com o art. 51 do CDC, nula de pleno direito.

---

do mínimo existencial, em consonância com o princípio da dignidade humana. 5. Precedentes específicos da Terceira e da Quarta Turma do STJ." (STJ, AgRg no REsp 1206956/RS, Rel. Ministro Paulo de Tarso Sanseverino, Terceira Turma, DJe 22/10/2012)

Uma prática abusiva perpetrada pelos bancos era a cobrança da chamada tarifa de antecipação (ou liquidação) do crédito. Quando o consumidor solicitava o pagamento antecipado das parcelas da concessão do financiamento ou do arrendamento mercantil, a instituição financeira exigia uma tarifa para que este direito do consumidor, reconhecido pelo CDC, fosse exercitado. Na maioria das vezes, como o valor desta tarifa era elevada, o consumidor acaba desistindo de quitar antecipadamente as parcelas, continuando no financiamento orginalmente contratado.[640]

Após longa discussão judicial sobre a abusividade desta cobrança, o STJ somente proibiu a referida tarifa para os contratos celebrados posteriormente à 10 de dezembro de 2007. Isso porque, segundo o STJ, havia à época resolução do Conselho Monetário Nacional (Res. CMN 3401/2006) que facultava às instituições financeiras a cobrança de tarifas sobre a quitação antecipada de operações de crédito e arrendamento mercantil. Somente com a Resolução CMN 3.516/2007 é que foi vedada expressamente a cobrança desta tarifa. Infelizmente, o STJ acabou mitigando um direito reconhecido pelo CDC (o direito de antecipar as parcelas com a redução proporcional dos juros) sob o argumento da existência de uma resolução do Conselho Monetário Nacional.[641]

O julgamento sobre a proibição da tarifa de liquidação do crédito somente para os contratos celebrados após 10/12/2007 foi realizado pela Segunda Seção do STJ:[642]

> "RECURSO ESPECIAL – AÇÃO COLETIVA DE CONSUMO – ANÁLISE DE CONTRATOS DE CONCESSÃO DE CRÉDITO E DE ARRENDAMENTO MERCANTIL À LUZ DE RESOLUÇÃO DO BANCO CENTRAL RELATIVAMENTE À TARIFA DE LIQUIDAÇÃO ANTECIPADA DO DÉBITO – INSTÂNCIAS ORDINÁRIAS QUE JULGARAM PROCEDENTE O PEDIDO PARA DECLARAR A ILEGALIDADE DO ENCARGO. INSURGÊNCIA DA CASA BANCÁRIA/DEMANDADA. Hipótese: Controvérsia acerca da possibilidade de

640. Quando assessorei o relator no Senado Federal nos projetos de lei de atualização do CDC, juntamente com Dra. Sandra Lengruber, fizemos questão de incluir no art. 54-B, V, a previsão expressa do direito do consumidor à "liquidação antecipada e não onerosa do débito". Embora esse direito já estivesse garantido no § 2º do art. 52 do CDC, optamos por reforçá-lo, mesmo com certa repetição, para que ficasse absolutamente claro que a cobrança da chamada Tarifa de Liquidação Antecipada (TAC) – ou qualquer outro nome que viessem a inventar – seria definitivamente proibida. Dessa forma, evitamos brechas para a volta dessa prática abusiva, garantindo que o consumidor possa quitar seu débito sem qualquer custo adicional.

641. Vale frisar que o mesmo argumento foi utilizado pelo STJ em relação as abusividades da TAC (tarifa de abertura de crédito) e TEC (tarifa de emissão de carnê). Somente após resolução do CMN que proibiu estas tarifas é que o STJ reconheceu as suas proibições. Sobre este tema, ver comentários ao art. 51 do CDC.

642. A inclusão de um marco temporal nesse julgamento, vinculando a proibição da Tarifa de Liquidação Antecipada (TAC) apenas à Resolução 3.516/2007 do Conselho Monetário Nacional (CMN), é profundamente questionável. O fato de essa tarifa ter sido expressamente proibida apenas a partir de 2007 não significa que antes disso sua cobrança fosse legítima. Pelo contrário, desde a vigência do CDC, já estava claro que qualquer custo imposto ao consumidor para o exercício de um direito básico – como a quitação antecipada da dívida – era abusivo. O CDC sempre garantiu ao consumidor o direito à liquidação antecipada do débito, com redução proporcional dos juros e encargos futuros, conforme o § 2º do art. 52. Cobrar uma tarifa para o exercício desse direito era um desvio evidente da legislação consumerista, violando princípios como a boa-fé e o equilíbrio contratual. O CMN apenas reforçou essa vedação em 2007, mas sua ausência de regulamentação específica antes disso jamais poderia ser usada como argumento para legitimar a prática abusiva. Afinal, não é porque uma norma posterior reforça um direito que ele não existia antes.

cobrança de tarifa de liquidação antecipada de contratos de mútuo e arrendamento mercantil. 1. Não há falar em ausência de interesse de agir para o ajuizamento da demanda, pois, em que pese tenha sido vedada pela Resolução nº 3.516/07 do CMN/BACEN, de 6 de dezembro de 2007, a possibilidade de cobrança da tarifa de liquidação antecipada nos contratos de concessão de crédito e de arrendamento mercantil, fato é que a presente ação coletiva foi ajuizada em setembro de 2007 quando não havia notícia da referida vedação e o alcance temporal pretendido remonta aos ajustes contratuais firmados nos últimos cinco anos da data do ajuizamento da ação. (...) 4. Compete ao Conselho Monetário Nacional dispor sobre taxa de juros e sobre a remuneração dos serviços bancários, nos termos dos arts. 4º e 9º da Lei nº 4.595/64, recebida pela Constituição como lei complementar, entendimento esse, inclusive, sedimentado em sede de julgamento de recurso repetitivo no âmbito da Segunda Seção desta Corte Superior (Resp's. 1.255.573 e 1.251.331, julgados em 28/03/2013, relatora Ministra Maria Isabel Gallotti). 4.1 Ao tempo da Resolução nº 2.303/96 que disciplinava, genericamente, acerca da "cobrança de tarifas pela prestação de serviços por parte das instituições financeiras", a orientação estatal quanto à cobrança de tarifas pelas instituições financeiras era essencialmente não intervencionista, ou seja, a regulamentação facultava às instituições financeiras a cobrança pela prestação de quaisquer tipos de serviços, com exceção daqueles que a norma definia como básicos, desde que fossem efetivamente contratados e prestados ao cliente, assim como respeitassem os procedimentos voltados a assegurar a transparência da política de preços adotada pela instituição. 4.2 Durante a vigência da Resolução CMN nº 2.303/1996 era lícita a cobrança pela prestação de quaisquer tipos de serviços pelas instituições financeiras, entre eles o de liquidação antecipada de operação de crédito, desde que efetivamente contratados e prestados e, somente com o advento da Resolução CMN nº 3.516, de 10 de dezembro de 2007, é que foi expressamente vedada a cobrança de tarifa em decorrência de liquidação antecipada de contratos de concessão de crédito e de arrendamento mercantil financeiro. 4.3 Viabilidade da cobrança da tarifa de liquidação antecipada de contrato, desde que expressamente prevista nos contratos entabulados até a data da entrada em vigor da Resolução nº 3.501/2007, ou seja, para as operações de crédito e arrendamento mercantil contratadas antes de 10/12/2007 podem ser cobradas tarifas pela liquidação antecipada no momento em que for efetivada a liquidação, desde que a cobrança dessa tarifa esteja claramente identificada no extrato de conferência." (STJ, REsp 1392449/DF, Rel. Ministro Marco Buzzi, Segunda Seção, DJe 02/06/2017)

PRINCIPAIS JURISPRUDÊNCIAS DO STF E STJ

Empréstimo consignado firmado com analfabeto exige assinatura a rogo ou procuração pública

O STJ entendeu que contratos firmados com consumidores analfabetos, incluindo empréstimos consignados, só são válidos se houver assinatura a rogo (por terceiro, na presença de duas testemunhas) ou a formalização por meio de procuração pública. Isso garante que o consumidor tenha real acesso às cláusulas e manifeste consentimento de forma inequívoca. A simples aposição da digital não substitui a assinatura a rogo, servindo apenas para identificação do contratante. Essa exigência reforça a proteção ao consumidor hipossuficiente, assegurando-lhe o direito à informação e à liberdade contratual. (STJ, REsp 1.868.103/CE, Rel. Min. Marco Aurélio Bellizze, Terceira Turma, DJe 18/12/2020).

Abusividade em contrato de compra de dívida exige reequilíbrio econômico, sem restabelecer contrato anterior

O STJ entendeu que, ao reconhecer a abusividade em contrato de compra de dívida com "troco", a solução não deve ser a anulação total do negócio nem o restabelecimento do contrato anterior, especialmente quando a instituição financeira original não integrou o processo. Em vez disso, a correção deve ocorrer por meio da redução das obrigações excessivamente onerosas, de modo a reequilibrar a situação econômica do consumidor sem reconstituir relações jurídicas já extintas. Esse entendimento segue o princípio da conservação dos negócios jurídicos, que busca preservar os contratos sempre que possível, eliminando apenas as cláusulas abusivas. (STJ, REsp n. 2.159.883/MG, Rel. Min. Nancy Andrighi, Rel. p/ Acórdão Min. Moura Ribeiro, Terceira Turma, DJ 14/11/2024).

Obs: no caso, foi firmado um contrato de empréstimo com a Caixa Econômica Federal (CEF), com pagamento em 96 parcelas de R$ 1.100,00. Após o pagamento de 41 parcelas, a parte contratante celebrou um novo mútuo com uma entidade de previdência privada, que quitou o contrato com a CEF e concedeu ao consumidor um saldo de R$ 147,45, comprometendo-se este a pagar outras 96 parcelas de R$ 1.100,00.

Valor de empréstimo consignado depositado em conta salário pode ser penhorado

O STJ entendeu que os valores provenientes de empréstimo consignado não possuem a mesma natureza dos salários e demais verbas alimentares protegidas pela impenhorabilidade do artigo 833, IV, do CPC. O simples fato de o valor estar depositado na conta salário do devedor não impede sua penhora, pois se trata de crédito obtido por empréstimo e não de remuneração pelo trabalho. Se nem mesmo os salários são absolutamente impenhoráveis, não há razão para estender essa proteção a valores oriundos de contrato de crédito consignado. (STJ, REsp 1.931.432/DF, Rel. Min. Nancy Andrighi, Terceira Turma, DJe 15/06/2021).

Extratos bancários não são indispensáveis para ação de nulidade de empréstimo consignado

O STJ entendeu que a ausência de extratos bancários não pode, por si só, justificar a extinção da ação que busca a nulidade de um empréstimo consignado supostamente não contratado. Desde que o consumidor apresente elementos mínimos que demonstrem a verossimilhança de sua alegação, a petição inicial não pode ser considerada inepta. Assim, o indeferimento da ação com base apenas na falta desses documentos viola o direito de acesso à Justiça. (STJ, AgInt no REsp 1.980.433/MS, Rel. Min. Humberto Martins, Terceira Turma, DJe 06/03/2024).

Empréstimo consignado não pode ultrapassar 30% da remuneração líquida do devedor

O STJ entendeu que é válida a cláusula que autoriza o desconto em conta-corrente para pagamento de empréstimo consignado, mesmo que a conta seja utilizada para recebimento de salário. No entanto, os descontos não podem exceder 30% da remuneração líquida do devedor, após a dedução dos descontos obrigatórios (Previdência e Imposto de Renda). Esse limite visa garantir a preservação do mínimo existencial, em conformidade com o princípio da dignidade da pessoa humana. (STJ, REsp 1.584.501/SP, Rel. Min. Paulo de Tarso Sanseverino, Terceira Turma, DJe 13/10/2016).

Limite de 30% para consignados não se aplica a empréstimos com desconto em conta-corrente

O STJ entendeu que a limitação de 30% da remuneração líquida, prevista para empréstimos consignados com desconto em folha de pagamento, não pode ser aplicada, por analogia, aos descontos automáticos de empréstimos pessoais em conta-corrente. Isso porque as modalidades possuem naturezas distintas: o consignado oferece maior segurança ao financiador, justificando a limitação legal, enquanto o débito em conta ocorre após o crédito do salário e resulta de previsão contratual expressamente aceita pelo correntista. Assim, não há fundamento legal para impor a mesma restrição ao desconto bancário. (STJ, REsp 1.586.910/SP, Rel. Min. Luis Felipe Salomão, Quarta Turma, DJe 03/10/2017).

Desconto de prestações de empréstimo em conta-corrente é lícito, desde que autorizado

O STJ entendeu que é legítimo o desconto de parcelas de empréstimos bancários diretamente na conta-corrente do devedor, mesmo que ela seja utilizada para recebimento de salário, desde que haja autorização prévia do correntista e esta não tenha sido revogada. Além disso, no julgamento do Tema 1085 sob a sistemática dos recursos repetitivos, o STJ firmou o entendimento de que não se aplica, por analogia, a limitação de 30% prevista na Lei 10.820/2003 para empréstimos consignados em folha de pagamento. (STJ, REsp 1.555.722/SP, Rel. Min. Lázaro Guimarães, Segunda Seção, DJe 25/09/2018; Tema 1085 – REsp 1.863.973/SP, REsp 1.877.113/SP e REsp 1.872.441/SP).

Descontos em conta que recebe Benefício de Prestação Continuada (BPC) podem ser limitados para preservar o mínimo existencial

O STJ entendeu que, embora os descontos de parcelas de empréstimos em conta-corrente sejam lícitos quando autorizados pelo cliente, essa regra não pode ser aplicada da mesma forma ao Benefício de Prestação Continuada (BPC). Como o BPC tem caráter assistencial e visa garantir a sobrevivência do idoso em situação de vulnerabilidade, os descontos excessivos podem comprometer o mínimo existencial, contrariando o princípio da dignidade da pessoa humana. Assim, é possível limitar os descontos para evitar que o beneficiário fique sem recursos para suas necessidades básicas. (STJ, REsp 1.834.231/MG, Rel. Min. Nancy Andrighi, Terceira Turma, DJe 18/12/2020).

Art. 53. Nos contratos de compra e venda de móveis ou imóveis mediante pagamento em prestações, bem como nas alienações fiduciárias em garantia, consideram-se nulas de pleno direito as cláusulas que estabeleçam a perda total das prestações pagas em benefício do credor que, em razão do inadimplemento, pleitear a resolução do contrato e a retomada do produto alienado.

§ 1º (Vetado).

§ 2º Nos contratos do sistema de consórcio de produtos duráveis, a compensação ou a restituição das parcelas quitadas, na forma deste artigo, terá descontada, além da vantagem econômica auferida com a fruição, os prejuízos que o desistente ou inadimplente causar ao grupo.

§ 3º Os contratos de que trata o *caput* deste artigo serão expressos em moeda corrente nacional.

Nos contratos de compra e venda de móveis ou imóveis em que o pagamento é efetuado em prestações e nas alienações fiduciárias em garantia (regulamentada pelo Decreto-Lei nº 911/1969) para os bens móveis e Lei 9.514/1997 para bens imóveis,[643] serão nulas de pleno direito as cláusulas que preveem a perda total das prestações pagas quando houver inadimplência por parte do consumidor. É a chamada "*cláusula de decaimento*" pela doutrina.

Os contratos regidos pelo CDC devem respeitar os ditames da boa-fé objetiva e equidade, extirpando qualquer cláusula que propicie uma desvantagem exagerada ao consumidor (art. 51, IV).

Nesse sentido, uma vez rescindido o contrato, ao consumidor cabe o direito de reaver a quantia que pagou, descontado somente um percentual pela participação do fornecedor no contrato (taxa de administração) ou por perdas e danos sofridas por este. A abusividade da cláusula de decaimento, com previsão de perda das parcelas pagas em favor do vendedor, pode

643. Na alienação fiduciária, o consumidor que faz o financiamento tem a posse direta do bem, podendo usá-lo regularmente. A propriedade somente é transferida para o consumidor quando a dívida for quitada. Assim, o credor tem a posse indireta e o domínio resolúvel do bem.

ser reconhecida tanto na ação proposta pelo vendedor, quanto na de iniciativa do comprador, porque a restituição é inerente à resolução do contrato e evita o enriquecimento injustificado.[644]

A cláusula de decaimento foi um abuso praticado durante anos pelas construtoras e instituições financeiras. Realmente não é crível admitir que o consumidor perca tudo o que pagou em um financiamento que eventualmente não tenha sido concluído. Poderemos chegar ao absurdo de admitir que o consumidor tenha pago, por exemplo, 49 das 50 prestações (ou seja, somente falta uma prestação) e, em caso de inadimplemento da última parcela e resolução do contrato, o consumidor venha a perder tudo o que pagou. Esta cláusula abusiva foi inserida em artigo separado (art. 53) e não no art. 51, uma vez que o legislador queria dar destaque a esta abusividade que vinha sendo praticada à época.

A cláusula de decaimento, mesmo antes da vigência do CDC, já era abusiva no nosso entendimento. Por simples interpretação constitucional já bastaria para chegarmos à conclusão de que tal cláusula fere princípios básicos de nosso sistema, como o da dignidade da pessoa humana e da função social do contrato. Mas, infelizmente, o STF e o STJ pacificaram o entendimento de que se o contrato foi celebrado antes da vigência do CDC, não haveria que se falar em abusividade da cláusula de decaimento, prejudicando inúmeros consumidores à época.

> Sendo constitucional o princípio de que a lei não pode prejudicar o ato jurídico perfeito, ele se aplica também às leis de ordem pública. De outra parte, se a cláusula relativa à rescisão com a perda de todas as quantias já pagas constava do contrato celebrado anteriormente ao Código de Defesa do Consumidor, ainda quando a rescisão tenha ocorrido após a entrada em vigor deste, a aplicação dele para se declarar nula a rescisão feita de acordo com aquela cláusula fere, sem dúvida alguma, o ato jurídico perfeito, porquanto a modificação dos efeitos futuros de ato jurídico perfeito caracteriza a hipótese de retroatividade mínima que também é alcançada pelo disposto no art. 5º, XXXVI, da Carta Magna (STF, RE 205.999-4-SP, Rel. Min. Moreira Alves, *DJ* 03/03/2000.)
>
> De acordo com a jurisprudência pacífica do Tribunal, não se aplica o Código de Defesa do Consumidor aos contratos celebrados antes de sua vigência, permanecendo válida a cláusula que institui a perda total das prestações pagas em caso de inadimplemento, principalmente quando não prequestionada a possibilidade de redução da pena, prevista no art. 924 do Código de Processo Civil (STJ, REsp. 135550/ SP, Rel. Min. Eduardo Ribeiro, *DJU* 05/03/2001)

Segundo o entendimento do STJ, é considerada abusiva também a cláusula que prevê a restituição em forma de carta de crédito, ficando o consumidor preso ao fornecedor. O consumidor, caso haja a desistência do contrato, tem direito à restituição em dinheiro.

> Ao dispor o contrato que a devolução dos referidos valores ao adquirente se daria por meio de duas cartas de crédito, vinculadas à aquisição de um outro imóvel da mesma construtora, isso significa, efetivamente, que não haverá devolução alguma, permanecendo o consumidor-adquirente submetido à construtora, visto que, o único caminho para não perder as prestações já pagas, será o de adquirir uma outra unidade imobiliária da recorrente (STJ, REsp. 437607/ PR, Rel. Min. Hélio Quaglia Barbosa, *DJ* 04/06/2007).

O STJ também pacificou o entendimento de que a devolução da quantia a ser ressarcida ao consumidor deverá ser de forma imediata. Assim, em caso de resolução do contrato, independentemente de quem deu causa, o valor deverá ser restituído imediatamente ao

644. Nesse sentido, conferir REsp. 80036 / SP, Rel. Min. Ruy Rosado de Aguiar, *DJ* 25/03/1996.

consumidor. Se quem deu causa à resolução foi o consumidor, um percentual do valor pago será retido pelo fornecedor. Já em caso de resolução por culpa do fornecedor, o valor será restituído integralmente ao consumidor.

> "RECURSO ESPECIAL REPRESENTATIVO DE CONTROVÉRSIA. ART. 543-C DO CPC. DIREITO DO CONSUMIDOR. CONTRATO DE COMPRA DE IMÓVEL. DESFAZIMENTO. DEVOLUÇÃO DE PARTE DO VALOR PAGO. MOMENTO. 1. Para efeitos do art. 543-C do CPC: em contratos submetidos ao Código de Defesa do Consumidor, é abusiva a cláusula contratual que determina a restituição dos valores devidos somente ao término da obra ou de forma parcelada, na hipótese de resolução de contrato de promessa de compra e venda de imóvel, por culpa de quaisquer contratantes. Em tais avenças, deve ocorrer a imediata restituição das parcelas pagas pelo promitente comprador – integralmente, em caso de culpa exclusiva do promitente vendedor/construtor, ou parcialmente, caso tenha sido o comprador quem deu causa ao desfazimento." (STJ, REsp 1300418/SC, Rel. Ministro Luis Felipe Salomão, Segunda Seção, DJe 10/12/2013)

Este entendimento acabou sendo sumulado pelo STJ. A súmula 543 do STJ prevê que: *"na hipótese de resolução de contrato de promessa de compra e venda de imóvel submetido ao Código de Defesa do Consumidor, deve ocorrer a imediata restituição das parcelas pagas pelo promitente comprador – integralmente, em caso de culpa exclusiva do promitente vendedor/construtor, ou parcialmente, caso tenha sido o comprador quem deu causa ao desfazimento."*

Nas hipóteses de resolução de compra de imóvel com alienação fiduciária, o STJ entendeu que não se aplicam as normas do Código de Defesa do Consumidor. Nesses casos, a resolução por inadimplemento do devedor deve observar a forma prevista na Lei 9.514/1997 (Lei da alienação fiduciária de coisa imóvel). Este novo entendimento visa impedir que compradores de imóveis que atrasam o pagamento das parcelas recebam parte do dinheiro já pago, no caso da resolução contratual. Caso fosse aplicado o CDC (art. 53), o consumidor teria o direito de solicitar uma parcela do valor já pago em caso de resolução por inadimplemento. Aplicando a Lei 9.514/1997, que instituiu a alienação fiduciária, vencida a dívida sem o pagamento no todo ou em parte, a propriedade do imóvel fica consolidada em nome do credor fiduciário e este deverá fazer o leilão público do bem no prazo de 30 dias, com o objetivo de quitar a dívida – incluído aí juros convencionais, penalidades, demais encargos contratuais e custas necessárias para o próprio leilão. O valor que sobrar (se sobrar!) deverá ser entregue ao consumidor.

Foi publicada a seguinte tese:

> "Em contrato de compra e venda de imóvel com garantia de alienação fiduciária devidamente registrada, a resolução do pacto na hipótese de inadimplemento do devedor, devidamente constituída em mora, deverá observar a forma prevista na Lei 9.514/1997, por se tratar de legislação especifica, afastando-se, por conseguinte, a aplicação do Código de Defesa do Consumidor." (STJ, REsp n. 1.891.498/SP, relator Ministro Marco Buzzi, Segun-da Seção, julgado em 26/10/2022, DJe de 19/12/2022.)

A Lei nº 13.786/2018 (chamada de lei do distrato) estipulou os prazos de devolução da quantia ao consumidor pelo incorporador em caso de distrato ou resolução por inadimplemento nos contratos imobiliários. Como a lei estipulou prazos específicos, a súmula 543 do

STJ provavelmente será revista no tocante à devolução imediata da quantia ao consumidor.[645] Os prazos da lei são os seguintes:

a) Quando a incorporação estiver submetida ao regime do patrimônio de afetação: o incorporador restituirá os valores pagos pelo adquirente no prazo máximo de 30 dias após o habite-se ou documento equivalente expedido pelo órgão público municipal competente.[646]

b) Caso a incorporação não esteja submetida ao regime do patrimônio de afetação: o pagamento será realizado em parcela única, após o prazo de 180 dias, contado da data do desfazimento do contrato.[647]

c) Se o incorporador conseguir revender rapidamente a unidade devolvida pelo consumidor adquirente: a devolução deverá ocorrer em até 30 dias da data da revenda.[648]

Antes da Lei nº 13.786/2018 (chamada de lei do distrato) que estipulou limites para os percentuais de retenção (será abordada logo abaixo), a jurisprudência vinha aplicando percentual de retenção de 5% a 30% nas resoluções dos contratos de imóveis,[649] dependendo

---

645. "AGRAVO INTERNO NO RECURSO ESPECIAL. COMPRA E VENDA DE IMÓVEL. DEVOLUÇÃO IMEDIATA DO PREÇO EM RESCISÃO CAUSADA PELO COMPRADOR. SÚMULA 543/STJ. IRRETROATIVIDADE DA LEI 13.786/2018. (...) 1. Nos termos da Súmula 543/STJ, "na hipótese de resolução de contrato de promessa de compra e venda de imóvel submetido ao Código de Defesa do Consumidor, deve ocorrer a imediata restituição das parcelas pagas pelo promitente comprador – integralmente, em caso de culpa exclusiva do promitente vendedor/construtor, ou parcialmente, caso tenha sido o comprador quem deu causa ao desfazimento".2. A Segunda Seção desta Corte, no julgamento do REsp 1.723.519/SP, de relatoria da em. Ministra MARIA ISABEL GALLOTTI, em 28/08/2019, DJe de 02/10/2019, *assentou o entendimento de que as disposições da Lei 13.786/2018 sobre a devolução dos valores pagos e o percentual a ser retido pelo fornecedor em caso de rescisão contratual, por parte do consumidor, sem culpa do fornecedor, são inaplicáveis aos contratos celebrados anteriormente à sua vigência."* (STJ, AgInt no REsp 1816960/RJ, Rel. Ministro Raul Araújo, Quarta Turma, DJe 26/08/2020)

646. Art. 67-A, § 5º, da Lei nº 4.591/64: "Quando a incorporação estiver submetida ao regime do patrimônio de afetação, de que tratam os arts. 31-A a 31-F desta Lei, o incorporador restituirá os valores pagos pelo adquirente, deduzidos os valores descritos neste artigo e atualizados com base no índice contratualmente estabelecido para a correção monetária das parcelas do preço do imóvel, no prazo máximo de 30 (trinta) dias após o habite-se ou documento equivalente expedido pelo órgão público municipal competente, admitindose, nessa hipótese, que a pena referida no inciso II do caput deste artigo seja estabelecida até o limite de 50% (cinquenta por cento) da quantia paga."

647. Art. 67-A, § 6º, da Lei nº 4.591/64: "Caso a incorporação não esteja submetida ao regime do patrimônio de afetação de que trata a Lei nº 10.931, de 2 de agosto de 2004, e após as deduções a que se referem os parágrafos anteriores, se houver remanescente a ser ressarcido ao adquirente, o pagamento será realizado em parcela única, após o prazo de 180 (cento e oitenta) dias, contado da data do desfazimento do contrato."

648. Art. 67-A, § 7º, da Lei nº 4.591/64: "Caso ocorra a revenda da unidade antes de transcorrido o prazo a que se referem os §§ 5º ou 6º deste artigo, o valor remanescente devido ao adquirente será pago em até 30 (trinta) dias da revenda."

649. Percentual de 30% de retenção: STJ, REsp. 124146/MG, *DJU* 18/10/1999, p. 34, Rel. Min. César Asfor Rocha, j. 22/06/1999, 4ª T..; Percentual de 25 % de retenção: STJ, REsp. 60127/SP, *DJU* 27/04/1998, p. 68, Rel. Min. César Asfor Rocha, j. 02/12/1997, 4ª T.

No mesmo sentido: EAg 1138183/PE, Rel. Ministro Sidnei Beneti, Segunda Seção, julgado em 27/06/2012; AgRg no REsp 927.433/DF, Rel. Ministra Maria Isabel Gallotti, Quarta Turma, julgado em 14/02/2012; REsp 838.516/RS, Rel. Ministro Luis Felipe Salomão, Quarta Turma, julgado em 17/05/2011; AgRg no Ag 1010279/MG, Rel. Ministro Fernando Gonçalves, Quarta Turma, julgado em 12/05/2009. AgRg no AREsp 730.520/DF, Rel. Ministro Luis Felipe Salomão, Quarta Turma, julgado em 25/08/2015, DJe 28/08/2015.

do caso concreto, pois, em alguns casos, havia uma efetiva usufruição do bem pelo consumidor, fato que possibilitava o fornecedor reter um percentual maior.[650-651]

A Lei nº 13.786/2018 (chamada de lei do distrato) alterou a Lei nº 4.591/64 (lei de incorporação imobiliária) e a Lei nº 6.766/79 (lei de parcelamento do solo), para disciplinar especificamente o distrato e a resolução do contrato por inadimplemento do adquirente de unidade imobiliária em incorporação imobiliária e em parcelamento de solo urbano. Agora, pela Lei 13.786/2018, os percentuais de retenção ficaram definidos da seguinte forma (o que o consumidor perderá para o incorporador em caso de distrato ou resolução por inadimplemento):[652]

a) a integralidade da comissão de corretagem que foi paga.

b) pena convencional:

- não poderá exceder a 25% da quantia paga pelo adquirente;
- não poderá exceder a 50% em caso de incorporação submetida ao regime do patrimônio de afetação.

Para exigir a pena convencional, não é necessário que o incorporador alegue prejuízo. Assim, havendo distrato ou resolução por inadimplemento, o percentual de retenção estipulada no contrato será aplicado independentemente de o incorporador demonstrar/provar que teve prejuízo.

Percentual de 20% de retenção: STJ, REsp. 73370/AM, *DJU* 12/02/1996, p. 33, Rel. Min. Ruy Rosado de Aguiar, j. 21/11/1995, 4ª T.

Percentual de 10% de retenção: STJ, REsp. 287248/MG, *DJU* 05/03/2001, p. 175, Rel. Min. Aldir Passarinho Júnior, j. 07/12/2000, 4ª T. AgRg no AREsp 600.887/PE, Rel. Ministro Raul Araújo, Quarta Turma, julgado em 19/05/2015, DJe 22/06/2015.

Percentual de 5% de retenção: STJ, REsp. 54209/MG, *DJU* 27/04/1998, p. 68, Rel. Min. César Asfor Rocha, j. 02/12/1997, 4ª T.

650. Nesse sentido: "EMPREENDIMENTO IMOBILIÁRIO. DESISTÊNCIA DOS ADQUIRENTES. PENALIZAÇÃO CONTRATUAL. SITUAÇÃO PECULIAR. OCUPAÇÃO DA UNIDADE POR LARGO PERÍODO. USO. DESGASTE. CDC. ELEVAÇÃO DO PERCENTUAL DE RETENÇÃO. Consoante a jurisprudência do STJ, é possível aos adquirentes de imóvel em construção a desistência da compra sob alegação de insuportabilidade do pagamento das prestações, situação em que se reconhece, por outro lado, direito da empresa empreendedora à retenção de parte da quantia paga, a fim de se ressarcir das despesas administrativas havidas com a divulgação, comercialização e corretagem na alienação. Precedentes do STJ que fixam o percentual em 25% [...] II. Caso, todavia, excepcional, em que ocorreu a desistência, porém já após a entrega da unidade aos compradores e o uso do imóvel por considerável tempo, a proporcionar enriquecimento injustificado se não reconhecida à construtora compensação mais ampla, situação que leva a fixar-se, além da retenção aludida, uma extensão desta, até o limite da cláusula penal contratualmente estabelecida, a ser apurada em liquidação de sentença." (STJ, REsp. 474388/SP, Rel. Min. Aldir Passarinho Júnior, DJ 08/10/2007).

651. Nos casos envolvendo cooperativas habitacionais, o STJ também permitiu a retenção de parte dos valores pagos pelo consumidor cooperado desistente, mas em percentual menor do que o usualmente praticado pelas empresas privadas. Isso porque, nos casos das cooperativas, presume-se que estas tiveram gastos menores do que as empresas comuns, como desnecessidade de corretagem, propaganda para divulgação do imóvel, etc, já que possuem público pré-interessado a elas institucionalmente vinculado. (STJ, REsp 612505/DF, Rel. Min. Aldir Passarinho, DJ 25/02/2008)

652. O STJ entendeu que as regras da Lei nº 13.786/2018, que tratam sobre a devolução de valores pagos e a retenção de percentuais pelo fornecedor em caso de rescisão contratual por iniciativa do consumidor, não se aplicam a contratos firmados antes da entrada em vigor dessa lei. Esse entendimento preserva os termos originais dos contratos anteriores à mudança legislativa. (STJ, AgInt no REsp n. 1.950.133/SP, Rel. Min. Moura Ribeiro, Terceira Turma, DJe 11.4.2024)

Se o desfazimento contratual ocorreu depois de entregue o imóvel, o consumidor adquirente responderá também pelos seguintes valores:

a) impostos reais sobre o imóvel;
b) cotas de condomínio e associações de moradores;
c) valor correspondente à fruição do imóvel, equivalente à 0,5% sobre o valor atualizado do contrato, *pro rata die;*
d) demais encargos incidentes sobre o imóvel e despesas previstas no contrato.

O adquirente não terá que pagar a cláusula penal prevista no contrato se conseguir vender a unidade para outra pessoa e esta seja "aprovada" pelo incorporador.

As partes podem estabelecer em instrumento de distrato regras diferentes das previstas em lei. Assim, em tese, as partes podem estabelecer regras diferentes daquelas previstas na Lei nº 4.591/64. Foi o que estabeleceu o novo § 13 do art. 67-A:

> § 13. Poderão as partes, em comum acordo, por meio de instrumento específico de distrato, definir condições diferenciadas das previstas nesta Lei.

Um aspecto que gerava discussão era se a construtora/incorporadora poderia estipular contratualmente nos contratos de promessa de compra e venda de imóvel em construção um "atraso" ou "prorrogação do prazo inicial" para a entrega do imóvel (chamada de cláusula de tolerância). O STJ acabou reconhecendo a validade da cláusula de tolerância, desde que observado o direito de informação ao consumidor.

Consignou o STJ que:

> "Não pode ser reputada abusiva a cláusula de tolerância no compromisso de compra e venda de imóvel em construção desde que contratada com prazo determinado e razoável, já que possui amparo não só nos usos e costumes do setor, mas também em lei especial (art. 48, § 2º, da Lei nº 4.591/1964), constituindo previsão que atenua os fatores de imprevisibilidade que afetam negativamente a construção civil, a onerar excessivamente seus atores, tais como intempéries, chuvas, escassez de insumos, greves, falta de mão de obra, crise no setor, entre outros contratempos. 6. A cláusula de tolerância, para fins de mora contratual, não constitui desvantagem exagerada em desfavor do consumidor, o que comprometeria o princípio da equivalência das prestações estabelecidas. Tal disposição contratual concorre para a diminuição do preço final da unidade habitacional a ser suportada pelo adquirente, pois ameniza o risco da atividade advindo da dificuldade de se fixar data certa para o término de obra de grande magnitude sujeita a diversos obstáculos e situações imprevisíveis. 7. Deve ser reputada razoável a cláusula que prevê no máximo o lapso de 180 (cento e oitenta) dias de prorrogação, visto que, por analogia, é o prazo de validade do registro da incorporação e da carência para desistir do empreendimento (arts. 33 e 34, § 2º, da Lei nº 4.591/1964 e 12 da Lei nº 4.864/1965) e é o prazo máximo para que o fornecedor sane vício do produto (art. 18, § 2º, do CDC). (STJ, REsp 1582318/RJ, Rel. Ministro Ricardo Villas Bôas Cueva, Terceira Turma, DJe 21/09/2017)

Sobre o dever de informar sobre a cláusula de tolerância e do seu uso pelo fornecedor, o STJ enfatizou:

> "Mesmo sendo válida a cláusula de tolerância para o atraso na entrega da unidade habitacional em construção com prazo determinado de até 180 (cento e oitenta) dias, o incorporador deve observar o dever de informar e os demais princípios da legislação consumerista, cientificando claramente o adquirente, inclusive em ofertas, informes e peças publicitárias, do prazo de prorrogação, cujo descumprimento implicará responsabilidade civil. Igualmente, durante a

execução do contrato, deverá notificar o consumidor acerca do uso de tal cláusula juntamente com a sua justificação, primando pelo direito à informação." (STJ, REsp 1582318/RJ, Rel. Ministro Ricardo Villas Bôas Cueva, Terceira Turma, DJe 21/09/2017)

A cláusula de tolerância, embora tenha sido reconhecida sua validade pelo STJ, ainda era muito questionada nos tribunais estaduais[653]. Assim, no final de 2018, através da lei do distrato (lei 13.786/2018), a cláusula foi disciplinada nos seguintes termos (a lei do distrato incluiu o art. 43-A à lei 4591/1964):

> "Art. 43-A. A entrega do imóvel em até 180 (cento e oitenta) dias corridos da data estipulada contratualmente como data prevista para conclusão do empreendimento, desde que expressamente pactuado, de forma clara e destacada, não dará causa à resolução do contrato por parte do adquirente nem ensejará o pagamento de qualquer penalidade pelo incorporador.
>
> § 1º Se a entrega do imóvel ultrapassar o prazo estabelecido no caput deste artigo, desde que o adquirente não tenha dado causa ao atraso, poderá ser promovida por este a resolução do contrato, sem prejuízo da devolução da integralidade de todos os valores pagos e da multa estabelecida, em até 60 (sessenta) dias corridos contados da resolução, corrigidos nos termos do § 8º do art. 67-A desta Lei.
>
> § 2º Na hipótese de a entrega do imóvel estender-se por prazo superior àquele previsto no caput deste artigo, e não se tratar de resolução do contrato, será devida ao adquirente adimplente, por ocasião da entrega da unidade, indenização de 1% (um por cento) do valor efetivamente pago à incorporadora, para cada mês de atraso, pro rata die, corrigido monetariamente conforme índice estipulado em contrato.
>
> § 3º A multa prevista no § 2º deste artigo, referente a mora no cumprimento da obrigação, em hipótese alguma poderá ser cumulada com a multa estabelecida no § 1º deste artigo, que trata da inexecução total da obrigação."

Assim, agora pela lei do distrato, o incorporador e/ou construtor poderá estipular a cláusula de tolerância com prazo de até 180 dias contados a partir do término da conclusão da obra prevista contratualmente, devendo somente garantir ao consumidor o direito de informação. Para isso, a norma exigiu que referida cláusula esteja estipulada no contrato de forma clara e destacada (e não poderia ser diferente uma vez que, por causar limitação ao direito do consumidor, deverá ser destacada por cumprimento ao § 4º do art. 54 do CDC). Não estando prevista de forma clara, inclusive no quadro-resumo (inciso XII do art. 35-A da lei 4591/1964)[654-655], e nem de forma destacada das demais cláusulas, não terá aplicação a cláusula de tolerância, não podendo o construtor/incorporador utilizar do prazo extra para entregar o imóvel. É preciso analisar cuidadosamente se o consumidor foi realmente

653. A título exemplificativo: "No caso concreto, o Tribunal de origem, a partir do exame dos elementos de prova e da interpretação de cláusulas contratuais, concluiu que a cláusula de tolerância por atraso na entrega da obra era abusiva. Dessa forma, inviável alterar tal conclusão em recurso especial, ante o óbice das referidas súmulas."(STJ – AgInt no REsp: 1692971 SP, Relator: Min. Antonio Carlos Ferreira, Quarta Turma, Data de Publicação: DJe 15/03/2018)

654. O quadro-resumo é uma parte (um anexo) dos contratos imobiliários na qual haverá uma síntese contendo os dados principais do ajuste.

655. "Art. 35-A. Os contratos de compra e venda, promessa de venda, cessão ou promessa de cessão de unidades autônomas integrantes de incorporação imobiliária serão iniciados por quadro-resumo, que deverá conter: (...) XII – o termo final para obtenção do auto de conclusão da obra (habite-se) e os efeitos contratuais da intempestividade prevista no art. 43-A desta Lei."

informado da existência da referida cláusula. Assim, se a redação for ambígua ou redigida de forma que o consumidor, fácil e imediatamente, não identifique os seus termos (que o prazo de entrega do imóvel poderá ser prorrogável), não poderá ter validade perante o consumidor. A prática demonstrou que muitas vezes o consumidor era surpreendido com a existência da referida cláusula. Assim, nos mesmos moldes que na cláusula que prevê as consequências do desfazimento do contrato (§ 2º do art. 35-A), seria bom que o consumidor assinasse expressamente ao lado da cláusula de tolerância, demonstrando sua ciência e concordância com a sua previsão contratual.

Desde que prevista expressamente e de forma clara e destacada, o construtor/incorporador poderá se valer do prazo estipulado na cláusula de tolerância (prazo de até 180 dias), não configurando mora a entrega do imóvel após o prazo contratualmente estipulado (desde que seja entregue dentro do período da cláusula de tolerância). Desta forma, não havendo mora, a entrega após o prazo estipulado contratualmente não dá direito à resolução do contrato por parte do adquirente consumidor, nem pagamento de qualquer penalidade por parte da construtora/incorporadora (como aluguel ou multa por descumprimento do prazo de entrega).

Porém, se o imóvel for entregue após o prazo estabelecido contratualmente (não havendo cláusula de tolerância) ou fora do prazo de tolerância (quando previsto contratualmente), o consumidor adquirente poderá solicitar, cumulativamente, a resolução do contrato com a devolução de todo o valor pago, devidamente corrigida, acrescida da multa estabelecida (pela inexecução do contrato) no prazo de 60 dias corridos contados da resolução. Não optando pela resolução do contrato (na hipótese de o consumidor pretender ficar com o imóvel), quando do recebimento deste, terá direito a indenização de 1% do valor efetivamente pago à incorporadora, para cada mês de atraso, acrescido de correção monetária. Vale lembrar que a opção de resolução do contrato, na hipótese de mora da construtora/incorporadora, é do consumidor. Assim, havendo mora na entrega do imóvel, caberá ao consumidor optar pela resolução com devolução dos valores acrescida da multa ou receber o imóvel, ainda que com atraso, acrescida da indenização, não podendo a construtora/incorporadora criar nenhum entrave para o exercício destas opções.

Por fim, a multa prevista para a hipótese de resolução do contrato não poderá ser cumulada com a indenização prevista para a hipótese de mora – neste caso o consumidor optou por ficar com o imóvel mesmo com o atraso (indenização de 1% por mês de atraso). Por terem finalidades distintas – multa pela resolução e indenização pela mora – não poderão ser cumuláveis, devendo cada uma ser aplicada isoladamente dependendo da opção do consumidor adquirente.

CONSÓRCIOS

Em relação aos contratos de consórcios (§ 2º do art. 53), os consumidores também terão descontadas das parcelas pagas, a taxa de administração e a vantagem auferida com o uso do bem (se houver). Porém, há a previsão de um *plus*: o prejuízo que causou ao grupo de consorciados, seja pela inadimplência, seja pela desistência.

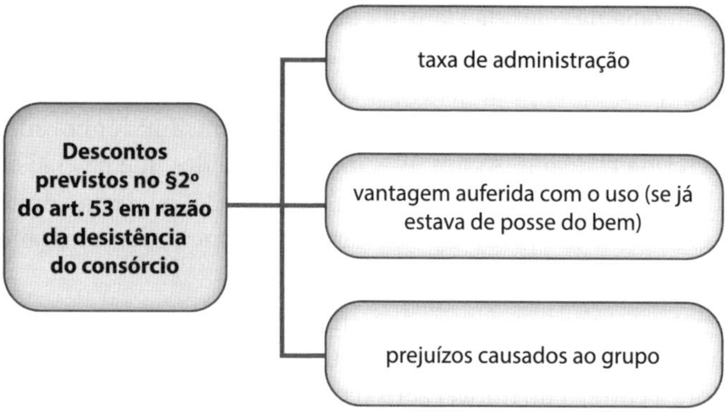

Na verdade, para os casos em que o consumidor já tenha usufruído do bem, o STJ não tem aplicado simplesmente os descontos previstos no quadro acima.

Ocorre que o uso do veículo causa significativa desvalorização do preço, de tal modo que com a sua venda o credor normalmente não obtém o suficiente para quitar o financiamento. Por isso, tem direito de reter o que já recebeu, como parte do pagamento correspondente ao preço financiado e mais o que obteve com a venda, até o valor do débito. Caso contrário, depois do pagamento de grande parte das prestações, o comprador poderia desfazer o negócio, devolvendo veículo já desvalorizado, e ainda teria a garantia de receber o que pagou.

Para se evitar tal desproporção, o STJ entendeu que as regras incidentes nestes casos são as do Decreto-Lei nº 911/1969, que trata de alienação fiduciária em garantia. Assim, primeiramente o veículo devolvido é vendido extrajudicialmente e havendo ainda saldo negativo, poderá ser cobrado do consumidor. Com isso, o consumidor não terá direito à devolução das parcelas pagas, caso o valor da venda do veículo não tenha sido suficiente para cobrir o débito.

> É por demais conhecida a jurisprudência do STJ no sentido de que o art. 53 do CDC fundamenta, em certas relações jurídicas – como as relativas a compromisso de compra e venda de imóvel e, em alguns casos, o próprio consórcio – a devolução das parcelas pagas pelo consumidor, apenas com uma retenção relativa a custos de administração e eventuais indenizações. – Ocorre que, no âmbito dos consórcios, essa discussão tem sido posta quando a desistência do consumidor se dá antes de que este passe a ter a posse do bem. Na presente hipótese, ao contrário, é fato incontroverso que o consorciado foi contemplado logo no início do plano, tendo feito uso do automóvel alienado fiduciariamente durante quase três anos. – Tal fato provoca, necessariamente, uma mudança de perspectiva na discussão. O tema da alienação fiduciária se sobrepõe, no estado em que a lide se encontra, ao tema do consórcio. *Com efeito, se é admitida aquela operação de crédito no âmbito deste plano e o consumidor já usufrui do bem, as regras predominantes em caso de posterior inadimplemento devem ser as relativas ao Decreto-Lei nº 911/1969. Haveria indisfarçável desequilíbrio se fosse dado ao consumidor o direito à restituição integral do quanto pago após quase três anos de uso de um bem que, particularmente, sofre forte depreciação com o tempo.* (STJ, REsp. 997287/SC, Rel. Min. Nancy Andrighi, DJe 02/02/2010)

Interessantes são as observações de Rizzatto Nunes[656] no sentido de que "é ônus da administradora do consórcio provar a vantagem aferida pelo consumidor ou os prejuízos que o grupo teria com a devolução das parcelas. [...] Quando há desistência ou inadimplência, a vaga, normalmente, é preenchida por outro consorciado, de modo que anula eventual prejuízo."

Concordamos com este posicionamento da doutrina, pois o que o legislador pretendeu com a previsão do § 2º do art. 53, através da expressão *"os prejuízos que o desistente ou inadimplente causar ao grupo"*, foi que o grupo restante não fosse prejudicado com a eventual saída do consumidor desistente/inadimplente. Mas caberá à administradora o ônus de provar os prejuízos sofridos, não decorrendo estes simplesmente da saída do consumidor. Isso porque, muitas vezes, dano algum há, uma vez que a administradora insere outro consumidor no lugar do desistente, não havendo prejuízos causados ao grupo (por exemplo, não houve o aumento da parcela em razão da saída do desistente etc.). Nestes termos, quem terá mais condições de fazer a prova do prejuízo, inclusive de que nenhum outro consumidor aderiu ao grupo, é a administradora de consórcios.

Na jurisprudência, há precedente da Quarta Turma do STJ de que o ônus da prova é do consumidor e não da administradora.

> A desistência voluntária do consorciado cria, automaticamente, um desfalque no grupo respectivo, presunção que milita em favor da administradora de consórcio, à qual não pode ser, por isso mesmo, ainda imposto o ônus de provar que não houve a substituição do desistente por outro, como condicionante ao diferimento da restituição ao cabo do aludido término do plano (STJ, REsp. 486210/RS, Rel. Min. Aldir Passarinho Júnior, *DJ* 10/10/2005).

Por sua vez, a Terceira Turma do STJ tem entendido que o ônus da prova é da administradora.

> CONSÓRCIO. AÇÃO DE RESTITUIÇÃO DE PARCELAS PAGAS. REDUTOR. ART. 53, § 2º, DO CDC. PROVA DO PREJUÍZO. ÔNUS DA ADMINISTRADORA. CORREÇÃO MONETÁRIA. ÍNDICE APLICÁVEL. I – A possibilidade de se descontar dos valores devidos percentual a título de reparação pelos prejuízos causados ao grupo (art. 53, § 2º, do CDC) depende da efetiva prova do prejuízo sofrido, ônus que incumbe à administradora do consórcio. (STJ, REsp. 871421/SC, Rel. Sidnei Beneti, DJe 01/04/2008)

Nos termos da doutrina consumerista, destacou o Min. Sidnei Beneti "que em caso de desistência, o consumidor consorciado terá direito à devolução das parcelas quitadas, monetariamente atualizadas. Contudo, da leitura do dispositivo supra infere-se que o legislador, ao tratar dos consórcios, quis preservar os direitos dos demais integrantes de cada grupo, ao estabelecer que o consumidor retirante recebesse de volta os valores pagos, mas descontada, além da vantagem econômica obtida com a fruição, os prejuízos que o desistente ou inadimplente causou ao grupo. Incumbe, todavia, à administradora do consórcio comprovar a vantagem aferida pelo consumidor ou os prejuízos que o grupo experimentou com a devolução das parcelas, ônus do qual não se desincumbiu o recorrente no caso em análise. Em verdade, tais prejuízos dificilmente ocorrem, se considerarmos que, com a

656. *Curso de Direito do Consumidor*, p. 678.

desistência ou inadimplência, a vaga, normalmente, é preenchida por outro consorciado, anulando-se, por conseguinte, a possibilidade de eventual prejuízo."

Cabe destaque à Súmula nº 35 do STJ, que determina a incidência de correção monetária sobre as prestações pagas, quando de sua restituição, em virtude da retirada ou exclusão do consumidor de plano de consórcio.

> Pacífica a jurisprudência da Corte, no sentido de que a correção monetária dos valores correspondentes às parcelas pagas pelo consorciado, a serem restituídas em virtude de sua retirada ou exclusão do plano de consórcio, há de ser aplicada a partir da data do efetivo pagamento (STJ, REsp. 149644/RJ, Rel. Min. Waldemar Zveiter *DJ* 15/03/1999).

O STJ entendeu que a ação civil pública é a via apropriada para o reconhecimento de nulidade de cláusula abusiva que prevê a devolução sem correção monetária das prestações pagas pelo consorciado desistente.

> A ação civil pública é a via apropriada para o reconhecimento de nulidade de cláusula abusiva, que prevê a devolução, sem correção monetária, das prestações pagas pelo consorciado desistente. Art. 83 do CDC (STJ, REsp. 299386/RJ, 4ª T, Rel. Min. Ruy Rosado de Aguiar, *DJ* 04/02/2002).

Com relação ao prazo para restituir o consumidor em contratos de consórcio, de forma a não prejudicar o grupo formado, firmou o STJ o entendimento de que a restituição dos valores pagos, corrigidamente, não deve ser de imediato, mas até trinta dias contados a partir do prazo previsto contratualmente para o encerramento do plano, quando, então, passarão a correr os juros moratórios.[657]

> CONSÓRCIO. DESISTÊNCIA DO CONSORCIADO. DEVOLUÇÃO DAS IMPORTÂNCIAS PAGAS. JUROS DE MORA. Em caso de desistência do plano de consórcio, a restituição das parcelas pagas pelo participante far-se-á de forma corrigida, porém não de imediato, e sim em até trinta dias a contar do prazo previsto contratualmente para o encerramento do grupo correspondente. Os juros de mora, na restituição das parcelas pagas por consorciado desistente, se for o caso, devem ser computados após o trigésimo dia do encerramento do grupo

657. Pertinente transcrever a boa fundamentação contida no voto do eminente Ministro Ruy Rosado de Aguiar, no REsp. nº 94.266RS, *verbis*: "Assim como o grupo formado para a aquisição de bens pela modalidade de consórcio, em caso de desistência, não pode servir para o enriquecimento sem causa dos demais participantes, ou da administradora – retendo os valores recebidos e somente restituindo o principal, sem correção monetária, o que em época de inflação alta significava devolver o nada – assim também o consorciado não pode transformar o consórcio, que foi formado para a finalidade de adquirir bens, em oportunidade para aplicação financeira, retirando-se a qualquer tempo e recebendo imediatamente o capital investido, mais correção e juros. A desistência é sempre um incidente negativo no grupo, que deve se recompor, a exigir a transferência da quota, a extensão do prazo ou o aumento das prestações para os remanescentes etc. O pagamento imediato ao desistente será um encargo imprevisto, que se acrescenta à despesa normal. Quem ingressa em negócio dessa natureza e dele se retira por disposição própria não pode ter mais direitos do que o último contemplado com o bem, ao término do prazo previsto para o grupo. Se este, que cumpriu regularmente com todas suas obrigações e aguardou pacientemente a última distribuição, pôde colaborar com os seus recursos para que os outros antes dele fossem contemplados, também o mesmo ônus há de se impor ao desistente, que se retira por decisão unilateral. Assim, o desistente deve receber o que pagou, com valores devidamente corrigidos, descontada a taxa de administração e prêmios de seguro eventualmente pagos, até trinta dias depois do prazo previsto para a entrega do último bem."

consorcial, uma vez que somente a partir pode caracterizar-se a mora da administradora (STJ, REsp. 696666/RS, Rel. Min. Castro Filho, *DJ* 14/11/2005).[658-659]

Sobre o tema, o STJ entendeu que a associação autora que tenha por finalidade a defesa do consumidor pode propor ação coletiva em favor de participantes que tenham desistido de consórcio de veículos, não se exigindo que tenha sido instituída para a defesa específica de interesses de consorciados de veículos, desistentes ou inadimplentes.

Na linha de reiterados precedentes (STJ, Resps nos 165.484, 172.224, 132.056, dentre outros), a associação que tenha por finalidade a defesa do consumidor está legitimada a propor ação coletiva em favor de consumidores, no caso, consorciados desistentes (STJ, AGResp 172237/RS, Rel. Min. César Asfor Rocha, *DJU* 29/06/2000).

Em relação à taxa de administração cobrada pelas administradoras de consórcios, sendo a remuneração da administradora pelos serviços prestados na formação, organização e administração do grupo até o seu encerramento, o STJ entendeu que elas possuem total liberdade para fixá-la, nos termos do art. 33 da Lei nº 8.177/1991 e da Circular nº 2.766/1997 do Banco Central.

---

658. Esse entendimento foi consolidado na sessão do dia 14/04/2010, no julgamento do REsp 1.119.300/RS, 2ª Seção, Rel. Min. Luis Felipe Salomão, afetado como repetitivo nos termos do art. 543-C do CPC.

659. A Lei nº 11.795/2008, vigente desde 06/02/2009, trouxe nova regulamentação para o sistema de consórcio. Os §§ 1º, 2º e 3º do art. 30 e os incisos II e III do art. 31 da respectiva lei foram vetados e tratavam da devolução dos valores pagos ao participante excluído. A redação do projeto impunha ao excluído do consórcio duas possibilidades para restituição das quantias vertidas: ser contemplado em assembleia ou ser restituído 60 dias após a data da realização da última assembleia. O motivo para o veto presidencial foi o seguinte: "Nesse contexto, os dispositivos citados afrontam diretamente o art. 51, IV, c/c art. 51, § 1º, III, do Código de Defesa do Consumidor, que estabelecem regra geral proibitória da utilização de cláusula abusiva nos contratos de consumo. Com efeito, embora o consumidor deva arcar com os prejuízos que trouxer ao grupo de consorciados, conforme § 2º do art. 53 do Código de Defesa do Consumidor, mantê-lo privado de receber os valores vertidos até o final do grupo ou até sua contemplação é absolutamente antijurídico e ofende o princípio da boa-fé, que deve prevalecer em qualquer relação contratual. Ademais, a inteligência do Código de Defesa do Consumidor é de coibir a quebra de equivalência contratual e considerar abusiva as cláusulas que colocam o consumidor em 'desvantagem exagerada', tal como ocorre no caso presente. A devolução das prestações deve ser imediata, sob pena de impor ao consumidor uma longa e injusta espera. Por estes motivos, sugere-se o veto do art. 29, §§ 1º, 2º e 3º do art. 30 e incisos II e III do art. 31." Retirado do site do Planalto: http://www.planalto.gov.br/ccivil_03/_ato2007-2010/2008/Msg/VEP-762-08.htm. Assim, havia certa expectativa de mudança do posicionamento do STJ, em virtude do veto presidencial em relação à nova lei. Nesse sentido, o STJ vinha admitindo que o entendimento somente tinha validade para os contratos celebrados antes da nova lei. Nesse sentido: "Em caso de desistência do plano de consórcio, a restituição das parcelas pagas pelo participante far-se-á de forma corrigida. Porém, não ocorrerá de imediato e sim em até trinta dias a contar do prazo previsto no contrato para o encerramento do grupo correspondente. – *A orientação firmada nesta reclamação alcança tão somente os contratos anteriores à Lei nº 11.795/2008, ou seja, aqueles celebrados até 05/02/2009. Para os contratos firmados a partir de 06/02/2009, não abrangidos nesse julgamento, caberá ao STJ, oportunamente, verificar se o entendimento aqui fixado permanece hígido, ou se, diante da nova regulamentação conferida ao sistema de consórcio, haverá margem para sua revisão.*" (STJ, Rcl 3752 / GO, Rel. Min. Nancy Andrighi, Segunda Seção, DJe 25/08/2010) Recentemente, porém, a Segunda Seção do STJ reafirmou que o entendimento do prazo de até 30 dias do término do grupo para a devolução dos valores para o consorciado desistente também se aplica para os contratos celebrados posteriormente à Lei 11.795/08. Ou seja, para o STJ, não haverá diferença entre os contratos celebrados antes e depois da referida lei. (STJ, Rcl 16390, Rel. Ministra Maria Isabel Gallotti, Segunda Seção, DJe 13/09/2017).

O STJ afastou a aplicação nos contratos de consórcio do art. 42 do Decreto 70.951/1972, que estabelece limites para taxas de administração no percentual de 12% do valor do bem com preço de até 50 salários-mínimos e 10% para bens acima desse valor. A Lei nº 8.177/1991 atribuiu a competência para regulamentar e fiscalizar os consórcios ao Banco Central, que, por meio de circular, deixou ao arbítrio das administradoras o estabelecimento de sua taxa de administração.

> CONSÓRCIO DE BENS MÓVEIS. TAXA DE ADMINISTRAÇÃO. FIXAÇÃO. LIMITE SUPERIOR A 10% (DEZ POR CENTO). POSSIBILIDADE. AUSÊNCIA DE ILEGALIDADE E ABUSIVIDADE. 1 – O cerne da controvérsia cinge-se à possibilidade de limitação da taxa de administração de consórcio de bens móveis, prevista no Decreto nº 70.951/1972. Consoante recente entendimento consignado pela Eg. Quarta Turma, as administradoras de consórcio possuem total liberdade para fixar a respectiva taxa de administração, nos termos do art. 33 da Lei nº 8.177/1991 e da Circular nº 2.766/1997 do Bacen, não sendo considerada ilegal ou abusiva, portanto, as taxas fixadas em percentual superior a 10% (dez por cento). 2 – Embargos de divergência acolhidos. (STJ, EREsp 927379/RS, Min. Fernando Gonçalves, DJe 19/12/2008)

Este é o teor da Súmula 538 do STJ: *"as administradoras de consórcio têm liberdade para estabelecer a respectiva taxa de administração, ainda que fixada em percentual superior a dez por cento."*

O STJ também entendeu que é abusiva cláusula de eleição de foro nos contratos de adesão a grupos de consórcios. Assim, o foro competente para processamento da ação de exibição de documento para instrução revisional de contrato de consórcio não é o eleito no instrumento, devendo prevalecer o do domicílio do consumidor.

> PROCESSUAL CIVIL. CONTRATO DE CONSÓRCIO. CLÁUSULA DE ELEIÇÃO DE FORO. NULIDADE. DOMICÍLIO DO CONSUMIDOR. PARTE HIPOSSUFICIENTE DA RELAÇÃO. FORO ELEITO. 1. A jurisprudência do STJ firmou-se, seguindo os ditames do Código de Defesa do Consumidor, no sentido de que a cláusula de eleição de foro estipulada em contrato de consórcio há que ser tida como nula, devendo ser eleito o foro do domicílio do consumidor a fim de facilitar a defesa da parte hipossuficiente da relação. (STJ, AgRg no Ag 1070671 / SC, Rel. Min. João Otávio de Noronha, DJe 10/05/2010)

Por fim, o § 3º proíbe que se estipule o preço ou qualquer outro valor, como taxa de juros, em moeda estrangeira. Deverá ser, obrigatoriamente, em moeda nacional, sob pena de nulidade de pleno direito.

Para o STJ, porém, são legítimos os contratos celebrados em moeda estrangeira, desde que o pagamento se efetive pela conversão em moeda nacional. (STJ, AgInt no REsp n. 1.950.452/BA, relator Ministro Moura Ribeiro, Terceira Turma, DJe de 28/2/2024.)

O que não se admite também é a utilização da moeda estrangeira como indexador de correção de monetária.

> "AÇÃO REVISIONAL. CONTRATO DE COMPRA E VENDA DE IMÓVEL EM MOEDA ESTRANGEIRA. NULIDADE DA CLÁUSULA CONTRATUAL QUE PREVÊ O REAJUSTAMENTO DE VALORES COM BASE NA VARIAÇÃO DO DÓLAR. SUBSTITUIÇÃO PELO INPC COMO ÍNDICE DE ATUALIZAÇÃO. ENTENDIMENTO EM CONFORMIDADE COM A JURISPRUDÊNCIA DO STJ. (...) 1. No caso, o Tribunal estadual manteve a sentença que declarou nula a cláusula contratual que previa a indexação do dólar americano para fins de atualização monetária, determinando a aplicação do INPC como índice correto. Para tanto, utilizou como fundamento disposições contidas no Decreto-lei n.º 857/69, Decreto-lei

n.º 24.038/34, na Lei n.º 7.801/89 e no Código de Defesa do Consumidor." (STJ, AgInt no REsp n. 1.950.452/BA, relator Ministro Moura Ribeiro, Terceira Turma, DJe de 28/2/2024.)

Sintetizando a jurisprudência do STJ sobre Consórcios	
Devolução de parcelas	a restituição dos valores pagos, corrigidamente, não deve ser de imediato, mas até trinta dias contados a partir do prazo previsto contratualmente para o encerramento do plano, quando, então, passarão a correr os juros moratórios.
Taxa de Administração	as administradoras de consórcios possuem total liberdade para fixar sua taxa de administração.
Legitimidade ativa em ACP	a associação autora que tenha por finalidade a defesa do consumidor pode propor ação coletiva em favor de participantes que tenham desistido de consórcio de veículos, não se exigindo tenha sido instituída para a defesa específica de interesses de consorciados de veículos, desistentes ou inadimplentes.
Correção monetária	Súmula nº 35 do STJ: *"Incide correção monetária sobre as prestações pagas, quando de sua restituição, em virtude da retirada ou exclusão do participante de plano de consórcio."*
Correção monetária e ACP	a ação civil pública é a via apropriada para o reconhecimento de nulidade de cláusula abusiva que prevê a devolução sem correção monetária das prestações pagas pelo consorciado desistente.
Eleição de foro	é abusiva cláusula de eleição de foro nos contratos de adesão a grupos de consórcios. Assim, o foro competente para processamento da ação de exibição de documento para instrução revisional de contrato de consórcio não é o eleito no instrumento, devendo prevalecer o do domicílio do consumidor.
Inadimplência após posse do bem	caso o consumidor já tenha usufruído do bem, as regras incidentes, no caso de posterior inadimplemento, são as do Decreto-lei nº 911/1969, que trata de alienação fiduciária. Assim, o veículo é vendido extrajudicialmente e havendo ainda saldo negativo, poderá ser cobrado do consumidor.

PRINCIPAIS JURISPRUDÊNCIAS DO STF E STJ

Tema 982. STF valida execução extrajudicial por bancos em contratos imobiliários

Foi fixada a seguinte tese: "É constitucional o procedimento da Lei nº 9.514/1997 para a execução extrajudicial da cláusula de alienação fiduciária em garantia, haja vista sua compatibilidade com as garantias processuais previstas na Constituição Federal".

Cumprimento integral do contrato de compra e venda de imóvel impede desistência pelo consumidor

O STJ entendeu que, em contratos de promessa de compra e venda de imóvel regidos pelo CDC, o consumidor não pode exercer o direito de desistência após o cumprimento integral das obrigações por ambas as partes. O reconhecimento da execução do contrato fortalece a segurança jurídica, a força obrigatória dos pactos e o princípio da confiança legítima, impedindo a rescisão unilateral sem fundamento. (STJ, REsp 2.023.670/SP, Rel. Min. Nancy Andrighi, Terceira Turma, DJe 15/09/2023)

Art. 53 do CDC não se aplica à rescisão de contrato com alienação fiduciária por iniciativa do comprador

O STJ entendeu que, nos contratos de aquisição de imóvel com garantia de alienação fiduciária, a rescisão por iniciativa do comprador não está sujeita ao artigo 53 do CDC, que veda a retenção total das parcelas pagas em contratos de alienação convencional. Isso porque a matéria é disciplinada pelo artigo 27, § 4º, da Lei 9.514/1997, que trata especificamente da alienação fiduciária. Além disso, o contrato garantido por alienação fiduciária não precisa ser registrado em Cartório de Títulos e Documentos para ter validade e eficácia, pois essa formalidade tem apenas efeito de publicidade perante terceiros. (STJ, AgInt no REsp 2.078.975/SP, Rel. Min. Maria Isabel Gallotti, Quarta Turma, DJe 07/03/2024).

Empresa de administração hoteleira não responde pelo inadimplemento da incorporadora

O STJ entendeu que a empresa de administração hoteleira não tem responsabilidade solidária pelo inadimplemento do contrato de promessa de compra e venda de unidades imobiliárias em construção. Isso porque ela não integra a cadeia de fornecimento da incorporação imobiliária. O fato de o contrato prever a futura adesão do comprador a um pool hoteleiro administrado pela empresa não implica sua corresponsabilidade pelo descumprimento da incorporadora ou construtora, especialmente porque, enquanto a obra não estiver concluída, o contrato de administração hoteleira sequer tem objeto. (STJ, AgInt no REsp 1.914.177/DF, Rel. p/ Acórdão Min. Maria Isabel Gallotti, Quarta Turma, DJe 25/01/2023).

Taxa de ocupação não é devida após rescisão de promessa de compra e venda de lote não edificado

O STJ entendeu que, após o desfazimento do contrato de promessa de compra e venda de lote não edificado, não cabe a cobrança de taxa de ocupação ou fruição. Isso porque a rescisão do contrato não gera enriquecimento para o comprador nem prejuízo para o vendedor, tornando indevida qualquer cobrança adicional. (STJ, AgInt no REsp 2.020.258/SP, Rel. Min. Paulo de Tarso Sanseverino, Terceira Turma, julgado em 13/03/2023).

Imobiliária não responde solidariamente por atraso na obra apenas por participar da publicidade

O STJ entendeu que a simples presença da logomarca da imobiliária na publicidade de um empreendimento imobiliário, ao lado da logomarca da incorporadora, não gera sua responsabilidade solidária pelo atraso na obra. Como as empresas possuem funções distintas – a incorporadora na construção e a imobiliária na comercialização das unidades – essa publicidade não caracteriza parceria na edificação do empreendimento. Além disso, a possibilidade de atraso já estava prevista no contrato, com prazo de tolerância e cláusula penal, e eventuais promessas de pontualidade feitas por corretores não passam de estratégias de venda ("dolus bonus"). Dessa forma, a imobiliária não pode ser responsabilizada solidariamente. (STJ, REsp 1.827.060/SP, Rel. Min. Paulo de Tarso Sanseverino, Terceira Turma, DJe 25/02/2022).

Valorização do imóvel após rescisão do contrato não gera direito a indenização

O STJ entendeu que a valorização do imóvel após a rescisão contratual por atraso na obra não configura prejuízo indenizável. A indenização prevista no artigo 43, II, da Lei 4.591/1964, refere-se apenas aos danos efetivos causados pelo atraso ou não conclusão da obra. O aumento do valor do imóvel decorre de fatores econômicos externos e não da inexecução contratual, não representando perda patrimonial direta do comprador. Além disso, a rescisão foi uma escolha do adquirente, afastando qualquer obrigação do vendedor de compensar a frustração da expectativa de lucro. (STJ, REsp 1.750.585/RJ, Rel. Min. Ricardo Villas Bôas Cueva, Terceira Turma, DJe 08/06/2021).

Atraso na entrega de imóveis do PROGRAMA MINHA CASA, MINHA VIDA.

Foram fixadas 4 teses pelo STJ no Recurso Repetitivo REsp 1729593/SP, Rel. Ministro Marco Aurélio Bellizze, Segunda Seção, DJe 27/09/2019:

1) Na aquisição de unidades autônomas em construção, o contrato deverá estabelecer, de forma clara, expressa e inteligível, o prazo certo para a entrega do imóvel, o qual não poderá estar vinculado à concessão do financiamento, ou a nenhum outro negócio jurídico, exceto o acréscimo do prazo de tolerância.

2) No caso de descumprimento do prazo para a entrega do imóvel, incluído o período de tolerância, o prejuízo do comprador é presumido, consistente na injusta privação do uso do bem, a ensejar o pagamento de indenização, na forma de aluguel mensal, com termo final na data da disponibilização da posse direta ao adquirente da unidade autônoma.

3) É ilícita a cobrança de juros de obra, ou outro encargo equivalente, após o prazo ajustado no contrato para a entrega das chaves da unidade autônoma, incluído o período de tolerância.

4) O descumprimento do prazo de entrega do imóvel, computado o período de tolerância, faz cessar a incidência de correção monetária sobre o saldo devedor com base em indexador setorial, que reflete o custo da construção civil, o qual deverá ser substituído pelo IPCA, salvo quando este último for mais gravoso ao consumidor.

Destituição da incorporadora encerra suas obrigações e define limite para indenizações

O STJ entendeu que a destituição da incorporadora por decisão dos adquirentes marca o fim das obrigações contratuais entre as partes, pois esse ato não apenas penaliza a incorporadora pelo atraso ou paralisação da obra, mas também extingue o contrato de incorporação. A partir desse momento, quaisquer aportes financeiros adicionais feitos pelos adquirentes não podem ser cobrados da incorporadora destituída. Além disso, a indenização por lucros cessantes é devida apenas pelo período compreendido entre o prazo final de entrega do imóvel (incluindo eventual tolerância) e a data da destituição da incorporadora. (STJ, REsp 1.881.806/SP, Rel. Min. Ricardo Villas Bôas Cueva, Terceira Turma, DJe 07/05/2021).

Cláusula de tolerância para atraso na entrega de imóvel na planta é válida, desde que razoável

O STJ entendeu que a cláusula de tolerância, que permite a prorrogação do prazo para entrega de imóvel na planta, não é abusiva quando pactuada dentro de um prazo determinado e razoável, geralmente de até 180 dias. Essa previsão tem respaldo na Lei 4.591/1964 e visa mitigar riscos inerentes à construção civil, como intempéries, falta de insumos e crises no setor. No entanto, a incorporadora deve cumprir o dever de informar claramente o consumidor sobre a cláusula e justificar sua aplicação, sob pena de responsabilidade civil. (STJ, REsp 1.582.318/RJ, Rel. Min. Ricardo Villas Bôas Cueva, Terceira Turma, DJe 21/09/2017).

Inacumulatividade da cláusula penal moratória e lucros cessantes por atraso na entrega de imóvel.

O STJ firmou a tese da inacumulatividade da cláusula penal decorrente da mora com a indenização dos lucros cessantes. (STJ, REsp 1498484DF, Rel. Ministro Luis Felipe Salomão, Segunda Seção, DJe 25/06/2019)

"A cláusula penal moratória tem a finalidade de indenizar pelo adimplemento tardio da obrigação, e, em regra, estabelecida em valor equivalente ao locativo, afasta-se sua cumulação com lucros cessantes."

Atraso na entrega do imóvel gera indenização por lucros cessantes, salvo em caso de rescisão contratual

O STJ entendeu que o atraso na entrega do imóvel gera o direito à indenização por lucros cessantes, presumindo-se o prejuízo do comprador durante o período de mora da incorporadora. No entanto, há uma distinção doutrinária entre interesse contratual positivo e interesse contratual negativo que impacta a possibilidade de indenização. Se o comprador optar pelo cumprimento do contrato, poderá exigir todos os prejuízos sofridos (danos emergentes e lucros cessantes), colocando-se na situação em que estaria caso o contrato tivesse sido cumprido corretamente – o chamado *interesse contratual positivo*. Por outro lado, se o comprador optar pela rescisão do contrato em razão do atraso, terá direito apenas à devolução dos valores pagos e a eventuais perdas e danos comprovados, visando retornar à situação anterior à contratação (*interesse contratual negativo*). Nessa hipótese, não cabe indenização por lucros cessantes presumidos, pois o prejuízo já é reparado com a restituição integral dos valores pagos. (STJ, EREsp 1.341.138/SP, Rel. Min. Maria Isabel Gallotti, Segunda Seção, DJe 22/05/2018; Informativo 800 do STJ).

Inversão da cláusula penal moratória em favor do consumidor por atraso na entrega do imóvel

O STJ entendeu que, em caso de atraso na entrega do imóvel, é possível inverter a cláusula penal moratória originalmente prevista para punir o comprador, aplicando-a em favor do consumidor contra o promitente vendedor inadimplente. A cláusula penal moratória tem a função de penalizar o retardamento ou imperfeição no cumprimento da obrigação, sem substituir a indenização por eventuais prejuízos sofridos pelo consumidor. Assim, além da multa moratória, o comprador ainda pode pleitear indenização pelos danos causados pelo atraso. (STJ, REsp 1.665.550/BA, Rel. Min. Nancy Andrighi, Terceira Turma, DJe 16/05/2017).

Esta tese foi firmada no Recurso Repetitivo REsp 1614721/DF, Rel. Ministro Luis Felipe Salomão, Segunda Seção, DJe 25/06/2019:

"No contrato de adesão firmado entre o comprador e a construtora/incorporadora, havendo previsão de cláusula penal apenas para o inadimplemento do adquirente, deverá ela ser considerada para a fixação da indenização pelo inadimplemento do vendedor. As obrigações heterogêneas (obrigações de fazer e de dar) serão convertidas em dinheiro, por arbitramento judicial."

Atraso na entrega do imóvel não gera automaticamente dano moral

O STJ entendeu que o simples atraso na entrega de um imóvel não configura, por si só, dano moral indenizável. Para que haja condenação, é necessário comprovar uma ofensa à personalidade do comprador que ultrapasse o mero inadimplemento contratual. Dessa forma, o descumprimento do prazo estipulado, por si só, não é suficiente para justificar a reparação por danos morais. (STJ, REsp 1.642.314/SE, Rel. Min. Nancy Andrighi, Terceira Turma, DJe 22/03/2017).

Atraso excessivo na entrega do imóvel pode gerar dano moral

O STJ entendeu que, embora o simples atraso na entrega do imóvel não configure automaticamente dano moral, um atraso excessivo pode ultrapassar o mero inadimplemento contratual e justificar a indenização. No caso analisado, o atraso de aproximadamente dois anos, mesmo considerando o prazo de tolerância, causou impactos significativos na vida do comprador, incluindo a não utilização do imóvel após seu casamento, caracterizando assim a violação de direitos extrapatrimoniais. (STJ, AgInt no REsp 1.699.271/SP, Rel. Min. Raul Araújo, Quarta Turma, DJe 18/12/2020).

Atraso na entrega do imóvel pode gerar dano moral se afetar direito da personalidade

O STJ entendeu que a indenização por danos morais é devida quando o atraso na entrega do imóvel ultrapassa o mero inadimplemento contratual e afeta direitos de personalidade do comprador. No caso analisado, a frustração da expectativa de habitar o imóvel após o casamento do adquirente configurou um abalo extrapatrimonial relevante, justificando a compensação por dano moral. (STJ, AgInt no AgInt no AREsp 2.064.554/BA, Rel. Min. Maria Isabel Gallotti, Quarta Turma, DJe 22/09/2023).

Indenização por atraso na entrega do imóvel cessa quando a construtora disponibiliza as chaves

O STJ entendeu que o termo final da indenização pelo atraso na entrega do imóvel ocorre quando a unidade é finalizada e colocada à disposição do comprador, ainda que ele não possa tomar posse imediatamente por estar inadimplente. Assim, se o adquirente não cumprir suas obrigações contratuais, a construtora pode reter as chaves, mas não será responsável por indenizações além da data em que o imóvel poderia ser usufruído. (STJ, REsp 2.079.995/MG, Rel. Min. Nancy Andrighi, Terceira Turma, DJe 12/03/2024).

Entrega de imóvel diferente do contratado pode gerar indenização por danos morais

O STJ entendeu que a entrega de um imóvel com características diferentes das contratadas, como a ausência de vista para o mar e de uma suíte, ultrapassa o mero inadimplemento contratual e pode causar abalo moral indenizável ao comprador. A frustração das legítimas expectativas do consumidor justifica a compensação por danos morais. (STJ, REsp 1.634.751/SP, Rel. Min. Nancy Andrighi, Terceira Turma, DJe 16/02/2017).

Responsabilidade da CEF por vícios em imóveis financiados depende de seu papel na contratação

O STJ entendeu que a responsabilidade da Caixa Econômica Federal (CEF) por vícios construtivos nos imóveis financiados depende de sua atuação no contrato. Se a CEF atuar apenas como agente financeiro, concedendo crédito sem interferir na construção, não possui legitimidade para responder por defeitos estruturais. No entanto, caso atue como agente executor de políticas habitacionais, especialmente em programas destinados à população de baixa renda, poderá ser responsabilizada pelos vícios na obra. (STJ, REsp 1.102.539/PE, Rel. Min. Luis Felipe Salomão, Rel. p/ Acórdão Min. Maria Isabel Gallotti, Quarta Turma, DJe 06/02/2012).

CEF não responde por atraso em obras do Minha Casa Minha Vida

O STJ decidiu que a CEF não pode ser responsabilizada por atrasos na entrega de imóveis financiados pelo PMCMV quando atua apenas como agente financeiro, limitando-se a conceder crédito. A responsabilidade pelo descumprimento contratual recai sobre a construtora. A Caixa só responderia se atuasse como agente executor de políticas habitacionais. No caso, sua participação foi restrita ao financiamento, sem envolvimento na obra, afastando sua legitimidade para responder pelos danos. (STJ, REsp 1.534.952/SC, Rel. Min. Ricardo Villas Bôas Cueva, Terceira Turma, DJe 14/02/2017)

Construtora deve pagar multa por rescisão contratual quando prevista apenas contra o consumidor

O STJ considerou abusiva cláusula que impunha multa apenas ao consumidor inadimplente, sem penalizar a construtora pelo mesmo descumprimento. Determinou-se a restituição integral das parcelas pagas, acrescidas de multa de 2%, abatidos os aluguéis devidos. Contudo, afastou-se a retenção de valores referentes a comissão de corretagem e taxa de serviço, pois esses montantes não têm natureza de cláusula penal moratória, mas indenizatória. A decisão reforça o princípio da equidade nos contratos de adesão. (STJ, REsp 955.134/SC, Rel. Min. Luis Felipe Salomão, Quarta Turma, DJe 29/08/2012)

Construtora não pode cobrar saldo de inadimplente se arrematou imóvel por valor inferior à dívida

O STJ decidiu que, se a própria construtora arremata em leilão o imóvel do comprador inadimplente por valor muito inferior ao saldo devedor, não pode cobrar a diferença. No caso, além de adquirir o imóvel, a construtora recebeu dos demais condôminos a quantia faltante, caracterizando enriquecimento indevido. Aplicou-se o art. 53 do CDC para proteger o consumidor, impedindo a exigência do saldo remanescente. (STJ, REsp 66.699-RJ, Rel. Min. Aldir Passarinho Junior, j. 26/06/2003, Informativo 178)

Consorciado desistente tem direito à devolução do fundo de reserva ao final do grupo

O STJ determinou que o consorciado que se retira antecipadamente tem direito à devolução dos valores pagos, incluindo o fundo de reserva, mas somente após o encerramento do grupo. Esse fundo visa garantir a estabilidade financeira do consórcio e, ao final, qualquer saldo positivo deve ser rateado entre todos os participantes, inclusive os desistentes. Os valores devolvidos devem ser corrigidos monetariamente. (STJ, REsp 1.363.781/SP, Rel. Min. Nancy Andrighi, Terceira Turma, DJe 26/03/2014)

Herdeiros de consorciado falecido têm direito à liberação imediata da carta de crédito

O STJ decidiu que, se um consorciado falece antes do encerramento do grupo, seus herdeiros têm direito à liberação imediata da carta de crédito, desde que haja seguro prestamista. Esse seguro quita o saldo devedor, garantindo a continuidade do grupo. O direito à carta de crédito pertence diretamente aos herdeiros, sem necessidade de inventário. (STJ, REsp 1.406.200/AL, Rel. Min. Luis Felipe Salomão, Quarta Turma, DJe 02/02/2017)

Seção III
Dos Contratos de Adesão

Art. 54. Contrato de adesão é aquele cujas cláusulas tenham sido aprovadas pela autoridade competente ou estabelecidas unilateralmente pelo fornecedor de produtos ou serviços, sem que o consumidor possa discutir ou modificar substancialmente seu conteúdo.

§ 1º A inserção de cláusula no formulário não desfigura a natureza de adesão do contrato.

§ 2º Nos contratos de adesão admite-se cláusula resolutória, desde que a alternativa, cabendo a escolha ao consumidor, ressalvando-se o disposto no § 2º do artigo anterior.

§ 3º Os contratos de adesão escritos serão redigidos em termos claros e com caracteres ostensivos e legíveis, cujo tamanho da fonte não será inferior ao corpo doze, de modo a facilitar sua compreensão pelo consumidor.

§ 4º As cláusulas que implicarem limitação de direito do consumidor deverão ser redigidas com destaque, permitindo sua imediata e fácil compreensão.

§ 5º (Vetado).

Ao contrário do contrato de comum acordo *(contrat de gré à gré)* em que as partes negociam cláusula a cláusula, contrato de adesão é aquele cujas cláusulas são aprovadas por autoridade competente (cláusulas gerais para o fornecimento de água, energia elétrica etc.), não podendo o consumidor recusá-las; ou estabelecidas pelo fornecedor de modo que o consumidor não possa discuti-las ou modificá-las substancialmente, cabendo-lhe somente o poder de aderir ou não ao contrato como um todo.[660]

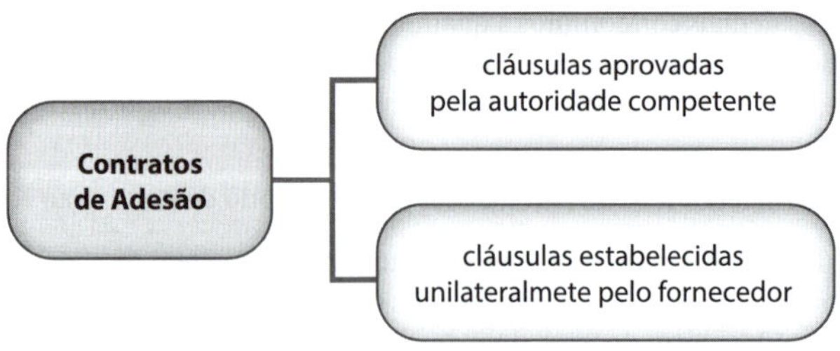

660. Alguns doutrinadores denominam este último tipo de contrato de adesão de contrato "por" adesão.

São características dos contratos de adesão: serem previamente elaborados unilateralmente, serem ofertados uniformemente e em caráter geral e terem como modo de aceitação a simples adesão do aderente, vinculando-o à vontade do ofertante.

O fato de ser inserida alguma cláusula posteriormente, mesmo que com a anuência e no interesse do consumidor, não tem o condão de descaracterizar o contrato como de adesão.

É possível cláusula que preveja a resolução do contrato, desde que a critério do consumidor. Se optar pela resolução, deverá ser aplicado o § 2º do art. 53, devolvendo-lhe, assim, os valores pagos, monetariamente atualizados, descontadas as vantagens auferidas. Cláusula contratual que estipule de forma diferente será nula de pleno direito.

> A autora, à época com mais de oitenta anos de idade, interpôs ação declaratória de nulidade de cláusula de plano de saúde que estipulava a rescisão unilateral por ambas as partes, desde que não houvesse mais interesse na avença. Assim, a ré/recorrente rescindiu unilateralmente o contrato após pretender o aumento de mensalidade, o qual recusou a recorrida/autora alegando a falta de condições para suportar os encargos financeiros. O Tribunal *a quo* entendeu que, conforme art. 54 do CDC, nos contratos de adesão, só se admite cláusula resolutória desde que alternativa e, ao consumidor, cabe a escolha, ressalvada a hipótese do § 2º do art. 53, que não se aplica ao presente caso (STJ, REsp. 242.084-SP, Rel. Min. Aldir Passarinho Junior, j. 25/4/2006, *Informativo* 282).

No dia 22/09/2008 foi publicada e entrou em vigor a Lei nº 11.785/2008, que alterou o art. 54, § 3º, do CDC, referente aos contratos de adesão. Referida lei acrescentou a necessidade da letra nos contratos de adesão ser de, no mínimo, corpo (tamanho) doze (12).

A ideia do legislador foi boa. Realmente, o fornecedor costuma inserir letras minúsculas ou quase ilegíveis nos contratos, dificultando sobremaneira que o consumidor conheça suas obrigações. A jurisprudência já era sensível a esses abusos contratuais e não vinha aplicando aos consumidores as disposições contratuais dispostas de forma a dificultar o conhecimento.

A título de exemplo:

> Ação cominatória. Contrato de seguro saúde. Cláusula que exclui a cobertura de cirurgia cardiovascular. Impossibilidade. Contradição. Interpretação em benefício do consumidor. Se o contrato, de forma ambígua prevê a cobertura de cirurgia vascular e em seguida a exclui da cobertura, referida dúvida deve ser resolvida em benefício do consumidor, parte considerada mais fraca na relação contratual, *mormente quando se trata de contrato nitidamente de adesão e redigido com letras minúsculas*. Se a cirurgia cardiovascular é essencial para o tratamento do segurado, deve a Administradora de Plano de Saúde arcar com a sua realização (TJMG; AC 1.0024.04.461109-3/001; Rela Desa Heloisa Combat; *DJMG* 10/11/2006).

A única crítica ao dispositivo é no sentido de que o legislador perdeu a oportunidade de estabelecer o tipo de fonte (*Times New Roman, Arial, Verdana* etc.) e não somente o tamanho (corpo 12). Isso porque o "corpo 12" apresenta tamanhos diferentes dependendo da fonte.

Assim, o fornecedor pode "respeitar literalmente a lei", mas continuar inserindo letras minúsculas nos contratos. Basta escolher uma fonte que tenha corpo 12 que seja de formato pequeno, como, por exemplo, as fontes *Browellia New, Blackadder ITC, Chiller, Brush Script MT, Cordia New*, entre outras.

Dessa forma, a jurisprudência terá que regular esses casos, considerando nulas as disposições contratuais que, mesmo com corpo 12, sejam de difícil leitura para o consumidor.

Nos contratos de adesão, toda cláusula que implicar limitação de direito para o consumidor deverá vir de modo destacado para que dela se possa tomar conhecimento imediato e facilmente, sob pena de não obrigar, nos moldes do art. 46. Para Nelson Nery Júnior,[661] esse destaque "pode ser dado de várias formas: a) em caracteres de cor diferente das demais cláusulas; b) com tarja preta em volta da cláusula; c) com redação em corpo gráfico maior do que o das demais estipulações; d) em tipo de letra diferente das outras cláusulas, como, por exemplo, em itálico, além de muitas outras fórmulas que possam ser utilizadas, ao sabor da criatividade do estipulante".

> Nos contratos de adesão as 'cláusulas que implicarem limitação de direito do consumidor deverão ser redigidas com destaque, permitindo sua imediata e fácil compreensão'. Se assim não está redigida a cláusula limitativa, não tem força para alcançar o consumidor, presente flagrante violação, que merece reconhecida (STJ, REsp. 255064/SP, Rel. Min. Carlos Alberto Menezes Direito, *DJ* 04/06/2001).

Acerca da importância não somente do destaque das cláusulas limitativas, mas também sobre a clareza destas ao consumidor, pronunciou o STJ:

> Os arts. 6º, inciso III, e 54, § 4º, do CDC, estabelecem que é direito do consumidor a informação plena do objeto do contrato, garantindo-lhe, ademais, não somente uma clareza física das cláusulas limitativas – o que é atingido pelo simples destaque destas –, mas, sobretudo, clareza semântica, um significado unívoco dessas cláusulas, que deverão estar infensas a duplo sentido. O esclarecimento contido no contrato acerca da abrangência da cobertura securitária que reproduz, em essência, a letra do art. 155 do Código Penal, à evidência, não satisfaz o comando normativo segundo o qual as cláusulas limitadoras devem ser claras, por óbvio, aos olhos dos seus destinatários, os consumidores, cuja hipossuficiência informacional é pressuposto do seu enquadramento como tal. Mostra-se inoperante a cláusula contratual que, a pretexto de informar o consumidor sobre as limitações da cobertura securitária, somente o remete para a letra da Lei acerca da tipicidade do furto qualificado, cuja interpretação, ademais, é por vezes controvertida até mesmo no âmbito dos Tribunais e da doutrina criminalista. (STJ, REsp. 814060 / RJ, Rel. Min. Luis Felipe Salomão, DJe 13/04/2010)[662]

A lei 13.786/2018 (lei do distrato) acrescentou o art. 35-A à lei 4.591/64 (lei de incorporação imobiliária), exigindo que os instrumentos contratuais detalhem, em quadro-resumo, "*as consequências do desfazimento do contrato, seja por meio de distrato, seja por meio de resolução contratual motivada por inadimplemento de obrigação do adquirente ou do incorporador, com destaque negritado para as penalidades aplicáveis e para os prazos para devolução de valores ao adquirente*" (inciso VI). O § 2º do art. 35-A estabelece ainda que a efetivação das consequências do desfazimento do contrato dependerá de anuência prévia e específica do adquirente consumidor a seu respeito, *mediante assinatura junto a essas cláusulas*, que deverão ser redigidas conforme o disposto no § 4º do art. 54 do CDC (destaque da cláusula). Ou seja, além do destaque que estas cláusulas devam ter em relação às demais cláusulas (pois são cláusulas que limitam direitos), *as penalidades aplicáveis e os prazos para devolução de valores ao consumidor* deverão estar negritados – sendo um destaque (negrito)

661. *Código Brasileiro de Defesa do Consumidor Comentado pelos Autores do Anteprojeto*. 7ª ed. Rio de Janeiro: Forense Universitária, 2001, p. 570.

662. No mesmo sentido: "A circunstância de o risco segurado ser limitado aos casos de furto qualificado exige, de plano, conhecimentos do aderente quanto às diferenças entre uma e outra espécie de furto, conhecimento esse que, em razão da sua vulnerabilidade, presumidamente o consumidor não possui, ensejando-se, por isso, o reconhecimento da falha no dever geral de informação, o qual constitui, é certo, direito básico do consumidor, nos termos do artigo 6º, inciso III, do CDC. A condição exigida para cobertura do sinistro – ocorrência de furto qualificado – por si só, apresenta conceituação específica da legislação penal, cujo próprio meio técnico-jurídico possui dificuldades para conceituá-lo, o que denota sua abusividade." (STJ, REsp 1293006/SP, Rel. Ministro Massami Uyeda, Terceira Turma, DJe 29/06/2012)

dentro de outro destaque (caixa alta, borda, etc.) -, devendo ainda o consumidor assinar ao lado destas cláusulas, demonstrando sua ciência e anuência em relação ao conteúdo proposto.

Resumindo: a cláusula que estabelece as consequências do desfazimento do contrato deverá estar em destaque com as penalidades e os prazos para devolução dos valores em negrito. Para a eficácia desta cláusula, o consumidor deverá assinar ao lado dela, demonstrando sua concordância e anuência.[663]

Vale lembrar que nos moldes do art. 18, § 2º, a cláusula que alterar o prazo de 30 dias que o fornecedor tem para sanar os vícios dos produtos (não poderá ser inferior a 7 nem superior a 180 dias), em contratos de adesão, deverá ser convencionada em separado, com manifestação expressa do consumidor. Percebam que aqui a situação é diferente. Não basta haver destaque da cláusula que altera o prazo de 30 dias, é necessário que seja convencionada *em separado* e com anuência expressa do consumidor.

Nos contratos de adesão também se aplicam as disposições do art. 47 em que as cláusulas contratuais serão interpretadas de maneira mais favorável ao consumidor.

> Acolhida a premissa de que a cláusula excludente seria dúbia e de duvidosa clareza, sua interpretação deve favorecer o segurado, nos termos do art. 54, § 4º, do Código de Defesa do Consumidor (STJ, REsp. 311509/SP, Rel. Min. Sálvio de Figueiredo Teixeira, *DJU* 25/06/2001).

Mesma ideia se encontra no Código Civil, em seu art. 423, o qual estipulou que nos contratos de adesão, quando houver cláusulas ambíguas ou contraditórias, dever-se-á adotar a interpretação mais favorável ao aderente. Percebe-se que a aplicação do Código Civil é mais restrita, pois somente valem para as "*cláusulas ambíguas ou contraditórias*", enquanto que o CDC se aplica em todos os contratos que envolvem os consumidores, sejam eles de adesão ou individualmente negociados, pouco importando se as cláusulas são ambíguas ou contraditórias, inclusive aquelas decorrentes de publicidade, pré-contratos e informes, em consonância ao princípio da vinculação (art. 30).

Finalmente, depois de analisarmos os artigos relacionados ao direito material do consumidor, vale destacarmos algumas observações interessantes sobre o CDC.

É possível limitar direitos dos consumidores?

Sim, de acordo com o §4º do art. 54, devendo somente a cláusula limitadora estar em destaque (e desde de que a limitação não seja considerada abusiva).

É possível limitar a indenização ao consumidor?

Sim, mas somente em uma hipótese: art. 51, I, quando o consumidor for pessoa jurídica e desde que haja uma situação que justifique. Quando o consumidor for pessoa física ou quando não houver uma situação justificável não poderá.

É possível exonerar, limitar, ou atenuar a responsabilidade do fornecedor?

Não, em nenhuma hipótese. Arts. 25, *caput*, e 51, I. A responsabilidade é dada pela lei.

---

663. O mesmo foi previsto para as transações envolvendo loteamentos. A lei 13.786/2018 também alterou a lei 6.766/1979 (lei de parcelamento do solo urbano) com as mesmas disposições que as transações envolvendo imóveis. Assim, a lei 13.786/2018 inseriu o art. 26-A à lei 6.766/1979.

PRINCIPAIS JURISPRUDÊNCIAS DO STF E STJ

Tamanho mínimo da letra (fonte 12) não se aplica a anúncios publicitários

O STJ decidiu que a exigência de fonte mínima tamanho 12, prevista no art. 54, § 3º, do CDC para contratos de adesão, não se aplica a anúncios publicitários. O tribunal destacou que contratos e publicidades têm finalidades distintas, impossibilitando a aplicação por analogia. No entanto, a publicidade enganosa pode ser questionada com base em outros fundamentos do CDC. Assim, não cabe impor esse requisito às empresas de telefonia em seus anúncios. (STJ, REsp 1.602.678/RJ, Rel. Min. Paulo de Tarso Sanseverino, Terceira Turma, DJe 31/05/2017)

ALTERAÇÕES NO CDC PELA LEI 14.181/2021 (LEI DO SUPERENDIVIDAMENTO). APONTAMENTOS INICIAIS.

Após mais de 9 anos de trâmite no Congresso Nacional, finalmente foi aprovada a Lei 14.181/2021 (de 1º de julho de 2021) que altera o CDC e o Estatuto da Pessoa Idosa para tratar de um dos temas mais sensíveis da sociedade nas últimas décadas.

O superendividamento ocorre, de uma maneira simples de entender o termo, quando as dívidas se tornam impagáveis. Ou seja, o passivo – envolvendo as dívidas do consumidor (inclusive as vincendas) – se tornam maiores que o ativo – envolvendo a renda, o salário e o patrimônio do consumidor. Nesse sentido, ocorre uma "*impossibilidade manifesta*" de "*pagar a totalidade*" das dívidas de consumo" nos dizeres da lei (art. 54-A).

Esta situação que torna o consumidor superendividado, antes de ser um problema jurídico, é um problema social. Conforme exposto quando do estudo do art. 4º, o superendividamento causa exclusão social. Ela acarreta uma série de problemas na vida do cidadão/consumidor, na sua família e, por via reflexa, na sociedade. O superendividamento acarreta na vida do consumidor e de sua família uma existência indigna, sem acesso a padrões mínimos de subsistência.

Além disso, os estudos demonstram que esta situação de superendividamento acarreta uma baixa alta estima da pessoa endividada, trazendo para si e para todos que convivem ao seu redor (principalmente cônjuge, filhos e pais) uma situação de insegurança e desconforto constante. Os problemas financeiros são fontes de atritos familiares, causando divórcios, negligência na educação dos filhos, mudança de lares para honrar com os compromissos, acarretando depressão e problemas na saúde, além de baixa produtividade no trabalho. O consumidor devedor acaba com o nome inscrito nos órgãos de proteção ao crédito, sendo estigmatizado socialmente como alguém "fracassado", encontrando sérias dificuldades de encontrar emprego formal, uma vez que vários empregadores veem nesta situação de endividamento um empecilho para a contratação.[664,666,667]

664. Rafael Zanatta, citando estudo da matemática Cathy O'Neil sobre a preocupação com a utilização de dados dos birôs de crédito, salienta que "O'Neil relata casos de empresas de recrutamento (recursos humanos) que utilizam as bases de dados de birôs de crédito para seleção de pessoas que estão concorrendo a um emprego. Essas pessoas não sabem que estão sendo discriminadas e que o potencial empregador leva em consideração seu *credit scoring* (sistema de pontuação de crédito) e o "grau de risco" determinado de forma matemática, alocando a pessoa dentro de um "grupo social" estatisticamente modelado." ZANATTA, R. A. F. *Perfilização, Discriminação e Direitos: do Código de Defesa do Consumidor à Lei Geral de Proteção de Dados Pessoais*. ResearchGate, 2019. Disponível em: https://www.

O problema do superendividamento no Brasil agravou-se com a democratização do crédito ocorrida no início dos anos 2000. Conforme bem ilustra a magistrada e professora Clarissa Costa de Lima, 29 milhões de brasileiros, entre 2003 e 2009, saíram da pobreza e ingressaram na classe C, passando a ter novos bens de consumo e ao crédito. Nunca foi tão fácil solicitar empréstimos (acesso facilitado ao crédito) e contrair dívidas.[667] Nos dizeres da Profa. Cláudia Lima Marques, "consumo e crédito são duas faces de uma mesma moeda."[668]

Outro dado importante verificado nas pesquisas envolvendo os consumidores superendividados, é que a grande maioria deles passou a não mais conseguir pagar suas dívidas por um "acidente da vida" (o que chamamos de superendividado passivo) e não porque gastou mais do que deveria (superendividamento ativo).[669]

Desta forma, a doutrina europeia distingue o superendividamento entre passivo e ativo. E esta classificação será importante para delimitarmos, nas legislações de vários países, qual consumidor merecerá a proteção da lei.

O superendividado ativo é aquele consumidor que se endivida voluntariamente, iludido pelas estratégias de marketing das empresas fornecedoras. Esta categoria se subdivide em duas: o superendividado *ativo consciente* e *ativo inconsciente*. O consciente é aquele que de má-fé contrai dívidas convicto de que não poderá pagá-las, com intenção deliberada de fraudar os credores (é o consumidor de má-fé). Por outro lado, o inconsciente é aquele

researchgate.net/publication/331287708_Perfilizacao_Discriminacao_e_Direitos_do_Codigo_de_Defesa_do_Consumidor_a_Lei_Geral_de_Protecao_de_Dados_Pessoais. Acesso em: 08 de nov. de 2021.

665. LIMA, Clarissa Costa de. *O Tratamento do superendividamento e o direito de recomeçar dos consumidores*. Ed. Revista dos Tribunais, 2014, pg.27.

666. A pesquisa realizada em 2018 pela Confederação Nacional de Dirigentes e Logistas (CNDL) e SPC Brasil intitulada *"Inadimplência: Impactos nas Emoções"*, demonstrou que as pessoas inadimplentes há 90 dias tiveram vários sentimentos maléficos como ansiedade, estresse, angústia, culpa, depressão, tristeza, desânimo, vergonha, sentimentos de derrota e fracasso, falta de paciência, irritação, entre outros. Disponível em: https://www.spcbrasil.org.br/wpimprensa/wp-content/uploads/2018/10/analise_perfil_inadimplente_emocoes.pdf. Acesso em: 11/11/2021.

667. LIMA, Clarissa Costa de. *O Tratamento do superendividamento e o direito de recomeçar dos consumidores*. Ed. Revista dos Tribunais, 2014, pg.25.

668. MARQUES, Cláudia Lima. Sugestões para uma lei sobre o tratamento do superendividamento de pessoas físicas em contratos de crédito ao consumo: proposições com base em pesquisa empírica de 100 casos no Rio Grande do Sul. *Revista de Direito do Consumidor*, RT, Vol.55/2005, p. 11-52.

669. Gilles Paisant, Diretor do Centro de Direito do Consumidor e das Obrigações da Universidade de Savoie – França, em pesquisa realizada na França e sobre a necessidade de uma norma que vise tratar o consumidor superendividado, concluiu que: "O objetivo buscado, – que se baseia na constatação que, atualmente, 69% dos superendividados são acidentados da vida, portanto os superendividados passivos, com capacidade de reembolso quase nulas –, é de criar um dispositivo que, indo mais longe que o sistema atual, se proponha 'permitir a todos de sair do superendividamento em um prazo previsível." PAISANT, Gilles. A reforma do procedimento de tratamento do superendividamento pela lei de 01 de agosto de 2003 sobre a cidade e a renovação urbana. *Revista de Direito do Consumidor*, v. 56, p. 221- 242, 2005. No Brasil foi encontrado percentual muito semelhante: 76% no projeto do TJ do Paraná eram superendividados passivos. Nesse sentido: *Relatório Geral da Comissão de Juristas de atualização do Código de Defesa do Consumidor*, Publicação do Senado Federal, pg. 153. Clarissa Costa de Lima também assevera que pesquisas conduzidas em vários países indicam que a maior causa para o superendividamento são as mudanças imprevistas das circunstâncias de vida, o denominado "acidente da vida", como desemprego, problemas de saúde, separação ou divórcio. Nesse sentido: LIMA, Clarissa Costa de. *O Tratamento do superendividamento e o direito de recomeçar dos consumidores*. Ed. Revista dos Tribunais, 2014, pg.38.

que agiu impulsivamente, de maneira imprevidente e sem malícia, deixando de fiscalizar seus gastos. Acabou, por assim dizer, "gastando mais do que deveria". São consumidores de boa-fé que acreditavam que conseguiriam honrar com suas obrigações.

Já o superendividado passivo é aquele que se endivida em decorrência de fatores externos chamados de "acidentes da vida", tais como desemprego; divórcio; nascimento, doença ou morte na família; necessidade de empréstimos; redução do salário; etc.

Esta classificação é importante porque a doutrina irá sustentar que somente o superendividado ativo inconsciente e o passivo é que merecerão a tutela estatal para reorganizar suas vidas financeiras. O superendividado ativo consciente, por agir maliciosamente (má-fé), não receberá o tratamento do superendividamento, não podendo renegociar suas dívidas com o apoio estatal.[670]

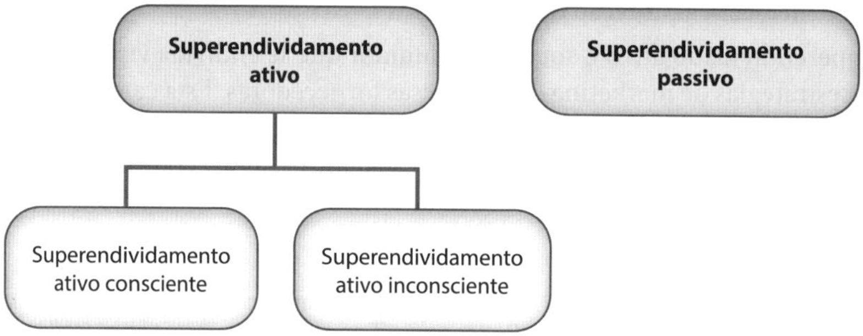

No vídeo abaixo explico os conceitos de superendividamento ativo (consciente e inconsciente) e superendividamento passivo.

Aponte a tela do celular no QRCODE e assista ao vídeo[671]

Atualmente mais de 70% da população brasileira encontra-se endividada (o que não significa que esteja superendividada).[672] Porém, 30% da população está inadimplente, percentual alarmante e que demonstra um grave problema que estamos enfrentando. Estima-se

670. Nesse sentido, conferir excelente trabalho das Juízas Clarissa Costa de Lima e Káren Rick Danilevicz Bertoncello in "Adesão ao projeto conciliar é legal – CNJ: Projeto-Piloto: tratamento das situações de superendividamento do consumidor." *Revista de Direito do Consumidor*, vol. 63, p. 173.

671. Este vídeo faz parte do curso que ministrei de maneira inédita para a Editora (Curso JusAulas) abordando os aspectos práticos da Lei do Superendividamento. Neste curso, abordo artigo por artigo a nova lei, curiosidades legislativas e como a jurisprudência tem interpretado a lei. Além disso, disponibilizo materiais para quem deseja trabalhar com o tema. Pode ser acessado pelo link: https://www.editorajuspodivm.com.br/lei-do-superendividamento-6h30.

672. *Número de brasileiros endividados chega a 71,4%, o maior desde 2010.* Consulta em 27/10/2021: https://agenciabrasil.ebc.com.br/radioagencia-nacional/economia/audio/2021-08/numero-de-brasileiros-

que metade destes inadimplentes estejam em uma situação de superendividamento, ou seja, 30 milhões de brasileiros não conseguem mais pagar suas dívidas.[673] E, com a pandemia do coronavírus, a tendência é que este número aumente.

No vídeo abaixo aponto os dados estatísticos que justificaram a elaboração da Lei do Superendividamento.

Aponte a tela do celular no QRCODE e assista ao vídeo

O problema do superendividamento não é novo e exclusivo dos países emergentes como o Brasil. Ele foi sentido em países de primeiro mundo como os Estados Unidos, Canadá, França, Espanha e até mesmo o Japão.[674]

Assim, sobretudo devido aos efeitos da crise hipotecária ocorrida em 2008 nos Estados Unidos[675], o tema do superendividamento chamou a atenção de organismos internacionais. A *International Law Association-ILA*, no 74º Congresso da ILA, em agosto de 2010 em Haia, fez uma importante declaração sobre a proteção do consumidor envolvendo a concessão do crédito, afirmando que:

> "Considerando as consequências da crise financeira mundial, iniciada justamente por uma inadequada regulamentação legal do crédito ao consumidor, há necessidade de assegurar uma efetiva, leal e transparente regulamentação dos serviços financeiros frente aos consumidores, que reconheça o papel central dos consumidores no mundo de hoje."[676]

Posteriormente, a própria *International Law Association-ILA* baixou a Resolução 04/2012 estabelecendo a necessidade de proteção do consumidor no Direito Internacional, fixando princípios gerais que devem ser observados pelos legisladores dos países, entre eles

-endividados-chega-714-o-maior-desde-2010#:~:text=Economia-,N%C3%BAmero%20de%20brasileiros%20endividados%20chega%20a,4%25%2C%20o%20maior%20desde%202010

673. *Cresce número de endividados; saiba organizar as finanças*. Consulta em 27/10/21: https://idec.org.br/idec-na-imprensa/cresce-numero-de-endividados-saiba-organizar-financas

674. Na Espanha, como informa Clarissa Costa de Lima, as dívidas hipotecárias, em razão do desespero e drama vivido, levaram ao suicídio vários devedores que não possuíam esperança justamente pelo fato do país não contar com uma tutela do superendividado. LIMA, Clarissa Costa de. *O Tratamento do superendividamento e o direito de recomeçar dos consumidores*. Ed. Revista dos Tribunais, 2014, pg.42.

675. Clarissa Costa de Lima e Rosângela Cavallazzi apontam que a crise financeira de 2008 nos Estados Unidos mostrou ao mundo a necessidade de regulamentar a concessão do crédito. Segundo as autoras, a concessão de crédito fácil que ocorreu nos Estados Unidos a pessoas que não tinham condições financeiras de pagar, abalou a crença na racionalidade dos agentes econômicos, pois revelou que o superendividamento não se deve a escolhas e comportamentos individuais dos consumidores, mas principalmente à desregulamentação e à liberação dos mercados financeiros. LIMA, Clarissa Costa de; CAVALLAZZI, Rosângela Lunardelli. A força do microssistema do CDC: tempos no superendividamento e de compartilhar responsabilidades. In: MIRAGEM, Bruno; MARQUES, Cláudia Lima; OLIVEIRA, Amanda Flávio de. (coord.). 25 anos do Código de Defesa do Consumidor: trajetórias e perspectivas. São Paulo: Ed. RT, 2016, p. 550 a 579.

676. *Relatório Geral da Comissão de Juristas de atualização do Código de Defesa do Consumidor*, Publicação do Senado Federal, pg. 140.

o princípio do crédito responsável que, conforme veremos, foi adotado como princípio e direito básico a ser verificado nas relações de crédito entre fornecedor e consumidor.

Visando conter e amenizar este grave problema social, a Lei 14.181/2021 trouxe princípios e diretrizes fundados em dois pilares/objetivos: *prevenir* (para evitar a ocorrência do superendividamento) e *tratar* (aqueles que já se encontram superendividados).

No vídeo abaixo abordo os dois pilares da lei: prevenção e tratamento

Aponte a tela do celular no QRCODE e assista ao vídeo

A profa. Cláudia Lima Marques, a idealizadora e relatora da comissão de juristas que elaborou a lei, conclui sobre os seus objetivos:

> "A atualização legislativa do microssistema do CDC objetiva mudar o mercado brasileiro: mudar da cultura da dívida e da exclusão dos milhões de consumidores superendividados de boa-fé, para a cultura do pagamento de da preservação do mínimo existencial, impondo uma nova ordem pública econômica, com temporização e cooperação pra permitir a repactuação das dívidas com um plano de pagamento para saldar as dívidas e reforçar a educação financeira através destes novos e constantes pagamentos das dívidas no Brasil."[677]

Em uma visão topográfica promovidas pela Lei 14.181/2021, temos:

No art. 1º, alteração no CDC

a) Inclusões em artigos estratégicos: art. 4º (princípios); art. 5º (instrumentos da PNRL); art. 6º (direitos básicos); art. 51 (cláusulas abusivas);

b) Capítulo próprio abordando a conceituação e a prevenção do superendividamento (Capítulo VI-A, arts. 54-A ao 54-G);

c) Capítulo próprio abordando o tratamento do superendividamento (Capítulo V, arts. 104-A ao 104-C)

No art. 2º, alteração no Estatuto da Pessoa Idosa

a) Inclusão no art. 96 para esclarecer que não constitui crime a negativa de crédito motivada por superendividamento da pessoa idosa. Ou seja, a negativa de crédito, em razão do princípio do crédito responsável, não seria discriminatória à pessoa idosa nos casos de superendividamento. Pelo contrário, seria agir de maneira leal

677. MARQUES, Cláudia Lima Marques. *Comentários à Lei 14.181/2021: A atualização do CDC em matéria de superendividamento*. RT, 2021, pg. 192.

à pessoa idosa uma vez que, por se encontrar superendividado, não pode mais receber crédito, o que agravaria ainda mais a sua situação.[678]

Ao final (art. 3º), norma referente a aplicação da lei no tempo.

Prevê o art. 3º o seguinte:

> "A validade dos negócios e dos demais atos jurídicos de crédito em curso constituídos antes da entrada em vigor desta Lei obedece ao disposto em lei anterior, mas os efeitos produzidos após a entrada em vigor desta Lei subordinam-se aos seus preceitos."

A lei entrou em vigor na data de sua publicação (art. 5º) – 02/07/2021. As normas jurídicas têm eficácia limitada no espaço e no tempo. Assim, a *validade* dos negócios (contratos) celebrados anteriormente à Lei do Superendividamento se submetem às leis anteriores (até então vigentes), porém, conforme o próprio artigo menciona, os *efeitos* produzidos pelos negócios se submetem à nova lei. Importante lembrar também que várias obrigações impostas aos fornecedores (principalmente na fase preventiva) são decorrência do princípio da boa-fé objetiva e, portanto, do direito de informação, cuidado e proteção, situações que já poderiam ser exigidas do fornecedor mesmo antes da Lei do Superendividamento.

Como os efeitos atuais dos contratos se submetem à nova lei, nada impede, portanto, a realização do tratamento (judicial ou extrajudicial) – arts. 104-A ao 104-C – das dívidas referentes aos contratos celebrados em data anterior à lei.

Nesse sentido já se posicionou a jurisprudência:

> "AÇÃO DE REPACTUAÇÃO DE DÍVIDAS – SUPERENDIVIDAMENTO – Autor que pretende a repactuação de dívida contraída com instituição de ensino superior – (...) Tese defensiva de impossibilidade de aplicação da Lei 14.181/21 aos contratos celebrados anteriormente à sua vigência – Desacolhimento – Norma legal expressa que submete os efeitos jurídicos dos negócios anteriores aos institutos relativos ao superendividamento (art. 3º da Lei 14.181/21)– Ausência de violação à garantia constitucional do ato jurídico perfeito, pois não há direito adquirido da fornecedora a um regime jurídico de cobrança de dívidas – Reconhecimento do direito do consumidor à repactuação das dívidas." (TJ-SP – AC: 10731797220228260100 SP 1073179-72.2022.8.26.0100, Relator: Angela Lopes, Data de Julgamento: 03/03/2023, 28ª Câmara de Direito Privado)

A Lei 14.181/2021 contém princípios estruturantes que deverão nortear o intérprete na aplicação dos casos envolvendo superendividamento.

PRINCÍPIO DO RECONHECIMENTO DO SUPERENDIVIDAMENTO COMO FATOR DE EXCLUSÃO SOCIAL

O princípio do reconhecimento do superendividamento como fator de exclusão social representa um avanço significativo no tratamento jurídico dos direitos dos consumidores no Brasil. A Lei 14.181/2021 traz em seu bojo a compreensão de que o superendividamento não deve ser visto apenas como um problema financeiro individual, mas como uma questão social que impacta a dignidade humana e a cidadania.

678. O *caput* do art. 96 do Estatuto da Pessoa Idosa trata sobre o crime de discriminação à pessoa idosa: "*Art. 96. Discriminar pessoa idosa, impedindo ou dificultando seu acesso a operações bancárias, aos meios de transporte, ao direito de contratar ou por qualquer outro meio ou instrumento necessário ao exercício da cidadania, por motivo de idade:..*"

Esse princípio fundamenta-se na ideia de que o superendividamento pode levar o consumidor a uma situação de marginalização, comprometendo sua capacidade de prover para si e sua família o mínimo existencial, ou seja, o necessário para uma vida digna, sem excessiva restrição ao consumo essencial.

O reconhecimento do superendividamento como fator de exclusão social não apenas desloca a análise da questão financeira do indivíduo para um problema que afeta toda a sociedade, mas também impõe uma nova compreensão das consequências desse fenômeno sob uma ótica coletiva e sistêmica. Esse princípio, ao reconhecer que o superendividamento acarreta efeitos que transcendem a esfera privada, evidencia que as dívidas excessivas não representam apenas uma questão de desequilíbrio econômico do consumidor, mas sim um problema de ordem pública, cujas repercussões impactam a estabilidade social, a qualidade de vida e o bem-estar de toda a comunidade.

O superendividamento não pode ser tratado como um problema isolado ou meramente individual, pois ele engendra efeitos que se propagam por toda a estrutura social, contribuindo para a marginalização do indivíduo e o aprofundamento de desigualdades. O endividamento excessivo compromete a capacidade de o consumidor prover suas necessidades básicas, como moradia, alimentação e saúde, levando muitas famílias a perderem suas casas e a buscarem alternativas precárias de habitação, o que explica o aumento de moradores de rua em grandes centros urbanos. Tal situação agrava o problema de exclusão habitacional, que se torna um reflexo visível e dramático do fenômeno do superendividamento.

A exclusão social decorrente do superendividamento também está associada ao aumento da criminalidade, uma vez que o desespero econômico pode levar pessoas a adotarem comportamentos ilícitos como forma de obter recursos financeiros. Essa exclusão tende a romper os laços sociais, fomentar o desemprego e restringir a capacidade de o indivíduo acessar oportunidades econômicas legítimas, gerando um ciclo vicioso de pobreza e marginalização. Ademais, a pressão econômica pode resultar em graves consequências familiares e psicológicas, como o aumento dos divórcios e a desestruturação familiar, situações essas frequentemente agravadas pela constante exposição a práticas abusivas de cobrança, que geram estresse e afetam a saúde mental dos devedores.

O impacto social do superendividamento se reflete também na educação dos filhos de famílias endividadas, que tendem a apresentar índices mais elevados de abandono escolar e menor rendimento acadêmico. A necessidade de contribuir com a renda familiar ou a incapacidade financeira de arcar com custos educacionais muitas vezes leva ao afastamento precoce da escola, perpetuando um ciclo de exclusão e falta de perspectivas.

A situação de precariedade econômica e a falta de suporte estatal adequado para o tratamento do superendividamento acabam por criar um ambiente desfavorável ao desenvolvimento pleno das potencialidades dos jovens, comprometendo suas chances de ascensão social e reforçando a desigualdade intergeracional.

Mais preocupante ainda é o aumento das taxas de suicídio entre indivíduos superendividados. A perda de perspectiva e a sensação de impotência diante de uma situação de dívida insustentável e sem saída levam muitos a um estado de desespero extremo, no qual a própria vida perde o sentido. O superendividamento, ao comprometer o mínimo existencial e levar o indivíduo a uma situação de desespero e angústia, torna-se um fator de risco para o desenvolvimento de transtornos mentais graves, como depressão e ansiedade, que, se não tratados adequadamente, podem culminar no suicídio. Nesse sentido, o tratamento do superendividamento deve ser encarado também como uma questão de saúde pública, exigindo uma abordagem interdisciplinar que envolva não apenas o Judiciário e os órgãos de defesa do consumidor, mas também políticas públicas de saúde mental e assistência social.

Assim, ao reconhecer o superendividamento como fator de exclusão social, o legislador admite que o problema não é apenas uma questão de inadimplência individual, mas uma situação que compromete o tecido social como um todo. Esse reconhecimento impõe um novo olhar para a problemática, que deve ser abordada de forma holística e integrada, considerando suas múltiplas repercussões sociais, econômicas e psicológicas.

É por essa razão que a Lei nº 14.181/2021 introduziu mecanismos específicos para a proteção do consumidor superendividado, como a obrigatoriedade da repactuação das dívidas e a preservação do mínimo existencial, com o objetivo de prevenir a exclusão social e reabilitar o consumidor para o exercício pleno de sua cidadania.

O princípio do reconhecimento do superendividamento como fator de exclusão social está intrinsecamente ligado ao princípio da dignidade da pessoa humana, que ocupa posição central no ordenamento jurídico brasileiro, conforme o disposto no art. 1º, inciso III, da Constituição Federal. A dignidade da pessoa humana é um valor fundamental que deve orientar todas as relações jurídicas e sociais, impondo limites à atuação dos credores e garantindo que o tratamento do consumidor em situação de endividamento excessivo seja pautado pelo respeito e pela consideração às suas condições de vida. O superendividamento, ao comprometer a capacidade de o indivíduo prover suas necessidades básicas e de participar plenamente da sociedade, constitui uma afronta direta à dignidade humana, na medida em que priva o consumidor de condições essenciais para o exercício de seus direitos fundamentais.

O tratamento digno do superendividamento exige que o Judiciário e os credores considerem o contexto econômico e social do consumidor, evitando a adoção de práticas que possam agravar sua situação de exclusão ou humilhação. A imposição de obrigações financeiras que ultrapassem a capacidade econômica do devedor ou a recusa em renegociar as dívidas sem qualquer consideração por suas condições pessoais configuram violação direta ao princípio da dignidade da pessoa humana. Nesse sentido, a preservação do mínimo existencial, prevista no art. 54-A do CDC, é uma concretização da dignidade humana no contexto das relações de consumo, garantindo que o devedor tenha resguardado o mínimo necessário para viver com dignidade, mesmo em situação de endividamento excessivo.

A interseção entre o princípio do reconhecimento do superendividamento como fator de exclusão social e o princípio da dignidade da pessoa humana revela que a proteção ao consumidor superendividado não é apenas uma questão de justiça contratual, mas uma exigência de justiça social. O princípio do reconhecimento do superendividamento como fator de exclusão social reforça a responsabilidade coletiva na prevenção e no tratamento desse fenômeno, exigindo que credores, Judiciário e órgãos de proteção ao consumidor atuem de maneira coordenada e integrada, com vistas a assegurar que o endividamento não se torne uma sentença de exclusão e marginalização.

Ao reconhecer o superendividamento como um problema social, o ordenamento jurídico brasileiro dá um passo importante na promoção de um ambiente de consumo mais justo e equilibrado, que respeite a dignidade humana e promova a inclusão e a igualdade de oportunidades para todos os cidadãos.

PRINCÍPIO DA PREVENÇÃO AO SUPERENDIVIDAMENTO

O princípio da prevenção ao superendividamento busca criar um sistema protetivo que impede a formação de situações de endividamento excessivo e insustentável por parte dos consumidores. Trata-se de um princípio que não apenas orienta a atuação dos fornecedores e instituições financeiras, mas também fundamenta políticas públicas voltadas à educação financeira e à concessão de crédito responsável. A prevenção ao superendividamento visa estabelecer práticas que evitem a contratação de dívidas que o consumidor não possa cumprir sem comprometer sua subsistência e o mínimo existencial, promovendo o equilíbrio e a transparência nas relações de consumo.

Para a concretização desse princípio, a legislação impõe aos fornecedores o dever de informar claramente sobre os riscos associados ao crédito, além de realizar uma análise criteriosa da capacidade de pagamento do consumidor. A concessão de crédito deve ser acompanhada de uma verificação responsável das condições econômicas do tomador, considerando aspectos como renda, endividamento prévio e possibilidade de cumprimento do contrato sem prejuízos à sua qualidade de vida. Assim, a prevenção ao superendividamento não se limita a evitar práticas abusivas de cobrança, mas engloba toda a dinâmica de concessão de crédito, incluindo oferta, publicidade e renegociação.

Outro aspecto essencial desse princípio é a promoção de iniciativas voltadas à educação financeira. O objetivo é capacitar os consumidores para tomarem decisões mais conscientes e informadas sobre o uso do crédito e a administração de suas finanças pessoais. A legislação busca, portanto, fomentar uma cultura de responsabilidade financeira que envolva tanto consumidores quanto fornecedores, promovendo a sustentabilidade nas relações de crédito e evitando que o consumidor se torne refém de dívidas impagáveis.

Desse modo, a prevenção ao superendividamento estabelece um padrão ético e de responsabilidade que visa equilibrar a relação de consumo, impedindo que o crédito, originalmente concebido para facilitar o acesso ao consumo, se converta em um fator de vulnerabilização social e econômica.

PRINCÍPIO DA BOA-FÉ NA CONCESSÃO E COBRANÇA DE DÍVIDAS

O princípio da boa-fé na concessão e cobrança de dívidas assume um papel central na proteção do consumidor superendividado ao estabelecer um padrão ético e transparente nas práticas de crédito. Esse princípio impõe aos fornecedores de crédito o dever de agir com lealdade, transparência e responsabilidade em todas as etapas da relação de consumo, desde a oferta e a celebração do contrato até a eventual cobrança de dívidas. A boa-fé objetiva, que orienta o comportamento das partes, exige que a concessão de crédito seja baseada em uma análise responsável da capacidade de pagamento do consumidor, evitando a indução a contratos que ele não tenha condições reais de cumprir.

Na prática, o princípio busca prevenir abusos como a concessão desenfreada de crédito sem a devida verificação da situação financeira do consumidor, além de práticas de cobrança que possam constrangê-lo ou agravar sua situação de endividamento. O credor deve, portanto, oferecer informações claras e detalhadas sobre os termos do contrato, taxas de juros, encargos e eventuais consequências do inadimplemento, para que o consumidor tenha plena ciência dos riscos assumidos. Esse dever de transparência fortalece a autonomia do consumidor, ao permitir que ele tome decisões financeiras de forma consciente e informada.

No âmbito da cobrança de dívidas, a boa-fé se traduz na proibição de práticas coercitivas ou vexatórias, que possam constranger ou humilhar o devedor. A cobrança deve ser realizada de maneira ética e proporcional, respeitando a dignidade do consumidor e observando o princípio da preservação do mínimo existencial, evitando que a dívida se torne um fator de exclusão social. Assim, qualquer cobrança que ultrapasse os limites da razoabilidade ou que busque se aproveitar da vulnerabilidade econômica do consumidor é considerada incompatível com o princípio da boa-fé.

Ademais, a aplicação desse princípio também implica a necessidade de o fornecedor considerar, na renegociação das dívidas, as reais condições econômicas do devedor, buscando soluções que promovam o equilíbrio contratual. A boa-fé objetiva exige que o credor se comprometa a repactuar a dívida de maneira justa e proporcional, levando em consideração a capacidade financeira do consumidor. O dever de repactuação é, portanto, um reflexo direto da boa-fé objetiva, na medida em que busca reestabelecer o equilíbrio na relação contratual e permitir que o consumidor supere a situação de superendividamento sem comprometer sua dignidade e o mínimo existencial. Esse dever implica que o credor deve flexibilizar as condições originalmente pactuadas, de modo a garantir que a dívida possa ser quitada de forma sustentável, sem onerar excessivamente o consumidor.

Dessa forma, o princípio da boa-fé na concessão e cobrança de dívidas promove uma relação de consumo mais equilibrada e justa, estabelecendo diretrizes que visam proteger o consumidor vulnerável e assegurar que o crédito, longe de ser um instrumento de opressão financeira, atue como um meio legítimo de inclusão social e econômica. A obrigação de repactuar as dívidas de maneira responsável e ética reforça a função social do crédito e a responsabilidade dos fornecedores em adotar práticas que não gerem sobrecarga financeira ao consumidor, contribuindo para a recuperação do equilíbrio econômico e social nas relações de consumo.

PRINCÍPIO DO TRATAMENTO HUMANIZADO NO SUPERENDIVIDAMENTO (SUPERENDIVIDAMENTO DIGNO)

O princípio do tratamento humanizado no superendividamento busca assegurar que o devedor seja tratado com respeito e consideração durante todo o processo de renegociação, reconhecendo sua situação de vulnerabilidade. Esse princípio defende que as soluções propostas não devem apenas visar a quitação das dívidas, mas também promover um "superendividamento digno", respeitando a dignidade do devedor e suas condições mínimas de subsistência. Assim, busca-se evitar práticas coercitivas ou abusivas, priorizando acordos que possibilitem a recuperação financeira e a inclusão social do consumidor.

O princípio do tratamento humanizado do consumidor superendividado transcende o mero aspecto formal das negociações entre credor e devedor, impondo um novo paradigma de relacionamento pautado pela empatia, cooperação e respeito à condição de vulnerabilidade econômica do consumidor. O tratamento humanizado não deve ser interpretado apenas como um dever de negociação, mas sim como uma obrigação de conduta proativa, orientada pela boa-fé objetiva e pela preservação da dignidade do devedor, buscando evitar que ele seja submetido a situações de humilhação ou constrangimento durante o processo de renegociação de suas dívidas.

O tratamento humanizado também pressupõe que os advogados dos credores e representantes de instituições financeiras não compareçam às audiências meramente para formalmente cumprir o art. 104, § 2º, do CDC, mas sim para buscar, de forma efetiva, uma solução equilibrada e justa para ambas as partes. É imperativo que esses profissionais estejam preparados para entender a situação de fragilidade econômica e social do devedor, propondo alternativas que permitam a quitação das dívidas sem comprometer o mínimo existencial. A renegociação das dívidas, portanto, não deve ser vista como uma simples faculdade do credor, mas sim como um dever de colaboração, que visa alcançar uma solução que respeite a dignidade do devedor e a sua capacidade de recuperação.

Um aspecto crucial desse tratamento humanizado é a previsão da gratuidade da justiça, assegurando que os consumidores superendividados tenham acesso a serviços jurídicos sem ônus financeiro. Isso é essencial para que possam buscar soluções de forma igualitária, sem serem impedidos pela falta de recursos. Além disso, é fundamental que o consumidor seja "acolhido" em sua vulnerabilidade, criando um ambiente seguro e empático, onde ele possa expressar suas dificuldades financeiras sem medo de julgamento ou humilhação.

Propiciar atendimento psicológico e assistência social aos consumidores em situação de superendividamento é vital para a reabilitação emocional e social dos devedores, oferecendo um suporte abrangente que considera suas necessidades. Importante também é garantir que o consumidor não seja exposto a situações vexatórias durante as audiências, evitando a pressão dos credores. O ambiente judicial deve ser um espaço seguro, onde o devedor possa expor sua situação sem medo de humilhação. Nesse sentido, a mediação e conciliação, previstas na nova legislação, contribuem para um tratamento mais humano, priorizando a escuta ativa e a resolução pacífica dos conflitos.

Portanto, o princípio do tratamento humanizado é fundamental para a construção de um sistema de proteção ao consumidor que efetivamente respeite a dignidade humana, promovendo uma recuperação financeira sustentável e ética.

PRINCÍPIO DA CONCESSÃO DO CRÉDITO RESPONSÁVEL

O princípio da concessão do crédito responsável consiste em assegurar que as instituições financeiras e de crédito atuem com cautela e diligência na concessão de crédito, visando evitar o superendividamento do consumidor e, consequentemente, a deterioração de sua capacidade financeira.

De acordo com este princípio, cabe às instituições de crédito avaliar, de forma detalhada, a real capacidade de pagamento do consumidor, considerando não apenas o montante da renda, mas também outros compromissos financeiros já assumidos. A observância desse princípio visa não apenas proteger o consumidor contra práticas abusivas, mas também garantir a sustentabilidade do mercado financeiro e a proteção do crédito como um bem jurídico que deve ser preservado.

Ademais, o princípio do crédito responsável proíbe expressamente a prática de assédio de consumo, caracterizada pela insistência excessiva e desproporcional na oferta de produtos financeiros, especialmente em casos que envolvam consumidores idosos, aposentados e pensionistas. A Lei 14.181/2021 veda o assédio de consumo como forma de assegurar que a concessão de crédito ocorra de maneira equilibrada e sem coação, preservando a autonomia do consumidor na contratação e evitando a sua sujeição a situações de constrangimento ou indução a erro.

O princípio do crédito responsável se conecta diretamente com o dever de informação previsto no CDC, especialmente no artigo 6º, III, que garante ao consumidor o direito à informação adequada e clara sobre os diferentes produtos e serviços oferecidos no mercado. Dessa forma, a concessão de crédito deve ser precedida de informações completas, como taxas de juros, encargos e prazos, permitindo ao consumidor uma tomada de decisão consciente e fundamentada.

Além disso, o princípio está alinhado com o objetivo de proteção à dignidade da pessoa humana, previsto na Constituição Federal, uma vez que o superendividamento e o assédio de consumo impactam diretamente a qualidade de vida e o bem-estar do consumidor e de sua família.

PRINCÍPIO DA GARANTIA DO MÍNIMO EXISTENCIAL

O princípio da garantia do mínimo existencial surge como um mecanismo de proteção ao consumidor superendividado, assegurando-lhe condições mínimas de subsistência mesmo diante de compromissos financeiros assumidos. O fundamento desse princípio encontra respaldo na dignidade da pessoa humana, consagrada no artigo 1º, III, da Constituição Federal, e visa preservar a integridade financeira e a qualidade de vida do consumidor, impedindo que a cobrança de dívidas comprometa a sua sobrevivência e a de sua família.

Assim, qualquer plano de pagamento proposto, seja pelo credor ou pelo Poder Judiciário, deve resguardar o mínimo existencial do devedor. Assim, o cálculo das parcelas a serem pagas deve levar em consideração um patamar mínimo de recursos financeiros indispensáveis à manutenção de condições dignas de vida, tais como alimentação, saúde, moradia e educação.

A concepção de mínimo existencial encontra-se em consonância com a Teoria do Estado Social, que, ao assumir a responsabilidade pela promoção do bem-estar dos cidadãos, impõe limites à liberdade contratual e às práticas de crédito, evitando a exploração do consumidor em situações de desequilíbrio econômico. O princípio do mínimo existencial desempenha três funções essenciais no contexto do superendividamento do consumidor: primeiro, atua como parâmetro para definir o estado de superendividamento, estabelecendo um limite objetivo que impede a expropriação dos recursos mínimos de subsistência; segundo, orienta a concessão responsável de crédito, exigindo que instituições financeiras considerem a capacidade de pagamento do consumidor sem comprometer suas necessidades básicas; e terceiro, limita o poder dos credores na repactuação das dívidas, protegendo o devedor de acordos que possam inviabilizar sua sobrevivência e dignidade.

O princípio do mínimo existencial também se conecta ao princípio da função social do contrato, exigindo que os contratos de crédito sejam elaborados de forma a atender não apenas aos interesses econômicos das partes, mas também aos princípios de justiça e equidade.

Portanto, a aplicação desse princípio no contexto do crédito responsável reforça a necessidade de um tratamento jurídico que priorize a proteção do consumidor como parte vulnerável, garantindo que a concessão e a cobrança de crédito respeitem limites que preservem o bem-estar do devedor e a estabilidade de sua vida financeira. Dessa forma, o princípio da garantia do mínimo existencial se apresenta como um instrumento fundamental para a concretização de um equilíbrio nas relações de consumo, ao mesmo tempo em que reafirma o papel do Estado na proteção dos direitos sociais e econômicos do cidadão.

PRINCÍPIO DA OBRIGATORIEDADE DA REPACTUAÇÃO DAS DÍVIDAS

O princípio da obrigatoriedade da repactuação das dívidas representa uma inovação relevante no cenário jurídico brasileiro, especialmente no contexto das relações de consumo, sendo intrinsecamente vinculado à preservação do equilíbrio contratual e à proteção do consumidor. Sua principal finalidade é proporcionar um mecanismo efetivo para a reestruturação de obrigações financeiras que, por razões diversas, se tornaram excessivamente onerosas e impraticáveis para o devedor, garantindo, assim, um ponto de convergência entre os interesses dos credores e a dignidade do devedor. Esse princípio não se limita a oferecer uma alternativa ao adimplemento total das dívidas, mas busca assegurar que o consumidor tenha uma oportunidade de readequar o seu passivo de modo a possibilitar a sua subsistência digna e a superação da crise financeira.

Os artigos 104-A a 104-C do CDC estabelecem que o consumidor superendividado tem direito à repactuação das dívidas, mediante processo de conciliação conduzido pelo Judiciário ou por órgãos administrativos competentes. Esse dispositivo normativo reconhece que, nas relações de consumo, o superendividamento não deve ser encarado como um mero inadimplemento contratual, mas sim como uma situação de vulnerabilidade extrema que exige um tratamento diferenciado, pautado pela cooperação entre as partes e pela preservação do mínimo existencial do devedor.

A obrigatoriedade da repactuação das dívidas, como previsto na legislação, tem como fundamento o princípio da função social do contrato e da boa-fé objetiva, princípios esses que permeiam todo o direito privado e que buscam garantir que as relações contratuais sejam exercidas de maneira equilibrada e em conformidade com os valores constitucionais. Em consonância com a função social do contrato, a repactuação obrigatória visa resguardar o interesse social da estabilidade econômica e a proteção do devedor em situação de fragilidade financeira, ao mesmo tempo em que proporciona ao credor uma solução mais eficiente do que a mera inadimplência ou a execução forçada, que, na maioria das vezes, não resulta no pagamento efetivo dos débitos.

Do ponto de vista jurídico, a imposição de uma repactuação obrigatória encontra respaldo no reconhecimento da vulnerabilidade do consumidor frente ao fornecedor, especialmente no contexto de crédito e financiamento. A vulnerabilidade do consumidor, estabelecida como princípio orientador do CDC (art. 4º, I), não se limita a aspectos técnicos ou informacionais, mas também abrange a situação econômica e financeira. Assim, quando um consumidor, por razões alheias à sua vontade, se encontra em uma situação de sobrecarga financeira que inviabiliza o pagamento das dívidas, é necessário assegurar um meio para que esse desequilíbrio contratual seja resolvido de maneira justa, garantindo a preservação de sua dignidade e o cumprimento do contrato, ainda que sob novos termos.

Nesse contexto, é imperioso ressaltar que a obrigatoriedade da repactuação das dívidas não se limita ao comparecimento formal às audiências de conciliação, como muitas vezes observado na prática forense. Os advogados dos credores não devem comparecer às audiências apenas para formalmente cumprir o art. 104, § 2º, do CDC, mas sim atuar de maneira efetiva e colaborativa, visando alcançar um acordo que leve em consideração as reais condições econômicas do devedor. A repactuação, portanto, não é uma faculdade do credor, mas sim um dever, uma obrigação legal que visa concretizar a finalidade do tratamento do superendividamento. É necessário que o representante do credor se comprometa a analisar a situação financeira do devedor e proponha soluções que garantam o pagamento dos débitos sem, contudo, aniquilar as condições mínimas de subsistência do devedor, respeitando, assim, o princípio da preservação do mínimo existencial.

Em casos de superendividamento, os credores devem cooperar na repactuação das dívidas, sob pena de violação aos deveres anexos de conduta, como o dever de lealdade e o dever de consideração aos legítimos interesses da outra parte. A rigidez na cobrança de dívidas sem a tentativa de repactuação configura prática abusiva, contrariando o espírito do CDC e o princípio da proteção à dignidade do consumidor.

O princípio da obrigatoriedade da repactuação também possui um forte componente ético, na medida em que impõe ao credor a obrigação de colaborar com o devedor para que ambos encontrem uma solução razoável para a quitação das obrigações. A ideia subjacente é que o credor, ao conceder crédito, assume o risco inerente à atividade econômica e, portanto, deve agir com prudência e responsabilidade ao tratar com consumidores em situação de endividamento excessivo. Nesse sentido, o princípio também está intimamente ligado ao conceito de crédito responsável, já que a repactuação adequada das dívidas visa evitar que o consumidor se torne prisioneiro de um ciclo de endividamento que comprometa seu mínimo existencial e sua autonomia financeira.

Em termos práticos, a aplicação do princípio da repactuação obrigatória das dívidas enfrenta desafios, especialmente no que diz respeito à efetiva adesão dos credores a processos de conciliação e à definição de critérios objetivos para a renegociação. A exigência de preservação do mínimo existencial, prevista no art. 104-A do CDC, deve ser observada rigorosamente, evitando que a repactuação se torne um instrumento de agravamento do endividamento. Além disso, é necessário que o Judiciário e os órgãos de defesa do consumidor atuem de maneira proativa na fiscalização e mediação das negociações, a fim de garantir que a repactuação seja realizada de forma equilibrada e justa para ambas as partes.

Por fim, o princípio da obrigatoriedade da repactuação das dívidas reflete uma mudança paradigmática no tratamento das relações de consumo, promovendo a proteção do consumidor e a manutenção da ordem econômica por meio de soluções que visam a efetividade do cumprimento das obrigações sem comprometimento do mínimo existencial. Ao assegurar que as dívidas sejam renegociadas sob critérios de razoabilidade e proporcionalidade, esse princípio fortalece a confiança nas relações de consumo e contribui para a estabilidade econômica e social, reforçando o papel do Direito do Consumidor como instrumento de justiça social e promoção da dignidade humana.

Passemos a análise dos artigos, sempre tendo em mente estes princípios que deverão nortear a interpretação dos dispositivos.

Capítulo VI-A
Da Prevenção e do Tratamento do Superendividamento

Art. 54-A. Este Capítulo dispõe sobre a prevenção do superendividamento da pessoa natural, sobre o crédito responsável e sobre a educação financeira do consumidor.

§ 1º Entende-se por superendividamento a impossibilidade manifesta de o consumidor pessoa natural, de boa-fé, pagar a totalidade de suas dívidas de consumo, exigíveis e vincendas, sem comprometer seu mínimo existencial, nos termos da regulamentação.

§ 2º As dívidas referidas no § 1º deste artigo englobam quaisquer compromissos financeiros assumidos decorrentes de relação de consumo, inclusive operações de crédito, compras a prazo e serviços de prestação continuada.

§ 3º O disposto neste Capítulo não se aplica ao consumidor cujas dívidas tenham sido contraídas mediante fraude ou má-fé, sejam oriundas de contratos celebrados dolosamente com o propósito de não realizar o pagamento ou decorram da aquisição ou contratação de produtos e serviços de luxo de alto valor.

O art. 54-A delimita, já no seu *caput*, os objetivos a serem alcançados com os dispositivos contidos no Capítulo VI-A: *prevenção do superendividamento, crédito responsável e educação financeira do consumidor.*

O fim maior (e um dos pilares/objetivos da legislação do superendividamento) é a prevenção. Diante do considerável aumento de pessoas que estão ficando superendividadas com o passar dos anos, causando grave problema social, precisamos de dispositivos que regulamentem a concessão do crédito (na busca pelo crédito responsável) e incentivem e promovam a educação financeira dos consumidores.

Somente assim (crédito responsável atrelado à educação financeira) é que conseguiremos, de maneira mais eficaz, frear o crescimento do superendividamento em nosso nosso país. Nesse contexto, a partir do art. 54-B ao art. 54-G, o CDC disciplina um regramento próprio, visando a prevenção ao superendividamento. A ideia central é *prevenir ao invés de remediar.*

O consumidor que requer o crédito apresenta uma *vulnerabilidade acentuada em razão da necessidade do crédito.* Esta vulnerabilidade se constata não somente pela necessidade, mas também pela falta de conhecimentos de educação financeira que a maioria dos consumidores apresentam. Quando o consumidor procura o fornecedor ou este o convence a adquirir o crédito, há uma necessidade de aquisição do mesmo, ficando o consumidor à mercê do fornecedor em relação às imposições e condições para a liberação da quantia pretendida. Imagine a situação do consumidor que vai até a agência bancária para verificar a possibilidade de conseguir a liberação de crédito imobiliário para a compra da tão sonhada casa própria. Como necessita do crédito, fica ainda mais vulnerável para discutir as condições contratuais e imposições, muitas vezes abusivas, para a liberação daquele crédito.

Assim, é preciso, na análise dos artigos que tratam da prevenção e do tratamento ao superendividamento, considerar esta importante constatação, qual seja, o consumidor (que já é o vulnerável na relação), apresenta, em se tratando de crédito, uma *vulnerabilidade acentuada em razão da necessidade do crédito*, ficando ainda mais sujeito às pressões e imposições dos fornecedores.

Dessa forma, é preciso superar a visão individual dos problemas causados pelo acesso ao crédito deliberado, que gera o superendividamento, para se ter um olhar contextual, considerando a sociedade (de consumo) em que vivemos, o marketing existente nas diversas plataformas que facilitam o assédio de consumo, e o consumidor inserido neste meio, com a vulnerabilidade agravada. A partir daí, então, teremos melhores condições de prevenir e tratar, efetivamente, este problema social.[679]

Mas voltemos ao art. 54-A. Após o *caput* delimitar os objetivos do capítulo, os parágrafos vão disciplinar o conceito e os casos nos quais poderão ser aplicadas as hipóteses de tratamento ali previstas.

Expliquemos melhor. O conceito de superendividamento e sua delimitação (art. 54-A, *caput* e parágrafos) será importante para a definição de quais consumidores e/ou dívidas poderão "participar" do processo de tratamento – *repactuação e revisão de dívidas* (art. 104-A ao 104-C).

Dessa forma, se: *a)* o consumidor não for pessoa natural; *b)* o consumidor estiver de má-fé; *c)* o consumidor agiu de maneira fraudulenta; *d)* o consumidor contraiu dívidas com a intenção de não pagar, *e)* a dívida é proveniente de produtos e serviços de luxo de alto valor e o consumidor tinha condições, ao menos, de avaliar o risco da insolvência; *f)* as dívidas não são de consumo (alimentícias, tributárias, previdenciárias, etc); *g)* as dívidas provenientes de contratos de crédito com garantia real, de financiamentos imobiliários e de crédito rural (art. 104-A, §1º); o consumidor não poderá requerer o tratamento nas hipóteses descritas nos itens *a), b), c), d), e)* e, embora, requeira e participe de um plano de pagamento, as dívidas das letras *f)* e *g)* estarão excluídas.

Assim, os dispositivos dos arts. 54-B ao 54-G, que tratam da prevenção, serão aplicados a todos os consumidores que adquiram dívidas envolvendo concessão de crédito.

Por estarem baseados no princípio do crédito responsável, sendo este um direito básico do consumidor (art. 6º, XI), tais dispositivos serão aplicados, no que couber, à toda concessão de crédito nas relações de consumo, ainda que se trate de alguma hipótese que não possa participar do processo de repactuação e revisão de dívidas (tratamento).[680] Os arts. 54-B ao 54-G, inclusive, em nenhum momento fazem menção a palavra "superendividamento". Tratando de preceitos destinados à prevenção, não haverá limitação para a aplicação destes dispositivos.

---

679. A profa. Cláudia Lima Marques faz interessante analogia sobre a visão limitada sobre o problema como se estivéssemos vendo as *"árvores"* (contratos de crédito, compras a prazo e os seus problemas individuais), devendo buscar uma visão contextual (mais ampla envolvendo o destino do consumidor e o conjunto das suas dívidas para que seja preservado o mínimo existencial e sua reinclusão na sociedade de consumo), enxergando assim o *"bosque".* MARQUES, Cláudia Lima. *O Tratamento do superendividamento e o direito de recomeçar dos consumidores*. Ed. Revista dos Tribunais, 2014, pg. 239.

680. Aliás, não seria nenhum absurdo considerar a aplicação dos arts. 54-B ao 54-G, com as devidas adaptações e em diálogo de fontes, a todo e qualquer contrato de crédito, inclusive envolvendo empresas de médio e grande porte (e que não estariam abrangidas pelo CDC). Assim, os arts. 54-B ao 54-G formariam um *estatuto jurídico de crédito responsável* (com obrigações negativas e positivas aos fornecedores de crédito), pouco importando se se está em uma relação de consumo ou não. O que importa é a preponderância da atividade (concessão de crédito), nas palavras do Leonardo Roscoe Bessa. Segundo o autor, há atividades que somente foram disciplinadas no CDC (como a publicidade e os bancos de dados) e que, por isso, exigem uma nova perspectiva em relação a elas. (*Relação de consumo e aplicação do Código de Defesa do Consumidor*. RT, 2ªed. pg. 91) Para estas atividades, não se exige que a relação seja estritamente de consumo para a incidência dos dispositivos regulados no CDC. O que importa é a atividade em si. Assim, neste mesmo sentido é a disciplina da concessão de crédito baseada nos princípios do crédito responsável e da boa-fé objetiva disciplinada no CDC. Havendo concessão de crédito no mercado, os dispositivos do CDC reguladores desta atividade deverão ser observados.

Nesse sentido, como exemplo, a pessoa jurídica consumidora não se beneficiará somente do tratamento ao superendividamento (arts. 104-A ao 104-C). Porém, em relação aos dispositivos atinentes à prevenção, não haverá óbice de utilização destas obrigações e proibições nas relações e contratações de crédito pelas pessoas jurídicas consumidoras. Isso porque não faria sentido algum restringir as hipóteses de concessão de crédito responsável somente às pessoas naturais, ignorando as pessoas jurídicas. O que se pretende no mercado de concessão de crédito, de uma maneira global, é a concessão de forma leal e transparente, embasados na boa-fé objetiva e no princípio do crédito responsável.

Concluindo, o dever de informar constante no art. 54-B; as proibições na oferta de crédito do art. 54-C; as obrigações positivas do art. 54-D; a relação de conexidade entre o contrato principal e o de crédito, previstos no art. 54-F e as vedações do art. 54-G, aplicam-se normalmente às pessoas jurídicas consumidoras de crédito, inclusive, podendo solicitar as sanções previstas no art. 54-D, parágrafo único.

O mesmo exemplo se aplica aos contratos de *crédito com garantia real*, de *financiamento imobiliário* e de *crédito rural*. Tais dívidas somente não poderão fazer parte do plano de pagamento na repactuação e revisão de dívidas, em razão da norma contida no § 1º do art. 104-A. Mas, os dispositivos que tratam da prevenção (baseados no princípio do crédito responsável e da boa-fé objetiva) deverão ser aplicados a elas, indistintamente, quando da concessão do crédito.

O mesmo ocorre com relação àqueles que contrataram produtos e serviços de luxo de alto valor (§3º do art. 54-A), que iremos tratar mais à frente. A ideia do CDC, neste caso, foi limitar o tratamento e não à prevenção. Ao contrário, se isso ocorresse, teríamos uma aberração. Primeiro porque o objetivo maior da norma que trata do superendividamento é a prevenção, em razão do princípio do crédito responsável e da boa-fé objetiva. Não aplicar os dispositivos da prevenção aos fornecedores de artigos e serviços de luxo de alto valor é deixar que a aquisição financiada destes produtos e serviços, sem a devida transparência e lealdade decorrente da concessão do crédito responsável, acarrete o superendividamento do consumidor, o que é contrário à *ratio* do CDC. Segundo porque faríamos uma discriminação injustificada, beneficiando os fornecedores de produtos e serviços de luxo de alto valor, pois não precisariam cumprir, *a priori*, as obrigações e proibições preventivas estabelecidas no Capítulo VI-A.

Dessa forma, toda limitação conceitual do superendividamento prevista no CDC se aplica à fase de tratamento, mas não aos dispositivos que tratam da prevenção.

Feita esta observação inicial importante, encontramos no parágrafo primeiro do art. 54-A o conceito de superendividamento. O conceito estipulado no §1º será completado pelas hipóteses descritas nos §§2º e 3º. Assim, entende-se por superendividamento *a impossibilidade manifesta de o consumidor pessoa natural, de boa-fé, pagar a totalidade de suas dívidas de consumo, exigíveis e vincendas, sem comprometer seu mínimo existencial, nos termos da regulamentação.*

A primeira observação é que a expressão "nos termos da regulamentação" não constava do projeto original. Foi incluída em toda a lei, sempre após a expressão "mínimo existencial" por sugestão/imposição da Febraban. Assim, sempre que consta a referência ao "mínimo existencial" há também a menção "nos termos da regulamentação". O argumento da Febraban (participei desta discussão no Ministério da Justiça) era que não seria possível deixar "livre" a interpretação do que seria mínimo existencial, gerando insegurança, principalmente, na concessão do crédito.

A delimitação do mínimo existencial foi primeiramente regulamentada pelo Decreto Presidencial 11.150, de 26 de julho de 2022. Foi estipulado o "pífio" valor de 25% do sálario mínimo, gerando críticas de vários órgãos e entidades.[681] Posteriomente, o presidente Lula editou o Decreto 11.567/2023, alterando o art. 3º do Decreto 11.150/2022, definindo o mínimo existencial com o valor de R$ 600,00 (seiscentos reais), continuando, assim, com a fixação de um valor muito baixo (para não dizer irrisório!)[682] Na prática, alguns magistrados não tem utilizado o Decreto, entendendo que como o valor do mínimo existencial é muito baixo (R$ 600,00), acaba por tornar a lei ineficiente.[683] Assim, nestes casos, caberá ao magistrado definir, em cada caso, o percentual da renda do consumidor superendividado que não poderá ser usado para pagamento dos débitos, garantindo assim o mínimo existencial para a manutenção da vida digna do consumidor.[684]

---

681. Nesse sentido: "Por fim, sobre o mínimo existencial, sua fixação em 25% do salário mínimo e seu atrelar à condição de superendividamento, tem-se que deverá ser apreciado no momento do estabelecimento do plano judicial compulsório. Agora, não se verificou situação processual capaz de viabilizar pronunciamento em sede do agravo de instrumento, repita-se, pela falta de informações da autora e que deverão ser colhidas (e provadas) ao administrador a ser nomeado. De qualquer modo, importante fixar-se que não se vislumbra vinculação absoluta do magistrado ao parâmetro do Decreto nº 11.150/2022, isto é, a uma renda de 25% do salário mínimo. Esse parâmetro deverá ser analisado a partir das condições do caso concreto e poderá ser elevado, em especial para aquilo que deverá ser garantido ao consumidor para sua subsistência com o núcleo familiar, notadamente despesas com moradia, alimentação, água, luz, vestuário, educação, tributos e outras dívidas (não sujeitas ao processo de repactuação e inevitáveis). Esse valor será definido pelo plano judicial compulsório. Por isso, também esse pedido do agravo fica rejeitado." (TJSP, voto do Des. Alexandre David Malfatti, Agravo de Instrumento nº 2233340-48.2022.8.26.0000, 21/11/2022)

682. "Art. 3º No âmbito da prevenção, do tratamento e da conciliação administrativa ou judicial das situações de superendividamento, considera-se mínimo existencial a renda mensal do consumidor pessoa natural equivalente a R$ 600,00 (seiscentos reais)."

683. Nesse sentido: "O magistrado de primeiro grau não estará vinculado de maneira absoluta ao parâmetro do Decreto nº 11.150/2022, isto é, a uma renda de 25% do salário mínimo. Esse parâmetro deverá ser analisado a partir das condições do caso concreto e poderá ser elevado, em especial para aquilo que deverá ser garantido ao consumidor para sua subsistência com o núcleo familiar, notadamente despesas com moradia, alimentação, água, luz, vestuário, educação, tributos e outras dívidas (não sujeitas ao processo de repactuação e inevitáveis)." (TJSP; Agravo de Instrumento 2270965-19.2022.8.26.0000; Relator (a): Alexandre David Malfatti; Órgão Julgador: 12a Câmara de Direito Privado; Foro Central Cível – 17ª Vara Cível; Data do Julgamento: 16/03/2023; Data de Registro: 16/03/2023).

    Em sentido contrário, aplicando o Decreto 11.150/2022 (R$ 600,00): "AGRAVO DE INSTRUMENTO. Ação de repactuação de dívida. Tutela de urgência deferida pelo juízo a quo. Limitação de 30% dos descontos lançados no holerite do autor. Insurgência do réu. Cabimento. Ausência dos requisitos do art. 300, do CPC. Autor que recebe renda mensal de mais de R$ 9.500,00. Parcelas que somam o montante de R$ 7.646,12. Mínimo existencial preservado. Decreto nº 11.567, de 19 de Junho de 2023. Repactuação de dívida. Procedimento estabelecido no art. 104-A do CDC, incluído pela Lei nº 14.181/21. Processo de repactuação das dívidas que prevê etapas que devem ser observadas. Ausência de razoabilidade para obtenção imediata da limitação ou suspensão dos descontos. Decisão reformada para revogar a tutela de urgência. RECURSO PROVIDO." (TJ-SP - AI: 21999115620238260000 São José dos Campos, Relator: Pedro Paulo Maillet Preuss, Data de Julgamento: 11/09/2023, 24ª Câmara de Direito Privado, Data de Publicação: 11/09/2023.

684. "A jurisprudência tem se firmado no sentido de que a liberdade contratual não pode se sobrepor ao princípio da dignidade humana, a ponto de permitir violação ao mínimo existencial, de onde se decorre a necessidade de realizar uma ponderação de forma casuística." (TJ-DF 07295684820238070000 1771350, Relator: Arquibaldo Carneiro Portela, Data de Julgamento: 11/10/2023, 6ª Turma Cível, Data de Publicação: 07/11/2023)

Neste sentido é o Enunciado nº 40 do FONAMEC:

Enunciado nº 40 do FONAMEC: "Na pactuação do plano de pagamento das dívidas do consumidor superendividado deverá ser respeitado o mínimo existencial, considerando a situação concreta vivenciada pelo consumidor e sua entidade familiar, de modo a não comprometer a satisfação de suas necessidades básicas, observados os parâmetros estabelecidos no artigo 7º, inciso IV, da Constituição da República."[685]

A segunda observação que se denota do conceito é que o superendividamento se caracteriza pela *impossibilidade manifesta*, ou seja, o consumidor não tem condições de pagar suas dívidas sem comprometer o mínimo existencial. Considerando o seu salário (se houver), renda e patrimônio, estes são insuficientes para pagar a totalidade de suas dívidas. Com uma simples análise do *ativo* (salário, renda e patrimônio), do *passivo* (as dívidas, inclusive as que estão por vencer) e considerando o *mínimo existencial* para uma existência digna do devedor e de sua família, verifica-se a evidente (*manifesta*) impossibilidade de pagamento, o que escravizará o consumidor a estes contratos e fornecedores de crédito (considerando que os juros são elevados e as dívidas aumentam exponencialmente).

Assim, para a configuração do consumidor superendividado, a lei exige a "*impossibilidade manifesta*" do pagamento total das dívidas sem comprometer o mínimo existencial, o que na maioria das vezes gera ou gerará o inadimplemento. Assim, o consumidor poderá estar em dia com o pagamento das prestações, mas estando com o mínimo existencial comprometido, o que fere a sua dignidade. Nestes casos, o consumidor, neste estado, está apto a requerer o tratamento do superendividamento através dos arts. 104-A ou 104-C, não precisando ficar inadimplente para tal feito.[686]

685. Justificativa: A leitura do Decreto n.11.150, de 26 de julho de 2022, confrontou o superprincípio da dignidade da pessoa, cuja função precípua era conferir-lhe unidade material. O princípio da dignidade atua como fundamento à proteção do consumidor superendividado e criador do direito ao mínimo existencial, cuja previsão infraconstitucional foi sedimentada pelo Poder Legislativo na Lei nº 14.181/21, que atualizou o Código de Defesa do Consumidor, instalando um microssistema de crédito ao consumo. Para além da redação do regulamento determinado no Código do Consumidor atualizado, artigo 6º, XI, a eficácia horizontal direta dos direitos fundamentais nas relações privadas, para a preservação da dignidade da pessoa, era avanço doutrinário e jurisprudencial pátrios já reconhecidos, a partir da previsão do art. 5º , parágrafo 1º, da CF/88. Afinal, a garantia de 25% do salário mínimo a qualquer família brasileira, sem considerar a situação socioeconômica e individualizar as necessidades que comportam as despesas básicas de sobrevivência, não representa interpretação harmônica com os valores constitucionais. Assim, resta evidente a possibilidade de composição sem incidência do Decreto nº 11.150/22, em controle difuso de constitucionalidade. (Obs: o valor do mínimo existencial foi alterado para R$ 600,00 em 2023).

686. Nesse sentido: "Significa compreender que a lei não exigiu, portanto, uma situação de mora ou de inadimplemento absoluto, mas apenas de impossibilidade. Pode-se afirmar que a situação de mora e de inadimplemento é provável, mas também que se situa no campo da iminência. Ou seja, diante de uma situação que se agrava a cada dia, o consumidor pode procurar o Poder Judiciário de modo a repactuar suas dívidas de consumo justamente para se evitar uma situação de inadimplemento absoluto e até insolvência." (TJ-SP - AC: 10154203820228260008, Trecho do voto do Relator Alexandre David Malfatti, Data de Julgamento: 16/10/2023, 12ª Câmara de Direito Privado, Data de Publicação: 16/10/2023).

A terceira observação é que somente a pessoa natural poderá fazer uso da disciplina do superendividamento do CDC em relação ao tratamento. A pessoa jurídica, ainda que consumidora, já dispõe de outras proteções legais em casos de manifesto inadimplemento, como a falência e a recuperação judicial.[687-688]

A quarta observação que pode ser verificada dos §§ 1º e 3º é que o tratamento ao superendividamento somente beneficiará o consumidor pessoa natural que estiver de *boa-fé*. Neste sentido, seguindo a lógica da aplicação em alguns países, o Brasil aceitou o tratamento do superendividamento passivo e do ativo inconsciente (uma vez que ambos estão de boa-fé), somente excluindo o ativo consciente, em razão da má-fé (aquele contrai dívidas sabendo que não tem condições de honrar com o seu pagamento). A boa-fé é presumida, devendo a má-fé do consumidor ser devidamente provada, nos termos do art. 421-A do CC.

Ademais, pelo § 3º, além da má-fé, também não se beneficiará do tratamento dado ao superendividamento aquele que age de maneira fraudulenta e os que dolosamente contratam com o propósito de não realizar o pagamento o que, em última instância, estão também de má-fé. A ideia da lei foi deixar claro que somente os de boa-fé (seja porque se endividaram por um acidente da vida, seja porque acabou se endividando por irresponsabilidade na concessão do crédito e por falta de educação financeira) poderão ser beneficiados, sobretudo do tratamento.

De acordo com o parágrafo 2º, as dívidas, consideradas para fins do tratamento do superendividamento englobam quaisquer compromissos financeiros assumidos decorrentes de relação de consumo, inclusive operações de crédito, compras a prazo e serviços de prestação continuada. Assim, toda e qualquer dívida de consumo, com as exceções previstas

---

687. Eireli não pode participar do tratamento do consumidor."AGRAVO DE INSTRUMENTO. AÇÃO ORDINÁRIA. SUPERENDIVIDAMENTO. PRETENSÃO DE REPACTUAÇÃO DE DÍVIDAS DE PESSOA JURÍDICA TRANSFORMADA EM EIRELI. DESCABIMENTO. AUSÊNCIA DE PREVISÃO LEGAL (LEI N.º 14.181/21). RECURSO DESPROVIDO. 1. Não se afigura possível, no caso, o processamento de ação de repactuação de dívidas, à luz da Lei n.º 14.181/21, Lei do Superendividamento, ajuizado por pessoa jurídica transformada em EIRELI, tendo em vista que referida lei tem aplicação restrita às dívidas de consumo contraídas pelo consumidor pessoa natural. 2. Agravo de instrumento desprovido." (TJ-AC - AI: 10002111520238010000 Rio Branco, Relator: Des. Júnior Alberto, Data de Julgamento: 04/04/2023, Segunda Câmara Cível, Data de Publicação: 04/04/2023).

688. "APELAÇÃO – AÇÃO DE REPACTUAÇÃO DE DÍVIDAS C/C TUTELA DE URGÊNCIA COM BASE NA LEI Nº 14.181/2021 – LEI DO SUPERENDIVIDAMENTO. INDEFERIMENTO DA INICIAL – Extinção da demanda sem resolução de mérito – Inconformismo da autora – Anulação da decisão – Não acolhimento - Pedido de repactuação de dívidas formulado por pessoa jurídica – Descabimento – Rito procedimental que é incompatível com as normas de direito do consumidor que dispõem sobre a matéria – Mandamento normativo que diz respeito ao superendividamento da pessoa natural - Interpretação extensiva - Impossibilidade – Sentença de extinção mantida - RECURSO NÃO PROVIDO." (TJ-SP - AC: 10151803320238260002 São Paulo, Relator: Lavínio Donizetti Paschoalão, 38ª Câmara de Direito Privado, Data de Publicação: 23/10/2023).

no §3º do art. 54-A e §1º do art. 104-A, participarão do plano de repactuação e revisão (tratamento).[689-690]

689. Nesse sentido, como exemplo, ação de repactuação de dívidas contra instituição de ensino (relação de consumo): "AÇÃO DE REPACTUAÇÃO DE DÍVIDAS – SUPERENDIVIDAMENTO – Autor que pretende a repactuação de dívida contraída com instituição de ensino superior – Sentença de improcedência do pedido inicial – Recurso do autor – Preliminar de litispendência suscitada em contrarrazões – Rejeição – Ausência de identidade deste pedido com a ação monitória que constituiu o título executivo judicial quanto à dívida sub judice – Tese defensiva de impossibilidade de aplicação da Lei 14.181/21 aos contratos celebrados anteriormente à sua vigência – Desacolhimento – Norma legal expressa que submete os efeitos jurídicos dos negócios anteriores aos institutos relativos ao superendividamento (art. 3º da Lei 14.181/21)– Ausência de violação à garantia constitucional do ato jurídico perfeito, pois não há direito adquirido da fornecedora a um regime jurídico de cobrança de dívidas – Reconhecimento do direito do consumidor à repactuação das dívidas – Superendividamento caracterizado por dívida de R$ 29.446,31 e rendimentos mensais oriundos de bolsa-estágio de R$ 1.659,00" (TJ-SP – AC: 10731797220228260100 SP 1073179-72.2022.8.26.0100, Relator: Angela Lopes, Data de Julgamento: 03/03/2023, 28ª Câmara de Direito Privado)

690. Somente dívida de consumo pode participar do tratamento. Nesse sentido: "O superendividamento ocorre quando o consumidor passa a não conseguir gerir suas dívidas, a ponto de prejudicar sua dignidade e rendimento que lhe proporcione o mínimo existencial. Todavia, não serão quaisquer dívidas que poderão ser objeto da eventual demanda de repactuação prevista no art. 104-A e seguintes do CDC, mas somente aquelas decorrentes de relação de consumo, consoante expressamente prevê o texto legal. (TJMS, Agravo de Instrumento n. 1403200-20.2023.8.12.0000, Aquidauana, 3ª Câmara Cível, Relator (a): Juiz Lúcio R. da Silveira, j: 27/04/2023, p: 04/05/2023)

Se o empréstimo foi para fomento da atividade e, portanto, não havendo relação de consumo, não poderá fazer uso do tratamento: "AGRAVO DE INSTRUMENTO – EXECUÇÃO DE TÍTULO EXTRAJUDICIAL BASEADA EM CÉDULA DE CRÉDITO BANCÁRIO QUE INSTRUMENTALIZOU NEGÓCIO DE CONFISSÃO DE DÍVIDA ORIUNDA DE CONTRATO DE CAPITAL DE GIRO – EXCEÇÃO DE PRÉ -EXECUTIVIDADE – DESACOLHIMENTO – não demonstração de plano do propalado excesso de execução – predicados de certeza, liquidez e exigibilidade do título que subsistem – Lei nº 14.181/2021 que introduziu dispositivos ao CDC, com o objetivo de aperfeiçoar a disciplina do crédito ao consumidor e dispor sobre a prevenção e o tratamento do superendividamento – incompatibilidade do procedimento propugnado pelos arts. 104-A a 104-C do CDC com os estreitos limites da exceção de pré-executividade – agravante, ademais, que não pode se valer das prerrogativas trazidas pela Lei nº 14.181/2021, pois não tem a qualidade consumidora – negócio de confissão de dívida oriunda de contrato de capital de giro celebrado para fomento de atividades comerciais – agravante que não se enquadra no conceito de consumidor dado pela teoria finalista pura ou mesmo pela teoria finalista mitigada, visto que contratou os serviços prestados pelo agravado para fomentar sua atividade econômica – caso que também não se adequa à definição de hipótese excepcional em que se faz necessária a mitigação do critério finalista, porque não se depreende excepcional vulnerabilidade técnica, jurídica ou fática – art. 104-A do CDC que faz menção expressa à qualidade de consumidor superendividado pessoa natural – em que se pese ser pessoa física (natural), a agravante não tem mesmo a qualidade de consumidora – precedente da câmara – decisão mantida, nos termos do art. 252 do Regimento Interno do TJSP – agravo desprovido." (TJ-SP - AI: 20385858720238260000, Relator: Castro Figliolia, Data de Julgamento: 17/05/2023, 12ª Câmara de Direito Privado, Data de Publicação: 17/05/2023)

No mesmo sentido, sendo relação com particular e não sendo de consumo, não poderá participar do tratamento: "Superendividamento e direito de repactuação. O art. 54-A do CPC define o superendividamento como a impossibilidade manifesta de o consumidor pessoa natural, de boa-fé, pagar a totalidade de suas dívidas de consumo. Na espécie, a dívida exequenda, oriunda de laminas de cheque e executada por particular, decorrente de débito firmado com pessoa física, em nada se confunde com a situação legalmente prevista, não sendo a pretensão recursal aplicável ao agravante e à situação em tela, uma vez que inexistente qualquer elemento de relação de consumo." (TJ-MS - AI: 14094619820238120000 Bonito, Relator: Des. Ary Raghiant Neto, Data de Julgamento: 24/07/2023, 2ª Câmara Cível, Data de Publicação: 25/07/2023)

A novidade inserida no §3º é o não tratamento dos consumidores que se superendividaram com contratos que *decorram da aquisição ou contratação de produtos e serviços de luxo de alto valor*.[691]

Aqui duas observações são necessárias. A primeira é que a expressão *produtos e serviços de luxo de alto valor* envolve conceitos abertos, devendo ser avaliado caso a caso.[692] Como conceitos abertos, *luxo* e *alto valor* dependerão da análise de outros fatores, como a condição econômica do consumidor e de sua família, o histórico social familiar, entre outros. Assim, para uma família de classe A, que sempre morou em bairro nobre, que sempre teve um patrimônio elevado, adquirir um carro importado como "Mercedes" ou "BMW" pode não ser um *alto valor* para o padrão deles, embora o seja para a grande maioria da população. Já para um consumidor classe média ou média-baixa, certamente um veículo desse porte constitui produto de "alto valor", considerando todo o patrimônio e renda familiar, sendo nesse caso um produto de luxo (considerando que, pelo padrão familiar, a compra exigirá sacrifício financeiro, sendo, assim, um "produto de luxo de alto valor").

A segunda observação é que não é simplesmente a contratação de um *produto ou serviço de luxo de alto valor* (até mesmo pela dificuldade que apresenta em sua constatação) que excluirá o tratamento do superendividamento. O que importa, de fato, é a caracterização da boa-fé do consumidor.

Entende-se que quem contrata produtos ou serviços de *luxo de alto valor* (considerando o referencial do devedor e de sua família) não gozaria da presunção da boa-fé, requisito exigido para o tratamento do superendividamento. Nesse sentido, ensina a professora Clarissa

---

Relação locatícia, por não ser de consumo, não participa do tratamento: "APELAÇÃO CÍVEL. PROCESSUAL CIVIL. PROCESSO POR SUPERENDIVIDAMENTO. CONTRATO DE LOCAÇÃO. NÃO INCIDÊNCIA DO CDC. APELAÇÃO CONHECIDA E DESPROVIDA. 1. A lei 14.181/2021 conceitua superendividamento como ?Art. 54-A. § 1º Entende-se por superendividamento a impossibilidade manifesta de o consumidor pessoa natural, de boa-fé, pagar a totalidade de suas dívidas de consumo, exigíveis e vincendas, sem comprometer seu mínimo existencial, nos termos da regulamentação. 2. Não se aplica as regras do superendividamento ao presente caso, tendo em vista não se tratar de relação de consumo, mas apenas relação locatícia de imóvel residencial entre locador e locatário, sem intermediação de imobiliária, com regramento próprio previsto na lei 8.245/1991. 3. APELAÇÃO CONHECIDA E DESPROVIDA." (TJ-DF 07094661820228070007 1753266, Relator: LUÍS GUSTAVO B. DE OLIVEIRA, Data de Julgamento: 31/08/2023, 3ª Turma Cível, Data de Publicação: 15/09/2023)

691. Esta restrição não constava da redação da comissão de juristas e nem na aprovação do PLS 283 no Senado Federal. Ela foi incluída, a pedido da Febraban, quando do trâmite do projeto na Câmera dos Deputados.

692. Sobre a dificuldade e relatividade da análise do que seja "luxo", a depender de critérios subjetivos, aponta Márcia Maria Alves Pereira Osório de Castro, em pesquisa empírica de seu trabalho, que "a relatividade do luxo desponta como um traço comum em todos os grupos ouvidos. Há um consenso de que cada um pode ver o luxo ao seu modo, como também escolher o "objeto do sonho" que melhor lhe apraz. Esta "relatividade" é compreendida como uma das características do luxo contemporâneo, onde cada um se permite a dar sua "própria definição ou interpretação de verdadeiro luxo: o indivíduo tornou-se a medida do luxo" (Lipovetsky e Roux, 2005, p. 56)" Continuando, a autora constatou que jovens do curso de Publicidade e Propaganda atestaram que "o luxo depende do referencial da pessoa. Para alguns o luxo pode ser uma questão de aparência, mas, por exemplo, luxo para os mais humildes é estar numa casa aconchegante, confortável e para ele aquilo é um luxo. Pode ser uma coisa de 5 mil dólares ou uma de 20 reais." *O consumo do luxo: seus significados para os jovens de Fortaleza*. Dissertação apresentada ao Curso de Mestrado em Psicologia da Universidade de Fortaleza – UNIFOR, como requisito à obtenção do título de Mestre em Psicologia. Acesso em 28/10/2021: https://acervo.fortaleza.ce.gov.br/download-file/documentById?id=8c7ae079-5357-4152-ac6a-2aef808565fd

Costa de Lima que a natureza das despesas pode ser relevante para a caracterização da boa-fé, pois o devedor ativo inconsciente pode tomar crédito não para despesas supérfluas, mas para fazer frente às necessidades da vida. Assim, "ninguém duvidaria da boa-fé do devedor que precisou financiar a compra de alimentos em rede de supermercado, bens essenciais à subsistência digna, mas poder-se-ia questionar a boa-fé em se tratando de financiamento para aquisição de automóvel de luxo."[693-694]

Porém, ainda nesses casos, será necessário demonstrar, através de outros elementos, para fins de exclusão do consumidor do tratamento do superendividamento, que ele tinha consciência e/ou intenção de tornar-se insolvente ou que, ao menos, tinha condições de avaliar que a aquisição em prestações destes produtos e serviços (de luxo e alto valor) poderia acarretar sua insolvência.

Assim, a aquisição de um produto ou serviço de luxo de alto valor acarretará o enfraquecimento da presunção de boa-fé do consumidor, mas esta continuará existindo, devendo o fornecedor de crédito demonstrar, com outros elementos, a intencionalidade/consciência do risco da insolvência.[695]

Art. 54-B. No fornecimento de crédito e na venda a prazo, além das informações obrigatórias previstas no art. 52 deste Código e na legislação aplicável à matéria, o fornecedor ou o intermediário deverá informar o consumidor, prévia e adequadamente, no momento da oferta, sobre:

I – o custo efetivo total e a descrição dos elementos que o compõem;

II – a taxa efetiva mensal de juros, bem como a taxa dos juros de mora e o total de encargos, de qualquer natureza, previstos para o atraso no pagamento;

693. LIMA, Clarissa Costa de. *O Tratamento do superendividamento e o direito de recomeçar dos consumidores*. Ed. Revista dos Tribunais, 2014, pg.149.

694. A Profa. Cláudia Lima Marques alerta para o perigo de "parametrizar" o que seja *bem de luxo de alto valor*, devendo o magistrado avaliar o caso em concreto. Sobre o viés da essencialidade, aponta que um cavalo é um bem de luxo para um consumidor de Porto Alegre, sendo, porém, um bem normal no interior do país, utilizado como meio de locomoção pelo consumidor em locais sem estrada e internet. MARQUES, Cláudia Lima Marques. *Comentários à Lei 14.181/2021: A atualização do CDC em matéria de superendividamento*. RT, 2021, pg. 210.

695. Sobre a caracterização da má-fé, aponta Clarissa Costa de Lima que "a acumulação de dívidas além da capacidade de reembolso, situação muito comum no superendividamento ativo, não é suficiente, por si só, para caracterizar a má-fé do devedor. É preciso que os credores comprovem outros elementos relacionados à atitude do devedor e sua intenção de tornar-se insolvente. Exemplo típico é dos devedores que fizeram vários empréstimos sucessivos além da sua capacidade de pagamento, fenômeno que a doutrina francesa denomina de "**espiral de endividamento**", no intuito de sair da situação de endividamento, mas acabam se endividando ainda mais. Evidentemente que distinta é a situação dos consumidores que fizeram diversos empréstimos, declarando intencionalmente recursos fictícios ou exagerados, os quais não merecem o tratamento do superendividamento por ausência de boa-fé." LIMA, Clarissa Costa de. *O Tratamento do superendividamento e o direito de recomeçar dos consumidores*. Ed. Revista dos Tribunais, 2014, pg.146/147.

III – o montante das prestações e o prazo de validade da oferta, que deve ser, no mínimo, de 2 (dois) dias;

IV – o nome e o endereço, inclusive o eletrônico, do fornecedor;

V – o direito do consumidor à liquidação antecipada e não onerosa do débito, nos termos do § 2º do art. 52 deste Código e da regulamentação em vigor.

§ 1º As informações referidas no art. 52 deste Código e no caput deste artigo devem constar de forma clara e resumida do próprio contrato, da fatura ou de instrumento apartado, de fácil acesso ao consumidor.

§ 2º Para efeitos deste Código, o custo efetivo total da operação de crédito ao consumidor consistirá em taxa percentual anual e compreenderá todos os valores cobrados do consumidor, sem prejuízo do cálculo padronizado pela autoridade reguladora do sistema financeiro.

§ 3º Sem prejuízo do disposto no art. 37 deste Código, a oferta de crédito ao consumidor e a oferta de venda a prazo, ou a fatura mensal, conforme o caso, devem indicar, no mínimo, o custo efetivo total, o agente financiador e a soma total a pagar, com e sem financiamento.

O art. 54-B, em complementação ao art. 52 do CDC, impõe um dever de informar qualificado por parte do fornecedor ou do intermediário na oferta do crédito e nas vendas a prazo.[696-697] O que se busca (finalidade) é que o consumidor, através de informações adequadas recebidas anteriores à contratação (na oferta) possa tomar uma decisão consciente e informada (chamada de consentimento informado, qualificado ou esclarecido).

Quando bem esclarecido e informado, de maneira adequada e precisa, a depender de cada tipo de contrato, o consumidor tem mais chances de fazer escolhas melhores, diminuindo os riscos de modo a alcançar as suas legítimas expectativas.

696. Três diferenças são marcantes entre o art. 52 e o art. 54-B. Primeiro que o art. 54-B incluiu também as *vendas a prazo* enquanto o art. 52 menciona somente a *outorga de crédito e concessão de financiamento*. Segundo que o art. 54-B incluiu também como responsável pelas informações qualificadas o *intermediário.* Assim, todo aquele que participa da outorga do crédito (inclusive na venda a prazo), direta ou indiretamente, terá o dever de informar adequadamente o consumidor. Na oferta de crédito é muito comum a figura dos correspondentes bancários atuando como intermediários. Terceiro que o direito à liquidação antecipada deve ser informado previamente pelo art. 54-B, obrigação não constante no art. 52.

697. A inclusão do intermediário no caput do art. 54-B tem um forte apelo pedagógico. Embora já inserido pelo art. 34 do CDC, principalmente no tocante a responsabilidade, o intermediário que age representando o fornecedor também terá obrigações na concessão do crédito, devendo também o fornecedor se responsabilizar em caso de dano e/ou abuso praticado por aquele. Assim, não há mais espaço para o fornecedor do crédito (instituição financeira) tentar sustentar sua ilegitimidade em razão de um dano provocado por um intermediário (ex: correspondente bancário). A jurisprudência já vinha reconhecendo a responsabilidade solidária do fornecedor por falhas do intermediário: "Descabe reconhecer a ilegitimidade passiva do banco apelante, já que este possui responsabilidade solidária com todos os envolvidos na cadeia de fornecimento do serviço, nos termos do artigo 7º, parágrafo único, e do artigo 25, § 1º, do CDC, o que engloba, portanto, o correspondente bancário, cuja abertura e funcionamento se deu e dá em nome da instituição financeira, representando, na realidade, equação decorrente do risco-proveito auferido pelo banco ao delegar, sob a proteção de sua marca, algumas atividades bancárias ao correspondente." (TJDF 07048374120178070018, Relator: Gilberto Pereira De Oliveira, Data de Julgamento: 31/07/2019, 3ª Turma Cível.)

Se o que se almeja é a prevenção ao superendividamento, deve-se priorizar a informação qualificada, aquela que realmente ajude o consumidor a entender os custos e os riscos envolvidos, inclusive de uma possível inadimplência, para que tenha consciência plena na tomada de decisão.

A informação qualificada ajudará até mesmo a mostrar ao consumidor se ele precisa do crédito naquele momento ou se ele poderá esperar ou optar por outros meios (como a utilização do décimo terceiro ou aplicação na poupança) para aquisição de produtos ou serviços.

O que se tem em mente aqui não é a exigência de uma série de informações a serem prestadas em folhetos, formulários e contratos, muitas vezes de difícil entendimento pelo consumidor. O conteúdo informativo a ser verificado, inclusive através de linguajar apropriado, é aquele que corresponda às reais necessidades e expectativas do consumidor no caso concreto, considerando sua idade, grau de analfabetismo, condição econômica, entre outras particularidades. Assim, conhecer bem quem é o tomador do crédito, no caso o consumidor, será essencial para práticas de concessão do crédito responsável.

Com isso também não se exige (e nem deseja) um amontoado de informações, pois o excesso informativo mais desinforma do que informa. Ou seja, não basta a demonstração de que o fornecedor concedeu diversas informações ao consumidor. O que importa é o oferecimento de informação qualificada, aquela informação necessária para uma decisão consciente na tomada do crédito.

Assim, embora o conteúdo e a forma como devem ser prestadas as informações dependerão de cada tipo de contrato e de cada tomador/consumidor, inclusive por exigência das normas da autoridade reguladora do sistema financeiro, o CDC, através do art. 54-B, de maneira mais detalhada[698], estabeleceu alguns parâmetros que deverão constar de maneira didática e de fácil acesso ao consumidor na oferta ao crédito.[699]

O primeiro, e talvez um dos mais importantes, é a informação sobre o custo efetivo total (CET) e a descrição dos elementos que o compõem. O custo efetivo total representa, em percentual anual, a junção de todos os encargos e despesas que incidem na operação de crédito. Em outras palavras, ele representa o quanto será cobrado pelo empréstimo solicitado pelo consumidor.

A informação sobre o CET é fundamental porque, conforme dito, ele representa o quanto o consumidor irá pagar pelo crédito. Antes da Lei 14.181/2021, embora fosse obriga-

698. Isso porque, embora o art. 52 do CDC, atrelado ao princípio da boa-fé objetiva, já fosse possível exigir estas informações adequadas (como o CET por exemplo), na prática os fornecedores de crédito ocultavam ou dificultavam estas informações.

699. Cíntia Muniz de Souza Konder ressalta a complexidade dos contratos de concessão de crédito para o consumidor uma vez que envolvem, muitas vezes, várias normas em sua regulação. Assim, explica que "o contrato de concessão de crédito é aparentemente menos complexo para o consumidor do que um contrato de compra e venda de imóvel. Mas a simplicidade é ilusória. Parece fácil poder contratar por telefone, pela internet, por aplicativos para celular e em caixas eletrônicos. Esta modalidade de contratação, divulgada como simples e descomplicada para o consumidor, envolve normas que incluem desde instruções normativas, circulares e resoluções de órgãos do Sistema Financeiro Nacional e, em alguns casos, do Instituto Nacional de Seguridade Social, perpassando pelo Código Civil, Código de Defesa do Consumidor e Constituição da República." KONDER, Cíntia Muniz de Souza. A adequação da informação na concessão de crédito. *Revista de Direito do Consumidor.* vol. 136. ano 30. p. 91-117.São Paulo: Ed. RT, jul./ago. 2021.

tório a informação sobre o CET nos contratos de concessão de crédito, ele era colocado sem o devido destaque. O que os fornecedores de crédito informavam e destacavam, inclusive nas publicidades, era a taxa de juros, deixando de informar e destacar a cobrança de outros encargos, como IOF, seguro, tarifas, etc. Ora, o percentual que de fato o consumidor paga pelo crédito é muito maior que o percentual da simples taxa de juros informada, induzindo a erro sobre a real cobrança que era feita na concessão do crédito, caracterizando publicidade/oferta enganosa.

Nesse sentido, o § 3º do art. 54-B reforça a ideia da necessidade da informação do CET e de outras informações, sob pena de configuração de publicidade enganosa.

As normas sobre custo efetivo total (CET) – são editadas pelo Conselho Monetário Nacional, órgão do Sistema Financeiro Nacional. A Resolução CMN 4.881, de 23/12/2020, dispõe sobre o cálculo e a informação do custo efetivo total (CET). De acordo com o art. 3º da Resolução CMN 4.881/2020, o cálculo do CET deve abranger o valor do crédito a ser concedido e os valores a serem cobrados do interessado na operação, considerando amortizações, juros, tarifas, tributos, seguros e outras despesas vinculadas à operação, inclusive aquelas relativas ao pagamento de serviços de terceiros contratados pela instituição de responsabilidade do tomador, mesmo quando tais despesas não forem inseridas no valor do crédito concedido. O demonstrativo deve informar o valor em reais de cada componente do fluxo de recebimentos e de pagamentos relacionados à operação, na forma definida no art. 3º, e os respectivos percentuais em relação ao valor total devido, bem como o valor do somatório das parcelas que compõem a operação.

O CET deve ser informado nas publicidades em que sejam apresentadas as taxas de juros dos créditos ofertados e o demonstrativo do cálculo do CET deve ser apresentado previamente à contratação e, uma vez efetivada, deve ser inserido de forma destacada no instrumento contratual.

Segundo o § 2º do art. 54-B, o custo efetivo total da operação de crédito ao consumidor consistirá em taxa percentual anual e compreenderá *todos* os valores cobrados do consumidor, sem prejuízo do cálculo padronizado pela autoridade reguladora do sistema financeiro. Assim, ainda que a Resolução do CMN, que regulamenta o CET, não inclua algum encargo ou cobrança quando do financiamento, será necessário incluir este encargo ou cobrança no cálculo do CET para a concessão do crédito ao consumidor, conforme dispõe o CDC. Dessa forma, no CET, independentemente da configuração adotada pelo CMN, deverá constar todos os valores cobrados do consumidor, não podendo o fornecedor de crédito se eximir desta obrigação argumentando que o CET apresentado foi o da resolução do CMN.

Além do *CET com a descrição dos elementos que o compõem* (seguro, tributos, despesas, etc), é obrigatório informar a *taxa efetiva mensal de juros* (quanto o fornecedor de crédito está cobrando pelo empréstimo) e os *encargos da mora* (taxa de juros e outras cobranças que serão cobradas se o consumidor ficar inadimplente). Tais informações sobre os encargos da mora são fundamentais para o consumidor ter consciência do risco que assumirá, caso atrase o pagamento de alguma prestação.

Também deverá ser informado o *montante das prestações* (quantas prestações mensais o consumidor está se obrigando – ex: 12, 24, 36, etc) e o *prazo da validade da oferta* da concessão do crédito, não podendo ser menor do que 2 dias. Esta informação deve estar bem clara (o ideal é o fornecedor constar expressamente no demonstrativo entregue ao consumidor o prazo de validade da oferta) sob pena de, em analogia ao art. 40 do CDC (prazo de validade do orçamento na prestação de serviços), o consumidor utilizar o prazo de 10 dias para a efetivação da contratação do crédito. O prazo de validade da oferta servirá para o consumidor poder refletir melhor sobre as condições do crédito, inclusive comparando com outras instituições, evitando-se a pressão da necessidade da contratação imediata, do "pegar ou largar."[700] O desrespeito ao direito a uma oferta prévia, com prazo de validade, caracteriza "assédio de consumo", na medida que cria uma pressão para o consumidor poder externar o seu aceite, sem a oportunidade de reflexão.

Deverão ainda constar, obviamente, o nome e o endereço, inclusive o eletrônico do fornecedor de crédito. A ideia é facilitar a comunicação do consumidor, caso precise de maiores explicações sobre a oferta e, após a contratação, ter um canal fácil e direto para reclamar e/ou buscar orientações sobre as obrigações contratuais. Conforme aponta Marcelo Calixto, quase todos os fornecedores, ou talvez todos, têm páginas específicas na Internet onde podem ser obtidas outras informações relevantes sobre a sua atuação no mercado.[701]

Por fim, visando estancar a abusividade que alguns fornecedores de crédito praticavam ao cobrar do consumidor tarifa para a liquidação antecipada do crédito (chamada justamente de TAC – tarifa de antecipação do crédito), foi incluído, propositalmente[702], o inciso V no caput do art. 54-B para destacar que o direito à liquidação antecipada é *não onerosa*, ou seja, o exercício deste direito pelo consumidor não poderá ser cobrado pelo fornecedor em nenhuma hipótese.[703]

Todas estas informações dos incisos do caput do art. 54-B, bem como as que já que estavam previstas no art. 52 do CDC, deverão constar de *forma clara e resumida do próprio contrato, da fatura ou de instrumento apartado, de fácil acesso ao consumidor.* Como

700. Interessante é a sugestão da profa. Cláudia Lima Marques de que, caso não utilizado pelo consumidor, o prazo de 2 dias possa ser "reaberto" após a contratação como uma espécie de direito de reflexão. Assim, mesmo contratando imediatamente à oferta feita, o consumidor teria 2 dias para refletir melhor sobre os termos do contrato. MARQUES, Cláudia Lima. *O Tratamento do superendividamento e o direito de recomeçar dos consumidores*. Ed. Revista dos Tribunais, 2014, pg. 254.

701. CALIXTO, Marcelo Junqueira. A reforma do CDC no tocante ao consumidor superendividado: primeiras impressões. *Revista de Direito do Consumidor*, RT, vol. 87/2013, p. 273 – 309.

702. Incluímos esta expressão "não onerosa" quando da apresentação do relatório no Senado Federal.

703. A Resolução 3.516 do Banco Central veda a cobrança da tarifa em decorrência da liquidação antecipada. Antes da Resolução vários bancos chegaram a cobrar a tarifa de antecipação do crédito, inclusive com a anuência do STJ. Nesse sentido: "Durante a vigência da Resolução CMN nº 2.303/1996 era lícita a cobrança pela prestação de quaisquer tipos de serviços pelas instituições financeiras, entre eles o de liquidação antecipada de operação de crédito, desde que efetivamente contratados e prestados, salvo àqueles considerados básicos. Em 8 de setembro de 2006 entrou em vigor a Resolução CMN nº 3.401/2006, que dispôs especificamente a respeito da possibilidade de cobrança de tarifas sobre a quitação antecipada de operações de crédito e arrendamento mercantil, matéria que até então vinha sendo disciplinada de maneira genérica pela Resolução CMN nº 2.303/1996. Somente com o advento da Resolução CMN nº 3.516, de 10 de dezembro de 2007, é que foi expressamente vedada a cobrança de tarifa em decorrência de liquidação antecipada de contratos de concessão de crédito e de arrendamento mercantil financeiro. 6. Para as operações de crédito e arrendamento mercantil contratadas antes de 10/12/2007 podem ser cobradas tarifas pela liquidação antecipada no momento em que for efetivada a liquidação, desde que a cobrança dessa tarifa esteja claramente identificada no extrato de conferência. 7. Recurso especial parcialmente provido." (STJ, REsp 1370144/SP, Rel. Ministro Ricardo Villas Bôas Cueva, Terceira Turma, DJe 14/02/2017) Agora, mesmo que alterem a Resolução para permitir novamente a cobrança, pelo CDC estará vedada.

tais informações são essenciais para o consumidor tomar uma decisão consciente sobre a tomada do crédito, elas deverão estar bem destacadas (estando assim de *fácil acesso*), de forma resumida, devendo ser prestadas em conjunto. Assim, a ideia central é fazer com que o consumidor, rapidamente, verifique as informações da maneira facilitada. Não se permite, com isso, que as informações se encontrem espaçadas no contrato ou em outro instrumento ou que, para cada informação obrigatória a ser prestada, seja inserida várias outras informações acessórias. Assim como foi previsto pela Comissão de Juristas, o ideal é que as informações estejam em destaque e de forma resumida no início do instrumento contratual.[704]

O §3º, por sua vez, regula as informações obrigatórias que devem constar na oferta (incluindo as publicitárias) de crédito, de venda a prazo ou a fatura mensal. Esta regulação com informações mínimas não exclui a análise da publicidade enganosa ou abusiva, disciplinada no art. 37 do CDC. Assim, três informações são obrigatórias (no mínimo): o CET, o agente financiador e a soma total a pagar, com e sem financiamento.

Importante a menção ao "agente financiador". Conforme doutrinam Cláudia Lima Marques e Roberto Pfeiffer, "o tema do agente financiador é chave, pois o consumidor deve saber com quem contratará. O fornecedor deve ser identificado não só no inciso IV do art. 54-B, exigindo até mesmo um endereço eletrônico que deve ser informado ao consumidor, mas também a sua identificação é tema do art. 54-D, inciso III. O tema não é de menor importância, pois quantos consumidores imaginam estar contratando com uma loja ou magazine e estão contratando com um banco ou uma financeira, sem falar no tema da cessão de dívidas que nem sempre é informado ao consumidor. Saber a quem se deve é um direito básico para poder se quitar esta dívida e evitar o superendividamento."[705]

Art. 54-C. É vedado, expressa ou implicitamente, na oferta de crédito ao consumidor, publicitária ou não:

I – (VETADO);

II – indicar que a operação de crédito poderá ser concluída sem consulta a serviços de proteção ao crédito ou sem avaliação da situação financeira do consumidor;

III – ocultar ou dificultar a compreensão sobre os ônus e os riscos da contratação do crédito ou da venda a prazo;

IV – assediar ou pressionar o consumidor para contratar o fornecimento de produto, serviço ou crédito, principalmente se se tratar de consumidor idoso, analfabeto, doente ou em estado de vulnerabilidade agravada ou se a contratação envolver prêmio;

---

704. A redação original do projeto entregue pela Comissão de Juristas ao Senado constava de uma exigência mais objetiva e que uniformizaria esta obrigatoriedade, pois as informações deveriam *constar em um quadro, de forma resumida, no início do instrumento contratual.*

705. Grinover, Ada Pellegrini; Oliveira Filho, Vicente Gomes de; Braga, João Ferreira. Código Brasi-leiro de Defesa do Consumidor (p. 1272). Edição do Kindle.

V – condicionar o atendimento de pretensões do consumidor ou o início de tratativas à renúncia ou à desistência de demandas judiciais, ao pagamento de honorários advocatícios ou a depósitos judiciais.

Parágrafo único. (VETADO).

O art. 54-C trata das proibições na oferta de crédito. A oferta de crédito, principalmente a publicitária, é o canal pelo qual o fornecedor divulga e convence o consumidor a adquirir o crédito.

Por isso é fundamental que a oferta, seja por meios publicitários, seja prestada diretamente ao consumidor, se dê de maneira leal e transparente (boa-fé objetiva), embasada no princípio do crédito responsável.

O inciso I, em conjunto com o parágrafo único, foram vetados pelo presidente. O inciso I previa que seria proibido na oferta *"fazer referência a crédito 'sem juros', 'gratuito', 'sem acréscimo' ou com 'taxa zero' ou a expressão de sentido ou entendimento semelhante."* O que o inciso vetado visava, de maneira expressa, era somente aclarar algo que o CDC já proíbe através da proibição da publicidade enganosa. Isso porque, em toda modalidade de concessão de crédito há cobrança de juros (remuneratórios e moratórios). Os juros remuneratórios constituem a remuneração do fornecedor pelo empréstimo do crédito. Desta forma, informar que o crédito será fornecido *sem juros, de forma gratuita, com taxa zero* é induzir o consumidor a erro com informações falsas sobre o que, de fato, envolve a concessão de crédito.

Não se justifica, para convencer o consumidor a contratar o crédito, que seja feita uma informação mentirosa (porque se há cobrança de juros, como dizer que a contratação é gratuita ou com taxa zero?). A única ressalva que era feita pelo parágrafo único envolvia os contratos de cartão de crédito. Assim, o fornecedor poderia continuar afirmando que o pagamento em parcela única no cartão de crédito se daria "sem juros" ou com "taxa zero", uma vez que o pagamento das compras feitas no cartão somente ocorrerá em uma data posterior à data da efetiva compra, não incidindo juros ou cobrança extra por este lapso de tempo (entre a data da compra e do pagamento). Mas, como foi vetado o inciso I, o parágrafo único também o foi.

O argumento para o veto foi totalmente desarrazoado. Constou do veto:

> "Entretanto, apesar da boa intenção do legislador, a propositura contrariaria o interesse público ao tentar solucionar problema de publicidade enganosa ou abusiva com restrição à oferta, proibindo operações que ocorrem no mercado usualmente e sem prejuízo ao consumidor, em que o fornecedor oferece crédito a consumidores, incorporando os juros em sua margem sem necessariamente os estar cobrando implicitamente, sem considerar que existem empresas capazes de ofertar de fato 'sem juros', para o que restringiria as formas de obtenção de produtos e serviços ao consumidor."

A justificativa principal para o veto, ao que parece, foi a prática comum (*operações que ocorrem no mercado usualmente*) que este tipo publicidade (enganosa!) aparece nas contratações de crédito, não acarretando nenhum prejuízo ao consumidor. Primeiro que, conforme já mencionado, o fato de ser comum, usual, não retira a ilicitude da conduta. Fosse assim, várias práticas abusivas que são *usualmente* praticadas no mercado se tornariam permitidas em razão de sua verificação constante. E, ao contrário do que consta no veto, esta prática prejudica sim o consumidor, induzindo o mesmo a contratar o crédito achando que não haverá cobrança alguma de juros, ou seja, que ele está fazendo um "ótimo negócio". Na continuidade do veto, há ainda menção à possibilidade de existirem empresas no mercado que possam, de fato, ofertar crédito "sem juros" e que a proibição prejudicaria o consumidor.

O que se reprime (e a redação do inciso I tentou aclarar isso) é a proibição da publicidade enganosa, pois sabe-se que toda concessão de crédito envolve cobrança de juros e encargos.

O que se conclui é que, mesmo com o veto, a referência à concessão de crédito "sem juros", de "forma gratuita", com "taxa zero", quando há de fato cobrança de juros e outros encargos, configura publicidade enganosa, devendo tal prática ser reprimida, inclusive com a aplicação das sanções do parágrafo único do art.54-D.[706]

O inciso II do art. 54-C traduz o verdadeiro espírito da concessão do crédito responsável. Como forma de seduzir o consumidor, vários fornecedores informavam na oferta que a concessão do crédito era feita de forma fácil e imediata, sem consulta aos órgãos de proteção ao crédito. Assim, mesmo consumidores que estavam inadimplentes e negativados, ostentando dificuldades financeiras, poderiam adquirir novas dívidas, agravando ainda mais a situação de endividamento (caminhando assim para a situação de superendividamento se já não estivessem superendividados).

Tal prática (que já era abusiva pelo próprio CDC antes da Lei 14.181/2021, pois ofendia o princípio da boa-fé objetiva, não agindo o fornecedor de forma leal) agora ficou ainda mais clara e objetiva, não restando dúvidas de que, a partir de agora, o fornecedor de crédito está proibido de inserir este tipo de informação nas ofertas publicitárias ou prestadas diretamente ao consumidor.

Pelo contrário, conforme determina o art 54-D, o fornecedor precisará aferir a capacidade de reembolso do consumidor, ou seja, se o mesmo terá condições efetivas de pagar o crédito que está prestes a receber. Assim, não basta não informar na oferta que não será avaliada a situação financeira do consumidor, mas impõe-se que, de maneira ativa, sejam avaliadas as condições de pagamento do consumidor (concretizando o princípio do crédito responsável).

---

706. O STJ entende como publicidade enganosa o fato de não informar adequadamente sobre os juros e encargos no contrato de financiamento de veículos, inclusive utilizando a expressão "sem juros". Nesse sentido: ""O direito de não ser enganado antecede o próprio nascimento do Direito do Consumidor, daí sua centralidade no microssistema do CDC. A oferta, publicitária ou não, deve conter não só informações verídicas, como também não ocultar ou embaralhar as essenciais. Sobre produto ou serviço oferecido, ao fornecedor é lícito dizer o que quiser, para quem quiser, quando e onde desejar e da forma que lhe aprouver, desde que não engane, ora afirmando, ora omitindo (= publicidade enganosa), e, em paralelo, não ataque, direta ou indiretamente, valores caros ao Estado Social de Direito, p. ex., dignidade humana, saúde e segurança, proteção especial de sujeitos e grupos vulneráveis, sustentabilidade ecológica, aparência física das pessoas, igualdade de gênero, raça, origem, crença, orientação sexual (= publicidade abusiva). 4. *No mercado de consumo, juros embutidos ou disfarçados configuram uma das mais comuns, graves e nocivas modalidades de oferta enganosa. Tipificam publicidade enganosa nas esferas administrativa, civil e penal expressões do tipo "sem juros" ou falta de indicação clara e precisa dos juros, taxas e encargos cobrados.* Conforme o art. 52, *caput*, do Código de Defesa do Consumidor, a informação prévia e adequada – sobre, entre outros, preço, número e periodicidade das prestações, montante dos juros e da taxa efetiva anual e valor total a pagar, com e sem financiamento – precisa constar obrigatoriamente da oferta, publicitária ou não, que envolva parcelamento ou financiamento de produtos e serviços de consumo. *Não preenche o requisito da adequação estampar a informação em pé de página, com letras diminutas, na lateral, ou por ressalvas em multiplicidade de asteriscos, ou, ainda, em mensagem oral relâmpago ininteligível.".* (STJ, REsp 1828620/RO, Rel. Min. Herman Benjamin, Segunda Turma, DJe 05/10/2020)

Exemplo de publicidade que já era abusiva e que agora ficou clara nos termos do inciso II do art. 54-C

Conforme já exposto quando dos comentários ao art. 54-B, a informação qualificada ao consumidor na concessão do crédito é fundamental para a concretização do crédito responsável, fazendo com que o consumidor tenha maiores condições de tomar uma decisão consciente dos benefícios e especialmente dos riscos e dos ônus da contratação. Dessa forma, o inciso III do art. 54-C somente reforça a necessidade da imposição da relação transparente e leal, em que não somente o fornecedor *"oculte"* ou *"dificulte"* a compreensão do consumidor, mas, ao contrário, *informe* e *esclareça*, de maneira facilitada e adequada, os riscos e ônus da contratação.

De maneira brilhante, a profª. Cláudia Lima Marques resume bem este novo dever do fornecedor de crédito, esclarecendo que "além do direito geral de conduta conforme à boa-fé já existente no CDC (arts. 4º, 6º, 30, 34, 35, 39, 46, 48, 51, 52, 54), há um novo dever, de 'conhecer seu consumidor' (que é conhecido no direito comparado , como *duty to know one's customer*), de avaliar o melhor crédito para aquele consumidor (*duty do ensure the suitability*) e garantir de forma responsável um esclarecimento, uma transparência de comunicação dos detalhes (*duty of disclousure*) e uma informação clara, adequada e que não levará a erro (*duty do ensure clear, fair and non-misleading communication*) conforme a situação concreta daquele consumidor (*duty to inform one's customer*), com consulta aos bancos de dados (Art. 54-C, inciso II, 1 parte) e com avaliação da situação financeira do consumidor (Art. 54-C, inciso II, segunda parte), assim uma informação seja leal e de boa-fé (*duty of loyaly*)."[707]

Também é proibida qualquer forma de *assédio de consumo* ou *pressão* para forçar o consumidor, principalmente os mais vulneráveis, à contratação de crédito. O que se almeja é que a decisão do consumidor seja feita de maneira livre, consentida e informada.

Na sociedade do *hiper*consumo em que vivemos, o consumidor é constantemente pressionado e persuadido a adquirir bens e serviços considerados desejados e necessários em determinado momento através de técnicas e publicidades, explícitas e subliminares.[708] O assédio prejudica a liberdade de escolha do consumidor, principalmente dos mais vulneráveis (pessoas idosas, analfabetos doentes, etc.), que ficam submetidos à pressão exercida e as artimanhas, sendo mais facilmente cooptados na contratação.[709]

707. MARQUES, Cláudia Lima. *O Tratamento do superendividamento e o direito de recomeçar dos consumidores*. Ed. Revista dos Tribunais, 2014, pg. 260.

708. O tema do assédio foi tratado no Direito Europeu. A Directiva 2005/29/CE do Parlamento Europeu, relativa às práticas comerciais desleais das empresas face aos consumidores no mercado interno, tratou das chamadas práticas comerciais desleais, entre as quais se incluem as agressivas, consistentes no assédio, na coação e na influência indevida sobre o consumidor.

709. O STF reconheceu a constitucionalidade de lei da Paraíba que exige a assinatura física de pessoas idosas em contratos de operação de crédito: "Ação direta de inconstitucionalidade. 2. Lei n. 12.027, de 26 de agosto de 2021, do Estado da Paraíba. 3. Normas que obrigam pessoas idosas a assinarem fisicamente

O assédio de consumo de crédito ocorre atualmente de maneira "velada" através da inteligência artificial (IA) e da datificação[710]. Ocorre quando empresas utilizam dados pessoais dos consumidores para criar perfis detalhados e direcionar ofertas de crédito de forma personalizada e constante, explorando vulnerabilidades financeiras e emocionais. Com base nesses dados, sistemas de IA conseguem identificar momentos em que o consumidor está mais suscetível a aceitar ofertas de crédito, utilizando estratégias de marketing altamente personalizadas, como notificações frequentes, ofertas exclusivas e mensagens que exploram o senso de urgência ou escassez (ex.: "última chance" ou "estoque limitado"). Essas estratégias de persuasão, apoiadas pela datificação, criam uma experiência de consumo altamente individualizada e "natural", que impulsiona o consumidor a agir de forma impulsiva. Ao explorar as vulnerabilidades financeiras e comportamentais do consumidor, esse assédio de consumo impulsionado pela IA e datificação pode facilmente levar ao superendividamento, criando um ciclo de dependência de crédito e minando a autonomia financeira.[711-712]

A jurisprudência tem mostrado que há, em vários casos, o aproveitamento do analfabetismo e da idade dos consumidores para a concretização de financiamentos através do assédio de consumo.[713]

---

contratos de operação de crédito firmados por meio eletrônico ou telefônico. Possibilidade. 4. Competência suplementar dos Estados para dispor sobre proteção do consumidor. Precedentes. 5. Adequação e proporcionalidade da norma impugnada para a proteção do idoso. 6. Ação direta de constitucionalidade conhecida e julgada improcedente." (STF, ADI 7027, Relator: Gilmar Mendes, Tribunal Pleno, julgado em 17/12/2022)

710. Datificação é o processo de transformar informações pessoais, comportamentos e a vida em dados, que podem ser utilizados para fins específicos.

711. KRETZMANN, Renata Pozzi; MUCELIN, Guilherme. Tratamento inadequado de dados pessoais e uso de Inteligência Artificial como assédio de consumo: prevenção do superendividamento por meio da informação e da educação. *Revista de Direito do Consumidor*. vol. 155. ano 33. São Paulo: Ed. RT, set./out. 2024. Acesso em: 06/11/2024.

712. Segundo o estudo de Milanez e Flores Filho, a inteligência artificial (IA) e o uso massivo de dados pessoais intensificam o assédio de consumo ao explorarem as vulnerabilidades dos consumidores de forma personalizada e constante. A IA permite que empresas coletem, analisem e correlacionem dados comportamentais de modo a identificar as fraquezas e momentos de maior suscetibilidade dos consumidores, criando abordagens persuasivas direcionadas que chegam a invadir a esfera privada do indivíduo. Esse assédio digital ocorre, por exemplo, através de mensagens personalizadas, ofertas constantes e anúncios que surgem em momentos específicos, explorando o estado emocional e psicológico do consumidor. O impacto é que, ao bombardear o consumidor com estímulos direcionados, a IA ultrapassa limites aceitáveis, transformando a prática de persuasão em uma forma de coação ou pressão constante, o que compromete a liberdade de escolha e o direito de não consumir. Esse ambiente decisório controlado e induzido por IA, segundo os autores, é desleal e justifica uma regulamentação que coíba a manipulação comportamental. (MILANEZ, Felipe Comarela; FLORES FILHO, Edgar Gaston Jacobs. A influência indevida da inteligência artificial na persuasão para o consumo. *Revista de Direito do Consumidor*. vol. 155. ano 33. São Paulo: Ed. RT, set./out. 2024)

713. Nesse sentido, a título de exemplo: "DECLARATÓRIA DE INEXISTÊNCIA DE DÉBITO C.C. REPARAÇÃO POR Contudo, diante da insistência do vendedor, acabou assinando um contrato que acreditou ser para o financiamento de um aparelho de som, surpreendendo-se posteriormente com a chegada, em sua residência, de um carnê para pagamento de parcelas referentes à aquisição de uma moto, que jamais lhe foi entregue; 4 Apelante abordado por vendedores na porta de sua própria casa, que insistiram na realização de um contrato que não era do interesse do recorrente, que acabou firmando-o por acreditar que se tratava de aquisição de bem diverso. Apesar de tal relato, verificou-se durante o trâmite que, em verdade, seus documentos e dados pessoais teriam sido utilizados por terceiro, que realizou um financiamento em seu nome, dando causa à inclusão no rol de inadimplentes. Recebeu o consumidor cerca de três notificações extrajudiciais de cobrança, sendo negativado. Sopesando-

A Ministra Nancy Andrighi, no voto do REsp 1907394/MT, julgado em 04/05/2021, constatou o constante assédio de consumo presente nos contratos de crédito, principalmente envolvendo os mais vulneráveis (hipervulneráveis) como as pessoas idosas e analfabetos:

> "Não bastasse, a esse déficit informacional soma-se, ainda, como fator de agravamento da vulnerabilidade do consumidor analfabeto, o conhecido fenômeno do assédio de consumo, muito frequente em relação a serviços bancários, representado por publicidades agressivas que "criam" necessidades de consumo nos indivíduos, subjugando sua capacidade de escolha e reflexão, o que é intensificado mediante facilidades tecnológicas que põem o produto ou serviço literalmente a "um clique" de distância do consumidor."

A Profa. Cláudia Lima Marques também concluiu em trabalho sobre o assédio de consumo que "práticas de assédio ocorrem muitas vezes na concessão de crédito para idosos, em especial de fraudes na contratação e ao uso de dados dos idosos para empréstimos consignados que não foram contratados por eles."[714,715,716]

-se todos esses fatos, a indenização deve ser arbitrada em quantia equivalente a R$ 12.000,00 (doze mil reais), suficiente para reparar o dano causado e impingir o dever de aprimorar a prestação dos serviços. Recurso Provido." (TJ-SP – APL: 92087792620088260000 SP 9208779-26.2008.8.26.0000, Relator: Maria Lúcia Pizzotti, Data de Julgamento: 17/02/2014, 20ª Câmara de Direito Privado, Data de Publicação: 19/02/2014)

714. MARQUES, Cláudia Lima. A vulnerabilidade dos analfabetos e dos idosos na sociedade de consumo brasileira: primeiros estudos sobre a figura do assédio de consumo, in *Novas tendências do Direito do Consumidor. Rede Alemanha-Brasil de pesquisas em Direito do Consumidor.* RT, 2015, p.81.

715. Sobre o consignado, um abuso frequente que tem ocorrido são as ligações para as pessoas idosas informando que há uma "quantia disponível para ser liberada ao consumidor" como se fosse um prêmio. Na verdade, trata de contratação de *cartão de crédito consignado* atrelado ao "telesaque", em que o consumidor autoriza, via telefone, um "novo empréstimo", cujo valor é creditado em sua conta e as parcelas são lançadas em uma suposta "fatura" e descontadas da reserva de margem consignada do cartão. O problema é que não é informando ao consumidor sobre o tipo de contratação, custos e riscos e, muitas vezes, nem sequer é enviado o cartão ao consumidor. Trata-se, portanto, de verdadeiro empréstimo só que mais oneroso ao consumidor. Nesse sentido "APELAÇÃO CÍVEL. CONSUMIDOR. REVISÃO CONTRATUAL. CARTÃO DE CRÉDITO CONSIGNADO. REFINANCIAMENTO MENSAL DOS ENCARGOS. INCIDÊNCIA DE JUROS ROTATIVOS. VIOLAÇÃO DO DEVER INFORMACIONAL. TELESAQUE CONCOMITANTE À CONTRATAÇÃO. NÃO UTILIZAÇÃO DO CARTÃO DE CRÉDITO PARA REALIZAÇÃO DE COMPRAS. ABUSIVIDADE DECLARADA. RESOLUÇÃO CONTRATUAL. 1) É direito básico do consumidor a informação adequada e clara sobre os diferentes produtos e serviços ofertados, com especificação correta de todas as suas características, bem como sobre os riscos que apresentem. 2) Apesar da denominação dada ao negócio jurídico, a relação havida entre as partes não preserva as características próprias de um contrato de cartão de crédito, por se restringir ao saque total do valor contratado, por meio de TED E (transferência eletrônica de dinheiro), operação esta realizada pelo próprio banco, com a liberação do crédito diretamente na conta do contratante, sem a utilização do cartão de crédito para realização de compras. 3) Demonstrada a ocorrência de violação ao direito de informação do consumidor e constatado que a contratação foi realizada sob erro, torna-se imperiosa a rescisão da avença. 4) Não provimento do apelo." (TJ-AP – APL: 00298089620178030001 AP, Relator: Des. Rommel Araújo De Oliveira, Data de Julgamento: 06/06/2019)

716. Há alguns casos em que o consumidor acredita que está contratando um empréstimo consignado quando na verdade é um cartão de crédito consignado com juros muito maiores, descontando em folha de pagamento somente o mínimo faturado e refinanciando o saldo devedor remanescente, com o acréscimo dos encargos inerentes ao cartão de crédito. Nesse sentido: "APELAÇÃO CIVEL – AÇÃO REVISIONAL – DECADÊNCIA -CONTRATO EMPRÉSTIMO CONSIGNADO – CARTÃO DE CRÉDITO CONSIGNADO – INOBSERVÂNCIA DO DEVER DE INFORMAÇÃO ADEQUADA – UTILIZAÇÃO DO EMPRÉSTIMO CONSIGNADO COMO MERO ARTIFÍCIO – CONTRATO DE EMPRÉSTIMO CONSIGNADO – CARTÃO DE CRÉDITO – INDUÇÃO DO CONSUMIDOR A ERRO – VULNERABILIDADE TÉCNICA E JURÍDICA – DANOS

Assim sendo, o assédio de consumo ao crédito é prática abusiva e deve ser especialmente considerada em se tratando daqueles consumidores de vulnerabilidade agravada, porque são justamente estes que, em razão de suas fragilidades, são os mais atingidos.[717-718]

Desta forma, as frequentes ligações telefônicas, e-mails e mensagens de *whatsapp* oferecendo supostas vantagens e prêmios quando da contratação do crédito, as abordagens pessoais na agência pressionando e induzindo o consumidor a aderir às diversas contratações de crédito são nocivas ao mercado e estimulam o superendividamento, afetando a liberdade

---

MORAIS INEXISTENTES. – A pretensão de revisão de cláusulas de contratos bancários não se sujeita à decadência prevista a anulação de contratos – Demonstrando-se que a parte autora foi induzida a erro, haja vista que esta pensou estar contratando um empréstimo consignado em folha, quando, na verdade, estava a instituição financeira requerida lhe "compelindo" um cartão de crédito, já com um débito depositado em conta, sobre o qual começaram a incidir os elevadíssimos juros incidentes nessa espécie de operação, deve haver a adequação do pacto, para que os valores cobrados pela instituição financeira requerida sejam pagos seguindo a modalidade de empréstimo consignado, com incidência de juros remuneratórios praticados pelo mercado para este tipo de contratação, estipulados de acordo com a taxa de juros divulgada pelo Bacen, incidindo desde a data da contratação." (TJMG – AC: 10000205801962001 MG, Relator: Pedro Aleixo, 16ª CÂMARA CÍVEL, Data de Publicação: 11/02/2021)

717. O STF, na ADI 6727, declarou a constitucionalidade de lei do Paraná que proíbe bancos de oferecer empréstimo a aposentados e pensionistas por telemarketing. Pela lei, a contratação de empréstimos somente pode ser realizada por essas empresas após solicitação expressa do aposentado ou do pensionista. Analisando a lei paranaense, sustentou a Mn. Carmen Lúcia que "a concessão do empréstimo ao aposentado ou pensionista somente se perfaz após a aposição de assinatura sua no contrato e a apresentação de documento de identidade idôneo, procedimento que está em plena harmonia e tanto reforça, como antes anotado, o princípio da proteção integral ao idoso, visto que a simples autorização dada ao telefone enseja a exposição a fraudes, abusos e até mesmo coação por terceiros." E conclui que "o que se dispõe na Lei paranaense aqui questionada é a adoção de política pública para a proteção econômica do idoso contra o assédio publicitário, não raro gerador de endividamento por onerosidade excessiva e de exposição a fraudes."

718. Lilian Salgado e Camila Oliveira de Souza, especialistas na proteção dos hipervulneráveis em face ao assédio de crédito, principalmente as pessoas idosas, destacam que "o banco se vale da ignorância dos consumidores e da agressividade do telemarketing para conseguir lograr êxito em seu intento, impingindo aos cidadãos mais carentes modalidade de crédito mais cara e não desejada. O banco transforma a natureza do crédito rotativo ao oferecê-lo como crédito fixo, ferindo o direito de escolha e informação adequada dos consumidores menos favorecidos economicamente. Nesse momento, os consumidores estão assumindo uma contratação onerosa de duração longínqua, em que terão valores descontados diretamente de seus pagamentos, sem ter conhecimento de quais ônus e implicações legais estão assumindo." *Telessaque: prática lesiva dos bancos é descortinada pelo Poder Judiciário.* Disponível em: https://www.conjur.com.br/2020-nov-20/opiniao-telessaque-pratica-lesiva-descortinada-judiciario. Acesso em: 20/11/2021.

e autonomia de contratar do consumidor, ofendendo diretamente os princípios da boa-fé objetiva, do crédito responsável e da dignidade da pessoa humana.[719-720]

A título de exemplo, ouça abaixo como ocorre o assédio à pessoa idosa via telefone (tire suas próprias conclusões....)

Importante mencionar que a figura do "assédio de consumo", agora disciplinada no CDC como prática abusiva, não se restringe somente à concessão do crédito. Isso porque o inciso IV disciplina como prática abusiva "assediar ou pressionar o consumidor para contratar o *fornecimento de produto, serviço* ou crédito". Assim, o assédio pode ser caracterizado para a contratação de qualquer produto e/ou serviço, mesmo não envolvendo crédito.

Por fim, o inciso V do art. 54-C proíbe que o fornecedor, na oferta de crédito, *condicione o atendimento de pretensões do consumidor ou o início de tratativas à renúncia ou à desistência de demandas judiciais, ao pagamento de honorários advocatícios ou a depósitos judiciais.*

Nessa hipótese o que se veda é uma forma de compensação a ser imposta pelo fornecedor para que o consumidor consiga contratar o crédito solicitado. Por já se encontrar em estado de vulnerabilidade acentuada pela necessidade do crédito, o fornecedor, encontrando-se em posição de forte superioridade contratual, não poderá exigir que o consumidor renuncie ou desista de ações já ajuizadas. No primeiro caso, *renúncia*, a ação ainda não foi ajuizada e no segundo, *desistência*, quando a ação já foi ajuizada.

Também é abusivo solicitar que o consumidor, para conseguir adquirir o crédito, pague honorários advocatícios ou depósitos judiciais. Tal prática também foi prevista no inciso

---

719. No tocante ao crédito consignado são frequentes as denúncias e reportagens atestando o assédio que é feito à pensionistas e aposentados do INSS. Há casos que, no dia seguinte à aposentadoria, bancos e financeiras entram em contato via telefone tentando convencer, insistentemente, o consumidor a adquirir ao crédito. Nesse sentido, conferir matéria intitulada *Sem regra rígida para consignado, bancos mantêm assédio a idosos.* Disponível em: https://agenciabrasil.ebc.com.br/geral/noticia/2019-02/sem-regra-rigida-para-consignado-bancos-mantem-assedio-idosos. Acesso em 03/11/2021. O TJRS já atestou este problema em vários julgados. A título de exemplo: "É fato público e notório o assédio a aposentados e pensionistas, prática que se revela extremamente vantajosa para as instituições financeiras, pois, para além do baixo risco de inadimplência (diante da garantia de desconto mensal das parcelas no benefício previdenciário/aposentadoria do contratante), a forma de pagamento estipulada, inevitavelmente, acaba por culminar no superendividamento, sobretudo daqueles mais hipossuficientes economicamente." (TJ-RS – AC: 70082110628 RS, Rel. Maria Thereza Barbieri, Data de Julgamento: 18/11/2020, Décima Quinta Câmara Cível, Data de Publicação: 05/02/2021)

720. Como exemplo: "No caso dos autos é inegável que houve assédio de consumo, ou seja, a perturbação/importunação indevida praticada pela empresa por via telefônica, que a princípio oferecia brindes, posteriormente descontos na compra de cursos, culminando com a remessa de livros, comprovado pelo áudio trazido aos autos virtuais, e pela cobrança do que a editora entende ser cabível, a negativação do autor e a ameaça de penhora, portanto é marcante a publicidade excessiva e agressiva, oferecendo diversos materiais e falando com frequência não tratar de material de amostra. Ressalto que a publicidade veiculada ao autor foi insistente (iniciada em 2017), velada, confusa, nebulosa, portanto é necessário se conferir a tutela jurídica adequada ao assédio de consumo." (TJ-DF 07105649620228070020 1671208, Relator: Marilia de Avila e Silva Sampaio, Data de Julgamento: 06/03/2023, Segunda Turma Recursal)

XVII do art. 51, considerando como abusiva as cláusulas que *condicionam ou limitam, de qualquer forma, o acesso aos órgãos do Poder Judiciário.*

Art. 54-D. Na oferta de crédito, previamente à contratação, o fornecedor ou o intermediário deverá, entre outras condutas:

I – informar e esclarecer adequadamente o consumidor, considerada sua idade, sobre a natureza e a modalidade do crédito oferecido, sobre todos os custos incidentes, observado o disposto nos arts. 52 e 54-B deste Código, e sobre as consequências genéricas e específicas do inadimplemento;

II – avaliar, de forma responsável, as condições de crédito do consumidor, mediante análise das informações disponíveis em bancos de dados de proteção ao crédito, observado o disposto neste Código e na legislação sobre proteção de dados;

III – informar a identidade do agente financiador e entregar ao consumidor, ao garante e a outros coobrigados cópia do contrato de crédito.

Parágrafo único. O descumprimento de qualquer dos deveres previstos no caput deste artigo e nos arts. 52 e 54-C deste Código poderá acarretar judicialmente a redução dos juros, dos encargos ou de qualquer acréscimo ao principal e a dilação do prazo de pagamento previsto no contrato original, conforme a gravidade da conduta do fornecedor e as possibilidades financeiras do consumidor, sem prejuízo de outras sanções e de indenização por perdas e danos, patrimoniais e morais, ao consumidor.

Se no art. 54-C há hipóteses de práticas proibidas na oferta de crédito, no art. 54-D há práticas e condutas que deverão ser observadas, obrigatoriamente, na mesma.

Nos moldes do que já foi abordado nos arts. 52 e 54-B, na oferta de crédito previamente à contratação, o fornecedor deverá conceder informação qualificada e adequada, considerando as peculiaridades de cada contrato e de cada consumidor (nível de escolaridade, idade, condição social, se analfabeto ou não, entre outros). Assim, se exige uma oferta "customizada", anterior a contratação, considerando a condição do consumidor. Não se admite mais a oferta padrão, levando em consideração o "homem médio".

Além da informação qualificada, a que assegura o real conhecimento sobre os custos e riscos assumidos, deverá ainda o fornecedor *esclarecer* adequadamente o consumidor. Aqui, a ideia foi acentuar a necessidade de o fornecedor agir como um parceiro leal e transparente, protegendo e cooperando (deveres anexos de cooperação e proteção da boa-fé objetiva) com o consumidor, de modo a que este consiga alcançar a melhor contratação para a sua realidade, atendendo as suas legítimas expectativas.

Nesse sentido, ninguém melhor que o próprio fornecedor de crédito para não somente informar (de maneira qualificada), mas também esclarecer e até mesmo aconselhar o consumidor sobre a melhor forma de contratar o crédito. Assim, a questão que deve ser posta na análise deste inciso é se foi informado e esclarecido ao consumidor sobre a melhor forma de contratar o crédito para o consumidor e não a melhor contratação para o banco (que é a que o banco conseguirá lucrar mais). Sendo assim, se o consumidor foi realmente informado, esclarecido e aconselhado sobre a melhor contratação para o seu caso (a que pagará menos pelo crédito e/ou a que suportará menos riscos no tocante ao inadimplemento), será muito difícil ele optar por outro contrato em outras condições mais prejudiciais.[721]

Vamos ao um exemplo prático: imaginemos que um consumidor se dirija à agência bancária informando que precisa reformar urgentemente sua casa em razão de estragos causados por fortes chuvas que ocorreram na cidade. Precisando de crédito para a reforma, informa que quer solicitar empréstimo direto ao banco. Nessa hipótese, constatando que o consumidor é assalariado e possui margem consignável para o empréstimo, *deverá* o gerente ou responsável pela concessão do crédito informar e esclarecer para o consumidor que será mais vantajoso fazer um empréstimo consignado, por possuir juros bem menores, do que fazer um empréstimo direto. Na prática é um aconselhamento, ou seja, deverá ser indicada a contratação mais benéfica para o consumidor em questão.[722]

No inciso II, em razão do dever anexo de cooperação e do princípio do crédito responsável, deverá o fornecedor avaliar a capacidade de reembolso do consumidor. Sobre o viés da prevenção ao superendividamento, não se permite mais que o fornecedor conceda crédito de maneira deliberada, bastando o consumidor solicitar. É preciso que seja analisado se o consumidor possui condições reais de receber o crédito e, em caso negativo, deverá ser recusado o crédito, não somente porque ele apresenta um risco para o fornecedor (com possibilidades reais de inadimplemento), mas porque ele apresenta riscos de superendividamento.[723]

O fornecedor deverá verificar nos bancos de dados se o consumidor se encontra em situação de inadimplência perante outro fornecedor (negativado), avaliando a condição financeira atual do consumidor. Se está inadimplente é porque há fortes indícios de que o consumidor não tem condições de suportar nova dívida.

721. Nesse sentido: "Constitui dever do agente financeiro, na fase pré-contratual, analisar a situação econômica do consumidor, seu perfil, suas necessidades e, dentre as inúmeras modalidades de crédito disponíveis, sugerir – se for o caso – a contratação do empréstimo que está mais adequado ao momento, aos propósitos, necessidades e possibilidades orçamentárias do consumidor." (TJDFT 07364128220218070000 DF 0736412-82.2021.8.07.0000, Relator: Leonardo Roscoe Bessa, Data de Julgamento: 02/02/2022, 6ª Turma Cível)

722. Vale lembrar que no projeto original da Comissão de Juristas a redação constava o "aconselhamento" e a "advertência". O fornecedor deveria *esclarecer, aconselhar e advertir*...Embora a redação tenha mudado para *esclarecer*, na prática a ideia é a mesma: indicar para o consumidor qual a melhor contratação no caso concreto, considerando as suas necessidades e realidade. É como se perguntasse para a concedente de crédito assim: se fosse para você, qual modalidade de crédito, quantidade de prestações, etc, você contrataria?

723. A verificação da capacidade de reembolso do consumidor na oferta de crédito já está regulamentada há muito tempo na Europa. A Diretiva Europeia 2008/48/CE dispôs, no art. 8º, sobre a obrigação do fornecedor de crédito avaliar a solvabilidade do consumidor. Assim, "Art. 8º. 1. Os Estados-Membros devem assegurar que, antes da celebração do contrato de crédito, o mutuante avalie a solvabilidade do consumidor com base em informações suficientes, se for caso disso obtidas do consumidor e, se necessário, com base na consulta da base de dados relevante. Os Estados-Membros cuja legislação exija que os mutuantes avaliem a solvabilidade dos consumidores com base numa consulta da base de dados relevante podem reter esta disposição. 2. Os Estados-Membros devem assegurar que, se as partes decidirem alterar o montante total do crédito após a celebração do contrato, o mutuante actualize a informação financeira de que dispõe relativamente ao consumidor e avalie a solvabilidade deste antes de qualquer aumento significativo do montante total do crédito."

Para o alcance da concessão do crédito responsável, não basta somente que o fornecedor verifique os bancos de dados. Será preciso, através de documentação e informações a serem fornecidas pelo próprio consumidor, que ele apresente e demonstre condições de receber e pagar o crédito pretendido, possuindo, ainda, quantia suficiente para o mínimo existencial de modo a preservar sua dignidade.

O que se pretende alcançar com a prevenção ao superendividamento são concessões responsáveis do crédito. Assim, há para o fornecedor de crédito a obrigação (ônus) na verificação da capacidade de reembolso do consumidor.

A jurisprudência já vinha reconhecendo o dever, em alguns casos, de avaliar a capacidade de pagamento do consumidor, mesmo antes da edição da Lei do Superendividamento:

> "É negligente a instituição financeira que, mesmo podendo aferir a capacidade econômica do contratante, que já possui comprometida sua remuneração mensal, permanece concedendo empréstimos ao consumidor, deixando de observar seus deveres decorrentes da boa-fé objetiva, cabendo salientar que os fornecedores de crédito devem adotar as cautelas necessárias ao efetivo recebimento do pagamento, mas também devem tomar medidas visando a evitar o superendividamento dos consumidores, preservando, assim, o princípio da dignidade da pessoa humana. 6. Recurso conhecido e improvido." (TJ-DF – APC 20130110436343, Rel. Alfeu Machado, 3ª Turma Cível, DJE 22/05/2015).

Assim, após a Lei 14.181/2021, deverá o fornecedor demonstrar que, quando da concessão do crédito, foi aferida as condições financeiras do consumidor, seja pela análise do banco de dados (não estando o consumidor negativado quando da contratação), seja pela análise de outros cadastros (como o *credit score*, métrica que avalia o risco de inadimplemento), seja de informações e documentos disponibilizados pelo próprio consumidor que atestavam a capacidade de receber o crédito pretendido.

Afinal, como afirma o Des. Marcelo Almeida do TJRJ, "a concessão de crédito a alguém não se faz livre de responsabilidade. O mutuante deve ter em mente a capacidade de endividamento do cliente, pois só assim tem condições de aferir se ele pode ou não suportar a devolução da importância mutuada. Este é um dos deveres inerentes à sua atividade."[724]

Já pelo inciso III, deverá o fornecedor *informar a identidade do agente financiador e entregar ao consumidor, ao garante e a outros coobrigados cópia do contrato de crédito*. A entrega da cópia do contrato de crédito deverá ser feita não somente ao consumidor, como também ao garante e a "outros coobrigados". Garante inclui tanto aquele que responde com seu patrimônio (garantia fidejussória) quanto aquele que destacou um bem de seu patrimônio (garantia real). Coobrigados são aqueles que também celebraram o contrato de fornecimento de crédito, sendo obrigado solidário no contrato (ex: contrato de financiamento imobiliário feito por marido e mulher para a aquisição da casa própria).

De maneira providencial e necessária, com a finalidade de alcançar a prevenção ao superendividamento, o parágrafo único do art. 54-D estipula sanções a serem aplicadas ao fornecedor de crédito, ainda que judicialmente, caso algumas das obrigações (negativas e/ou positivas) sejam desrespeitadas.

724. Trecho retirado da ementa do seguinte julgado: (TJRJ – APL: 00253799620188190004, Relator: Des(a). Marcelo Almeida, Décima Nona Câmara Cível, Data de Publicação: 23/09/2021)

A previsão de sanções a serem aplicadas nos contratos de créditos que foram celebrados em desrespeito aos dispositivos do CDC é fundamental para darmos eficácia a tais normas. Se nenhuma sanção expressa fosse prevista, restaria ao consumidor, como acontecia antes da Lei 14.181/2021, somente solicitar a revisão contratual alegando as práticas abusivas do fornecedor, o que, na prática, mesmo reconhecendo as abusividades, não geravam mudanças nos contratos celebrados (seja diminuindo os juros, seja dilatando o prazo de pagamento, etc.).

As sanções do parágrafo único do art. 54-D poderão ser aplicadas de ofício pelo magistrado. Sendo norma de ordem pública e visando prevenir situação que envolve um problema social, o juiz não está limitado aos pedidos do consumidor, uma vez que este, na maioria das vezes, encontra-se em estado de vulnerabilidade agravada. Ademais, as normas de prevenção e tratamento ao superendividamento cumprem uma função social, buscando melhorar a qualidade de vida dos indivíduos e da sociedade como um todo.[725]

Antes de verificarmos quais são as sanções, cabe uma observação importante. De maneira equivocada, no parágrafo único do art. 54-D somente foi mencionado o próprio artigo (54-D), os arts.52 e 54-C, ficando de fora o art. 54-B. Porém, o art. 54-B também está incluso nos deveres a que o fornecedor está submetido, sob pena de sanções. Isso porque houve um equívoco na redação que foi alterada pelo Congresso Nacional no trâmite do projeto de lei. No projeto original enviado pela Comissão de Juristas, o art. 54-D constava como o art. 54-C (por isso é que o parágrafo do art. 54-C fazia menção somente ao próprio artigo e aos art. 52 e 54-B, artigo imediatamente anterior).

A mudança se deu porque o art. 54-B do projeto original foi desmembrado em dois. Os §§4º e 5º do art. 54-B (do projeto original) se transformaram, com pequenas alterações, no art. 54-C atual. E o art. 54-C (que previa as sanções na redação original) se transformou no art. 54-D. Assim, quando da reordenação da numeração dos artigos, houve um esquecimento da menção aos artigos corretos que, pelo descumprimento, geraria sanções. Aliás, o equívoco é tão claro que não faria sentido incluir o art. 52 e desconsiderar o art. 54-B, uma vez que este é o complemento daquele, sendo a verificação do art. 54-B de fundamental importância para o alcance da prevenção ao superendividamento (já que lista as informações que deverão constar na oferta de crédito).

Dessa forma, qualquer dever previsto nos artigos que envolvam a contratação do crédito, caso desrespeitado pelo fornecedor, poderá resultar nas sanções judiciais previstas no parágrafo único do art. 54-D: *a)* redução dos juros, dos encargos ou de qualquer acréscimo ao principal, *b)* dilação do prazo de pagamento; *c)* outras sanções; além de poder cumular com a indenização por perdas e danos, patrimoniais e morais.[726-728]

---

725. Sobre os efeitos sociais que o superendividamento acarreta, verificar os comentários ao início do Capítulo VI-A do CDC.

726. No texto da comissão de juristas e do PLS 283/2021 havia a previsão também da possibilidade da *inexigibilidade de juros*. Porém, na Câmera dos Deputados, esta sanção foi retirada. Embora tenha sido retirada, a inexigibilidade dos juros poderá ser sancionada pelo magistrado de acordo com o art. 46 do CDC: *"Os contratos que regulam as relações de consumo não obrigarão os consumidores, se não lhes for dada a oportunidade de tomar conhecimento prévio de seu conteúdo, ou se os respectivos instrumentos forem redigidos de modo a dificultar a compreensão de seu sentido e alcance."* Nesse sentido, quando não informado adequadamente a taxa de juros nos contratos, é o entendimento de Clarissa Costa de Lima pela inexigibilidade da cobrança: "Aplicando-se o art. 46 do CDC em conjunto com o art. 52 do CDC conclui-se que se o diploma protetivo prevê que o contrato ou as cláusulas obscuras não obrigarão o

Sobre a aplicação das sanções, algumas observações.

Primeiro que elas somente poderão ser aplicadas judicialmente. Assim, será necessário que o consumidor promova uma ação judicial (revisional) demonstrando e/ou alegando (se a prova for difícil, poderá solicitar a inversão do ônus da prova) que o fornecedor descumpriu com algum(s) dever(res) atinentes à concessão do crédito.

Segundo que as sanções a serem aplicadas judicialmente não impede que os órgãos administrativos de proteção ao consumidor (ex: Procons) apliquem sanções administrativamente pelo descumprimento destes mesmos deveres do fornecedor de crédito, não podendo, somente, interferir diretamente no contrato celebrado, impondo alterações.

Terceiro que para a aplicação das sanções (seja redução de juros e encargos, seja de dilação de prazo para pagamento) deverá o magistrado avaliar a gravidade da conduta do fornecedor de crédito, bem como as possibilidades financeiras atuais do consumidor. Se a atuação do fornecedor na concessão do crédito se mostrou abusiva a ponto de verificar que o consumidor não agiu de maneira totalmente consentida e consciente dos ônus e riscos assumidos (principalmente se houve pressão ou assédio para a contratação ao crédito), deverá o magistrado reduzir ao máximo os juros, encargos e qualquer quantia acima do principal, bem como, dependendo da condição financeira do consumidor (se está com dificuldades de pagar as prestações sem a garantia do mínimo existencial), dilatar o prazo de pagamento, não somente para possibilitar o consumidor honrar com o pagamento da quantia utilizada do crédito, como também para sancionar o fornecedor, de modo que o mesmo não aja de maneira abusiva com os próximos consumidores contratantes.

---

consumidor quando não lhe foi oportunizado o conhecimento prévio, os juros remuneratórios, quando não previstos no instrumento contratual, também não podem ser impostos ao consumidor por expressa vedação legal." LIMA, Clarissa Costa de. O dever de informação nos contratos de crédito ao consumo em direito comparado francês e brasileiro: a sanção para a falta de informação dos juros remuneratórios. *Revista de Direito do Consumidor*. RT. Vol. 69/2009, p. 9-31.

727. Aplicando as sanções do parágrafo único do art. 54-D por ofensa ao princípio do crédito responsável (na hipótese, os descontos da dívida estavam consumindo a integralidade do salário do consumidor, falhando o fornecedor de crédito em analisar a capacidade de pagamento): "DESCONTOS DE 100% SOBRE OS VENCIMENTOS LÍQUIDOS DO AUTOR – VIOLAÇÃO À GARANTIA DO MÍNIMO EXISTENCIAL E À DIGNIDADE HUMANA – CLÁUSULA MANIFESTAMENTE ABUSIVA – NULIDADE – ART. 51 DO CDC – SUPERENDIVIDAMENTO – REVISÃO DOS DESCONTOS COM BASE NAS DISPOSIÇÕES DO CÓDIGO DE DEFESA DO CONSUMIDOR – LIMITAÇÃO EM 30% DOS VENCIMENTOS LÍQUIDOS – POSSIBILIDADE – ART. 54-D, PARÁGRAFO ÚNICO, DO CDC – AUTONOMIA DO DIREITO PRIVADO QUE NÃO CARACTERIZA INDEPENDÊNCIA EM FACE DA CONSTITUIÇÃO – REEXAME REJEITADO." (TJ-SP – AC: 10041757820198260220 SP 1004175-78.2019.8.26.0220, Relator: Carlos Abrão, Data de Julgamento: 18/07/2022, 14ª Câmara de Direito Privado) Constou do voto do relator: "Se, por um lado, seu endividamento é marcante, caberia ao banco, antes de conceder os créditos, analisar a situação do devedor, pois também é de responsabilidade da casa bancária conferir os dados apresentados e a capacidade de pagamento antes de aprovar o empréstimo. Nesse ponto, sobreleva notar a superveniência da Lei do Superendividamento, que alterou o CDC e estabeleceu capítulo relativo à prevenção ao superendividamento da pessoa natural, fixando, no art. 54-D, parágrafo único, a possibilidade de "redução dos juros, dos encargos ou de qualquer acréscimo ao principal e a dilação do prazo de pagamento previsto no contrato original, conforme a gravidade da conduta do fornecedor e as possibilidades financeiras do consumidor, sem prejuízo de outras sanções e de indenização por perdas e danos, patrimoniais e morais, ao consumidor". Na presente hipótese, há manifesta abusividade na cláusula bancária que permite à casa bancária se apropriar da integralidade dos vencimentos recebidos em conta pelo servidor público, tornando-se necessário declarar a nulidade de tal disposição e revisar o contrato bancário para fixar limitação de 30% sobre a autorização de descontos, sob pena de violação aos princípios constitucionais da dignidade humana e da proteção do salário."

Quarto que as sanções previstas expressamente no parágrafo único do art. 54-D poderão ser cumuladas com outras sanções (administrativas) e judiciais. Assim, o magistrado não está atrelado somente à redução dos juros, encargos e acréscimo ao principal e dilação de prazo para pagamento. Dependendo da gravidade da conduta do fornecedor, o magistrado poderá aplicar, por exemplo, a sanção de inexigibilidade dos juros (e não somente a redução deles), devendo o consumidor pagar somente o principal.

Outra sanção judicial que poderá ser aplicada pelo magistrado é a multa civil. Prevista expressamente no PLS 281/2012, que tratava do comércio eletrônico[728], a multa civil consiste em um instrumento importante para a prevenção de práticas abusivas, principalmente na concessão do crédito. Assim, percebendo o magistrado que a conduta abusiva de determinado fornecedor de crédito vem sendo praticada de maneira reiterada no mercado de consumo e que, mesmo após as sanções aplicadas pelo art. 54-D e/ou sanções administrativas tem sido insuficientes para a paralisação dos abusos, poderá o magistrado, considerando a gravidade da conduta e o benefício auferido, estipular uma multa a ser destinada ao fundo de direitos difusos.[729-730] De modo a evitar o argumento do enriquecimento sem causa do

728. A redação do PLS 281 que tratou sobre o comércio eletrônico, aprovado no Senado Federal e enviado à Câmara dos Deputados, constava os seguintes parágrafos ao art. 49: "*§ 9º O descumprimento dos deveres do fornecedor previstos nesta lei enseja a aplicação pelo Poder Judiciário de multa civil em valor adequado à gravidade da conduta e suficiente para inibir novas violações, sem prejuízo das sanções penais e administrativas cabíveis e da indenização por perdas e danos, patrimoniais e morais, ocasionados aos consumidores.§ 10º A graduação e a destinação da multa civil deverão observar o disposto no caput do art. 57 desta Lei, sendo possível sua aplicação a outras hipóteses de descumprimento dos deveres do fornecedor previstos nesta Lei.* "

729. O ideal é que fosse criado no Brasil um *Fundo* destinado especificamente à prevenção e tratamento do superendividamento. Assim, as multas civis e outras aplicadas administrativamente em decorrência dos abusos na concessão do crédito poderiam ser destinadas a este fundo, que poderiam ser utilizadas em campanhas de educação e informação financeira aos consumidores, financiamento de capacitação de mediadores e conciliadores para as audiências de conciliação, pagamento de honorários do administrador que auxiliará os magistrados nos planos compulsórios (art. 104-B), etc. Clarissa Costa de Lima cita interessante fundo criado na Bélgica. Segundo a autora, a lei que instituiu o regramento coletivo das dívidas na Bélgica instituiu o *"Fundo de Tratamento do Superendividamento"*, financiado pelos credores, que se destina a pagar as campanhas de informação e sensibilização para o superendividamento dos consumidores como também os honorários do mediador de dívidas. (Op. cit. pg. 67). Seguindo o modelo Belga, poderíamos criar no Brasil um fundo que não abarcasse somente as multas civis e administrativas, mas que também fosse financiada pelos principais fornecedores que agem de maneira contrária ao princípio do crédito responsável (principalmente através do assédio de consumo), já que são eles os principais responsáveis pelas situações de superendividamento.

730. O STJ aceita a aplicação conjunta da multa civil e da multa administrativa. Nesse sentido: "A existência de penalidade ou outra medida administrativa *in abstracto* (para o futuro) ou in concreto (já infligida), como resposta a determinada conduta ilegal, não exclui a possibilidade e a necessidade de providência judicial, nela contida a de índole cautelar ou inibitória, com o intuito de proteger os mesmos direitos e deveres garantidos, em tese, pelo poder de polícia da administração, seja com cumprimento forçado de obrigação de fazer ou de não fazer, seja com determinação de restaurar e indenizar eventuais danos materiais e morais causados ao indivíduo, à coletividade, às gerações futuras e a bens estatais. No Brasil, a regra geral é que o comportamento anterior – real ou hipotético – do administrador não condiciona, nem escraviza, o desempenho da jurisdição, já que a intervenção do juiz legitima-se tanto para impugnar, censurar e invalidar decisão administrativa proferida, como para impor ex novo aquela que deveria ter ocorrido, no caso de omissão, e, noutra perspectiva, para substituir a incompleta ou a deficiente, de maneira a inteirá-la ou aperfeiçoá-la. X – Independentes entre si, "multa civil" (astreinte), frequentemente utilizada como reforço de autoridade "da" e "na" prestação jurisdicional, não se confunde com "multa administrativa". Tampouco caracteriza sanção

consumidor, o valor deverá ser destinado ao fundo de direitos difusos, até porque sua finalidade é coletiva: evitar que o fornecedor continue praticando os abusos no mercado de crédito, atingindo os futuros consumidores contratantes.

Quinto que o magistrado poderá, além da aplicação das sanções já descritas anteriormente, condenar o fornecedor a indenizar o consumidor por perdas e danos, patrimoniais e morais, dependendo do abuso e do prejuízo (dano material) causado na concessão irresponsável do crédito.

A concessão de crédito de maneira irresponsável, que ofende a boa-fé, não sendo leal e transparente, acarreta diversos danos *materiais*, pois o consumidor precisa pagar juros e encargos muitas vezes sequer informados e/ou contratados, e *morais*, causando problemas pessoais, familiares e sociais, diante dos sentimentos de frustação, indignação e de impotência diante da impossibilidade de pagar as dívidas em decorrência do abuso praticado pelo fornecedor de crédito.[731-732]

---

judicial "adicional" ou "sobreposta" à aplicável pelo Estado-Administrador com base no seu poder de polícia. Além disso, a multa administrativa, como pena, destina-se a castigar fatos ilícitos pretéritos, enquanto a multa civil imposta pelo magistrado projeta-se, em um de seus matizes, para o futuro, de modo a assegurar a coercitividade e o cumprimento de obrigações de fazer e de não fazer, dar e pagar, legal ou judicialmente estabelecidas. XI – A sanção administrativa não esgota, nem poderia esgotar, o rol de respostas persuasivas, dissuasórias e punitivas do ordenamento no seu esforço – típico desafio de sobrevivência – de prevenir, reparar e reprimir infrações. *Assim, a admissibilidade de "cumulação" de multa administrativa e de multa civil integra o próprio tecido jurídico do Estado Social de Direito brasileiro, inseparável de um dos seus atributos básicos, o "imperativo categórico e absoluto de eficácia de direitos e deveres"*.(STJ, AgInt no AREsp 1413621/MG, Rel. Ministro Francisco Falcão, Segunda Turma, DJe 11/05/2020)

731. Nesse sentido o TJRJ condenou o fornecedor de crédito em danos materiais (devolução dos valores indevidamente pagos na contratação do cartão de crédito consignado) e em danos morais, pelos dissabores causados em decorrência da prática abusiva da concessão do crédito de maneira desleal: "APELAÇÃO CÍVEL. DIREITO DO CONSUMIDOR. BANCO BMG. CARTÃO DE CRÉDITO CONSIGNADO. AUTORA QUE OBJETIVAVA A CONTRATAÇÃO DE EMPRÉSTIMO CONSIGNADO COM DÉBITO EM FOLHA DE PAGAMENTO. PEDIDO DE REVISÃO DO CONTRATO E DEVOLUÇÃO DOS VALORES INDEVIDAMENTE PAGOS. INDENIZAÇÃO POR DANOS MORAIS. Oferta ao Autor de uma espécie de empréstimo consignado efetuado por meio de saque em cartão de crédito. Utilização anormal do cartão de crédito. Não utilização do cartão para qualquer operação de compra. O instrumento contratual contém clausulas que dificulta a sua compreensão e o alcance. Inteligência do atrigo 46 do CDC. Violação ao princípio da boa-fé objetiva, ao dever de informação e à transparência. Art. 52 do CDC. Falha na prestação de serviço e caracterização da má-fé do Réu. Contrato deve ser revisto utilizando-se juros limitados à média de mercado aplicáveis aos contratos de empréstimo consignado à época da celebração. Precedentes STJ e TJRJ. Devolução dos valores eventualmente pagos a maior deve se dar na forma dobrada. Art. 42 do CDC. Dano moral configurado. Majoração para R$ 5.000,00 (cinco mil reais) melhor adequando aos critérios norteadores e aos princípios da razoabilidade e proporcionalidade." (TJRJ – APL: 00060764320188190054, Relator: Des(a). Denise Nicoll Simões, Quinta Câmara Cível, Data de Publicação: 28/05/2020)

732. O TJRS aplicou o dano moral *in re ipsa* pela concessão irregular de crédito, principalmente quando provoca o superendividamento: "APELAÇÕES CÍVEIS. NEGÓCIOS JURÍDICOS BANCÁRIOS. AÇÃO DE OBRIGAÇÃO DE FAZER C/C REPETIÇÃO DE INDÉBITO E DANOS MORAIS. RETENÇÃO DA INTEGRALIDADE DO SALÁRIO PARA PAGAMENTO DE EMPRÉSTIMOS. SUPERENDIVIDAMENTO. ABUSO DO DIREITO DE CONCESSÃO DE CRÉDITO. LIMITAÇÃO A 30% DOS VENCIMENTOS BRUTOS MENSAIS. ANALOGIA. DANO MORAL IN RE IPSA. Uma vez demonstrado que os diversos empréstimos concedidos pela instituição financeira repercutem em prestações cujo montante total é muito superior aos rendimentos mensais do consumidor, acarretando a dedução da íntegra de seus vencimentos, tem-se a hipótese de superendividamento gerado em razão de abuso na concessão de crédito pela instituição financeira, violação à boa-fé objetiva e prática comercial abusiva contra o consumidor, e, como tal, nula de pleno direito a

Art. 54-E. (VETADO).

Art. 54-F. São conexos, coligados ou interdependentes, entre outros, o contrato principal de fornecimento de produto ou serviço e os contratos acessórios de crédito que lhe garantam o financiamento quando o fornecedor de crédito:

I – recorrer aos serviços do fornecedor de produto ou serviço para a preparação ou a conclusão do contrato de crédito;

II – oferecer o crédito no local da atividade empresarial do fornecedor de produto ou serviço financiado ou onde o contrato principal for celebrado.

§ 1º O exercício do direito de arrependimento nas hipóteses previstas neste Código, no contrato principal ou no contrato de crédito, implica a resolução de pleno direito do contrato que lhe seja conexo.

§ 2º Nos casos dos incisos I e II do caput deste artigo, se houver inexecução de qualquer das obrigações e deveres do fornecedor de produto ou serviço, o consumidor poderá requerer a rescisão do contrato não cumprido contra o fornecedor do crédito.

§ 3º O direito previsto no § 2º deste artigo caberá igualmente ao consumidor:

I – contra o portador de cheque pós-datado emitido para aquisição de produto ou serviço a prazo;

II – contra o administrador ou o emitente de cartão de crédito ou similar quando o cartão de crédito ou similar e o produto ou serviço forem fornecidos pelo mesmo fornecedor ou por entidades pertencentes a um mesmo grupo econômico.

§ 4º A invalidade ou a ineficácia do contrato principal implicará, de pleno direito, a do contrato de crédito que lhe seja conexo, nos termos do caput deste artigo, ressalvado ao fornecedor do crédito o direito de obter do fornecedor do produto ou serviço a devolução dos valores entregues, inclusive relativamente a tributos.

O art. 54-F trata dos chamados contratos coligados ou conexos[733], ou seja, aqueles que possuem relação de causalidade entre si. Um contrato depende do outro, de tal modo que, formado separadamente, é desinteressante o negócio.[734] Ou seja, um contrato é celebrado

cláusula contratual que autoriza tal dedução automática. Ficam permitidos os descontos, desde que observado o limite de 30% dos vencimentos brutos, após a dedução dos descontos obrigatórios. Ainda que expressamente ajustada, a retenção integral do salário de correntista com o propósito de honrar débito deste com a instituição bancária enseja a reparação moral." (TJRS – AC: 70071887731 RS, Relator: Liege Puricelli Pires, Décima Sétima Câmara Cível, Data de Publicação: 31/03/2017)

733. Embora seja encontrada na doutrina civilista diferenciações entre os termos, o CDC preferiu tratá-los como sinônimos para a aplicação dos efeitos do art. 54-F. No mesmo sentido é a observação da Profa. Cláudia Lima Marques, esclarecendo que "a Lei 14.181/2021 tenta englobar toda a nomenclatura do fenômeno (conexos, coligados ou interdependentes)." MARQUES, Cláudia Lima. *Comentários à Lei 14.181/2021: A atualização do CDC em matéria de superendividamento*. RT, 2021, pg. 305.

734. RIZZARDO, Arnaldo. *Contratos*. Rio de Janeiro: Forense, 2009, página 81.

em função da celebração de outro contrato. É o que se dá com a aquisição de um produto através da concessão do crédito. Há dois contratos: o contrato de compra e venda do produto e o contrato de crédito que permitiu, com a quantia liberada, celebrar o primeiro contrato (compra do produto).

Assim, o *caput* do art. 54-F reconhece, ao menos, a existência de dois contratos coligados: *(a)* o contrato entre o fornecedor de crédito e o consumidor, chamado de contrato "acessório" e *(b)* o contrato entre o fornecedor do produto ou serviço e o consumidor, chamado de contrato "principal". A relação de causalidade com a aplicação dos efeitos dispostos no artigo ocorrerá entre os dois contratos quando a contratação tenha ocorrido em uma das duas hipóteses previstas nos incisos I ou II, pois, em qualquer destes casos, não poderá o fornecedor do crédito alegar desconhecimento das cláusulas e condições que constam do contrato de fornecimento de produto ou serviço.

No inciso I, o fornecedor de crédito recorre aos serviços do fornecedor de produto ou serviço para a preparação ou a conclusão do contrato de crédito. Assim, o fornecedor de crédito e do produto agem em conjunto com a mesma finalidade: oportunizar a celebração do contrato de compra e venda do produto através da liberação do crédito que, por sua vez, se dá através do contrato de crédito.

O contrato (dito principal) só ocorre porque o fornecedor de crédito, ciente das cláusulas, garantias, etc, celebra o contrato permitindo a liberação do crédito. É o que ocorre, por exemplo, nos contratos de aquisição de veículo mediante o contrato de alienação fiduciária em garantia. A instituição financeira somente fornece o numerário para a aquisição do veículo através dos dados fornecidos pelo fornecedor (concessionária), ficando o veículo (bem) em garantia do adimplemento do contrato. A instituição financeira, inclusive, nestes contratos, repassa o valor diretamente ao fornecedor (concessionária), havendo nítida relação de causalidade entre os contratos (compra e venda e crédito).

No inciso II o fornecedor de crédito oferece o crédito no próprio local da atividade empresarial do fornecedor de produto ou serviço financiado ou onde o contrato principal for celebrado. É o caso que acontece nas compras de veículos nas concessionárias. O consumidor celebra, na própria concessionária, a aquisição do veículo (contrato principal) e o contrato de financiamento (contrato acessório). O fornecedor de crédito se instala no próprio local do fornecedor do produto (concessionária), facilitando a contratação através da liberação do financiamento.

Assim, nas duas hipóteses, o fornecedor de crédito age em conjunto com o fornecedor do produto ou serviço, e, por guardarem uma relação de causalidade entre si, sofrerão os mesmos efeitos (chamado de *efeito dominó*), não podendo ser considerados de forma autônoma e/ou independente.

Assim, prescreve o §1º que o exercício do direito de arrependimento de um dos contratos implicará a resolução de pleno direito do outro contrato. Suponhamos que o consumidor adquira um produto pela internet e utilize de um financiamento (na hipótese do inciso I) para a aquisição deste produto. Caso o consumidor venha a se arrepender desta compra, o contrato de financiamento (que permitiu a compra do produto) estará resolvido, não podendo o fornecedor de crédito alegar que são contratos diferentes e que só poderia o consumidor exercer o arrependimento no contrato principal.

No mesmo sentido é o teor do §2º. No caso de haver inexecução de qualquer das obrigações e deveres do fornecedor de produto ou serviço, o consumidor poderá requerer a rescisão do contrato não cumprido contra o fornecedor do crédito. Sendo coligados e mantendo relação de causalidade, o não cumprimento das obrigações no contrato principal acarretará a rescisão do contrato de crédito, caso seja requerido pelo consumidor, inclusive nos casos de pagamento através de cheque pós-datado e cartão de crédito (incisos I e II do §3º). [735]

Havendo então inexecução do fornecedor do produto ou serviço, o consumidor poderá alegar a exceção do contrato não cumprido contra o portador do cheque pós-datado para não efetuar o pagamento. Nesta hipótese, será importante o consumidor declarar no cheque, na parte de trás, sobre o objeto da compra, vinculando o cheque ao produto/serviço adquirido. Da mesma forma, o consumidor poderá alegar a exceção do contrato não cumprido contra o emitente ou administrador do cartão de crédito utilizado para a realização da compra, quando o cartão de crédito ou similar e o produto ou serviço forem fornecidos pelo mesmo fornecedor ou por entidades pertencentes a um mesmo grupo econômico.

Por fim, o § 4º prescreve que a invalidade ou ineficácia do contrato de fornecimento de produto ou serviço (principal) acarretará, de pleno direito, a invalidade ou ineficácia do contrato de crédito (conexo). Neste caso, porém, a lei ressalva a possibilidade de o fornecedor do crédito obter do fornecedor do produto ou serviço a devolução dos valores já entregues ao consumidor, inclusive tributos incidentes sobre a operação de financiamento.

O STJ chegou a reconhecer a ideia de causalidade dos contratos coligados/conexos, embora justificando a aplicação dos mesmos efeitos (rescisão), em razão da solidariedade por integrarem a mesma cadeia de consumo (o banco que financiou o veículo era um banco da própria montadora).[736] No caso, um consumidor postulou a resolução simultânea do contrato de compra e venda de um automóvel (justificada pela existência de um vício de qualidade) e do contrato de arrendamento mercantil (leasing) firmado com o "banco da montadora" para financiamento do veículo. O STJ entendeu então que houve *"o rompimento da base do negócio jurídico, e a solução mais consentânea com a boa-fé objetiva reside em*

735. A jurisprudência já vem reconhecendo a conexão entre os contratos de consumo e de crédito, inclusive gerando responsabilidade solidária pelos danos causados ao consumidor: "Apelação – Ação de rescisão contratual cumulada com indenização por danos materiais e morais – Venda e compra – Veículo – Adulteração de hodômetro – Demonstração – Fornecedores – Cadeia de consumo – Responsabilidade da instituição financeira – Contratos coligados – Danos materiais comprovados – Ônus sucumbenciais bem fixados. O contrato de financiamento é coligado ao de venda e compra, uma vez que, rescindido o negócio principal, o acessório o acompanha. *Dessa forma, não são contratos independentes, mas, sim, contratos conexos ou coligados, porquanto os corréus participaram diretamente da compra e venda movidos pela comunhão de interesses, em relação de consumo, o que caracteriza a responsabilidade solidária entre eles, também em relação aos danos eventualmente causados ao consumidor.* As corrés são igualmente responsáveis pelos danos, na condição de fornecedores, pois são integrantes da cadeia de consumo (art. 7º e 14, do CDC, e 447 e 450, do CC)- Ficou demonstrado nos autos que a quilometragem real do veículo é superior àquela informada à autora, e visível no hodômetro, de forma que demonstrados o nexo de causalidade, a responsabilidade das corrés pelos fatos, bem como o dever de indenizar a autora. Os danos materiais estão bem demonstrados. (TJ/SP – AC: 10331552820208260114 SP, Relator: Lino Machado, 30ª Câmara de Direito Privado, Data de Publicação: 13/10/2021)

736. 07. Na hipótese dos autos, o consumidor adquiriu, na concessionária Sabrico S/A, veículo da marca Volkswagen, e, no pagamento, valeu-se de contrato de arrendamento mercantil firmado com o Banco Volkswagen, para quitação de R$ 20.000,00 (vinte mil reais), do total de R$ 60.400,00 (sessenta mil e quatrocentos reais).

reconhecer a insubsistência do contrato de arrendamento mercantil, na medida em que a razão de existir do contrato de financiamento consiste unicamente em viabilizar a aquisição do carro pelo consumidor (...) Nesse sentido, a desconstituição do contrato de compra e venda alcança também a do próprio arrendamento mercantil, por ter sido ele essencial à aquisição do veículo." (STJ, REsp 1379839/SP, Rel. Ministra Nancy Andrighi, Rel. p/ Acórdão Ministro Paulo de Tarso Sanseverino, 3.ª Turma, j. DJe 15.12.2014.)

Assim, neste julgado, a justificativa para a rescisão dos dois contratos se baseou na solidariedade, uma vez que integraram a mesma cadeia de consumo (banco da montadora). Agora, pelo novo viés do art. 54-F, ainda que não seja "banco da montadora", haverá a relação de causalidade apta a sofrer os efeitos do artigo, bastando o banco (ainda que seja os chamados "bancos de varejo") recorrer aos serviços da concessionária para a preparação ou a conclusão do contrato de crédito.

A correta aplicação do art. 54-F, assim, alterará a atual jurisprudência do STJ que diferencia os contratos celebrados por "bancos da montadora" dos "bancos de varejo".[737] Independentemente se o banco fizer ou não parte do grupo econômico do fornecedor, caso se verifique uma das hipóteses do *caput* (como o banco recorrer aos serviços do fornecedor de produto ou serviço para a preparação ou a conclusão do contrato de crédito), haverá interdependência entre os contratos, de maneira que a sorte de um seguirá a do outro, não se falando em autonomia entre eles.

Art. 54-G. Sem prejuízo do disposto no art. 39 deste Código e na legislação aplicável à matéria, é vedado ao fornecedor de produto ou serviço que envolva crédito, entre outras condutas:

I – realizar ou proceder à cobrança ou ao débito em conta de qualquer quantia que houver sido contestada pelo consumidor em compra realizada com cartão de crédito ou similar, enquanto não for adequadamente solucionada a controvérsia, desde que o consumidor haja notificado a administradora do cartão com antecedência de pelo menos 10 (dez)

737. Nesse sentido vinha entendendo o STJ: "RECURSO ESPECIAL. CONSUMIDOR. RESPONSABILIDADE POR VÍCIO DO PRODUTO. VEÍCULO NOVO DEFEITUOSO. RESPONSABILIDADE SOLIDÁRIA DO "BANCO DA MONTADORA" INTEGRANTE DA CADEIA DE CONSUMO. APLICAÇÃO DO ART. 18 DO CDC. VOTOS VENCIDOS. 1 – Demanda movida por consumidor postulando a rescisão de contrato de compra e venda de um automóvel (Golf) em razão de vício de qualidade, bem como de arrendamento mercantil firmado com o "banco da montadora" para financiamento do veículo. 2 – Responsabilidade solidária da instituição financeira vinculada à concessionária do veículo ("banco da montadora"), pois parte integrante da cadeia de consumo. *3 – Distinção em relação às instituições financeiras que atuam como "banco de varejo", apenas concedendo financiamento ao consumidor para aquisição de um veículo novo ou usado sem vinculação direta com o fabricante.* 4 – Aplicação do art. 18 do CDC." (STJ, REsp 1379839/SP, Rel. Ministra Nancy Andrighi, Rel. p/ Acórdão Ministro Paulo De Tarso Sanseverino, Terceira Turma, DJe 15/12/2014) Mais recentemente, no mesmo sentido: "A responsabilidade solidária entre a instituição financeira e a concessionária de automóveis somente se perfaz, quando existe vinculação entre ambas, isto é, quando além de autuar como 'banco de varejo', a instituição financeira atua também como 'banco da montadora'". (STJ, AgInt nos EDcl no REsp 1.752.619/SP, Rel. Ministra Maria Isabel Gallotti, Quarta Turma, DJe de 1º/07/2019) "A jurisprudência desta Corte reconhece a autonomia entre os contratos de compra e venda de veículo e de financiamento concedido por instituição financeira para sua aquisição, motivo pelo qual o cancelamento do primeiro não impede a exigibilidade das obrigações assumidas pelo consumidor perante a instituição financeira" (STJ, AgInt nos EDcl no REsp 1.292.147/SP, Rel. Ministra Maria Isabel Gallotti, Quarta Turma, DJe de 02/06/2017).

dias contados da data de vencimento da fatura, vedada a manutenção do valor na fatura seguinte e assegurado ao consumidor o direito de deduzir do total da fatura o valor em disputa e efetuar o pagamento da parte não contestada, podendo o emissor lançar como crédito em confiança o valor idêntico ao da transação contestada que tenha sido cobrada, enquanto não encerrada a apuração da contestação;

II – recusar ou não entregar ao consumidor, ao garante e aos outros coobrigados cópia da minuta do contrato principal de consumo ou do contrato de crédito, em papel ou outro suporte duradouro, disponível e acessível, e, após a conclusão, cópia do contrato;

III – impedir ou dificultar, em caso de utilização fraudulenta do cartão de crédito ou similar, que o consumidor peça e obtenha, quando aplicável, a anulação ou o imediato bloqueio do pagamento, ou ainda a restituição dos valores indevidamente recebidos.

§ 1º Sem prejuízo do dever de informação e esclarecimento do consumidor e de entrega da minuta do contrato, no empréstimo cuja liquidação seja feita mediante consignação em folha de pagamento, a formalização e a entrega da cópia do contrato ou do instrumento de contratação ocorrerão após o fornecedor do crédito obter da fonte pagadora a indicação sobre a existência de margem consignável.

§ 2º Nos contratos de adesão, o fornecedor deve prestar ao consumidor, previamente, as informações de que tratam o art. 52 e o caput do art. 54-B deste Código, além de outras porventura determinadas na legislação em vigor, e fica obrigado a entregar ao consumidor cópia do contrato, após a sua conclusão.

O art. 54-G trata das práticas abusivas na concessão e na cobrança do crédito. Tal como o art. 39 do CDC, o rol do art. 54-G é exemplificativo ("*entre outras condutas*") e decorre da experiência de práticas "abusivas" vivenciadas na concessão e cobrança de crédito ao longo dos últimos anos. Na prática, é um complemento ao art. 39.

Os incisos I e III contemplam a figura conhecida no meio empresarial como *chargeback*.[738-739] Traduzindo para o português, seria algo como "reversão de pagamentos" e ocorre quando uma cobrança é contestada pelo titular do cartão de crédito. A contestação pode se dar por *uso fraudulento* (terceiro utiliza os dados do cartão do consumidor para realizar alguma compra); por *desacordo com a compra realizada* (o produto, por exemplo,

738. Lucíola Fabrete Lopes Nerilo esclarece que "um dos procedimentos previstos em contratos de cartão de crédito firmados entre o usuário e o emissor, é a realização do chargeback, o qual prevê que o consumidor pode cancelar ou anunciar o não reconhecimento de uma compra que lhe veio atribuída na fatura. Com o chargeback, a emissora/administradora do cartão pode cancelar o repasse do valor para a credenciadora." NERILO, Lucíola Fabrete Lopes. A responsabilidade civil das credenciadoras e administradoras de cartão de crédito pelo descumprimento do contrato eletrônico por sites fraudulentos. *Revista de Direito do Consumidor*. Rt. vol. 117/2018. p. 201 – 224.

739. Sobre a diferença entre *chargeback* e direito de arrependimento, conferir excelente abordagem de Vitor Guglinski em: *O que é "chargeback"?*. Disponível em: [https://vitorgug.jusbrasil.com.br/artigos/111950012/o-que-e-chargeback]. Acesso em: 21/11/2021.

não foi entregue ou foi entregue fora das especificações contratadas), por *duplicidade na cobrança*, entre outras hipóteses.

Assim, o inciso I proíbe a cobrança ou o débito em conta de quantia que haja sido contestada pelo consumidor, pelo período do solucionamento da controvérsia, na hipótese de compra de produto ou serviço por meio de cartão de crédito (ou forma de pagamento similar como os aplicativos de pagamento – Ex: PicPay, Mercado Pago, PagSeguro, etc).[740]

Para tanto (proibição da cobrança ou o débito em conta), é preciso que o consumidor notifique a administradora do cartão com antecedência de pelo menos 10 dias da data do vencimento da fatura. O valor contestado não poderá constar na fatura seguinte (uma vez que estará suspensa a cobrança), só podendo constar quando for solucionada a controvérsia e ficar definido que o consumidor deverá arcar com o valor.

Ainda que lançada a cobrança na fatura (seja porque o consumidor não notificou a tempo o administrador do cartão, seja porque a administradora ignorou a contestação apresentada), o consumidor terá o direito de pagar somente a quantia incontroversa, podendo deduzir (retirar) o valor referente ao lançamento contestado.

Caso tenha sido lançada a cobrança na fatura, mesmo que o consumidor tenha notificado a administradora antes do prazo de 10 dias, e uma vez paga a cobrança contestada, entende-se como plenamente aplicável a regra do art. 42, parágrafo único, do CDC, reconhecendo-se ao consumidor o direito à repetição em dobro do valor indevidamente pago (caso fique demonstrado que a cobrança na fatura era realmente indevida).

Com isso, veda-se, assim, a prática corriqueira (e abusiva) de manter a cobrança, ainda que o valor tenha sido contestado pelo consumidor, o que não se mostra razoável, gerando danos, pois nesses casos é necessário pagar a fatura, ainda que a compra tenha sido contestada, para não ficar inadimplente e sofrer os encargos da mora.

Por fim, o emissor do cartão de crédito poderá lançar o valor contestado pelo consumidor como *crédito em confiança*, termo utilizado quando o fornecedor "empresta" o dinheiro referente à compra contestada enquanto é dirimida a questão.[741-742] Esta parte final do inciso (com a expressão *crédito em confiança*) foi inserida na Câmara dos Deputados com a justificativa de facilitar a operacionalização das contestações pelas administradoras de cartão de crédito. Embora desnecessário tal acréscimo (pois pode gerar dúvidas ao consumidor, sendo uma terminologia utilizada nas relações comerciais das administradoras), o importante é

---

740. A maioria dos aplicativos de pagamento são vinculados às administradoras de cartão de crédito. Assim, o consumidor, para poder realizar alguma compra via aplicativo, é necessário antes cadastrar um cartão de crédito. Embora a compra seja feita pelo aplicativo, a cobrança é feita no cartão de crédito.

741. Na prática, enquanto a análise da contestação é feita, o valor emprestado é usado para liberar o limite do cartão de crédito.

742. Constou do voto em separado do Deputado Vinícius Carvalho como justificativa para tal inclusão: "Além disso, o acréscimo que fazemos visa simplificar o processo ao permitir que na fatura de cartão de crédito se faça uma compensação, como crédito ao titular, do valor que se está contestando até que seja dirimida a questão. Assim, nenhum prejuízo haverá ao consumidor e a forma de operacionalização é muito mais simples. Desta forma, a sugestão de alteração para o inciso I do art. 54-G visa delimitar corretamente os tipos de contestações de despesas sujeitos ao procedimento previsto em tal dispositivo." Disponível em: https://www.camara.leg.br/proposicoesWeb/prop_mostrarintegra;jsessionid=node0pk3265njzjkz1b1tmkhzyrsd413955873.node0?codteor=1865015&filename=Tramitacao-VTS+1+PL351515+%3D%3E+PL+3515/2015, acesso em 03/11/2021.

ficar claro para o consumidor que ele não necessitará pagar pela compra contestada e nem ter qualquer tipo de ônus pelo exercício do direito de contestar.

O inciso III, em complementação ao inciso I, tem como pressuposto o uso do cartão de crédito ou forma similar de pagamento utilizado de maneira fraudulenta, levando a uma cobrança indevida que, no entanto, tinha sido notificada pelo consumidor à administradora do cartão.

A finalidade é semelhante: possibilitar ao consumidor não pagar por algo que considera indevido, seja porque foi feita uma contestação (inc. I), seja porque a cobrança decorre de uma compra realizada de forma fraudulenta por terceiro (inc. III).

Assim, uma vez demonstrado e/ou alegado pelo consumidor que não realizou a compra (sendo por isso fraudulenta), deve a administradora do cartão, imediatamente, anular e, caso tenha o consumidor realizado o pagamento, providenciar a imediata restituição dos valores indevidamente cobrados.

O inciso II, em complementação ao estipulado no art. 46 do CDC, visando dar transparência à relação, impõe ao fornecedor a obrigação de entregar ao consumidor, garante e coobrigados, uma cópia da minuta do contrato e, após a celebração deste, uma cópia do próprio contrato. Assim, temos uma obrigação pré-contratual (entrega da minuta do contrato a ser celebrado de forma a dar ciência ao consumidor, garante e coobrigados, sobre as condições contratuais) e uma obrigação pós-contratual (após a assinatura do contrato, deve ser entregue cópia do contrato celebrado).

Tal obrigação se refere tanto ao contrato para a aquisição de produto ou serviço quanto ao eventual contrato de financiamento (de crédito), devendo o material utilizado quando da impressão ou disponibilização (da minuta e do contrato celebrado) ser *duradouro*, evitando-se a prática, por exemplo, de impressão em papeis de pouca durabilidade, como o chamado "papel término", que, após algum tempo, torna-se ilegível, dificultando o consumidor analisar os termos contratados.

O inciso II menciona que a minuta e o contrato sejam entregues ou disponibilizados em papel ou *outro suporte duradouro*. Por suporte duradouro entende-se qualquer forma que permita ao consumidor ou ao fornecedor armazenar informações que lhe sejam pessoalmente dirigidas, e, mais tarde, acessar pelo tempo adequado, possibilitando a respectiva reprodução inalterada.[743] Como exemplo, temos as minutas e contratos assinados eletronicamente, armazenados em discos rígidos, DVDs, CD-ROM, USBs, cartões de memória, entre outros. Vale lembrar que, embora a utilização destas formas de celebração de contratos seja benéfica ao meio ambiente (consumo sustentável), deve-se levar em consideração o consumidor que apresenta dificuldades em acessar estas

743. Nesse mesmo sentido é a Directiva 2002/65/CE do Parlamento Europeu relativa *à comercialização à distância de serviços financeiros prestados a consumidores*. O art. 2º define "suporte duradouro" como *"qualquer instrumento que permita ao consumidor armazenar informações que lhe sejam pessoalmente dirigidas, de um modo que, no futuro, lhe permita um acesso fácil às mesmas durante um período de tempo adequado aos fins a que as informações se destinam e que permita a reprodução inalterada das informações armazenadas."* Nos Considerandos da Directiva consta que *"Os suportes duradouros incluem, nomeadamente, disquetes informáticas, CD-ROM, DVD e o disco duro do computador do consumidor que armazene o correio electrónico, mas não incluem sítios na internet, salvo se estes preencherem os critérios contidos na definição de suporte duradouro."*

modalidades de plataforma, em razão da vulnerabilidade apresentada. Sendo assim, caso o consumidor requeira, deverá ser entregue as cópias da minuta e do contrato celebrado em papel impresso.[744]

A questão da durabilidade dos papéis utilizados nas transações e que servem como comprovante para o consumidor já foi analisada pelo STJ. Em ação civil pública, foi considerada abusiva a emissão de comprovante de operações financeiras em papéis termossensíveis, justamente em razão de sua baixa durabilidade. Constou da ementa o seguinte:

> "RECURSO ESPECIAL. AÇÃO CIVIL PÚBLICA. COMPROVANTE DE OPERAÇÕES FINANCEIRAS. EMISSÃO EM PAPEL TERMOSSENSÍVEL. BAIXA DURABILIDADE. PRESTAÇÃO DE SERVIÇO DEFICIENTE. OBRIGAÇÃO DE EMISSÃO GRATUITA DE SEGUNDA VIA DO COMPROVANTE. (...) 3. A instituição financeira, ao emitir comprovantes de suas operações por meio de papel termossensível, acabou atraindo para si a responsabilidade pelo vício de qualidade do produto. Isso porque, por sua própria escolha, em troca do aumento dos lucros – já que a impressão no papel térmico é mais rápida e bem mais em conta -, passou a ofertar o serviço de forma inadequada, emitindo comprovantes cuja durabilidade não atendem as exigências e as necessidades do consumidor, vulnerando o princípio da confiança. 4. É da natureza específica do tipo de serviço prestado emitir documentos de longa vida útil, a permitir que os consumidores possam, quando lhes for exigido, comprovar as operações realizadas. Em verdade, a "fragilidade" dos documentos emitidos em papel termossensível acaba por ampliar o desequilíbrio na relação de consumo, em vista da dificuldade que o consumidor terá em comprovar o seu direito pelo desbotamento das informações no comprovante. 5. Condicionar a durabilidade de um comprovante às suas condições de armazenamento, além de incompatível com a segurança e a qualidade que se exigem da prestação de serviços, torna a relação excessivamente onerosa para o consumidor, que, além dos custos de emitir um novo recibo em outra forma de impressão (fotocópia), teria o ônus de arcar, em caso de perda, com uma nova tarifa pela emissão da 2ª via do recibo, o que se mostra abusivo e desproporcional. 6. O reconhecimento da falha do serviço não pode importar, por outro lado, em repasse pelo aumento de tarifa ao consumidor nem em prejuízos ao meio ambiente. 7. Na hipótese, o serviço disponibilizado foi inadequado e ineficiente, porquanto incidente na frustração da legítima expectativa de qualidade e funcionalidade do consumidor-médio em relação ao esmaecimento prematuro das impressões em papel térmico, concretizando-se o nexo de imputação na frustração da confiança a que fora induzido o cliente. 8. Recurso especial não provido." (STJ, REsp 1414774/RJ, Rel. Ministro Luis Felipe Salomão, Quarta Turma, DJe 05/06/2019)

Quando a liquidação do débito se der mediante consignação em folha de pagamento, deve ainda ser observada a regra constante do §1º, qual seja, a formalização e a entrega da cópia do contrato ou do instrumento de contratação deverão ocorrer após o fornecedor do crédito obter da fonte pagadora a indicação sobre a existência de margem consignável. Assim, o consumidor não receberá cópia do contrato de fornecimento de crédito, prevista no inc. II, enquanto o fornecedor não tiver se certificado que a margem consignável foi respeitada.

Por fim, o §2º repete o que já foi mencionado em outros dispositivos, esclarecendo que nos contratos de adesão, o fornecedor deve prestar ao consumidor, previamente, as informações de que tratam o art. 52 e o *caput* do art. 54-B do CDC, além de outras porventura

744. Nesse mesmo sentido é o art. 5º da Directiva 2002/65/CE do Parlamento Europeu estabelecendo, no ponto 3 deste artigo que *"em qualquer momento, durante a relação contratual, o consumidor tem o direito de, a seu pedido, receber os termos do contrato em suporte de papel."*

determinadas na legislação em vigor, ficando obrigado a entregar ao consumidor cópia do contrato, após a sua conclusão.

Capítulo VII
Das Sanções Administrativas

O Código de Defesa do Consumidor tratou especificamente das Sanções Administrativas em seu capítulo VII, que compreende os arts. 55 a 60.

Assim temos:

- art. 55 – trata de competência para normatização, controle e fiscalização da produção e distribuição de bens e serviços de consumo;
- art. 56 – estabelece rol de possíveis sanções a serem aplicadas em caso de descumprimento das normas de proteção dos consumidores;
- arts. 57, 58 e 59 – tratam, respectivamente, dos critérios de mensuração de pena de multa e dos critérios para imposição das penalidades de apreensão, inutilização, proibição de fabricação, suspensão do fornecimento, da cassação do registro ou revogação da concessão ou permissão de uso;
- art. 60 – trata da imposição de contrapropaganda em caso de publicidade enganosa ou abusiva.

Visando organizar o Sistema Nacional de Defesa do Consumidor – SNDC (arts. 105 e 106 do CDC) e estabelecer as normas gerais de aplicação das sanções administrativas, foi editado o Decreto nº 2.181/1997.

O Decreto 7.963, de 15 de março de 2013, instituiu o Plano Nacional de Consumo e Cidadania, tendo como eixo a *"regulação e fiscalização"* compostas pelas seguintes políticas e ações:

> I – instituição de avaliação de impacto regulatório sob a perspectiva dos direitos do consumidor;
>
> II – promoção da inclusão, nos contratos de concessão de serviços públicos, de mecanismos de garantia dos direitos do consumidor;
>
> III – ampliação e aperfeiçoamento dos processos fiscalizatórios quanto à efetivação de direitos do consumidor;
>
> IV – garantia de autodeterminação, privacidade, confidencialidade e segurança das informações e dados pessoais prestados ou coletados, inclusive por meio eletrônico;
>
> V – garantia da efetividade da execução das multas; e
>
> VI – implementação de outras medidas sancionatórias relativas à regulação de serviços.

Art. 55. A União, os estados e o Distrito Federal, em caráter concorrente e nas suas respectivas áreas de atuação administrativa, baixarão normas relativas à produção, industrialização, distribuição e consumo de produtos e serviços.

§ 1º A União, os estados, o Distrito Federal e os municípios fiscalizarão e controlarão a produção, industrialização, distribuição, a publicidade de produtos e serviços e o mercado de consumo, no interesse da preservação da vida, da saúde, da segurança, da informação e do bem-estar do consumidor, baixando as normas que se fizerem necessárias.

§ 2º (Vetado).

§ 3º Os órgãos federais, estaduais, do Distrito Federal e municipais com atribuições para fiscalizar e controlar o mercado de consumo manterão comissões permanentes para elaboração, revisão e atualização das normas referidas no § 1º, sendo obrigatória a participação dos consumidores e fornecedores.

§ 4º Os órgãos oficiais poderão expedir notificações aos fornecedores para que, sob pena de desobediência, prestem informações sobre questões de interesse do consumidor, resguardado o segredo industrial.

O art. 55 define a competência dos entes federativos no que diz respeito à regulação, controle e fiscalização do mercado de consumo.

Ao estabelecer em seu *caput* que "a União, os estados e o Distrito Federal, em caráter concorrente e nas suas respectivas áreas de atuação administrativa, baixarão normas relativas à produção, industrialização, distribuição e consumo de produtos e serviços", reconheceu a competência dos três entes federativos para legislar sobre o tema da produção e consumo, ratificando os termos do art. 24, incisos V e VIII, da CF, segundo o qual compete à União, aos estados e ao Distrito Federal legislar concorrentemente sobre: "V – produção e consumo; [...] VIII – responsabilidade por dano ao meio ambiente, ao consumidor, a bens e direitos de valor artístico, estético, histórico, turístico e paisagístico."[745]

Já o § 1º do art. 55 dispõe que a União, os estados, o Distrito Federal e os municípios fiscalizarão e controlarão a produção, industrialização, distribuição, a publicidade de produtos e serviços e o mercado de consumo, no interesse da preservação da vida, da saúde, da segurança, da informação e do bem-estar do consumidor, baixando as normas que se fizerem necessárias.

745. Exemplo dessa regulação concorrente pode ser exemplificado por meio da Lei nº 12.420 de 13 de janeiro de 1999 do Estado do Paraná, que "Assegura ao consumidor o direito de obter informações sobre natureza, procedência e qualidade dos produtos combustíveis comercializados nos postos revendedores situados no Estado do Paraná". Foi questionada a constitucionalidade da lei por meio de uma ação direta de inconstitucionalidade. A ementa da medida cautelar ficou assim: "Com efeito, a Constituição Federal, no art. 24, incisos V e VIII, atribui competência concorrente à União, aos estados e ao Distrito Federal para legislar sobre produção e consumo e responsabilidade por dano ao consumidor. O § 1º desse artigo esclarece que, no âmbito da legislação concorrente, a competência da União limitar-se-á a estabelecer normas gerais. E o § 2º que a competência da União para as normas gerais não exclui a suplementar dos estados. No caso, a um primeiro exame, o Estado do Paraná, na Lei impugnada, parece haver exercido essa competência suplementar, sem invadir a esfera de competência da União, para normas gerais. Aliás, o próprio Código do Consumidor, instituído pela Lei Federal nº 8.078, de 1990, no art. 55, a estabeleceu. E, como ficou dito, o diploma acoimado de inconstitucional não aparenta haver exorbitado dos limites da competência legislativa estadual (suplementar), nem ter invadido a esfera de competência concorrente da União, seja a que ficou expressa no Código do Consumidor, seja na legislação correlata, inclusive aquela concernente à proteção do consumidor no específico comércio de combustíveis. É claro que um exame mais aprofundado, por ocasião do julgamento de mérito da Ação, poderá detectar alguns excessos da Lei em questão, em face dos limites constitucionais que se lhe impõem, mas, por ora, não são eles vislumbrados, neste âmbito de cognição sumária, superficial, para efeito de concessão de medida cautelar. Ausente o requisito da plausibilidade jurídica, nem é preciso verificar se o do *"periculum in mora"* está preenchido. Ademais, se tivesse de ser examinado, é bem provável que houvesse de militar no sentido da preservação temporária da eficácia das normas em foco" (STF, MC/Adin 1980, Pleno, Rel. Min. Sydey Sanches, j. 04/08/1999, *DJ* 05/02/2000).

Da simples leitura do *caput* com o § 1º do art. 55, chamamos a atenção para três observações:

1) Somente a União, os estados e o Distrito Federal possuem competência concorrente para editarem normas de consumo relativas à *produção, industrialização, distribuição e consumo* de produtos e serviços. Os Municípios foram excluídos dessa competência. Já a competência para editar normas sobre *fiscalização e controle de produção, industrialização, distribuição, e publicidade* de produtos e serviços será concorrente de todos os entes (União, estados, Distrito Federal e municípios).
2) Podem haver várias normas disciplinando o mesmo objeto (a competência, como falamos, é concorrente).
3) Pode haver uma variedade de agentes julgando-se competentes para fiscalizar e aplicar sanções administrativas.[746-747]

O STJ, no tocante ao poder fiscalizatório dos entes nas relações de consumo, dispôs que:

> Em decorrência de normas constitucionais, ao poder público é conferido o dever, como atribuição de elástico discricionarismo na escolha e imposição das limitações ao exercício de atividades (e profissões), que se relacionem com a saúde pública, bem assim, na defesa do consumidor. [...] O poder de fiscalizar pressupõe, como corolário, o de regulamentação, tendo esta a finalidade precípua de controlar o cumprimento das determinações daquele, apurando responsabilidades e aplicando as sanções administrativas consequentes. No domínio econômico – conjunto de bens e riquezas a serviço de atividades lucrativas – a liberdade de iniciativa constitucionalmente assegurada, fica jungida ao interesse do desenvolvimento nacional e da justiça social e se realiza visando à harmonia e solidariedade entre as categorias sociais de produção, admitindo, a lei maior, que a União intervenha na esfera da economia para suprimir ou controlar o abuso de poder econômico (STJ – MS 3351/DF – Rel. Min. Demócrito Reinaldo, *DJ* 01/08/1994).

746. Sobre essa possibilidade de múltiplas normas e agentes fiscalizadores, vale transcrever as críticas de Marcelo Gomes Sodré, temendo que o sistema governamental para a aplicação das sanções administrativas seja completamente desorganizado, já que o art. 55 "não tem a menor preocupação em definir as diversas atribuições que caberão aos diferentes órgãos públicos dos três níveis da federação. O que compete a cada órgão enquanto agente público detentor do poder de polícia. O citado art. 55 não esboça a menor resposta a esta questão." *Formação do Sistema Nacional de Defesa do Consumidor*. São Paulo: Editora dos Tribunais. 2007, p. 192.

747. Sobre os possíveis conflitos no exercício do poder de polícia administrativo, a doutrina classifica em *a) Conflitos horizontais:* aqueles existentes quando vários órgãos da Administração Pública (Procon, Vigilância Sanitária, Banco Central, Aneel, Anatel, ANP, Susep etc.), se julgarem competentes para normatizarem e fiscalizarem o fornecimento de determinado tipo de produto ou serviço de consumo. Exemplo: quem deverá fiscalizar e eventualmente sancionar danos causados a consumidores provenientes de problemas envolvendo energia elétrica: os Procons ou a Aneel? *b) Conflitos verticais:* compreendem aqueles em que mais de um ente público entender ser competente para aplicar uma sanção administrativa, quando o reflexo do dano abranger mais de um município ou mais de um estado. Exemplo: infração cometida em diversos estados e municípios. Quem será competente para aplicar a sanção: os Procons municipais, estaduais ou o DPDC? Existe alguma hierarquia entre os órgãos federais, estaduais e municipais quanto à aplicação das sanções administrativas? Sobre o tema, conferir o estudo de Marcelo Gomes Sodré. *Formação do Sistema Nacional de Defesa do Consumidor*. São Paulo: Editora dos Tribunais. 2007, p. 279/284.

O poder de polícia administrativo nas relações de consumo se sujeita às normas gerais de processo administrativo, em especial à Lei nº 9.784/1999, que dispõe sobre o processo administrativo federal. Assim, devem ser observados os princípios da legalidade, finalidade, motivação, proporcionalidade, moralidade, contraditório, eficiência. Em nível federal, há ainda o Decreto nº 2.181/1997, que regula o processo no âmbito da Secretaria Nacional do Consumidor (Senacon) e serve como norma geral de regulação do Sistema Nacional de Defesa do Consumidor (arts. 105 e 106 do CDC).

Por sua vez, o § 3º descreve que os entes federais, estaduais (e também do DF) e municipais, com atribuições para fiscalizar e controlar o mercado de consumo, deverão manter comissões permanentes para elaboração, revisão e atualização das normas referidas no § 1º, sendo obrigatória a participação de consumidores e fornecedores.

Assim, percebemos que essas comissões têm por objetivo atualizar o sistema legislativo, uma vez que o legislador do CDC optou por não encerrar em uma única norma as regras sobre industrialização, distribuição e consumo. Fornecedores, consumidores e órgãos do Poder Público analisarão e atualizarão conjuntamente as normas aplicáveis, sobretudo com o intuito de resguardar a saúde e a segurança dos consumidores.

Bruno Miragem, ao comentar sobre as referidas comissões, ensina que, embora haja expressa determinação legal, praticamente, não existem comissões com as funções de elaboração, revisão e atualização das normas de proteção do consumidor nos níveis federal, estadual e municipal. Segundo o autor, na maioria das vezes, existem conselhos estaduais e municipais que acumulam a função de definir a política pública de defesa do consumidor e de gerir os recursos do Fundo de Defesa do Consumidor, instituídos para recolhimento dos valores de multas administrativas.[748]

Finalmente, o § 4º outorga aos órgãos oficiais poder de expedir notificações aos fornecedores para prestarem informações sobre questões de interesse dos consumidores, resguardado o segredo industrial, sob pena de desobediência, conduta tipificada como crime no art. 330 do Código Penal.[749]

PRINCIPAIS JURISPRUDÊNCIAS DO STF E STJ

Município é competente para dispor sobre o tempo de atendimento ao público nas agências bancárias localizadas no seu respectivo território. Por sua vez, Estados não tem competência para legislar sobre funcionamento interno das agências bancárias, por se tratar de interesse local.[750]

---

748. *Comentários ao Código de Defesa do Consumidor*. 2ª ed. São Paulo: Revista dos Tribunais, 2006, p. 838.

749. O Departamento Nacional de Proteção e Defesa do Consumidor – DPDC, por meio da Nota Técnica 220/2003, de 08/10/2003, entendeu, inclusive, que, caso deseje, o órgão administrativo pode obrigar o comparecimento do fornecedor a uma audiência para prestar as informações requeridas, sendo prerrogativa discricionária da administração pública a eleição dos meios pelos quais o fornecedor deverá prestar as informações previstas no § 4º do art. 55 do CDC, sob pena de crime de desobediência.

750. O STJ admitiu legislação municipal e estadual regular funcionamento de bancos no RMS 21981 / RJ, DJ 22/06/2010. No caso em questão, a Segunda Turma do STJ negou o pedido do Banco Citibank S/A para que o auto de infração lavrado contra ele pelo Procon do Rio de Janeiro fosse anulado. O banco foi autuado em razão da ausência de cartaz afixado com a escala de trabalho dos caixas, da quantidade

"Firmou-se a jurisprudência, tanto no STF (v.g.: AgReg no RExt. 427.463, RExt 432.789, AgReg no RExt. 367.192-PB), quanto do STJ (*v.g.*: REsp. 747.382; REsp. 467.451), no sentido de que é da competência dos municípios (e, portanto, do Distrito Federal, no âmbito do seu território – CF, art. 32, § 1º) legislar sobre tempo de atendimento em prazo razoável do público usuário de instituições bancárias, já que se trata de assunto de interesse local (CF, art. 30, I). Assim, eventual antinomia ou incompatibilidade entre a lei municipal e a lei federal no trato da matéria determina a prevalência daquela em relação a essa, e não o contrário" (STJ, REsp. 598183 / DF, Rel. Min. Teori Albino Zavascki, *DJ* 27/11/2006).

"CONSTITUCIONAL, PROCESSUAL CIVIL E ADMINISTRATIVO. INCIDENTE DE INCONSTITUCIONALIDADE. LEIS Nºs 3.533/01, 3.273/99, 3.213/99, 3.663/01, DO ESTADO DO RIO DE JANEIRO. FUNCIONAMENTO INTERNO DE AGÊNCIAS BANCÁRIAS. MATÉRIAS DE COMPETÊNCIA DO MUNICÍPIO.1. *Trata-se de incidente de inconstitucionalidade das Leis Estaduais nºs 3.533/01, 3.273/99, 3.213/99, 3.663/01, que determinam a colocação de assentos nas filas especiais para aposentados, pensionistas, gestantes e deficientes físicos, a instalação de banheiros e bebedouros para atendimento aos clientes, a disponibilização de cadeira de rodas para atendimento ao idoso e a adoção de medidas de segurança em favor de consumidores usuários de caixas eletrônicos nas agências bancárias situadas no Estado do Rio de Janeiro.* 2. As matérias tratadas nos referidos textos legais dizem respeito ao funcionamento interno das agências bancárias e, por conseguinte, às atividades-meio dessas instituições, no intuito de amparar o consumidor, propiciando-lhe um melhor espaço físico e um tratamento mais respeitoso e humanitário. 3. Trata-se, portanto, de questões de evidente interesse local, cuja competência legislativa é do Município, por força do disposto no artigo 30, I, da Constituição Federal, e não do Estado, a quem é vedado implicitamente normatizar matérias expressamente afetas a outros entes públicos pela Constituição Federal. 4. Nesse sentido é a lição de Alexandre de Moraes (in Direito Constitucional, 23ª Edição, 2008, pag. 306): "A regra prevista em relação à competência administrativa dos Estados-membros tem plena aplicabilidade, uma vez que são reservadas aos Estados as competências legislativas que não lhes sejam vedadas pela Constituição. Assim, os Estados-membros poderão legislar sobre todas as matérias que não lhes estiverem vedadas implícita ou explicitamente. São vedações implícitas as competências legislativas reservadas pela Constituição Federal à União (CF, art. 22) e aos municípios (CF, art. 30)". 5. Seguindo a mesma linha de entendimento firmada pelo STF, a jurisprudência do STJ pacificou-se no sentido de que, por haver evidente interesse local, é dado ao Município legislar sobre o funcionamento em instituições bancárias, nos termos do artigo 30, I, da, CF. Precedentes: AgRg no RExt 427.463-RO, Rel. Min. Eros Grau, DJ 19.5.2006; AgRg no AI 347.717/RS, Rel. Min. Celso de Mello, DJ 5.8.2005; REsp 711.918/RS, Rel. para acórdão Min. João Otávio de Noronha, DJ 13.2.2008; REsp 943.034 Rel. Min. Luiz Fux, DJ 23.10.2008; (STJ, Resp 471.702/RS, Rel. Min. Eliana Calmon, DJ 16.08.2004, e REsp nº 598.183/DF, Rel. Min. Teori Zavascki, DJ de 27.11.2006. 6. *É de se concluir que o Estado do Rio de Janeiro não tinha competência para legislar sobre o atendimento ao público no interior de agências bancárias que, por se tratar de questão vinculada a interesse local, é do Município.* 7. Arguição de inconstitucionalidade acolhida." (AI no RMS 28910/RJ, Rel. Ministro Benedito Gonçalves, Corte Especial, julgado em 21/03/2012, DJe 08/05/2012)

Incompetência do INMETRO para fiscalizar balanças gratuitamente disponibilizadas por farmácias.

O Instituto Nacional de Metrologia, Normatização e Qualidade Industrial (INMETRO) não é competente para fiscalizar as balanças de pesagem corporal disponibilizadas gratuitamente aos clientes nas farmácias. Essas balanças, existentes em farmácias, não condicionam nem tampouco se revelam essenciais para o desenvolvimento da atividade-fim desse ramo comercial (venda de medicamentos). Por não se tratar de equipamento essencial ao funcionamento e às atividades econômicas das farmácias, essas balanças não se expõem à fiscalização periódica do INMETRO, conforme inteligência das Leis 5.966/1973 e 9.933/1999 e da Resolução 11/1988 do CONMETRO. Nesse contexto, a jurisprudência do STJ firmou-se no sentido de que

mínima de assentos para atendimentos de clientes preferenciais e de banheiros e bebedouros na unidade. A Min. Eliana Calmon afirmou que especificamente em relação à obrigatoriedade da instalação de bebedouros, sanitário e assentos nos estabelecimentos bancários, já é firmado na jurisprudência do

a Taxa de Serviços Metrológicos, decorrente do poder de polícia do INMETRO em fiscalizar a regularidade das balanças (art. 11 da Lei 9.933/1999), visa a preservar precipuamente as relações de consumo, sendo imprescindível, portanto, verificar se o equipamento objeto de aferição fiscalizatória é essencial, ou não, à atividade mercantil desempenhada pela empresa junto à clientela (REsp 1.283.133-RS, Segunda Turma, DJe 9/3/2012; e REsp 1.455.890-SC, Segunda Turma, DJe 15/8/2014). Precedente citado: AgRg no REsp 1.465.186-PR, Segunda Turma, DJe 27/11/2014. REsp 1.384.205-SC, Rel. Min. Sérgio Kukina, julgado em 5/3/2015, DJe 12/3/2015. Info. 557.

CDC. MS. Processos. Administrativo e Judicial.

"*Na espécie, existe procedimento administrativo por queixa no Procon estadual, restando a empresa de seguros, ora recorrente, multada em prol do fundo estadual de defesa do consumidor pela não observância do CDC. Na esfera judicial, o mesmo interessado (que deu queixa no Procon) ingressou com ação indenizatória por danos morais e materiais, já em fase de execução. Assim não existe dupla penalidade nem bis in idem, são processos distintos, além de que as esferas administrativa e judiciária são independentes entre si, possibilitando, inclusive, a interposição de recursos, em cada esfera, simultâneos.* Outrossim, a não demonstração de forma clara e objetiva da liquidez e certeza do direito é causa de extinção do processo sem julgamento do mérito. Com esse entendimento, a Turma negou provimento ao recurso" (Precedentes citados: REsp. 677.585-RS, *DJ* 13/2/2006; MS 8.736-DF, *DJ* 17/5/2004, e MS 8.945-DF, *DJ* 29/2/2004. RMS 21.114-BA, Rel. Min. Castro Meira, 6/6/2006. *Informativo* 368).

Cadastro de Inadimplentes. Dever de informar. Art. 55, § 4º, do CDC.

"A Turma reafirmou que o impetrante, empresa de cadastro de inadimplentes, não pode recusar-se a prestar informações requeridas por órgão público de defesa do consumidor, diante do que dispõe o art. 55, § 4º, do CDC, que só resguarda o segredo industrial. Não se trata de dados protegidos por sigilo bancário ou profissional e, mesmo se disso se tratasse, o STJ vem abrandando tal garantia em casos de defesa do consumidor. Note-se que, na hipótese de as informações serem utilizadas indevidamente pelo Estado, cabe ao prejudicado pleitear a indenização por eventuais danos" (STJ, EDcl no RMS 16.897-RJ, Rel. Min. Castro Meira, 26/10/2004, *Informativo* 226).

Sustentação jurídica para a edição de portarias.

"Constitucional e administrativo. Comercialização de combustível. Controle e fiscalização pelo Estado. A intervenção do Estado na atividade econômica encontra autorização constitucional quando tem por finalidade proteger o consumidor. A edição de regras de polícia ostentadas pelos arts. 11 e 18, respectivamente, das portarias ministeriais nos 61/1995 e 63/1995, estão autorizadas pelos princípios insculpidos nos arts. 5º, XXIX, XXXII, e 170, II e V, da CF/1988. O Código de proteção ao consumidor (arts. 4º, I, III, e IV, 6º, IV e 55) da sustentação jurídica para a edição das portarias referidas, além do DL nº 395, de 27/04/1938, da Lei nº 2004, de 03/10/1953 e legislação posterior que reestruturou o Ministério das Minas e Energia e fixou as suas atribuições. A liberdade de "bandeira" para a comercialização de combustível, relação considerado de utilidade pública, não atende aos interesses de se proteger o bem comum e as relações de consumo" (STJ, MS 4138/DF, *DJ* 21/10/1996, Rel. Min. José Delgado, 1ª Seção).

STF, bem como na do STJ, que a matéria não é de competência legislativa privativa da União, podendo ser prevista por legislação municipal ou estadual. Segundo a ministra, a competência da União para regular o sistema financeiro não inibe os estados e municípios de legislar em prol dos usuários dos serviços bancários com o objetivo de lhes proporcionar mais segurança e conforto. "Não se trata de legislar sobre controle da moeda, política de câmbio, crédito, transferência de valores ou mesmo sobre a organização, funcionamento e atribuições das instituições financeiras, mas, tão somente, a respeito de regras direcionadas ao melhor atendimento do usuário/cliente", afirmou. (Notícia extraída do site do STJ: http://www.stj.gov.br/portal_stj/publicacao/engine.wsp?tmp.area=398&tmp.texto=98064&tmp.area_anterior=44&tmp.argumento_pesquisa=legisla%E7%E3º%20municipal%20e%20estadual).

Art. 56. As infrações das normas de defesa do consumidor ficam sujeitas, conforme o caso, às seguintes sanções administrativas, sem prejuízo das de natureza civil, penal e das definidas em normas específicas:

I – multa;

II – apreensão do produto;

III – inutilização do produto;

IV – cassação do registro do produto junto ao órgão competente;

V – proibição de fabricação do produto;

VI – suspensão de fornecimento de produtos ou serviço;

VII – suspensão temporária de atividade;

VIII – revogação de concessão ou permissão de uso;

IX – cassação de licença do estabelecimento ou de atividade;

X – interdição, total ou parcial, de estabelecimento, de obra ou de atividade;

XI – intervenção administrativa;

XII – imposição de contrapropaganda.

Parágrafo único. As sanções previstas neste artigo serão aplicadas pela autoridade administrativa, no âmbito de sua atribuição, podendo ser aplicadas cumulativamente, inclusive por medida cautelar, antecedente ou incidente de procedimento administrativo.

O art. 56 do CDC é fundamental para garantir a efetividade do sistema de proteção ao consumidor, ao prever uma gama de sanções administrativas que visam não apenas punir infrações às normas consumeristas, mas também prevenir futuras violações e proteger o consumidor de forma imediata e eficaz. Esse artigo se alinha com o caráter sancionador e pedagógico do CDC, demonstrando que o desrespeito aos direitos do consumidor não ficará impune e que há um compromisso público com a promoção de um mercado seguro, ético e justo. Além disso, o artigo ressalta que essas punições administrativas podem ser aplicadas independentemente de outras sanções de natureza civil, penal ou previstas em normas específicas, promovendo uma abordagem multidisciplinar para a proteção do consumidor.[751]

A diversidade das sanções previstas reflete a flexibilidade das autoridades administrativas na escolha da penalidade mais adequada para cada caso, conforme a gravidade da infração e o potencial dano ao consumidor. A aplicação de multas (I) é a medida mais

751. "Na espécie, existe procedimento administrativo por queixa no Procon estadual, restando à empresa de seguros, ora recorrente, multada em prol do fundo estadual de defesa do consumidor pela não observância do CDC. Na esfera judicial, o mesmo interessado (que deu queixa no Procon) ingressou com ação indenizatória por danos morais e materiais, já em fase de execução. Assim não existe dupla penalidade nem *bis in idem*, são processos distintos, além de que as esferas administrativa e judiciária são independentes entre si, possibilitando, inclusive, a interposição de recursos, em cada esfera, simultâneos." (STJ, RMS 21.114-BA, Rel. Min. Castro Meira, *DJ* 29/06/2006, *Informativo* 287).No mesmo sentido: "Nos termos da jurisprudência desta Corte Superior de Justiça, as esferas civil, penal e administrativa são independentes e autônomas entre si, de tal sorte que as decisões tomadas nos âmbitos administrativo ou cível não vinculam a seara criminal." (STJ, CC n. 195.843/CE, relatora Ministra Laurita Vaz, Terceira Seção, julgado em 3/8/2023, DJe de 8/8/2023)

comum e uma das primeiras etapas de intervenção, servindo tanto para punir a infração quanto para dissuadir o infrator de práticas semelhantes no futuro. Em infrações graves, que envolvem produtos ou serviços que apresentam risco à saúde ou segurança, sanções como a apreensão (II) ou a inutilização do produto (III) protegem de forma imediata a integridade física e o bem-estar do consumidor.

A possibilidade de aplicar sanções mais rigorosas, como a cassação do registro do produto (IV), a proibição de fabricação (V), ou a suspensão do fornecimento (VI), evidencia a responsabilidade das autoridades em remover do mercado produtos ou serviços que representem risco ou que estejam em desacordo com normas de qualidade e segurança. Essas medidas afetam diretamente o fornecedor e o obrigam a reavaliar suas práticas, cumprindo a função pedagógica da legislação. Em casos extremos, como a revogação de concessão ou permissão de uso (VIII) e a cassação da licença de funcionamento (IX), o CDC mostra que a proteção ao consumidor se sobrepõe ao interesse econômico do fornecedor, refletindo o princípio da vulnerabilidade do consumidor.

A interdição total ou parcial de estabelecimentos, obras ou atividades (X) é outra medida importante, utilizada especialmente quando o fornecedor não cumpre exigências de segurança ou normas sanitárias. Essa sanção busca não só interromper a prática lesiva, mas também preservar o mercado de práticas contrárias aos direitos fundamentais dos consumidores.

A contrapropaganda (XII) é um mecanismo corretivo essencial em casos de publicidade enganosa ou abusiva, em que o fornecedor deve divulgar informações corretas e esclarecedoras ao público, corrigindo os efeitos da publicidade irregular. Essa medida não apenas protege os consumidores diretamente impactados, mas também previne que a prática abusiva influencie outros consumidores, promovendo um ambiente de mercado mais transparente e confiável.

O parágrafo único permite a aplicação cumulativa dessas sanções, dando às autoridades administrativas a flexibilidade necessária para construir uma resposta proporcional ao caso específico. Ao possibilitar medidas cautelares, o CDC assegura uma atuação rápida das autoridades em casos de risco iminente, evitando que o consumidor sofra danos irreparáveis enquanto aguarda a finalização do processo administrativo.

Assim, o art. 56 é uma demonstração do compromisso do CDC com a proteção integral do consumidor. A ampla variedade de sanções disponíveis e a possibilidade de aplicação cautelar asseguram que as autoridades possam agir com rapidez e proporcionalidade, promovendo um ambiente de consumo seguro.

De modo sistemático, podemos dividir as sanções em três espécies:

1) *Sanções pecuniárias:* são a imposição ao infrator do recolhimento de multa, cuja gradação tem seus critérios definidos pelo art. 57. Está prevista no inciso I.

2) *Sanções objetivas:* são aquelas que consistem em providências concretas em relação ao produto ou serviço. Estão disciplinadas nos incisos II (apreensão); III (inutilização); IV (cassação do registro); V (proibição de fabricação); VI (suspensão do fornecimento de produtos ou serviços).

3) *Sanções subjetivas:* são aquelas que incidem na atividade do fornecedor. São as sanções previstas nos incisos VII (suspensão temporária da atividade); VIII (revogação

de concessão ou permissão de uso); IX (cassação de licença do estabelecimento ou de atividade); X (interdição total ou parcial de estabelecimento, obra ou atividade); XI (intervenção administrativa); XII (imposição de contrapropaganda).

Sanções pecuniárias	I – multa
Sanções objetivas	II – apreensão do produto; III – inutilização do produto; IV – cassação do registro do produto junto ao órgão competente; V – proibição de fabricação do produto; VI – suspensão de fornecimento de produtos ou serviço;
Sanções subjetivas	VI – suspensão temporária de atividade; VIII – revogação de concessão ou permissão de uso; IX – cassação de licença do estabelecimento ou de atividade; X – interdição, total ou parcial de estabelecimento, de obra ou de atividade; XI – intervenção administrativa XII – imposição de contrapropaganda

Interessante: o art. 18, § 3º, do Decreto nº 2.181/1997 determina que as sanções previstas nos incisos III a XI do art. 18 (similares aos incisos III a XI do art. 56 do CDC) sujeitem-se à posterior confirmação pelo órgão normativo ou regulador da atividade. Assim, os órgãos de defesa do consumidor somente possuem autonomia para aplicação das sanções de penas de multa, apreensão de produto e imposição de contrapropaganda. Tal regulamentação acabou por restringir grande parte da efetividade de tais órgãos.

PRINCIPAIS JURISPRUDÊNCIAS DO STF E STJ

Poder de polícia de consumo pode ser exercido de forma preventiva e sem reclamação do consumidor

O STJ decidiu que o controle administrativo e judicial das infrações consumeristas deve ser essencialmente preventivo, atuando de forma in abstrato para evitar riscos ao consumidor, e não apenas quando há dano concreto. Assim, a autoridade administrativa pode atuar de ofício, sem necessidade de reclamação formal ou comprovação de prejuízo. Essa interpretação reforça a atuação proativa dos órgãos de defesa do consumidor para prevenir práticas abusivas antes que causem danos efetivos. (STJ, REsp 1.794.971/SP, Rel. Min. Herman Benjamin, Segunda Turma, DJe 24/06/2020)

Acordo entre fornecedor e consumidor não impede sanção administrativa

O STJ entendeu que a celebração de um acordo entre fornecedor e consumidor não exclui a aplicação de sanção administrativa por violação ao Código de Defesa do Consumidor. As penalidades previstas no CDC baseiam-se no poder de polícia dos órgãos fiscalizadores, que possuem autonomia para aplicar multas independentemente de solução amigável entre as partes. Assim, a infração cometida pelo fornecedor não é apagada pelo acordo, e o Procon pode seguir com a imposição da multa. (STJ, RMS 48.866/GO, Rel. Min. Herman Benjamin, Segunda Turma, DJe 28/08/2020)

Juiz não pode aplicar multa administrativa de ofício em ações consumeristas

O STJ reafirmou que o magistrado não pode impor, de ofício, multa administrativa prevista no art. 56, I, do CDC, pois essa penalidade depende de iniciativa dos órgãos competentes, como os Procons. Caso o juiz aplique a multa sem pedido expresso das partes, viola o princípio da congruência, que delimita sua atuação aos pedidos formulados na ação. Assim, a função do Judiciário é avaliar a legalidade das sanções impostas pelos órgãos administrativos, e não aplicá-las diretamente. (STJ, REsp 1.377.463/SC, Rel. Min. Nancy Andrighi, Terceira Turma, DJe 02/03/2018)

Responsabilidade objetiva e solidária de toda a cadeia de fornecedores por ilícito administrativo

O STJ decidiu que a responsabilidade administrativa prevista no CDC é objetiva e solidária, abrangendo toda a cadeia produtiva, incluindo fabricantes, distribuidores e comerciantes. Não é possível limitar a responsabilidade apenas ao fornecedor final, pois isso permitiria que os grandes agentes econômicos se isentassem de infrações por meio de terceiros. Dessa forma, todos os envolvidos na produção e comercialização de um produto ou serviço podem ser responsabilizados por infrações às normas consumeristas, independentemente de culpa. (STJ, REsp 1.784.264/SP, Rel. Min. Herman Benjamin, Segunda Turma, DJe 20/08/2020)

Sanção administrativa pode ser aplicada mesmo com apenas uma reclamação do consumidor

O STJ reafirmou que a aplicação das penalidades previstas no art. 56 do CDC não depende do número de consumidores afetados. Assim, ainda que haja apenas uma reclamação, os órgãos de defesa do consumidor podem impor sanções administrativas para coibir práticas abusivas. A atuação do Procon não se limita a infrações coletivas, podendo também intervir em casos individuais para garantir a proteção do consumidor. A repetição de infrações pode ser levada em conta apenas para agravar a penalidade. (STJ, REsp 1.502.881/SC, Rel. Min. Herman Benjamin, Segunda Turma, DJe 26/11/2019)

Procons podem interpretar cláusulas contratuais para aplicação de sanções administrativas

O STJ entendeu que os Procons possuem competência para interpretar cláusulas contratuais a fim de identificar abusividades e aplicar sanções aos fornecedores. Apesar de não terem jurisdição, esses órgãos exercem controle de legalidade sobre contratos de consumo, podendo impor multas e determinar adequações contratuais sem necessidade de intervenção do Judiciário. Isso garante maior proteção ao consumidor e evita práticas contratuais que possam gerar desequilíbrios nas relações de consumo. (STJ, REsp 1.279.622/MG, Rel. Min. Humberto Martins, Segunda Turma, DJe 17/08/2015)

Lei 9.873/1999 não se aplica às multas administrativas do Procon

O STJ decidiu que a Lei 9.873/1999, que trata da prescrição da ação punitiva da Administração Pública federal, não se aplica às sanções impostas pelos Procons estaduais e municipais. Dessa forma, a contagem do prazo prescricional segue normas próprias de cada ente federativo, não sendo possível alegar prescrição com base nessa legislação. Isso reforça a autonomia dos órgãos locais na fiscalização e aplicação de penalidades contra fornecedores que desrespeitam os direitos do consumidor. (STJ, REsp 1.811.053/PR, Rel. Min. Herman Benjamin, Segunda Turma, DJe 10/09/2019)

Descumprimento do art. 6º do CDC permite aplicação de sanções administrativas

O STJ decidiu que a aplicação das sanções previstas no art. 56 do CDC é cabível sempre que houver descumprimento dos direitos básicos do consumidor previstos no art. 6º do mesmo código. Assim, os órgãos de defesa do consumidor podem impor penalidades administrativas às empresas que desrespeitarem princípios como o direito à informação, à segurança e à proteção contra práticas abusivas. Essa interpretação fortalece a proteção dos consumidores e a atuação dos órgãos fiscalizadores. (STJ, REsp 686.361/RS, Rel. Min. Castro Meira, DJ 17/05/2006)

Multas aplicadas pelo Procon devem respeitar o princípio da legalidade

O STJ estabeleceu que as sanções aplicadas pelos Procons devem estar expressamente previstas na legislação, pois o exercício do poder de polícia deve respeitar o princípio da legalidade. Não é possível punir fornecedores por condutas que não estejam tipificadas como infrações no CDC ou em normas complementares.

Dessa forma, o fornecedor só pode ser multado se sua conduta violar regra previamente estabelecida, garantindo maior segurança jurídica às empresas e consumidores. (STJ, RMS 19.510/GO, Rel. Min. Teori Zavascki, DJ 03/08/2006)

Art. 57. A pena de multa, graduada de acordo com a gravidade da infração, a vantagem auferida e a condição econômica do fornecedor, será aplicada mediante procedimento administrativo, revertendo para o Fundo de que trata a Lei nº 7.347, de 24 de julho de 1985, os valores cabíveis à União, ou para os fundos estaduais ou municipais de proteção ao consumidor nos demais casos.

Parágrafo único. A multa será em montante não inferior a duzentas e não superior a três milhões de vezes o valor da Unidade Fiscal de Referência (Ufir), ou índice equivalente que venha a substituí-lo (parágrafo acrescentado pela Lei nº 8.703, de 6/9/1993).

O art. 57 do CDC dispõe que as multas aplicadas em casos de infração às normas de defesa do consumidor devem ser graduadas conforme três critérios: a *gravidade da infração*, a *vantagem obtida pelo infrator*[752] e *sua condição econômica*.

Esses fatores buscam garantir que a multa seja proporcional e dissuasória, adaptando-se à realidade de cada caso. A gravidade da infração considera o potencial de dano à coletividade e a extensão do prejuízo aos consumidores. Quanto mais severo o impacto, maior será a multa. A vantagem econômica auferida com a prática ilícita é avaliada para assegurar que o infrator não obtenha lucro superior ao custo da penalidade, desincentivando práticas abusivas. Por fim, a condição econômica do fornecedor permite que a penalidade seja adaptada ao porte econômico do infrator, garantindo que grandes empresas enfrentem multas elevadas enquanto pequenas empresas sejam penalizadas de maneira proporcional à sua capacidade financeira.

No entanto, a dosimetria das multas aplicadas por Procons pode variar amplamente, pois cada estado e município possui autonomia para estabelecer critérios e procedimentos próprios de cálculo e aplicação das sanções.

Essa falta de uniformidade na dosimetria gera um problema grave, pois multas para infrações semelhantes podem ter valores muito diferentes de uma localidade para outra, criando insegurança jurídica tanto para os consumidores quanto para os fornecedores.

A unificação de critérios para a dosimetria das multas aplicadas pelos Procons, seja por meio de regulamentação federal ou diretrizes nacionais, seria ideal para garantir coerência, transparência e previsibilidade nas sanções, tornando o sistema de proteção mais eficaz e justo para todos os envolvidos.

752. Nesse sentido, trecho do voto do então Conselheiro do Conselho Administrativo de Defesa Econômica – Cade, Ronaldo Porto Macedo Júnior, nos autos do Processo Administrativo no 022.579/97-05, sendo Representante Messer Griesheim do Brasil Ltda. e Representada S/A White Martins: "Na análise de uma determinada conduta praticada por um agente econômico é racional que a sanção imposta seja proporcional à vantagem econômica envolvida com a prática da infração. Assim, uma sanção inferior ao valor da vantagem auferida pela conduta infracional será uma sanção ineficaz, tendo em vista que um agente econômico racional não se verá desencorajado a praticar a infração."

Além disso, há um problema recorrente em muitos tribunais, que frequentemente reduzem o valor das multas aplicadas pelos Procons sob o argumento de proporcionalidade e razoabilidade, sem uma análise profunda das consequências dessa prática.

A redução abrupta das multas acaba incentivando o chamado "ilícito lucrativo," pois, para algumas empresas, vale a pena lesar o consumidor ou cometer infrações reiteradas, já que as multas acabam sendo significativamente reduzidas em sede judicial. Isso pode estimular fornecedores a arriscar-se em práticas lesivas ao consumidor, contando com a provável diminuição da multa e mantendo o lucro obtido com a prática infrativa.

A profa. Flávia do Canto, citando Pedro Rubim, aponta que "sem que haja a sanção adequada às irregularidades, as agências e autoridades administrativas, "testemunharão o fenômeno da lucrativa ilegalidade, e dessa forma as empresas serão reincidentes violando a lei se tiverem incentivos econômicos para fazê-lo".[753]

Essa situação cria um efeito perverso, onde o custo da violação se torna menor do que os benefícios econômicos, enfraquecendo a função pedagógica das multas. Há casos em que a redução judicial da multa foi tão drástica que o próprio Estado teve que pagar honorários de sucumbência mais altos do que o valor final da penalidade, o que enfraquece o poder sancionador do Procon e impõe custos desnecessários aos cofres públicos.

Isso evidencia a necessidade de uma abordagem mais cautelosa por parte do Judiciário na revisão das multas administrativas, valorizando a dosimetria aplicada pelos Procons e compreendendo o impacto social e econômico das sanções no equilíbrio das relações de consumo.

Outro erro comum na análise judicial das multas aplicadas pelo Procon é a prática de reduzi-las tomando como referência exclusivamente o preço do produto ou serviço objeto da infração. Esse tipo de decisão desconsidera o objetivo central das sanções administrativas previstas no CDC, que é desestimular práticas abusivas e proteger a coletividade.

Ao basear a dosimetria da multa unicamente no valor do bem, corre-se o risco de aplicar penalidades irrisórias em casos de produtos de baixo custo, mesmo que a infração tenha causado impactos significativos aos consumidores e à sociedade. A título de exemplo, a venda de alimentos vencidos ou deteriorados, medicamentos fora da validade ou produtos perigosos, como cosméticos sem a devida segurança, poderiam ser punidas com multas irrisórias, caso o valor da multa fosse atrelado ao preço desses produtos, incentivando a reincidência por parte dos fornecedores e colocando em risco a saúde e segurança da população.

Esse enfoque ignora critérios essenciais, como a gravidade da infração, a vantagem econômica obtida pelo infrator e a capacidade financeira do fornecedor, que são fundamentais para assegurar que a sanção cumpra sua função punitiva e dissuasória.

Desta forma, a aplicação de multas proporcionais e firmes é essencial para que o art. 57 cumpra seu papel de proteger o consumidor e coibir práticas abusivas. Sem uma uniformidade nos critérios de dosimetria e sem uma valorização adequada das sanções administrativas, o sistema de defesa do consumidor perde eficácia, tornando-se permissivo com práticas que comprometem os direitos da coletividade.

753. CANTO, Flávia do. *Proteção Administrativa do Consumidor*. São Paulo: Revista dos Tribunais, p. 139.

O valor apurado, quando se tratar de penalidade imposta pela União, deverá ser revertido ao Fundo criado pela Lei nº 7.347/1985 (LACP), destinado à reconstituição dos bens lesados.[754] Quando a penalidade for imposta pelo Município ou pelo Estado, deverá ser revertida para os respectivos fundos.[755] Por sua vez, o art. 31 do Decreto nº 2.181/1997 estabelece que, na falta de fundos municipais, os recursos reverterão em favor dos estados e, na falta desses, ao fundo federal. Assim, o dispositivo distingue as infrações ou danos de âmbito nacional daqueles de âmbito estadual ou municipal.

Nos moldes do art. 55 do Decreto nº 2.181/1997, não sendo recolhido o valor da multa em 30 dias, será o débito inscrito em dívida ativa do órgão que houver aplicado a sanção, para subsequente cobrança executiva.

O parágrafo único do art. 57 estabelece limites para a aplicação da multa, que deve ser de, no mínimo, duzentas e, no máximo, três milhões de vezes o valor da Unidade Fiscal de Referência (Ufir), ou outro índice equivalente que venha a substituí-la.[756] Esses limites garantem que a multa tenha um patamar mínimo, a fim de desestimular infrações, e um patamar máximo, para evitar penalidades excessivas. A amplitude dos valores também permite que a multa seja ajustada conforme as circunstâncias específicas de cada caso, proporcionando uma resposta proporcional e justa às infrações cometidas.

A **Súmula 675 do STJ** estabelece que é legítima a atuação dos órgãos de defesa do consumidor, como o Procon, na aplicação de sanções administrativas previstas no CDC, sempre que a conduta praticada violar os direitos do consumidor.[757]

Isso significa que o Procon tem a competência para intervir quando uma prática comercial prejudicar o consumidor, aplicando penalidades previstas no CDC, como multas e outras sanções. No entanto, essa atuação não impede, nem exclui a ação de outros órgãos reguladores que possam supervisionar atividades específicas, como as agências que controlam setores como saúde, telecomunicações ou energia. Assim, a atuação de órgãos de defesa do consumidor e de órgãos reguladores se complementa, cada um respeitando suas competências legais, sem sobreposição de funções.

Portanto, a atuação do Procon é plenamente válida e necessária para garantir que as normas de proteção ao consumidor sejam respeitadas. Isso não prejudica a função dos órgãos reguladores que fiscalizam as atividades econômicas de setores específicos, pois cada um

754. Este fundo foi organizado segundo a Lei Federal nº 9.008/1995, a qual determinou seu funcionamento integrado à estrutura do Ministério da Justiça sob a denominação "Fundo de Defesa de Direitos Difusos."

755. O interessante é que o art. 57 do CDC autoriza que Estados e Municípios possam criar fundos específicos para a defesa do consumidor. Essa previsão possibilita que os recursos provenientes de multas aplicadas em infrações às normas consumeristas sejam direcionados a um fundo exclusivo para a promoção e proteção dos direitos dos consumidores. Diferentemente do Fundo federal de Defesa dos Direitos Difusos (FDD), que abrange uma variedade de interesses difusos e coletivos, o fundo específico autorizado pelo CDC é voltado exclusivamente para a tutela consumerista, promovendo uma gestão mais eficaz e focada nas demandas dessa área.

756. O Índice Nacional de Preços ao Consumidor Amplo Especial (IPCA-E) do IBGE substituiu a Unidade Fiscal de Referência (UFIR) após a sua extinção pela Medida Provisória nº 1.973-67, de 26 de outubro de 2000.

757. Súmula 675 do STJ: "É legítima a atuação dos órgãos de defesa do consumidor na aplicação de sanções administrativas previstas no CDC quando a conduta praticada ofender direito consumerista, o que não exclui nem inviabiliza a atuação do órgão ou entidade de controle quando a atividade é regulada."

atua conforme a área sob sua competência. A complementação dessas ações garante uma proteção abrangente ao consumidor, sem que haja conflito entre os órgãos, mas sim uma atuação coordenada para assegurar a plena defesa dos direitos do consumidor no mercado.[758]

FUNDO DE DIREITOS DIFUSOS

O Fundo de Defesa dos Direitos Difusos (FDD), estabelecido pela Lei da Ação Civil Pública (Lei nº 7.347/1985), foi regulamentado posteriormente pelo Decreto nº 1.306/1994. O artigo 13 da Lei nº 7.347 estabelece que, nos casos em que é impossível a reparação direta do dano causado a interesses coletivos, os valores arrecadados por meio de indenizações e multas sejam revertidos ao FDD.[759] Esse fundo destina-se exclusivamente à reconstituição de bens e interesses difusos lesados, abarcando áreas como o meio ambiente, o consumidor, e o patrimônio cultural e artístico. [760]

O FDD foi pensado para reverter as penalidades financeiras provenientes de infrações coletivas em recursos voltados a atividades que protejam e restaurem o que foi prejudicado. Na teoria, ele é um instrumento que reúne recursos destinados a financiar projetos de alto valor social, como ações de educação ambiental, campanhas de proteção ao consumidor, atividades culturais e até investimentos em saúde pública. Esses projetos, por sua vez, podem ser conduzidos por órgãos públicos ou por organizações da sociedade civil, com foco na reparação indireta dos bens atingidos.

O Fundo de Defesa dos Direitos Difusos (FDD), gerido pelo Conselho Federal Gestor do Fundo, vinculado ao Ministério da Justiça, é responsável pela administração dos recursos provenientes de multas e indenizações resultantes de infrações que afetam interesses coletivos, O Conselho Federal atua, assim, na seleção e acompanhamento dos projetos financiados, zelando para que os recursos sejam aplicados de forma eficiente e em consonância com os objetivos legais do Fundo.

Na prática, porém, a aplicação desses recursos enfrenta sérias dificuldades e limitações. Embora a arrecadação para o FDD tenha se mostrado significativa ao longo dos anos[761], sua utilização é muitas vezes desviada para finalidades que contrariam o objetivo

758. Como exemplo, o STJ entendeu que os PROCONs podem aplicar multas a concessionárias de telefonia quando houver infração ao Código de Defesa do Consumidor, mesmo que a fiscalização do setor seja feita pela Anatel. A atuação do PROCON se restringe à proteção do consumidor, enquanto a agência reguladora cuida do equilíbrio econômico-financeiro do contrato de concessão e da qualidade do serviço público prestado. (STJ, REsp 1.138.591/RJ, Rel. Min. Castro Meira, DJe 22/09/2009).

759. Segundo o art. 1º, § 2º da Lei 9.008/1995, constituem recursos do FDD o produto da arrecadação: I - das condenações judiciais de que tratam os arts. 11 e 13 da Lei nº 7.347, de 1985; II - (Revogado pela Lei nº 13.146, de 2015); *III - dos valores destinados à União em virtude da aplicação da multa prevista no art. 57 e seu parágrafo único e do produto da indenização prevista no art. 100, parágrafo único, da Lei nº 8.078, de 11 de setembro de 1990*; IV - das condenações judiciais de que trata o § 2º do art. 2º da Lei nº 7.913, de 7 de dezembro de 1989; V - das multas referidas no art. 84 da Lei nº 8.884, de 11 de junho de 1994; VI - dos rendimentos auferidos com a aplicação dos recursos do Fundo; VII - de outras receitas que vierem a ser destinadas ao Fundo; VIII - de doações de pessoas físicas ou jurídicas, nacionais ou estrangeiras.

760. Inicialmente o fundo ficou conhecido como *Fundo para reconstituição de bens lesados.* Após o CDC, o fundo passa ser denominado *Fundo de defesa dos direitos difusos (FDD)* com o Decreto 407 de 27 de dezembro de 1991 (posteriormente revogado pelo Decreto 1.306/1994).

761. Como exemplo, em 2022 foram arrecadados *R$ 941.967.561,77* e em 2023 *R$602.526.248,89*. Ou seja, em 2 anos foram mais de 1 bilhão e meio de reais. Disponível em <https://www.gov.br/mj/pt-br/assuntos/seus-direitos/consumidor/direitos-difusos/arrecadacao>. Acesso em 14/11/2024.

original. Em vez de ser alocado exclusivamente para os projetos de reconstituição de bens coletivos, o FDD frequentemente é alvo de contingenciamento e retenção pelo governo federal. Esse contingenciamento implica a retenção de uma parte dos recursos do Fundo na conta única do Tesouro Nacional, de modo que os valores são utilizados como metas de superávit fiscal, o que impede que o dinheiro seja aplicado nas finalidades para as quais foi arrecadado. Esse processo não só frustra a finalidade do FDD como contraria o espírito da legislação que o instituiu.

O problema do contingenciamento não é exclusivo do Fundo federal. Nas esferas estaduais, fundos similares, criados com objetivos igualmente nobres de proteção a bens coletivos, também enfrentam as mesmas dificuldades. Quando os estados destinam esses recursos para finalidades orçamentárias gerais, privam a sociedade do benefício das ações reparadoras e educativas que esses fundos deveriam financiar. Além disso, o uso desses recursos para outras finalidades acaba por enfraquecer a confiança da sociedade na seriedade das políticas de proteção dos direitos difusos, pois o cidadão percebe que as sanções aplicadas não estão cumprindo sua função social.

Outro agravante na gestão do FDD diz respeito à Lei Orçamentária Anual (LOA). Mesmo quando as arrecadações do Fundo são expressivas, o governo não destina, no orçamento anual, a totalidade dos recursos arrecadados para o uso no próprio FDD.[762] Dessa forma, ainda que o montante exista, ele não é liberado para a sua finalidade específica e permanece apenas no registro contábil, sem efetiva aplicação nos projetos. Essa prática de subestimativa na LOA impede a utilização plena do Fundo e desrespeita a própria razão de ser dos valores arrecadados para a proteção de bens e interesses difusos. A lei estabelece a finalidade desses recursos, mas, na prática, eles não são integralmente disponibilizados para seu uso, prejudicando o cumprimento dos objetivos do FDD e dos fundos estaduais.[763]

Para resolver os problemas de contingenciamento e garantir a efetividade do Fundo de Defesa dos Direitos Difusos, é fundamental que o governo adote uma política mais transparente e comprometida com a destinação desses recursos. Um ponto crucial seria a inclusão da totalidade dos valores arrecadados pelo FDD na Lei Orçamentária Anual, com previsão expressa de que eles não serão contingenciados. Essa medida traria maior previsibilidade e permitiria a execução de projetos contínuos e estruturais que promovam a reconstituição dos bens lesados e a educação da sociedade quanto à preservação desses interesses coletivos.[764]

Além disso, o fortalecimento dos conselhos gestores, com uma atuação mais independente e a participação efetiva da sociedade civil, poderia ajudar a evitar o desvio de finalidade e a assegurar que os recursos sejam aplicados em conformidade com os interesses difusos

762. Conforme apontam Edilson Vitorelli e Matheus Oliveira, em 2016, como exemplo, a LOA somente disponibilizou 0,5% do valor arrecadado. Ou seja, de 775 milhões arrecadados, somente quase 4 milhões foram disponibilizados para utilização, ficando o resto contingenciado. VITORELLI, Edilson; OLIVEIRA, Matheus Rodrigues. O Fundo Federal de Defesa dos Direitos Difusos e o desvio de finalidade na aplicação de seus recursos. *Revista de Direito Administrativo*, v. 278, n. 3, p. 221-250, 2019.

763. Para uma abordagem completa sobre o problema do contingenciamento do FDD e sua inexpressiva utilização (comparada ao seu real potencial), verificar: VITORELLI, Edilson; OLIVEIRA, Matheus Rodrigues. O Fundo Federal de Defesa dos Direitos Difusos e o desvio de finalidade na aplicação de seus recursos. *Revista de Direito Administrativo*, v. 278, n. 3, p. 221-250, 2019.

764. Nesse sentido é a conclusão de Edilson Vitorelli e Matheus Oliveira. *Op.cit.*

que o Fundo foi criado para proteger. A destinação exclusiva dos recursos para atividades que tenham como foco os direitos difusos é, portanto, uma medida essencial para reverter a atual realidade e possibilitar que o FDD cumpra seu papel constitucional e legal de forma íntegra e eficaz.

PRINCIPAIS JURISPRUDÊNCIAS DO STF E STJ

Poder Judiciário pode redefinir multa administrativa em casos excepcionais

O STJ reconheceu que, em situações excepcionais, o Poder Judiciário pode modificar o valor de multas administrativas quando forem desproporcionais, seja por serem extremamente baixas ou exorbitantes. Essa possibilidade visa assegurar o equilíbrio na aplicação das penalidades, garantindo que cumpram sua função punitiva e dissuasória sem se tornarem confiscatórias ou ineficazes. Assim, o Judiciário pode intervir quando houver evidente violação ao princípio da razoabilidade na imposição da multa. (STJ, AgInt no REsp 2.063.730/GO, Rel. Min. Regina Helena Costa, Primeira Turma, DJe 16/08/2023)

PROCON pode aplicar multa mesmo com apenas uma reclamação do consumidor

O STJ reafirmou que o PROCON pode aplicar sanções administrativas com base no poder de polícia que detém, independentemente do número de reclamações registradas. Dessa forma, ainda que apenas um consumidor seja prejudicado, a infração ao Código de Defesa do Consumidor pode resultar na aplicação de multa. A decisão fortalece o caráter preventivo da fiscalização, impedindo que fornecedores adotem práticas abusivas apenas porque o impacto imediato parece pequeno. (STJ, AgInt no AREsp 1.931.900/MG, Rel. Min. Paulo Sérgio Domingues, Primeira Turma, DJe 24/08/2023)

PROCON pode multar fornecedor reiteradamente pelo mesmo fato em casos de reincidência

O STJ decidiu que a reiteração de uma infração ao Código de Defesa do Consumidor permite a imposição de múltiplas penalidades sem que isso configure bis in idem. Se a fiscalização, realizada em períodos distintos, identificar que a prática abusiva continua ocorrendo, cada infração pode ser punida individualmente. Essa interpretação evita que fornecedores reincidentes se sintam encorajados a manter práticas irregulares, já que uma única penalização não seria suficiente para coibir a conduta ilícita. (STJ, AgInt no AREsp 1.714.912/SP, Rel. Min. Herman Benjamin, Segunda Turma, DJe 19/12/2022)

Cobrança de taxa de conveniência em ingressos pela internet não é abusiva se houver transparência

O STJ entendeu que a cobrança de taxa de conveniência na venda de ingressos online não é automaticamente ilegal. Para ser considerada válida, a cobrança deve ser informada de forma clara ao consumidor antes da compra, permitindo-lhe avaliar os custos totais. Caso o fornecedor não cumpra o dever de informação, a taxa poderá ser considerada abusiva. O entendimento reverte posicionamento anterior que vedava totalmente essa prática. (STJ, AgInt no AREsp 1.928.238/MG, Rel. Min. Francisco Falcão, Segunda Turma, DJe 28/02/2024)

PROCON pode estimar condição econômica do fornecedor ao fixar multa

O STJ decidiu que, ao aplicar multa, o PROCON pode utilizar informações públicas sobre a condição econômica do fornecedor. Caso não haja dados disponíveis, é possível realizar arbitramento razoável. No entanto, a empresa multada pode apresentar documentação comprobatória de sua real situação financeira durante o processo administrativo. Essa medida busca evitar que a penalidade seja irrisória ou excessivamente onerosa, garantindo a proporcionalidade da sanção imposta. (STJ, REsp 1.794.971/SP, Rel. Min. Herman Benjamin, Segunda Turma, DJe 24/06/2020)

Multa administrativa tem função punitiva e preventiva

O STJ esclareceu que as multas aplicadas pelo PROCON possuem dupla finalidade: punir o infrator e dissuadir outras empresas de cometerem infrações semelhantes. O órgão fiscalizador deve equilibrar a aplicação da penalidade para evitar que seja excessivamente branda, incentivando a reincidência, ou tão elevada que se torne confiscatória. A multa deve ser um mecanismo efetivo para garantir o cumprimento das normas consumeristas sem comprometer a viabilidade das empresas. (STJ, AgInt nos EDcl no REsp 1.707.029/SP, Rel. Min. Herman Benjamin, Segunda Turma, DJe 29/05/2019)

Art. 57 do CDC é autoaplicável e pode ser regulamentado por decretos estaduais

O STJ decidiu que o art. 57 do CDC, que trata das multas administrativas, é autoaplicável, mas pode ser regulamentado por decretos estaduais para estabelecer critérios uniformes de aplicação. Esses regulamentos aumentam a previsibilidade das penalidades, garantindo segurança jurídica e transparência na atuação dos órgãos de defesa do consumidor. No entanto, a regulamentação não pode restringir direitos previstos no Código de Defesa do Consumidor. (STJ, AgRg no AgRg no REsp 1.261.824/SP, Rel. Min. Herman Benjamin, Segunda Turma, DJe 09/05/2013)

PROCON pode aplicar multa por repasse indevido do custo de devolução em direito de arrependimento

O STJ confirmou a legalidade da multa aplicada a uma empresa que repassava ao consumidor os custos de devolução de produtos adquiridos fora do estabelecimento comercial. Segundo o CDC, no direito de arrependimento, o fornecedor deve restituir integralmente os valores pagos, incluindo despesas postais para devolução. O entendimento reforça a proteção do consumidor e evita que o custo da logística reversa seja um entrave para o exercício desse direito. (STJ, REsp 1.340.604/RJ, Rel. Min. Mauro Campbell Marques, Segunda Turma, DJe 22/08/2013)

PROCON tem competência para multar concessionária de telefonia por descumprimento do CDC

O STJ entendeu que os PROCONs podem aplicar multas a concessionárias de telefonia quando houver infração ao Código de Defesa do Consumidor, mesmo que a fiscalização do setor seja feita pela Anatel. A atuação do PROCON se restringe à proteção do consumidor, enquanto a agência reguladora cuida do equilíbrio econômico-financeiro do contrato de concessão e da qualidade do serviço público prestado. (STJ, REsp 1.138.591/RJ, Rel. Min. Castro Meira, DJe 22/09/2009)

PROCON pode multar a Caixa Econômica Federal por infrações ao direito do consumidor

O STJ decidiu que a CEF, apesar de ser empresa pública federal, pode ser multada pelo PROCON quando comete infrações às normas de defesa do consumidor. A fiscalização exercida pelo Banco Central sobre as instituições financeiras não impede a atuação dos órgãos de defesa do consumidor, que têm competência para punir condutas que prejudicam clientes bancários. (STJ, AgRg no REsp 1.148.225/AL, Rel. Min. Mauro Campbell Marques, Segunda Turma, DJe 21/11/2012)

PROCON não pode multar empresa quando não há relação de consumo

O STJ entendeu que o PROCON não pode aplicar sanções administrativas quando não há relação de consumo. No caso analisado, um contrato administrativo entre uma empresa e um órgão público foi questionado, mas a relação não se enquadrava na definição de consumo, pois não envolvia vulnerabilidade técnica ou econômica do contratante. Assim, a competência para julgar o contrato cabia ao Direito Administrativo, e não ao CDC. (STJ, RMS 31.073/TO, Rel. Min. Eliana Calmon, DJe 26/08/2010)

Aplicação de multa por diferentes órgãos pelo mesmo fato caracteriza *bis in idem*

O STJ decidiu que, se uma empresa já foi multada por um órgão de defesa do consumidor pelo mesmo fato, a aplicação de nova penalidade por outro órgão configura bis in idem. No caso analisado, uma montadora de veículos foi punida tanto pelo PROCON estadual quanto pelo Departamento de Proteção e Defesa do Consumidor (DPDC) por um recall. O tribunal entendeu que a duplicidade de multas para a mesma infração viola o princípio da razoabilidade. (STJ, REsp 1.087.892/SP, Rel. Min. Benedito Gonçalves, DJe 22/06/2010)

PROCON pode multar seguradoras privadas

O STJ reconheceu a competência dos PROCONs para aplicar multas a seguradoras privadas por infrações ao Código de Defesa do Consumidor. Apesar de a fiscalização das seguradoras ser feita pela SUSEP, isso não impede que os órgãos de defesa do consumidor atuem para punir abusos contra os clientes. Assim, condutas abusivas podem ser sancionadas tanto pela SUSEP quanto pelo PROCON, desde que respeitadas as competências de cada órgão. (STJ, RMS 23.798/BA, Rel. Min. Humberto Martins, DJe 04/09/2008)

PROCON pode multar empresa por prática de dumping no mercado de combustíveis

O STJ confirmou a legitimidade do PROCON para aplicar multas a empresas que praticam dumping, ou seja, venda de produtos abaixo do custo para eliminar concorrentes. No caso, uma revendedora de combustíveis foi penalizada por vender combustível a preços abaixo do mercado, prejudicando a concorrência. A decisão reforça o papel do PROCON na fiscalização de abusos contra consumidores e concorrentes, garantindo um ambiente de mercado equilibrado. (STJ, REsp 938.607/SP, Rel. Min. Francisco Falcão, DJe 08/10/2007)

Multa prevista no CDC não tem objetivo de reparar o dano ao consumidor

O STJ decidiu que as multas aplicadas pelo PROCON, conforme o art. 56 do Código de Defesa do Consumidor, têm caráter punitivo e educativo, e não indenizatório. Seu objetivo é punir o infrator e desencorajar novas infrações, mas não substituir uma indenização devida ao consumidor lesado. Assim, a aplicação da multa administrativa não impede que o consumidor busque reparação por danos individuais. (STJ, RMS 21.520/RN, Rel. Min. Teori Albino Zavascki, DJe 17/08/2006)

Não cabe discutir o valor da multa administrativa em mandado de segurança

O STJ entendeu que não é possível questionar o valor de uma multa administrativa por meio de mandado de segurança, pois isso exige análise aprofundada de provas, como a gravidade da infração e a condição econômica do infrator. Como o mandado de segurança tem rito célere e não admite produção de provas, a discussão sobre o montante da multa deve ser feita em outro tipo de ação. (STJ, ROMS 17.510/RS, Rel. Min. Castro Meira, DJe 20/09/2004)

Multa administrativa não pode ser aplicada diretamente pela autoridade máxima do órgão

O STJ decidiu que a multa não pode ser imposta originariamente pela autoridade mais alta do PROCON, pois isso impediria o direito ao recurso administrativo. Segundo o tribunal, a decisão sobre a sanção deve partir de uma instância inferior para que o autuado tenha a possibilidade de contestá-la perante uma instância superior dentro do próprio órgão, garantindo o princípio do duplo grau de jurisdição. (STJ, ROMS 413.158/RJ, Rel. Min. Garcia Vieira, DJe 04/04/1998)

Art. 58. As penas de apreensão, de inutilização de produtos, de proibição de fabricação de produtos, de suspensão do fornecimento de produto ou serviço, de cassação do registro do produto e revogação da concessão ou permissão de uso serão aplicadas pela administração, mediante procedimento administrativo, assegurada ampla defesa, quando forem constatados vícios de quantidade ou de qualidade por inadequação ou insegurança do produto ou serviço.

O legislador diferenciou nos arts. 58 e 59 as sanções de acordo com a gravidade da infração. Assim, no art. 58 temos sanções mais brandas (que geralmente não impedem o exercício da atividade, somente impedindo a comercialização do produto ou serviço[765]). Já no art. 59, encontram-se as sanções mais graves, que somente devem ser aplicadas em casos extremos, justamente por envolverem restrição ao princípio constitucional da livre iniciativa (art. 170 e parágrafo único da CF).

Dessa forma, nos moldes do art. 58, quando o produto ou o serviço apresentar vício de quantidade ou qualidade por inadequação (arts. 18 a 21 – *v.g.*, produto cujo conteúdo ou medida for inferior às indicações constantes da embalagem) ou por insegurança (arts. 12 a 14 – *v.g.*, remédio considerado nocivo à saúde dos consumidores), poderão ser apreendidos, inutilizados, ter o fornecimento suspenso etc. Essas sanções são especialmente relevantes para garantir a proteção do consumidor e a segurança nas relações de consumo, já que visam retirar do mercado produtos e serviços que ofereçam riscos à saúde ou que desrespeitem normas de qualidade.

Essas sanções são usadas em situações onde a inadequação ou insegurança do produto ou serviço representa um risco significativo. Por exemplo, se um lote de medicamentos apresenta ingredientes incorretos ou inadequados para consumo, a administração pode aplicar a pena de apreensão e inutilização do produto para evitar danos aos consumidores. Da mesma forma, a proibição de fabricação ou suspensão do fornecimento de um produto ocorre em casos graves, como quando um brinquedo infantil possui componentes tóxicos ou partes que podem causar sufocamento, representando um risco de segurança inaceitável.

Claro que tais medidas deverão ser analisadas através de processo administrativo em que sejam observados a ampla defesa e o devido processo legal, bem como os princípios que regem os procedimentos administrativos, como por exemplo, a motivação e a fundamentação do ato administrativo.

Não é necessário o fim do processo administrativo para a aplicação das sanções, uma vez que o parágrafo único do art. 56 autoriza referida aplicação por medida cautelar, antecedente ou incidente de processo administrativo. Isso é importante, pois, imagine que existam fundadas suspeitas de que determinado remédio tenha causado danos à saúde dos consumidores. Se fosse exigido o fim do processo administrativo para, por exemplo, apreender o produto ou impedir a comercialização, diversos danos poderiam ser causados aos consumidores nesse período, caso restasse confirmada a nocividade do remédio.

Ao assegurar o poder da administração para aplicar essas penalidades, o CDC reforça a proteção ao consumidor e atua preventivamente para garantir que apenas produtos e serviços seguros e adequados sejam oferecidos no mercado. A aplicação de sanções proporcionais e rigorosas em casos de violação de normas de qualidade e segurança incentiva os fornecedores a adotarem práticas responsáveis, evitando que produtos inseguros permaneçam acessíveis ao público.

765. Com exceção da "revogação da concessão ou permissão de uso", todas as outras infrações são objetivas, ou seja, se referem especificamente ao produto ou ao serviço.

Art. 59. As penas de cassação de alvará de licença, de interdição e de suspensão temporária da atividade, bem como a de intervenção administrativa, serão aplicadas mediante procedimento administrativo, assegurada ampla defesa, quando o fornecedor reincidir na prática das infrações de maior gravidade previstas neste código e na legislação de consumo.

§ 1º A pena de cassação da concessão será aplicada à concessionária de serviço público, quando violar obrigação legal ou contratual.

§ 2º A pena de intervenção administrativa será aplicada sempre que as circunstâncias de fato desaconselharem a cassação de licença, a interdição ou suspensão da atividade.

§ 3º Pendendo ação judicial na qual se discuta a imposição de penalidade administrativa, não haverá reincidência até o trânsito em julgado da sentença.

Conforme ressaltado quando dos comentários ao art. 58, o legislador reservou, no art. 59, as sanções consideradas mais graves, uma vez que interferem na atividade do fornecedor (sanções subjetivas). Para tanto, o critério utilizado para fundamentar a aplicação dessas sanções foi a reincidência na *"prática das infrações de maior gravidade previstas neste código e na legislação de consumo"*.

Para determinar se as infrações são de maior gravidade ou não (uma vez que a lei não especifica), deverá o aplicador da norma, diante das circunstâncias do caso concreto, fundamentar e classificar a infração, com o intuito de aplicar as sanções (mais graves!) do art. 59. Assim, estamos diante de um conceito jurídico indeterminado que deverá ser preenchido pelo aplicador da norma no caso concreto.

Além de cometer a infração considerada como de maior gravidade, o fornecedor somente sofrerá as sanções do art. 59 se for reincidente. O critério da reincidência foi regulamentado no Decreto nº 2.181/1997 como circunstância agravante no art. 26, I; e no art. 27. Nos moldes do parágrafo único do art. 27, para efeito da reincidência, não prevalece a sanção anterior, se entre a data da decisão administrativa definitiva e aquela da prática posterior houver decorrido período de tempo superior a cinco anos.

Ademais, o infrator somente será considerado reincidente após o trânsito em julgado da sentença condenatória, caso haja ação judicial discutindo a imposição de penalidade administrativa, garantindo assim, os princípios da presunção da inocência e do devido processo legal.

Para as concessionárias de serviço público, a norma autoriza a pena de cassação da concessão quando desrespeitar o contrato pactuado com o ente público ou infringir as normas legais. As hipóteses legais de cassação estão indicadas no art. 38, § 1º, da Lei nº 8.987/1995 (disciplina o regime de concessão e permissão da prestação de serviços públicos) e devem ser interpretados de modo combinado ao CDC, que determina que tais serviços devam ser "adequados, eficientes, seguros e, quanto aos essenciais, contínuos" (art. 22).

Há hipóteses em que não é aconselhável aplicar simplesmente a sanção subjetiva (cassação de licença, a interdição ou suspensão da atividade), porque, como dito, importará na paralisação da atividade do fornecedor. Assim, mesmo em se tratando de infrações de maior gravidade, poderá haver a intervenção administrativa, de modo a não paralisar a atividade desenvolvida. Na Lei nº 8.987/1995, por se tratar de concessão e permissão de serviços públicos, tendo em vista o princípio da continuidade dos serviços públicos disposto no art. 22 do CDC, há previsão de tal intervenção (art. 32), que deverá ser aplicada pela administração de modo discricionário. Prescreve o art. 32 que o poder concedente poderá intervir na concessão, com o fim de assegurar a adequação na prestação do serviço, bem como o fiel cumprimento das normas contratuais, regulamentares e legais pertinentes. A intervenção far-se-á por decreto do poder concedente, que conterá a designação do interventor, o prazo da intervenção e os objetivos e limites da medida (parágrafo único do art. 32).

Art. 60. A imposição de contrapropaganda será cominada quando o fornecedor incorrer na prática de publicidade enganosa ou abusiva, nos termos do art. 36 e seus parágrafos, sempre às expensas do infrator.

§ 1º A contrapropaganda será divulgada pelo responsável da mesma forma, frequência e dimensão e, preferencialmente no mesmo veículo, local, espaço e horário, de forma capaz de desfazer o malefício da publicidade enganosa ou abusiva.

§ 2º (Vetado).

§ 3º (Vetado).

O CDC, no art. 60, de forma a desfazer o malefício da publicidade enganosa ou abusiva e para melhor proteger os direitos dos consumidores, estipulou a imposição de contrapropaganda que será divulgada pelo responsável da mesma forma, frequência e dimensão e, preferencialmente, no mesmo veículo, local, espaço e horário. Esse detalhe é fundamental, pois assegura que a nova mensagem atinja o mesmo público-alvo da publicidade enganosa ou abusiva, maximizando as chances de que o efeito negativo seja desfeito. Por exemplo, se uma publicidade enganosa foi veiculada em horário nobre na televisão, a contrapropaganda deverá ser transmitida nas mesmas condições para alcançar uma audiência similar e corrigir o impacto.

A contrapropaganda visa tanto a reparar a verdade da publicidade enganosa, como a desqualificar a mensagem abusiva, assegurando, ao final, o direito à informação do consumidor que foi violado.

A publicidade enganosa é aquela capaz de induzir o consumidor a erro. Pode ser *comissiva*, quando afirma algo que, na verdade, não é; ou *omissiva*, quando não informa sobre algo fundamental ("essencial") do produto ou serviço.

Já a publicidade abusiva é aquela que fere a vulnerabilidade do consumidor, podendo ser até mesmo verdadeira, mas que, pelos seus elementos ou circunstâncias, ofendem valores básicos de toda a sociedade. O § 2º do art. 37 elenca, de modo exemplificativo, uma série de publicidades abusivas, como a que apresenta alguma forma de discriminação, que incita à violência, que explora o medo ou a superstição, a antiambiental, a indutora de insegurança, a que se aproveita da hipossuficiência da criança etc.

Por se tratar de direitos difusos, caberá ação coletiva postulada pelos legitimados do art. 82 do CDC para a obtenção de sentença condenatória obrigando o fornecedor, que patrocinou a publicidade enganosa ou abusiva, a efetuar a contrapropaganda.

PRINCIPAIS JURISPRUDÊNCIAS DO STF E STJ

Filial pode ser obrigada a veicular contrapropaganda imposta à matriz

O STJ decidiu que, mesmo tendo CNPJs distintos e autonomia administrativa, as filiais integram a mesma pessoa jurídica da matriz, sendo um desdobramento desta. Assim, se a matriz for condenada por propaganda enganosa, a obrigação de veicular contrapropaganda pode ser estendida às filiais, garantindo a correção da informação ao consumidor. A medida busca evitar prejuízos causados por práticas comerciais enganosas ou abusivas, conforme previsto no Código de Defesa do Consumidor. (STJ, REsp 1655796/MT, Rel. Min. Ricardo Villas Bôas Cueva, Terceira Turma, DJe 20/02/2020)

Título II

Das Infrações Penais

O Título II do Código de Defesa do Consumidor trata das infrações penais a que o fornecedor de produtos e serviços está sujeito quando praticar (crimes comissivos) ou deixar de praticar (crimes omissivos) certas condutas nas relações de consumo.

Trata-se de um verdadeiro Direito Penal do consumidor, capítulo do Direito Penal econômico, em que o legislador pretendeu assegurar a máxima efetividade das normas inseridas no Código, aumentando e preservando os direitos dos consumidores.[1]

São crimes próprios em que os sujeitos ativo e passivo devem ser especificados (fornecedores e consumidores), além de tratar de uma relação de consumo em que envolva o fornecimento ou a prestação de produto ou serviço. Com outras palavras, são tipos penais em que há um sujeito ativo como fornecedor, um sujeito passivo como consumidor (ou equiparado) e um objeto material da relação como produto ou serviço.

O Direito Penal do consumidor busca não somente reprimir condutas indesejáveis e causadoras de danos, mas, sobretudo, prevenir a ocorrência de tais condutas de forma a evitar o dano, amparando com mais eficiência os consumidores (princípio da precaução).

As condutas tipificadas no sistema consumerista constituem "*crimes de perigo*", uma vez que não constitui elemento constitutivo do delito a ocorrência do efetivo dano ao consumidor. Basta a simples manifestação da conduta para caracterizar a ilicitude.[2]

No tocante à exposição ou depósito de produtos com prazo de validade vencido, crime do inciso IX do art. 7º da Lei 8.137/90 (*constitui crime contra as relações de consumo vender, ter em depósito para vender ou expor à venda ou, de qualquer forma, entregar matéria-prima ou mercadoria, em condições impróprias ao consumo*), o STJ vinha entendendo que

---

1. Antônio Herman Benjamin. *Comentários ao Código de Defesa do Consumidor*. São Paulo: Revista dos Tribunais, 2003, p. 789.
2. "Criminal. REsp. Fabricação e manutenção em depósito de produtos fabricados para consumo em desacordo com as normas regulamentares e sem registro no Ministério da Saúde. Crime contra a relação de consumo. Desnecessidade de laudo pericial para a constatação da impropriedade da mercadoria. Delito de perigo abstrato. Recurso provido. O tipo do inciso IX do art. 7º, da Lei nº 8.137/1990 trata de crime formal, bastando, para sua concretização, que se coloque em risco a saúde de eventual consumidor da mercadoria. Cuidando-se de crime de perigo abstrato, desnecessária se faz a constatação, via laudo pericial, da impropriedade do produto para consumo. Precedentes. Recurso provido para restabelecer a sentença de primeiro grau, quanto à condenação pelo crime contra as relações de consumo" (STJ, REsp. 472038/PR, Rel. Min. Gilson Dipp, 5ª T, j. 16/12/2003, DJ 25/02/2004).

se tratava de crime formal, que dispensava a realização de perícia para atestar sua efetiva impropriedade. Nesse sentido:

> "A exposição ou depósito de produtos destinados à venda com prazo de validade vencido é fato que se encontra tipificado na legislação penal (Lei nº 8.137/1990, art. 7º, inciso IX – condições impróprias ao consumo) como crime formal, que dispensa a realização de perícia para atestar sua efetiva impropriedade, tendo em vista que a mera transgressão da norma legal caracteriza o delito, que é de perigo presumido." (STJ, *HC* nº 38.200-PE, Rel. Min. Arnaldo Esteves Lima, *DJ* 01/02/2005).[3]

Entretanto, o STJ (Quinta e Sexta Turmas) alterou o seu entendimento no sentido de que a realização da perícia, apto a demonstrar que os produtos estão impróprios para o consumo, é indispensável para a comprovação do delito. Nesse sentido:

> "CRIME CONTRA AS RELAÇÕES DE CONSUMO. ALIMENTOS IMPRÓPRIOS PARA O CONSUMO. PRAZO DE VALIDADE VENCIDO. PERÍCIA TÉCNICA PARA AFERIR O ELEMENTO NORMATIVO DO TIPO. NECESSIDADE. ART. 158 DO CPP. AUSÊNCIA DE MATERIALIDADE. FALTA DE JUSTA CAUSA PARA O EXERCÍCIO DA AÇÃO PENAL. WRIT NÃO CONHECIDO. ORDEM CONCEDIDA DE OFÍCIO. (...) 2. "Da leitura do artigo 7º, inciso IX, da Lei 8.137/1990, percebe-se que se trata de delito contra as relações de consumo não transeunte, que deixa vestígios materiais, sendo indispensável, portanto, a realização de perícia para a sua comprovação, nos termos do artigo 158 do Código de Processo Penal" (RHC 49.221/SC, Rel. Ministro JORGE MUSSI, QUINTA TURMA, DJe 28/4/2015). 3. "Inexistente prova pericial, produzida diretamente sobre os produtos alimentícios apreendidos, falta justa causa para a persecução penal, sendo insuficiente concluir pela impropriedade para o consumo exclusivamente em virtude da ausência de informações obrigatórias na rotulagem do produto e/ou em decorrência do prazo de sua validade estar vencido" (RHC 69.692/SC, Rel. Ministro ROGERIO SCHIETTI CRUZ, SEXTA TURMA, DJe 13/6/2017). 4. No caso em exame, verifica-se, conforme descrito na denúncia, que os ora pacientes "tinham em depósito para venda aditivos e matérias-primas para fabricação de linguiças com prazo de validade vencido". 5. *Na hipótese de delito em que deixa vestígios, revela-se indispensável a realização de exame pericial para atestar a impropriedade da mercadoria para o consumo*, nos termos do art. 158 do Código de Processo Penal. Precedentes." (STJ, HC 412.180/SC, Rel. Ministro Ribeiro Dantas, Quinta Turma, DJe 19/12/2017)

3. Nesse sentido, informativo 455 do STJ: "CRIME. RELAÇÕES. CONSUMO. LAUDO PERICIAL. Trata-se de produtor de vinho denunciado nas sanções do art. 7º, IX, da Lei nº 8.137/1990 c/c o art. 18, § 6º, II, do CDC, porque adicionava corretivo ao vinho em quantidade acima da permitida, além de também o estocar em desacordo com as normas vigentes e sem registro no Ministério da Saúde. Note-se que o corretivo é o ácido sórbico usado como inibidor da levedura em vinho que deve ser utilizado na proporção de 20 mg/100ml, segundo a Res. nº 4/1988 do Conselho Nacional de Saúde (CNS). Por isso, ele foi condenado à pena de três anos e quatro meses de detenção, sendo que a pena privativa de liberdade foi substituída por duas restritivas de direitos. Entretanto, em apelação, foi absolvido nos termos do art. 386, VI, do CPP – entendendo o TJ ser necessária a realização de perícia para comprovar a materialidade do delito em comento. Então, sobreveio o REsp interposto pelo MP. Para o Min. Relator, de acordo com a análise da sentença condenatória, trata-se da prática do crime de exposição ou depósito para a venda de produtos em condições impróprias para o consumo (art. 7º, IX, da Lei nº 8.137/1990), que, segundo precedentes, é crime formal e de perigo abstrato para cuja caracterização basta colocar em risco a saúde de eventual consumidor da mercadoria, sendo desnecessária sua constatação por laudo pericial. Diante do exposto, a Turma deu provimento ao recurso para restabelecer a sentença." REsp 1.163.095-RS, Rel. Min. Gilson Dipp, julgado em 9/11/2010.

Além da responsabilidade penal, o fornecedor de produtos e serviços pode, de forma cumulativa, responder civil e administrativamente por seus atos.

Tendo em vista que o CDC não criou uma "parte geral" com relação às infrações penais, aplicam-se as normas da parte geral do Código Penal, em decorrência do art. 12 do próprio Código Penal, que prescreve que "*as regras gerais deste Código aplicam-se aos fatos incriminados por lei especial, se esta não dispuser de modo diverso*". Assim, tendo em vista que o CDC é norma especial e que as normas gerais do Código Penal são com ele compatíveis, sua aplicação há de ser observada.

As infrações tipificadas no CDC também se harmonizam com outras previstas no Código Penal[4] e em leis especiais,[5] à semelhança do previsto no art. 7º do próprio CDC. Dessa forma, é perfeitamente possível a aplicação, a título de exemplo, do crime de "*Emprego de processo proibido ou de substância não permitida*" estipulado no art. 274 do Código Penal às relações de consumo.[6] O CDC criou um microssistema que só admite a intromissão de normas exteriores que com ele sejam compatíveis.

Art. 61. Constituem crimes contra as relações de consumo previstas neste código, sem prejuízo do disposto no Código Penal e leis especiais, as condutas tipificadas nos artigos seguintes.

O art. 61 do CDC inaugura o capítulo destinado aos crimes contra as relações de consumo, estabelecendo que certas condutas são tipificadas como crimes específicos, além das sanções civis e administrativas. Esse dispositivo é essencial porque adiciona uma camada de responsabilização penal às infrações consumeristas, evidenciando a importância da proteção ao consumidor como um valor essencial para a sociedade. Assim, além das sanções previstas no próprio CDC, como multas e interdições administrativas, os infratores também podem responder criminalmente, garantindo que práticas prejudiciais ao consumidor sejam tratadas com o devido rigor.

A previsão de responsabilidade criminal reforça a ideia de que o desrespeito aos direitos do consumidor não é apenas uma questão civil ou administrativa, mas uma violação que pode afetar de forma ampla a coletividade, comprometendo saúde, segurança e a ordem pública. Ao enquadrar essas condutas como crimes, o CDC oferece uma resposta mais severa para

4. Existem tipos penais no Código Penal que tratam da proteção do consumidor. São elas: art. 175 (fraude no comércio); art. 177 (fraudes e abusos na fundação ou administração de sociedade por ações); art. 272 (falsificação, corrupção, adulteração ou alteração de substância ou produtos alimentícios); art. 273 (falsificação, corrupção, adulteração ou alteração de produto destinada a fins terapêuticos ou medicinais); art. 274 (emprego de processo proibido ou de substância não permitida); art. 275 (invólucro ou recipiente com falsa indicação); art. 277 (substância destinada à falsificação); art. 278 (substâncias nocivas à saúde pública); art. 280 (medicamento em desacordo com a receita médica).

5. A Lei nº 8.137, de 27 de dezembro de 1990, define os crimes contra a ordem tributária, econômica e contra as relações de consumo, Lei nº 1.521, de 26 de dezembro de 1951 (Lei da Economia Popular) e Lei nº 12.529/2011 (Lei do CADE – dispõe sobre a prevenção e repressão às infrações contra a ordem econômica).

6. Art. 274 do Código Penal: "Empregar, no fabrico de produto destinado a consumo, revestimento, gaseificação artificial, matéria corante, substância aromática, antisséptica, conservadora ou qualquer outra não expressamente permitida pela legislação sanitária:
Pena – reclusão, de 1 (um) a 5 (cinco) anos, e multa."

práticas especialmente graves, como a adulteração de produtos, venda de mercadorias fora do prazo de validade ou a indução do consumidor a erro através de publicidade enganosa.

Este artigo deixa claro que as sanções penais previstas no CDC não excluem a aplicação das disposições do Código Penal e de outras leis especiais, como a Lei de Crimes Contra a Economia Popular, se as condutas infratoras forem compatíveis com outros tipos penais. Isso amplia o alcance das punições e assegura que o infrator possa ser processado e punido de acordo com a legislação que mais adequadamente protege o interesse público e a segurança dos consumidores. Ao prever a possibilidade de cumulatividade de normas, o CDC fortalece a proteção do consumidor, desencorajando práticas abusivas e promovendo a justiça nas relações de consumo.

Art. 62. (Vetado.)

Art. 63. Omitir dizeres ou sinais ostensivos sobre a nocividade ou periculosidade de produtos, nas embalagens, nos invólucros, recipientes ou publicidade:

Pena – Detenção de seis meses a dois anos e multa.

§ 1º Incorrerá nas mesmas penas quem deixar de alertar, mediante recomendações escritas ostensivas, sobre a periculosidade do serviço a ser prestado.

§ 2º Se o crime é culposo:

Pena – Detenção de um a seis meses ou multa.

O art. 63 do CDC tipifica como crime a omissão de informações ostensivas sobre a nocividade ou periculosidade de produtos e serviços, tanto nas embalagens, invólucros, recipientes quanto na publicidade. A penalidade é de detenção de seis meses a dois anos, além de multa, demonstrando a seriedade com que o CDC trata a responsabilidade do fornecedor em informar adequadamente o consumidor sobre os riscos à saúde e segurança. Essa exigência busca garantir que o consumidor tenha pleno conhecimento dos perigos potenciais, permitindo-lhe fazer escolhas informadas e tomar precauções adequadas.

O § 1º estende essa obrigação ao fornecedor de serviços, impondo a mesma pena para quem negligenciar a comunicação ostensiva sobre a periculosidade dos serviços oferecidos. Isso inclui serviços que, por sua natureza, envolvem risco ao consumidor, como instalações elétricas, manipulação de produtos químicos ou procedimentos que possam afetar a segurança física do usuário. Por exemplo, uma empresa que realize serviços de pintura industrial com produtos tóxicos deve informar de forma clara sobre os riscos e as precauções necessárias. Essa informação deve ser destacada em recomendações escritas e visíveis para garantir a segurança do consumidor.

O § 2º prevê uma redução de pena quando o crime é praticado de forma culposa, ou seja, sem a intenção direta de prejudicar o consumidor. Nesse caso, a pena é de detenção de um a seis meses ou apenas multa. Essa previsão reconhece que, em certas situações, a omissão pode ocorrer por negligência, imprudência ou imperícia, sem o dolo específico de lesar o consumidor. No entanto, a responsabilização permanece, uma vez que a falta de alerta sobre a periculosidade pode ter consequências graves para a saúde e segurança do consumidor, independentemente da intenção do fornecedor.

O art. 63 e seus parágrafos reforçam o dever de transparência e segurança nas relações de consumo, garantindo que informações cruciais sobre a periculosidade sejam claramente comunicadas. Ao penalizar tanto a omissão dolosa quanto a culposa, o CDC enfatiza a importância da informação como elemento essencial para a proteção do consumidor e para a prevenção de acidentes e danos à saúde pública.

Art. 64. Deixar de comunicar à autoridade competente e aos consumidores a nocividade ou periculosidade de produtos cujo conhecimento seja posterior à sua colocação no mercado:

Pena – Detenção de seis meses a dois anos e multa.

Parágrafo único. Incorrerá nas mesmas penas quem deixar de retirar do mercado, imediatamente quando determinado pela autoridade competente, os produtos nocivos ou perigosos, na forma deste artigo.

O art. 64 do CDC define como crime a omissão de comunicar à autoridade competente e aos consumidores sobre a nocividade ou periculosidade de produtos quando essa informação se torna conhecida apenas após a colocação do produto no mercado. A pena para essa infração é de detenção de seis meses a dois anos, além de multa.

Esse dispositivo é fundamental para garantir a segurança contínua do consumidor, impondo ao fornecedor a responsabilidade de informar prontamente sobre riscos que possam surgir, mesmo depois que o produto já está em circulação. Esse dever de comunicação é uma extensão do princípio da boa-fé, exigindo que o fornecedor atue proativamente para proteger a saúde e segurança do consumidor assim que tomar conhecimento de qualquer periculosidade.

O artigo visa garantir que os consumidores e as autoridades de fiscalização estejam devidamente informados para tomar medidas preventivas ou de proteção. Por exemplo, se um fabricante de eletrodomésticos descobre, após a venda, que um lote de produtos apresenta um risco de superaquecimento e incêndio, ele é obrigado a comunicar imediatamente essa periculosidade. Essa comunicação pode incluir campanhas de *recall*, informativos públicos e notificações diretas aos consumidores, conforme a gravidade do risco.

O parágrafo único do art. 64 reforça essa obrigação ao penalizar a omissão de retirada imediata do produto nocivo ou perigoso do mercado quando assim determinado pela autoridade competente. A pena para essa omissão é a mesma, refletindo a gravidade de deixar produtos inseguros disponíveis ao público após uma ordem oficial de retirada. A retirada de produtos perigosos é uma medida essencial para prevenir acidentes e proteger o consumidor, e o descumprimento dessa ordem caracteriza negligência grave por parte do fornecedor.

Esse artigo e seu parágrafo único representam uma medida de segurança fundamental, pois asseguram que o fornecedor tome medidas rápidas e efetivas para remover riscos, preservando a integridade física e a saúde do consumidor.

PRINCIPAIS JURISPRUDÊNCIAS DO STF E STJ

Princípio da insignificância e crime contra as relações de consumo

"A Turma indeferiu *habeas corpus* em que se pretendia, por falta de justa causa, o trancamento de ação penal instaurada contra três empregados de empresa produtora de refrigerante, pela suposta prática do delito previsto no art. 7º, IX e parágrafo único, c/c o art. 11, *caput*, da Lei nº 8.137/1990, consistente no fato de inserir, no mercado, duas garrafas de refrigerante em condições impróprias ao consumo. Imputava-se, também, a um dos pacientes o cometimento do crime omissivo de deixar de comunicar à autoridade competente e aos consumidores a nocividade ou periculosidade do produto cujo conhecimento fora posterior à colocação do lote no mercado (CDC, art. 64). Sustentava a impetração que a conduta atribuída aos pacientes teria ocorrido dentro do risco permitido e que, no caso, incidiria, ainda, o princípio da insignificância, já que apreendidas apenas duas unidades do produto dentro de um universo de milhares de garrafas produzidas por dia. Inicialmente, asseverou-se que os delitos mencionados tutelam, de modo imediato, a própria relação de consumo, que pode ser atingida pela colocação quer de um, quer de centenas de produtos impróprios no mercado. Assim, rejeitou-se a aplicação do princípio da insignificância por se considerar que a pequena amostra recolhida não tornaria atípica a conduta dos pacientes. Ressaltou-se, no ponto, que o aludido princípio, por consubstanciar causa supralegal de exclusão da tipicidade em caráter material, deve ser examinado em relação ao bem jurídico protegido pela norma, e não segundo a escala de bens produzidos na indústria fabricante. Por fim, aduziu-se que a indagação sobre a conveniência ou não de proteção penal ao bem jurídico de que cuida a hipótese seria matéria de política criminal" (STF, *HC* nº 88077/RS, Rel. Min. Cezar Peluso, 31.10.2006, *Informativo* 447).

Art. 65. Executar serviço de alto grau de periculosidade, contrariando determinação de autoridade competente:

Pena – Detenção de seis meses a dois anos e multa.

§ 1º As penas deste artigo são aplicáveis sem prejuízo das correspondentes à lesão corporal e à morte.

§ 2º A prática do disposto no inciso XIV do art. 39 desta Lei também caracteriza o crime previsto no *caput* deste artigo.

O art. 65 do CDC tipifica como crime a execução de um serviço de alto grau de periculosidade em desobediência a uma determinação de autoridade competente. A penalidade para essa infração é de detenção de seis meses a dois anos, além de multa.

Essa medida visa proteger o consumidor e a coletividade contra riscos graves associados a serviços que, por sua natureza, podem comprometer a segurança, a saúde e a integridade física das pessoas envolvidas. A realização de atividades perigosas, como operações industriais com substâncias químicas tóxicas ou procedimentos de construção de risco elevado, exige que o fornecedor respeite as normas de segurança e as ordens das autoridades, garantindo que a prestação do serviço seja segura e adequada.

O § 1º reforça a gravidade desse crime ao prever que as penas do art. 65 serão aplicadas sem prejuízo das penalidades correspondentes à lesão corporal ou morte, caso essas consequências ocorram em decorrência da execução do serviço. Ou seja, se a prestação do serviço perigoso resultar em ferimentos ou fatalidades, o responsável responderá não só pelo crime de desobediência à autoridade, mas também pelos delitos de lesão corporal ou homicídio, conforme o caso. Essa previsão amplia a responsabilização do fornecedor e destaca a seriedade da obediência às determinações de segurança.

O § 2º do art. 65 do CDC determina que a prática das condutas descritas no inciso XIV do art. 39 – *permitir o ingresso em estabelecimentos comerciais ou de serviços de um número de consumidores superior ao limite máximo estabelecido pela autoridade administrativa* – também constitui o crime, conforme o *caput* do art. 65. Essa norma visa garantir a segurança dos consumidores em ambientes de grande circulação, como lojas, eventos, restaurantes e espaços de entretenimento, onde o controle da capacidade de público é crucial para evitar acidentes e situações de risco, como tumultos e dificuldade de evacuação em emergências.[7]

Ao permitir a entrada de um número excessivo de pessoas, o fornecedor desrespeita uma determinação administrativa destinada a proteger a segurança pública e a integridade física dos consumidores. Em casos de incêndio, desabamentos ou outros acidentes, uma superlotação pode resultar em graves lesões, perdas de vida e caos generalizado. Portanto, o CDC considera essa prática uma infração não apenas administrativa, mas também criminal, com penalidade de detenção de seis meses a dois anos e multa, em consonância com o art. 65.

Ao estabelecer essas penas, o art. 65 do CDC enfatiza a importância da conformidade com as determinações legais e regulatórias, principalmente em atividades de alto risco. Ele garante que fornecedores sejam responsabilizados de forma rigorosa e abrangente, incentivando o cumprimento de normas e orientações de segurança como forma de proteger a sociedade e prevenir tragédias associadas à prestação de serviços perigosos.

Art. 66. Fazer afirmação falsa ou enganosa, ou omitir informação relevante sobre a natureza, característica, qualidade, quantidade, segurança, desempenho, durabilidade, preço ou garantia de produtos ou serviços:

Pena – Detenção de três meses a um ano e multa.

§ 1º Incorrerá nas mesmas penas quem patrocinar a oferta.

§ 2º Se o crime é culposo:

Pena – Detenção de um a seis meses ou multa.

O art. 66 do CDC tipifica como crime a prática de fazer afirmações falsas ou enganosas, ou omitir informações relevantes sobre aspectos essenciais de produtos e serviços, como sua natureza, qualidade, quantidade, segurança, desempenho, durabilidade, preço ou garantia. A pena para essa infração é de detenção de três meses a um ano, além de multa.

Ao assegurar que os consumidores recebam informações corretas e completas, o artigo visa proteger o consumidor de práticas que possam induzi-lo ao erro e comprometer sua capacidade de tomar decisões informadas.

O § 1º amplia a responsabilização ao incluir a figura de quem "patrocina a oferta", ou seja, quem promove ou financia a publicidade ou comunicação que contenha a informação falsa ou omissão relevante. Esse ponto é importante, pois abrange não apenas o fornecedor direto do produto ou serviço, mas também aqueles que, ao promoverem a oferta, contribuem para a circulação de informações enganosas no mercado.

7. O § 2º do art. 65 do CDC, que caracteriza como crime permitir a entrada de um número de consumidores superior ao limite estabelecido pela autoridade administrativa, foi inserido através da Lei 13.425/2017 após o trágico incêndio na Boate Kiss, em Santa Maria, no Rio Grande do Sul, em 2013. Esse acidente, que resultou na morte de 242 pessoas e deixou centenas de feridos, expôs de forma drástica a necessidade de regulamentações mais rigorosas para a segurança em locais de grande circulação, como boates, casas de shows e outros estabelecimentos de entretenimento. A superlotação e a ausência de medidas adequadas de segurança foram fatores críticos que contribuíram para a magnitude da tragédia, demonstrando a urgência de impor sanções mais severas para quem desrespeita as normas de capacidade e segurança em locais públicos.

O § 2º reduz a penalidade para o caso de crime culposo, ou seja, quando a infração ocorre sem a intenção direta de enganar, mas por negligência, imprudência ou imperícia. Nesse caso, a pena é reduzida para detenção de um a seis meses ou apenas multa, reconhecendo que a ausência de dolo (intenção) atenua a gravidade do ato. No entanto, a responsabilização permanece, pois, mesmo de forma não intencional, a disseminação de informações incorretas pode causar prejuízos ao consumidor, colocando-o em desvantagem.

PRINCIPAIS JURISPRUDÊNCIAS DO STF E STJ

A proteção penal da boa-fé e transparência nas relações de consumo: criminalização da omissão de informações relevantes

"A Lei 8.078/90, cumprindo seu mister constitucional de defesa do consumidor, conferiu relevância significativa aos princípios da confiança, da boa-fé, da transparência e da equidade nas relações consumeristas, salvaguardando, assim, os direitos básicos de informação adequada e de livre escolha da parte vulnerável, o que, inclusive, ensejou a criminalização da "omissão de informação relevante sobre a natureza, característica, qualidade, quantidade, segurança, desempenho, durabilidade, preço ou garantia de produtos ou serviços" (*caput* do artigo 66 do CDC)." (STJ, REsp n. 1.326.592/GO, relator Ministro Luis Felipe Salomão, Quarta Turma, julgado em 7/5/2019, DJe de 6/8/2019.)

Responsabilidade civil por dano moral coletivo em razão de loteamento irregular e publicidade enganosa em desfavor de consumidores vulneráveis

"No presente caso, a pretensão reparatória de dano moral coletivo, deduzida pelo Ministério Público estadual na ação civil pública, tem por causas de pedir a alienação de terrenos em loteamento irregular (ante a violação de normas de uso e ocupação do solo) e a veiculação de publicidade enganosa a consumidores de baixa renda, que teriam sido submetidos a condições precárias de moradia. (...) No afã de resguardar os direitos básicos de informação adequada e de livre escolha dos consumidores - protegendo-os, de forma efetiva, contra métodos desleais e práticas comerciais abusivas -, o CDC procedeu à criminalização das condutas relacionadas à fraude em oferta e à publicidade abusiva ou enganosa (artigos 66 e 67), tipos penais de mera conduta voltados à proteção do valor ético-jurídico encartado no princípio constitucional da dignidade humana, conformador do próprio conceito de Estado Democrático de Direito, que não se coaduna com a permanência de profundas desigualdades, tal como a existente entre o fornecedor e a parte vulnerável no mercado de consumo. 6. Nesse contexto, afigura-se evidente o caráter reprovável da conduta perpetrada pelos réus em detrimento do direito transindividual da coletividade de não ser ludibriada, exposta à oferta fraudulenta ou à publicidade enganosa ou abusiva, motivo pelo qual a condenação ao pagamento de indenização por dano extrapatrimonial coletivo é medida de rigor, a fim de evitar a banalização do ato reprovável e inibir a ocorrência de novas e similares lesões. 7. Outrossim, verifica-se que o comportamento dos demandados também pode ter violado o objeto jurídico protegido pelos tipos penais descritos na Lei 6.766/1979 (que dispõe sobre o parcelamento do solo para fins urbanos), qual seja: o respeito ao ordenamento urbanístico e, por conseguinte, a defesa do meio ambiente ecologicamente equilibrado, valor ético social - intergeracional e fundamental - consagrado pela Constituição de 1988 (artigo 225), que é vulnerado, de forma grave, pela prática do loteamento irregular (ou clandestino)." (STJ, REsp n. 1.539.056/MG, relator Ministro Luis Felipe Salomão, Quarta Turma, DJe de 18/5/2021.)

Prescrição da infração do art. 66 do CDC

"Crime de omissão de informação em produto – Art. 66 do Código de Defesa do Consumidor – Prescrição – Inocorrência. No tocante à possível ocorrência da prescrição quanto ao crime previsto no art. 66 do CDC, o writ improcede. Como prevê o art. 109, inciso V, do CP, o prazo prescricional para o referido delito, é de quatro anos, ainda não transcorridos, já que o crime foi cometido em setembro de 1997 (c.f. Boletim de Ocorrência, às fls. 14)" (STJ, HC nº 11912/SP, Rel. Min. Jorge Scartezzini, DJ 20/08/2001).

Art. 67. Fazer ou promover publicidade que sabe ou deveria saber ser enganosa ou abusiva:

Pena – Detenção de três meses a um ano e multa.

Parágrafo único. (Vetado).

O art. 67 do CDC tipifica como crime a prática de fazer ou promover publicidade que o fornecedor sabe, ou deveria saber, ser enganosa ou abusiva. A pena prevista é de detenção de três meses a um ano, além de multa.

Esse artigo reforça a importância da responsabilidade dos fornecedores e anunciantes em divulgar informações verdadeiras e adequadas sobre seus produtos e serviços. Ao prever sanções para a publicidade enganosa ou abusiva, o CDC protege o consumidor de ser induzido ao erro, seja por informações falsas, omissas ou manipuladoras, que possam levar a escolhas desfavoráveis ou prejudiciais.

O crime inclui tanto a publicidade enganosa, que envolve a divulgação de informações falsas ou omissas sobre o produto ou serviço, quanto a publicidade abusiva, que explora a vulnerabilidade do consumidor ou utiliza apelos desleais. Por exemplo, campanhas que prometem benefícios exagerados ou que utilizam linguagem manipuladora para induzir o consumidor a compras impulsivas são práticas combatidas pelo CDC. Esse artigo também considera que o fornecedor não pode alegar desconhecimento, pois ele tem a obrigação de conhecer e zelar pela veracidade das informações que divulga.

Ao penalizar a publicidade enganosa ou abusiva, o CDC promove a transparência e a lealdade nas relações de consumo, incentivando fornecedores e anunciantes a respeitarem o direito à informação clara e verdadeira. Esse dispositivo cumpre uma função preventiva e educativa no mercado, desincentivando práticas desleais e assegurando que o consumidor possa confiar nas informações que recebe, fortalecendo a proteção à sua autonomia de escolha.

Art. 68. Fazer ou promover publicidade que sabe ou deveria saber ser capaz de induzir o consumidor a se comportar de forma prejudicial ou perigosa à sua saúde ou segurança:

Pena – Detenção de seis meses a dois anos e multa.

Parágrafo único. (Vetado).

O art. 68 do CDC tipifica como crime a prática de fazer ou promover publicidade que, intencionalmente ou por negligência, sabe ser capaz de induzir o consumidor a adotar comportamentos prejudiciais ou perigosos para sua saúde ou segurança. A pena prevista é de detenção de seis meses a dois anos, além de multa.

Esse artigo visa proteger o consumidor contra campanhas publicitárias que possam incentivá-lo a práticas de risco, principalmente em setores sensíveis como alimentação, medicamentos, produtos químicos, veículos e esportes radicais.

A responsabilidade do fornecedor ou anunciante é ampliada, pois o CDC impõe um dever de cuidado ao estabelecer que ele "deveria saber" das consequências de suas campanhas. Esse ponto é essencial, pois reforça que o fornecedor não pode alegar desconhecimento sobre os potenciais riscos, especialmente em casos onde os produtos ou serviços promovidos têm riscos inerentes. Um exemplo de publicidade perigosa seria a de bebidas alcoólicas que incentive o consumo em excesso ou em situações de risco, como durante a condução de veículos, ou campanhas de alimentos não saudáveis que, ao direcionarem-se ao público infantil, podem induzir comportamentos prejudiciais à saúde.

Assim, o CDC protege o direito do consumidor à saúde e segurança, desincentivando fornecedores de explorar comportamentos imprudentes em suas campanhas. Esse dispositivo também incentiva a responsabilidade social, garantindo que as campanhas publicitárias sigam padrões éticos e ajudem a construir um mercado de consumo seguro, transparente e respeitoso dos direitos fundamentais do consumidor.

Art. 69. Deixar de organizar dados fáticos, técnicos e científicos que dão base à publicidade:

Pena – Detenção de um a seis meses ou multa.

O art. 69 do CDC tipifica como crime a omissão de organizar dados fáticos, técnicos e científicos que fundamentam a publicidade de um produto ou serviço, com pena de detenção de um a seis meses ou multa.

Esse dispositivo obriga o fornecedor a ter respaldo e comprovação para as informações divulgadas em suas campanhas publicitárias, especialmente quando se referem a aspectos como eficácia, segurança, desempenho e demais características que possam influenciar a decisão de compra do consumidor.

Essa obrigação de basear a publicidade em dados objetivos e verificáveis protege o consumidor de afirmações vagas, exageradas ou enganosas, que possam induzi-lo ao erro. A falta de organização desses dados pode levar o consumidor a acreditar em benefícios inexistentes ou sobrevalorizados. Por exemplo, uma empresa de cosméticos que anuncia um produto com "resultados clinicamente comprovados" precisa ter estudos científicos e dados técnicos que sustentem essa afirmação, garantindo que a publicidade seja verdadeira e confiável.

Ao penalizar a falta de organização dos dados que embasam a publicidade, o CDC reforça o compromisso com a transparência e a responsabilidade na comunicação com o consumidor. Essa exigência obriga as empresas a serem rigorosas na fundamentação de suas campanhas, prevenindo abusos e promovendo um ambiente de consumo mais ético e seguro.

Art. 70. Empregar na reparação de produtos, peça ou componentes de reposição usados, sem autorização do consumidor:

Pena – Detenção de três meses a um ano e multa.

O art. 70 do CDC tipifica como crime a prática de utilizar peças ou componentes de reposição usados na reparação de produtos sem a autorização prévia do consumidor. A pena prevista é de detenção de três meses a um ano, além de multa.

Esse dispositivo protege o consumidor contra práticas enganosas e desleais, assegurando que ele tenha controle e conhecimento sobre a qualidade dos componentes utilizados no conserto de seus produtos. Utilizar peças usadas sem informar o consumidor pode comprometer a durabilidade e o desempenho do produto reparado, além de gerar insegurança quanto à confiabilidade do serviço prestado. Por exemplo, em uma oficina de reparo de eletrodomésticos ou veículos, o fornecedor deve obter a aprovação do consumidor caso pretenda utilizar uma peça de reposição usada. Essa transparência é essencial para que o consumidor possa avaliar a relação entre custo e benefício do reparo e decidir conscientemente se prefere componentes novos ou usados.

A criminalização dessa conduta desincentiva fornecedores a utilizarem peças usadas sem consentimento, reforçando a importância da lealdade e do respeito às expectativas do consumidor na prestação de serviços.

> **Art. 71.** Utilizar, na cobrança de dívidas, de ameaça, coação, constrangimento físico ou moral, afirmações falsas, incorretas ou enganosas ou de qualquer outro procedimento que exponha o consumidor, injustificadamente, a ridículo ou interfira com seu trabalho, descanso ou lazer:
>
> Pena – Detenção de três meses a um ano e multa.

O art. 71 do CDC tipifica como crime a prática de abusos na cobrança de dívidas, prevendo pena de detenção de três meses a um ano, além de multa, para quem utiliza meios ilegítimos ou desleais no processo de cobrança.

Esse dispositivo visa proteger a dignidade e os direitos do consumidor endividado, assegurando que, mesmo em situação de inadimplência, ele não seja submetido a ameaças, coação, constrangimento físico ou moral, ou outros métodos que desrespeitem seus direitos fundamentais.

O artigo proíbe especificamente o uso de práticas como afirmações falsas ou enganosas, que podem confundir o consumidor sobre o valor ou a legitimidade da dívida, além de vedar qualquer procedimento que exponha o consumidor ao ridículo ou interfira indevidamente em seu trabalho, descanso ou lazer. Essas restrições visam evitar que o consumidor sofra abusos psicológicos ou sociais durante o processo de cobrança, como ligações insistentes em horários inapropriados ou ameaças de exposição pública, que são práticas excessivas e humilhantes.

Esse dispositivo garante que os credores busquem o pagamento das dívidas de maneira ética e respeitosa, respeitando a dignidade do consumidor. A penalização para quem desrespeita essas regras reflete a importância da transparência e da boa-fé.

> **Art. 72.** Impedir ou dificultar o acesso do consumidor às informações que sobre ele constem em cadastros, banco de dados, fichas e registros:
>
> Pena – Detenção de seis meses a um ano ou multa.

O art. 72 do CDC tipifica como crime a prática de impedir ou dificultar o acesso do consumidor a informações pessoais que constem em cadastros, bancos de dados, fichas e registros, estabelecendo pena de detenção de seis meses a um ano ou multa.

O artigo reforça o princípio da transparência e a proteção da privacidade, direitos fundamentais que garantem ao consumidor o poder de verificar, corrigir ou contestar informações que lhe dizem respeito. O acesso a esses dados é essencial, pois informações incorretas ou desatualizadas podem prejudicar o consumidor em processos de crédito, contratação de serviços e outras situações que dependem de uma análise de seu histórico.

Por exemplo, um consumidor que deseja corrigir uma informação negativa incorreta em seu histórico de crédito deve ter o direito de consultar e revisar esses dados facilmente.

Ao impor sanções para quem impede ou dificulta o acesso do consumidor a essas informações, o CDC protege a autonomia do consumidor e o direito de se defender contra registros incorretos ou injustos. Esse dispositivo, portanto, desincentiva práticas de ocultação de dados e promove um ambiente de consumo mais transparente e ético, onde o consumidor tem o poder de acompanhar e contestar informações que impactam diretamente sua vida financeira e sua reputação.

Art. 73. Deixar de corrigir imediatamente informação sobre consumidor constante de cadastro, banco de dados, fichas ou registros que sabe ou deveria saber ser inexata:

Pena – Detenção de um a seis meses ou multa.

O art. 73 do CDC tipifica como crime a omissão na correção imediata de informações incorretas sobre o consumidor em cadastros, bancos de dados, fichas ou registros, com pena de detenção de um a seis meses ou multa.

O artigo garante ao consumidor o direito à correção de informações pessoais que sejam imprecisas ou desatualizadas, reforçando a importância da transparência e da precisão nos dados mantidos sobre ele.

Esse artigo impõe um dever de diligência aos responsáveis por cadastros e bancos de dados, que devem corrigir prontamente qualquer informação errada assim que identificada ou notificada. A exigência de correção imediata evita que o consumidor sofra prejuízos em função de dados incorretos, como dificuldades para obter crédito, contratação de serviços ou mesmo danos à sua reputação.

Além disso, a previsão de responsabilidade tanto para casos de conhecimento direto quanto para aqueles em que o responsável "deveria saber" da inexatidão da informação, como nos casos de falta de atualização, reforça a responsabilidade objetiva desses agentes.

O art. 73, portanto, protege o consumidor de consequências injustas que podem surgir de registros errôneos e assegura que ele tenha o direito de ter seus dados corretamente refletidos nos cadastros.

Art. 74. Deixar de entregar ao consumidor o termo de garantia adequadamente preenchido e com especificação clara de seu conteúdo:

Pena – Detenção de um a seis meses ou multa.

O art. 74 do CDC tipifica como crime a omissão na entrega do termo de garantia ao consumidor, devidamente preenchido e com especificações claras de seu conteúdo. A pena para essa infração é de detenção de um a seis meses ou multa.

O termo de garantia é um documento fundamental que detalha as condições de assistência, prazos e coberturas para reparos ou substituição do produto em caso de defeitos, permitindo ao consumidor entender plenamente seus direitos em relação ao bem adquirido.

A falta de um termo de garantia claro e preenchido corretamente pode deixar o consumidor desamparado em caso de problemas com o produto, dificultando o acesso a reparos ou trocas e gerando insegurança nas relações de consumo.

Essa norma incentiva fornecedores a respeitarem o direito do consumidor à assistência pós-venda, promovendo transparência e confiança nas transações de consumo e reforçando a responsabilidade do fornecedor em fornecer todas as informações necessárias.

Art. 75. Quem, de qualquer forma, concorrer para os crimes referidos neste código, incide as penas a esses cominadas na medida de sua culpabilidade, bem como o diretor, administrador ou gerente da pessoa jurídica que promover, permitir ou por qualquer modo aprovar o fornecimento, oferta, exposição à venda ou manutenção em depósito de produtos ou a oferta e prestação de serviços nas condições por ele proibidas.

O art. 75 do CDC estabelece que qualquer pessoa que de alguma forma concorra para a prática dos crimes previstos no código será responsabilizada e sujeita às mesmas penas, na medida de sua culpabilidade. Esse dispositivo amplia a responsabilização penal para incluir não apenas os autores diretos das infrações, mas também aqueles que participam, facilitam ou contribuem para a ocorrência de práticas ilícitas, assegurando que a aplicação da lei seja justa e abranja todos os envolvidos.

Esse artigo também estende a responsabilidade penal aos diretores, administradores e gerentes de pessoas jurídicas que promovam, permitam ou aprovem atividades ilegais, como o fornecimento, a oferta, a exposição à venda ou a manutenção de produtos e serviços em desacordo com as normas de proteção ao consumidor. Ao responsabilizar essas figuras, o CDC reconhece que gestores e líderes empresariais têm um papel decisivo na condução ética e legal das atividades de suas empresas, sendo corresponsáveis quando permitem que produtos perigosos ou inadequados sejam colocados no mercado, ou que práticas de cobrança abusivas e enganosas sejam utilizadas.

Esse dispositivo é especialmente importante para evitar que infrações ao CDC sejam tratadas apenas como responsabilidade da empresa de forma impessoal, promovendo a responsabilização direta de gestores que, por ação ou omissão, contribuam para práticas que lesam o consumidor.

Art. 76. São circunstâncias agravantes dos crimes tipificados neste código:

I – serem cometidos em época de grave crise econômica ou por ocasião de calamidade;

II – ocasionarem grave dano individual ou coletivo;

III – dissimular-se a natureza ilícita do procedimento;

IV – quando cometidos:

a) por servidor público, ou por pessoa cuja condição econômico-social seja manifestamente superior à da vítima;

b) em detrimento de operário ou rurícola; de menor de dezoito ou maior de sessenta anos ou de pessoas portadoras de deficiência mental interditadas ou não;

V – serem praticados em operações que envolvam alimentos, medicamentos ou quaisquer outros produtos ou serviços essenciais.

O art. 76 do CDC define circunstâncias agravantes para os crimes previstos no código, estabelecendo critérios que aumentam a gravidade das infrações e, consequentemente, podem intensificar as penas aplicadas aos infratores.

Essas circunstâncias buscam refletir o impacto mais sério de certas práticas ilícitas em contextos específicos, como em tempos de crise ou quando envolvem consumidores particularmente vulneráveis, evidenciando a necessidade de uma proteção mais robusta para preservar a segurança e os direitos do consumidor.

O inciso I agrava a pena para crimes cometidos durante períodos de grave crise econômica ou calamidade pública. Essas situações aumentam a vulnerabilidade da população, que, em tempos de escassez ou incerteza, depende ainda mais da integridade e segurança dos produtos e serviços oferecidos. Aproveitar-se dessas situações para lesar consumidores é considerado especialmente reprovável.

O inciso II considera agravante a ocorrência de um grave dano individual ou coletivo, reconhecendo que a extensão do prejuízo causado é um fator que amplifica a responsabilidade do infrator. Essa circunstância aplica-se, por exemplo, a fraudes em larga escala que afetam muitos consumidores ou a práticas que causam danos significativos a um indivíduo.

O inciso III agrava a pena para casos em que a natureza ilícita do ato é dissimulada, ou seja, quando o infrator tenta esconder ou camuflar sua conduta ilegal. A dissimulação dificulta a detecção da prática ilícita, aumentando o potencial de prejuízo para o consumidor e dificultando a fiscalização.

O inciso IV inclui circunstâncias relacionadas à posição do infrator e à condição da vítima. Agrava a pena quando o crime é cometido por servidores públicos ou por pessoas com condição econômica superior à da vítima, refletindo um abuso de poder ou de posição. Além disso, a infração é agravada quando o crime é cometido contra pessoas em situação de maior vulnerabilidade, como trabalhadores rurais, menores de 18 anos, idosos acima de 60 anos e pessoas com deficiência mental, que podem ter mais dificuldade de se defender ou compreender as práticas abusivas.

O inciso V agrava as penas para crimes cometidos em operações que envolvem produtos ou serviços essenciais, como alimentos e medicamentos. Esses itens têm impacto direto na saúde e no bem-estar dos consumidores, e infrações envolvendo tais produtos são tratadas com maior rigor devido ao risco elevado para a coletividade.

Ao estabelecer essas circunstâncias agravantes, o art. 76 do CDC reforça a proteção ao consumidor em contextos mais sensíveis, promovendo uma responsabilização proporcional à gravidade da infração.

Art. 77. A pena pecuniária prevista nesta Seção será fixada em dias-multa, correspondente ao mínimo e ao máximo de dias de duração da pena privativa da liberdade cominada ao crime. Na individualização desta multa, o juiz observará o disposto no art. 60, § 1º, do Código Penal.

O art. 77 do CDC estabelece que as penas pecuniárias (multas) para os crimes previstos no código devem ser calculadas em dias-multa, correspondendo à duração mínima e máxima da pena privativa de liberdade prevista para o delito.

Dessa forma, o cálculo da multa será proporcional à gravidade do crime, seguindo o mesmo critério utilizado para a pena de detenção ou reclusão. Esse modelo de dias-multa permite que a sanção seja adaptada conforme o tempo de privação de liberdade que o crime demanda, garantindo que a penalidade seja adequada ao grau de responsabilidade do infrator.

Na fixação do valor diário da multa, o juiz deve observar o art. 60, § 1º, do Código Penal, que orienta que o valor de cada dia-multa seja determinado com base na situação econômica do infrator. Esse critério permite que a multa seja personalizada conforme as condições financeiras do réu, assegurando que a sanção tenha um efeito punitivo real para o infrator, independentemente de sua situação econômica.

Isso significa que o valor da multa diária será mais elevado para indivíduos ou empresas com maior poder econômico, enquanto será reduzido para aqueles em condições mais humildes, garantindo proporcionalidade e eficácia punitiva.

Esse sistema de individualização da pena pecuniária tem o objetivo de evitar que a multa seja excessiva para pessoas com baixa renda ou ineficaz para pessoas de alto poder aquisitivo. Dessa forma, o CDC utiliza a estrutura do Código Penal para fortalecer a proteção ao consumidor, promovendo uma justiça equilibrada e que considera tanto a gravidade do crime quanto a capacidade econômica do infrator, assegurando que a multa tenha impacto e cumpra seu propósito dissuasório e punitivo.

Art. 78. Além das penas privativas de liberdade e de multa, podem ser impostas, cumulativa ou alternadamente, observado o disposto nos arts. 44 a 47, do Código Penal:

I – a interdição temporária de direitos;

II – a publicação em órgãos de comunicação de grande circulação ou audiência, às expensas do condenado, de notícia sobre os fatos e a condenação;

III – a prestação de serviços à comunidade.

O art. 78 do CDC permite a aplicação de penas adicionais, além das penas de prisão e multa, para os crimes cometidos contra as relações de consumo. Essas penas podem ser impostas de forma cumulativa ou alternativa, de acordo com as circunstâncias do caso e em conformidade com os critérios estabelecidos nos arts. 44 a 47 do Código Penal.

Esse conjunto de sanções tem como objetivo reforçar a resposta punitiva do sistema de justiça e promover efeitos educativos e reparadores que vão além da simples punição.

O inciso I prevê a *interdição temporária de direitos*, uma medida que pode restringir o exercício de determinadas atividades profissionais ou comerciais, especialmente em casos onde o crime tenha relação direta com o exercício dessas funções. Essa interdição pode impedir, por exemplo, que um fornecedor reincidente continue a operar em seu setor, protegendo o consumidor de práticas abusivas e garantindo que os profissionais do mercado sigam normas éticas e de segurança.

O inciso II determina a *possibilidade de publicação de notícia sobre os fatos e a condenação em veículos de comunicação de grande circulação ou audiência, às custas do condenado*. Essa medida visa informar o público sobre a infração cometida e a condenação imposta, aumentando a transparência e o efeito dissuasório da pena. Por exemplo, em casos de publicidade enganosa em larga escala, a divulgação da condenação pode ajudar a restaurar a confiança dos consumidores, além de alertá-los sobre práticas que possam continuar no mercado.

O inciso III permite a *prestação de serviços à comunidade*, uma sanção que busca promover uma compensação social pelos danos causados. Esse tipo de pena pode ser particularmente adequado em casos onde o impacto da infração atinge coletividades ou envolve bens de interesse público, como alimentos e medicamentos. A prestação de serviços à comunidade, ao invés de uma punição apenas punitiva, oferece um benefício direto à sociedade e pode contribuir para a reintegração social do infrator.

Essas penas alternativas refletem a preocupação do CDC em promover não só a punição, mas também a reparação e a conscientização, incentivando práticas mais responsáveis e éticas no mercado. Ao oferecer um leque de sanções, o CDC permite que a resposta judicial seja mais adaptada à realidade de cada caso, atendendo ao interesse público e promovendo um ambiente de consumo mais seguro e justo.

Art. 79. O valor da fiança, nas infrações de que trata este código, será fixado pelo juiz, ou pela autoridade que presidir o inquérito, entre cem e duzentas mil vezes o valor do Bônus do Tesouro Nacional (BTN), ou índice equivalente que venha a substituí-lo.

Parágrafo único. Se assim recomendar a situação econômica do indiciado ou réu, a fiança poderá ser:

a) reduzida até a metade do seu valor mínimo;

b) aumentada pelo juiz até vinte vezes.

O art. 79 do CDC estabelece parâmetros específicos para a fixação do valor da fiança nas infrações contra as relações de consumo, determinando que esse valor deve variar entre cem e duzentas mil vezes o valor do Bônus do Tesouro Nacional (BTN) ou um índice equivalente, que venha a substituí-lo.

A fixação da fiança é uma medida destinada a assegurar que o acusado esteja presente nos atos processuais e que cumpra as exigências legais, e a estipulação de valores elevados reflete a gravidade das infrações previstas no CDC, além de buscar desestimular práticas abusivas.

O parágrafo único concede ao juiz, ou à autoridade que preside o inquérito, a possibilidade de ajustar o valor da fiança conforme a condição econômica do indiciado ou réu, promovendo proporcionalidade e justiça na aplicação da medida. Se a situação financeira do acusado justificar, o valor da fiança pode ser reduzido até a metade do valor mínimo, tornando-a mais acessível para indivíduos ou pequenas empresas que não teriam condições de arcar com o valor padrão. Essa flexibilidade assegura que a fiança não seja um obstáculo excessivo para acusados de menor poder econômico, preservando o direito à liberdade provisória enquanto aguardam o andamento processual.

Por outro lado, se a condição econômica do indiciado ou réu permitir, o juiz pode aumentar a fiança em até vinte vezes, uma medida especialmente relevante em casos que envolvem grandes empresas ou pessoas com alta capacidade financeira. Essa possibilidade de aumento busca garantir que a fiança tenha um impacto significativo e dissuasório para todos, independentemente da condição econômica, de modo que o valor seja suficiente para assegurar o cumprimento das obrigações processuais.

Art. 80. No processo penal atinente aos crimes previstos neste código, bem como a outros crimes e contravenções que envolvam relações de consumo, poderão intervir, como assistentes do Ministério Público, os legitimados indicados no art. 82, inciso III e IV, aos quais também é facultado propor ação penal subsidiária, se a denúncia não for oferecida no prazo legal.

O art. 80 do CDC permite que, no processo penal relativo aos crimes previstos no código e a outros crimes e contravenções que envolvam relações de consumo, os legitimados indicados no art. 82, incisos III e IV, possam atuar como assistentes do Ministério Público.

Esses legitimados incluem entidades representativas de consumidores, como os órgãos de defesa do consumidor e as associações de defesa do consumidor, que têm como missão a proteção dos direitos coletivos. Essa disposição fortalece a proteção dos consumidores, permitindo que essas entidades ajudem a promover a responsabilização penal em casos de violações às normas de consumo, oferecendo suporte ao Ministério Público e contribuindo com elementos relevantes para a condução do processo.

Além disso, o art. 80 faculta a essas entidades a possibilidade de propor uma ação penal subsidiária, caso o Ministério Público não apresente a denúncia no prazo legal. Essa previsão é uma medida importante para garantir que crimes contra os consumidores não fiquem impunes por inércia ou atraso do Ministério Público. Assim, se o órgão acusador não cumprir o prazo para o oferecimento da denúncia, as entidades de defesa do consumidor podem tomar a iniciativa e buscar justiça em nome da coletividade lesada, exercendo o direito à ação penal subsidiária.

Esse dispositivo assegura um mecanismo de controle social na persecução penal de crimes contra as relações de consumo, fortalecendo a atuação dos órgãos de defesa do consumidor e das associações de defesa do consumidor. Ao permitir a intervenção ativa dessas entidades, o CDC reforça o compromisso com a proteção do consumidor e garante que os direitos fundamentais dos cidadãos não sejam desrespeitados sem uma resposta adequada no âmbito penal.

Título III

Da Defesa do Consumidor em Juízo

NOTA INTRODUTÓRIA AO TÍTULO III DO CDC

Breve histórico legislativo das ações coletivas

As ações coletivas iniciaram sua história no sistema processual brasileiro com a promulgação da Lei da Ação Popular (Lei nº 4.717/1965), que se tornou o primeiro instrumento sistemático voltado à tutela de alguns interesses coletivos em juízo, em especial o patrimônio público.

Nesse momento, duas foram as grandes alterações ocorridas em âmbito processual: a legitimação ativa e a coisa julgada. Isso porque o art. 1º legitimou o cidadão a defender, em nome próprio, os direitos pertencentes de toda a população, através da chamada substituição processual. Já no art. 18, ampliou a qualidade da coisa julgada, dando-lhe efeito *erga omnes*, desde que a ação fosse julgada procedente. Se, porém, fosse julgada improcedente por deficiência de provas, qualquer cidadão teria a faculdade de propor novamente a ação, desde que fundada em nova prova.

Outra lei importante no tocante às ações coletivas foi a Lei da Política Nacional do Meio Ambiente (Lei nº 6.938/1981), prevendo a responsabilidade civil para os agentes poluidores do meio ambiente, e atribuindo ao Ministério Público a legitimidade para postular ação em defesa da natureza.

Todavia, foi com o surgimento da Lei da Ação Civil Pública – LACP (Lei nº 7.347/1985), que a tutela dos direitos coletivos passou a ser difundida e ter sua importância reconhecida. Assim, a LACP incorporou ao ordenamento jurídico institutos processuais coletivos como a extensão da legitimidade ativa a vários órgãos, pessoas, entidades ou associações (art. 5º); previu a possibilidade de instauração do inquérito civil pelo Ministério Público, destinado à colheita de elementos para a propositura responsável da ação civil pública, funcionando também como importante instrumento facilitador de conciliação extrajudicial, possibilitando a celebração do termo de ajustamento de conduta (TAC) (art. 5º, § 6º). Porém, a LACP restringiu a utilização da ACP, no art. 1º, à defesa do meio ambiente (inciso I), do consumidor (inciso II), dos bens e direitos de valor artístico, estético, histórico, turístico e paisagístico (inciso III).[1]

1. Posteriormente foram inseridos os incisos IV – "a qualquer outro interesse difuso ou coletivo" (acrescentado pela Lei nº 8.078/1990); V – "por infração da ordem econômica e da economia popular" (acrescentado pela MP nº 2180-35/01), e VI – "à ordem urbanística" (acrescentado pela MP nº 2180-35/01).

A ação civil pública só veio a ser ampliada com a Constituição de 1988, determinando, definitivamente, um direito processual coletivo. Com efeito, o art. 129, III, da CF previu a possibilidade da ACP para proteção "*de outros interesses difusos e coletivos*". Não bastasse, previu uma série de ações constitucionais para a tutela dos direitos fundamentais coletivos, tais como o mandado de segurança coletivo, o mandado de injunção e a ação popular.

Finalmente, a promulgação do Código de Defesa do Consumidor – CDC, em 1990, trouxe regras específicas e inovadoras para a tramitação dos processos coletivos. Estabeleceu os conceitos de direitos difusos, coletivos *stricto sensu* e individuais homogêneos, fato que não havia sido feito por nenhuma outra legislação até então, procurando dirimir as dúvidas com relação ao tema, inclusive em sede doutrinária.

Sobre tais inovações introduzidas pelo CDC, destacamos:

a) a possibilidade de determinar a competência pelo domicílio do autor consumidor (art. 101, I);
b) a vedação da denunciação à lide e um novo tipo de chamamento ao processo (arts. 88 e 101, II);
c) a possibilidade de o consumidor valer-se, na defesa dos seus direitos, de qualquer ação cabível (art. 83);
d) a tutela específica em preferência à tutela do equivalente em dinheiro (art. 84);
e) a extensão subjetiva da coisa julgada em exclusivo benefício das pretensões processuais (art. 103);
f) regras de legitimação (art. 82) e de dispensa de honorários advocatícios (art. 87) específicos para as ações coletivas e aperfeiçoadas em relação aos sistemas anteriores;
g) regulamentação da litispendência entre a ação coletiva e a ação individual (art. 104);
h) alteração e ampliação da tutela da Lei nº 7.347/1985 (LACP), harmonizando-a com o sistema do CDC (arts. 109 até 117)

Os sistemas processuais do CDC e da LACP foram interligados, estabelecendo-se, assim, um *microssistema processual coletivo*, sendo aplicáveis, reciprocamente, a um e ao outro, conforme os arts. 90 do CDC e 21 da LACP (este último introduzido pelo art. 117 do CDC).[2]

Assim, considerado um microssistema processual coletivo, o Título III do CDC deve ser aplicado, no que for compatível, à ação popular, à ação de improbidade administrativa, a ação civil pública e ao mandado de segurança coletivo. Antônio Gidi, sobre o novo enfoque dado às ações coletivas, disciplina que "a parte processual coletiva do CDC, fica sendo, a partir da entrada em vigor do Código, o ordenamento processual civil coletivo de caráter geral, devendo ser aplicado a todas as ações coletivas em defesa dos interesses difusos, coletivos e individuais homogêneos. Seria, por assim dizer, um Código de Processo Civil Coletivo, como ordenamento processual geral."[3]

2. Fredie Didier e Hermes Zaneti chegam, inclusive, a tratar o Título III do CDC como um verdadeiro "Código Brasileiro de Processos Coletivos" e um "ordenamento processual geral" para a tutela coletiva.
3. GIDI, Antônio. *Coisa Julgada e Litispendência em ações coletivas*. São Paulo: Saraiva, 1995, p. 77.

Interessante apontarmos o entendimento de Rodrigo Mazzei sobre o assunto. Para o ilustre professor, o microssistema processual coletivo não comportaria somente o Título III do CDC e a LACP. Assim, entende o doutrinador que "a concepção do microssistema jurídico coletivo deve ser ampla, a fim de que o mesmo seja composto não apenas do CDC e da LACP, mas de todos os corpos legislativos inerentes ao direito coletivo, razão pela qual diploma que compõe o microssistema é apto a nutrir carência regulativa das demais normas, pois, unidas, formam sistema especialíssimo."[4]

A jurisprudência recente do STJ também aponta nessa direção:

> A lei de improbidade administrativa, juntamente com a lei da ação civil pública, da ação popular, do mandado de segurança coletivo, do Código de Defesa do Consumidor e do Estatuto da Criança e do Adolescente e da Pessoa Idosa, compõem um microssistema de tutela dos interesses transindividuais e sob esse enfoque interdisciplinar, interpenetram-se e subsidiam-se.[5]

Interessante exemplo da intercambialidade entre os diplomas que tutelam direitos coletivos é citado por Fredie Didier ao apontar as três situações aptas a demonstrar a unidade de tratamento, aplicando conjuntamente a Lei de Ação Civil Pública (LACP), o Código de Defesa do Consumidor (CDC) e a Lei de Ação Popular (LAP):

a) efeitos em que apelação é recebida nos processos coletivos (art. 14 da LACP);
b) conceito de direitos coletivos *lato sensu* (direitos difusos, coletivos *stricto sensu* e individuais homogêneos – art. 82 do CDC);
c) possibilidade de execução por desconto em folha de pagamento (art. 14, § 3º, da LAP).[6]

Já com relação à aplicação do CPC às ações coletivas, Rodrigo Mazzei doutrina que "o CPC terá aplicação somente se não houver solução legal nas regulações que estão disponíveis dentro do microssistema coletivo, que, frise-se, é formado por um conjunto de diplomas especiais com o mesmo escopo (tutela de massa)". Conclui seu entendimento expondo que "o CPC será residual e não imediatamente subsidiário, pois, verificada a omissão no diploma coletivo especial, o intérprete, antes de angariar solução na codificação processual, ressalta-se, de índole individual, deverá buscar os ditames constantes dentro do microssistema coletivo."[7]

Interessante o posicionamento exposto acima, com o qual concordamos, pois o CPC foi criado e desenvolvido para a tutela dos direitos individuais, ao passo que a utilização de regras processuais aos direitos coletivos dependem de regras próprias, que possuem a mesma *ratio*, ou seja, regras processuais inseridas em diplomas que também disciplinam direitos coletivos.

---

4. MAZZEI, Rodrigo. "A ação popular e o microssistema da tutela coletiva." *In*: Luiz Manoel Gomes Júnior; Ronaldo Fenelon Santos Filho (Coords.) – *Ação Popular – Aspectos relevantes e controvertidos*. São Paulo: RCS, 2006.
5. STJ, REsp. 510.150/MA, Rel. Min. Luiz Fux, *DJ* 29/03/2004.
6. DIDIER, Fredie; ZANETI, Hermes. *Curso de Direito Processual Civil – Processo Coletivo*. Salvador: Juspodivm. 2007, p. 53.
7. MAZZEI, Rodrigo. "A ação popular e o microssistema da tutela coletiva.". *In*: Luiz Manoel Gomes Júnior; Ronaldo Fenelon Santos Filho (Coords.) – *Ação Popular – Aspectos relevantes e controvertidos*. São Paulo: RCS, 2006.

PRINCÍPIOS DO PROCESSO COLETIVO

Com base nas lições de Gregório Assagra de Almeida,[8] destacamos os seguintes princípios coletivos:

1) Princípio do interesse jurisdicional no conhecimento do mérito do processo coletivo.

O juiz deve buscar facilitar o acesso à Justiça, superando vícios processuais, pois as ações coletivas são ações de natureza social. Sob a luz desse princípio, deve o Judiciário flexibilizar os requisitos de admissibilidade processual para enfrentar o mérito do processo coletivo e, assim, legitimar a sua função social, que é pacificar com justiça, na busca da efetivação dos valores democráticos. Exemplo desse princípio ocorre quando o juiz, ao invés de extinguir a ação coletiva por ilegitimidade da parte autora, publica editais convidando outros legitimados para assumirem o polo ativo da ação.

2) Princípio da máxima prioridade da tutela jurisdicional coletiva.

Reconhecendo que "sempre existirá interesse social na tutela coletiva", o princípio em foco determina a prioridade de tratamento de feitos destinados a tal espécie de tutela. Isso se justifica, inclusive, pela aplicação da regra principiológica de que o interesse social prepondera sobre o individual. A prioridade se justifica, pois, no julgamento dos conflitos coletivos se possibilita dirimir, em um único processo e em uma única decisão, grandes conflitos coletivos ou vários conflitos individuais entrelaçados pela homogeneidade de fato ou de direito que justifique, seja por força de economia processual, seja para evitar decisões conflitantes, a tutela jurisdicional coletiva.

3) Princípio da disponibilidade motivada da ação coletiva.[9]

Havendo interesse em desistir da ação, os motivos deverão estar presentes e fundamentados. O princípio determina a análise dos motivos da desistência da ação pelos legitimados ativos. Se for considerada infundada, caberá ao Ministério Público assumir a titularidade do feito quando a ação houver sido originariamente proposta por quaisquer dos legitimados concorrentes (art. 5º, § 3º, LACP). Se, porém, a desistência houver sido levada a efeito pelo MP, segundo opinião de Gregório de Assagra, caberá ao magistrado aplicar analogicamente a regra do art. 28 do Código de Processo Penal:[10]

> *Art. 28.* Se o órgão do Ministério Público, ao invés de apresentar a denúncia, requerer o arquivamento do inquérito policial ou de quaisquer peças de informação, o juiz, no caso de considerar improcedentes as razões invocadas, fará remessa do inquérito ou peças de informação ao procurador-geral, e este oferecerá a denúncia, designará outro órgão do Ministério Público para oferecê-la, ou insistirá no pedido de arquivamento, ao qual só então estará o juiz obrigado a atender.

---

8. Para uma abordagem mais completa desses princípios, conferir a obra de Gregório Assagra de Almeida: *Direito Processual Coletivo Brasileiro: um novo ramo do direito processual (princípios, regras interpretativas e problemática da sua interpretação e aplicação)*. São Paulo: Saraiva, 2003.
9. Fredie Didier e Hermes Zaneti denominam esse princípio de "Princípio da indisponibilidade (temperada) da demanda coletiva cognitiva e princípio da continuidade da demanda coletiva.
10. Também no sentido da aplicabilidade do art. 28 do CPP, caso o juiz não concorde com a desistência da ACP pelo MP, Nelson Nery Júnior e Rosa Maria de Andrade Nery. *In "Código de Processo Civil comentado e legislação processual civil extravagante em vigor"*, p. 1.533.

Contudo, como registra o próprio autor, há opiniões discordantes, entendendo pela aplicação da regra inserta no art. 9º, da LACP, que dispõe:

> *Art. 9º*. Se o órgão do Ministério Público, esgotadas todas as diligências, se convencer da inexistência de fundamento para a propositura da ação civil, promoverá o arquivamento dos autos do inquérito civil ou das peças informativas, fazendo-as fundamentadamente.
>
> § 1º Os autos do inquérito civil ou das peças de informação arquivadas serão remetidos, sob pena de se incorrer em falta grave, no prazo de 3 (três) dias, ao Conselho Superior do Ministério Público.

Com o devido respeito a tais opiniões, entendo que a regra aplicável deve ser a do art. 9º, da LACP, uma vez que, juntamente com o CDC, em aplicação integrada, formam o microssistema processual coletivo. Nesse sentido, doutrina Hugo Nigro Mazzilli[11] que "não há razão para a analogia com o art. 28 do CPP, já que o art. 9º e § § da LACP se prestam à solução analógica do problema dentro do mesmo sistema da ação civil pública."

4) Princípio da presunção da legitimidade ad causam ativa pela afirmação de direito coletivo.

De acordo com tal princípio, basta a afirmação de direito coletivo para que se presuma a legitimidade *ad causam*. O Poder Judiciário, ao aferir a legitimidade ativa do legitimado coletivo, não deve analisar a titularidade do direito ou interesse coletivo. Com relação ao Ministério Público, a aplicação do princípio decorre da própria Constituição, pois os arts. 127, *caput*, e 129, inciso III, atribuem legitimidade coletiva institucional, bastando se tratar de direito social para, naturalmente, restar configurada a legitimidade do *parquet*.

5) Princípio da não taxatividade ou da atipicidade da ação coletiva.

Pelo princípio da não taxatividade da ação coletiva, não se pode limitar as hipóteses de cabimento de ação coletiva. Esse princípio está inserto no art. 129, III, da CF "*outros interesses difusos e coletivos*", bem como nos arts. 5º, XXXV, da CF "*a lei não excluirá da apreciação do Poder Judiciário lesão ou ameaça a direito*" e 1º, IV, da LACP "*qualquer outro interesse difuso ou coletivo*". Assim, qualquer direito coletivo poderá ser objeto de ação coletiva. Portanto, limitações levadas a efeito tanto pela jurisprudência como pela legislação infraconstitucional são inconstitucionais.

6) Princípio do máximo benefício da tutela jurisdicional coletiva comum.

Por tal princípio, busca-se o aproveitamento máximo da prestação jurisdicional coletiva, a fim de se evitar novas demandas, principalmente as individuais que possuem a mesma causa de pedir. Assim, devem ser extraídos todos os resultados positivos possíveis da certeza jurídica emergente do julgamento procedente do pedido formulado em sede de uma ação coletiva. É o que se observa do sistema da extensão *in utilibus* da coisa julgada coletiva prevista no art. 103, § 3º, do CDC, em que fica garantido ao titular do direito individual, em caso de procedência da demanda coletiva, utilizar a sentença coletiva no seu processo individual (transporte *in utilibus*).

11. MAZZILLI, Hugo Nigro. *A Defesa dos interesses difusos em juízo*. 19ª ed. São Paulo: RT, p. 355.

7) Princípio do ativismo judicial ou da máxima efetividade do processo coletivo.

O Poder Judiciário possui, no direito processual coletivo, poderes instrutórios amplos e deve atuar independente da iniciativa das partes para a busca da verdade processual e a efetividade do processo coletivo. Impõe-se que sejam realizadas todas as diligências para que se alcance a verdade, o que exige do juiz a realização do novo papel a ele conferido pelo sistema constitucional vigente. Tal sistema concede poderes instrutórios amplos, autorizando o julgador: 1) determinar *ex officio* a produção de toda a prova necessária ao alcance da verdade real; 2) conceder liminar, com ou sem justificação prévia (art. 12 da Lei nº 7.347/1985); 3) conceder a antecipação de tutela (art. 84, § 3º, da Lei nº 8.078/1990); 4) conceder medidas de apoio previstas no art. 84, § 3º, da Lei nº 8.078/1990, para assegurar o resultado prático equivalente.

Sobre o novo papel desempenhado pelos magistrados, ensina Ada Pellegrini Grinover[12] que "nas demandas coletivas, o próprio papel do magistrado modifica-se, enquanto cabe a ele a decisão a respeito de conflitos de massa, por isso mesmo de índole política. Não há mais espaço, no processo moderno, para o chamado 'juiz neutro' – expressão com que frequentemente se mascarava a figura do juiz não comprometido com as instâncias sociais –, motivo pelo qual todas as leis processuais têm investido o julgador de maiores poderes de impulso."

8) Princípio da máxima amplitude da tutela jurisdicional coletiva.

Em decorrência desse princípio, são cabíveis todos os tipos de tutelas no direito processual coletivo: preventivas, repressivas, condenatórias, declaratórias, constitutivas, mandamentais, executivas *lato sensu*, cautelares etc. Da mesma forma, podem ser utilizados todos os ritos e medidas eficazes previstos no sistema processual, a fim de se garantir a tutela efetiva dos direitos ou interesses coletivos. Decorre do disposto no art. 83 do CDC, em combinação com o art. 21 da LACP.[13]

9) Princípio da obrigatoriedade da execução coletiva.

Previsto no art. 15 da LACP e no art. 16 da Lei Popular. Determina que, em havendo desídia dos outros legitimados ativos, caberá ao *parquet*, por dever, a promoção da execução coletiva. Assim, ajuizada a ação coletiva e julgada procedente, é dever do Estado (através do MP) efetivar o direito coletivo *lato sensu*. O autor é obrigado a executar a sentença proferida em ação coletiva em 60 dias, senão o MP o fará.

Fredie Didier e Hermes Zaneti acrescentam ainda outro princípio, o "princípio da subisidiariedade, do microssistema (Código de Processo Coletivo), do devido processo legal coletivo ou da aplicação residual do CPC".[14]

12. *In "A marcha do processo"*, Rio de Janeiro: Forense Universitária, 2000, p. 57.
13. "[...] Todas e quaisquer ações são admissíveis para a tutela jurisdicional dos direitos protegidos pela LACP, por expressa incidência do CDC, 83, aplicável às ações fundadas na LACP por determinação da LACP [...]". Nelson Nery Júnior e Rosa Maria de Andrade Nery. *In "Código de Processo Civil comentado e legislação processual civil extravagante em vigorC*, p. 1.530.
14. Foi abordado esse princípio quando tratamos do microssistema processual coletivo.

Capítulo I
Disposições Gerais

Art. 81. A defesa dos interesses e direitos dos consumidores e das vítimas poderá ser exercida em juízo individualmente, ou a título coletivo.

Parágrafo único. A defesa coletiva será exercida quando se tratar de:

I – interesses ou direitos difusos, assim entendidos, para efeitos deste código, os transindividuais, de natureza indivisível, de que sejam titulares pessoas indeterminadas e ligadas por circunstâncias de fato;

II – interesses ou direitos coletivos, assim entendidos, para efeitos deste código, os transindividuais, de natureza indivisível de que seja titular grupo, categoria ou classe de pessoas ligadas entre si ou com a parte contrária por uma relação jurídica base;

III – interesses ou direitos individuais homogêneos, assim entendidos os decorrentes de origem comum.

Uma das grandes inovações instauradas pelo Código de Defesa do Consumidor foi, sem dúvida, o regramento das ações coletivas através do Título III, intitulado "Da defesa do consumidor em juízo". Tal título não somente contemplou o tratamento da tutela jurisdicional dos direitos e interesses do consumidor de forma coletiva, como também, de forma exclusiva, conceituou direitos difusos, coletivos e individuais homogêneos.

O Código de Defesa do Consumidor prevê duas maneiras para o consumidor se defender em juízo: por meio de ação individual, ajuizada pelo consumidor individualmente considerado; ou por meio de ação coletiva, ajuizada por qualquer dos colegitimados do art. 82.

A solução de conflitos pelo modo coletivo tem várias vantagens, como facilidade no acesso à justiça, viabilidade econômica (pois é menos onerosa do que se fossem propostas várias ações individuais), além de possuir um peso político mais expressivo.[15] No mesmo sentido, destacando os benefícios das ações coletivas, leciona Luiz Guilherme Marinoni que "além de eliminar o custo das inúmeras ações individuais e de tornar mais racional o trabalho do Poder Judiciário, supera os problemas de ordem cultural e psicológica que impedem o acesso à justiça e neutraliza as vantagens dos litigantes habituais e dos litigantes mais fortes."[16]

Doutrinariamente, os direitos difusos, coletivos *(stricto sensu)* e individuais homogêneos são espécies do gênero *direitos coletivos lato sensu.*[17]

---

15. WATANABE, Kazuo. *Código Brasileiro de Defesa do Consumidor Comentado pelos Autores do Anteprojeto.* 6ª ed. Rio de Janeiro: Forense Universitária, 2000, p. 709.
16. MARINONI, Luiz Guilherme; ARENHART, Sérgio Cruz. *Manual do Processo de Conhecimento.* 3ª ed. rev. atual. ampl. São Paulo: Revista dos Tribunais, 2004.
17. Interessante mencionar a divisão feita por Barbosa Moreira em direitos/interesses essencialmente coletivos (difusos e coletivos em sentido estrito) e os direitos acidentalmente coletivos (individuais homogêneos). MOREIRA, José Carlos Barbosa. "Tutela jurisdicional dos interesses coletivos ou difusos". *Temas de Direito Processual Civil.* São Paulo: Saraiva, 1984, 3ª série, p. 195/197. No mesmo sentido, doutrina Rodolfo de Camargo Mancuso ao aludir que os direitos difusos e coletivos "são essencialmente, substancialmente, necessariamente coletivos, "*lato sensu*", na medida em que seu objeto é indivisível e

Muitos autores divergem quanto à conceituação e amplitude de tais direitos e, na prática, o que se verifica, é uma certa confusão também na jurisprudência.

Antes de analisarmos cada uma das espécies dos direitos ou interesses coletivos, importante destacarmos a inexistência de diferenças entre os termos "interesses" e "direitos" no plano da tutela coletiva. É comum na legislação brasileira a utilização da expressão "direitos" e/ou "interesses" para referir-se a direitos difusos e coletivos (art. 129, inciso III, da Constituição Federal de 1998, o art. 81 do CDC, o art. 1º, inciso IV, da LACP etc.)

Há autores que preferem a utilização da expressão "*interesses*" sob o argumento de que o termo "*direitos*" traz uma grande carga de individualismo[18] e que propicia a ampliação das categorias jurídicas tuteláveis para a obtenção da maior efetividade do processo.[19]

A partir do momento em que os "*interesses*" passam a ser tutelados juridicamente pelo sistema surge o *direito*. Assim, na prática (embora possa ter uma diferença teórica) inexiste razão para diferenciá-los, já que os "*interesses*" também são passíveis de ser tutelados, assim como os "*direitos*".

Kazuo Watanabe preleciona que "os termos interesses e direitos foram utilizados como sinônimos, certo é que, a partir do momento em que passam a ser amparados pelo direito, os interesses assumem o mesmo *status* de direitos, desaparecendo qualquer razão prática, e mesmo teórica, para a busca de uma diferenciação ontológica entre eles."[20]

Fredie Didier e Hermes Zaneti destacam, ainda, que no direito italiano a diferença entre "*direitos*" e "*interesses*" é relevante, uma vez que a Itália possui dualidade de jurisdição. Dessa forma, os direitos subjetivos são julgados pela justiça civil e os interesses legítimos são julgados pelos órgãos da justiça administrativa, existindo, portanto, razão para diferenciá-los, ao contrário do ordenamento brasileiro, que adotou a unidade de jurisdição.[21]

Assim, com base nestas considerações, considero ambas as expressões como sinônimas, por não possuir nenhum efeito prático a diferenciação.

DIREITOS DIFUSOS

Antonio Gidi[22] ressalta que o CDC utiliza três critérios básicos para definir e distinguir os direitos difusos, coletivos e individuais homogêneos: o critério subjetivo (titularidade

os sujeitos concernentes são indetermináveis (absolutamente, no caso dos difusos, e relativamente, no caso dos coletivos)." Segundo o autor, já os direitos individuais homogêneos "são coletivos apenas na forma, no modo de exercício, sendo, pois, coletivos apenas em função de uma contingência episódica: a sua origem comum, que o uniformiza e recomenda o trato concomitante." *Manual do Consumidor em Juízo*. São Paulo: Saraiva, 4ª ed. 2007, p. 53.

18. VIGLIAR, José Marcelo Menezes. *Tutela Jurisdicional Coletiva*. 3ª ed. São Paulo: Atlas, 2001, p. 60.
19. LEONEL, Ricardo de Barros. *Manual de Processo Coletivo*. São Paulo: RT, 2002, p. 85.
20. WATANABE, Kazuo. *Código Brasileiro de Defesa do Consumidor, Comentado pelos Autores do Anteprojeto*. 7ª ed. Rio de Janeiro: Forense Universitária, 2001, p. 739.
21. DIDIER, Fredie; ZANETI, Hermes. *Curso de Direito Processual Civil – Processo Coletivo*. Salvador: Juspodivm. 2007, p. 88/89. No mesmo sentido: PIZZOL, Patrícia Miranda. A tutela antecipada nas ações coletivas como instrumento de acesso à justiça. *Processo e Constituição, Estudos em homenagem ao Professor José Carlos Barbosa Moreira*. Coord. Luiz Fux, Nelson Nery Jr. e Teresa Arruda Alvim Wambier. São Paulo: Revista dos Tribunais, 2006, p. 93.
22. GIDI, Antonio. *Coisa Julgada e Litispendência em Ações Coletivas*, São Paulo: Saraiva, 1995, p. 23.

do direito material); objetivo (divisibilidade do direito material) e de origem (origem do direito material).

Sob este prisma e considerando a redação do inciso I do art. 81 do CDC (*"interesses ou direitos difusos, assim entendidos, para efeitos deste código, os transindividuais, de natureza indivisível, de que sejam titulares pessoas indeterminadas e ligadas por circunstâncias de fato"*), verificam-se as seguintes características dos interesses ou direitos difusos:

a) titularidade do direito: titulares indetermináveis;
b) divisibilidade do direito: direitos ou interesses indivisíveis;
c) origem do direito: titulares ligados por uma circunstância de fato.

Com relação à *titularidade do direito*, os direitos difusos são direitos que não dizem respeito a apenas uma pessoa, mas sim à coletividade de um número tão significativo de componentes que não podem ser identificados ou determinados. Os titulares dos direitos difusos não são somente pessoas indeterminadas, mas também indetermináveis.

A impossibilidade de se determinar os titulares dos direitos difusos é marca singular dessa espécie de direitos coletivos. Pedro Lenza[23] ressalta que "a indeterminação de seus sujeitos destaca-se como a marca fundamental dos interesses difusos, já que os titulares dos interesses coletivos e individuais homogêneos são perfeitamente identificados ou, ao menos, identificáveis."

A segunda característica dos direitos difusos é a sua indivisibilidade, resultante da sua própria natureza. A indivisibilidade do direito material justifica-se porque os direitos difusos pertencem a todos os titulares simultânea e indistintamente. Não podem ser compartilhados (só podem ser considerados como um todo) porque não há como se partilhar algo quando os titulares são indefinidos.[24] Do mesmo modo que uma única ofensa é capaz de propiciar lesão a todos os componentes da coletividade, a cessação dessa ofensa beneficia a todos, indistintamente.

Barbosa Moreira[25] nos ensina, do mesmo modo, que "há, por assim dizer, uma comunhão indivisível de que participam todos os possíveis interessados, sem que se possa discernir, sequer idealmente, onde acaba a 'quota' de um e começa a de outro. Por isso mesmo, instaura-se entre os destinos dos interessados tão firme união, que a satisfação de um só implica de modo necessário a satisfação de todos; e, reciprocamente, a lesão de um só constitui, *ipso facto*, lesão da inteira coletividade."

Como exemplo, imaginemos a inserção no mercado de um medicamento lesivo à saúde dos consumidores. O interesse protegido – saúde pública – é direito de todas as pessoas, não havendo possibilidade de dividi-lo, ou seja, não se pode dizer que o consumidor "X" tem a parcela "X" desse direito e o consumidor "Y" tem a parcela "Y". Ao contrário, todos

23. LENZA, Pedro. *Teoria Geral da Ação Civil Pública*. 2. ed. São Paulo: RT, 2005, p. 72.
24. LENZA, Pedro. *Teoria Geral da Ação Civil Pública*. 2. ed. São Paulo: RT, 2005, p. 76.
25. MOREIRA, José Carlos Barbosa. "Tutela Jurisdicional dos Interesses Coletivos ou Difusos". *Revista de Processo*, São Paulo, ano X, nº 39, p. 55-77, julho-setembro 1985.

partilham do direito de forma integral (proteção à saúde), cuja origem é o fato de o medicamento lesivo à saúde ter sido colocado à venda no mercado de consumo.

Por fim, em relação à *origem do direito*, os titulares dos direitos difusos estão unidos por uma circunstância fática. Não há relação jurídica base entre os titulares dos direitos ou com a parte contrária. A circunstância que une os titulares reside justamente no fato de que todos são atingidos pela ofensa (circunstância fática).

Nesses moldes, destaca Pedro Lenza[26] que "não se percebe qualquer vínculo jurídico, mas apenas uma situação fática a unir os sujeitos titulares dos interesses difusos. Não se identifica qualquer relação jurídica-base ligando grupo, categoria ou classe de pessoas entre si ou com a parte contrária, relação esta percebida nos interesses ou direitos coletivos, onde esta característica evidencia-se antes da lesão ou ameaça de lesão coletiva."

Exemplo dessa espécie de direito coletivo é o direito decorrente de publicidade enganosa veiculada na televisão (circunstância fática), em que toda a coletividade é afetada. Não há nenhuma relação jurídica ou ligação entre os indivíduos que compõem a coletividade lesada, ou entre eles e o fornecedor que veiculou a publicidade. A ligação existente decorre simplesmente da circunstância fática (exposição de publicidade enganosa).

DIREITOS COLETIVOS

Segundo o inciso II do art. 81 do CDC, são "*interesses ou direitos coletivos, assim entendidos, para efeitos deste código, os transindividuais, de natureza indivisível de que seja titular grupo, categoria ou classe de pessoas ligadas entre si ou com a parte contrária por uma relação jurídica-base*".

Do referido inciso, extraem-se as seguintes características:

a) titularidade do direito: titulares determináveis;

b) divisibilidade do direito: direitos ou interesses indivisíveis;

c) origem do direito: titulares ligados entre si ou com a parte contrária por uma relação jurídica-base.

Com relação à *titularidade do direito*, os direitos coletivos são aqueles que, ao contrário dos direitos difusos, seus titulares são determináveis, justamente porque possuem entre si ou com a parte contrária uma relação jurídica-base anterior (*origem do direito*). Exemplo desse caso é o direito contra o reajuste abusivo das mensalidades escolares, em que somente os alunos (e pais) são afetados. Veja que é perfeitamente possível determinar quais são os titulares, em razão da relação jurídica-base anterior (relação dos alunos e pais com a escola).[27]

26. LENZA, Pedro. *Teoria Geral da Ação Civil Pública*. 2ª ed. São Paulo: RT, 2005, p. 73.

27. Sobre este exemplo, válidas são as observações de Kazuo Watanabe, fazendo uma clara diferenciação entre os direitos coletivos e os direitos individuais homogêneos. "O mesmo se pode dizer em relação à demanda coletiva ajuizada por Associação de Pais de Alunos contra uma ou várias escolas. Desde que objetive ela um provimento jurisdicional comum a todos que tutele, de modo uniforme, o interesse ou direito indivisível de todos os alunos, por exemplo, o critério para a atualização das mensalidades, a coisa julgada, se favorável à Associação, beneficiará todos, inclusive os alunos que não estejam a ela filiados. Estamos diante de uma ação coletiva para a tutela de interesses ou direitos coletivos, de natureza indivisível. Porém, se o que se pretende é a devolução das quantias pagas a mais pelo alunos, a demanda coletiva será para a tutela de interesses ou direitos individuais homogêneos, e não de inte-

Cabe frisar que essa relação jurídica base pode se dar entre os membros do grupo, categoria ou classe (membros de uma determinada associação ou pertencentes ao mesmo sindicato) ou com a parte contrária (como no exemplo dado acima, os estudantes em relação à determinada escola). Ademais, a relação jurídica-base necessita ser anterior à lesão (caráter de anterioridade) e não nascida com a própria lesão. Assim, considerando os exemplos dados, a publicidade enganosa também cria uma "ligação" entre os interessados, só que esta é verificável no momento em que a publicidade é exposta, ou seja, no momento da lesão. Antes da exposição não existia qualquer ligação entre os componentes da coletividade (lesada), nem tampouco com o fornecedor que veiculou a publicidade. Os interessados se unem justamente pela circunstância fática que acarreta a lesão. Por isso é que falamos que se trata de direitos difusos. Agora, no caso dos alunos de uma mesma escola, o vínculo que os une à escola é preexistente a qualquer lesão que possa ocorrer.

Portanto, diante do exposto, a determinabilidade dos titulares dos direitos coletivos *stricto sensu* é o aspecto que o diferencia dos direitos difusos.[28] O caso da publicidade enganosa constitui típico exemplo de direitos difusos, uma vez que, como não há relação jurídica-base anterior à lesão, não há como determinar quais são os sujeitos lesados (já que toda a coletividade será lesada com a exposição da publicidade enganosa). Já o aumento abusivo das mensalidades escolares constitui típico exemplo de direitos coletivos *stricto sensu* (propriamente dito), uma vez que é possível determinar quais são os sujeitos lesados (os alunos e pais que sofreram o aumento da mensalidade).

Por fim, em relação à *divisibilidade do direito*, assim como nos direitos difusos, também está presente a indivisibilidade, ou seja, o direito ou interesse é insuscetível de ser dividido em quotas ou parcelas. Do mesmo modo, a lesão ou a satisfação do direito prejudicará ou atenderá, simultaneamente, o interesse de todos os titulares.

---

resses ou direitos coletivos." WATANABE, Kazuo. *Código Brasileiro de Defesa do Consumidor, comentado pelos autores do Anteprojeto*. 7. ed. Rio de Janeiro: Forense Universitária, 2001, p. 751. Rizzatto Nunes, no mesmo sentido, diferencia os direitos coletivos dos individuais homogêneos, tomando por ponto de partida a indivisibilidade ou não do objeto ou bem jurídico protegido: "Como se viu, o objeto do Direito Coletivo é indivisível. O que vai acontecer é que o efeito da violação a um direito coletivo gere também um direito individual ou individual homogêneo. Assim, por exemplo, o mau tratamento da água fornecida aos usuários é típico caso de direito coletivo com objeto indivisível, mas, simultaneamente, seu fornecimento e consumo podem gerar dano à saúde de um consumidor individualmente considerado." NUNES, Rizzatto. As Ações Coletivas e as Definições de Direito Difuso, Coletivo e Individual Homogêneo. *Processo Civil Coletivo*. Coord. Rodrigo Mazzei e Rita Dias Nolasco. São Paulo: Quartier Latin, 2005, p. 90.

28. Ada Pellegrini Grinover, com clareza, prescreve que "o que distingue os interesses difusos dos coletivos, no sistema do Código, é o elemento subjetivo, porquanto nos primeiros inexiste qualquer vínculo jurídico que ligue os membros do grupo entre si ou com a parte contrária, de maneira que os titulares dos interesses difusos são indeterminados e indetermináveis, unidos apenas por circunstâncias de fato (como morar na mesma região, consumir os mesmos produtos, participar das mesmas atividades empresariais). Nos interesses coletivos, ao contrário, tem-se um grupo, categoria ou classe de pessoas ligadas por uma relação jurídica-base instituída entre elas (como acontece, por exemplo, quanto aos membros de uma associação) ou com a parte contrária (como nas relações tributárias, em que cada contribuinte é titular de uma relação jurídica com o fisco)." GRINOVER, Ada Pellegrini. "Significado social, político e jurídico da tutela dos interesses difusos". *Revista de Processo*, São Paulo, ano 25, nº 97, p. 9-15, janeiro-março 2000.

DIREITOS INDIVIDUAIS HOMOGÊNEOS

Prescreve o inciso III do art. 81 do CDC: "*interesses ou direitos individuais homogêneos, assim entendidos os decorrentes de origem comum.*"

Sobre os direitos individuais homogêneos, podemos apontar as seguintes características:

a) titularidade do direito: titulares determinados ou determináveis;

b) divisibilidade do direito: interesses ou direitos divisíveis;

c) origem do direito: titulares ligados entre si por uma situação de fato ou de direito comum ("*decorrentes de origem comum*").

Os direitos individuais homogêneos são aqueles cujo objeto pode ser dividido *(divisibilidade do direito)* e cujos titulares são perfeitamente identificáveis *(titularidade do direito)*.[29] Não importa se há uma relação jurídica anterior ou vínculo que una os titulares entre si ou com a parte contrária. O que caracteriza um direito individual como homogêneo é a origem comum *(origem do direito)*. A relação que se forma com a parte contrária decorre somente da lesão sofrida. Trata-se de uma versão *abrasileirada* da conhecida *class action* americana. A homogeneidade decorrente da origem comum faz surgir, em princípio, a possibilidade de defesa de forma coletiva.

Sobre este ponto, esclarece Barbosa Moreira[30] que são "interesses referíveis individualmente aos vários membros da coletividade atingida, e não fica excluída *a priori* a eventualidade de funcionarem os meios de tutela em proveito de uma parte deles, ou até de um único interessado, nem a de desembocar o processo na vitória de um ou de alguns e, simultaneamente, na derrota de outro ou de outros. O fenômeno adquire, entretanto, dimensão social em razão do grande número de interessados e das graves repercussões na comunidade; numa palavra: do 'impacto de massa'".

Exemplo desse caso é o direito dos indivíduos que sofreram danos em decorrência da colocação de produto estragado no mercado. Ou seja, em razão dos danos causados pelo produto estragado (origem comum), surge a homogeneidade dos direitos individuais dos vários consumidores lesados. São pessoas determinadas ou determináveis que estão na mesma situação de fato (aquisição de um produto estragado) e são titulares de interesse divisível (reparação do dano a cada um dos compradores). Por isso é que se diz, nos moldes das lições de Barbosa Moreira, que são direitos subjetivos individuais tratados de forma coletiva, por serem homogêneos em razão da origem comum, mas, diferentemente das

29. Pedro Lenza destaca estas mesmas características: "Por seu turno, os interesses individuais homogêneos caracterizam-se por sua divisibilidade plena, na medida em que, além de serem os seus sujeitos determinados, não existe, por regra, qualquer vínculo jurídico ou relação jurídica-base ligando-os, sendo que, em realidade, a conexão entre eles decorre de uma origem comum, como, por exemplo, o dano causado à saúde individual de determinados indivíduos, em decorrência da emissão de poluentes no ar por uma indústria. Diante disso, é perfeitamente identificável o prejuízo individual de cada qual, podendo-se dividir (cindir) o interesse, efetivando-se a prestação jurisdicional de maneira correlacionada ao dano particular." LENZA, Pedro. *Teoria Geral da Ação Civil Pública*. 2. ed. São Paulo: RT, 2005, p. 76.

30. MOREIRA, José Carlos Barbosa. Tutela Jurisdicional dos Interesses Coletivos ou Difusos. *Revista de Processo*, São Paulo, ano X, nº 39, p. 55-77, julho-setembro 1985.

categorias anteriores (difusos e coletivos *stricto sensu*), não são essencialmente coletivos e sim *acidentalmente* coletivos.

Interessantes são as observações da professora Ada Pellegrini no tocante à caracterização do requisito "origem comum" que leva à homogeneidade dos direitos individuais. Para a ilustre professora, a origem comum (causa) pode ser próxima ou remota. A origem comum próxima (ou imediata) aconteceria, por exemplo, no caso da queda de avião, vitimando diversas pessoas. Já a origem comum remota (ou mediata), aconteceria, por exemplo, no caso de dano à saúde imputado a produto potencialmente nocivo, que pode ter tido como causa próxima as condições pessoais ou o uso inadequado. Assim, para a professora, quanto mais remota for a causa, menos homogêneos serão os direitos individuais, concluindo que a origem comum, quando remota ou mediata, pode não ser suficiente para caracterizar a homogeneidade.[31]

Ada Pellegrini ainda aponta dois requisitos necessários para a tutela dos direitos individuais homogêneos, quais sejam, a *predominância das questões comuns sobre as individuais* e a *utilidade da tutela coletiva no caso concreto.*[32]

Nos dizeres de Ada Pellegrini o primeiro requisito mostra-se necessário para aferir se efetivamente os direitos individuais são, ou não, homogêneos. Dessa forma, ainda que possuam origem comum, mas prevalecendo as questões individuais sobre as comuns, os direitos não são homogêneos e sim heterogêneos, não se admitindo, portanto, a tutela coletiva, por falta de possibilidade jurídica do pedido. O segundo requisito está relacionado ao interesse de agir e à efetividade do processo. Se o provimento jurisdicional resultante da tutela coletiva dos direitos individuais homogêneos não possuir eficácia, a ação coletiva não se demonstrará útil e adequada à proteção dos direitos.[33-34]

---

31. Kazuo Watanabe esclarece a questão: "No consumo de um produto potencialmente nocivo, por exemplo, pode inexistir homogeneidade de direitos entre um titular de fazer vitimado exclusivamente por esse consumo e outro, cujas condições pessoais de saúde lhe causariam um dano físico, independentemente da utilização do produto, ou que fez deste uso inadequado. Ou seja, pode inexistir homogeneidade entre situações de fato ou de direito sobre as quais as características pessoais de cada um atuam de modo completamente diferente." WATANABE, Kazuo. *Código Brasileiro de Defesa do Consumidor, Comentado pelos Autores do Anteprojeto*. 9. ed. Rio de Janeiro: Forense Universitária, 2007, p. 826.

32. O Anteprojeto de Código Brasileiro de Processos Coletivos contemplou expressamente estes requisitos no art. 26, § 1º. No mesmo sentido, o art. 2º, § 1º do Código Modelo de Processos Coletivos para Ibero-América. Vale lembrar que ambos os projetos possuem como coautora a professora Ada.

33. Exemplifica a professora Ada: "Ora, a prova do nexo causal pode ser tão complexa, no caso concreto, que tornará praticamente ineficaz a sentença condenatória genérica do art. 95, a qual só reconhece a existência do dano geral. Nesse caso, a vítima ou seus sucessores deverão enfrentar um processo de liquidação tão complicado quanto uma ação condenatória individual, até porque ao réu devem ser asseguradas as garantias do devido processo legal, e notadamente o contraditório e a ampla defesa. E a via da ação coletiva terá sido inadequada para a obtenção da tutela pretendida. Certamente, nem todas as ações civis públicas em defesa de direitos individuais homogêneos trarão a mesma dificuldade. Pense-se num pedido de restituição de um tributo inconstitucional a uma categoria de contribuintes, ou de devolução de mensalidades escolares pagas em excesso, ou ainda de pagamento de uma diferença devida pela Previdência Social ou por bancos na aplicação de índices de correção monetária. Nesses casos, e em muitos outros, o reconhecimento do dano geral será extremamente útil e adequado para liquidações que demandarão prova bastante simples." PELLEGRINI. Ada. *Código Brasileiro de Defesa do Consumidor, Comentado pelos Autores do Anteprojeto*. 9. ed. Rio de Janeiro: Forense Universitária, 2007, p. 885.

34. Patrícia Miranda Pizzol não concorda com este posicionamento, uma vez que implicarão em um retrocesso na proteção dos direitos individuais homogêneos. Para a autora "a ação coletiva é importante (útil)

Por fim, importante destacar o entendimento do Supremo Tribunal Federal sobre a correta caracterização dos direitos individuais homogêneos:

> Interesses difusos são aqueles que abrangem número indeterminado de pessoas unidas pelas mesmas circunstâncias de fato e coletivos aqueles pertencentes a grupos, categorias ou classes de pessoas determináveis, ligadas entre si ou com a parte contrária por uma relação jurídica-base. A indeterminidade é a característica fundamental dos interesses difusos e a determinidade a daqueles interesses que envolvem os coletivos. *Direitos ou interesses homogêneos são os que têm a mesma origem comum (art. 81, III, da Lei nº 8.078, de 11 de setembro de 1990), constituindo-se em subespécie de direitos coletivos.* Quer se afirme interesses coletivos ou particularmente interesses homogêneos, *stricto sensu*, ambos estão cingidos a uma mesma base jurídica, sendo coletivos, explicitamente dizendo, porque são relativos a grupos, categorias ou classes de pessoas, que conquanto digam respeito às pessoas isoladamente, não se classificam como direitos individuais para o fim de ser vedada a sua defesa em ação civil pública, porque sua concepção finalística destina-se à proteção desses grupos, categorias ou classe de pessoas.[35]

Mostra-se importante a decisão do STF ao considerar os direitos individuais homogêneos como subespécie de direitos coletivos, uma vez que parte da doutrina sustenta que tais direitos não seriam coletivos, mas sim direitos individuais coletivamente tratados.

Este é o posicionamento, por exemplo, do ex-Ministro do STF Teori Albino Zavascki.[36] Em voto proferido no CC 58211/MG, *DJ* 18/09/2006, à época no STJ, destacou que "a qualificação de homogêneos é utilizada, pelo legislador, para identificar um conjunto de direitos subjetivos individuais ligados entre si por uma relação de afinidade, de semelhança, de homogeneidade, o que permite a defesa coletiva de todos eles. Para fins de tutela jurisdicional coletiva, não faz sentido, portanto, sua versão singular (um único direito homogêneo), já que a marca da homogeneidade supõe, necessariamente, uma relação de referência com outros direitos individuais assemelhados. Há, é certo, nessa compreensão, uma pluralidade de titulares, como ocorre nos direitos transindividuais; porém, diferentemente desses (que são indivisíveis e seus titulares são indeterminados), a pluralidade, nos direitos individuais homogêneos, não é somente dos sujeitos (que são determinados), mas também do objeto material, que é divisível e pode ser decomposto em unidades autônomas, com titularidade própria. [...] Em outras palavras, os direitos homogêneos "são, por esta via exclusivamente pragmática, transformados em estruturas moleculares, não como fruto de uma indivisibilidade inerente ou natural (interesses e direitos públicos e difusos) ou da organização ou existência de uma relação jurídica-base (interesses coletivos *stricto sensu*), mas por razões de facilitação de acesso à justiça, pela priorização da eficiência e da economia processuais [...] Quando se fala, pois, em direitos individuais homogêneos, a expressão deve ser asso-

para a coletividade, pois nela restam reconhecidas a responsabilidade do fornecedor e a necessidade de reparação dos danos causados aos consumidores, bastando a estes, nas respectivas liquidações (por artigos) demonstrar o dano individualmente sofrido, bem como o nexo de causalidade e o montante, o que, sem dúvida alguma, é muito mais simples do que propor uma ação individual condenatória e fazer prova da responsabilidade do fornecedor e do dever de indenizar". PIZZOL, Patrícia Miranda. "A tutela antecipada nas ações coletivas como instrumento de acesso à justiça. *Processo e ConstituiçãoP, Estudos em homenagem ao Professor José Carlos Barbosa Moreira*. Coord. Luiz Fux, Nelson Nery Jr. e Teresa Arruda Alvim Wambier. São Paulo: Revista dos Tribunais, 2006, p. 94-95.

35. STF, RE 163.231-3/SP, Rel. Min. Maurício Corrêa, Pleno, *DJ* 29/06/2001.
36. Para uma abordagem mais completa sobre o assunto, conferir o livro do Ministro *Processo Coletivo: tutela de direitos coletivos e tutela coletiva de direitos*. São Paulo: RT, 2006, p. 42-43.

ciada, necessariamente, à "defesa coletiva" ou à "tutela coletiva" de um conjunto de direitos individuais. Não faz qualquer sentido utilizar tal expressão para significar apenas um desses direitos, individualmente considerado."

A distinção acima tem relevância, pois considerar os direitos individuais homogêneos como direitos individuais, sendo "coletivamente tratados" apenas em decorrência da homogeneidade das lesões, seria permitir o afastamento da aplicação dos princípios gerais da tutela coletiva a tais direitos. A experiência tem mostrado que há certas circunstâncias em que a tutela do direito individual não é adequada. É o que acontece, por exemplo, quando o fornecedor subtrai das embalagens de determinado produto a quantidade de 10 gramas. Ora, nesse caso, o dano individualmente considerado é sobremaneira irrisório, fazendo com que os indivíduos que adquiriram o produto não tenham interesse em participar do processo (individual!). O dano é irrelevante quando considerado individualmente, mas relevante quando aferido coletivamente. Assim, somente a tutela dos direitos individuais homogêneos se tornaria adequada para tal *mister*, possibilitando a condenação do fornecedor pela prática ilícita, bem como impedindo-o que repita a atuação futuramente, o que servirá de exemplo para que outros fornecedores não adotem tal prática.

Nesses casos, a quantia arrecadada na condenação do fornecedor não será entregue aos consumidores lesados, mas a um fundo criado pela Lei nº 7.347/1985 (Lei de Ação Civil Pública, art. 13),[37-38] devendo os recursos ser destinados à reconstituição dos bens lesados.

Diante do exposto, parece que andou bem o STF ao classificar os direitos individuais homogêneos como subespécie de direitos coletivos.

Para clarear o que foi dito sobre direitos difusos, coletivos e individuais homogêneos, veja quadro demonstrativo:

Modalidade	Divisibilidade do bem jurídico	Determinação dos titulares	Existência de relação jurídica
Direitos difusos	Indivisível	Indeterminados	NÃO → ligados por circunstância de fato
Direitos coletivos	Indivisível	Determináveis	SIM → ligados por uma relação jurídica-base
Direitos individuais homogêneos	Divisível	Determinados ou determináveis	IRRELEVANTE → o que importa é que sejam decorrentes de origem comum

Para a correta distinção entre direito difuso, coletivo ou individual homogêneo, no caso concreto, torna-se necessário delimitar o objeto litigioso do processo, ou seja, especi-

37. Art. 13 da Lei nº 7.347/1985: "Havendo condenação em dinheiro, a indenização pelo dano causado reverterá a um fundo gerido por um Conselho Federal ou por Conselhos Estaduais de que participarão necessariamente o Ministério Público e representantes da comunidade, sendo seus recursos destinados à reconstituição dos bens lesados.
Parágrafo único. Enquanto o fundo não for regulamentado, o dinheiro ficará depositado em estabelecimento oficial de crédito, em conta com correção monetária."
38. A Lei nº 9.008, de 21 de março de 1995, regulamenta o Fundo de Defesa de Direitos Difusos.

ficar a causa de pedir e o pedido.[39] Nelson Nery Júnior[40] exemplifica a respeito: "o mesmo fato pode dar ensejo à pretensão difusa, coletiva e individual. O acidente com o *Bateau MoucheIV*, que teve lugar no Rio de Janeiro no final de 1988, poderia abrir oportunidade para a propositura de ação individual por uma das vítimas do evento pelo prejuízo que sofreu (direito individual), ação de indenização em favor de todas as vítimas ajuizadas por entidade associativa (direito individual homogêneo), ação de obrigação de fazer movida por associação de empresas de turismo que têm interesse na manutenção da boa imagem desse setor da economia (direito coletivo), bem como ação ajuizada pelo Ministério Público, em favor da vida e segurança das pessoas, para que seja interditada a embarcação a fim de se evitarem novos acidentes (direito difuso)."

No mesmo sentido das palavras de Nelson Nery Júnior, o STJ, no REsp. 105215/DF, Min. Rel. Sálvio de Figueiredo Teixeira, *DJ* 18/08/1997, possibilitou a cumulação de demandas em ação coletiva de proteção ao consumidor visando: a) a nulidade de cláusula contratual inquinada de nula (juros mensais) – *direitos coletivos;* b) a indenização pelos consumidores que já firmaram os contratos em que constava tal cláusula – *direitos individuais homogêneos;* c) a obrigação de não mais inserir nos contratos futuros a referida cláusula – *direitos difusos.*[41]

Conclui-se, pois, que um mesmo fato pode gerar direitos de diversas naturezas e somente com a apreciação da tutela jurisdicional pretendida (formada pela causa de pedir e pedido) é que se poderá saber diante de qual direito ou interesse se está a tutelar, se difuso, coletivo ou individual homogêneo ou se todos eles conjuntamente.[42]

Por fim, destacamos:

---

39. Nesse sentido, em Kazuo Watanabe, *Código Brasileiro de Defesa do Consumidor Comentado pelos Autores do Anteprojeto*, p. 725; Nelson Nery Júnior, *Código de Processo Civil e Legislação Processual Civil Extravagante em Vigor*, p. 1.864.

40. *Princípios do processo civil na Constituição Federal*. 6ª ed. São Paulo: RT, 2000, p. 120.

41. No mesmo sentido: "As tutelas pleiteadas em ações civis públicas não são necessariamente puras e estanques. Não é preciso que se peça, de cada vez, uma tutela referente a direito individual homogêneo, em outra ação uma de direitos coletivos em sentido estrito e, em outra, uma de direitos difusos, notadamente em se tratando de ação manejada pelo Ministério Público, que detém legitimidade ampla no processo coletivo. Isso porque embora determinado direito não possa pertencer, a um só tempo, a mais de uma categoria, isso não implica dizer que, no mesmo cenário fático ou jurídico conflituoso, violações simultâneas de direitos de mais de uma espécie não possam ocorrer. 2. No caso concreto, trata-se de ação civil pública de tutela híbrida. Percebe-se que: (a) há direitos individuais homogêneos referentes aos eventuais danos experimentados por aqueles compradores de título de capitalização em razão da publicidade tida por enganosa; (b) há direitos coletivos resultantes da ilegalidade em abstrato da propaganda em foco, a qual atinge igualmente e de forma indivisível o grupo de contratantes atuais do título de capitalização; (c) há direitos difusos, relacionados ao número de pessoas indeterminadas e indetermináveis atingidas pela publicidade, inclusive no que tange aos consumidores futuros." (STJ, REsp 1209633/RS, Rel. Ministro Luis Felipe Salomão, Quarta Turma, julgado em 14/04/2015, DJe 04/05/2015)

42. Outra regra bem prática para possibilitar a distinção é verificar a divisibilidade do objeto. Se for divisível, está-se diante de um direito individual homogêneo. Se for indivisível, passa para a análise da titularidade do direito, pois se forem indeterminados os titulares, está-se diante de direito difuso, mas se forem determináveis, está-se diante de direitos coletivos. Caso ainda persistam dúvidas, a análise da causa de pedir e do pedido resolverá o problema.

a) a Lei nº 10.259/2001 (lei que dispõe sobre a instituição dos Juizados Especiais Cíveis e Criminais no âmbito da Justiça Federal), em seu art. 3º, estabelece que os Juizados Especiais Federais não têm competência para julgar "*as demandas sobre direitos ou interesses difusos, coletivos ou individuais homogêneos*".[43]

b) A Lei nº 12.153/2009 (lei que dispõe sobre os Juizados Especiais da Fazenda Pública no âmbito dos estados, do Distrito Federal, dos territórios e dos municípios) também excluiu da apreciação dos Juizados Especiais da Fazenda Pública a tutela dos direitos difusos e coletivos.[44]

c) O STF tem vedado a interposição de ações civis públicas em matéria tributária e previdenciária.[45]

d) A jurisprudência tem admitido a possibilidade, via ação civil pública, de declaração incidental (difuso e concreto) de inconstitucionalidade. Para tanto, os requisitos são a) não se identifique na controvérsia constitucional o objeto único da demanda; b) trate-se de simples questão prejudicial; c) averiguada em relação jurídica concreta e específica; d) apresentando-se como causa de pedir e não como pedido. Perceba-se que a) não ocorre nestes casos a exclusão da norma do ordenamento jurídico, a norma continua vigendo, sem eficácia para o caso concreto analisado; b) não incidirá coisa julgada sobre a questão prejudicial analisada incidentalmente (art. 469, III do CPC[46]); c) a eficácia da decisão, embora erga *omnes* ou ultra partes, é concreta e específica, não abstrata e genérica; d) não há efeito vinculante da interpretação dada para a norma constitucional.

O Supremo Tribunal Federal tem reconhecido a legitimidade da utilização da ação civil pública como instrumento idôneo de fiscalização incidental de constitucionalidade, pela via difusa, de quaisquer leis ou atos do Poder Público, mesmo quando contestado em face da Constituição da República, desde que, nesse processo coletivo, a controvérsia constitucional, longe de identificar-se como objeto único da demanda, qualifica-se como simples questão prejudicial, indispensável à resolução do litígio principal (RCL 1733, Rel. Min. Celso de Mello, DJU, 1º/12/2000, Inf. do STF 212).

---

43. O dispositivo preceitua:

"Art. 3º Compete ao Juizado Especial Federal Cível processar, conciliar e julgar causas de competência da Justiça Federal até o valor de sessenta salários mínimos, bem como executar as suas sentenças.

§ 1º Não se incluem na competência do Juizado Especial Cível as causas:

I – referidas no art. 109, incisos II, III e XI, da Constituição Federal, as ações de mandado de segurança, de desapropriação, de divisão e demarcação, populares, execuções fiscais e por improbidade administrativa *e as demandas sobre direitos ou interesses difusos, coletivos ou individuais homogêneos*"

44. Art. 2º da Lei nº 12.153/2009: [...] § 1º Não se incluem na competência do Juizado Especial da Fazenda Pública: I – as ações de mandado de segurança, de desapropriação, de divisão e demarcação, populares, por improbidade administrativa, execuções fiscais e as demandas sobre *direitos ou interesses difusos e coletivos;*

45. Em 24 de agosto de 2001, foi editada a Medida Provisória nº 2.180/35, que acrescentou o parágrafo único ao art. 1º da Lei nº 7.347/1985 (Lei da Ação Civil Pública), vedando expressamente a possibilidade de ação civil pública em matéria tributária e previdenciária. Confira: "Art. 1º – Parágrafo único. Não será cabível ação civil pública para veicular pretensões que envolvam tributos, contribuições previdenciárias, o Fundo de Garantia do Tempo de Serviço – FGTS ou outros fundos de natureza institucional cujos benefícios podem ser individualmente determinados."

46. Inciso sem referência no novo CPC/15.

É possível a declaração incidental de inconstitucionalidade, na ação civil pública, de quaisquer leis ou atos normativos do Poder Público, desde que a controvérsia constitucional não figure como pedido, mas sim como causa de pedir, fundamento ou simples questão prejudicial, indispensável à resolução do litígio principal, em torno da tutela do interesse público. A declaração incidental de inconstitucionalidade na ação civil pública não faz coisa julgada material, pois se trata de controle difuso de constitucionalidade, sujeito ao crivo do Supremo Tribunal Federal, via recurso extraordinário, sendo insubsistente, portando, a tese de que tal sistemática teria os mesmos efeitos da ação declaratória de inconstitucionalidade. (STJ, REsp 299271/PR, Rel. Min. Eliana Calmon, DJ 08/09/2003)

e) A Lei nº 12.016/2009 disciplinou o mandado de segurança individual e coletivo. Os arts. 21 e 22 trataram especificamente do mandado de segurança coletivo.

Art. 21. O mandado de segurança coletivo pode ser impetrado por partido político com representação no Congresso Nacional, na defesa de seus interesses legítimos relativos a seus integrantes ou à finalidade partidária, ou por organização sindical, entidade de classe ou associação legalmente constituída e em funcionamento há, pelo menos, 1 (um) ano, em defesa de direitos líquidos e certos da totalidade, ou de parte, dos seus membros ou associados, na forma dos seus estatutos e desde que pertinentes às suas finalidades, dispensado, para tanto, autorização especial.

Parágrafo único. Os direitos protegidos pelo mandado de segurança coletivo podem ser:

I – coletivos, assim entendidos, para efeito desta Lei, os transindividuais, de natureza indivisível, de que seja titular grupo ou categoria de pessoas ligadas entre si ou com a parte contrária por uma relação jurídica básica.

II – individuais homogêneos, assim entendidos, para efeito desta Lei, os decorrentes de origem comum e da atividade ou situação específica da totalidade ou da parte dos associados ou membros do impetrante.

Art. 22. No mandado de segurança coletivo, a sentença fará coisa julgada limitadamente aos membros do grupo ou da categoria substituídos pelo impetrante.

§ 1º. O mandado de segurança coletivo não induz litispendência para as ações individuais, mas os efeitos da coisa julgada não beneficiarão o impetrante a título individual se não requerer a desistência de seu mandado de segurança no prazo de 30 (trinta) dias a contar da ciência comprovada da impetração da segurança coletiva.

§ 2º. No mandado de segurança coletivo, a liminar só poderá ser concedida após audiência do representante judicial da pessoa jurídica de direito público, que deverá se pronunciar no prazo de 72 (setenta e duas) horas.

O Mandado de Segurança Coletivo (MSC) é espécie de mandado de segurança, aplicando-se a ele todas as premissas da jurisprudência e a legislação aplicáveis ao mandado de segurança individual, com as adaptações necessárias (*princípio da adaptação ou adequação*) e quando não forem incompatíveis com o regime especial das demandas coletivas (*princípio da aplicação residual do processo individual*). Aplica-se ao MSC, mesmo com a nova lei, o microssistema do processo coletivo, conjugando-se a LACP, CDC e os demais diplomas.

Portanto, os dispositivos da Constituição de 1988 contidos no art. 5º, LIXX e LXX devem ser lidos em conjunto:

LIXX – conceder-se-á mandado de segurança para proteger direito líquido e certo, não amparado por habeas corpus ou habeas data, quando o responsável pela ilegalidade ou abuso de poder for autoridade pública ou pessoa jurídica no exercício de atribuições do poder público.

LXX – o mandado de segurança coletivo pode ser impetrado por: a) partido político com representação no Congresso Nacional; b) organização sindical, entidade de classe ou associação legalmente constituída e em funcionamento há pelo menos um ano, em defesa dos interesses de seus membros ou associados; (Art. 5º. CF/1988).

Os requisitos são os mesmos da ação individual: a) direito líquido e certo (prova documental pré-constituída e desnecessidade de dilação probatória); b) ilegalidade ou abuso de poder; c) autoridade pública ou pessoa jurídica no exercício de função delegada do poder público.

A novidade está no reconhecimento da legitimação ativa, em mandados de segurança coletivos, aos: a) partidos políticos com representação no Congresso Nacional; b) entidades de classe, sindicatos ou associações, estas últimas, desde que constituídas a pelo menos um ano, na forma da legislação.

f) No tocante à prescrição das ações coletivas, o STJ ainda não firmou entendimento conclusivo quanto ao tema. O que se extrai dos recentes julgamentos é o seguinte (verificar os informativos colacionados ao final do artigo):

a) é imprescritível a ação civil pública em que se discute a ocorrência de dano ao erário;

b) é imprescritível a ação civil pública em que se discute o direito ao pedido de reparação de danos ambientais;

c) nos outros casos, em geral (*v.g.* ações envolvendo direitos dos consumidores), o STJ tem aplicado o prazo de 5 anos da ação popular (art. 21 da Lei nº 4.717/1965) – utilização do microssitema processual coletivo;

d) há um precedente do STJ, (STJ, Resp. 995.995-DF), em que a Min. Nancy Andrighi aplicou o prazo da ação individual (direito material). Como se tratava de ação de nulidade de cláusula contratual, e o prazo prescricional do CDC é somente para acidente de consumo (art. 27), foi utilizado o prazo geral do CC (10 anos).

e) mais recentemente, a Min. Nancy Andrighi, no Resp 1736091, DJ 16/05/2019, entendeu não há prazo de natureza processual para o ajuizamento de ação coletiva de consumo ou para a utilização de seu rito especial, não sendo possível a aplicação analógica do prazo de 5 anos da ação popular

PRINCIPAIS JURISPRUDÊNCIAS DO STF E STJ

MP pode ajuizar ação civil pública após reclamação de um único consumidor

O STJ entendeu que o Ministério Público tem legitimidade para ajuizar ação civil pública para a defesa de direitos individuais homogêneos, ainda que apenas um consumidor tenha feito a reclamação. No caso, a venda de garrafas de água impróprias para consumo transcende o interesse individual e afeta a coletividade, justificando a atuação do MP. O CDC prevê expressamente essa possibilidade, pois o bem jurídico tutelado envolve proteção à saúde e segurança dos consumidores. (STJ, REsp 1888383/RS, Rel. Min. Nancy Andrighi, Terceira Turma, DJe 01/12/2020)

Não cabe ação civil pública para questionar cláusula de empréstimo consignado

O STJ decidiu que não é cabível ação civil pública para discutir a abusividade de cláusulas em contratos de empréstimo consignado, pois a ilegalidade ou abuso deve ser avaliado caso a caso. Como as condições financeiras dos consumidores variam, a retenção de vencimentos pode ser vantajosa para alguns, permitindo taxas de juros menores. Assim, a tutela coletiva não se justifica, pois não há homogeneidade entre os interesses dos consumidores. (STJ, AgInt no AREsp 197.916/RJ, Rel. Min. Raul Araújo, Quarta Turma, DJe 09/11/2018)

Remessa necessária não se aplica a ações coletivas sobre direitos individuais homogêneos

O STJ afirmou que a remessa necessária, prevista no art. 19 da Lei n. 4.717/65, não se aplica às ações coletivas que discutem direitos individuais homogêneos. Isso ocorre porque esse tipo de ação segue um subsistema processual próprio, com regras específicas. A remessa necessária visa proteger bens jurídicos relevantes, mas na tutela coletiva, sua aplicação seria meramente instrumental, sem justificativa processual. (STJ, REsp 1374232/ES, Rel. Min. Nancy Andrighi, Terceira Turma, DJe 02/10/2017)

Sigilo bancário impede fornecimento de dados para investigação de venda casada

O STJ decidiu que o sigilo bancário, garantido pela Lei Complementar n. 105/2001, impede que o Ministério Público tenha acesso a dados de clientes sem prévia instauração de processo administrativo ou judicial. No caso, o MP pretendia obter essas informações para investigar suposta prática de venda casada, mas o tribunal entendeu que a proteção da privacidade dos consumidores prevalece, salvo quando há interesse público comprovado. (STJ, REsp 1611821/MT, Rel. Min. Marco Aurélio Bellizze, Terceira Turma, DJe 22/06/2017)

Prestação de serviço sem autorização do consumidor pode ser discutida em ACP

O STJ reconheceu a legitimidade do Ministério Público para ajuizar ação civil pública visando impedir que uma operadora de telefonia preste serviços sem autorização expressa do consumidor. A decisão protege tanto os direitos individuais homogêneos (consumidores já lesados) quanto os direitos difusos (futuros consumidores que poderiam ser afetados). Assim, o MP pode atuar preventivamente para evitar novas violações. (STJ, REsp 976217/RO, Rel. Min. Maria Isabel Gallotti, Quarta Turma, DJe 15/10/2012)

Prescrição em ações civis públicas sobre contratos de consumo é de 10 anos

O STJ definiu que, nas ações civis públicas que discutem abusividade de cláusulas contratuais, aplica-se o prazo prescricional de 10 anos, conforme o art. 205 do Código Civil. A Lei nº 7.347/1985, que regula a ACP, não prevê prazo específico para esses casos, justificando a aplicação subsidiária do CC/2002. No caso, a ação questionava reajuste abusivo de plano de saúde. (STJ, REsp 995.995-DF, Rel. Min. Nancy Andrighi, julgado em 19/8/2010)

Ação civil pública sobre dano ao erário é imprescritível

O STJ reafirmou que ações civis públicas que discutem dano ao erário são imprescritíveis, pois a proteção do patrimônio público não pode ser limitada pelo tempo. O MP tem legitimidade para impugnar decisões judiciais com vícios insanáveis que possam ter causado prejuízo ao Estado, atuando como substituto processual da coletividade. (STJ, REsp 1.187.297-RJ, Rel. Min. Eliana Calmon, julgado em 2/9/2010)

Prescrição quinquenal para ações civis públicas sobre correção da poupança

O STJ, ao julgar recurso repetitivo, definiu que ações civis públicas que questionam correção monetária da poupança durante planos econômicos estão sujeitas ao prazo prescricional de cinco anos, conforme o art. 21 da Lei nº 4.717/1965 (Lei da Ação Popular). Isso ocorre porque ACP e ação popular fazem parte do microssistema de tutela coletiva, justificando a analogia. (STJ, REsp 1.107.201-DF e REsp 1.147.595-RS, Rel. Min. Sidnei Beneti, julgados em 25/8/2010)

Dano ambiental é imprescritível na ação civil pública

O STJ entendeu que o direito de reparação por danos ambientais é imprescritível, pois se trata de bem jurídico essencial à vida. O meio ambiente tem caráter indisponível e coletivo, e seu dano afeta não apenas gerações atuais, mas também futuras. Assim, não se pode limitar temporalmente o direito à reparação desses prejuízos. (STJ, REsp 1.120.117-AC, Rel. Min. Eliana Calmon, julgado em 10/11/2009)

Ação civil pública pode ser usada para questionar contratos de caderneta de poupança

O STJ reafirmou que o Código de Defesa do Consumidor se aplica aos contratos de poupança e que a ação civil pública é meio adequado para defender interesses individuais homogêneos nesses contratos. Isso garante proteção coletiva contra abusividades bancárias, permitindo que consumidores sejam representados sem necessidade de ações individuais. (STJ, REsp 121067-PR, Rel. Min. Barros Monteiro, julgado em 17/04/2001)

MP não pode atuar na defesa de contribuintes, apenas de consumidores

O STJ decidiu que o Ministério Público não tem legitimidade para ajuizar ações coletivas em defesa de contribuintes, pois sua atuação se restringe à proteção de direitos do consumidor. Como contribuintes e consumidores não se equivalem, o MP não pode questionar tributos ou buscar ressarcimento de valores pagos indevidamente ao Estado. (STJ, REsp 173.294-SP, Rel. Min. Francisco Peçanha Martins, julgado em 17/08/2000)

Associação de defesa do consumidor pode ajuizar ação coletiva contra consórcio

O STJ reconheceu que associações civis de defesa do consumidor têm legitimidade para ajuizar ação civil pública visando a declaração de nulidade de cláusulas abusivas em contratos de consórcio, mesmo que os consumidores não sejam seus associados. A decisão fortalece a proteção coletiva contra práticas ilegais em contratos de adesão. (STJ, REsp 302192-RJ, Rel. Min. Ruy Rosado de Aguiar, julgado em 10/04/2001)

Idec não tem legitimidade para questionar empréstimo compulsório sobre combustíveis

O STJ decidiu que o Instituto Brasileiro de Defesa do Consumidor não tem legitimidade para ajuizar ação civil pública contra a União buscando a devolução do empréstimo compulsório sobre combustíveis. Como se trata de questão tributária, não há relação de consumo, impedindo a atuação do Idec. (STJ, REsp 97455/SP, Rel. Min. Demócrito Reinaldo, julgado em 10/12/1996)

Ação civil pública pode questionar aumento abusivo de plano de saúde

O STJ confirmou que a ação civil pública é cabível para contestar reajustes abusivos em planos de saúde, pois afeta um grande número de consumidores. O objetivo é garantir que os aumentos respeitem critérios justos e transparentes, protegendo os contratantes de práticas abusivas. (STJ, REsp 286732/RJ, Rel. Min. Nancy Andrighi, julgado em 09/10/2001)

Art. 82. Para os fins do art. 81, parágrafo único, são legitimados concorrentemente:

I – o Ministério Público;

II – a União, os estados, os municípios e o Distrito Federal;

III – as entidades e órgãos da Administração Pública, direta ou indireta, ainda que sem personalidade jurídica, especificamente destinados à defesa dos interesses e direitos protegidos por este código;

IV – as associações legalmente constituídas há pelo menos um ano e que incluam entre seus fins institucionais a defesa dos interesses e direitos protegidos por este código, dispensada a autorização assemblear.

§ 1º O requisito da pré-constituição pode ser dispensado pelo juiz, nas ações previstas nos arts. 91 e seguintes, quando haja manifesto interesse social evidenciado pela dimensão ou característica do dano, ou pela relevância do bem jurídico a ser protegido.

§ 2º (Vetado).

§ 3º (Vetado).

O artigo trata da legitimidade para se ingressar em juízo com ação coletiva para a defesa e interesses dos consumidores.

Assim, quem são os legitimados para propor as ações coletivas?

Para tal aferição, é importante entender o que é representatividade adequada. A representatividade adequada significa a relação que deverá existir entre aquele que pretende realizar a defesa e o direito coletivo que será defendido. Assim, com base no estudo das *class actions* americanas, somente as pessoas, órgãos ou entes que possuem representatividade adequada são habilitados a agirem como legitimados ativos nas ações coletivas.

Mas, como é aferida a representatividade adequada para se determinar os legitimados? A doutrina reconhece a existência de dois sistemas principais destinados à aferição da representatividade adequada: o *ope judicis* e o *ope legis.*

Pelo sistema do *ope judicis*, adotada pela *class actions* americana, a legitimidade será aferida em cada caso pelo juiz competente para o julgamento da ação coletiva. Não há um rol previamente estabelecido pela lei. O magistrado é que deverá aferir se a representatividade de "possível legitimado" é adequada ou não para defender os interesses coletivos. Para tanto, deverá o juiz analisar o objeto da ação proposta e se o "possível legitimado" possui algum vínculo com o direito coletivo que está defendendo.

Já para o sistema do *ope legis*, os legitimados para as ações coletivas são determinados previamente pela lei. A condição de representante adequado é estabelecida pelo legislador. Foi esse o sistema adotado no Brasil. Assim, só aqueles sujeitos mencionados no art. 82 do CDC e no art. 5º da LACP são legitimados a proporem ações coletivas. O que acontece aqui, na verdade, é uma verdadeira presunção de que os legitimados estabelecidos pela lei (repito: art. 82 do CDC e art. 5º da LACP) são representantes adequados a defenderem os interesses coletivos (ou seja, possuem representatividade adequada).

De acordo com o art. 82 do CDC, os legitimados para a ação coletiva são o Ministério Público (Federal e Estadual), a União, os estados, o Distrito Federal e os municípios, as entidades e órgãos da Administração Pública (direta ou indireta) destinados à proteção do consumidor (ainda que não possuam personalidade jurídica), assim como as associações privadas.[47] A Lei nº 11.448, de 15/01/2007, alterou o art. 5º da LACP, legitimando também para sua propositura a Defensoria Pública.

Mas, embora o sistema adotado no Direito brasileiro tenha sido o *ope legis*, a doutrina e a jurisprudência passaram a analisar, em cada caso, se os entes legitimados estabelecidos

47. Veremos que para as associações foram previstos dois requisitos: constituição legal há pelo menos um ano; e inclusão entre seus fins institucionais da defesa dos consumidores (pertinência temática).

na lei possuíam relação com o objeto da ação coletiva proposta.[48] Dessa forma, o que temos visto é que o rol estabelecido na lei é apenas um ponto de partida para se aferir a legitimidade. Depois, no caso concreto, caberá ao juiz aferir se há representatividade adequada.[49] Concluindo: só é possível ser legitimado ativo para as ações coletivas os estabelecidos no rol do art. 82 do CDC e art. 5º da LACP (assim, por exemplo, no nosso sistema, jamais uma pessoa física poderia ser autora de uma demanda coletiva). Não obstante, ainda que o ente esteja previsto na lei, poderá ser excluído da demanda, por faltar-lhe representatividade adequada.[50] Nesse sentido, haverá, mesmo que com limitações, um controle jurisdicional da legitimação coletiva.[51]

Nesse sentido o STJ decidiu que o juiz poderá, de ofício, verificar a idoneidade de uma associação para decidir se ela tem legitimidade para propor ação em defesa de interesses dos cidadãos que diz representar:

> "Por um lado, é bem de ver que, muito embora a presunção iuris et de iure seja inatacável – nenhuma prova em contrário é admitida -, no caso das presunções legais relativas ordinárias se admite prova em contrário. Por outro lado, o art. 125, III, do CPC [correspondente ao art. 139, III, do novo CPC] estabelece que é poder-dever do juiz, na direção do processo, prevenir ou reprimir qualquer ato contrário à dignidade da Justiça. Com efeito, contanto que não seja exercido de modo a ferir a necessária imparcialidade inerente à magistratura, e

---

48. O que vem sendo exigido pela jurisprudência é um nexo temático entre o legitimado e a matéria tutelada ("pertinência temática"), como forma de ao menos especificar a legitimidade no caso concreto. No sentido da pertinência temática como integrante da representatividade adequada e como componente da legitimidade das ações coletivas, vale conferir o trabalho de Fredie Didier Jr.: "O controle jurisdicional da legitimação coletiva e as ações coletivas passivas." *Revista Dialética de Direito Processual*, nº 25. São Paulo: Dialética, abril de 2005. O Supremo Tribunal Federal, a seu turno, considera a pertinência temática como requisito de legitimidade para ações diretas de inconstitucionalidade: "Ação direta de inconstitucionalidade: idoneidade do objeto: decreto não regulamentar. Tem-se objeto idôneo à ação direta de inconstitucionalidade quando o decreto impugnado não é de caráter regulamentar de lei, mas constitui ato normativo que pretende derivar o seu conteúdo diretamente da Constituição. II. Ação direta de inconstitucionalidade: pertinência temática. 1. A pertinência temática, requisito implícito da legitimação das entidades de classe para a ação direta de inconstitucionalidade, não depende de que a categoria respectiva seja o único segmento social compreendido no âmbito normativo do diploma impugnado. 2. Há pertinência temática entre a finalidade institucional da CNTI – Confederação Nacional dos Trabalhadores na Indústria – e o decreto questionado, que fixa limites à remuneração dos empregados das empresas estatais de determinado Estado, entre os quais é notório haver industriários." (ADI 1282 QO / SP – Rel. Min. Sepúlveda Pertence – *DJ* 29/11/2002).
49. Este também é o posicionamento de Fredie Didier e Hermes Zaneti Jr. "A análise da legitimação coletiva (e, por consequência, da representação adequada) dar-se-ia em duas fases. Primeiramente, verifica-se se há autorização legal para que determinado ente possa substituir os titulares coletivos do direito afirmado e conduzir o processo coletivo. A seguir, o juiz faz o controle *in concreto* da adequação da legitimidade para aferir, sempre motivadamente, se estão presentes os elementos que asseguram a representatividade adequada dos direitos em tela." *Curso de Direito Processual Civil – Processo Coletivo*, vol. 4. Salvador: Juspodivm. 2007. p. 211.
50. Conforme veremos, a jurisprudência brasileira tem reconhecido a legitimação ao Ministério Público para as ações em defesa de direitos individuais homogêneos somente na hipótese de o juiz reconhecer a relevância social dos referidos interesses. Esse exame, que se faz caso a caso, implica a análise de algo muito próximo à representatividade adequada, dependendo do objeto da demanda ou da quantidade de pessoas envolvidas na causa.
51. Entendendo que não há no Brasil o controle jurisdicional da legitimação coletiva, sendo suficiente o exame da lei para a averiguação da legitimidade coletiva, Nelson Nery Júnior e Rosa Maria Nery. *Código de Processo Civil Comentado e legislação extravagante*. 8ª ed. São Paulo: RT, 2004, p. 1.427, nº 10.

sem que decorra de análise eminentemente subjetiva do juiz, ou mesmo de óbice meramente procedimental, é plenamente possível que, excepcionalmente, de modo devidamente fundamentado, o magistrado exerça, mesmo que de ofício, o controle de idoneidade (adequação da representatividade) para aferir/afastar a legitimação ad causam de associação." (STJ, REsp 1213614/RJ, Rel. Ministro Luis Felipe Salomão, Quarta Turma, DJe 26/10/2015)

Tal circunstância é apontada por Ada Pellegrini Grinover,[52] ao dispor que "problemas práticos têm surgido pelo manejo de ações coletivas por parte de associações que, embora obedeçam aos requisitos legais, não apresentam a credibilidade, a seriedade, o conhecimento técnico-científico, a capacidade econômica, a possibilidade de produzir uma defesa processual válida, dados sensíveis esses que constituem as características de uma 'representatividade' idônea e adequada. E, mesmo na atuação do Ministério Público, têm aparecido casos concretos em que os interesses defendidos pelo *parquet* não coincidem com os verdadeiros valores sociais da classe de cujos interesses ele se diz portador em juízo. Assim, embora não seja esta a regra geral, não é raro que alguns membros do Ministério Público, tomados de excessivo zelo, litiguem em juízo como pseudodefensores de uma categoria cujos verdadeiros interesses podem estar em contraste com o pedido."

Conclui dessa forma que "para casos como esse é que seria de grande valia reconhecer ao juiz o controle sobre a legitimação, em caso concreto, de modo a possibilitar a inadmissibilidade da ação coletiva, quando a 'representatividade adequada' do legitimado se demonstrasse inadequada. Quer-me parecer que o sistema brasileiro, embora não o afirme expressamente, não é avesso ao controle da 'representatividade adequada' pelo juiz, em cada caso concreto."[53]

Caso seja verificada a eventual inadequação do representante, em qualquer momento do processo, deverá o magistrado providenciar sua substituição, notificando o Ministério Público ou convocando outros legitimados adequados por edital, para, querendo, assumirem a titularidade da ação. Dessa forma, deverá ser evitada a extinção do processo coletivo, sem exame do mérito, por falta de legitimação coletiva.

Segundo o STF, a legitimidade tratada no art. 82 é extraordinária (substituição processual), pois os legitimados concorrentes defendem em juízo, em nome próprio, direito alheio.[54-55] A mesma posição é adotada pelo STJ.

---

52. *Código Brasileiro de Defesa do Consumidor Comentado pelos Autores do Anteprojeto*. 9ª ed. Rio de Janeiro: Forense Universitária, 2007, p. 845.

53. O art. 82 do CDC permite ao juiz dispensar a associação do requisito da pré-constituição há pelo menos um ano, quando haja manifesto interesse social evidenciado pela dimensão ou característica do dano, ou pela relevância do bem jurídico a ser protegido. Também autoriza o exame da pertinência temática para aferir se a associação possui entre seus fins institucionais a defesa do consumidor. A análise atribuída ao juiz no caso concreto, para o reconhecimento da legitimação, está muito próxima do exame da 'representatividade adequada'. Assim, o juiz pode negar a referida legitimação, quando entender não presentes os requisitos da adequação.

54. Nesse sentido, João Batista de Almeida, *A Proteção Jurídica do Consumidor*, p. 249. Conferir também entendimento do STF nesse sentido, RE nº 208.790/4, Un.; STF; Rel. Min. Ilmar Galvão; *DJU* 15/12/2000.

55. Apontando com maestria a diferença entre a legitimação extraordinária e a ordinária, doutrina Fredie Didier e Hermes Zaneti que "quando o titular do direito subjetivo se identifica com o autor, tem-se *legitimação ordinária*; quando, porém, o direito subjetivo é defendido por terceiro (alheio à relação de direito material afirmada), em nome próprio, tem-se a *legitimação extraordinária*." *Curso de Direito Processual Civil – Processo Coletivo*, vol. 4. Salvador: Juspodivm. 2007. p. 190.

> O Ministério Público detém legitimidade para a propositura de ação civil pública com o fito de obter pronunciamento judicial acerca da legalidade de cláusulas constantes de contrato de plano de saúde. A legitimação extraordinária justifica-se pelo relevante interesse social e pela importância do bem jurídico a ser tutelado (STJ, REsp. 208068/SC, Rela. Mina. Nancy Andrighi, *DJ* 08/04/2002).

Mas a doutrina não é pacífica nesse ponto.

Fredie Didier e Hermes Zaneti apontam três correntes elaboradas pela doutrina para justificar a legitimação para defesa nas ações coletivas.

1) legitimação extraordinária por substituição processual;
2) legitimação ordinária das "formações sociais";
3) legitimação autônoma para a condução do processo.

De modo objetivo e didático, a tese da legitimação extraordinária por substituição processual é defendida por Barbosa Moreira e Hugo Mazzilli, já que os legitimados defendem em juízo, em nome próprio, direito alheio (como vimos, é o posicionamento do STF e do STJ).[56]

Já a legitimação ordinária das "formações sociais" é defendida pelos juristas Ada Pellegrini Grinover e Kazuo Watanabe. Para os autores, quando as "formações sociais" estiverem defendendo o "grupo", de acordo com seus objetivos institucionais, estarão atuando como titulares do próprio direito alegado, tendo-se, portanto, legitimação ordinária.

Já para Nelson Nery Júnior e grande parte da doutrina, a dicotomia clássica legitimação ordinária – extraordinária só tem cabimento para a explicação de fenômenos envolvendo direito individual. Para o citado autor, as ações coletivas na tutela de direitos difusos e coletivos se tratam de *legitimação autônoma para a condução do processo*, uma vez que o legitimado não estará defendendo direito alheio em nome próprio, porque não se pode identificar o titular do direito. Como os direitos difusos e coletivos não têm titulares determinados, a lei escolhe alguém ou algumas entidades para que os defendam em juízo. Somente para a ação coletiva de tutela de direitos individuais homogêneos, segundo o citado jurista, haveria substituição processual (legitimação extraordinária)[57] pois, nesse caso, a lei legitima alguém ou alguma entidade a defender por meio de ação coletiva, em nome próprio, direito alheio de pessoas determinadas.[58]

---

56. Interessante é o posicionamento de Fredie Didier e Hermes Zaneti, apontando que a *legitimação extraordinária seria por substituição autônoma e exclusiva*. "Assim, o autor é substituto processual, agindo sem necessidade de autorização, em nome do direito subjetivo de outrem e os próprios titulares individuais não podem fazer valer diretamente seus direitos subjetivos coletivos. Nenhum dos titulares do direito individual vinculado à pretensão coletiva (difusa, coletiva *stricto sensu* ou individual homogênea) pode atuar como parte no mandado de segurança coletivo, e assim, no processo coletivo em geral, que é exclusivo para os legitimados extraordinariamente pela lei." *Curso de Direito Processual Civil – Processo Coletivo*, vol. 4. Salvador: Juspodivm. 2007. p. 196.
57. *Código de Processo Civil e Legislação Processual Civil Extravagante em Vigor*. 4ª ed. São Paulo: RT, 1999. Nota 2 ao art. 5º, da Lei nº 7.347/1985.
58. Nelson Nery Jr. e Rosa Maria Nery discorrem que "a dicotomia clássica legitimação ordinária-extraordinária só tem cabimento para a explicação de fenômenos envolvendo direito individual. Quando a lei legitima alguma entidade a defender direito não individual (coletivo ou difuso), o legitimado não estará defendendo direito alheio em nome próprio, porque não se pode identificar o titular do direito. Não poderia ser admitida ação judicial proposta pelos 'prejudicados pela poluição', pelos 'consumidores de energia

Essa legitimidade é, de acordo com a doutrina, *concorrente e disjuntiva.*[59] É concorrente porque todas as pessoas e órgãos contidos na norma possuem legitimidade para toda e qualquer ação coletiva, não estabelecendo a lei exclusividade a qualquer deles para uma determinada ação, quer seja de direito difuso, coletivo ou individual homogêneo. Assim, vários são os legitimados para a tutela dos direitos coletivos *lato sensu.* É disjuntiva porque cada legitimado pode, isolada e independentemente da vontade dos demais colegitimados, ajuizar ação coletiva. Caso desejem ajuizar ação em conjunto, o litisconsórcio será facultativo.

O art. 82, § 2º, do CDC, que admitia o litisconsórcio facultativo entre os Ministérios Públicos da União, do Distrito Federal e dos estados na defesa de interesses coletivos *lato sensu*, foi vetado.

Todavia, em decorrência do art. 113 do CDC, que introduziu o § 5º do art. 5º da Lei de Ação Civil Pública, há possibilidade de litisconsórcio entre Ministério Público da União, do Distrito Federal e dos estados.[60]

Levando-se em conta a perfeita integração entre a LACP e o CDC, o veto acima aludido tornou-se inócuo.

> O Ministério Público é órgão uno e indivisível, antes de ser evitada, a atuação conjunta deve ser estimulada. As divisões existentes na Instituição não obstam trabalhos coligados. É possível o litisconsórcio facultativo entre órgãos do Ministério Público federal e estadual/distrital (STJ, REsp. 382659/RS, Rel. Min. Humberto Gomes de Barros, *DJ* 19/12/2003).

Além da possibilidade de litisconsórcio, também é viável a atuação do Ministério Público Federal na justiça estadual ou do Ministério Público dos estados na Justiça Federal. Dessa forma, não pode ser invocada a divisão da estrutura administrativa do Ministério Público (federal e estadual) para obstar o desempenho de sua função constitucional, que conforme o art. 127, *caput*, da CF, é a de defender a ordem jurídica, o regime democrático e os interesses sociais e individuais indisponíveis.

Constata-se uma controvérsia verificada na doutrina e na jurisprudência pátrias acerca da legitimidade do Ministério Público para a defesa, via ação civil pública, de interesses

---

elétrica', enquanto classe ou grupo de pessoas. A legitimidade para a defesa dos interesses difusos e coletivos em juízo não é extraordinária, mas sim legitimação autônoma para a condução do processo (*selbständige prozefuhrungsbefugnis*): a lei elegeu alguém para a defesa de direitos porque seus titulares não podem individualmente fazê-lo." (*Código de Processo Civil Comentado e legislação extravagante.* 7ª ed. São Paulo: RT, 2003, p. 1.885)

59. Expressão que também se encontra em Kazuo Watanabe, *Código Brasileiro de Defesa do Consumidor Comentado pelos Autores do Anteprojeto*, p. 736; Nelson Nery Júnior, *Código de Processo Civil e Legislação Processual Civil Extravagante em Vigor*, p. 1.866; Ada Pelegrini Grinover, *Código Brasileiro de Defesa do Consumidor Comentado pelos Autores do Anteprojeto*, p. 770, e Valentina Jungmann Cintra, *Revista de Direito do Consumidor*, vol. 16, p. 146.

60. Discorrem Nelson Nery Junior e Rosa Maria de Andrade Nery que "o titular do direito de ação é o MP como instituição, e não por seus órgãos fragmentados. O problema, na verdade, não é de litisconsórcio, mas de representação do MP [...] que é instituição una e indivisível (CF 127 § 1º e 128)" NERY JR., Nelson; NERY, Rosa Maria Andrade. *Código de Processo Civil Comentado*. São Paulo: RT, 1999, p. 1.518.

individuais homogêneos relacionados a grupos de consumidores, a qual pode ser aferida mediante a exposição dos seguintes posicionamentos:

a) a interpretação estrita do art. 129, III, da CF/1988 implica a legitimidade do órgão ministerial exclusivamente à interposição de ação civil pública com vistas à tutela de interesses difusos e coletivos, bem como determina a inconstitucionalidade da legislação que amplia aludida titularidade (basicamente dos arts. 21 da Lei nº 7.347/1985; 81, parágrafo único, III, e 82, I, da Lei nº 8.078/1990). Os adeptos de tal entendimento, em suma, não admitem que o legislador infraconstitucional, à conta de pretensamente conferir eficácia ao art. 129, IX, da CF/1988, estenda as hipóteses de cabimento da ação civil pública à salvaguarda de direitos individuais homogêneos, quer disponíveis, quer indisponíveis, restringindo-as à proteção de direitos difusos e coletivos.[61]

b) a interpretação do art. 129, III, da CF/1988, conquanto estrita, não pode olvidar a finalidade institucional do Ministério Público, prevista no art. 127, *caput*, da CF/1988 (e reproduzida pelos arts. 25, IV, *a*, da Lei nº 8.625/93 – Lei Orgânica Nacional do Ministério Público, e 6º, VII, *d*, da Lei Complementar nº 75/1993 – Lei Orgânica do Ministério Público da União). Sendo assim, a par dos interesses difusos e coletivos, também os individuais homogêneos, desde que indisponíveis, podem ser tutelados via ação civil pública.[62]

c) a interpretação sistemática das disposições constantes da Carta Magna e das Leis nos 7.347/1985 e 8.078/1990, destinada à harmonização do ordenamento jurídico pátrio, enseja a legitimidade do Ministério Público ao ajuizamento de ação civil pública para a defesa de interesses difusos, coletivos e individuais homogêneos, quer indisponíveis, quer disponíveis. No tocante aos direitos individuais homogêneos disponíveis, exige-se que seja flagrante e indiscutível, no caso concreto, a relevância social (interesse social), determinante da tutela coletiva, de modo a inseri-los, em última análise, na acepção de direitos difusos e coletivos.[63]

---

61. Nesse sentido, Ilmar Galvão, *"A ação civil pública e o Ministério Público"*, e Ives Gandra Martins, *"Ação civil pública para defesa de direitos individuais disponíveis e divisíveis"*, ambos os artigos *in "Aspectos Polêmicos da Ação Civil Pública"*, coordenação de Arnoldo Wald, São Paulo, Ed. Saraiva, 2003, p. 202 e 211.212, respectivamente.

62. Nesse sentido, José dos Santos Carvalho Filho, expõe seu entendimento: "Ora, a Constituição é claríssima ao limitar a tutela do Ministério Público aos interesses individuais indisponíveis (art. 127). Emana daí que não está dentro das atribuições da instituição a defesa de interesses individuais disponíveis, vale dizer, daqueles interesses cuja tutela cada indivíduo tem aptidão de dispensar. O mandamento constitucional, em consequência, veda que o Ministério Público substitua a intenção volitiva do indivíduo no que toca a direitos dos quais tenha a total disponibilidade. A razão é simples: a instituição só pode predispor-se à defesa do que é social ou do que é individual fora da disposição do titular; o que é exclusivamente do titular, e de seu único interesse, está dentro apenas da sua própria esfera de vontade, não cabendo a nenhuma outra pessoa ou órgão substituí-la." *Ação Civil Pública*, 4ª ed., Rio de Janeiro: Ed. Lumen Juris, 2004, p. 140.

63. Nesse sentido, Hugo Nigro Mazzilli. "A atuação do Ministério Público sempre é cabível em defesa de interesses difusos, em vista de sua larga abrangência. Já em defesa de interesses coletivos ou individuais homogêneos, atuará sempre que: a) haja manifesto interesse social evidenciado pela dimensão ou pelas características do dano, ainda que potencial; b) seja acentuada a relevância social do bem jurídico a ser defendido; c) esteja em questão a estabilidade de um sistema social, jurídico ou econômico, cuja preservação aproveite à coletividade como um todo. [...] Assim, se a defesa de interesse coletivo ou individual

Com a devida vênia aos demais posicionamentos, sou adepto da última corrente. Isso porque, não é a disponibilidade ou divisibilidade que impossibilita a propositura de ação coletiva, de modo a descaracterizar os direitos individuais homogêneos. Pela leitura do art. 81, III, do CDC (definição de direito individual homogêneo), não há referência à indisponibilidade do direito, e nem poderia, pois são raros os casos em que é possível vislumbrar direitos ou interesses indisponíveis oriundos da relação de consumo.

Assim, é o interesse social[64] que passa a ser o "divisor de águas" entre o direito individual considerado em sua dimensão particular e aquele observado sob a ótica coletiva, legitimando a defesa pelo Ministério Público.

Parece ser essa a posição que vem prevalecendo no STJ.

Como exemplo, o STJ entendeu, que em contratos de arrendamento mercantil atrelados ao dólar, é possível a propositura de ação civil pública para defesa de consumidores lesados em razão da maxidesvalorização ocorrida do real frente ao dólar, dada a relevância social que a causa apresenta.

> No que se refere à defesa dos interesses do consumidor por meio de ações coletivas, a intenção do legislador pátrio foi ampliar o campo da legitimação ativa, conforme se depreende do art. 82 e incisos do CDC, bem assim do art. 5º, inciso XXXII, da Constituição Federal, ao dispor, expressamente, que incumbe ao 'Estado promover, na forma da lei, a defesa do consumidor'. Reconhecida a relevância social, ainda que se trate de direitos essencialmente individuais, vislumbra-se o interesse da sociedade na solução coletiva do litígio, seja como forma de atender às políticas judiciárias no sentido de se propiciar a defesa plena do consumidor, com a consequente facilitação ao acesso à Justiça, seja para garantir a segurança jurídica em tema de extrema relevância, evitando-se a existência de decisões conflitantes (STJ, REsp. 555111/RJ, Rel. Min. Castro Filho, *DJ* 18/12/2006).

Veja alguns exemplos em que tem sido reconhecida a legitimidade do Ministério Público, sob o enfoque da relevância social, pelo STJ:

- Insegurança de malha ferroviária. Realização de obras de segurança na passagem de nível sobre a linha férrea e indenização das vítimas em decorrência da falta de segurança. (STJ, AgInt no REsp n. 1.961.288/SP, relator Ministro Mauro Campbell Marques, Segunda Turma, julgado em 15/12/2022.).
- Falha na prestação de serviço de telefonia (STJ, AgInt no AREsp n. 1.194.896/SP, relator Ministro Sérgio Kukina, Primeira Turma, julgado em 25/10/2022)
- Propaganda enganosa. Veiculação de material publicitário no sentido de levar o cliente a entender se tratarem de empresas em comum (lojas física e virtual), mas,

homogêneo convier à coletividade como um todo, deve o Ministério Público assumir sua tutela. Mas, nos casos de interesses de pequenos grupos, sem características de indisponibilidade ou sem suficiente expressão ou abrangência social, não se justificará a iniciativa ou a intervenção do Ministério Público. Não se exige a indisponibilidade do interesse nem a hipossuficiência econômica do grupo lesado; para que sua defesa seja assumida pelo Ministério Público, exige-se apenas que tenha ela relevância social" (*A Defesa dos Interesses Difusos em Juízo*, 17ª ed., São Paulo: Ed. Saraiva, 2004, p. 157-158).

64. Fredie Didier e Hermes Zaneti acrescentam ainda outro requisito: *amplitude significativa*, o que eles caracterizam como "grande o número de direitos individuais lesados". *Curso de Direito Processual Civil – Processo Coletivo*, vol. 4. Salvador: Juspodivm. 2007, p. 209. Normalmente, a amplitude significativa está atrelada à relevância social. Isso porque, quando são muitos os consumidores lesados, geralmente terá conotação social os danos causados, permitindo a propositura da ação coletiva.

na prática, contrariamente a tal sugestão, havia negativa de atendimento conjunto aos consumidores. (STJ, AgInt no REsp n. 1.638.980/PR, relator Ministro Raul Araújo, Quarta Turma, julgado em 19/9/2022)

- Ação para fornecimento gratuito de lista telefônica aos usuários de telefonia fixa (STJ, AgInt nos EDcl no REsp n. 1.469.295/PR, relator Ministro Napoleão Nunes Maia Filho, relatora para acórdão Ministra Regina Helena Costa, Primeira Turma, julgado em 23/11/2021)
- Discussão de abusividade de cláusula inserta em contrato de cartão de crédito que autoriza a operadora/financeira a debitar na conta corrente do respectivo titular o pagamento do valor mínimo da fatura em caso de inadimplemento, ainda que contestadas as despesas lançadas (STJ, REsp n. 1.626.997/RJ, relator Ministro Marco Buzzi, Quarta Turma, julgado em 1/6/2021)
- Discussão de nulidade de cláusulas de contratos de seguro de acidente pessoal, com cobertura adicional de invalidez permanente total ou parcial, (STJ, AgInt no AREsp n. 1.672.071/SP, relatora Ministra Nancy Andrighi, Terceira Turma, julgado em 1/6/2021).
- Comercialização de garrafas de água impróprias para o consumo (STJ, REsp n. 1.888.383/RS, relatora Ministra Nancy Andrighi, Terceira Turma, julgado em 24/11/2020)
- Venda casada nos contratos de telefonia (STJ, REsp n. 1.887.694/RJ, relatora Ministra Nancy Andrighi, Terceira Turma, julgado em 27/10/2020).

Ponto importante é o fato de o legislador permitir que entes públicos sem personalidade jurídica defendam os consumidores em juízo. Dessa maneira, os Procons, órgãos especializados na defesa de consumidores, podem agir em juízo, mesmo não tendo personalidade jurídica.

> "De acordo com os arts. 81 e 82 do CDC, os Procons possuem legitimidade ativa *ad causam* para a defesa dos interesses dos consumidores" (STJ, REsp. 788006/PB, Rel. Min. Francisco Falcão, *DJ* 25/05/2006).

O interessante é que nesse mesmo julgamento o STJ decidiu:

> No entanto, pela interpretação dos referidos artigos do Código Consumerista e do art. 5º, inciso XXXII, da CF/1988, bem como de acordo com a doutrina pátria, ainda que tenham capacidade postulatória ativa, os Procons não podem figurar no polo passivo das lides, eis que desprovidos de personalidade jurídica própria, mormente não extensível à legitimação passiva a regra prevista na Lei nº 8.078/1990 (STJ, REsp. 788006/PB, Rel. Min. Francisco Falcão, *DJ* 25/05/2006).

Como a Defensoria Pública compõe a administração pública direta do Estado, perfaz a condição expressa no art. 82, III, do CDC, possuindo também legitimidade para propor ações coletivas na defesa dos direitos dos consumidores.[65]

65. A Lei nº 11.448, de 15 de janeiro de 2007, alterou o art. 5º da Lei nº 7.347, de 24 de julho de 1985, que disciplina a ação civil pública, legitimando para sua propositura a Defensoria Pública. O art. 5º da Lei nº 7.347, de 24 de julho de 1985, passa a vigorar com a seguinte redação:
"Art. 5º Têm legitimidade para propor a ação principal e a ação cautelar: I – o Ministério Público; II – a Defensoria Pública; III – a União, os estados, o Distrito Federal e os municípios; IV – a autarquia, em-

AÇÃO CIVIL PÚBLICA. LEGITIMIDADE. DEFENSORIA PÚBLICA. INTERESSE. CONSUMIDORES. A Turma, por maioria, entendeu que a Defensoria Pública tem legitimidade para propor ação civil pública na defesa do interesse de consumidores. Na espécie, o Nudecon, órgão vinculado à Defensoria Pública do Estado do Rio de Janeiro, por ser órgão especializado que compõe a administração pública direta do Estado, perfaz a condição expressa no art. 82, III, do CDC (STJ, REsp. 555.111-RJ, Rel. Min. Castro Filho, j. 5/9/2006).

Aliás, com relação aos legitimados do art. 82, o STJ já reconheceu que:

No que se refere à defesa dos interesses do consumidor por meio de ações coletivas, a intenção do legislador pátrio foi ampliar o campo da legitimação ativa (art. 82 e incisos do CDC), tendo em vista a relevância social do bem jurídico tutelado e até mesmo o conteúdo político de certas demandas, dada a grande repercussão que assumem no seio da sociedade [...] Em casos que tais, a ampla legitimação dos entes públicos para a tutela dos interesses ou direitos dos consumidores decorre de preceito constitucional. É o que se depreende do inciso XXXII do art. 5º da Carta Magna, ao dispor expressamente que incumbe ao "Estado promover, na forma da lei, a defesa do consumidor". E a defesa em juízo, certamente, é uma das formas mais importantes de exercício dessa atribuição (STJ, REsp. 181.580/SP, voto proferido pelo Min. Rel. Castro Filho, *DJ* 22/3/2004).

Vale lembrar que a Lei nº 11.448/2007 alterou a Lei nº 7.347/1985 (Lei da Ação Civil Pública) para incluir expressamente a Defensoria Pública como legitimada para as ações coletivas. Sobre esta mudança efetuada pela Lei 11.448/2007, foi proposta ação direta de inconstitucionalidade pela Associação Nacional dos Membros do Ministério Público – Conamp, questionando a validade constitucional do art. 5º, II, da Lei 7.347/85. O STF, no julgamento da referida ação (ADI 3943), julgou improcedente a ação direta de inconstitucionalidade, reconhecendo a legitimidade da Defensoria Pública para propor ações civis públicas, não sendo atribuição exclusiva do Ministério Público.[66]

A emenda constitucional 80, de 2014 também alterou o teor do art. 134 da CF, inserindo expressamente a possibilidade da Defensoria Pública promover a defesa coletiva dos necessitados.

Art. 134 da CF. A Defensoria Pública é instituição permanente, essencial à função jurisdicional do Estado, incumbindo-lhe, como expressão e instrumento do regime democrático, fundamentalmente, a orientação jurídica, a promoção dos direitos humanos e a defesa, em

presa pública, fundação ou sociedade de economia mista; V – a associação que, concomitantemente: a) esteja constituída há pelo menos 1 (um) ano nos termos da lei civil; b) inclua, entre suas finalidades institucionais, a proteção ao patrimônio público e social, ao meio ambiente, ao consumidor, à ordem econômica, à livre concorrência, aos direitos de grupos raciais, étnicos ou religiosos ou ao patrimônio artístico, estético, histórico, turístico e paisagístico. (Redação dada pela Lei nº 13.004, de 2014)

66. A ementa ficou assim: "AÇÃO DIRETA DE INCONSTITUCIONALIDADE. LEGITIMIDADE ATIVA DA DEFENSORIA PÚBLICA PARA AJUIZAR AÇÃO CIVIL PÚBLICA (ART. 5º, INC. II, DA LEI N. 7.347/1985, ALTERADO PELO ART. 2º DA LEI N. 11.448/2007). TUTELA DE INTERESSES TRANSINDIVIDUAIS (COLETIVOS STRITO SENSU E DIFUSOS) E INDIVIDUAIS HOMOGÊNEOS. DEFENSORIA PÚBLICA: INSTITUIÇÃO ESSENCIAL À FUNÇÃO JURISDICIONAL. ACESSO À JUSTIÇA. NECESSITADO: DEFINIÇÃO SEGUNDO PRINCÍPIOS HERMENÊUTICOS GARANTIDORES DA FORÇA NORMATIVA DA CONSTITUIÇÃO E DA MÁXIMA EFETIVIDADE DAS NORMAS CONSTITUCIONAIS: ART. 5º, INCS. XXXV, LXXIV, LXXVIII, DA CONSTITUIÇÃO DA REPÚBLICA. INEXISTÊNCIA DE NORMA DE EXCLUSIVIDADE DO MINISTÉRIO PÚBLICO PARA AJUIZAMENTO DE AÇÃO CIVIL PÚBLICA. AUSÊNCIA DE PREJUÍZO INSTITUCIONAL DO MINISTÉRIO PÚBLICO PELO RECONHECIMENTO DA LEGITIMIDADE DA DEFENSORIA PÚBLICA. AÇÃO JULGADA IMPROCEDENTE." (STF, ADI 3943, Relator(a): Min. Cármen Lúcia, Tribunal Pleno, julgado em 07/05/2015, PUBL!C 06-08-2015)

> todos os graus, judicial e extrajudicial, *dos direitos individuais e coletivos*, de forma integral e gratuita, aos necessitados, na forma do inciso LXXIV do art. 5º desta Constituição Federal.

Com isso, o STJ tem exigido como requisito para a Defensoria Pública propor a ação coletiva que os beneficiados se enquadrem na condição jurídica de "necessitados".

Nesse sentido, o voto do Min. Teori Zavascki no REsp. 912849/RS, *DJ* 28/04/2008:

> Se é certo que a Defensoria Pública está investida desses poderes, também é certo que a Constituição estabelece, sob o aspecto subjetivo, um limitador que não pode ser desconsiderado: à Defensoria cumpre a defesa 'dos necessitados' (CF, art. 134), ou seja, dos 'que comprovarem insuficiência de recursos' (art. 5º, LXXIV). Essa limitação, que restringe a legitimidade ativa a ações visando à tutela de pessoas comprovadamente necessitadas, deve ser tida por implícita no ordenamento infraconstitucional, como, *v.g.*, no art. 4º da LC nº 80/1994 e no art. 5º, II da Lei nº 7.347/1985. Sustentamos esse entendimento também em sede doutrinária (Processo Coletivo, 2ª ed., SP: RT, p. 77). E foi justamente assim que entendeu o STF quando apreciou a constitucionalidade do art. 176, § 2º, V, *e* e *f*, da Constituição Estadual do Rio de Janeiro, que trata de legitimação dessa natureza (Adin-MC 558-8, Pleno, Min. Sepúlveda Pertence, *DJ* de 26/03/1993)."

O STJ tem precedente de que a Defensoria Pública não tem legitimidade para defender consumidores de plano particular de saúde, uma vez que estes não se enquadram na condição de necessitados.

> PROCESSUAL CIVIL. AÇÃO CIVIL PÚBLICA. EMBARGOS INFRINGENTES. LEGITIMIDADE DA DEFENSORIA PÚBLICA PARA A PROPOSITURA DE AÇÃO CIVIL PÚBLICA. LIMITADOR CONSTITUCIONAL. DEFESA DOS NECESSITADOS. PLANO DE SAÚDE. REAJUSTE. GRUPO DE CONSUMIDORES QUE NÃO É APTO A CONFERIR LEGITIMIDADE ÀQUELA INSTITUIÇÃO. No caso, a Defensoria Pública propôs ação civil pública requerendo a declaração de abusividade dos aumentos de determinado plano de saúde em razão da idade. Ocorre que, ao optar por contratar plano particular de saúde, parece intuitivo que não se está diante de consumidor que possa ser considerado necessitado a ponto de ser patrocinado, de forma coletiva, pela Defensoria Pública. Ao revés, trata-se de grupo que ao demonstrar capacidade para arcar com assistência de saúde privada evidencia ter condições de suportar as despesas inerentes aos serviços jurídicos de que necessita, sem prejuízo de sua subsistência, não havendo falar em necessitado." (STJ, REsp 1192577/RS, Rel. Ministro Luis Felipe Salomão, Quarta Turma, DJe 15/08/2014)

Porém, acertadamente, em embargos de divergência julgado pela Corte Especial[67], o STJ reformou este entendimento, possibilitando a Defensoria Pública tutelar não somente os necessitados econômicos (pobres ou miseráveis), mas também os necessitados jurídicos, hipervulneráveis (*v.g.* criança e adolescente, pessoas idosas, pessoa portadora de necessidades especiais, mulher vítima de violência doméstica e familiar, entre outros), que necessitam de proteção contra os abusos praticados rotineiramente pelos detentores do poder econômico ou político. No presente caso, foi possível a Defensoria Pública tutelar os idosos sobre os aumentos abusivos praticados pelos planos de saúde em razão da idade do consumidor. E não poderia ser de forma diferente, uma vez que conforme muito bem lembrado pela Min. Laurita Vaz, a condição de vulnerabilidade das pessoas idosas é reconhecida pela própria

67. STJ, EREsp 1192577/RS, Rel. Ministra Laurita Vaz, Corte Especial, DJe 13/11/2015.

Constituição Federal ao dispor no art. 230, sob o Capítulo VII do Título VIII ("*Da Família, da Criança, do Adolescente, do Jovem e da Pessoa Idosa*") que "a família, a sociedade e o Estado tem o *dever de amparar as pessoas idosas*, assegurando sua participação na comunidade, defendendo sua dignidade e bem-estar e garantindo-lhes o direito à vida."

Concluiu o STJ desta forma que "o juízo realizado *a priori* da coletividade de pessoas necessitadas deve ser feito de forma abstrata, em tese, bastando que possa haver, para a extensão subjetiva da legitimidade, o favorecimento de grupo de indivíduos pertencentes à classe dos hipossuficientes, mesmo que, de forma indireta e eventual, venha a alcançar outros economicamente mais bem favorecidos."[68-69]

Com isso, o STJ, através de sua Corte Especial, possibilitou a atuação da Defensoria Pública nas ações coletivas em relação aos direitos difusos, coletivos *stricto sensu* e individuais homogêneos, ampliando o requisito "necessitados" para além dos carentes de recursos financeiros. São "necessitados", assim, aqueles que precisam de proteção jurídica por se enquadrarem na condição de vulnerabilidade agravada.

Conforme bem assinalou o Min. Luis Felipe Salomão, a aferição da comprovação individualizada de recursos econômicos ficará postergada para a fase de liquidação ou execução da ação coletiva. Assim, após a sentença de procedência, a Defensoria Pública somente poderá prosseguir na demanda, seja liquidando ou executando, a favor dos beneficiados que forem economicamente necessitados. Isso porque, de acordo com o art. 97 do CDC, qualquer beneficiado pela sentença coletiva poderá promover de forma individualizada a liquidação e execução do julgado.

O conceito de *custos vulnerabilis*, que pode ser traduzido como "guardiã ou fiscal dos vulneráveis", refere-se à atuação da Defensoria Pública como instituição voltada à proteção dos direitos dos indivíduos em situação de vulnerabilidade.

Trata-se de uma forma inovadora de intervenção da Defensoria nos processos judiciais, independentemente da parte vulnerável estar ou não assistida por advogado. O objetivo é garantir que os interesses desse grupo sejam devidamente considerados e protegidos, especialmente em casos de grande impacto social.

A Defensoria Pública, nesse contexto, não age apenas como representante legal de indivíduos economicamente hipossuficientes, mas como instituição essencial à justiça e ao equilíbrio processual, atuando na defesa ampla dos vulneráveis e promovendo a efetivação dos direitos humanos e fundamentais.

O termo foi cunhado por Maurílio Casas Maia em 2014 e posteriormente desenvolvido por Edilson Santana Gonçalves Filho a partir de 2015 e por Jorge Bheron Rocha desde

68. Voto-vista proferido pelo Min Luis Felipe Salomão no ERESP 1192577/RS.
69. No mesmo sentido: "A legitimidade ativa da Defensoria Pública nas ações coletivas não se verifica mediante comprovação prévia e concreta da carência dos assistidos. Ainda que o provimento beneficie públicos diversos daqueles necessitados, a hipótese não veda a atuação da Defensoria. Esta se justifica pela mera presença teórica de potenciais assistidos entre os beneficiados." (STJ, REsp n. 1.847.991/RS, relator Ministro Og Fernandes, Segunda Turma, julgado em 16/8/2022)

2017, entre outros juristas.[70-71-72] Esses autores destacam que a expressão denomina uma modalidade específica de atuação da Defensoria Pública que, embora tenha fundamento na Constituição e nas atribuições institucionais da Defensoria, era até então pouco explorada e sem uma denominação específica.

Trata-se de uma intervenção que se fundamenta no artigo 134 da Constituição Federal, o qual estabelece a Defensoria Pública como instituição essencial à justiça e garante sua missão de promover os direitos humanos e a defesa dos necessitados. Essa atuação transcende a mera assistência jurídica individual e envolve a participação ativa da Defensoria como fiscal do respeito aos direitos dos mais vulneráveis, assegurando que o regime democrático seja efetivamente aplicado nas relações jurídicas.

A Defensoria Pública, nesse contexto, não atua em nome das partes diretamente envolvidas no processo, mas em nome próprio, exercendo uma função de substituição processual ou de intervenção autônoma. Esse tipo de atuação pode ser paralela, complementar ou suplementar à das partes já representadas, funcionando como um mecanismo de reforço na defesa dos vulneráveis. A ideia central é garantir que, em processos com potencial de afetar direitos fundamentais ou coletivos de grupos socialmente fragilizados, a Defensoria possa intervir para equilibrar a relação processual e evitar que tais direitos sejam desconsiderados ou desrespeitados.

O STJ já reconheceu a legitimidade da Defensoria Pública para atuar como *custos vulnerabilis*, especialmente em processos que envolvem direitos fundamentais, defesa do consumidor e precedentes de impacto social. No julgamento dos Embargos de Declaração no Recurso Especial 1712163/SP, DJe 27/09/2019, a Segunda Seção do STJ decidiu que a Defensoria Pública da União poderia intervir no processo como fiscal dos vulneráveis, mesmo sem representar formalmente nenhuma das partes. O acórdão destacou a necessidade dessa intervenção para garantir que a tese fixada no julgamento de um recurso repetitivo refletisse adequadamente os interesses de grupos vulneráveis, especialmente no contexto da defesa do direito fundamental à saúde.

Esse precedente do STJ consolidou o entendimento de que a Defensoria Pública pode intervir como *custos vulnerabilis* sempre que estiver em jogo a formação de precedentes que possam impactar a coletividade vulnerável e a proteção dos direitos humanos.

Essa forma de atuação da Defensoria Pública reforça sua posição como instituição essencial ao funcionamento do sistema de justiça, ampliando sua capacidade de proteção e promoção dos direitos dos cidadãos. Além disso, a intervenção *custos vulnerabilis* contribui para uma aplicação mais equitativa do direito, assegurando que as vulnerabilidades sociais

70. MAIA, Maurilio Casas. Custos Vulnerabilis constitucional: o Estado Defensor entre o REsp nº 1.192.577-RS e a PEC nº 4/14. *Revista Jurídica Consulex*, Brasília, ano XVIII, nº 417, jun. 2014, p. 55-57; MAIA, Maurilio Casas. Luigi Ferrajoli e o Estado Defensor enquanto magistratura postulante e Custos Vulnerabilis. *Revista Jurídica Consulex*, Brasília, Ano XVIII, Vol. 425, Out. 2014, p. 56-58.

71. GONÇALVES FILHO, Edilson Santana Gonçalves. Defensoria Pública: amicus communitas. In: XII Congresso Nacional dos Defensores Públicos, 2015, Florianópolis. CONCURSO DE TESES, 2015.

72. ROCHA, Jorge Bheron. Tribuna da Defensoria: A Defensoria como custos vulnerabilis e a advocacia privada. Consultor Jurídico de 23.5.2017. Disponível em: <http://www.conjur.com.br/2017-jul-11/tribuna-defensoria-atuacao-defensoria-complementaridade-advocacia-privada>. Acesso em: 06 jul. 2020; ROCHA, Jorge Bheron. Legitimidade a Defensoria Pública para Ajuizamento de Ação Civil Pública Tendo por Objeto Direitos Transindividuais. Florianópolis: Empório Modara. 2018. p. 20.

sejam devidamente consideradas nos julgamentos e evitando que a ausência de assistência jurídica adequada prejudique grupos já fragilizados.

No tocante às *associações*, a legislação estabelece requisitos específicos para que possam ajuizar ações civis públicas, garantindo que sua atuação esteja alinhada com a proteção dos interesses coletivos e evitando a proliferação de demandas infundadas. Para tanto, exige-se o cumprimento de dois critérios fundamentais: a pertinência temática e o tempo mínimo de constituição. A pertinência temática significa que a associação deve ter, entre seus fins institucionais, a defesa dos direitos que pretende tutelar, sendo indispensável que tal finalidade esteja expressamente prevista em seu estatuto.[73]

Já o requisito temporal determina que a associação deve estar constituída há pelo menos um ano antes da propositura da ação, conferindo maior estabilidade e representatividade à sua atuação. No entanto, essa exigência pode ser relativizada pelo juiz quando houver manifesto interesse social ou relevância do bem jurídico a ser protegido, conforme previsão do artigo 5º, § 4º, da Lei da Ação Civil Pública (LACP).[74]

---

73. Embora não seja necessário prever uma finalidade específica no estatuto da associação, também ela não pode ser muito genérica a ponto de abarcar qualquer tipo de defesa. O que este requisito quer impor é que a associação seja atuante e conhecedora do tema que visa tutelar. Nesse sentido, o STJ, no REsp 345.957/SP, DJ 27/08/2007, entendeu que quando há a previsão de tutelar a defesa do consumidor, pode atuar na defesa de consumidores consorciados de veículos desistentes, uma vez que trata-se de relação de consumo. Ou seja, não precisaria, nesta hipótese, prever que a associação visa defender especificamente consumidores consorciados. Ao contrário, quando muito genérica a previsão estatutária, o STJ já reconheceu a ilegitimidade da associação. Nesse sentido advertiu o STJ que embora a finalidade possa ser razoavelmente genérica, "não pode ser, entretanto, desarrazoada, sob pena de admitirmos a criação de uma associação civil para a defesa de qualquer interesse, o que desnaturaria a exigência de representatividade adequada do grupo lesado". (STJ, REsp 1213614/RJ, Rel. Ministro Luis Felipe Salomão, Quarta Turma, DJe 26/10/2015). No mesmo sentido, reconhecendo a ilegitimidade da associação por conter previsão muito ampla: "AÇÃO CIVIL PÚBLICA. ASSOCIAÇÃO. FINALIDADE DE PROTEÇÃO DE QUATRO CATEGORIAS OU INTERESSES AMPLOS COMPLETAMENTE DISTINTOS - IDOSO, DEFICIENTE FÍSICO, CONSUMIDOR E MEIO AMBIENTE. AUSÊNCIA DE PERTINÊNCIA TEMÁTICA E DESCARACTERIZAÇÃO DA REPRESENTATIVIDADE ADEQUADA. AMPLITUDE DESARRAZOADA NAS FINALIDADES DA ASSOCIAÇÃO RECORRIDA. (...) Com efeito, embora seja possível que a finalidade da associação civil seja razoavelmente genérica, no presente caso, a associação recorrida tem por finalidade a proteção de 4 categorias ou interesses amplos completamente diferentes - idoso; deficiente físico; consumidor e meio ambiente -, desnaturando a exigência de representatividade adequada do grupo lesado, tendo em vista a generalidade desarrazoada de seu estatuto, pois, na prática, poderá defender qualquer interesse, subvertendo a função social da entidade associativa." (STJ, REsp n. 2.035.372/MS, relator Ministro Marco Aurélio Bellizze, Terceira Turma, DJe de 6/12/2023)

Em outro caso, o STJ, abordando a configuração da pertinência temática, aceitou a legitimidade de uma associação nacional de defesa de consumidores de plano de saúde para exigir da lanchonete SUBWAY que informe se os produtos comercializados contem glúten ou não. Nesse sentido: "O juízo de verificação da pertinência temática há de ser responsavelmente flexível e amplo, em contemplação ao princípio constitucional do acesso à justiça, mormente a considerar-se a máxi-ma efetividade dos direitos fundamentais. 8. No caso concreto, a Abracon possui entre os fins institucionais a promoção da segurança alimentar e nutricional, assim como a melhoria da quali-dade de vida, especialmente no que diz respeito a qualidade de produtos e serviços, estando, dessa forma, configurada a pertinência temática. No caso concreto, a Abracon possui entre os fins institucionais a promoção da segurança alimentar e nutricional, assim como a melhoria da qualidade de vida, especialmente no que diz respeito a qualidade de produtos e serviços, estan-do, dessa forma, configurada a pertinência temática." (STJ, REsp 1357618/DF, Rel. Ministro Luis Felipe Salomão, Quarta Turma, DJe 24/11/2017)

74. Como exemplo, o STJ dispensou o requisito temporal da constituição de uma associação que visava defender os doentes celíacos. Na hipótese, a associação pleiteou que uma empresa fosse obrigada a

O STF, ao julgar o Recurso Extraordinário 573232, DJ 19-09-2014, sob o regime de repercussão geral, fixou entendimento de que a representação processual exercida por associações na defesa de seus associados, nos moldes do artigo 5º, XXI, da Constituição Federal, exige autorização expressa dos associados interessados.[75]

Essa autorização pode ser concedida individualmente ou por deliberação assemblear, sendo insuficiente a mera previsão genérica no estatuto da entidade. Assim, sem essa anuência específica, a associação não pode atuar em nome dos associados, e a coisa julgada formada na ação coletiva não os alcançará automaticamente.

Esse entendimento foi reforçado no julgamento do RE 612043/PR, que determinou que a coisa julgada proveniente de ação coletiva ajuizada por associação somente beneficia os filiados que residam dentro da jurisdição do órgão julgador e que tenham aderido à entidade antes ou até a data da propositura da ação.

Contudo, tais precedentes se aplicam exclusivamente às ações propostas com base no artigo 5º, XXI, da Constituição, onde há necessidade de autorização expressa dos associados. Diferente é a situação das ações coletivas de direitos individuais homogêneos, regidas pelo CDC, em que a associação possui legitimidade própria, independentemente de autorização específica de seus membros.

Esse entendimento foi esclarecido pela Ministra Nancy Andrighi no julgamento do Recurso Especial 1649087/RS, DJ 04/10/2018, ao afirmar que as decisões do STF não alteram a disciplina das ações civis públicas voltadas à tutela de direitos individuais homogêneos, que continuam seguindo as regras do CDC. Assim, uma vez atendidos os requisitos de constituição prévia e pertinência temática, a associação pode propor ação coletiva sem necessidade de apresentar lista nominal de associados.

A Corte Especial do STJ consolidou essa posição ao afirmar que as associações não precisam de autorização individualizada dos associados para ajuizar ações coletivas que visem à defesa de direitos difusos, coletivos ou individuais homogêneos. O STJ enfatizou que a exegese das ações coletivas deve favorecer sua ampliação, assegurando que a decisão judicial tenha o maior alcance possível, evitando a fragmentação excessiva de demandas e garantindo maior efetividade à tutela jurisdicional.

> "DESNECESSIDADE DE AUTORIZAÇÃO ESPECÍFICA DOS ASSOCIADOS PARA AÇÃO COLETIVA DE CONSUMO 8. Merece ênfase, por outro lado, entendimento do Superior Tribunal de Justiça de que "a exegese da ação coletiva deve favorecer a ampliação da sua abrangência, tanto para melhor atender ao seu propósito, como para evitar que sejam ajuizadas múltiplas ações com o mesmo objeto; não há nenhuma contraindicação a esse entendimento, salvo o apego a formalismos exacerbados ou não condizentes com a filosofia que fundamenta as

---

veicular no rótulo dos alimentos industrializados que produz a informação acerca da presença ou não da proteína glúten. (STJ, REsp 1443263/GO, Rel. Ministra Nancy Andrighi, Terceira Turma, DJe 24/03/2017)

75. "REPRESENTAÇÃO – ASSOCIADOS – ARTIGO 5º, INCISO XXI, DA CONSTITUIÇÃO FEDERAL. ALCANCE. O disposto no artigo 5º, inciso XXI, da Carta da República encerra representação específica, não alcançando previsão genérica do estatuto da associação a revelar a defesa dos interesses dos associados. TÍTULO EXECUTIVO JUDICIAL – ASSOCIAÇÃO – BENEFICIÁRIOS. As balizas subjetivas do título judicial, formalizado em ação proposta por associação, é definida pela representação no processo de conhecimento, presente a autorização expressa dos associados e a lista destes juntada à inicial. (STF, RE 573232, Rel. Min. RICARDO LEWANDOWSKI, Relator(a) p/ Acórdão: Min. MARCO AURÉLIO, Tribunal Pleno, julgado em 14/05/2014).

ações coletivas; convém assinalar que a visão contrária não produz qualquer proveito geral ou especial, mas pelo contrário, gera situações indesejáveis." (AgRg no REsp 1.404.086/SC, Relator Ministro Napoleão Nunes Maia Filho, Primeira Turma, DJe de 18/8/2014). Nesse contexto, além da evidente pertinência temática entre a atividade exercida pela instituição embargada e o objeto da Ação Civil Pública por ela manejada, ou seja, a defesa de direitos do consumidor na esfera financeira/bancária, fica patente o "manifesto interesse social evidenciado pela dimensão ou característica do dano, ou pela relevância do bem jurídico a ser protegido" (art. 5º, § 4º, da LACP). 9. *A legislação de regência, com efeito, condiciona a legitimidade ativa das associações apenas ao atendimento dos seguintes pressupostos: a) constituição há pelo menos um ano antes da propositura da ação e b) pertinência temática (os fins institucionais da associação devem abarcar o interesse supraindividual tutelado em juízo), sem jamais restringir a eficácia da sentença coletiva a os membros integrantes da associação.* Ao contrário, o art. 103 do CDC apregoa que sua vocação é de ser oponível erga omnes. 10. É de ponderar, ademais, que os consumidores não compõem categoria organizada e uniforme, regularmente estruturada para a tutela dos próprios interesses, razão por que inviável restringir a legitimidade ativa das associações civis para a proteção apenas dos seus membros associados, sobretudo quando a lei consumerista prevê a facilitação da defesa em juízo como um dos direitos básicos dos consumidores (CDC, art. 6º, VIII). 11. *Descabido exigir que as associações no Brasil – um País sem qualquer tradição associativista, por conta de ter vivido a maior parte de sua história sob o império de regimes autoritários – sejam equivalentes, em organização e estrutura, às norte-americanas e europeias.* 12. Dessarte, "independentemente de autorização especial ou da apresentação de relação nominal de associados, as associações civis, constituídas há pelo menos um ano e que incluam entre seus fins institucionais a defesa dos interesses e direitos protegidos pelo CDC, gozam de legitimidade ativa para a propositura de ação coletiva." (STJ, EREsp 1554821/RS, Rel. Ministro Herman Benjamin, Corte Especial, DJe 18/12/2020)

Esse entendimento é especialmente relevante no contexto do direito do consumidor, onde os indivíduos, em sua maioria, não possuem estrutura organizacional para a defesa de seus interesses, tornando fundamental a atuação das associações civis.

O legislador, ao estipular o prazo de um ano para a constituição das associações, buscou evitar a instrumentalização das ações coletivas por entidades sem representatividade e garantir que apenas associações consolidadas e devidamente estruturadas possam ajuizar tais demandas.

Ao mesmo tempo, a legislação prevê mecanismos de controle para coibir eventuais abusos. O art. 87 do CDC estabelece sanções para as associações e seus representantes em caso de litigância de má-fé, evitando o uso das ações coletivas para finalidades meramente especulativas ou contrárias ao interesse público.

A ampliação da legitimidade das associações para a propositura de ações coletivas representa um avanço significativo na proteção dos consumidores e demais grupos vulneráveis. A interpretação favorável à atuação das associações sem necessidade de autorização expressa dos associados fortalece a tutela coletiva e impede que formalismos excessivos comprometam sua eficácia. Dessa forma, assegura-se que um maior número de consumidores seja beneficiado pelas decisões judiciais, sem que haja a necessidade de ajuizamento de ações individuais, que poderiam sobrecarregar o Judiciário e dificultar o acesso à justiça.

Para proporem ações civis públicas, as *entidades da administração pública indireta*, sejam elas pessoas jurídicas de direito público, como autarquias e fundações públicas, sejam pessoas jurídicas de direito privado, como sociedades de economia mista e empresas públicas, devem demonstrar um interesse direto e específico na tutela dos direitos coletivos ou difusos envolvidos na demanda.

Esse requisito, conhecido como pertinência temática, exige que a finalidade institucional da entidade esteja diretamente relacionada ao objeto da ação, garantindo que sua atuação esteja dentro de sua esfera de competência legal e evitando a judicialização indevida de temas que escapam ao seu campo de atuação.

O STJ já consolidou esse entendimento ao equiparar as exigências para a administração indireta às aplicáveis às associações privadas, no sentido de que ambas devem demonstrar pertinência temática para ajuizar ações coletivas. No Recurso Especial 1.978.138/SP, DJe de 1/4/2022, a Quarta Turma do STJ, sob relatoria do Ministro Antonio Carlos Ferreira, reforçou que a representatividade adequada é um requisito fundamental para a legitimidade ativa de entidades da administração indireta na propositura de ações civis públicas.

No caso específico, o Tribunal reconheceu a ilegitimidade da Fundação de Proteção e Defesa do Consumidor de São Paulo (Procon/SP) para ajuizar ação civil pública contra o reajuste de mensalidades de plano de assistência médica administrado pela Caixa Beneficente dos Funcionários do Banco do Estado de São Paulo (Cabesp), entidade de autogestão que, segundo a jurisprudência do STJ, não se submete às normas do Código de Defesa do Consumidor.

Esse julgamento reforça a necessidade de análise criteriosa quanto à legitimidade dos entes da administração indireta para atuarem no processo coletivo. A exigência de pertinência temática visa evitar que órgãos e entidades proponham ações sobre temas alheios às suas atribuições legais, protegendo a coerência e a racionalidade do sistema de tutela coletiva. Além disso, a decisão demonstra a preocupação do STJ em delimitar o alcance da atuação dos Procons, assegurando que sua legitimidade para atuar judicialmente se restrinja às hipóteses em que há clara relação de consumo, conforme previsto no CDC.

Esse entendimento se coaduna com a ideia de que a administração pública deve agir dentro dos limites estabelecidos pelo princípio da legalidade. As entidades que compõem a administração indireta não possuem legitimidade ampla e irrestrita para propor ações coletivas, devendo demonstrar que a tutela do direito pretendido está diretamente relacionada a sua função institucional. Caso contrário, há risco de desvirtuamento da atuação do ente público e de indevida ingerência estatal em relações privadas que não justificam a sua intervenção.

Por fim, a decisão do STJ ressalta a importância da atuação coordenada dos órgãos públicos na defesa dos interesses coletivos, respeitando-se suas respectivas atribuições legais. A legitimidade para ajuizamento de ações coletivas deve ser interpretada de forma criteriosa, garantindo que apenas aqueles entes cuja finalidade institucional guarde relação direta com o direito tutelado possam intervir judicialmente. Esse cuidado é essencial para preservar a coerência do sistema de tutela coletiva, garantindo que os instrumentos processuais disponíveis sejam utilizados de forma eficaz para a proteção dos interesses sociais relevantes.

Por fim e no tocante ainda ao art. 82, cabe ressaltar a divergência doutrinária com relação à possibilidade de existir ação coletiva passiva (a denominada *defendant class action* do direito americano). Nos dizeres de Fredie Didier e Hermes Zaneti Jr., haverá ação coletiva passiva quando "um agrupamento humano (titular do direito coletivamente considerado) for colocado como sujeito passivo de uma relação jurídica afirmada na petição inicial –

formula-se demanda contra os interesses de uma dada comunidade, coletividade ou grupo de pessoas. Os direitos afirmados pelo autor da demanda coletiva podem ser individuais ou coletivos (*lato sensu*) — nessa última hipótese, há uma ação duplamente coletiva, pois o conflito de interesses envolve duas comunidades distintas."[76]

Nesse sentido, seria possível o ajuizamento de ação por indústria pretendendo declarar que seu produto não é defeituoso e que por isso não causa danos? Ou ainda pretendendo declarar que determinada cláusula contratual não é abusiva? Qual seria a eficácia dessas decisões? Caso sejam julgados procedentes tais pedidos, teriam o efeito de impedir a propositura posterior de uma ação coletiva contra a indústria ou contra o fornecedor que se utiliza do produto ou do contrato?

A maioria da doutrina não admite que os legitimados do art. 82 do CDC figurem como réus em ação coletiva. Com efeito, o art. 82 do CDC somente previu a legitimidade ativa e não a passiva. Portanto, faltaria autorização legislativa para tanto.[77]

Segundo Pedro da Silva Dinamarco,[78] a impossibilidade de ação coletiva passiva também se daria em razão da decorrência lógica, no plano infraconstitucional, do art. 472 do CPC/73 (art. 506 do novo CPC/15), pela qual *a sentença faz coisa julgada às partes entre as quais é dada, não beneficiando, nem prejudicando terceiros*. Segundo o autor, "no plano constitucional, a admissibilidade da presença de uma associação no polo passivo, como substituto de terceiros, violaria a garantia individual do contraditório e da ampla defesa (art. 5º, inciso LV), bem como a do devido processo legal (art. 5º, inciso LIV). Assim, é inimaginável que os efeitos de uma sentença, em qualquer processo, possam prejudicar o indivíduo sem que lhe seja dada a ampla oportunidade de se defender e de lançar mão dos recursos inerentes àqueles princípios constitucionais."

Por outro lado, há autores que defendem a possibilidade da ação coletiva passiva. Estão nesse rol: Ada Pelegrini Grinover;[79] Pedro Lenza;[80] Fredie Didier e Hermes

76. *Curso de Direito Processual Civil – Processo Coletivo*, Vol. 4. Salvador: Juspodivm. 2007, p. 200.

77. Não admitindo a ação coletiva passiva: Hugo Nigro Mazzili. *A defesa dos interesses difusos em juízo*. 15 ed. São Paulo: Saraiva, 2002, p. 273-276; José Manoel de Arruda Alvim. *Código de Defesa do Consumidor Comentado*. 2 ed. São Paulo: RT, 1995, p. 345- 347; Marcelo Abelha Rodrigues. *Ação Civil Pública e meio ambiente*. São Paulo: Forense Universitária, 2003, p. 61; Antônio Gidi. *Coisa Julgada e litispendência nas ações coletivas*. São Paulo: Saraiva, 1995, p. 51-52; Humberto Teodoro Júnior. A defesa nas ações do Código do Consumidor. Revista dos Tribunais, São Paulo, v. 751, p. 11.

78. DINAMARCO, Pedro da Silva. *Ação Civil Pública*. São Paulo: Saraiva, 2001, p. 270.

79. "Ações coletivas ibero-americanas: novas questões sobre a legitimação e a coisa julgada." *Revista Forense*. Rio de Janeiro: Forense, 2002, nº 361, p. 7-9. Ada Pelegrini Grinover adverte que "certamente, a questão está a exigir análise mais profunda, até porque a hipótese de ação (coletiva ou individual) contra a classe não é meramente acadêmica, podendo se pensar em diversos casos concretos. Assim, por exemplo, Kazuo Watanabe trouxe à baila os exemplos de ação civil pública intentada contra uma associação de moradores do bairro que decidissem bloquear o acesso de automóveis a determinadas ruas; ou de outra, ajuizada pelo Ministério Público, visando impedir o ingresso nos estádios das famigeradas "torcidas organizadas"; ou, ainda, de ações individuais ou coletivas intentadas contra a Ordem dos Advogados do Brasil para obrigá-la a suspender a distribuição de adesivos, eventualmente ofensivos a outras categorias profissionais. Os exemplos são todos imaginários, mas não seria difícil estender o rol, pensando-se, *v.g.*, em ação visando à declaração da validade de condição geral de contrato de adesão, contestada individualmente por membros de uma classe, para que tivesse eficácia com relação a toda a categoria."

80. *Teoria Geral da ação civil pública*. São Paulo: RT, 2003, p. 200.

Zaneti.[81] Em apertada síntese, sustentam que há dispositivo específico da Lei da Ação Civil Pública que prevê expressamente a possibilidade de a classe atuar em juízo no polo passivo. Trata-se do art. 5º, § 2º, da LACP, que faculta ao Poder Público e a outras associações legitimadas, nos termos do *caput*, habilitar-se como litisconsortes de qualquer das partes. Assim, se a intervenção no processo de entes legitimados às ações coletivas pode se dar como litisconsortes do autor ou do réu, é porque a demanda pode ser intentada pela classe ou contra ela.

Ademais, o art. 107 do Código de Defesa do Consumidor contempla a chamada "convenção coletiva de consumo", permitindo às "*entidades civis de consumidores e às associações de fornecedores, ou sindicatos de categorias econômicas, regular, por convenção escrita, relações de consumo que tenham por objeto estabelecer condições relativas ao preço, à qualidade, à quantidade, à garantia e características de produtos e serviços, bem como à reclamação e composição do conflito de consumo.*" Caso a convenção coletiva firmada entre a classe de consumidores e a de fornecedores não for observada, de seu descumprimento se originará uma lide coletiva, que só poderá ser solucionada em juízo pela colocação dos representantes das categorias face a face, no polo ativo e no polo passivo da demanda, respectivamente.

Nesse sentido, também sustentam que não é outra a consequência que se extrai do art. 83 do Código de Defesa do Consumidor, quando assegura que: "*para a defesa dos direitos e interesses protegidos por este Código, são admissíveis todas as espécies de ações capazes de propiciar sua adequada e efetiva tutela.*"[82]

Tendo exposto os dois entendimentos sobre o assunto, entendemos que o cerne da questão, sem embargo dos posicionamentos supracitados, será o problema do alcance dos efeitos da coisa julgada na ação coletiva proposta contra o grupo. Para isso, voltaremos com a pergunta feita anteriormente: seria possível, por exemplo, uma indústria ajuizar ação pretendendo declarar que seu produto não é defeituoso e que por isso não causa danos? Ou, ainda, pretender que determinada cláusula contratual seja declarada como não abusiva? Qual seria a eficácia dessas decisões? Caso sejam julgados procedentes tais pedidos, teriam o efeito de impedir a propositura posterior de uma ação coletiva contra a indústria ou contra o fornecedor que se utiliza do contrato?

Após tais questionamentos, entendemos que não há como se admitir a presença de um dos legitimados do art. 82 no polo passivo da ação coletiva, representando interesses ou direitos da coletividade, grupo, categoria ou indivíduos titulares de direitos, uma vez que não há como admitir que os efeitos dessa sentença atinjam os integrantes da coletividade, grupo, classe, indivíduos etc. O sistema de tutela coletiva adotado em nosso país apenas

81. *Curso de Direito Processual Civil – Processo Coletivo*, vol. 4. Salvador: Juspodivm. 2007, p. 201.

82. Argumentos apontados por Ada Pelegrini Grinover. *In* "Ações coletivas ibero-americanas: novas questões sobre a legitimação e a coisa julgada". *Revista Forense*, Rio de Janeiro, vol 361, p. 6-9, 2002. A autora não se esquece dos problemas fáticos e jurídicos decorrentes dessa posição, apresentando como proposta a inversão da regra dos efeitos da coisa julgada da LACP e do CDC. Assim sendo, para a defesa de direitos difusos e coletivos, a sentença de procedência contra a classe ré, em que se reconhece a insuficiência da defesa coletiva, não faria coisa julgada, podendo o autor intentar a mesma ação contra outro colegitimado. Para a defesa de direitos individuais homogêneos, eventual sentença favorável não impediria o ajuizamento de ações individuais por qualquer membro da classe. Finalmente, estando presentes classes nos dois polos da demanda, a solução seria o tratamento igualitário das classes, com a adoção da coisa julgada *erga omnes*, sem qualquer temperamento.

permite que os efeitos de uma sentença judicial alcancem a coletividade de pessoas *(erga omnes ou ultra partes)* se o resultado for favorável a tais pessoas, jamais quando for contrário aos interesses dessas.[83]

O STJ já asseverou que não há possibilidade de o réu apresentar, nas ações coletivas, pedido de declaração incidental.

> AÇÃO COLETIVA AJUIZADA POR SINDICATO NA DEFESA DE DIREITOS INDIVIDUAIS HOMOGÊNEOS DE INTEGRANTES DA CATEGORIA PROFISSIONAL. APRESENTAÇÃO, PELO RÉU, DE PEDIDO DE DECLARAÇÃO INCIDENTAL, EM FACE DO SINDICATO-AUTOR. OBJETIVO DE ATRIBUIR EFICÁCIA DE COISA JULGADA À DECISÃO QUANTO À EXTENSÃO DOS EFEITOS DE CLÁUSULA DE QUITAÇÃO CONTIDA EM TRANSAÇÃO ASSINADA COM OS TRABALHADORES. INADMISSIBILIDADE DA MEDIDA, EM AÇÕES COLETIVAS. – Nas ações coletivas, a lei atribui a algumas entidades poderes para representar ativamente um grupo definido ou indefinido de pessoas, na tutela de direitos difusos, coletivos ou individuais homogêneos. A disciplina quanto à coisa julgada, em cada uma dessas hipóteses, modifica-se. – A atribuição de legitimidade ativa não implica, automaticamente, legitimidade passiva dessas entidades para figurarem, como rés, em ações coletivas, salvo hipóteses excepcionais. – Todos os projetos de Códigos de Processo Civil Coletivo regulam hipóteses de ações coletivas passivas, conferindo legitimidade a associações para representação da coletividade, como rés. Nas hipóteses de direitos individuais homogêneos, contudo, não há consenso. – Pelo panorama legislativo atual, a disciplina da coisa julgada nas ações coletivas é incompatível com o pedido de declaração incidental formulado pelo réu, em face do sindicato-autor. A pretensão a que se declare a extensão dos efeitos de cláusula contratual, com eficácia de coisa julgada, implicaria, por via transversa, burlar a norma do art. 103, III, do CDC. Recurso improvido. (STJ, REsp 1051302 / DF, Rel. Min. Nancy Andrighi, DJe 28/04/2010)

Pela importância e atualidade do tema, segue importante parte do voto da Min. Nancy Andrighi:

> *A peculiaridade da lide: A declaração incidental nos processos coletivos.*
>
> A questão, todavia, deve ser analisada sob outro enfoque, como já apontado acima. A ação que deu origem a este recurso especial tem natureza coletiva. Assim, a pergunta a ser respondida neste processo diz respeito à possibilidade de o réu apresentar, nessa modalidade de ação,

83. O Anteprojeto de Código Brasileiro de Processos Coletivos (arts. 36-38) disciplina a chamada "ação coletiva passiva" no Capítulo III.

"Capítulo III – Da ação coletiva passiva

Art. 36. Ações contra o grupo, categoria ou classe – Qualquer espécie de ação pode ser proposta contra uma coletividade organizada, mesmo sem personalidade jurídica, desde que apresente representatividade adequada (art. 19, I, *a*, *b* e *c*), se trate de tutela de interesses ou direitos difusos e coletivos (art. 3º) e a tutela se revista de interesse social.

Parágrafo único. O Ministério Público e os órgãos públicos legitimados à ação coletiva ativa (art. 19, incisos III, IV, V e VI e VII deste Código) não poderão ser considerados representantes adequados da coletividade, ressalvadas as entidades sindicais.

Art. 37. Coisa julgada passiva – A coisa julgada atuará erga omnes, vinculando os membros do grupo, categoria ou classe e aplicando-se ao caso as disposições do art. 12 deste Código, no que dizem respeito aos interesses ou direitos transindividuais.

Art. 38. Aplicação complementar às ações coletivas passivas – Aplica-se complementarmente às ações coletivas passivas o disposto no Capítulo I deste Código, no que não for incompatível.

Parágrafo único. As disposições relativas a custas e honorários, previstas no art. 16 e seus parágrafos, serão invertidas, para beneficiar o grupo, categoria ou classe que figurar no polo passivo da demanda."

um pedido de declaração incidental. A declaração incidental, a exemplo do que ocorre com a reconvenção, consubstancia pretensão autônoma, formulada pela parte, objetivando que determinada relação jurídica, cuja existência ou inexistência venha a ser reconhecida na fundamentação da sentença, possa integrar seu dispositivo, produzindo a eficácia de coisa julgada material. Num processo individual, a admissibilidade de uma ação declaratória incidental não apresenta maiores dificuldades. O autor da ação principal, normalmente, tem legitimidade para figurar como réu da declaratória incidente. Numa ação coletiva, porém, a questão tem obstáculos. O sindicato-autor tem legitimidade extraordinária constitucionalmente atribuída para representar os trabalhadores como autor da ação, na qualidade de substituto processual. Mas não a tem para representá-los como réu. Os processos coletivos passivos, ainda não regulamentados no direito brasileiro como regra geral, são admitidos apenas em hipóteses especiais (*v.g.* dissídios coletivos de trabalho, ações propostas contra sindicatos procurando restringir o exercício abusivo do direito de greve etc.). Na hipótese dos autos, a propositura de uma ação declaratória incidental apresenta uma dificuldade adicional. A ação, aqui, teria como objetivo exclusivo atribuir a eficácia de coisa julgada à decisão quanto ao alcance da cláusula de quitação, contida em alguns contratos de migração entre planos de previdência e arguida como matéria de defesa. Tal extensão, naturalmente, objetivaria impedir a propositura, por cada um dos trabalhadores substituídos, de eventual ação individual questionando a matéria. Ora, nas ações coletivas destinadas à tutela de direitos individuais homogêneos, a Lei impõe que a coisa julgada, para os particulares substituídos, forma-se apenas nas hipóteses de procedência do pedido (coisa julgada *secundum eventum litis*). Assim, como regra, inalteradas possíveis discussões da regra em processos repetitivo, a lei garante, aos indivíduos titulares dos direitos exercidos coletivamente pelo substituto processual, a possibilidade de propor pessoalmente ação para tutela desses mesmos direitos, na hipótese de insucesso da ação coletiva. A admissão de ação declaratória incidental em processos dessa natureza tornaria inócua essa regra, de modo que esse incidente processual é claramente incompatível com o sistema de tutela coletiva de direitos individuais homogêneos. A discussão quanto à admissibilidade de processos coletivos passivos, porém, é bastante nova. Nos diversos projetos de Códigos Coletivos existentes, há divergência quanto ao assunto. Como bem observa FREDIE DIDIER e HERMES ZANETI JR. (*Curso de Direito Processual Civil*, Vol. 4, 4º edição, p. 401), entre os diversos projetos atualmente existentes para a elaboração de um Código para Processos Coletivos, há a previsão irrestrita de ações coletivas passivas no Código-Modelo para Ibero-América (arts. 32 e ss.), pelo Código de Processo Civil Coletivo elaborado por Antônio Guidi (art. 28) e pelo Anteprojeto de Código Brasileiro de Processos Coletivos, apresentado no âmbito dos programas de pós-graduação da Uerj e Unesa (arts. 42 a 44). O Anteprojeto de Código Brasileiro de Processos Coletivos elaborado por Ada Pellegrini Grinover, por sua vez, prevê esta modalidade de ação apenas para a tutela de direito difusos ou coletivos, em sentido estrito, excluindo os direitos individuais homogêneos. Trata-se, portanto, de questão que ainda suscitará muito debate, no futuro. No estado atual da legislação quanto a processos coletivos, porém, notadamente considerando-se a regra quanto à coisa julgada formada nas ações em que se discutam direitos individuais homogêneos, não é possível admitir a apresentação, pelo réu, de pedido de declaração incidental.

Dando efetividade ao tratamento coletivo das demandas, o art. 139, X do novo CPC/15 previu que quando o juiz se deparar com diversas demandas individuais repetitivas, deverá oficiar o Ministério Público, a Defensoria Pública e, na medida do possível, os outros legitimados, para, se for o caso, promoverem a propositura da ação coletiva respectiva.

PRINCIPAIS JURISPRUDÊNCIAS DO STF E STJ

Judiciário deve estar atento a associações de fachada usadas como escritórios de advocacia

O STJ alertou que magistrados devem analisar com cautela ações coletivas propostas por associações que, na realidade, funcionam como escritórios de advocacia camuflados, muitas vezes controladas por advogados ou seus familiares. Essas entidades, em alguns casos, visam apenas arrecadar valores milionários sem a autorização dos legítimos interessados, distorcendo a finalidade do associativismo e dos mecanismos de defesa coletiva previstos na Lei 7.347/1985 e no CDC. O Judiciário tem o dever de prevenir e reprimir esses abusos para preservar a dignidade da Justiça. (STJ, EREsp 1554821/RS, Rel. Min. Herman Benjamin, Corte Especial, DJe 18/12/2020)

É possível substituir associação autora por outra em ação coletiva caso a primeira seja dissolvida

O STJ entendeu que, em ações coletivas, a extinção da associação autora não inviabiliza o prosseguimento do processo, sendo possível sua substituição por outra entidade legitimada ou pelo Ministério Público. Essa interpretação privilegia a continuidade da tutela coletiva, garantindo a proteção dos direitos em litígio e evitando a perda do objeto da ação em razão de questões formais. (STJ, EDcl no REsp 1405697/MG, Rel. Min. Marco Aurélio Bellizze, Terceira Turma, DJe 17/09/2019)

Colegitimado pode assumir ação coletiva de consumo se autor originário desistir de recurso por ter feito acordo reconhecendo improcedência do pedido.

O STJ determinou que os legitimados para ajuizar ações coletivas não são titulares dos direitos materiais discutidos, o que limita sua capacidade de renunciar a direitos ou obrigações materiais em um acordo, restringindo sua disponibilidade apenas ao aspecto processual da ação. Na homologação de acordos, como na desistência de recursos, pode-se formar coisa julgada material, impedindo a reabertura da questão em outras ações coletivas por outros legitimados. Entretanto, em caso de desistência do recurso pelo autor coletivo, outro colegitimado pode assumir o polo ativo, com base nos princípios da primazia do mérito e da interpretação pragmática, aplicando-se analogicamente as Leis nº 4.717/65 e nº 7.347/85. (STJ, REsp 1656874/SP, Rel. Ministra Nancy Andrighi, Terceira Turma, DJe 22/11/2018)

Município pode ajuizar ação civil pública em defesa de direitos consumeristas

O STJ reconheceu a legitimidade do Município de Brusque para propor ação civil pública em defesa de interesses consumeristas relacionados à cobrança de tarifa bancária de "renovação de cadastro," entendendo que essa prática afeta não apenas os servidores municipais, mas uma coletividade de consumidores, caracterizando um interesse individual homogêneo de alcance amplo. A decisão, fundamentada na pertinência temática e na representação adequada do ente público, afirma que o direito defendido extrapola interesses individuais específicos e justifica a tutela coletiva. (STJ, REsp 1509586/SC, Rel. Ministra Nancy Andrighi, Terceira Turma, DJe 18/05/2018)

Segundo a Min. Nancy Andrighi, em seu voto, os entes políticos (entre eles o Município) têm o dever-poder de proteção de valores fundamentais – entre os quais a defesa coletiva dos consumidores – e que a pertinência temática e a representatividade adequada desses legitimados são presumidas.

Comissão temática da Assembleia Legislativa do Rio pode ajuizar ação em defesa do consumidor

O STJ reconheceu a legitimidade da comissão de defesa do consumidor de uma assembleia legislativa estadual para ajuizar ação civil pública em defesa dos interesses dos consumidores, especificamente contra aumentos abusivos nas mensalidades de planos de saúde para segurados acima de 60 anos. A Turma, seguindo o entendimento da Ministra Relatora, considerou que o art. 82, III, do CDC habilita órgãos de defesa do consumidor a atuar em ações coletivas sem exigir previsão expressa em regimento interno, julgando excessivo o formalismo demandado pelo tribunal a quo. No mérito, a decisão declarou ilegítimos os reajustes em razão da faixa etária para consumidores com mais de 60 anos, conforme o art. 15 da Lei nº 9.656/1998, que proíbe variações nas mensalidades por idade nesses contratos, independentemente da data de assinatura do plano. O entendimento buscou evitar a discriminação de idosos, garantindo equilíbrio econômico e estabilidade no vínculo entre consumidor e fornecedor. (STJ, REsp 1.098.804-RJ, Rel. Min. Nancy Andrighi, julgado em 2/12/2010).

LEGITIMIDADE DO MINISTÉRIO PÚBLICO

Legitimidade – Prestação de serviços públicos. Súmula nº 601 do STJ:

"O Ministério Público tem legitimidade ativa para atuar na defesa dos direitos difusos, coletivos e individuais homogêneos dos consumidores, ainda que decorrentes da prestação de serviços públicos."

Legitimidade – Defeitos ocultos em veículos

O STJ entendeu que o Ministério Público possui legitimidade para propor ação civil pública em defesa de direitos individuais homogêneos, mesmo que disponíveis, quando tais direitos assumem relevância social qualificada. No caso analisado, o MP estadual buscava indenização por danos materiais e morais aos consumidores proprietários de veículos com supostos vícios ocultos, que apresentavam riscos graves, incluindo a possibilidade de acidentes e até mortes por inalação de gases tóxicos. A decisão destacou que, ao comprometer interesses coletivos e de segurança pública, a lesão ultrapassa interesses individuais e passa a demandar proteção coletiva. (STJ, REsp 2.127.585/BA, Rel. Ministro Ricardo Villas Bôas Cueva, Terceira Turma, DJ 1/10/2024).

Legitimidade – Abusividade de cláusula contida em contrato de compra e venda de imóvel:

O STJ reafirmou a legitimidade do Ministério Público para propor ação civil pública em defesa dos consumidores, mesmo em casos envolvendo direitos disponíveis, como a revisão de cláusulas abusivas em contratos de compra e venda de imóveis. No caso, o MP buscava limitar judicialmente o percentual da cláusula penal aplicado pelas empresas. A Corte entendeu que, ao defender coletivamente os direitos do consumidor, o MP atua em prol dos interesses sociais, fundamentando sua legitimidade nos arts. 127 e 129 da Constituição. Com isso, os embargos de divergência foram providos e os autos retornaram ao Tribunal de Justiça de origem para continuidade do julgamento. (STJ, EREsp 1378938/SP, Rel. Ministro Benedito Gonçalves, Corte Especial, DJe 27/06/2018)

Legitimidade – Direitos indisponíveis de crianças e pessoas idosas, ainda que individualmente considerados: direito a medicamento, direito a tratamento médico, direito a creche etc

Crianças/menor carente:

Informativo nº 315 do STJ – LEGITIMIDADE. MP. MENOR CARENTE. DIREITO. SAÚDE. A Turma reiterou o entendimento de que o *Parquet* tem legitimidade para a ação civil pública na defesa do direito à saúde de menor carente necessitado de prótese auditiva, exames e atendimento fonoaudiológico, tutelável *ex vi* dos arts. 5º, *caput*, 127 e 196 da CF/1988. Precedentes citados: EREsp. 715.266-RS, DJ 12/2/2007; EREsp 741.369-RS, DJ 12/2/2007; EDcl nos EREsp. 734.493-RS, DJ 5/2/2007, e REsp. 750.409-RS, DJ 11/12/2006. EREsp. 700.853-RS, Rel. Min. Eliana Calmon, julgados em 28/3/2007.

As Turmas de Direito Público dessa Corte já pacificaram o entendimento no sentido de que o Ministério Público, haja vista a expressa previsão legal do art. 201, V, do ECA, detém a legitimidade ativa para propor ação civil pública para a defesa de interesse de menor carente, *ainda que individualmente considerado*. (STJ, REsp. 884034/RS, Rel. Min. Mauro Campbell Marques, DJe 05/11/2008)

Vale ressaltar interessante acórdão do STJ reconhecendo a legitimidade do MP, inclusive, para fornecimento de passagens rodoviárias e custeio de viagem para indispensável tratamento médico-hospitalar em favor de menor acometido de problemas (STJ, REsp. 710594 / RS, Rel. Min. Luiz Fux, DJ 20/02/2006) e fornecimento de pilhas para o funcionamento de aparelhos auditivos em favor de menor (STJ, REsp. 681012 / RS, Rel. Min. Luiz Fux, DJ 24/10/2005)

Pessoas Idosas:

O STJ reconheceu a legitimidade do Ministério Público para propor ação civil pública visando à defesa dos direitos dos idosos, especialmente em casos que envolvem o fornecimento de medicamentos essenciais. Assim como no caso de menores carentes protegidos pelo Estatuto da Criança e do Adolescente, o MP pode atuar para garantir direitos fundamentais dos idosos conforme o Estatuto do Idoso, que prevê essa proteção nos arts. 15, 74 e 79. A decisão reforça o papel do MP na tutela dos direitos de grupos vulneráveis e o direito à saúde dos idosos. (STJ, REsp 855.739/RS, Rel. Min. Castro Meira, julgado em 21/9/2006).

Cidadão desprovido de recursos:

O STJ reafirmou a legitimidade do Ministério Público para propor ação civil pública visando obrigar o Estado a fornecer gratuitamente medicamentos essenciais a pessoas carentes com doenças graves. A Corte destacou que essa atuação do MP é fundamental para assegurar direitos indisponíveis, como o direito à vida e à saúde, garantidos constitucionalmente nos arts. 5º, 6º, 196 e 227 da CF/1988. A decisão condena a omissão estatal como um desrespeito à dignidade humana, reforçando que o Estado tem o dever de garantir o tratamento médico necessário a quem não possui recursos. O Tribunal afastou restrições processuais para assegurar a efetividade dessa proteção socioassistencial urgente. (STJ, RMS 23184/RS, Rel. Min. José Delgado, DJ 19/03/2007).

Legitimidade – Correção dos serviços tabelados no âmbito do SUS:

A precariedade da saúde pública, com a defasagem dos preços da tabela, refletindo na queda do número de atendimentos e outras sequelas de igual relevância, caracterizam a natureza difusa do interesse despertado e, consequentemente, *a legitimidade do Ministério Público para o ajuizamento da ação civil pública, visando à correção dos serviços tabelados no âmbito do SUS, por ocasião do plano real.* (STJ, REsp. 422671/RS, Rel. Min. Francisco Falcão, DJ 30/11/2006)

Legitimidade – Mutuários do SFH:

É firme o entendimento desta eg Corte Especial no sentido de que o *Ministério Público é parte legítima para ajuizar ação civil pública em defesa de interesses dos mutuários do SFH,* por isso que caracterizado o relevante interesse social. (STJ, AgRg nos EREsp. 633470/CE, Rel. Min. Francisco Peçanha Martins, Corte Especial, DJ 14/08/2006)

Legitimidade – Mensalidades escolares:

Súmula nº 643 do STF: O Ministério Público tem legitimidade para promover ação civil pública cujo fundamento seja a ilegalidade de reajuste de mensalidades escolares.

Legitimidade – Planos de saúde:

"Conforme jurisprudência consolidada do Superior Tribunal de Justiça, o Ministério Público tem interesse de agir e legitimidade para propor ação civil pública visando a pronunciamento judicial acerca do cumprimento contratual da prestação de serviço de saúde, tendo em vista a proteção de direito indisponível dos consumidores contratantes e a defesa de interesse de ampla relevância social." (STJ, AgInt no REsp 1712776/BA, Rel. Ministro Antonio Carlos Ferreira, Quarta Turma, DJe 24/05/2019)

Legitimidade – Captação de poupança popular disfarçada de financiamento de linha telefônica:

O STJ reconheceu a legitimidade do Ministério Público para propor ação civil pública visando cessar a prática ilegal de captar poupança popular antecipadamente, disfarçada como financiamento para aquisição de linha telefônica, para proteger interesses individuais homogêneos. O Tribunal destacou que a homogeneidade desses interesses não se baseia apenas em sua natureza individual e divisível, mas em sua origem comum, envolvendo um grupo de pessoas ligadas por essa mesma situação. A decisão sublinha a importância da atuação do MP, especialmente em casos que afetam consumidores de baixa renda e pouca instrução, que podem permanecer inertes diante de barreiras econômicas e sociais. Essa proteção busca garantir os direitos fundamentais desses indivíduos, conforme precedentes do STF e do STJ. (STJ, REsp 910.192/MG, Rel. Min. Nancy Andrighi, julgado em 2/2/2010).

Legitimidade – Débitos não autorizados na conta de telefonia do consumidor:

STJ confirmou a legitimidade do Ministério Público para propor ação civil pública visando impedir práticas abusivas na cobrança de serviços de telefonia fixa, como a cobrança de assinatura básica, tarifas excessivas por mudança de endereço e a disponibilização de serviços de valor adicionado sem consentimento prévio do consumidor. A Turma entendeu que tais práticas violam o direito dos consumidores à continuidade e adequação do serviço essencial, conforme o art. 22 do CDC. Ressaltou-se que a concessionária de telefonia é responsável pelo bloqueio e controle de cobrança desses serviços não solicitados, sendo desnecessária a inclusão dos provedores de valor adicionado no polo passivo da demanda. (STJ, REsp 605.755/PR, Rel. Min. Herman Benjamin, julgado em 22/9/2009).

Legitimidade – Cessação dos jogos de azar (máquinas caça-níqueis, vídeo pôquer e similares):

O STJ entendeu ser possível o ajuizamento de ação civil pública (ACP) pelo Ministério Público estadual para cessação de atividades ilícitas relacionadas à exploração de jogos de azar, como máquinas caça-níqueis e vídeopôquer, na esfera cível. A decisão foi fundamentada na Lei nº 7.347/1985, que permite a ACP para coibir infrações à ordem econômica e à economia popular, e no Código de Defesa do Consumidor (CDC), que autoriza ações coletivas para proteger direitos difusos. O Tribunal rejeitou o entendimento de que o juízo criminal seria o único competente para decidir sobre essa atividade, pois a ACP visa a cessação de práticas que violam normas civis e econômicas e não impõe sanções criminais. O STJ ressaltou que jogos de azar constituem prática abusiva, gerando impacto negativo na ordem econômica por meio de sonegação fiscal, evasão de divisas e lavagem de dinheiro. Além disso, afirmou que a criminalização dos jogos de azar pela Lei das Contravenções Penais (arts. 50 e 51 do DL nº 3.688/1941) permanece válida e não foi revogada pela LC nº 116/2003, que trata da incidência de ISS sobre serviços, mas não autoriza expressamente a exploração de jogos de azar como atividade econômica legítima. Assim, a ação do Ministério Público é juridicamente viável para impedir a exploração desse tipo de jogo na esfera cível, visando à proteção dos consumidores e da ordem econômica. (STJ, REsp 813.222/RS, Rel. Min. Herman Benjamin, julgado em 8/9/2009).

Legitimidade – Tarifa cobrada pelos bancos pelo boleto bancário:

O STJ entendeu que a cobrança de tarifa adicional para o pagamento de boletos em agências bancárias é abusiva e gera enriquecimento sem causa dos bancos, uma vez que representa dupla remuneração pelo mesmo serviço, configurando vantagem exagerada sobre os consumidores. Assim, cabe ao consumidor apenas o pagamento do valor do boleto, sem tarifa extra, pois a exigência de valor adicional desequilibra a relação contratual. O Ministério Público estadual foi considerado legítimo para ajuizar ação civil pública (ACP) visando a cessação da cobrança, defendendo interesses individuais homogêneos. Quanto à devolução dos valores pagos indevidamente, o Tribunal decidiu que deve ser pleiteada individualmente pelos consumidores, sendo que a multa por descumprimento da obrigação será revertida ao Fundo de Direitos Difusos. (STJ, REsp 794.752/MA, Rel. Min. Luis Felipe Salomão, julgado em 18/2/2010).

Legitimidade – MP Federal – Encargos bancários supostamente abusivos:

"A jurisprudência do Superior Tribunal de Justiça reconhece a legitimidade do Ministério Público para propor ação civil pública a fim de debater a cobrança de encargos bancários supostamente abusivos, por se cuidar de tutela de interesses individuais homogêneos de consumidores/usuários do serviço bancário (art. 81, III, da Lei nº 8.078/1990). (...) O Ministério Público Federal tem legitimidade para o ajuizamento de ações civis públicas sempre que ficar evidenciado o envolvimento de interesses nitidamente federais, assim considerados em virtude dos bens e valores a que se visa tutelar." (STJ, REsp 1573723/RS, Rel. Ministro Ricardo Villas Bôas Cueva, Terceira Turma, DJe 13/12/2019)

Legitimidade – Cobrança de multa por resolução de contrato quando ocorre roubo ou furto de celular:

O STJ reconheceu a legitimidade do Ministério Público para propor ação civil pública (ACP) contra empresa de telefonia, visando proteger interesses dos consumidores em caso de rescisão contratual por perda do celular devido a roubo ou furto. A ACP objetivava impedir a cobrança integral de multa rescisória nesses casos, argumentando que tais eventos configuram caso fortuito ou força maior, isentando o consumidor de responsabilidade. A decisão reforça o papel do MP na defesa coletiva de direitos dos consumidores, ao buscar a repartição equitativa dos prejuízos, com base no art. 413 do Código Civil, e garantir a proporcionalidade na cobrança de multa. (STJ, REsp 1.087.783/RJ, Rel. Min. Nancy Andrighi, julgado em 1º/9/2009).

Legitimidade – Manter curso de ensino médio no período noturno de colégio custeado pela União:

O STJ reafirmou a legitimidade do Ministério Público Federal (MPF) para propor ação civil pública (ACP) em defesa do direito coletivo à continuidade de curso noturno em colégio custeado pela União, extinto de forma ilegal pelo diretor. A decisão destacou que o direito à manutenção do curso noturno é indivisível e afeta não apenas os alunos matriculados, mas também futuros alunos que poderiam ser prejudicados pela supressão, configurando um interesse difuso. Com base no art. 81 do CDC e nos arts. 208 e 210 do ECA, que atribuem ao MP a defesa de interesses coletivos e difusos no âmbito educacional, a Turma confirmou o provimento da apelação do MPF, determinando o prosseguimento da ação. (STJ, REsp 933.002/RJ, Rel. Min. Castro Meira, julgado em 16/6/2009).

Legitimidade – Adequação do serviço público de transporte:

O STJ reconheceu a legitimidade do Ministério Público estadual para propor ação civil pública visando à adequação do serviço de transporte prestado por uma concessionária, que, segundo o MP, estaria sendo deficiente. A decisão reforçou que o dever de prestar um serviço seguro e eficiente recai sobre o Poder Público e seus concessionários, conforme os requisitos de segurança e integridade física dos usuários previstos no CDC e na Lei de Concessões. Baseando-se na teoria da asserção, o Tribunal concluiu que o interesse processual do MP decorre da alegação de inadequação do serviço, respaldando-se na legislação que confere ao MP a defesa do interesse público e social. (STJ, REsp 470.675/SP, Rel. Min. Humberto Martins, julgado em 16/10/2007).

Legitimidade – Devolução de valores pagos indevidamente em contratos do SFH:

O STJ decidiu que o Ministério Público tem legitimidade para ajuizar ação civil pública visando à devolução de valores pagos indevidamente em contratos de aquisição de casa própria pelo Sistema Financeiro de Habitação (SFH). A Corte Especial reconheceu que, embora os direitos envolvidos sejam individuais homogêneos e disponíveis, o relevante interesse social justifica a atuação do MP para proteger os consumidores em questão. Com base no interesse coletivo, a Corte conheceu e acolheu os embargos de divergência. (STJ, EREsp 171.283/PR, Rel. Min. Peçanha Martins, julgado em 17/11/2004).

Legitimidade – Impugnar majoração abusiva de tarifa de transporte coletivo público:

O STF reconheceu a legitimidade do Ministério Público estadual para propor ação civil pública visando à impugnação de aumento abusivo na tarifa de transporte coletivo público, entendendo que a ação visa proteger um interesse difuso dos consumidores indeterminados do serviço de transporte, nos termos do art. 81, I, do CDC. A Corte ressaltou que negar essa legitimidade ao MP comprometeria a defesa coletiva dos usuários frente ao Poder Público e às concessionárias. Além disso, destacou que o caso envolve controle da legalidade dos contratos e atos administrativos municipais relacionados ao transporte público, não caracterizando análise de tributo, mas de preço público. (STF, RE 228177/MG, Rel. Min. Gilmar Mendes, julgado em 17/11/2009).

Legitimidade – Questionar cobrança sem discriminação de contribuição de iluminação pública e tarifa de energia elétrica:

O STJ confirmou a legitimidade do Ministério Público estadual para propor ação civil pública (ACP) visando a proteção dos direitos dos consumidores contra a cobrança conjunta, em uma mesma fatura, da tarifa de energia elétrica e da contribuição de iluminação pública, sem opção de pagamento separado. A Turma entendeu que a ação visa resguardar interesses dos consumidores, não se tratando de questão tributária, mas sim de defesa do direito dos usuários ao recebimento de faturas claras e separadas para cada cobrança. Esse interesse transindividual, que abrange uma coletividade conectada à concessionária de energia por uma mesma relação jurídica, justifica a atuação do MP nos termos do art. 129, III, da CF/1988, dos arts. 81 e 82 do CDC e do art. 1º da Lei nº 7.347/1985. (STJ, REsp 1.010.130/MG, Rel. Min. Luiz Fux, julgado em 9/11/2010).

Legitimidade – Informação ao consumidor de saldo em bilhete de vale transporte:

O STJ reiterou que o Ministério Público possui legitimidade para propor ação civil pública visando à proteção de qualquer direito transindividual, com base na interpretação do art. 129, III, da CF, em conjunto com o art. 21 da Lei nº 7.347/1985 e os arts. 81 e 90 do CDC. A Ministra Relatora enfatizou que limitar a proteção de direitos coletivos a ações individuais comprometeria o acesso à justiça e a proteção dos cidadãos que mais dependem da intervenção estatal. No caso específico, o Tribunal também decidiu que omitir o saldo do vale-transporte na roleta do ônibus fere o direito à informação plena do consumidor, conforme o art. 6º, III, do CDC. (STJ, REsp 1.099.634/RJ, Rel. Min. Nancy Andrighi, julgado em 8/5/2012).

Legitimidade – Inclusão em cadastros de inadimplentes de dados referentes a consumidores cujos débitos estejam em fase de discussão judicial:

O STJ confirmou a legitimidade do Ministério Público para propor ação civil pública visando impedir a inclusão do nome de consumidores em cadastros de inadimplentes, quando os débitos estiverem sendo discutidos judicialmente. O Tribunal destacou que o caso envolve interesses individuais homogêneos, pois trata de consumidores vinculados por uma situação comum — a inscrição como inadimplentes em razão de débitos judicialmente questionados. Além disso, entendeu-se que não há impossibilidade jurídica nos pedidos feitos pelo MP, uma vez que a tutela de direitos individuais homogêneos em defesa dos consumidores é legítima e cabível. (STJ, REsp 1148179/MG, Rel. Ministra Nancy Andrighi, Terceira Turma, julgado em 26/02/2013, DJe 05/03/2013)

Legitimidade – Corte ilegal do fornecimento de energia elétrica em razão de débitos pretéritos:

O STJ reconheceu a legitimidade do Ministério Público para ajuizar ação civil pública contra o corte ilegal de fornecimento de energia elétrica por débitos antigos dos consumidores, caracterizando a defesa de direitos individuais homogêneos. A homogeneidade decorre do fato de o corte estar relacionado a dívidas passadas, independentemente dos motivos específicos que geraram esses débitos. A atuação do MP, portanto, visa proteger os consumidores de práticas abusivas das concessionárias no corte de serviços essenciais. (STJ, AgRg no AgRg no REsp 1155380/RS, Rel. Ministro Castro Meira, Segunda Turma, DJe 11/09/2013).

Legitimidade – Defesa dos direitos dos consumidores de terem o serviço de acesso à internet por banda larga a preços uniformes:

O STJ confirmou a legitimidade do Ministério Público para propor ação civil pública visando assegurar o direito dos consumidores a preços uniformes para o serviço de internet banda larga (VELOX) em todo o Estado do Rio de Janeiro. A Corte considerou que, apesar de o direito ser divisível e com titulares identificáveis, trata-se de um direito individual homogêneo decorrente de uma origem comum. A decisão reforça que o MP pode atuar para proteger tanto direitos difusos e coletivos quanto direitos individuais homogêneos dos consumidores, especialmente em casos envolvendo a prestação de serviços públicos. (STJ, AgRg no AREsp 209779/RJ, Rel. Ministro Og Fernandes, Segunda Turma, DJe 20/11/2013).

ILEGITIMIDADE DO MINISTÉRIO PÚBLICO

Ilegitimidade – Quando não for verificado o interesse coletivo:

AÇÃO CIVIL PÚBLICA. PRETENSÃO DO MINISTÉRIO PÚBLICO. DECLARAÇÃO DE NULIDADE DE CLÁUSULA CONTRATUAL DE ADESÃO PARA AQUISIÇÃO DE IMÓVEL TIDA COMO ILEGAL. INTERESSES OU DIREITOS COLETIVOS. AUSÊNCIA DE CARACTERIZAÇÃO. 1. *A falta de configuração de real interesse coletivo afasta a legitimidade do Ministério Público para promover ação civil pública objetivando declarar nulidade de cláusula contratual de adesão para aquisição de imóvel tida como ilegal.* Não sendo divisado direito coletivo na espécie, carece de legitimidade o Ministério Público para propor ação civil pública, uma vez que sua atuação não pode ser confundida com a da Defensoria Pública, mesmo porque, para tal desiderato, existem vários outros órgãos que o Estado oferece ou deveria oferecer. (STJ, REsp. 294759/RJ, Rel. para acórdão Min. Carlos Fernando Mathias, DJe 09/12/2008)

CIVIL E PROCESSUAL. AÇÃO CIVIL PÚBLICA INDENIZATÓRIA. ILEGITIMIDADE ATIVA. COMPROMISSOS DE COMPRA E VENDA DE IMÓVEIS. ATRASO NA ENTREGA DE APARTAMENTOS EM CONSTRUÇÃO. INICIAL INDEFERIDA. PROCESSO EXTINTO. I. *A falta de configuração de real interesse coletivo afasta a legitimidade do Ministério Público para promover ação civil pública objetivando o recebimento de indenização pelo atraso na entrega da obra de imóveis compromissados à venda, mormente quando se identifica verdadeira hipótese de invasão da seara da advocacia particular* e, inobstante o limitado grupo de possíveis interessados, de fácil identificação, a instrução da inicial traz à colação apenas dois contratos, sem esforço prévio relevante para a congregação do todo ou de um número mais expressivo, ensejando interpretação de que, na espécie, a lide foi proposta para atender apenas alguns descontentes. (STJ, REsp. 236161/DF, Rel. Min. Aldir Passarinho Júnior, DJ 02/05/2006)

Súmula nº 470 do STJ: (CANCELADA)

O Ministério Público não tem legitimidade para pleitear, em ação civil pública, a indenização decorrente do DPVAT em benefício do segurado.

Observação: a Súmula 470 do STJ foi cancelada em virtude do julgamento do Resp 858.056, DJ 05/06/2015. Agora, STJ e STF entendem que o Ministério Público possui legitimidade para defender beneficiários do DPVAT.

O STF entende que o MP tem legitimidade ativa para defender beneficiários do DPVAT

O STF reconheceu a legitimidade do Ministério Público para ajuizar ação coletiva visando à defesa de direitos individuais homogêneos dos beneficiários do seguro obrigatório DPVAT, que alegam ter sido lesados de forma semelhante pela seguradora quanto ao pagamento das indenizações. A Corte considerou que, apesar de esses direitos serem divisíveis e disponíveis, a homogeneidade e a semelhança das lesões caracterizam um interesse social qualificado, justificando a atuação do MP com fundamento no art. 127 da Constituição. Esse entendimento se baseia em precedentes do STF, que autorizam a defesa coletiva de direitos individuais homogêneos com relevância social. (STF, RE 631111, Rel. Min. Teori Zavascki, Tribunal Pleno, DJ 30/10/2014).

Ilegitimidade – Defesa de interesses de sócios de clube:

O STJ entendeu que o Ministério Público não possui legitimidade para propor ação civil pública em defesa de um pequeno grupo de pessoas, como os associados de um clube, pois tal demanda possui natureza predominantemente individual e não configura uma defesa coletiva de interesses de relevância social. A Corte destacou que a tutela de um grupo específico de consumidores não atende ao caráter impessoal e amplo da ação civil pública, que visa beneficiar a sociedade em sentido amplo. Além disso, a situação não envolve interesses individuais homogêneos, que exigiriam relevância social para justificar a atuação do MP. (STJ, REsp 1109335/SE, Rel. Ministro Luis Felipe Salomão, Quarta Turma, DJe 01/08/2011).

LEGITIMIDADE DA DEFENSORIA

Legitimidade – Consumidores de energia elétrica:

O STJ entendeu que a Defensoria Pública possui legitimidade para propor ação civil coletiva em benefício dos consumidores, incluindo casos envolvendo o fornecimento de energia elétrica. Essa prerrogativa está prevista no art. 5º, II, da Lei 7.347/1985, com a redação dada pela Lei 11.448/2007, que amplia o seu papel na defesa de direitos difusos, coletivos e individuais homogêneos. (STJ, REsp 912849/RS, Rel. Min. José Delgado, julgado em 26/02/2008, Informativo 346)

Legitimidade – Ações que buscam auferir responsabilidade por danos causados ao meio-ambiente, ao consumidor, a bens e direitos de valor artístico, estético, histórico, turístico e paisagístico:

O STJ entendeu que a Defensoria Pública possui legitimidade para ajuizar ações civis coletivas, inclusive ações cautelares, para a defesa de direitos difusos, coletivos e individuais homogêneos, conforme previsto no art. 5º, II, da Lei 7.347/1985, com a redação dada pela Lei 11.448/2007. Isso inclui a proteção do meio ambiente, do consumidor e de bens de valor artístico, histórico e paisagístico. (STJ, REsp 912849/RS, Rel. Min. José Delgado, DJe 28/04/2008)

LEGITIMIDADE DAS ASSOCIAÇÕES

Legitimidade – obrigar as empresas a veicular, no rótulo dos alimentos industrializados que produz, a informação acerca da presença ou não da proteína denominada "glúten" e da sua prejudicialidade aos portadores de doença celíaca:

O STJ reconheceu a legitimidade ativa da Abracon para propor ação coletiva que visa obrigar uma empresa a informar no rótulo de seus alimentos industrializados a presença de glúten e os riscos para portadores de doença celíaca. A Corte ressaltou que a legitimidade das associações em ações coletivas exige uma pertinência temática, ou seja, um nexo material entre os objetivos institucionais da associação e o direito defendido. No caso, a Abracon tem entre seus objetivos institucionais a promoção da qualidade de vida e a segurança alimentar, o que justifica sua atuação. (STJ, AgInt no REsp 1869107/MS, Rel. Min. Ricardo Villas Bôas Cueva, Terceira Turma, DJe 29/10/2020).

Legitimidade – indevida a cobrança de tarifa sobre cheque emitido com valor igual ou superior a R$ 5 mil.

O STJ reconheceu a legitimidade ativa de uma associação nacional para propor ação civil pública visando à declaração de abusividade na cobrança de tarifa pelo Banrisul para a compensação de cheques de valor igual ou superior a R$ 5.000,00. A decisão ressaltou que, conforme o art. 81, III, do CDC, é autorizada a defesa coletiva de direitos individuais homogêneos. A Corte concluiu que, como a Resolução nº 3.919/10 do Banco Central proíbe a cobrança de tarifas para serviços essenciais, e não ficou comprovada a prestação de um serviço especial que justificasse a taxa de compensação, a cobrança é considerada abusiva. (STJ, REsp 1208567/RS, Rel. Min. Paulo de Tarso Sanseverino, Terceira Turma, DJe 10/03/2014)

Legitimidade – A associação pode tutelar direitos dos associados e não associados:

"A associação que tem por finalidade a defesa do consumidor pode propor ação coletiva em favor dos participantes, desistentes ou excluídos, de consórcio, sejam eles seus associados ou não." (STJ, REsp. nº 132.502/RS, Rel. Min. Barros Monteiro, unânime, DJU de 10/11/2003)

Legitimidade – Tutela dos interesses e direitos individuais homogêneos – declaração de nulidade de cláusulas em contrato de planos de saúde:

O STJ reafirmou que a ação civil pública é um meio adequado para a defesa de interesses individuais homogêneos dos consumidores e que associações civis de defesa do consumidor possuem legitimidade para propor essas ações, desde que cumpram os requisitos do art. 5º da Lei nº 7.347/1985 e do art. 82, IV, do CDC. A Turma esclareceu que não é necessário que os associados autorizem expressamente ou aprovem o ajuizamento em assembleia para que a associação atue em nome deles. No caso, a Unicons foi considerada legítima para propor ação civil pública contra a Unimed – Porto Alegre, visando declarar a nulidade de cláusulas contratuais e evitar a rescisão unilateral de contratos de assistência médica e a cobrança de adicionais por internação. (STJ, REsp 805.277-RS, Rel. Min. Nancy Andrighi, julgado em 23/9/2008).

Legitimidade – Nulidade de garantia hipotecária dada pela construtora à instituição financeira após ter negociado o imóvel com o promissário comprador:

O STJ destacou que, em razão do relevante interesse social na proteção dos promissários compradores de imóveis, é legítima a atuação de uma associação em ação coletiva mesmo que esta não cumpra o requisito formal de estar constituída há mais de um ano, conforme exigido normalmente para associações. A decisão reflete o entendimento de que, diante de situações de grande impacto social, como a nulidade de hipoteca constituída pela construtora em favor de uma instituição financeira após a venda do imóvel, o requisito temporal pode ser flexibilizado para garantir a proteção dos direitos dos consumidores. (STJ, REsp 399.859-ES, Rel. Min. Carlos Alberto Menezes Direito, julgado em 2/12/2003).

Legitimidade – Centro acadêmico pode propor ação civil em favor de estudantes:

O STJ reconheceu a legitimidade de Centros Acadêmicos, desde que regularmente constituídos e preenchendo os requisitos legais, para ajuizar ação civil pública em defesa dos direitos individuais homogêneos de seus estudantes, com fundamento consumerista, contra instituições de ensino privadas. A decisão enfatiza que a função institucional dos Centros Acadêmicos, na defesa dos interesses dos estudantes, está amparada pelos arts. 82, IV, do CDC e art. 5º da Lei nº 7.347/85, conferindo-lhes legitimidade para representar coletivamente os alunos em demandas dessa natureza. (STJ, REsp 1189273/SC, Rel. Ministro Luis Felipe Salomão, Quarta Turma, DJe 04/03/2011)

ILEGITIMIDADE DAS ASSOCIAÇÕES

Ilegitimidade – Associação de proteção ao consumidor não possui legitimidade para o ajuizamento de ação civil pública com a finalidade de tutelar beneficiários do seguro DPVAT:

O STJ decidiu que não há relação de consumo na contratação do seguro DPVAT, pois esse seguro obrigatório é regido por legislação específica, com finalidade social e destinação legal dos valores arrecadados, e não visa ao lucro. A Corte ressaltou que as seguradoras não possuem margem discricionária no pagamento das indenizações, pois devem seguir estritamente os requisitos legais. Dessa forma, uma associação voltada à proteção do consumidor não tem legitimidade para ajuizar ações coletivas em defesa dos interesses dos beneficiários do DPVAT, uma vez que falta a pertinência temática necessária, o que compromete a representatividade adequada nas ações coletivas. (STJ, REsp 1091756/MG, Rel. Min. Marco Buzzi, Rel. p/ Acórdão Min. Marco Aurélio Bellizze, Segunda Seção, DJe 05/02/2018).

Ilegitimidade – Anulação de multas de trânsito:

O STJ concluiu que a associação de proteção ao consumidor não possui legitimidade para propor ação civil pública visando anular multas de trânsito e registros em prontuários de motoristas, argumentando que não há relação de consumo entre o poder público e os cidadãos em questões de fiscalização de trânsito. A Turma entendeu que o poder de polícia exercido pelo Estado, ao regular a conduta dos particulares, não configura um serviço público sujeito às normas de defesa do consumidor, sendo, portanto, inadequado invocar o art. 21 da Lei nº 7.347/1985 para essa finalidade. Assim, a falta de relação consumerista leva à ilegitimidade ativa da associação para essa ação. (STJ, REsp 727.092-RJ, Rel. Min. Francisco Falcão, julgado em 13/2/2007).

Ilegitimidade – Associação não pode postular em nome próprio direito alheio, exceto se por meio de ação coletiva. Vedação de postular ação individual:

O STJ decidiu que o Instituto Brasileiro de Defesa do Consumidor (Idec) não possui legitimidade para propor ação civil pública em nome próprio para exigir descontos em matrículas e mensalidades escolares, representando interesses particulares e individuais de seus associados. A Turma concluiu que, de acordo com o CDC, a legitimidade do Idec para atuar em ações coletivas se aplica somente quando os interesses são individuais homogêneos e, preferencialmente, indisponíveis, além de serem defendidos em caráter metaindividual, o que não se verificou neste caso. Como a ação não foi coletiva e envolvia apenas a soma de interesses particulares de poucas pessoas, o Idec não poderia atuar em substituição processual. Dessa forma, o recurso foi rejeitado, reafirmando que a atuação das associações deve respeitar o caráter coletivo dos direitos defendidos. (STJ, REsp 184.986-SP, Rel. originário Min. Luis Felipe Salomão, Rel. para acórdão Min. João Otávio de Noronha, julgado em 17/11/2009).

LEGITIMIDADE DO PROCON

Legitimidade – Reajuste de mensalidades de plano de saúde:

O STJ entendeu que o Procon possui legitimidade para propor ação civil pública em defesa da coletividade, conforme prevê o art. 82, II, do CDC. Além disso, sendo a controvérsia referente a reajuste de mensalidades de plano de saúde, trata-se de direito individual homogêneo, o que autoriza a utilização da ação coletiva para a proteção dos consumidores. (STJ, AgRg no REsp 512.382/DF, Rel. Min. Antonio Carlos Ferreira, Quarta Turma, DJe 28/08/2012)

Legitimidade – Cobrança de taxas indevidas pelas administradoras de imóveis

O STJ reconheceu a legitimidade do PROCON, representado pela Procuradoria Geral do Estado, para ajuizar ação civil pública em defesa de direitos individuais homogêneos, como no caso da cobrança indevida de taxas de candidatos a inquilinos por administradoras de imóveis. A Corte destacou que os direitos individuais homogêneos caracterizam-se pela origem comum, embora sejam divisíveis e variáveis em sua extensão para cada indivíduo, justificando, assim, a defesa coletiva. A ação busca proteger todos os afetados por essa prática, uma vez que o vínculo entre os lesados e as administradoras de imóveis tem a mesma base. (STJ, REsp 200.827/SP, Rel. Min. Carlos Alberto Menezes Direito, Terceira Turma, julgado em 26/08/2002, DJ 09/12/2002)

Art. 83. Para a defesa dos direitos e interesses protegidos por este código são admissíveis todas as espécies de ações capazes de propiciar sua adequada e efetiva tutela.

Parágrafo único. (Vetado).

O art. 83 do CDC reflete a preocupação do legislador em garantir a máxima efetividade na tutela dos direitos do consumidor, assegurando que *todas as espécies de ações cabíveis* possam ser utilizadas para sua proteção. Esse dispositivo amplia o acesso à Justiça, possibilitando que consumidores, tanto de forma individual quanto coletiva, possam recorrer a qualquer meio processual necessário para garantir seus direitos.

A norma é ampla e abrange desde as **ações de conhecimento** – que visam o reconhecimento de um direito – até **ações cautelares** e **ações de execução**, que permitem o cumprimento forçado das obrigações do fornecedor. Assim, o consumidor pode se valer de:

1. **Ações de conhecimento**, que incluem:
   - **Ação declaratória**: utilizada para obter o reconhecimento judicial de um direito ou a inexistência de uma relação jurídica abusiva.
   - **Ação constitutiva**: para modificar ou extinguir uma relação jurídica prejudicial ao consumidor.
   - **Ação condenatória**: para obter indenizações ou o cumprimento de uma obrigação pelo fornecedor.
   - **Ação mandamental**: que exige o cumprimento imediato de um dever pelo fornecedor, como nos casos de obrigações de fazer ou não fazer.
   - **Ações cautelares**, voltadas para garantir a efetividade do processo principal, evitando que a demora na decisão judicial cause prejuízos irreparáveis ao consumidor.
2. **Ações de execução**, utilizadas quando já há um título executivo, permitindo que o consumidor busque diretamente o cumprimento de uma obrigação reconhecida judicialmente ou extrajudicialmente.

Além dessas ações, o art. 83 do CDC reforça a possibilidade de concessão de tutelas de urgência e evidência, como *liminares e antecipações de tutela*, mecanismos essenciais para impedir que o consumidor sofra danos irreversíveis durante o curso do processo. A lógica da norma é permitir que o Poder Judiciário atue rapidamente quando necessário, impedindo práticas abusivas antes que causem danos significativos ao consumidor.

No contexto da tutela coletiva dos consumidores, o dispositivo reafirma a admissibilidade de instrumentos processuais fundamentais, como:

- **Ação Civil Pública (ACP):** um dos principais instrumentos de defesa coletiva dos consumidores, permitindo a responsabilização de fornecedores por práticas abusivas que atinjam um grande número de pessoas.
- **Mandado de Segurança Coletivo**: aplicável quando há violação de direito líquido e certo de um grupo de consumidores por parte de um ato ilegal do poder público ou de concessionárias de serviço público.
- **Habeas Data**: utilizado para garantir o acesso a informações pessoais do consumidor armazenadas em bancos de dados, sendo importante nos casos de negativação indevida.
- **Ação Popular**: apesar de sua aplicação ser mais restrita e de pouca utilização nas relações de consumo, pode ser empregada quando há interesse público envolvido, como em casos de contratos abusivos firmados entre órgãos públicos e fornecedores privados.

Assim, o art. 83 do CDC é um dispositivo de grande importância prática, pois impede que limitações processuais restrinjam a proteção do consumidor. Ele assegura que todo meio judicial necessário possa ser utilizado, garantindo que os direitos estabelecidos no CDC não sejam apenas teóricos, mas efetivamente aplicáveis.

PRINCIPAIS JURISPRUDÊNCIAS DO STF E STJ

Ação civil pública. Nulidade de cláusula abusiva

"A ação civil pública é a via apropriada para o reconhecimento de nulidade de cláusula abusiva, que prevê a devolução, sem correção monetária, das prestações pagas pelo consorciado desistente. Art. 83 do CDC" (STJ, REsp. 299386/RJ, 4ª T, Rel. Min. Ruy Rosado de Aguiar, *DJ* 04/02/2002).

Art. 84. Na ação que tenha por objeto o cumprimento da obrigação de fazer ou não fazer, o juiz concederá a tutela específica da obrigação ou determinará providências que assegurem o resultado prático equivalente ao do adimplemento.

§ 1º A conversão da obrigação em perdas e danos somente será admissível se por elas optar o autor ou se impossível a tutela específica ou a obtenção do resultado prático correspondente.

§ 2º A indenização por perdas e danos se fará sem prejuízo da multa (art. 287 do Código de Processo Civil).[84]

§ 3º Sendo relevante o fundamento da demanda e havendo justificado receio de ineficácia do provimento final, é lícito ao juiz conceder a tutela liminarmente ou após justificação prévia, citado o réu.

§ 4º O juiz poderá, na hipótese do § 3º ou na sentença, impor multa diária ao réu, independentemente de pedido do autor, se for suficiente ou compatível com a obrigação, fixando prazo razoável para o cumprimento do preceito.

§ 5º Para a tutela específica ou para a obtenção do resultado prático equivalente, poderá o juiz determinar as medidas necessárias, tais como busca e apreensão, remoção de coisas e pessoas, desfazimento de obra, impedimento de atividade nociva, além de requisição de força policial.

O art. 84 do CDC representa um avanço significativo na tutela específica dos direitos do consumidor, ao prever mecanismos eficazes para garantir o cumprimento de obrigações de fazer e não fazer. Inspirado na lógica do antigo art. 461 do CPC/73 e atualmente reforçado pelo art. 497 do CPC/15, esse dispositivo assegura que, sempre que possível, o direito do consumidor seja realizado concretamente, sem que ele precise se contentar apenas com uma indenização em dinheiro.

Essa previsão se alinha com o princípio da *reparação in natura* e está em sintonia com o modelo processual do CPC de 2015, em especial com os artigos 497 e 536, que reforçam o compromisso do ordenamento jurídico com a tutela específica.

84. O art. 500 do novo CPC/15 corresponde ao art. 287 do CPC/73: "Art. 500. A indenização por perdas e danos dar-se-á sem prejuízo da multa fixada periodicamente para compelir o réu ao cumprimento específico da obrigação."

A norma ganha ainda mais importância quando aplicada a direitos de natureza coletiva, como saúde, meio ambiente e segurança do consumidor, pois em tais situações a simples compensação financeira pode ser insuficiente.

A depender do caso concreto, o dano pode ser irreversível ou de difícil reparação, tornando essencial a adoção de medidas que garantam a cessação da conduta ilícita antes que esta gere consequências ainda mais graves.

O legislador conferiu ao juiz ampla margem para determinar providências concretas que assegurem a efetividade da decisão, podendo recorrer a medidas coercitivas para obrigar o fornecedor a cumprir a obrigação. Assim, além da imposição de multa diária, o magistrado pode determinar a busca e apreensão de produtos, o desfazimento de obras, a interdição de serviços e qualquer outra providência necessária para fazer valer a decisão, conforme prevê o §5º do artigo 84.

O dispositivo também confere ao consumidor e aos órgãos de defesa mecanismos para evitar a introdução ou manutenção no mercado de produtos e serviços que possam colocar em risco sua saúde e segurança. Nesse contexto, cabe destacar a *ação inibitória*, que visa impedir previamente que o fornecedor fabrique, industrialize, importe ou comercialize produtos ou serviços com alto grau de nocividade ou periculosidade.

Trata-se de *medida preventiva*, que busca evitar a concretização do dano, sendo desnecessária a demonstração de culpa ou da ocorrência efetiva de prejuízo. O parágrafo único do artigo 497 do CPC/15 reforça essa ideia ao prever que a concessão da *tutela inibitória* independe da comprovação da ocorrência do dano, bastando a existência de indícios suficientes de que a conduta poderá causar prejuízo ao consumidor.

Já quando o produto ou serviço nocivo já está disponível no mercado, cabe a *ação de remoção do ilícito,* que tem por objetivo retirar do mercado bens ou serviços que possam comprometer a segurança e a saúde da coletividade. Esse tipo de medida já foi aplicado em diversas situações, como recalls de veículos com defeitos estruturais e interdições de medicamentos cuja composição representava risco ao consumidor.

O artigo 102 do CDC reforça essa proteção ao prever a possibilidade de que órgãos legitimados pelo artigo 82 ingressem com ação para compelir o Poder Público a proibir, em todo o território nacional, a produção, divulgação, distribuição ou venda de produtos considerados nocivos à saúde pública e à incolumidade pessoal.

Essa previsão é de grande importância prática, pois garante que a fiscalização do mercado de consumo não dependa apenas da iniciativa dos órgãos administrativos, permitindo que também o poder judiciário possa determinar a proibição de produtos e serviços inseguros.

A aplicação do artigo 84 do CDC abrange um amplo espectro de situações e permite que o consumidor exija o cumprimento específico de obrigações assumidas pelo fornecedor. Entre os exemplos mais comuns, está a exigência do cumprimento forçado da oferta, prevista no artigo 35 do CDC, o que impede que fornecedores descumpram promoções ou condições previamente anunciadas ao consumidor.

O dispositivo também se mostra relevante nas relações contratuais continuadas, possibilitando que o consumidor impeça a interrupção indevida de serviços essenciais, como telefonia, planos de saúde e fornecimento de energia elétrica. Além disso, o artigo serve de fundamento para ações que busquem impedir práticas abusivas, como a inscrição indevida do consumidor em cadastros de inadimplentes, garantindo que o nome do consumidor não seja negativado sem justificativa legal.

Outra característica relevante do artigo 84 é a possibilidade de combinação de diversos pedidos dentro de uma mesma ação. Dessa forma, é perfeitamente viável cumular pedidos de obrigação de fazer com pedidos de natureza condenatória, como ocorre quando se busca a retirada de um produto perigoso do mercado e, ao mesmo tempo, a indenização pelos danos causados aos consumidores que já adquiriram o bem.

Também é comum a cumulação de medidas mandamentais e cominatórias, como ocorre quando se exige que um fornecedor se abstenha de realizar publicidade enganosa e, simultaneamente, seja obrigado a divulgar contrapropaganda para reparar os danos causados ao consumidor. A flexibilidade dessa previsão permite que o juiz construa soluções processuais mais eficientes, adaptando as medidas determinadas à realidade do caso concreto.

O artigo 84 também estabelece regras claras sobre a conversão da obrigação em perdas e danos, prevista em seu § 1º. A conversão somente será admitida se por ela optar o consumidor ou se for impossível obter a tutela específica ou o resultado prático equivalente. A ideia central dessa previsão é evitar que fornecedores se esquivem do cumprimento de suas obrigações simplesmente substituindo a obrigação pelo pagamento de uma indenização, o que muitas vezes poderia ser economicamente vantajoso para grandes empresas, mas extremamente prejudicial para os consumidores.

O magistrado pode adotar medidas para garantir a efetividade da decisão, inclusive determinando a aplicação de multa diária para compelir o fornecedor ao cumprimento da obrigação. Essa possibilidade, prevista no § 4º do artigo 84, encontra respaldo no artigo 537 do CPC/15, que autoriza a aplicação da multa independentemente de requerimento da parte, podendo esta ser imposta na fase de conhecimento, em tutela provisória ou na sentença.

A jurisprudência tem reconhecido que essa multa pode ser elevada de acordo com a resistência do fornecedor ao cumprimento da obrigação, garantindo que sua aplicação seja proporcional à importância da tutela concedida.[85]

O artigo 84 do CDC reforça, portanto, a eficácia das decisões judiciais ao privilegiar a tutela específica, assegurando que a solução da demanda vá além da indenização pecuniária e garanta a realização concreta do direito do consumidor. A norma permite que o juiz determine a adoção de medidas coercitivas e mandamentais para evitar a perpetuação de práticas abusivas, obrigando fornecedores a respeitarem os direitos dos consumidores sob pena de sanções severas. A lógica do dispositivo está plenamente compatível com as disposições do CPC de 2015, que reforçou o papel das medidas de coerção para garantir o cumprimento das decisões judiciais.

85. Nesse sentido, o STJ entendeu que a multa diária (astreintes) por descumprimento de decisão judicial deve ser analisada com base na resistência da parte em cumprir a ordem, e não apenas em comparação com o valor da obrigação principal. No caso, a operadora de plano de saúde foi condenada a reajustar os boletos conforme decisão judicial, sob pena de multa diária de R$ 1.000,00, posteriormente elevada para R$ 2.000,00 diante da sua recalcitrância. Como a operadora descumpriu a ordem por 642 dias, a multa alcançou R$ 1.284.000,00, valor considerado proporcional e razoável diante da persistente desobediência. (STJ, REsp 1.967.587/PE, Rel. Min. Terceira Turma, DJe 24/06/2022)

Assim, o artigo 84 do CDC se mostra um instrumento essencial na busca pela efetividade da tutela dos consumidores, permitindo que o Judiciário atue de forma ativa para impedir a continuidade de condutas ilícitas e garantir a segurança das relações de consumo.

Ao estabelecer mecanismos que priorizam a tutela específica e possibilitam a adoção de medidas coercitivas e mandamentais, a norma confere maior efetividade às decisões judiciais, assegurando que os consumidores não fiquem à mercê de fornecedores que descumprem suas obrigações. Dessa forma, a norma reforça o compromisso do ordenamento jurídico brasileiro com a concretização dos direitos do consumidor, impedindo que a reparação se limite ao aspecto econômico e garantindo que a justiça seja feita de maneira plena e eficaz.

PRINCIPAIS JURISPRUDÊNCIAS DO STF E STJ

Operadora de plano de saúde pode ser compelida por multa diária a autorizar procedimento médico

O STJ entendeu que é possível impor multa diária (astreintes) para obrigar operadora de plano de saúde a autorizar a realização de procedimento médico-hospitalar. Essa obrigação é classificada como obrigação de fazer, pois envolve a prestação de um ato – a autorização – e não apenas o pagamento de uma quantia. O descumprimento da ordem judicial justifica a fixação da multa, garantindo o cumprimento da decisão e a proteção do direito do consumidor. (STJ, REsp 1.186.851-MA, Rel. Min. Nancy Andrighi, julgado em 27/08/2013, Informativo 527)

Procon tem legitimidade para ajuizar ação coletiva contra cobrança abusiva em contratos de locação

O STJ entendeu que o Procon, por meio da Procuradoria-Geral do Estado, tem legitimidade para propor ação coletiva em defesa de consumidores lesados por práticas abusivas na cobrança de taxas de administração e intermediação em contratos de locação. Além disso, a reparação de danos decorrentes dessas práticas segue o prazo prescricional vintenário previsto no art. 177 do CC/1916 (vigente à época). Também é cabível a imposição de multa com base no art. 84, § 4º, do CDC, desde que observados os critérios legais. (STJ, REsp 200.827-SP, Rel. Min. Carlos Alberto Menezes Direito, julgado em 26/08/2002, Informativo 144)

Art. 85. Vetado

Art. 86. Vetado

Art. 87. Nas ações coletivas de que trata este código não haverá adiantamento de custas, emolumentos, honorários periciais e quaisquer outras despesas, nem condenação da associação autora, salvo comprovada má-fé, em honorários de advogados, custas e despesas processuais.

Parágrafo único. Em caso de litigância de má-fé, a associação autora e os diretores responsáveis pela propositura da ação serão solidariamente condenados em honorários advocatícios e ao décuplo das custas, sem prejuízo da responsabilidade por perdas e danos.

O artigo 87 do CDC desempenha um papel fundamental na ampliação do acesso à justiça em ações coletivas, eliminando barreiras econômicas que poderiam inviabilizar essas demandas.

Ele estabelece que não há necessidade de adiantamento de custas, emolumentos, honorários periciais ou outras despesas, além de isentar a associação autora da condenação ao pagamento de honorários advocatícios, custas e despesas processuais, salvo se houver comprovada má-fé.

O objetivo dessa norma é garantir que interesses coletivos possam ser levados ao Judiciário sem entraves financeiros, possibilitando a defesa de direitos difusos, coletivos e individuais homogêneos sem que os custos do processo se tornem um obstáculo intransponível.

Paulo Affonso Leme Machado ressalta a importância desse dispositivo ao lembrar que, antes da sua existência, muitas ações populares eram prejudicadas pela exigência de depósitos prévios para honorários periciais, o que resultava no cancelamento de liminares por falta de recursos dos autores.[86] Com a previsão expressa de isenção, o legislador buscou assegurar a efetividade da tutela coletiva e evitar que o custo elevado de processos inviabilizasse demandas de grande interesse social.

Embora o artigo mencione expressamente as "associações autoras", a doutrina e a jurisprudência majoritárias entendem que essa isenção deve ser estendida a todos os legitimados previstos no artigo 82 do CDC, como o Ministério Público, a Defensoria Pública, entidades da Administração Pública e associações privadas com pelo menos um ano de existência.

O parágrafo único do artigo 87, por outro lado, trata especificamente das associações, determinando que, caso haja litigância de má-fé, seus diretores também serão responsabilizados solidariamente pelo pagamento de honorários advocatícios, custas e despesas processuais, além da condenação ao pagamento do décuplo das custas.

Essa penalidade reforçada busca coibir abusos e evitar que associações utilizem indevidamente as ações coletivas para finalidades que não correspondem ao interesse público.

A norma, ao mesmo tempo em que amplia o acesso à justiça, estabelece mecanismos para evitar distorções no uso da ação coletiva. O artigo 87 do CDC se insere no contexto do microssistema processual coletivo, que tem como objetivo garantir maior efetividade à proteção dos consumidores e da coletividade.

Dessa forma, a lei não apenas facilita a propositura de demandas essenciais para a defesa dos direitos sociais, mas também impõe limites para impedir que esse instrumento seja utilizado de maneira indevida.

PRINCIPAIS JURISPRUDÊNCIAS DO STF E STJ

Ação coletiva não exige recolhimento prévio de taxa judiciária

O STJ entendeu que é indevida a exigência de recolhimento prévio de taxa judiciária para o ajuizamento de ações coletivas, pois o art. 18 da Lei 7.347/1985 e o art. 87 do CDC dispensam o adiantamento de custas, emolumentos e demais despesas processuais. Esses valores só poderão ser cobrados ao final do processo, do réu sucumbente ou da parte autora, caso haja comprovação de má-fé. (STJ, REsp 978706/RJ, Rel. Min. Luis Felipe Salomão, Quarta Turma, DJe 05/10/2012)

Isenção de custas nas ações coletivas não inclui o pagamento de preparo recursal

O STJ entendeu que, embora possa haver condenação em custas e despesas ao final do processo, as entidades que atuam na defesa de direitos coletivos não precisam pagar o preparo recursal, pois esse pagamento

86. *Ação Civil Pública: ambiente, consumidor, patrimônio cultural.* 2ª ed. São Paulo: RT, 1987, p. 30.

configura adiantamento de custas processuais, o que é vedado pelo art. 87 do CDC. (STJ, REsp 1074756/MG, Rel. Min. Nancy Andrighi, Terceira Turma, DJe 09/11/2011)

Isenção de custas em ações coletivas beneficia apenas a parte autora

O STJ entendeu que a isenção de custas e despesas processuais prevista no art. 18 da Lei 7.347/1985 se aplica exclusivamente à parte autora da ação coletiva, não podendo ser estendida aos réus, mesmo que sejam condenados por improbidade administrativa. O privilégio processual deve ser interpretado de forma restritiva. (STJ, REsp 193815/SP, Rel. Min. Castro Meira, Segunda Turma, DJ 19/09/2005)

Associações civis estão isentas do pagamento de custas em ações coletivas

O STJ entendeu que associações civis que ajuízam ações coletivas em defesa dos interesses dos consumidores estão isentas do pagamento de custas e demais ônus da sucumbência, salvo se houver comprovação de má-fé. (STJ, EDREsp 156598/SP, Rel. Min. Sálvio de Figueiredo Teixeira, Quarta Turma, DJU 30/04/1998)

Ministério Público não pode ser condenado ao pagamento de custas em ação civil pública

O STJ entendeu que o Ministério Público não pode ser condenado ao pagamento de custas processuais em ações civis públicas, mesmo que a ação seja julgada parcialmente procedente ou que haja extinção sem julgamento de mérito em relação a um dos réus. A regra do art. 18 da Lei 7.347/1985 garante essa isenção, salvo comprovada má-fé. (STJ, REsp 198708/DF, Rel. Min. Garcia Vieira, Primeira Turma, DJU 26/04/1999)

Má-fé do autor pode afastar isenção de custas e honorários em ação coletiva

O STJ entendeu que, embora o art. 18 da Lei 7.347/1985 preveja a isenção de custas para ações civis públicas, essa regra não se aplica se houver comprovação de má-fé do autor. A litigância de má-fé ocorre quando a parte deduz pretensão contrária a texto expresso de lei ou a fato incontroverso. (STJ, REsp 33987/SP, Rel. Min. Ari Pargendler, Segunda Turma, DJU 17/06/1996)

Isenção de custas prevista no CDC não se aplica a ações individuais

O STJ entendeu que a regra do art. 87 do CDC, que dispensa o adiantamento de custas processuais, se aplica apenas a ações coletivas, não abrangendo demandas individuais propostas por consumidores. (STJ, REsp 61913/RS, Rel. Min. Eduardo Ribeiro, Terceira Turma, DJU 27/02/1996)

Sindicatos não têm isenção de custas em ações que não envolvem direito do consumidor

O STJ entendeu que sindicatos não podem se beneficiar da isenção de custas prevista no art. 87 do CDC quando a ação não envolve relação de consumo. No caso analisado, um sindicato de funcionários públicos ajuizou ação que foi julgada improcedente, e o sindicato foi condenado ao pagamento dos ônus da sucumbência. (STJ, REsp 193622/PR, Rel. Min. Fernando Gonçalves, Sexta Turma, DJU 16/04/1999)

Art. 88. Na hipótese do art. 13, parágrafo único, deste código, a ação de regresso poderá ser ajuizada em processo autônomo, facultada a possibilidade de prosseguir-se nos mesmos autos, vedada a denunciação da lide.

O artigo 88 do CDC trata da ação de regresso nos casos previstos no artigo 13, parágrafo único, permitindo que aquele que indenizou o consumidor possa buscar o ressarcimento contra os demais corresponsáveis. Essa ação pode ser proposta em processo autônomo ou nos mesmos autos da ação principal, mas há uma importante restrição imposta pelo legislador: *a vedação da denunciação da lide.*

O direito de regresso decorre da ideia de que a responsabilidade pelo fato do produto pode ser atribuída a diferentes agentes da cadeia de consumo, como fabricantes, importadores, distribuidores e comerciantes. No entanto, a obrigação de indenizar o consumidor deve recair, em um primeiro momento, sobre aquele que integra diretamente a relação jurídica de consumo e que está mais próximo do consumidor. Após o pagamento da indenização, o fornecedor que arcou com os custos da reparação pode buscar o ressarcimento contra os demais responsáveis, observando o grau de participação de cada um na causação do dano.

A vedação à denunciação da lide tem uma razão de ser. O legislador buscou evitar que a inclusão de terceiros na ação principal tornasse o processo mais lento e burocrático, comprometendo a efetividade da tutela jurisdicional ao consumidor.

Como se sabe, a denunciação da lide impõe a ampliação da discussão processual, pois a parte denunciada pode contestar tanto a existência da obrigação de indenizar quanto a sua responsabilidade específica. Isso levaria à dilação probatória e ao prolongamento da demanda, retardando o pagamento da indenização ao consumidor, que é a parte vulnerável na relação.

Outro fator relevante para essa restrição é a diferença estrutural entre a relação consumerista e a relação entre os corresponsáveis pelo dano. A responsabilidade do fornecedor perante o consumidor é objetiva, ou seja, independe de culpa, bastando a comprovação do nexo causal entre o defeito do produto e o dano sofrido. Por outro lado, a relação entre os eventuais corresponsáveis pode se basear na responsabilidade subjetiva, exigindo a comprovação de dolo ou culpa. A introdução dessa nova discussão no processo principal desviaria o foco da ação e criaria obstáculos à celeridade processual.

O STJ consolidou o entendimento de que a vedação da denunciação da lide é uma regra instituída em favor do consumidor, para garantir que ele não seja prejudicado por disputas internas entre os responsáveis pelo dano. Nesse sentido, o STJ decidiu que apenas o consumidor tem legitimidade para questionar a denunciação da lide e requerer a sua exclusão do processo. Caso ele não se oponha à denunciação e essa já tenha sido admitida pelo juiz, não cabe ao fornecedor denunciado invocar a regra do artigo 88 para tentar se eximir de sua responsabilidade perante o denunciante.[87]

Houve, no entanto, uma divergência jurisprudencial no STJ sobre a amplitude da vedação à denunciação da lide. A Quarta Turma sempre entendeu que essa proibição se aplica a qualquer relação de consumo, pois a introdução de terceiros no processo invariavelmente retardaria a solução do litígio, contrariando os princípios da celeridade e da efetividade processual. Já a Terceira Turma, no passado, sustentava que a restrição do artigo 88 do CDC se limitava às ações de responsabilidade pelo *fato do produto* (artigo 13), e não às ações baseadas no *fato do serviço* (artigo 14). Assim, para essa corrente, seria possível a denunciação da lide nas ações em que o consumidor buscasse a reparação de danos causados por falhas na prestação de serviços.

Essa divergência, contudo, foi superada quando a Terceira Turma revisou seu posicionamento e passou a aderir ao entendimento da Quarta Turma, reconhecendo que a vedação à denunciação da lide deve ser aplicada a *toda e qualquer ação de consumo*. Dessa

87. STJ, REsp 913.687/SP, Rel. Ministro Raul Araújo, Quarta Turma, DJe 04/11/2016.

forma, consolidou-se no STJ a tese de que a norma do artigo 88 tem caráter amplo e deve ser interpretada de maneira a garantir a proteção máxima ao consumidor.[88]

Além disso, o STJ também estendeu a *vedação à denunciação da lide para as ações coletivas*, com base na aplicação integrativa do artigo 21 da Lei da Ação Civil Pública e do artigo 90 do CDC. O Tribunal entendeu que, nesses casos, a introdução de discussões paralelas sobre o direito de regresso comprometeria a estrutura do microssistema coletivo, ampliando o objeto litigioso de forma indevida e retardando a efetividade da decisão judicial.[89] Isso é particularmente relevante em demandas ambientais e consumeristas, onde a prioridade deve ser a rápida e eficiente proteção dos direitos da coletividade.

Portanto, a restrição imposta pelo artigo 88 do CDC deve ser interpretada à luz do princípio da máxima proteção ao consumidor e da busca por maior celeridade e efetividade na reparação dos danos. O legislador fez uma escolha clara ao privilegiar a segurança jurídica e a celeridade da tutela consumerista em detrimento da conveniência processual dos fornecedores. O direito de regresso dos corresponsáveis permanece assegurado, mas deve ser exercido fora da ação principal, garantindo que o consumidor não seja prejudicado pela demora do processo.

PRINCIPAIS JURISPRUDÊNCIAS DO STF E STJ

É vedada denunciação à lide mesmo nas ações que envolvam concessionárias de serviço público em casos de relação de consumo.

"Esta Corte Superior perfilha o entendimento de que, mesmo em ações que envolvam concessionárias de serviço público, é vedada a denunciação à lide em casos de relação de consumo." (STJ, AgInt no AREsp 1549270/RJ, Rel. Ministro Luis Felipe Salomão, Quarta Turma, DJe 03/08/2020)

Não cabe denunciação da lide nas relações de consumo.

"Em se tratando de relação de consumo, descabe a denunciação da lide, nos termos do art. 88 do CDC." (STJ, AgRg no AREsp 157.812/RJ, Rel. Ministro Herman Benjamin, Segunda Turma, DJe 02/08/2012)

Art. 89. Vetado

Art. 90. Aplicam-se às ações previstas neste título as normas do Código de Processo Civil e da Lei nº 7.347, de 24 de julho de 1985, inclusive no que respeita ao inquérito civil, naquilo que não contrariar suas disposições.

O artigo 90 do CDC estabelece a aplicação subsidiária das normas do CPC e da Lei de Ação Civil Pública (Lei nº 7.347/1985) às ações coletivas consumeristas, desde que não haja incompatibilidade com suas disposições específicas. Essa norma evidencia a construção de um **microssistema processual coletivo**, no qual o CDC, a LACP e o CPC interagem de forma complementar para garantir a efetividade da tutela jurisdicional dos direitos difusos, coletivos e individuais homogêneos.

88. STJ, REsp 1165279/SP, Rel. Ministro Paulo de Tarso Sanseverino, Terceira Turma, DJe 28/05/2012.
89. STJ, REsp 1696736/SP, Rel. Ministro Herman Ben-jamin, Segunda Turma, DJe 16/12/2021.

O STJ consolidou esse entendimento ao afirmar que o processo coletivo é regulamentado de forma integrativa pelos dispositivos do CDC, da LACP e do CPC. Isso significa que, na ausência de uma norma específica no CDC, aplicam-se as regras da LACP e, somente quando ambas forem omissas, recorre-se ao CPC como norma geral subsidiária. Esse mecanismo de integração garante a coerência e a unidade do sistema de tutela coletiva, evitando lacunas normativas que poderiam comprometer a proteção dos consumidores (STJ, REsp 49272/RS, DJ 17/10/1994, Rel. Min. Demócrito Reinaldo).

Um exemplo dessa interação pode ser observado no *inquérito civil*, regulado pelo artigo 8º da LACP, que pode ser utilizado para investigar fatos relacionados a relações de consumo. Da mesma forma, o artigo 14 da LACP permite ao juiz conceder *efeito suspensivo a recursos*, o que também se aplica às ações consumeristas. Assim, as ferramentas processuais previstas na Lei de Ação Civil Pública podem ser amplamente utilizadas nas ações do CDC, sempre que forem compatíveis com seus princípios e objetivos.

Nelson Nery Júnior destaca essa interação entre os sistemas do CDC e da LACP, afirmando que ambos se complementam e podem ser aplicados indistintamente às ações que envolvem interesses difusos, coletivos e individuais homogêneos. No entanto, deve-se observar o *princípio da especialidade*, de modo que as ações referentes a relações de consumo devem ser regidas prioritariamente pelo Título III do CDC, aplicando-se a LACP apenas de forma subsidiária. Essa compatibilidade recíproca foi expressamente reconhecida pelo legislador, que, por meio das disposições finais do CDC, alterou e acrescentou artigos ao texto da LACP, reforçando essa integração.[90]

Quando nem o CDC nem a LACP forem suficientes para resolver determinada questão processual, aplica-se o CPC, que atua como norma geral subsidiária. Essa hierarquia na aplicação das normas processuais garante a *máxima efetividade da tutela coletiva,* evitando que a ausência de disposições específicas impeça a defesa adequada dos direitos dos consumidores.

A LACP, por sua vez, possui natureza essencialmente processual, limitando-se a disciplinar o procedimento da ação coletiva. Seu conteúdo não conflita com as normas do Título III do CDC, mas, ao contrário, complementa a proteção conferida pela legislação consumerista. O próprio artigo 21 da LACP, inserido pelo artigo 117 do CDC, ampliou expressamente o alcance da ação civil pública para abarcar a defesa dos direitos individuais homogêneos, reforçando o papel do Ministério Público como substituto processual para a tutela desses interesses.

O STJ, ao julgar o REsp nº 49.272/RS, reconheceu que, por força dessa alteração legislativa, a ação civil pública pode ser utilizada para tutelar *tanto direitos coletivos quanto individuais homogêneos,* garantindo maior abrangência e efetividade à proteção dos consumidores (STJ, REsp 49272/RS, DJ 17/10/1994, Rel. Min. Demócrito Reinaldo).

Essa ampliação fortaleceu a atuação do Ministério Público e de outros legitimados na defesa de direitos que, embora titularizados individualmente, decorrem de um mesmo fato gerador, justificando a atuação coletiva para assegurar a uniformidade das decisões e evitar a proliferação de demandas repetitivas.

90. *Código Brasileiro de Defesa do Consumidor Comentado pelos Autores do Anteprojeto.* 7ª ed. Rio de Janeiro: Forense Universitária, 2001, p. 869-870.

Portanto, o artigo 90 do CDC reforça o caráter *sistemático e complementar* das normas que regem a tutela coletiva, garantindo que a legislação consumerista, a Lei de Ação Civil Pública e o Código de Processo Civil atuem de forma *harmônica e integrada*. Esse modelo busca proporcionar uma tutela coletiva célere, eficaz e acessível, assegurando a máxima proteção dos consumidores e a eficiência da atuação jurisdicional na defesa dos interesses coletivos.

Capítulo II
Das Ações Coletivas para a Defesa de Interesses Individuais Homogêneos

Art. 91. Os legitimados de que trata o art. 82 poderão propor, em nome próprio e no interesse das vítimas ou seus sucessores, ação civil coletiva de responsabilidade pelos danos individualmente sofridos, de acordo com o disposto nos artigos seguintes.

O artigo 91 do CDC prevê que os legitimados do artigo 82 podem propor, em nome próprio e no interesse das vítimas ou seus sucessores, uma ação civil coletiva para a reparação dos danos individualmente sofridos. Trata-se de um importante mecanismo de defesa dos *direitos individuais homogêneos*, ou seja, aqueles que possuem origem comum, mas titularidade individual, como nos casos de consumidores prejudicados por um mesmo evento, a exemplo da contaminação em massa por um alimento impróprio para consumo ou da venda de um produto com defeito sistêmico.

A legitimidade ativa conferida pelo artigo 91 é extraordinária, pois os legitimados atuam como substitutos processuais, defendendo direitos alheios em juízo. Essa regra reflete uma característica essencial das ações coletivas consumeristas: a facilitação do acesso à justiça e a economia processual, permitindo que um único processo represente um grande número de indivíduos que, isoladamente, poderiam não ter condições de litigar.

João Batista de Almeida destaca a importância dessa ação coletiva reparatória ao observar que, dada a sua natureza, poderiam ser propostas milhares de ações individuais para discutir o mesmo fato, sobrecarregando o Judiciário e gerando decisões contraditórias. A possibilidade de ajuizamento de uma única ação coletiva por um dos legitimados da lei evita essa fragmentação e assegura uma solução uniforme para todas as vítimas do evento danoso, além de fortalecer a posição do consumidor, que muitas vezes não possui incentivo para litigar sozinho devido ao reduzido valor da demanda ou aos custos envolvidos no processo.[91]

A ação prevista no artigo 91, no entanto, não esgota todas as formas de tutela dos interesses individuais homogêneos.

A doutrina diverge sobre a diferenciação entre *ação coletiva* e *ação civil pública*. Alguns autores defendem que os termos são sinônimos, não havendo utilidade prática na distinção.[92] Outros, como João Batista de Almeida, entendem que a ação coletiva é aquela regulada

91. ALMEIDA. João Batista de. *Manual de Direito do Consumidor*. São Paulo: Saraiva, 2003, p. 192.

92. Nesse sentido, Pedro da Silva Dinamarco. *Ação Civil Pública*. São Paulo: Saraiva, 2001, p. 17. José Marcelo Menezes Vigliar, embora ressalvando o seu entendimento de que as expressões "ação civil pública" e "ação coletiva" são equivocadas, esclarece que é plenamente possível a utilização de uma pela outra.

pelo CDC (arts. 91 e seguintes), destinada exclusivamente à defesa de *direitos individuais homogêneos,* enquanto a ação civil pública, disciplinada na Lei nº 7.347/1985, se presta à proteção de *direitos difusos e coletivos.*[93] Já Hugo Nigro Mazzilli propõe um critério baseado na legitimidade ativa: quando a ação é ajuizada pelo Ministério Público, deve ser chamada de ação civil pública; quando proposta por outros legitimados, como associações ou órgãos públicos, o termo correto seria ação coletiva.[94]

O entendimento mais adequado parece ser aquele que considera a ação coletiva como um gênero, do qual são espécies a ação civil pública, a ação popular, o mandado de segurança coletivo, a ação de responsabilidade por improbidade administrativa, entre outras. Dessa forma, a ação coletiva de responsabilidade pelos danos individualmente sofridos seria apenas uma das expressões desse gênero mais amplo, o que justifica sua regulamentação específica dentro do CDC.

Outro aspecto fundamental da ação prevista no artigo 91 do CDC é o seu impacto na liquidação e execução da sentença. A decisão proferida na ação coletiva não determina o valor individual devido a cada vítima, mas apenas o reconhecimento genérico da obrigação de indenizar, cabendo a cada lesado, posteriormente, comprovar seu prejuízo em fase de liquidação.

Esse modelo evita discussões individuais dentro da ação coletiva e permite uma *fluid recovery*, garantindo que os valores não reclamados sejam revertidos para fundos de interesse social.

Dessa forma, a ação coletiva prevista no artigo 91 do CDC representa um avanço significativo na tutela dos consumidores e no fortalecimento da defesa dos direitos individuais homogêneos, garantindo uniformidade de decisões, economia processual e maior efetividade na reparação de danos, ao mesmo tempo em que permite a liquidação individual de valores e a destinação social dos montantes não reclamados.

PRINCIPAIS JURISPRUDÊNCIAS DO STF E STJ

Sobre a legitimação para os direitos individuais homogêneos

Ver art. 82.

Art. 92. O Ministério Público, se não ajuizar a ação, atuará sempre como fiscal da lei.

Parágrafo único. Vetado

O artigo 92 do CDC determina que o Ministério Público deve atuar obrigatoriamente como fiscal da lei nas ações coletivas em que não figure como parte. Essa imposição decorre da relevância social das demandas coletivas, que envolvem interesses que ultrapassam a esfera meramente privada e afetam um número significativo de consumidores.

"Ação civil pública ou ação coletiva?" – *in Ação Civil Pública* – Lei nº 7347/1985 – 15 anos (Coordenador Edis Milaré), São Paulo: RT, 2001, p. 416.

93. *Manual de Direito do Consumidor*. São Paulo: Saraiva, 2003, p. 198.

94. *A defesa dos interesses difusos em juízo*. 15ª ed. São Paulo: Saraiva, p. 61.

Assim, a ausência de manifestação do Ministério Público nesse papel acarreta nulidade absoluta e insanável dos atos processuais, incluindo o acórdão proferido em segundo grau de jurisdição, o que exige a prévia intimação do Ministério Público Federal para manifestação e novo julgamento da causa (STJ, REsp nº 80108/PA, Rel. Min. Francisco Peçanha Martins, DJ 11/09/2000).

Quando o Ministério Público já atua como *autor da ação,* sua intervenção como fiscal da lei torna-se desnecessária, pois ele já estará defendendo diretamente o interesse tutelado. O STJ confirmou essa interpretação ao afirmar que, tratando-se de ação civil proposta pelo Ministério Público, *não há necessidade de sua intervenção como custos legis* (STJ, REsp nº 156.291/SP, Rel. Min. Adhemar Maciel, DJ 01/02/1999).

Além disso, caso uma associação autora desista infundadamente da ação ou abandone o processo, o Ministério Público, ou qualquer outro legitimado, poderá assumir a titularidade da demanda, conforme previsto no artigo 5º, § 3º, da Lei nº 7.347/1985 e reforçado pelo artigo 112 do CDC. Essa previsão visa evitar fraudes e proteger o interesse coletivo, impedindo que acordos prejudiciais entre autores e réus resultem na extinção de ações que buscam reparar danos a um grande número de consumidores.

A atuação do Ministério Público nas ações coletivas consumeristas não se restringe à sua participação obrigatória como fiscal da lei. Existe uma discussão doutrinária sobre a legitimidade ativa do Parquet para propor ações coletivas em defesa de interesses individuais homogêneos.

Alguns tribunais já questionaram essa legitimidade, alegando que o artigo 129, III, da Constituição Federal, ao mencionar a defesa de interesses difusos e coletivos, não inclui expressamente os interesses individuais homogêneos. Argumenta-se que esses interesses seriam disponíveis, o que, em tese, afastaria a atuação do Ministério Público, já que sua missão constitucional se restringiria à defesa de interesses sociais e individuais indisponíveis.

Esse entendimento, no entanto, não se sustenta diante de uma interpretação sistêmica do ordenamento jurídico. A Constituição de 1988, ao ser promulgada, não previa expressamente a categoria dos interesses individuais homogêneos, que só seriam formalmente reconhecidos com a edição do CDC. Além disso, o artigo 129, IX, da Constituição permite a ampliação das funções do Ministério Público por meio de lei, desde que compatíveis com sua finalidade. Como a dimensão social das ações coletivas é inegável, não há incompatibilidade na atuação do Parquet na defesa desses direitos, uma vez que eles são tratados em sua dimensão coletiva e social.

O próprio Supremo Tribunal Federal consolidou esse entendimento, ao decidir que os direitos individuais homogêneos são uma subespécie de interesses coletivos, o que justifica a atuação do Ministério Público em ações que visam sua proteção.[95] No caso das mensalidades escolares, por exemplo, o STF reconheceu a legitimidade ativa do Ministério Público para propor ação coletiva, destacando que o tema envolvia interesses sociais relevantes, justificando sua tutela coletiva.

95. STF, RE nº 1663231-3-SP, 2ª Turma, j. 26.2.97.

Assim, a jurisprudência dominante já afastou os questionamentos quanto à constitucionalidade do artigo 82 do CDC, que confere ao Ministério Público a legitimidade para a defesa de interesses individuais homogêneos.

Outro aspecto relevante do artigo 92 do CDC é que a presença obrigatória do Ministério Público busca prevenir riscos inerentes às ações coletivas, como colusão entre as partes, abandono estratégico do processo ou acordos prejudiciais aos consumidores.

Essa exigência não é inédita no ordenamento jurídico brasileiro, sendo adotada também na ação popular (Lei nº 4.717/1965) e na ação civil pública (Lei nº 7.347/1985). Embora os interesses em jogo nas ações coletivas consumeristas sejam predominantemente privados, há um claro interesse público na correta condução do processo coletivo, o que justifica a necessidade de supervisão do Ministério Público.

Dessa forma, o artigo 92 do CDC reforça o papel central do Ministério Público na proteção dos direitos coletivos e individuais homogêneos, seja como autor da ação, seja como fiscal da lei. Sua atuação obrigatória garante maior transparência e segurança na condução dos processos coletivos, prevenindo abusos e assegurando que os consumidores sejam adequadamente representados e protegidos na esfera judicial.

PRINCIPAIS JURISPRUDÊNCIAS DO STF E STJ

Dissolução de associação impede sua substituição no polo ativo da ação civil pública

O STJ entendeu que, caso uma associação que ajuizou ação civil pública seja dissolvida no curso do processo, não é possível que outra associação assuma sua posição no polo ativo, ainda que ambas defendam interesses comuns. A decisão baseia-se na necessidade de representatividade adequada dos associados, o que inviabiliza a substituição por outro ente associativo. No entanto, outros legitimados, como o Ministério Público, podem assumir a titularidade da ação, desde que guardem representatividade adequada. No caso analisado, o Ministério Público não manifestou interesse em prosseguir com a ação, levando à sua extinção sem julgamento de mérito. (STJ, REsp 1405697/MG, Rel. Ministro Marco Aurélio Bellizze, Terceira Turma, DJe 08/10/2015).

Art. 93. Ressalvada a competência da Justiça Federal, é competente para a causa a justiça local:

I – no foro do lugar onde ocorreu ou deva ocorrer o dano, quando de âmbito local;

II – no foro da Capital do Estado ou no do Distrito Federal, para os danos de âmbito nacional ou regional, aplicando-se as regras do Código de Processo Civil aos casos de competência concorrente.

O artigo 93 do CDC disciplina a competência territorial para o julgamento das ações coletivas, aplicando-se a todas as demandas que visam à defesa de interesses difusos, coletivos e individuais homogêneos. O critério adotado pelo legislador baseia-se na abrangência territorial do dano, estabelecendo a competência do foro do local onde ocorreu ou deva ocorrer o prejuízo quando este for local, e da capital do Estado ou do Distrito Federal quando o dano for regional ou nacional.

Quando o dano for local, ou seja, circunscrito a um único município, a competência será da justiça estadual no foro do lugar onde ocorreu ou deveria ocorrer o dano. Esse critério facilita o acesso à justiça e a produção de provas, garantindo que a ação seja ajuizada no local mais conveniente para as vítimas.

Se o dano ultrapassar os limites de um único município, atingindo várias localidades dentro de um mesmo estado, a competência será da capital do Estado, pois esta representa um foro centralizado para demandas regionais.

Nos casos em que o dano for nacional ou abranger mais de um estado, o CDC estabeleceu uma competência concorrente entre a capital do Estado e o Distrito Federal, permitindo que a ação seja proposta em qualquer um desses locais.

Essa escolha visa proporcionar maior flexibilidade na propositura da ação e evitar a sobrecarga de um único tribunal. O STJ confirmou essa interpretação ao decidir que não há exclusividade do foro do Distrito Federal para as ações coletivas de âmbito nacional, pois as capitais dos estados também possuem competência concorrente para processar e julgar essas demandas (STJ, CC 17533/DF, Rel. Min. Carlos Alberto Menezes Direito, DJ 13/09/2000).

Apesar da regra geral de competência da justiça estadual, há uma ressalva expressa no artigo 93 do CDC: quando houver interesse da União, de autarquias ou de empresas públicas federais como autoras, rés, assistentes ou opoentes, a competência será da Justiça Federal, conforme o artigo 109 da Constituição Federal.

Uma questão que gerou divergências na jurisprudência dizia respeito às hipóteses em que o local do dano não possui vara da Justiça Federal, mas a União tem interesse na causa. A dúvida era se a ação deveria ser processada na Justiça Estadual ou se deveria ser remetida para a vara federal mais próxima.

O STJ, em um primeiro momento, consolidou o entendimento de que a competência seria da Justiça Estadual por meio da Súmula 183, que estabelecia que a Justiça Comum Estadual poderia processar e julgar ações civis públicas quando a comarca não fosse sede de vara da Justiça Federal, ainda que houvesse interesse da União no processo.

Entretanto, o STF reformulou essa posição, entendendo que, mesmo nesses casos, a competência deve ser da Justiça Federal. O Supremo decidiu que o juiz federal tem competência territorial e funcional sobre todo o país e que o afastamento da jurisdição federal somente poderia ocorrer mediante previsão expressa em lei ordinária, o que não ocorreu para esse tipo de demanda (STF, RE 228.955/RS, Pleno, Min. Ilmar Galvão, DJ 14/04/2000). Em razão dessa decisão, o STJ cancelou a Súmula nº 183 e passou a adotar o entendimento do STF, consolidando que a Justiça Federal sempre será competente quando houver interesse da União na causa, independentemente da existência de vara federal no local do dano (STJ, EDCC 27676/BA, Rel. Min. José Delgado, Primeira Seção, DJ 05/03/2001).

Embora o STF tenha reconhecido a competência da Justiça Federal quando há interesse da União, há uma exceção prevista na Constituição. O artigo 109, § 3º, da CF permite que a lei atribua competência ao juiz estadual quando a comarca não for sede de vara federal. No entanto, a Lei nº 7.347/1985 (Lei da Ação Civil Pública) não previu expressamente essa delegação de competência, limitando-se a estabelecer que as ações civis públicas devem ser propostas no foro do local onde ocorreu o dano. Isso significa que, na ausência de uma vara federal na localidade, a Justiça Estadual somente poderá atuar se houver previsão legal específica atribuindo-lhe essa competência, o que não ocorreu para as ações coletivas consumeristas.

Embora o artigo 93 esteja inserido no capítulo referente à tutela dos interesses individuais homogêneos, a jurisprudência e a doutrina entendem que suas regras de competência devem ser aplicadas a todos os processos coletivos, inclusive aqueles que protegem interesses difusos e coletivos. Isso se deve à necessária coerência interna do sistema jurídico, pois seria ilógico que as ações coletivas para tutela de interesses individuais homogêneos tivessem uma regra de competência nacional ou regional, enquanto as ações voltadas à proteção de interesses difusos ou coletivos não tivessem essa possibilidade.

O artigo 93 do CDC deve ser interpretado em conjunto com o artigo 2º da Lei da Ação Civil Pública, que estabelece que as ações coletivas devem ser propostas no foro do local onde ocorreu o dano. Esse critério, baseado no princípio da facilitação do acesso à justiça, foi adotado para assegurar que as ações sejam ajuizadas em locais acessíveis às vítimas e que a produção de provas seja mais eficiente.

Além disso, a competência territorial prevista no artigo 93 do CDC é de natureza absoluta, ou seja, não pode ser modificada pela vontade das partes. Isso significa que não se admite eleição de foro, conexão ou continência para alterar o juízo competente. Esse entendimento foi reforçado pelo STJ, que reconheceu a competência funcional e absoluta das regras territoriais do artigo 93, impossibilitando sua derrogação pelas partes (STJ, CC 27676/BA, Rel. Min. José Delgado, DJ 05/03/2001).

O STJ também editou a **Súmula 489**, consolidando o entendimento de que, reconhecida a continência, as ações civis públicas propostas na Justiça Federal e na Justiça Estadual devem ser reunidas e processadas na Justiça Federal. Esse entendimento reforça o critério da competência da Justiça Federal quando houver conexão entre demandas coletivas, garantindo maior uniformidade nas decisões e evitando conflitos de competência entre esferas judiciais (STJ, Súmula 489).

O artigo 93 do CDC estabelece critérios objetivos e territoriais para a fixação da competência nas ações coletivas, garantindo maior segurança jurídica e efetividade no julgamento dessas demandas. As principais regras estabelecidas pelo dispositivo são: a competência da justiça estadual será definida conforme a abrangência territorial do dano, sendo o foro do lugar onde ocorreu o dano nos casos de dano local, o foro da capital do Estado nos casos de dano regional e o foro da capital do Estado ou do Distrito Federal nos casos de dano nacional.

Para ações de âmbito nacional, há competência concorrente entre a capital do Estado e o Distrito Federal. Quando houver interesse da União, autarquias ou empresas públicas federais, a competência será da Justiça Federal. A competência territorial do artigo 93 do CDC é absoluta, não podendo ser modificada por convenção das partes.

Concluindo, temos:

Situação	Juízo competente
Dano de âmbito local	Justiça Estadual local
Dano de âmbito regional	Justiça Estadual na capital do Estado
Dano de âmbito nacional	Justiça Estadual na capital do Estado ou no do Distrito Federal

Situação	Juízo competente
Causas em que a União, entidade autárquica ou empresa pública federal forem interessadas na condição de autoras, rés, assistentes ou oponentes	Justiça Federal

PRINCIPAIS JURISPRUDÊNCIAS DO STF E STJ

Prevenção do juízo nas ações civis públicas de âmbito nacional ou regional

O STJ entendeu que, no caso de múltiplas ações civis públicas com efeitos nacionais ou regionais, a competência deve seguir o art. 93, II, do Código de Defesa do Consumidor (CDC). Além disso, o juízo que primeiro conhecer de uma dessas ações torna-se prevento para julgar todas as demandas conexas. Esse entendimento decorre da decisão do STF no RE 1.101.937 RG/SP, que declarou inconstitucional a limitação territorial imposta pelo art. 16 da Lei 7.347/1985, restabelecendo sua redação original. (STJ, AgInt no RE nos EDcl no AgInt no REsp 1602780/SC, Rel. Min. Jorge Mussi, Corte Especial, DJe 16/12/2021).

Súmula 489 do STJ:

"Reconhecida a continência, devem ser reunidas na Justiça Federal as ações civis públicas propostas nesta e na Justiça estadual."

Foro da capital do estado é competente para ações coletivas sobre danos regionais

O STJ entendeu que o art. 93, II, do Código de Defesa do Consumidor (CDC) também se aplica às ações coletivas que visam à defesa de direitos difusos e coletivos, não se restringindo às demandas sobre relações de consumo. Dessa forma, compete ao foro da capital do estado julgar ações civis públicas que tratem de danos com efeitos regionais, sendo essa uma regra de competência absoluta. (STJ, REsp 1.101.057/MT, Rel. Min. Nancy Andrighi, julgado em 07/04/2011).

Ações civis públicas por dano ao consumidor em âmbito nacional podem ser ajuizadas na capital de qualquer estado

O STJ entendeu que não há competência exclusiva do Distrito Federal para o julgamento de ações civis públicas que envolvam danos ao consumidor em escala nacional. Nessas situações, o autor pode propor a ação tanto no DF quanto na capital de qualquer estado da Federação, pois há competência concorrente entre esses foros. Além disso, uma vez escolhida a jurisdição e proferida sentença, o tribunal não pode, de ofício, declinar a competência para outro estado sem a manifestação de exceção de incompetência. (STJ, REsp 712006/DF, Rel. Min. Luis Felipe Salomão, DJe 24/08/2010).

União não tem legitimidade para intervir em ACP sobre cláusulas de planos de saúde

O STJ entendeu que a União não possui legitimidade para intervir em ação civil pública que discute a nulidade de cláusulas contratuais em planos de saúde. Para que sua intervenção seja justificada, é necessário demonstrar um interesse jurídico direto na demanda, caracterizado por um possível prejuízo juridicamente relevante, o que não ocorre nesse tipo de ação. (STJ, REsp 767.989/RJ, Rel. Min. Paulo Furtado, julgado em 05/08/2010).

Art. 94. Proposta a ação, será publicado edital no órgão oficial, a fim de que os interessados possam intervir no processo como litisconsortes, sem prejuízo de ampla divulgação pelos meios de comunicação social por parte dos órgãos de defesa do consumidor.

O art. 94 do CDC estabelece a necessidade de ampla divulgação da propositura da ação coletiva, garantindo que os interessados possam intervir no processo como litisconsortes. A finalidade dessa publicidade é assegurar que todos aqueles que possam ser afetados pela decisão judicial tenham conhecimento da existência da demanda e, se desejarem, possam participar ativamente do processo.

Essa participação, no entanto, não é obrigatória, pois se trata de um litisconsórcio facultativo e unitário. Isso significa que a sentença proferida terá efeitos uniformes para todos os consumidores atingidos pelo mesmo fato, independentemente de sua intervenção no processo.

O legislador brasileiro adotou o sistema de intimação por edital, descartando notificações individuais, que seriam inviáveis diante da natureza coletiva dessas ações. A publicação ocorre no órgão oficial e deve ser complementada por ampla divulgação nos meios de comunicação social, como rádio, televisão e jornais.

Essa responsabilidade recai sobre os órgãos de defesa do consumidor, que integram o Sistema Nacional de Defesa do Consumidor. Apesar da previsão legal para divulgação da propositura da ação, há críticas quanto à ausência de uma norma que obrigue os legitimados a divulgar a sentença coletiva condenatória, o que poderia facilitar a habilitação dos consumidores na fase de execução e evitar que muitos direitos sejam perdidos por prescrição.

A possibilidade de intervenção dos interessados como litisconsortes garante que consumidores diretamente afetados pelo dano possam atuar no processo ao lado do autor coletivo. Essa intervenção segue as regras do CPC, mas apresenta particularidades, pois o litisconsórcio unitário exige que a sentença seja uniforme para todos os envolvidos. Além disso, mesmo que o consumidor ingresse no processo como litisconsorte, ele não poderá modificar o objeto da ação coletiva para incluir questões estritamente individuais, preservando a lógica da demanda coletiva.

O impacto mais significativo da regra prevista no artigo 94 se dá em relação aos limites subjetivos da coisa julgada. Caso o consumidor não tenha intervindo no processo coletivo, ele poderá usufruir dos efeitos da sentença favorável, podendo se habilitar posteriormente na fase de execução para receber a indenização. Entretanto, se a sentença for desfavorável e a ação coletiva for julgada improcedente, ele ainda poderá ingressar com uma ação individual para buscar a reparação dos danos sofridos.

Por outro lado, se o consumidor tiver atuado como litisconsorte, ele será atingido integralmente pelos efeitos da sentença, favoráveis ou não. Assim, se a ação coletiva for julgada improcedente, ele não poderá mais pleitear a reparação de forma individual, pois já terá sido atingido pela coisa julgada. Esse entendimento decorre da aplicação do artigo 103, inciso III, combinado com seu § 2º do CDC, que estabelece os efeitos da coisa julgada nas ações coletivas.

O STJ consolidou a compreensão de que a ausência de citação editalícia dos demais interessados não gera nulidade no processo, pois a regra prevista no artigo 94 foi criada em benefício dos consumidores e não como requisito essencial para a validade da ação. Dessa forma, mesmo que a divulgação não atinja todos os possíveis interessados, a ação coletiva continua válida, e nada impede que aqueles que se sentirem prejudicados possam ingressar com ações individuais posteriormente (STJ, REsp 138411/DF, Rel. Min. Eliana Calmon, Rel. p/ Acórdão Min. Franciulli Netto, DJ 13/02/2001).

A regra contida no artigo 94 reflete um dos princípios fundamentais do processo coletivo: *a maximização da efetividade da tutela jurisdicional*. Ao possibilitar a participação dos consumidores na ação coletiva e garantir que os efeitos da sentença beneficiem toda a coletividade atingida pelo dano, o CDC reforça a ideia de que a tutela coletiva não apenas substitui a atuação individual, mas também amplia a proteção dos consumidores ao permitir que danos de grande escala sejam resolvidos em um único processo, de forma mais célere e uniforme.

Art. 95. Em caso de procedência do pedido, a condenação será genérica, fixando a responsabilidade do réu pelos danos causados.

O artigo 95 do CDC estabelece que, em caso de procedência da ação coletiva, a condenação do réu será genérica, fixando sua responsabilidade pelos danos causados, mas sem determinar de imediato os valores de indenização devidos a cada consumidor lesado.

A sentença proferida nesse tipo de ação reconhece a existência do dano e a obrigação do réu de indenizar, mas não individualiza os titulares do direito nem quantifica os prejuízos sofridos. Assim, trata-se de uma sentença certa, porém ilíquida, que posteriormente será objeto de liquidação individual para definição dos valores a serem pagos a cada prejudicado.

A sentença genérica, ao declarar a lesão a direitos individuais homogêneos, não identifica nominalmente os consumidores afetados nem especifica a extensão dos danos sofridos. O que se reconhece, nesse momento, é a existência de um evento danoso e sua aptidão para causar prejuízo aos consumidores, sem que seja necessário, no curso da ação coletiva, a demonstração individual de cada lesão sofrida. Esse modelo processual busca evitar que a necessidade de individualização dos danos no momento da condenação retarde a tutela coletiva, garantindo maior efetividade ao processo.

Para que a indenização ocorra, os consumidores deverão demonstrar, na fase de liquidação da sentença, a existência do dano que sofreram, o nexo causal entre esse dano e o fato reconhecido na sentença coletiva e o valor correspondente à sua reparação.

A liquidação, nesse caso, será feita por artigos ou por arbitramento, com a comprovação da aquisição do produto defeituoso ou do prejuízo decorrente de uma prática abusiva. Essa fase individualizada é fundamental para garantir que a reparação seja proporcional aos danos efetivamente sofridos por cada consumidor.[96]

A eficácia da sentença genérica depende diretamente de sua divulgação, uma vez que os consumidores lesados precisam ter conhecimento da condenação para buscar sua indenização. Apesar de o artigo 96 do CDC, que previa a publicação de edital para esse fim, ter sido vetado, a doutrina entende que o juiz deve determinar a ampla divulgação da sentença condenatória, com base no princípio da publicidade dos atos processuais, previsto no artigo 5º, inciso LX, da Constituição Federal. Se o juiz não ordenar essa divulgação, cabe ao autor

96. Fredie Didier e Hermes Zaneti também entendem que a liquidação coletiva pode ser feita tanto por artigos como também por arbitramento. "Pensamos que a liquidação de sentença coletiva, em qualquer de suas espécies, pode ser por arbitramento ou por artigos. Na liquidação por arbitramento, também é necessário provar um fato novo (a extensão do dano), mas essa prova pode ser feita por perícia, sem necessidade de produzir outros meios de prova." *Curso de Direito Processual Civil – Processo Coletivo*, vol. 4. Salvador: Juspodivm. 2007, p. 368.

da ação coletiva promover a ampla publicidade da decisão nos meios de comunicação, sob pena de tornar a condenação ineficaz.[97]

O fato de a condenação ser genérica não significa que a sentença não seja certa. A certeza é um requisito essencial de qualquer decisão judicial, e a sentença coletiva atende a esse critério ao fixar de maneira clara o dever do réu de indenizar os consumidores prejudicados. A quantificação dos valores devidos a cada indivíduo será feita posteriormente, seguindo os procedimentos previstos nos artigos 491, § 1º, 509 a 512 do CPC, que disciplinam a liquidação das sentenças ilíquidas.

Embora a regra geral seja a condenação genérica, o juiz poderá, caso tenha elementos suficientes nos autos, quantificar desde logo a indenização devida. Esse entendimento já foi reconhecido pelo STJ em diversas oportunidades, destacando que, se houver provas que permitam a definição do valor da indenização, não há impedimento para que o magistrado o fixe diretamente na sentença, mesmo que o pedido formulado na ação tenha sido genérico.[98]

O modelo processual adotado pelo CDC para a responsabilização do réu nas ações coletivas garante maior eficiência na tutela dos consumidores. Ao permitir que a condenação seja proferida sem a necessidade de individualizar cada lesão desde o início, evita-se que a complexidade da apuração dos danos individuais atrase a prestação jurisdicional. Esse sistema também reforça a segurança jurídica, pois a sentença genérica fixa de maneira definitiva a responsabilidade do réu, permitindo que cada consumidor lesado busque sua reparação de forma simplificada na fase de liquidação.

PRINCIPAIS JURISPRUDÊNCIAS DO STF E STJ

Divulgação de sentença coletiva pode ser feita na internet em vez de jornais impressos

O STJ entendeu que, para garantir a efetividade da decisão e alcançar o maior número possível de beneficiários, a divulgação de uma sentença coletiva em jornais de grande circulação pode ser substituída por publicação na internet. A decisão determina que a sentença seja divulgada nos sites de órgãos oficiais e no da parte condenada pelo prazo de 15 dias, garantindo maior publicidade e acesso à informação. (STJ, REsp 1570698/MT, Rel. Ministra Nancy Andrighi, Terceira Turma, DJe 13/09/2018).

Condenação genérica em ação coletiva fixa a responsabilidade, mas danos individuais são apurados na fase de cumprimento de sentença

O STJ entendeu que, em ações civis coletivas envolvendo direitos individuais homogêneos, a sentença pode estabelecer de forma genérica a responsabilidade do réu pelos danos causados, sem especificar os prejuízos individuais de cada vítima. A individualização dos danos e a identificação dos beneficiários ocorrem na fase de cumprimento de sentença, quando cada consumidor deve comprovar o dano sofrido e seu vínculo com o ilícito reconhecido na decisão coletiva. (STJ, REsp 1718535/RS, Rel. Min. Marco Aurélio Bellizze, Terceira Turma, DJe 06/12/2018).

---

97. "Ao juiz é possível dar concretude ao princípio da publicidade dos atos processuais (arts. 5º, LX, da CF e 83 e 94 do CDC), determinando a adoção das técnicas que mais se compatibilizam com as ações coletivas. Suficiência da divulgação da decisão condenatória na rede mundial de computadores, notadamente em órgãos oficiais, bem como no sítio eletrônico do próprio fornecedor (art. 257, II e III, do CPC/2015), a evitar o desnecessário dispêndio de recursos nas publicações físicas, sem haver o comprometimento de as informações atingirem grande número de interessados." (STJ, REsp n. 1.594.024/SP, relator Ministro Ricardo Villas Bôas Cueva, Terceira Turma, julgado em 27/11/2018, DJe de 5/12/2018)

98. Nesse sentido: STJ, REsp n. 1.120.117/AC, relatora Ministra Eliana Calmon, Segunda Turma, julgado em 10/11/2009, DJe de 19/11/2009.

Art. 96. Vetado

Art. 97. A liquidação e a execução de sentença poderão ser promovidas pela vítima e seus sucessores, assim como pelos legitimados de que trata o art. 82.

Parágrafo único. Vetado

De acordo com o art. 97, a liquidação e a execução de sentenças que envolvam direitos individuais homogêneos poderão ser feitas não somente pelos legitimados do art. 82 (liquidação e execução coletiva), mas também, pelas vítimas e seus sucessores (execução e liquidação individual).

A sentença proferida nas ações coletivas para a defesa de interesses individuais homogêneos sempre deverá ser completada pela liquidação, porque, conforme vimos no art. 95, a condenação será genérica.

A liquidação deverá sempre ser personalizada e divisível. Expliquemos: embora a norma autorize a liquidação pelos legitimados do art. 82 (liquidação coletiva), esta somente ocorrerá na hipótese do art. 100 do CDC, ou seja, se, no prazo de um ano, não houver a habilitação de um número de interessados compatível com a gravidade do dano.[99] Por isso é que Marcelo Abelha Rodrigues[100] doutrina que "nem a liquidação e nem a execução da norma jurídica concreta referida [...] será coletiva, ainda que o legitimado (e desde que a lei autorize a legitimidade extraordinária) seja ente coletivo, pelo simples fato de que o direito tutelado é individual puro".

O prazo para habilitação dos interessados não será, portanto, o prazo de um ano contido no art. 100. Deve ser considerado o prazo prescricional do direito material veiculado na ação. Assim, caso se trate de ação coletiva condenatória em razão de danos causados pelo fato do produto ou do serviço (art. 27), o prazo para habilitação será de cinco anos, contados a partir da intimação da sentença (que entendemos deverá ser feita por edital, para que se dê publicidade da sentença genérica, embora o art. 96 do CDC tenha sido vetado).

Indaga-se: se no decorrer de um ano não houver habilitados suficientes "em número compatível com a gravidade do dano" e os legitimados do art. 82 promoverem a liquidação e a execução, nos moldes do art. 100, de modo a reverterem a indenização para o fundo criado? Será que o fornecedor condenado teria que arcar com a indenização a ser destinada ao fundo e também aos consumidores individualmente lesados, caso estes venham a se habilitarem depois da liquidação e execução coletiva?

99. Nesse sentido, o Min. do STJ Antônio Herman V. Benjamin. "Isso porque se trata de dano a interesse individual, e a própria modalidade de execução não prescinde da prova do interesse e do dano efetivamente sofrido. Neste caso, não pode substituir-se à própria vítima ou seus sucessores o Ministério Público, as pessoas jurídicas de direito público ou os órgãos de defesa do consumidor relacionados no art. 82 do CDC. Para estes, a legitimação é subsidiária, em conformidade com o art. 100, hipótese em que os valores da condenação reverterão em favor do Fundo Federal de Direitos Difusos, ou de seus equivalentes em nível estadual e/ou municipal." *Comentários ao Código de Defesa do Consumidor*. 2ª ed. São Paulo: Revista dos Tribunais, 2006, p. 1.087.

100. RODRIGUES. Marcelo Abelha. "Ponderações sobre a fluid recovery do art. 100 do CDC." *Processo civil coletivo*. Rodrigo Mazzei e Rita Nolasco (coord.). São Paulo: Quartier Latin, 2005, p. 462.

Claro que não! Seria o mesmo que admitir uma dupla condenação. Assim, caso a indenização já seja revertida ao fundo, deverá ser reservada a quantia até que flua o prazo prescricional. Isso porque, caso haja consumidores retardatários, a indenização individual deverá sair da quantia reservada.

Vale lembrar que, a despeito das novas regras processuais sobre a liquidação de sentença contidas no art. 475-A e seguintes do CPC/73 (art. 509 e seguintes do novo CPC/15), que autorizam a liquidação no próprio processo de conhecimento; em se tratando de sentença coletiva relacionada a direitos individuais homogêneos, a liquidação será processada em processo autônomo, uma vez que será realizada por cada um dos titulares individuais. Somente a liquidação coletiva pode ser buscada numa fase específica do processo coletivo, sem necessidade de instauração de novo processo (de liquidação!).

O Código de Defesa do Consumidor introduziu no direito brasileiro novo conceito de liquidação de sentença, referente à liquidação dos danos individuais estabelecidos em sentença genérica relacionada com direitos individuais homogêneos. Em seguida à sentença, todo sujeito que alegue ser titular do direito individual homogêneo será legitimado a promover a liquidação da decisão, em seu próprio interesse.

O objetivo desse especial processo de liquidação é mais amplo que o da tradicional liquidação, porque inclui a pretensão do demandante ao reconhecimento da própria condição de lesado (titularidade do crédito), além é claro, de estabelecer o valor da indenização. Não se trata, como na liquidação tradicional, de processo instaurado somente com o fim exclusivo de obter a declaração do *quantum debeatur*.

O STJ já decidiu a respeito:

> A ação individual destinada à satisfação do direito reconhecido em sentença condenatória genérica, proferida em ação civil coletiva, não é uma ação de execução comum. É ação de elevada carga cognitiva, pois nela se promove, além da individualização e liquidação do valor devido, também juízo sobre a titularidade do exequente em relação ao direito material (STJ, AgRg no REsp. 489348/PR, Rel. Min. Teori Albino Zavascki, *DJ* 01/09/2003).

Em seu voto, o Min. Teori Albino Zavascki, profundo conhecedor do assunto, completou que:

> a despeito de ser conhecida como um processo executivo, a ação em que se busca a satisfação individual do direito declarado em sentença de ação civil coletiva não é propriamente uma ação de execução típica. As sentenças proferidas no âmbito das ações coletivas para tutela de direitos individuais homogêneos, por força de expressa disposição do Código de Defesa do Consumidor (Lei nº 8.078/1990, art. 95), são condenatórias genéricas. Nelas não se especifica o valor da condenação nem a identidade dos titulares do direito subjetivo. A carga condenatória, por isso mesmo, é mais limitada do que a que decorre das demais sentenças condenatórias. Sobressai nelas a carga de declaração do dever de indenizar, transferindo-se para a ação de cumprimento a carga cognitiva relacionada com o direito individual de receber a indenização. Assim, a ação de cumprimento não se limita, como nas execuções comuns, à efetivação do pagamento. Nelas se promove, além da individualização e liquidação do valor devido, se for o caso, o juízo sobre a titularidade do exequente em relação ao direito material, para somente então se passar aos atos propriamente executivos.

Nesse sentido, conforme doutrinam Fredie Didier e Hermes Zaneti,[101] serão apurados na liquidação:

a) os fatos e alegações referentes ao dano individualmente sofrido pelo demandante;
b) a relação de causalidade entre o dano e o fato potencialmente danoso acertado na sentença;
c) os fatos e alegações pertinentes ao dimensionamento do dano sofrido.

Em decorrência do procedimento especial, a liquidação é denominada pela doutrina de "imprópria."[102]

Caso procedente, a sentença de "liquidação" conterá duas declarações:

a) a estipulação de que o demandante é credor de uma indenização;
b) a estipulação do valor a ser ressarcido ao demandante. Associando-se aos elementos já contidos na sentença genérica, a decisão na liquidação integrará o título executivo, autorizando a execução, uma vez que agora já se tem a definição do titular do direito e a determinação do valor do crédito (liquidez).

PRINCIPAIS JURISPRUDÊNCIAS DO STF E STJ

Sentença genérica que reconhece expurgos inflacionários exige liquidação prévia para definir valores e beneficiários

O STJ entendeu que a execução de sentença genérica proferida em ação civil pública sobre expurgos inflacionários em cadernetas de poupança exige prévia liquidação. Esse procedimento é necessário para individualizar os beneficiários e determinar os valores devidos, garantindo a correta aplicação da decisão coletiva. (STJ, AgInt no REsp 1593751/DF, Rel. Min. Luis Felipe Salomão, Quarta Turma, DJe 16/08/2016).

Observação: A Segunda Seção do STJ no EREsp 1705018, julgado em dezembro de 2020, pacificou o entendimento de que é necessária a fase de liquidação da sentença genérica, oriunda de ação civil pública, que condena o banco ao pagamento de expurgos inflacionários em caderneta de poupança. Havia divergência entre a Quarta Turma (que considerava necessária a liquidação) e a Terceira Turma (para a qual a liquidação era dispensável, podendo ser substituída por cálculos simples).

Réu de ação individual só pode ser condenado em honorários após reconhecimento do direito na liquidação da sentença coletiva

O STJ entendeu que, quando uma ação individual é suspensa devido ao ajuizamento de uma ação coletiva sobre o mesmo tema, o réu não pode ser previamente condenado ao pagamento de honorários advocatícios apenas pela procedência da ação coletiva. Somente após o reconhecimento do direito material do autor da ação individual, na fase de liquidação da sentença coletiva, é que poderá haver a condenação do réu em custas e honorários, conforme o artigo 20 do CPC. (STJ, REsp 1185334/RS, Rel. Min. Massami Uyeda, Terceira Turma, DJe 14/10/2011).

101. *Curso de Direito Processual Civil – Processo Coletivo*, vol. 4. Salvador: Juspodivm. 2007, p. 367.
102. DINAMARCO, Cândido Rangel. *Instituições de Direito Processual Civil*, 4ª ed. São Paulo: Malheiros, 2004, p. 632.

Conversão de ação individual em liquidação de sentença coletiva é permitida para evitar múltiplas demandas

O STJ entendeu que é legítima a conversão de ações individuais em liquidação de sentença coletiva quando ambas tratam da mesma questão, como no caso dos expurgos inflacionários das cadernetas de poupança. Essa medida visa preservar a efetividade da Justiça e evitar a sobrecarga do Judiciário com processos individuais multitudinários. No entanto, a execução do valor apurado na liquidação deve aguardar o trânsito em julgado da ação coletiva original, em respeito à suspensão determinada pelo STF. (STJ, REsp 1.189.679/RS, Rel. Min. Nancy Andrighi, julgado em 24/11/2010).

Prova do direito individual deve ser feita na fase de cumprimento da sentença coletiva

O STJ entendeu que, em ações coletivas para tutela de direitos individuais homogêneos, a sentença condenatória tem caráter genérico e não exige prova pré-constituída dos direitos individuais dos substituídos. A comprovação do fato constitutivo do direito de cada beneficiário deve ocorrer na fase de cumprimento da sentença, quando serão analisadas as situações particulares, a titularidade do crédito e o montante devido. Essa etapa pode ser conduzida pelos próprios interessados ou pelo sindicato que os representa. (STJ, REsp 487202/RJ, Rel. Min. Teori Albino Zavascki, 1ª Turma, DJ 24/05/2004).

Execução de sentença coletiva exige ampla cognição e contraditório para individualizar direitos e valores

O STJ entendeu que a execução de sentença genérica proferida em ação coletiva, seja ação civil pública ou coletiva ordinária, exige uma cognição exauriente e o respeito ao contraditório amplo. Nessa fase, deve-se verificar a efetiva existência do direito reconhecido na sentença coletiva, a titularidade do credor e a individualização dos valores devidos a cada beneficiário. Esse procedimento garante a correta liquidação e execução dos direitos individuais homogêneos. (STJ, REsp 673380/RS, Rel. Min. Laurita Vaz, DJ 20/06/2005).

Decisão coletiva de sindicato estadual beneficia apenas integrantes da categoria dentro da sua base territorial

O STJ entendeu que a eficácia de uma decisão judicial proferida em ação coletiva promovida por sindicato estadual está limitada aos integrantes da respectiva categoria profissional, filiados ou não, que tenham domicílio na base territorial da entidade sindical. Também são abrangidos aqueles em exercício provisório ou missão em outra localidade. Assim, para que uma decisão tenha efeitos nacionais, o sindicato autor deve ter representação em todo o território nacional. Esse entendimento reforça os princípios da unicidade, territorialidade e especificidade da representação sindical. (STJ, REsp 1.966.060/AL, Rel. Min. Afrânio Vilela, Primeira Seção, DJe 11/10/2024).

Extinção da execução coletiva por prescrição não impede cumprimento individual da sentença

O STJ entendeu que a extinção da execução coletiva por prescrição intercorrente não impede que os beneficiários do título judicial ajuízem execuções individuais. A coisa julgada coletiva apenas vincula os membros do grupo quando a decisão lhes for favorável, conforme o princípio da coisa julgada secundum eventum litis. Além disso, a propositura da execução coletiva interrompe o prazo prescricional para execuções individuais, garantindo aos credores o direito de buscar a efetivação da sentença mesmo após o encerramento da execução coletiva. (STJ, REsp 2.078.485/PE, Rel. Min. Herman Benjamin, Primeira Seção, DJe 23/08/2024).

Art. 98. A execução poderá ser coletiva, sendo promovida pelos legitimados de que trata o art. 82, abrangendo as vítimas cujas indenizações já tiveram sido fixadas em sentença de liquidação, sem prejuízo do ajuizamento de outras execuções.

§ 1º A execução coletiva far-se-á com base em certidão das sentenças de liquidação, da qual deverá constar a ocorrência ou não do trânsito em julgado.

§ 2º É competente para a execução o juízo:

I – da liquidação da sentença ou da ação condenatória, no caso de execução individual;

II – da ação condenatória, quando coletiva a execução.

Para que se dê a execução coletiva, é necessário que se tenham as indenizações fixadas em sentença de liquidação. Assim, a execução promovida pelos entes legitimados (art. 82) somente abrangerá as vítimas que já tiverem suas indenizações liquidadas (art. 98).

Na execução coletiva, o foro competente será, necessariamente, o da ação condenatória e, na execução individual, o foro competente será não somente o da ação condenatória, como também o da liquidação da sentença (art. 98) que, a teor do art. 101, I, do CDC, poderá ser promovida no domicílio do autor. Note-se que nesse último caso, ocorrerá uma cisão entre o juízo da ação condenatória e o da liquidação. Exemplificando, supondo que se tivesse uma sentença condenatória (genérica) em ação coletiva proferida em Porto Alegre e o consumidor (vítima do evento) domiciliado em São Paulo. Poderá o consumidor promover a liquidação individual e a respectiva execução tanto em seu domicílio (São Paulo) como em Porto Alegre (juízo da ação condenatória). No entanto, se for feita coletivamente por um dos legitimados do art. 82, a liquidação e a execução deverão ser feitas, necessariamente, em Porto Alegre.

Execução da sentença condenatória genérica (direitos individuais homogêneos)		
Execução de danos individuais	Proposta pelas vítimas (art. 97)	No juízo da liquidação da sentença ou no juízo da ação condenatória (art. 98, § 2º, I)
	Proposta pelos legitimados coletivos (somente as vítimas com indenizações liquidadas) (art. 98, *caput*)	No juízo da ação condenatória (art. 98, § 2º, II)
Execução de indenização para o fundo – *"fluid recovery"* (somente quando não haja habilitação individual no prazo de um ano)	Proposta pelos legitimados coletivos (art. 100)	No juízo da ação condenatória (art. 98, § 2º, II)

Tudo o que foi exposto se refere à execução de sentença envolvendo direitos individuais homogêneos. Da mesma forma, quando a sentença condenatória coletiva se referir a direitos difusos ou coletivos, será possível a execução individual, por força do transporte *in utilibus* da coisa julgada coletiva para o plano individual, previsto no art.

103, § 3º, do CDC.[103] Assim, também como no art. 98, em ações coletivas sobre direitos difusos e coletivos, a execução poderá ser tanto coletiva (*v.g.*, retirada de determinado produto nocivo do mercado), quanto individual, pelo transporte *in utilibus* da coisa julgada coletiva (*v.g.*, danos causados pelo produto nocivo). Quando a sentença coletiva sobre direitos difusos e coletivos envolver condenação pecuniária[104] (*v.g.*, dano moral coletivo), deverá observar o art. 99 sobre concursos de créditos com os danos causados a título individual. Isso porque, conforme veremos, os credores individuais têm privilégio no recebimento de seus créditos.

Execução da sentença condenatória coletiva (direitos difusos / coletivos)		
Execução da pretensão coletiva	Proposta pelos legitimados coletivos	No juízo da ação condenatória (art. 98, § 2º, II)
Execução de pretensão individual – Transporte *in utilibus* da coisa julgada coletiva para o plano individual (art. 103, § 3º)	Proposta pela vítima	No juízo da liquidação da sentença ou no juízo da ação condenatória (art. 98, § 2º, I)

PRINCIPAIS JURISPRUDÊNCIAS DO STF E STJ

Liquidação da sentença coletiva pelo Ministério Público não interrompe prescrição para execuções individuais

O STJ entendeu que o Ministério Público não tem legitimidade para promover a liquidação de sentença coletiva visando à satisfação dos direitos individuais disponíveis das vítimas ou seus sucessores. A liquidação deve ser feita pelos próprios titulares do direito, e eventual pedido do Ministério Público não tem o condão de interromper o prazo prescricional para execuções individuais. A atuação do Parquet na liquidação coletiva só é permitida na hipótese de reparação fluida, quando, após um ano, os beneficiários não se habilitarem em número compatível com a gravidade do dano. (STJ, REsp 1.758.708/MS, Rel. Min. Nancy Andrighi, Corte Especial, DJe 11/05/2022).

Publicação de condenação em ação coletiva deve ser feita na internet para maior alcance e menor custo

O STJ entendeu que a publicação de editais sobre condenações em ações coletivas deve ser feita prioritariamente na internet, por ser o meio mais eficaz para alcançar um grande número de beneficiários. Essa medida se baseia nos princípios da razoabilidade e proporcionalidade, evitando custos desnecessários com publicações em jornais impressos. O entendimento está alinhado com o CPC/2015, que privilegia a utilização da rede mundial de computadores para dar ampla publicidade às decisões coletivas. (STJ, REsp 1821688/RS, Rel. Min. Nancy Andrighi, Terceira Turma, DJe 03/10/2019).

103. Art. 103, § 3º, do CDC – "Os efeitos da coisa julgada de que cuida o art. 16, combinado com o art. 13 da Lei nº 7.347, de 24 de julho de 1985, não prejudicarão as ações de indenização por danos pessoalmente sofridos, propostas individualmente ou na forma prevista neste código, mas, se procedente o pedido, beneficiarão as vítimas e seus sucessores, que poderão proceder à liquidação e à execução, nos termos dos arts. 96 a 99."

104. O art. 3º da LACP prevê que a ação civil pública poderá ter por objeto a condenação em dinheiro ou o cumprimento de obrigação de fazer ou não fazer.

Juros de mora em condenação coletiva incidem desde a citação na fase de conhecimento da ACP

O STJ entendeu que, nas ações civis públicas fundamentadas em responsabilidade contratual, os juros de mora devem incidir a partir da citação do devedor na fase de conhecimento. Esse entendimento reforça a efetividade da tutela coletiva, evitando prejuízos aos beneficiários e incentivando o uso da ação coletiva em vez da judicialização individual em massa. A regra só não se aplica se houver configuração da mora em momento anterior. (STJ, REsp 1370899/SP, Rel. Min. Sidnei Beneti, Corte Especial, DJe 14/10/2014).

No mesmo sentido: "Nas execuções individuais de sentença proferida em ação civil pública que reconhece o direito dos adquirentes de linha telefônica à complementação de ações em contratos de participação financeira, os juros moratórios incidem a partir da citação ocorrida na fase de conhecimento da demanda coletiva." (STJ, REsp 1689245/SP, Rel. Ministro Ricardo Villas Bôas Cueva, Terceira Turma, DJe 18/06/2019)

Ministério Público não tem legitimidade para executar direitos individuais reconhecidos em ação coletiva

O STJ entendeu que o Ministério Público não possui legitimidade para promover a execução coletiva de direitos individuais homogêneos reconhecidos em ação civil pública. A execução prevista no art. 98 do CDC deve ser realizada pelos próprios beneficiários, pois, nessa fase, o interesse jurídico se restringe ao âmbito patrimonial e disponível de cada consumidor lesado, não havendo justificativa para a atuação do Parquet. A exceção ocorre apenas na execução residual (fluid recovery), prevista no art. 100 do CDC. (STJ, REsp 1801518/RJ, Rel. Min. Paulo de Tarso Sanseverino, Terceira Turma, DJe 16/12/2021).

Prazo de prescrição para execução individual de sentença coletiva é de cinco anos

O STJ entendeu que o prazo para o ajuizamento da execução individual de sentença proferida em ação coletiva é de cinco anos, contados a partir do trânsito em julgado da decisão coletiva. Esse entendimento se baseia nas regras próprias do microssistema das ações coletivas e na aplicação da Súmula 150 do STF. Já para o ajuizamento de ação de conhecimento individual, o prazo é de 20 anos, contados a partir dos pagamentos a menor das correções monetárias nos planos econômicos. (STJ, REsp 1.275.215/RS, Rel. Min. Luis Felipe Salomão, julgado em 27/09/2011).

Prazo quinquenal para execução individual em ações civis públicas contra planos de saúde

O STJ entendeu que o prazo para execução individual de sentenças em ações civis públicas contra planos de saúde é de cinco anos, aplicando, por analogia, o prazo prescricional da ação popular (Lei nº 4.717/1965). A decisão justifica-se pela lacuna na Lei nº 7.347/1985, afastando os prazos do Código Civil e adequando-se à proteção de interesses transindividuais. (STJ, AgInt no REsp 1807990/SP, Rel. Ministra Maria Isabel Gallotti, Quarta Turma, DJe 24/04/2020).

Execução coletiva pelo sindicato interrompe prazo prescricional para execuções individuais

O STJ reconheceu que o ajuizamento de execução coletiva por um sindicato interrompe o prazo prescricional para futuras execuções individuais propostas pelos sindicalizados. Essa orientação visa facilitar e viabilizar o trabalho do Poder Judiciário, especialmente em casos que envolvem um grande número de beneficiários, como no caso de 18 mil servidores. (STJ, REsp 1285009/SP, Rel. Ministro Mauro Campbell Marques, Rel. p/ Acórdão Ministro Cesar Asfor Rocha, Segunda Turma, DJe 06/08/2012).

Prazo prescricional em execuções coletivas e legitimidade de entidade de classe

O STJ entendeu que, em caso de dúvida sobre a legitimidade de um sindicato ou associação para promover execução coletiva, o prazo prescricional para execuções individuais pelos trabalhadores só começa a contar a partir da decisão que reconhece a legitimidade da entidade. Enquanto não houver essa decisão, não se pode falar em inércia dos trabalhadores. (STJ, AgRg no REsp 1.240.333-RS, Rel. Min. Castro Meira, julgado em 18/10/2012, Info. 507 STJ).

Prescrição em embargos à execução individual derivada de ação coletiva

O STJ decidiu que a prescrição pode ser alegada em embargos à execução individual de sentença proferida em ação coletiva, mesmo que a execução derive de título judicial coletivo. A defesa da prescrição pode ser suscitada em qualquer momento, pois se trata de matéria de ordem pública. (STJ, REsp 1.057.562-RS, Rel. Min. Luiz Fux, julgado em 19/10/2010, Informativo 452).

Competência para execução individual de sentença coletiva no domicílio do consumidor

O STJ firmou entendimento de que a execução individual de sentença proferida em ação coletiva pode ser ajuizada no foro do domicílio do consumidor, com base no art. 101, I, do CDC. A regra geral do CPC não se aplica, pois não há interesse que justifique a prevenção do juízo da ação coletiva. (STJ, REsp 1098242/GO, Rel. Ministra Nancy Andrighi, Terceira Turma, DJe 28/10/2010).

Competência para liquidação e cumprimento de sentença coletiva

O STJ reiterou que a competência para liquidação e cumprimento de sentença coletiva pode ser do foro onde foi proferida a decisão ou do domicílio dos beneficiários. No entanto, não é permitido escolher um foro aleatório sem relação com os domicílios dos beneficiários. (STJ, AgInt no REsp 1866563, Rel. Min. Marco Aurélio Bellizze, Terceira Turma, DJe 09/06/2023).

Execução coletiva por associação como representante de associados

O STJ reconheceu que uma associação pode promover a execução de direitos individuais homogêneos em nome de seus associados, atuando como representante. Essa atuação viabiliza a satisfação de créditos que, individualmente, não justificariam a instauração de processos custosos. (STJ, REsp 880385/SP, Rel. Ministra Nancy Andrighi, Terceira Turma, DJe 16/09/2008).

Honorários advocatícios contra a Fazenda Pública em execuções coletivas

O STJ afirmou que a regra que veda honorários advocatícios contra a Fazenda Pública (art. 1º-D da MP 2.180/2001) não se aplica em execuções de sentenças genéricas proferidas em ações coletivas, como ações civis públicas ou ações coletivas de classe. (STJ, REsp 673380/RS, Rel. Min. Laurita Vaz, DJ 20/06/2005).

Art. 99. Em caso de concurso de créditos decorrentes de condenação prevista na Lei nº 7.347, de 24 de julho de 1985 e de indenizações pelos prejuízos individuais resultantes do mesmo evento danoso, estas terão preferência no pagamento.

Parágrafo único. Para efeito do disposto neste artigo, a destinação da importância recolhida ao fundo criado pela Lei nº 7.347 de 24 de julho de 1985, ficará sustada enquanto pendentes de decisão de segundo grau as ações de indenização pelos danos individuais, salvo na hipótese de o patrimônio do devedor ser manifestamente suficiente para responder pela integralidade das dívidas.

O artigo trata do concurso de crédito que poderá existir quando houver condenação pelos danos indivisivelmente sofridos por toda uma coletividade (direitos difusos e coletivos) e os individualmente sofridos. O legislador entendeu por bem priorizar os direitos subjetivos pessoais em confronto com o interesse coletivo à indenização. Essa preferência se justifica por dois motivos principais:

a) *Proteção das vítimas diretas:* As indenizações individuais visam reparar prejuízos concretos sofridos por pessoas específicas, muitas vezes com graves impactos em suas vidas (como danos à saúde ou perda de patrimônio). Priorizar esses pagamentos garante que as vítimas recebam a reparação de forma mais ágil e efetiva.

b) *Natureza dos créditos coletivos:* Os créditos decorrentes de ações coletivas, embora importantes, têm um caráter mais amplo e social. Eles são frequentemente destinados a fundos públicos ou entidades para reparação de danos difusos ou para fins de prevenção e educação. Apesar de sua relevância, esses créditos não têm a mesma urgência que as indenizações individuais.

Assim, as indenizações individuais resultantes do mesmo evento danoso terão preferência em caso de concurso de crédito com a indenização destinada ao fundo. Importante ressaltar que a destinação da importância ficará suspensa, enquanto as ações de indenização pelos danos individuais estiverem pendentes de decisão de segundo grau, salvo se o patrimônio do devedor for manifestamente suficiente para responder pela integralidade da dívida. Essa regra visa evitar que os recursos sejam direcionados ao fundo antes que as indenizações individuais sejam garantidas, o que poderia deixar as vítimas sem reparação adequada.

Art. 100. Decorrido o prazo de um ano sem habilitação de interessados em número compatível com a gravidade do dano, poderão os legitimados do art. 82 promover a liquidação e execução da indenização devida.

Parágrafo único. O produto da indenização devida reverterá para o fundo criado pela Lei nº 7.347, de 24 de julho de 1985.

O art. 100 do CDC prevê uma solução residual para a execução das indenizações em ações coletivas quando, decorrido o prazo de um ano após a publicação do edital, não houver habilitação de interessados em número compatível com a gravidade do dano. Nessa hipótese, os legitimados do artigo 82 podem promover a liquidação e a execução coletiva da indenização, assegurando que a condenação não perca sua efetividade mesmo diante da inércia dos beneficiários diretos.

Essa previsão atende especialmente a situações em que o dano individualmente considerado é de pequeno valor, mas, quando analisado de forma coletiva, assume proporções relevantes. Um exemplo clássico ocorre quando um fornecedor reduz a quantidade de um produto sem aviso ao consumidor, causando um prejuízo de poucos centavos por unidade vendida. Para cada consumidor isoladamente, o valor pode ser insignificante, desestimulando a busca pela reparação individual. No entanto, ao se considerar o impacto global da prática, o dano coletivo pode alcançar somas expressivas, justificando a execução promovida pelos legitimados da ação coletiva.

O prazo de um ano previsto no art. 100 começa a ser contado a partir da publicação do edital de divulgação da sentença condenatória. Esse prazo, no entanto, não tem natureza preclusiva ou decadencial, pois não impede que um consumidor busque a liquidação e execução individual da indenização posteriormente, desde que dentro dos limites da prescrição estabelecidos pelo direito material aplicável.

Assim, mesmo que a liquidação e execução coletivas tenham sido iniciadas pelos legitimados, o consumidor que posteriormente decidir exercer seu direito poderá fazê-lo, sem que sua pretensão esteja automaticamente prejudicada.

O produto da indenização obtida na execução coletiva não será entregue diretamente aos consumidores lesados, mas sim revertido ao fundo criado pelo artigo 13 da Lei nº 7.347/1985 (Lei da Ação Civil Pública).

Esse fundo, cuja destinação é a reconstituição dos bens lesados ou a realização de projetos voltados à defesa dos direitos coletivos, reflete um mecanismo conhecido na doutrina como **fluid recovery** (reparação fluida). O conceito busca garantir que, quando não for viável distribuir as indenizações entre os prejudicados, os valores sejam utilizados em benefício da coletividade, prevenindo novos danos e fortalecendo a proteção dos direitos coletivos.

A lógica da reparação fluida se justifica porque a indenização fixada na ação coletiva não se baseia nos prejuízos sofridos individualmente pelos consumidores, mas sim nos danos causados pelo réu à coletividade. Esse modelo evita que empresas e fornecedores que adotam práticas lesivas, mas de baixo impacto individual, saiam impunes simplesmente porque os consumidores afetados não se mobilizam para buscar indenização.

Além disso, a destinação dos valores ao fundo cumpre uma função social importante, possibilitando que os recursos sejam empregados em políticas públicas de defesa do consumidor, campanhas educativas ou até mesmo ações de fiscalização para coibir novas infrações.

O art. 100 do CDC, portanto, representa um instrumento essencial para garantir a efetividade das ações coletivas de direitos individuais homogêneos. Ele evita que condenações judiciais se tornem inócuas por falta de interesse dos beneficiários diretos e reforça o caráter coletivo da reparação, assegurando que o valor das indenizações seja revertido para a proteção da sociedade como um todo.

Dessa forma, a norma combina eficiência processual e justiça social, impedindo que o fornecedor se beneficie da baixa adesão dos consumidores à fase de execução e garantindo que a reparação alcance sua finalidade, mesmo que de forma indireta.

PRINCIPAIS JURISPRUDÊNCIAS DO STF E STJ

Ministério Público não precisa comprovar prejuízos individuais para aplicação da reparação fluida

O STJ entendeu que a falta de informações detalhadas sobre os prejuízos individuais dos consumidores não impede a aplicação da reparação fluida. Nesses casos, a indenização pode ser fixada por estimativa, cabendo ao juiz solicitar ao executado os elementos necessários para arbitramento do valor devido. Assim, o responsável pelo dano não pode se opor à execução coletiva alegando ausência de prova concreta dos prejuízos individuais, sob pena de inviabilizar a eficácia da reparação. (STJ, REsp 1.927.098/RJ, Rel. Min. Nancy Andrighi, Terceira Turma, DJe 24/11/2022)

MP tem legitimidade para executar sentença coletiva contra cobrança indevida de tarifa bancária

O STJ entendeu que o Ministério Público possui legitimidade subsidiária para liquidar e executar sentença coletiva referente à cobrança indevida de tarifas bancárias, caso os consumidores prejudicados não se habilitem individualmente. Essa possibilidade está prevista no art. 100 do CDC, que permite a recuperação fluida (fluid recovery) para evitar o enriquecimento ilícito do fornecedor e garantir a efetiva reparação dos danos causados aos consumidores. (STJ, REsp 1.599.142/SP, Rel. Min. Nancy Andrighi, Terceira Turma, DJe 01/10/2018)

Banco pode ser obrigado a fornecer lista de consumidores lesados antes do prazo de um ano para reparação fluida

O STJ entendeu que, em ações coletivas, o juiz pode determinar que a instituição financeira forneça a lista dos consumidores prejudicados antes do término do prazo de um ano para habilitação individual. Essa medida tem o objetivo de garantir a efetividade da reparação fluida e evitar que a eliminação de documentos comprometa o direito dos consumidores à indenização. (STJ, REsp 1.610.932/RJ, Rel. Min. Ricardo Villas Bôas Cueva, Terceira Turma, DJe 22/06/2017)

Ponderou o Min. Ricardo Cueva em seu voto que:

"A rigor, portanto, a listagem requerida pelo Ministério Público não terá outro propósito, senão o de garantir que, ultrapassado o prazo de 1 (um) ano de que trata o art. 100 do CDC, não fique materialmente impossibilitada a produção de prova do dano coletivo para fins de reparação fluida em virtude do descarte periódico de documentos pelas instituições financeiras."

Reversão do valor residual ao fundo público não precisa ser pedida na inicial da ação coletiva

O STJ entendeu que a reversão de valores não levantados pelos beneficiários ao fundo público é uma medida que pode ser determinada na fase de execução da sentença coletiva, independentemente de ter sido solicitada na petição inicial. Isso porque tal reversão é prevista no art. 100 do CDC e ocorre secundum eventum litis, ou seja, somente se os valores não forem reclamados na execução. Dessa forma, a ausência desse pedido na fase de conhecimento não configura julgamento extra petita. (STJ, REsp 996771/RN, Rel. Min. Luis Felipe Salomão, Quarta Turma, DJe 23/04/2012)

Liquidação de sentença coletiva deve ser por arbitramento quando os beneficiários são identificáveis

O STJ entendeu que, na execução coletiva baseada no art. 100 do CDC, se os beneficiários são identificáveis e os valores podem ser individualizados, a liquidação deve ocorrer por arbitramento, considerando os critérios estabelecidos na sentença. No caso, a restituição de multas contratuais cobradas indevidamente por uma empresa de arrendamento mercantil deveria ser calculada para cada contrato específico. O objetivo é evitar enriquecimento indevido do causador do dano e garantir a menor onerosidade da execução, conforme os princípios do CPC. (STJ, REsp 1.187.632-DF, Rel. Min. João Otávio de Noronha, Rel. para acórdão Min. Antonio Carlos Ferreira, julgado em 05/06/2012)

Execução coletiva é possível quando o valor individual da indenização é muito baixo

O STJ entendeu que, se os valores a serem recebidos individualmente pelos beneficiários são tão baixos que tornam inviável a execução individual, a execução coletiva deve ser admitida como a única solução viável. Isso ocorre para evitar que os custos do processo superem os valores devidos e para garantir o cumprimento efetivo da condenação. No caso analisado, embora o montante total da indenização ultrapassasse R$ 800 mil, alguns créditos individuais eram inferiores a R$ 100, tornando inviável a execução isolada de cada um. (STJ, REsp 880.385-SP, Rel. Min. Nancy Andrighi, julgado em 02/09/2008)

Capítulo III
Das Ações de Responsabilidade do Fornecedor de Produtos e Serviços

Art. 101. Na ação de responsabilidade civil do fornecedor de produtos e serviços, sem prejuízo do disposto nos Capítulos I e II deste título, serão observadas as seguintes normas:

I – a ação pode ser proposta no domicílio do autor;

II – o réu que houver contratado seguro de responsabilidade poderá chamar ao processo o segurador, vedada a integração do contraditório pelo Instituto de Resseguros do Brasil. Nesta hipótese, a sentença que julgar procedente o pedido condenará o réu nos termos do art. 80 do Código de Processo Civil.[105] Se o réu houver sido declarado falido, o síndico será intimado a informar a existência de seguro de responsabilidade, facultando-se, em caso afirmativo, o ajuizamento de ação de indenização diretamente contra o segurador, vedada a denunciação da lide ao Instituto de Resseguros do Brasil e dispensado o litisconsórcio obrigatório com este.

As ações de responsabilidade civil do fornecedor de produtos e serviços que envolvem relações de consumo permitem uma prerrogativa ao consumidor, dentro do princípio da facilidade de acesso ao judiciário determinado no art. 6º, VII, do CDC, qual seja, a de aforar as ações em seu domicílio.[106]

Trata-se de uma faculdade que foi atribuída ao consumidor. Se quiser ou lhe for mais conveniente, poderá optar pela regra geral do Código de Processo Civil: o domicílio do réu (fornecedor).

Novidade estipulada pelo CDC é a de que o réu não poderá dispor da denunciação da lide no sentido de integrar eventual seguro contratado para que esse possa garantir, se houver, o valor estipulado na condenação. Isso porque, na sistemática do CPC, a existência de seguro entre a parte e a seguradora enseja a denunciação da lide a essa última, nos termos do art. 70, III, do CPC/73 (art. 125, II do novo CPC/15).

Entretanto, o CDC criou uma forma mais protetiva e eficiente aos consumidores, pois estipulou uma solidariedade legal entre o segurado e a seguradora, fazendo com que o primeiro utilize do chamamento ao processo para possibilitar a integração da última à lide. Essa, aliás, é a única hipótese de chamamento ao processo prevista no Código.

> É possível o chamamento ao processo da seguradora da ré (art. 101, II, do CDC), empresa de transporte coletivo, na ação de responsabilidade promovida pelo passageiro, vítima de acidente de trânsito causado pelo motorista do coletivo, não se aplicando, ao caso, a vedação do art. 280, I, do CPC (STJ, REsp. 178839/RJ, Rel. Min. Ruy Rosado de Aguiar, *DJ* 13/10/1998).

Porém, nos moldes do entendimento do STJ, não deve ser admitida a intervenção de terceiro quando já proferida sentença, uma vez que a anulação do processo para permitir o chamamento da seguradora acabaria por retardar o feito, prejudicando o consumidor, o que contraria o escopo do sistema de proteção do CDC.[107]

---

105. Corresponde ao art. 132 do novo CPC/15: "Art. 132. A sentença de procedência valerá como título executivo em favor do réu que satisfizer a dívida, a fim de que possa exigi-la, por inteiro, do devedor principal, ou, de cada um dos codevedores, a sua quota, na proporção que lhes tocar."
106. No Capítulo "Dos Limites da Jurisdição Nacional", o art. 22, II do novo CPC/15 determinou que compete à autoridade judiciária brasileira processar e julgar as ações decorrentes de relação de consumo, quando o consumidor tiver domicílio ou residência no Brasil.
107. STJ, AGA 184616/RJ, Rela. Mina. Nancy Andrighi, *DJ* 29/03/2001.

Mas qual seria a consequência prática para os consumidores ao vedar a denunciação da lide e permitir o chamamento ao processo?

É que o instituto da denunciação da lide cria duas demandas distintas, uma entre o consumidor e o fornecedor e outra entre o fornecedor e a seguradora. A sentença, na verdade, resolve duas situações: a eventual responsabilidade do fornecedor e se esse deverá ser ressarcido pela sua seguradora. Então, o fornecedor, caso seja condenado, deverá indenizar o consumidor para, só depois, pleitear o ressarcimento frente à seguradora. O consumidor, por não ter nenhuma relação processual com a seguradora, não poderá executá-la, somente podendo compelir o fornecedor a ressarci-lo dos danos sofridos.

Por sua vez, o chamamento ao processo estipula uma solidariedade entre as partes de modo que, se condenados, o consumidor poderá pleitear a indenização tanto do fornecedor como da seguradora, ampliando, dessa forma, a garantia ao efetivo ressarcimento.

Outro benefício dado aos consumidores é a possibilidade de aforar ações diretas contra a seguradora, caso o fornecedor esteja falido, devendo o síndico da massa, ao tomar conhecimento da demanda, dar ciência ao consumidor da existência do seguro.

Questão intrigante e que a norma não prevê expressamente é se a vítima poderia propor a ação indenizatória diretamente contra a seguradora, mesmo que o fornecedor não esteja falido.

O STJ tende a admitir tal possibilidade desde que o fornecedor integre o polo passivo também, ou seja, o fornecedor e a seguradora são legitimados passivos para responderem à ação de responsabilidade, desde que conjuntamente.[108]

O Min. Eduardo Ribeiro[109] destaca que:

> não obstante a ausência de texto legal explícito que permita afirmar a viabilidade da ação direta, ganha força a corrente que admite exigir da vítima, da seguradora, o pagamento da indenização, embora com ela não haja contratado. Há forte tendência a não permitir que os danos injustamente sofridos fiquem sem reparação. E no caso, cumpre reconhecer, se o causador do dano for insolvente e a seguradora se recusar a pagar diretamente à vítima, a consequência será ficar essa última sem ressarcimento, enriquecendo-se a seguradora que, a final, haveria realmente de arcar com o pagamento.

Isso se mostra razoável porque, se assim não fosse, o fornecedor (réu) poderia não chamar ao processo a seguradora e, caso, por qualquer motivo, não tivesse condições de indenizar ao consumidor, esse ficaria sem condições de exigir o ressarcimento da seguradora.

Nesse sentido já se manifestou o STJ pela possibilidade de o consumidor ajuizar a ação diretamente contra o causador do dano e a seguradora, solidariamente:

> "RECURSO ESPECIAL. CIVIL E PROCESSUAL CIVIL. RESPONSABILIDADE CIVIL. DANO MATERIAL. ACIDENTE AUTOMOBILÍSTICO. AÇÃO INDENIZATÓRIA AJUIZADA POR TERCEIRO CONTRA O SEGURADO E A SEGURADORA. LITISCONSÓRCIO PASSIVO. POSSIBILIDADE. OBSERVÂNCIA DOS LIMITES CONTRATADOS NA APÓLICE. RECURSO PROVIDO. 1. A controvérsia dos autos cinge-se à possibilidade de

108. Nesse sentido, conferir REsp. 294057/DF, *DJU* 12/11/2001, Rel. Min. Ruy Rosado de Aguiar, J. 28/06/2001, 4ª T.

109. Voto proferido no REsp. 401.718/PR, *DJU* 24/03/2003, Rel. Min. Sálvio de Figueiredo Teixeira, J. 03/09/2002, 4ª T.

> o terceiro prejudicado no acidente automobilístico promover a ação convocando à lide, em litisconsórcio passivo, o segurado e a seguradora, no seguro de responsabilidade civil facultativo. 2. Desde que os promovidos não tragam aos autos fatos que demonstrem a inexistência ou invalidade do cogitado contrato de seguro de responsabilidade civil por acidentes de veículos, limitando-se a contestar sobretudo o mérito da pretensão autoral, mostra-se viável a preservação do litisconsórcio passivo, entre segurado e seguradora. Isso, porque esse litisconsórcio terá, então, prevalentes aqueles mesmos contornos que teria caso formado, em ação movida só contra o segurado apontado causador do acidente, por denunciação feita pelo réu, em decorrência da aplicação das regras dos arts. 70, 71, 72, 75 e 76 do Código de Processo Civil – CPC. 3. Se o réu segurado convocado para a ação iria mesmo denunciar a lide à seguradora, nenhum prejuízo haverá para esta pelo fato de ter sido convocada a juízo, como promovida, a requerimento do terceiro autor da ação. Em ambos os casos haverá de defender-se em litisconsórcio passivo com o réu, respondendo solidariamente com este pela reparação do dano decorrente do acidente, até os limites dos valores segurados contratados. 4. Recurso especial provido." (STJ, REsp 710463/RJ, Rel. Ministro Raul Araújo, Quarta Turma, DJe 18/04/2013)

O STJ, em recurso repetitivo, também entendeu que a seguradora, quando denunciada pelo causador do dano, poderá ser responsabilizada direta e solidariamente.

> "PROCESSUAL CIVIL. RECURSO ESPECIAL REPRESENTATIVO DE CONTROVÉRSIA. ART. 543-C DO CPC. SEGURADORA LITISDENUNCIADA EM AÇÃO DE REPARAÇÃO DE DANOS MOVIDA EM FACE DO SEGURADO. CONDENAÇÃO DIRETA E SOLIDÁRIA. POSSIBILIDADE. 1. Para fins do art. 543-C do CPC: Em ação de reparação de danos movida em face do segurado, a Seguradora denunciada pode ser condenada direta e solidariamente junto com este a pagar a indenização devida à vítima, nos limites contratados na apólice. 2. Recurso especial não provido." (STJ, REsp 925130/SP, Rel. Ministro Luis Felipe Salomão, Segunda Seção, julgado em 08/02/2012, DJe 20/04/2012)

Esta orientação acabou sendo objeto de duas súmulas pelo STJ. A Súmula 529 do STJ estabelece que *"No seguro de responsabilidade civil facultativo, não cabe o ajuizamento de ação pelo terceiro prejudicado direta e exclusivamente em face da seguradora do apontado causador do dano"*. Isso porque, como a responsabilidade da seguradora pressupõe a responsabilidade do segurado, este deve fazer parte da demanda.[110] Também de acordo com a Súmula 537 do STJ, *"Em ação de reparação de danos, a seguradora denunciada, se aceitar a denunciação ou contestar o pedido do autor, pode ser condenada, direta e solidariamente junto com o segurado, ao pagamento da indenização devida à vítima, nos limites contratados na apólice."*

110. Situação diversa é quando a obrigação de indenizar do segurado se revela incontroversa (como quando reconhece a culpa pelo acidente de trânsito ao acionar o seguro de automóvel contratado, ou quando firma acordo extrajudicial com a vítima obtendo a anuência da seguradora, ou, ainda, quando esta (seguradora) celebra acordo diretamente com a vítima). Nesta hipótese, por se formar uma relação de direito material entre a vítima e a seguradora, admite o STJ que a ação seja proposta direta e exclusivamente conta esta. Nesse sentido: "Na pretensão de complementação de indenização securitária decorrente de seguro de responsabilidade civil facultativo, a seguradora pode ser demandada direta e exclusivamente pelo terceiro prejudicado no sinistro, pois, com o pagamento tido como parcial na esfera administrativa, originou-se uma nova relação jurídica substancial entre as partes. Inexistência de restrição ao direito de defesa da seguradora ao não ser incluído em conjunto o segurado no polo passivo da lide." (STJ, REsp 1584970/MT, Rel. Ministro Ricardo Villas Bôas Cueva, Terceira Turma, DJe 30/10/2017)

Assim, de modo didático, temos as seguintes conclusões no tocante ao CDC e a jurisprudência do STJ sobre o tema da responsabilidade das seguradoras em face do terceiro prejudicado:

1. O consumidor (terceiro prejudicado) não poderá ajuizar a ação exclusivamente contra a seguradora do causador do dano. Terá que inserir no polo passivo também o causador do dano. Ou seja, causador do dano e seguradora responderão em litisconsórcio passivo (entendimento da Sum. 529 do STJ conjuntamente com o Resp. 710463/RJ).
2. O consumidor somente poderá ajuizar a ação direta e exclusivamente contra a seguradora se o fornecedor (réu) tiver sido decretado falido (art. 101, II do CDC). Não havendo a decretação da falência, como vimos, o consumidor terá que ajuizar a ação contra ambos (causador do dano e seguradora).
3. Caso a ação seja ajuizada somente contra o causador do dano em uma relação que não seja de consumo (*v.g.* batida entre veículos), o causador do dano poderá denunciar a lide à seguradora e, caso esta aceite a intervenção, contestando o mérito do pedido, assume a condição de litisconsorte passivo. Ou seja, caso a ação seja procedente, a responsabilidade será solidária entre o causador do dano e a seguradora. Se a ação indenizatória for de consumo, ocorrerá o chamamento ao processo e não a denunciação à lide – em virtude do art. 101, II do CDC – (embora os efeitos, para o STJ, seja o mesmo: responsabilidade solidária em virtude da formação do litisconsórcio passivo).
4. É vedada a seguradora denunciar a lide ao Instituto de Resseguros do Brasil (atualmente denominado de IRB – Brasil Resseguros S.A.).

Por fim, vale lembrar que quando a ação for proposta contra o consumidor em domicílio diverso do dele, o magistrado deve declinar, de ofício, para o foro do domicílio do consumidor, desde que este seja hipossuficiente, ou seja, com dificuldades de litigar em outro domicílio. Quando a hipossuficiência não ficar demonstrada (ou seja, quando o consumidor tiver condições de litigar em outro domicílio sem prejuízo de sua defesa), o consumidor poderá ser demandado ou ter que demandar em domicílio diverso do seu (como é o caso da cláusula de eleição de foro nos contratos de adesão). Assim, entende o STJ que "a alteração da competência territorial por contrato de adesão, por si só, não permite inferir pela nulidade da cláusula, devendo, para tanto, concorrer a abusividade ou a ilegalidade.". (REsp 1675012/SP, DJe 14/08/2017).

> "A condição de consumidor, considerada isoladamente, não gera presunção de hipossuficiência a fim de repelir a aplicação da cláusula de derrogação da competência territorial quando convencionada, ainda que em contrato de adesão. 8. Recurso especial conhecido e provido, para determinar que a ação seja processada e julgada no foro estipulado contratualmente." (STJ, REsp 1675012/SP, Rel. Ministra Nancy Andrighi, Terceira Turma, DJe 14/08/2017)

Em junho de 2024, foi sancionada a Lei 14.879, alterando o art. 63 do CPC, estabelecendo novas regras para a escolha do foro em contratos privados de natureza civil, exigindo que o foro escolhido só será válida se estiver em um documento escrito, fizer referência expressa ao negócio jurídico específico e tiver conexão com o domicílio ou a residência de uma das partes, ou com o local da obrigação contratual. A medida visou evitar a sobrecarga de tribunais em locais como o Distrito Federal, onde muitas ações de partes de outros estados eram ajuizadas devido à rapidez processual e ao custo reduzido. Agora, a eleição de foro que não obedeça esses critérios é considerada prática abusiva e permite ao juiz recusar a competência de ofício. Exceção é feita para os contratos de consumo, nos quais a cláusula de foro será válida apenas se beneficiar o consumidor.

> Art. 63 CPC. ....
>
> § 1º A eleição de foro somente produz efeito quando constar de instrumento escrito, aludir expressamente a determinado negócio jurídico e guardar pertinência com o domicílio ou a residência de uma das partes ou com o local da obrigação, ressalvada a pactuação consumerista, quando favorável ao consumidor.
>
> ....
>
> § 5º O ajuizamento de ação em juízo aleatório, entendido como aquele sem vinculação com o domicílio ou a residên-cia das partes ou com o negócio jurídico discutido na demanda, constitui prática abusiva que justifica a declinação de competência de ofício."

PRINCIPAIS JURISPRUDÊNCIAS DO STF E STJ

Seguradora não pode assumir prerrogativas processuais do consumidor em ação regressiva

A Corte Especial do Superior Tribunal de Justiça (STJ), sob o rito dos recursos repetitivos (Tema 1.282), fixou a tese segundo a qual "o pagamento de indenização por sinistro não gera para a seguradora a sub-rogação de prerrogativas processuais dos consumidores, em especial quanto à competência na ação regressiva". (...) "Assim, conclui-se que a sub-rogação transfere ao novo credor direitos, ações, privilégios e garantias do primitivo, em relação à obrigação de direito material, contra o devedor principal e os fiadores, não sendo admissível a sub-rogação nos direitos processuais decorrentes de condição personalíssima de consumidor, como o é a faculdade de promover a ação no foro de seu domicílio (artigo 101, inciso I, do CDC) e a possibilidade de inversão do ônus da prova com fundamento no artigo 6º, inciso VIII do CDC", concluiu. (STJ, REsp n. 2.092.308/SP, relatora Ministra Nancy Andrighi, Corte Especial, julgado em 19/2/2025, DJEN de 25/2/2025)

Sub-rogação da seguradora nos direitos do segurado.

O STJ decidiu que a sub-rogação da seguradora nos direitos do segurado não abrange o direito processual de escolha do foro previsto no artigo 101, I, do CDC, devendo prevalecer o foro de domicílio do réu. (STJ, REsp n. 2.099.676/SP, relatora Ministra Nancy Andrighi, Terceira Turma, julgado em 18/6/2024, DJe de 20/6/2024.)

Proteção do consumidor não o exclui dos efeitos da recuperação judicial

O STJ entendeu que, em casos onde o fornecedor está em recuperação judicial, a competência para decidir sobre atos de constrição (penhoras e outras medidas similares) relacionados ao cumprimento de sentença em favor do consumidor pertence ao juízo responsável pela recuperação judicial, e não ao juízo onde a ação de consumo foi julgada. Esse entendimento se baseia no princípio da preservação da empresa, que visa assegurar a reestruturação financeira da empresa em crise, protegendo o funcionamento de suas atividades. A Corte destacou que, embora o direito do consumidor seja fundamental, ele não é absoluto e deve ser ponderado em relação à preservação da empresa, que envolve interesses coletivos e econômicos mais amplos. Assim, após o deferimento da recuperação judicial, é o juízo da recuperação que deve decidir sobre quaisquer medidas de constrição dos bens da empresa em recuperação. (STJ, REsp 1598130/RJ, Rel. Min. Ricardo Villas Bôas Cueva, Terceira Turma, DJe 14/03/2017)

Pescador afetado por derramamento de óleo pode ajuizar ação em seu domicílio

O STJ entendeu que pescadores artesanais prejudicados por derramamento de óleo são equiparados a consumidores (bystanders) e podem ajuizar ação no foro do seu domicílio, conforme o art. 101, I, do CDC. Como o acidente ambiental impactou sua atividade pesqueira, trata-se de um acidente de consumo, permitindo a aplicação das normas consumeristas para facilitar o acesso à Justiça. (STJ, CC 143.204/RJ, Rel. Min. Ricardo Villas Bôas Cueva, Segunda Seção, DJe 18/04/2016)

Justiça Estadual é competente para julgar ações sobre cobertura securitária do SFH

O STJ entendeu que compete à Justiça Comum Estadual julgar ações envolvendo cobertura securitária de imóveis financiados pelo SFH, quando há alegação de vícios construtivos. Esse entendimento foi consolidado em recursos repetitivos, garantindo a uniformidade na jurisprudência. (STJ, EDcl no AREsp 130.009/RS, Rel. Min. Luis Felipe Salomão, Quarta Turma, DJe 22/05/2012)

Consumidor pode escolher foro eleito em contrato ao invés do seu domicílio

O STJ entendeu que, nas ações propostas contra o consumidor, a competência pode ser deslocada para o seu domicílio. No entanto, se o próprio consumidor ajuizar a ação, ele pode optar pelo foro de eleição contratual, pois a norma protetiva do CDC visa beneficiá-lo, sem restringir sua escolha quando não há prejuízo para sua defesa. (STJ, CC 107441/SP, Rel. Min. Maria Isabel Gallotti, Segunda Seção, DJe 01/08/2011)

Dano moral contra empresa aérea pode ser ajuizado no domicílio do passageiro

O STJ entendeu que o consumidor que busca reparação por danos morais causados por empresa aérea tem o direito de ajuizar a ação no foro do seu domicílio, conforme previsão do art. 101, I, do CDC. Essa regra visa facilitar o acesso à Justiça para o consumidor prejudicado. (STJ, REsp 303.379-MA, Rel. Min. Fernando Gonçalves, j. 28/09/2004, Informativo 223)

Consumidor pode processar concessionária de rodovia no seu domicílio

O STJ entendeu que a ação de indenização por acidente em rodovia, movida contra a concessionária do serviço, pode ser ajuizada no domicílio do autor, conforme o art. 101, I, do CDC. A relação entre usuário e concessionária se enquadra como relação de consumo, permitindo essa escolha de foro. (STJ, REsp 467.883-RJ, Rel. Min. Carlos Alberto Menezes Direito, j. 17/06/2003, Informativo 177)

Pessoa jurídica pode ser considerada consumidora para fins de definição de foro

O STJ entendeu que, em contratos entre empresas, a pessoa jurídica pode ser considerada consumidora se for destinatária final do serviço, aplicando-se o art. 101, I, do CDC. Assim, a cláusula de eleição de foro que prejudique a empresa-consumidora pode ser afastada, garantindo que a ação seja ajuizada no seu domicílio. (STJ, REsp 488.274-MG, Rel. Min. Nancy Andrighi, j. 22/05/2003, Informativo 173)

Art. 102. Os legitimados a agir na forma deste código poderão propor ação visando compelir o Poder Público competente a proibir, em todo o território nacional, a produção, divulgação distribuição ou venda, ou a determinar a alteração na composição, estrutura, fórmula ou acondicionamento de produto, cujo uso ou consumo regular se revele nocivo ou perigoso à saúde pública e à incolumidade pessoal.

§ 1º – Vetado

§ 2º – Vetado

O art. 102 do CDC confere aos legitimados do art. 82 a prerrogativa de propor ação judicial com o objetivo de compelir o Poder Público a adotar medidas preventivas contra a produção, divulgação, distribuição ou venda de produtos que possam representar risco à saúde pública e à segurança dos consumidores.

Trata-se de um importante instrumento de tutela coletiva, permitindo que a sociedade exija judicialmente do Estado o cumprimento de seu dever constitucional de fiscalização do mercado de consumo, prevenindo danos antes que eles se concretizem.

Esse dispositivo inova ao reconhecer que a omissão estatal no exercício do poder de polícia pode ser tão prejudicial quanto a conduta ilícita dos fornecedores. A norma visa garantir que o Poder Público atue de maneira eficaz para impedir que produtos nocivos ou perigosos cheguem ao consumidor, fortalecendo o sistema de proteção previsto no CDC. Essa previsão se torna particularmente relevante em contextos onde há falhas na regulação ou na fiscalização administrativa, permitindo que os legitimados atuem para suprir essas lacunas e garantir a segurança da coletividade.

A ação prevista no art. 102 tem natureza essencialmente preventiva e poderá ter como objeto diversas medidas de intervenção no mercado de consumo, como a proibição da fabricação ou comercialização de um produto, a exigência de alterações em sua composição, embalagem ou rotulagem, ou até mesmo a retirada de lotes inteiros de circulação.

Nessas situações, o juiz poderá determinar providências específicas, como a interdição de fábricas ou estabelecimentos, a realização de testes e estudos sobre os riscos associados ao produto ou a obrigação de o fornecedor prestar informações mais detalhadas ao público sobre os eventuais perigos envolvidos no seu uso ou consumo.

Caso a ação seja julgada procedente, a sentença condenatória será dirigida à autoridade pública responsável, determinando que adote as medidas necessárias para eliminar ou reduzir o risco representado pelo produto.

Essa obrigação deverá ser cumprida dentro de um prazo razoável fixado pelo juiz, sob pena de configurar crime de desobediência, previsto no artigo 330 do Código Penal. Além disso, o magistrado poderá impor multa diária (astreinte), nos termos do artigo 537 do CPC, para assegurar a efetivação da decisão judicial. Essa multa pode ser aplicada tanto à administração pública, enquanto entidade, quanto a agentes públicos individualmente responsáveis pelo descumprimento da ordem judicial, quando houver dolo ou culpa grave.

A relevância desse dispositivo se manifesta em diversas situações concretas, como no caso de produtos contaminados, medicamentos com efeitos colaterais graves, alimentos com substâncias tóxicas, brinquedos que apresentam risco de asfixia para crianças, eletrodomésticos que possam causar curto-circuito ou incêndios, entre outras situações em que a negligência na fiscalização pode comprometer a segurança dos consumidores. Quando o Poder Público falha em impedir a circulação desses produtos, os legitimados podem recorrer ao Judiciário para garantir que as medidas preventivas sejam adotadas de forma célere e eficaz.

Esse modelo de controle social previsto no art. 102 reforça a concepção de que a proteção do consumidor não deve depender exclusivamente da iniciativa estatal. O CDC reconhece que o poder público tem a obrigação de fiscalizar o mercado e garantir que os produtos colocados à disposição dos consumidores sejam seguros. No entanto, ao mesmo tempo, confere aos órgãos de defesa do consumidor, ao Ministério Público e Defensoria, e às associações legitimadas o direito de exigir essa atuação, ampliando o alcance da tutela coletiva.

Além disso, o art. 102 tem forte relação com o princípio da precaução, amplamente utilizado na proteção ambiental e sanitária. Esse princípio estabelece que, diante da incerteza científica sobre os riscos associados a determinado produto, a adoção de medidas preventivas é preferível à espera pela confirmação do dano. Assim, a possibilidade de ajuizamento dessa ação pelos legitimados do art. 82 garante que o princípio da precaução seja aplicado de forma mais efetiva no âmbito das relações de consumo, permitindo que medidas protetivas sejam adotadas antes que os consumidores sejam expostos a riscos desnecessários.

Por fim, a possibilidade de intervenção do judiciário na omissão administrativa prevista no art. 102 não significa que o poder público perca sua autonomia na definição de políticas públicas. O que se busca é assegurar que a administração cumpra os deveres que lhe são impostos pela Constituição e pelo próprio CDC, especialmente quando se trata da proteção da saúde e da segurança da população.

O dispositivo, portanto, representa um importante mecanismo de fortalecimento do controle social sobre as atividades regulatórias e fiscalizatórias do Estado, garantindo que o direito à segurança no consumo não seja comprometido por falhas ou omissões do poder público.

Capítulo IV
Da Coisa Julgada

Art. 103. Nas ações coletivas de que trata este código, a sentença fará coisa julgada:

I – *erga omnes*, exceto se o pedido for julgado improcedente por insuficiência de provas, hipótese em que qualquer legitimado poderá intentar outra ação, com idêntico fundamento, valendo-se de nova prova, na hipótese do inciso I do parágrafo único do art. 81;

II – *ultra partes*, mas limitadamente ao grupo, categoria ou classe, salvo improcedência por insuficiência de provas, nos termos do inciso anterior, quando se tratar da hipótese prevista no inciso II do parágrafo único do art. 81;

III – *erga omnes*, apenas no caso de procedência do pedido, para beneficiar todas as vítimas e seus sucessores, na hipótese do inciso III do parágrafo único do art. 81.

§ 1º Os efeitos da coisa julgada previstos nos incisos I e II não prejudicarão interesses e direitos individuais dos integrantes da coletividade, do grupo, categoria ou classe.

§ 2º Na hipótese prevista no inciso III, em caso de improcedência do pedido, os interessados que não tiverem intervindo no processo como litisconsortes poderão propor ação de indenização a título individual.

§ 3º Os efeitos da coisa julgada de que cuida o art. 16, combinado com o art. 13 da Lei nº 7.347, de 24 de julho de 1985, não prejudicarão as ações de indenização por danos pessoalmente sofridos, propostas individualmente ou na forma prevista neste código, mas, se procedente o pedido, beneficiarão as vítimas e seus sucessores, que poderão proceder à liquidação e à execução, nos termos dos arts. 96 a 99.

§ 4º Aplica-se o disposto no parágrafo anterior à sentença penal condenatória.

O art. 103 trata do regramento da coisa julgada nas ações coletivas.

Quando se tratar de direitos difusos, a sentença procedente fará coisa julgada *erga omnes,* ou seja, abrangerá não só as partes do processo, mas também toda a coletividade. O mesmo ocorre quando for improcedente o pedido, salvo se por insuficiência de provas. Nesse último caso, permite o Código que qualquer legitimado do art. 82, inclusive o autor anterior, intente nova ação com o mesmo fundamento, valendo-se agora de nova prova, pois a sentença não se revestiu da coisa julgada material.

Percebe-se aqui a adoção pelo Código da chamada formação da coisa julgada "*secundum eventum litis*", pois, como se denota, a coisa julgada será formada de acordo com o resultado do processo.

Em relação aos direitos coletivos, aplicam-se as mesmas observações dos direitos difusos, somente tendo a diferença de que, nesse caso, a formação da coisa julgada não será *erga omnes,* mas sim *ultra partes.*

A expressão *ultra partes* tem uma abrangência limitada em relação à expressão *erga omnes,* pois essa é estendida a toda a coletividade, sem exceção, enquanto aquela é estendida somente aos sujeitos que possuem um vínculo jurídico de forma a uni-los em torno de um grupo, categoria ou classe.

De acordo com o § 1º do artigo, as ações a título individual foram preservadas pelo legislador, pois os efeitos da coisa julgada nos direitos difusos e coletivos não prejudicarão os direitos individuais dos envolvidos, podendo os consumidores ainda intentar ações pelos danos individualmente sofridos, uma vez que se tratam de ações diversas, não só com relação às partes, como também pelo objeto, não induzindo, portanto, litispendência.

Análise da coisa julgada material *secundum eventum litis*nos direitos difusos e coletivos			
Sentença	**Coisa julgada**	**Direitos difusos**	**Direitos coletivos**
Procedente	Faz coisa julgada material	Efeito *erga omnes*	Efeito *ultra partes*
Improcedente (por outro motivo que não a insuficiência de provas)	Faz coisa julgada material	Efeito *erga omnes* Obs.: impede somente nova propositura de ação coletiva. Não impede, entretanto, que os consumidores intentem ações individuais pelos danos individualmente sofridos (art. 103, § 1º)	Efeito *ultra partes* Obs.: impede somente nova propositura de ação coletiva. Não impede, entretanto, que os consumidores intentem ações individuais pelos danos individualmente sofridos (art. 103, § 1º)

Análise da coisa julgada material *secundum eventum litis* nos direitos difusos e coletivos			
Sentença	**Coisa julgada**	**Direitos difusos**	**Direitos coletivos**
Improcedente por insuficiência de provas	Não faz coisa julgada material	Qualquer legitimado do art. 82 poderá intentar novamente a ação coletiva, bastando possuir nova prova	Qualquer legitimado do art. 82 poderá intentar novamente a ação coletiva, bastando possuir nova prova

Já os direitos individuais homogêneos, sendo os decorrentes de origem comum, terão, assim como os direitos difusos, uma formação da coisa julgada *erga omnes*, mas apenas quando procedente o pedido, beneficiando todas as vítimas e seus sucessores, caso em que poderão se habilitar na liquidação e promoverem a execução, depois que comprovarem o dano sofrido.

Já a sentença de improcedência do pedido somente alcançará a coisa julgada material para aqueles que participaram do processo na qualidade de partes, não prejudicando os consumidores que não tenham integrado como litisconsortes o processo. Isso porque, conforme ressaltado no art. 94, os consumidores que tiverem interesse na ação coletiva de direitos individuais homogêneos, poderão integrar o processo como litisconsortes, sendo naturalmente abrangidos pela coisa julgada material, seja quando da procedência ou da improcedência do pedido. Preferindo ficar inertes à ação coletiva, os consumidores somente serão abrangidos pela coisa julgada quando procedente o pedido. Por sua vez, quando o pedido for improcedente, não serão atingidos pela coisa julgada e poderão propor suas ações a título individual. Sendo assim, os efeitos da coisa julgada só se operam *in utilibus*, ou seja, só atingem os indivíduos se for para beneficiá-los.

Expliquemos melhor: se a ação coletiva for intentada visando retirar determinado produto do mercado, por ser nocivo à saúde dos consumidores e o pedido for julgado for procedente (considerando que o produto era realmente nocivo), o consumidor individual não precisará de uma nova ação (de conhecimento!) para pleitear indenização pelos danos individualmente sofridos. Com efeito, tendo em vista os princípios da economia processual e da efetividade do processo, o CDC permite o transporte "*in utilibus*" (daí a expressão: extensão útil) da coisa julgada coletiva para o pleito individual, podendo diretamente promover a liquidação e a execução da sentença coletiva, nos moldes do art. 97 do CDC.

Agora, se o pedido for julgado improcedente, nada afetará o direito individual do consumidor, já que ele poderá intentar ação individual para buscar indenização pelos danos sofridos, de acordo com o art. 103, § 1º.

Assim, o transporte da coisa julgada, resultante da sentença proferida na ação civil pública para as ações individuais de indenização por danos pessoalmente sofridos, opera-se *secundum eventum litis*, ou seja, só há transporte nas hipóteses de procedência.

Análise da coisa julgada material *secundum eventum litis* nos direitos individuais homogêneos		
Sentença	**Coisa julgada**	**Direitos individuais homogêneos**
Procedente	Faz coisa julgada material	Efeito *erga omnes*, bastando o consumidor se habilitar na liquidação e promover a execução, provando o dano sofrido

Análise da coisa julgada material *secundum eventum litis* nos direitos individuais homogêneos		
Improcedente	Se o consumidor integrou o processo como litisconsorte, tornando-se parte (art. 94), sofre os efeitos da coisa julgada material	Consequência: não poderá intentar a ação individual pelos danos sofridos
Improcedente	Se o consumidor ficou inerte ao processo, não sofre os efeitos da coisa julgada material	Consequência: poderá intentar a ação individual pelos danos sofridos

Conforme veremos no art. 104, em todos os casos de ações coletivas (direitos difusos, coletivos ou individuais homogêneos), a coisa julgada *erga omnes* ou *ultra partes* não beneficiará aqueles autores de ações individuais que, mesmo tendo ciência da ação coletiva, deixam de requerer a suspensão no prazo de 30 dias.

Questão que tem sido muito debatida é se, após a entrada em vigor da Lei nº 9.494/1997, o âmbito de abrangência da coisa julgada nas ações coletivas estaria limitado ao território do magistrado que julgou a causa. Ou seja, poderia uma ação que foi julgada por um juiz estadual da cidade de São Paulo estender seus efeitos para fora desta comarca, por exemplo, repercutindo em Curitiba ou outra cidade do país?

Isso tudo porque a Lei nº 9.494/1997 deu nova redação ao art. 16 da Lei de Ação Civil Pública, aduzindo que:

> *Art. 16.* A sentença civil fará coisa julgada *erga omnes*, nos limites da competência territorial do órgão prolator, exceto se o pedido for julgado improcedente por insuficiência de provas, hipótese em que qualquer legitimado poderá intentar outra ação com idêntico fundamento, valendo de nova prova.

A doutrina consumerista[111] tem entendido que a modificação operada na Lei de Ação Civil Pública pela Lei nº 9.494/1997 não alcança as ações coletivas para a defesa dos direitos

111. Nesse sentido, Ada Pellegrini Grinover, mais especificamente no tocante às ações individuais homogêneas, doutrina que "completamente diverso é o regime da coisa julgada nos interesses individuais homogêneos (inc. III do art. 103), em que o legislador adotou sistema próprio, revelado pela redação totalmente distinta do dispositivo: a uma, porque a coisa julgada *erga omnes* só atua em caso de procedência do pedido, para beneficiar todas as vítimas e seus sucessores; a duas, porque para esse grupo de interesses o legislador não adotou a técnica da inexistência de coisa julgada para a sentença de improcedência por insuficiência de provas. Resulta daí que não se pode dar por modificado o art. 103, III, do CDC, por força do acréscimo introduzido no art. 16 da LACP, nem mesmo pela interpretação analógica, porquanto as situações reguladas nos dois dispositivos, longe de serem semelhantes, são totalmente diversas. Aliás, nem assim poderia deixar de ser: a Lei nº 7.347 de 1985, só disciplina a tutela jurisdicional dos interesses difusos e coletivos, como se vê pelo próprio art. 1º (inciso IV) e pelo fato de a indenização pelo dano causado destinar-se ao Fundo por ela criado, para a reconstituição dos bens – indivisíveis – lesados (art. 13). A criação da categoria dos interesses individuais homogêneos é própria do Código de Defesa do Consumidor e deles não se ocupa a lei, salvo no que diz respeito à possibilidade de utilização da ação civil pública para a defesa de interesses individuais homogêneos, segundo os esquemas do CDC (art. 21 da LACP).Disso tudo resulta uma primeira conclusão: o art. 16 da Lei nº 7.347/1985, em sua nova redação, só se aplica ao tratamento da coisa julgada nos processos em defesa de interesses difusos e coletivos, podendo-se entender modificados apenas os incisos I e II do art. 103 do CDC. Mas nenhuma relevância tem com relação ao regime da coisa julgada nas ações

dos consumidores. Com efeito, o art. 90 do CDC manda aplicar o CPC e a Lei de Ação Civil Pública às ações coletivas de defesa dos consumidores, "*naquilo que não contrariar suas disposições*". Ou seja, o CPC e a Lei de Ação Civil Pública somente poderão ser usados de modo subsidiário, naquilo que for cabível. Assim, como o próprio CDC, em seu art. 93, já tratou expressamente dessa matéria, qual seja, da competência territorial do órgão prolator da sentença em ação coletiva, não há, então, como admitir a aplicação do art. 16 da Lei de Ação Civil Pública, por ser incompatível com aquele dispositivo. (Ver comentários ao art. 93 do CDC.)

O ilustre processualista Nelson Nery Júnior,[112] criticando severamente o art. 16 da Lei nº 9.494/1997, disciplina que "confundir jurisdição e competência com limites subjetivos da coisa julgada é, no mínimo, desconhecer a ciência do Direito. Portanto, se o juiz que proferiu a sentença na ação coletiva *tout court*, quer verse sobre direitos difusos, quer coletivos ou individuais homogêneos, for competente, sua sentença produzirá efeitos *erga omnes* ou *ultra partes*, conforme o caso (v. CDC, art. 103), em todo o território nacional." E continua, afirmando que "não é relevante indagar-se qual a justiça que proferiu a sentença, se federal ou estadual, para que se dê o efeito extensivo da coisa julgada. A questão não é nem de competência nem de jurisdição, mas de limites subjetivos da coisa julgada, dentro da especificidade do resultado de ação coletiva, que não pode ter a mesma solução dada pelo processo civil ortodoxo às lides intersubjetivas."

No mesmo sentido, as críticas feitas por Hugo Nigro Mazzilli[113] ao afirmar que:

> o legislador de 1997 confundiu limites da coisa julgada (cuja imutabilidade subjetiva é *erga omnes*) com competência (saber qual órgão do Poder Judiciário está investido de uma parcela da jurisdição estatal); e ainda confundiu a competência absoluta (de que se cuida no art. 2º da LACP), com competência territorial (de que cuidou na alteração procedida no art. 16, apesar de que, na ação civil pública, a competência não é territorial, e sim absoluta). [...] Ademais, a Lei nº 9.494/1997 alterou o art. 16 da Lei nº 7.347/1985, mas se esqueceu de modificar o sistema do Código de Defesa do Consumidor, que, em conjunto com a Lei da Ação Civil Pública, disciplina competência e coisa julgada nas ações civis públicas e coletivas, e ainda hoje dispõe corretamente sobre a matéria.

Assim, por força dos arts. 21 da LACP e 90 do CDC, verifica-se uma perfeita interação entre os sistemas, que, ao se complementarem, podem ser aplicados indistintamente às ações que versem sobre direitos difusos, coletivos ou individuais homogêneos, observado o princípio da especialidade das ações acerca das relações de consumo, às quais a LACP é aplicada apenas subsidiariamente. Nesse contexto, mostra-se importante a interpretação conjunta dos arts. 16 da LACP; 93 e 103 do CDC, restando inócua e ineficaz a modificação trazida pela Lei nº 9.494/1997.

Após vários julgados e divergências (principalmente do STJ), ora no sentido de restringir a abrangência da coisa julgada nas ações civis públicas aos limites do órgão prolator

---

coletivas em defesa de interesses individuais homogêneos, regulado exclusivamente pelo inciso III do Art. 103 do CDC, que permanece inalterado." *Código Brasileiro de Defesa do Consumidor Comentado pelos Autores do Anteprojeto*. 6ª ed. Rio de Janeiro: Forense Universitária, 1999, p. 820.

112. *Código de Processo Civil Comentado e legislação extravagante*. 7ª ed. São Paulo: Revista dos Tribunais, 2003, p. 1349.

113. *Ação Civil Pública em Defesa do Meio Ambiente, do Patrimônio Cultural e dos Consumidores*. 19ª ed. São Paulo: Saraiva, 2006, p. 248.

da sentença ou da liminar, ora no sentido de não aplicar a restrição do art. 16 da LACP, o STF finalmente estacou a discussão, declarando a inconstitucionalidade do art. 16 da LACP, alterada pela Lei 9.494/1997. No julgamento do RE 1101937, finalizada no dia 07/04/2021, foi aprovada a seguinte tese:

> "I – É inconstitucional o art. 16 da Lei 7.347/1985, alterada pela Lei 9.494 /1997.
>
> II – Em se tratando de ação civil pública de efeitos nacionais ou regionais, a competência deve observar o art. 93, II, da Lei 8.078/1990.
>
> III – Ajuizadas múltiplas ações civis públicas de âmbito nacional ou regional, firma-se a prevenção do juízo que primeiro conheceu de uma delas, para o julgamento de todas as demandas conexas".

Por fim, o legislador ampliou, ainda, o objeto do processo coletivo (nos dizeres da doutrina, "ampliação *ope legis* do objeto litigioso do processo coletivo") ao dispor que as sentenças penais condenatórias também poderão ser aproveitadas pelas vítimas e seus sucessores, promovendo diretamente a liquidação e a execução, nos termos dos arts. 96 a 99, não havendo necessidade assim, pelo princípio de economia processual, de nova sentença condenatória a título individual. Dessa forma, a coisa julgada penal poderá ser transportada, *in utilibus*, às ações de indenização por danos pessoalmente sofridos.

PRINCIPAIS JURISPRUDÊNCIAS DO STF E STJ

Não é possível dar efeito *erga omnes* a decisão proferida no cumprimento individual de sentença coletiva

Para a Quarta Turma do Superior Tribunal de Justiça (STJ), não é possível dar efeito erga omnes às decisões proferidas no cumprimento individual de sentença de ação coletiva. O colegiado entendeu que a norma do artigo 103, III, do Código de Defesa do Consumidor (CDC) é aplicável apenas à sentença genérica da fase de conhecimento da ação coletiva, e não pode ser ampliada pelo Judiciário. (...) "A necessidade de liquidação de sentença impõe que sejam observados o contraditório e o direito à ampla defesa, o que representa, por si só, óbice à aplicação do efeito erga omnes a decisão proferida em cumprimento de sentença envolvendo um determinado credor. A concretização do direito, com delimitação da obrigação, será efetivada em cada procedimento executório", declarou. (STJ, REsp n. 1.762.278/MS, relator Ministro Antonio Carlos Ferreira, Quarta Turma, julgado em 5/11/2024, DJe de 18/11/2024)

Poupadores podem executar individualmente sentença coletiva sobre expurgos inflacionários

O STJ entendeu, em recurso repetitivo, que a sentença coletiva que condenou o Banco do Brasil ao pagamento de diferenças de expurgos inflacionários do Plano Verão (janeiro de 1989) tem eficácia para todos os poupadores do banco, independentemente de serem associados ao Idec ou de residirem no Distrito Federal. Os beneficiários podem ajuizar a execução individual tanto no foro do seu domicílio quanto no Distrito Federal. (STJ, REsp 1.391.198/RS, Rel. Min. Luis Felipe Salomão, Segunda Seção, DJe 02/09/2014)

Ações individuais contra cobrança de assinatura de telefonia não precisam ser reunidas em um único juízo

O STJ entendeu que não há fundamento para reunir, na Justiça Federal do DF, todas as ações coletivas e individuais que discutem a legalidade da cobrança de assinatura básica de telefonia fixa. Como se trata de direitos individuais homogêneos, essas ações podem tramitar separadamente sem configurar litispendência, e a suspensão de ações individuais até o julgamento das coletivas não é obrigatória. (STJ, CC 47.731-DF, Rel. Min. Francisco Falcão, Rel. para acórdão Min. Teori Albino Zavascki, Informativo 260)

Ações coletivas sobre direitos individuais homogêneos de consumidores podem tramitar separadamente em diferentes estados

O STJ entendeu que não há conexão entre ações civis públicas ajuizadas por diferentes entidades em estados distintos para proteger direitos individuais homogêneos de consumidores. Como a decisão de cada processo tem eficácia limitada ao território da vara que a proferiu, não há risco de decisões conflitantes que justifique a reunião das ações em um único juízo. (STJ, CC 56.228/MG, Rel. Min. Eliana Calmon, DJ 03/12/2007)

Art. 104. As ações coletivas, previstas nos incisos I e II e do parágrafo único do art. 81, não induzem litispendência para as ações individuais, mas os efeitos da coisa julgada *erga omnes* ou *ultra partes* a que aludem os incisos II e III do artigo anterior não beneficiarão os autores das ações individuais, se não for requerida sua suspensão no prazo de trinta dias, a contar da ciência nos autos do ajuizamento da ação coletiva.

O artigo 104 do CDC estabelece que as ações coletivas previstas nos incisos I e II e no parágrafo único do artigo 81 não induzem litispendência para as ações individuais, permitindo que ambas tramitem paralelamente. No entanto, caso o autor da ação individual deseje beneficiar-se dos efeitos da sentença coletiva, ele deverá requerer a suspensão de sua demanda no prazo de 30 dias a partir da ciência, nos autos, do ajuizamento da ação coletiva. Se não fizer essa opção, a coisa julgada da ação coletiva não poderá beneficiá-lo, ainda que a decisão seja favorável aos consumidores.

O dispositivo apresenta uma falha redacional ao fazer referência aos incisos II e III do artigo 103 do CDC, quando o correto seria incluir também o inciso I, uma vez que este também trata dos efeitos da coisa julgada coletiva. Apesar dessa imprecisão, o sentido da norma é claro: a ação coletiva não impede a continuidade das ações individuais, e o consumidor que ingressou com demanda própria tem liberdade para decidir se mantém sua causa ou se aguarda o desfecho da ação coletiva.

A ausência de litispendência decorre do fato de que as ações individuais e coletivas possuem objetos distintos. Para que haja litispendência, deve haver identidade entre as partes, o pedido e a causa de pedir. No entanto, enquanto a ação coletiva busca a tutela de um direito indivisível ou a fixação da responsabilidade do fornecedor de forma geral, a ação individual visa à reparação específica do dano sofrido por um consumidor determinado. Ainda que ambas as demandas tratem de um mesmo evento danoso, a sua natureza jurídica é diversa, permitindo sua coexistência sem conflito processual.

Essa interpretação já foi consolidada pelo STJ, que afirmou que a propositura de ação coletiva para reparação de danos individuais homogêneos não impede o prosseguimento de ações individuais, afastando a configuração de litispendência (STJ, REsp. 160288/SP, Rel. Min. Barros Monteiro, DJ 13/08/2001).

Contudo, a possibilidade de coexistência entre as ações não significa que os consumidores possam acumular vantagens indevidas. O sistema processual exige uma opção por parte do autor da ação individual: ele pode prosseguir com sua demanda própria, excluindo-se dos efeitos da coisa julgada coletiva, ou pode requerer a suspensão do seu processo dentro do prazo de 30 dias e aguardar o julgamento da ação coletiva.

Caso a sentença coletiva seja favorável, ele poderá aproveitar seus efeitos para buscar a liquidação e execução da indenização. Se a ação coletiva for julgada improcedente, o consumidor poderá retomar sua ação individual e continuar pleiteando a reparação do dano.

A lógica por trás desse mecanismo é garantir segurança jurídica e eficiência processual, evitando que um consumidor se beneficie simultaneamente de decisões judiciais distintas ou tente executar vantagens oriundas de ambas as ações. Esse modelo também impede o risco de decisões contraditórias, pois caso o consumidor opte por manter sua ação individual, ele assume os riscos do julgamento isolado e não poderá invocar os efeitos da coisa julgada coletiva posteriormente.

A jurisprudência do STJ reforça esse entendimento ao afirmar que a ação individual pode prosseguir independentemente da ação coletiva, que sua suspensão depende exclusivamente da iniciativa do autor e que, na ausência desse pedido, a ação individual não sofrerá qualquer interferência do resultado da ação coletiva, ainda que esta seja procedente (STJ, CC 47731/DF, Rel. Min. Teori Albino Zavascki, DJ 05/06/2006).

Essa previsão reflete a estrutura flexível da tutela coletiva no Brasil, permitindo que os consumidores escolham a estratégia mais vantajosa para defender seus direitos. De um lado, a ação coletiva apresenta maior força processual, pois facilita a produção de provas e pode resultar em uma condenação genérica que beneficia um grande número de consumidores. De outro lado, a ação individual pode oferecer maior controle sobre o processo e permitir ao consumidor buscar uma indenização específica para seu caso particular.

Ao estabelecer essa possibilidade de opção, o artigo 104 garante equilíbrio entre a tutela coletiva e a individual, evitando que os consumidores fiquem vinculados obrigatoriamente a uma única estratégia processual. O dispositivo também incentiva a adesão às ações coletivas, pois o consumidor que requer a suspensão de sua ação individual pode obter um resultado favorável sem precisar arcar com os custos e a demora de um processo individual.

Dessa forma, o artigo 104 do CDC reafirma a autonomia da tutela coletiva e da individual, garantindo que ambas possam coexistir sem gerar conflitos processuais. Ao mesmo tempo, ele estabelece regras claras para que os consumidores façam escolhas informadas, evitando duplicidade de ações e assegurando a estabilidade das decisões judiciais. Esse modelo contribui para um sistema de proteção ao consumidor mais eficiente e alinhado com os princípios da segurança jurídica e da efetividade da tutela jurisdicional.

PRINCIPAIS JURISPRUDÊNCIAS DO STF E STJ

Aplicação do art. 104 do CDC depende da ordem de ajuizamento das ações

O STJ entendeu que as regras do art. 104 do Código de Defesa do Consumidor (CDC) só se aplicam quando a ação coletiva é ajuizada após a ação individual. Caso contrário, não há incidência desse dispositivo. (STJ, REsp 1882550/RS, Rel. Ministro Herman Benjamin, Segunda Turma, DJe 18/12/2020).

Consumidor pode executar sentença coletiva mesmo após ação individual transitada

O STJ entendeu que, no sistema opt out adotado pelo CDC, não há litispendência entre ações coletivas e individuais, pois a coisa julgada da ação coletiva se estende aos consumidores, desde que a ação individual não estivesse em curso quando a coletiva foi julgada. Assim, não se aplica o art. 104 do CDC para afastar os efeitos da coisa julgada coletiva. (STJ, REsp 1620717/RS, Rel. Ministro Marco Aurélio Bellizze, Terceira Turma, DJe 23/10/2017).

Admissibilidade da suspensão de ações individuais em razão de ação coletiva

O STJ entendeu que, em processos multitudinários, o juiz pode suspender as ações individuais até o julgamento da ação coletiva para garantir a efetividade da Justiça. Essa suspensão é válida e compatível com a legislação processual mais recente, especialmente a Lei dos Recursos Repetitivos. (STJ, REsp 1.110.549-RS, Rel. Ministro Sidnei Beneti, j. 28/10/2009, Informativo 413).

Não há litispendência entre ação coletiva e ação individual quando há diferenças de partes e pedidos

O STJ entendeu que não há litispendência entre ações civis públicas e ações individuais quando as partes e os pedidos são diferentes. Como a litispendência exige identidade de partes, pedido e causa de pedir, sua configuração não se verifica nessas hipóteses. (STJ, REsp 157838/SP, Rel. Ministro Demócrito Reinaldo, Primeira Turma, j. 01/09/1998, DJ 19/10/1998).

Ajuizamento de ação individual não é impedido pela existência de ação coletiva

O STJ entendeu que a existência de uma ação coletiva voltada à tutela de direitos individuais homogêneos não impede que o consumidor ajuíze uma ação individual para defender seus interesses específicos. (STJ, REsp 147.473-SC, Rel. Ministro Eduardo Ribeiro, Terceira Turma, DJU 16/03/1998).

Identidade de partes em ações coletivas deve considerar os beneficiários da decisão

O STJ entendeu que, em ações coletivas, a identidade de partes deve ser analisada sob a ótica dos beneficiários da decisão, e não apenas das entidades que figuram no polo ativo da demanda. Assim, quando diferentes entidades representam a mesma categoria profissional, a identidade de partes pode ser configurada pela coincidência dos substituídos. (STJ, RMS 24.196/ES, Rel. Ministro Felix Fischer, Quinta Turma, DJ 18/02/2008).

CAPÍTULO V
DA CONCILIAÇÃO NO SUPERENDIVIDAMENTO

O capítulo V (Da Conciliação no Superendividamento) foi inserido pela Lei 14.181/2021 (Lei do Superendividamento). Ele trata especificamente do segundo objetivo da lei que é o tratamento.[114] O primeiro, já tratado a partir do art. 54-A, é a prevenção.

O objetivo maior, conforme já abordado, é o da prevenção. É evitar o superendividamento através de práticas responsáveis de concessão de crédito e de promoção de educação financeira dos consumidores.

Porém, como em toda legislação que visa abordar o superendividamento, é necessário disciplinar como se dará os casos das pessoas que já se encontram (ou venham a se encontrar) superendividadas.

Como a finalidade principal é a preservação da dignidade da pessoa humana e como se reconhece que o superendividado está excluído socialmente (art. 4º, X), é necessário tratar a pessoa superendividada de modo a promover a reinserção social dela, através de um plano de pagamento viável que garanta a sua sobrevivência de maneira digna (através da preservação e verificação do mínimo existencial).

Através de uma visão topográfica dos artigos que abordam o tratamento, temos:

114. Nos dizeres da Profa. Cláudia Lima Marques "o superendividamento é a doença da sociedade de consumo" e por isso esta doença tem que ser "tratada" (termo médico). MARQUES, Cláudia Lima. *Comentários à Lei 14.181/2021: A atualização do CDC em matéria de superendividamento*. RT, 2021, pg. 225.

Art. 104-A	Conciliação no judiciário (pré-processual e processual)
Art. 104-B	Plano judicial compulsório (após não ter êxito na conciliação judicial – art. 104-A – ou na conciliação extrajudicial – art. 104-C)
Art. 104-C	Conciliação extrajudicial (feita pelos órgãos públicos do Sistema Nacional de Defesa do Consumidor)

Art. 104-A. A requerimento do consumidor superendividado pessoa natural, o juiz poderá instaurar processo de repactuação de dívidas, com vistas à realização de audiência conciliatória, presidida por ele ou por conciliador credenciado no juízo, com a presença de todos os credores de dívidas previstas no art. 54-A deste Código, na qual o consumidor apresentará proposta de plano de pagamento com prazo máximo de 5 (cinco) anos, preservados o mínimo existencial, nos termos da regulamentação, e as garantias e as formas de pagamento originalmente pactuadas.

§ 1º Excluem-se do processo de repactuação as dívidas, ainda que decorrentes de relações de consumo, oriundas de contratos celebrados dolosamente sem o propósito de realizar pagamento, bem como as dívidas provenientes de contratos de crédito com garantia real, de financiamentos imobiliários e de crédito rural.

§ 2º O não comparecimento injustificado de qualquer credor, ou de seu procurador com poderes especiais e plenos para transigir, à audiência de conciliação de que trata o *caput* deste artigo acarretará a suspensão da exigibilidade do débito e a interrupção dos encargos da mora, bem como a sujeição compulsória ao plano de pagamento da dívida se o montante devido ao credor ausente for certo e conhecido pelo consumidor, devendo o pagamento a esse credor ser estipulado para ocorrer apenas após o pagamento aos credores presentes à audiência conciliatória.

§ 3º No caso de conciliação, com qualquer credor, a sentença judicial que homologar o acordo descreverá o plano de pagamento da dívida e terá eficácia de título executivo e força de coisa julgada.

§ 4º Constarão do plano de pagamento referido no § 3º deste artigo:

I – medidas de dilação dos prazos de pagamento e de redução dos encargos da dívida ou da remuneração do fornecedor, entre outras destinadas a facilitar o pagamento da dívida;

II – referência à suspensão ou à extinção das ações judiciais em curso;

III – data a partir da qual será providenciada a exclusão do consumidor de bancos de dados e de cadastros de inadimplentes;

IV – condicionamento de seus efeitos à abstenção, pelo consumidor, de condutas que importem no agravamento de sua situação de superendividamento.

> § 5º O pedido do consumidor a que se refere o *caput* deste artigo não importará em declaração de insolvência civil e poderá ser repetido somente após decorrido o prazo de 2 (dois) anos, contado da liquidação das obrigações previstas no plano de pagamento homologado, sem prejuízo de eventual repactuação.

O art. 104-A trata da conciliação para tratar o superendividamento no judiciário. Estando o consumidor, pessoa natural, superendividado (passivo maior que ativo), não tendo como pagar suas dívidas sem garantir o mínimo existencial, poderá solicitar, judicialmente, a realização de audiência conciliatória com a presença de todos os credores oriundos de dívidas de consumo.

Muito embora o *caput* do art. 104-A preveja que o *"juiz poderá"* instaurar processo de repactuação de dívidas a requerimento do consumidor, deve-se entender como *"poder-dever"*, devendo somente ser analisado se o consumidor e as dívidas suscitadas cumprem os requisitos para participarem do plano de pagamento. Assim, caso uma pessoa jurídica que alegue ser consumidora requeira a audiência de conciliação nos termos do art. 104-A, o juiz irá indeferir o pedido, uma vez que pessoas jurídicas, ainda que consumidoras, não poderão participar do processo de repactuação e revisão de dívidas do CDC (ou seja, do tratamento).

Primeiramente, é preciso delimitar, segundo o CDC, quais consumidores e quais dívidas poderão participar do tratamento do superendividamento.

Conforme já exposto quando dos comentários ao art. 54-A, não poderão participar do processo de repactuação e revisão de dívidas (art. 104-A ao art. 104-C):

a) se o consumidor não for pessoa natural;

b) se o consumidor estiver de má-fé;

c) se o consumidor agiu de maneira fraudulenta;

d) se o consumidor contraiu dívidas com a intenção de não pagar,

e) se a dívida é proveniente de produtos e serviços de luxo de alto valor e o consumidor tinha condições, ao menos, de avaliar o risco da insolvência;

f) se as dívidas não são de consumo (alimentícias, tributárias, previdenciárias, etc);

g) se as dívidas são provenientes de contratos de crédito com garantia real, de financiamentos imobiliários e de crédito rural (art. 104-A, §1º).[115-116-117]

---

115. Durante a tramitação do PLS 283/12 no Senado Federal a Febraban sugeriu a exclusão do tratamento destas dívidas, o que foi aceito.

116. Válidas são as críticas de Clarissa Costa de Lima sobre a exclusão destas dívidas no tratamento do superendividamento. Segundo a autora, "a exclusão dos contratos de crédito com garantia real, imobiliários e de crédito rural, além de privilegiar alguns credores que não terão o dever de renegociar a dívida, pode prejudicar a reabilitação econômica do consumidor quando sua renda permitir apenas o pagamento das dívidas com garantia." LIMA, Clarissa Costa de. *Comentários à Lei 14.181/2021: A atualização do CDC em matéria de superendividamento*. RT, 2021, pg. 321.

117. Nesse sentido, impossibilitando a repactuação de contrato de financiamento de automóvel garantido por alienação fiduciária: "PROCESSUAL CIVIL E CONSUMIDOR. AGRAVO DE INSTRUMENTO. TUTELA DE URGÊNCIA. SUPERENDIVIDAMENTO. CONTRATO DE FINANCIAMENTO DE AUTOMÓVEL GARANTIDO POR

Fora estas hipóteses, o consumidor estará autorizado a requerer a realização da audiência, visando inicialmente pactuar um acordo com os credores de maneira amigável.

Inspirado no modelo francês de tratamento do superendividamento (que prevê a conciliação das dívidas por uma comissão administrativa), o modelo previsto e idealizado pela comissão de juristas, através do art. 104-A, deverá seguir caminho semelhante (ou seja, também pré-processual).

Adaptando ao Brasil e a sua realidade, a conciliação deverá ser feita no judiciário (art. 104-A) ou através dos órgãos públicos do Sistema Nacional de Defesa do Consumidor (art. 104-C), que terão competência concorrente para a realização das audiências.

As audiências pré-processuais no judiciário foram utilizadas por vários estados, antes da Lei 14.181/2021, para o tratamento do consumidor superendividado. Elas ocorriam, em sua grande maioria, nos CEJUSCs (Centros Judiciários de Solução de Conflitos e Cidadania), com o propósito de contribuir com a desjudicialização.[118-119]

A proposta idealizada pela comissão de juristas, externada através do art. 104-A, era a utilização dos núcleos (inserido como instrumento da Política Nacional das Relações de Consumo – art. 5º, inciso VII) especializados no tratamento do superendividamento. Para tanto, estes núcleos devem contar com equipe especializada multidisciplinar (economistas, psicólogos, assistentes sociais, etc), visando dar não somente o suporte jurídico (com a ajuda na elaboração do plano), mas também social e psicológico.

Neste sentido, esclarece Clarissa Costa de Lima que os núcleos terão competência para: "I -atender e entrevistar o superendividado para o preenchimento de formulário-padrão com os seus dados socioeconômicos, identificação dos credores, valor das dívidas, entre outros; II – oficiar aos credores, quando necessário, requisitando cópia do contrato, III – promover, em parceria com instituições de ensino públicas ou privadas ou o SNDC – Sistema Nacional de Defesa do Consumidor, oficinas interdisciplinares de educação financeira e preparação de proposta de plano de repactuação, além de prestar assistência social e acompanhamento psicológico dos consumidores superendividados, na medida das possibilidades; IV – realizar

ALIENAÇÃO FIDUCIÁRIA. REPACTUAÇÃO DE DÍVIDA. IMPOSSIBILIDADE. EXCEÇÃO DESCRITA PELA LEI. DECISÃO REVOGADA. 1. As dívidas provenientes de contratos de créditos garantidos com alienação fiduciária estão excluídas do processo de repactuação de dívida, nos termos do art. 104-A, § 1º, do CDC, incluído pela Lei nº 14.181/2021, que dispõe sobre a prevenção e o tratamento do superendividamento." (TJ-DF 07078970320228070000 1644738, Relator: Cruz Macedo, Data de Julgamento: 23/11/2022, 7ª Turma Cível, Data de Publicação: 05/12/2022)

118. O Tribunal de Justiça do Paraná, por exemplo, criou o CEJUSC Endividados, sendo um centro judiciário de solução de conflitos especializado em matéria bancária. O TJDFT também utiliza do CEJUSC, desde 2014, para tratar o superendividado através do Programa Superendividados, atualmente Centro Judiciário de Solução de Conflitos e de Cidadania Superendividados – Cejusc/Super, vinculado ao Núcleo Permanente de Mediação e Conciliação do Tribunal, NUPEMEC. O TJRS também realiza a conciliação pré-processual no CEJUSC.

119. Em 24/12/2021 o CNJ expediu a Recomendação nº 125, no sentido de recomendar aos tribunais brasileiros a implementação de Núcleos de Conciliação e Mediação de Conflitos oriundos de superendividamento, os quais poderão funcionar perante aos CEJUSCs já existentes, responsáveis principalmente pela realização do procedimento previsto no art. 104-A, do Código de Defesa do Consumidor, com adoção de um fluxo unifome de procedimentos.

a audiência/sessão de conciliação conjunta e global com todos os credores para a elaboração de plano de pagamento."[120]

A vantagem da utilização dos núcleos especializados no tratamento ao superendividamento é exatamente a possibilidade de conciliar em uma fase pré-processual, contando com equipe multidisciplinar que ajudará o consumidor na elaboração do plano de pagamento. Nesta fase, através da utilização dos núcleos, o consumidor não precisa estar representado por advogado (justamente por ser pré-processual), facilitando o acesso e incentivando a busca pelo tratamento, através de um plano que lhe permita o pagamento de suas dívidas.[121]

Assim, com a criação dos núcleos especializados (agora instrumento da Política Nacional das Relações de Consumo pelo inciso VII do art. 5º), o consumidor terá mais um caminho para solucionar e equacionar sua condição de superendividado, promovendo o resgate de sua dignidade.

Neste sentido, a partir do art. 104-A, e criado os núcleos especializados de tratamento ao superendividado, o consumidor poderá se valer de dois caminhos: requerer o processo de repactuação através dos núcleos em uma fase pré-processual (o que é aconselhável em razão do suporte e assistência prestada ao consumidor), ou ajuizar uma ação de repactuação de dívidas requerendo uma audiência conciliatória (fase processual), caso em que precisará estar representado por advogado ou pela defensoria pública.[122]

Caso o consumidor opte pela ação de repactuação de dívidas (fase processual) e havendo CEJUSC instalado na localidade, nada impede (e é aconselhável) que o magistrado remeta os autos ao núcleo para a realização da fase conciliatória, pois conforme já demonstrado, os núcleos específicos de tratamento ao superendividamento terão mais condições de alcançarem a efetividade nos acordos, além de poder contar com equipe multidisciplinar para auxiliar o consumidor.

> **Enunciado nº 41 do FONAMEC:** "Caso o consumidor ingresse diretamente em juízo, sem o cumprimento da fase obrigatória do art. 104-A do Código de Defesa do Consumidor, após a análise de eventual tutela de urgência, o juiz poderá suspender o andamento do feito

120. *Comentários à Lei 14.181/2021: A atualização do CDC em matéria de superendividamento.* RT, 2021, pg. 319.

121. Embora o consumidor não necessite de advogado para a audiência nos núcleos (pré-processual), a experiência tem demonstrada que é recomendável que seja assistido por alguém capacitado. Na hipótese de não ter advogado (ou não ter condições de pagar um), deverá ser assisitido pela Defensoria Pública ou por algum servidor do Sistema Nacional de Defesa do Consumidor (membro do Procon, etc).

122. Poderá o consumidor requerer a concessão da assistência judiciária gratuita em razão da sua situação de superendividado. Neste sentido: "AGRAVO DE INSTRUMENTO. ASSISTÊNCIA JUDICIÁRIA GRATUITA. RENDA LÍQUIDA E SITUAÇÃO DE SUPERENDIVIDAMENTO COMPROVADAS. PROVA SUFICIENTE A ENSEJAR JUÍZO CONCESSIVO DA AJG, NO CASO CONCRETO, AOS AGRAVANTES. Embora o rendimento bruto da autora Martha supere, em tese, o parâmetro definido para concessão da AJG, logrou demonstrar situação concreta de superendividamento que caba por reduzir seus ganhos efetivos mensais líquidos a valores bem aquém dos 5 salários mínimos, situação que autoriza a concessão da gratuidade judiciária no caso concreto. No caso do autor Miguel, a prova juntada evidencia renda líquida mensal compatível com a obtenção do benefício, circunstância que, aliada ao fato de estarem os demandantes, como servidores do Poder Executivo, a perceber salários parcelados autoriza a concessão do pedido de AJG. RECURSO PROVIDO." (TJ-RS – AI: 70084075191 RS, Relator: Ricardo Pippi Schmidt, Data de Julgamento: 28/07/2020, Vigésima Quinta Câmara Cível, Data de Publicação: 30/07/2020)

e remeter os autos ao CEJUSC para a realização da audiência autocompositiva prevista no referido dispositivo legal."[123]

Nada impede que o consumidor requeira, principalmente na ação de repactuação de dívidas (fase processual), liminar (tutela de urgência) para limitar os descontos das dívidas na conta salário e/ou corrente. Muitas vezes o salário do consumidor está em boa parte comprometido com os descontos provenientes do empréstimo consignado e empréstimos pessoais, afetando o mínimo existencial.[124] O valor que sobra, após os descontos, é insuficiente para a manutenção da vida familiar do consumidor (gastos com alimentação, moradia, educação, saúde, etc). Assim, diante da dificuldade enfrentada pelo consumidor e, constatada a situação de superendividamento, é importante, desde já, conseguir restabelecer as condições mínimas de sobrevivência digna.[125]

Recebida a ação, o magistrado, verificando então a situação pecualiar vivida pelo consumidor, poderá, em sede liminar, limitar os descontos que são feitos na conta salário do consumidor, liberando margem suficiente para a manutenção da vida familiar até que, em audiência conciliatória, possa chegar a um acordo com os credores. Caso não haja acordo na audiência e o consumidor, requerendo o prosseguimento para a fase compulsória, deverá a liminar perdurar até a definição do plano compulsório (art. 104-B).

O julgamento proferido pelo STJ (TEMA 1085) não pode ser obstáculo á concessão da liminar para limitação dos descontos. O fato do STJ ter entendido como lícito o desconto dos empréstimos pessoais acima do percentual definido pelo empréstimo consignado não

123. Justificativa: A aplicação subsidiária do Código de Processo Civil, arts.300 e seguintes, decorre da ausência de previsão expressa do Código de Defesa do Consumidor quanto à apreciação das tutelas de urgência e de evidência antes da realização da fase consensual obrigatória do art.104-A. Outrossim, o combate à exclusão social, art.4º, X, é princípio vetor do microssistema de crédito ao consumo e a preservação do mínimo existencial é direito básico do consumidor, assegurado no art.6º, XI e XII. Daí a interpretação sobre a necessidade de apreciação da tutela de urgência antes da suspensão do processo e remessa ao Cejusc para a concretização da fase consensual.

124. Em Recurso Repetitivo (TEMA 1085), o STJ entendeu que são lícitos os descontos de parcelas de empréstimos bancários comuns em conta corrente, ainda que utilizado para recebimento de salários, desde que previamente autorizados pelo consumidor, não sendo aplicável por analogia a limitação prevista para os empréstimos consignados em folha de pagamento.

125. Nesse sentido: "REPACTUAÇÃO DE DÍVIDAS. Lei do Superendividamento (Lei nº 14.181, de 2021). Militar reformado (curatelado) com 6 credores descontando em folha. Consumo de mais de 70% dos vencimentos. Pedido de tutela de urgência com base em plano de pagamento previamente elaborado, limitando todos os descontos a 35% dos vencimentos líquidos do endividado. Admissibilidade, ainda que sob o signo da provisoriedade e antes da audiência de conciliação aludida pelo artigo 104-A, do CDC. Presença dos requisitos do artigo 300 do CPC que, entretanto, não alivia o autor dos deveres colaterais da obrigação. Decisão mantida. Recurso não provido." (TJSP; Agravo de Instrumento 2025213-08.2022.8.26.0000; Relator (a): Gilberto dos Santos; Órgão Julgador: 11ª Câmara de Direito Privado; Foro de Pirassununga – 3ª Vara; Data do Julgamento: 28/03/2022). No mesmo sentido, de modo a garantir a dignidade da pessoa humana: "Excepcionalmente, nos casos em que as dívidas contraídas e pagas por débito em conta corrente e contracheque representem evidente comprometimento da capacidade de prover o mínimo existencial, revela-se cabível a imposição de um limite razoável de descontos, a fim de assegurar a dignidade da pessoa humana e o mínimo existencial. 3. Assim, quando houver superendividamento que prejudique o mínimo existencial, há que se interpretar favoravelmente ao consumidor, de modo a possibilitar um limite de desconto em conta corrente, para que seja garantida a dignidade da pessoa humana, proporcionando o atendimento às despesas básicas. 4. Agravo Interno prejudicado. 5. Recurso conhecido e desprovido." (TJ-DF 07258403320228070000 1707983, Relator: Maria de Lourdes Abreu, Data de Julgamento: 25/05/2023, 3ª Turma Cível, Data de Publicação: 20/06/2023)

impede que o consumidor, em estado de superendividamento e com comprometimento do mínimo existencial, seja agraciado com a liminar, consignando margem suficiente para manutenção "digna" de sua família. A base fática que serviu para o precedente do TEMA 1085 é uma situação de "adimplemento" das dívidas (consumidor com condições de adimplir as dívidas, autoriza os descontos em conta corrente, ainda que utilizado para recebimento de salários). Outra situação (base fática) diferente é daquele consumidor em situação de superendividamento e, principalmente, com comprometimento do mínimo existencial.[126]

126. Nesse sentido: "AGRAVO DE INSTRUMENTO. AÇÃO DE REPACTUAÇÃO DE DÍVIDAS POR SUPERENDIVIDAMENTO. TUTELA DE URGÊNCIA. DIREITO DO CONSUMIDOR. DESCONTOS DE EMPRÉSTIMOS CONSIGNADOS E EM CONTA CORRENTE. TEMA 1.085. INAPLICABILIDADE. LEI 14.181/2021. ANTECIPAÇÃO DAS SALVAGUARDAS AO MÍNIMO EXISTENCIAL. DEVEDOR-CONSUMIDOR. DIGNIDADE HUMANA. ESTATUTO JURÍDICO DO PATRIMÔNIO MÍNIMO. SUSPENSÃO PARCIAL DA EXIGIBILIDADE DAS DÍVIDAS. DECISÃO REFORMADA. 1. Cuida-se de Agravo de Instrumento interposto contra a r. decisão que indeferiu o pedido de suspensão liminar dos descontos de empréstimos até o julgamento final de processo de repactuação de dívidas por superendividamento. 2. O caso em questão não se amolda à discussão travada no Tema 1.085, pois não discute a legalidade dos descontos em si, nem a aplicação analógica dos limites legais de consignação, e sim a possibilidade de antecipação, em sede de tutela de urgência, das salvaguardas ao mínimo existencial do consumidor-devedor em situação de superendividamento, instituídas pela Lei nº 14.181/2021, dentre as quais a possibilidade de suspensão parcial da exigibilidade do débito oriundo de contratos de empréstimo. 3. Não se trata de mera revisão dos contratos de empréstimo assumidos pela agravante, cujo objeto se circunscreva à discussão de abusividade de cláusulas, onerosidade excessiva ou legalidade dos descontos. Cuida-se, na verdade, de processo de repactuação ampla de dívidas de consumidor em situação de superendividamento, nos termos do artigo 104-A e seguintes do Código de Defesa do Consumidor. 4. Com as alterações empreendidas pela Lei nº 14.181/2021, inaugurou-se nova sistemática para o concurso de credores, o inadimplemento e a mora do devedor-consumidor, tendo por base a vocação protetiva da legislação consumerista e como campo de incidência a situação fática diferenciadora – e extrema – do superendividamento. 5. Trata-se, portanto, de densificação legislativa do princípio constitucional da dignidade humana, sob o viés do estatuto jurídico do mínimo existencial, cuja noção está agregada à verificação de uma esfera patrimonial capaz de atender às necessidades básicas de uma vida digna (FACHIN, Luiz Edson. Estatuto Jurídico do Patrimônio Mínimo. 2. ed. Rio de Janeiro: Renovar, 2006). 6. Institui-se o direito do consumidor-devedor à repactuação das dívidas nessa situação extrema, por plano de pagamento aos credores com prazo máximo de 5 (cinco) anos, admitidas dilação dos prazos de pagamento, suspensão da exigibilidade do débito, interrupção dos encargos da mora, redução dos encargos da dívida ou da remuneração do fornecedor, suspensão ou extinção de ações judiciais em curso e exclusão do nome do consumidor de bancos de dados e cadastros de inadimplentes. 7. Ainda que não haja previsão de suspensão imediata da exigibilidade das dívidas no processo de superendividamento, é possível a antecipação da tutela garantidora do consumidor nas situações concretas em que a espera pela audiência de conciliação ou resolução de mérito coloquem em risco o bem jurídico tutelado pela norma, qual seja, o mínimo existencial. 8. Lado outro, a suspensão da exigibilidade das cobranças deve ser dar sob o pálio da proporcionalidade, tendo como medida o absolutamente necessário para a garantia do mínimo existencial. E, em consonância com a sistemática da repactuação de dívidas por superendividamento, a tutela de urgência se submete ao condicionamento de seus efeitos à abstenção, pelo consumidor, de condutas que importem no agravamento de sua situação de superendividamento? (art. 104-A, § 4º, IV, do CDC). 9. No caso concreto, os descontos têm consumido a integralidade da renda mensal da agravante, e restou infrutífera a audiência conciliatória com os credores, razão pela qual foi deflagrado o procedimento judicial de revisão ampla e integração dos contratos e repactuação das dívidas. 10. Portanto, não é apenas plausível a alegação de superendividamento narrada, como presente o risco de prejuízo irreparável ao sustento da agravante e de sua família pelo transcurso do tempo necessário à instrução e julgamento da demanda. 11. Concedida parcialmente a tutela de urgência para limitar pela metade os descontos referentes aos empréstimos consignados e para desconto em conta corrente, até o julgamento final do processo. 12. Agravo de

Infelizmente, muitos magistrados estão indeferindo os pedidos liminares argumentando que o procedimento de repactuação de dívidas previsto no art. 104-A prevê somente uma fase conciliatória, não podendo-se utilizar da antecipação de tutela para "antecipar" um possível plano de pagamento (com a limitação dos descontos, por exemplo)[127] e que o procedimento de superendividamento não prevê a concessão de tutela de urgência neste momento processual[128]. Há ainda algumas decisões que somente tem admitido a análise da tutela de urgência "após" a realização da audiência conciliatória.[129]

Como explicitado, não vejo óbice algum para o deferimento da tutela no início do procedimento da ação de repactuação de dívidas (art. 104-A), estando presentes os requi-

---

Instrumento conhecido e parcialmente provido. Maioria." (TJ-DF 07170696620228070000 1607830, Relator: Fátima Rafael, Data de Julgamento: 18/08/2022, 3ª Turma Cível, Data de Publicação: 06/09/2022)

127 "Não se cogita a possibilidade de se antecipar, sob a forma de tutela provisória de urgência, o cumprimento de uma proposta de pagamento apresentada exclusivamente pela parte autora, em detrimento do procedimento instaurado pela Lei do Superendividamento, que visa, precipuamente, à conciliação das partes, com o devido equacionamento de seus interesses. Ausente a probabilidade do direito vindicado, deve ser mantida a decisão de indeferimento do pedido de tutela de urgência." (TJ-MG - AI: 02816288720238130000, Relator: Des.(a) Marcelo Pereira da Silva, Data de Julgamento: 02/08/2023, 11ª CÂMARA CÍVEL, Data de Publicação: 02/08/2023)

128. "AGRAVO DE INSTRUMENTO - AÇÃO DE REPACTUAÇÃO DE DÍVIDAS POR SUPERENDIVIDAMENTO COM PEDIDO DE TUTELA DE URGÊNCIA - Decisão que indeferiu a tutela de urgência para suspensão dos descontos referentes aos débitos impugnados pela autora - IRRESIGNAÇÃO DA AUTORA - Descabimento - A pretensão de repactuação de dívidas com amparo na Lei n. 14.181/21 depende da estrita observância do procedimento nela estabelecido, no qual se inclui a realização de audiência conciliatória - Audiência de conciliação infrutífera, estando o processo em termos de se instaurar o procedimento por superendividamento, *não havendo previsão de concessão da tutela de urgência neste momento processual* - Necessidade de prosseguimento, nos termos do artigo 104-B da Lei nº 14.181 de 2021 - Limitação dos descontos por aplicação analógica da Lei nº 10.820/2003, que não se presta a combater o superendividamento - Precedentes do E. STJ e deste E. TJSP - DECISÃO MANTIDA - RECURSO NÃO PROVIDO." (TJ-SP - Agravo de Instrumento: 2012593-90.2024.8.26.0000 Ribeirão Preto, Relator: Lavinio Donizetti Paschoalão, Data de Julgamento: 21/03/2024, 38ª Câmara de Direito Privado, Data de Publicação: 21/03/2024)

129. "CONSUMIDOR. AGRAVO DE INSTRUMENTO. LEI N. 14.181/2021. PLANO DE REPACTUAÇÃO DE DÍVIDAS. TUTELA DE URGÊNCIA. DESCONTOS. CONTA CORRENTE. LIMITAÇÃO. NÃO CABIMENTO. 1. O rito especial instituído pela Lei nº 14.181/2021 prevê, em uma primeira etapa, a realização de audiência de conciliação, com a presença de todos os credores de dívidas, possibilitando ao consumidor apresentar um plano de pagamento, com prazo máximo de 5 (cinco) anos, e garantir o mínimo existencial. O plano de repactuação de dívidas, se aprovado, implicará, essencialmente, medidas de dilação dos prazos de pagamento e de redução dos encargos da dívida, suspensão ou extinção de ações judiciais em curso, exclusão do nome do consumidor de bancos de dados e de cadastros de inadimplentes, e condicionamento de seus efeitos à abstenção, pelo consumidor, de condutas que importem no agravamento de sua situação de superendividamento. 2. Não obtida a conciliação, poderá ser instaurada uma segunda fase, com revisão e integração dos contratos e repactuação das dívidas remanescentes mediante plano judicial compulsório. 3. Se a análise das dívidas contraídas pelo Agravante e do plano de repactuação apresentado indica a ineficácia da mera limitação das parcelas que são debitadas em conta corrente, já que, a rigor, o plano para quitação das dívidas não deverá ultrapassar 5 (cinco) anos, a fim de evitar a eternização das obrigações, e, na hipótese de já ter sido designada a audiência de conciliação referente à primeira etapa, em atenção aos objetivos da Lei em destaque, revela-se prudente que, antes de se definir eventual limitação de descontos, seja viabilizado o acordo entre as partes. 4. Além disso, corre-se o risco de o aumento da disponibilidade financeira do endividado, sem o manejo adequado dos instrumentos previstos no Código de Defesa do Consumidor, implicar agravamento do quadro, mediante a assunção de novas dívidas e financiamentos. 5. Agravo de instrumento conhecido e não provido." (TJDFT, Acórdão 1399664, Relator: Getúlio de Moraes Oliveira, 7ª Turma Cível, data de julgamento: 9/2/2022, publicado no DJE: 24/2/2022.)

sitos do art. 300 do CPC. Não tem fundamento o argumento de que o procedimento de repactuação de dívidas não previu a possibilidade de antecipar a tutela, uma vez que o CPC aplica-se subsidiariamente e não foi intenção do legislador, quando da elaboração da Lei 14.181/2021, especificar e detalhar todas as possibilidades processuais. Fosse assim, poderia ser questionado a forma de "citação" dos credores para participar do processo, uma vez que não foi especificado pelo CDC. Ao contrário, logicamente, se utilizará dos termos do CPC para esta finalidade (aplicando os art. 238 a 259 do CPC). E também não prospera o argumento de que se estaria antecipando o plano, caso deferida a tutela. A tutela serviria, em casos especiais e demonstrados os requisitos do art. 300 do CPC, justamente para poder permitir a elaboração e pagamento de um plano futuro.

Como salientado, muitas vezes, a situação do consumidor é de miserabilidade (com a retenção de 90% do salário ou até mesmo sua integralidade), devendo, em razão do princípio da dignidade humana, permitir que ele possa, desde já, ter assegurado o mínimo existencial para a existência minimamente digna. Até porque, esperar a audiência conciliatória para a análise da tutela, como entendem alguns, pode ser tarde demais para a efetividade do procedimento, principalmente considerando que no Brasil, em razão da forte judicialização, a demora pode ser grande (entre 4 meses a 1 ano).[130]

O Fórum Nacional de Mediação e Conciliação (FONAMEC) emitiu enunciado sobre esta possibilidade, utilizando-se, inclusive, das cautelares, em analogia ao art. 20-B, §1º da Lei 11.101/05 (Lei de recuperação judicial e falência). Consta do **Enunciado 42 do FONAMEC:**

> "Por analogia ao art. 20-B, §1°, da Lei n° 11.101/05, é possível que o consumidor requeira ao juízo cível a concessão de tutela cautelar para suspensão da exigibilidade de suas dívidas, antes ou depois do requerimento previsto no art. 104-A do Código de Defesa do Consumidor."[131]

130. "Ainda que não haja previsão de suspensão imediata da exigibilidade das dívidas no processo de superendividamento, é possível a antecipação da tutela garantidora do consumidor nas situações concretas em que a *espera pela audiência de conciliação ou resolução de mérito coloquem em risco o bem jurídico tutelado pela norma*, qual seja, o mínimo existencial" (TJ-DF 07170696620228070000 1607830, Relator: Fátima Rafael, Data de Julgamento: 18/08/2022, 3ª Turma Cível, Data de Publicação: 06/09/2022)

131. A justificativa da proposição deste enunciado foi a seguinte: "Em muitos casos, o consumidor superendividado pode se encontrar em situação tal de crise financeira que se revele impossível que ele aguarde, sem prejuízo de sua subsistência ou de sua família, pela data designada para a audiência conciliatória global prevista no art. 104-A do CDC. Impôs-se, portanto, que tais situações fossem solucionadas, compatibilizando-se a premência do consumidor e a observância ao procedimento bifásico previsto pela legislação, que se inicia com uma fase pré-processual. Tem-se, assim, a previsão da possibilidade de concessão de tutela cautelar, pelo juízo cível, sem que isso afaste a fase pré-processual prevista no art. 104-A do CDC. Não é nova no ordenamento jurídico a possibilidade de análise de tutelas cautelares para posterior instauração de procedimentos que não venham a tramitar no mesmo juízo que as apreciou, tal qual ocorre naquelas previstas no art. 22-A da Lei n° 9.307/1996 e no art. 20-B, §1°, da Lei n° 11.101/05 (veja-se que pode ou não haver recuperação judicial posterior). O enunciado se vale, portanto, de compreensões já existentes e consolidadas para exprimir a ideia de que o consumidor superendividado pode se valer de uma tutela cautelar, a ser analisada pelo juízo cível competente, sem que tal requerimento prejudique a correta observância à fase conciliatória prevista no art. 104-A do CDC. Por fim, o enunciado abrange a possibilidade de que o consumidor superendividado se socorra da eventual tutela cautelar antes ou após a formulação do requerimento para designação da audiência global conciliatória (CDC, art. 104-A), já que o pressuposto fático de seu estado de premência pode ser superveniente."

Situação diversa deve ser aplicada para, em sede liminar, desde já, deferir o pedido de suspensão e/ou abstenção da inclusão do nome do consumidor nos órgãos de proteção ao crédito. Estando inadimplente, é direito do fornecedor (e até para proteção do mercado de consumo) inscrever o consumidor nos cadastros restritivos.[132] A "negativação", a priori, ajudará o consumidor, até mesmo, a não contrair novas dívidas, agravando o seu superendividamento. Porém, há hipóteses, desde que demonstradas pelo consumidor, que a negativação está atrapalhando o mesmo a conseguir emprego (o que ajudará a minimizar a situação de superendividamento) ou está lhe prejudicando de outra forma. Nestas situações, será aconselhável o deferimento da liminar para suspensão da inscrição, condicionando o consumidor a não contrair mais dívidas (principalmente empréstimos), permitindo somente que efetue gastos essenciais para manutenção da família.[133]

Por se tratar de um procedimento especial para resgate da dignidade do consumidor superendividado, são inaplicáveis os §§ 2º e 3º do art. 330 do CPC, que exige, sob pena de inépcia da inicial, a discriminação do valor incontroverso do débito e a continuidade do pagamento no tempo e modo contratados. Muitas vezes o consumidor não sabe exatamente quais são suas dívidas (e muito menos os valores) e, por estar superendividado, se encontra, na maioria das vezes, em uma situação de inadimplemento, não tendo condições de arcar com os pagamentos durante o procedimento.

A audiência (seja na fase pré-processual ou processual), em que serão notificados e/ou citados todos os credores, será presidida por juiz ou por conciliador credenciado no juízo, devendo o consumidor apresentar proposta de plano de pagamento com prazo máximo de 5 anos, com previsão de quantia suficiente para garantia de uma vida digna (mínimo existencial), devendo também manter, na proposta a ser apresentada, as garantias e as formas de pagamento que foram pactuadas nas dívidas originais.

Assim, será fundamental a indicação pelo consumidor superendividado de *todos* os credores, devendo eles participarem da audiência conciliatória.[134] Nesse sentido não poderá o consumidor escolher qual credor participará do processo de repactuação e qual ficará ex-

132. "AGRAVO DE INSTRUMENTO - AÇÃO REVISIONAL DE CONTRATO - LEI DO SUPERENDIVIDAMENTO N. 14.181/2021 -TUTELA PROVISÓRIA - SUSPENSÃO DO PAGAMENTO DAS PARCELAS - IMPOSSIBILIDADE - ABSTENÇÃO DE INSCRIÇÃO DO NOME NOS ÓRGÃOS DE PROTEÇÃO AO CRÉDITO - DESCONSTITUIÇÃO DA MORA – INOCORRÊNCIA – OBSERVÂNCIA AO CONTRATO. (...) O mero ajuizamento da ação revisional, com fundamento na Lei do superendividamento n. 14.181/2021 não inibe a caracterização da mora do autor. 4. Havendo mora no pagamento das parcelas não há óbice em inscrever o nome do devedor nos cadastros restritivos de crédito. (TJMG – Agravo de Instrumento-Cv 1.0000.22.032125-1/001, Relator (a): Des.(a) José Américo Martins da Costa, 15ª CÂMARA CÍVEL, julgamento em 03/02/2023, publicação da súmula em 08/ 02/ 2023).

133. Nesse sentido:"Considerando que algumas das dívidas são oriundas de cartão de crédito, deve a Agravante se abster de contrair novos gastos no cartão durante o processo de repactuação, ressalvadas despesas essenciais, compatíveis com o mínimo existencial tutelado." (TJ-DF 07170696620228070000 1607830, Relator: Fátima Rafael, Data de Julgamento: 18/08/2022, 3ª Turma Cível, Data de Publicação: 06/09/2022)

134. Embora o art. 104-A mencione que o tratamento se dê perante "todos os credores", nada impede que o superendividamento do consumidor ocorra em razão de um único credor (isso porque, neste caso, somente há um credor). Assim, neste caso, o processo de repactuação de dívidas terá somente um único credor. Nesse sentido: "Descabimento da exigência de que o consumidor superendividado tenha mais de um credor para fazer jus à repactuação." (TJ-SP – AC: 10731797220228260100 SP 1073179-72.2022.8.26.0100, Relator: Angela Lopes, Data de Julgamento: 03/03/2023, 28ª Câmara de Direito Privado)

cluído. Isso seria beneficiar um credor em detrimento de outro(s), pois o credor não incluído continuaria podendo cobrar os valores do contrato original enquanto outros participariam da repactuação. Para que o tratamento seja eficaz e justo, será necessária a participação de todos os credores, cujas dívidas acarretam o superendividamento.[135]

Isso não significa que haja, processualmente, um litisconsórcio necessário entre todos os credores. Caso prevalecesse este entendimento, tornaria o procedimento do tratamento inviável em muitos casos. Isso porque, não raras vezes, o consumidor não tem conhecimento de todas as suas dívidas e credores, principalmente quando houve a concessão do crédito há muito tempo. Assim, a falta de participação de algum credor, por desconhecimento do consumidor, não inviabiliza (ou anula) eventual acordo homologado com os credores que participaram do procedimento.

Embora o objetivo primordial da audiência conciliatória é tratar o consumidor superendividado através de um plano de pagamento, promovendo o resgate de sua dignidade, ela também serve para promover um maior equilíbrio no pagamento aos credores, principalmente protegendo o crédito dos fornecedores com menor capacidade de cobrança.

Caso o consumidor tenha vários credores, os que possuem maior capacidade econômica, dispondo de equipe de advogados e empresas especializadas em cobrança e busca de bens, terão mais chances de recuperar o crédito do que outros credores. Com o processo de repactuação de dívidas, será analisada cada dívida, devendo proporcionar aos credores o maior equilíbrio nestes pagamentos, o que não significa, necessariamente, pagar a todos de maneira proporcional (ex: definir que pelas condições econômicas do consumidor será possível ele pagar 50% da dívida de cada credor).

Afinal de contas, uma dívida de cartão de crédito em que o consumidor ficou inadimplente por algum tempo contém, só de juros moratórios e demais encargos (crédito rotativo, etc), uma quantia que ultrapassa (e muito!) o valor do principal. Já uma dívida proveniente de uma compra parcelada no varejo terá um aumento promovido pelos encargos moratórios muito menor. Assim, na audiência, deverá ser considerado o valor principal da dívida (excluído os juros, taxas e demais encargos) como patamar inicial para definição do quanto se pagará a cada credor, promovendo uma forma de pagamento mais justa e equilibrada.

Porém, nada impede que a proposta apresentada pelo consumidor contenha valores "abaixo" do principal. Dependendo da condição econômica atual do consumidor e dos valores das dívidas, o consumidor não consiga pagar sequer o principal (considerando o prazo máximo de 5 anos do plano de pagamento). Importante frisar que o art. 104-A não exige que a proposta contenha o "principal" da dívida. Exige somente que os pagamentos se dê em 5 anos (tempo máximo) e permaneça a manutenção das garantias e as formas de

135. Da mesma forma, devendo constar "todos os credores", o magistrado não poder limitar o polo passivo. Nesse sentido: "AGRAVO DE INSTRUMENTO. AÇÃO DE REPACTUAÇÃO DE DÍVIDA. DECISÃO QUE DETERMINOU A EMENDA DA INICIAL PARA LIMITAR O POLO PASSIVO DA DEMANDA. ALEGAÇÃO DE LITISCONSÓRCIO NECESSÁRIO. INOCORRÊNCIA. RECONHECIMENTO DE LITISCONSÓRCIO FACULTATIVO. NECESSIDADE. REDUÇÃO DO NÚMERO DE LITISCONSORTES. IMPOSSIBILIDADE. PROCEDIMENTO QUE EXIGE A PRESENÇA DE TODOS OS CREDORES PARA APURAÇÃO DO SUPERENDIVIDAMENTO. NORMA PRESCRITA NO ARTIGO 104-A DO CDC. INTERLOCUTÓRIA PARCIALMENTE REFORMADA. Agravo de Instrumento provido parcialmente." (TJPR – 16ª Câmara Cível – 0053128-45.2022.8.16.0000 – Loanda – Rel.: Desembargador Paulo Cezar Bellio – J. 06.03.2023)

pagamento.[136] O "principal" da dívida somente consta no art. 104-B como limite mínimo para o plano judicial compulsório (ainda sim, veremos quando dos comentários ao art. 104-B, que haverá hipóteses que o plano judicial compulsório poderá contemplar valores abaixo do principal).

Conforme o *caput* do art. 104-A indica, o consumidor deverá apresentar o plano de pagamento na audiência de maneira a facilitar a conciliação, pois já se terá um patamar para as negociações.[137] Embora a lei permita que o plano seja apresentado somente na "audiência" conciliatória, é desejável que o consumidor apresente juntamente com a inicial de repactuação. Isso para que, na audiência, os credores, cientes dos valores propostos pelo consumidor, possam negociar de maneira mais efetiva, apresentando contrapropostas pré-elaboradas, se for o caso.

Se os credores somente tomarem ciência do plano na audiência, a mesma poderá se alongar demais ou se tornar inefetiva, pois os credores precisarão de tempo para analisar os termos do plano de pagamento. Assim, caso o consumidor não tenha anexado o plano de pagamento na inicial, é aconselhável que o magistrado, pelo princípio da máxima efetividade dos atos processuais, intime o autor para apresentar o plano em tempo hábil dos credores analisarem os seus termos antes da audiência.

E ninguém melhor do que o próprio consumidor, (assistido por advogado ou defensor público na fase processual ou assistido pela equipe multidisciplinar no núcleo), para dizer o

136. Nesse sentido: "Instaura, ainda, o novel procedimento, uma sistemática bifásica para a realização de repactuação das dívidas do autor, sendo em um primeiro instante realizada uma tentativa de composição amigável entre as partes, mediante realização de audiência de conciliação, prevista no art. 104-A da Lei nº 8.078/90, com as alterações da Lei nº 14.181/2021, momento em que as partes poderão negociar os termos do acordo de forma praticamente irrestrita, limitando-se a norma a impor à proposta de plano de renegociação – além daquela já discriminada no *caput* (prazo máximo de 5 (cinco) anos, preservados o mínimo existencial, nos termos da regulamentação, e as garantias e as formas de pagamento originalmente pactuadas) – apenas as condicionantes previstas no § 4º do citado dispositivo legal. 7. Não há neste momento qualquer referência sobre se assegurar aos credores o valor mínimo da dívida principal ou prazo máximo para pagamento da primeira parcela, sendo, eles livres para pactuar valores, formas de pagamento, etc., restritos apenas, como dito, às limitações previstas no *caput* e no parágrafo 4º do art. 104-A da Lei nº 8.078/90. 8. Somente na inexistência de acordo na fase conciliatória é que seria lícito ao Magistrado instaurar processo por superendividamento para revisão e integração dos contratos e repactuação das dívidas remanescentes, consoante previsto no art. 104-B da norma sob análise. 9. Apenas neste momento do sistema bifásico, é que o Juiz ou um Administrador por ele nomeado (§ 3º, art. 104-B) deverá elaborar um plano judicial compulsório que, este sim, terá que observar garantias mínimas para os credores." (TJ-DF 07164207520218070020 1662111, Relator: Romeu Gonzaga Neiva, Data de Julgamento: 07/02/2023, 7ª Turma Cível, Data de Publicação: 17/02/2023)

137. O plano de pagamento pode ser oferecido até a audiência. Não há obrigatoriedade de apresentação na inicial. Nesse sentido: "REPACTUAÇÃO DE DIVIDA. Ação julgada improcedente sem designação de audiência de conciliação, ante a não apresentação de proposta pela autora. Inadmissibilidade. Designação necessária. Proposta de plano de pagamento que deverá ser apresentada na referida audiência, observadas as diretrizes legais aplicáveis à espécie. Inteligência do disposto no artigo 104-A, "*caput*", do Código de Defesa do Consumidor. Preceito legal que não impõe à devedora o dever de apresentação da proposta com a pretensão inicial, mas sim na data em que designada a conciliação. Sentença anulada para que o feito tenha regular prosseguimento, com designação de audiência de conciliação. Apelação provida." (TJ-SP – AC: 10229362720218260564 SP, Relator: Jairo Brazil Fontes Oliveira, 15ª Câmara de Direito Privado, Data de Publicação: 06/05/2022)

quanto e a melhor forma de pagar os credores, garantindo ainda uma quantia para o mínimo existencial, de acordo com a sua realidade.[138-148]

Caso o consumidor não disponha de todos os documentos e informações referentes às dívidas para a elaboração do plano (contratos, extratos bancários, demonstrativo de evolução do débito, etc.), terá dois caminhos: a) propor uma ação anterior cautelar de exibição de documentos, situação que deverá demonstrar a "existência de relação jurídica entre as partes, a comprovação de prévio pedido à instituição financeira não atendido em prazo razoável, e o pagamento do custo do serviço conforme previsão contratual e normatização da autoridade monetária." (Tema 648 do STJ); ou b) fazer um pedido incidental no próprio processo de repactuação de dívidas, solicitando ao juiz que imponha aos credores a entrega dos documentos e informações para aí sim, diante da situação real da(s) dívida (s), elaborar

138. A não apresentação do plano pode acarretar a extinção do processo sem resolução do mérito. Nesse sentido: "AGRAVO DE INSTRUMENTO. AÇÃO DE REPACTUAÇÃO DE DÍVIDAS. SUPERENDIVIDAMENTO. TUTELA DE URGÊNCIA. LIMINAR INDEFERIDA. INÉPCIA RECURSAL. RECONHECIMENTO. Cuida-se de recurso contra decisão inicial em ação de conciliação e repactuação de dívidas fundada no CDC, para situação de superendividamento. Decisão que indeferiu a liminar. Autor da ação que apenas deduziu pedido de limitação dos descontos a 30% dos rendimentos. Determinação para esclarecimento da fundamentação da ação e do próprio recurso, para os seguintes fins: (a) exibir prova dos componentes da família, inclusive aqueles que possuem rendimentos, (b) especificar, de um lado, as despesas da família, notadamente (mas não somente) as despesas e consumo, (c) especificar, de outro lado, os contratos de consumo sujeitos à repactuação das dívidas, (d) ofertar plano de pagamento, com parcelas destinadas a cada credor, datas, valores, eventuais reajustes, prazo para quitação das dívidas, até para que o juiz possa examinar o mesmo, submetendo-o aos credores em caso de ausência de conciliação e (e) identificar o mínimo existencial com fundamento concreto. Inércia. Inadmissibilidade. Inépcia recursal configurada." (TJSP, AGRV. Nº: 2245149-35.2022.8.26.0000, Rel. Alexandre David Malfatti, Data do Julgamento:23/01/2023)

139. A obrigatoriedade de apresentação do plano de pagamento é do devedor e não dos credores. Nesse sentido:"Realizada a audiência de conciliação, as partes não apresentaram qualquer plano de pagamento (Id. 134174940 dos autos de origem) e, em seguida, a douto Juiz a quo proferiu a r. decisão agravada, e determinou que ao banco que o apresentasse, no prazo de 10 dias, para posterior análise do Juízo e eventual homologação. Na oportunidade, o MM. Juiz a quo advertiu o Réu, ora Agravante, que, caso descumpra o prazo avençado, será acolhido o plano de pagamento apresentado pela Autora. *Sucede que, conforme previsão do CDC, a obrigação de apresentar plano de pagamento é da parte devedora, e intentada a composição sem sucesso, deve ser oportunizado aos credores juntar documentos e apresentar as razões da negativa de aceder ao plano voluntário ou de renegociar, no prazo de 15 dias*. Após, o plano de pagamento apresentado será compulsório, elaborado pelo juiz, com o auxílio de um administrador, caso necessário. Logo, o plano de pagamento deve ser elaborado pelo devedor e, caso não aceito pelos credores na audiência de conciliação, o plano deverá ser judicial compulsório, com observância aos requisitos do § 4º do art. 104-B do CDC. *Dessa forma, não há imposição de apresentação de plano de pagamento pelos credores, sobretudo porque somente o devedor tem conhecimento da sua situação financeira, da integralidade das dívidas contraídas e das suas condições de pagamento*. Na hipótese dos autos, sequer foi apresentado plano de pagamento pela Agravada, de modo que deve ser a ela direcionada a obrigação de descriminar todos os seus credores previstos no art. 54-A do CDC. Ante o exposto, defiro a medida pleiteada, para suspender a r. decisão agravada na parte que determina ao Agravante que apresente plano de pagamento." (TJ-DF 07434519620228070000, Relator: Fátima Rafael, 3ª Turma Cível, Data de Publicação: 24/01/2023)

o plano de pagamento.[140-141] No caso do pedido incidental, embora seja aconselhável que o consumidor requeira os documentos e informações anteriormente aos credores, não é exigido a prova da negativa para o seu deferimento.[142-143]

Para a reserva e delimitação da quantia do mínimo existencial, é importante o consumidor demonstrar na conciliação o quanto (quantia) será necessário para a manutenção digna da sua vida e de seus familiares (se houver dependência).[144] Como a proposta partirá do consumidor (com os valores, prazos e formas de pagamento), ele terá que apontar a quantia que

---

140. Nesse sentido: "AUSÊNCIA, TODAVIA, DE JUNTADA DE TODAS AS AVENÇAS FIRMADAS ENTRE A CONSUMIDORA E O BANCO, DOS EXTRATOS BANCÁRIOS E DO DEMONSTRATIVO DE EVOLUÇÃO DO DÉBITO DO CARTÃO DE CRÉDITO QUE IMPOSSIBILITA O DEBATE SOBRE EVENTUAIS ILEGALIDADES CONTIDAS NAS AVENÇAS E DIFICULTA A ELABORAÇÃO DE PLANO DE PAGAMENTO PELA DEVEDORA. VÍCIO, NO ENTANTO, QUE É SANÁVEL. IMPERATIVA DESCONSTITUIÇÃO DA SENTENÇA, *A FIM DE OPORTUNIZAR AO CREDOR, NA ORIGEM, A APRESENTAÇÃO DOS DOCUMENTOS NECESSÁRIOS AO DESLINDE DO FEITO, COM OPORTUNIDADE DE SER TRAZIDO NOVO PLANO DE PAGAMENTO PELA AUTORA, ENGLOBANDO TODAS AS OPERAÇÕES HAVIDAS ENTRE OS CONTENDORES. PROSSEGUIMENTO DO FEITO NOS SEUS ULTERIORES TERMOS*. RECURSO PROVIDO." (TJSC, Apelação n. 5008146-56.2022.8.24.0930, do Tribunal de Justiça de Santa Catarina, rel. José Carlos Carstens Kohler, Quarta Câmara de Direito Comercial, j. 27-02-2024)."(TJ-SC - Apelação: 5008146-56.2022.8.24.0930, Relator: José Carlos Carstens Kohler, Data de Julgamento: 27/02/2024, Quarta Câmara de Direito Comercial)
141. "A autora alega que não possui os contratos e requer a intimação das instituições financeiras para a apresentação dos documentos. No entanto, não comprovou a recusa injustificada dos réus na esfera administrativa, nem adotou o procedimento judicial cabível para a exibição dos instrumentos contratuais em Juízo. Agravo não provido." (TJ-SP - Agravo de Instrumento: 2024247-74.2024.8.26.0000 Taquaritinga, Relator: João Pazine Neto, Data de Julgamento: 15/02/2024, 12ª Câmara de Direito Privado, Data de Publicação: 15/02/2024)
142. "AGRAVO DE INSTRUMENTO. AÇÃO DE REPACTUAÇÃO DE DÍVIDAS. ARTIGO 104-A DO CDC (INTRODUZIDA PELA LEI Nº 14.181/21 – SUPERENDIVIDAMENTO). 1. Pedido de exibição incidental de contratos bancários. 2. Pedido incidental que dispensa prévio requerimento administrativo, somente imprescindível ao ajuizamento da ação exibitória autônoma (STJ, Tema repetitivo 648). 3. Ausência de impedimento para que o juízo a quo determine a apresentação dos contratos necessários, inclusive de ofício. Aplicabilidade do art. 421 do CPC/2015. 4. Designação de audiência conciliatória prevista no art. 104-A do CDC, introduzida pela Lei nº 14.181/21, desde que apresentada a proposta de plano de pagamento pela agravante. 5. Recurso provido." (TJ-SP - AI: 22955287720228260000 São José dos Campos, Data de Julgamento: 03/04/2023, 17ª Câmara de Direito Privado, Data de Publicação: 03/04/2023)
143. Vale lembrar ainda que o juiz poderá solicitar os documentos de ofício por força do art. 421 do CPC. Nesse sentido: "AGRAVO DE INSTRUMENTO – Ação de repactuação de dívidas – Superendividamento – Decisão que determinou a exibição de contrato bancário, sob pena de multa diária a ser oportunamente fixada – Recurso da ré Luizacred. EXIBIÇÃO DE DOCUMENTO - Ausência de impedimento para que o juízo "a quo" determine a apresentação dos contratos necessários, inclusive de ofício – Incidência do art. 421 do CPC – Pedido incidental que dispensa prévio requerimento administrativo, conforme decidido no Tema Repetitivo nº 648 do STJ – Exibição do documento necessária para que o devedor possa apresentar proposta de plano de pagamento e viabilizar a designação de audiência conciliatória prevista no art. 104-A do CDC, introduzida pela Lei nº 14.181/21." (TJ-SP - AI: 22595475020238260000 Garça, Relator: Achile Alesina, Data de Julgamento: 04/11/2023, 15ª Câmara de Direito Privado, Data de Publicação: 04/11/2023)
144. Esta demonstração será importante principalmente nos casos em que o consumidor apresentar um plano em que não seja garantido o pagamento do "principal" da dívida. Assim, ainda que retire os juros, encargos e multas, o pagamento do principal afetará a manutenção da vida digna do consumidor (não verificação do mínimo existencial). Nestes casos, será importante demonstrar o quanto ele necessita para a manutenção de sua vida digna para justificar o pagamento de valores abaixo do principal da dívida.

não será utilizada para o pagamento dos credores (quantia destinada para o mínimo existencial).[145] Para tanto, ele poderá anexar os gastos com educação, alimentação, saúde, moradia, entre outros, suficientes para a manutenção de uma vida com dignidade.[146-147-148]

> "Daí a necessidade do consumidor, na petição inicial, trazer a juízo uma lista de suas dívidas de consumo, listando-se: (a) dívidas de consumo rotineiras, mas que se apresentam como prestação continuada (por exemplo, água, luz, gás, escola, telefonia, internet, etc.) com o impacto delas no seu orçamento, (b) dívidas de consumo que se pretende repactuar (art. 54-A, § 2º CDC), sejam elas de operações de crédito, compras a prazo ou prestação de serviços continuada, (c) dívidas que não se qualificam como dívidas de consumo sujeitas ao processo, mas que impactam no seu orçamento (por exemplo, aluguel, alimentação, pensão alimentícia, prestação de financiamento imobiliário, prestação de financiamento de veículo com alienação fiduciária, etc), embora não ingressem na repactuação." (TJ-SP - AC: 10154203820228260008, Trecho do voto do Relator Alexandre David Malfatti, Data de Julgamento: 16/10/2023, 12ª Câmara de Direito Privado, Data de Publicação: 16/10/2023)

---

145. **Enunciado nº 40 do FONAMEC:** "Na pactuação do plano de pagamento das dívidas do consumidor superendividado deverá ser respeitado o mínimo existencial, considerando a situação concreta vivenciada pelo consumidor e sua entidade familiar, de modo a não comprometer a satisfação de suas necessidades básicas, observados os parâmetros estabelecidos no artigo 7º, inciso IV, da Constituição da República." Justificativa: A leitura do Decreto n.11.150, de 26 de julho de 2022, confrontou o superprincípio da dignidade da pessoa, cuja função precípua era conferir-lhe unidade material. O princípio da dignidade atua como fundamento à proteção do consumidor superendividado e criador do direito ao mínimo existencial, cuja previsão infraconstitucional foi sedimentada pelo Poder Legislativo na Lei nº 14.181/21, que atualizou o Código de Defesa do Consumidor, instalando um microssistema de crédito ao consumo. Para além da redação do regulamento determinado no Código do Consumidor atualizado, artigo 6º, XI, a eficácia horizontal direta dos direitos fundamentais nas relações privadas, para a preservação da dignidade da pessoa, era avanço doutrinário e jurisprudencial pátrios já reconhecidos, a partir da previsão do art. 5º, parágrafo 1º, da CF/88. Afinal, a garantia de 25% do salário mínimo a qualquer família brasileira, sem considerar a situação socioeconômica e individualizar as necessidades que comportam as despesas básicas de sobrevivência, não representa interpretação harmônica com os valores constitucionais. Assim, resta evidente a possibilidade de composição sem incidência do Decreto nº 11.150/22, em controle difuso de constitucionalidade. (Obs: o valor do mínimo existencial foi alterado para R$ 600,00 em 2023)
146. A definição do quanto deverá ser reservado para o mínimo existencial pode apresentar dificuldades no caso concreto. A dúvida é saber exatamente qual o percentual da renda do consumidor ou o valor que deverá ser reservado para a manutenção de sua vida digna. A delimitação do mínimo existencial foi regulamentada pelo Decreto Presidencial 11.150, de 26 de julho de 2022. Foi estipulado o "pífio" valor de 25% do sálario mínimo, gerando críticas de vários órgãos e entidades. Em 2023 o valor foi alterado para R$ 600,00 (seiscentos reais) – alteração pelo Decreto 11.567/2023.
147. Para a quantificação do mínimo existencial, é importante o consumidor demonstrar todos os custos mensais e dívidas que ele possui. Assim, mesmo dívidas que não podem ser repactuadas pelo tratamento ao superendividamento, como dívidas de crédito imobiliário, alimentícias, tributárias, entre outras, deverão ser anexadas e demonstradas para efeitos de delimitação do mínimo existencial.
148. **Enunciado nº 46 do FONAMEC:** "A proposta de plano de pagamento prevista no artigo 104-A, *caput*, do Código de Defesa do Consumidor, pode se limitar à indicação, pelo consumidor, da sua renda mensal total e das despesas mensais com a satisfação das necessidades básicas, consoante formulário socioeconômico, preferencialmente preenchido antes da audiência autocompositiva." Justificativa: A proposta preliminar a ser apresentada pelo consumidor observará a declaração da sua renda e despesas de sobrevivência que componham o mínimo existencial, visto se tratar de informações que estão na esfera de conhecimento do devedor. A tutela legal do tratamento do superendividamento foi destinada ao consumidor pessoa natural, vulnerável por presunção legal (art.4º, I do CDC) e hipossuficiente (art.6º, VIII do CDC), no que diz respeito ao acesso às informações sobre atualização do valor das obrigações e identificação atual dos credores.

Assim, deverá ser proposto pelo consumidor, através de um plano de pagamento, o *quanto* ele poderá pagar (qual o valor será disponibilizado para pagamento de cada credor), a partir de *quando* ele começará a pagar (se haverá a solicitação de algum prazo de carência para começar a pagar as prestações) e a *periodicidade* do pagamento (se os pagamentos serão mensais, bimestrais, semestrais, etc).[149]

O prazo máximo do plano proposto pelo consumidor deverá ser de até 5 anos (se tiver condição de propor um plano de pagamento viável, com a manutenção do mínimo existencial, o ideal é que seja até em prazo menor). Segundo esclarece Clarissa Costa de Lima, os modelos de falência nos países, em geral, adotam planos com duração que variam de três a dez anos, e que o "Relatório do Banco Mundial aponta que, quanto maior for a duração do plano, maior são as chances de fracasso. A experiência demonstra que planos de pagamento com duração maior que três anos tendem a falhar ou a apresentar altos índices de descumprimento."[150]

Clarissa Costa de Lima também aponta outras desvantagens dos planos com duração mais longa. Segundo a autora, o prazo maior impõe grande sacrifício ao consumidor/devedor, pois terá o orçamento comprometido com o pagamento dos credores por muito tempo, podendo gerar um desestímulo, já que a impossibilidade de usufruir de sua renda pode gerar a impressão de que está trabalhando somente para pagar credores. Toda esta situação por muito tempo pode reduzir o incentivo do consumidor de se manter produtivo, podendo ir para o mercado informal ou depender de benefícios sociais do governo.

Também, segundo a autora, quanto mais longo o plano, mais suscetível de alterar a realidade econômica do devedor, podendo comprometer os pagamentos. Com o decurso do tempo, em função de algum imprevisto (como a perda de emprego ou morte na família), pode-se alterar a capacidade de pagamento do devedor.[151] Ou seja, o que era viável para o consumidor pagar hoje poderá ficar comprometido no futuro em razão de alguma mudança (e quanto maior o prazo, mais chances de alterações ocorrerem...).

Diante deste contexto, entendemos que o prazo máximo deverá ser realmente de 5 anos, mesmo que as partes (consumidor e credores) concordem com um prazo de pagamento maior.[152]

---

149. O ideal é que, com relação a periodicidade, o consumidor apresente um plano de pagamento mensal, pois assim ele terá mais condições de prever o quanto poderá pagar e dará mais segurança para os credores aceitarem a proposta. Nossa cultura é de recebimento de salários e outras rendas por mês e não semanal ou outra periodicidade, como acontece em outros países. Mas não há óbice, por se tratar de conciliação, que o consumidor apresente uma periodicidade diferente da mensal. No plano judicial compulsório (art. 104-B, §4º), a periodicidade das parcelas deverá ser mensal.

150. LIMA, Clarissa Costa de. *O Tratamento do superendividamento e o direito de recomeçar dos consumidores*. Ed. Revista dos Tribunais, 2014, pg. 159.

151. LIMA, Clarissa Costa de. *Op. cit.* pg.159.

152. A apresentação do plano de pagamento deve respeitar o limite temporal de 5 anos, sob pena de extinção sem julgamento do mérito. Nesse sentido: "REPACTUAÇÃO DE DÍVIDAS. REQUISITO NORMATIVO. PLANO DE PAGAMENTO. NECESSIDADE. PRAZO MÁXIMO. CINCO ANOS. NORMA DE REGÊNCIA. SENTENÇA MANTIDA. (...) Respaldada a pretensão no art. 104-A do Código de Defesa do Consumidor, foi determinada a emenda à inicial para que o demandante cumprisse o requisito previsto na norma de regência, consistente na apresentação de proposta de plano de pagamento com prazo máximo de 5 (cinco) anos, e, diante da omissão, o feito foi extinto na forma alhures anunciada. 3. A causa de pedir destes autos aborda um tema recorrente no âmbito desta Corte e refere-se ao fenômeno social

Afinal de contas, em se tratando de conciliação, poderíamos supor que as partes pudessem negociar termos diversos do que está sugerido na lei, desde que houvesse concordância mútua. Porém, temos que considerar que o consumidor superendividado apresenta vulnerabilidade agravada, em razão de sua exclusão social. Na grande maioria dos casos (senão em todos), está com o nome negativado, sofrendo pressões constantes dos credores para efetuar os pagamentos, tendo dificuldades de ter crédito no mercado e até mesmo de encontrar emprego (uma vez que alguns empregadores levam em consideração as inclusões nos bancos de dados para aferição da credibilidade da pessoa a ser contratada).

Com isso, no afã de voltar a ter o nome limpo e podendo até mesmo voltar a ter crédito novamente, o consumidor poderia aceitar um prazo longo (de 10 anos por exemplo) proposto por algum fornecedor, não manifestando sua vontade de maneira totalmente consciente e racional, mas sim pressionado para aceitar o acordo.

Dessa forma, como a finalidade da norma é promover a reinserção social, dando dignidade ao consumidor (que está excluído socialmente), é muito importante que o plano seja exequível, livrando o consumidor das dívidas em período razoável (que a lei entendeu, conforme a experiência em outros países, ser de 5 anos). Sendo assim, caberá ao juiz ou o conciliador credenciado orientar às partes, na audiência, sobre o prazo máximo do plano de pagamento, caso queiram ajustar prazo maior, sob pena do plano não poder ser homologado posteriormente em sentença judicial.[153]

---

do superendividamento que, diante da sua própria gravidade e dos impactos na vida das pessoas e na própria atividade econômica do país, deu ensejo à edição da Lei nº 14.181 de 1 de julho de 2021, a qual, buscando aperfeiçoar a disciplina do crédito ao consumidor e dispondo sobre a prevenção e o tratamento do superendividamento, promoveu diversas modificações no Código de Defesa do Consumidor (Lei 8.078/1990) e no Estatuto da Pessoa Idosa (Lei 10.741/2003), conferindo instrumentos para que as partes interessadas, bem como o Poder Judiciário, possam lidar com essa questão da melhor maneira. 4. No que interessa aos presentes autos, a Lei nº 14.181/2021 viabilizou a propositura de demanda por iniciativa do consumidor superendividado com a finalidade de obter a repactuação de suas dívidas, *prevendo o art. 104-A do CDC, como requisito indispensável a apresentação pelo consumidor de uma proposta de plano de pagamento com um prazo máximo de 05 (cinco) anos. 5. O preenchimento do requisito normativo é indispensável, não só à viabilidade da repactuação das dívidas, como ao próprio manejo da demanda, eis que a previsão do limite temporal de 05 (cinco) anos a que se refere o dispositivo tem por finalidade evitar a eternização das obrigações.* 5.1. O intento da norma é, de um lado, possibilitar ao consumidor superendividado o efetivo cumprimento de suas obrigações, porém, de outro lado, sem descuidar da boa-fé que se exige aos sujeitos da relação jurídica, impedir que o consumidor, sob o manto da repactuação, prolongue indefinidamente a satisfação do direito de seus credores. 6. *No caso dos autos, o plano de pagamento apresentado pelo demandante foge à boa-fé objetiva, tendo em vista que busca protelar os pagamentos dos mútuos em mais de 23 (vinte e três) anos, algo que, evidentemente, em muito destoa do prazo máximo para pagamento estabelecido na norma de regência.* 7. Recurso conhecido e não provido." (TJ-DF 07122759020228070003 1655265, Relator: Gislene Pinheiro, Data de Julgamento: 25/01/2023, 7ª Turma Cível)

153 Ainda que a lei permita prazos de até 7 anos para o empréstimo consignado, poder-se-ia argumentar que se a lei permite um prazo de 7 anos de comprometimento de parte da renda para pagamento de dívida, também dever-se-ia permitir, ao menos, o mesmo prazo para o processo de repactuação de dívidas. Acontece que durante o pagamento do consignado, existe como pressuposto a solvência do consumidor, pagando as prestações mensais sem afetar sua dignidade. Já na situação de superendividamento a situação é diferente. O consumidor encontra-se em uma situação precária, sofrendo muitas vezes as consequências nefastas causadas pelo estado de superendividamento já estudadas no início do capítulo VI-A do Título do CDC (divórcio, baixa alta estima, problemas de relacionamentos familiares, perda de emprego, etc) estando excluído socialmente. O que se requer como objetivo principal é o resgate da dignidade do consumidor, fazendo com que ele volte a estar incluso na sociedade novamente.

No plano proposto pelo consumidor, ele não poderá alterar as *garantias* e as *formas de pagamento* que foram pactuadas nas dívidas originais. Caso assim o faça, o fornecedor poderá recusar, legitimamente, o plano ofertado. Assim, se há garantia fidejussória (fiança ou aval) prevista na dívida original, o consumidor não poderá excluir esta garantia na repactuação da dívida. A repactuação poderá alterar os valores, prazos de pagamento, etc., mas não a garantia que foi concedida anteriormente.

As formas de pagamento também deverão ser preservadas no plano a ser celebrado. Se a forma de pagamento é através do desconto no salário do consumidor, a proposta não pode propor outra forma, como por exemplo, o pagamento através de boletos. Porém, em se tratando de direito disponível, não há óbice para que o fornecedor aceite a alteração na garantia e na forma de pagamento na conciliação.

Visando dar efetividade à fase conciliatória do tratamento ao superendividamento, prescreve o §2º que o não comparecimento injustificado do credor, ou de seu procurador com poderes especiais e plenos para transigir, à audiência de conciliação, acarretará *4 sanções*: *a)* suspensão da exigibilidade da dívida; *b)* interrupção dos encargos da mora; *c)* sujeição ao plano compulsório de pagamento da dívida (se o montante devido for certo e conhecido pelo consumidor); *d)* recebimento do crédito somente após o pagamento dos credores que participaram da audiência.[154-155]

O Fórum Nacional da Mediação e Conciliação (FONAMEC) emitiu alguns enunciados referentes ao § 2º do art. 104-A. São eles:

> **Enunciado nº 36 do FONAMEC**: "Deverá constar, na notificação encaminhada aos credores, a advertência de que o não comparecimento injustificado à audiência de conciliação ou a presença de procurador sem poderes especiais e plenos para transigir acarretará a aplicação, por força de lei, das sanções previstas no art. 104-A, parágrafo 2º, do Código de Defesa do Consumidor."[156]

> **Enunciado nº 37 do FONAMEC**: "Cabe ao Juiz Coordenador do CEJUSC a aplicação, por força de lei, das sanções previstas no art. 104-A, § 2º, do Código de Defesa do Consumidor, em

Assim, permitir um prazo longo de pactuação, principalmente em razão da experiência em outros países que demonstraram que prazos longos tem maiores chances de fracasso, é ir contra o principal objetivo estipulado no tratamento ao consumidor superendividado.

154. As letras c) e d) foram incluídas na Câmara do Deputados.

155. O STJ entendeu que as sanções previstas no art. 104-A, § 2°, do CDC são aplicáveis ao credor que não comparece, sem justificativa, à audiência de conciliação na fase pré-processual do processo de repactuação de dívidas de consumidor superendividado. Esse comparecimento é um dever decorrente do contrato firmado com o consumidor, e sua ausência pode resultar na suspensão da exigibilidade do débito, interrupção dos encargos de mora, sujeição compulsória ao plano de pagamento e pagamento posterior às dívidas dos credores presentes na audiência. (STJ, REsp n. 2.168.199/RS, Rel. Min. Ricardo Villas Bôas Cueva, Terceira Turma, DJ 6/12/2024)

156. Justificativa: "A expressa notificação prévia e padronizada dos credores sobre a possibilidade de incidência das sanções contidas no art.104-A, parágrafo 2º do CDC, assegura a preservação do princípio da ampla defesa, do contraditório e da não surpresa. Da mesma forma, contribui com o desenvolvimento da cultura de pacificação social e priorização das soluções autocompositivas, valores fundantes da Resolução n.125 do Conselho Nacional de Justiça e da Lei n.14.181/21, que atualizou o Código de Defesa do Consumidor."

caso de ausência injustificada de qualquer credor ou de seu procurador com poderes especiais e plenos para transigir à audiência conciliatória do superendividamento."[157]

Enunciado nº 38 do FONAMEC: "Em caso de não comparecimento injustificado de qualquer credor à audiência de conciliação préprocessual do superendividamento, o Juiz Coordenador do CEJUSC poderá homologar a proposta de sujeição compulsória desse credor ao plano de pagamento da dívida se o montante devido ao credor ausente for certo e conhecido pelo consumidor, consoante previsão do art. 104-A, parágrafo 2º, do Código de Defesa do Consumidor."[158]

No tocante à sanção de sujeição compulsória ao plano de pagamento, embora a redação tenha ficado dúbia, a ideia aqui foi possibilitar a inclusão, no plano, do credor ausente na audiência, de acordo com a proposta feita pelo consumidor, desde que o montante da dívida seja certo e conhecido.[159-160]

Assim, ainda que não haja acordo com os credores presentes, o fato de haver algum credor ausente (não justificada) e o montante da dívida ser certo e conhecido, o juiz poderá homologar a proposta do consumidor no tocante à dívida deste credor ausente.[161] Havendo

---

157. Justificativa: "A expressa previsão legal contida no art.104-A, § 2º do CDC autoriza o Juiz coordenador do CEJUSC a aplicar as sanções contempladas no diploma, porque incidentes *ex vi lege*. Além disso, a previsão legal, do ponto de vista topológico, está situada na fase consensual e independe da existência de processo judicial ajuizado (art.104-B, *caput*) ou capacidade postulatória do consumidor-devedor."

158. Justificativa: "A expressa previsão legal contida no art.104-A, § 2º do CDC autoriza o Juiz coordenador do CEJUSC a aplicar as sanções contempladas no diploma, porque incidentes *ex vi lege*. Por "montante devido" e valor "certo e conhecido pelo consumidor" sugere-se a demonstração e registro em ata de audiência, de acordo com as informações prestadas pelo consumidor, para apreciação pelo Juiz coordenador do Cejusc."

159. Poderia-se pensar que a sanção é que, não comparecendo injustificadamente à audiência, o credor ficaria sujeito ao plano compulsório do art. 104-B e somente poderia receber o seu crédito após o pagamento dos credores anuentes ao acordo. Porém, nas justificativas do parecer do Deputado Franco Cartafina na Câmera dos Deputados, para justificar a inclusão da expressão constante do §2º *"bem como a sujeição compulsória ao plano de pagamento da dívida se o montante devido ao credor ausente for certo e conhecido pelo consumidor, devendo o pagamento a esse credor ser estipulado para ocorrer apenas após o pagamento aos credores presentes à audiência conciliatória"* salientou que as modificações seriam para "incluir no plano de pagamento conciliatório o credor que deixar de comparecer injustificadamente, desde que o montante devido a esse credor ausente seja conhecido e subordinando o pagamento dos valores a ele comprometidos ao prévio pagamento dos credores que compareceram à conciliação. Essa possibilidade oferece mais efetividade e agilidade à figura da conciliação, contribuindo para uma solução rápida que beneficiará superendividados e credores." Parecer do Deputado Franco Cartafina do dia 16/12/2020. Disponível em: https://www.camara.leg.br/proposicoesWeb/prop_mostrarintegra?codteor=1952625&filename=PRLP+1+%3D%3E+PL+3515/2015. Acesso em: 08/11/2021. Ademais, o parágrafo menciona que o montante da dívida tem que ser certo e conhecido. Isso só faria sentido, realmente, para incluir este credor desde logo no plano de pagamento do art. 104-A (pois sendo certo e conhecido, o plano do consumidor apresentado em relação a este credor já poderia ser homologado). Assim, esta previsão foi visando possibilitar a inclusão do credor ausente de maneira injustificada no plano de pagamento, perdendo, assim, o direito de negociar e recebendo o seu crédito somente após o pagamento dos credores anuentes que compareceram à audiência.

160. Clarissa Costa de Lima aponta que muitas vezes o consumidor não sabe o valor exato da dívida, principalmente em razão das práticas bancárias que não observam os deveres de informação e esclarecimento. LIMA, Clarissa Costa de. *Comentários à Lei 14.181/2021: A atualização do CDC em matéria de superendividamento*. RT, 2021, pg. 326.

161. Aplicando a sanção por ausência injustificada do credor na audiência. "AGRAVO DE INSTRUMENTO. PROCESSO CIVIL. CONSUMIDOR. AÇÃO DE SUPERENDIVIDAMENTO. LEI 14.181/2021. AUDIÊNCIA DE CONCILIAÇÃO. AUSÊNCIA DO CREDOR. PENALIDADES PREVISTAS NO ART. 104-A, § 2º DO CDC. (...)

credores presentes que fizeram acordo, o pagamento ao credor ausente, que estará no plano de maneira compulsória, será feito somente após a liquidação do pagamento aos credores que fizerem acordo.

Nesta hipótese, havendo credor que deverá receber depois de outros (que participaram da audiência e acordaram), o prazo de 5 anos dos pagamentos aos credores deve ser respeitado. Ou seja, nos 5 anos devem estar contemplados o prazo que serão pagos primeiramente os credores que participaram da audiência e fizeram acordo e, no prazo restante (até completar 5 anos), o pagamento do credor ausente que sofreu a sanção de receber seu crédito posteriormente. Assim, o credor sancionado não receberá seus créditos após 5 anos do pagamento aos credores que participaram da audiência, sob pena de violação do prazo estipulado no CDC. Conforme salientado anteriormente, o prazo de 5 anos foi estipulado levando em consideração toda uma experiência de outros países no sentido de que prazos muito longos acarretam mais facilmente a inadimplência do consumidor, não resolvendo o problema do superendividamento.

No caso de o credor ausente à audiência sofrer a sanção do plano compulsório (sendo o montante certo e conhecido) e não havendo nenhum credor presente à audiência concordado com o plano apresentado pelo consumidor, o pagamento ao credor ausente sancionado será postergado à definição do plano judicial compulsório (art. 104-B). Assim, após a definição do plano judicial compulsório dos credores presentes à audiência, mas que, por alguma razão, não anuíram ao plano proposto, será elaborado um cronograma de pagamento (por no máximo 5 anos), devendo primeiramente ser pago as dívidas dos credores que participaram da audiência para, só depois, ser pago o credor ausente. Isso porque, nos moldes do §2º do art. 104-A, além da sanção da sujeição ao plano estipulado pelo consumidor, tem a sanção de receber os créditos somente após os credores que participaram da audiência.

O mesmo acontece no caso de apenas um ou alguns credores participantes à audiência terem feito acordo. Assim, havendo um credor presente à audiência que não fez acordo, o pagamento ao credor ausente e que foi sancionado somente acontecerá após a definição e pagamento do plano compulsório do art. 104-B (deste credor que não fez acordo). Desde modo, os pagamentos começarão a serem feitos aos credores que fizeram acordo na audiência conciliatória, depois será pago o credor que não fez acordo e que participou da audiência (e que teve o seu crédito definido de forma compulsória pelo magistrado – art. 104-B) para somente depois ser pago o credor ausente à audiência. Vale lembrar que, desde o início dos pagamentos pelo consumidor, começa a contar o prazo de 5 anos.

Verificada a regularidade da citação do banco credor para comparecimento à audiência de conciliação, constatada sua ausência, devem ser aplicadas pelo órgão julgador as penalidades previstas no art. 104-A, § 2º do CDC, com a suspensão da exigibilidade do débito; a interrupção dos encargos da mora; a sujeição compulsória ao plano de pagamento; e a estipulação de pagamento da dívida por último, após o pagamento dos credores que se fizeram presentes na audiência conciliatória." (TJ-DF 07246624920228070000 1643147, Relator: Lucimeire Maria da Silva, Data de Julgamento: 17/11/2022, 4ª Turma Cível) No mesmo sentido: "Autora que se beneficiou da posterior prolação pelo juízo de primeiro grau de outra decisão, também provisória, vinculando-se o BANCO DO BRASIL à proposta de pagamento formulada na petição inicial como sanção ao não comparecimento à audiência de conciliação (art. 104-A, § 2º do CDC). Decisão que amenizou situação financeira da autora." (TJ-SP – AI: 22333404820228260000 SP 2233340-48.2022.8.26.0000, Relator: Alexandre David Malfatti, Data de Julgamento: 21/11/2022, 12ª Câmara de Direito Privado)

Outra dúvida que pode surgir é sobre o tempo de duração das sanções aplicadas pelo não comparecimento injustificado à audiência conciliatória. No caso de o montante da dívida ser conhecido e certo, o plano de pagamento em relação ao credor ausente já estará definido e o início do pagamento somente se dará após o pagamento dos demais credores que participaram da audiência (portanto, estará suspensa a exigibilidade até o pagamento final dos credores participantes).

A dúvida mesmo pode surgir na hipótese de o montante da dívida não ser certo e conhecido pelo consumidor, situação que não gerará a compulsoriedade do plano. Nesta hipótese, caso o consumidor já tenha requerido a continuidade do procedimento para o plano judicial compulsório (art. 104-B), as sanções, principalmente de suspensão da exibilidade e interrupção dos encargos da mora, se manterão até a definição do plano de pagamento judicial a ser definido pelo magistrado. Já na hipótese de o consumidor ainda não ter requerido a continuidade do procedimento, o magistrado deverá intimá-lo para, dentro de um determinado prazo, informar se requer a continuidade do procedimento, sob pena de revogação das sanções aplicadas (caso contrário, uma vez aplicada as sanções e o consumidor não optar pela continuidade do procedimento, a dívida, por estar suspensa, não poderá ser mais cobrada do consumidor).

Além destas 4 sanções estabelecidas no CDC, o não comparecimento de maneira justificada à audiência é considerado ato atentatório à dignidade da justiça. (§ 8º do art. 334 do CPC).[162]

Sendo assim, a ideia é forçar o credor a participar da audiência no intuito de conciliar com o consumidor superendividado, resolvendo a situação. Infelizmente, a prática mostrou que, antes da lei, as várias audiências que eram promovidas pela Defensoria Pública, Procons e Ministérios Públicos não surtiam efeito justamente porque os credores ignoravam as notificações para comparecimento. Com a previsão e aplicação das sanções em casos de ausência injustificada, espera-se que os credores passem, a partir de agora, a participarem das audiências de conciliação.

A participação dos credores nas audiências conciliatórias não poderá ser somente para não sofrerem as sanções (participação *proforma*). Isso porque, caso o credor compareça e não negocie o plano apresentado pelo consumidor (caso não haja concordância com o plano apresentado e nem apresentação de contraproposta viável), não haverá conciliação e, havendo requerimento do consumidor pela continuidade do tratamento, o plano será definido compulsoriamente pelo magistrado (art. 104-B), podendo o magistrado aplicar as sanções do §2º.[163]

162. Nesse sentido: "(...) MULTA POR ATO ATENTATÓRIO À DIGNIDADE DA JUSTIÇA DEVIDA. AUSÊNCIA INJUSTIFICADA EM AUDIÊNCIA DE CONCILIAÇÃO. EMBARGOS ACOLHIDOS. (...) 2. Considera-se ato atentatório à dignidade da justiça a ausência injustificada em audiência de conciliação, o que enseja a aplicação de multa, conforme o art. 334, § 8º, do CPC. 3. Embargos de Declaração conhecidos e providos. Acórdão parcialmente reformado. Decisão unânime." (TJDFT Acórdão 1335123, 07318101620198070001, Relator: Fátima Rafael, 3a Turma Cível, data de julgamento: 20/4/2021).

163. Nesse sentido: "AGRAVO DE INSTRUMENTO. AÇÃO DE REPACTUAÇÃO DE DÍVIDAS. APLICAÇÃO DE SANÇÃO DO ART. 104-A, § 2º DO CDC, PELO MAGISTRADO DE ORIGEM. INSTITUIÇÃO FINANCEIRA QUE DEIXOU DE APRESENTAR PROPOSTA DE RENEGOCIAÇÃO DE DÍVIDAS, EM EVIDENTE DESCUMPRIMENTO AO DEVER DE COOPERAÇÃO INSCULPIDO NO ART. 104-A E ART. 6º, INCISO XI, AMBOS DO CDC. COM O SUPERENDIVIDAMENTO NASCE UMA NOVA ABORDAGEM PRINCIPIOLÓGICA ATINENTE AO DEVER

> **Enunciado nº 39 do FONAMEC:** "A simples apresentação de procuração com poderes especiais para transigir não elide a aplicação da suspensão da exigibilidade do débito e a interrupção dos encargos da mora, caso o procurador não apresente efetivas propostas de negociação para a formalização do plano de pagamento, em atenção ao dever de cooperação, devendo constar tal advertência na notificação encaminhada aos credores."[164]

Sobre o dever de cooperação processual, principalmente no tocante à renegociação, dois enunciados foram elaborados.

> **Enunciado nº 45 do FONAMEC:** "Na ata da audiência autocompositiva pré-processual deverá ser registrado se os credores apresentaram propostas de negociação, ainda que não pactuado o plano de pagamento, no intuito de viabilizar a análise, pelo juiz, do cumprimento do dever de cooperação e da necessidade de eventual imposição das sanções previstas no art.104-A, parágrafo segundo, do Código de Defesa do Consumidor."[165]

> **Enunciado nº 44 do FONAMEC:** "Na ata da audiência autocompositiva pré-processual, caso as partes não cheguem a um acordo acerca do plano de pagamento, deverão ser registradas eventuais propostas apresentadas pelo credor e/ou consumidor, para os fins do art. 104-B, parágrafo primeiro, do Código de Defesa do Consumidor."

DE BOA-FÉ E COOPERAÇÃO, A FIM DE AUXILIAR O CONSUMIDOR QUE SE ENCONTRA EM RUÍNA, QUE, NA HIPÓTESE, NÃO FOI OBSERVADA PELA AGRAVANTE. MANUTENÇÃO DA DECISÃO NESTE GRAU DE JURISDIÇÃO.AGRAVO DE INSTRUMENTO DESPROVIDO." (TJ-RS – Agravo de Instrumento: 5060213-37.2024.8.21.7000 PORTO ALEGRE, Relator: Roberto Carvalho Fraga, Data de Julgamento: 07/03/2024, Décima Quinta Câmara Cível, Data de Publicação: 07/03/2024)

164. Justificativa: A ausência injustificada, bem como o comparecimento do representante do credor sem poderes reais e plenos para transigir ou, ainda, a falta de proposta dos credores, contrariam a finalidade da norma e autorizam a aplicação de sanção, em especial do art. 104-A, § 2º, do CDC. A lei não criou o dever de compor, pois violaria o princípio da autonomia privada. Contudo, uma das funções exercidas pela boa-fé, de criação de deveres anexos, endereça o dever de cooperar e o dever de cuidado com o outro, o cocontratante. No superendividamento, nasce um dever de renegociar, de repactuar, de cooperar vivamente para ajudar o leigo a sair da ruína, desde que preenchidos os pressupostos legais. Logo, os credores têm a função de boa-fé de apresentar propostas e contribuir para a construção do plano de pagamento voluntário. O tratamento diferenciado ao credor que coopera na fase consensual é identificado ao longo da legislação, a exemplo da prioridade de pagamento aos credores que compuseram nesta fase, da possibilidade de homologação de plano de pagamento apresentado pelo consumidor na hipótese do Enunciado 04, por expressa previsão legal. O Código de Processo Civil de 2015 foi embasado em vários princípios, estando entre ele o princípio da cooperação das partes, artigo 6.º e o princípio da boa-fé, artigo 5º. Na essência, significa que o legislador, ao instaurar procedimento de tratamento do superendividamento do consumidor, privilegiou a atuação pró-ativa, exigindo a presença qualificada dos credores na construção do plano de pagamento consensual. Nesse sentido, veja-se que o diploma legal em análise destinou tratamento diferenciado aos credores quando previu recebimento preferencial do pagamento no plano consensual, artigo 104-B do CDC.
165. Justificativa conjunta dos Enunciados 44 e 45: "O Código de Defesa do Consumidor atualizado possui regras de ordem pública e de interesse social (art. 1º do CDC), concretizando o microssistema de crédito ao consumo com a inserção do princípio de prevenção e tratamento do superendividamento como forma de combate à exclusão social, art. 4º, X, do direito básico do consumidor à preservação do mínimo existencial, art. 6º, X, e do dever de cooperação como forma de viabilizar a construção do plano de pagamento voluntário. Nessa medida, a interpretação sistêmica do Estatuto Consumerista deve guardar conformação com o valor maior da reinserção social do consumidor, da vedação da ruína do consumidor e da cooperação das partes. Ademais, a cooperação e a atuação responsável do fornecedor são elementos exigidos desde a fase da formação da relação contratual, nos termos do art. 54-B ao 54-D, razão pela qual os registros de cooperação devem constar na ata da audiência autocompositiva para fins de valoração judicial."

Havendo conciliação (é o que se almeja!), o juiz homologará o acordo através de sentença judicial, que terá eficácia de título executivo e força de coisa julgada (§ 3º).

A sentença descreverá e delimitará o plano de pagamento com as *medidas de dilação dos prazos de pagamento e de redução dos encargos da dívida ou da remuneração do fornecedor, entre outras destinadas a facilitar o pagamento da dívida* (§ 4º, inciso I), como a determinação de um prazo de carência para que o consumidor comece a pagar as prestações, se o caso recomendar; *referência à suspensão ou à extinção das ações judiciais em curso* (§ 4º, inciso II), devendo haver a suspensão durante o procedimento da repactuação e extinção após a homologação do acordo;[166]; *data a partir da qual será providenciada a exclusão do consumidor de bancos de dados e de cadastros de inadimplentes* (§ 4º, inciso III), devendo ser o mais rápido possível, considerando que a negativação atrapalha até mesmo o consumidor a conseguir emprego; *condicionamento de seus efeitos à abstenção, pelo consumidor, de condutas que importem no agravamento de sua situação de superendividamento* (§ 4º, inciso IV), como, por exemplo, dispor como condição que o consumidor não adquira outro financiamento ou faça empréstimo consignado, mesmo tendo margem disponível segundo a legislação, enquanto não pagar todos os credores.

Assim, mesmo sendo uma fase conciliatória, o CDC autoriza o juiz a condicionar o plano acordado a algumas situações que deverão ser observadas, considerando o histórico do consumidor e as causas que o levaram ao superendividamento.

Vale lembrar que, nos moldes do art. 51, XVIII, será abusiva eventual cláusula de reversão após o acordo com os credores. Ou seja, após a homologação do acordo, não se admitirá que, em caso de descumprimento por parte do consumidor, sejam restabelecidos os valores e as condições originalmente pactuados.

Por fim, o §5º dispõe que o requerimento do consumidor para a instauração do processo de repactuação de dívidas, através da audiência de conciliação, não importará em declaração de insolvência civil. Isso é importante, porque a declaração de insolvência em nada contribui para o tratamento do superendividamento, não investigando as causas que levaram a este estado.

A preocupação central, na insolvência, é a promoção de uma execução única sobre todos os bens disponíveis do devedor insolvente, a benefício conjunto de todos os seus credores, como forma de evitar o favorecimento de um em detrimento de outros. Na insolvência, as dívidas vencem automaticamente, perdendo o devedor o direito de administrar seus bens e deles dispor, os quais são arrecadados para a liquidação e para o pagamento dos credores. Permanecendo o débito, o devedor somente readquire a capacidade civil depois de decorrido o prazo de cinco anos.

166. No mesmo sentido é o posicionamento de Clarissa Costa de Lima mencionando que a suspensão e a extinção das ações em curso são duas hipóteses que deverão ser aplicadas em momentos distintos. Para a autora, durante o trâmite do pedido de repactuação de dívidas, seja no plano consensual, seja no compulsório, as ações deverão ser suspensas até a conclusão do acordo ou da sentença que define o plano judicial compulsório. Após a conclusão do acordo ou da sentença que define o plano compulsório, as ações deverão ser extintas, uma vez que ocorre novação e, em caso de descumprimento, o credor poderá requerer o cumprimento do plano de pagamento, uma vez que tem força de título executivo judicial. Op. cit. pg. 326.

Nos moldes do §5º, o consumidor somente poderá se valer de novo processo de repactuação de dívidas após o prazo de 2 anos, contado da liquidação das obrigações previstas no plano de pagamento. Isso não impede que o consumidor requeira, mesmo durante o plano de pagamento, uma *nova* repactuação das dívidas homologadas no acordo. Ocorrendo alguma situação que altere sua condição econômica, principalmente decorrente de algum acidente da vida (como morte, doença, desemprego), afetando a manutenção do mínimo existencial, poderá requerer novo reajuste dos pagamentos previamente acordados. Mas, para tanto, será necessário demonstrar que realmente a sua condição econômica foi afetada a ponto de não conseguir mais honrar com os pagamentos pactuados.

O que se quer evitar é que o consumidor possa se utilizar permanentemente do processo de repactuação, ainda que sua situação econômica permaneça inalterada. Ou seja, contraia dívidas sabendo que futuramente, caso fique em uma situação apertada, conte com o processo de repactuação. Assim, a lei estabeleceu o prazo de 2 anos, após o pagamento do plano homologado, como limite para novo pedido de repactuação.

O que se almeja é que o consumidor, através de educação financeira e mudanças de novos hábitos e padrões de consumo, se necessário, consiga não mais precisar da ajuda da lei para viver de maneira digna. Lembrando que poderá haver novo pedido de repactuação durante o pagamento do plano, em situações excepcionais e devidamente demonstradas, antes mesmo do período de 2 anos após a liquidação do plano anterior, caso ocorra algum acidente da vida que modifique abruptamente a situação financeira do consumidor e de sua família, inserindo-o novamente em uma situação de superendividamento.

Nesses casos, será fundamental a análise da boa-fé do consumidor, de modo a verificar se a nova situação que alterou a sua condição econômica se deu por fatos alheios a sua vontade.

Por fim, situação que pode gerar controvérsia é em relação à competência para processar a ação de revisão e repactuação de dívidas. A primeira delas é se os juizados especiais poderiam ser competentes para tratar o superendividado nos moldes do art. 104-A e 104-B.

A princípio, poder-se-ia sustentar que os juizados seriam competentes por se tratar de uma justiça que facilita o acesso ao consumidor e que possui um trâmite mais célere.[167-168]

167. Nesse sentido é o posicionamento de Cristiano Sobral Pinto, sustentando que "a Lei do Superendividamento vem no sentido de facilitar o acesso à Justiça aos superendividados e a negociação de suas dívidas com os credores, o que confirma o procedimento ser realizado exatamente nos JECs, tendo em vista o seu caráter mais informal que se mostra mais receptivo ao consumidor que já se encontra em uma situação de extrema fragilidade e desconforto. Nessa medida, não teria sentido fazer com que o consumidor superendividado procure a Justiça comum, submetendo-o à vivência de uma situação ainda mais difícil, em que sabe-se que, em geral, a morosidade e as formalidades impostas podem impor mais obstáculos à solução dos conflitos." PINTO, Cristiano Sobral. Coluna Garantias do Consumo. *A Lei do Superendividamento e os JECs.* Disponível em: https://www.conjur.com.br/2021-ago-11/garantias-consumo-lei-superendividamento-jecs. Acesso em: 24/11/2021.

168. Nesse sentido: "CONFLITO DE COMPETÊNCIA – AÇÃO DE REPACTUAÇÃO DE DÍVIDAS – SUPERENDIVIDAMENTO – CÓDIGO DE DEFESA DO CONSUMIDOR – LEI DO SUPERENDIVIDAMENTO – COMPETÊNCIA DO JUIZADO ESPECIAL – MANUTENÇÃO. Sabe-se que no dia 02 de julho de 2021, a Lei nº. 14.181 (Lei do Superendividamento) entrou em vigor, alterando o Código de Defesa do Consumidor e o Estatuto do Idoso, para aperfeiçoar as garantias de práticas de crédito responsável e dispor sobre a prevenção

Embora a Lei do Superendividamento não tenha disposto sobre a competência do tratamento, a ideia da comissão de juristas é que a audiência pré-processual fosse feita nos núcleos criados para o tratamento do superendividamento (CEJUSCs), justamente porque nestes núcleos haverá a possibilidade de contar com uma expertise própria, com equipe multidisciplinar (psicólogos, assistentes sociais, economistas, etc.) para auxiliar o consumidor superendividado na elaboração do plano e também auxiliá-lo (com educação e apoio psicológico e social) para que não venha mais a entrar nesta situação de superendividamento.[169]

Dessa forma, permitir que tais audiências sejam realizadas nos juizados (que na verdade serão audiências judiciais processuais através de ações revisionais uma vez que os juizados não contêm núcleos específicos) será muito temerário. É sabido que os juizados estão abarrotados de processos e se destina a tratar de temas que exigem menos complexidade.[170]

O tratamento do consumidor superendividado é um processo complexo em que se exigirá, conforme salientado, a presença de equipe multidisciplinar e a análise criteriosa (e por isso muitas vezes mais complexa) das dívidas do consumidor e dos gastos necessários para aferição do mínimo existencial.

---

e o tratamento de situações de superendividamento. A Lei do Superendividamento foi editada com o objetivo de promover o acesso dos consumidores superendividados à Justiça, o que evidencia a necessidade de que o procedimento seja realizado perante o Juizado Especial, que em razão do seu caráter mais simples e célere, acaba atraindo com mais facilidade o consumidor." (TJ-MG – CC: 10000221468226000 MG, Relator: Marco Aurelio Ferenzini, Data de Julgamento: 01/09/2022, Câmaras Cíveis / 14ª CÂMARA CÍVEL, Data de Publicação: 01/09/2022)

169. **Enunciado nº35 do FONAMEC:** "Os CEJUSCs, sempre que possível, deverão desenvolver programa de tratamento e prevenção do superendividamento, com a realização das audiências coletivas de conciliação pré-processual previstas no art. 104-A do Código de Defesa do Consumidor." Justificativa: O art. 2º da Resolução 125/2010 do CNJ dispõe que, na implementação da política Nacional de tratamento adequado de conflitos, para a boa qualidade dos serviços e para disseminação da cultura de pacificação social, será observada a centralização das estruturas judiciais. A atualização do Código de Defesa do Consumidor contemplou a criação de "núcleos de conciliação e mediação de conflitos oriundos de superendividamento", de acordo com art. 5º, VII, demonstrando a importância da especialização da unidade para atuação temática e priorizando a fase consensual do tratamento do superendividamento, com foco na atuação cooperativa dos credores, consoante prevê o art.104-A, § 2º do CDC. A criação da competência concorrente do Sistema Nacional de Defesa do Consumidor para a fase consensual do tratamento do superendividamento, prevista no art.104-C do CDC, corrobora a importância dos Cejusc's especializados, especialmente porque admitido o superendividamento do consumidor como fenômeno social e complexo que demanda atendimento multidisciplinar.

170. A experiência prática da realização das audiências com todos os credores tem mostrado que, em média, tem durado de 2 a 4 horas (algumas vezes até mais), dependendo da complexidade da dívida e do número de credores. Nesse sentido, fico imaginando uma pauta de audiências no juizado....em como prever o tempo de cada audiência....considerando principalmente a quantidade de processos....Enfim, seria estrangular os juizados com a problemática do superendividamento.

O ideal realmente é que as audiências pré-processuais sejam realizadas nos núcleos a serem estruturados, muito provavelmente na justiça comum. E as ações revisionais (caso o consumidor opte pela ação judicial) sejam também propostas na justiça comum.[171] Isso porque, a justiça comum terá melhores condições de contar com apoio técnico especializado para auxiliar o consumidor. Nesse sentido, a fim de evitar maiores discussões, o ideal é que o CNJ e os tribunais locais regulamentem a competência para o tratamento do superendividamento.

Outro aspecto relacionado à competência que pode gerar controvérsia é quando envolve a CEF – Caixa Econômica Federal como credor do consumidor. Como empresa pública, a competência para julgar ações relacionadas à CEF será, a princípio, nos termos do art. 109, I da CF, da Justiça Federal.

Com relação ao tratamento (com concurso de credores) não me parece a melhor opção deixar o processo tramitar na Justiça Federal. Nesse aspecto, conforme ressaltado, o tratamento deve ser feito na Justiça Comum, sendo a justiça que irá criar os núcleos específicos para o tratamento do superendividamento e também contar com apoio para auxiliar os planos de pagamento.

Nesse sentido, em ação proposta na Justiça Federal, um consumidor requereu a revisão e repactuação de dívidas nos moldes do art. 104-A contra vários bancos, entre eles a CEF. Interessante os argumentos da douta magistrada da 5ª Vara Federal de Vitória, Dra. Maria Cláudia de Garcia Paula Allemand, que decidiu pela incompetência da Justiça Federal, aplicando analogicamente a exceção do art. 109, I da CF, e do art. 45, I do CPC de que a competência é da Justiça Federal havendo a participação de empresa pública federal, com exceção das hipóteses de *falência, recuperação judicial ou insolvência.*

Assim, sendo o tratamento do consumidor do art. 104-A, com audiência global dos credores, uma espécie de concurso de credores, concluiu seu posicionamento aduzindo que "há de prevalecer a competência do "Juízo Universal" da Justiça Comum Estadual, mesmo naquelas demandas em que figurem entes federais, dadas as peculiaridades inerentes aos processos que envolvem o concurso de credores" e que "considerando que a presente "ação de superendividamento" se norteia nas mesmas diretrizes das ações de "falência", "recuperação judicial" e/ou "insolvência civil", cujo propósito primordial é formar um concurso universal de credores (inteligência dos arts. 104-A, 104-B e 104-C, do CDC), chega-se à conclusão de que a competência do Juízo Universal da Justiça Estadual deve prevalecer

171. Por não se tratar de falência, a ação de repactuação não deve ser processada na vara de falência ou insolvência e sim na vara cível. "CONFLITO NEGATIVO DE COMPETÊNCIA – AÇÃO DE REPACTUAÇÃO DE DÍVIDAS FUNDADA NA LEI 14.181/2021 E NO CDC – JUÍZO COMPETENTE – VARA CÍVEL RESIDUAL – PEDIDO DE LIMITAÇÃO DOS EMPRÉSTIMOS EM 30% DOS VENCIMENTOS QUE NÃO IMPLICA EM FALÊNCIA, INSOLVÊNCIA OU RECUPERAÇÃO JUDICIAL – CONFLITO PROCEDENTE. Com fundamento na Lei n. 14.181/2021 (superendividamento) e nas disposições do Código de Defesa do Consumidor (art. 54-A e 104-A), pretende a parte autora com o manejo da Alão de Repactuação de Dívidas, a limitação de seus empréstimos a 30% de seus vencimentos. Conquanto o pedido possa implicar num plano de pagamento dos empréstimos contraídos, não se trata de ação de falência, insolvência ou mesmo recuperação judicial a ensejar a competência especializada da Vara de Falências, Recuperações, Insolvências e Cartas Precatórias Cíveis. Conflito julgado procedente para fixar a competência do juízo da Vara Cível Residual." (TJ-MS - CC: 16015444420238120000 Campo Grande, Relator: Des. Luiz Antônio Cavassa de Almeida, Data de Julgamento: 16/05/2023, 5ª Câmara Cível, Data de Publicação: 17/05/2023).

sobre a competência residual deste Juízo Federal, notadamente no presente caso, em que a Caixa Econômica Federal é apenas um dos outros sete devedores apontados pela Autora, todos instituições financeiras de natureza privada."[172-173-174]

A Segunda Seção Seção do STJ julgou no dia 22/03/2023 Conflito de Competência (CC193066/DF) entendendo que cabe à Justiça comum estadual e/ou distrital processar e julgar as demandas oriundas de ações de repactuação de dívidas decorrentes de superendividamento – ainda que exista interesse de ente federal – porquanto a exegese do art. 109, I, do texto maior, deve ser teleológica de forma a alcançar, na exceção da competência da Justiça Federal, as hipóteses em que existe o concurso de credores.

Concluindo, acreditamos que o melhor juízo para tratar adequadamente o consumidor superendividado é a justiça comum, devendo as ações propostas nos juizados e na Justiça Federal serem remetidas, assim, para a justiça comum.

172. Decisão do dia 19/11/21 no processo Nº 5039528-58.2021.4.02.5001/ES, 5ª Vara Federal Cível de Vitória.

173. Também entendendo que a justiça comum seria competente, mesmo com a presença da CEF: "CONFLITO NEGATIVO DE COMPETÊNCIA. AÇÃO DE REPACTUAÇÃO DE DÍVIDAS. SUPERENDIVIDAMENTO. NATUREZA CONCURSAL. CAIXA ECONÔMICA FEDERAL NO POLO PASSIVO DA DEMANDA. EXCEÇÃO À REGRA PREVISTA NO ART. 109, I, DA CF/88. COMPETÊNCIA DA JUSTIÇA COMUM ESTADUAL." (STJ, CONFLITO DE COMPETÊNCIA Nº 192823 – SP, Rel.Min. Moura Ribeiro, j. 19/12/2022)" Como fundamentação do voto, asseverou o Min. Moura Ribeiro: "O processo relacionado ao superendividamento, tal como o de recuperação judicial ou falência, possui natureza concursal. Nesses casos as empresas públicas, excepcionalmente, sujeitam-se à competência da Justiça Estadual, justamente em razão do caráter concursal e de pluralidade de partes envolvidas, nos termos previstos pelo artigo 45, I do CPC, que excepciona a competência da Justiça Federal em casos de recuperação judicial, falência, insolvência civil e acidente de trabalho." No mesmo sentido: "AGRAVO DE INSTRUMENTO – "AÇÃO DE REPACTUAÇÃO DE DÍVIDAS (LEI DE SUPERENDIVIDAMENTO) C/C TUTELA DE URGÊNCIA" – AÇÃO QUE TRATA SOBRE O SUPERENDIVIDAMENTO – COMPETÊNCIA DA JUSTIÇA COMUM. I – Nos exatos termos do CONFLITO DE COMPETÊNCIA Nº. 164.460 – PB (2019/0074409-0), o Superior Tribunal de Justiça decidiu que a competência para processamento e julgamento das ações que tratam sobre o superendividamento é da Justiça Comum e não da Justiça Federal, ainda que empresa pública federal, como no caso dos autos, integre o polo passivo da demanda." (TJ-MG – AI: 10000222309098001 MG, Relator: Lúcio de Brito, Câmaras Cíveis / 15ª Câmara Cível, Data de Publicação: 06/03/2023).

174. Se a CEF for o único credor, a competência será da Justiça Federal. "CONFLITO NEGATIVO DE COMPETÊNCIA. JUSTIÇA COMUM ESTADUAL E JUSTIÇA FEDERAL. AÇÃO DE REVISÃO CONTRATUAL POR SUPERENDIVIDAMENTO. LEI 14.181/2021. POLO PASSIVO COMPOSTO APENAS PELA CAIXA ECONÔMICA FEDERAL. AUSÊNCIA DE CONCURSO DE CREDORES. COMPETÊNCIA DA JUSTIÇA FEDERAL. ART. 109, I, DA CONSTITUIÇÃO FEDERAL. 1. O art. 109, I, da CF define que é da competência da Justiça Federal o julgamento de demandas que tiverem a União, entidade autárquica ou empresa pública federal como interessadas, autoras, rés, oponentes ou assistentes, salvo as causas relativas à falência, acidentes do trabalho e as de competência da Justiça Eleitoral e da Justiça do Trabalho. Essa regra, portanto, comporta exceção - em razão da matéria – em relação às causas de falência, assim como ocorre nas demandas de repactuação de dívidas por superendividamento, quando o polo passivo é composto por vários credores, ainda que seja parte ou interessado ente federal, situação que atrai a competência da Justiça Estadual. 2. *Na hipótese de não haver, na demanda, o concurso de credores entre instituições financeiras diversas e existindo o interesse de ente federal, deve incidir o art. 109, I, da CF, com o estabelecimento da competência da Justiça Federal.* 3. Conflito conhecido para declarar competente o Juízo Federal da 4ª Vara do Juizado Especial Cível de Rondônia - SJ/RO." (STJ - CC: 195917, Relator: NANCY ANDRIGHI, Data de Publicação: 26/04/2023).

Por fim, conforme já ressaltado, vale lembrar que conforme o art. 3º da Lei 14.181/21, como os efeitos atuais dos contratos se submetem à nova lei, nada impede, portanto, a realização do tratamento (judicial ou extrajudicial) – arts. 104-A ao 104-C – das dívidas referentes aos contratos celebrados em data anterior à lei.

Nesse sentido já se posicionou a jurisprudência:

> "AÇÃO DE REPACTUAÇÃO DE DÍVIDAS – SUPERENDIVIDAMENTO – Autor que pretende a repactuação de dívida contraída com instituição de ensino superior – (...) Tese defensiva de impossibilidade de aplicação da Lei 14.181/21 aos contratos celebrados anteriormente à sua vigência – Desacolhimento – Norma legal expressa que submete os efeitos jurídicos dos negócios anteriores aos institutos relativos ao superendividamento (art. 3º da Lei 14.181/21)– Ausência de violação à garantia constitucional do ato jurídico perfeito, pois não há direito adquirido da fornecedora a um regime jurídico de cobrança de dívidas – Reconhecimento do direito do consumidor à repactuação das dívidas." (TJ-SP – AC: 10731797220228260100 SP 1073179-72.2022.8.26.0100, Relator: Angela Lopes, Data de Julgamento: 03/03/2023, 28ª Câmara de Direito Privado)

Art. 104-B. Se não houver êxito na conciliação em relação a quaisquer credores, o juiz, a pedido do consumidor, instaurará processo por superendividamento para revisão e integração dos contratos e repactuação das dívidas remanescentes mediante plano judicial compulsório e procederá à citação de todos os credores cujos créditos não tenham integrado o acordo porventura celebrado.

§ 1º Serão considerados no processo por superendividamento, se for o caso, os documentos e as informações prestadas em audiência.

§ 2º No prazo de 15 (quinze) dias, os credores citados juntarão documentos e as razões da negativa de aceder ao plano voluntário ou de renegociar.

§ 3º O juiz poderá nomear administrador, desde que isso não onere as partes, o qual, no prazo de até 30 (trinta) dias, após cumpridas as diligências eventualmente necessárias, apresentará plano de pagamento que contemple medidas de temporização ou de atenuação dos encargos.

§ 4º O plano judicial compulsório assegurará aos credores, no mínimo, o valor do principal devido, corrigido monetariamente por índices oficiais de preço, e preverá a liquidação total da dívida, após a quitação do plano de pagamento consensual previsto no art. 104-A deste Código, em, no máximo, 5 (cinco) anos, sendo que a primeira parcela será devida no prazo máximo de 180 (cento e oitenta) dias, contado de sua homologação judicial, e o restante do saldo será devido em parcelas mensais iguais e sucessivas.

Não havendo a conciliação com algum credor (seja judicialmente pelo art. 104-A, seja a extrajudicial pelo art. 104-C), restará a possibilidade, caso o consumidor requeira, de instaurar um *processo de revisão e integração dos contratos e repactuação das dívidas*, mediante um plano compulsório judicial.[175-176-177-178]

175. Caso requerido pelo consumidor, o plano judicial compulsório é obrigatório. Nesse sentido: "Segundo as disposições dos artigos 104-A e 104-B do CDC e orientação do Conselho Nacional de Justiça, a fase do plano judicial compulsório é de cunho residual e tem início caso não atingida a conciliação entre o devedor e algum ou alguns de seus credores na primeira fase, não se cuidando de faculdade atribuída ao órgão julgador, mas verdadeiro dever-fazer, desde que requerido pelo consumidor. Precedentes TJDFT. 5. Recurso conhecido e provido. (TJ-DF 07246624920228070000 1643147, Relator: Lucimeire Maria da Silva, Data de Julgamento: 17/11/2022, 4ª Turma Cível)

176. O magistrado não pode instaurar o processo de revisão e integração sem o requerimento do consumidor. Nesse sentido: "DIREITO CIVIL, PROCESSUAL CIVIL E DO CONSUMIDOR. APELAÇÃO CÍVEL. LEI 14.181/2021. SUPERENDIVIDAMENTO. AUDIÊNCIA CONCILIATÓRIA. INFRUTÍFERA. FASE JUDICIAL COMPULSÓRIA. REQUERIMENTO DO CONSUMIDOR. AUSÊNCIA. 1. A promulgação da Lei 14.181/2021, regramento que promoveu significativas alterações no Código de Defesa do Consumidor (CDC) e no Estatuto da Pessoa Idosa, instituiu medidas voltadas a garantir ao consumidor superendividado, pessoa natural e de boa-fé, o direito à repactuação de suas obrigações, sem comprometimento do seu mínimo existencial. 2. Nos termos do art. 104-B da Lei 8.078/1990, incluído pela Lei 14.181/2021, não havendo êxito na conciliação em relação a quaisquer credores, o juiz, a pedido do consumidor, instaurará processo por superendividamento para revisão e integração dos contratos e repactuação das dívidas remanescentes mediante plano judicial compulsório e procederá à citação de todos os credores cujos créditos não tenham integrado o acordo porventura celebrado. 3. Impossível a instauração da fase processual prevista no art. 104-B do CDC sem a iniciativa do devedor. 4. Recurso provido. Sentença cassada." (TJ-DF 07031772120218070002 1667319, Relator: Mario-Zam Belmiro, Data de Julgamento: 01/03/2023, 4ª Turma Cível)

177. **Enunciado nº 43 do FONAMEC**: "Após cumprida a fase do artigo 104-A do Código de Defesa do Consumidor, não se revela necessária a remessa do feito ao CEJUSC para nova audiência de conciliação na fase do art. 104-B do referido Diploma normativo, ressalvado eventual requerimento das partes ou determinação do juiz da causa." Justificativa: O artigo 104-A do CDC contemplou a obrigatoriedade da fase consensual como forma de promover a aproximação e construção do plano voluntário pelas partes, priorizando e diferenciando o tratamento aos credores que nela atuaram. Contudo, a efetividade do procedimento e preservação do princípio constitucional de "razoável duração do processo", art. 5º, LXXVIII da CF, sugerem a obrigatoriedade da fase consensual em um único momento, salvo requerimento das partes ou apreciação do juiz da causa.

178. Nulidade de plano judicial compulsório sem a verificação da fase conciliatória. Nesse sentido: "DIREITO PROCESSUAL CIVIL E CONSUMIDOR. AÇÃO DE SUPERENDIVIDAMENTO. RITO DA LEI Nº 14.181/2021. SISTEMA BIFASE PROCESSUAL. NECESSIDADE DE OBSERVÂNCIA DA INICIAL FASE DE CONCILIAÇÃO COM A APRESENTAÇÃO DO PLANO VOLUNTÁRIO DE REPACTUAÇÃO DAS DÍVIDAS. APÓS, FASE JUDICIAL/CONDENATÓRIA SEGUNDO PROCEDIMENTO ELEITO. NÃO OBSRVÂNCIA NA ORIGEM. ERROR IN PROCEDENDO. PREJUÍZO CONSTATADO. NULIDADE RECONHECIDA. 1. A Lei do Superendividamento (Lei nº 14.181/2021), que promoveu modificações no Código de Defesa do Consumidor, estabelece um rito específico em que é possibilitado a repactuação de dívidas perante os credores, devendo ser observado em uma primeira etapa a fase de conciliação, com a presença de todos os credores das dívidas afetas aos qualificado como superendividado, oportunidade na qual o consumidor deverá apresentar proposta de plano de pagamento com prazo máximo de 5 (cinco) anos, preservados o mínimo existencial, nos termos da regulamentação, e as garantias e as formas de pagamento originalmente pactuadas (art. 104-A do CDC). Em não se obtendo êxito na conciliação é que se poderá instaurar uma segunda fase, com revisão e integração dos contratos e repactuação das dívidas remanescentes mediante plano judicial compulsório (art. 104-B do CDC). 2. No caso em voga, constata-se vício de procedimento apto a ensejar a nulidade da sentença, uma vez que o i. Juízo a quo deixou de observar o rito do superendividamento na forma dos artigos 104-A e 104-B do CDC, sendo evidente o prejuízo da parte autora, que não teve oportunizada a repactuação das suas dívidas, escopo do próprio rito eleito, razão pela qual a r. sentença deve ser declarada sem efeito, com o retorno dos autos à origem para o seu regular processamento segundo diretrizes da Lei nº 14.181/2021. 3. Apelação provida com o acolhimento da preliminar de

Nesta fase, caberá ao magistrado promover não somente a repactuação das dívidas não acordadas na fase anterior conciliatória, como também promover a *revisão e integração*, analisando as cláusulas e práticas contratuais, declarando a nulidade das abusivas ou em desacordo com as normas do CDC.[179-180] Nesta fase, o magistrado, ao fazer o controle das cláusulas e práticas contratuais, poderá aplicar as sanções do art. 54-D, parágrafo único (revisão-sanção), quais sejam: sanção de redução dos juros contratados, ou de qualquer acréscimo ao principal, bem como a dilação de pagamento previsto no contrato original, observada a gravidade da conduta do fornecedor e as possibilidades financeiras do consumidor.

O controle do *conteúdo* dos contratos deve ser feito, inclusive, nos contratos em que houve "novação" e "reconhecimento de dívidas" pelo consumidor. Muitas vezes as abusividades estão nos contratos anteriores e que foram renegociados. Aliás, a Súmula 286 do STJ é nesse sentido:

> "A renegociação de contrato bancário ou a confissão da dívida não impede a possibilidade de discussão sobre eventuais ilegalidades dos contratos anteriores."

Em se tratando de um procedimento especial de tratamento do consumidor superendividado, que busca, principalmente, a reinserção social deste indivíduo, não há necessidade de requerimento expresso do consumidor para que haja a revisão e a integração dos contratos, assim como requerimento para aplicação das sanções do art. 54-D, parágrafo único. O *caput* do art. 104-B somente exige que o consumidor requeira o procedimento disciplinado no artigo, qual seja, a definição de um plano judicial compulsório que envolve, para este mister, não somente a repactuação, mas também a revisão e a integração dos contratos. Nesse sentido, o *caput* do art.104-B disciplina que o "*o juiz, a pedido do consumidor, instaurará processo por superendividamento para revisão e integração dos contratos e repactuação das dívidas remanescentes*", ou seja, somente exige que haja o pedido (o desejo do consumidor de definição de um plano judicial compulsório das dívidas que não sofreram acordo). Havendo o pedido, quem instaura o procedimento é o magistrado (e o procedimento está disciplinado na lei, qual seja "*revisão e integração dos contratos e repactuação das dívidas remanescentes*".)

Como a norma permite ao magistrado "revisar" o contrato, através do procedimento do art. 104-B, não se aplica a Súmula 381 do STJ ao procedimento especial disciplinado para o tratamento. Assim, mesmo sem requerimento expresso e indicação da abusividade

---

nulidade processual. Sentença sem efeito." (TJDFT, Acórdão 1619479, 07033735720228070001, Relator: Arquibaldo Carneiro Portela, 8 a Turma Cível, data de julgamento: 20/9/2022)

179. A jurisprudência do STJ entende, por exemplo, ser possível, de forma excepcional, a revisão da taxa prevista em contratos bancários sobre os quais incide a legislação consumerista, desde que o caráter abusivo fique cabalmente demonstrado, mediante a colocação do consumidor em desvantagem exagerada (art. 51, § 1º, do CDC), de acordo com as peculiaridades do julgamento em concreto. Nesse sentido: (STJ, AgInt nos EDcl no AREsp n. 1.650.030/RS, relator Ministro Moura Ribeiro, Terceira Turma, julgado em 10/10/2022, DJe de 13/10/2022.)

180. Em desacordo com as normas do CDC temos inúmeros casos de falhas no dever de informação das condições contratuais. Nesse sentido: "No tocante à comissão de corretagem, o Tribunal de origem, soberano na análise das provas, entendeu que seria indevido o pagamento da comissão de corretagem pelo autor, uma vez que houve falha na prestação do serviço, tendo em vista a falta de informações no contrato firmado entre as partes sobre a contratação dos serviços de assessoria, assim como o valor a ser cobrado a este título." (STJ, AgInt no AREsp n. 1.804.311/SP, relator Ministro Luis Felipe Salomão, Quarta Turma, julgado em 23/8/2022, DJe de 9/9/2022.)

da cláusula, o magistrado poderá, de ofício, declarar a abusividade de cláusulas e promover a integração dos contratos.[181]

A requerimento do consumidor, o juiz procederá a citação dos credores que não conciliaram na hipótese das audiências pré-processuais (nos núcleos pelo art. 104-A) e extrajudiciais (pelo art. 104-C). Como ainda não havia relação processual, será necessário a citação para os credores integrarem a relação.

Já na hipótese da audiência judicial em processo de repactuação de dívidas (art. 104-A), como os credores já foram citados para integrarem a relação processual, eles deverão ser intimados para a nova fase com o requerimento do consumidor. Nessa hipótese, o que temos é uma relação processual única, dividida em duas fases. A primeira será visando a conciliação. A segunda, condicionada ao requerimento do consumidor, será para contestação, apresentação de provas e definição do plano de pagamento compulsório.

Nada impede, até mesmo pelo princípio da economia dos atos processuais, que o consumidor, quando do requerimento do processo de repactuação de dívidas do art. 104-A, já manifeste o interesse no plano judicial compulsório, caso algum credor não venha a conciliar. Assim, os credores serão citados para a audiência de conciliação e, não havendo acordo quando da audiência, já começará a correr o prazo de 15 para contestar, nos moldes semelhantes ao que acontece nos arts. 334 e 335 do CPC.

Sendo uma relação processual única, toda a documentação e as informações prestadas na audiência do art. 104-A serão consideradas pelo magistrado e/ou administrador para a elaboração do plano judicial compulsório (§ 1º do art. 104-B).

Já na hipótese da audiência pré-processual nos núcleos (art. 104-A) e extrajudicial (art. 104-C), será importante o consumidor informar e anexar na petição inicial toda a documentação suficiente para a elaboração do plano, demonstrando atualmente a sua situação econômica (renda mensal individual e familiar e valores disponíveis para pagamento das dívidas); a causa principal do superendividamento (se foi decorrente de perda de emprego, morte familiar, divórcio, etc.); se na concessão do crédito houve alguma ofensa aos arts. 54-B ao art. 54-G; quais são os credores e as respectivas dívidas (se vencidas ou vincendas); quais credores participaram da audiência conciliatória e quais não participaram e não justificaram; quais os gastos para aferição do mínimo existencial: moradia, saúde, alimentação, educação, lazer, impostos, entre outros.[182]

---

181. No mesmo sentido é a opinião de Clarissa Costa de Lima ao dispor que "o processo de superendividamento pressupõe a aplicação "ex ofício" das regras do CDC, inclusive daquelas atinentes ao controle da abusividade das cláusulas dos contratos bancários, não se aplicando a Súmula 381 do STJ." LIMA, Clarissa Costa de. *Comentários à Lei 14.181/2021: A atualização do CDC em matéria de superendividamento*. RT, 2021, pg. 333. Roberto Pfeiffer também defende a atuação de ofício do magistrado. Assim, "entendemos, de toda sorte, possa o Juiz reconhecer de ofício as nulidades e vícios que determinariam a revisão e integração dos contratos de crédito que deram origem ao superendividamento, caso as identifique no curso da lide." Grinover, Ada Pellegrini; Oliveira Filho, Vicente Gomes de; Braga, João Ferreira. *Código Brasileiro de Defesa do Consumidor* (p. 2005). Edição do Kindle.

182. Clarissa Costa de Lima adverte que o "levantamento, tanto do ativo quando do passivo, deve ser o mais amplo possível, permitindo ao juiz fazer um balanço e avaliar as medidas a serem aplicadas em cada caso concreto. Isso evita a imposição de planos de pagamento dissociados da capacidade de reembolso do consumidor que venham a prejudicar a subsistência digna." LIMA, Clarissa Costa de. *Comentários à Lei 14.181/2021: A atualização do CDC em matéria de superendividamento*. RT, 2021, pg. 331.

Em razão do princípio do contraditório, os credores deverão, em sua defesa, através da contestação, anexar documentos e justificar as razões pelas quais não acordaram com o plano apresentado pelo consumidor na audiência conciliatória (§ 2º do art. 104-B). Pode ocorrer, por exemplo, de o consumidor propor pagamento de valores muito aquém de sua real condição financeira, situação que legitimamente ensejará a recusa pelo fornecedor, devendo este provar que o consumidor poderá arcar com pagamentos de valores superiores.

O juiz poderá nomear administrador para auxiliá-lo na elaboração do plano de pagamento, desde que esta nomeação não acarrete ônus às partes (consumidor e fornecedor).[183]

A lei não detalha especificamente como o administrador será escolhido e, muito menos, como será remunerado. O que define somente é que a participação do administrador não poderá onerar as partes. Assim, caso não haja outra forma especificada, o administrador poderá ser, a nosso ver, custeado pelos Fundos de Direitos Difusos. Mas o ideal é que fosse criado um fundo específico para o tratamento do superendividamento, financiado pelas multas administrativas e civis decorrente dos abusos envolvendo concessão de crédito e pelos principais fornecedores envolvidos nas demandas de superendividamento.

A previsão de financiamento deste fundo pelos fornecedores seria importante até como forma de punir os que praticam os abusos no mercado de crédito, incentivando-os a alterarem suas condutas abusivas, tendo forte apelo preventivo. Afinal de contas, não seria justo onerar a sociedade com mais um custo (pagamento do administrador) se quem está fomentando o superendividamento, principalmente em razão da não verificação do princípio do crédito responsável, são alguns fornecedores.

Embora a lei mencione *"administrador"*, nada impede que seja uma equipe multidisciplinar composta de economistas, assistentes sociais, psicólogos, entre outros, que terão conhecimentos técnicos para viabilizar um plano de pagamento que seja viável e sustentável. Haverá situações mais complexas nas quais será importante a atuação do administrador (ou uma equipe) para auxiliar o magistrado na elaboração do plano.

O administrador, uma vez nomeado e de posse de toda a documentação apresentada pelo consumidor e fornecedor e, após as diligências que eventualmente precisem ser feitas (como, por exemplo, a intimação dos birôs de crédito para informar a situação do consumidor), apresentará, em 30 dias, uma proposta de plano de pagamento, com medidas de temporização e de atenuação de encargos e juros, garantindo o mínimo existencial.

No plano judicial compulsório, prevê o §4º que deverá ser assegurado aos credores, no mínimo, o valor do principal da dívida, corrigido monetariamente por índices oficiais de preço. Assim, a ideia é garantir ao credor, pelo menos, o pagamento, ainda que parcelado, do principal (ou seja, retirados os juros, multas e demais encargos).[184]

183. Nas palavras de Roberto Pfeiffer, "a vantagem do administrador seria a sua expertise, pois teria a habilidade técnica necessária para as atividades relacionadas à elaboração do plano de pagamento e maior disponibilidade de tempo do que a do juiz da causa, que possui uma quantidade expressiva de processos de diversas naturezas para se dedicar." Grinover, Ada Pellegrini; Oliveira Filho, Vicente Gomes de; Braga, João Ferreira. Código Brasileiro de Defesa do Consumidor (p. 2014). Edição do Kindle.

184. A previsão de pagamento mínimo do principal não constava da redação que propomos em nossa atuação no Senado Federal (e que foi sugerida pelo Brasilcon) quando da elaboração do primeiro relatório. Por sugestão da Febraban, houve esta inclusão. O temor da Febraban era que o magistrado pudesse, livremente e sem critérios, estipular o valor a ser pago pelo consumidor ao fornecedor.

Assim, o valor do principal da dívida, devidamente corrigido, deve ser considerado como patamar mínimo na elaboração do plano. Isso não impede, porém, nos casos em que, ao manter o valor do principal, não seja possível garantir o mínimo existencial, o administrador sugerir e o juiz definir que o pagamento da dívida, pelo consumidor, seja menor que o principal. Isso porque a verificação do mínimo existencial no plano de pagamento, baseado no princípio da dignidade da pessoa humana, é garantia e direito fundamental, devendo prevalecer sobre o valor principal da dívida (direito do credor).

Aliás, poderá haver casos em que a renda do consumidor sequer é suficiente para a manutenção da sua vida digna e de sua família (ou seja, não há a verificação do mínimo existencial com a renda atual do consumidor). Ainda que não tenha previsão legal específica e em razão do princípio da dignidade da pessoa humana, entendo que o plano de pagamento deverá ser suspenso, até o que o consumidor venha a ter condições novamente de disponibilizar alguma quantia para a quitação da dívida ao credor.

Nesse caso, o plano de pagamento, que estará suspenso pelo prazo de 5 anos (prazo máximo de vigência do plano pelo §4º do art. 104-B), deverá dispor das hipóteses dos incisos do § 4º do art. 104-A, como a suspensão ou extinção das ações judiciais em curso; data a partir da qual será providenciada a exclusão do consumidor dos bancos de dados e cadastros de inadimplentes e, principalmente, condicionando à suspensão do plano não somente à abstenção de condutas do consumidor que agravem a sua situação de superendividamento (como a proibição de contrair novos empréstimos); mas também o dever de informar ao juízo sobre a melhora de sua condição econômica, para fins de readequação do plano de pagamento, de acordo com a nova realidade econômica.

Conforme salientado, o plano compulsório deverá durar, no máximo, 5 anos. Este foi o período que o legislador entendeu por bem vincular parte da renda do consumidor superendividado ao pagamento da dívida (tanto que o plano de pagamento voluntário proposto pelo consumidor deverá ser também, no máximo, de 5 anos). Com isso, 5 anos é o prazo razoável em que o consumidor, sob certas condições a serem estabelecidas no plano voluntário e no plano judicial, terá parte da renda comprometida para pagamento, devendo posteriormente a este prazo, com a quitação do plano, ficar liberado das dívidas.

Na hipótese de suspensão do plano por falta de renda para pagamento ao credor, sem afetar o mínimo existencial, passados os 5 anos e cumpridas as exigências impostas no plano, entendo também que o consumidor estará livre das dívidas. Caso contrário, aquele consumidor superendividado que não tem condições mínimas de participar de nenhum plano de pagamento estaria "preso" às dívidas até que, ao menos, ocorresse a prescrição delas (e sabe-se que, mesmo prescritas, há cobrança administrativa da dívida pelos credores).[185]

185. Em relação a tal prática, o TJDFT já considerou abusiva a cobrança de dívida prescrita: "A prescrição fulmina a pretensão, a possibilidade de exigir a prestação. Consequentemente, prescrita a dívida, afasta-se qualquer possibilidade de sua exigência. Em termos práticos, consumada a prescrição, o cumprimento da obrigação condiciona-se exclusivamente a comportamento positivo e absolutamente voluntário do devedor. Prescrita a dívida, é ilegal o credor realizar qualquer ato extrajudicial – ligação, envio de mensagem, notificação, carta etc. – tendente ao recebimento do respectivo valor. (...) As dívidas prescritas não podem ser consideradas, pelas entidades de proteção ao crédito, para diminuir nota ou pontuação de crédito (credit scoring) já que a redução de nota pode significar recusa de crédito ou aumento da taxa de juros remuneratório." (TJDFT, Apel. 0701813-93.2021.8.07.0008, Re. Des. Leonardo Roscoe Bessa,

Se o intuito da norma é promover a reinserção social do superendividado, resgatando a sua dignidade (perdida em razão da pressão e consequências advindas das dívidas), não se pode prestigiar o direito de crédito do credor em detrimento do princípio da dignidade da pessoa humana.[186]

No plano compulsório há a possibilidade do juiz, dependendo da situação do consumidor, estipular prazo de carência para que comece a efetuar o pagamento das prestações. Estipula o §4º do art. 104-B que *a primeira parcela será devida no prazo máximo de 180 (cento e oitenta) dias*. Assim, dependendo da hipótese, pode ser necessário e prudente fixar um prazo para que parte da renda do consumidor comece a ficar comprometida com o pagamento do plano, não podendo este prazo ser maior do que 180 dias. Estipulado o prazo de pagamento da primeira parcela, as demais, pelo §4º do art. 104-B, deverão ser *mensais iguais e sucessivas*. A experiência e cultura brasileira é de pagamento de contas e recebimento de salários e rendas mensalmente. A estipulação de prestações mensais visa dar ao consumidor maiores condições de se organizar financeiramente para a manutenção da sua vida com dignidade e, ao mesmo tempo, efetuar o pagamento das prestações do plano.

Uma dúvida que poderá surgir é o entendimento sobre a expressão "*após a quitação do plano de pagamento consensual previsto no art. 104-A deste Código*" contido no §4º do art. 104-B. No texto, aprovado no Senado Federal e enviado à Câmara, não constava tal expressão. A ideia da inclusão desta expressão, segundo o parecer do Deputado Franco Cartafina, foi *ajustar a cronologia do pagamento do plano compulsório à hipótese – agora incluída no art. 104-A, § 2º – de sujeição de credor ausente ao plano conciliatório.*[187]

6ª Turma Civel, DJ 19/11/2021). No mesmo sentido é o entendimento atual do STJ: "Uma vez prescrita a dívida, mostra-se ilícita sua cobrança não apenas em juízo, mas também nas vias extrajudiciais, pois, nos termos do entendimento mais recente desta Turma, "Se a pretensão é o poder de exigir o cumprimento da prestação, uma vez paralisada em razão da prescrição, não será mais possível exigir o referido comportamento do devedor, ou seja, não será mais possível cobrar a dívida. Logo, o reconhecimento da prescrição da pretensão impede tanto a cobrança judicial quanto a cobrança extrajudicial do débito" (REsp n. 2.088.100/SP, relatora Ministra Nancy Andrighi, Terceira Turma, DJe de 23/10/2023).

186. A justificativa de que tal consequência (liberação das dívidas após 5 anos para aqueles que, comprovadamente, não podem pagar) não poderia ser admitida por não ter dispositivo legal que autorize tal medida, não pode prosperar. Considerando que o magistrado, em razão do princípio da dignidade da pessoa humana e visando garantir o mínimo existencial, possa estipular valores para pagamento abaixo do "principal" da dívida, bastaria, assim, de maneira meramente formal, constar no plano um valor simbólico para o consumidor. Assim, haveria o pagamento, ainda que de um valor simbólico, durante o prazo do plano, livrando o consumidor das dívidas. O espírito não é esse, de arranjar um "jeitinho" à brasileira para a solução do problema. O que se almeja é a reinserção deste consumidor que está superendividado e que não possui condições mínimas de pagamento do plano.

187. Parecer do Deputado Franco Cartafina do dia 16/12/2020. Disponível em: https://www.camara.leg.br/proposicoesWeb/prop_mostrarintegra?codteor=1952625&filename=PRLP+1+%3D%3E+PL+3515/2015. Acesso em: 08/11/2021.

Veja:

> • **Modificações no art. 104-A (§ 2º) para incluir no plano de pagamentos conciliatório o credor que deixar de comparecer injustificadamente, desde que o montante devido a esse credor ausente seja conhecido e subordinando o pagamento dos valores a ele comprometidos ao prévio pagamento dos credores que compareceram à conciliação. Essa possibilidade oferece mais efetividade e agilidade à figura da conciliação, contribuindo para uma solução rápida que beneficiará superendividados e credores.**
>
> • **Modificação no art. 104-B (§ 4º) para ajustar a cronologia do pagamento do plano compulsório à hipótese – agora incluída no art. 104-A, § 2º – de sujeição de credor ausente ao plano conciliatório.**

Expliquemos melhor: o art. 104-A, §2º foi alterado na Câmara dos Deputados para possibilitar que o credor, injustificadamente ausente na audiência de conciliação com dívida certa e conhecida, pudesse se sujeitar ao plano proposto pelo consumidor. Ou seja, como sanção ao não comparecimento injustificado à audiência, o credor perderia a oportunidade de negociar com o consumidor, ficando sujeito ao plano apresentado. Assim, em razão desta alteração no §2º do art. 104-A, foi incluída, também, no §4º do art. 104-B, a menção de que o credor que foi incluído no plano de pagamento compulsório por não comparecer injustificadamente à audiência, somente receberá seus créditos após o pagamento dos credores que conciliaram.

A inclusão desta expressão, ao nosso sentir, é inadequada e só servirá para causar confusão sobre o real alcance pretendido.[188] A delimitação de que o credor injustificadamente ausente receberá o seu crédito após os credores que anuíram ao acordo já está prevista no §2º do art. 104-A. Assim, não haveria necessidade de incluir tal menção no §4º do art. 104-B, que trata de hipótese diferente, qual seja, de *plano judicial compulsório* de dívidas de credores que participaram da audiência e não conciliaram ou de credores ausentes, mas com dívidas que não eram certas e conhecidas pelo consumidor (lembrando que somente a dívida certa e conhecida pelo consumidor é que gerará a compulsoriedade do plano proposto).

Da forma como ficou a redação, dá a entender que o pagamento do plano judicial compulsório, na hipótese do art. 104-B, mesmo para os credores que participaram da audiência conciliatória, somente se dará após o pagamento dos credores que anuíram ao acordo na fase conciliatória (seja na audiência judicial – art. 104-A, seja na audiência extrajudicial – art. 104-C), o que pode causar dificuldades de ordem prática, além de ser injusto.

Sancionar aquele que compareceu à audiência e que por alguma razão não anuiu ao acordo é desarrazoável e injustificado, uma vez que a proposta apresentada pelo consumi-

188. O que houve foi uma confusão entre a *sujeição compulsória* ao plano pelo credor ausente injustificadamente (§2º do art. 104-A) com a *sujeição compulsória* ao plano pelo art. 104-B. Na realidade são duas hipóteses diferentes. A primeira (§2º do art. 104-A), o credor será compulsoriamente inserido no plano proposto pelo consumidor, em razão da ausência injustificada à audiência de conciliação. A segunda (do art. 104-B), o credor será compulsoriamente inserido no plano que será sugerido pelo administrador e/ou definido pelo magistrado, uma vez que não houve acordo anterior (ou que, mesmo não comparecendo à audiência, a dívida não era certa e definida quando da apresentação do acordo pelo consumidor).

dor pode estar muito aquém de sua real condição financeira, fato, então, que o fornecedor poderá, legitimamente, recusar e demonstrar que o plano proposto não deve prosperar, quando da apresentação da contestação no processo de repactuação e revisão de dívidas do art. 104-B. Nessa hipótese, apresentadas as razões e justificativas sobre a não anuência ao plano proposto pelo consumidor, caberá ao magistrado decidir como ficará o plano para este credor. Assim, este credor não agiu com abuso de direito e nem praticou nenhuma infração, sendo completamente desarrazoável sofrer qualquer tipo de sanção por esta conduta.

Diante disso, a melhor interpretação para o §4º do art. 104-B, nos moldes da redação original que incluímos quando do relatório final apresentado e que foi aprovado no Senado Federal, conjugado com a justificativa do parecer elaborado pelo Deputado Franco Cartafina, que resultou na aprovação na Câmera dos Deputados, é a de que a expressão *"após a quitação do plano de pagamento consensual previsto no art. 104-A deste Código"* ficaria limitado para os credores que não participaram da audiência injustificadamente.

Já os credores que participaram da audiência e não acordaram, ficarão sujeitos ao plano compulsório do art. 104-B, se assim o consumidor o requerer. Nesse caso, o pagamento pelo consumidor se dará em até 180 dias da sentença que definir o plano. Nessa hipótese e desde que haja reserva suficiente para o mínimo existencial, poderão conviver os pagamentos dos planos voluntário e compulsório.

A sanção, então, de postergação no pagamento (para depois do pagamento aos credores que acordaram) é para os credores ausentes injustificadamente da audiência de conciliação, ato que é considerado, inclusive, atentatório à dignidade da justiça (§ 8º do art. 334 do CPC). A definição dos valores a receber pelo credor ausente dependerá se a dívida é certa e conhecida. Se for, a definição se dará com a proposta do consumidor (assim, o credor ausente ficará compulsoriamente vinculado ao plano do consumidor). Se a dívida não for certa e conhecida, a definição será feita pelo magistrado no plano judicial compulsório do art. 104-B. Mas, repita-se: a sanção de postergação do pagamento somente ocorrerá para os credores com ausência injustificada na audiência de conciliação.

O art. 104-B não estipulou que as dívidas devem ser pagas de maneira uniforme (ao mesmo tempo) e proporcional a todos os credores. Assim, na sentença, o juiz poderá estipular prazos e ajustes diferentes de pagamento dependendo do tipo de credor, do tipo de dívida, e levando em consideração principalmente a conduta do fornecedor na concessão do crédito (tendo como referencial as hipóteses do art. 54-B ao art. 54-G).

Assim, dívidas relacionadas à concessão de crédito podem ter prazos mais longos e redução de juros maiores (moratórios e remuneratórios) do que dívidas relacionadas à prestação de serviços, como mensalidades escolares e planos de saúde.

Avaliar como o crédito foi concedido e como o credor se portou na audiência de conciliação também podem ser fatores para o escalonamento e ajustes dos pagamentos. Credores que desrespeitaram o princípio do crédito responsável e que por isso contribuíram para a situação do superendividamento poderão ser ressarcidos posteriormente e sofrerem redução maior em seus créditos do que àqueles credores que agiram de maneira transparente e leal. O mesmo pode ocorrer com credores que somente participaram de maneira *proforma* da audiência, não levando sequer uma proposta para conciliação em detrimento de outros que participaram de maneira cooperativa, buscando conciliar com o consumidor.

Do mesmo modo, o credor que não participou da audiência injustificadamente e não foi incluído no plano de pagamento proposto pelo consumidor pelo fato da dívida não estar certa e determinada, nos moldes do §2º do art. 104-A, também poderá ser sancionado pelo juiz com a redução maior de seu crédito quando do plano judicial compulsório do art. 104-B.

Na sentença que definirá o plano compulsório, como haverá procedência do pedido do autor para definição de um plano de pagamento (repactuação das dívidas), entendemos que deverá haver condenação em honorários para os credores que não anuíram com o plano ofertado na audiência conciliatória. Mesmo que o plano compulsório contenha não exatamente os valores pretendidos pelo autor, não haverá sucumbência recíproca, devendo os credores réus arcarem com a sucumbência (custas e honorários).[189]

> **Art. 104-C.** Compete concorrente e facultativamente aos órgãos públicos integrantes do Sistema Nacional de Defesa do Consumidor a fase conciliatória e preventiva do processo de repactuação de dívidas, nos moldes do art. 104-A deste Código, no que couber, com possibilidade de o processo ser regulado por convênios específicos celebrados entre os referidos órgãos e as instituições credoras ou suas associações.
>
> § 1º Em caso de conciliação administrativa para prevenir o superendividamento do consumidor pessoa natural, os órgãos públicos poderão promover, nas reclamações individuais, audiência global de conciliação com todos os credores e, em todos os casos, facilitar a elaboração de plano de pagamento, preservado o mínimo existencial, nos termos da regulamentação, sob a supervisão desses órgãos, sem prejuízo das demais atividades de reeducação financeira cabíveis.
>
> § 2º O acordo firmado perante os órgãos públicos de defesa do consumidor, em caso de superendividamento do consumidor pessoa natural, incluirá a data a partir da qual será providenciada a exclusão do consumidor de bancos de dados e de cadastros de inadimplentes, bem como o condicionamento de seus efeitos à abstenção, pelo consumidor, de condutas que importem no agravamento de sua situação de superendividamento, especialmente a de contrair novas dívidas.

A audiência conciliatória visando a repactuação das dívidas poderá ser feita judicialmente (pré-processual ou processual), nos moldes do art. 104-A, ou extrajudicialmente, de acordo com o art. 104-C.

As audiências extrajudiciais do art. 104-C deverão ser promovidas e supervisionadas pelos órgãos públicos do Sistema Nacional de Defesa do Consumidor. Sendo assim, estão autorizados a realizarem estas audiências somente os órgãos públicos, em especial os Pro-

189. Nesse sentido: "APELAÇÃO CÍVEL. AÇÃO DE REPACTUAÇÃO DE DÍVIDAS. SUPERENDIVIDAMENTO. CDC. INSTAURAÇÃO. PROCEDIMENTO. ART. 104-A DO CDC. ART. 54-A, § 1º do CDC. PREENCHIMENTO. IMPUGNAÇÃO. AUSÊNCIA. PLANO JUDICIAL COMPULSÓRIO. REQUISITOS LEGAIS. ART. 104-B. ATENDIMENTO. HOMOLOGAÇÃO. LEGALIDADE. AUSÊNCIA DE VÍCIO. SUCUMBÊNCIA. RECÍPROCA. INEXISTÊNCIA. (...) Como os credores não aceitaram o plano de pagamento formulado pelo devedor, a sentença homologou plano judicial compulsório de adimplemento das dívidas. Uma vez atendido o pleito formulado pelo autor, não há que se falar em sucumbência recíproca. 7. Recursos conhecidos e não providos." (TJ-DF 0709076-66.2022.8.07.0001 1815859, Relator: Diaulas Costa Ribeiro, Data de Julgamento: 22/02/2024, 8ª Turma Cível, Data de Publicação: 27/02/2024)

cons, Defensoria Pública e Ministério Público. As associações de defesa de consumidores, embora participem do Sistema Nacional, não poderão promover estas audiências por serem pessoas jurídicas de direito privado.

Nos mesmos moldes que no art. 104-A, deverão ser notificados *todos* os credores para participarem da audiência. O objetivo é promover uma audiência global visando promover um plano de pagamento sustentável (que o consumidor consiga pagar e seja garantindo o mínimo existencial).

Conforme especifica o *caput* do art. 104-C, poderá haver convênios celebrados entre os órgãos do Sistema Nacional e as instituições credoras e suas associações. Os convênios visam facilitar o *modus operandi* das audiências, como, por exemplo, como se farão as notificações aos credores visando a celebração dos acordos. Pode-se estipular que, para a notificação de determinado credor, bastaria o envio de um e-mail específico convocando-o para o comparecimento à audiência. Com isso, evita-se que toda vez que constar este fornecedor como credor de determinado consumidor superendividado, tenha o órgão que notificar, via AR ou outra forma mais formal, o credor (isso sem contar que o envio do e-mail, com aviso de leitura pelo credor, é muito mais barato do que o envio de uma notificação formal, como o AR).

Será muito importante que os órgãos públicos do Sistema Nacional, ao supervisionarem esta fase preventiva, instrua o consumidor para que ele forneça o máximo de informações relacionados à vida financeira (do consumidor e de sua família, se houver dependência), com a juntada de documentos que comprovem o estado de superendividamento. Também deverá ser instruído o procedimento com toda a documentação relacionada às dívidas do consumidor (contratos, recibos de pagamento, carnês, boletos, etc). Caso o consumidor não saiba exatamente o quanto deve a um determinado credor, deverá o órgão, antes da audiência, notificar o credor para enviar o contrato e o histórico de pagamento (o que já foi pago e o quanto falta pagar).

Percebendo também que algum credor do consumidor superendividado seja uma empresa de cobrança (com cessão do crédito adquirido com deságio), os órgãos públicos do sistema deverão notificar a empresa de cobrança para anexar o contrato de cessão. Neste caso, o valor a ser considerado para fins da elaboração do plano de pagamento não será o valor original da dívida e sim o valor pago com deságio (bem menor) pela empresa de cobrança.

A audiência deverá ser dirigida por um membro de um órgão público do Sistema Nacional de Defesa do Consumidor. Este membro deverá auxiliar o consumidor superendividado na elaboração da proposta, pois muitas vezes o consumidor, em situação de extrema vulnerabilidade financeira e social, não tem condições de estruturar uma proposta de pagamento.

Assim, nos mesmos moldes que no art. 104-A, o ideal é que os órgãos públicos do Sistema Nacional façam também convênios com universidades e faculdades para oferecer ajuda técnica de economistas, assistentes sociais, psicólogos, etc, buscando auxiliar o consumidor, não somente na elaboração matemática do plano (valor das prestações de cada credor) e elaboração do mínimo existencial, mas também oferendo apoio psicológico, através de psicólogos e assistentes sociais, buscando entender as razões que levaram ao superendividamento para que tal situação, após o pagamento do plano, não mais se repita.

Será importante também que os órgãos relatem em ata todo o ocorrido nas tratativas em audiência, principalmente em relação à postura do fornecedor. Deve-se constar como o fornecedor se portou no decorrer da audiência (se avaliou a proposta do consumidor;

se estava disposto a conciliar considerando o real estado de superendividamento; se apresentou contraproposta; se apenas se limitou a comparecer, mas sem nenhuma intenção de conciliar, etc). Estas informações serão importantes quando do plano judicial compulsório, uma vez que o §1º do art. 104-B prescreve que *"serão considerados no processo por superendividamento, se for o caso, os documentos e as informações prestadas em audiência."*

Aplica-se à audiência extrajudicial do art. 104-C as mesmas disposições do art. 104-A, *no que couber.* A expressão *no que couber* foi inserida no *caput* do art. 104-C uma vez que, em razão da audiência do art. 104-A ser no judiciário (seja pré-processual ou processual), haverá sentença (título executivo judicial) homologando o acordo, em caso de sucesso na conciliação. O mesmo não acontecerá no art. 104-C, uma vez que, por ser procedimento administrativo e não judicial, o acordo se tornará título executivo extrajudicial, nos moldes do art. 515 do CPC.

No mais, as disposições do art. 104-A serão aplicadas para a audiência do 104-C com as devidas adaptações, se necessárias. Assim, caso o credor não compareça à audiência de conciliação de maneira injustificada, ele sofrerá as consequências do §2º do art. 104-A: *a)* suspensão da exigibilidade da dívida; *b)* interrupção dos encargos da mora; *(c)* ficará sujeito ao plano compulsório de pagamento da dívida – se o montante devido for certo e conhecido pelo consumidor; *d)* recebimento do crédito somente ocorrerá após o pagamento dos credores que participaram da audiência.

De acordo com o §2º do art. 104-C, em conjunto com o §4º do art. 104-A, havendo conciliação administrativa perante os órgãos públicos de defesa do consumidor, além da definição dos prazos, valores e forma de pagamento, deverá constar no plano a data que será excluído o nome do superendividado dos bancos de dados e cadastros de inadimplentes; o acordo visando suspender ou extinguir as ações judiciais em andamento; medidas que o consumidor deverá cumprir (em especial, não contrair novas dívidas para agravar sua situação, entre outras) como condição para a continuidade e efetividade do plano.

Nada impede também que os órgãos do Sistema Nacional de Defesa do Consumidor, principalmente nas comarcas em que os órgãos possuem menos estrutura, façam convênios com os tribunais estaduais, de modo que a audiência conciliatória seja realizada no CEJUSC. Assim, os órgãos devem receber o consumidor, ajudá-lo na elaboração do plano, oferecer ajuda psicológica (se for o caso), participar da audiência juntamente com consumidor, auxiliando-o nas negociações. Somente a audiência é que será realizada no CEJUSC, em vez de ser no próprio órgão. A vantagem desta parceria é que, havendo necessidade de sancionar algum credor ausente (injustificadamente) à audiência, o juiz responsável pelo CEJUSC aplicará as sanções.[190]

190. Como exemplo, há o fluxo pré-processual implementado pelo CEJUSC da comarca de Muriaé/MG em parceria com o PROCON local e o SEBRAE, no qual se estabelece fluxo pré-processual com início no Procon local realizado pelo consumidor (que será capacitado financeiramente, receberá ajuda em um plano de pagamento de dívidas e será realizada uma sessão de mediação e conciliação com os credores conhecidos)

Título IV

Do Sistema Nacional de Defesa do Consumidor

Art. 105. Integram o Sistema Nacional de Defesa do Consumidor (SNDC), os órgãos federais, estaduais, do Distrito Federal e municipais e as entidades privadas de defesa do consumidor.

O art. 105 do CDC estabelece a composição do Sistema Nacional de Defesa do Consumidor (SNDC), abrangendo tanto órgãos públicos quanto entidades privadas que atuam na proteção dos direitos dos consumidores. Esse sistema integra diversas instituições que, direta ou indiretamente, desempenham funções voltadas para garantir a segurança, qualidade e transparência nas relações de consumo.

Os órgãos que compõem o SNDC podem ser classificados em dois grandes grupos: os que atuam diretamente na defesa do consumidor e aqueles cuja atuação tem impacto indireto nas relações de consumo.

No primeiro grupo, encontram-se órgãos cuja finalidade principal é a proteção do consumidor, como a Defensoria Pública, que presta assistência jurídica gratuita a consumidores hipossuficientes, as Promotorias de Justiça de Defesa do Consumidor, responsáveis por investigar e ajuizar ações coletivas, e as Delegacias de Polícia especializadas, que apuram infrações penais decorrentes de relações de consumo. Além desses, os Juizados Especiais Cíveis e as Varas especializadas também fazem parte do SNDC, assegurando o acesso à Justiça para a solução rápida e eficaz de conflitos entre consumidores e fornecedores.

Já no segundo grupo, encontram-se órgãos que, apesar de terem outra finalidade primária, desempenham papel relevante na proteção do consumidor por meio da regulação e fiscalização de setores específicos da economia. O Banco Central do Brasil, por exemplo, ao regular serviços bancários e fixar tarifas, impacta diretamente a relação entre consumidores e instituições financeiras. Da mesma forma, a Superintendência de Seguros Privados (SUSEP) estabelece normas sobre as condições de contratos de seguros, garantindo maior transparência e equilíbrio contratual. Os órgãos de vigilância sanitária, como a ANVISA, controlam a qualidade de medicamentos e alimentos, protegendo a saúde do consumidor, enquanto os Institutos de Pesos e Medidas (IPEM) fiscalizam a exatidão de balanças e rótulos, assegurando que os produtos entregues correspondam às quantidades declaradas.

Além dos órgãos públicos, o SNDC também engloba entidades privadas que atuam na defesa dos consumidores, como associações e institutos especializados. Essas entidades, muitas vezes, exercem um papel complementar à atuação estatal, promovendo ações judiciais coletivas, fiscalizando práticas abusivas no mercado e oferecendo orientação aos consumidores.

Organizações como o Instituto Brasileiro de Defesa do Consumidor (IDEC), o Brasilcon e a ALANA são exemplos de instituições que contribuem ativamente para a proteção dos consumidores por meio de pesquisas, denúncias e litígios estratégicos.

O art. 105 reflete a estrutura multifacetada da defesa do consumidor no Brasil, reconhecendo que a proteção dos direitos do consumidor não se limita a um único órgão, mas sim a uma rede de instituições que atuam de forma articulada. Essa descentralização permite um controle mais amplo do mercado e fortalece a aplicação das normas do CDC, garantindo que o consumidor tenha acesso a diversos canais de defesa, desde órgãos administrativos até o Poder Judiciário.

O modelo adotado pelo SNDC visa garantir que as instituições responsáveis estejam capacitadas para dar respostas rápidas e eficazes às demandas dos consumidores. O CDC incentiva a especialização desses órgãos, promovendo um ambiente regulatório mais eficiente e equilibrado.

Essa estrutura colaborativa permite que o sistema de defesa do consumidor seja dinâmico e adaptável às constantes mudanças no mercado de consumo, fortalecendo o equilíbrio nas relações entre consumidores e fornecedores.

Art. 106. O Departamento Nacional de Defesa do Consumidor, da Secretaria Nacional de Direito Econômico (MJ), ou órgão federal que venha substituí-lo, é organismo de coordenação da política do Sistema Nacional de Defesa do Consumidor, cabendo-lhe:

I – planejar, elaborar, propor, coordenar e executar a política nacional de proteção ao consumidor;

II – receber, analisar, avaliar e encaminhar consultas, denúncias ou sugestões apresentadas por entidades representativas ou pessoas jurídicas de direito público ou privado;

III – prestar aos consumidores orientação permanente sobre seus direitos e garantias;

IV – informar, conscientizar e motivar o consumidor através dos diferentes meios de comunicação;

V – solicitar à polícia judiciária a instauração de inquérito policial para a apreciação de delito contra os consumidores, nos termos da legislação vigente;

VI – representar ao Ministério Público competente para fins de adoção de medidas processuais no âmbito de suas atribuições;

VII – levar ao conhecimento dos órgãos competentes as infrações de ordem administrativa que violarem os interesses difusos, coletivos, ou individuais dos consumidores;

VIII – solicitar o concurso de órgãos e entidades da União, estados, do Distrito Federal e municípios, bem como auxiliar a fiscalização de preços, abastecimento, quantidade e segurança de bens e serviços;

IX – incentivar, inclusive com recursos financeiros e outros programas especiais, a formação de entidades de defesa do consumidor pela população e pelos órgãos públicos estaduais e municipais;

X – Vetado.

XI – Vetado.

XII – Vetado.

XIII – desenvolver outras atividades compatíveis com suas finalidades.

Parágrafo único. Para a consecução de seus objetivos, o Departamento Nacional de Defesa do Consumidor poderá solicitar o concurso de órgãos e entidades de notória especialização técnico-científica.

O art. 106 do CDC estabelece a necessidade de um órgão nacional para coordenar e executar a Política Nacional de Relações de Consumo. Originalmente, essa atribuição era do Departamento Nacional de Defesa do Consumidor, vinculado à Secretaria Nacional de Direito Econômico do Ministério da Justiça. Com o tempo, essa estrutura evoluiu, culminando na criação da Secretaria Nacional do Consumidor (Senacon), por meio do Decreto nº 7.738/2012, que assumiu o papel de órgão central do Sistema Nacional de Defesa do Consumidor (SNDC).

A Senacon possui uma ampla gama de atribuições que incluem a formulação de políticas públicas voltadas para o consumidor, a fiscalização e combate a práticas abusivas, a harmonização das relações de consumo e a integração de diversos órgãos que compõem o SNDC, como Procons, Ministério Público, Defensorias Públicas, Delegacias do Consumidor e organizações civis de defesa do consumidor.

Além disso, desempenha um papel fundamental na representação do Brasil em organismos internacionais, como a Organização para Cooperação e Desenvolvimento Econômico (OCDE) e a Conferência das Nações Unidas sobre Comércio e Desenvolvimento (UNCTAD), buscando alinhar a política consumerista nacional às melhores práticas globais.

A Política Nacional de Relações de Consumo, expressa no artigo 4º do CDC, é a base sobre a qual se estrutura a defesa do consumidor no Brasil. Esse dispositivo estabelece princípios como o reconhecimento da vulnerabilidade do consumidor no mercado, a harmonização dos interesses entre consumidores e fornecedores e o incentivo à criação de mecanismos eficientes de controle de qualidade e segurança de produtos e serviços.

O art. 106, por sua vez, define a estrutura necessária para implementar essa política, criando um órgão nacional encarregado de coordenar as ações de proteção ao consumidor. A legislação consumerista prevê um sistema integrado e descentralizado, permitindo que órgãos estaduais, distritais e municipais participem ativamente na proteção dos consumidores.

O Sistema Nacional de Defesa do Consumidor (SNDC) é formado por uma rede de instituições públicas e privadas, incluindo Procons, Defensorias Públicas, Promotorias de Justiça do Consumidor, Delegacias Especializadas, Juizados Especiais, entidades civis e órgãos reguladores. Esse modelo busca garantir capilaridade e eficiência, permitindo que a defesa do consumidor chegue a todas as regiões do país.

A integração dos órgãos que compõem o SNDC é fundamental para garantir a efetividade da proteção ao consumidor. Muitos desses órgãos não têm a defesa do consumidor como sua atividade principal, mas exercem um papel indireto na regulação das relações de consumo. Exemplos incluem o Banco Central do Brasil (BACEN), que regula serviços bancários; a Agência Nacional de Telecomunicações (ANATEL), que normatiza os serviços de telefonia; a Agência Nacional de Energia Elétrica (ANEEL), responsável pelo setor elétrico; a Superintendência de Seguros Privados (SUSEP), que fiscaliza seguros e planos de previdência; e os órgãos de vigilância sanitária, que garantem a segurança de alimentos e medicamentos. A cooperação entre essas entidades e os órgãos diretamente voltados à defesa do consumidor é essencial para a implementação eficaz da Política Nacional de Relações de Consumo.

O fortalecimento da proteção ao consumidor exige mecanismos institucionais robustos. O Plano Nacional de Consumo e Cidadania (Plandec), instituído pelo Decreto nº 7.963/2013, é uma das principais iniciativas voltadas à integração das políticas de defesa do consumidor. Seu objetivo é promover ações articuladas entre União, Estados, Municípios e sociedade civil, garantindo que a proteção ao consumidor seja efetiva em todo o território nacional. Entre as medidas previstas pelo Plandec, destacam-se a ampliação do acesso do consumidor à informação e à proteção jurídica, a promoção da participação social no SNDC, o fortalecimento dos Procons e incentivo à interiorização do atendimento ao consumidor, a criação de mecanismos para coibir práticas abusivas e o desenvolvimento de sistemas de resolução extrajudicial de conflitos, como o portal Consumidor.gov.br.

Uma sugestão importante para fortalecer a atuação dos Procons seria conferir validade judicial às audiências de conciliação realizadas nesses órgãos. Muitas vezes, fornecedores não comparecem às audiências nos Procons, mas aparecem em juízo, frustrando consumidores e sobrecarregando o sistema judiciário. Com a homologação judicial automática dos acordos firmados nos Procons, seria possível agilizar a resolução dos conflitos, garantindo maior segurança jurídica para os consumidores.

Outra medida essencial seria a aplicação de multas administrativas para fornecedores que, sem justificativa, não comparecessem às audiências nos Procons. O valor arrecadado poderia ser revertido para o Fundo de Defesa dos Direitos Difusos (FDD), permitindo o financiamento de ações de proteção ao consumidor e reparação de danos coletivos.

Além da criação da Senacon, outros órgãos foram instituídos para reforçar a proteção do consumidor. O Conselho Nacional de Defesa do Consumidor (CNDC), criado pelo Decreto nº 10.417/2020, funciona como um fórum interinstitucional, promovendo o diálogo entre representantes do governo, consumidores e fornecedores. Suas principais atribuições incluem assessorar o Ministro da Justiça na formulação de políticas públicas de defesa do consumidor, fixar diretrizes para a harmonização das relações de consumo, opinar sobre conflitos de competência entre órgãos de defesa do consumidor e sugerir medidas para aprimorar a legislação consumerista.

Já o Colégio de Ouvidores do SNDC, instituído pelo Decreto nº 10.051/2019 e atualizado pelo Decreto nº 11.251/2022, tem como função aprimorar a transparência e o controle social sobre as atividades dos órgãos de defesa do consumidor. Sua composição inclui representantes da Senacon, do Ministério da Justiça, das Defensorias Públicas e de entidades civis, permitindo um espaço de interlocução entre o poder público e a sociedade.

Apesar dos avanços na estruturação do SNDC, desafios ainda persistem. A fiscalização das práticas abusivas no mercado de consumo ainda é deficitária, especialmente no que diz respeito à atuação dos órgãos reguladores. A fragmentação das competências entre diversas entidades pode levar a conflitos de jurisdição e à ineficiência na aplicação das normas consumeristas.

Outro ponto crítico é a necessidade de aprimorar os mecanismos de reparação de danos coletivos. Muitas vezes, mesmo após condenações em ações civis públicas, consumidores não conseguem receber suas indenizações devido à falta de mecanismos eficazes de execução dessas sentenças.

Além disso, a educação para o consumo consciente ainda precisa ser ampliada. O consumidor informado tem maior capacidade de se proteger de práticas abusivas, de exigir seus direitos e de tomar decisões mais sustentáveis e responsáveis no mercado. Iniciativas como a Escola Nacional de Defesa do Consumidor e a ampliação de conteúdos educativos na grande mídia são essenciais para fortalecer essa conscientização.

Uma das principais fragilidades do sistema atual reside na estrutura da Senacon, que carece de recursos humanos e financeiros adequados para exercer plenamente suas funções. O órgão possui um quadro reduzido de servidores, com remuneração inferior à de outros órgãos da administração federal, o que compromete sua capacidade operacional e a continuidade de suas ações.

Uma solução seria ampliar o quadro de pessoal da Senacon, equiparando sua estrutura à de outras entidades reguladoras, permitindo a contratação de especialistas em defesa do consumidor, fiscalização e gestão de políticas públicas.

Além disso, os Procons estaduais e municipais precisam ser melhor estruturados, com aumento de recursos, melhores condições de trabalho e capacitação contínua de seus servidores, para que possam acompanhar a evolução do direito do consumidor e enfrentar novos desafios do mercado. A informatização dos Procons também é fundamental para ampliar o acesso da população a esses órgãos, permitindo que consumidores registrem reclamações e participem de audiências de forma remota, sem a necessidade de deslocamento.

Também é necessário destravar o Fundo de Defesa dos Direitos Difusos (FDD), que, em vez de ser utilizado para financiar ações de proteção ao consumidor e reparação de danos coletivos, tem sido direcionado para metas de superávit fiscal. Esse desvio de finalidade impede que os recursos arrecadados sejam aplicados em projetos voltados à defesa dos consumidores, tornando ineficaz um dos principais instrumentos de financiamento do SNDC. Garantir que os valores do FDD sejam aplicados exclusivamente nas finalidades previstas na legislação é essencial para fortalecer a proteção do consumidor e viabilizar ações de reparação de danos coletivos.

Assim, o art. 106 do CDC reflete a importância da estruturação de um sistema nacional robusto e articulado para a proteção do consumidor. A criação da Senacon, do Plandec, do CNDC e do Colégio de Ouvidores demonstra a preocupação do legislador em garantir efetividade à Política Nacional de Relações de Consumo. No entanto, ainda há espaço para aprimoramentos, especialmente no que diz respeito à fiscalização, ao fortalecimento dos Procons e à ampliação dos mecanismos de reparação de danos.

O desafio para os próximos anos será garantir que os direitos dos consumidores sejam protegidos de forma célere, eficiente e acessível, assegurando uma relação de consumo mais equilibrada e justa.

PRINCIPAIS JURISPRUDÊNCIAS DO STF E STJ

Obrigatoriedade da fixação de preços diretamente nos produtos é constitucional

O STF entendeu que a determinação do Ministério da Justiça para que os preços sejam fixados diretamente nos produtos, visando proteger o consumidor contra equívocos no pagamento, é constitucional. A medida está amparada no CDC e não viola princípios constitucionais ou invade competências estaduais, pois se trata de competência concorrente da União, dos Estados e do Distrito Federal. Além disso, o ato normativo foi resultado de procedimento administrativo regular e atende ao princípio da proporcionalidade. (STF, RMS 23732/DF, Rel. Min. Gilmar Mendes, julgado em 17/11/2009, Informativo 568)

Órgãos do Sistema Nacional de Defesa do Consumidor devem garantir direito a recurso administrativo

O STJ entendeu que as penalidades aplicadas por órgãos do Sistema Nacional de Defesa do Consumidor (SNDC) devem respeitar o direito ao duplo grau de conhecimento administrativo. Isso significa que a decisão sancionatória inicial não pode ser proferida pela autoridade mais alta do órgão, pois isso inviabilizaria o direito ao recurso. No caso do Rio de Janeiro, a sanção aplicada pelo Secretário de Justiça deve ser passível de recurso ao Governador do Estado. (STJ, ROMS 413158/RJ, Rel. Min. Garcia Vieira, julgado em 04/04/1998)

Título V

Da Convenção Coletiva de Consumo

Art. 107. As entidades civis de consumidores e as associações de fornecedores ou sindicatos de categoria econômica podem regular, por convenção escrita, relações de consumo que tenham por objeto estabelecer condições relativas a preço, a qualidade, a quantidade, a garantia e características de produtos e serviços, bem como a reclamação e composição do conflito de consumo.

§ 1º A convenção tornar-se-á obrigatória a partir do registro do instrumento no cartório de títulos e documentos.

§ 2º A convenção somente obrigará os filiados às entidades signatárias.

§ 3º Não se exime de cumprir a convenção o fornecedor que se desligar da entidade em data posterior ao registro do instrumento.

O art. 107 do CDC introduz um importante instrumento de autorregulação das relações de consumo, permitindo que entidades civis de consumidores e associações de fornecedores ou sindicatos de categoria econômica estabeleçam, por meio de convenção coletiva, condições sobre preço, qualidade, quantidade, garantia e características de produtos e serviços, bem como normas para reclamação e composição de conflitos.

Essa previsão legal busca criar um mecanismo eficiente para prevenir litígios e garantir maior equilíbrio nas relações consumeristas, conferindo às partes envolvidas a possibilidade de ajustar previamente determinados aspectos das transações de consumo, desde que observadas as disposições legais de proteção ao consumidor.

A convenção coletiva de consumo se assemelha, em sua estrutura, às convenções coletivas trabalhistas, nas quais sindicatos patronais e de trabalhadores estabelecem normas aplicáveis a determinada categoria profissional. No entanto, enquanto as convenções trabalhistas criam direitos e obrigações no âmbito das relações de trabalho, a convenção coletiva de consumo tem por objetivo harmonizar as relações de consumo, garantindo que os fornecedores adotem padrões mínimos de qualidade e transparência, ao mesmo tempo em que asseguram aos consumidores uma via pré-estabelecida para a solução de conflitos. A convenção deve ser formalizada por escrito e, para que tenha validade jurídica, deve ser registrada no Cartório de Títulos e Documentos. A partir desse registro, suas disposições passam a ser obrigatórias para os filiados às entidades signatárias.

A doutrina diverge quanto à abrangência do objeto da convenção coletiva de consumo. Daniel Roberto Fink, autor do anteprojeto do Código de Defesa do Consumidor, defende que a lista de temas indicados pelo art. 107 seria taxativa, ou seja, as convenções só poderiam tratar dos elementos expressamente mencionados na norma: preço, qualidade, quantidade, garantia, características dos produtos e serviços, além de regras para reclamação e solução de conflitos.[1]

No entanto, parte da doutrina, como Vicente de Paula Maciel Júnior, sustenta que essa enumeração tem caráter meramente exemplificativo, permitindo que outros aspectos das relações de consumo sejam regulados por convenção coletiva, desde que não contrariem normas cogentes do CDC.[2]

Essa interpretação ampliativa se justifica pelo fato de que o art. 107 não contém nenhuma restrição explícita quanto ao conteúdo das convenções, devendo-se privilegiar a autonomia das entidades representativas para disciplinar outras matérias pertinentes ao equilíbrio e à transparência das relações de consumo, desde que respeitados os princípios e normas protetivas do CDC.

Entretanto, qualquer cláusula que tenha por objetivo afastar a aplicação do CDC ou reduzir os direitos do consumidor será considerada nula de pleno direito, pois as normas consumeristas possuem natureza de ordem pública e interesse social.

Assim, a convenção coletiva pode complementar e aprimorar a proteção ao consumidor, mas jamais restringi-la ou afastá-la. Por exemplo, não seria válida uma convenção que limitasse a responsabilidade do fornecedor por vícios do produto ou reduzisse o prazo prescricional previsto no CDC.

O art. 107 também estabelece que a convenção coletiva somente vinculará os filiados às entidades signatárias. Ou seja, seus efeitos não se estendem automaticamente a todos os fornecedores e consumidores do setor regulado, mas apenas àqueles que voluntariamente aderiram à convenção por meio de suas entidades representativas. Além disso, o fornecedor que se desligar da entidade após o registro da convenção continuará obrigado a cumprir suas disposições, evitando que a simples desfiliação seja utilizada como estratégia para escapar das obrigações assumidas.

É importante diferenciar a convenção coletiva de consumo do termo de ajustamento de conduta (TAC), previsto no artigo 5º, § 6º, da Lei de Ação Civil Pública, cuja redação foi alterada pelo artigo 113 do CDC. Ambos são instrumentos que visam à regulamentação de condutas no mercado de consumo, mas possuem naturezas distintas.

O TAC tem caráter compulsório e é celebrado entre órgãos públicos legitimados (como Ministério Público, Procons e Defensorias Públicas) e fornecedores, visando à cessação de práticas ilegais ou abusivas. Seu descumprimento gera um título executivo extrajudicial, permitindo a execução direta das obrigações nele previstas.

Já a convenção coletiva de consumo é fruto de um acordo voluntário entre entidades privadas e não envolve a participação de órgãos públicos, tendo efeitos restritos às partes

---

1. *Código Brasileiro de Defesa do Consumidor Comentado Pelos Autores do Anteprojeto*. 6ª ed. Rio de Janeiro: Forense Universitária, 1999, p. 864.
2. MACIEL JÚNIOR, Vicente de Paula. *Convenção Coletiva de Consumo. Interesses difusos, coletivos e casos práticos*. Belo Horizonte: Del Rey, 1996, p. 157.

signatárias. O seu descumprimento não gera título executivo extrajudicial, sendo necessário ingressar com ação judicial para exigir o cumprimento da convenção ou pleitear eventual reparação por prejuízos decorrentes da violação de suas disposições.

Apesar do grande potencial das convenções coletivas de consumo para aprimorar a regulamentação setorial e reduzir conflitos entre consumidores e fornecedores, sua aplicação prática ainda é incipiente no Brasil. Isso se deve, em grande parte, à falta de cultura negocial entre fornecedores e entidades de defesa do consumidor, além da ausência de incentivos para a celebração desses acordos.

Uma possível solução para ampliar a utilização desse instrumento seria a criação de mecanismos institucionais que incentivassem e regulassem as convenções coletivas, como a possibilidade de homologação administrativa por órgãos públicos, garantindo maior segurança jurídica e conferindo-lhes eficácia reforçada.

Outro aspecto que merece atenção é a fiscalização do cumprimento das convenções coletivas de consumo. Diferentemente do TAC, cuja fiscalização cabe ao Ministério Público e outros órgãos públicos, as convenções coletivas dependem da atuação ativa das próprias entidades signatárias para garantir sua observância. A criação de mecanismos mais eficazes de monitoramento e sanção poderia contribuir para ampliar a adesão a esse instrumento e fortalecer sua aplicação no mercado de consumo.

Por fim, vale destacar que as convenções coletivas de consumo representam um avanço na busca por soluções consensuais e equilibradas para as relações consumeristas. Ao permitir que consumidores e fornecedores estabeleçam regras claras e pré-definidas, esse instrumento pode contribuir para a redução de litígios e para o aprimoramento das relações de consumo no Brasil.

No entanto, sua efetividade depende da conscientização das partes envolvidas, da estruturação de mecanismos de incentivo e fiscalização, e do respeito às normas protetivas do CDC, garantindo que tais acordos sirvam como ferramenta de fortalecimento dos direitos do consumidor, e não como meio de sua mitigação.

Art. 108. Vetado

Título VI

Disposições finais

Nesta parte (Título VI – Disposições Finais), o CDC, ora alterou alguns dispositivos da LACP, ora acrescentou-lhe outros, de modo a atualizar a lei que rege o instituto da ação civil pública, alargando o campo de abrangência dos direitos e interesses tuteláveis.

Sobre as principais modificações introduzidas pelo CDC na LACP, aduz Nelson Nery Júnior[1] que "uma das principais inovações que o CDC trouxe com as modificações do texto da LACP foi a inclusão, nesta última, da tutela dos direitos coletivos (inclusão do inciso IV no art. 1º), não mais deixando dúvida sobre a incidência dessa lei nas ações que versem sobre interesses ou direitos coletivos. Mesmo às ações sobre direitos individuais são aplicáveis as normas da LACP, por expressa determinação de seu art. 21, acrescentado a ela pelo art. 117 do CDC".

Art. 109. Vetado

Art. 110. Acrescente-se o seguinte inciso IV ao art. 1º da Lei nº 7.347, de 24 de julho de 1985:

"IV – a qualquer outro interesse difuso ou coletivo."

Art. 111. O inciso II do art. 5º da Lei nº 7.347, de 24 de julho de 1985, passa a ter a seguinte redação:

"II – inclua, entre suas finalidades institucionais, a proteção ao meio ambiente, ao consumidor, ao patrimônio artístico, estético, histórico, turístico e paisagístico, ou a qualquer outro interesse difuso ou coletivo."

Art. 112. O § 3º do art. 5º da Lei nº 7.347, de 24 de julho de 1985, passa a ter a seguinte redação:

"§ 3º Em caso de desistência infundada ou abandono da ação por associação legitimada, o Ministério Público ou outro legitimado assumirá a titularidade ativa."

Art. 113. Acrescente-se os seguintes §§ 4º, 5º e 6º ao art. 5º. da Lei nº 7.347, de 24 de julho de 1985:

1. *Op. cit*, p. 872.

"§ 4º O requisito da pré-constituição poderá ser dispensado pelo juiz, quando haja manifesto interesse social evidenciado pela dimensão ou característica do dano, ou pela relevância do bem jurídico a ser protegido.

§ 5º Admitir-se-á o litisconsórcio facultativo entre os Ministérios Públicos da União, do Distrito Federal e dos Estados na defesa dos interesses e direitos de que cuida esta lei.

§ 6º Os órgãos públicos legitimados poderão tomar dos interessados compromisso de ajustamento de sua conduta às exigências legais, mediante combinações, que terá eficácia de título executivo extrajudicial."

Art. 114. O art. 15 da Lei nº 7.347, de 24 de julho de 1985, passa a ter a seguinte redação:

"Art. 15. Decorridos sessenta dias do trânsito em julgado da sentença condenatória, sem que a associação autora lhe promova a execução, deverá fazê-lo o Ministério Público, facultada igual iniciativa aos demais legitimados."

Art. 115. Suprima-se o *caput* do art. 17 da Lei nº 7.347, de 24 de julho de 1985, passando o parágrafo único a constituir o *caput*, com a seguinte redação:

"Art. 17. Em caso de litigância de má-fé, a danos."

Art. 116. Dê-se a seguinte redação ao art. 18 da Lei nº 7.347, de 24 de julho de 1985:

"Art. 18. Nas ações de que trata esta lei, não haverá adiantamento de custas, emolumentos, honorários periciais e quaisquer outras despesas, nem condenação da associação autora, salvo comprovada má-fé, em honorários de advogado, custas e despesas processuais."

Art. 117. Acrescente-se à Lei nº 7.347, de 24 de julho de 1985, o seguinte dispositivo, renumerando-se os seguintes:

"Art. 21. Aplicam-se à defesa dos direitos e interesses difusos, coletivos e individuais, no que for cabível, os dispositivos do Título III da lei que instituiu o Código de Defesa do Consumidor."

Art. 118. Este código entrará em vigor dentro de cento e oitenta dias a contar de sua publicação.

Art. 119. Revogam-se as disposições em contrário.

Anexo I

Decreto nº 2.181, de 20 de março de 1997

Dispõe sobre a organização do Sistema Nacional de Defesa do Consumidor, SNDC, estabelece as normas gerais de aplicação das sanções administrativas previstas na Lei no 8.078, de 11 de setembro de 1990, revoga o Decreto nº 861, de 9 julho de 1993, e dá outras providências.

O PRESIDENTE DA REPÚBLICA, no uso da atribuição que lhe confere o art. 84, inciso IV, da Constituição, e tendo em vista o disposto na Lei nº 8.078, de 11 de setembro de 1990,

DECRETA:

Art. 1º. Fica organizado o Sistema Nacional de Defesa do Consumidor - SNDC e estabelecidas as normas gerais de aplicação das sanções administrativas, nos termos da Lei nº 8.078, de 11 de setembro de 1990.

CAPÍTULO I
DO SISTEMA NACIONAL DE DEFESA DO CONSUMIDOR

Art. 2º. Integram o SNDC a Secretaria Nacional do Consumidor do Ministério da Justiça e os demais órgãos federais, estaduais, do Distrito Federal, municipais e as entidades civis de defesa do consumidor. (Redação dada pelo Decreto nº 7.738, de 2012).

CAPÍTULO II
DA COMPETÊNCIA DOS ÓRGÃOS INTEGRANTES DO SNDC

Art. 3º. Compete à Secretaria Nacional do Consumidor do Ministério da Justiça, a coordenação da política do Sistema Nacional de Defesa do Consumidor, cabendo-lhe: (Redação dada pelo Decreto nº 7.738, de 2012).

I – planejar, elaborar, propor, coordenar e executar a política nacional de proteção e defesa do consumidor;

II – receber, analisar, avaliar e apurar consultas e denúncias apresentadas por entidades representativas ou pessoas jurídicas de direito público ou privado ou por consumidores individuais;

III – prestar aos consumidores orientação permanente sobre seus direitos e garantias;

IV – informar, conscientizar e motivar o consumidor, por intermédio dos diferentes meios de comunicação;

V – solicitar à polícia judiciária a instauração de inquérito para apuração de delito contra o consumidor, nos termos da legislação vigente;

VI – representar ao Ministério Público competente, para fins de adoção de medidas processuais, penais e civis, no âmbito de suas atribuições;

VII – levar ao conhecimento dos órgãos competentes as infrações de ordem administrativa que violarem os interesses difusos, coletivos ou individuais dos consumidores;

VIII – solicitar o concurso de órgãos e entidades da União, dos Estados, do Distrito Federal e dos Municípios, bem como auxiliar na fiscalização de preços, abastecimento, quantidade e segurança de produtos e serviços;

IX – incentivar, inclusive com recursos financeiros e outros programas especiais, a criação de órgãos públicos estaduais e municipais de defesa do consumidor e a formação, pelos cidadãos, de entidades com esse mesmo objetivo;

X – fiscalizar e aplicar as sanções administrativas previstas na Lei nº 8.078, de 1990, e em outras normas pertinentes à defesa do consumidor;

XI – solicitar o concurso de órgãos e entidades de notória especialização técnico-científica para a consecução de seus objetivos;

XII – celebrar convênios e termos de ajustamento de conduta, na forma do § 6º do art. 5º da Lei nº 7.347, de 24 de julho de 1985; (Redação dada pelo Decreto nº 7.738, de 2012).

XIII – elaborar e divulgar o cadastro nacional de reclamações fundamentadas contra fornecedores de produtos e serviços, a que se refere o art. 44 da Lei nº 8.078, de 1990;

XIV – desenvolver outras atividades compatíveis com suas finalidades.

Art. 4º. No âmbito de sua jurisdição e competência, caberá ao órgão estadual, do Distrito Federal e municipal de proteção e defesa do consumidor, criado, na forma da lei, especificamente para este fim, exercitar as atividades contidas nos incisos II a XII do art. 3º deste Decreto e, ainda:

I – planejar, elaborar, propor, coordenar e executar a política estadual, do Distrito Federal e municipal de proteção e defesa do consumidor, nas suas respectivas áreas de atuação;

II – dar atendimento aos consumidores, processando, regularmente, as reclamações fundamentadas;

III – fiscalizar as relações de consumo;

IV – funcionar, no processo administrativo, como instância de instrução e julgamento, no âmbito de sua competência, dentro das regras fixadas pela Lei nº 8.078, de 1990, pela legislação complementar e por este Decreto;

V – elaborar e divulgar anualmente, no âmbito de sua competência, o cadastro de reclamações fundamentadas contra fornecedores de produtos e serviços, de que trata o art. 44 da Lei nº 8.078, de 1990 e remeter cópia à Secretaria Nacional do Consumidor do Ministério da Justiça; (Redação dada pelo Decreto nº 7.738, de 2012).

VI – desenvolver outras atividades compatíveis com suas finalidades.

Art. 5º. Qualquer entidade ou órgão da administração pública, federal, estadual e municipal, destinado à defesa dos interesses e direitos do consumidor, tem, no âmbito de suas respectivas competências, atribuição para apurar e punir infrações a este Decreto e à legislação das relações de consumo.

Parágrafo único. Se instaurado mais de um processo administrativo por pessoas jurídicas de direito público distintas, para apuração de infração decorrente de um mesmo fato imputado ao mesmo fornecedor, eventual conflito de competência será dirimido pela Secretaria Nacional do Consumidor do Ministério da Justiça e Segurança Pública, que poderá ouvir o Conselho Nacional de Defesa do Consumidor, considerada a competência federativa para legislar sobre a respectiva atividade econômica. (Redação dada pelo Decreto nº 10.417, de 2020)

Art. 6º. As entidades e órgãos da administração pública destinados à defesa dos interesses e direitos protegidos pelo Código de Defesa do Consumidor poderão celebrar compromissos de ajustamento de conduta às exigências legais, nos termos do § 6º do art. 5º da Lei no 7.347, de 1985, na órbita de suas respectivas competências.

§ 1º A celebração de termo de ajustamento de conduta não impede que outro, desde que mais vantajoso para o consumidor, seja lavrado por quaisquer das pessoas jurídicas de direito público integrantes do SNDC.

§ 2º A qualquer tempo, o órgão subscritor poderá, diante de novas informações ou se assim as circunstâncias o exigirem, retificar ou complementar o acordo firmado, determinando outras providências que se fizerem necessárias, sob pena de invalidade imediata do ato, dando-se seguimento ao procedimento administrativo eventualmente arquivado.

§ 3º O compromisso de ajustamento conterá, entre outras, cláusulas que estipulem condições sobre:

I – obrigação do fornecedor de adequar sua conduta às exigências legais, no prazo ajustado;

II – pena pecuniária, diária, pelo descumprimento do ajustado, levando-se em conta os seguintes critérios:

a) o valor global da operação investigada;

b) o valor do produto ou serviço em questão;

c) os antecedentes do infrator;

d) a situação econômica do infrator;

III – ressarcimento das despesas de investigação da infração e instrução do procedimento administrativo.

§ 4º A celebração do compromisso de ajustamento suspenderá o curso do processo administrativo, se instaurado, que somente será arquivado após atendidas todas as condições estabelecidas no respectivo termo.

§ 5º O descumprimento do termo de ajustamento de conduta acarretará a perda dos benefícios concedidos ao compromissário, sem prejuízo da pena pecuniária diária a que se refere o inciso II do *caput* do § 3º.

§ 6º Os recursos provenientes de termo de ajustamento de conduta deverão ser utilizados nos termos do disposto no art. 13 da Lei nº 7.347, de 1985.

Art. 6º-A. O termo de ajustamento de conduta poderá estipular obrigações de fazer ou compensatórias a serem cumpridas pelo compromissário.

Parágrafo único. As obrigações de que trata o *caput* deverão ser estimadas, preferencialmente, em valor monetário.

Art. 7º. Compete aos demais órgãos públicos federais, estaduais, do Distrito Federal e municipais que passarem a integrar o SNDC fiscalizar as relações de consumo, no âmbito de sua competência, e autuar, na forma da legislação, os responsáveis por práticas que violem os direitos do consumidor.

Art. 8º. As entidades civis de proteçao e defesa do consumidor, legalmente constituídas, poderão:

I – encaminhar denúncias aos órgãos públicos de proteção e defesa do consumidor, para as providências legais cabíveis;

II – representar o consumidor em juízo, observado o disposto no inciso IV do art. 82 da Lei nº 8.078, de 1990;

III – exercer outras atividades correlatas.

CAPÍTULO III
Da fiscalização, das práticas infrativas e das penalidades administrativas

SEÇÃO I
Da Fiscalização

Art. 9º. A fiscalização das relações de consumo de que tratam a Lei nº 8.078, de 1990, este Decreto e as demais normas de defesa do consumidor será exercida em todo o território nacional pela Secretaria Nacional do Consumidor do Ministério da Justiça, pelos órgãos federais integrantes do Sistema Nacional de Defesa do Consumidor, pelos órgãos conveniados com a Secretaria e pelos órgãos de proteção e defesa do consumidor criados pelos Estados, Distrito Federal e Municípios, em suas respectivas áreas de atuação e competência. (Redação dada pelo Decreto nº 7.738, de 2012).

Art. 10. A fiscalização de que trata este Decreto será efetuada por agentes fiscais, oficialmente designados, vinculados aos respectivos órgãos de proteção e defesa do consumidor, no âmbito federal, estadual, do Distrito Federal e municipal, devidamente credenciados mediante Cédula de Identificação Fiscal, admitida a delegação mediante convênio.

Art. 11. Sem exclusão da responsabilidade dos órgãos que compõem o SNDC, os agentes de que trata o artigo anterior responderão pelos atos que praticarem quando investidos da ação fiscalizadora.

SEÇÃO II
Das Práticas Infrativas

Art. 12. São consideradas práticas infrativas:

I – condicionar o fornecimento de produto ou serviço ao fornecimento de outro produto ou serviço, bem como, sem justa causa, a limites quantitativos;

II – recusar atendimento às demandas dos consumidores na exata medida de sua disponibilidade de estoque e, ainda, de conformidade com os usos e costumes;

III – recusar, sem motivo justificado, atendimento à demanda dos consumidores de serviços;

IV – enviar ou entregar ao consumidor qualquer produto ou fornecer qualquer serviço, sem solicitação prévia;

V – prevalecer-se da fraqueza ou ignorância do consumidor, tendo em vista sua idade, saúde, conhecimento ou condição social, para impingir-lhe seus produtos ou serviços;

VI – exigir do consumidor vantagem manifestamente excessiva;

VII – executar serviços sem a prévia elaboração de orçamento e auto consumidor, ressalvadas as decorrentes de práticas anteriores entre as partes;

VIII – repassar informação depreciativa referente a ato praticado pelo consumidor no exercício de seus direitos;

IX – colocar, no mercado de consumo, qualquer produto ou serviço:

a) em desacordo com as normas expedidas pelos órgãos oficiais competentes ou, se normas específicas não existirem, pela Associação Brasileira de Normas Técnicas – ABNT ou outra entidade credenciada pelo Conselho Nacional de Metrologia, Normalização e Qualidade Industrial – Conmetro, observado o disposto no inciso VI do *caput* do art. 3º da Lei nº 13.874, de 20 de setembro de 2019;

b) que acarrete riscos à saúde ou à segurança dos consumidores e sem informações ostensivas e adequadas, inclusive no caso de oferta ou de aquisição de produto ou serviço por meio de provedor de aplicação;

c) em desacordo com as indicações constantes do recipiente, da embalagem, da rotulagem ou mensagem publicitária, respeitadas as variações decorrentes de sua natureza;

d) impróprio ou inadequado ao consumo a que se destina ou que lhe diminua o valor;

X – deixar de reexecutar os serviços, quando cabível, sem custo adicional;

XI – deixar de estipular prazo para o cumprimento de sua obrigação ou deixar a fixação ou variação de seu termo inicial a seu exclusivo critério.

Art. 13. Serão consideradas, ainda, práticas infrativas, na forma dos dispositivos da Lei nº 8.078, de 1990:

I – ofertar produtos ou serviços sem as informações corretas, claras, precisas e ostensivas, em língua portuguesa, sobre suas características, qualidade, quantidade, composição, preço, condições de pagamento, juros, encargos, garantia, prazos de validade e origem, entre outros dados relevantes;

II – deixar de comunicar à autoridade competente a periculosidade do produto ou serviço, quando do lançamento dos mesmos no mercado de consumo, ou quando da verificação posterior da existência do risco;

III – deixar de comunicar aos consumidores, por meio de anúncios publicitários, a periculosidade do produto ou serviço, quando do lançamento dos mesmos no mercado de consumo, ou quando da verificação posterior da existência do risco;

IV – deixar de reparar os danos causados aos consumidores por defeitos decorrentes de projetos, fabricação, construção, montagem, manipulação, apresentação ou acondicionamento de seus produtos ou serviços, ou por informações insuficientes ou inadequadas sobre a sua utilização e risco;

V – deixar de empregar componentes de reposição originais, adequados e novos, ou que mantenham as especificações técnicas do fabricante, salvo se existir autorização em contrário do consumidor;

VI – deixar de cumprir a oferta, publicitária ou não, suficientemente precisa, ressalvada a incorreção retificada em tempo hábil ou exclusivamente atribuível ao veículo de comunicação, sem prejuízo, inclusive nessas duas hipóteses, do cumprimento forçado do anunciado ou do ressarcimento de perdas e danos sofridos pelo consumidor, assegurado o direito de regresso do anunciante contra seu segurador ou responsável direto;

VII – omitir, nas ofertas ou vendas eletrônicas, por telefone ou reembolso postal, o nome e endereço do fabricante ou do importador na embalagem, na publicidade e nos impressos utilizados na transação comercial;

VIII – deixar de cumprir, no caso de fornecimento de produtos e serviços, o regime de preços tabelados, congelados, administrados, fixados ou controlados pelo Poder Público;

IX – submeter o consumidor inadimplente a ridículo ou a qualquer tipo de constrangimento ou ameaça;

X – impedir ou dificultar o acesso gratuito do consumidor às informações existentes em cadastros, fichas, registros de dados pessoais e de consumo, arquivados sobre ele, bem como sobre as respectivas fontes;

XI – elaborar cadastros de consumo com dados irreais ou imprecisos;

XII – manter cadastros e dados de consumidores com informações negativas, divergentes da proteção legal;

XIIII – deixar de comunicar, por escrito, ao consumidor a abertura de cadastro, ficha, registro de dados pessoais e de consumo, quando não solicitada por ele;

XIV – deixar de corrigir, imediata e gratuitamente, a inexatidão de dados e cadastros, quando solicitado pelo consumidor;

XV – deixar de comunicar ao consumidor, no prazo de cinco dias úteis, as correções cadastrais por ele solicitadas;

XVI – impedir, dificultar ou negar, sem justa causa, o cumprimento das declarações constantes de escritos particulares, recibos e pré-contratos concernentes às relações de consumo;

XVII – omitir em impressos, catálogos ou comunicações, impedir, dificultar ou negar a desistência contratual, no prazo de até sete dias a contar da assinatura do contrato ou do ato de recebimento do produto ou serviço, sempre que a contratação ocorrer fora do estabelecimento comercial, especialmente por telefone ou em domicílio;

XVIII – impedir, dificultar ou negar a devolução dos valores pagos, monetariamente atualizados, durante o prazo de reflexão, em caso de desistência do contrato pelo consumidor;

XIX – deixar de entregar o termo de garantia, devidamente preenchido com as informações previstas no parágrafo único do art. 50 da Lei nº 8.078, de 1990;

XX – deixar, em contratos que envolvam vendas a prazo ou com cartão de crédito, de informar por escrito ao consumidor, prévia e adequadamente, inclusive nas comunicações publicitárias, o preço do produto ou do serviço em moeda corrente nacional, o montante dos juros de mora e da taxa efetiva anual de juros, os acréscimos legal e contratualmente previstos, o número e a periodicidade das prestações e, com igual destaque, a soma total a pagar, com ou sem financiamento;

XXI – deixar de assegurar a oferta de componentes e peças de reposição, enquanto não cessar a fabricação ou importação do produto, e, caso cessadas, de manter a oferta de componentes e peças de reposição por período razoável de tempo, nunca inferior à vida útil do produto ou serviço;

XXII – propor ou aplicar índices ou formas de reajuste alternativos, bem como fazê-lo em desacordo com aquele que seja legal ou contratualmente permitido;

XXIII – recusar a venda de produto ou a prestação de serviços, publicamente ofertados, diretamente a quem se dispõe a adquiri-los mediante pronto pagamento, ressalvados os casos regulados em leis especiais;

XXIV – deixar de trocar o produto impróprio, inadequado, ou de valor diminuído, por outro da mesma espécie, em perfeitas condições de uso, ou de restituir imediatamente a quantia paga, devidamente corrigida, ou fazer abatimento proporcional do preço, a critério do consumidor.

Parágrafo único. Aplica-se o disposto nos incisos I, II, III e VII do *caput* à oferta e à aquisição de produto ou de serviço por meio de provedor de aplicação.

Art. 14. É enganosa qualquer modalidade de informação ou comunicação de caráter publicitário inteira ou parcialmente falsa, ou, por qualquer outro modo, esmo por omissão, capaz de induzir a erro o consumidor a respeito da natureza, características, qualidade, quantidade, propriedade, origem, preço e de quaisquer outros dados sobre produtos ou serviços.

§ 1º É enganosa, por omissão, a publicidade que deixar de informar sobre dado essencial do produto ou serviço a ser colocado à disposição dos consumidores.

§ 2º É abusiva, entre outras, a publicidade discriminatória de qualquer natureza, que incite à violência, explore o medo ou a superstição, se aproveite da deficiência de julgamento e da inexperiência da criança, desrespeite valores ambientais, seja capaz de induzir o consumidor a se comportar de forma prejudicial ou perigosa à sua saúde ou segurança, ou que viole normas legais ou regulamentares de controle da publicidade.

§ 3º O ônus da prova da veracidade (não enganosidade) e da correção (não abusividade) da informação ou comunicação publicitária cabe a quem as patrocina.

§ 4º Para fins do disposto neste artigo, entende-se por publicidade a veiculação de mensagem, em meio analógico ou digital, inclusive por meio de provedor de aplicação, que vise a promover a oferta ou a aquisição de produto ou de serviço disponibilizado no mercado de consumo.

Art. 14-A. Para fins do disposto no art. 14, o órgão de proteção e defesa do consumidor deverá considerar as práticas de autorregulação adotadas pelo mercado de publicidade em geral.

Art. 15. O processo referente ao fornecedor de produtos ou de serviços que tenha sido acionado em mais de um Estado pelo mesmo fato gerador de prática infrativa poderá ser remetido ao órgão coordenador do SNDC pela autoridade máxima do sistema estadual

§ 1º O órgão coordenador do SNDC apurará o fato e aplicará as sanções cabíveis, ouvido o Conselho Nacional de Defesa do Consumidor.

§ 2º Na hipótese de a autoridade máxima do sistema estadual optar por não encaminhar o processo, o fato deverá ser comunicado ao órgão coordenador do SNDC.

Art. 16. Nos casos de processos administrativos em trâmite em mais de um Estado, que envolvam interesses difusos ou coletivos, a Secretaria Nacional do Consumidor do Ministério da Justiça e Segurança Pública poderá avocá-los, ouvido o Conselho Nacional de Defesa do Consumidor, e as autoridades máximas dos sistemas estaduais. (Redação dada pelo Decreto nº 10.417, de 2020)

Art. 17. As práticas infrativas classificam-se em:

I – leves: aquelas em que forem verificadas somente circunstâncias atenuantes;

II – graves: aquelas em que forem verificadas circunstâncias agravantes.

SEÇÃO III
Das Penalidades Administrativas

Art. 18. A inobservância das normas contidas na Lei nº 8.078, de 1990, e das demais normas de defesa do consumidor constituirá prática infrativa e sujeitará o fornecedor às seguintes penalidades, que poderão ser aplicadas isolada ou cumulativamente, inclusive de forma cautelar, antecedente ou incidente no processo administrativo, sem prejuízo das de natureza cível, penal e das definidas em normas específicas:

I – multa;

II – apreensão do produto;

III – inutilização do produto;

IV – cassação do registro do produto junto ao órgão competente;

V – proibição de fabricação do produto;

VI – suspensão de fornecimento de produtos ou serviços;

VII – suspensão temporária de atividade;

VIII – revogação de concessão ou permissão de uso;

IX – cassação de licença do estabelecimento ou de atividade;

X – interdição, total ou parcial, de estabelecimento, de obra ou de atividade;

XI – intervenção administrativa;

XII – imposição de contrapropaganda.

§ 1º Responderá pela prática infrativa, sujeitando-se às sanções administrativas previstas neste Decreto, quem por ação ou omissão lhe der causa, concorrer para sua prática ou dela se beneficiar.

§ 2º As penalidades previstas neste artigo serão aplicadas pelos órgãos oficiais integrantes do SNDC, sem prejuízo das atribuições do órgão normativo ou regulador da atividade, na forma da legislação vigente.

§ 3º As penalidades previstas nos incisos III a XI deste artigo sujeitam-se a posterior confirmação pelo órgão normativo ou regulador da atividade, nos limites de sua competência.

Art. 19. Toda pessoa física ou jurídica que fizer ou promover publicidade enganosa ou abusiva ficará sujeita à pena de multa, cumulada com aquelas previstas no artigo anterior, sem prejuízo da competência de outros órgãos administrativos.

Parágrafo único. Incide também nas penas deste artigo o fornecedor que:

a) deixar de organizar ou negar aos legítimos interessados os dados fáticos, técnicos e científicos que dão sustentação à mensagem publicitária;

b) veicular publicidade de forma que o consumidor não possa, fácil e imediatamente, identificá-la como tal.

Art. 20. Sujeitam-se à pena de multa os órgãos públicos que, por si ou suas empresas concessionárias, permissionárias ou sob qualquer outra forma de empreendimento, deixarem de fornecer serviços adequados, eficientes, seguros e, quanto aos essenciais, contínuos.

Art. 21. A aplicação da sanção prevista no inciso II do art. 18 terá lugar quando os produtos forem comercializados em desacordo com as especificações técnicas estabelecidas em legislação própria, na Lei nº 8.078, de 1990, e neste Decreto.

§ 1º Os bens apreendidos, a critério da autoridade, poderão ficar sob a guarda do proprietário, responsável, preposto ou empregado que responda pelo gerenciamento do negócio, nomeado fiel depositário, mediante termo próprio, proibida a venda, utilização, substituição, subtração ou remoção, total ou parcial, dos referidos bens.

§ 2º A retirada de produto por parte da autoridade fiscalizadora não poderá incidir sobre quantidade superior àquela necessária à realização da análise pericial.

Art. 22. Será aplicada multa ao fornecedor de produtos ou serviços que, direta ou indiretamente, inserir, fizer circular ou utilizar-se de cláusula abusiva, qualquer que seja a modalidade do contrato de consumo, inclusive nas operações securitárias, bancárias, de crédito direto ao consumidor, depósito, poupança, mútuo ou financiamento, e especialmente quando:

I – impossibilitar, exonerar ou atenuar a responsabilidade do fornecedor por vícios de qualquer natureza dos produtos e serviços ou implicar renúncia ou disposição de direito do consumidor;

II – deixar de reembolsar ao consumidor a quantia já paga, nos casos previstos na Lei nº 8.078, de 1990;

III – transferir responsabilidades a terceiros;

IV – estabelecer obrigações consideradas iníquas ou abusivas, que coloquem o consumidor em desvantagem exagerada, incompatíveis com a boa-fé ou a equidade;

V – estabelecer inversão do ônus da prova em prejuízo do consumidor;

VI – determinar a utilização compulsória de arbitragem;

VII – impuser representante para concluir ou realizar outro negócio jurídico pelo consumidor;

VIII – deixar ao fornecedor a opção de concluir ou não o contrato, embora obrigando o consumidor;

IX – permitir ao fornecedor, direta ou indiretamente, variação unilateral do preço, juros, encargos, forma de pagamento ou atualização monetária;

X – autorizar o fornecedor a cancelar o contrato unilateralmente, sem que igual direito seja conferido ao consumidor, ou permitir, nos contratos de longa duração ou de trato sucessivo, o cancelamento sem justa causa e motivação, mesmo que dada ao consumidor a mesma opção;

XI – obrigar o consumidor a ressarcir os custos de cobrança de sua obrigação, sem que igual direito lhe seja conferido contra o fornecedor;

XII – autorizar o fornecedor a modificar unilateralmente o conteúdo ou a qualidade do contrato após sua celebração;

XIII – infringir normas ambientais ou possibilitar sua violação;

XIV – possibilitar a renúncia ao direito de indenização por benfeitorias necessárias;

XV – restringir direitos ou obrigações fundamentais à natureza do contrato, de tal modo a ameaçar o seu objeto ou o equilíbrio contratual;

XVI – onerar excessivamente o consumidor, considerando-se a natureza e o conteúdo do contrato, o interesse das partes e outras circunstâncias peculiares à espécie;

XVII – determinar, nos contratos de compra e venda mediante pagamento em prestações, ou nas alienações fiduciárias em garantia, a perda total das prestações pagas, em benefício do credor que, em razão do inadimplemento, pleitear a resilição do contrato e a retomada do produto alienado, ressalvada a cobrança judicial de perdas e danos comprovadamente sofridos;

XVIII – anunciar, oferecer ou estipular pagamento em moeda estrangeira, salvo nos casos previstos em lei;

XIX – cobrar multas de mora superiores a dois por cento, decorrentes do inadimplemento de obrigação no seu termo, conforme o disposto no § 1º do art. 52 da Lei nº 8.078, de 1990, com a redação dada pela Lei nº 9.298, de 1º de agosto de 1996;

XX – impedir, dificultar ou negar ao consumidor a liquidação antecipada do débito, total ou parcialmente, mediante redução proporcional dos juros, encargos e demais acréscimos, inclusive seguro;

XXI – fizer constar do contrato alguma das cláusulas abusivas a que se refere o art. 56 deste Decreto;

XXII – elaborar contrato, inclusive o de adesão, sem utilizar termos claros, caracteres ostensivos e legíveis, que permitam sua imediata e fácil compreensão, destacando-se as cláusulas que impliquem obrigação ou limitação dos direitos contratuais do consumidor, inclusive com a utilização de tipos de letra e cores diferenciados, entre outros recursos gráficos e visuais;

XXIII – que impeça a troca de produto impróprio, inadequado, ou de valor diminuído, por outro da mesma espécie, em perfeitas condições de uso, ou a restituição imediata da quantia paga, devidamente corrigido, ou fazer abatimento proporcional do preço, a critério do consumidor.

Parágrafo único. Dependendo da gravidade da infração prevista nos incisos dos arts. 12, 13 e deste artigo, a pena de multa poderá ser cumulada com as demais previstas no art. 18, sem prejuízo da competência de outros órgãos administrativos.

Art. 23. Os serviços prestados e os produtos remetidos ou entregues ao consumidor, na hipótese prevista no inciso IV do art. 12 deste Decreto, equiparam-se às amostras grátis, inexistindo obrigação de pagamento.

Art. 24. Para a imposição da pena e sua gradação, serão considerados:

I – as circunstâncias atenuantes e agravantes;

II – os antecedentes do infrator, nos termos do art. 28 deste Decreto.

Art. 25. Consideram-se circunstâncias atenuantes:

I – a ação do infrator não ter sido fundamental para a consecução do fato;

II – ser o infrator primário;

III – ter o infrator adotado as providências pertinentes para minimizar ou de imediato reparar os efeitos do ato lesivo;

IV – a confissão do infrator;

V – a participação regular do infrator em projetos e ações de capacitação e treinamento oferecidos pelos órgãos integrantes do SNDC; e

VI – ter o fornecedor aderido à plataforma Consumidor.gov.br, de que trata o Decreto nº 8.573, de 19 de novembro de 2015.

Art. 26. Consideram-se circunstâncias agravantes:

I – ser o infrator reincidente;

II – ter o infrator, comprovadamente, cometido a prática infrativa para obter vantagens indevidas;

III – trazer a prática infrativa consequências danosas à saúde ou à segurança do consumidor;

IV – deixar o infrator, tendo conhecimento do ato lesivo, de tomar as providências para evitar ou mitigar suas consequências;

V – ter o infrator agido com dolo;

VI – ocasionar a prática infrativa dano coletivo ou ter caráter repetitivo;

VII – ter a prática infrativa ocorrido em detrimento de menor de dezoito ou maior de sessenta anos ou de pessoas portadoras de deficiência física, mental ou sensorial, interditadas ou não;

VIII – dissimular-se a natureza ilícita do ato ou atividade;

IX – ser a conduta infrativa praticada aproveitando-se o infrator de grave crise econômica ou da condição cultural, social ou econômica da vítima, ou, ainda, por ocasião de calamidade.

Parágrafo único. Para fins de reconhecimento da circunstância agravante de que trata o inciso VI do *caput*, a Secretaria Nacional do Consumidor do Ministério da Justiça e Segurança Pública manterá e regulamentará banco de dados, garantido o acesso dos demais órgãos e entidades federais, estaduais, distritais e municipais de defesa do consumidor, com vistas a subsidiar a atuação no âmbito dos processos administrativos sancionadores.

Art. 26-A. As circunstâncias agravantes e atenuantes, de que tratam os art. 25 e art. 26, têm natureza taxativa e não comportam ampliação por meio de ato dos órgãos de proteção e defesa do consumidor.

Art. 27. Considera-se reincidência a repetição de prática infrativa, de qualquer natureza, às normas de defesa do consumidor, punida por decisão administrativa irrecorrível.

Parágrafo único. Para efeito de reincidência, não prevalece a sanção anterior, se entre a data da decisão administrativa definitiva e aquela da prática posterior houver decorrido período de tempo superior a cinco anos.

Art. 28. Observado o disposto no art. 24 pela autoridade competente e respeitados os parâmetros estabelecidos no parágrafo único do art. 57 da Lei nº 8.078, de 1990, a pena de multa fixada considerará:

I – a gravidade da prática infrativa;

II – a extensão do dano causado aos consumidores;

III – a vantagem auferida com o ato infrativo;

IV – a condição econômica do infrator; e

V – a proporcionalidade entre a gravidade da falta e a intensidade da sanção.

Art. 28-A. Na fixação da pena de multa, os elementos que forem utilizados para a fixação da pena-base não poderão ser valorados novamente como circunstâncias agravantes ou atenuantes.

Art. 28-B. Ato do Secretário Nacional do Consumidor do Ministério da Justiça e Segurança Pública poderá estabelecer critérios gerais para:

I – a valoração das circunstâncias agravantes e atenuantes, de que tratam os art. 25 e art. 26; e

II – a fixação da pena-base para a aplicação da pena de multa.

CAPÍTULO IV
Da destinação da multa e da administração dos recursos

Art. 29. A multa de que trata o inciso I do art. 56 e *caput* do art. 57 da Lei nº 8.078, de 1990, reverterá para o Fundo pertinente à pessoa jurídica de direito público que impuser a sanção, gerido pelo respectivo Conselho Gestor.

Parágrafo único. As multas arrecadadas pela União e órgãos federais reverterão para o Fundo de Direitos Difusos de que tratam a Lei nº 7.347, de 1985, e Lei nº 9.008, de 21 de março de 1995, gerido pelo Conselho Federal Gestor do Fundo de Defesa dos Direitos Difusos, CFDD.

Art. 30. As multas arrecadadas serão destinadas para a reconstituição dos bens lesados, nos termos do disposto no *caput* do art. 13 da Lei nº 7.347, de 1985, após aprovação pelo respectivo Conselho Gestor, em cada unidade federativa.

Art. 31. Na ausência de Fundos municipais, os recursos serão depositados no Fundo do respectivo Estado e, faltando este, no Fundo federal.

Parágrafo único. O Conselho Federal Gestor do Fundo de Defesa dos Direitos Difusos poderá apreciar e autorizar recursos para projetos especiais de órgãos e entidades federais, estaduais e municipais de defesa do consumidor.

Art. 32. Na hipótese de multa aplicada pelo órgão coordenador do SNDC nos casos previstos pelo art. 15 deste Decreto, o Conselho Federal Gestor do FDD restituirá aos fundos dos estados envolvidos o percentual de até oitenta por cento do valor arrecadado.

CAPÍTULO V
DO PROCESSO ADMINISTRATIVO

SEÇÃO I
Das Disposições Gerais

Art. 33. As práticas infrativas às normas de proteção e defesa do consumidor serão apuradas em processo administrativo sancionador, que terá início mediante:

I – ato, por escrito, da autoridade competente; e

II – lavratura de auto de infração

III – (Revogado pelo Decreto nº 10.887/2021)

§ 1º Antecedendo à instauração do processo administrativo, poderá a autoridade competente abrir investigação preliminar, cabendo, para tanto, requisitar dos fornecedores informações sobre as questões investigadas, resguardado o segredo industrial, na forma do disposto no § 4º do art. 55 da Lei nº 8.078, de 1990.

§ 2º A recusa à prestação das informações ou o desrespeito às determinações e convocações dos órgãos do SNDC caracterizam desobediência, na forma do art. 330 do Código Penal, ficando a autoridade administrativa com poderes para determinar a imediata cessação da prática, além da imposição das sanções administrativas e civis cabíveis.

§ 3º A autoridade administrativa poderá determinar, no curso das averiguações preliminares e dos processos administrativos sancionadores, a adoção de medidas cautelares, nos termos do disposto no art. 18, com ou sem oitiva prévia da pessoa que estará sujeita a seus efeitos.

§ 4º Na hipótese de ser indicada a baixa lesão ao bem jurídico tutelado, inclusive em relação aos custos de persecução, a autoridade administrativa, mediante ato motivado, poderá deixar de instaurar processo administrativo sancionador.

§ 5º Para fins do disposto no § 4º, a autoridade administrativa deverá utilizar outros instrumentos e medidas de supervisão, observados os princípios da finalidade, da motivação, da razoabilidade e da eficiência.

SEÇÃO I-A
Das Averiguações Preliminares

Art. 33-A. A averiguação preliminar é o procedimento investigatório de natureza inquisitorial, instaurado pela autoridade competente de proteção e defesa do consumidor, quando os indícios ainda não forem suficientes para a instauração imediata de processo administrativo sancionador.

§ 1º Na averiguação preliminar, a autoridade competente poderá exercer quaisquer competências instrutórias legalmente previstas, inclusive requerer esclarecimentos do representado ou de terceiros, por escrito ou pessoalmente.

§ 2º Da averiguação preliminar poderá resultar:

I – a instauração de processo administrativo sancionador; ou

II – o arquivamento do caso.

§ 3º A averiguação preliminar poderá ser desmembrada, quando conveniente para a instrução do caso." (NR)

Art. 33-B. No prazo de até vinte dias após a publicação oficial da decisão que resultar no arquivamento da averiguação preliminar, o superior hierárquico do órgão prolator da decisão poderá avocar o processo, de ofício ou mediante provocação.

Parágrafo único. A autoridade responsável por avocar a averiguação preliminar poderá:

I – ratificar a decisão de arquivamento; ou

II – determinar o retorno dos autos à autoridade competente para a continuidade da averiguação preliminar ou para a instauração de processo administrativo sancionatório, conforme o caso.

SEÇÃO II
Da Reclamação

Art. 34. O consumidor poderá apresentar a sua reclamação pessoalmente ou por meio de telegrama, carta, telex, fac-símile ou qualquer outro meio de comunicação, físico ou eletrônico, a qualquer órgão oficial de proteção e defesa do consumidor.

Parágrafo único. As reclamações apresentadas na forma prevista no *caput* orientarão a implementação das políticas públicas de proteção e defesa do consumidor.

SEÇÃO III
Dos Autos de Infração, de Apreensão e do Termo de Depósito

Art. 35. Os Autos de Infração, de Apreensão e o Termo de Depósito deverão ser impressos, numerados em série e preenchidos de forma clara e precisa, sem entrelinhas, rasuras ou emendas, mencionando:

I – o Auto de Infração:

a) o local, a data e a hora da lavratura;

b) o nome, o endereço e a qualificação do autuado;

c) a descrição do fato ou do ato constitutivo da infração;

d) o dispositivo legal infringido;

e) a determinação da exigência e a intimação para cumpri-la ou impugná-la no prazo estabelecido no *caput* do art. 42;

f) a identificação do agente autuante, sua assinatura, a indicação do seu cargo ou função e o número de sua matrícula;

g) a designação do órgão julgador e o respectivo endereço;

h) a assinatura do autuado;

i) a cientificação do autuado para apresentar defesa no prazo estabelecido no *caput* do art. 42 e especificar as provas que pretende produzir, de modo a declinar, se for o caso, a qualificação completa de até três testemunhas, mediante fornecimento do motivo para o seu arrolamento e sempre que possível:

1. do nome;

2. da profissão;

3. do estado civil;

4. da idade;

5. do número de inscrição no Cadastro de Pessoas Físicas;

6. do número de registro da identidade; e

7. do endereço completo da residência e do local de trabalho;

II – o Auto de Apreensão e o Termo de Depósito:

a) o local, a data e a hora da lavratura;

b) o nome, o endereço e a qualificação do depositário;

c) a descrição e a quantidade dos produtos apreendidos;

d) as razões e os fundamentos da apreensão;

e) o local onde o produto ficará armazenado;

f) a quantidade de amostra colhida para análise;

g) a identificação do agente autuante, sua assinatura, a indicação do seu cargo ou função e o número de sua matrícula;

h) a assinatura do depositário;

i) as proibições contidas no § 1º do art. 21 deste Decreto.

Art. 36. Os Autos de Infração, de Apreensão e o Termo de Depósito serão lavrados pelo agente autuante que houver verificado a prática infrativa, preferencialmente no local onde foi comprovada a irregularidade.

Art. 37. Os Autos de Infração, de Apreensão e o Termo de Depósito serão lavrados em impresso próprio, composto de três vias, numeradas tipograficamente.

§ 1º Quando necessário, para comprovação de infração, os Autos serão acompanhados de laudo pericial.

§ 2º Quando a verificação do defeito ou vício relativo à qualidade, oferta e apresentação de produtos não depender de perícia, o agente competente consignará o fato no respectivo Auto.

§ 3º Os autos de infração, de apreensão e o termo de depósito poderão ser formalizados, comunicados e transmitidos em meio eletrônico, observado o disposto na legislação aplicável.

Art. 38. A assinatura nos Autos de Infração, de Apreensão e no Termo de Depósito, por parte do autuado, ao receber cópias dos mesmos, constitui notificação, sem implicar confissão, para os fins do art. 44 do presente Decreto.

Parágrafo único. Em caso de recusa do autuado em assinar os Autos de Infração, de Apreensão e o Termo de Depósito, o agente competente consignará o fato nos Autos e no Termo, remetendo-os ao autuado por via postal, com Aviso de Recebimento (AR) ou outro procedimento equivalente, tendo os mesmos efeitos do *caput* deste artigo.

Art. 38-A. A fiscalização, no âmbito das relações de consumo, deverá ser prioritariamente orientadora, quando a atividade econômica for classificada como de risco leve, irrelevante ou inexistente, nos termos do disposto na Lei nº 13.874, de 2019.

§ 1º Para fins do disposto no *caput*, o critério de dupla visita para lavratura de auto de infração será observado, exceto na hipótese de ocorrência de reincidência, fraude, resistência ou embaraço à fiscalização.

§ 2º A inobservância do critério de dupla visita, nos termos do disposto no § 1º, implica nulidade do auto de infração, independentemente da natureza da obrigação.

§ 3º Os órgãos e as entidades da administração pública federal, estadual, distrital e municipal deverão observar o princípio do tratamento diferenciado, simplificado e favorecido previsto na Lei Complementar nº 123, de 14 de dezembro de 2006, na fixação de valores decorrentes de multas e demais sanções administrativas.

SEÇÃO IV
Da Instauração do Processo Administrativo por Ato de Autoridade Competente

Art. 39. O processo administrativo sancionador de que trata o art. 33 poderá ser instaurado de ofício pela autoridade competente ou a pedido do interessado.

Parágrafo único. Na hipótese de a investigação preliminar não resultar em processo administrativo com base em reclamação apresentada por consumidor, deverá este ser informado sobre as razões do arquivamento pela autoridade competente.

Art. 40. O ato que instaurar o processo administrativo sancionador, na forma do inciso I do *caput* do art. 33, deverá conter:

I – a identificação do infrator;

II – a descrição do fato ou ato constitutivo da infração;

III – os dispositivos legais infringidos;

IV – a assinatura da autoridade competente; e

V – a determinação de notificação do representado para apresentar defesa no prazo estabelecido no *caput* do art. 42 e especificar as provas que pretende produzir, de modo a declinar, se for o caso, a qualificação completa de até três testemunhas, mediante fornecimento do motivo para o seu arrolamento e sempre que possível:

a) do nome;

b) da profissão;

c) do estado civil;

d) da idade;

e) do número de inscrição no Cadastro de Pessoas Físicas;

f) do número de registro da identidade; e

g) do endereço completo da residência e do local de trabalho.

§ 1º O resumo dos fatos a serem apurados e a motivação da decisão poderão consistir em declaração de concordância com fundamentos anteriores, pareceres, informações, decisões ou proposta que, nesse caso, serão parte integrante do ato de instauração.

§ 2º Até que ocorra a decisão de primeira instância, o ato de instauração a que se refere o *caput* poderá ser aditado para inclusão de novos representados ou de novos fatos que não tenham sido objeto de alegação pelas partes nos autos, hipótese em que será reiniciada a contagem do prazo para a defesa nos limites do aditamento.

Art. 40-A. A critério da autoridade processante e por meio de despacho fundamentado, o processo administrativo poderá ser desmembrado quando:

I – as infrações tiverem sido praticadas em circunstâncias de tempo ou de lugar diferentes;

II – houver número de representados excessivo, para não comprometer a duração razoável do processo ou dificultar a defesa;

III – houver dificuldade de notificar um ou mais dos representados; ou

IV – houver outro motivo considerado relevante pela autoridade processante.

Art. 40-B. Na hipótese de haver conexão temática entre os processos administrativos e as infrações terem sido praticadas em circunstâncias de tempo ou de lugar similares, a autoridade processante poderá proceder à juntada de processos administrativos diferentes com vistas à racionalização dos recursos.

Art. 41. A autoridade administrativa poderá determinar, na forma de ato próprio, constatação preliminar da ocorrência de prática presumida.

SEÇÃO V
Das Notificações e das Intimações

Art. 42. A autoridade competente expedirá notificação ao infrator e fixará prazo de vinte dias, contado da data de seu recebimento pelo infrator, para apresentação de defesa, nos termos do disposto no art. 44.

§ 1º A notificação será acompanhada de cópia de ato de instauração do processo administrativo sancionador e, se for o caso, da nota técnica ou de outro ato que o fundamente por meio de remissão e será feita:

I – por carta registrada ao representado, seu mandatário ou preposto, com aviso de recebimento ;

II – por outro meio, físico ou eletrônico, que assegure a certeza da ciência do representado; ou

III – por mecanismos de cooperação internacional.

§ 2º Na hipótese de notificação de representados que residam em países que aceitem a notificação postal direta, a notificação internacional poderá ser realizada por meio de serviço postal com aviso de recebimento em nome próprio.

§ 3º O comparecimento espontâneo do representado supre a falta ou a nulidade da notificação e nessa data se iniciará a contagem do prazo para apresentação de defesa no processo administrativo sancionador." (NR)

Art. 42-A. A intimação dos demais atos processuais será feita por meio de:

I – carta registrada ao representado, ou ao seu mandatário ou preposto, com aviso de recebimento);

II – publicação oficial, da qual constarão os nomes do representado e de seu procurador, se houver; ou

III – por outro meio, físico ou eletrônico, que assegure a certeza da ciência do representado.

§ 1º O representado arguirá a nulidade da intimação em capítulo preliminar do próprio ato que lhe caiba praticar, o qual será tido por tempestivo caso o vício seja reconhecido.

§ 2º Na hipótese de não ser possível a prática imediata do ato diante da necessidade de acesso prévio aos autos, ao representado será limitado arguir a nulidade da intimação, caso em que o prazo será contado da data da intimação da decisão que a reconheça.

§ 3º As intimações dirigidas ao endereço constante dos autos serão presumidas válidas, ainda que não sejam recebidas pessoalmente pelo interessado, caso a modificação temporária ou definitiva do endereço não tenha sido comunicada ao órgão processante.

§ 4º As disposições deste artigo aplicam-se aos fornecedores que ofereçam produtos ou serviços, por meio de aplicação de internet, desde que o uso ou a fruição do bem adquirido se dê no território nacional.

SEÇÃO V-A
Do Amicus Curiae

Art. 42-B. Considerada a relevância da matéria, a especificidade do tema ou a repercussão social da demanda, a autoridade competente poderá, de ofício, a requerimento das partes ou de quem pretenda se manifestar, solicitar ou admitir a participação de pessoa natural ou jurídica, órgão ou entidade especializada, com representatividade adequada, na condição de amicus curiae, no prazo de quinze dias, contado da data de intimação.

Parágrafo único. A intervenção de que trata o *caput* não:

I – implicará alteração de competência; ou

II – autorizará a interposição de recursos.

SEÇÃO VI
Da Impugnação, da Instrução e do Julgamento do Processo Administrativo Sancionador

Art. 43. (Revogado pelo Decreto nº 10.887/2021).

Art. 44. O representado poderá impugnar o ato que instaurar o processo administrativo sancionador, no prazo estabelecido no *caput* do art. 42, contado da data de sua notificação, de modo a indicar em sua defesa:

I – a autoridade decisória a quem é dirigida

II – a qualificação do impugnante;

III – as razões de fato e de direito que fundamentam a impugnação; e

IV – de maneira fundamentada, as provas que pretende produzir, de modo a declinar a qualificação completa de até três testemunhas." (NR)

Art. 45. Decorrido o prazo da impugnação, o órgão decisor determinará as diligências cabíveis e:

I – deverá dispensar as diligências meramente protelatórias ou irrelevantes; e

II – poderá requisitar informações, esclarecimentos ou documentos ao representado, a pessoas físicas ou jurídicas e a órgãos ou entidades públicos, a serem apresentados no prazo estabelecido.

§ 1º As provas propostas pelo representado que forem ilícitas, impertinentes, desnecessárias ou protelatórias serão indeferidas por meio de despacho fundamentado.

§ 2º Os depoimentos e as oitivas serão tomados por qualquer servidor em exercício no órgão processante e serão realizados nas dependências do referido órgão, exceto se houver impossibilidade comprovada de deslocamento da testemunha, sob as expensas da parte que a arrolou.

§ 3º Os depoimentos e as oitivas de que tratam o § 2º serão realizados preferencialmente por meio de videoconferência ou de recurso tecnológico de transmissão de sons e imagens em tempo real, desde que estejam presentes as condições técnicas para realização da diligência e segundo critério de conveniência e oportunidade da autoridade competente.

§ 4º Na hipótese de realização de prova testemunhal, cabe ao representado informar ou intimar a testemunha por ele arrolada o dia, a hora e o local da audiência designada, dispensada a intimação por parte do órgão responsável pela instrução do processo.

§ 5º Na hipótese de que trata o § 4º, o não comparecimento injustificado da testemunha presumirá que a parte desistiu de sua inquirição.

§ 6º A juntada de prova documental poderá ser realizada até o saneamento do processo, excetuadas as seguintes hipóteses:

I – necessidade de demonstração de fato ocorrido após o encerramento da instrução processual;

II – necessidade de contraposição a fato levantado após o encerramento da instrução processual;

III – o documento ter se tornado conhecido, acessível ou disponível após o encerramento da instrução processual, hipótese em que caberá à parte que os produzir comprovar o motivo que a impediu de juntá-los anteriormente; ou

IV – o documento ter sido formado após a instauração do processo sancionatório.

§ 7º O órgão processante poderá admitir a utilização de prova produzida em outro processo, administrativo ou judicial, e lhe atribuirá o valor probatório adequado, observados os princípios do contraditório e da ampla defesa.

Art. 46. A decisão administrativa conterá:

I – a identificação do representado e, quando for o caso, do representante;

II – o resumo dos fatos imputados ao representado, com a indicação dos dispositivos legais infringidos;

III – o sumário das razões de defesa;

IV – o registro das principais ocorrências no andamento do processo;

V – a apreciação das provas; e

VI – o dispositivo, com a conclusão a respeito da configuração da prática infrativa, com a especificação dos fatos que constituam a infração apurada na hipótese de condenação.

§ 1º Na hipótese de caracterização de infração contra as normas de proteção e defesa do consumidor, a decisão também deverá conter:

I – a indicação das providências a serem tomadas pelos responsáveis para fazê-la cessar, quando for o caso;

II – o prazo no qual deverão ser iniciadas e concluídas as providências referidas no inciso I;

III – a multa estipulada, sua individualização e sua dosimetria;

IV – a multa diária, em caso de continuidade da infração;

V – as demais sanções descritas na Lei nº 8.078, de 1990, se for o caso;

VI – a multa em caso de descumprimento das providências estipuladas, se for o caso; e

VII – o prazo para pagamento da multa e para cumprimento das demais obrigações determinadas.

§ 2º A decisão condenatória poderá consistir em declaração de concordância com pareceres, notas técnicas ou decisões, hipótese em que integrarão o ato decisório.§ 3º (Revogado pelo Decreto nº 10.887, de 2021)

Art. 47. Quando a cominação prevista for a contrapropaganda, o processo poderá ser instruído com indicações técnico-publicitárias, das quais se intimará o autuado, obedecidas, na execução da respectiva decisão, as condições constantes do § 1º do art. 60 da Lei nº 8.078, de 1990.

SEÇÃO VII
Das Nulidades

Art. 48. A inobservância de forma não acarretará a nulidade do ato, se não houver prejuízo para a defesa.

Parágrafo único. A nulidade prejudica somente os atos posteriores ao ato declarado nulo e dele diretamente dependentes ou de que sejam consequência, cabendo à autoridade que a declarar indicar tais atos e determinar o adequado procedimento saneador, se for o caso.

SEÇÃO VIII
Dos Recursos Administrativos

Art. 49. Das decisões da autoridade competente do órgão público que aplicou a sanção caberá recurso, sem efeito suspensivo, no prazo de dez dias, contados da data da intimação da decisão, a seu superior hierárquico, que proferirá decisão definitiva.

§ 1º Na hipótese de aplicação de multas, o recurso será recebido, com efeito suspensivo, pela autoridade superior.

§ 2º A decisão recorrida pode ser confirmada, total ou parcialmente, pelos seus próprios fundamentos.

§ 3º Na hipótese prevista no §2º, a autoridade competente poderá apenas fazer remissão à própria decisão anterior, no caso de confirmação integral, ou ao trecho confirmado, no caso de confirmação parcial, desde que tenham sido confrontados todos os argumentos deduzidos no recurso capazes, em tese, de infirmar a conclusão adotada na decisão recorrida.

Art. 50. Quando o processo tramitar no âmbito do Departamento de Proteção e Defesa do Consumidor, o julgamento do feito será de responsabilidade do Diretor daquele órgão, cabendo recurso ao titular da Secretaria Nacional do Consumidor, no prazo de dez dias, contado da data da intimação da decisão, como segunda e última instância recursal. (Redação dada pelo Decreto nº 7.738, de 2012).

Art. 51. Não será conhecido o recurso interposto fora dos prazos e condições estabelecidos neste Decreto.

Art. 52. Sendo julgada insubsistente a infração, a autoridade julgadora recorrerá à autoridade imediatamente superior, nos termos fixados nesta Seção, mediante declaração na própria decisão.

Art. 53. A decisão é definitiva quando não mais couber recurso, seja de ordem formal ou material.

Parágrafo único. Na hipótese de não caber mais recursos em relação à aplicação da pena de multa, o infrator será notificado para efetuar o recolhimento no prazo de dez dias, nos termos do disposto nos art. 29 a art. 32.

Art. 54. Todos os prazos referidos nesta Seção são preclusivos.

SEÇÃO IX
Da Inscrição na Dívida Ativa

Art. 55. Não sendo recolhido o valor da multa em trinta dias, será o débito inscrito em dívida ativa do órgão que houver aplicado a sanção, para subsequente cobrança executiva.

CAPÍTULO VI
Do elenco de cláusulas abusivas e do cadastro de fornecedores

SEÇÃO I
Do Elenco de Cláusulas Abusivas

Art. 56. Na forma do art. 51 da Lei nº 8.078, de 1990, e com o objetivo de orientar o Sistema Nacional de Defesa do Consumidor, a Secretaria Nacional do Consumidor divulgará, anualmente, elenco complementar de cláusulas contratuais consideradas abusivas, notadamente para o fim de aplicação do disposto no inciso IV do *caput* do art. 22. (Redação dada pelo Decreto nº 7.738, de 2012).

§ 1º Na elaboração do elenco referido no *caput* e posteriores inclusões, a consideração sobre a abusividade de cláusulas contratuais se dará de forma genérica e abstrata.

§ 2º rol de cláusulas consideradas abusivas tem natureza exemplificativa, o que não impede que outras cláusulas possam ser assim consideradas pelos órgãos da administração pública incumbidos da defesa dos interesses e direitos protegidos pela Lei nº 8.078, de 1990, e pela legislação correlata, por meio de ato próprio, observado o disposto no art. 4º da Lei nº 13.874, de 2019.

§ 3º A apreciação sobre a abusividade de cláusulas contratuais, para fins de sua inclusão no rol a que se refere o *caput* se dará de ofício ou por provocação dos legitimados previstos no art. 82 da Lei nº 8.078, de 1990, ou por terceiros interessados, mediante procedimento de consulta pública, a ser regulamentado em ato do Secretário Nacional do Consumidor do Ministério da Justiça e Segurança Pública.

§ 4º Compete exclusivamente à Secretaria Nacional do Consumidor do Ministério da Justiça e Segurança Pública elencar as cláusulas abusivas, observadas as disposições deste Decreto, quando o fornecedor de produtos ou serviços utilizá-las uniformemente em âmbito nacional.

SEÇÃO II
Do Cadastro de Fornecedores

Art. 57. Os cadastros de reclamações fundamentadas contra fornecedores constituem instrumento essencial de defesa e orientação dos consumidores, devendo os órgãos públicos competentes assegurar sua publicidade, contabilidade e continuidade nos termos do art. 44 da Lei nº 8.078, de 1990.

Art. 58. Para os fins deste Decreto, considera-se:

I – cadastro: o resultado dos registros feitos pelos órgãos públicos de defesa do consumidor de todas as reclamações fundamentadas contra fornecedores;

II – reclamação fundamentada: a notícia de lesão ou ameaça a direito de consumidor analisada por órgão público de defesa do consumidor, a requerimento ou de ofício, considerada procedente, por decisão definitiva.

Art. 59. Os órgãos públicos de defesa do consumidor devem providenciar a divulgação periódica dos cadastros atualizados de reclamações fundamentadas contra fornecedores.

§ 1º O cadastro referido no *caput* deste artigo será publicado, obrigatoriamente, no órgão de imprensa oficial local, devendo a entidade responsável dar-lhe a maior publicidade possível por meio dos órgãos de comunicação, inclusive eletrônica.

§ 2º O cadastro será divulgado anualmente, podendo o órgão responsável fazê-lo em período menor, sempre que julgue necessário, e conterá informações objetivas, claras e verdadeiras sobre o objeto da reclamação, a identificação do fornecedor e o atendimento ou não da reclamação pelo fornecedor.

§ 3º Os cadastros deverão ser atualizados permanentemente, por meio das devidas anotações, não podendo conter informações negativas sobre fornecedores, referentes a período superior a cinco anos, contado da data da intimação da decisão definitiva.

Art. 60. Os cadastros de reclamações fundamentadas contra fornecedores são considerados arquivos públicos, sendo informações e fontes a todos acessíveis, gratuitamente, vedada a utilização abusiva ou, por qualquer outro modo, estranha à defesa e orientação dos consumidores, ressalvada a hipótese de publicidade comparativa.

Art. 61. O consumidor ou fornecedor poderá requerer em cinco dias a contar da divulgação do cadastro e mediante petição fundamentada, a retificação de informação inexata que nele conste, bem como a inclusão de informação omitida, devendo a autoridade competente, no prazo de dez dias úteis, pronunciar-se, motivadamente, pela procedência ou improcedência do pedido.

Parágrafo único. No caso de acolhimento do pedido, a autoridade competente providenciará, no prazo deste artigo, a retificação ou inclusão de informação e sua divulgação, nos termos do § 1º do art. 59 deste Decreto.

Art. 62. Os cadastros específicos de cada órgão público de defesa do consumidor serão consolidados em cadastros gerais, nos âmbitos federal e estadual, aos quais se aplica o disposto nos artigos desta Seção.

Capítulo VII
Das Disposições Gerais

Art. 63. Nos termos do disposto na Lei nº 8.078, de 1990, e na legislação complementar, a Secretaria Nacional do Consumidor do Ministério da Justiça e Segurança Pública poderá editar atos administrativos com vistas à observância das normas de proteção e defesa do consumidor, facultada a oitiva do Conselho Nacional de Defesa do Consumidor.

Art. 64. Poderão ser lavrados Autos de Comprovação ou Constatação, a fim de estabelecer a situação real de mercado, em determinado lugar e momento, obedecido o procedimento adequado.

Art. 65. Em caso de impedimento à aplicação do presente Decreto, ficam as autoridades competentes autorizadas a requisitar o emprego de força policial.

Art. 65-A. As normas procedimentais estabelecidas pela Lei nº 9.784, de 29 de janeiro de 1999, e pela Lei nº 13.105, de 16 de março de 2015 – Código de Processo Civil, aplicam-se subsidiariamente e supletivamente a este Decreto.

Art. 66. Este Decreto entra em vigor na data de sua publicação.

Art. 67. Fica revogado o Decreto nº 861, de 9 de julho de 1993.

Brasília, 20 de março de 1997;
176º da Independência e 109º da República.

FERNANDO HENRIQUE CARDOSO

Nelson A. Jobim

Anexo II

Lei nº 12.414, de 9 de junho de 2011

Conversão da Medida Provisória nº 518, de 2010.

Disciplina a formação e consulta a bancos de dados com informações de adimplemento, de pessoas naturais ou de pessoas jurídicas, para formação de histórico de crédito.

A PRESIDENTA DA REPÚBLICA Faço saber que o Congresso Nacional decreta e eu sanciono a seguinte Lei:

Art. 1º. Esta Lei disciplina a formação e consulta a bancos de dados com informações de adimplemento, de pessoas naturais ou de pessoas jurídicas, para formação de histórico de crédito, sem prejuízo do disposto na Lei 8.078, de 11 de setembro de 1990 – Código de Proteção e Defesa do Consumidor.

Parágrafo único. Os bancos de dados instituídos ou mantidos por pessoas jurídicas de direito público interno serão regidos por legislação específica.

Art. 2º. Para os efeitos desta Lei, considera-se:

I – banco de dados: conjunto de dados relativo a pessoa natural ou jurídica armazenados com a finalidade de subsidiar a concessão de crédito, a realização de venda a prazo ou de outras transações comerciais e empresariais que impliquem risco financeiro;

II – gestor: pessoa jurídica que atenda aos requisitos mínimos de funcionamento previstos nesta Lei e em regulamentação complementar, responsável pela administração de banco de dados, bem como pela coleta, pelo armazenamento, pela análise e pelo acesso de terceiros aos dados armazenados (alterado pela LC 166, de 8 de abril de 2019);

III – cadastrado: pessoa natural ou jurídica cujas informações tenham sido incluídas em banco de dados (alterado pela LC 166, de 8 de abril de 2019);

IV – fonte: pessoa natural ou jurídica que conceda crédito, administre operações de autofinanciamento ou realize venda a prazo ou outras transações comerciais e empresariais que lhe impliquem risco financeiro, inclusive as instituições autorizadas a funcionar pelo Banco Central do Brasil e os prestadores de serviços continuados de água, esgoto, eletricidade, gás, telecomunicações e assemelhados (alterado pela LC 166, de 8 de abril de 2019);

V – consulente: pessoa natural ou jurídica que acesse informações em bancos de dados para qualquer finalidade permitida por esta Lei;

VI – anotação: ação ou efeito de anotar, assinalar, averbar, incluir, inscrever ou registrar informação relativa ao histórico de crédito em banco de dados; e

VII – histórico de crédito: conjunto de dados financeiros e de pagamentos, relativos às operações de crédito e obrigações de pagamento adimplidas ou em andamento por pessoa natural ou jurídica (alterado pela LC 166, de 8 de abril de 2019).

Art. 3º. Os bancos de dados poderão conter informações de adimplemento do cadastrado, para a formação do histórico de crédito, nas condições estabelecidas nesta Lei.

§ 1º Para a formação do banco de dados, somente poderão ser armazenadas informações objetivas, claras, verdadeiras e de fácil compreensão, que sejam necessárias para avaliar a situação econômica do cadastrado.

§ 2º Para os fins do disposto no § 1º, consideram-se informações:

I – objetivas: aquelas descritivas dos fatos e que não envolvam juízo de valor;

II – claras: aquelas que possibilitem o imediato entendimento do cadastrado independentemente de remissão a anexos, fórmulas, siglas, símbolos, termos técnicos ou nomenclatura específica;

III – verdadeiras: aquelas exatas, completas e sujeitas à comprovação nos termos desta Lei; e

IV – de fácil compreensão: aquelas em sentido comum que assegurem ao cadastrado o pleno conhecimento do conteúdo, do sentido e do alcance dos dados sobre ele anotados.

§ 3º Ficam proibidas as anotações de:

I – informações excessivas, assim consideradas aquelas que não estiverem vinculadas à análise de risco de crédito ao consumidor; e

II – informações sensíveis, assim consideradas aquelas pertinentes à origem social e étnica, à saúde, à informação genética, à orientação sexual e às convicções políticas, religiosas e filosóficas.

Art. 4º. O gestor está autorizado, nas condições estabelecidas nesta Lei, a (alterado pela LC 166, de 8 de abril de 2019):

I – abrir cadastro em banco de dados com informações de adimplemento de pessoas naturais e jurídicas (alterado pela LC 166, de 8 de abril de 2019);

II – fazer anotações no cadastro de que trata o inciso I do *caput* deste artigo (alterado pela LC 166, de 8 de abril de 2019);

III – compartilhar as informações cadastrais e de adimplemento armazenadas com outros bancos de dados; e (alterado pela LC 166, de 8 de abril de 2019)

IV – disponibilizar a consulentes: (alterado pela LC 166, de 8 de abril de 2019)

a) a nota ou pontuação de crédito elaborada com base nas informações de adimplemento armazenadas; e (alterado pela LC 166, de 8 de abril de 2019)

b) o histórico de crédito, mediante prévia autorização específica do cadastrado. (alterado pela LC 166, de 8 de abril de 2019)

§ 1º (Revogado pela LC 166, de 8 de abril de 2019).

§ 2º (Revogado pela LC 166, de 8 de abril de 2019).

§ 3º (VETADO).

§ 4º A comunicação ao cadastrado deve (alterado pela LC 166, de 8 de abril de 2019):

I – ocorrer em até 30 (trinta) dias após a abertura do cadastro no banco de dados, sem custo para o cadastrado (alterado pela LC 166, de 8 de abril de 2019);

II – ser realizada pelo gestor, diretamente ou por intermédio de fontes; e (alterado pela LC 166, de 8 de abril de 2019)

III – informar de maneira clara e objetiva os canais disponíveis para o cancelamento do cadastro no banco de dados. (alterado pela LC 166, de 8 de abril de 2019)

§ 5º Fica dispensada a comunicação de que trata o § 4º deste artigo caso o cadastrado já tenha cadastro aberto em outro banco de dados. (alterado pela LC 166, de 8 de abril de 2019)

§ 6º Para o envio da comunicação de que trata o § 4º deste artigo, devem ser utilizados os dados pessoais, como endereço residencial, comercial, eletrônico, fornecidos pelo cadastrado à fonte. (alterado pela LC 166, de 8 de abril de 2019)

§ 7º As informações do cadastrado somente poderão ser disponibilizadas a consulentes 60 (sessenta) dias após a abertura do cadastro, observado o disposto no § 8º deste artigo e no art. 15 desta Lei. (alterado pela LC 166, de 8 de abril de 2019)

§ 8º É obrigação do gestor manter procedimentos adequados para comprovar a autenticidade e a validade da autorização de que trata a alínea b do inciso IV do *caput* deste artigo. (alterado pela LC 166, de 8 de abril de 2019)

Art. 5º. São direitos do cadastrado:

I – obter o cancelamento ou a reabertura do cadastro, quando solicitado; (alterado pela LC 166, de 8 de abril de 2019)

II – acessar gratuitamente, independentemente de justificativa, as informações sobre ele existentes no banco de dados, inclusive seu histórico e sua nota ou pontuação de crédito, cabendo ao gestor manter sistemas seguros, por telefone ou por meio eletrônico, de consulta às informações pelo cadastrado; (alterado pela LC 166, de 8 de abril de 2019)

III – solicitar a impugnação de qualquer informação sobre ele erroneamente anotada em banco de dados e ter, em até 10 (dez) dias, sua correção ou seu cancelamento em todos os bancos de dados que compartilharam a informação; (alterado pela LC 166, de 8 de abril de 2019)

IV – conhecer os principais elementos e critérios considerados para a análise de risco, resguardado o segredo empresarial;

V – ser informado previamente sobre a identidade do gestor e sobre o armazenamento e o objetivo do tratamento dos dados pessoais; (alterado pela LC 166, de 8 de abril de 2019)

VI – solicitar ao consulente a revisão de decisão realizada exclusivamente por meios automatizados; e

VII – ter os seus dados pessoais utilizados somente de acordo com a finalidade para a qual eles foram coletados.

§ 1º (VETADO).

§ 2º (VETADO).

§ 3º O prazo para disponibilização das informações de que tratam os incisos II e IV do *caput* deste artigo será de 10 (dez) dias. (alterado pela LC 166, de 8 de abril de 2019)

§ 4º O cancelamento e a reabertura de cadastro somente serão processados mediante solicitação gratuita do cadastrado ao gestor. (alterado pela LC 166, de 8 de abril de 2019)

§ 5º O cadastrado poderá realizar a solicitação de que trata o § 4º deste artigo a qualquer gestor de banco de dados, por meio telefônico, físico e eletrônico. (alterado pela LC 166, de 8 de abril de 2019)

§ 6º O gestor que receber a solicitação de que trata o § 4º deste artigo é obrigado a, no prazo de até 2 (dois) dias úteis: (alterado pela LC 166, de 8 de abril de 2019)

I – encerrar ou reabrir o cadastro, conforme solicitado; e (alterado pela LC 166, de 8 de abril de 2019)

II – transmitir a solicitação aos demais gestores, que devem também atender, no mesmo prazo, à solicitação do cadastrado. (alterado pela LC 166, de 8 de abril de 2019)

§ 7º O gestor deve proceder automaticamente ao cancelamento de pessoa natural ou jurídica que tenha manifestado previamente, por meio telefônico, físico ou eletrônico, a vontade de não ter aberto seu cadastro. (alterado pela LC 166, de 8 de abril de 2019)

§ 8º O cancelamento de cadastro implica a impossibilidade de uso das informações do histórico de crédito pelos gestores, para os fins previstos nesta Lei, inclusive para a composição de nota ou pontuação de crédito de terceiros cadastrados, na forma do art. 7º-A desta Lei. (alterado pela LC 166, de 8 de abril de 2019)

Art. 6º. Ficam os gestores de bancos de dados obrigados, quando solicitados, a fornecer ao cadastrado:

I – todas as informações sobre ele constantes de seus arquivos, no momento da solicitação;

II – indicação das fontes relativas às informações de que trata o inciso I, incluindo endereço e telefone para contato;

III – indicação dos gestores de bancos de dados com os quais as informações foram compartilhadas;

IV – indicação de todos os consulentes que tiveram acesso a qualquer informação sobre ele nos 6 (seis) meses anteriores à solicitação; (alterado pela LC 166, de 8 de abril de 2019)

V – cópia de texto com o sumário dos seus direitos, definidos em lei ou em normas infralegais pertinentes à sua relação com gestores, bem como a lista dos órgãos governamentais aos quais poderá ele recorrer, caso considere que esses direitos foram infringidos; e (alterado pela LC 166, de 8 de abril de 2019)

VI – confirmação de cancelamento do cadastro. (alterado pela LC 166, de 8 de abril de 2019)

§ 1º É vedado aos gestores de bancos de dados estabelecerem políticas ou realizarem operações que impeçam, limitem ou dificultem o acesso do cadastrado previsto no inciso II do art. 5º.

§ 2º O prazo para atendimento das informações de que tratam os incisos II, III, IV e V do *caput* deste artigo será de 10 (dez) dias. (alterado pela LC 166, de 8 de abril de 2019)

Art. 7º. As informações disponibilizadas nos bancos de dados somente poderão ser utilizadas para:

I – realização de análise de risco de crédito do cadastrado; ou

II – subsidiar a concessão ou extensão de crédito e a realização de venda a prazo ou outras transações comerciais e empresariais que impliquem risco financeiro ao consulente.

Parágrafo único. Cabe ao gestor manter sistemas seguros, por telefone ou por meio eletrônico, de consulta para informar aos consulentes as informações de adimplemento do cadastrado.

Art. 7º-A. Nos elementos e critérios considerados para composição da nota ou pontuação de crédito de pessoa cadastrada em banco de dados de que trata esta Lei, não podem ser utilizadas informações: (incluído pela LC 166, de 8 de abril de 2019)

I – que não estiverem vinculadas à análise de risco de crédito e aquelas relacionadas à origem social e étnica, à saúde, à informação genética, ao sexo e às convicções políticas, religiosas e filosóficas;

II – de pessoas que não tenham com o cadastrado relação de parentesco de primeiro grau ou de dependência econômica; e

III – relacionadas ao exercício regular de direito pelo cadastrado, previsto no inciso II do *caput* do art. 5º desta Lei.

§ 1º O gestor de banco de dados deve disponibilizar em seu sítio eletrônico, de forma clara, acessível e de fácil compreensão, a sua política de coleta e utilização de dados pessoais para fins de elaboração de análise de risco de crédito.

§ 2º A transparência da política de coleta e utilização de dados pessoais de que trata o § 1º deste artigo deve ser objeto de verificação, na forma de regulamentação a ser expedida pelo Poder Executivo.

Art. 8º. São obrigações das fontes:

I – (revogado pela LC 166, de 8 de abril de 2019);

II – (revogado pela LC 166, de 8 de abril de 2019);

III – verificar e confirmar, ou corrigir, em prazo não superior a 2 (dois) dias úteis, informação impugnada, sempre que solicitado por gestor de banco de dados ou diretamente pelo cadastrado;

IV – atualizar e corrigir informações enviadas aos gestores, em prazo não superior a 10 (dez) dias; (alterado pela LC 166, de 8 de abril de 2019)

V – manter os registros adequados para verificar informações enviadas aos gestores de bancos de dados; e

VI – fornecer informações sobre o cadastrado, em bases não discriminatórias, a todos os gestores de bancos de dados que as solicitarem, no mesmo formato e contendo as mesmas informações fornecidas a outros bancos de dados.

Parágrafo único. É vedado às fontes estabelecer políticas ou realizar operações que impeçam, limitem ou dificultem a transmissão a banco de dados de informações de cadastrados. (alterado pela LC 166, de 8 de abril de 2019)

Art. 9º. O compartilhamento de informações de adimplemento entre gestores é permitido na forma do inciso III do *caput* do art. 4º desta Lei. (alterado pela LC 166, de 8 de abril de 2019)

§ 1º O gestor que receber informação por meio de compartilhamento equipara-se, para todos os efeitos desta Lei, ao gestor que anotou originariamente a informação, inclusive quanto à responsabilidade por eventuais prejuízos a que der causa e ao dever de receber e processar impugnações ou cancelamentos e realizar retificações. (alterado pela LC 166, de 8 de abril de 2019)

§ 2º O gestor originário é responsável por manter atualizadas as informações cadastrais nos demais bancos de dados com os quais compartilhou informações, sem nenhum ônus para o cadastrado. (alterado pela LC 166, de 8 de abril de 2019)

§ 3º (Revogado pela LC 166, de 8 de abril de 2019).

§ 4º O gestor deverá assegurar, sob pena de responsabilidade, a identificação da pessoa que promover qualquer inscrição ou atualização de dados relacionados com o cadastrado, registrando a data desta ocorrência, bem como a identificação exata da fonte, do nome do agente que a efetuou e do equipamento ou terminal a partir do qual foi processada tal ocorrência.

Art. 10. É proibido ao gestor exigir exclusividade das fontes de informações.

Art. 11. Desde que autorizados pelo cadastrado, os prestadores de serviços continuados de água, esgoto, eletricidade, gás e telecomunicações, dentre outros, poderão fornecer aos bancos de dados indicados, na forma do regulamento, informação sobre o adimplemento das obrigações financeiras do cadastrado.

Parágrafo único. É vedada a anotação de informação sobre serviço de telefonia móvel na modalidade pós-paga.

Art. 12. As instituições autorizadas a funcionar pelo Banco Central do Brasil fornecerão as informações relativas a suas operações de crédito, de arrendamento mercantil e de autofinanciamento realizadas por meio de grupos de consórcio e a outras operações com características de concessão de crédito somente aos gestores registrados no Banco Central do Brasil. (alterado pela LC 166, de 8 de abril de 2019)

§ 1º (Revogado pela LC 166, de 8 de abril de 2019).

§ 2º (Revogado pela LC 166, de 8 de abril de 2019).

§ 3º O Conselho Monetário Nacional adotará as medidas e normas complementares necessárias para a aplicação do disposto neste artigo.

§ 4º O compartilhamento de que trata o inciso III do *caput* do art. 4º desta Lei, quando referente a informações provenientes de instituições autorizadas a funcionar pelo Banco Central do Brasil, deverá ocorrer apenas entre gestores registrados na forma deste artigo. (alterado pela LC 166, de 8 de abril de 2019)

§ 5º As infrações à regulamentação de que trata o § 3º deste artigo sujeitam o gestor ao cancelamento do seu registro no Banco Central do Brasil, assegurado o devido processo legal, na forma da Lei nº 9.784, de 29 de janeiro de 1999. (alterado pela LC 166, de 8 de abril de 2019)

§ 6º O órgão administrativo competente poderá requerer aos gestores, na forma e no prazo que estabelecer, as informações necessárias para o desempenho das atribuições de que trata este artigo. (alterado pela LC 166, de 8 de abril de 2019)

§ 7º Os gestores não se sujeitam à legislação aplicável às instituições financeiras e às demais instituições autorizadas a funcionar pelo Banco Central do Brasil, inclusive quanto às disposições sobre processo administrativo sancionador, regime de administração especial temporária, intervenção e liquidação extrajudicial. (alterado pela LC 166, de 8 de abril de 2019)

§ 8º O disposto neste artigo não afasta a aplicação pelos órgãos integrantes do Sistema Nacional de Defesa do Consumidor (SNDC), na forma do art. 17 desta Lei, das penalidades cabíveis por violação das normas de proteção do consumidor. (alterado pela LC 166, de 8 de abril de 2019)

Art. 13. O Poder Executivo regulamentará o disposto nesta Lei, em especial quanto: (alterado pela LC 166, de 8 de abril de 2019)

I – ao uso, à guarda, ao escopo e ao compartilhamento das informações recebidas por bancos de dados; (alterado pela LC 166, de 8 de abril de 2019)

II – aos procedimentos aplicáveis aos gestores de banco de dados na hipótese de vazamento de informações dos cadastrados, inclusive com relação à comunicação aos órgãos responsáveis pela sua fiscalização, nos termos do § 1º do art. 17 desta Lei; e (alterado pela LC 166, de 8 de abril de 2019)

III – ao disposto nos arts. 5º e 7º-A desta Lei. (alterado pela LC 166, de 8 de abril de 2019)

Art. 14. As informações de adimplemento não poderão constar de bancos de dados por período superior a 15 (quinze) anos.

Art. 15. As informações sobre o cadastrado constantes dos bancos de dados somente poderão ser acessadas por consulentes que com ele mantiverem ou pretenderem manter relação comercial ou creditícia.

Art. 16. O banco de dados, a fonte e o consulente são responsáveis, objetiva e solidariamente, pelos danos materiais e morais que causarem ao cadastrado, nos termos da Lei nº 8.078, de 11 de setembro de 1990 (Código de Proteção e Defesa do Consumidor). (alterado pela LC 166, de 8 de abril de 2019)

Art. 17. Nas situações em que o cadastrado for consumidor, caracterizado conforme a Lei nº 8.078, de 11 de setembro de 1990 – Código de Proteção e Defesa do Consumidor, aplicam-se as sanções e penas nela previstas e o disposto no § 2º.

§ 1º Nos casos previstos no *caput*, a fiscalização e a aplicação das sanções serão exercidas concorrentemente pelos órgãos de proteção e defesa do consumidor da União, dos Estados, do Distrito Federal e dos Municípios, nas respectivas áreas de atuação administrativa.

§ 2º Sem prejuízo do disposto no *caput* e no § 1º deste artigo, os órgãos de proteção e defesa do consumidor poderão aplicar medidas corretivas e estabelecer aos bancos de dados que descumprirem o previsto nesta Lei a obrigação de excluir do cadastro informações incorretas, no prazo de 10 (dez) dias, bem como de cancelar os cadastros de pessoas que solicitaram o cancelamento, conforme disposto no inciso I do *caput* do art. 5º desta Lei. (alterado pela LC 166, de 8 de abril de 2019)

Art. 17-A. A quebra do sigilo previsto na Lei Complementar nº 105, de 10 de janeiro de 2001, sujeita os responsáveis às penalidades previstas no art. 10 da referida Lei, sem prejuízo do disposto na Lei nº 8.078, de 11 de setembro de 1990 (Código de Proteção e Defesa do Consumidor). (alterado pela LC 166, de 8 de abril de 2019)

Art. 18. Esta Lei entra em vigor na data de sua publicação.

Brasília, 9 de junho de 2011;

190º da Independência e 123º da República.

DILMA ROUSSEFF

José Eduardo Cardozo

Guido Mantega

Anexo III

Decreto nº 9.936, de 24 de julho de 2019

Regulamenta a Lei nº 12.414, de 9 de junho de 2011, que disciplina a formação e a consulta a bancos de dados com informações de adimplemento, de pessoas naturais ou de pessoas jurídicas, para formação de histórico de crédito.

O PRESIDENTE DA REPÚBLICA, no uso das atribuições que lhe confere o art. 84, *caput*, incisos IV e VI, alínea "a", da Constituição, e tendo em vista o disposto na Lei nº 12.414, de 9 de junho de 2011,

DECRETA:

Art. 1º. Este Decreto regulamenta a Lei nº 12.414, de 9 de junho de 2011, que disciplina a formação e a consulta a bancos de dados com informações de adimplemento, de pessoas naturais ou de pessoas jurídicas, para formação de histórico de crédito.

CAPÍTULO I
DAS CONDIÇÕES PARA FUNCIONAMENTO DOS GESTORES DE BANCOS DE DADOS

Art. 2º. O funcionamento dos gestores de bancos de dados e o compartilhamento de informações autorizados pela Lei nº 12.414, de 2011, deverão atender aos seguintes requisitos mínimos:

I – aspectos econômico-financeiros: patrimônio líquido mínimo de R$ 100.000.000,00 (cem milhões de reais), detido pelo gestor de banco de dados, comprovado por meio de demonstração financeira relativa ao exercício mais recente auditada por auditor independente registrado na Comissão de Valores Mobiliários;

II – aspectos técnico-operacionais:

a) certificação técnica emitida por empresa qualificada independente, renovada, no mínimo, a cada três anos, e revisada anualmente, que:

1. ateste a disponibilidade de plataforma tecnológica apta a preservar a integridade e o sigilo dos dados armazenados; e

2. indique que as estruturas tecnológicas envolvidas no fornecimento do serviço de cadastro seguem as melhores práticas de segurança da informação, inclusive quanto a plano de recuperação em caso de desastre, com infraestrutura de cópia de segurança para o armazenamento dos dados dos cadastrados, das autorizações e das solicitações de cancelamento e de reabertura de cadastro;

b) certificação técnica emitida por empresa qualificada independente, renovada, no mínimo, a cada três anos, e revisada anualmente, que ateste a adequabilidade da política de segurança da informação sobre a criação, a guarda, a utilização e o descarte de informações no âmbito interno e externo, inclusive quanto à transferência ou à utilização de informações por outras empresas prestadoras de serviço contratadas;

c) certificação técnica emitida por empresa qualificada independente, renovada, no mínimo, a cada três anos, com revisão anual, que ateste a adequabilidade da política de estabelecimento da responsabilidade, principalmente quanto aos quesitos de sigilo e proteção das informações, de privacidade de dados dos clientes e de prevenção e tratamento de fraudes;

d) implementação e manutenção de programa de gestão de vulnerabilidades, programa de prevenção de vazamentos de dados e controles de acesso privilegiado;

e) asseguração de procedimentos de segurança e realização de testes periódicos de *firewalls*, de vulnerabilidade e penetração, por entidade independente; e

f) implementação e manutenção de programa de gestão de fornecedores que os classifique de acordo com a criticidade, com a adoção de regras de verificações de acordo com sua relevância, de modo a assegurar o cumprimento dos requisitos estabelecidos na política de segurança do gestor de banco de dados;

III – aspectos relacionados à governança:

a) aprovação e manutenção de estatuto ou contrato social com o desenho e as regras relativas à estrutura administrativa do gestor de banco de dados;

b) disponibilização dos procedimentos operacionais do desempenho da atividade e dos controles de risco disponíveis;

c) disponibilização mensal das informações relevantes relacionadas ao seu funcionamento no período que atestem a plena operação do gestor de banco de dados, tais como:

1. desempenho econômico-financeiro;

2. quantitativo de operações registradas;

3. quantitativo de consultas realizadas;

4. quantitativo de cadastrados;

5. quantitativo de consulentes cadastrados;

6. quantitativo de fontes ativas;

7. relatório de erros ocorridos;

8. quantitativo de ocorrências registradas no serviço de atendimento ao consumidor; e

9. ouvidoria;

d) designação pelo conselho de administração ou, se inexistente, pela diretoria da entidade, de diretores responsáveis técnicos pela gestão do banco de dados e pela política de segurança da informação; e

e) asseguração da política de transparência de uso e coleta de dados por empresa de auditoria independente registrada na Comissão de Valores Mobiliários; e

IV – aspectos relacionais:

a) disponibilização de canais de acesso, inclusive em sítio eletrônico, que assegurem ao cadastrado a possibilidade de exercer os seus direitos, de forma simples e segura, em especial aqueles de que tratam os art. 5º e art. 6º da Lei nº 12.414, de 2011 ;

b) manutenção de serviço gratuito de atendimento ao consumidor que atenda aos requisitos estabelecidos no Decreto nº 6.523, de 31 de julho de 2008, ou em ato normativo que venha a substituí-lo;[1]

c) constituição e manutenção de componente organizacional de ouvidoria, com a atribuição de atuar como canal de comunicação entre os gestores de bancos de dados e os cadastrados, inclusive na mediação de conflitos;

d) divulgação ampla dos serviços prestados pelo serviço de atendimento ao consumidor e pelo componente de ouvidoria, de que tratam as alíneas "b" e "c" do inciso IV do *caput,* com informações completas acerca das suas finalidades, suas formas de acesso e sua utilização; e

e) disponibilização aos cadastrados de formas de acesso gratuito ao serviço de atendimento ao consumidor e ao componente de ouvidoria por telefone, pelo sítio eletrônico da entidade e pelos demais canais de comunicação, inclusive nos extratos e nos comprovantes fornecidos ao cadastrado.

§ 1º O ato constitutivo da pessoa jurídica, as suas eventuais alterações, a ata de eleição de administradores, quando aplicável, e os documentos comprobatórios dos aspectos a que se refere o *caput* serão disponibilizados aos órgãos públicos sempre que solicitado.

§ 2º Os documentos referidos nos incisos II e III do *caput* serão atualizados e disponibilizados, de forma pública e de fácil acesso, no sítio eletrônico da entidade.

§ 3º O serviço gratuito de atendimento ao consumidor deverá prestar esclarecimentos aos cadastrados sobre os principais elementos e critérios considerados para a composição da nota ou da pontuação de crédito, exceto quanto às informações consideradas sigilosas em decorrência de sigilo empresarial.

§ 4º Compete ao órgão de ouvidoria, no mínimo:

I – receber, registrar, instruir, analisar e dar tratamento formal e adequado às reclamações dos cadastrados não solucionadas no prazo de cinco dias úteis pelos demais canais de atendimento;

II – prestar esclarecimentos e informar os reclamantes sobre o andamento de suas reclamações e das providências adotadas, conforme número

1. O Decreto 11.034, de 05 de abril de 2022, revogou o Decreto 6.523/2008.

de protocolo, observado o prazo de dez dias úteis para resposta, contado da data de registro da reclamação; e

III – propor ao gestor do banco de dados medidas corretivas ou de aprimoramento relativas aos procedimentos e às rotinas, em decorrência da análise das reclamações recebidas.

§ 5º Para o gestor de banco de dados em operação na data da entrada em vigor deste Decreto, poderá ser considerado, para fins de cumprimento da exigência de que trata o inciso I do *caput*, o patrimônio líquido de pessoas jurídicas controladoras ou associadas que assumam, contratual ou estatutariamente, responsabilidade solidária pelo cumprimento das obrigações financeiras do gestor.

§ 6º O patrimônio líquido dos controladores e associados que, nos termos do disposto no § 5º, vier a ser considerado na composição do valor previsto no inciso I do *caput* não será superior a:

I – sessenta por cento do valor, até 31 de dezembro de 2020;

II – cinquenta por cento do valor, até 31 de dezembro de 2022;

III – quarenta por cento do valor, até 31 de dezembro de 2023;

IV – trinta por cento do valor, até 31 de dezembro de 2024;

V – vinte por cento do valor, até 31 de dezembro de 2025; e

VI – dez por cento do valor, até 31 de dezembro de 2026.

§ 7º A responsabilidade a ser estabelecida, contratual ou estatutariamente, na forma prevista no § 5º, abrangerá, no mínimo, os valores correspondentes aos percentuais de que trata o § 6º.

§ 8º Na hipótese em que a responsabilidade pela gestão de banco de dados que esteja em operação na data da entrada em vigor deste Decreto seja transferida para outra pessoa jurídica:

I – as certificações e as asseguraçôes emitidas e os testes realizados antes da transferência da responsabilidade pela gestão de banco de dados que ainda estejam em vigor podem ser considerados para fins de cumprimento dos requisitos de funcionamento de que trata o inciso II do *caput* pela pessoa jurídica que venha a assumir essa responsabilidade; e

II – o disposto nos § 5º ao § 7º se aplica à pessoa jurídica que venha a assumir essa responsabilidade.

§ 9º Os responsáveis técnicos pela gestão do banco de dados e pela política de segurança da informação:

I – devem ocupar os cargos de diretor estatutário, administrador ou sócio gerente da entidade; e

II – podem acumular as atribuições de que trata o inciso I e o *caput* e exercer outras atividades na entidade, desde que não gerem conflito de interesses.

CAPÍTULO II
DO HISTÓRICO DE CRÉDITO

Art. 3º. O histórico de crédito do cadastrado é composto pelo conjunto de dados financeiros e de pagamentos relativos às operações de crédito e obrigações de pagamento adimplidas ou em andamento realizadas por pessoa natural ou jurídica.

Art. 4º. Para fins do disposto neste Decreto, o conjunto de dados financeiros e de pagamentos é composto por:

I – data da concessão do crédito ou da assunção da obrigação de pagamento;

II – valor do crédito concedido ou da obrigação de pagamento assumida;

III – valores devidos das prestações ou das obrigações, com indicação das datas de vencimento e de pagamento; e

IV – valores pagos, integral ou parcialmente, das prestações ou obrigações, com indicação das datas de pagamento.

Art. 5º. Os bancos de dados apresentarão, para fins de composição do histórico de crédito, informações objetivas, claras, verdadeiras e de fácil compreensão, que sejam necessárias para a avaliação da situação econômico-financeira do cadastrado e da composição de sua nota de crédito.

Art. 6º. O gestor de banco de dados deverá disponibilizar ao cadastrado, por meio físico e eletrônico, acesso ao sistema de registro e acompanhamento de solicitação de correção de erro nas informações relativas ao histórico de crédito do cadastrado.

CAPÍTULO III
DA AUTORIZAÇÃO PARA DISPONIBILIZAÇÃO DE HISTÓRICO DE CRÉDITO A CONSULENTES

Art. 7º. A disponibilização a consulentes do histórico de crédito do cadastrado, pelo gestor de banco de dados, fica condicionada à autorização, prévia e específica, do cadastrado.

Parágrafo único. A autorização de que trata o *caput* também se aplica aos bancos de dados em funcionamento em 9 de julho de 2019, conforme o disposto no inciso II do *caput* do art. 7º da Lei Complementar nº 166, de 8 de abril de 2019 .

Art. 8º. A autorização para disponibilização de histórico de crédito a consulentes será concedida pelo cadastrado a gestor de banco de dados, em formato físico ou eletrônico, diretamente ou por meio de consulente, conforme o modelo apresentado no Anexo.

§ 1º A autorização de que trata o *caput* será concedida:

I – para cada acesso pelo consulente autorizado; ou

II – para acesso pelo consulente autorizado por prazo fixo:

a) de até três meses, na hipótese de autorização concedida por pessoa natural; ou

b) de até doze meses, na hipótese de autorização concedida por pessoa jurídica.

§ 2º Na hipótese de o consulente ser instituição autorizada a funcionar pelo Banco Central do Brasil, a autorização de que trata o *caput* poderá ser concedida por prazo indeterminado, limitado ao período de duração do relacionamento contratual entre a instituição e o cadastrado.

§ 3º O cadastrado poderá revogar a autorização concedida por prazo fixo ou indeterminado, unilateralmente, a qualquer tempo, perante o gestor de bancos de dados.

§ 4º A autorização de que trata o *caput* será extensiva a todos os gestores de bancos de dados.

CAPÍTULO IV
DA CONSULTA AO BANCO DE DADOS

Art. 9º. As informações sobre o cadastrado constantes dos bancos de dados somente poderão ser acessadas por consulentes que com ele mantiverem ou pretenderem manter relação comercial ou creditícia.

Parágrafo único. O gestor do banco de dados manterá políticas e controles para garantir que as informações sobre o cadastrado sejam acessadas somente por consulente que atender ao disposto neste artigo.

CAPÍTULO V
DOS DEVERES E DAS RESPONSABILIDADES DO GESTOR DE BANCO DE DADOS

Art. 10. O gestor do banco de dados deverá:

I – indicar, em cada resposta a consulta, a data da última atualização das informações enviadas ao banco de dados;

II – adotar as cautelas necessárias à preservação do sigilo das informações que lhe forem enviadas e divulgá-las apenas para as finalidades previstas na Lei nº 12.414, de 2011;

III – manter sistemas de guarda e acesso com requisitos de segurança que protejam as informações de acesso por terceiros não autorizados e de uso em desacordo com as finalidades previstas na Lei nº 12.414, de 2011;

IV – dotar os sistemas de guarda e acesso das informações de características de rastreabilidade passíveis de serem auditadas;

V – disponibilizar, em seus sítios eletrônicos, para consulta do cadastrado, com acesso formalizado, de maneira segura e gratuita:

a) as informações sobre o cadastrado constantes do banco de dados no momento da solicitação;

b) a indicação das fontes que encaminharam informações sobre o cadastrado, com endereço e telefone para contato;

c) a indicação dos gestores dos bancos de dados com os quais as informações sobre o cadastrado tenham sido compartilhadas; e

d) a indicação clara dos consulentes que tiveram acesso ao histórico de crédito e à nota de crédito do cadastrado nos seis meses anteriores à data da solicitação;

VI – informar claramente os direitos do cadastrado definidos em lei e em normas infralegais pertinentes à sua relação com as fontes e os gestores de bancos de dados, inclusive em seu sítio eletrônico;

VII – disponibilizar, em seu sítio eletrônico, a relação de órgãos governamentais aos quais o cadastrado poderá recorrer em caso de violação de dados; e

VIII – manter por, no mínimo, quinze anos os dados sobre as autorizações concedidas, os pedidos de cancelamento e a reabertura de cadastro, exclusão, revogação e correção de anotação.

Parágrafo único. As informações de que trata o inciso V do *caput* serão gratuitamente disponibilizadas ao cadastrado também por telefone.

Art. 11. O gestor do banco de dados não poderá informar aos consulentes as fontes individuais das informações.

Art. 12. O gestor de banco de dados manterá em arquivo, exclusivamente para fins de auditoria, os dados, as autorizações concedidas, os pedidos de cancelamento e a reabertura de cadastro, exclusão, revogação e correção de anotação, pelo prazo mínimo de quinze anos, contado da data do cancelamento do cadastro.

CAPÍTULO VI DO CANCELAMENTO OU DA REABERTURA DO CADASTRO E DA SUSPENSÃO DE ACESSO

Art. 13. O cadastrado poderá requerer a gestor de banco de dados, a qualquer tempo, o cancelamento e a reabertura do seu cadastro e a suspensão do acesso à sua nota de crédito por consulentes.

§ 1º O gestor que receber a solicitação de suspensão de acesso à nota de crédito deverá, no prazo de dois dias úteis, contado da data de sua solicitação:

I – suspender, por prazo indeterminado, o acesso à nota de crédito por consulentes; e

II – transmitir a solicitação aos demais gestores, que deverão atendê-la no prazo de dois dias úteis, contado da data do recebimento da comunicação.

§ 2º O direito de acesso do cadastrado à sua própria nota de crédito será mantido durante o período de suspensão de que trata o *caput*.

Art. 14. As solicitações de cancelamento ou de reabertura do cadastro e de suspensão de acesso à nota de crédito do cadastrado serão realizadas de forma expressa e poderão ser feitas por meio eletrônico.

§ 1º Não será admitido pedido de exclusão parcial de informações registradas em banco de dados, exceto se houverem sido indevidamente registradas.

§ 2º O gestor de banco de dados não poderá anotar informações de adimplemento de cadastrado que tenha solicitado o cancelamento do seu cadastro após o prazo de dois dias úteis, contado da data de sua solicitação.

§ 3º O gestor de banco de dados manterá disponível ao cadastrado, por meio telefônico e eletrônico, sistema de registro e acompanhamento de solicitação de cancelamento ou reabertura do cadastro e de suspensão de acesso à nota de crédito do cadastrado.

CAPÍTULO VII DO ENVIO DE INFORMAÇOES PELA FONTE

Art. 15. As fontes fornecerão aos gestores de bancos de dados o conjunto de dados financeiros e de pagamentos e os dados pessoais do cadastrado, mesmo na hipótese de o termo inicial desse período ser anterior a 9 de julho de 2019, conforme o inciso II do *caput* do art. 7º da Lei Complementar nº 166, de 2019.

§ 1º Os dados pessoais deverão ser fornecidos pelas fontes aos gestores de bancos de dados para a abertura do cadastro e sempre que houver alteração no conteúdo dessas informações.

§ 2º As informações de adimplemento prestadas pelas fontes compreenderão, no mínimo, o período de doze meses anteriores à data de prestação da informação.

Art. 16. O envio das informações pelas fontes aos gestores de bancos de dados será realizado por mecanismos que preservem a integridade e o sigilo dos dados enviados.

Parágrafo único. Os gestores de bancos de dados poderão fornecer às fontes os mecanismos de envio das informações, observado o disposto no art. 10 da Lei nº 12.414, de 2011.

Art. 17. Serão definidos em comum acordo entre as fontes e os gestores de bancos de dados o padrão e o leiaute para o envio das seguintes informações:

I – dados da fonte:

a) nome da fonte; e

b) CNPJ/CPF da fonte;

II – dados do cadastrado:

a) nome do cadastrado;

b) CPF/CNPJ do cadastrado;

c) endereço residencial ou comercial do cadastrado;

d) endereço eletrônico do cadastrado, quando houver; e

e) telefone do cadastrado;

III – informações de adimplemento:

a) natureza da relação:

1. creditícia;

2. comercial;

3. de serviço continuado; ou

4. outra a ser definida;

b) data de início da concessão do crédito ou da assunção da obrigação de pagamento;

c) valor do crédito concedido ou, quando for possível definir, da obrigação assumida;

d) datas de pagamentos a vencer;

e) valores de pagamentos a vencer;

f) datas de vencimento pretéritas;

g) valores devidos nas datas de vencimento pretéritas;

h) datas dos pagamentos realizados, mesmo que parciais; e

i) valores dos pagamentos realizados, mesmo que parciais.

Parágrafo único. Os reguladores das fontes poderão, no âmbito de suas competências legais, editar atos normativos complementares sobre o padrão e o leiaute de que trata o *caput*.

CAPÍTULO VIII
DOS PROCEDIMENTOS NA HIPÓTESE DE VAZAMENTO DE INFORMAÇÕES

Art. 18. Na ocorrência de vazamento de informações de cadastrados ou de outro incidente de segurança que possa acarretar risco ou prejuízo relevante a cadastrados, o gestor de banco de dados comunicará o fato:

I – à Autoridade Nacional de Proteção de Dados, na hipótese de ocorrência que envolva o fornecimento de dados de pessoas naturais;

II – ao Banco Central do Brasil, na hipótese de ocorrência que envolva o fornecimento de dados prestados por instituições autorizadas a funcionar pelo Banco Central do Brasil; e

III – à Secretaria Nacional do Consumidor do Ministério da Justiça e Segurança Pública, na hipótese de ocorrência que envolva o fornecimento de dados de consumidores.

§ 1º A comunicação de que trata o *caput* será feita no prazo de dois dias úteis, contado da data do conhecimento do incidente, e mencionará, no mínimo:

I – a descrição da natureza dos dados pessoais afetados;

II – as informações sobre os cadastrados envolvidos;

III – a indicação das medidas de segurança utilizadas para a proteção dos dados, inclusive os procedimentos de encriptação;

IV – os riscos relacionados ao incidente; e

V – as medidas que foram ou que serão adotadas para reverter ou mitigar os efeitos do prejuízo.

§ 2º No juízo de gravidade do incidente de que trata o *caput*, será avaliada eventual comprovação de que foram adotadas medidas técnicas adequadas que tornem os dados pessoais afetados ininteligíveis para terceiros não autorizados a acessá-los.

§ 3º Será obrigatória a pronta comunicação aos cadastrados afetados pelo incidente de segurança de que trata este artigo.

CAPÍTULO IX
DISPOSIÇÕES FINAIS

Art. 19. Na hipótese de decisão baseada em consulta ao banco de dados e realizada exclusivamente por meios automatizados, caso o cadastrado solicite ao consulente a revisão da decisão, o consulente apresentará o resultado no prazo de sete dias úteis, contado da data do requerimento de revisão.

Art. 20. Não poderá ser registrada pelo gestor do banco de dados como informação negativa a ausência de comunicação pela fonte sobre a situação de adimplência do cadastrado.

Art. 21. Compete exclusivamente ao Banco Central do Brasil requerer aos gestores de banco de dados, na forma e no prazo que estabelecer, as informações necessárias para o desempenho das atribuições de que trata o § 6º do art. 12 da Lei nº 12.414, de 2011.

Art. 22. Fica revogado o Decreto nº 7.829, de 17 de outubro de 2012.

Art. 23. Este Decreto entra em vigor na data de sua publicação.

Brasília, 24 de julho de 2019; 198º da Independência e 131º da República.

JAIR MESSIAS BOLSONARO

Sérgio Moro

Paulo Guedes

Roberto de Oliveira Campos Neto

Este texto não substitui o publicado no DOU de 25.7.2019 e retificado em 1º.8.2019

Anexo

MODELO DE AUTORIZAÇÃO PARA DISPONIBILIZAÇÃO DE HISTÓRICO DE CRÉDITO A CONSULENTES

1. Autorizo os gestores de banco de dados de que trata a Lei nº 12.414, de 9 de junho de 2011, a disponibilizar a(o) ______________________, CNPJ nº ______________, o meu histórico de crédito, o qual abrangerá os dados financeiros e de pagamentos relativos às operações de crédito e obrigações de pagamento adimplidas em seus respectivos vencimentos, e aquelas a vencer, constantes de banco(s) de dados, com a finalidade única e exclusiva de subsidiar a análise e a eventual concessão de crédito, a venda a prazo ou outras transações comerciais e empresariais que impliquem risco financeiro.

2. Esta autorização tem validade:

( ) para uma consulta nesta data;

( ) até __/__/___; ou

( ) por tempo indeterminado (somente no caso dos consulentes de que trata o § 2º do art. 8º do Decreto nº 9.936, de 24 de julho de 2019).

3. Estou ciente de que poderei revogar, a qualquer tempo, esta autorização, perante o gestor de banco de dados.

Local e data:

Nome:

CPF/CNPJ:

RG.:

Assinatura (ou certificação eletrônica):

Anexo IV

Decreto nº 7.962, de 15 de março de 2013

Regulamenta a Lei nº 8.078, de 11 de setembro de 1990, para dispor sobre a contratação no comércio eletrônico.

A PRESIDENTA DA REPÚBLICA, no uso da atribuição que lhe confere o art. 84, *caput*, inciso IV, da Constituição, e tendo em vista o disposto na Lei nº 8.078, de 11 de setembro de 1990,

DECRETA:

Art. 1º. Este Decreto regulamenta a Lei nº 8.078, de 11 de setembro de 1990, para dispor sobre a contratação no comércio eletrônico, abrangendo os seguintes aspectos:

I – informações claras a respeito do produto, serviço e do fornecedor;

II – atendimento facilitado ao consumidor; e

III – respeito ao direito de arrependimento.

Art. 2º. Os sítios eletrônicos ou demais meios eletrônicos utilizados para oferta ou conclusão de contrato de consumo devem disponibilizar, em local de destaque e de fácil visualização, as seguintes informações:

I – nome empresarial e número de inscrição do fornecedor, quando houver, no Cadastro Nacional de Pessoas Físicas ou no Cadastro Nacional de Pessoas Jurídicas do Ministério da Fazenda;

II – endereço físico e eletrônico, e demais informações necessárias para sua localização e contato;

III – características essenciais do produto ou do serviço, incluídos os riscos à saúde e à segurança dos consumidores;

IV – discriminação, no preço, de quaisquer despesas adicionais ou acessórias, tais como as de entrega ou seguros;

V – condições integrais da oferta, incluídas modalidades de pagamento, disponibilidade, forma e prazo da execução do serviço ou da entrega ou disponibilização do produto; e

VI – informações claras e ostensivas a respeito de quaisquer restrições à fruição da oferta.

Art. 3º. Os sítios eletrônicos ou demais meios eletrônicos utilizados para ofertas de compras coletivas ou modalidades análogas de contratação deverão conter, além das informações previstas no art. 2º, as seguintes:

I – quantidade mínima de consumidores para a efetivação do contrato;

II – prazo para utilização da oferta pelo consumidor; e

III – identificação do fornecedor responsável pelo sítio eletrônico e do fornecedor do produto ou serviço ofertado, nos termos dos incisos I e II do art. 2º.

Art. 4º. Para garantir o atendimento facilitado ao consumidor no comércio eletrônico, o fornecedor deverá:

I – apresentar sumário do contrato antes da contratação, com as informações necessárias ao pleno exercício do direito de escolha do consumidor, enfatizadas as cláusulas que limitem direitos;

II – fornecer ferramentas eficazes ao consumidor para identificação e correção imediata de erros ocorridos nas etapas anteriores à finalização da contratação;

III – confirmar imediatamente o recebimento da aceitação da oferta;

IV – disponibilizar o contrato ao consumidor em meio que permita sua conservação e reprodução, imediatamente após a contratação;

V – manter serviço adequado e eficaz de atendimento em meio eletrônico, que possibilite ao consumidor a resolução de demandas referentes a informação, dúvida, reclamação, suspensão ou cancelamento do contrato;

VI – confirmar imediatamente o recebimento das demandas do consumidor referidas no inciso, pelo mesmo meio empregado pelo consumidor; e

VII – utilizar mecanismos de segurança eficazes para pagamento e para tratamento de dados do consumidor.

Parágrafo único. A manifestação do fornecedor às demandas previstas no inciso V do *caput* será encaminhada em até cinco dias ao consumidor.

Art. 5º. O fornecedor deve informar, de forma clara e ostensiva, os meios adequados e eficazes para o exercício do direito de arrependimento pelo consumidor.

§ 1º O consumidor poderá exercer seu direito de arrependimento pela mesma ferramenta utilizada para a contratação, sem prejuízo de outros meios disponibilizados.

§ 2º O exercício do direito de arrependimento implica a rescisão dos contratos acessórios, sem qualquer ônus para o consumidor.

§ 3º O exercício do direito de arrependimento será comunicado imediatamente pelo fornecedor à instituição financeira ou à administradora do cartão de crédito ou similar, para que:

I – a transação não seja lançada na fatura do consumidor; ou

II – seja efetivado o estorno do valor, caso o lançamento na fatura já tenha sido realizado.

§ 4º O fornecedor deve enviar ao consumidor confirmação imediata do recebimento da manifestação de arrependimento.

Art. 6º. As contratações no comércio eletrônico deverão observar o cumprimento das condições da oferta, com a entrega dos produtos e serviços contratados, observados prazos, quantidade, qualidade e adequação.

Art. 7º. A inobservância das condutas descritas neste Decreto ensejará aplicação das sanções previstas no art. 56 da Lei nº 8.078, de 1990.

Art. 8º. O Decreto nº 5.903, de 20 de setembro de 2006, passa a vigorar com as seguintes alterações:

"Art. 10. ....

....

Parágrafo único. O disposto nos arts. 2º, 3º e 9º deste Decreto aplica-se às contratações no comércio eletrônico." (NR)

Art. 9º. Este Decreto entra em vigor sessenta dias após a data de sua publicação.

José Eduardo Cardozo

Anexo V

Decreto nº 7.963, de 15 de março de 2013

Institui o Plano Nacional de Consumo e Cidadania e cria a Câmara Nacional das Relações de Consumo.

A PRESIDENTA DA REPÚBLICA, no uso da atribuição que lhe confere o art. 84, *caput*, inciso VI, alínea "a", da Constituição,

DECRETA:

Art. 1º. Fica instituído o Plano Nacional de Consumo e Cidadania, com a finalidade de promover a proteção e defesa do consumidor em todo o território nacional, por meio da integração e articulação de políticas, programas e ações.

Parágrafo único. O Plano Nacional de Consumo e Cidadania será executado pela União em colaboração com Estados, Distrito Federal, Municípios e com a sociedade.

Art. 2º. São diretrizes do Plano Nacional de Consumo e Cidadania:

I – educação para o consumo;

II – adequada e eficaz prestação dos serviços públicos;

III – garantia do acesso do consumidor à justiça;

IV – garantia de produtos e serviços com padrões adequados de qualidade, segurança, durabilidade, desempenho e acessibilidade;

V – fortalecimento da participação social na defesa dos consumidores;

VI – prevenção e repressão de condutas que violem direitos do consumidor; e

VII – autodeterminação, privacidade, confidencialidade e segurança das informações e dados pessoais prestados ou coletados, inclusive por meio eletrônico.

Parágrafo único. Para fins do disposto neste Decreto, considera-se acessibilidade a possibilidade e a condição de alcance para utilização, com segurança e autonomia, de espaços, mobiliários, equipamentos urbanos, edificações, transportes, informação e comunicação, inclusive seus sistemas e suas tecnologias, e de outros serviços e instalações abertos ao público, de uso público ou privados de uso coletivo, tanto na zona urbana como na rural, por pessoa com deficiência ou com mobilidade reduzida.

Art. 3º. São objetivos do Plano Nacional de Consumo e Cidadania:

I – garantir o atendimento das necessidades dos consumidores;

II – assegurar o respeito à dignidade, saúde e segurança do consumidor;

III – estimular a melhoria da qualidade e o desenho universal de produtos e serviços disponibilizados no mercado de consumo;

IV – assegurar a prevenção e a repressão de condutas que violem direitos do consumidor;

V – promover o acesso a padrões de produção e consumo sustentáveis; e

VI – promover a transparência e harmonia das relações de consumo.

Parágrafo único. Para fins do disposto neste Decreto, considera-se:

I – desenho universal – concepção de produtos, ambientes, programas e serviços a serem usados por todas as pessoas, sem necessidade de adaptação ou de projeto específico, incluídos os recursos de tecnologia assistiva; e

II – tecnologia assistiva – produtos, equipamentos, dispositivos, recursos, metodologias, estratégias, práticas e serviços que objetivem promover a funcionalidade, relacionada à atividade e à participação da pessoa com deficiência ou com mobilidade reduzida, visando à sua autonomia, independência, qualidade de vida e inclusão social.

Art. 4º. São eixos de atuação do Plano Nacional de Consumo e Cidadania:

I – prevenção e redução de conflitos;

II – regulação e fiscalização; e

III – fortalecimento do Sistema Nacional de Defesa do Consumidor.

Art. 5º. O eixo de prevenção e redução de conflitos será composto, dentre outras, pelas seguintes políticas e ações:

I – aprimoramento dos procedimentos de atendimento ao consumidor no pós-venda de produtos e serviços;

II – criação de indicadores e índices de qualidade das relações de consumo; e

III – promoção da educação para o consumo, incluída a qualificação e capacitação profissional em defesa do consumidor.

Art. 6º. O eixo regulação e fiscalização será composto, dentre outras, pelas seguintes políticas e ações:

I – instituição de avaliação de impacto regulatório sob a perspectiva dos direitos do consumidor;

II – promoção da inclusão, nos contratos de concessão de serviços públicos, de mecanismos de garantia dos direitos do consumidor;

III – ampliação e aperfeiçoamento dos processos fiscalizatórios quanto à efetivação de direitos do consumidor;

IV – garantia de autodeterminação, privacidade, confidencialidade e segurança das informações e dados pessoais prestados ou coletados, inclusive por meio eletrônico;

V – garantia da efetividade da execução das multas; e

VI – implementação de outras medidas sancionatórias relativas à regulação de serviços.

Art. 7º. O eixo de fortalecimento do Sistema Nacional de Defesa do Consumidor será composto, dentre outras, pelas seguintes políticas e ações:

I – estimulo à interiorização e ampliação do atendimento ao consumidor, por meio de parcerias com Estados e Municípios;

II – promoção da participação social junto ao Sistema Nacional de Defesa do Consumidor; e

III – fortalecimento da atuação dos Procons na proteção dos direitos dos consumidores.

Art. 8º. Dados e informações de atendimento ao consumidor registrados no Sistema Nacional de Informações de Defesa do Consumidor – SINDEC, que integra os órgãos de proteção e defesa do consumidor em todo o território nacional, subsidiarão a definição das Políticas e ações do Plano Nacional de Consumo e Cidadania.

Parágrafo único. Compete ao Ministério da Justiça coordenar, gerenciar e ampliar o SINDEC, garantindo o acesso às suas informações.

Arts. 9º e 12. Revogados pelo Decreto 10.087/2019.

Art. 13. Para a execução do Plano Nacional de Consumo e Cidadania poderão ser firmados convênios, acordos de cooperação, ajustes ou instrumentos congêneres, com órgãos e entidades da administração pública federal, dos Estados, do Distrito Federal e dos Municípios, com consórcios públicos, bem como com entidades privadas, na forma da legislação pertinente.

Art. 14. O Plano Nacional de Consumo e Cidadania será custeado por:

I – dotações orçamentárias da União consignadas anualmente nos orçamentos dos órgãos e entidades envolvidos no Plano, observados os limites de movimentação, de empenho e de pagamento fixados anualmente;

II – recursos oriundos dos órgãos participantes do Plano Nacional de Consumo e Cidadania e que não estejam consignados nos Orçamentos Fiscal e da Seguridade Social da União; e

III – outras fontes de recursos destinadas por Estados, Distrito Federal e Municípios, bem como por outras entidades públicas.

Art. 15. O Ministro de Estado do Planejamento, Orçamento e Gestão poderá, nos termos do § 7º do art. 93 da Lei nº 8.112, de 11 de dezembro de

1990, determinar o exercício temporário de servidores ou empregados dos órgãos integrantes do Observatório Nacional das Relações de Consumo da administração pública federal direta e indireta para desempenho de atividades no âmbito do Ministério da Justiça, com objetivo de auxiliar a gestão do Plano Nacional de Consumo e Cidadania.

§ 1º A determinação de exercício temporário referido no *caput* observará os seguintes procedimentos:

I – requisição do Ministro de Estado da Justiça ao Ministro de Estado ou autoridade competente de órgão integrante da Presidência da República a que pertencer o servidor;

II – o órgão ou entidade cedente instruirá o processo de requisição no prazo máximo de dez dias, encaminhando-o ao Ministério do Planejamento, Orçamento e Gestão; e

III – examinada a adequação da requisição ao disposto neste Decreto, o Ministro de Estado do Planejamento, Orçamento e Gestão editará, no prazo de até dez dias, ato determinando o exercício temporário do servidor requisitado.

§ 2º O prazo do exercício temporário não poderá ser superior a um ano, admitindo-se prorrogações sucessivas, de acordo com as necessidades do projeto.

§ 3º Os servidores de que trata o *caput* deverão, preferencialmente, ser ocupantes de cargos efetivos de Especialista em Regulação de Serviços Públicos de Telecomunicações, de Especialista em Regulação de Serviços Públicos de Energia, de Especialista em Regulação de Saúde Suplementar, e de Especialista em Regulação de Aviação Civil, integrantes das carreiras de que trata a Lei nº 10.871, de 20 de maio de 2004, e de Analista em Tecnologia da Informação e de economista, do Plano Geral de Cargos do Poder Executivo – PGPE.

Art. 16. O Conselho de Ministros da Câmara Nacional das Relações de Consumo elaborará, em prazo definido por seus membros e formalizado em ato do Ministro de Estado da Justiça, proposta de regulamentação do § 3º do art. 18 da Lei nº 8.078, de 1990, para especificar produtos de consumo considerados essenciais e dispor sobre procedimentos para uso imediato das alternativas previstas no § 1º do art. 18 da referida Lei. (Redação dada pelo Decreto nº 7.986, de 2013)

Art. 17. Este Decreto entra em vigor na data de sua publicação.

Brasília, 15 de março de 2013;
192º da Independência e 125º da República.

DILMA ROUSSEFF

José Eduardo Cardozo

Anexo VI

Decreto nº 11.034, de 5 de abril de 2022

Regulamenta a Lei nº 8.078, de 11 de setembro de 1990 – Código de Defesa do Consumidor, para estabelecer diretrizes e normas sobre o Serviço de Atendimento ao Consumidor.

CAPÍTULO I
DISPOSIÇÕES GERAIS

Art. 1º. Este Decreto regulamenta a Lei nº 8.078, de 11 de setembro de 1990 - Código de Defesa do Consumidor, para estabelecer diretrizes e normas sobre o Serviço de Atendimento ao Consumidor – SAC, no âmbito dos fornecedores dos serviços regulados pelo Poder Executivo federal, com vistas a garantir o direito do consumidor:

I – à obtenção de informação adequada sobre os serviços contratados; e

II – ao tratamento de suas demandas.

Parágrafo único. Para fins do disposto neste Decreto, os órgãos ou as entidades reguladoras considerarão o porte do fornecedor do serviço regulado.

Art. 2º. Para fins do disposto neste Decreto, considera-se Serviço de Atendimento ao Consumidor – SAC o serviço de atendimento realizado por diversos canais integrados dos fornecedores de serviços regulados com a finalidade de dar tratamento às demandas dos consumidores, tais como informação, dúvida, reclamação, contestação, suspensão ou cancelamento de contratos e de serviços.

Parágrafo único. O disposto neste Decreto não se aplica à oferta e à contratação de produtos e serviços.

CAPÍTULO II
DO ATENDIMENTO AO CONSUMIDOR

Art. 3º. O acesso ao SAC será gratuito e o atendimento das demandas não acarretará ônus para o consumidor.

Art. 4º. O acesso ao SAC estará disponível, ininterruptamente, durante vinte e quatro horas por dia, sete dias por semana.

§ 1º O acesso de que trata o *caput* será garantido por meio de, no mínimo, um dos canais de atendimento integrados, cujo funcionamento será amplamente divulgado.

§ 2º O acesso ao SAC prestado por atendimento telefônico será obrigatório, nos termos do disposto no art. 5º.

§ 3º Na hipótese de o serviço ofertado não estar disponível para fruição ou contratação nos termos do disposto no *caput*, o acesso ao SAC poderá ser interrompido, observada a regulamentação dos órgãos ou das entidades reguladoras competentes.

§ 4º O acesso inicial ao atendente não será condicionado ao fornecimento prévio de dados pelo consumidor.

§ 5º É vedada a veiculação de mensagens publicitárias durante o tempo de espera para o atendimento, exceto se houver consentimento prévio do consumidor.

§ 6º Sem prejuízo do disposto no § 5º, é admitida a veiculação de mensagens de caráter informativo durante o tempo de espera, desde que tratem dos direitos e deveres dos consumidores ou dos outros canais de atendimento disponíveis.

Art. 5º. Os órgãos ou as entidades reguladoras competentes observarão as seguintes condições mínimas para o atendimento telefônico do consumidor:

I – horário de atendimento não inferior a oito horas diárias, com disponibilização de atendimento por humano;

II – opções mínimas constantes do primeiro menu, incluídas, obrigatoriamente, as opções de reclamação e de cancelamento de contratos e serviços; e

III – tempo máximo de espera para:

a) o contato direto com o atendente, quando essa opção for selecionada; e

b) a transferência ao setor competente para atendimento definitivo da demanda, quando o primeiro atendente não tiver essa atribuição.

Parágrafo único. Os órgãos ou as entidades reguladoras competentes poderão estabelecer, para o setor regulado, horário de atendimento telefônico por humano superior ao previsto no inciso I do *caput*.

Art. 6º. É obrigatória a acessibilidade em canais do SAC mantidos pelos fornecedores de que trata este Decreto, para uso da pessoa com deficiência, garantido o acesso pleno para atendimento de suas demandas.

Parágrafo único. Ato da Secretaria Nacional do Consumidor do Ministério da Justiça e Segurança Pública disporá sobre a acessibilidade de canais de SAC, consideradas as especificidades das deficiências.

Art. 7º. As opções de acesso ao SAC constarão de maneira clara:

I – em todos os documentos e materiais impressos entregues ao consumidor na contratação do serviço e durante o seu fornecimento; e

II – nos canais eletrônicos do fornecedor.

CAPÍTULO III
DA QUALIDADE DO TRATAMENTO DAS DEMANDAS

Art. 8º. No tratamento das demandas, o SAC garantirá a:

I – tempestividade;

II – segurança;

III – privacidade; e

IV – resolutividade da demanda.

Parágrafo único. No tratamento das demandas serão observados ainda os princípios da:

I – dignidade;

II – boa-fé;

III – transparência;

IV – eficiência;

V – eficácia;

VI – celeridade; e

VII – cordialidade.

Art. 9º. Os dados pessoais do consumidor serão coletados, armazenados, tratados, transferidos e utilizados exclusivamente nos termos do disposto na Lei nº 13.709, de 14 de agosto de 2018.

Art. 10. É vedado solicitar a repetição da demanda do consumidor após o seu registro no primeiro atendimento.

Art. 11. Caso a chamada telefônica seja finalizada pelo fornecedor antes da conclusão do atendimento, o fornecedor deverá:

I – retornar a chamada ao consumidor;

II – informar o registro numérico de que trata o art. 12; e

III – concluir o atendimento.

CAPÍTULO IV
DO ACOMPANHAMENTO DAS DEMANDAS

Art. 12. É direito do consumidor acompanhar, nos diversos canais de atendimento integrados, todas as suas demandas, por meio de registro numérico ou outro tipo de procedimento eletrônico.

§ 1º O consumidor terá o direito de acesso ao histórico de suas demandas, sem ônus.

§ 2º O histórico das demandas a que se refere o § 1º:

I – será enviado ao consumidor, mediante solicitação, no prazo de cinco dias corridos, contado da data da solicitação, por correspondência ou por meio eletrônico, a critério do consumidor; e

II – conterá todas as informações relacionadas à demanda, incluído o conteúdo da resposta do fornecedor, observado o disposto no § 2º do art. 13.

§ 3º Quando se tratar de chamada telefônica, a manutenção da gravação da chamada efetuada para o SAC é obrigatória, pelo prazo mínimo de noventa dias, contado da data do atendimento.

§ 4º Durante o prazo de que trata o § 3º, o consumidor poderá requerer acesso ao conteúdo da chamada efetuada.

§ 5º O registro do atendimento será mantido à disposição do consumidor e do órgão ou da entidade fiscalizadora pelo prazo mínimo de dois anos, contado da data de resolução da demanda.

CAPÍTULO V
DO TRATAMENTO DAS DEMANDAS

Art. 13. As demandas do consumidor serão respondidas no prazo de sete dias corridos, contado da data de seu registro.

§ 1º O consumidor será informado sobre a conclusão do tratamento de sua demanda e, mediante solicitação, receberá do fornecedor a comprovação pertinente por correspondência ou por meio eletrônico, a critério do consumidor.

§ 2º A resposta do fornecedor:

I – será clara, objetiva e conclusiva; e

II – abordará todos os pontos da demanda do consumidor.

§ 3º Quando a demanda tratar de serviço não solicitado ou de cobrança indevida, o fornecedor adotará imediatamente as medidas necessárias à suspensão da cobrança.

§ 4º Os órgãos ou as entidades reguladoras competentes poderão estabelecer, no setor regulado, prazo para resolução das demandas no SAC.

Art. 14. O recebimento e o processamento imediato do pedido de cancelamento de serviço feito pelo consumidor, por meio do SAC, observará as seguintes diretrizes:

I – o pedido de cancelamento será permitido e assegurado ao consumidor por todos os meios disponíveis para a contratação do serviço, observadas as condições aplicáveis à rescisão e as multas decorrentes de cláusulas contratuais;

II – os efeitos do pedido de cancelamento serão imediatos, independentemente do adimplemento contratual, exceto quando for necessário o processamento técnico da demanda;

III – será assegurada ao consumidor a informação sobre eventuais condições aplicáveis à rescisão e as multas incidentes por descumprimento de cláusulas contratuais de permanência mínima, quando cabíveis;

IV – o comprovante do pedido de cancelamento será encaminhado por correspondência ou por meio eletrônico, a critério do consumidor; e

V – poderá ser oferecida a opção para cancelamento programado, sujeita à anuência do consumidor.

Parágrafo único. Os órgãos ou as entidades reguladoras competentes fixarão prazo para a conclusão do processamento técnico da demanda de que trata o inciso II do *caput*.

CAPÍTULO VI
DA EFETIVIDADE

Art. 15. À Secretaria Nacional do Consumidor do Ministério da Justiça e Segurança Pública competirá desenvolver a metodologia e implementar a ferramenta de acompanhamento da efetividade dos SAC, ouvidos os órgãos e as entidades reguladoras, os integrantes do Sistema Nacional de Defesa do Consumidor e os representantes de prestadores de serviços de relacionamento com consumidores.

§ 1º No desenvolvimento da metodologia e na implementação da ferramenta de que trata o *caput*, serão considerados, no mínimo, os seguintes parâmetros:

I – quantidade de reclamações referentes ao SAC, ponderada por quantidade de clientes ou de unidades de produção;

II – taxa de resolução das demandas, sob a ótica do consumidor;

III – índice de reclamações junto aos órgãos de defesa do consumidor, principalmente no Sistema Nacional de Informações de Defesa do Consumidor e no sítio eletrônico do consumidor.gov.br, ou nas plataformas que venham a substituí-los;

IV – índice de reclamações no órgão ou na entidade reguladora setorial; e

V – grau de satisfação do consumidor.

§ 2º A Secretaria Nacional do Consumidor do Ministério da Justiça e Segurança Pública dará transparência à metodologia e à ferramenta de acompanhamento da efetividade dos SAC de que trata o *caput*, divulgados, no mínimo, uma vez ao ano, os resultados da implementação da ferramenta.

§ 3º A Secretaria Nacional do Consumidor do Ministério da Justiça e Segurança Pública poderá solicitar dados e informações aos fornecedores, observadas as hipóteses legais de sigilo, com vistas ao acompanhamento da efetividade dos SAC.

§ 4º Os dados e as informações de que trata o § 3º poderão ser compartilhados com os órgãos ou as entidades reguladoras competentes, nos termos do disposto no Decreto nº 10.046, de 9 de outubro de 2019.

§ 5º Com base na ferramenta de que trata o *caput*, a Secretaria Nacional do Consumidor do Ministério da Justiça e Segurança Pública poderá, ao averiguar a baixa efetividade dos SAC de determinados fornecedores, estabelecer horário de atendimento telefônico por humano superior ao previsto no inciso I do *caput* do art. 5º.

CAPÍTULO VII
DISPOSIÇÕES FINAIS

Art. 16. A inobservância ao disposto neste Decreto acarretará a aplicação das sanções estabelecidas no art. 56 da Lei nº 8.078, de 1990 - Código de Defesa do Consumidor, sem prejuízo da aplicação das sanções constantes dos regulamentos específicos dos órgãos e das entidades reguladoras.

Art. 17. Fica revogado o Decreto nº 6.523, de 31 de julho de 2008.

Art. 18. Este Decreto entra em vigor cento e oitenta dias após a data de sua publicação.

Brasília, 5 de abril de 2022; 201º da Independência e 134º da República.

JAIR MESSIAS BOLSONARO

Anderson Gustavo Torres

Anexo VII

Decreto nº 11.150, de 26 de julho de 2022

Regulamenta a preservação e o não comprometimento do mínimo existencial para fins de prevenção, tratamento e conciliação de situações de superendividamento em dívidas de consumo, nos termos do disposto na Lei nº 8.078, de 11 de setembro de 1990 – Código de Defesa do Consumidor.

O PRESIDENTE DA REPÚBLICA, no uso das atribuições que lhe confere o art. 84, *caput*, incisos IV e VI, alínea "a", da Constituição, e tendo em vista o disposto nos art. 6º, *caput*, incisos XI e XII, art. 54-A, § 1º, art. 104-A, *caput*, e art. 104-C, § 1º, da Lei nº 8.078, de 11 de setembro de 1990 – Código de Defesa do Consumidor e nos art. 3º, *caput*, incisos IV e VII, e art. 4º, *caput*, incisos VI e VIII, da Lei nº 4.595, de 31 de dezembro de 1964,

DECRETA:

Art. 1º. Este Decreto regulamenta a preservação e o não comprometimento do mínimo existencial para fins de prevenção, tratamento e conciliação, administrativa ou judicial, de situações de superendividamento em dívidas de consumo, nos termos do disposto na Lei nº 8.078, de 11 de setembro de 1990 – Código de Defesa do Consumidor.

Art. 2º. Entende-se por superendividamento a impossibilidade manifesta de o consumidor pessoa natural, de boa-fé, pagar a totalidade de suas dívidas de consumo, exigíveis e vincendas, sem comprometer seu mínimo existencial.

Parágrafo único. Para fins do disposto neste Decreto, consideram-se dívidas de consumo os compromissos financeiros assumidos pelo consumidor pessoa natural para a aquisição ou a utilização de produto ou serviço como destinatário final.

Art. 3º. No âmbito da prevenção, do tratamento e da conciliação administrativa ou judicial das situações de superendividamento, considera-se mínimo existencial a renda mensal do consumidor pessoa natural equivalente a R$ 600,00 (seiscentos reais). (Redação dada pelo Decreto nº 11.567, de 2023)

§ 1º A apuração da preservação ou do não comprometimento do mínimo existencial de que trata o *caput* será realizada considerando a base mensal, por meio da contraposição entre a renda total mensal do consumidor e as parcelas das suas dívidas vencidas e a vencer no mesmo mês.

§ 2º (Revogado pelo Decreto nº 11.567, de 2023).

§ 3º Compete ao Conselho Monetário Nacional a atualização do valor de que trata o *caput*.

Art. 4º. Não serão computados na aferição da preservação e do não comprometimento do mínimo existencial as dívidas e os limites de créditos não afetos ao consumo.

Parágrafo único. Excluem-se ainda da aferição da preservação e do não comprometimento do mínimo existencial:

I – as parcelas das dívidas:

a) relativas a financiamento e refinanciamento imobiliário;

b) decorrentes de empréstimos e financiamentos com garantias reais;

c) decorrentes de contratos de crédito garantidos por meio de fiança ou com aval;

d) decorrentes de operações de crédito rural;

e) contratadas para o financiamento da atividade empreendedora ou produtiva, inclusive aquelas subsidiadas pelo Banco Nacional de Desenvolvimento Econômico e Social – BNDES;

f) anteriormente renegociadas na forma do disposto no Capítulo V do Título III da Lei nº 8.078, de 1990;

g) de tributos e despesas condominiais vinculadas a imóveis e móveis de propriedade do consumidor;

h) decorrentes de operação de crédito consignado regido por lei específica; e

i) decorrentes de operações de crédito com antecipação, desconto e cessão, inclusive fiduciária, de saldos financeiros, de créditos e de direitos constituídos ou a constituir, inclusive por meio de endosso ou empenho de títulos ou outros instrumentos representativos;

II – os limites de crédito não utilizados associados a conta de pagamento pós-paga; e

III – os limites disponíveis não utilizados de cheque especial e de linhas de crédito pré-aprovadas.

Art. 5º. A preservação ou o não comprometimento do mínimo existencial de que trata o *caput* do art. 3º não será considerado impedimento para a concessão de operação de crédito que tenha como objetivo substituir outra operação ou operações anteriormente contratadas, desde que se preste a melhorar as condições do consumidor.

§ 1º O disposto no *caput* se aplica à substituição das operações contratadas:

I – na mesma instituição financeira; ou

II – em outras instituições financeiras.

§ 2º As contratações em outras instituições financeiras de que trata o inciso II do § 1º ocorrerão exclusivamente por meio da sistemática da portabilidade de crédito regulamentada pelo Conselho Monetário Nacional.

Art. 6º. No âmbito da conciliação administrativa ou judicial das situações de superendividamento em dívidas de consumo, a repactuação preservará as garantias e as formas de pagamento originariamente pactuadas, nos termos do disposto no *caput* do art. 104-A da Lei nº 8.078, de 1990.

Parágrafo único. Excluem-se do processo de repactuação de que trata o *caput*:

I – as dívidas oriundas de contratos celebrados dolosamente sem o propósito de realizar pagamento, ainda que decorrentes de relações de consumo; e

II – as dívidas provenientes de contratos de crédito com garantia real, de financiamentos imobiliários e de crédito rural.

Art. 7º. O disposto neste Decreto não se aplica para fins de concessão de benefícios da assistência social.

Art. 8º. Este Decreto entra em vigor sessenta dias após a data de sua publicação.

Brasília, 26 de julho de 2022; 201º da Independência e 134º da República.

JAIR MESSIAS BOLSONARO

Paulo Guedes

Anexo VIII

Publicidade subliminar[1]

<table>
<tr>
<td>Exemplo 1: Revista MTV

</td>
<td>Exemplo 2: Revista Isto É

</td>
<td>Exemplo 3: Embalagem do Bombom Ouro Branco
Obs: utilização de um objeto sexual na imagem

</td>
</tr>
</table>

Exemplo 4: Desenho Pequena Sereia.
Obs.: utilização de um objeto sexual na imagem

1. A maioria dos exemplos foi retirada da dissertação de mestrado de Rafael Tocantins Maltez intitulada "Publicidade Subliminar" apresentada na PUC/SP.

Exemplo 5: Rei Leão

Exemplo 6: Publicidade da Coca-Cola

Exemplo 7: Desenho da Disney Bernardo e Bianca

Obs: verificar a imagem na janela

Exemplo 8: História em quadrinho do Horácio

Obs: verificar o formato da montanha no último quadro

Exemplo 9: Lata do Refrigerante do Guaraná Antarctica

Exemplo 10: Publicidade do picolé Magnun da Kibon

Referências

AGUIAR JR., Ruy Rosado de. "A boa-fé na relação de consumo". *Revista Direito do Consumidor 14/20.*

ALMEIDA, João Batista de. *A proteção jurídica do consumidor*. São Paulo: Saraiva, 1993.

________. *Manual de Direito do Consumidor.* São Paulo: Saraiva, 2003.

AMARAL JÚNIOR, Alberto do. *Comentários ao Código de Proteção do Consumidor,* trabalho coordenado por Juarez de Oliveira, Saraiva, 1991.

ANDRADE. Fábio Siebeneichler de. Perspectivas sobre o direito à reparação: um novo direito subjetivo do consumidor *Revista de Direito do Consumidor*, vol. 136/2021, p. 423-440.

ANDRIGHI, Fátima Nancy. "Arbitragem nas relações de consumo: uma proposta concreta". *Revista de Arbitragem e Mediação*, Brasília, ano 3, nº 9, p. 13-21, abril-junho, 2006.

ARRUDA ALVIM, Thereza; ARRUDA ALVIM, Eduardo e MARINS, James. *Código do Consumidor Comentado.* 2ª ed. São Paulo: RT, 1995.

BAUMAN, Zygmunt. *Vida para consumo. A transformação das pessoas em mercadoria.* RIO DE JANEIRO: JORGE ZAHAR, 2008.

BARBOSA, Fernanda Nunes. *Informação: direito e dever nas relações de consumo.* São Paulo: Ed. RT, 2008.

BARLETTA, Fabiana Rodrigues. A revisão contratual no Código Civil e no Código de Defesa do Consumidor. São Paulo: Saraiva, 2002.

BARROS, Luiz Gastão Paes de. Parecer datado de 28/10/1990, publicado na Biblioteca IBCB, p. 65-79.

BECK, Ulrich. *Sociedade de risco — Rumo a uma outra modernidade.* Trad. Sebastião Nascimento. São Paulo: Editora 34, 2010.

BECKER, Anelise. "Elementos para uma teoria unitária da responsabilidade civil". *Revista Direito do Consumidor 13/42.*

BENJAMIN, Antônio Herman de Vasconcelos e. *Código Brasileiro de Defesa do Consumidor Comentado pelos Autores do Anteprojeto.* 6ª ed. Rio de Janeiro: Forense Universitária, 2000.

________. *Comentários ao Código de Defesa do Consumidor*. São Paulo: Revista dos Tribunais, 2003.

________. *Comentários ao Código de Proteção do Consumidor*. São Paulo: Saraiva, 1991. Coordenador: Juarez de Oliveira.

________. *Manual de Direito do Consumidor*. São Paulo: RT, 2007.

BERGSTEIN, Laís. Coluna Garantias do Consumo. *O direito ao conserto e a erosão da propriedade* Disponível em: < https://www.conjur.com.br/2021-set-01/garantias-consumo-direito-conserto-erosao-propriedade#_ednref18 > Acesso em: 16/02/2022.

________ Menosprezo planejado de deveres legais pelas empresas leva à indenização. São Paulo, *Revista Consultor Jurídico*, 21 de dezembro de 2016. Disponível em: [www.conjur.com.br/2016-dez-21/garantias-consumo-menosprezo-planejado--deveres-legais-pelas-empresas-leva-indenizacao]. Acesso em: 22.03.2022.

BERTONCELLO, Karen Rick Danilevicz; LIMA, Clarissa Costa de. Adesão ao projeto conciliar é legal – CNJ: Projeto piloto: tratamento das situações de superendividamento do consumidor: RDC 63/197, São Paulo: Ed. RT, jul.-set. 2007.

BESSA, Leonardo Roscoe. *Manual de Direito do Consumidor*. São Paulo: RT, 2007.

________Responsabilidade pelo fato do produto: questões polêmicas. *Revista de Direito do Consumidor*, vol. 89/201, p. 142/163.

________Responsabilidade civil dos bancos dos dados de proteção ao crédito: diálogo entre o Código de Defesa do Consumidor e a Lei do Cadastro Positivo, *Revista de Direito do Consumidor*: RDC, v. 23, n. 92, p. 49-73, mar./abr. 2014.

BOBBIO, Norberto. *A era dos direitos*. Trad. Carlos Nelson Coutinho. Rio de Janeiro: Campus, 1992.

BOLSON, Simone Hegele. "O princípio da dignidade da pessoa humana, relações de consumo e o dano moral ao consumidor". *Revista Direito do Consumidor 46/289.*

BONATTO, Cláudio; MORAES; Paulo Valério Dal Pai. *Questões Controvertidas no Código de Defesa do Consumidor.* 2ª ed. Porto Alegre: Livraria do Advogado, 1999.

BONAVIDES, Paulo. *Curso de Direito Constitucional*. 9ª ed. São Paulo: Malheiros, 2000.

CABRAL, Hildeliza Lacerda Tinoco Boechat; RODRIGUES, Maria Madalena de Oliveira. A obsolescência programada na perspectiva da prática abusiva e a tutela do consumidor. in. *Revista Magister de Direito Empresarial, Concorrencial e do Consumidor*. vol. 1. Porto Alegre: Magister (fev./mar. 2005 e vol. 42, dez./jan. 2012).

CABRAL, Plínio. *Propaganda: técnica da comunicação industrial e comercial*. São Paulo: Atlas, 1986.

CAHALI, Yussef Said. *Dano Moral*. 2ª ed. São Paulo: Revista dos Tribunais, 1998.

________ Prescrição e Decadência. São Paulo: Editora Revista dos Tribunais, 2008.

CALIXTO, Marcelo Junqueira. O art. 931 do CC/2002 e os riscos do desenvolvimento. *Revista Trimestral de Direito Civil* 21/53-93. Rio de Janeiro: Padma, jan.-mar. 2005.

________ A reforma do CDC no tocante ao consumidor superendividado: primeiras impressões. *Revista de Direito do Consumidor*, RT, vol. 87/2013, p. 273-309.

CANTO. Flávia do. *Proteção Administrativa do Consumidor*. São Paulo: Revista dos Tribunais, 2021.

CAVALIERI FILHO, Sérgio. "O direito do consumidor no limiar do século XXI". *Cidadania e Justiça*, nº 7, Rio de Janeiro: Associação dos Magistrados Brasileiros, 2º semestre de 1999, p. 20-31.

________. *Programa de Responsabilidade Civil.* São Paulo: Editora Malheiros, 2005.

CINTRA, Valentina Jungmann. "Ação civil pública – Cobrança de aumento dos professores às mensalidades escolares – MP – Legitimidade". *Revista de Direito do Consumidor,* vol. 16. Editora Revista dos Tribunais, 1995.

COELHO, Fábio Ulhoa. *Curso de Direito Comercial. Vol. 2.* 6ª ed. São Paulo: Saraiva. 2003.

COMPARATTO, Fábio Konder. "A proteção ao consumidor: importante capítulo do Direito Econômico". *Revista de Direito Mercantil, Industrial, Econômico e Financeiro,* vol. 13, nº 15/16, ano XIII, 1974.

COUTO E SILVA, Clóvis V. *A obrigação como processo.* São Paulo: Bushatsky, 1976.

________. "A teoria da base do negócio jurídico no direito brasileiro". *RT* 655/8, maio 1990.

DENARI, Zelmo. *Código Brasileiro de Defesa do Consumidor Comentado pelos Autores do Anteprojeto.* 6ª ed. Rio de Janeiro: Forense Universitária, 2000.

DE ANDRADE, Ronaldo Alves. *Curso de Direito do Consumidor.* Barueri: Ed. Manole, 2007.

DE MELO, Raimundo Simão. *Direito Ambiental do Trabalho e a Saúde do Trabalhador.* 2ª ed. São Paulo: Editora LTr, 2006.

DE PLÁCIDO E SILVA. *Vocabulário jurídico.* 3ª ed. Rio de Janeiro: Forense, 1991.

DESSSAUNE. Marcos. Teoria aprofundada do desvio produtivo do consumidor: um panorama. *Revista Direito do Consumidor.* RT. Vol. 119/2018, pg. 89-103.

DIDIER JR, Fredie. *Curso de Direito Processual Civil. Vol. 3.* Salvador: Juspodivm, 2006.

________*Curso de Direito Processual Civil.* Vol. 1. Salvador: Juspodivm. 17ª ed. 2015.

DIDIER JR, Fredie; ZANETI, Hermes. *Curso de Direito Processual Civil – Processo Coletivo.* Vol. 4. Salvador: Juspodivm. 2007.

DINAMARCO, Cândido Rangel. *Instituições de Direito Processual Civil,* 4ª ed. São Paulo: Malheiros, 2004.

DINAMARCO, Pedro da Silva. *Ação Civil Pública.* São Paulo: Saraiva, 2001, p. 270.

DONATO, Maria Antonieta Zanardo. *Proteção do Consumidor – Conceito e extensão.* São Paulo: Revista dos Tribunais, 1993.

DONNINI, Rogério José Ferraz. A Revisão dos Contratos no Código Civil e no Código de Defesa do Consumidor São Paulo: Saraiva, 2001.

FEDERIGHI, Suzana Maria Pimenta Catta Preta. *Publicidade abusiva.* São Paulo: Juarez de Oliveira, 1999.

FILOMENO, José Geraldo Brito Filomeno. *Curso Fundamental de Direito do Consumidor.* São Paulo: Ed. Atlas, 2007.

FINK, Daniel Roberto. *Código Brasileiro de Defesa do Consumidor Comentado pelos Autores do Anteprojeto.* 6ª ed. Rio de Janeiro: Forense Universitária, 1999.

FIUZA, César. *Direito Civil – Curso Completo.* Belo Horizonte: Del Rey, 1998.

FRADERA, Vera Maria Jacob de. "O dever de informar do fabricante", *inRT,* vol. 656.

GARCIA, Leonardo de Medeiros. *Consumo Sustentável. A proteção do meio ambiente no Código de Defesa do Consumidor.* Ed. Juspodivm. 2016. p. 93.

GIDI, Antônio. *Coisa Julgada e Litispendência em ações coletivas*. São Paulo: Saraiva, 1995.

GRINOVER, Ada Pellegrini. *Código Brasileiro de Defesa do Consumidor Comentado pelos Autores do Anteprojeto*. 6ª ed. Rio de Janeiro: Forense Universitária, 1999.

GUIMARÃES, Paulo Jorge Scartezzini. *Vícios do Produto e do Serviço por Qualidade, Quantidade e Insegurança. Cumprimento Imperfeito do Contrato*. 2ª ed. São Paulo: RT, 2008.

JAYME, Erik. O direito internacional privado do novo milênio e a proteção da pessoa humana face à globalização. Trad. Claudia Lima Marques e Nádia de Araújo. *Cadernos do Programa de Pós-Graduação em Direito/UFRGS*. Edição em homenagem à entrega do título de Doutor Honoris Causa/UFRGS ao jurista Erik Jayme. Porto Alegre: UFRGS, 2003.

KONDER, Cíntia Muniz de Souza. A adequação da informação na concessão de crédito. *Revista de Direito do Consumidor*. vol. 136. ano 30. p. 91-117.São Paulo: Ed. RT, jul./ago. 2021.

KOURI, Paulo R. Roque A. *Direito do Consumidor. Contratos, Responsabilidade Civil e Defesa do Consumidor em Juízo*. 2ª ed. São Paulo: Editora Atlas, 2005.

LIMA, Clarissa Costa de. *Comentários à Lei 14.181/2021: A atualização do CDC em matéria de superendividamento*. RT, 2021.

_________*O Tratamento do superendividamento e o direito de recomeçar dos consumidores*. Ed. Revista dos Tribunais, 2014.

_________O dever de informação nos contratos de crédito ao consumo em direito comparado francês e brasileiro: a sanção para a falta de informação dos juros remuneratórios. *Revista de Direito do Consumidor*. RT. Vol. 69/2009, p. 9-31.

LIPOVETSKY, Gilles. *Felicidade paradoxal — Ensaio sobre a sociedade de hiperconsumo*. São Paulo: Cia. das Letras, 2006.

LISBOA, Roberto Senise. *Responsabilidade Civil nas Relações de Consumo*. Revista dos Tribunais: São Paulo, 2001.

LÔBO, Paulo Luiz Netto. *Responsabilidade por vício do produto ou do serviço*. Brasília: Brasília Jurídica, 1996.

LOCATELLI, Paulo Antônio. *Consumo sustentável*. Revista de Direito Ambiental, São Paulo: RT, vol. 19. p. 297-300, jul.-set., 2000, p. 297.

MACHADO, Paulo Affonso Leme. *Ação Civil Pública: ambiente, consumidor, patrimônio cultural*. 2ª ed. São Paulo: RT, 1987.

MACIEL JÚNIOR, Vicente de Paula. *Convenção Coletiva de Consumo. Interesses difusos, coletivos e casos práticos*. Belo Horizonte: Del Rey, 1996.

MADALENO, Rolf. *Direito de Família: aspectos polêmicos*. Porto Alegre: Livraria do Advogado, 1998.

MANCUSO, Rodolfo de Camargo. *Ação civil pública: em defesa do meio ambiente, do patrimônio cultural e dos consumidores (Lei nº 7.347/85 e legislação complementar)*. 7ª ed. São Paulo: RT, 2001.

MALUF, Carlos Alberto Dabus. *Código Civil Comentado: artigos 189 a 232*. Atlas: São Paulo, 2009.

MARINONI, Luis Guilherme. "A Tutela Específica do Consumidor". *Revista de Direito do Consumidor 50/93.*

MARQUES, Alessandra Garcia. Inovação e direitos fundamentais: o impacto do aplicativo UBER no mercado consumidor brasileiro. *Revista de Direito do Consumidor.* São Paulo: RT, Vol. 107, Ano 2016.

MARQUES, Cláudia Lima. *Contratos no Código de Defesa do Consumidor.* 4ª ed. Revista dos Tribunais: São Paulo, 2002.

________. *Comentários ao Código de Defesa do Consumidor.* São Paulo: Revista dos Tribunais, 2003.

________. *Manual de Direito do Consumidor.* São Paulo: Revista dos Tribunais, 2008.

________. "Sugestões para uma lei sobre o tratamento do superendividamento de pessoas físicas em contratos de consumo: proposições com base em pesquisa empírica de 100 casos no Rio Grande do Sul". *Revista de Direito do Consumidor* 55/11-52, p.12, São Paulo, RT, jul-set. 2005.

________. "Diálogo entre o Código de Defesa do Consumidor e o novo Código Civil – do "diálogo das fontes" no combate às cláusulas abusivas." Revista de Direito do Consumidor São Paulo, RT, vol. 45, p. 71.

________*O Novo Direito Privado e a Proteção dos Vulneráveis.* São Paulo: RT, 2012.

________ A nova noção de fornecedor no consumo compartilhado: um estudo sobre as correlações do pluralismo contratual e o acesso ao consumo. *Revista de Direito do Consumidor* nº 111 Ed.: RT. Ano 2017. p. 247-265).

________ *Comentários à Lei 14.181/2021: A atualização do CDC em matéria de superendividamento.* RT, 2021, p. 319.

________A vulnerabilidade dos analfabetos e dos idosos na sociedade de consumo brasileira: primeiros estudos sobre a figura do assédio de consumo, in *Novas tendências do Direito do Consumidor. Rede Alemanha-Brasil de pesquisas em Direito do Consumidor.* RT, 2015, p. 81.

________ Menosprezo planejado de deveres legais pelas empresas leva à indenização. São Paulo, *Revista Consultor Jurídico*, 21 de dezembro de 2016. Disponível em: [www.conjur.com.br/2016-dez-21/garantias-consumo-menosprezo-planejado--deveres-legais-pelas-empresas-leva-indenizacao]. Acesso em: 22.03.2022.

MARQUES, Maria Manuel Leitão; NEVES, Vítor; LOBO, Flora; PINTO, Paula; CRUZ, Cristina. *O endividamento dos consumidores.* Coimbra: Almedina, 2000.

MARTINS, Guilherme Magalhães. *Responsabilidade civil por acidentes de consumo na Internet.* São Paulo: Ed. RT, 2008.

MAZZEI, Rodrigo. "A ação popular e o microssistema da tutela coletiva." *In*: Luiz Manoel Gomes Júnior; Ronaldo Fenelon Santos Filho (Coords.) – *Ação Popular – Aspectos relevantes e controvertidos.* São Paulo: RCS, 2006.

MAZZILLI, Hugo Nigro. *A Defesa dos interesses difusos em juízo.* 6ª ed. São Paulo: RT.

MEIRA, Fabíola. *Comentários ao Código de Defesa do Consumidor.* São Paulo: Verbatim, 2009.

MELO, Tasso Duarte de. A definição de venda casada segundo a jurisprudência do Superior Tribunal de Justiça. *Revista Luso-Brasileira de Direito do Consumo*, Curitiba, v. 4, n. 13, p. 77-91, mar. 2014.

MIRAGEM, Bruno. *Comentários ao Código de Defesa do Consumidor*. São Paulo: Revista dos Tribunais, 2003.

________. *Direito do Consumidor*. 1ª ed. São Paulo: RT, 2008.

________ *Curso de Direito do Consumidor,* 6ª ed. RT, 2016.

_________*O Novo Direito Privado e a Proteção dos Vulneráveis*. São Paulo: RT, 2012.

NASCIMENTO, Tupinambá Miguel de Castro. *Responsabilidade Civil no Código do Consumidor.* Rio de Janeiro: Aide, 1991.

NERILO, Lucíola Fabrete Lopes. A responsabilidade civil das credenciadoras e administradoras de cartão de crédito pelo descumprimento do contrato eletrônico por sites fraudulentos. *Revista de Direito do Consumidor*. Rt. Vol. 117/2018. p. 201-224.

NERY JÚNIOR, Nelson. *Código Brasileiro de Defesa do Consumidor Comentado pelos Autores do Anteprojeto*. 6ª ed. Rio de Janeiro: Forense Universitária, 2000.

________. *Código de Processo Civil e Legislação Processual Civil Extravagante em Vigor.* 4ª ed. São Paulo: RT, 1999.

________. "Os princípios gerais do Código de Defesa do Consumidor". *Revista Direito do Consumidor* 3/44.

________. *Princípios do processo civil na Constituição Federal*. 6ª ed. São Paulo: RT, 2000.

NERY, Rosa Maria Andrade. *Direito Processual Ambiental Brasileiro*. Belo Horizonte: Del Rey, 1996.

________. *Código de Processo Civil e Legislação Processual Civil Extravagante em Vigor.* 4ª ed. São Paulo: RT, 1999.

NORONHA, Fernando. *Os direitos dos contratos e seus princípios fundamentais*. São Paulo: Saraiva, 1994.

NUNES JÚNIOR. Vidal Serrano. *Código de Defesa do Consumidor Interpretado*. São Paulo: Ed. Saraiva, 2003.

PAISANT, Gilles. A reforma do procedimento de tratamento do superendividamento pela lei de 01 de agosto de 2003 sobre a cidade e a renovação urbana. *Revista de Direito do Consumidor*, v. 56, p. 221-242, 2005.

PASQUALOTTO, Adalberto. "Os serviços públicos no Código de Defesa do Consumidor". *Revista de Direito do Consumidor*, vol.1.Editora Revista dos Tribunais.

PINTO, Cristiano Sobral. Coluna Garantias do Consumo. *A Lei do Superendividamento e os JECs*. Disponível em: <https://www.conjur.com.br/2021-ago-11/garantias--consumo-lei-superendividamento-jecs.> Acesso em: 24/11/2021.

PINTO SERRANO, Yolanda Alves. *Código de Defesa do Consumidor Interpretado*. São Paulo: Ed. Saraiva, 2003.

PIZZOL, Patrícia Miranda. *Liquidação nas ações coletivas*. São Paulo: Lejus, 1998.

________. *A tutela antecipada nas ações coletivas como instrumento de acesso à justiça. Processo e Constituição, Estudos em homenagem ao Professor José Carlos Barbosa*

Moreira. Coord. Luiz Fux, Nelson Nery Jr. e Teresa Arruda Alvim Wambier. São Paulo: Revista dos Tribunais, 2006.

PRUX, Oscar Ivan. Os 25 anos do Código de Proteção e Defesa do Consumidor, sua história e as novas perspectivas para o século XXI. *Revista de Direito do Consumidor*, Ed.: RT, vol. 104, p. 17-63.

RAMOS, André de Carvalho. "Ação civil pública e o dano moral coletivo". *Revista Direito do Consumidor*. São Paulo: RT, nº 25.

SENADO FEDERAL. *Relatório Geral da Comissão de Juristas de atualização do Código de Defesa do Consumidor*, p. 130.

RIBEIRO CARVALHO, Luiz Fernando. "Dano moral em caso de descumprimento de obrigação contratual" *in AMAERJ Notícias Especiais*, nº 20, junho/2004.

RIZZARDO, Arnaldo. *Contratos*. Rio de Janeiro: Forense, 2009, página 81.

RIZZATTO NUNES, Luís Antônio. *Comentários ao Código de Defesa do Consumidor. Direito Material (arts. 1 a 54)*, São Paulo: Saraiva, 2000.

________. *Curso de Direito do Consumidor*. São Paulo: Saraiva, 2005.

RODRIGUES, Marcelo Abelha. *Ação civil pública e meio ambiente*. São Paulo: Forense Universitária, 2003.

________. "Ponderações sobre a *fluid recovery* do art. 100 do CDC." *Processo civil coletivo*. Rodrigo Mazzei e Rita Nolasco (coord.). São Paulo: Quartier Latin, 2005, p. 462.

ROSA, Luiz Carlos Goiabeira; NUNES, Daniela Macedo; RODRIGUES, Marcella Cunha Santos. A proteção da privacidade do consumidor digital frente ao *profiling* e à publicidade on-line no ciberespaço. *Revista de Direito do Consumidor*. vol. 155. ano 33. São Paulo: Ed. RT, set./out. 2024.

ROSENVALD, Nelson. *Direito das Obrigações*. 3ª ed. Rio de Janeiro: Editora Impetus, 2004.

________. *Dignidade humana e boa-fé no Código Civil*. São Paulo: Saraiva, 2005.

SAYEG, Ricardo Hasson. *Práticas comerciais abusivas*. Bauru: Edipro, 1995, p. 74.

SANSEVERINO, Paulo de Tarso. *Responsabilidade civil no Código do Consumidor e defesa do fornecedor*. São Paulo: Saraiva, 2002.

SANTANA, Héctor Valverde. *Prescrição e Decadência nas Relações de Consumo*. São Paulo: *RT*, 2002.

SCARTEZZINI GUIMARÃES, Paulo José. *Vícios do produto e do serviço por qualidade, quantidade e insegurança: cumprimento imperfeito do contrato*. São Paulo: RT, 2004.

SCHMITT, Cristiano Heineck. A "hipervulnerabilidade" do consumidor idoso. *Revista de Direito do Consumidor*. vol. 70. p. 139-171. São Paulo: Ed. RT, abr.-jun. 2009.

SCHWARTZ, Fábio. A economia compartilhada e a responsabilidade do fornecedor fiduciário. *Revista de Direito do Consumidor* nº 111 Ed.: RT. Ano 2017. p. 221-246.

SHARP JÚNIOR, Ronald. *Código de Defesa do Consumidor Anotado*. Rio de Janeiro: Forense Universitária, 2002.

SILVA, Carlos Mário Pereira da. *Instituições de direito civil – Contratos. Vol. III*. 11ª ed. Rio de Janeiro: Forense, 2004.

SILVA, João Calvão. *Responsabilidade civil do produtor.* Coimbra: Almedina, 1990.

SILVA, Luis Renato Ferreira da. "Causas de Revisão Judicial dos Contratos Bancários". *Revista de Direito do Consumidor*, nº 26.

SODRÉ, Marcelo Gomes. *Formação do Sistema Nacional de Defesa do Consumidor*. São Paulo: Editora dos Tribunais, 2007.

________*Comentários ao Código de Defesa do Consumidor.* São Paulo: Verbatim, 2009.

SOUZA, Miriam de Almeida. *A política legislativa do consumidor no direito comparado*. Belo Horizonte: Nova Alvorada Edições, 1996, p. 199.

STUMER, Bertram Antônio. Bancos de dados e *habeas data* no código de defesa do consumidor. *Revista de Direito do Consumidor*, vol. I.

TEPEDINO, Gustavo. *Temas de Direito Civil.* Rio de Janeiro: Renovar, 1999.

________. *A Parte Geral do novo Código Civil. Estudos na perspectiva Civil-Constitucional.* 2ª ed. Rio de Janeiro: Renovar, 2003.

________. *Rev. Direito da Câmara Municipal do Rio de Janeiro*, vol. 9, nº 14, jan./dez. 2005, p. 92.

VENOSA, Sílvio de Salvo. Reflexões sobre a lei do inquilinato e o Código de Defesa do Consumidor. *Revista de Direito do Consumidor*, vol. 13, p. 18.

VERBICARO. Dennis; ATAÍDE. Camille da Silva Azevedo; LEAL. Pastora do Socorro Teixeixa. Fundamentos ao reconhecimento do dano existencial nos casos de superendividamento: considerações sobre o mínimo existencial, o valor do tempo e a concepção normativa de dano. *Revista de Direito do Consumidor*, vol. 120/2018, p. 365-396.

VIGLIAR. José Marcelo Menezes. *Ação civil pública.* 4ª ed. São Paulo: Atlas, 1999.

ZANATTA, R. A. F. *Perfilização, Discriminação e Direitos: do Código de Defesa do Consumidor à Lei Geral de Proteção de Dados Pessoais*. ResearchGate, 2019. Disponível em: https://www.researchgate.net/publication/331287708_Perfilizacao_Discriminacao_e_Direitos_do_Codigo_de_Defesa_do_Consumidor_a_Lei_Geral_de_Protecao_de_Dados_Pessoais. Acesso em: 08 de nov. de 2021.

EDITORA JusPODIVM
www.editorajuspodivm.com.br

Impressão e Acabamento
Plena Print
Indústria Gráfica

JUS4415

EDITORA *Jus*PODIVM
www.editorajuspodivm.com.br